Jesus Handbuch

Jesus Handbuch

herausgegeben von

Jens Schröter und Christine Jacobi

unter Mitarbeit von

Lena Nogossek

Mohr Siebeck

Die Theologen-Handbücher im Verlag Mohr Siebeck werden herausgegeben von
ALBRECHT BEUTEL

ISBN 978-3-16-153853-7

Die Deutsche Nationalbibliothek verzeichnet diese Publikation in der Deutschen National-
bibliographie; detaillierte bibliographische Daten sind im Internet über *http://dnb.dnb.de*
abrufbar.

© 2017 Mohr Siebeck Tübingen. www.mohr.de

Das Buch wurde von Gulde-Druck in Tübingen aus der Minion Pro und der Syntax gesetzt, auf
alterungsbeständiges Werkdruckpapier gedruckt und gebunden. Den Umschlag gestaltete Uli
Gleis in Tübingen unter Verwendung der Ikonendarstellung »Christus als Pantokrator« aus dem
6. Jahrhundert, St. Katharinenkloster Sinai.

Vorwort

Das Jesus Handbuch steht in der langen Tradition von Deutungen des Weges, Wirkens und Geschicks Jesu von Nazaret in der Christentumsgeschichte. Es weiß sich den dabei entwickelten vielfältigen Zugängen verpflichtet, mit denen sich dem Faszinosum der Person Jesu genähert und in ihr das Zentrum der Wirklichkeitsdeutung aus der Perspektive des christlichen Glaubens gesehen wurde. Das Handbuch befasst sich mit der Person Jesu auf der Grundlage historisch-kritischer Theologie auf dem gegenwärtigen internationalen Forschungsstand. Dabei kommen verschiedene Perspektiven zur Geltung, die sich nicht notwendig zu einem einheitlichen Bild von Jesus verbinden, sondern unterschiedliche Sichtweisen und Akzente zu erkennen geben. Darin entspricht das Jesus Handbuch in Anlage und Durchführung der hermeneutischen Einsicht, dass es nicht den einen »richtigen« Zugang zu Jesus gibt, sondern verschiedene Interpretationen seiner Person und ihrer Bedeutung nebeneinander stehen können.

Das Handbuch ist in fünf Hauptteile gegliedert. Einer grundlegenden Einführung in seinen Gegenstand (Teil A.) folgen vier Teile, deren mittlere (Teile C. und D.) das historische Material als Grundlage einer heutigen Beschäftigung mit Jesus präsentieren und darauf aufbauend Weg und Wirken Jesu unter verschiedenen Gesichtspunkten beleuchten. Diese Teile werden gerahmt von einer Darstellung der Geschichte der Jesusforschung (Teil B.) und Streiflichtern zur frühen Wirkungsgeschichte Jesu (Teil E.). Dieser Aufbau macht bereits deutlich, dass der historisch-kritische Zugang zu Jesus in diesem Handbuch in einen hermeneutischen Horizont gestellt wird, der die lange und unter unterschiedlichen Verstehensvoraussetzungen erfolgte Beschäftigung mit Jesus in der Christentumsgeschichte und darüber hinaus bedenkt und zumindest ansatzweise erkennen lässt, dass die Wirkungen, die von seiner Person ausgegangen sind, in eine solche Betrachtung einzubeziehen sind. Auf diese Weise sollen nicht zuletzt ältere Forschungsparadigmen mit gegenwärtig wieder verstärkt beachteten rezeptionsorientierten Zugängen in Beziehung gesetzt werden.

Das so umrissene Konzept wird in der Haupteinleitung sowie in den Einführungen zu den einzelnen Teilen im Blick auf deren jeweiligen Schwerpunkt dargelegt. Diese Einführungen können deshalb als »roter Faden« durch das Buch gelesen werden, die, ohne dabei den Ausführungen der Einzelbeiträge vorzugreifen, die Lektüre des Handbuchs unter einer übergreifenden hermeneutischen Perspektive ermöglichen.

Das Jesus Handbuch kann und soll aber natürlich auch zur Information über einzelne Fragestellungen und Inhalte der Jesusforschung, über historische Hintergründe, archäologische Details und vieles mehr herangezogen werden. Es ist deshalb so angelegt, dass alle Einzelbeiträge für sich gelesen werden können, um die jeweiligen Themen auf dem gegenwärtigen Forschungsstand zur Kenntnis zu nehmen. Insgesamt bietet das Jesus Handbuch damit einen Einblick in die aktuellen Entwicklungen und Ergebnisse der Jesusforschung und ordnet diese zugleich in ein geschichtshermeneutisch reflektiertes Paradigma der Beschäftigung mit der Person Jesu ein.

Es ist vielfältiger Dank abzustatten. Zuerst und vor allem ist das große Verdienst zu würdigen, das sich Lena Nogossek um das Zustandekommen dieses Handbuchs erworben hat. Sie war seit der ersten Planungssitzung an seiner Konzeption und dem Werden des Manuskripts beteiligt und hat sich sein Gelingen zu einer Herzensangelegenheit werden lassen. Ohne ihre ebenso unermüdliche wie engagierte, unerbittliche und geduldige Arbeit an dem Manuskript bis hin zu den letzten Details der Register wäre dieses Buch niemals zustande gekommen. Ihr gebührt deshalb unser erster, großer und herzlicher Dank!

Zu danken ist sodann den vielen Autorinnen und Autoren, die zu diesem Unternehmen beigetragen haben. Es war von Beginn an beabsichtigt, ein Handbuch vorzulegen, das die aktuelle Jesusdiskussion auf einem hermeneutisch reflektierten Niveau und auf dem internationalen Forschungsstand darbietet. Die Beiträgerinnen und Beiträger haben sich mit ihren je spezifischen Kompetenzen auf das Konzept eingelassen und es durch ihre Mitarbeit von einer Idee zu einem Buch werden lassen. Dafür danken wir allen Beitragenden herzlich.

Zu danken ist weiter den Mitarbeiterinnen und Mitarbeitern in Berlin, die sich um das Zustandekommen dieses Handbuchs verdient gemacht haben. Matthias Müller hat die englischsprachigen Beiträge sorgfältig ins Deutsche übersetzt und dabei auftauchende Probleme – etwa bei der Frage, welche Auflage eines deutschen Buches bei der (Rück-)Übersetzung eines ins Englische übersetzten deutschen Werkes zugrundezulegen sei – in gewohnt präziser und umsichtiger Weise gelöst. Die »Philipp-Melanchthon-Stiftung Philologisch-theologisches Kolleg« hat diese Übersetzungen mit einem großzügigen Betrag gefördert. Auch dafür danken wir herzlich. Die Mitarbeiterinnen und Mitarbeiter am Lehrstuhl für Exegese und Theologie des Neuen Testaments sowie die Neutestamentlichen Apokryphen haben das Manuskript mehrfach Korrektur gelesen, Unstimmigkeiten aufgespürt und bei der Lösung allfälliger Detailprobleme, die bei der Entstehung eines solch komplexen Unternehmens unweigerlich auftauchen, geholfen. Genannt seien Konrad Schwarz, Clarissa Paul, Florian Lengle und Katharina Simunovic.

Albrecht Beutel, Herausgeber der »Handbücher« im Verlag Mohr Siebeck, und Henning Ziebritzki, Geschäftsführer des Verlages, haben der Idee eines Jesus Handbuchs, die ihnen auf den ersten Blick etwas abseitig erschien (gehört ein »Jesus Handbuch« in eine Reihe »Theologen-Handbücher«?) nach kurzer Bedenkzeit zugestimmt und das Unternehmen dann rückhaltlos unterstützt – Albrecht Beutel nicht zuletzt mit einem gewichtigen eigenen Beitrag zu dem Handbuch, Henning Ziebritzki in der professionellen, freundlichen und umsichtigen Weise, die wir von ihm seit langem kennen und die auch den von ihm geleiteten Verlag prägt. In dessen Herstellungsabteilung hat Ilse König das Handbuch betreut. Auch ihr sei herzlich für die zügige und zuverlässige Zusammenarbeit gedankt.

Berlin, Mai 2017   Christine Jacobi und Jens Schröter

Inhaltsverzeichnis

Abkürzungsverzeichnis

Die Abkürzungen richten sich in der Regel nach dem *Verzeichnis der Abkürzungen der RGG⁴ I*, Tübingen 1998, XX–LIV bzw. dem UTB Band *Abkürzungen Theologie und Religionswissenschaft nach RGG⁴*, Tübingen 2007.

Ael. NA	Claudius Aelianus, De natura animalium
Alt.v.Perg.	Inschriften von Pergamon (Die Altertümer von Pergamon)
Ambr.exp.Ps. 118	Ambrosius, Expositio Psalmi CXVIII
Anon. in Prm.	Anonymi Commentarius in Platonis Parmenidem
Ant.Plac.Itin.	Antonini Placentini Itinerarium
Apul.florida	Apuleius, Florida
Aret. SD	Aretaios, De causis et signis diuturnorum morborum
Arist.hist.an.	Aristoteles, Historia animalium
Arist.rhet.	Aristoteles, Ars rhetorica
Aug.ench.	Augustinus, Enchiridion de fide, spe et caritate
Aug.virg.	Augustinus, De sancta virginitate
B.L. Add.	British Library, Additional Digitised Manuscript
Bern.serm.cant.	Bernhard von Clairvaux, Sermones in Cantica Canticorum
BG	Codex Berolinensis Gnosticus
Cael.acut.	Caelius Aurelianus, Celeres passiones
Cael.chron.	Caelius Aurelianus, Tardae passiones
Cels.	Aulus Cornelius Celsus, De medicina
Cic.div.	Cicero, De divinatione
Clem.Al. paed.	Clemens von Alexandria, Paedagogus
Clem.Al. protr.	Clemens von Alexandria, Protrepticus ad Graecos
Clem.Al. q.d.s.	Clemens von Alexandria, Quis dives salvetur
Clem.Al. strom.	Clemens von Alexandria, Stromateis
Cyp.Fort.	Cyprian, Ad Fortunatum de exhortatione martyrii
Cyp.hab.virg.	Cyprian, De habitu virginum
Dig.	Digesten; Corpus Iuris Civilis Digesta (Pandekten)
Dio.Chrys.or.	Dio Chrysostomus, Orationes
Diod.S.	Diodorus Siculus, Bibliotheca historica
Eus.onomast.	Eusebius, Onomasticon
Eus.Theoph.	Eusebius, (syrische) Theophanie
EvJud	Evangelium des Judas
Flav.Jos.Vit.	Flavius Josephus, Vita
Gal.di.dec.	Galen, De diebus decretoriis
Gal.differ.morb.	Galen, De differentiis morborum = De morborum differentiis
Gal.inaequ.intemp.	Galen, De inaequali intemperatura
Gal.loc.aff.	Galen, De locis affectis
Gal.meth.med.	Galen, De methodo medendi
Gal.nat.fac.	Galen, De naturalibus facultatibus
Gal.usu.part. (UP)	Galen, De usu partium
Grot.verit.	Hugo Grotius, De veritate religionis Christianae
Herakl.Pont.	Herakleides Pontikos, Περὶ τῆς ἄπνου/ περὶ τῶν νοσῶν
Hier.nom.hebr.	Hieronymus, De situ et nominibus locorum hebraicorum
Hippocr.alim.	Corpus Hippocraticum, De alimento

Hippocr.aph.	Corpus Hippocraticum, Aphorismi
Hippocr.decent.	Corpus Hippocraticum, De decenti habitu
Hippocr.flat.	Corpus Hippocraticum, De flatibus
Hippocr.iudic.	Corpus Hippocraticum, De iudicationibus
Hippocr.medic.	Corpus Hippocraticum, De medico
Hippocr.morb.sacr.	Corpus Hippocraticum, De morbo sacro
Hippocr.prog.	Corpus Hippocraticum, Prognosticum
Hippocr.vict.	Corpus Hippocraticum, De victus ratione
Hippocr.VM	Corpus Hippocraticum, De vetere medicina
IG	Inscriptiones Graecae
KrV	Kritik der reinen Vernunft
LSCG	Lois sacrées des cités grecques (Franciszek Sokolowski, 1969)
Luc.Pereg.	Lukian, De morte Peregrini
Luc.Philops.	Lukian, Philopseudes
Luc.pseudol.	Lukian, Pseudologista
Luc.ver.hist.	Lukian, Verae historiae
M. Aur.	Mark Aurel, Τά εἰς ἑαυτόν
Menan.	Menander, Fragmenta
Oros.hist.	Orosius, Historia adversus paganos
P.Mur.	Papyri Murabba'ât
P.Oxy.	Papyri ex Oxyrhyncho
P.Ryl.	Papyrus Rylands
Paus.Graec.Descr.	Pausanias, Graeciae Descriptio
PGM	Papyri Graecae Magicae
Philo hyp.	Philo, Hypothetica
Plato Tht.	Plato, Theaetetus
Plin.epist.	Plinius der Jüngere, Epistulae
Plin.nat.hist.	Plinius der Ältere, Naturalis historia
Plin.paneg.	Plinius der Jüngere, Panegyricus
Plut.Alex.	Plutarch, Alexandros
Plut.Numa	Plutarch, Numa
Plut.Per.	Plutarch, Perikles
Plut.Pyrrh.	Plutarch, Pyrrhos
Polyk	Polykarpbrief
Porph.Marc.	Porphyrius, Ad Marcellam
Quint.inst.	Quintilian, Institutio oratoria
Soran.	Soranus von Ephesus, Gynaecia
Strab.	Strabo, Geographica
Suet.Nero	Sueton, Nero
Suet.Vesp.	Sueton, Divus Vespasianus
Tac.ann.	Tacitus, Annales
Tac.hist.	Tacitus, Historiae
Tert.idol.	Tertullian, De idololatria
Tert.spec.	Tertullian, De spectaculis
AJEC	Ancient Judaism and Early Christianity
ASNU	Acta Seminarii Neotestamentici Upsaliensis
EBR	Encyclopedia of the Bible and its Reception
ECC	The Eerdmans Critical Commentary

GNS	Good News Studies
ISACR	Interdisciplinary Studies in Ancient Culture and Religion
JSHJ	Journal for the Study of the Historical Jesus
LASR	Luther-Akademie-Sonderhausen-Ratzeburg
LThPM	Louvain Theological and Pastoral Monographs
MMNTS	McMaster New Testament Studies
ORA	Orientalische Religionen in der Antike
SANt	Studia Aarhusiana Neotestamentica
SBTS	Sources for Biblical and Theological Study
SGTK	Studien zur Geschichte der Theologie und der Kirche
SMHR	Spätmittelalter, Humanismus, Reformation
SpKA	Kritische Spalding-Ausgabe
StSam	Studia Samaritana
TdT	Themen der Theologie
ThKNT	Theologischer Kommentar zum Neuen Testament
v.l.	varia lectio
κτλ.	καὶ τὰ λοιπά – usw.

winds. Of course all the westing we have made is gain, and I hope the chronometer is wrong in our favor, for I do not see how any such delicate instrument can keep good time with the constant jarring and thumping we get from the sea. With the strong trade we have, I hope that a week from Sunday will put us in sight of the Sandwich Islands, if we are not safe by that time by being picked up.

It is twelve hundred miles to the Sandwich Islands; the provisions are virtually exhausted, but not the perishing diarist's pluck.

June 8. My cough troubled me a good deal last night, and therefore I got hardly any sleep at all. Still, I make out pretty well, and should not complain. Yesterday the third mate mended the block, and this P.M. the sail, after some difficulty, was got down, and Harry got to the top of the mast and rove the halyards through after some hardship, so that it now works easy and well. This getting up the mast is no easy matter at any time with the sea we have, and is very exhausting in our present state. We could only reward Harry by an extra ration of water. We have made good time and course to-day. Heading her up, however, makes the boat ship seas and keeps us all wet; however, it cannot be helped. Writing is a rather precarious thing these times. Our meal to-day for the fifteen consists of half a can of "soup and boullie"; the other half is reserved for to-morrow. Henry still keeps up grandly, and is a great favorite. God grant he may be spared!
A better feeling prevails among the men.—*Captain's Log.*
June 9. Latitude 17° 53′. Finished to-day, I may say, our whole stock of provisions.[1] We have only left a lower end of a ham-bone, with some of the outer rind and skin on. In regard to the water, however, I think we have got ten days' supply at our present rate of allowance. This, with what nourishment we can get from boot-legs and such chewable matter, we hope will enable us to weather it out till we get to the Sandwich Islands, or, sailing in the mean time in the track of vessels thither bound, be picked up. My hope is in the latter, for in all human probability I cannot stand the other. Still we have been marvelously protected, and God, I hope, will preserve us all in his own good time and way. The men are getting weaker, but are still quiet and orderly.
Sunday, June 10. Latitude 18° 40′, longitude 142° 34′. A pretty good night last night, with some wettings, and again another beautiful Sunday. I cannot but think how we should all enjoy it at home, and what a contrast is here! How terrible their suspense must begin to be! God grant that it may be relieved before very long, and he certainly seems to be with us in everything we do, and has preserved this boat miraculously; for since we left the ship we have sailed considerably over three thousand miles, which, taking into consideration our meager stock of provisions, is almost unprecedented. As yet I do not feel the stint of food so much as I do that of water. Even Henry, who is naturally a good water-drinker, can save half of his allowance from time to time, when I cannot. My diseased throat may have something to do with that, however.

Nothing is now left which by any flattery can be called food. But they must manage somehow for five days more, for at noon they have still eight hundred miles to go. It is a race for life now.

[1] Six days to sail yet, nevertheless.—M. T.

A. Einleitung

I. Zu diesem Handbuch

In der Reihe der Handbücher zu zentralen Gestalten der Christentumsgeschichte nimmt das hier vorgelegte Jesus Handbuch eine Sonderstellung ein. Diese rührt in erster Linie daher, dass Jesus von Nazaret nicht in derselben Weise als Person in der Geschichte des Christentums betrachtet werden kann wie etwa Paulus, Augustinus, Martin Luther, Karl Barth oder andere bedeutende Gestalten, denen Handbücher dieser Reihe gewidmet sind. Mit Jesus von Nazaret steht vielmehr diejenige Person im Zentrum dieses Handbuchs, auf die sich der christliche Glaube bezieht und deren Wirken und Geschick in christlicher Theologie und Frömmigkeit von ihren ersten Anfängen an in vielfältiger Weise rezipiert und gedeutet wurden. Den Ursprung des christlichen Glaubens bildet dabei das Bekenntnis, dass Jesus der Christus ist, der Herr und der Sohn Gottes. Dieses Bekenntnis, das auf der Überzeugung basiert, dass Jesus von den Toten auferweckt und zu Gott erhöht wurde, bildet zugleich die Grundlage für die Deutungen seines irdischen Wirkens und Geschicks. Die christlichen Zeugnisse zeichnen den Weg Jesu Christi demzufolge unter der Voraussetzung, dass er, einschließlich Jesu Leidens und seines Todes, von Gott bestimmt wurde und sich in genau dieser Weise vollziehen musste. Eine weitere Besonderheit der Beschäftigung mit Jesus liegt darin, dass er selbst keine literarischen Zeugnisse hinterlassen hat. Rekonstruktionen seines Wirkens und Geschicks erfolgen deshalb ausschließlich auf der Grundlage von Zeugnissen *über* ihn.

Für das Jesus Handbuch bedeutet dies, dass sein Aufbau zwar nicht grundsätzlich von demjenigen der anderen Handbücher dieser Reihe abweicht, jedoch eigene Merkmale aufweist. Einem Durchgang durch die Geschichte der Jesusforschung (B.) folgt ein Überblick über das historische Material (C.), dem sich eine Rekonstruktion des Lebens und Wirkens Jesu anschließt (D.). Der letzte Teil behandelt frühe Spuren der Rezeption des Wirkens Jesu (E.). Die übliche Einteilung der Handbücher in »Orientierung, Person, Werk und Wirken« ist demnach dem spezifischen Gegenstand des Jesus Handbuchs angepasst und dementsprechend abgewandelt worden.

Für das Gesamtkonzept des Handbuchs ist dabei zunächst hervorzuheben, dass den mit der Frage nach Weg, Wirken und Bedeutung Jesu Christi verbundenen hermeneutischen und methodischen Implikationen ein eigener Teil gewidmet ist (B.). Darin kommt der geschichtswissenschaftliche Charakter des Jesus Handbuchs zum Ausdruck, das die geschichtshermeneutischen Prämissen der Jesusforschung herausarbeiten wird. Hierfür ist ein Blick auf die erkenntnistheoretischen, hermeneutischen und geistesgeschichtlichen Konstellationen zu werfen, innerhalb derer diese Frage in verschiedenen Epochen behandelt wurde. Der erste Teil des Handbuchs befasst sich dementsprechend mit der Geschichte der Jesusforschung von antiken Wahrnehmungen der Person Jesu bis zur gegenwärtigen Diskussion über den »erinnerten Jesus«. Dabei soll deutlich werden, dass sich die gegenwärtige Jesusforschung im Kontext geschichtsmethodologischer

Parameter bewegt, die für den Zugang zum »historischen Jesus« und damit zugleich für das Verhältnis von Geschichte und Glaube unter den Voraussetzungen neuzeitlicher kritischer Theologie zu bedenken sind.

Das historische Material wird im Anschluss daran vorgestellt (C.). Dabei wird deutlich werden, dass die Interpretation dessen, was von der Vergangenheit in der Gegenwart noch erhalten und bekannt ist, niemals voraussetzungslos erfolgt. Die für eine Rekonstruktion des Wirkens und Geschicks Jesu relevanten Materialien wurden und werden vielmehr stets unter spezifischen Bedingungen wahrgenommen und interpretiert. Im entsprechenden Teil des Handbuchs wird dabei die für die gegenwärtige Jesusforschung charakteristische breitgefächerte Quellenbasis zur Geltung gebracht.

Darauf aufbauend werden in Teil D. Facetten der »Biographie« Jesu behandelt, insoweit sie sich aus den Quellen erheben lassen. Diejenigen Phasen seines Lebens, über die nahezu keine oder nur legendarische Überlieferungen vorliegen – etwa über seine Geburt und die Zeit vor seinem öffentlichen Auftreten –, können dabei nur indirekt erfasst werden, indem der für die Zeit und Region Jesu maßgebliche historische Kontext beleuchtet wird. Bei dem in den frühchristlichen Quellen deutlicher greifbaren Wirken Jesu in Galiläa und Umgebung sowie in Jerusalem und den umliegenden Orten, einschließlich seiner Verhaftung und Hinrichtung, ist der bereits angesprochene Charakter der frühchristlichen Texte zu berücksichtigen.

In Teil E. schließlich geht es um frühe Spuren der Wirkung und Rezeption Jesu. Dabei wird zum einen deutlich, dass bereits im ältesten Christentum auf der Basis des Osterglaubens grundlegende Deutungen seiner Person mit Hilfe spezifischer Bezeichnungen (der sog. »Hoheitstitel«) und Bekenntnisaussagen formuliert wurden. Beleuchtet werden weiter von Jesus ausgegangene Wirkungen für die Entstehung frühchristlicher Gemeinden. Schließlich werden auch Deutungen in frühen außerkanonischen Texten sowie in bildlichen Darstellungen behandelt.

Entsprechend dem Charakter des Handbuchs als eines Werkes, zu dem zahlreiche Autorinnen und Autoren beigetragen haben, entsteht dabei kein einheitliches Porträt Jesu. Vielmehr werden je nach Beurteilung der Möglichkeit, aus dem zugänglichen Material Rückschlüsse auf Jesu Wirken ziehen zu können, sowie in Relation zu der jeweiligen Interpretation der Quellen unterschiedliche Akzente gesetzt. Das spiegelt zum einen den Stand der gegenwärtigen Jesusforschung wider, die eine große Bandbreite aufweist, zum anderen wird daran erkennbar, dass sich eine Interpretation des historischen Materials stets innerhalb des Spektrums *möglicher* Interpretationen bewegt. Das Jesus Handbuch will vor diesem Hintergrund Auswertungen der Quellen vorstellen, die im Horizont der historisch-kritisch arbeitenden Theologie verantwortet und sich zugleich der Vorläufigkeit und Grenzen historischer Interpretationen bewusst sind.

Die Forscherinnen und Forscher, die zu diesem Handbuch beigetragen haben, wissen sich demnach, unabhängig von ihrer religiösen und konfessionellen Zugehörigkeit, den methodischen Grundlagen der historisch-kritischen Jesusforschung verpflichtet. Zu dem Handbuch beigetragen haben jüdische und christliche Autoren und Autorinnen, wobei sich unter den letzteren sowohl römisch-katholische als auch solche aus den reformatorischen Kirchen finden. Daran wird deutlich, dass die historisch-kritische Jesusforschung nicht an religiöse oder konfessionelle Vorgaben gebunden, sondern durch gemeinsame methodische und hermeneutische Voraussetzungen charakterisiert ist.

Die im Jesus Handbuch durchgehend vorausgesetzte Sicht auf die frühchristlichen Quellen und die Person Jesu unterscheidet sich dementsprechend von solchen Zugängen, die die Prämissen der kritischen Geschichtswissenschaft nicht oder nur bedingt teilen und den biblischen Texten stattdessen einen besonderen Status als inspirierte Schriften zuerkennen. In neuerer Zeit ist eine solche Sicht in prominenter Weise in der von Joseph Ratzinger vorgelegten Trilogie zu Jesus von Nazaret vorgetragen worden. Ratzinger erkennt der historisch-kritischen Methode zwar durchaus eine Bedeutung für die Frage nach Jesus zu, sieht ihre Grenzen jedoch darin gegeben, dass sie die biblischen Texte nicht in ihrer Bedeutung für die Gegenwart erschließen kann. Diesem Urteil wird man grundsätzlich durchaus zustimmen können. Es kann in der Tat nicht als *unmittelbare* Aufgabe der historisch-kritischen Interpretation des historischen Materials angesehen werden, dessen Relevanz für die Gegenwart zu erhellen. Bei Ratzinger führt dies allerdings dazu, die historisch-kritische Methode durch »kanonische Exegese«, die Lehre vom vierfachen Schriftsinn und die Inspirationslehre zu relativieren und sich dadurch ihres kritischen Potentials zu entledigen. Dieses Verfahren unterscheidet sich grundlegend von einem solchen, das die biblischen Texte gemeinsam mit dem übrigen historischen Material auf der Grundlage der historischen Kritik interpretiert und ihre Gegenwartsbedeutung auf dieser Basis durch hermeneutische und wirkungsgeschichtliche Reflexionen zur Geltung bringt. Der letztgenannte Zugang ist dabei hinsichtlich seiner erkenntnistheoretischen und geschichtshermeneutischen Prämissen zu reflektieren, um seine Konturen deutlich werden zu lassen. Dies soll in den folgenden Abschnitten etwas näher verdeutlicht werden.

II. Irdischer Jesus und Christusbekenntnis. Konturen der Jesusfrage

Die Frage nach Jesus stellt sich seit ihren Anfängen als Gegenüber von zwei Perspektiven dar, die sich bereits im Neuen Testament finden und die Jesusfrage seither in wechselnden Konstellationen bis in die Gegenwart prägen. Etwas vereinfacht ausgedrückt geht es dabei darum, ob die Person Jesu und ihr irdisches Wirken aus der Perspektive des christlichen Bekenntnisses gedeutet werden oder aber Jesu Auftreten unter Absehung von dieser Überzeugung interpretiert wird. Das Gegenüber dieser beiden Sichtweisen ist dabei nicht mit demjenigen von irdischem Jesus und Christusbekenntnis gleichzusetzen, denn der irdische Jesus hat innerhalb des Christusbekenntnisses eine konstitutive Bedeutung. Es geht vielmehr darum, ob das Christusbekenntnis zur Deutung des Wirkens des irdischen Jesus überhaupt herangezogen und die dadurch entstehende Dynamik von göttlichem und menschlichem Wesen Jesu Christi reflektiert oder aber die Bedeutung Jesu auf sein irdisches Wirken beschränkt wird.

In den frühchristlichen Quellen wird die Überzeugung, dass Jesus an der göttlichen Wirklichkeit in gleicher Weise partizipiert wie an der irdischen, in verschiedener Weise zur Sprache gebracht. Einige Texte konzentrieren sich dabei in erster Linie darauf, die Bedeutung Jesu Christi als des von Gott in die Welt gesandten, gekreuzigten, auferweckten und erhöhten Gottessohnes herauszustellen. In anderen nimmt sein irdisches Wirken größeren Raum ein. Die Evangelien zeichnen sein Auftreten in Galiläa und den angrenzenden Regionen nach, ebenso wie die Ereignisse in Jerusalem und Umgebung, die schließlich zu seiner Verhaftung und Kreuzigung geführt haben. Die Frage nach dem Zusammenhang zwischen dem irdischen Wirken Jesu und seiner göttlichen Herkunft wird durch die frühchristlichen Schriften demnach in aller Deutlichkeit aufgeworfen – und zugleich in bestimmter Weise beantwortet. Provozierend war daran zuerst und vor allem die Behauptung, dass er trotz und gerade angesichts seines schändlichen Kreuzestodes derjenige sei, der in göttlicher Autorität aufgetreten ist und in dessen irdischem Wirken das Handeln Gottes erkannt werden könne. Die durch diese Überzeugung ausgelöste Irritation spiegelt sich etwa in der Frage darüber wider, wer Jesus eigentlich sei, da er mit zuvor nicht gekannter Vollmacht auftrat (vgl. Mk 1,27). Sie führte auch zu Missverständnissen über seine aus christlicher Sicht »wahre« – nämlich göttliche – Herkunft, wenn darauf verwiesen wird, Jesus komme aus Galiläa und könne deshalb nicht der Messias sein (Joh 7,41 f.). Die frühchristlichen Zeugnisse berichten auch davon, dass Jesu Wirken von seinen Gegnern auf den »Beelzebul«, den obersten Dämonenherrscher, zurückgeführt (Mk 3,22) und sein Kreuzestod als Beweis betrachtet wurde, dass er nicht göttlicher Herkunft sein könne (Iust.dial. 32,1; 89,2; Or.Cels. 1,54; 2,31). Angesichts der Uneindeutigkeit des Wirkens des irdischen Jesus machen die frühchristlichen Texte demnach deutlich, dass es eines besonderen Erkenntnisprozesses bedarf, um in dem irdischen Jesus den auferweckten und erhöhten Christus zu erkennen. So zeichnet die Begegnung des Auferstandenen mit den Emmausjüngern (Lk 24,13–35) den Weg von einer vorösterlichen zu einer vom Glauben an die Auferweckung und Erhöhung bestimmten Sicht auf Jesus nach, und im JohEv wird immer wieder hervorgehoben, dass der Weg des irdischen Jesus nur aus einer nachösterlichen Perspektive angemessen verstanden werden kann.

Das Bekenntnis zu Jesus Christus, der zugleich an der göttlichen und der irdischen Wirklichkeit Anteil hat, Gottes präexistenter Sohn und sein »Abglanz«, der göttliche »Logos« oder das »Bild« Gottes ist (Hebr 1,2 f.; Joh 1,1 f.; Kol 1,15) und der zugleich für die Sünden der Menschen gestorben ist, der gottgleich war und die Erniedrigung bis zum Tod am Kreuz auf sich genommen hat (Phil 2,6–8), ist demnach umstritten, seit es dieses Bekenntnis gibt. Es ist darum unter sich wandelnden historischen, kulturellen und erkenntnistheoretischen Voraussetzungen immer wieder neu begründungsbedürftig.

Die beiden Perspektiven auf Jesus – mit oder ohne christliches Bekenntnis – sind also nicht erst in der Neuzeit einander gegenübergetreten, sondern in den Deutungen des Wirkens Jesu seit ihren Anfängen anzutreffen. In der Frühzeit des Christentums wurde die Wahrnehmung Jesu als eines bloß irdischen Menschen dabei vor allem von Kritikern des Christentums vorgebracht, wogegen die christlichen Quellen selbst dazu anleiten wollen, den Zusammenhang zwischen dem irdischen Jesus und dem auferweckten Christus zu erkennen, in ihm also denjenigen zu sehen, der als irdischer Mensch im Auftrag und in der Autorität Gottes auftrat. Diese Perspektive hat sich in späterer Zeit verändert.

III. Die Jesusfrage im Zeitalter der kritischen Geschichtswissenschaft

In der Neuzeit ist der Zusammenhang von göttlicher und menschlicher Daseinsweise Jesu Christi unter dem Einfluss von Aufklärungsphilosophie und kritischer Geschichtswissenschaft hinterfragt worden. Die Kritik wurde nun von christlichen Gelehrten selbst formuliert, die unter den Bedingungen des sich seiner selbst vergewissernden Denkens das christliche Bekenntnis dem Maßstab der aufgeklärten Vernunft unterwarfen. Die Verfasser der Evangelien wurden in der Folge als »bloß menschliche Geschichtsschreiber« betrachtet (Gotthold Ephraim Lessing), das Bekenntnis zu Jesus als dem auferweckten und zu Gott erhöhten Erlöser erschien mit seinem irdischen Wirken und seiner ethischen Lehre, mit der er die Menschen zur Umkehr rufen wollte, nur noch schwer vermittelbar (Hermann Samuel Reimarus). Als Konsequenz entstand die Frage nach dem »historischen Jesus«, der von dem »geglaubten« oder »kerygmatischen« Christus unterschieden, ihm mitunter sogar polemisch kontrastiert wurde. Diese Gegenüberstellung ist für die Jesusforschung seither prägend. Sie wird in verschiedenen Konstellationen immer wieder durchgespielt, wobei die Akzente entweder stärker auf den historischen Befund oder auf das christliche Bekenntnis gelegt werden können. Die Jesusforschung der Neuzeit lässt sich deshalb als Versuch beschreiben, die irdische, »historische« Dimension des Wirkens Jesu unter den erkenntnistheoretischen Voraussetzungen der kritischen Theologie zu dem Bekenntnis zu ihm als dem irdischen Repräsentanten Gottes ins Verhältnis zu setzen. Dabei kann das christliche Bekenntnis als ein dem geschichtlichen Stoff aufgeprägter »Mythos« betrachtet werden (David Friedrich Strauß), so dass es nur unter Absehung von diesem Bekenntnis möglich sei, etwas über den irdischen Jesus herauszufinden (so eine seit Reimarus häufig vertretene Position); es kann aber auch als der einzig angemessene Zugang zu Jesus betrachtet werden, da die Bedeutung des

»historischen Jesus« nur dadurch zu erfassen sei, dass man in ihm den »geschicht-lichen, biblischen Christus« erkennt (so z. B. Martin Kähler). In dieser Spannung von historischem Befund und seiner Deutung auf der Basis des christlichen Be-kenntnisses oder eben ohne dieses steht auch die aktuelle Jesusforschung.

Die im 19. Jh. entstehende kritische Geschichtswissenschaft führte auf der so-eben geschilderten Grundlage zur intensiven Beschäftigung mit dem Wirken Jesu als eines galiläischen Juden. Neben der methodischen Voraussetzung der kriti-schen Analyse des historischen Materials war dabei im Blick auf die Quellen die sich nunmehr weitgehend durchsetzende Lösung der »synoptischen Frage« durch die Annahme der Priorität des MkEv und, daraus folgend, der Hypothese einer zweiten »Quelle« mit Jesusüberlieferungen, die Matthäus und Lukas zusätzlich verwendet haben sollen, grundlegend. Das JohEv wurde dagegen als für die his-torische Frage nach Jesus weitgehend unergiebig beurteilt. Diese Sicht hat sich mit gewissen Präzisierungen und Modifikationen bis in die gegenwärtige Jesus-forschung hinein bewährt. Sie wird auch in den Jesusdarstellungen der »dritten Frage nach Jesus« (»Third Quest for the Historical Jesus«) in der Regel vorausge-setzt. Für die aktuelle Jesusforschung ist dabei weiter charakteristisch, dass die Quellengrundlage durch die Berücksichtigung weiterer frühchristlicher und au-ßerchristlicher Texte sowie nicht-literarischer Zeugnisse über die Evangelien des Neuen Testaments hinaus maßgeblich erweitert wurde. Die konsequent ge-schichtswissenschaftliche Orientierung der Jesusforschung führte dabei zugleich zu der Notwendigkeit, die erkenntnistheoretischen und hermeneutischen Prä-missen historisch-kritischer Rekonstruktionen der Person Jesu zu reflektieren. Dieser Aspekt ist in den zurückliegenden Jahren verstärkt in den Blick gerückt. Dabei wurden die Bezeichnungen »erinnerter Jesus« bzw. »Jesuserinnerung« ge-prägt. Sie werden innerhalb der Jesusforschung (und darüber hinaus) unter-schiedlich verwendet, was im entsprechenden Abschnitt dieses Handbuchs näher erläutert werden wird. In dieser Einführung soll es dagegen darum gehen, den geschichtshermeneutischen Ertrag dieses Zugangs für die Jesusforschung zu skiz-zieren.

IV. Der »erinnerte Jesus« – Zur Relevanz eines Paradigmas der gegenwärtigen Jesusforschung

War die kritische Theologie mit dem Programm angetreten, das christliche Be-kenntnis mit den Mitteln der kritischen Vernunft bzw. der historisch-kritischen Quellenanalyse zu konfrontieren, so macht der mit dem Erinnerungsbegriff ge-kennzeichnete Zugang darauf aufmerksam, dass auch kritische Vernunft und Ge-schichtswissenschaft erkenntnistheoretischen Voraussetzungen unterliegen, die der Aufklärungsphilosophie und dem darauf basierenden Zugang zur Vergan-genheit verpflichtet sind.

Mit der Kategorie der »Jesuserinnerung« werden dabei geschichtstheoretische Einsichten aufgenommen, denen zufolge Geschichte durch selektierende, deutende Aneignung der Vergangenheit entsteht, die Interpretation des historischen Materials demnach stets einen vorläufigen, revidierbaren Charakter besitzt. Damit wird gegenüber einem historistischen Verständnis von Geschichte als Aneinanderreihung vergangener Ereignisse der deutende Zugriff auf das historische Material aus der Perspektive der jeweiligen Gegenwart zur Geltung gebracht. Diese Facette der Geschichtsbetrachtung ist mit der Herausbildung der kritischen Geschichtswissenschaft im 18. und 19. Jh. unmittelbar verbunden. Sie lässt sich etwa in Friedrich Schillers Antrittsvorlesung von 1789 unter dem Titel »Was heißt und zu welchem Ende studiert man Universalgeschichte?« greifen, wo der »philosophische Kopf«, der dazu in der Lage ist, aus den Bruchstücken der Überlieferung ein Ganzes der Weltgeschichte zu schaffen, von dem »Brodgelehrten« unterschieden wird, der nur seine »kleinliche Ruhmsucht befriedigen« will, zur Herstellung größerer Zusammenhänge dagegen nicht in der Lage ist. Johann Gustav Droysen wird die Herstellung geschichtlicher Zusammenhänge aus dem historischen Material in seinen Historik-Vorlesungen, gehalten zwischen 1857 und 1882/83 in Jena und Berlin, dann unmittelbar zur Aufgabe historischen Arbeitens erklären. Die Komplementarität von kritischer Auswertung des historischen Materials und dessen Interpretation, durch die der Historiker ein Bild der Vergangenheit schafft, ist der historisch-kritisch arbeitenden Geschichtswissenschaft demnach seit ihren Anfängen eingestiftet. Damit wird der Einsicht Rechnung getragen, dass zur historisch-kritischen Auswertung der Quellen deren Einfügung in einen vom Historiker geschaffenen Zusammenhang treten muss, der den Zugang zur Vergangenheit allererst ermöglicht, wogegen die historische Kritik nicht zur »eigentlichen historischen Tatsache« führt, sondern das Material bereitstellt, aus dem der Historiker von seinem Standpunkt ein Bild der Vergangenheit entwirft (Droysen).

Diese geschichtsmethodologischen Überlegungen sind in jüngerer Zeit erneut aufgegriffen worden. Dabei wurde betont, dass die Überreste der Vergangenheit ein »Vetorecht« haben, insofern sie nur bestimmte Deutungen zulassen (Reinhart Koselleck), dass sie zudem erst durch die deutende, kreative Tätigkeit des Historikers aus totem Material (Papyrus, Stein, Münze usw.) zu lebendigen »Quellen« der Vergangenheit werden (Johannes Fried). Geschichte, so lässt sich als Fazit dieser Einsichten formulieren, ist nicht einfach identisch mit der Vergangenheit, sondern entsteht durch den deutenden Zugriff auf das historische Material aus der Perspektive der jeweiligen Gegenwart.

Der in dieser Weise geschichtsmethodologisch fundierte Erinnerungsbegriff bezieht sich folglich nicht auf individuelle, gedächtnisphysiologisch zu erfassende Erinnerungsvorgänge, sondern auf »kollektive Erinnerung«, durch die Personen und Ereignisse der Vergangenheit zum Bestandteil der eigenen Geschichte und damit für die jeweilige Gegenwart bedeutungsvoll werden. Der so verstandene Erinnerungsbegriff öffnet zugleich den Blick dafür, dass Vergangenheit stets in bestimmter Absicht erforscht und für die Deutung der eigenen Gegenwart fruchtbar gemacht wird. Dabei kann Unwichtiges dem Vergessen überantwortet werden, für das Selbstverständnis einer Gemeinschaft Bedeutsames und Konstitutives wird dagegen zu fundierender Tradition, die in Texten festgehalten, in Ritualen vergegenwärtigt und in verschiedenen Formen von »Denkmälern« in die Geschichte integriert wird. Beispiele hierfür finden sich in der Geschichte Israels ebenso wie in anderen antiken und modernen Gesellschaften. Auch die Erinnerung an Jesus – festgehalten in Erzählungen, vergegenwärtigt im Vollzug christlicher Rituale, repräsentiert in bildlichen Darstellungen – lässt sich aus dieser Perspektive erfassen.

Der mit dem Erinnerungsbegriff bezeichnete Zugang ist demnach eine geschichtshermeneutische Vertiefung der historisch-kritischen Jesusforschung. Er setzt die historisch-kritische Quellenauswertung voraus und weiß sich an die Spuren der Vergangenheit gebunden. Er macht darüber hinaus darauf aufmerksam, dass die Vergegenwärtigung Jesu gleichermaßen in Verantwortung gegenüber der Vergangenheit und der Gegenwart erfolgt und auf der fundierenden Tradition des frühen Christentums basiert. Im Blick auf die Beschäftigung mit Jesus bedeutet dies, dass die auf Selektion und Interpretation des historischen Materials beruhenden historisch-kritischen Jesusbilder ihrerseits geschichtshermeneutisch zu reflektieren sind.

Der Blick auf diese Entwicklungen zeigt, dass die Jesusforschung eng mit den jeweiligen theologie- und geistesgeschichtlichen Konstellationen verknüpft ist und diese selbst maßgeblich mit beeinflusst. Das Jesus Handbuch steht in dieser komplexen Geschichte der Beschäftigung mit Jesus von Nazaret. Es reflektiert die Rezeption der Person Jesu in den verschiedenen Phasen der Christentumsgeschichte und befasst sich mit den Facetten seines Wirkens und Geschicks, wie sie aus den erhaltenen Quellen zu erheben sind. Insonderheit versteht es sich dabei im Kontext der historisch-kritischen Forschung, wie sie sich seit dem 18. Jh. zunächst im europäischen, dann auch im nordamerikanischen Raum herausgebildet hat. Die hier entwickelten Perspektiven auf die Person Jesu weisen ein vielfältiges Spektrum auf. Sie lassen sich jedoch unter einem gemeinsamen Paradigma subsumieren. Dessen grundlegendes Kennzeichen ist es, die historischen Zeugnisse über Jesus mit den Mitteln der historischen Kritik zu interpretieren und ihre Ergebnisse dem wissenschaftlichen Diskurs auszusetzen. Die in dieser Weise charakterisierte Jesusforschung bewegt sich demnach hinsichtlich ihrer hermeneutischen und methodischen Prämissen innerhalb der kritischen Geschichtswissenschaft, die ihrerseits wesentliche Impulse von der neuzeitlichen Bibelwissenschaft empfangen hat. Die spezifische Herausforderung der Jesusforschung besteht dabei darin, den Zusammenhang zwischen dem »historischen Jesus« – also auf der Grundlage historisch-kritischer Quellenauswertung entworfener Bilder des Wirkens und Geschicks Jesu – und dem Bekenntnis zu Jesus Christus, dem Sohn Gottes und erhöhten Herrn, plausibel und nachvollziehbar zu machen.

V. Das historische Material als Grundlage der Rekonstruktion des Wirkens und Geschicks Jesu

Im Blick auf das historische Material über Jesus ist zusätzlich zu dem oben genannten spezifischen Charakter der frühchristlichen Texte zu beachten, dass Jesus selbst keine schriftlichen Zeugnisse hinterlassen hat. Sein Wirken und Geschick können deshalb nur aus den Quellen *über* ihn rekonstruiert werden. Zu diesen zählen neben den frühchristlichen Quellen auch die wenigen außerchristlichen Zeugnisse, die Jesus erwähnen. Des Weiteren sind diejenigen Materialien zu beachten, die den historischen Kontext Jesu erhellen können. Dazu zählen neben jüdischen Schriften aus hellenistisch-römischer Zeit auch archäologische, epigraphische und numismatische Zeugnisse. Zu den historischen Gegebenheiten gehören im weiteren Sinn die politischen, religiösen und sozialen Konstellationen des Mittelmeerraums der hellenistisch-römischen Zeit, im engeren die Geschichte des Judentums dieses Zeitraums. Dabei tritt die Situation Galiläas als des Wirkungsraums Jesu noch einmal besonders in den Blick, ebenso diejenige Judäas und Jerusalems. In die historischen Konstellationen dieser Regionen ist das Wirken Jesu einzuzeichnen. Im Jesus Handbuch werden diese historischen Zeugnisse eingehend behandelt. Dabei werden auch die aktuellen Forschungen zur Archäologie sowie zur politischen und religiösen Situation der betreffenden Regionen berücksichtigt.

Die synoptischen Evangelien gelten mit gutem Grund als die maßgeblichen Zeugnisse für eine Rekonstruktion des Wirkens und Geschicks Jesu. Allerdings ist in der Forschung an diesen Schriften zunehmend deutlich geworden, dass es sich bei ihnen vor allem um literarische Zeugnisse handelt, die den irdischen Weg Jesu auf der Basis des Osterglaubens nachzeichnen. Dabei erheben sie den Anspruch, die bleibende Bedeutung des erhöhten, lebendigen Christus zu präsentieren, indem sie den Weg des irdischen Jesus nacherzählen. Ihre Jesusdarstellungen sind deshalb an den »Spuren der Vergangenheit« – an historischen Informationen über Orte des Wirkens Jesu, charakteristischen Zügen seines Auftretens, Personen in seinem Umfeld usw. – orientiert. Diese Informationen lagen ihnen zum Teil in Form geprägter Überlieferungen vor, die sie in ihre Darstellungen aufgenommen, sprachlich bearbeitet und zum Bestandteil ihrer jeweiligen Jesuserzählung gemacht haben. Durch diese Darstellungsform haben sie Jesus als denjenigen porträtiert, der in der Autorität Gottes aufgetreten ist und mit dessen Wirken die Aufrichtung der Gottesherrschaft begonnen hat. Zugleich haben sie sein Wirken in den Kontext des Judentums der hellenistisch-römischen Zeit – genauer: des Judentums Galiläas und Judäas in den ersten Jahrzehnten des 1. Jh.s – eingezeichnet.

Insofern in den Evangelien historische Informationen und Überlieferungen verarbeitet sind, können sie als Quellen für den »historischen Jesus« betrachtet werden. Zugleich sind sie Teil der Wirkungsgeschichte Jesu, da sie die Interpreta-

tion seines Wirkens auf der Basis des Osterglaubens voraussetzen und ihre Jesusbilder auf dieser Grundlage entwerfen. Dieser doppelte Charakter hat sich in der
historisch-kritischen Erforschung der synoptischen Evangelien erkennbar niedergeschlagen. Die noch im 19. Jh. vertretene Auffassung, diese Schriften (insonderheit das MkEv als deren älteste) ließen sich als historische Biographien Jesu
interpretieren, wurde dabei von der Einsicht abgelöst, dass es sich um theologische Erzählungen handelt, die vorliegende Überlieferungen unter komposito-
rischen und theologischen Gesichtspunkten arrangiert und in ihre jeweiligen
Erzählungen integriert haben. Diese verschiedenen Perspektiven auf die synoptischen Evangelien, die Beurteilung ihrer Historizität und ihre Verwendung
innerhalb historisch-kritischer Rekonstruktionen des Wirkens Jesu werden in
Teil B und C des Jesus Handbuchs ausführlich zur Geltung kommen. Dabei werden die synoptischen Evangelien – gemeinsam mit weiteren ntl. und außer-ntl.
Schriften – vornehmlich daraufhin befragt, inwieweit sie als Quellen für das Leben und Wirken Jesu herangezogen werden können.

Damit ist zugleich die Grundlage für den dritten und umfangsreichsten Teil des
Handbuchs gelegt, der sich aus historisch-kritischer Perspektive mit einzelnen
Facetten des Lebens und Wirkens Jesu befasst. Dafür zu beachten sind die oben
genannten politischen, sozialen und religiösen Konturen der Zeit und Region seines Auftretens, archäologische Erkenntnisse über die Orte seines Wirkens, Aspekte seiner Herkunft und religiösen Prägung, Charakteristika seines öffentlichen
Auftretens, sein Verhältnis zu verschiedenen sozialen und religiösen Gruppen in
seinem Umfeld, schließlich seine Verhaftung und Hinrichtung durch das Zusammenwirken jüdischer Autoritäten und römischer Behörden in Jerusalem. In den
Beiträgen dieses Teils wird deutlich, dass die präzise Einordnung Jesu in seinen
politischen, sozialen, kulturellen und religiösen Kontext in der gegenwärtigen Jesusforschung eine zentrale Rolle spielt. Darin liegt zugleich ein wesentlicher Unterschied zur vorangegangenen Forschungsphase. War die sog. »neue Frage nach
dem historischen Jesus«, die um die Mitte des 20. Jh.s als Reaktion auf Rudolf
Bultmanns Diktum, die Frage nach dem historischen Jesus sei historisch nicht zu
beantworten und theologisch unergiebig, vor allem an der theologischen Frage
nach dem Zusammenhang des Wirkens Jesu mit der Entstehung des christlichen
Glaubens interessiert, so versteht die in den 80er Jahren des 20. Jh.s entstandene
»Third Quest for the Historical Jesus« die Frage nach Jesus vor allem als eine geschichtswissenschaftliche Aufgabe. Die historische Einbettung des Lebens und
Wirkens Jesu in den Kontext seiner Zeit führt dabei zu einem fruchtbaren Dialog
mit angrenzenden historischen Disziplinen und einer eingehenden Berücksichtigung des außerbiblischen Materials. Diese interdisziplinäre Ausrichtung der gegenwärtigen Jesusforschung spiegelt sich auch im Jesus Handbuch wider.

VI. Frühe Wirkungen Jesu

Eine historisch-kritische Rekonstruktion des Wirkens und Geschicks Jesu kann
nicht von den frühen Zeugnissen seiner Wirksamkeit absehen. Diese haben sich
zuerst im Bekenntnis zu seiner Auferweckung sowie in Erzählungen von Erscheinungen des Auferstandenen manifestiert und zur Ausbildung früher Glaubenszeugnisse geführt. Die sehr bald einsetzende Breite der Rezeption des Wirkens und Geschicks Jesu hat sich auch in außerkanonischen Texten und frühen
bildlichen Darstellungen niedergeschlagen. Teil E verfolgt deshalb die Spuren des
Wirkens Jesu bis in das 4. Jh. Zu diesen zählen die Formierung spezifischer sozialer Strukturen, die Entstehung von Überzeugungen und Glaubensinhalten, die
sich an der Person Jesu und seiner besonderen Stellung zu Gott orientieren, die
Herausbildung einer christlichen Ethik sowie die Produktion literarischer Texte,
auch solcher, die nicht in den Kanon des Neuen Testaments gelangten, und bild-
licher Artefakte. Werden die historischen Spuren des Wirkens Jesu hierbei mitunter verlassen und wird seine Bedeutung im Horizont neuer geistesgeschichtli-
cher Voraussetzungen entfaltet, können diese Zeugnisse gleichwohl als Wirkungen und Rezeptionen seiner Person verstanden werden. Die Unterscheidung
zwischen einer »historischen Rekonstruktion« und einer nachfolgenden »Wirkung« Jesu wird dabei durch die Wahrnehmung von vielfältigen Rezeptionspro-
zessen ergänzt. Diese ordnen auch die frühesten Zeugnisse in das hermeneutische Paradigma einer »Wirkungsgeschichte Jesu« ein und machen deutlich, dass
jede Rekonstruktion der historischen Person Jesu eine Deutung des historischen
Materials unter den Bedingungen ihrer Zeit darstellt und ihrerseits bereits in einer Auslegungsgeschichte der ältesten Zeugnisse steht.

In den Beiträgen des Jesus Handbuchs werden die jeweiligen Themen auf dem
aktuellen Stand der Jesusforschung dargestellt. Die Einzelaspekte können sich zu
einem historischen Gesamtbild Jesu – oder auch zu mehreren Jesusbildern – zu-
sammensetzen. Diese Bilder der historischen Person Jesu sind jedoch nicht mit
der Wirklichkeit hinter den Texten gleichzusetzen, denn sie beruhen auf einem
Prozess kritischer Quellenauswertung, der sich den Erkenntnisbedingungen und
-möglichkeiten unserer Zeit verdankt. Für die Erstellung eines Gesamtbildes aus
den Einzelaspekten bedarf es zudem der »historischen Einbildungskraft«
(Collingwood), da sich Geschichte nicht schon in den Quellen vorfindet, sondern
durch eine an den Quellen orientierte, an die Spuren der Vergangenheit gebundene Erzählung bzw. durch andere Formen der Vergegenwärtigung – etwa durch
Rituale oder Denkmäler – entsteht. Diese Formen der Vergegenwärtigung sind
durch die jeweiligen Quellenkenntnisse und Erkenntnisinteressen bedingt und
können – etwa durch neue Quellenfunde oder sich wandelnde soziale und politische Konstellationen – korrigiert oder überholt werden. Historisch-kritische
Auswertung der Quellen über Jesus steht demnach ihrerseits in einer Wirkungsgeschichte und unterliegt deren Voraussetzungen und Bedingtheiten. So betrach-

tet besteht kein kategorialer Unterschied zwischen den Jesusdarstellungen der Evangelien, die die Bedeutung Jesu im Horizont ihrer Zeit formulieren und zugleich an Spuren der Vergangenheit gebunden sind, und den im vorliegenden Handbuch unter veränderten erkenntnistheoretischen Prämissen entwickelten Zugängen zu Jesus.

VII. Literatur zur grundlegenden Orientierung

BAUMOTTE, Manfred/WEHOWSKY, Stephan (Hg.) 1984: Die Frage nach dem historischen Jesus. Texte aus drei Jahrhunderten, Reader Theologie. Basiswissen – Querschnitte – Perspektiven, Gütersloh. – Relevante Texte zur historisch-kritischen Jesusforschung von Reimarus bis in die achtziger Jahre des 20. Jahrhunderts, mit kurzen Einführungen.

BOCK, Darrell/WEBB, Robert (Hg.) 2009: Key Events in the Life of the Historical Jesus: A Collaborative Exploration of Context and Coherence, WUNT 247, Tübingen. – Historische und soziologische Analysen von zwölf »key events« im Leben des historischen Jesus von der Taufe durch Johannes bis zum leeren Grab und den Erscheinungen des Auferstandenen, mit einem Einführungs- und einem Auswertungskapitel.

CHARLESWORTH, James H. (Hg.) 2006: Jesus and Archaeology, Grand Rapids. – Beiträge zur Bedeutung der Archäologie für die Jesusforschung.

CHILTON, Bruce/EVANS, Craig A. (Hg.) 1994: Studying the Historical Jesus. Evaluations of the State of Current Research, NTTS 19, Leiden. – Sammlung von Beiträgen zu diversen Aspekten der Jesusforschung und -überlieferung aus dem angelsächsischen Bereich.

FIENSY, David A./STRANGE, James R. (Hg.) 2014/15: Galilee in the Late Second Temple and Mishnaic Periods. Vol. 1: Life, Culture and Society/Vol. 2: The Archaeological Record from Cities, Towns and Villages, Minneapolis. – Präsentation der aktuellen historischen, soziologischen, ökonomischen, archäologischen Forschungen zu Galiläa durch zahlreiche Experten auf den jeweiligen Gebieten.

HOLMÉN, Tom/PORTER, Stanley E. (Hg.) 2011: Handbook for the Study of the Historical Jesus, Vol. I–IV, Leiden/Boston. – Sammlung von Beiträgen zu methodischen, historischen und wirkungsgeschichtlichen Aspekten der Jesusforschung von unterschiedlicher Qualität.

Journal for the Study of the Historical Jesus, Leiden (seit 2003). – Zwei- seit 2009 dreimal jährlich erscheinende Zeitschrift mit internationalen Beiträgen zu Jesusforschung.

Jüdische Schriften aus hellenistisch-römischer Zeit, Gütersloh (seit 1973). – Deutsche Übersetzungen der entsprechenden Schriften, mit Einleitungen.

KELBER, Werner H./BYRSKOG, Samuel (Hg.) 2009: Jesus in Memory. Traditions in Oral and Scribal Perspectives, Waco. – Beiträge zum »Memory Approach« in der Jesusforschung in Anknüpfung an und in Auseinandersetzung mit Birger Gerhardsson.

RISTOW, Helmut/MATTHIAE, Karl (Hg.) ²1961: Der historische Jesus und der kerygmatische Christus, Beiträge zum Christusverständnis in Forschung und Verkündigung, Berlin. – Maßgebliche Beiträge aus der Diskussion über die »neue Frage nach Jesus« um die Mitte des 20. Jahrhunderts.

SCHRÖTER, Jens/BRUCKER, Ralph (Hg.) 2002: Der historische Jesus. Tendenzen und Perspektiven der gegenwärtigen Forschung, BZNW 114, Berlin. – Sammlung von Beiträgen zur Jesusforschung vom Anfang des 21. Jahrhunderts.

ZAGER, Werner (Hg.) 2014: Jesusforschung in vier Jahrhunderten. Texte von den Anfängen historischer Kritik bis zur »dritten Frage« nach dem historischen Jesus, de Gruyter Texte, Berlin/Boston. – Sammlung maßgeblicher Beiträge zur Jesusforschung bis zum Beginn des 21. Jahrhunderts, mit Einleitungen.

Jens Schröter / Christine Jacobi

B. Geschichte der historisch-kritischen Jesusforschung

I. Einführung

1. Am Beginn des Jesus Handbuchs steht ein Überblick, der die Beschäftigung mit Person und Wirken Jesu in der Christentumsgeschichte zum Inhalt hat. Dabei wird nicht nur die historisch-kritische Jesusforschung in den Blick genommen, die gegenwärtig zumeist den Horizont der Diskussion bildet. Vielmehr wird bei antiken, mittelalterlichen und reformatorischen Zeugnissen über die irdische Person Jesu eingesetzt. In diesen steht natürlich noch nicht das dann ab der Aufklärungstheologie in den Vordergrund tretende Problem des Verhältnisses von irdischem Jesus und erhöhtem Christus im Zentrum. Vielmehr blicken die Theologen dieser Jahrhunderte auf den Menschen Jesus als den Vermittler göttlichen Heils, als Lehrer und als Vorbild sittlich-religiösen Lebens. Jesus wird so zum Paradigma eines Lebens in der Gnade Gottes, dem im Glauben nachzufolgen ist. Eine besondere Rolle spielte dabei im Mittelalter die Passions- und Sakramentsfrömmigkeit. Jesu Leidensweg wurde zum Exempel eines Lebens in Demut und Selbsterniedrigung, bis hin zu monastischer Askese und Selbstgeißelung. In der Jesus-Mystik eines Bernhard von Clairvaux steht die Versenkung in das Opfer Jesu am Kreuz im Zentrum, das zur Ausrichtung des eigenen Lebens am menschgewordenen Gottessohn und damit zur eigenen Erlösung führt. In der Reformation, etwa bei Martin Luther, trat dann die Selbstvergegenwärtigung Jesu Christi in der Predigt des Evangeliums und im Abendmahl in den Vordergrund.

2. Mit der Aufklärungstheologie des 18. Jh.s wurden ganz neue Akzente gesetzt. Das kritische Denken stellte Metaphysik und normative Traditionen in Frage und erhob die autonome menschliche Vernunft zum Maßstab. Mit dem sich in diesem Zuge entwickelnden englischen Deismus verband sich auch eine dezidierte Kritik an der Bibel als Offenbarungsurkunde, deren Autorität durch die Aufdeckung ihrer historischen Bedingtheit sowie ihrer Fehler und Widersprüche infrage gestellt wurde. Für die Wahrnehmung Jesu bedeutete dies, dass Lehren wie diejenige von seinem stellvertretenden Sühnetod, aber auch die Behauptung seiner Auferstehung kritisch hinterfragt wurden. Jesus trat stattdessen als jüdischer Lehrer in den Blick, der die Liebe der Menschen zueinander verkündigt und zur Umkehr zu Gott aufgerufen habe. Die Orientierung an Jesus als Vorbild war also am Menschen Jesus und dessen Religion, nämlich dem jüdischen Gottesglauben und der jüdischen Ethik seiner Zeit, ausgerichtet. Damit waren zugleich die Voraussetzungen für die historisch-kritische Exegese gegeben, die den Kanon in seine Einzelschriften auflöste, die je für sich aus ihrer Zeit heraus interpretiert werden müssten.

3. Auf diesen Voraussetzungen baut die historisch-kritische Jesusforschung auf. Wichtige Grundlagen dafür wurden durch die sich im 19. Jh. entwickelnde kritische Geschichtswissenschaft gelegt. Dabei wurde zum einen die konsequente Bindung geschichtlicher Forschung an die kritische Auswertung der Quellen der Vergangenheit herausgestellt, zum anderen wurde deutlich, dass die auf diese Weise interpretierten Quellen vom Historiker in einen Zusammenhang gebracht

werden müssen. Dieser bereits im 18. Jh. anhand der Verschränkung von Geschichtsschreibung und Roman diskutierte Zusammenhang wurde in der maßgeblich von Johann Gustav Droysen entwickelten Disziplin der »Historik« als der theoretischen Reflexion geschichtlicher Forschung mit der kritischen Quellenarbeit verknüpft. Die daraus resultierende, nicht zuletzt für die Jesusforschung maßgebliche Konsequenz lautet, dass mit der Verabschiedung einer metaphysischen, göttlichen Instanz, die die Einheit der Geschichte garantiert, an deren Stelle die durch den Historiker bzw. die Historikerin verantwortete, auf den Materialien der Vergangenheit basierende Geschichtserzählung tritt. Damit verbindet sich die bereits von Droysen formulierte Einsicht, dass die Aufgabe historischer Forschung nicht »die eigentliche historische Tatsache« sein kann, sondern die Verknüpfung der Ergebnisse der kritischen Quellenarbeit zu einer dem jeweiligen Kenntnisstand entsprechenden, die Vergangenheit für die Gegenwart zugänglich machenden Erzählung.

4. Die Jesusforschung hat diese grundlegenden hermeneutischen Einsichten der kritischen Geschichtswissenschaft allerdings zunächst nur zögerlich rezipiert. Sie hat sich stattdessen intensiv mit der Klärung des Verhältnisses von »historischem Jesus« und »geglaubtem Christus« befasst – eine Fragestellung, die sich ihrem spezifischen Gegenstand und den daraus resultierenden Diskursen verdankt. Deutlich wird das bereits an dem durch David Friedrich Strauß in die Jesusforschung eingeführten Begriff des »Mythos« und der darum entstandenen heftigen Kontroverse. Mit der Verwendung des Mythosbegriffs wollte Strauß deutlich machen, dass weder die supranaturalistische Sicht auf Jesus als Gottmensch, dem Dinge möglich waren, die mit den Mitteln menschlicher Vernunft nicht zu erklären sind, noch der Versuch einer rationalistischen Erklärung seines Wirkens (etwa seiner Wundertaten) die Erzählungen der Evangelien zu erhellen vermögen. Den Mythos definierte Strauß dabei als »absichtslos dichtende Sage«, als eine Darstellungsweise nämlich, mit der die Verfasser der Evangelien das Wirken Jesu unter selbstverständlicher, ihnen selbst gar nicht bewusst werdender Verwendung deutender Motive und Vorstellungen ihrer Zeit dargestellt hätten. Zwischen dem eigentlich Geschichtlichen und dessen »mythischer« Deutung zu unterscheiden, sah Strauß deshalb als ein unmögliches Unterfangen an.

Damit war die geschichtliche Grundlage für eine Beschreibung des Lebens Jesu radikal in Frage gestellt. Als Reaktion darauf entwickelte sich ein intensives Bemühen, die ältesten Quellen über Jesus herauszuarbeiten. Dieses führte zur Theorie vom MkEv als der ältesten Erzählung über Jesus und einer zweiten, bereits bei Papias erwähnten und auch bei Schleiermacher genannten Quelle mit »Logia« Jesu. Diese in direkter Auseinandersetzung mit Strauß von Christian Hermann Weisse entwickelte und von Heinrich Julius Holtzmann weiter ausgearbeitete – erst später so genannte – »Zweiquellentheorie« stellt, wenngleich mit Modifikationen und Präzisierungen, bis heute ein weithin anerkanntes Modell zur Verhältnisbestimmung der Evangelien untereinander und für die Frage nach den ältesten Quellen des Wirkens Jesu dar. Das MkEv bildete deshalb auch die Grundlage für etliche der im 19. Jh. verfassten, oftmals romanhaften Jesusdarstellungen, wogegen die selbst nicht erhaltene, aber auf der Grundlage der Markuspriorität erschlossene zweite Quelle (oft »Logienquelle Q« genannt) häufig zur Rekonstruktion der ältesten Wortüberlieferung herangezogen wurde.

5. Die durch Strauß' pointierte Position aufgeworfene Frage nach dem Verhältnis von »historischem Jesus« und »dogmatischem Christus« beschäftigte die kritische Jesusforschung auch weiterhin in intensiver Weise. Auf der einen Seite wurde dabei die Auffassung vertreten, aus den frühchristlichen Texten, die vor allem Glaubenszeugnisse und keine historischen Berichte sein wollten, ließe sich kein »historischer Jesus« rekonstruieren. Derartige Versuche seien vielmehr als historisch unergiebig und theologisch belanglos zu betrachten. Diese Sicht wurde mit je eigenen Akzenten z. B. von Martin Kähler, Rudolf Bultmann und Luke Timothy Johnson vertreten. Auch wenn damit die Intention der frühchristlichen Texte durchaus zutreffend erfasst ist, konnte doch die radikale Zurückweisung der Versuche, ein Bild des Wirkens Jesu, auf das sich diese Texte beziehen, zu rekonstruieren, nicht überzeugen. Dagegen spricht vor allem ein Argument, das in der Forschung in verschiedener Weise immer wieder geltend gemacht wurde: Die Evangelien und auch andere frühchristliche Texte binden das christliche Glaubenszeugnis explizit an das irdische Wirken Jesu. Auch wenn dieses dabei aus der Sicht des Glaubens an Jesus als den Sohn Gottes dargestellt wird, der im Geist und in der Autorität Gottes gewirkt hat, folgt daraus für die historisch-kritische Bibelwissenschaft nicht, dass das irdische Wirken Jesu selbst deshalb belanglos wäre. Vielmehr ist es mit den Mitteln historischer Kritik zu erheben und zum Bekenntnis zum auferweckten und erhöhten Christus ins Verhältnis zu setzen. Die Forschung über den »historischen Jesus« gehört deshalb – und zwar unabhängig davon, wie man die historische Zuverlässigkeit der Evangelien und das in ihnen anzutreffende Verhältnis von Glaubenszeugnis und historischem Bericht beurteilt – zu den Grundlagen der Beschäftigung mit dem Christentum, seinen Anfängen und maßgeblichen Konturen. Nicht zuletzt stellt die Besinnung auf Wirken und Geschick Jesu und zentrale Inhalte seiner Lehre – die oftmals in dezidiert kritischer Absicht erfolgt – eine wichtige Korrektur dogmatischer Lehrformulierungen und kirchlicher Praxis dar.

Die Jesusforschung ist im Zeitalter der historisch-kritischen Bibelwissenschaft demnach zu einem wesentlichen Teil auf die Verhältnisbestimmung von »historischem Jesus« und »geglaubtem (oder: kerygmatischem) Christus« konzentriert. Dabei werden mitunter radikale Lösungen vertreten, die den einen Pol zugunsten des anderen auflösen, also den historischen Befund gegen das christliche Bekenntnis profilieren oder umgekehrt das Glaubenszeugnis als den historischen Bezug überflüssig machend aufweisen wollen. Dabei wird jedoch verkannt, dass sich die mit den Bezeichnungen »historischer Jesus« und »geglaubter Christus« angezeigte Dynamik nicht einseitig aufheben lässt, sondern die darin liegende Spannung für die Jesusforschung fruchtbar zu machen ist. Diese Spannung liegt darin begründet, dass das Wirken und Geschick des galiläischen Juden Jesus von

Nazaret bereits von seinen frühesten Anhängern auf das Wirken Gottes zurückgeführt wurde, der durch ihn zum Heil der Menschen gehandelt hat. Die Spannung von historischem Geschehen und theologischer Deutung ist deshalb auch in der historisch-kritischen Jesusforschung immer wieder einzuholen.

6. Die oben angesprochenen geschichtshermeneutischen Einsichten sind in der neueren Jesusforschung zur Geltung gebracht worden. Unter dem Stichwort des »erinnerten Jesus« wurde dabei deutlich gemacht, dass Entwürfe des »historischen Jesus« auf der Auswertung der vorhandenen Quellen beruhende, von den erkenntnistheoretischen Prämissen und der Perspektive des Forschers bzw. der Forscherin bestimmte Darstellungen derjenigen Person sind, auf die sich die frühchristlichen Autoren beziehen. Damit wird zum einen in Anknüpfung an Droysen und unter Aufnahme neuerer geschichtshermeneutischer Ansätze der Zusammenhang von kritischer Quellenforschung und historischer Erzählung betont, zum anderen wird hervorgehoben, dass Entwürfe des »historischen Jesus« nicht mit der Person gleichzusetzen sind, die den Bezugspunkt der frühchristlichen Entwürfe darstellt. Auch wenn es die Intention historischer Rekonstruktionen ist, vergangene Wirklichkeit zugänglich werden zu lassen, gilt doch in hermeneutischer und erkenntnistheoretischer Hinsicht, dass diese Rekonstruktionen niemals hinter die Texte zurückgelangen, sondern stets Vermittlungen von Gegenwart und Vergangenheit sind, deren Bedeutung gerade in ihrer Perspektivität, Zeitgebundenheit und Selektivität liegt.

7. Vor diesem Hintergrund zeigt sich, dass die häufig anzutreffende Einteilung der historisch-kritischen Jesusforschung in drei Phasen – die liberale Leben-Jesu-Forschung des 19. Jh.s, die durch Ernst Käsemanns berühmten Vortrag »Das Problem des historischen Jesus« von 1953 inaugurierte »neue Frage nach dem historischen Jesus« sowie die in den 90er Jahren des 20. Jh.s einsetzende »Third Quest for the Historical Jesus«– verdeckt, dass es in der neuzeitlichen Jesusforschung Fragestellungen und Konstellationen gibt, die sich mit verschiedenen Akzentuierungen durchhalten. Dazu gehören die Frage nach dem, was sich über Jesus mit den Mitteln der historischen Kritik herausarbeiten lässt, die Verhältnisbestimmung von historisch rekonstruiertem Wirken und Geschick Jesu zum Bekenntnis zu seiner Auferweckung und Erhöhung sowie schließlich die Frage nach der Bedeutung des Historischen in der Theologie überhaupt. Dass diese Fragen die neuzeitliche Jesusforschung wesentlich prägen, erklärt sich vor dem Hintergrund der geistesgeschichtlichen Entwicklungen der Neuzeit. Daran wird deutlich, dass sich die Jesusforschung stets im Kontext philosophischer, geschichtstheoretischer und hermeneutischer Reflexionen bewegt und deshalb mit diesen Disziplinen in engem Austausch steht. Es macht schließlich auch deutlich, dass mit der Verabschiedung der Inspirationslehre und der damit verbundenen Kanonkritik die Frage nach den historisch-kritisch zu erforschenden Ursprüngen des christlichen Glaubens – und damit auch diejenige nach dem historischen Jesus – eine grundlegende Bedeutung für die christliche Theologie erlangt hat. Dies gilt jedenfalls – darauf sei abschließend zumindest hingewiesen – für diejenigen Ausprägungen

christlicher Theologie, die sich der historisch-kritischen Bibelwissenschaft verpflichtet wissen. Dass Jesus in anderen Kontexten auch auf ganz andere Weise Bedeutung erlangen kann, sei hier nur angedeutet.

Jens Schröter/Christine Jacobi

II. Der irdische Jesus in der antiken, mittelalterlichen und reformatorischen Frömmigkeit und Theologie

Der folgende Streifzug führt durch Phänomenbestände, welche die Auseinandersetzungen um den »Historischen Jesus« in der neueren protestantischen Theologie vorbereitet haben.

Bei der Aussonderung des Stoffes lasse ich mich von Karlmann Beyschlags typologischer Konstruktion der »Abendländischen Demutschristologie« (BEYSCHLAG 1988–2000 Bd. II/2: 100–114) anregen: Im westlichen Christentum ist von frühester Zeit an nicht nur die Menschwerdung, sondern das geschichtlich-persönliche Menschsein Christi als formender Beweggrund der Frömmigkeit wie der Theologie in einer Weise wirksam, die im Osten keine Entsprechung hat (HOLL 1904; ELERT 1957).

1. Antike

In 1Petr 2,21–24 (stadtrömisch?) wird möglicherweise das Fragment eines alten Hymnus (BULTMANN 1967c) zitiert; in Verbindung mit Zitaten aus Jes 53 stellt es den am Kreuz leidenden Jesus als Vorbild (ὑπογραμμός, 2,21) christlichen Verhaltens vor Augen: Gerade im Zentrum von dessen Erlösungswerk erkennt und vernimmt der Glaube Jesus als die schlechthin authentische Verkörperung der ihm vor- und aufgegebenen Lebenshaltung. Dieselbe Gedankenverbindung bezeugt der stadtrömische 1Clem: »Das Szepter der Majestät Gottes, der Herr Jesus Christus, ist nicht gekommen im Gepräge der Prahlerei und des Übermuts, wiewohl er es gekonnt hätte, sondern demütig, wie der Heilige Geist über ihn gesprochen hat [folgt Jes 53,1–3]« (1Clem 16,2). Die Paränese entspricht dieser Grundlage passgenau: »Den Demütigen nämlich gehört Christus, nicht denen, die sich über seine Herde erheben« (1Clem 16,1). »Seht, geliebte Männer, wer das Beispiel ist, das uns gegeben ist! Wenn nämlich der Herr so demütig gewesen ist, was sollen wir tun, die wir unter das Joch seiner Gnade gekommen sind?« (1Clem 16,17). Soteriologische und ethische Perspektive fließen im Begriff der Demut (DIHLE 1957) ineinander: Er erfasst gesamthaft die Sinnes- und Wesensart des Erlösers und gibt damit zugleich den Erlösten die Leitlinie ihres Sichdeutens und Sichverhaltens vor.

Als demütiger Erlöser ist Jesus Christus zugleich der sich durchsetzende Heilswille Gottes und das Ur- und Vorbild eines Menschseins, in welchem der Wille Gottes Gestalt gewinnt: »Das ist der Wille Gottes, den Christus getan und gelehrt hat: Demut im Wandel [*humilitas in conversatione*], Beständigkeit im Glauben, Schamhaftigkeit in Worten, Gerechtigkeit in Taten, Barmherzigkeit in Werken, Zucht in den Sitten, Unfähigkeit zum Unrechttun und die Bereitschaft, Unrecht zu erleiden, Frieden mit den Brüdern halten, Gott aus ganzem Herzen achten, ihn nämlich als Vater lieben und als Herrn fürchten, nichts über Christus stellen, weil er ja auch nichts über uns gestellt hat« (Cyp.domin.orat. 15).

In besonderer Weise sind die Märtyrer dem Zugriff von Gottes Willen in Christus ausgesetzt (vgl. Cyp.Fort. 11); ihrer Gemeinschaft mit dem leidenden Christus ist der Triumph mit dem Erhöhten verheißen: »ihn begleiten, wenn er kommen wird, um an den Feinden Rache zu nehmen, an seiner Seite stehen, wenn er zu Gericht sitzt, Miterbe Christi werden, den Engeln gleich sein, mit den Patriarchen, Aposteln und Propheten sich im Besitz des Himmelreiches erfreuen« (Cyp. Fort. 13). Eine vergleichbare Steigerungsform der Christusnachfolge ist den Asketen, Frauen wie Männern, gegeben und aufgegeben: Sie sind der heller strahlende Teil der Herde Christi, die »*inlustrior portio gregis Christi*« (Cyp.hab.virg. 3). Das Bedingungsgefüge von Gehorsam und Vollendung der Heilsteilhabe verfestigt sich: »Verwende deine Güter zu Zwecken, die Gott gebietet, die der Herr dir zeigt. Lass die Armen deinen Reichtum spüren und die Bedürftigen deinen Wohlstand, wuchere mit deinem Erbe für Gott, speise Christus: Bitte mit den Gebeten Vieler, dass du zur Ehre gelangst, die in der Jungfräulichkeit liegt, dass du zum Lohn beim Herrn gelangen mögest« (Cyp.hab.virg. 11).

Nach Ambrosius ist die Demut das gerade im Menschen Jesus Christus gewährte Heilsgut und zugleich die in ihm sich stellende sittlich-religiöse Forderung (Ambr.exp.Ps. 118 20,3): »Der zur Rechten Gottes sitzt, hat sich um unseretwillen gedemütigt, und deshalb sagt er zu uns: ›Lernt von mir, denn ich bin sanftmütig und von Herzen demütig‹ [Mt 11,29]. Nicht etwa hat er gesagt: Lernt von mir, denn ich bin mächtig, sondern dass er von Herzen demütig ist, damit du ihn nachahmst, so dass du zu ihm sagen kannst: Herr, ich habe deine Stimme gehört und dein Gebot erfüllt. Du hast gesagt, dass wir von dir Demut lernen sollen, wir haben sie nicht allein aus deinem Wort gelernt, sondern auch aus deinem Verhalten. Ich habe getan, was du befohlen hast: Sieh hier, meine Demut« (aaO. 20,20). Allein auf die Demut kann sich der Mensch nach dem Vorbild Christi wie der Apostel und Märtyrer vor Gott berufen – allerdings nicht als eine Leistung, sondern lediglich auf das Eingeständnis, trotz aller möglichen Anstrengung eben keine Leistung vorweisen zu können (vgl. aaO. 20,16 sowie 20,7 mit der folgenden Reihe von Exempeln). Gerade darin ist Christus das erhabene Vorbild der Demut, dass er diese nicht für sich, sondern für die Vielen lebte (aaO. 20,18)! – Wie schon Cyprian hebt auch Ambrosius die besonderen Möglichkeiten hervor, welche der Asketenstand in dieser Hinsicht bietet.

Sein jüngerer Zeitgenosse Hieronymus hat diesen relativen Vorzugsrang noch erheblich deutlicher markiert und zugleich dem westlichen Christentum ein weiten- und tiefenwirksames Motiv der Unruhe eingestiftet. Klerikern wie Mönchen obliegt die Pflicht, »nackt dem nackten Kreuz« bzw. dem nackten Christus nachzufolgen – Christusnachfolge konkretisiert sich als Standesethos. Auch dem Kleriker gilt Jesu Wort zum reichen Jüngling mitsamt der folgenden Verheißung: »Setze das Wort in die Tat um, und indem du nackt dem nackten Kreuze nachfolgst, wirst du umso schneller und leichter die Himmelsleiter [Gen 28,12] ersteigen« (Hier.ep. 58,2,1). Vor allem aber sind hier Asketen gemeint, männliche wie weibliche. Ihre Lebensform ist die apostolische, womit ein weiterer Signalbegriff mittelalterlicher Frömmigkeitsgeschichte anklingt: »Du willst vollkommen sein und auf dem Gipfel der Würde stehen? Tue, was die Apostel taten: Verkaufe alles, was Du hast, und gib es den Armen und folge dem Erlöser nach, und so wirst du ganz allein der nackten, einzigen Tugend nachfolgen« – so rät der Seelsorger einer wohlhabenden Witwe (Hier.ep. 120,1,12). Der Verzichtsforderung wird die Verheißung überschwänglicher Entschädigung untergelegt: »Wenn Du Vermögen hast, so verkaufe es und gib es den Armen. Wenn Du keines [mehr] hast, so bist du von einer schweren Last befreit: Dem nackten Christus folge nackt! Das ist hart, anspruchsvoll und schwierig. Aber der Lohn ist groß!« (Hier.ep. 125,20).

Augustinus' Erörterungen zur Heilsbedeutung des Menschen Jesus knüpfen an die seines Lehrers Ambrosius und die seines Zeitgenossen Hieronymus an, gehen jedoch insofern über sie hinaus, als sie die Fähigkeit bzw. die Unfähigkeit des Menschen, sich von der Demut Jesu Christi überhaupt ergreifen und bestimmen zu lassen, zum selbständigen Thema der Reflexion machen.

Damit er im Opfer die Erlösung vollbringen konnte, war es schlechterdings notwendig, dass Jesus Christus ganz und vollständig Gott und ebenso ganze, vollständige menschliche Person war.

Aber Augustinus kann die Menschwerdung noch in eine ganz andere Gedankenreihe einzeichnen, die er aus dem Begriff der Gnade herausspinnt: »Hier wird uns auf großartige, zwingend einleuchtende Weise Gottes Gnade vor Augen geführt. Welches Verdienst hat die menschliche Natur im Menschen Christus erworben, dass sie zur Einheit der Person des eingeborenen Sohnes Gottes auf einzigartige Weise angenommen wurde? Welcher gute Wille, welcher Eifer um einen guten Vorsatz, welche guten Werke waren zuvor da, durch welche jener Mensch es verdiente, eine Person mit Gott zu sein? War er etwa zuerst Mensch und wurde ihm dann erst diese einzigartige Wohltat gewährt, als er sich einzigartige Verdienste erworben hatte? Nein, denn von dem Moment an, da er als Mensch anfing zu existieren, war er der eingeborene Sohn Gottes und weil er Gott war, war er das Wort, welches durch seine, des Menschen, Annahme Fleisch ward« (Aug. ench. 11,36). Der Glaube wird also gerade an seinem Urheber dessen inne, dass das Heil des Sünders nicht an verdienstlichen Akten seines freien Willensvermögens hängt, sondern seinen Grund im göttlichen Ratschluss der Erwählung und Verwerfung (vgl. aaO. 24,94) hat.

Sünde ist als transsubjektives Menschheitsverhängnis nicht allein, ja, gar nicht einmal in erster Linie Strafverhaftung (*reatus*), sondern sie ist auch und vor allem religiös-ethische Fehlhaltung, welche zu Gottes Willen im Widerspruch steht, also mit der Versöhnung/Erlösung nicht zusammen bestehen kann. Diese impliziert also nicht allein die – wie auch immer zu bewerkstelligende – Zueignung des Ertrags des Versöhnungswerks Jesu Christi an den Menschen, sondern zugleich auch die Austilgung der Fehlhaltung und die Einwurzelung ihres positiven Widerspiels: Der Hochmut (*superbia*) des Sünders muss der Demut (*humilitas*) des Gerechten weichen. Und genau hier ist wieder der Mensch Jesus von entscheidender Bedeutung: »Es war notwendig, dass der menschliche Hochmut durch Gottes Demut bloßgestellt und geheilt wurde und dass dem Menschen gezeigt wurde, wie weit er von Gott gewichen war, als er durch den fleischgewordenen Gott zurückgerufen wurde und dem verstockten Menschen durch den Gottmenschen ein Beispiel des Gehorsams gewährt wurde und ein Gnadenquell entsprang, als der Eingeborene die Knechtsgestalt annahm, welche zuvor nichts verdient hatte« (aaO. 18,108). Der Mensch Jesus ist also nicht allein als vollkommenes Opfer die Versöhnung des göttlichen Zorns, sondern er ist zugleich auch das Muster derjenigen ethisch-religiösen Lebensführung, welche den Erwählten/Erlösten zukommt.

Der Mensch Jesus ist also Lehrer und er ist zugleich doch noch sehr viel mehr: »Denn Christus hat für uns gelitten und uns ein Beispiel hinterlassen, wie Petrus sagt, ›dass wir seinen Fußstapfen folgen‹ [1Petr 2,21]. Ein jeder folgt ihm nun nach, indem er ihn nachahmt – nicht, sofern er der eingeborene Sohn Gottes ist, durch den alles geworden ist, sondern sofern er als Menschensohn alles Nachahmenswürdige dargeboten hat« (Aug.virg. 27).

Nun sind alle Menschen mit dem Beginn ihres physischen Lebens und vor dem Erwachen ihres Bewusstseins in die Adamssünde des Hochmuts verstrickt. Es besteht also zwischen dem Lehrer/Vorbild und den Schülern/Nachahmern eine qualitative Grunddifferenz, welche durch die Schlüsselbegriffe *humilitas* und *superbia* markiert ist, und genau diese Differenz muss überwunden werden, damit überhaupt eine Neuformung des Menschen durch Beispiel und Lehre beginnen kann.

Systematisch hat hier der Begriff der *gratia* seinen Ort. Sie tilgt im Menschen die Sünde des Hochmuts aus und disponiert ihn dazu, sich dem Abbau und dem Neubau seiner selbst preiszugeben. Die Gnade ist ihrerseits gänzlich unanschaulich und wirkt auf den Menschen in einer Schicht seiner Person, an welche keine mögliche Erfahrung heranreicht. Symbolisiert wird die Gnade allerdings durch die Sakramente, insbesondere die Taufe und die Eucharistie.

Die Begegnung mit dem erinnerten bzw. sich vergegenwärtigenden geschichtlichen Menschen Jesus Christus ist hier im Zentrum, wo die Sakramente das Geheimnis der Gnade zugleich andeuten und wahren, nicht von Belang. Der Gottmensch wirkt an der Peripherie, indem er dem Sünder durch Lehre und Beispiel seine Erlösungsbedürftigkeit bewusst macht und indem er ihn anleitet, die durch die Gnade ihm geschenkte Lebensmöglichkeit richtig einzuschätzen und zu nutzen. Das drückt Augustinus mit dem Begriffspaar »*sacramentum et exemplum*« (Aug.trin. 4,3,6) aus: Christus hat im Kreuzesopfer Gott und Mensch versöhnt und bildet auf geheimnisvolle Weise ab, was am inneren Menschen geschieht, wenn die Gnade an ihm wirkt; dem äußeren Menschen gibt sich Christus als Beispiel zur Nachfolge und Nachahmung, denn hier vermag er zu erkennen, welche äußere Gestaltwerdung die Erneuerung des inneren Menschen fordert und gewährt.

Diese Doppelrelation lässt sich auch in die Vertikale drehen und als Reinigungs- und Aufstiegsschema gestalten: Die menschliche Natur Christi führt über das Glauben zum Schauen seiner göttlichen Natur. Im Anschluss an Joh 1,1f. führt Augustinus aus: »Vergeblich würde er uns die Gottheit des Wortes verkündigen, wenn er die Menschheit des Wortes verschwiege. Damit ich jene erblicken kann, wird hier an mir gehandelt; um mich zu reinigen, damit ich jene zu schauen vermag, kam er selbst meiner Schwäche zur Hilfe. Indem er von der Menschennatur die Menschennatur selbst annahm, ist er Mensch geworden. Er kam mit dem Lasttier des Fleisches zu dem, der verwundet am Wege lag [Lk 10,30–37], um durch das Geheimnis seiner Fleischwerdung [*sacramento incarnationis*] den kleinen Glauben zu formen und zu nähren, um ihn zum hellen Verstehen zu machen und ihn zum Anblick dessen zu führen, was er selbst durch das, was er annahm, doch nie verloren hat« (Aug.serm. 341,3,3). Und als Chiffre für dieses Aufstiegsschema, in welchem die Menschheit Christi als Weg zur Teilhabe an seiner Gottheit fungiert, zitiert Augustinus immer wieder Joh 14,6 (Stellen bei SCHEEL 1901: 370–375).

2. Mittelalter/Humanismus

Im frühen Mittelalter hat auch im Christusbild des Westens die Anschauung des erhabenen Weltherrschers überwogen und der Mensch Jesus kam überwiegend als Lehrer in Betracht. Neben literarischen Quellen (vgl. HAUCK [6]1952 Bd. I: 192–200; Bd. II: 793–805) bezeugt das die Kunstgeschichte (vgl. BÄBLER/REHM 2001; ANGENENDT 1997: 143–147). Gregor d.Gr. hielt bestimmte Grundgedanken Augustinus' in zeitgemäßer Abbreviatur präsent (GRESCHAT 2005: 175–178).

Ein wichtiger Strang der Erinnerung an den Menschen Jesus entspann sich aus der Kombination von Passionsmemoria und Sakramentsfrömmigkeit im Zuge der Durchsetzung der realistischen Auffassung des Messopfers, die in unzähligen Wunderlegenden wirksamen Ausdruck fand (BROWE 1938).

Die Auffassung des irdischen Jesus als Quell und Norm einer heilsverbürgenden Lebensform war einer der Faktoren, die zur »gregorianische[n] Kirchenreform« führten (TELLENBACH 1988).

In aggressiv-frommen Aufbrüchen erwachten die frühchristlichen und altkirchlichen Formeln und Gedankenmuster vom irdischen Jesus als dem Musterbild der Demut und von der nackten Nachfolge des nackten Christus zu neuem

Leben – freilich unter von Grund auf neu gestalteten Umständen und darum auch in neuen Reflexions- und Realisationsgestalten.

Petrus Damiani schrieb den Mönchen auf dem Monte Cassino einen umfänglichen Mahnbrief, weil sie die Sitte aufgegeben hatten, sich freitags mit nacktem Oberkörper zu geißeln: Die persönlich-existentielle Teilhabe am Leiden Christi verleiht die Anwartschaft auf die Teilhabe an seiner Herrlichkeit. Nur wer sich des Erniedrigten nicht schämt und sich von ihm leiten lässt, wird Gnade vor dem furchtbaren Richter bei seiner Wiederkunft in Herrlichkeit finden. Und genau hierin liegt der Heilsertrag von Christi Weg: »Nun sag' schon: Warum hat Christus gelitten? Etwa um seine eigene Schuld abzuwaschen und um seine Übertretungen zu tilgen? Nein, höre, was Petrus von ihm sagt [1 Petr 2,22]! Wozu also hat er gelitten? Immer noch antwortet Petrus selbst [1 Petr 2,21]. Christus hat also als erster gelitten, ihm sind zuerst die Apostel nachgefolgt, deren Fußstapfen auch wir nachfolgen [*vestigia imitari*] sollen, wie einer von ihnen sagt [1 Kor 11,1 Vulgata: *imitatores ... estote*]. Wozu also hat Christus, wie wir lesen, gelitten, wenn nicht dazu, dass wir uns an ihm ein Beispiel nehmen?« (Petrus Damiani, Brief 161).

Das Leitbild einer freiwillig armen Lebensweise, die sich am Beispiel Jesu und der Apostel orientiert, drang über die mönchischen Lebenskreise und ihre aparten Lebensordnungen hinaus. Es wurde kritisch gegen »verweltlichte« Kleriker gewendet – wo das deren kirchenpolitische Zielsetzungen befördern konnte, auch von Päpsten und Bischöfen. Laien tat sich im Bußruf von Wanderpredigern (VON WALTER 1903–1906), die auch die Kreuzzugsidee ins Volk trugen (Peter von Amiens: HAGENMEYER 1879), unversehens eine neuartige Möglichkeit authentisch-christlicher Existenz jenseits hergebrachter Rollenzuschreibungen und lebensgeschichtlicher Festlegungen auf – auch und gerade Frauen. Mittelfristig wurden solche Bewegungen durch monastische Lebensformen eingehegt – oder sie wurden häretisiert.

Die Armutsbewegung wurde auch zum Einfallstor für Missionare dualistischer Sekten, aus deren Wirken der Katharismus entstand, die schwerste häretische Herausforderung der Katholischen Kirche vor der Reformation, weil seine Protagonisten sich im Kontrast zu einer angeblich verweltlichten Kirche als authentische, apostolisch-arme Nachfolger Christi darzustellen wussten. Die vom reichen Kaufmann (Petrus) Waldes in Lyon begründete Gemeinschaft von dezidiert katholischen armen Bußpredigern wollte den Katharern das Wasser abgraben, wurde jedoch aufgrund von Konflikten um das Predigtrecht selbst verketzert; ein kluger, etwas zynischer Zeitzeuge schilderte sie so: »Sie haben keine festen Unterkünfte und streifen immer zu zweit umher, barfuß und in wollenen Gewändern. Sie sind besitzlos und haben alles gemeinsam wie die Apostel, und nackt folgen sie dem nackten Christus« (GONNET 1958: 123).

Die wirkmächtigste Synthese von Armutsbewegung und Klerikerkirche verkörperte Franz von Assisi (SELGE 1966; 1970): Dem begnadeten Selbstdarsteller, der als »zweiter Christus« verehrt wurde (Stigmatisierung), verschmolzen der arme Jesus und der eucharistische Christus der kirchlichen Heilsanstalt zur untrennbaren Einheit. Die an ihn sich anschließende Asketen- und Predigerbewegung verstetigte sich zur neuartigen Facette abendländischen Mönchtums – unter Konflikten (»Armutsstreitigkeiten«), deren mentalitäts-, sozial-, geistes- und rechtsgeschichtliche Folgen schwerlich zu überschätzen sind (MIETHKE 1999; 2000).

Gleichfalls epochal war das Wirken der Franziskaner in der Beichtseelsorge und in der Volkspredigt. Hier wird der Gottmensch Jesus Christus aus drei Blickwinkeln thematisch: Er ist der Ermöglichungsgrund der dem Sünder eröffneten Heilsmöglichkeit. Sein Lebensgang leitet den Sündermenschen dazu an, sich der ihm gnadenhaft gewährten Möglichkeiten zu seinem Heil zu bedienen. Endlich trägt der Affekt des Mitleids mit dem leidenden, gekreuzigten Jesus dazu bei, den sündhaften Hochmut des Sünders zu brechen und in ihm die heilsnotwendige Tugend der Demut zu befördern. In diesem Bestreben hat die spätmittelalterliche Volkspredigt besonders intensiv die Qualen des unschuldig Gemarterten betont, ihre Hörer zur bewussten religiös-moralischen Selbstunterscheidung von deren Urhebern, den ungläubigen Juden, aufgerufen und damit die Judenfeindschaft angeheizt (KIRN 2001).

Strukturanaloge Gedankenfiguren bestimmten auch die Jesus-Mystik, die über die Klöster hinaus in die Welt der gebildeten Laien hineinwirkte. Stilbildend war Bernhard von Clairvaux, ein Zeitgenosse der religiösen Aufbrüche des 12. Jh.s.

Augustinus folgend verstand Bernhard von Clairvaux christliche Existenz als aufsteigende Rückkehr der Seele in ihren göttlichen Grund. Schon auf dem Wege kann sie ihr Ziel antizipieren: Im seligen Selbstverlust zergeht das Ichbewusstsein, weil es an seinen göttlichen Grund rührt.

Das Bild, das Bernhard vom Menschen Jesus Christus zeichnet, ist bestimmt von dessen Funktionen für den Menschen auf diesem Weg. Das Kreuzesopfer des Gottmenschen ist die transzendent-geschichtliche Ermöglichungsbedingung des Aufstiegs. Der Mensch muss seine Lebensdeutung und Lebensführung erneuern, und das kann er nur mit der Hilfe Jesu: Er wendet sich an Menschen im Aufstieg, also in einem durchaus transitorischen Stadium, und dementsprechend weist der Menschgewordene über sich selbst hinaus auf seine reine göttliche Natur bzw. auf Gott selbst als das eigentliche Ziel (Bern.serm.cant. 20,6–8).

Die stellvertretende Sühne sowie die Leitung und Beförderung des religiös-sittlichen Aufstiegs verweisen auf die selbstlose Demut und Liebe des Gottmenschen, und für die schuldet die Menschheit dem Gottmenschen deshalb tätige Dankbarkeit (aaO. 11,8 – man denke an Zinzendorfs Düsseldorfer Erlebnis zu Beginn seiner Kavalierstour; RITSCHL 1880–86 Bd. 3: 201). Die meditierende Erinnerung des Erdenweges Jesu ist also Mittel zum Zweck der religiös-ethischen Tugendbildung; der eigentliche Gegenstand der Sehnsucht und der Hoffnung ist die göttliche Natur Christi bzw. Gott selbst (vgl. Bern.serm.cant. 10,8 mit charakteristischem Bezug auf Joh 6,64).

Ein Ausläufer dieser Jesus-Mystik ist die im Spätmittelalter anschwellende fromme Ratgeber-Literatur. In seiner »Vita Jesu Christi« deutete Ludolf von Sachsen (gest. 1378) die einzelnen Episoden, unter ihnen auch viele apokryphe Weiterungen, mit umfangreichen Rückgriffen auf die rechtgläubige Auslegungstradition: An Jesus lässt sich ablesen, wie im Bestehen von Bewährungsproben und im entschlossenen Zugriff auf Möglichkeiten verdienstlichen Verhaltens ein wahrhaft christliches, heilsverdienstliches Leben gestaltet werden kann. Ignatius von Loyola hat hier entscheidende Anstöße empfangen (BOEHMER 1914: 299–308).

Erheblich kürzer sind die vier Traktate »De imitatione Christi« des Thomas Hemerke von Kempen (gest. 1479). Sie bieten Hilfestellungen bei der Selbstanalyse und bei der Selbsterziehung. Immer wieder sucht »Christus« selbst den Dialog mit der Seele und spendet ihr Aufmunterung, Rat und Trost für eine konzentrierte Lebensführung, welche sich die Nebendinge auf Abstand hält. Eine Sonderstellung nimmt die Vorbereitung auf die Begegnung mit Christus in der eucharistischen Kommunion ein.

Die Kontinuitäten hierzu in des Erasmus von Rotterdam »Enchiridion [Handbuch oder auch Dolch] für den christlichen Streiter« (1503) sind augenfällig: Das Leben des Christenmenschen ist ein einziger Kampf des Geistes gegen das Fleisch. In diesem Kampf ist Christus der Feldherr, der als Schöpfer und Erlöser ein Anrecht auf die Treue seiner Dienstleute hat. Als Vorbild und ermutigender Berater fördert und leitet er den heilsamen Freiheitsgebrauch der Seinen. Christus ist allen philosophischen Lehrern qualitativ überlegen, weil bei ihm Lehre und Lebensführung lückenlos übereinstimmten.

Der von Erasmus besonders glanzvoll vertretene Bibelhumanismus wirkte in je unterschiedlichen Spielarten in den sich mit der Reformation bildenden und verfestigenden Konfessionskirchentümern.

Ihre Sprengkraft erwies diese Denkweise abseits der großen Kirchentümer (Sozinianer, Arminianer): Hier wurden im kritischen Rückgriff auf die biblischen Quellen die Zwei-Naturen-Christologie und die Versöhnungslehre abgebaut, also der geschichtliche Jesus gegen den Christus des Dogmas in Stellung gebracht.

Ein frühes Stadium dieses Prozesses repräsentiert die Apologie des Hugo Grotius: »Und so ziehen wir den Schluss, dass diese Religion über alle anderen herausragt, weil ihr Lehrer selbst verwirklicht hat, was er gebot, und selbst erlangt hat, was er versprach« (Grot.verit. 2,20): Gemeint sind Jesu vollendetes religiöses Ethos und seine Auferstehung, welche seine Verheißung des Ewigen Lebens gewährleistet, wie Grotius überhaupt aus den Wundern Jesu das entscheidende Argument für dessen göttliche Legitimation zieht (vgl. aaO. 2,4).

3. Reformation

Auch der reformatorische Neuansatz im Verständnis des geschichtlichen Menschen Jesus wurzelte in der augustinisch-bernhardinischen Christus-Meditation, reorganisierte jedoch diesen gesamten Vorstellungs- und Gedankenzusammenhang durch eine neuartige Auffassung von Gottes Wesen und Willen sowie seinem Handeln in Jesus Christus (OHST 2012).

Nach Luther setzt die Gotteserkenntnis beim geschichtlichen Menschen Jesus, insbesondere bei seinem Leiden ein; von dort aus steigt sie auf und wird Gottes inne (WA 2: 136–142). Das Innewerden Gottes ist aber kein seliger Selbstverlust, sondern die Neukonstitution des menschlichen Selbst im individuellen Vergebungs- und Versöhnungsglauben. Der entsteht dadurch, dass sich Jesus Christus in seinem einmalig-geschichtlichen Heilshandeln worthaft vergegenwärtigt: »Hier zeigt sich schön die Art und Weise, auf die wir erlöst werden, nämlich durch Christus als das Urbild und Beispiel, gemäß dessen Bild alle geformt werden, die erlöst werden. Denn Gottvater hat Christus gemacht, auf dass er ein Zeichen und Urbild sei, damit diejenigen, welche ihm durch den Glauben anhängen, in dieses Bild hinein umgeformt werden und so weggezogen werden von den Bildern der Welt. [...] Diese Sammlung der Kinder Gottes geschieht so, als wenn eine Stadtregierung ein öffentliches Schauspiel anberaumt: Dann verlassen alle Bürger ihre Häuser und Gewerke und strömen dorthin. So zieht und reißt Christus, durch das Evangelium wie durch ein Schauspiel aller Welt bekannt, durch seine Erkenntnis und durch das Nachsinnen über ihn alle von den Dingen weg, welchen sie in der Welt anhängen. Und das ist ihr Umgeformtwerden, ihr Ihmgleich-Werden. [...] Nicht durch Gewalt und Furcht zwingt Gott zum Heil, sondern durch dieses süße Schauspiel seiner Barmherzigkeit und Fürsorge bewegt und zieht er alle diejenigen durch die Liebe, welche er rettet« (WA 57: 124 f.; vgl. Osthövener 2004: 41–58; Barth 2010).

Das Heilswerk Jesu Christi ist nicht mehr die ferne Ursache für hier und jetzt zu realisierende Möglichkeiten, sondern es kommt in seiner worthaften Selbstzueignung an den je einzelnen Menschen zum Ziel: »Wenn du nun das Evangelienbuch aufschlägst, liest oder hörst, wie Christus hierhin oder dahin kommt oder jemand zu ihm gebracht wird, dann sollst du dadurch vernehmen die Predigt oder das Evangelium, durch welches er zu dir kommt oder du zu ihm gebracht wirst. Denn das Evangelium predigen ist nichts anders, denn Christus zu uns kommen oder uns zu ihm bringen« (WA 10.1/1: 13 f.).

Auch in Luthers Abendmahlsverständnis bezeugt diese Konzentration auf die worthaft-wirkmächtige Selbstvergegenwärtigung Christi (kritisch wie konstruktiv grundlegend WA 6: 507–526). – Christus bleibt demjenigen, welchem er worthaft gleichzeitig wird, nicht äußerlich, sondern es kommt zu einer in die letzten Tiefen gehenden Personengemeinschaft, für die Luther auch in kühn umprägender Weise die altbekannte Bilderwelt der Brautmystik heranzieht (Bornkamm 1998: 183–185): Christus hat uns nicht losgekauft, »um uns bloß darüber zu belehren, wie man gut lebt. Sondern er hat das getan, damit er selbst in uns lebe und regiere und unser Herr sei, der in uns alle unsere Werke tut, was allein durch den Glauben an ihn geschieht« (WA 7: 726 f.). In dieser Gemeinschaft erhält der Christ auch Anteil an Christi Leiden: »S. Paulus heißt auch aller Christen Leiden das Leiden Christi. Denn wie der Glaube, der Name, das Wort und Werk Christi mein ist, darum, dass ich an ihn glaube, also ist sein Leiden auch mein, darum, dass ich auch um seinetwillen leide« (WA 12: 279).

Der sich im Wort auf seinem heilvollen geschichtlichen Erdenwege vergegen-
wärtigende Jesus Christus ist der Auferstandene. Er handelt in göttlicher Vollmacht am menschlichen Gewissen, welches an ihm seiner eigenen Heil- und
Trostlosigkeit innewird und in und an ihm im Glauben seine Neukonstitution
erfährt. So wird die Unterscheidung von *exemplum* und *sacramentum* zur Dialektik von Gesetz und Evangelium, welche das worthafte Handeln des sich vergegenwärtigenden Jesus Christus strukturiert. Die Gesetzeserfahrung bildet allererst
die Voraussetzung dafür, dass Christus sich in seinem Heilswerk im Gewissen
gegenwärtig setzen und den Glauben schaffen kann.

Das Problem, das Luthers Neubestimmungen stellen und zuspitzen, lässt sich
so formulieren: Wie ist es gedanklich zu plausibilisieren, dass die worthaft gestaltete Begegnung mit dem einmaligen geschichtlichen Menschen Jesus Christus
fort und fort Menschen an je ganz anderen geschichtlichen Orten zur erlösenden
und befreienden Gewissensbegegnung mit Gott wird, wenn man die bisher zur
Lösung dieses Problems eingesetzten gedanklichen und institutionellen Konstrukte verwirft, weil sie allesamt letztlich auf eine Kooperation menschlicher
Wahl- und Willensfreiheit mit sakramental vermitteltem göttlichen Gnadenhan-
deln hinauslaufen?

Luthers eigene Lösung läuft über eine gänzliche Neubestimmung des biblischen Wortes als der Selbstvergegenwärtigung Jesu Christi, als des Gleichzeitig-
werdens des erhöhten geschichtlichen Jesus mit demjenigen, welchem er den
Glauben schenkt (OHST 2010), und sodann christologisch über die im Zuge des
Abendmahlsstreits ausgearbeitete Neufassung der Zwei-Naturen-Lehre: Durch
die wechselseitige Mitteilung der Eigenschaften der göttlichen und der menschlichen Natur Christi ist der menschlich-geschichtliche Christus seiner Bindung an
Zeit und Ort enthoben (BAUR 1993: 117–144).

Luthers kühne Denkanstöße, die nicht nur die mit dem Zwei-Naturen-Dogma
gesetzten Grenzen bis zum Zerreißen spannten, sondern auch die Grundlagen
der klassischen Metaphysik in Frage stellten, fanden v. a. in Württemberg Wider-
hall; den Hauptstrom der Frömmigkeits- und Theologiegeschichte bestimmten
jedoch in den Spuren Melanchthons Synthesen reformatorischer Ansichten mit
augustinischem und humanistischem Denken. Wie schwer es fiel, unter diesen
Bedingungen reformatorischen Erwerb festzuhalten, bezeugt beispielhaft der unermüdliche Kampf lutherischer Theologen gegen die sozinianisch-humanisti-
schen und tridentinisch-katholischen Beanspruchungen Jesu Christi als eines
neuen Gesetzgebers (GERHARD 1863–75 Bd. III: 171–179): Das war kein eigen-
sinniges Insistieren auf bloßen Formeln, sondern es galt, eine Grundeinsicht reformatorischer Theologie festzuhalten, nämlich das Verständnis des geschichtlichen Jesus Christus als des in der worthaften Selbstvergegenwärtigung durch die
Schrift sich dem Glauben zueignenden Evangeliums.

OHST, Martin 2014: Urheber und Zielbild wahren Menschseins: Jesus Christus in der Kirchengeschichte, in: SCHRÖTER, Jens (Hg.): Jesus Christus, TdT 9, Tübingen, 119–179.

PFANNMÜLLER, Gustav ²1939: Jesus im Urteil der Jahrhunderte, Berlin.
PREUSS, Hans 1915: Das Bild Christi im Wandel der Zeiten, Leipzig.
RICHSTAETTER, Carl 1949: Christusfrömmigkeit in ihrer historischen Entwicklung, Köln.
RUH, Kurt 1990–1999: Geschichte der abendländischen Mystik, 4 Bde., München.

Martin Ohst

III. Das 18. Jahrhundert als Entstehungskontext der kritischen Theologie

1. Kritische Philosophie

Kritik als die Methode der logisch-rationalen Analyse aller Wissens- und Handlungsfelder avancierte im 18. Jh. zu einem Leitmotiv der Epoche. Die bedeutende, von Jean Le Rond d'Alembert und Denis Diderot organisierte *Encyclopédie ou dictionnaire raisonné* wies der kritischen Methode die Aufgabe zu, ihre Gegenstände vor das »Tribunal der Wahrheit« (Bd. 10 1782: 13) zu bringen; wenig später entgrenzte Immanuel Kant die Methode dann zu dem Inbegriff seines Jh.s: »Unser Zeitalter ist das eigentliche Zeitalter der Kritik, der sich alles unterwerfen muß« (KrV A XI).

Das Leitmotiv der Kritik stellte jegliche Bestimmtheit durch ein metaphysisch gebundenes, supranaturalistisches Wirklichkeitsverständnis in Frage und problematisierte zugleich die legitimatorische Berufung politischer, ethischer, religiöser, theologischer und philosophischer Normen auf die Verbindlichkeit autoritativer Traditionen. Wenn auch die Entfaltungen eines kritischen Verstandesgebrauchs in materialer Hinsicht erheblich differierten, so kamen sie in dem Postulat einer traditionskritischen Autonomie des menschlichen Denkens doch allesamt überein. Gemäß des von ihr reklamierten Universalanspruchs war es nur konsequent, dass die kritische Vernunft schließlich reflexiv und damit auch ihrer eigenen Bedingungen, Grenzen und Gefährdungen ansichtig wurde.

Die Geschichte des neuzeitlichen, die denkerische Souveränität der Vernunft postulierenden philosophischen Rationalismus begann mit René Descartes. Um für die Wahrheitserkenntnis einen sicheren, irrtumsresistenten Grund zu gewinnen, wählte er in seinen *Meditationes de prima philosophia* (1641) den Weg des radikalen methodischen Zweifels. Unumstößliche Gewissheit fand er dabei zuletzt allein in dem Wissen des zweifelnden Denkens um sich selbst: *Cogito ergo sum.* Demgegenüber war die englische Aufklärungsphilosophie (F. Bacon, J. Locke, D. Hume) durch Empirismus und Sensualismus bestimmt. Anders als in der von Descartes gebahnten Denkspur sollte hier alle Wissenschaft und überdies alle Lebenspraxis nicht durch den Nachweis rationaler Erkenntnisfähigkeit begründet, sondern aus der sinnlichen Erfahrung abgeleitet werden. Diesen beiden philosophischen Hauptströmungen des Zeitalters attestierte Kant jedoch einen unkritischen Gebrauch der Vernunft: Während der Rationalismus außer Acht lasse, dass Begriffe, sofern ihre Anwendung über den Bereich möglicher Erfahrung hinausgreift, ihre epistemische Tragfähigkeit einbüßen, übersehe der Empirismus, dass Erfahrung ohne hinzutretende Verstandeskategorien gar nicht konstituierbar sei. Für ihn war Metaphysik demnach nur noch in umfassend kritischer Ausrichtung möglich: als die Wissenschaft von den Quellen sowie von Umfang und Grenzen rationaler Erkenntnis.

Kritik meinte dabei jedoch nicht prinzipielle Traditions- und Autoritätsfeindlichkeit, sondern vollzog sich, gemäß ihrem Ursprung als philologische Textkritik, in der Ambivalenz von Ablehnung und Bewahrung aufgrund kritischer Prüfung. Das dadurch bestimmte philosophische Verfahren, das, jedem Systemzwang zuwider, das eigene kritische Urteil zur allein ausschlaggebenden Instanz erhob, lässt sich in formaler Hinsicht als Eklektizismus bestimmen. In ihm erfüllte sich die Maxime der Aufklärung, »jederzeit selbst zu denken« (KANT 1958: 283). Die dem 18. Jh. eigene Neigung zu enzyklopädischer Vergewisserung stimmte damit insofern überein, als sie sich nicht der Herrschaft eines apriorischen Systems unterwerfen, vielmehr das Wissen der Zeit in empirisch-additiver Weise darbieten wollte. Die gängige Bezeichnung der Epoche als »das philosophische Jahrhundert« zielt auf die in ihm sich vollziehende »Revolution für die Denkungsart« (KANT 1956: 698), durch die der philosophische Gedanke praktisch werden, also in allen Bereichen des Lebens gestaltend zur Geltung kommen sollte. Die Frage nach der lebenspraktischen Relevanz theoretischer Einsichten, aber auch von Institutionen, Phänomenen und Vollzügen – kurzum: nach der »Nutzbarkeit« (SPALDING 2002) – war ein Modethema der Aufklärungszeit.

2. Kritische Religionsphilosophie

Mit dem Erwachen der westeuropäischen Aufklärung verbanden sich die Anfänge einer von christlicher Theologie unabhängigen kritischen Religionsphilosophie. Diese war, zumal in England, durch die vielgestaltige Ausformung eines deistischen Religionskonzepts geprägt und stellte der diskursiven Selbstexplikation der deutschen Aufklärungstheologie einen wesentlichen Referenzrahmen bereit.

Als erster bedeutender Vertreter des englischen Deismus unternahm Edward Herbert von Cherbury in seinem Hauptwerk *De veritate* (1624) den Versuch, aus den geschichtlich ausgeformten Religionsgestalten das Substrat einer natürlichen Ur-Religion herauszufiltern, für die er fünf konstitutive Wahrheiten geltend machte: Gott existiert wirklich; ihm gebührt Verehrung; diese vollzieht sich vornehmlich in Tugend und praktischer Frömmigkeit; Verfehlungen sollen bereut und wiedergutgemacht werden; Gott straft und belohnt in Zeit und Ewigkeit. Diesen zureichenden religiösen Wahrheitskatalog nannte Herbert »katholisch«, weil er darin den vernünftigen Kern jeder positiven Religion bezeichnet sah. Alle darüber hinausgehenden, die vernünftige Religionswahrheit trübenden Lehr-

und Kultformen meinte er als Hilfsmittel priesterlicher Machtausübung entlarven zu können.

Seit dem Beginn des 18. Jh.s gewannen für den englischen Deismus die rationalistische Bibelkritik sowie die vernünftig-moralische Reinigung des Kirchenglaubens zunehmend an Interesse. Durch den Aufweis außerbiblischer Parallelen und Einflüsse suchte man nun den vernünftigen Kern der Bibel herauszuschälen. Dergestalt zielte die kritisch-exegetische Arbeit der Deisten (J. Toland, A. Collins, Th. Woolston, M. Tindal) auf eine Destruktion der ntl. Weissagungsbeweise und Wunderberichte sowie auf eine – teils frivol übersteigerte – moralische Kritik an biblischen Personen und Sachen.

In Frankreich wurde der englische Deismus vornehmlich als Munitionsdepot im religionskritischen Kampf rezipiert. Die von Voltaire ausgearbeitete Bibelkritik nahm den christlichen Offenbarungsanspruch gezielt ins Visier. Indem er das christliche Basisdokument einer nach historischen, geographischen, moralischen und logischen Kriterien verfahrenden Plausibilitätsprüfung unterzog, wollte er die Bibel nicht nur als ein ganz normales Buch behandelt wissen, sondern zugleich die ihr einwohnenden Inkohärenzen und Absurditäten, im religionsgeschichtlichen Vergleich zudem ihre Epigonalität demonstrieren. Während der christliche Lehr- und Traditionsbestand für Voltaire einen Ausbund menschlicher Unvernunft darstellte, hat er sich andererseits auch von dem aufkommenden neuzeitlichen Atheismus nachdrücklich distanziert. Für den geschichtlichen Jesus, diesen »Armen, der den Armen predigte«, diesen »Sokrates aus Galiläa«, empfand Voltaire hohe Wertschätzung. Zugleich freilich komme es darauf an, Jesus dadurch aus den Verirrungen einer Religion, die er weder gewollt noch gestiftet hat, zu erretten, dass man endlich aufhörte, aus ihm zu machen, was er niemals zu sein beansprucht habe oder gewesen sei: der Sohn Gottes.

3. Kritische Theologie

Die klassische, zumal in Deutschland betriebene Theologie der Aufklärung partizipierte an dem in ihrem Zeitalter entwickelten Wahrheitsbewusstsein. In kritischer Absicht befragte man nun biblische Überlieferung, dogmatischen Lehrbestand und religiöse Traditionen nach ihrem rationalen Gehalt sowie nach ihrer lebenspraktischen Relevanz. Mittels historisch-kritischer Exegese und durch kritisch orientierte Dogmengeschichtsschreibung suchte man den vernünftigen Kern der theologisch-kirchlichen Überlieferung zu destillieren, um ihn für eine neue, zeitgemäße Akkommodation in Gebrauch nehmen zu können. Diese kritische Sichtung des überkommenen Lehrsystems provozierte eine grundlegende, die neuzeitliche Theologiegeschichte bis heute bestimmende Umformung des christlichen Denkens.

Zumal das durch die Neologie betriebene, aus reformatorischen Wurzeln gespeiste (vgl. BEUTEL 2016) religiöse Individualisierungsprogramm führte zu einer kritischen Prüfung aller herkömmlichen Autoritätsansprüche. Das bedeutete nicht nur eine (bereits im Pietismus angebahnte) Problematisierung der den Bekenntnisschriften zugeschriebenen Normativität, sondern darüber hinaus eine Revision des überkommenen Schriftverständnisses: Mit der Anerkennung als verbalinspiriertem Kanon war es unwiderruflich vorbei. Verlässlicher Garant einer der Bibel zuerkannten Verbindlichkeit blieb zumeist nur noch das als vorbildhaft geschätzte Leben und Sterben Jesu, das allerdings den Neologen nicht mehr unbedingt als geschichtlich analogielos erschien. Entscheidendes Kriterium einer traditionskritischen Prüfung war die religiöse und moralische Plausibilität, und den archimedischen Bezugspunkt der ethisch-praktisch orientierten Glaubenslehre bildete das nun erstmals kategorial erfasste »Wesen des Christentums« (vgl. BEUTEL 2013: 172), das alle traditionellen Verbindlichkeitsansprüche als historisch bedingt zu relativieren erlaubte.

Der Neologe Johann Friedrich Wilhelm Jerusalem deutete Jesus als den größten göttlichen Gesandten, der als Vorbild und Lehrer eines Gott entsprechenden und durch dessen verzeihende Zuwendung begnadeten Lebens in seiner Auferstehung von Gott bestätigt worden sei. Die Selbstaufopferung Jesu erschien ihm demgemäß als der höchste Ausdruck seiner moralischen Vollkommenheit und mithin soteriologisch vollständig depotenziert. Dadurch waren neben der Erbsünden- auch die herkömmliche Zweinaturen- und Trinitätslehre in Abgang geraten und die Gottessohnschaft Jesu adoptianisch sowie die Vorstellung eines heiligen Geistes modalistisch entschärft (vgl. BEUTEL [2]2009: 118–121). Erst recht wiesen die theologischen Rationalisten die Lehre vom stellvertretenden Sühnetod Jesu als allen Gesetzen der Logik widersprechend zurück. So befand etwa Johann Konrad Dippel, es müsse nicht Gott mit dem Menschen, sondern dieser mit seinem eigenen, sündlosen Urbild versöhnt werden (DIPPEL 1729). Die von Hermann Samuel Reimarus vertretene Betrugstheorie votierte noch radikaler: Während Jesus eine natürliche, vernünftige, ethisch orientierte Religion verkündigt habe, jedoch in seiner Erwartung des nahen Gottesreiches sterbend desillusioniert worden sei, hätten die Jünger und Apostel den Leichnam Jesu gestohlen, dessen Auferstehung erdichtet und so das irdische Wirken Jesu zum Ausgangspunkt einer Erlösungsreligion verfälscht (vgl. BEUTEL [2]2009: 155–157). Gotthold Ephraim Lessing, der das eigene Urteil gern hinter den von ihm edierten Reimarus-Fragmenten zu verbergen beliebte, dachte seinerseits durchaus analog: Das Dogma der Gottheit und Auferstehung Jesu, meinte er, sei erst im Verlauf der kirchlichen Lehrbildung entstanden, wohingegen Jesus in Wahrheit als ein von Gott erleuchteter Lehrer, dessen Botschaft der testamentarische Satz des Johannes »Kinderchen, liebt euch!« zusammengefasst habe, anzusehen und zu verehren sei (vgl. BEUTEL [2]2009: 181–186).

Mit seinem Hauptwerk *Der Thätige Gehorsam Jesu Christi untersucht* (1768) hat der in Frankfurt/Oder lehrende Johann Gottlieb Toellner den bedeutendsten Beitrag der Aufklärungstheologie zur Versöhnungslehre erbracht. Ausgehend von der orthodoxen Satisfaktionslehre, die für die stellvertretende Genugtuung einen durch die tätige Erfüllung des Gesetzes bewiesenen aktiven und den im Opfertod geleisteten passiven Gehorsam Jesu unterschied, wollte Toellner die unbiblische Beschaffenheit des ersten Lehrpunktes aufdecken. Erkenntnisleitend war dabei sein Interesse, das *vere homo* des Gottessohns uneingeschränkt zur Geltung zu bringen. Aufgrund einer durch systematisch-theologische Erwägungen sekundierten, eingehenden Exegese der entsprechenden Bibelstellen zeigte Toellner, dass die durch Jesus ins Werk gesetzte Versöhnung allein auf seinen im Leiden und Sterben erwiesenen passiven Gehorsam gegründet ist. Demgegenüber sei der aktive Gehorsam nicht ein Bestandteil, sondern lediglich eine Mitursache der Genugtuung Jesu. Denn weil dieser hinsichtlich seiner menschlichen Natur als ein frei handelndes Subjekt gedacht werden müsse und als solches wie jeder Mensch zu tätigem Gehorsam gegen das Gebot Gottes verpflichtet sei, könne diesem keinesfalls ein zugleich satisfaktorischer Charakter zuerkannt werden. Der in Halle wirkende Philosoph Johann August Eberhard zog aus diesem Ansatz einer Vorbild-Christologie wenig später die radikalisierende Konsequenz, die als Erziehungsmittel verstandene Strafe könne allein an dem Subjekt der göttlichen Erziehung vollzogen, keinesfalls aber auf einen Dritten übertragen werden. Damit war der Gedanke eines stellvertretenden Strafleidens Jesu dann insgesamt hinfällig geworden. Die Sühnopfer-Metaphorik des Neuen Testaments erklärte Eberhard als eine Akkommodation an die jüdische Vorstellungswelt. Die eigentliche Erlösungstat Jesu lag für ihn darin, dass dieser aus falscher Gotteserkenntnis befreit und dem besserungswilligen Menschen die verzeihende Zuwendung Gottes gewiss gemacht habe (vgl. BEUTEL [2]2009: 260–262).

Das Interesse an einer Rückgewinnung der *simplicitas evangelii* bezeichnete einen pietistischen und aufklärungstheologischen Fundamentalkonsens. Klassischen Ausdruck fand er in den *Lineamenta institutionum fidei christianae historico--criticarum* (1793) des Hallenser Theologen Heinrich Philipp Konrad Henke. Mit ihnen suchte er den traditionellen Lehrbestand von einem dreifachen Aberglauben zu befreien. Für sachwidrig erklärte er die »Christolatrie«, also die Übertragung der allein Gott gebührenden Verehrung auf Jesus, ferner die »Bibliolatrie«, also die Verklärung des geschichtlich entstandenen Kanons zu einer dem kritischen Urteil entzogenen heiligen Schrift, und schließlich die »Onomatolatrie«, also das starre Festhalten an veralteten, längst missverständlich oder unbrauchbar gewordenen Lehrbegriffen. In der materialen Entfaltung dieser Absicht stellte Henke zu jedem Thema in kritischer Absicht die biblischen Aussagen der kirchlichen Lehrbildung gegenüber. Insgesamt suchte Henke die christliche Offenbarungsreligion dadurch zu einer vom Geist Jesu inspirierten Vernunftreligion zu läutern, dass die durch mannigfaltige metaphysische Eintragungen entstellte kirchliche »Religion von Christus« (*in Christum religio*) wieder zu der einfachen, ursprünglichen *religio Christi* zurückgeführt wird.

4. Historisch-kritische Exegese

Von dem wissenschaftsfreundlichen Klima, das Humanismus und Reformation zu Beginn des 16. Jh.s erzeugt hatten, profitierte nicht zuletzt die klassische Philologie. In der Bibelwissenschaft haben die kontroverstheologischen Verkrustungen, die das Zeitalter der Orthodoxie ausbildete, die exegetische Freiheit dann jedoch wieder empfindlich beschränkt. Das römisch-katholische Traditionsprinzip radikal alternierend, identifizierte der Altprotestantismus den Text der Bibel mit dem Wort Gottes, das er insgesamt als inspiriert und darum jeder kritischen Bearbeitung enthoben ansah. Die ersten unmittelbaren Anstöße zu einer historisch-kritischen Bibelforschung ergaben sich zumeist außerhalb Deutschlands. Indem sie sich aus der Vormundschaft kirchlich-dogmatischer Richtlinienkompetenz löste, avancierte sie zum Schrittmacher einer aufgeklärten, neuzeitfähigen Theologie. Dabei repräsentierte die historisch-kritische Exegese nicht etwa nur eine graduelle Methodenverfeinerung. Vielmehr ereignete sich in ihrer konsequenten Realisierung nicht weniger als ein antimetaphysischer Paradigmenwechsel (vgl. EBELING [3]1967 [1950]).

Der sich rasant dynamisierende naturwissenschaftliche Erkenntnisprozess sowie geographische und historische Entdeckungen begannen die buchstäbliche Glaubwürdigkeit der Heiligen Schrift zu erschüttern. Gleichzeitig untergrub die breit geführte Deismus-Debatte den biblischen Offenbarungsanspruch. In seinem *Leviathan* (1651) stellte Thomas Hobbes die Forderung auf, die Entstehungszeit der biblischen Bücher allein aus diesen selbst, keinesfalls aber aus tradierten Lehrmeinungen abzuleiten. Kurz darauf bestritt Baruch de Spinozas *Tractatus theologico-politicus* (1670) die mosaische Verfasserschaft des Pentateuch und formulierte angesichts verschiedener sachlogischer und stilkritischer Probleme das methodische Prinzip, die Erforschung des Alten Testaments habe sich allein an den Maßgaben der natürlichen Vernunft zu orientieren. Die zukunftsweisende Bibelkritik, die der französische Oratorianer Richard Simon in seiner *Histoire critique du Vieux Testament* (1678) vortrug, war kontroverstheologisch motiviert: Gegen das protestantische Prinzip des *sola scriptura* pochte er auf die Erkenntnis, der Bibeltext sei nur unzuverlässig überliefert und zudem nicht aus sich selbst eindeutig zu verstehen, sondern müsse in text- und literarkritischer Arbeit erst rekonstruiert werden.

Als ein basales Element ntl. Exegese erzeigte sich im Zeitalter der Aufklärung die Bemühung um einen möglichst ursprünglichen biblischen Text. Die griechische Ausgabe des *Novum Instrumentum* (1516), die Erasmus relativ sorglos nach meist minderwertigen Handschriften erstellt hatte, galt seit Beginn des 17. Jh.s als der göttlich inspirierte, unantastbare *textus receptus*. Das hat den Fortgang der ntl. Textkritik zwar nicht verhindert, aber doch merklich verzögert. Anhand aller ihm erreichbaren Handschriften bemühte sich Simon um eine verbesserte Textbasis, deren überlieferte Varianten er zugleich historisch zu erklären versuchte. Nachdem in Deutschland Johann Albrecht Bengel und zumal Johann Jakob

Wettstein wesentliche Vorarbeiten geleistet hatten, unternahm das konsequent quellenkritische *Novum Testamentum Graece* (1774/77) des in Halle und Jena lehrenden Johann Jakob Griesbach eine definitive Enttabuisierung des *textus receptus*.

Parallel dazu vollzog sich der allmähliche Übergang zu einer konsequent historischen Deutung des ntl. Kanons. Bereits 1572 hatte Joachim Camerarius das methodische Postulat aufgestellt, die ntl. Schriftsteller aus ihrer Zeit heraus zu erklären und in Zweifelsfällen nicht mehr der autoritativen exegetischen Tradition, sondern der klassischen Sprach- und Textwelt Beachtung zu schenken. In dieser Spur standen die von Hugo Grotius verfassten *Annotationes in Novum Testamentum* (1641–1650), die in reichem Ausgriff auf außerchristliche literarische Quellen die Erschließungskraft einer zeitgeschichtlichen Erklärung der ntl. Sprach- und Vorstellungswelt demonstrierten. Aus dem Zusammenfluss deistischer, spinozistischer und vernünftig-orthodoxer Impulse stellte Jean-Alphonse Turrettini 1728 die Forderung auf, die Auslegung von biblischen und außerbiblischen Texten methodisch gleichzustellen und allein den Maßgaben der Vernunft zu unterziehen. Aufgrund der Einsicht in die geschichtliche Verschiedenheit der beiden biblischen Testamente plädierte Johann August Ernesti für eine selbstständige historische Untersuchung des Neuen Testaments, die durch keine kirchlichen oder dogmatischen Prämissen beschränkt werden dürfe (ERNESTI 1761). Insofern bedeutete die von Johann Philipp Gabler 1787 angemahnte konsequente Unterscheidung von biblischer und dogmatischer Theologie nur noch eine Pointierung des allgemeinen aufklärungstheologischen Problembewusstseins. Weitere namhafte Vertreter der ntl. Exegese waren Johann David Michaelis, dessen *Einleitung in die göttlichen Schriften des Neuen Bundes* (1750; ⁴1788) eine gattungsgeschichtliche Initialzündung darstellte, sowie der auch für die Problemgeschichte der synoptischen Frage ausschlaggebende Griesbach (GRIESBACH 1776). Mit dem bahnbrechenden Werk *Hebräische Mythologie des alten und neuen Testaments, mit Parallelen aus der Mythologie anderer Völker [...]* (1802) eröffnete wenig später der in Altdorf und Heidelberg lehrende Georg Lorenz Bauer eine wichtige religionsgeschichtliche Blickweitung.

Durch die »prinzipielle Entscheidung für die historisch-kritische Methode in veränderter Situation« hat der aufklärerische Protestantismus nicht nur »die reformatorische Entscheidung des 16. Jh.s festgehalten und bekräftigt« (EBELING ³1967 [1950]: 41), sondern zugleich für die moderne bibelexegetische Wissenschaft eine zwar entwicklungsträchtige, in ihrer Zielweisung jedoch irreversible Fundierung geschaffen.

BAIRD, William 1992: History of New Testament Research. Vol. I: From Deism to Tübingen, Minneapolis.

BEUTEL, Albrecht ²2009: Kirchengeschichte im Zeitalter der Aufklärung. Ein Kompendium, UTB 3180, Göttingen.

HAAKONSSEN, Knud (Hg.) 1996: Enlightenment and Religion. Rational Dissent in Eighteenth-century Britain, Cambridge.

REVENTLOW, Henning Graf/SPARN, Walter/WOODBRIDGE, John (Hg.) 1988: Historische Kritik und biblischer Kanon in der deutschen Aufklärung, Wiesbaden.

SCHOLDER, Klaus 1966: Ursprünge und Probleme der Bibelkritik im 17. Jahrhundert. Ein Beitrag zur Entstehung der historisch-kritischen Theologie, FGLP 10.33, München.

Albrecht Beutel

IV. Die kritische Geschichtswissenschaft des späten 18. und 19. Jahrhunderts und ihre Auswirkungen auf die Jesusforschung

1. Die kritische Geschichtswissenschaft des späten 18. und 19. Jh.s: Periodisierung und Charakterisierung

Die Epoche der kritischen Geschichtswissenschaft des späten 18. und des 19. Jh.s war keine einheitliche; unterschiedliche, auch spannungsvolle Strömungen überlappten sich. Auch die gegenwärtige Forschung ringt noch um deren angemessene Periodisierung und inhaltliche Charakterisierung. Wissenschaftschronologisch wird die Sache u. a. dadurch verkompliziert, dass sich die Epochenbegriffe »Aufklärungshistorie« und »Schwellenzeit« samt ihrer Inhalte erst im Laufe der Forschungsleistungen des 20. Jh.s vom zunächst übergreifend betrachteten »Historismus« abgespalten haben (eine gute Übersicht findet sich in der Tabelle bei METZGER 2011: 123).

1.1. »Aufklärungshistorie«, »Pragmatismus«, »Sattelzeit«

Die Bezeichnung einer vom »Historismus« zu differenzierenden *Aufklärungshistorie* findet sich zwar schon bei Friedrich Meinecke (MEINECKE [4]1965: 11.193–242), sie inhaltlich geschärft zu haben ist aber unbestreitbares Verdienst Reinhart Kosellecks ab den 1970er Jahren, nachfolgend auch Horst-Walter Blankes. Koselleck sah in den Jahrzehnten zwischen ca. 1750 und 1830 eine epochale Umbruchzeit, in der neue Begriffe und Konzepte geprägt wurden, die bis heute nachwirken und ihre Gültigkeit haben. Hierzu gehört u. a. die Etablierung des Kollektivsingulars »Geschichte« überhaupt wie auch anderer Schlagworte wie »Fortschritt«, »Entwicklung« u. a. (KOSELLECK 1975; 1979a; 1979b). Aufgrund ihrer epochalen Bedeutung betitelte Koselleck diese Epoche als geschichtswissenschaftliche »Sattelzeit«.

Chronologisch sich hiermit überschneidend liegt der schon zeitgenössisch verwendete Begriff des *Pragmatismus* (ab Fichte, 1762–1814), der v. a. darstellerisch, universal und didaktisch zu charakterisieren ist: Die historischen Ereignisse sollen als psychologisch und intentional nachvollziehbar motivierte Entwicklungen geordnet so dargestellt werden, dass an ihnen die überzeitliche Geltung universaler Prinzipien aufgezeigt und diese für das Handeln des Lesers lehrreich und nutzbringend werden kann.

Personell gilt seit Koselleck als herausragender Markstein der »Sattelzeit« – jedoch noch nicht dem Pragmatismus im eigentlichen Sinne zuzurechnen – Johann Martin Chladenius (1710–1759; Hauptwerke: *Einleitung zur Auslegung vernünftiger Reden und Schriften*, 1742; *Allgemeine Geschichtswissenschaft*, 1752). Sein herausragendes Verdienst war es, nach der Phase des skeptischen Pyrrhonismus und herausgefordert durch die Erfolge der sich rasant entwickelnden Naturwissenschaften (Bacon, 1561–1626) und logischen Systeme der Philosophie (Descartes, 1596–1650) der Geschichtswissenschaft durch Entwicklung einer ausführlichen »Auslege-Kunst als einer Wissenschaft« eine neue hermeneutische Basis bereitet zu haben. Unbestreitbar ist Chladenius' bemerkenswerteste diesbezügliche Leistung seine Entfaltung des »Sehe-Punctes«. Darunter verstand Chladenius die individuelle, unhintergehbare, von Stand, Stellung, Gemütsverfassung, Gelehrtheit, Moral, Interessen etc. abhängige Perspektive eines jeden Rezipienten (CHLADENIUS 1969: 187 f.; vgl. auch SZONDI 1975: 27–97; GRONDIN ³2012: 80–86).

Während bei Chladenius ein großer Schritt in die Richtung einer immer vom Blickpunkt des Historikers aus eingenommenen perspektivischen Geschichtshermeneutik erfolgt, wird in der Göttinger Schule durch Johann Christoph Gatterer (1727–1799) und August Ludwig von Schlözer (1735–1809), schließlich auch von Friedrich Schiller (1759–1805) die Frage der Sprachform der historiographischen Darstellung noch stärker reflektiert. Gatterer hatte sich durch die Gründung der *Historischen Akademie* bzw. des *Historischen Instituts* an der Universität Göttingen (1764/66), der ersten geschichtswissenschaftlichen »Fakultät« an einer deutschen Universität, auch institutionell für die Entwicklung einer professionalisierten Geschichtsschreibung verdient gemacht. In seiner *Vorrede von der Evidenz in der Geschichtskunde* (1767) forderte er die Verbindung der historischen »Demonstration« für den »critischen Leser« durch gründliches Studium von Urkunden, Denkmälern, »unbegeisterten« Urhebern und Augenzeugen sowie »quellenmäßigen Schriftstellern« (die ihrerseits aus Urkunden und Denkmälern »ihre Nachrichten geschöpfet haben«) auf der einen Seite mit der »Kunst« (!), die Geschichtserzählung durch die Einführung handelnder Figuren – auch mit wörtlichem Dialog (Gatterer spricht von »Rollen«) –, durch lebhafte, anschauliche Schilderung der Schauplätze und andere literarische Kunstfertigkeiten in den Dienst der Mehrung von Tugend und »Empfindung« des »empfindenden« Lesers zu stellen auf der anderen. Das Verhältnis dieser beiden Pole zueinander blieb bei ihm allerdings noch ungeklärt. Auch in Schillers Geschichtswerken (die nicht selten mit einer geschichtstheoretischen Einführung beginnen, so etwa im *Verbrecher aus verlorener Ehre*, 1786, oder im *Abfall der vereinigten Niederlande*, 1788) besteht kein Widerspruch zwischen der theoretischen Forderung eines »kalten« Historikers und Lesers sowie der Versicherung gründlichen Quellstudiums auf der einen Seite und der Auflösung der historischen Erzählung in Figurenrede, Schilderung der Innenperspektive der Figuren, Einbeziehung emotiver

Details und anschaulicher Adjektive auf der anderen. Dass auf diese Weise das gesamte Werk in die Nähe des Romans rückte, sah – konkret im *Abfall der vereinigten Niederlande* – auch Schiller und bestand gerade deswegen darauf, dass hier eine »historisch treu geschrieben[e]« Geschichte, und *kein* »Roman« vorliege (SCHILLER 1788: unpaginierte letzte Seite der Vorrede).

Die Verschränkung von Geschichtsschreibung und historischem Roman ab den letzten Jahrzehnten des 18. Jh.s haben v. a. Daniel Fulda (1996) und Johannes Süssmann (2000) herausgearbeitet, siehe zu dieser Epoche auch Stefan Jordan (2009): »[I]n der Tat steht der Anspruch, einen möglichst ungetrübten Blick auf die geschichtliche Wirklichkeit zu werfen, mit der emotionsgeladenen, keineswegs wertfreien Darstellungsweise in einem unaufgelösten Spannungsverhältnis« (JORDAN 2009: 44 f. 51).

Arbeitstechnisch gesehen war Teil des quellenkritischen Bewusstseins die ab jetzt geforderte Offenlegung des geschichtswissenschaftlichen Entwicklungsprozesses durch die Einführung von Fußnoten. Hierdurch sollte zum einen die quellenkundliche Zuverlässigkeit der Darstellung nachvollziehbar gemacht werden, andererseits wurde so die Konstruktionsleistung des Historiographen deutlich. In der Belletristik wiederum wurde diese Technik zur Simulierung wissenschaftlicher Seriosität übernommen (ECKSTEIN 2001).

1.2. »Schwellenzeit«

Jordan erkannte spezifische inhaltliche Charakteristika in geschichtstheoretischen Texten der Phase zwischen 1800 und 1850, die weder dem Pragmatismus noch dem – dann sog. – »Klassischen Historismus« ab 1850 zugerechnet werden könnten (JORDAN 1999; 2001). Dies führte zu einer weiteren Verfeinerung der Geschichtsperiodisierung der angezeigten Großepoche seit den späten 1990er Jahren. Die so neu abgegrenzte Periode bezeichnete er als »Schwellenzeit« und charakterisierte sie durch vier Tendenzen:

1. Universalisierung und Verselbstzweckung, damit auch der Verzicht auf eine didaktische Funktion der Geschichte für Moral, Gesellschaft, Politik usw. (»Pragmatismus« wird hier zum Oppositionsbegriff!); 2. Empirisierung, d. h. die stärkere, ja geradezu »emphatische« Betonung der Quellenbedeutung für historisches Arbeiten, damit auch der Verzicht der pragmatistischen Annahme überzeitlicher Ideale; 3. Objektivierung, d. h. gegenüber der Historik Johann Gustav Droysens (1808–1886; s. 1.3) noch kein Bewusstsein für *Interpretation* als eigenen methodischen Schritt; und schließlich 4. Personalisierung, d. h. die Betonung der Person des Historikers zwar noch nicht im Sinne einer die Geschichte »rekonstruierenden«, doch als individuell vermittelnden Instanz, dessen »Absicht« die »Ansicht« bestimmt (Leopold von Ranke, 1795–1886; s. 1.3).

Jordans »Schwellenzeit« ist zwar bislang noch nicht wirklich zum geschichtsdidaktischen Gemeingut geworden. Seine eigene Überblicksdarstellung *Theorien und Methoden der Geschichtswissenschaft* (2009) übernimmt sie nicht, wohl aber

Franziska Metzgers nur unwesentlich später erschienenes Lehrbuch *Geschichtsschreibung und Geschichtsdenken im 19. und 20. Jahrhundert* (2011). Sie ermöglicht jedoch eine sinnvolle Verfeinerung der Periodisierung zur besseren Erfassung der geschichtstheoretischen Strömungen der Zeit.

1.3. »Historismus«

Obwohl der Begriff des *Historismus* schon bei Friedrich Schlegel (1772–1829) und Novalis (1772–1801) im späten 18. Jh. belegt ist, ist seine Verwendung als spezifischer Epochenbegriff stark mit Meinecke und seiner zweibändigen *Entstehung des Historismus* (1936) verknüpft. Meinecke reagierte mit diesem Werk auf die zentral mit Ernst Troeltsch (1865–1923) in Verbindung stehende »Historismuskrise« (zuerst in *Die Krisis des Historismus*, 1922). Troeltsch hatte Historismus als »die grundsätzliche Historisierung alles unseres Denkens über den Menschen, seine Kultur und seine Werte« (TROELTSCH 1977: 192) betrachtet und damit – nach bereits Karl Marx (1818–1883) und Friedrich Nietzsche (1844–1900) – zu einem Problembegriff für ein grundlegend relativistisches Geschichtsbewusstsein und krisenhaftes Wirklichkeitsverständnis gemacht. (Auf theologiegeschichtlicher Seite stand hier fast gleichzeitig die *Dialektische Theologie* bzw. *Wort-Gottes-Theologie* mit ihren Versuchen, die Vermittlung von »Gottes Wort« unabhängig von historisch-säkularer Assimilierung zu denken; vgl. Karl Barths *Römerbrief*, 1919/22; Friedrich Gogartens Aufsatz *Zwischen den Zeiten*, 1920; die gleichnamige Schriftenreihe, 1923–1933). Meinecke nun übernahm von Troeltsch zwar dessen zentrale Kategorien der »Individualität« und der »Entwicklung«, betrachtete Historismus aber dennoch nicht als ein das Geschichtsbewusstsein *grundlegend* relativierendes Prinzip, sondern als Paradigma des Durchbruchs der modernen – spezifischen deutschen! – idealistisch beeinflussten Geschichtswissenschaft, wie sie anfanghaft schon bei Johann Gottfried Herder (1744–1803), Johann Wolfgang von Goethe (1749–1832) und Wilhelm von Humboldt (1767–1835) zu finden, zur vollen Blüte aber im 19. Jh. mit Leopold von Ranke, Johann Gustav Droysen und Theodor Mommsen (1817–1903) gekommen sei. Mit dieser Beschränkung des Historismusbegriffs auf eine begrenzte Epoche und die »deutscheste Leistung des deutschen Geistes« war ihm das umfassend Bedrohliche bei Nietzsche genommen und durch eine positive – national gefärbte – Wertung ersetzt; gleichzeitig war er auf die geschichtswissenschaftliche Epoche in Deutschland mit einem Schwerpunkt auf den letzten zwei Dritteln des 19. Jh.s beschränkt.

Ranke gilt in diesem Konzept Meineckes gerade nicht als Exponent eines Geschichts- und Werterelativismus, sondern wird häufig als Protobeispiel für eine erkenntnistheoretisch »positivistische« Geschichtsauffassung genannt. Häufig wird er mit dem Satz, der Historiker wolle »bloß sagen, wie es eigentlich gewesen« (RANKE 1824: VI), zitiert. Für Ranke war eine »objektive« Darstellung der geschichtlichen Ereignisse zwar tatsächlich ein Ideal, dennoch wäre es ein Missverständnis, diesen Satz im »positivistischen« Sinne zu deuten. Er ist bei Ranke nicht Programm, sondern Einschränkung bzw. Abgrenzung vom didaktisch-moralischen Geschichtsurteil des Aufklärungspragmatismus. Was historische Erkenntnistheorie anbelangt, betont er im selben Werk nur wenige Seiten zuvor: »Die Absicht eines Historikers hängt von seiner Ansicht ab« (RANKE 1824: III; s. 1.2). Und was die historiographische Darstellung anbelangt, lässt sich an Ranke, der in seinen frühen Jahren nachweislich noch stark von Goethe beeinflusst war, viel mehr sehen, wie die fortgeschrittenen quellenkritischen Forderungen der frühhistoristischen Geschichtswissenschaft sich mit der ästhetischen Qualität der Geschichtsschreibung in der Nachfolge der »Evidenz« bei Gatterer produktiv kombinierten (FULDA 1996: 296–410).

Droysen hat sich – im Gegensatz zu Ranke – ausführlich und systematisch zur Geschichtstheorie geäußert. Sein *Grundriss der Historik* (zuerst 1857/68) wurde zum prägendsten geschichtstheoretischen Entwurf des späten 19. Jh.s. In ihm forderte Droysen nicht nur Quellenkritik, sondern auch eine mehrstufige »Interpretation« als eigenständig hermeneutischen Akt und explizite Aufgabe des Historikers. Dem noch von Georg Wilhelm Friedrich Hegels (1770–1831) geistphilosophischem, teleologischem Geschichtsdenken beeinflussten Droysen, dem »Herold Preußens und des kleindeutschen Gedankens« (GALL 1992: 43), war vollständig bewusst, dass historischer Forschungsgegenstand nicht »die Vergangenheiten« als solche sind, »sondern das von ihnen in dem Jetzt und Hier noch Unvergangene«. Die Vergangenheit sei »ideell« in der Gegenwart enthalten, daher werden auch durch historische Forschung »[n]icht die Vergangenheiten [...] hell, sondern was von ihnen unvergangen ist«, das »geistige Bild« der Vergangenheiten in der erinnernden Gegenwart (DROYSEN [8]1977: 326 f.). Droysens erkenntnistheoretisch reflektierte Betonung der Gegenwartsabhängigkeit von Vergangenheitswissen lässt sich daher als durch die Schule Hegels gegangene Weiterentwicklung der Einsichten Chladenius' verstehen.

Unabhängig von diesen beiden herausragenden Historikern des 19. Jh.s sind für diese Epoche zum einen die wachsende Bedeutung der Quellenkunde und -kritik bedeutsam. Die Edierung von Sammlungen von Quellen und Hilfsmitteln sowie von kritischen Textausgaben, nicht selten in riesigem Ausmaß, wurde in Angriff genommen. Die bekannteste und in Deutschland größte ist die *Monumenta Germaniae Historica*, eine 1819 begründete und bis heute weitergeführte Sammlung mittelalterlicher Quellen. Ein weiteres Beispiel ist das *Corpus Inscriptionum Latinarum* (ab 1862). Theologische Pendants sind die *Patrologia Latina* (ab 1844), die *Patrologia Graeca* (ab 1857), das *Corpus scriptorum ecclesiasticorum latinorum* (ab 1866), auch – etwas später – die *Weimarer Ausgabe* der Werke Luthers (ab 1883).

Inhaltlich lässt sich, ebenfalls verstärkt ab der zweiten Hälfte des 19. Jh.s, die Beschäftigung mit den »großen Männern« der Geschichte, Regenten, Generälen und Künstlern beobachten. Sie schlug sich in zahlreichen Biographien nieder, z. B. Karl Heinrich Siegfried Rödenbeck, *Tagebuch oder Geschichtskalender aus Friedrichs des Großen Regentenleben* (1840–1842), Martin Hertz, *Karl Lachmann*

(1851), Rudolf Köpke, *Ludwig Tieck* (1855), ders./Ernst Dümmler, *Kaiser Otto der Große* (1876), Philipp Spitta, *Johann Sebastian Bach* (1873–1880), Johann Gustav Droysen, *Geschichte Alexanders des Großen* (1877) usw.

1.4. »Positivismus«?

Mit dem Begriff eines »historischen Positivismus« sollte für diese Epoche mit großem Bedacht umgegangen werden. Als philosophische bzw. sozialwissenschaftlich-politische Kategorie geht dieser Begriff zwar bereits auf Auguste Comte (1798–1857) zurück (*Cours de philosophie positive* 1830–1842; *Discours sur l'esprit positif* 1842; *Systeme de politique positive* 1851–1854), er bezeichnete bei ihm aber in Ablehnung metaphysischer Wissenschaftsmodelle die letzte und höchste Entwicklungsstufe der Geistesentwicklung der Menschheit im überbietenden Kontrast gegenüber den »theologischen oder fiktiven« und den »metaphysischen oder abstrakten« Stadien. Sein Zweck liege gerade nicht darin, Wissen nur enzyklopädisch anzuhäufen, sondern kraft der Unwandelbarkeit der physikalischen Naturgesetze gesellschaftliche Entwicklungen voraussagbar und besser steuerbar zu machen. In die Geschichtswissenschaft drang die Positivismusdebatte zwar auch schon seit den 1850er Jahren (z. B. bei Henry T. Buckle oder im Methodenstreit um Karl Lamprecht in den 1890er Jahren), stieß aber – in Deutschland anders als in Großbritannien und Amerika – an der Hermeneutik Wilhelm Diltheys (1833–1911) sowie der Historik Droysens mit ihrer hermeneutischen Differenzierung von geschichtswissenschaftlichem »Verstehen« im Gegensatz zum philosophisch-theologischen »Entwickeln« und »Erkennen« sowie dem mathematisch-physikalischen »Erklären« auf Ablehnung (DROYSEN 1977: 330.339 u. ö.; zu Buckle: 41–62).

2. Auswirkungen auf die Jesusforschung

Hermann Samuel Reimarus' (1694–1768) *Fragmente*, die Gotthold Ephraim Lessing (1729–1781) zwischen 1774 und 1778 veröffentlichte, waren ein Donnerschlag, der das orthodoxe Tabu, das kritische Dynamit aus Erasmus' humanistischem Motto »*Ad fontes*!« radikal auch auf die Bibel anzuwenden, zum Einstürzen brachte. Die Kritik an biblischen Wunderdarstellungen, die maßgeblich auch durch das Chaos, das der 30jährige Krieg in Europa hinterlassen hatte, neu zum Thema wurde (bekanntermaßen bei Spinoza, 1632–1677), war bei ihm auf einen neuen Höhepunkt geführt. Im Gegensatz zu Spinoza kritisierte Reimarus die Bibel nun allerdings ausdrücklich als »Verfälschung«, »Verstellung«, »Betrug« usw. Obwohl Reimarus an seiner *Apologie* genau in der Zeit arbeitete (ca. 1735–1768), in der Chladenius' Hauptwerke erschienen, sind dessen hermeneutische Einsichten bzw. die Relevanz des »Sehe-Punctes« nicht reflektiert. Dass für Reimarus der gesamte christliche Glaube vom »Factum der Auferstehung« abhing, zeigt seine apologetische (und auch biographische) Perspektive, nicht aber seine geschichtswissenschaftliche Reflexion. Peter Stemmer hat daher ganz zutreffend resümiert, dass Reimarus biblische Exegese vor allen Dingen als *fundamentaltheologisches* Tun begreift (STEMMER 1983: 152; auch VERWEYEN 2005: 304–306).

Die Errungenschaften der kritischen professionalisierten Geschichtswissenschaft schlugen sich in der Jesusforschung daher nicht *mit*, sondern nach Reimarus zunächst in der Quellenforschung, Quellenkritik und philologischen Kritik sowie in Vorformen der Formgeschichte nieder. Sie gingen Hand in Hand mit der Emanzipierung der ntl. Wissenschaft als eigenständiger, von der Dogmatik unabhängiger und historisch arbeitender Disziplin und innerhalb dieser mit den allgemeinen Fortschritten v. a. der Textkritik sowie zur »Synoptischen Frage«.

Exegese (»Biblische Theologie«) als rein historische Disziplin – d. h. getrennt von der als spekulativ empfundenen Dogmatik – wird häufig mit Johann Philipp Gablers (1753–1826) Altdorfer Vorlesung *De iusto discrimine theologiae biblicae et dogmaticae regundisque recte utriusque finibus* (»Von der rechten Unterscheidung der biblischen und der dogmatischen Theologie und der rechten Bestimmung ihrer beider Ziele«, 1787/89) verbunden. Die Beschränkung der »Biblischen Theologie« auf eine geschichtliche Disziplin diente hier der Ermöglichung von methodisch besser kontrollierten Interpretationen und Anwendungen; für Gabler sollte sie v. a. auf philologisch-semantischem Wege umgesetzt werden. Weitere nachhaltige Impulse zur Entstehung der ntl. Wissenschaft als einer eigenständigen, historisch arbeitenden Disziplin gingen dann von Ferdinand Christian Baur (1792–1860) und der jüngeren »Tübinger Schule« aus (BAUSPIESS 2014).

Dem Interesse am Quellenstudium entsprachen auch in der ntl. Forschung die rasanten umwelt- und kulturgeschichtlichen Fortschritte zu Palästina, dem Hellenismus und der römischen Kaiserzeit sowie in der Textkritik. Die Entdeckung von mehr und mehr Manuskripten ntl. Texte ermöglichte die Entwicklung ihrer genealogischen Zuordnung und Bewertung, z. B. in der Darstellung einer *tabula genealogica* durch Johann Albrecht Bengel (1687–1752). Durch Karl Lachmanns (1793–1851) konsequente Anwendung der neuen Bewertungskriterien (1831) kam in dessen Ausgabe des Neuen Testaments der bis dahin favorisierte *textus receptus* zu Fall. Die zunehmende quellenkritische Sensibilität, mit der man zunehmend auch die Bibel betrachtete, führte zur Traditionalisierung der klassischen »Einleitungsfragen« und einer neuen Buchgattung, der *Einleitung* ins Alte bzw. Neue Testament. Insbesondere sind hier die Werke von Johann David Michaelis (1750), Johann Gottfried Eichhorn (zum Alten Testament: 1780–1783, zum Neuen: 1804–1827), Wilhelm Martin Leberecht de Wette (1817; 1826) und Heinrich Julius Holtzmann (1885) zu nennen. Über die textkritischen und quellenkundlichen Leistungen dieser frühen Autoren lässt sich auch heute noch wahrlich staunen! Eichhorn hatte in Göttingen studiert und war noch von Schlözer geschult (er selbst wurde später in Jena Lehrer von Gabler). Dem universalgeschichtlichen Anliegen der Aufklärungshistorie gemäß (s. seine *Weltgeschichte* 1799–1814) ordnete er, der mehr zum Alten als zum Neuen Testament schrieb,

seine Geschichte Jesu in diesen großen Bogen ein. Auch seine Theorie vom »Urevangelium« ist leicht vor dem Hintergrund der Faszination vom idealen Ursprung einzuordnen (s. maßgeblich u. a. bei Diderot und Herder, vgl. zu letzte-
rem ALKIER 1993: 122–136.257 f.). Am Vergleich zwischen Michaelis (1750) und
Eichhorns erstem Einleitungsband (1780) lässt sich schön der arbeitstechnische
Fortschritt in der Auseinandersetzung mit der »Sekundärliteratur« ablesen: Erst
Eichhorn setzt explizite Fußnoten und macht durch diese optische Extrahierung
von Diskursen und Belegen den Haupttext lesbarer. Seine *Einleitung* trägt in Aufbau und Fragestellungen bereits unübersehbar das Gepräge der heutigen ntl. *Einleitungen* (wie etwa von SCHNELLE, zuletzt [8]2013, oder POKORNÝ/HECKEL 2007).

Recht schnell nachdem die »historisch-kritische Methode« in der Bibelwissenschaft Einzug gehalten hatte, wurde sie jedoch schon wieder heftig kritisiert: Protobeispiel für das Eindringen novellistischer Paradigmata in Werke der Geschichtsschreibung ist Karl H. G. Venturinis (1768–1849) mehrbändige, damals
ungemein erfolgreiche *Natürliche Geschichte des großen Propheten von Nazareth*
(1800–1802). Dieses Werk mag aus heutiger Sicht ästhetisch wenig schmackhaft
sein, exegesegeschichtlich gebührt ihm jedoch Beachtung. Venturini sah sich
selbst als kritisch arbeitenden Wissenschaftler und Historiker, lehnte die Bezeichnung »Roman« für sein Werk ab und setzte sich schon prophylaktisch gegen erwartete Vorwürfe zur Wehr, in seinem Buch sei zu viel »Romanhaftes« hineinge-
mischt (VENTURINI 1800: 17). Dennoch bezeichnete er seine *Natürliche Geschichte*
als »ein halb poetisch- halb historisches Gebilde« und rechtfertigte dieses Misch-
vorgehen damit, dass die Evangelisten mit ihrem Stoff bereits ebenso verfahren
seien und historisch-kritische Untersuchungen ohnehin nur unklare Ergebnisse
erzielten (VENTURINI [2]1806: V–VIII). In der überaus umfangreichen Literatur-
aufstellung in Karl von Hases *Leben Jesu* ist Venturini gemeinsam mit Reimarus
(!) in derselben Rubrik aufgenommen, ab der zweiten Auflage unter »Historische
Darstellungen«, und dort unter der Unterabteilung »Kritische Richtung« (HASE
[2]1835: 33 f.). Spätere deutlich novellistische Darstellungen des »Lebens Jesu« liegen dann von Joseph H. Ingraham (engl. 1855, dt. 1858), Ernest Renan (franz.
und dt. 1863) u. a. vor.

Trotz Venturinis Einspruch führten in der Jesusforschung die quellenkritischen Ergebnisse zu immer stärkerer und besser abgesicherter Skepsis gegen die
historische Zuverlässigkeit der evangeliaren Jesusdarstellungen. Das Leben Jesu
überhaupt nachgezeichnet hatte man freilich schon seit Jahrhunderten: harmonisierend, poetisierend, belehrend. Als die ersten rationalistisch-kritischen Le-
ben-Jesu-Werke können hingegen erst diejenigen von Heinrich Eberhard Gottlob
Paulus (1828) und von Hase (1829) gelten. Paulus, ein Tübinger Schüler des su-
pranaturalistisch denkenden Gottlob Christian Storr (1746–1805), hatte in seinem dreibändigen *Kommentar über die drey ersten Evangelien* (1800–1802; später
auch fünfbändig 1830–1833) enorme Quellenkenntnis bewiesen und gezeigt, wie
er *historische* Arbeit vorwiegend als *philologische* betrachtete. Sein Leben Jesu will
eine »allgemeinverständliche Geschichterzählung« sein, sie ist zwar durch und

durch rationalistisch, dabei aber gleichzeitig erstaunlich fromm und apologe-
tisch. Hase hingegen ist stärker von Hegel beeinflusst. Seine Darstellungen sind
im Abgleich mit Paulus bzgl. der »Sekundärliteratur« viel abwägender und ge-
schichtstheoretisch reflektierter; sein Jesus wirkt als ein Mann von idealistischem
Willen und vollendetem göttlichem Leben.

Bevor aber die große Phase der »Leben-Jesu«-Bücher wirklich aufblühte, wurde die Theologie durch eine Publikation zu Jesus aufgemischt, die meinte, ganz
ohne Rückgriff auf historisch verifizierte Einzelergebnisse ihre Christusreligion
darstellen zu können; sie brachte damit selbst Paulus' Rationalismus zum Schweigen: David Friedrich Strauß' (1808–1874) *Leben Jesu* (1835/36). In seinem noch
stärker als bei Hase von Hegel herkommenden Geschichtsidealismus betrachtete
sich Strauß als Antipode zum historisch-apologetisch denkenden Reimarus und
sah die Relevanz der evangeliaren Jesusdarstellungen im »Mythus«, d. h. in der
»Belebung der Idee der Menschheit in sich« und damit als »einzige[n] Weg zum
wahren geistigen Leben für den Menschen« (STRAUSS 2012 [1835/36] Bd. II: 735).

Strauß' Werk hatte eine enorme Wirkungsgeschichte, zunächst allerdings fast
ausschließlich *ex negativo*: Direkt regte sie eine große Anzahl an Publikationen
zum »Leben Jesu« an, meist defensiven Stils; die meisten dieser sind heute vergessen (NEANDER 1837; KUHN 1838 u.v.m.). (Es wurden überhaupt trotz der Einsichten aus der professionellen Geschichtswissenschaft und den Fortschritten in der
Exegese noch das ganze Jh. hindurch naiv-harmonistische und erbauliche Jesusdarstellungen verfasst, z. B. von BUCHER 1859 oder BALTZER 1860.) Indirekt
stärkte sie aber auch das Wiederaufgreifen der wissenschaftlich verantworteten
Auseinandersetzung mit den Grundlagen der Jesusgeschichte und damit des
Christentums als *historische*. Die bis heute gewiss folgenreichste Publikation dieses Zweiges war *Die evangelische Geschichte* Christian Hermann Weisses (1838),
Philosoph sowie nach eigener Aussage »Nichttheolog« und – wie Strauß – Hegelianer. Er wollte die geschichtliche Dimension des Lebens Jesu wiedergewinnen,
tat dies auch durchaus im Bewusstsein der Problematik von Ungewissheit von
»Geschichtsconstructionen« im allgemeinen und den unhistorischen »Beimi-
schungen« in den Evangelien im besonderen, war jedoch im Gegensatz zu Strauß,
aber mit Schleiermacher davon überzeugt, dass ein historischer Entwurf des Lebens Jesu theologisch vonnöten sei, da in ihm – dies wieder deutlich anders als
Schleiermacher – die »Idee der urbildlichen Persönlichkeit […] mit ihrer ganzen
Unmittelbarkeit […] gegenwärtig« bleibe (WEISSE 1838: 500–542; Zitat: 501).
Das Ergebnis seiner quellenkritischen Studien war die Erstpostulierung einer jesuanischen »Spruchsammlung« (heute: »Logienquelle«) als Grundstock des MtEv
und als zweite Quelle – neben dem MkEv – für das LkEv: wiederum ein Gewinn
für das idealistische Ursprungsdenken der Zeit (↗ C.II.1.1).

Zur allmählichen Durchsetzung der Markuspriorität und der Zweiquellentheorie leistete schließlich Holtzmann mit seiner einflussreichen Studie zu *Den synoptischen Evangelien* (1863) einen durchschlagenden Beitrag. Bemerkenswert an
seiner Argumentation ist, dass er die Notwendigkeit *historischer* Jesusforschung

immer noch in Frontstellung gegen einerseits den erbaulich-kirchlichen Dogmatismus, andererseits gegen die Auflösung der biblischen Historie in den Mythos bei Strauß begründet (HOLTZMANN 1863: 1–9). Die bei Holtzmann vorgenommenen Quellendifferenzierungen (MkEv vs. »Urmarkus« bzw. »Quelle A«; MtEv vs. »Urmatthäus« bzw. »Quelle Λ«) machten die Gestaltung von umfassenden Leben-Jesu-Darstellungen jedoch zunehmend problematisch. Die zahlreichen Leben-Jesu-Bücher, die jetzt noch geschrieben wurden, lassen sich zwar gut in das historisch-biographische Interesse an den »großen Männern« der Geschichte einordnen, griffen aber den quellenkritischen Forschungsstand der Zeit kaum auf. Wo Holtzmann selbst einen »Beitrag zur Leben-Jesu-Forschung« leistete, war ihm – mit Schweitzer (1906) – bewusst, dass »sich die Subjektivität des Prüfenden nicht absolut ausschalten« lasse und jede Jesusdarstellung »unbewusst ein Stück [der] Theologie [ihres Autors], manchmal sogar überhaupt seiner Individualität« beinhaltete (HOLTZMANN 1907: V): Droysen war auch in der Exegese angekommen.

Ein düsterer Aspekt der historischen Evangelien- und Jesusforschung des 19. Jh.s kann zuletzt nicht verschwiegen werden: Es berührt den heutigen Leser auf beschämende Weise, wie häufig und mit welcher Selbstverständlichkeit in der besprochenen Epoche »das« Christentum gegenüber »dem« Judentum in Oppositions- bzw. Überbietungsstellung, Jesu Botschaft von »Freiheit« und »Liebe« gegenüber dem »verstockten«, »gesetzlichen«, »engherzigen« Judentum kontrastiert wird. Mehrere Gründe begünstigten eine solche Verzeichnung: zum einen die ohnehin schmerzlich ambivalente Rezeption des Judentums im neuzeitlichen Europa (REINKE 2007; LITT 2009), verschärft ab den 1870/1880er Jahren, dazu der preußische Fortschrittsidealismus Hegels und schließlich das (prä-)deutschnationale Denken des gesamten Jh.s, von dem in der Geschichtsforschung dieser Epoche – bis hin zu Meinecke – insgesamt nicht zu abstrahieren ist (METZGER 2011: 156–185). Gleichwohl war dies nicht nur eine Tendenz in Deutschland: Auch bei Renan wird »das Judentum« mit unsäglichen Reihungen von Negativattributen schwarzgemalt und demgegenüber Jesus als der Bringer der »definitiven«, der »universalen und ewigen« Religion heroisiert; und nicht ganz so extrem finden sich dennoch analoge Denkmuster bei Thomas Jefferson (1743–1826) auch in Amerika.

BROWN, Colin 1985: Jesus in European Protestant Thought 1778–1860, Studies in Historical Theology 1, Durham.
JORDAN, Stefan 2009: Theorien und Methoden der Geschichtswissenschaft. Orientierung Geschichte, UTB 3104, Paderborn u. a.
METZGER, Franziska 2011: Geschichtsschreibung und Geschichtsdenken im 19. und 20. Jahrhundert, UTB 3555, Bern/Stuttgart/Wien.
REVENTLOW, Henning Graf 2001: Epochen der Bibelauslegung, Bd. IV: Von der Aufklärung bis zum 20. Jahrhundert, München.
SCHWEITZER, Albert ⁹1984: Geschichte der Leben-Jesu-Forschung, UTB 1302, Tübingen.

Eckart David Schmidt

V. Die Einführung des Mythosbegriffs in der Jesusforschung und die Entstehung der Zweiquellentheorie

Das Interesse am historischen Jesus und die Ursprünge der synoptischen Frage können zumindest in Teilen auf den Rationalisten Hermann Samuel Reimarus und seine Schrift »Von dem Zwecke Jesu und seiner Jünger« zurückgeführt werden, die Gotthold Ephraim Lessing 1778 nach dessen Tod veröffentlichte. Reimarus lehnte eine Harmonisierung der Darstellungen Jesu in den kanonischen Evangelien ab und verwies auf die zahlreichen Widersprüche zwischen den Texten, die er als Indizien für einen Betrug der Jünger Jesu auffasste. Er vertrat die Meinung, dass Jesus lediglich ein einfacher Tugendlehrer und gescheiterter Apokalyptiker gewesen sei. Die gegensätzlichen Darstellungen in den Evangelien hätten ihren Ursprung bei den Jüngern, die aus niederen Beweggründen unwahrscheinliche Geschichten über Jesus erfanden, den sie nun als leidenden und auferstandenen Retter der Menschheit präsentierten. Die Schrift von Reimarus verlangte nach Antworten, weil er Widersprüche offenlegte, die das Vertrauen in die Evangelien als zuverlässige Berichte über das Wirken und Geschick Jesu nachhaltig erschütterten und die Evangelien als Grundlage der theologischen Lehrbildung in Frage stellten.

Die Entgegnungen auf Reimarus ließen in der Tat nicht lange auf sich warten und kamen aus unterschiedlicher Richtung. Von konservativer Seite wurde versucht, mit supranaturalistischen Annahmen an der historischen Verlässlichkeit der Evangelien festzuhalten. Aus progressiveren Kreisen – etwa von Johann Jakob Griesbach (1789/90), Gotthold Ephraim Lessing (1784), Johannes Gottfried Eichhorn (1794) und Friedrich Daniel Ernst Schleiermacher (1832) – wurden dagegen literarische Entstehungshypothesen zur Erklärung der Abweichungen zwischen den synoptischen Evangelien vorgebracht. Lessing, Eichhorn und Schleiermacher setzten dabei ein verlorenes Urevangelium in aramäischer Sprache voraus, das in unterschiedlichen Fassungen hinter den erhaltenen Evangelien stünde, während Griesbach (gefolgt von Schleiermacher) eine Textgenealogie vorschlug, der zufolge Lukas das MtEv und Markus das Mt- und LkEv benutzt habe. Die Unterschiede zwischen den Evangelien sollten demnach auf die Übersetzung aus dem Aramäischen oder auf bewusste redaktionelle Entscheidungen der Evangelisten zurückzuführen sein. Mit diesen Ansätzen war sowohl der Ausgangspunkt der synoptischen Frage markiert, mit der fortan nach den literarischen und historischen Zusammenhängen zwischen den ersten drei kanonischen Evangelien gesucht wurde, als auch die moderne Frage nach dem historischen Jesus formuliert.

Die Lösungsvorschläge für das synoptische Problem, die im frühen 19. Jh. präsentiert wurden, bezogen sich nur auf einen Teil der von Reimarus formulierten Einwände. Reimarus hatte sich mit seiner rationalistischen Kritik auch gegen die Schilderungen von Heilungen, Naturwundern und Auferstehungen in den Evangelien gewandt, die er für unglaubwürdig hielt. Um eine rationalistische Klärung bemühte sich hier etwa Heinrich Eberhard Gottlob Paulus (1828), der die Wunderberichte als Wahrnehmungsdefizite oder Zufälle zu deuten versuchte. So sei etwa der Sturm auf dem See ohne das Zutun Jesu abgeflaut, als er gerade sprach, die von Jesus bewirkten Auferweckungen Toter könnten als Erwachen aus Schlaf oder Ohnmacht erklärt werden und die Brotvermehrung sei auf die Überzeugungskraft Jesu zurückzuführen, die einige wohlhabende Anhänger dazu gebracht habe, mit der hungrigen Menge das Essen zu teilen.

1. Strauß und der Mythosbegriff

Einen anderen Ansatz legte David Friedrich Strauß mit seinem Werk »Das Leben Jesu, kritisch bearbeitet« (1835) vor. Er betonte, dass die von den Synoptikern überlieferten Jesusworte und zwar gerade die für den christlichen Unterricht »wichtigsten und wirksamsten ihrem Inhalt nach gar nicht [...] angefochten« seien (Strauß, Brief vom 12. Juli 1835, in ZIEGLER 1908: 186). Im Blick auf die Wundererzählungen in den Evangelien wandte sich Strauß jedoch sowohl gegen rationalistische Erklärungen wie auch gegen einen naiven Supranaturalismus. Von Eichhorn (1790) übernahm er stattdessen den mythischen Interpretationsansatz, der dem Aufweis des sagenhaften Charakters bestimmter biblischer Erzählungen diente, und vertrat die Auffassung, dass die Wundererzählungen und die meisten anderen Erzählungen in den Evangelien nicht das Ergebnis eines betrügerischen Vorsatzes waren, sondern sich aus dem mythischen Grundkonzept der Evangelien ergaben. In diesem kam Strauß zufolge die Sichtweise der frühen Christen zum Ausdruck, die Jesus im Kontext zeitgenössischer messianischer Erwartungen wahrnahmen. Während Eichhorn und andere nur für einzelne Erzählungen des Neuen Testaments eine mythische Struktur angenommen hatten, sah Strauß die Darstellungen Jesu insgesamt, von den Geburtserzählungen über die Versuchungserzählungen, Wundergeschichten und Verklärungsdarstellungen bis hin zu den Passions- und Auferstehungsberichten, vom Mythos durchdrungen. Wörtlich verstanden mussten diese Berichte widersprüchlich und unglaubwürdig erscheinen. Die Wahrheit des Christusglaubens beruhte nach Strauß aber weder auf der Historizität der Evangelien noch auf deren Kohärenz oder Widerspruchsfreiheit. In ihrer Gesamtheit bildeten diese Erzählungen vielmehr den Mythos des Gottmenschen ab und stellten darin keinen Betrug, sondern den Kern der christlichen Botschaft dar. Aus der Perspektive Hegelscher Geschichtsphilosophie, deren Mittel sich Strauß bediente, zeigte der Mythos auf seine Weise »the development of human subjectivity with the emergence of finite spirit's consciousness of its participation in the self-realization of Absolute Spirit, or God, in and through the world« (BRECKMANN 1999: 34).

Anders als politisch und theologisch konservative »Althegelianer«, die Jesus selbst zuweilen für die historische Verwirklichung des Gottmenschen hielten, be-

kannte sich Strauß zu den »Junghegelianern«, die Vernunft und Freiheit zu Leit-
prinzipien der Geschichte erhoben und den religiösen Glauben als irrational kritisierten. Für Strauß war es die *Idee* des Gottmenschen, nicht die historische Person Jesus, die die Vorstellung der Verkörperung der absoluten Vernunft in der
Menschheit vermittelte. So betrachtet bot Jesus die Gelegenheit für den Eintritt
dieser Idee in die menschliche Geschichte, war aber selbst nicht deren Verkörperung:

»Das ist der Schlüssel der ganzen Christologie, daß als Subjekt der Prädikate,
welche die Kirche Christo beilegt, statt eines Individuums eine Idee, aber eine
reale, nicht Kantisch unwirkliche gesetzt wird. In einem Individuum, einem Gottmenschen, gedacht, widersprechen sich die Eigenschaften und Funktionen, welche die Kirchenlehre Christo zuschreibt: in der Idee der Gattung stimmen sie
zusammen. Die Menschheit ist die Vereinigung der beiden Naturen, der menschgewordene Gott, der zur Endlichkeit entäußerte unendliche, und der seiner Un-
endlichkeit sich erinnernde endliche Geist [...]. Durch den Glauben an diesen
Christus, namentlich an seinen Tod und seine Auferstehung, wird der Mensch
vor Gott gerecht: d. h. durch die Belebung der Idee der Menschheit in sich [...],
wird auch der einzelne des gottmenschlichen Lebens der Gattung theilhaftig.«
(STRAUSS 1835 § 147, Bd. 2: 734 f.).

Ebenso unerbittlich wie Reimarus legte auch Strauß die Widersprüche und
Unglaubwürdigkeiten der biblischen Erzählungen offen, die sich aus einem wörtlichen Verständnis ergaben. Anders als Reimarus erkannte Strauß in diesen Erzählungen jedoch keine Betrugsabsicht. Ebenso wenig konnte er rationalistische
Erklärungen akzeptieren, wie sie beispielsweise von H. E. G. Paulus vorgelegt
wurden. Die Fiktionen der biblischen Literatur sind aus seiner Sicht das Resultat
unbewusster, »absichtsloser« Mythologisierung und daher innerhalb eines philosophischen Verständnisrahmens zu lesen. Der mythische Interpretationsansatz
von Strauß erwies sich als derart umfassend, dass er jeden Versuch einer historischen Rekonstruktion des Lebens Jesu unterhöhlte. Obwohl Strauß betonte, dass
seine Schrift lediglich auf Einsichten und Erkenntnissen anderer aufbaute, verwundert es nicht, dass die Radikalität seiner Behauptungen erbitterten Widerstand hervorrief, was schließlich sogar dazu führte, dass er seine Anstellung an
der Tübinger Universität verlor.

Strauß war der Ansicht, dass die synoptischen Evangelien im 2. Jh. als Resultat
einer langen Phase mündlicher Überlieferung entstanden seien, in der die Er-
zählstoffe allmählich mythologisiert wurden. Das Ergebnis war eine Darstellung
Jesu, die, »obwohl in unhistorischer Form, doch den wahren Inhalt der Idee von
Christo darstellt« (STRAUSS ³1838 § 10, Bd. 1: 55), d. h. eine fiktive Erzählung, die
durch ihren mythischen Charakter die essentielle Wahrheit des Christusglaubens
vermittelte.

2. Reaktionen auf Strauß und die Entwicklung der Markuspriorität

Nur drei Jahre nach dem erstmaligen Erscheinen des »Lebens Jesu« von Strauß veröffentlichte Christian Hermann Weisse »Die evangelische Geschichte, kritisch und philosophisch bearbeitet« (1838), die sich bereits im Titel an das Werk von Strauß anlehnte. Weisse, ein Philosophieprofessor aus Leipzig, verstand sich im Grundsatz als Hegelianer und stimmte Hegels Vorstellung von der Selbstverwirklichung der absoluten Subjektivität in der menschlichen Geschichte weitgehend zu. Allerdings war er der Auffassung, dass sich die Selbstverwirklichung des Absoluten historisch in der Person Jesu ereignet habe (WEISSE 1838 Bd. 2: 512), was ihn dazu veranlasste, gegen Hegel und dessen vermeintlichen Pantheismus ein Prinzip der theistischen Personalität geltend zu machen (BRECKMANN 1999: 51). Entsprechend bedeutsam wurde für Weisse die Person des historischen Jesus, die bei Strauß nur eine nachgeordnete Rolle spielte.

Weisse war wie Strauß der Meinung, dass die Wundererzählungen keine historischen Berichte darstellten, sondern sich der Imagination der Anhänger Jesu verdankten. Sein entschiedener Widerspruch richtete sich gegen die späte Datierung der synoptischen Evangelien bei Strauß und dessen Rezeption der Griesbach-Hypothese, die, wie erwähnt, davon ausging, dass Matthäus sich auf das LkEv gestützt und Markus sowohl das Mt- als auch das LkEv verwendet habe (vgl. STRAUSS 1835 § 12, Bd. 1: 65 mit Anm. 24). Strauß hatte dem MkEv in diesem Sinne sogar ein »fast apokryphisches Ansehen« bescheinigt (STRAUSS 1835 § 80, Bd. 1: 682, mit Bezug auf Schleiermacher). Weisse hielt dagegen den Bericht des Papias für glaubwürdig, dass Markus die Erinnerungen des Petrus aufgezeichnet habe, die zwar historisch nicht durchweg zuverlässig seien, deren spröder Stil mit den wiederkehrenden Semitismen allerdings auf ein frühes Entstehungsdatum hinwiesen. Aus diesem Grund favorisierte er bei seinem Modell der Entstehung der synoptischen Evangelien die Priorität des MkEv. Von Schleiermacher übernahm er die Idee einer Spruchsammlung, die Matthäus neben einer Erzählquelle vorgelegen habe. Weisse modifizierte diese Auffassung und meinte, dass Matthäus *und Lukas* das MkEv und diese Spruchsammlung verwendet hätten (WEISSE 1838 Bd. 1: 83 f.). Auf diesem Weg kehrte Weisse die literarische Theorie von Strauß um, indem er das MkEv als frühestes Evangelium behandelte und davon ausging, dass es zusammen mit der Spruchsammlung im Wesentlichen historisch zuverlässige Traditionen überliefere (BAIRD 1992: 307; SCHRÖTER 2007b: 16).

3. Jesusforschung 1830–1870

Wie Bo Reicke gezeigt hat, schwankte die Evangelienforschung in den Jahren zwischen 1830 und 1870 beständig zwischen der Griesbach-Hypothese, die das MkEv an das Ende der Entstehung der synoptischen Evangelien stellte, und der

Hypothese der mk. Priorität hin und her. Deduktive Ansätze, die von philosophischen Annahmen ausgingen, sahen die Griesbach-Hypothese zuweilen als ihren literarischen Verbündeten (Strauß), konnten aber auch die mk. Priorität verteidigen (Weisse; s. REICKE 1987: 8). Bruno Bauer, einer der »Junghegelianer«, wies die mythische Interpretation von Strauß 1841/42 als unhegelianisch zurück, ebenso die Hypothese einer Spruchsammlung von Weisse, während er gleichzeitig die mk. Priorität befürwortete. Allerdings vertrat er die Auffassung, dass das MkEv keine historisch zuverlässige Darstellung biete, sondern lediglich ein Reflex des religiösen Selbstbewusstseins seines Autors sei. Bauer war zu der Überzeugung gelangt, dass Religion als Form der Entfremdung zu gelten habe, weshalb das religiöse Selbstbewusstsein des Markus in seinen Augen ein Beispiel der Projektion von transzendenten Mächten zeige, die das Selbst regierten und falsche materielle Interessen sanktionierten. Nur ein paar Jahre später hat Karl Marx, einst ein Student, dann ein Kritiker Bauers, folgendes Urteil formuliert: »Für Deutschland ist die Kritik der Religion im wesentlichen beendigt, und die Kritik der Religion ist die Voraussetzung aller Kritik« (MARX 1844: 71).

Bauers historischer Skeptizismus und die Radikalität, mit der er die mk. Priorität verfocht, rief eine erneute Gegenreaktion mit der Wiederbelebung der Griesbach-Hypothese hervor, dieses Mal durch Ferdinand Christian Baur (1847) in Tübingen. Auch Baur meinte, dass die Kritik beim Bewusstsein des Evangelisten ansetzen müsse, leitete daraus aber ein Verfahren ab, das er »Tendenzkritik« nannte. Diese war ein Vorläufer der Redaktionskritik, mit der er die spezifischen Absichten zu beschreiben versuchte, die einem literarischen Dokument zugrunde lagen. Sie ermöglichte es ihm, in seinem späteren Werk innerhalb der Evangelien verwendete Traditionsstücke von der Redaktion der Evangelisten zu unterscheiden, die bestimmten Tendenzen folgt. Unter dem Einfluss spekulativer Großtheorien zur Lehrentwicklung im frühen Christentum sah Baur in der Griesbach-Hypothese einen Fortschritt, der die Entwicklung vom MtEv über das Lk- zum MkEv erklären konnte. Diese erklärte er als dialektisches Verhältnis zwischen dem petrinischen Judaismus bei Matthäus und dem hellenistischen Paulinismus des Lukas, die bei Markus miteinander verbunden worden seien.

Nach Baurs Auffassung enthielt das MkEv keinerlei unabhängiges historisches Material (BAUR 1847: 535–539). Die Skepsis von Strauß bezüglich des historischen Wertes der Synoptiker war ihm dennoch fremd, mehr noch die vollständige Zurückweisung der Evangelien als historische Quellen, wie sie bei Bauer vorlag. Ungeachtet seiner Datierung der Synoptiker in das 2. Jh. bestand Baur darauf, dass der historische Jesus für das Verständnis von Wesen und Inhalt des Christentums als dessen Begründer von zentraler Bedeutung sei (BAUR 1853: 22 f.). Gegen Ende seiner Laufbahn distanzierte er sich von der spekulativen Philosophie und berief sich für die Bestimmung des Wesens des Christentums auf die moralische Lehre Jesu, die nach seiner Auffassung ein »neues Princip« eingeführt habe als »Form des Handelns, vermöge welcher man gegen Andere dasselbe thut, was man wünscht, dass andere gegen uns thun, das sittlich Gute ist somit das, was für alle gleich recht und gut ist, oder für alle das gleiche Object ihres Handelns sein kann. [...] In dem sittlichen Bewusstsein spricht sich demnach der absolute Inhalt des christlichen Princips aus. Was dem Menschen seinen höchsten sittlichen Werth gibt, ist nur die Reinheit einer über das Endliche, Partikuläre, rein Subjective sich erhebenden ächt sittlichen Gesinnung« (BAUR 1853: 31).

Baur starb 1860 und konnte keine Darstellung des »Lebens Jesu« mehr vorlegen. Die Zustimmung zur Griesbach-Hypothese schwand in der Folge immer mehr. Die meisten der Schüler Baurs – die »Tübinger Schule« – waren von der Theologie zur Philosophie gewechselt, hatten sich von quasi-hegelianischen Begründungsmustern verabschiedet oder traten nun wieder verstärkt für die Markuspriorität ein. Diese Theorie dominierte ab 1863 erneut das Feld, was nach der Kritik der Griesbach-Hypothese durch Bernhard Weiss (1861) und Heinrich Julius Holtzmanns Buch »Die synoptischen Evangelien« (1863) auch so bleiben sollte. Trotz seiner Kritik an dessen Voraussetzungen lobte Holtzmann die bei Baur vollzogene Abkehr von der Zuschreibung des synoptischen Materials an »die sagenbildende Phantasie der urchristlichen Gemeinde« (HOLTZMANN 1863: 3), wie sie noch bei Strauß vorausgesetzt war.

4. Das Aufkommen der liberalen Leben-Jesu-Forschung

Zur selben Zeit vollzogen sich einige wichtige Weichenstellungen. Der Einfluss Hegels hatte spürbar nachgelassen, teils wegen der Kritik Ludwig Feuerbachs (1841), teils weil Baur den Atheismus nicht akzeptieren konnte, den Strauß, Feuerbach und Bauer als logische Konsequenz des Hegelianismus betrachteten (HARRIS 1975: 167). Die spekulative Theologie wurde nun wieder vom Rationalismus verdrängt, allerdings nicht im Sinne der rationalistischen Kritik, wie sie etwa H. E. G. Paulus im Blick auf die Wundererzählungen vorgebracht hatte, sondern im Sinne des Kantschen Rationalismus, der der Ethik den Platz im Zentrum der Religion einräumte. Zusätzlich hob Holtzmann nun die Persönlichkeit Jesu hervor, die im Mittelpunkt der Jesusforschung stehen müsse, und schlug dafür ein psychologisches Entwicklungsmodell vor (das er von Theodor Keim [1861] übernommen hatte).

Obwohl Holtzmann mitunter als erster Vertreter der Markuspriorität gilt, muss doch festgehalten werden, dass er nicht die Auffassung vertrat, dass das MkEv das erste Evangelium gewesen sei. Grundlage für die Darstellung eines »Lebens Jesu« war aus seiner Sicht vielmehr ein hypothetischer »Urmarkus«, den er »A« nannte und der nach seiner Überzeugung den Textbestand des MkEv umfasste, ergänzt durch die Worte Johannes des Täufers (Mt 3,7–12; Lk 3,7–9.16 f.), die Langversion der Versuchungserzählung, eine Version der Bergpredigt (Lk 6,20–49), die Erzählung vom Hauptmann von Kafarnaum (Mt 8,5–13; Lk 7,1–10), eine erweiterte Fassung der Verteidigung Jesu gegen den Vorwurf des Bündnisses mit Beelzebul, die Geschichte der ehebrecherischen Frau aus dem JohEv (Joh 7,53–8,11) und den Missionsbefehl aus dem MtEv (Mt 28,9 f.16–20). Das kanonische MkEv habe »A« gekürzt, während Matthäus und Lukas »A« zusammen mit einer Spruchquelle (»Λ«) benutzt hätten.

Für seine Darstellung des Lebens Jesu, in der dieser als sittliches Vorbild erscheint, ließ Holtzmann die Spruchquelle beiseite und bevorzugte seine Quelle »A« als Schlüssel zur Persönlichkeit Jesu und seiner inneren Entwicklung. Ihren Beginn nahm diese Entwicklung demnach mit der erstmaligen Selbstwahrnehmung als Messias bei der Taufe, als Jesus »eine gewaltig in ihm aufgehende Klarheit über seinen göttlichen Beruf« erfuhr (HOLTZMANN 1863: 476, Zitat aus WEISSE 1856); zu ihrem Abschluss kam sie, als Jesus auch von seinen Jüngern als der Messias erkannt wurde und Jesus seinen Tod »als das allein mögliche, aber auch als das allein seiner würdige [Ende]« (HOLTZMANN 1863: 485; vgl. KLOPPENBORG 2006) begriffen hatte. Nach Holtzmann zeichnete sich Jesus durch eine »Klarheit und Harmonie Dessen« aus, »was den vollkräftigen Menschen ausmacht, ein stetes Zusammengehen von Verstand, Gefühl, Anschauung, Ahnung, eine gediegene Einfachheit und Einfalt« (HOLTZMANN 1863: 496), insgesamt also durch Eigenschaften, die den theologischen Absichten liberaler Theologie mit ihren stark anti-dogmatischen und romantischen Zügen sehr entgegenkam.

Holtzmanns Darstellung des Lebens Jesu wurde zum Modell für die nächsten vierzig Jahre liberaler Leben-Jesu-Forschung, die zumeist die Vorstellung Jesu vom Gottesreich als geistige Größe, die zur Umkehr ruft, hervorhob und auf der Grundlage der Holtzmannschen Deutung des MkEv die Überzeugung vertrat, dass sich das messianische Bewusstsein Jesu erst entwickelt habe. Es sei anfänglich durch seine Taufe intensiviert worden und habe Jesus später durch eine »galiläische Krise« dazu gezwungen, das Scheitern seiner Mission einzugestehen. Die Beobachtungen von Franz Rosenzweig zur liberalen Leben-Jesu-Forschung im Allgemeinen können ebenso gut auf Holtzmann im Besonderen angewendet werden:

»Eben die Einsicht der Romantik, daß nicht Lehre, und lehrte sie die Wahrheit selber, die Welt zu beherrschen berufen sei, sondern nur lebendig wirkende ›Individualität‹, ließ die Auffassung Jesu als des Lehrers veraltet erscheinen, noch ehe sie recht hatte ausgebildet werden können. Ein Lehrer konnte nun nach der neuen Vorstellung der nicht gewesen sein, mit dessen Erscheinen, ›die Zeit erfüllet‹ sein sollte. Schleiermacher fand das lösende Wort, daß ›das Hervortreten einer Offenbarung in einer Einzelperson in der menschlichen Natur vorbereitet und als die höchste Entwicklung ihrer geistigen Kraft‹ anzusehen sei. Nicht ›Lehrer‹ also, sondern ›Persönlichkeit‹ war das menschliche Wesen Jesu, woraus das Christentum entsprang, heute wie dereinst vor 1800 Jahren. [Man hatte] sehen gelernt, daß einem Menschenleben […] ein Sein innewohnte, das sich der tötenden Macht der Geschichte entzog. Nach diesem Gedanken, so schien es, konnte man nun das Dasein Jesu fassen, mußte man es fassen, wenn man dem Dogma einmal auszuweichen entschlossen war.« (ROSENZWEIG 1984: 688).

5. Das 19. Jh. im Rückblick

Die Jesusforschung des 19. Jh.s ist von großen Divergenzen in der Zugangsweise gekennzeichnet. Im Gefolge der radikalen Kritik, mit der Reimarus die Evangelien als zuverlässige Grundlage für die Rekonstruktion des historischen Jesus und der christlichen Lehrbildung in Zweifel gezogen hatte, wurde die Evangelienforschung in vielfältiger Weise in den Kontext philosophischer Ideen gerückt. Zu erwähnen sind insbesondere der Hegelianismus bei Strauß und seine Konzentration auf den Mythos als eine Art präphilosophische Vorstellung, das Insistieren von Weisse auf dem Personalismus im Gegensatz zum Pantheismus Hegels, Baurs Begriff einer dialektischen Entfaltung der Theologie in der Geschichte sowie das Augenmerk Bauers auf der Bewusstseinsphilosophie und sein Verständnis der Religion als falsches Bewusstsein. Diese philosophisch geprägten Ansätze waren mit unterschiedlichen Annahmen zur Lösung des synoptischen Problems verbunden, wobei etwa die Präferenz der Griesbach-Hypothese bei Strauß genauso wenig zwingend erscheint (Tuckett 1979: 32) wie die Bevorzugung der Markuspriorität bei Bauer. Von größerer Bedeutung war die Griesbach-Hypothese sicher für Baurs dialektische Geschichtsauffassung. Als er sich jedoch in seinem späteren Werk dem historischen Jesus zuwandte, schienen die Griesbach-Hypothese und die Datierung der Evangelien in das 2. Jh. eher ein Problem für ihn darzustellen, das sich aus dem einhundertjährigen Abstand zwischen dem Auftritt Jesu in Galiläa und Jerusalem einerseits, der Komposition des MtEv in der Zeit des Bar-Kochba-Aufstands um 130–135 n.Chr. andererseits, ergab (Baur 1847: 609).

Eine zweite, ebenfalls recht heterogene Forschungsströmung widmete sich der Rekonstruktion des historischen Jesus aus den Evangelien. Nach der rationalistischen Kritik an den Wundererzählungen waren nur wenige bereit, weiterhin supranaturalistische Positionen zu verteidigen, was dazu führte, dass die Bedeutung Jesu an anderer Stelle gesucht wurde. Reimarus wies die meisten Inhalte der Evangelien als historisch unzuverlässig zurück und kam auf diese Weise zu einem Jesus, der eine einfache Frömmigkeit predige, die sich auf die Erwartung des Gottesreiches auf Erden richtete. Baur konzentrierte sich auf die ethische Lehre und den Widerspruch Jesu gegen den »Pharisaismus«, indem er den Schwerpunkt bei der mt. Bergpredigt setzte (Baur 1853: 24–40). Wie bereits bemerkt, brachte die späte Datierung seiner Hauptquelle für die ethische Lehre Jesu allerdings einige Probleme für seine Rekonstruktion mit sich. In Holtzmanns synoptischer Theorie galten die Spruchsammlung (»Λ«) und insbesondere der »Urmarkus« (»A«) als die ältesten Quellen, aus denen er eine Rekonstruktion des historischen Jesus unternahm, die für die Romantik des 19. Jh.s und deren Fokus auf der heroischen Einzelpersönlichkeit höchst anziehend war, »full of unspoiled naïveté but at the same time full of dignity and wisdom, the ideal image of bourgeois nostalgia« (Georgi 1992: 78). Holtzmanns Theorie blieb maßgeblich, bis Paul Wernle (Wernle 1899) darauf aufmerksam machte, dass eine Unterscheidung zwischen »A« und dem MkEv für die Erklärung der Abhängigkeitsverhältnisse zwischen den synoptischen Evangelien unnötig sei, und William Wrede (WREDE 1901) grundlegende Zweifel an der historischen Verlässlichkeit der mk. Erzählung äußerte. Damit begann sich die enge Verbindung zwischen der Leben-Jesu-Forschung und der Zweiquellentheorie aufzulösen.

Nachdem das Vertrauen in das MkEv als historisch zuverlässige Quelle für die Rekonstruktion des Lebens Jesu erschüttert und damit insbesondere Holtzmanns Theorie einer inneren Entwicklung Jesu die textliche Grundlage entzogen war, wurde kurzzeitig der Versuch unternommen, das Bewusstsein Jesu auf Basis der Logienquelle nachzuzeichnen (HARNACK 1907). Mit der aufkommenden Formgeschichte verlagerte sich der Schwerpunkt allerdings innerhalb weniger Jahre auf die mündliche Überlieferung, wodurch nun die Kreativität der Urgemeinde bei der Überlieferung des Jesusmaterials ins Zentrum der Aufmerksamkeit rückte (BULTMANN 1913) und das Interesse am historischen Jesus dahinter zu verschwinden schien.

ARNAL, William E. 2005: The Symbolic Jesus: Historical Scholarship, Judaism and the Construction of Contemporary Identity, London/Oakville.

BAIRD, William 1992: History of New Testament Research. Vol. I: From Deism to Tübingen, Minneapolis.

HARRIS, Horton 1975: The Tübingen School, Oxford.

MOXNES, Halvor 2012: Jesus and the Rise of Nationalism. A New Quest for the Nineteenth-Century Historical Jesus, London.

SCHWEITZER, Albert ⁹1984: Geschichte der Leben-Jesu-Forschung, UTB 1302, Tübingen.

John S. Kloppenborg

VI. Das »Gottesreich« als eschatologisches Konzept: Johannes Weiß und Albert Schweitzer

1. Einführung

In jedem Forschungsüberblick zur Verwendung des Ausdrucks »Gottesreich« bei Jesus spielen Johannes Weiß und Albert Schweitzer eine herausragende Rolle, wobei Weiß gelegentlich als Vorbote der sog. »konsequenten Eschatologie« von Schweitzer gesehen wird (LUNDSTRÖM 1963; PERRIN 1963; WILLIS 1987a; MORGAN 1989). Eine solche Einschätzung ist sicher von Schweitzer selbst befördert worden, der sein eigenes Werk *Geschichte der Leben-Jesu-Forschung* als Korrektiv und »logische« Fortführung des Ansatzes von Weiß präsentierte (SCHWEITZER ²1973b [1913]: 356–359.563 f.).

Anders als Schweitzer in seiner Darstellung den Eindruck erweckt, sollte man die beiden durchaus unterschiedlich auftretenden Forscher jedoch als gleichberechtigte Gesprächspartner betrachten, nicht als Repräsentanten von Entwicklungsstufen auf dem Weg zur Entfaltung einer historischen Einsicht (WILLIS 1987a). In ihrem Verständnis des Ausdrucks »Gottesreich« und entsprechend in ihrer Vorstellung von der Eschatologie Jesu haben beide vieles gemeinsam und zwar sowohl im Blick auf die Positionen, von denen sie sich absetzen, als auch im Blick auf die von ihnen selbst vertretene Sicht, auch wenn sie darüber Bücher von sehr unterschiedlichem Umfang geschrieben haben (vgl. SCHWEITZER 1913 mit WEISS 1892; andere Belege für Schweitzers Sichtweise sind u. a. in SCHWEITZER ²1973a [1901] und 1995 zu finden; Weiß schrieb 1900 eine erweiterte Fassung der *Predigt Jesu vom Reiche Gottes*, zusätzliches Material lässt sich WEISS 1901 entnehmen). Weiß und Schweitzer weichen vor allem im Blick auf das Gewicht, das sie der Vorstellung vom Gottesreich als einer Leitidee des Wirkens Jesu zuweisen, voneinander ab, aber auch hinsichtlich des Zusammenhangs, den sie zwischen Jesus und der Ankunft des Gottesreiches sehen. Unterschiedlich ist schließlich auch der Stil, in dem sie darüber schreiben. Einige Ausleger halten diese Unterschiede eher für geringfügig und beurteilen die Gemeinsamkeiten als gewichtiger, anderen erscheinen sie dagegen als gravierender (WILLIS 1987a; MORGAN 1989). Obwohl die Darstellung Schweitzers zweifellos ihren besonderen Reiz hat, nicht zuletzt aufgrund seines anschaulichen Stils, des Jesusbildes, das er zeichnet (ROWLAND 1989: 225), und der Bekanntheit ihres Autors, gibt es in der ntl. Forschung die Tendenz, das Werk von Weiß als zuverlässiger, nüchterner (MORGAN 1989) und innovativer einzuschätzen.

2. Das »Gottesreich« bei Weiß und Schweitzer

Auf unterschiedliche Weise ergibt sich das Interesse an Jesu Verständnis des »Gottesreiches« bei Weiß und Schweitzer aus der Unzufriedenheit mit der Deutung dieses Ausdrucks in der zeitgenössischen deutschen, speziell der liberalen Theologie. Ausgehend von Albrecht Ritschls Auffassung, dass das Gottesreich eine ethische Größe sei – »arising out of the redemption of Christ, it is the moral organization of human society inspired by love [...] the common end of God and Christians and community« (PERRIN 1963: 15) –, neigte die liberale Theologie dazu, die futurisch-eschatologische Dimension des Begriffs, wie er von Jesus gebraucht wurde, zu vernachlässigen und ihn stattdessen kommunitaristisch, ethisch und innerweltlich zu interpretieren. Weiß gesteht in der Einleitung zur ersten Auflage der *Predigt Jesu* zwar zu, dass das Konzept vom »Gottesreich« gerade für jene Theologen produktiv sei, die Dogmatik und Ethik vereinen wollten, fragt jedoch kritisch, ob ein vornehmlich dogmatisches Verständnis dem ursprünglichen Gebrauch dieses Begriffs bei Jesus gerecht werde (WEISS 1892: 5–7). Die Überzeugung, dass im Verständnis des Gebrauchs des Begriffs durch Jesus Dogmatik und Geschichte getrennt werden müssen, ist für Weiß der entscheidende Antrieb, die *Predigt Jesu* zu schreiben (LANNERT 1989: 108–117, der außerdem auf entsprechende Andeutungen in früheren Publikationen von Weiß aufmerksam macht, z. B. WEISS 1888). Schweitzer hat nie eine ähnlich klare Motivation für sein Werk formuliert (tatsächlich notiert er, dass sein spezifisches Verständnis von Jesu Sicht auf das Gottesreich aus einer Quasi-Offenbarung herrühre, die er bei der Lektüre von Mt 10 während eines Truppenmanövers erfahren habe; vgl. SCHWEITZER ²1973c [1931]: 27–30), doch die Suche nach historischer Wahrheit ist auch bei ihm Teil der geschliffenen Rhetorik und so besteht er darauf, dass sein Jesusbild historisch zutreffend, wenn auch theologisch unbequem sei (SCHWEITZER ²1973b [1913]: 872f.). Seine Unzufriedenheit mit dem Verständnis des Ausdrucks »Gottesreich« in der liberalen Theologie ergibt sich aus der Überzeugung, dass eine solche Interpretation zu einem moralisch verflachten und blassen Jesusbild führen müsse (SCHWEITZER ²1973b [1913]: 878). Weiß lobt dagegen Ritschls Verständnis des Gottesreichs (immerhin war er dessen Schwiegersohn und verzögerte die Publikation der *Predigt Jesu* bis zu drei Jahre nach Ritschls Tod, vgl. WILLIS 1987a: 2 Anm. 8), trotz des Fehlens einer biblischen Begründung (WEISS 1892: 7; MORGAN 1989: 101). Ungeachtet dieser Urteile sind sich Weiß und Schweitzer jedoch darin einig, dass die Interpretation der Vorstellung vom Gottesreich in der Verkündigung Jesu durch die liberale Theologie historisch unhaltbar sei.

3. Die Interpretation des »Gottesreiches« bei Weiß und Schweitzer

Der Schlüssel zum Gebrauch des Ausdrucks »Gottesreich« bei Jesus liegt für Weiß und Schweitzer im richtigen Verständnis des antiken Judentums. Während Weiß diesen Punkt in der ersten Auflage der *Predigt Jesu* nur zurückhaltend anspricht, widmet er ihm in der zweiten, erweiterten Auflage wesentlich mehr Aufmerksamkeit (WEISS ²1900: 1–35). Er geht davon aus, dass es zwei Konzepte des »Gottesreichs« im Judentum gegeben habe: eines, das den Menschen ins Zentrum stellt und Gottes Souveränität auf Erden hervorhebt, und ein weiteres, in dem Gott den Mittelpunkt bildet und die Trennung zwischen Gott und Welt betont wird. Dieses letztere Verständnis habe sich durchgesetzt und zu der Überzeugung geführt, dass Gott in der Zukunft eingreifen und die Welt durch einen göttlichen Machterweis erneuern werde (Jes 40,10; Sach 14,9.16–21 etc.). Obwohl der Ausdruck »Gottesreich« im antiken Judentum eher selten gebraucht wird, verweise er an den wenigen Belegstellen, etwa im Kaddisch-Gebet oder in der Himmelfahrt des Mose, auf diese spezifische Hoffnung. Weiß ist der Ansicht, dass die Wahrnehmung solcher kontextuellen Bezüge ein realistischeres Bild des Begriffsgebrauchs bei Jesus ermöglichen kann (WEISS ²1900: 30–35).

Schweitzer geht es bei der Bestimmung des Kontextes dagegen weniger um eine Begriffsgeschichte im engeren Sinne, sondern vielmehr um eine allgemeine Darstellung der Entwicklung eschatologischen Denkens im Judentum seit den frühen klassischen Propheten wie etwa Amos und Jesaja (mit einer innerweltlichen messianischen Sichtweise), über Daniel (mit einer außerweltlichen, supra-messianischen Perspektive) bis hin zum 4. Esrabuch und der syrischen Baruch-Apokalypse, die die Endzeit als Aufeinanderfolge eines zeitlichen und eines ewigen Reiches entwerfen und so die sich entwickelnde Sicht der frühen Prophetie und Daniels zu einer schriftgelehrten Synthese verbinden. Die letztere habe Jesus nachhaltig beeinflusst (SCHWEITZER ²1973b [1913]: 444–446), weshalb die entsprechenden Texte zugrunde zu legen seien, um das eschatologisch bestimmte Leben Jesu zu rekonstruieren. In diesem Sinne kann Schweitzer unter Rückgriff auf eine bekannte Wortschöpfung des deutschen Protestantismus sagen, dass Jesu geistige Einstellung das »Spätjudentum« reflektiere (SCHWEITZER 1995: 117).

Es ist nicht so sehr die Diskussion des jüdischen Hintergrunds, die Weiß und Schweitzer von der Forschung ihrer Zeit unterscheidet. Die Sichtweise auf diesen Problemkomplex spiegelt vielmehr die Ergebnisse früherer Arbeiten wider, die durch die Publikation einer Reihe kurz zuvor entdeckter Pseudepigraphen beflügelt wurde, etwa das äthiopische Henochbuch, die Himmelfahrt des Mose oder die syrische Baruch-Apokalypse (vgl. MORGAN 1989: 94 f.). Die Eigenständigkeit von Weiß und Schweitzer ergibt sich eher aus der auf je eigene Weise zum Ausdruck gebrachten Auffassung, dass Jesu Gebrauch des Ausdrucks »Gottesreich« nicht im Gegensatz, sondern in Kontinuität mit dem zeitgenössischen jüdischen Gedankengut gesehen werden müsse. Diesen Aspekt hat Wilhelm Bousset in seiner 1893 unter dem Titel *Jesu Predigt in ihrem Gegensatz zum Judentum. Ein religionsgeschichtlicher Vergleich* veröffentlichten Antwort auf Weiß präzise erfasst (CARLETON PAGET 2014).

Im Zentrum der Forschungen von Weiß und Schweitzer stehen die Evangelien. Beide sind sich darin einig, dass die Darstellung des JohEv historisch am wenigsten ergiebig sei (WEISS 1892: 8; SCHWEITZER ²1973b [1913]: 137 f.). Weiß erklärt, dass die Forschung zum Gottesreich die präsentische Eschatologie des Johannes vielfach zu leichtfertig akzeptiert habe (WEISS ²1900: 60). Er stellt außerdem die historische Zuverlässigkeit des MtEv in Frage (das ein spätes, »kirchliches« Evangelium sei) und meint, dass auch das MkEv im Blick auf die Historizität der Darstellung eine Reihe von Problemen enthalte (WEISS 1892: 8–11). Besonders skeptisch ist er hinsichtlich der Verwendung der Gleichnisse für das Verständnis der Vorstellung vom Gottesreich. Diese Zurückhaltung in Fragen der Historizität führt dazu, dass er jede Aussage einzeln untersucht und von Fall zu Fall über ihre Zuverlässigkeit entscheidet. Schweitzer vertritt eine weniger skeptische Haltung. Für ihn sind das Mk- und insbesondere das MtEv gerade wegen ihrer ungeordneten Struktur zuverlässige historische Zeugnisse. Es liege in der Vorstellungskraft des Exegeten, einen Weg zu finden, wie diese Texte neu zu ordnen sind, um ihren historischen Charakter zu erweisen (SCHWEITZER ²1973b [1913]: 532–542). Schließlich ist es vor allem sein eschatologisches Gesamtverständnis, das Schweitzer dazu führt, seiner Darstellung eine andere als die zurückhaltende Sichtweise von Weiß zugrunde zu legen (SCHWEITZER ²1973b [1913]: 563).

Sowohl Weiß als auch Schweitzer beurteilen die Verbindung Jesu zu Johannes dem Täufer als grundlegend für sein Verständnis des Gottesreiches (WEISS 1892: 50 f.; SCHWEITZER ²1973a [1901]: 244). Die Taufe habe Jesu die Bedeutung seiner Berufung erschlossen, möglicherweise auch seine messianische Rolle (SCHWEITZER ²1973b [1913]: 565) und ihn in den Kontext eschatologischer Erwartungen gestellt, die bei Johannes in der Erwartung des unmittelbar bevorstehenden Anbruchs der Gottesherrschaft kulminierte. Weiß betont die Kontinuität mit Johannes dabei etwas stärker als Schweitzer (vgl. WEISS 1892: 24, mit SCHWEITZER ²1973a [1901]: 263), insgesamt ist die Betonung dieses Aspekts jedoch durchaus vergleichbar.

Die Naherwartung ist für Weiß und Schweitzer gleichermaßen ein kennzeichnendes Merkmal der Botschaft Jesu (WEISS 1892: 11–13.53 f.). Von dieser Einsicht her widmet sich Weiß jenen Stellen aus den Evangelien, die die Gegenwart des Gottesreichs vorauszusetzen scheinen (WEISS 1892: 13–18). Er weist jedoch deren präsentische Interpretation zurück und hält stattdessen fest, dass in Aussagen wie Lk 17,20 die »erhabene prophetische Begeisterung« Jesu zum Ausdruck komme, »wo ihn ein Siegesbewusstsein überkommt«, das durch seine Exorzismen als Zeichen dafür, dass die Macht des Teufels gebrochen sei, inspiriert gewesen sei (WEISS ³1964: 223; ²1900: 176). Möglicherweise sei seine Naherwartung auch derart überwältigend gewesen, dass sich eine präsentische Redeweise geradezu aufgedrängt habe, wie etwa bei einem Sturm, den man kommen sieht und sagt, er sei bereits da oder ziehe gerade herauf. Auch Schweitzer lehnt ein präsentisches Verständnis des Gottesreiches in Jesu Wirken ab, verzichtet aber auf eine Diskussion der synoptischen Aussagen, die in diese Richtung weisen, und gibt in seiner Besprechung der *Predigt Jesu* lediglich die Interpretation dieser Stellen bei Weiß wieder (SCHWEITZER ²1973b [1913]: 357).

In Korrespondenz zu dieser Interpretation steht die Bestimmung des Gottesreiches in Jesu Verkündigung als zukünftige Größe, die unvergleichlich neu, transzendent und transformierend sei (WEISS ²1900: 92–96.107–109). Sie stehe im Gegensatz zur Herrschaft des Teufels, was nach Weiß eine Kernaussage der Texte über das Gottesreich darstelle (WEISS ³1964: 223). Das Gottesreich sei demnach weder ein Phänomen, das sich in einem Entwicklungsprozess befindet, noch etwas, das von Menschen errichtet werden kann, sondern etwas, das in der Zukunft allein von Gott herbeigeführt wird, wie es u. a. in der zweiten Bitte des Herrengebets (»Dein Reich komme«) und in Mk 14,25 ausgedrückt ist, wo Jesus bemerkt, dass die Gottesherrschaft gegenwärtig noch nicht erfahrbar sei (WEISS ³1964: 95 f.). Auch nach Schweitzers Auffassung ist das Gottesreich eine gänzlich neue, transformierende Größe, die von Gott herbeigeführt werde. Allerdings schreibt er Umkehr, Buße und Gebet der Menschen in diesem Prozess eine größere Rolle zu (vgl. SCHWEITZER ²1973a [1901]: 244 f.257 f.; 1995: 143). Besonderes Gewicht erhalten in diesem Zusammenhang seine Interpretation von Mt 10, die Aussendung der zwölf Apostel, deren Mission dazu dient, die Bedrängnisse der Endzeit zu bekämpfen, sowie seine Deutung von Mt 11,12, dem Wort über die Gewalt, die dem Gottesreich angetan wird, und die Gewalttäter, die in es hineindrängen (SCHWEITZER ²1973b [1913]: 584 f.).

Die Auffassung, dass das Gottesreich allein durch Gott herbeigeführt werde, die trotz der Hinweise auf die Rolle der Buße auch bei Schweitzer dominiert, führt bei Weiß zur Betonung des unpolitischen Charakters des Gottesreiches. Es sei eine entschieden außerweltliche Größe, die nicht durch Gewalt herbeigeführt werden könne (WEISS ³1964: 124, und seine Interpretation von Mt 11,12 im Gegensatz zu Schweitzers, s. o.). »Auf das Reich Gottes in dem transcendenten Sinne Jesu hoffen und Revolution machen, das sind zwei Dinge wie Feuer und Wasser« (WEISS ³1964: 124). Weiß lehnt die Vorstellung, dass das neue Reich eine Art von politischer Verfassung habe oder die Überwindung der römischen Herrschaft zum Inhalt habe, nicht rundweg ab. Es geht ihm aber vor allem darum, deutlich zu machen, dass die Gottesherrschaft als Handeln Gottes erscheinen werde, nicht des Menschen. Wie Weiß äußert sich auch Schweitzer nicht im Einzelnen über die politische Dimension der Gottesherrschaft und hebt stattdessen deren außerweltlichen Charakter hervor (s. u. zur Ethik). Eine politische Dimension des Wirkens Jesu tritt dabei nicht in den Blick (LANNERT 1989: 187–191, mit einer interessanten Kontextualisierung dieses Aspekts im Werk von Weiß).

Die Betonung des außerweltlichen Charakters der Gottesherrschaft führt bei beiden Autoren dazu, dass nicht recht deutlich wird, worin das neue der Gottesherrschaft bestehen soll. Weiß und Schweitzer beschränken sich auf einige vage Bemerkungen zur Niederwerfung des Satans und der Feinde Gottes im Allgemeinen (WEISS ³1964: 124; MORGAN 1989: 99). Für Weiß ist das Fehlen einer detaillierten Beschreibung der verwandelten Realität des Gottesreiches ein Indiz dafür, dass die Zuhörer Jesu bereits wussten, wie sie diese Realität zu verstehen hätten.

Weil die Gottesherrschaft außerweltlich und damit von gegenwärtiger menschlicher Erfahrung unterschieden ist, können ihre ethischen Implikationen nur unzureichend expliziert werden. Schweitzer spricht darüber im Stil Friedrich Nietzsches als etwas, das jenseits von Gut und Böse liege (SCHWEITZER ²1973a [1901]: 232; ²1973b [1913]: 594), und bezieht sich dabei auf Jesus, der das Gottesreich als transformierte Realität betrachte, in der Sünde nicht mehr möglich sei (SCHWEITZER ²1973a [1901]: 232). Weiß vertritt eine vergleichbare Position, wenn er über die Unmöglichkeit der Sünde unter der Herrschaft Gottes spricht (WEISS ²1900: 126). Für beide ergibt sich daraus, dass sich die ethischen Forderungen Jesu auf Verhaltensweisen beziehen, die für den Eintritt in das Gottesreich von Belang sind, was Schweitzer mit dem berühmten Ausdruck »Interimsethik« (SCHWEITZER ²1973a [1901]: 94 f.227 f.; vgl. auch 1995: 106 f.), Weiß dagegen als »die eschatologische Bedingtheit der Ethik Jesu« bezeichnet hatte (WEISS 1892: 42–50; vgl. ³1964: 138–144). Eine solche Ethik ist allerdings nicht als Fortsetzung gängiger sozialer oder weltlicher Normen zu verstehen. Darin zeigt sich für Weiß und Schweitzer der Einfluss eschatologischer Vorstellungen auf die Ethik Jesu, die dadurch eine außerweltliche Ausrichtung erhalte (SCHWEITZER 1995: 121: »Durch die Erwartung des in Bälde kommenden überirdischen Reiches Gottes befindet

sich Jesus in der Lage, von allem absehen zu können, was die Ethik in dieser Welt
zu leisten hat, und von ihr nur zu verlangen, daß sie die Menschen als einzelne
dahin bringe, sich vor [sic!] der Überlegung, was das wahrhaft Gute sei, leiten zu
lassen.« Vgl. Weiss 1892: 49 f.). Eine solche Einstellung muss nach Schweitzer zu
einer neuen Innerlichkeit führen, die Jesus in einen Konflikt mit Pharisäern und
anderen jüdischen Gruppen getrieben habe, die auf der bleibenden Geltung des
äußerlichen Gesetzes bestanden. Während Weiß zunächst der Meinung ist, dass
die Ethik Jesu aufgrund ihrer spezifischen Ausrichtung in keiner Weise als Folie
für die moderne säkulare Gesellschaft in Bezug auf Geld, Staatswesen, Familie
oder Sonstiges zu gebrauchen sei (vgl. Weiss 1892: 46), räumt er in der zweiten
Auflage seiner *Predigt Jesu* als Antwort auf die Kritik an der ersten Auflage ein,
dass nicht alle ethischen Aussagen Jesu ausschließlich auf seine eschatologische
Weltsicht zurückgeführt werden müssten, sondern es Prinzipien und Ideale gebe,
die einen anderen Ursprung hätten. Dabei hebt er insbesondere – anders als
Schweitzer – Jesu Gegensatz zum Gesetz hervor (Weiss [2]1900: 136–138). Der
Schwerpunkt liegt bei Weiß allerdings ebenfalls erkennbar auf der prägenden
Verbindung von Ethik und Eschatologie.

Aber welche Rolle kommt Jesus bei all diesen Dingen zu? In diesem Punkt
finden sich bemerkenswerte Gemeinsamkeiten und Unterschiede in den Darstellungen von Weiß und Schweitzer. Beide gehen davon aus, dass Jesus ein messianisches Selbstverständnis besessen, aber seinen messianischen Status als etwas
beurteilt habe, das wie das Gottesreich erst in der Zukunft verwirklicht werde,
selbst wenn es bereits in der Gegenwart antizipiert werden könne. Beim zukünftigen Anbruch des Gottesreiches, würde er als Menschensohn erscheinen, als
Gottes verherrlichter Herrscher, der in dem neuen Reich Gottes die Rolle königlicher Herrschaft übernimmt (weshalb Weiss im Blick auf die Redeweise Jesu
meint, dass sie »mehr einen Anspruch, als eine wirkliche Selbstbezeichnung« for-
muliere, Weiss 1892: 54.57). Weiß bezieht sich für diese Interpretation der Men-
schensohnaussagen auf das Daniel- und das äthiopische Henochbuch und hält
den Terminus für eine bewusste Zurückweisung eines enggefassten davidischen
Messiasbegriffs zugunsten des messianischen Ideals einer »rein religiösen und
durchaus trancendenten Hoffnung« (Weiss [3]1964: 160; vgl. hier auch die Interpretation von Mk 12,35–37). Vor dem Hintergrund der Übernatürlichkeit der
Messiasfigur im zeitgenössischen Judentum (Schweitzer [2]1973b [1913]: 453–
455) verweist auch Schweitzer in seiner Interpretation von Mk 12,35–37 auf die
transzendente Natur des kommenden Messias/Menschensohns (Schweitzer
1995: 126). Mit Skepsis betrachten Weiß und Schweitzer jene Aussagen, in denen
der Terminus »Menschensohn« für den irdischen Jesus verwendet wird, was sie
entweder für eine Fehlzuschreibung halten oder als Gebrauch des Ausdrucks im
Sinne von »Mensch« oder »Ich« beurteilen. Entscheidend ist für Schweitzers
Sicht, dass Jesu Verständnis seiner messianischen Identität während seines irdischen Wirkens ein Geheimnis blieb. Dass einige dieses Geheimnis zu durchschauen lernten, z. B. Petrus und die Jünger oder der Hohepriester, wird von

Schweitzer durch komplexe narrative Umstellungen (vgl. seine Behauptung in SCHWEITZER ²1973b [1913]: 615 f., dass die Verklärungserzählung vor das Petrusbekenntnis in Cäsarea Philippi zu platzieren sei) bzw. durch den Verrat des Judas erklärt. Jesus sei »als Messias verurteilt [worden], obwohl er nie als solcher aufgetreten war« (SCHWEITZER ²1973a [1901]: 305). Bei Weiß spielt das Geheimnismotiv in der Darstellung des Wirkens Jesu keine Rolle, was seine generelle Skepsis hinsichtlich der Brauchbarkeit der Evangelien für den Entwurf einer zusammenhängenden Jesuserzählung widerspiegelt.

Die Zuschreibung eines komplexen messianischen Selbstverständnisses, dessen zentrales Element die künftige Verwandlung zum Menschensohn ist, verbindet die Darstellung des Wirkens Jesu bei Weiß und Schweitzer, auch wenn sie diese Sichtweise auf je eigene Weise formulieren und die Abfolge der Ereignisse, die sie mit der Endzeit in Verbindung bringen, verschieden bestimmen. Worin sie sich deutlicher unterscheiden, ist ihr jeweiliges Verständnis des Todes Jesu und der Ereignisse, die ihn herbeiführen.

Allerdings lassen sich auch diesbezüglich Gemeinsamkeiten feststellen. So sind sich Weiß und Schweitzer einig, dass Jesus über das Ausbleiben des erwarteten Anbruchs der Gottesherrschaft zunehmend beunruhigt gewesen sei, und verbinden dies mit Mt 10 und der Aussendung der Jünger zur Mission. Gerade Schweitzer stützt sich auf den buchstäblichen Aussagegehalt dieses Kapitels: Die Jünger seien ausgesandt worden mit der Absicht, die Herrschaft des Teufels niederzuringen, und es sei vorausgesetzt, dass sie nicht zu Jesus zurückkehren, bevor die Bedrängnisse herbeigeführt sind, die mit dem Anbruch des Gottesreiches verbunden sind (SCHWEITZER ²1973b [1913]: 585 f.). Für Weiß dagegen ist die Mission der Jünger nicht an irgendeinen Zeitplan Jesu gebunden, obwohl auch er das Element der Dringlichkeit in der Aussendungsstrategie sieht (WEISS ³1964: 27), dafür aber eine andere Motivation annimmt als Schweitzer. Die Rückkehr der Jünger verursacht bei Weiß keine Krise in der Weise, wie dies in Schweitzers Darstellung der Fall ist (Weiß misst Mt 10,23 anders als Schweitzer keine Bedeutung bei), aber beide stimmen darin überein, dass die Verzögerung beim Anbruch des Gottesreiches, deren Erkenntnis Schweitzer mit einem besonderen Ereignis verknüpft (der unerwarteten Rückkehr der Jünger von ihrer Mission) und Weiß eher allgemein »unter dem Druck trüber Erfahrungen« zustande kommen sieht (WEISS ³1964: 100), bei Jesus zum Nachdenken über seine weitere Rolle in diesem Szenario geführt habe. Weiß meint, dass Jesus zu der Einschätzung gelangt sei, die Verzögerung hänge mit dem Versagen der Menschen bei der Buße zusammen, dass also die Schuld der Menschen dem Gottesreich im Wege stünde und ihre Beseitigung nur durch seinen Tod herbeigeführt werden könne, der als Lösegeld für diese Schuld zu betrachten sei (Mk 10,45; WEISS ³1964: 28 f.). Schweitzer vertritt eine andere Sichtweise. Für ihn führt die Verzögerung dazu, dass Jesus seinen Blick auf das Ausbleiben der messianischen Leiden richtet, die in Mt 10 vorhergesehen seien und die durch die Jüngermission beschleunigt werden sollten. Die Leiden hätten ihn und seine Jünger treffen müssen, so die Erwartung Jesu, aber sie waren nicht eingetreten. Deswegen habe Jesus den Entschluss gefasst, die Leiden selbst zu übernehmen, indem er seinen eigenen Tod herbeiführte, eine Schlussfolgerung, zu der er durch die Auseinandersetzung mit Jes 52 f. gelangt sei (SCHWEITZER ²1973b [1913]: 621 f.). Schweitzer bleibt dabei unentschieden, wie der Tod Jesu zu verstehen sei, ob als sühnend oder doch in anderer Weise (SCHWEITZER 1995: 147). Schweitzers Zugang zeigt besonders deutlich die geschichtsbildende Kraft der Eschatologie, verstanden als spezifischer Vorstellungshorizont, in dem Jesus sich bewegte und in dem er seine Entscheidungen getroffen habe (SCHWEITZER ²1973b [1913]: 563.619 f.). Deutlich wird hier außerdem, wie die Kenntnis der zeitgenössischen jüdischen Eschatologie ein Geheimnis im Zentrum des Lebens Jesu aufzuhellen vermag, nämlich die Bewandtnis seines Todes.

Sicher lassen sich die Unterschiede zwischen den Jesusbildern bei Schweitzer und Weiß auch überzeichnen. Letztlich sieht Jesus seinen Tod auch bei Weiß als Mittel, die Gottesherrschaft herbeizuführen, auch wenn dies hier weniger direkt zum Ausdruck gebracht ist. Weiß vermeidet es, diesen Aspekt ähnlich stark zu betonen wie Schweitzer. Für diesen ist das Zusammentreffen von Leidensmotivik und Eschatologie schlechterdings fundamental für sein Bild Jesu und die lebendige Darstellung seines heroischen Willens. Bei Weiß fehlt eine solch hochgestimmte Sprache. Jesus erscheint bei ihm als eine weit nüchternere und rationalere Figur. Passend dazu bemerkt er: »Gerade, dass Jesus in diesen Dingen, was die ›Ausmalung‹ des messianischen Heils anlangt, sparsam und sozusagen ›conventionell‹ verfahren ist, dass er sich an die herkömmliche Zeichnung, aber mit Keuschheit, Zurückhaltung und Nüchternheit angeschlossen hat – darin besteht gerade seine Grösse« (WEISS 1892: 42/³1964: 228), worauf Schweitzer vielleicht entgegnet hätte, dass auch sein Jesus der Vernunft verpflichtet sei, seine Entscheidungen aber maßgeblich durch die Logik der zeitgenössischen jüdischen Eschatologie bestimmt gewesen seien (SCHWEITZER ²1973b [1913]: 445 f.).

4. Abschließende Gedanken

In gewissem Sinne stimmen Schweitzer und Weiß in vielen wichtigen Punkten ihrer Darstellung des Gottesreiches überein. Das gesamte Wirken Jesu ist demnach von der Erwartung des baldigen Anbruchs der Gottesherrschaft geprägt, die gänzlich in der Zukunft liegt, als unvergleichlich neu und transformierend verstanden wird, allein von Gott herbeigeführt wird und nicht von Menschen (deren Eintritt durch eine außerweltliche, nicht den gesellschaftlichen Bedingungen der Gegenwart gehorchenden Ethik konditioniert ist) und bei deren Anbruch Jesus verwandelt als transzendenter Menschensohn erscheinen wird. Eine solche Bestimmung des Gottesreiches ergibt sich aus dem Verständnis des jüdischen Kontextes, in dem Jesus lebte und in dem solche Erwartungen im Umlauf waren. In vielerlei Hinsicht kann Schweitzers Werk hier als Fortführung von Einsichten gelten, die bei Weiß bereits angelegt sind.

Die Unterschiede liegen vor allem in der Art und Weise, in der Weiß und Schweitzer ihre Überzeugungen vortragen. Der Ansatz von Weiß ist wesentlich stärker am Text ausgerichtet. Er setzt sich im Detail mit Einzelaussagen aus den Evangelien auseinander und schreitet von dort auf einer vorrangig thematischen, weniger auf einer narrativen Ebene voran, um die gewonnenen Einsichten am Ende seiner Darstellung mit einer Aufzählung von Ergebnissen zusammenzufassen. Schweitzers Werk ist dagegen viel lebendiger im Ton und wird im Kern von einer Erzählung getragen, in der Jesus der Logik einer eschatologisch bestimmten Geschichte folgt, die auf einer zeitgenössischen jüdischen Weltsicht basiert, die Schweitzer heranzieht, um aus den *disiecta membra* des Mt- und MkEv eine plausible Darstellung des Lebens Jesu zu gewinnen (SCHWEITZER ²1973b [1913]: 563, kritisiert Weiß gerade darin, dass er es versäumt habe, eine zusammenhängende Darstellung des Lebens Jesu zu geben, die deutlich mache, dass alles darin von einer eschatologischen Vision durchdrungen sei, eine Kritik, die allerdings das anders gelagerte Bemühen von Weiß übersieht, mit dem dieser die eschatologische Prägung des Wirkens Jesu auf seine Weise herauszuarbeiten versucht. Vgl. WATSON 2011: 336–339). Auf diese Weise entsteht bei Schweitzer ein durchaus mitreißendes und provokantes Porträt Jesu, der danach strebt, die Herrschaft Gottes durch seinen Tod herbeizuführen, welcher anstelle der ausbleibenden eschatologischen Leiden zu übernehmen ist, was jedoch scheinbar in einem Misserfolg endete.

Weiß und Schweitzer sind sich gleichermaßen bewusst, dass ihre Lesart des Verständnisses Jesu vom Gottesreich gegen die dominierende Forschungsmeinung ihrer Zeit steht – diese Feststellung ist sogar der Ausgangspunkt der ersten Auflage der *Predigt Jesu* von Weiß (allerdings nicht mehr der zweiten) –, doch führt dies zu unterschiedlichen Schlussfolgerungen. Weiß, der als engagiertes Mitglied der Religionsgeschichtlichen Schule nicht weniger deutlich ist als Schweitzer, wenn es um die Unterscheidung zwischen Jesus bzw. dem frühesten Christentum und modernen Auffassungen geht (wie LANNERT 1989: 235–247, im Blick auf die *Predigt Jesu* und spätere Werke zeigt), scheint den Unterschied zwischen dem, was der historische Jesus mit dem Ausdruck »Gottesreich« gemeint hat und was heute darunter verstanden werden kann, als unvermeidliches Ergebnis des stetigen Ideenwandels zu akzeptieren und am Verständnis Ritschls festzuhalten (WEISS 1892: 63–67; vgl. WEISS 1901 mit einem eher deskriptiven als programmatischen Zugang, durch den in Teilen allerdings dennoch der nichtbiblische Gebrauch des Begriffs »Gottesreich« gerechtfertigt wird, indem Weiß den Bedeutungswandel durch die Zeit beschreibt; vgl. dazu LANNERT 1989: 246 f.). Schweitzer hebt nachdrücklich die hermeneutischen Schwierigkeiten hervor, betont den Unterschied zwischen dem modernisierten Jesus der liberalen Theologie und seinem eigenen »historischen« Zugang und versucht einen eigenen Weg zu finden, indem er auf die zeitlose Bedeutung des Willens Jesu hinweist, dessen Wesen er in der in der Gegenwart überholten eschatologischen Vision Jesu sieht

(SCHWEITZER ²1973b [1913]: 872–887). Schweitzer steht in dieser Hinsicht Rudolf Bultmann näher, dem Schüler von Weiß, als dieser seinem Lehrer.

Die Darstellungen von Weiß und Schweitzer über das Gottesreich in der Verkündigung Jesu sind demnach in ihrem Charakter und ihrer Zielsetzung verschieden. Die *Predigt Jesu* von Weiß ist von der theologischen Gelehrtenwelt seiner Zeit in Deutschland weitgehend abgelehnt worden. Eine Mehrheit war sich allerdings über die Qualität seiner Forschungsleistung, an der sich eine wichtige Debatte entzündete, durchaus im Klaren (vgl. LANNERT 1989: 209–214). Schweitzers ausgefallenere Behauptungen, wie sie sich vor allem im *Messianitäts- und Leidensgeheimnis* und in der *Leben-Jesu-Forschung* finden, wurden in der deutschen Forschung überwiegend abgelehnt und Schweitzer wurde für seinen leichtfertigen Umgang mit anerkannten Standards der exegetischen Forschung, insbesondere bei der Auslegung der Evangelien, heftig kritisiert. Eine freundlichere Aufnahme erfuhr Schweitzers Werk in Großbritannien, nicht zuletzt aufgrund seiner theologischen Implikationen (CHAPMAN 2001: 76–80; WATSON 2011), was den Ausschlag dafür gegeben haben mag, das sein Einfluss dort größer war als derjenige von Weiß.

Offensichtlich sind die verschieden angelegten und argumentierenden Werke von Weiß und Schweitzer eine starke Herausforderung für das vorherrschende Verständnis des Gottesreiches unter Neutestamentlern und Theologen zu Beginn des 20. Jh.s gewesen, obwohl es unangebracht wäre, sie als gleichsam aus dem Nichts entstandene Entwürfe zu betrachten. Die Impulse aus ihren Werken, ob sie nun die eschatologische Ausrichtung des Wirkens Jesu betreffen oder seine Beziehung zum Judentum, in das er hineingeboren wurde, beeinflussen auch weiterhin die Arbeit jener, die sich mit dem historischen Jesus beschäftigen, sei es in Zustimmung oder Ablehnung. In gleicher Weise bestehen auch die theologischen und hermeneutischen Herausforderungen der Vorstellung vom Gottesreich fort, die bei Schweitzer dringlicher formuliert sind als bei Weiß.

SCHWEITZER, Albert ²1973a [1901]: Das Messianitäts- und Leidensgeheimnis. Eine Skizze des Lebens Jesu, in: DERS.: Ausgewählte Werke in fünf Bänden, Bd. 5, hg. v. GRABS, Rudolf, Berlin, 195–340.
– ²1973b [1913]: Geschichte der Leben-Jesu-Forschung, in: DERS.: Ausgewählte Werke in fünf Bänden, Bd. 3, hg. v. GRABS, Rudolf, Berlin.
– ²1973c [1931]: Aus meinem Leben und Denken, in: DERS.: Ausgewählte Werke in fünf Bänden, Bd. 1, hg. v. GRABS, Rudolf, Berlin, 19–252.
– 1995: Reich Gottes und Christentum, München.
WEISS, Johannes 1888: Der Barnabasbrief, kritisch untersucht, Berlin.
– 1892; ²1900; ³1964: Die Predigt Jesu vom Reiche Gottes, Göttingen.
– 1901: Idee des Reiches Gottes in der Theologie, Giessen.

James Carleton Paget

VII. Historischer Jesus und kerygmatischer Christus

1. Vorbemerkungen

Die im Folgenden darzustellenden forschungsgeschichtlichen Stimmen stehen nicht isoliert und quasi erratisch in der Theologiegeschichte der vergangenen 150 Jahre, wie es die hier allein mögliche exemplarische und eklektische Behandlung in einem sehr groben Überblick erscheinen lassen mag. Sie sind vielfach eng bezogen auf Vorläufer, Zeitgenossen und Weggefährten und sind je verwoben in zeit- und theologiegeschichtliche Entwicklungen. Sie unterscheiden sich in ihren Voraussetzungen wie in ihrem individuellen Profil beträchtlich (zur älteren Forschungsgeschichte siehe umfassend WENGST 2013).

Bei allen Differenzen kann man folgende verbindende Elemente vorab benennen: a) Eine kritische resp. Alternativen suchende Haltung gegenüber der Rückfrage nach dem »historischen Jesus« ist als solche nicht primär Ausdruck von historischem Skeptizismus und *eo ipso* einer Ablehnung der kritischen Methoden der Bibelwissenschaft als solcher, auch wenn sie durch spezielle Entwicklungen in diesem Bereich, vor allem im Gefolge der liberalen Leben-Jesu-Forschung, auf den Plan gerufen wird; b) eine Kernfrage der verschiedenen Stimmen stellt der Umgang mit den biblischen Texten als »Schrift« dar; in verschiedener Weise wird geltend gemacht, dass die frühchristlichen Texte ihrer Eigenart und ihrem Anspruch nach nicht (allein) als »Quellen« resp. als gewachsene »Urkunden« zu verwenden seien, sondern vielmehr selbst, d. h. in ihrer sprachlich-formalen Eigenart sowie ihrer inhaltlichen Intentionalität, eine Auslegungs- und Aneignungsweise forderten, die historische Forschung transzendiere. Dabei kann die Sorge um die Auslieferung des Zeugnisses der Evangelien an Methoden, die sich einer der christlichen Lehre von Hause aus »fremden« Weltanschauung verdanken, in verschiedener Weise betont werden; c) in der isolierten Frage nach dem »wer war (der ›historische‹) Jesus?« werden Vorgänge der Reduktion von »Wahrheit« erkannt oder befürchtet; betroffen sind natürlich zuerst die Christologie und Soteriologie; zugleich wird der Bezug auf die »Kirche« resp. die zeitgenössischen Glaubenden wahrgenommen, für die Christus besonders in der Predigt als präsente Wirklichkeit und nicht lediglich als Präteritum zur Geltung zu bringen sei.

2. Martin Kähler

Als Kristallisationspunkt für entsprechende Fragen gilt bereits früh und in vielfältiger und nachhaltiger Weise bis heute ein Wuppertaler Vortrag, mit dem der Hallenser Theologe Martin Kähler 1891 unter dem Titel »Der sogenannte historische Jesus und der geschichtliche, biblische Christus« (KÄHLER ³1961; in 1. Aufl. veröffentlicht 1892; die erheblich erweiterte 2. Aufl. 1896 bezieht Erwiderungen auf Kritiker mit ein) in provokanter Weise zu der zeitgenössischen Leben-Jesu-

Forschung theologisch Stellung nahm. Obwohl Kähler die begrenzte Grundlage gesicherter Daten bezüglich der Biographie Jesu hervorhebt, geht es ihm nicht allein um historische Skepsis; und obgleich er die »menschliche[] erfindende[] Kunst« (16) der zeitgenössischen liberalen Leben-Jesu-Forschung dezidiert herausarbeitet, besteht seine Zielsetzung nicht vorrangig in der kritischen Destruktion. Kähler war weder Biblizist noch lehnte er die historische Bibelwissenschaft als solche ab (vgl. SCHNIEWIND 1952: 169.171). Insbesondere distanzierte er sich von der Lehre der Verbalinspiration. Er betrachtete es als Inhaber eines Lehrstuhls für Systematische Theologie und Neues Testament jedoch als seine Aufgabe, die eigenständige Gestalt einer Theologie zu begründen, die ihr Fundament nicht in der Fragilität des Geschichtlichen finden kann.

Lediglich einige wenige Thesen und Beobachtungen zu Kählers berühmtem Text seien hervorgehoben: Kähler rekurriert auf den »wirklichen Christus«, der ihm der »gepredigte Christus« ist. Dieser droht durch den »historischen Jesus«, wie ihn die Leben-Jesu-Forschung rekonstruiert, »verdeckt« zu werden; die Vertreter der Leben-Jesu-Forschung operieren dabei nach Kähler selbst quasi wie »Dogmatiker im verdächtigen Sinne des Wortes« (KÄHLER ³1961: 28). Demgegenüber nimmt nach Kähler die Frage nach dem »wirklichen« Jesus die Eigenart und den Anspruch der ntl. Darstellungen ernst, die sämtlich vom Ostergeschehen her entwickelt und stets für dieses durchsichtig sind (17.78 u. a.). Die besondere Qualität des »wirklichen« Christus verbindet sich bei Kähler mit der Rede von einer »Übergeschichte«, in der sich »das Allgemeingültige mit dem Geschichtlichen zu einem Wirksam-Gegenwärtigen zusammenschließt« (19, Anm. a]). In dieser Konstruktion sieht man Kähler als positiven Theologen in intensiver Auseinandersetzung sowohl mit dem deutschen Idealismus als auch mit zeitgenössischen Konzepten einer »Heilsgeschichte« (zu Kählers Entwicklung siehe LINK 1975).

Die zentrale theologische These lautet: »Der auferstandene Herr ist nicht der historische Jesus *hinter* den Evangelien, sondern der Christus der apostolischen Predigt, des ganzen Neuen Testamentes [...]« (KÄHLER ³1961: 41; vgl. 44). Kähler spricht von einem in den Evangelien den Menschen begegnenden »Bild Christi«, in das es einzustimmen gilt. In den Evangelien lernen »wir« »Jesus kennen [...], den unser Glaubensauge und unser Gebetwort zur Rechten Gottes antrifft« (aaO. 34). Die eigentliche und entscheidende »Wirkung« des »wirklichen« Jesus bestehe darum nach der Bibel und nach der Kirchengeschichte im »Glaube[n] seiner Jünger«. »Glaube« fasst Kähler als »Überzeugung, daß man an ihm den Überwinder von Schuld, Sünde, Versucher und Tod habe« (aaO. 38 f.).

Die bald einsetzende intensive Diskussion des Kähler'schen Vortrags zeigt im Rückblick, wie wenig die Vertreter der liberalen Leben-Jesu-Forschung den Distinktionen des Systematikers gewachsen waren; insbesondere Willibald Beyschlag insistierte auf einer kurzschlüssigen Verbindung von Historie und Glaube im Fall der ältesten Jesustradition (vgl. WENGST 2013: 89–112). Kählers sorgfältige Unterscheidung von Anschauungs-, Entdeckungs- und Begründungszusammenhängen, die insbesondere auch sein Hauptwerk *Die Wissenschaft der christlichen Lehre von dem evangelischen Grundartikel aus* (1883) kennzeichnet, zeigt ein analytisches Niveau, das in der weiteren Geschichte einer theologischen Debatte über die Jesusforschung kaum je wieder erreicht worden ist. Allerdings darf nicht übersehen werden, dass Kählers Programm der »Übergeschichte« sich philosophie- und theologiegeschichtlichen Voraussetzungen verdankt, die nicht ungebrochen in die Wissenschaftslandschaft des 21. Jh.s zu überführen sind. Dieses Problem wird in jüngeren programmatischen Stimmen, die im Modus des Weckrufs an Kähler anschließen wollen, bisweilen unterschätzt. Kählers »Übergeschichte« bietet eine ausgesprochen spannungsreiche Konstruktion, indem diese zugleich in einem Rekurs auf das »Geschichtliche« begründet werden soll, der christologisch bzw. offenbarungstheologisch motiviert ist.

In seiner Konzentration auf die Predigt ist der protestantische Ausgangspunkt unverkennbar; zugleich stellt die Rede von der »*kirchengründenden Predigt*« (KÄHLER ³1961: 103) bzw. die des auf diese gerichteten »Glaubens« in Kählers Ansatz eine Äquivokation dar. Was Kähler als Gründungs- und Wirkungskontinuum postuliert, ist für die Evangelientexte, aber auch für die weiteren ntl. Schriften und insbesondere für das von Kähler eng angeschlossene und eingebundene Alte Testament, nicht gleichmäßig bzw. nur bedingt zu zeigen. Dem MkEv als dem ältesten Evangelium ist z. B. kaum primär eine »predigende« Intention zuzuschreiben. Es setzt als narrativer Entwurf »Predigt« von Jesus Christus, dem Sohn Gottes (textkritisch unsicher: Mk 1,1), bereits voraus und reflektiert diese in seinem Handlungsaufbau, seiner Figurenwelt und v. a. in den Reden seiner Hauptfigur. Auch die Paulusbriefe lassen sich literarisch nicht als »Predigten« auffassen, sie bieten eine briefliche Metareflexion des »Evangeliums«.

Wie Kähler später erläutert, suchte er mit seinem Vortrag einen »Ausweg [...], der jeder Seite des Gegensatzes zugleich Recht und Unrecht gibt« und damit die Beseitigung »eine[s] Anlaß[es] zur Unsicherheit im Lebenspunkte christlicher Überzeugung« (aaO. 100 f.). Diese Ausrichtung will beachtet werden; insbesondere begreift Kähler sich als Anwalt eines »jeden«, d. h. auch des historisch oder theologisch Ungebildeten, der den Erzählungen der Evangelien begegnet.

3. Zum Ansatz Rudolf Bultmanns

Rudolf Bultmanns zahlreiche Beiträge zur Frage nach dem »geschichtlichen« resp. »historischen« Jesus setzen anders an, als die systematisch-theologischen Impulse Kählers. Sie basieren u. a. auf der religionsgeschichtlichen Forschung (H. Gunkel; W. Bousset), dem Neueinsatz der konsequent-eschatologischen Interpretation (J. Weiß) sowie seit den frühen 1920er Jahren auf Anstößen der aufkommenden Dialektischen Theologie (zur forschungsgeschichtlichen Einbettung klassisch: KÜMMEL 1958: 259–515). Sie sind in sich so dicht und komplex, dass sie im Folgenden nicht annähernd erschöpfend, sondern vielmehr nur in wenigen groben Konturen unter dem primären Blickwinkel ihres Einflusses und ihrer Rezeption in der späteren Jesusforschung umrissen werden können.

Als überaus einflussreich erwies sich Bultmanns 1921 erschienene und in der 2. Auflage von 1931 deutlich erweiterte Untersuchung *Die Geschichte der synoptischen Tradition.* Bereits vor Karl Ludwig Schmidt hatte Julius Wellhausen zeigen können, dass die Evangelisten ihre Stoffe in einer dogmatischen Intention ausgewählt und in einen Zusammenhang gebracht haben und dass insbesondere das MkEv als das älteste Evangelium sich in Hinsicht auf die historische Rückfrage nach einer Chronologie und Topologie des Wirkens Jesu sperrig verhält bzw. sich als unergiebig erweist (WELLHAUSEN 1905). Bultmann setzte nun in innovativer Weise mit der neuen formgeschichtlichen Methode an, wobei er – anders als Martin Dibelius (DIBELIUS 1919) – nicht synthetisch, sondern analytisch vorging.

Dabei verband er die formgeschichtliche Untersuchung der synoptischen Stoffe eng mit überlieferungskritischen Analysen, durch welche einerseits die Frage nach den »historischen« Konturen der ältesten Jesustradition sowie andererseits die nach dem produktiven Beitrag der nachösterlichen, »palästinischen« wie »hellenistischen«, Gemeinde schärfer zu fassen waren. Bultmanns überlieferungskritische Urteile im Blick auf die Logientradition, die Apophthegmata und die erzählenden Stoffe der synoptischen Tradition bildeten vielfach den kritischen Ausgangspunkt für weitere Analysen – auch noch in späteren Phasen der Jesusforschung, in denen sich der bei Bultmann vorausgesetzte Konnex formgeschichtlicher Arbeit mit der überlieferungsgeschichtlichen Frage resp. der Frage nach dem »Sitz im Leben« als brüchig erwiesen hatte.

Bultmanns Position ist in der späteren Rezeption vielfach faktisch auf den berühmten ersten Satz seiner *Theologie des Neuen Testaments* (1953) reduziert worden, wonach die Verkündigung Jesu »zu den Voraussetzungen der Theologie des N[euen] T[estaments]« gehöre und »nicht ein Teil dieser selbst« sei. Demnach wäre der »geschichtliche« resp. »historische« Jesus für die spätere Theologie nur in der Fokussierung auf ein bloßes »dass« bedeutend, nicht aber in Hinsicht auf das »was?« bzw. »wie?« seines Auftretens und seiner Verkündigung. Insbesondere die eschatologische Qualifikation, die nach Bultmann das »Kerygma« im Kern bestimmt und die Möglichkeitsbedingung für eine begrifflich reflektierte Theologie darstellt, wäre dann qualitativ vollgültig noch nicht bei dem Juden Jesus, sondern erst auf dem Boden der nachösterlichen Gemeinde, v. a. der »hellenistischen Gemeinde«, zu greifen. Diese bereitet nach Bultmann den Boden für die beiden großen Theologen im ntl. Kanon: nämlich Paulus und Johannes.

Leicht wird jedoch übersehen, dass es Bultmann durchaus darum ging, einen »geschichtlichen« Zusammenhang zwischen dem historischen Jesus und der nachösterlichen Christologie und Theologie nicht nur festzuhalten, sondern vielmehr zu durchleuchten, besser zu verstehen und auch theologisch fruchtbar zu machen. Die Rede von »geschichtlichen Voraussetzungen« (BULTMANN ⁹1984: 2) bedeutet nicht Negation oder Ausfall. Wenn für Albert Schweitzer – der in dieser Hinsicht bis in jüngere Veröffentlichungen hinein ebenfalls oft missverstanden worden ist – festzuhalten ist, dass er in seiner *Geschichte der Leben-Jesu-Forschung* (SCHWEITZER ⁹1984) die Frage nach dem historischen Jesus keineswegs suspendieren bzw. an ihr Ende führen, sondern in der Konsequenz vielmehr um einen eigenen, im Kern eschatologisch bestimmten, Beitrag bereichern wollte, so gilt dies – unter veränderten Vorzeichen einer viel weiter reichenden Ablösung von der liberalen Theologie – mindestens ebenso für Bultmann. Dieser hat neben zahlreichen hermeneutisch orientierten Veröffentlichungen, die mit der Frage des historischen bzw. »geschichtlichen« Jesus befasst sind (vgl. u. a. BULTMANN ⁸1980a–c: 1–25.85–113.188–213), vor allem auch ein eigenes Jesusbuch vorgelegt.

Man hat dieses 1926 erschienene Werk nicht zu Unrecht als Jesusbuch der Dialektischen Theologie aufgefasst (H. Weinel u. a.); in grundlegender Weise wird hier unter neuen Vorzeichen von den Kategorien der »Persönlichkeit«, des »Bewusstseins« bzw. des religiösen »Erlebnisses« und der »Entwicklung« Abstand genommen, wie sie die zahlreichen »Leben Jesu« der liberalen Theologie geprägt hatten. Zugleich gewinnt Bultmanns »Jesus« in dem »tua res agitur« der existentialen Interpretation, die die Begegnung mit dem lebendigen Christus in der selbstreflexiven Entscheidungssituation der eigenen Existenz anzielt (vgl. BULTMANN 1988: 7–12), Abstand von einem dem Historismus des 19. Jh.s verhafteten Geschichtsbegriff (zur Genese von Bultmanns »Jesus« und zur viel verhandelten Frage der Bedeutung des Gespräches mit M. Heidegger/W. Schmithals, vgl. KÖRTNER 2002: 23–60).

In Hinsicht auf die historischen Fragen als solche hat Bultmann – in bezeichnendem Unterschied zu Vertretern der »neuen Frage« nach dem historischen Jesus seit den 1950er Jahren – keinerlei Schwierigkeit, Jesus nicht als »Christ«, sondern vielmehr als Juden im Kontext des zeitgenössischen Judentums zu verorten (BULTMANN 1988: 20–22; vgl. auch 1949).

Die Struktur der Darstellung der Verkündigung Jesu in drei konzentrischen Kreisen ist durch Adolf von Harnack (HARNACK 1900) inspiriert, wobei Bultmann die Reihenfolge der Kreise verändert, indem er den Abschnitt über den Willen Gottes/die Ethik Jesu von der dritten an die zweite Stelle rückt. Im Bereich des äußeren Kreises fasst Bultmann Jesu Rede von der Königsherrschaft Gottes vorrangig unter dem Aspekt der den Menschen »jetzt« andrängenden Entscheidungssituation. Mit der vom Menschen getroffenen »letzten Entscheidung« ist nicht »Entweltlichung« in dem Sinn impliziert, dass der Mensch sich nicht in seinem Leben vom Willen Gottes auch positiv bestimmen lassen müsste. Die Ethik Jesu wird im mittleren Kreis in weitreichendem Einklang mit der jüdischen Sicht und z. B. auch mit der Vorstellung eschatologischen Lohnes als Gehorsamsethik gefasst; allerdings habe Jesus den Gedanken solchen Gehorsams radikalisiert und mit ihm den ganzen Menschen in einer Weise vor die Entscheidung gestellt, die allgemeine Vorstellungen eines »humanistische[n] Menschenideal[s]« transzendiere (BULTMANN 1988: 57). Im innersten Kreis steht die Gottesvorstellung Jesu zur Disposition; auch hier wird der Anschluss an frühjüdische Vorstellungen betont; es geht nicht um eine *Aseität* Gottes, sondern vielmehr um den fernen und zukünftigen Gott, der in seiner Präsenz den Menschen als Sünder entlarve. Vergebung bedeute demgegenüber bei Jesus, dass der Mensch »wiederum ein neuer werden soll durch Gottes Gnade [...]« (aaO. 137). Die hier nicht *en détail* vorzuführende Ausarbeitung dieses konzentrischen Entwurfs in drei Schritten ist auch in der Darstellung der »eschatologischen Verkündigung« Jesu in Bultmanns *Theologie des Neuen Testaments* nachzuvollziehen (BULTMANN ⁹1984: 2–26); auch hier stellt Bultmann abschließend die Frage nach dem Selbstbewusstsein Jesu, welches unmessianisch gewesen sei (aaO. 26–34).

Obwohl Bultmann dem historischen resp. »geschichtlichen« Jesus also durchaus eine fundamentale Funktion für die Darstellung der Theologie des Neuen Testaments zuerkennt, ist es doch kein Zufall, dass die in den 1950er Jahren durch Ernst Käsemann ausgelöste sog. »neue Frage« nach dem historischen Jesus nicht nahtlos an Bultmanns Entwurf anzuschließen vermochte (vgl. BULTMANN, *Das Verhältnis der urchristlichen Christusbotschaft zum historischen Jesus*, in: DERS. 1967b: 445–469).

Der Raum für eine ausführliche Diskussion und Würdigung ist hier nicht gegeben. In der späteren, seit den 1970er Jahren neu konturierten, Auseinandersetzung mit diesen verschiedenen Anstößen Bultmanns wurde u. a. mit Recht herausgestellt, dass die Verkündigung Jesu hier zwar einerseits weitreichend an biblische und bestimmte antikjüdische Vorstellungen angeschlossen wird, andererseits jedoch zugleich in historisch und theologisch problematischer Weise über die existential-generalisierend verstandene Vorstellung der »Gesetzlichkeit des Menschen« aus dem Judentum herauskatapultiert bzw. gegen dieses und auch gegen das Alte Testament gewendet wird.

4. Luke Timothy Johnson

Unter den gänzlich anderen Vorzeichen eines nordamerikanischen Kontextes reagiert Luke Timothy Johnson in seiner 1996 publizierten Monographie »*The real Jesus*« auf die »new quest for the historical Jesus«.

Eigenartig erscheint, dass Johnson sich nicht deutlicher auf Kähler beruft, mit dem ihn zentrale Anliegen und Begriffe verbinden. Wie Kähler geht es auch Johnson nicht um historischen Skeptizismus bzw. eine Negierung historischer Forschung als solcher; wie Kähler trägt auch er Sorge um die Verunsicherung der Gläubigen/»Laien« (lay people). Wie Kähler zielt er einen »wirklichen« (real) Jesus an, der durch die (reine) historische Forschung nicht erreicht werde. Der rhetorische Tenor erinnert (wiederum implizit) an Karl Barths »*Kritischer* müßten mir die Historisch-Kritischen sein!« (BARTH ²1922: XII). Allerdings ist der philosophie- und theologiegeschichtliche Bezugsrahmen ein ganz anderer geworden; und insbesondere fokussiert Johnson nicht in vergleichbarer Weise auf die den »wirklichen Jesus« appräsentierende Verkündigung/»Predigt«.

Johnsons Werk sieht sich zunächst durch die in seiner Sicht dezisionistischen und auch sonst methodisch bedenklich operierenden Beiträge aus den Reihen des »Jesus Seminar« herausgefordert. Diese werden durchaus differenziert wahrgenommen (u.a. J.D. Crossan, M. Borg, B. Thiering, A.N. Wilson, S. Mitchell, J.P. Meier, J.S. Spong); bei aller Unterschiedenheit im Einzelansatz erkennt Johnson jedoch in der Summe die Gefahr, dass ein ohnehin gegebenes destruktives Missverständnis historischer resp. exegetischer Arbeit in der Öffentlichkeit befördert werde.

Es erinnert an die älteren kritischen Auseinandersetzungen mit der Leben-Jesu-Forschung zu Beginn des 20. Jh.s, wenn Johnson darauf insistiert, dass die historische Aufgabe nicht mit der theologischen zu verwechseln und der »Glaube« nicht auf der Historie zu gründen sei, sondern vielmehr eine eigene »Realität« umfasse. Ebenso scheinen sich Konfliktstellungen zu wiederholen, die die Jahrhundertwende bestimmten, wenn Kritik an Abschattierungen der Eschatologie in der Jesus- wie in der Q-Forschung geübt wird (u.a. B.L. Mack; M. Borg). An altbekannte Diskussionen, wie sie u.a. in der Rezeption von Bultmanns Entmythologisierungsprogramm geführt wurden, lässt denken, wenn Johnson eine realitätshaltige Sonderstellung der Auferweckung Jesu reklamiert, die sich historischem Zugriff entziehe.

Neue methodische Horizonte kommen bei Johnson zum Tragen, wenn er wissenssoziologische und konstruktivistische Theoreme einbringt, um historisches Wissen als lediglich einen möglichen Zugang zur »Wirklichkeit« darzustellen, dem die religiöse Konstruktion in nichts nachstehe (vgl. JOHNSON 1996: 81–104.141–166). Auf eine solche religiöse Wirklichkeitskonstruktion hin werden die ntl. Texte selbst befragt, die auf Christus als »Lebendigen« antworten, der in der Gemeinschaft der Glaubenden erfahren werde.

Trotz einer entsprechend starken Relativierung der Instrumente historischer Forschung in ihren »Realitätsgehalten« betätigt sich Johnson jedoch auch selbst auf diesem Gebiet und will hier die Waffen seiner Opponenten gegen diese selbst lenken, um zuletzt der Gestalt des »wirklichen Jesus« einen »religiösen« bzw. »spirituellen« Raum zu eröffnen. Diesen Raum sucht Johnson – u.a. in bewusster Abgrenzung gegenüber der Favorisierung apokrypher Quellen und verschiedenster überlieferungskritischer Postulate im »Jesus Seminar« – vorrangig auf der Ebene einer konsequent synchronen Lektüre der kanonischen Evangelientexte zu gewinnen (zur Begründung: aaO. 146–151). Hierbei wirkt sich deutlich ein Ansatz aus, der auf eine weitreichende thematische Einheitlichkeit der kanonisch gewordenen Schriften zielt (vgl. Johnsons Kritik an W. Bauers Rechtgläubigkeit und Ketzerei im ältesten Christentum: aaO. 95 f.) – dies ebenfalls in bewusster Abgrenzung von Beiträgen aus dem »Jesus Seminar«, welche in seinen Augen vielfach e silentio (mit der These von »suppressed evidence«) argumentieren und auf diesem Weg eine illegitime Kluft zwischen dem historischen Jesus und dem späteren Christentum aufreißen. »Personale Identität« Jesu wird von Johnson in den kanonischen Evangelien auf ein narratives Bedeutungsmuster des gehorsamen und leidenden »Knechtes« zurückgeführt. Unter der Perspektive der Homogenität des kanonischen Zeugnisses und der Verlässlichkeit der »Erinnerung« sind Johnson besonders auch die (in der Zahl und im Gehalt freilich überschaubaren) Schnittmengen zwischen den Evangelien und den Paulusbriefen in ihren Auskünften über Jesus wichtig; er findet bei Paulus ein weitgehend mit dem Bild der Evangelien homologisierbares »pattern« (vgl. aaO. 117–122).

Im Blick auf Johnsons Beitrag ist insgesamt zu fragen, ob ältere Gefahren einer theologischen Purifizierung und Selbstimmunisierung bzw. einer Vorordnung bestimmter Wahrheitskonzepte vor die freie Erforschung der biblischen Zeugnisse in all ihren Dimensionen gänzlich gebannt sind, was einen Rückfall hinter die Programmatik Kählers bedeutete.

5. Rückblick und Ausblick

Eine Bewertung dieser sehr verschiedenen Ansätze kann hier nicht erfolgen und sie könnte auch nicht unter einheitlichen Kriterien vorgenommen werden.

Generell gilt unter dem Blickwinkel einer sich in der internationalen Wissenschaftslandschaft verortenden ntl. Forschung zunächst, dass es nicht möglich ist, wissenschaftliche Fragestellungen *als solche* unterbinden oder abfangen zu wollen. Auch wenn Theologie sich mit guten Gründen nicht allein auf Daten der Vergangenheit bezieht und entsprechenden, ihre Ergebnisse verabsolutierenden, Ansätzen mit Recht misstraut, muss es auch *theologisch* grundsätzlich als problematisch gelten, bestimmte Bereiche wissenschaftlicher Forschung *per se* und *im Ansatz* für sinnlos zu erklären (vgl. so WENGST 2013). Aufgabe ntl. Wissenschaft ist es auch in Hinsicht auf die Frage nach dem »historischen Jesus«, grundsätzlich *sämtliche* gangbaren Erkenntniswege auszuloten und nicht *a priori* auf bestimmte Erkenntnismöglichkeiten zu verzichten. Eine wissenschaftliche Theologie, die dies forderte, stünde, auch wenn sie etwa mit Recht darauf verwiese, dass »Wahrheit« nicht mit einer *adaequatio intellectus ad rem* und einem *quid erat sive fuit?* koinzidiert, auf tönernen Füßen.

Der in verschiedener Gestalt begegnende kritische Hinweis, dass die frühchristlichen Schriften selbst nicht auf historische Berichterstattung zielten, sondern vielmehr den »lebendigen« Christus und seine Bedeutung für die Glaubenden/die »Gemeinde« und für die Welt thematisieren, ist im Ansatz berechtigt. Allerdings ist hier zwischen den einzelnen frühchristlichen Schriften und ihren Gattungen deutlich zu differenzieren (siehe oben zu Kähler). Vor allem jedoch lässt sich, wie die Geschichte entsprechender Versuche auf dem Gebiet ntl. Hermeneutik zeigt, ein solcher »Anspruch« der Texte nicht unmittelbar in ein methodisches Verfahren umbrechen, welches wissenschaftlichen Desiderata der Wiederholbarkeit, Kontrollierbarkeit und interdisziplinären Kommunikabilität genügen kann.

Ängsten »fremden« resp. »atheistischen« Methoden in der Auslegung des Neuen Testaments bzw. Forderungen einer auf Gläubigkeit der Exegetin/des Exegeten gegründeten Forschung (vgl. klassisch SCHLATTER 1905) gegenüber ist geltend zu machen, dass die Theologie insgesamt wie auch die übrigen Geisteswissenschaften sich notwendig und nicht nur im Bereich historischer Fragestellungen immer wieder auch suchend-hypothetisch konstituiert und hierfür auf interdisziplinär-methodischen Anschluss generell nicht verzichten kann. Auch innerhalb der Geschichtswissenschaften ist im Übrigen die eng geführte Frage des 19. Jh.s nach dem »was war?« in verschiedener Weise überwunden und gerade in konstruktivistischer Perspektive nicht mehr absolut zu setzen.

In Aporien kann führen, wenn man in der Rückfrage nach Jesus synchrone und diachrone Methoden der Textauslegung als exklusive Alternativen kontrastiert (vgl. so verschieden Johnson; Wengst), insofern die Geschichte der Erforschung des historischen Jesus nun einmal das Feld diachroner Frageschritte *par excellence* darstellt. Aus diesem Dilemma hat die jüngere Forschung u. a. mit dem Paradigma des »erinnerten Jesus« Auswege gesucht. In Hinsicht auf Auswüchse der Nutzung von diachronen Operationen und *argumenta e silentio* jeglicher Gestalt gilt wie für die epochale Selbstinszenierung, von der gerade die Jesusforschung nicht immer frei war: *Abusus non tollit usum.*

Die hier nur großflächig und auswahlweise umrissenen Positionen, die sich gegenüber der Erforschung des historischen Jesus in sehr verschiedener Weise sperrig verhalten, führen zusammengenommen auf die – offene – Grundfrage, inwieweit der ntl. Forschung, aber auch der wissenschaftlichen Theologie insgesamt, nicht allein deskriptive und analytische, sondern vielmehr auch applikative und assertorische Funktionen und Aufgaben zuzumessen sind.

BULTMANN, Rudolf K. 1988: Jesus (1926), UTB 1272, Tübingen.
– ⁹1984: Theologie des Neuen Testaments, Tübingen.
JOHNSON, Luke Timothy 1996: The Real Jesus. The Misguided Quest for the Historical Jesus and the Truth of the Traditional Gospels, San Francisco.
KÄHLER, Martin ³1961: Der sogenannte historische Jesus und der geschichtliche, biblische Christus, Leipzig 1892, hg. v. WOLF, Ernst, TB 2, München.
KÖRTNER, Ulrich H. J. (Hg.) 2002: Jesus im 21. Jahrhundert, Bultmanns Jesusbuch und die heutige Jesusforschung, Neukirchen-Vluyn.
LINK, Hans-Georg 1975: Geschichte Jesu und Bild Christi. Die Entwicklung der Christologie Martin Kählers in Auseinandersetzung mit der Leben-Jesu-Theologie und der Ritschl-Schule, Neukirchen-Vluyn.
WENGST, Klaus 2013: Der wirkliche Jesus? Eine Streitschrift über die historisch wenig ergiebige und theologisch sinnlose Suche nach dem »historischen« Jesus, Stuttgart.

Reinhard von Bendemann

VIII. Die literarischen Entwürfe der Evangelien und ihr Verhältnis zum historischen Jesus

Die Frage nach den literarischen Entwürfen der Evangelien und ihrem Verhältnis zum historischen Jesus setzt eine quellenkritische Entscheidung über die Abhängigkeitsverhältnisse zwischen den Evangelien voraus. Es kann als weitreichender Konsens der deutschsprachigen Exegese seit Ende des 19. Jh.s betrachtet werden, dass das Evangelium nach Markus zuerst geschrieben wurde und die Verfasser der Evangelien nach Matthäus und nach Lukas dieses älteste Evangelium weitgehend in ihre Werke übernommen und mit der Überlieferung aus einer zweiten Quelle, der sog. Redenquelle, verbunden hatten. Seit Anfang dieses Jh.s setzte sich die Einsicht durch, dass man zwar den Umriss der Redenquelle erkennen, ihren Wortlaut aber nur sehr hypothetisch konstruieren kann. Gleichzeitig entwickelte sich die Diskussion über das Verhältnis des Evangeliums nach Johannes zu den drei anderen Evangelien, deren Ergebnis so zu formulieren ist, dass das vierte Evangelium zumindest die Evangelien nach Markus und Lukas voraussetzt.

Somit handelt es sich bei der Frage nach den *literarischen Entwürfen* der Evangelien und ihrem Verhältnis zum *historischen Jesus* vor allem um ein Thema der Markusforschung, das aus zwei Blickwinkeln betrachtet wird. Es geht erstens um die Auffassungen der Forscher über die literarische Art des Evangeliums und zweitens um die Frage, wie diese Auffassungen über die Evangeliengattung zur Beurteilung historischer Fragen, besonders der nach dem historischen Jesus, führten.

1. William Wrede

Dass sein Buch »Das Messiasgeheimnis in den Evangelien. Zugleich ein Beitrag zum Verständnis des Markusevangeliums« große Aufregung hervorrufen würde, wusste Wrede schon selbst (WREDE ⁴1969: IV). Wrede setzte sich mit seinen Vorgängern und Zeitgenossen auseinander. Für sie war – im Anschluss an Heinrich Julius Holtzmann – das MkEv im Wesentlichen die Wiedergabe der Geschichte Jesu (KÜMMEL 1958: 186–191.220 f.). Wrede dagegen beurteilte das MkEv als »die Auffassung eines späteren Erzählers vom Leben Jesu« (WREDE ⁴1969: 2). Darum sollte man »die Berichte aus ihrem eigenen Geiste gründlich […] beleuchten« (aaO. 3), bevor man die Frage nach der Geschichte Jesu stellt. Wir sollten fragen, »was der Erzähler in seiner Zeit seinen Lesern sagen wollte« (aaO.). Das MkEv sei eine Erzählung von Jesus (aaO. 6), eine »Geschichtserzählung« (aaO. 114).

Wrede setzte voraus, dass, wenn man Literatur verstehen möchte, darauf verzichtet werden müsse, den Text als Geschichte zu verstehen:

»Wollen wir […] einen dürftigen Rest von Geschichte finden, so müssen wir uns den Markusbericht erst nach Gutdünken zurechtstutzen, damit er erträglich wird, und er selbst bleibt unbegriffen. Verzichten wir auf die Geschichte, so lassen wir den Bericht völlig, wie er ist, und haben in der supranaturalen Anschauung des Schriftstellers, die ja das geschichtlich Unmögliche ausmacht, unmittelbar das Verständnis für das Ganze« (aaO. 31 f.). Wir sollten also fragen, »wie Markus sich die Sache gedacht hat« (aaO. 14).

Es ist bekannt, dass Wrede historisch vorging, um zu zeigen, dass das Messiasgeheimnis eine theologische Vorstellung ist. Wrede meinte, in der Geschichte Jesu kein Motiv finden zu können, »das uns seine bewußte Selbstverhüllung, wie sie bei Mk geschildert wird, einleuchtend und befriedigend erklärte [...]. Ich gehe weiter und behaupte: *ein geschichtliches Motiv kommt wirklich gar nicht in Frage*; positiv: *die Idee des Messiasgeheimnisses ist eine theologische Vorstellung*« (aaO. 65 f., kursiv: im Original gesperrt). Weiter heißt es: »Ich nannte den Gedanken des Markus einen theologischen Gedanken, um damit auszudrücken, daß er nicht den Charakter einer geschichtlichen, [...] Vorstellung besitzt« (aaO. 71). Es sei also nicht erlaubt, geschichtliche Zusammenhänge bzw. Verknüpfungen im MkEv zu suchen. Wer das vorhabe, begreife die schriftstellerische Art des Markus nicht (aaO. 132).

Das Messiasgeheimnis sei das Thema, das die Erzählung zusammenhalte. »[W]as Jesus wollte, geschah nicht; er will das Geheimnis, und er wird nur bekannter« (aaO. 126). Markus erzähle ein Leben voll messianischer Manifestationen und je mehr das Einzelne »mit dem Mittelpunkte des Ganzen, der Messianität in Beziehung stand, desto mehr war es wert, berichtet zu werden« (aaO. 125). Nach Wrede stehen das Aussprechen der großen Wahrheit und das Verbot des Aussprechens als Notwendigkeit nebeneinander (aaO. 128). Das Messiasgeheimnis unterstreiche die Herrlichkeit Jesu, er habe verborgen bleiben wollen, werde aber alsbald bekannt (aaO. 127). Historisch hätten diese Widersprüche nicht bestehen können, sie seien jedoch in der Erzählung möglich (aaO. 128).

Wie Markus, der nach Wrede schon in die Dogmengeschichte gehört, das Messiasgeheimnis verwendet, um die teils unmessianische Jesustradition mit der ihm vorgegebenen nachösterlichen, messianischen Tradition zu verbinden, ist bekannt (vgl. BREYTENBACH 1984: § 7.4.3). Wir haben uns hier auf die Textauffassung William Wredes beschränkt. Es darf festgestellt werden: Hätte die Forschung den Vorschlag Wredes, dass wir Markus als Schriftsteller betrachten und Geschichte und Erzählung auseinanderhalten sollten, ernst genommen, dann hätten wir viele Sackgassen vermeiden können (WENDLAND [2.3]1912: 269; HENGEL/ SCHWEMER 2007: bes. 216–224). In der Erforschung des MkEv wurde, wie Norman Perrin es ausdrückte, die Wredestraße zur Hauptstraße. Leider kam es erst zu einem ziemlichen Umweg.

2. Die Form- und Redaktionsgeschichte

In der Formgeschichte wurde der Blick vom Gesamttext auf die einzelnen Episoden gelenkt. Dabei ging man grundsätzlich davon aus, dass die in der mündlichen Überlieferung unabhängigen Perikopen durch bestimmte Kompositionsmittel zu einer Sammlung zusammengefügt worden sind. Dabei blieb die Frage, inwieweit die Rahmenerzählung für die Frage nach dem historischen Jesus auszuwerten wäre.

Karl Ludwig Schmidt nimmt seinen Ausgangspunkt bei einem viel behandelten Problem der Leben-Jesu-Forschung: »[A]uf welchen Schauplätzen und wie lange hat Jesus seine öffentliche Tätigkeit ausgeübt?« (SCHMIDT 1969: V). Im MkEv sei die Reihenfolge der Geschichten unsicher (aaO. 76.103 f.171 f.208 f. 245 f.), denn Markus lege keinen Wert auf Chronologie und Topographie, auch nicht auf die psychologische Verknüpfung der Einzelgeschichten. Im MkEv liege kein Aufriss der Geschichte Jesu vor. Es gehe um kleine Einheiten, die in ein sekundäres Rahmenwerk gestellt seien (aaO. 317).

Julius Schniewind formulierte 1930 einen programmatischen Satz: »Unsere Evangelien wollen [...] verstanden sein als Kerygma einer bestimmten Lage und Aufgabe; es gilt herauszuarbeiten, aus welcher Situation ihr – charismatisches – Kerygma zu verstehen ist.« (SCHNIEWIND 1930: 153). Bei Willi Marxsen wird eine verwandte Intention sichtbar, wenn er fragt, »wie die Evangelisten das Geschehen darstellen. Wie es tatsächlich war, interessiert nur insoweit, als sich die Frage auf die Situation der Urgemeinde bezieht, in der die Evangelien entstanden. [...] So fragen wir nach der Situation der Gemeinde, in der die Evangelien entstanden sind.« (MARXSEN 1959: 12 f. vgl. 141). Für Schniewind und Marxsen, sind die Evangelien Zeugnisse der produktiven Kraft des urchristlichen Kerygmas angesichts einer bestimmten Gemeindesituation (SCHNIEWIND 1930: 153; MARXSEN 1959: 146). Marxsen rückt jedoch von der Intention von Schniewind ab, wenn er Kerygma und Geschichte einander gegenüberstellt. Heißt es noch bei Schniewind: »[W]enn die gegenwärtige Forschung viele synoptische Herrenworte schon aus der palästinischen Gemeinde herleitet, so setzt sie das Bewußtsein, der Erhöhte rede in seiner Gemeinde, schon dort voraus; aber *dann will erklärt sein*, warum man für das, ›was der Geist den Gemeinden sagt‹, Worte des irdischen Jesus als Autorität suchte, und nicht irgendeine ›bat qol‹ des Erhöhten« (SCHNIEWIND 1930: 159 f.), so geht diese Differenzierung bei Marxsen verloren. Anders als Schniewind, der zwar von der grundsätzlichen Identität zwischen dem Irdischen und dem Erhöhten ausgeht, dann aber auch die Unterscheidbarkeit des Irdischen festhält (aaO. 183–185), droht dieser Unterschied bei Marxsen aufgelöst zu werden. In der Einstufung des MkEv stellt er Kerygma und Geschichte einander gegenüber: »Das ganze Werk wird als εὐαγγέλιον charakterisiert und qualifiziert. Es ist *ein* Evangelium. Das aber heißt von Anfang an: [D]as Werk ist als Verkündigung zu lesen, ist als solches Anrede, nicht aber ›Bericht von Jesus‹. Daß hier auch Berichtetes auftaucht, ist unter diesem Aspekt fast zufällig. Es ist

jedenfalls nur Material« (MARXSEN 1959: 87; Hervorhebung im Original). Weil
Marxsen den paulinischen Begriff des Evangeliums als Verkündigung des erhöhten Gekreuzigten voraussetzt, argumentiert er z. B., dass Mk 1,14 f. nicht den Anfang der Verkündigung des irdischen Jesus markiert, sondern des Auferstandenen (aaO. 89). Für Marxsen sind der Irdische und der Erhöhte so identisch, so
dass er den Irdischen und seine Zeit im Erhöhten und seiner Gegenwart aufgehen
lässt: »Christus selbst ist das Evangelium; und zugleich vergegenwärtigt es den
Gekommenen wie den Kommenden« (aaO. 99). Nur aufgrund dieser »Aufhebung der Zeit« und der Verkürzung der Christologie auf die Gegenwart des Erhöhten in der Gemeinde kann Marxsen die Erzählform des Evangeliums nach
Markus unterschlagen und sagen, dass das MkEv eine *Predigt* des Erhöhten an die
mk. Gemeinde sei und dass in allen Sätzen des »Irdischen« eigentlich der Erhöhte die Gemeinde direkt anrede (aaO. 92).

In der zweiten Hälfte des 20. Jh.s wurde diese These von Marxsen richtungs-
weisend für die redaktionsgeschichtliche Erforschung des ältesten Evangeliums.
Sie hielt aber einer Überprüfung am Text nicht stand. Zwei wichtige Aspekte der
Kritik verdienen es hier wiederholt zu werden (vgl. BREYTENBACH 1984: § 8.3):
(1.) Durch die Einführung des Messiasgeheimnisses zeigt Markus, dass ein deutlicher Einschnitt zwischen der vorösterlichen und der nachösterlichen Situation
der Jünger besteht. Sie können erst nach Ostern verstehen und dürfen dann erst
verbreiten, wer Jesus war. Wenn man die Jünger durchweg mit der mk. Gemeinde
identifiziert ohne Rücksicht auf dieses *prae* und *post*, dann hebt man die von Markus geschaffene Differenzierung zwischen der Zeit vor und nach der Auferstehung auf. Markus hält aber daran fest, dass die Jünger vor Ostern noch nicht
verstanden haben und die Gottessohnschaft Jesu nicht weitergesagt werden durfte. (Wie deutet man dies konsequent auf die nachösterliche Gegenwart um, ohne
das Messiasgeheimnis aufzulösen?). Zu diesem differenzierenden Moment innerhalb des Messiasgeheimnisses kommt, dass Markus bewusst Johannes den Täufer
und Jesus in ein Nacheinander stellt und dass Aussagen wie Mk 2,20; 13,33–37;
14,8 f.25 eindeutig die Zeit des Mit-ihm-Seins von der Zeit seines körperlich-
realen Wegseins absetzen (CONZELMANN 1974a: 63; DU TOIT 2006). Markus lässt
nicht die Zeit Jesu mit der Gegenwart der Gemeinde zusammenfallen. Vielmehr
hält er an der Differenz der Zeiten fest und versteht seine eigene Gegenwart als
die Missionszeit (Mk 13,9 f.) zwischen dem Einbruch der Gottesherrschaft im
Auftreten Jesu (Mk 1,14 f.) und ihrem Gekommensein in Kraft bei seiner Parusie
(Mk 9,1; dazu: BREYTENBACH 1984: § 9.2). Das MkEv sieht das Erdenwirken Jesu
von der Auferstehung her, aber nicht so, dass der vorösterliche Jesus und seine
Jünger so auf die Gegenwart der Gemeinde bezogen werden, dass sie aufhören zu
ihrer Vergangenheit zu gehören. (2.) Dass Markus Erzählungen über den irdischen Jesus aufgreift, sie nacheinander in eine chronologische Reihenfolge bringt,
dass er, wie Schniewind betonte, den *Irdischen* zu den Jüngern reden lässt und
nicht den *Erhöhten* zur Gemeinde und dass er, wenn die Gemeinde dann in ihrer
konkreten Situation angesprochen wird, den Irdischen vor seinem Tod voraussa-

gen lässt. All dies gehört zu seinen rückblickenden Tendenzen. Daher können sie nicht in der Weise auf die Gegenwart der Gemeinde bezogen werden, dass der durch die rückblickende Darstellungsweise des Evangelisten gegebene Vergangenheitsbezug aufgehoben wird. Wenn das MkEv eine Predigt sein wollte, wird dies aus der Form des Evangeliums nicht deutlich, denn der Evangelist hat eindeutig keine Predigtform gewählt, sondern eine Erzählform (BREYTENBACH 1984: § 3.3 und § 2.1.3.4).

Noch vor Marxsen machte Ernst Käsemann auf die Bedeutung des narrativen Charakters der Evangelien aufmerksam. In seiner berühmten Kritik der Position Bultmanns unter dem Titel »Das Problem des historischen Jesus« (1954) weist Käsemann darauf hin, dass der Zugang zur Vergangenheit stets narrativ vermittelt ist: »So sind wir vergangener Geschichte gegenüber auf das Erzählen angewiesen, wenn wir Kunde von ihr erhalten wollen. Alle Historie wird uns nur durch Tradition zugänglich und durch Interpretation verständlich.« Dabei hält Käsemann es für bedeutsam, dass die Evangelien die christliche Botschaft erzählend in das Leben des irdischen Jesus einbetten (KÄSEMANN 1954: 192–193). Für diejenigen, die den auferstandenen Jesus verehren, ist Offenbarung untrennbar mit seiner »irdischen Leiblichkeit« (aaO. 202) verbunden. Käsemann vertrat dabei die Auffassung, dass die Frage nach dem historischen Jesus bei der Zusammengehörigkeit und Spannung zwischen der Verkündigung Jesu und der seiner Anhänger beginnen müsse (aaO. 213). Als Instrument, um die Botschaft Jesu von der Botschaft der frühen Kirche abzugrenzen, führt er das berühmt-berüchtigte *Differenzkriterium* ein (aaO. 205; ferner THEISSEN/WINTER 1997), als ein Hilfsmittel, um einen Weg zwischen Evangelienliteratur und dem irdischen Jesus zu schaffen. In seiner Replik auf Bultmanns Rechtfertigung bemerkt Käsemann zutreffend, dass der wahre Streitpunkt im Verständnis von Geschichte liegt (KÄSEMANN 1964: 52; ferner BREYTENBACH 2013: Anm. 3). Käsemanns Reaktion wendet sich mit der Anfrage an Bultmann, weshalb – sofern sich das frühe Christentum nicht für das Leben des irdischen Jesus interessiert habe – es dennoch das »Kerygma« in Erzählungen über Jesus eingekleidet habe, und das sogar noch zur Zeit der Abfassung des JohEv (KÄSEMANN 1964: 47). Die Verkündigung der Evangelien wird durch die Vergangenheit, nicht durch die Gegenwart bestimmt. Es handelt sich nicht um Predigten, wie Bultmann behauptet hat, vielmehr handelt es sich trotz ihrer mangelnden Historizität um »Berichte« über die Vergangenheit. Käsemann formuliert damit die Aufgabe, angesichts etwa der hohen Christologie des Philipperhymnus, die Tatsache zu erklären, dass frühe christliche Verkündigung dennoch die Form eines Berichts annimmt: »[S]ie [verbinden] historische Tendenzen mit dem Kerygma und bedienen sich einer historisierenden Darstellungsweise« (aaO. 54). »Wie konnte es von der Doxologie des Verkündigten nochmals zur Erzählung vom Verkündiger kommen, und zwar im Rahmen des Kerygmas?« (aaO. 66). Man muss dabei nicht jeder Einzelheit der Position Käsemanns zustimmen, um dennoch seiner These beipflichten zu können, dass sich nachösterliche Theologie stets an ihrem Rückgriff auf den irdischen Jesus misst. Darin zeige sich »das Prae des Christus vor den Seinigen, das Extra nos der Botschaft. [...] Die Vergangenheit gab der Gegenwart die Kriterien zur Prüfung der Geister« (aaO. 67). Dass Jesus existiert hat, ermöglichte den Evangelisten, sich seiner zu erinnern und seine Geschichte in die Evangelien aufzunehmen. Dabei bleibt Käsemanns Ausgangspunkt gültig, dass nämlich die narrative Gestalt der Evangelien für die historische Rückfrage nach Jesus relevant ist.

Gegenüber redaktionsgeschichtlichen Ansätzen, wie dem von Marxsen, zweifelt Jürgen Roloff an der methodischen und sachlichen Legitimität, das MkEv als unmittelbare Weiterführung einer schon in der Tradition angelegten kerygmatischen Struktur zu betrachten (ROLOFF 1969: 78). Hinter dem literarischen Phänomen des Evangeliums stehe die Absicht, die Geschichte Jesu als ein »vergangenes Geschehen darzustellen« (aaO.). Diese These begründet Roloff durch Hinweis auf die erzählerischen Mittel und gestalterischen Prinzipien, die Markus bei seiner Darstellung verwendet habe (vgl. die kritische Würdigung bei BREYTENBACH 1984: § 3). Markus habe etwa durch Perikopenverschränkungen die Überlieferung mit ihrem Perikopencharakter so zusammengefügt, »daß der Leser den Eindruck eines Handlungsablaufs erhält« (ROLOFF 1969: 79). Auch die Aufnahme der schematischen Grundzüge des Wirkens Jesu verrate das geschichtliche Interesse des Markus (aaO.). Er habe trotzdem die ihm vorgegebene geographische Grundvorstellung nicht für die Herstellung eines erzählerischen Gefälles ausgewertet (aaO. 81). Dagegen habe er die Grundvorstellung der drei Gruppen, mit denen Jesus es zu tun gehabt habe – das Volk, die Gegner und die Jünger –, zum Ausgangspunkt für die Herstellung eines erzählerischen Gefälles gemacht (aaO. 82–86). Die Jüngerthematik und die Gegnerthematik, die in die Passionsgeschichte einmünden, seien deutliche Erzählungsgefälle und so habe der Evangelist durchgehende Geschehenszusammenhänge geschaffen (aaO. 87 f.). Die Jüngerthematik, die mit dem Jüngergeheimnis (aaO. 82.84) verbunden sei, habe es Markus ermöglicht, die Gemeinschaft der Jünger mit Jesus vor Ostern als vergangenes Geschehen darzustellen (aaO. 90). So habe er die Jünger als ständige Begleiter Jesu in die vorösterliche Situation einzeichnen und gleichzeitig zeigen können, dass die Jünger die Belehrung Jesu erst nach Ostern verstanden haben. Dem Leser, der nach Ostern liest, gelte dieses Geheimnis nicht mehr, denn die zeitliche Begrenzung von Mk 9,9 sei für ihn überholt (aaO. 91). Roloff unterschied jedoch nicht zwischen dem, was Geschichte Jesu war, und dem, was nach Markus Geschichte Jesu war. Es ist ihm aber gelungen nachzuweisen, dass Markus das Verhältnis zwischen dem mk. Jesus und den Jüngern des Evangeliums als vergangenes Geschehen darstellt, so dass man nicht ohne weiteres, wie z. B. Marxsen, von der Gleichzeitigkeit der Charaktere im MkEv mit dem Erhöhten und der Gemeinde ausgehen kann. Seine Erörterung der Themen im MkEv und seine Auseinandersetzung mit der Kerygmatheologie bleiben beachtlich (BREYTENBACH 1984: § 3). Markus hat bestimmt ein Interesse daran, von Jesus zu erzählen. Ob das, was er erzählt, in einer engen Verbindung mit der Geschichte des irdischen

Jesus steht, muss jedoch traditionsgeschichtlich und nicht durch literarische Mittel nachgewiesen werden.

3. Die narrative Betrachtung des Evangeliums

Norman Perrin hat sich eingehend mit den Methoden der Markusuntersuchung befasst (PERRIN 1971; 1972; 1976b), wobei es eine erkennbare Entwicklung in der Auffassung Perrins gibt. Ihm zufolge braucht man eine kritische Methode »that would [...] do justice to the full range of the Evangelist's literary activity« (PERRIN 1976b: 120). Dazu solle man, weil Markus ein Schriftsteller sei, die Literaturwissenschaft berücksichtigen (PERRIN 1972: 9 f.; 1976: 120 Anm. 22). »If the evangelists are authors, then they must be studied as authors, and they must be studied as other authors are studied« (PERRIN 1972: 10). Das bedeute, dass das Evangelium als Gesamtkomposition auch literaturwissenschaftlich studiert werden müsse (PERRIN 1976b: 15.20; 1971: 176), weil »any literary criticism has to be geared specifically to the nature of the texts with which it is concerned« (1972: 10). Unter Einbeziehung der historisch-kritischen Methode machte Perrin einen Vorschlag für eine umfassende literaturwissenschaftliche Betrachtung des Evangeliums nach Markus (PERRIN 1971: 147) und öffnete den Zugang zur Erzählforschung, mit der erst am Ende der siebziger Jahre begonnen wurde. Das Aufkommen der Erzählforschung führte nun aber dazu, dass die Frage nach dem Bezug des Evangeliums nach Markus zu Jesus von Nazaret für eine Forschungsgeneration völlig aus dem Blick geriet.

   Ist dies berechtigt? Nun wird niemand, der Wredes Buch verstanden hat, wieder versuchen, die Markuserzählung mit der Geschichte Jesu gleichzusetzen (vgl. aber HENGEL/SCHWEMER 2007: 244–260), und kaum jemand wird verneinen wollen, dass vorösterliche Einzeltraditionen vom Osterglauben her geprägt, umgeprägt und in gewissen Fällen geschaffen wurden. Darf man davon ausgehen, dass die Einzelperikopen der vor-mk. Tradition, nachdem sie in einen Gesamtrahmen gestellt wurden, noch immer die gleiche Absicht verfolgen wie zuvor in der mündlichen Überlieferung? Da der literarische Kontext jetzt die Verwendungssituation für die in das Evangelium nach Markus aufgenommenen Einzeltraditionen ist, kann die Absicht des MkEv nur dem Text selbst entnommen werden. Es war geradezu ein Problem der redaktionsgeschichtlichen Markusforschung, dass Ausleger voreilig von der Ebene der Kommunikation zwischen den Charakteren in der Erzählung abrücken und die Erzählung Zug um Zug auf die Situation der mk. Gemeinde hin umdeuten wollen. Die Erzählforschung hat somit zu Recht zunächst auf der Ebene der intratextuellen Kommunikation zu klären versucht, was der Erzähler in seiner Erzählung sagen wollte. Einige haben dann gefragt, welches Verständnis der Situation seiner Gemeinde uns aufgrund dieses Ergebnisses erschlossen wird. Die weiterführende Frage, ob sich das Evangelium nach Markus als Gesamterzählung für die Frage nach dem historischen

Jesus auswerten lasse, ist am Ende des 20 Jh.s aber kaum mehr gestellt worden. Dennoch könnte das Ergebnis dieser Forschungsepoche, dass der erste Evangelist die Textform *Erzählung* für seinen Gesamttext wählte, für die Frage nach Jesus von Nazaret bedeutsam sein.

4. Erzählung, Erinnerung und Geschichte

Das MkEv ist eine rückblickende und vorausschauende »episodische Erzählung« (BREYTENBACH 1985). Wirft man aber die Frage nach der Absicht des MkEv als Gesamttext auf, dann stellt sich sofort das Problem: Erzählung – Kerygma – Geschichte. Geschichte, Kerygma und Erzählung stehen sich nicht gegenüber (VORSTER 1983), und es wurde schon in den achtziger Jahren darauf hingewiesen, dass die damals noch neueren Ansätze der analytischen Geschichtsphilosophie und die daran anknüpfende erzähltheoretische Diskussion vermuten lassen (DANTO 1968; dazu SCHIFFER 1980), dass es von wesentlichem Interesse für die Erforschung der synoptischen Evangelien sein wird, die Problematik »Markuserzählung – Geschichte Jesu – Interpretation des Lebens Jesu« in Auseinandersetzung mit jener Diskussion zu untersuchen (BREYTENBACH 1984: 83). Dabei ist aber, um es mit den Worten Perrins auszudrücken, zu bedenken: »The Wredestraße becomes the Hauptstraße« (PERRIN 1966: 296–300). Das MkEv ist eine Erzählung, eine episodische Erzählung, und muss als Erzählung behandelt werden. Vor diesem Hintergrund schlage ich vor, dass wir zwei Einsichten unserer Vorgänger aufgreifen, wenn wir die Frage nach einer möglichen historischen Auswertung der Erzählung stellen. Als erstes ist mit Käsemann auf die in dieser Erzählung vorhandene Spannung hinzuweisen, die zwischen dem irdischen Jesus, von dem die Erzählung handelt, und der Position des Erzählers, der ihn als Sohn Gottes vorstellt, besteht. Zweitens ist mit Lategan der Weg zu wählen, der durch den konstruierten Modellautor und die Modellhörerinnen und Modellhörer vorgezeichnet ist (LATEGAN 1984; 2004). Dazu sind alle Informationen aus der Erzählung zu entnehmen, die die Kenntnisse über Modellautor und Modellhörer vermitteln. Einmal in dieser Rolle der intendierten Zuhörerschaft werden unsere Gedanken durch die Verbindungen und Bezüge zur außertextlichen Welt bereichert. In unserem Kontext kommt dabei die interessante Frage auf, ob der uns als MkEv überlieferte Text die Schlussfolgerung zulässt, dass es sich um eine Erzählung handelt, die noch ausreichend Zeugnis von denjenigen enthält, die sich an Lehre und Handlungen Jesu von Nazaret erinnern. Aber auch wenn die Erzählung vertrauenswürdige einzelne Erinnerungen enthält, bedeutet das nicht, dass sie als *historische* und nicht als fiktionale Jesuserzählung angesehen werden könne. Eine Abweichung von der Wredeschen Straße führt hier aus vielen Gründen in eine Sackgasse (BREYTENBACH 2013).

Das Evangelium nach Markus ist das erste überlieferte Zeugnis dafür, dass ein frühchristlicher Autor die kollektive Erinnerung über Jesus durch die spätere Ge-

meinde in eine geschriebene Erzählung übertrug. Auch wenn bei der Verschriftlichung mit Einschränkungen gegenüber der fortgesetzten mündlichen Perfor-
manz zu rechnen ist, belegt das MkEv dennoch die von einer bedeutenden Gruppe aus der zweiten Hälfte des 1. Jh.s n.Chr. gepflegte gemeinschaftliche Erinnerung
an Jesus. Beim Übergang dieser sekundären Erinnerung eines Kollektivs von der
mündlichen in die schriftliche Form sind zwei große Veränderungen zu beachten,
die der Historiker nicht vernachlässigen darf. Zum einen werden zufällig wiederholte Episoden in einen Erzählverlauf gebracht (BREYTENBACH 1985), zum anderen wird diese sekundäre Erinnerung archiviert, sodass daraus eine Urkunde wird
(RICOEUR 1998: 119), die aber, wenn sie kritischer Überprüfung standhält, für die
Historiographie verwendet werden kann. Zu bedenken bleibt dabei, dass das
MkEv nicht die Aufzeichnung von individuellen Zeugen erlebter Ereignisse enthält, sondern dass es sich um strukturierte, *sekundäre* Erinnerung der Gemeinde
handelt, die in dieser Form mündlicher Erzählungen *nun* den entscheidenden
Schritt zur Schriftlichkeit macht. Wie sehr es sich um strukturierte kommunale
Erinnerung handelt, sieht man schon daran, dass Jesu Handlungen in den litera-
rischen Formen von Chrien und Wundererzählungen erzählt werden und die
Passionsgeschichte teils nach Vorgaben der Leidenspsalmen gestaltet wurde.

Es ist nun aber zu fragen, was der Status dieser als Literatur aufbewahrten Erinnerungen für die Historiographie sein kann. Hier ist zu differenzieren zwischen
den Erinnerungen, die in den szenischen Rahmen einzelner Episoden enthalten
sind, und der Makro-Erzählung. Insgesamt ist das MkEv als fiktionale und nicht
als historische Erzählung anzusehen. In dieser Erzählung, die im Laufe des 2. Jh.s
n.Chr. den Titel *Kata Markon* erhält, wird die »gute Nachricht«, die von Gott
kommt, erzählt (Mk 1,14). Diese Nachricht handelt von seinem Sohn Jesus Christus (1,1) und der Anfang der guten Nachricht stimmt überein mit dem, was beim
Propheten Jesaja geschrieben war. Durch Gottes Stimme aus den aufgerissenen
Himmeln wird Jesus bei seiner Taufe den Leserinnen und Lesern (1,11) und dem
inneren Kreis von Jüngerinnen und Jüngern (9,7) vorgestellt als der geliebte Sohn
Gottes. Seine Verkündigung der guten Nachricht vom Kommen des Reiches Gottes beginnt Jesus, nachdem Gott Johannes den Täufer ausgeliefert hat und die von
Gott gesetzte Zeit erfüllt ist (1,14 f.). Die Hauptfigur Jesus verbindet seine Wirksamkeit selbst mit dem Tod, indem er es als göttlichen Willen erklärt, dass er viel
leiden muss, verworfen und getötet werden und nach drei Tagen auferstehen wird
(8,31). Die göttliche Herrschaft, die er verkündigt, wird am Ende kommen (den
Zeitpunkt kennt nur der Vater), wenn Jesus als Menschensohn zurückkehren,
und diejenigen bestrafen wird, die ihn und seine Worte verwerfen, und diejenigen retten wird, die dem Widersacher widerstanden haben und nicht irregeführt
wurden (13,30–32). Das endzeitliche Setting, die Rolle von einigen Hauptfiguren
im Handlungsablauf, wie der Schrift, dem wiederkehrenden Menschensohn und
Dämonen, sowie die Intention der Makro-Erzählung des MkEv gründen wesentlich auf dem mentalen Konstrukt des Erzählers, dass die Abfolge der Ereignisse
und das Ende von Gott bestimmt sind, wie es geschrieben steht (vgl. 14,21).

Aber wird auf diese Weise Vergangenheit in Form von individuellen Erinnerungen bewahrt? Wird also die Abfolge von Ereignissen und Lehrtätigkeit Jesu
im MkEv so präsentiert, dass sie die individuellen Erinnerungen derer, die Zeit
und Raum mit Jesus teilten, ins Gedächtnis ruft? Der breitere Erzählrahmen zwischen Jesaja und der Wiederkehr des Menschensohnes weist das Merkmal primärer Erinnerung jedenfalls dann nicht auf, wenn unter Erinnerung das individuelle Wiedererkennen von Vergangenem verstanden wird (so z. B. Ricoeur; vgl. dazu
BREYTENBACH 2013). Die Makro-Erzählung des MkEv kann deshalb von Imagination, Fantasie oder Fiktion schwerlich unterschieden werden. Vielmehr ist sie
– in Wredes Worten – »übernatürlich«. Es ist die vom Erzähler implizierte Erklärung, weshalb die Dinge in bestimmter Weise geschehen, und sein theologisches
Verständnis dessen, weshalb Menschen in einer bestimmten Weise agieren. Die
Makro-Erzählung des MkEv kann deshalb nicht als historische Erzählung an die
Stelle des abwesenden Dagewesenen treten. Vielmehr stellt sie sich als Abbild des
verborgenen Geheimnisses des Messias und als Voraussage der Zukunft dar, welche der Erzähler anvisierte.

Das MkEv ist demnach keine »historische Erzählung«, die als Gesamterzählung den Zugang zu Jesus von Nazaret eröffnet. Was den übergreifenden Plot an-
geht, hat der Modellautor die Ereignisse im Leben Jesu und seine Lehre nicht in
einer Weise in einen Handlungsablauf umgesetzt, die auf individueller Erinnerung beruht. Es geht vielmehr um die Darstellung des Geheimnisses der Gottesherrschaft (vgl. 4,11). Das Bild, das vom verborgenen Sohn Gottes im Rahmen
eines endzeitlichen Dramas gezeichnet wird, der das Evangelium in Galiläa verkündigt und nach Jerusalem geht und dem geschah, wie es geschehen musste
(vgl. 8,31), ist kaum als eine Erzählung anzusehen, die an die Stelle der individuell erinnerten Person und der erinnerten Ereignisse tritt. Vielmehr wird die Vergangenheit erklärt durch eine Konstruktion von Wirklichkeit, in der Gott der
Hauptakteur ist und sich die Geschehnisse in Übereinstimmung damit ereignen,
was »geschrieben ist«. Die mk. Erzählung ist eine episodische Erzählung und die
Kohärenz der übergreifenden Handlung ist nach dem Erzähler letztlich im göttlichen Handeln begründet.

Gleichwohl können einzelne Aspekte des Plots dieser in hohem Maße *theologischen* episodischen Erzählung sorgfältig für eine *historische* Konstruktion verwendet werden. Wie bereits erwähnt, versteht innerhalb der mk. Erzählung niemand wirklich, wer Jesus eigentlich ist. Die engsten Nachfolger verstehen seine
Mission nicht, Judas liefert ihn aus, Petrus verleugnet ihn und am Ende fliehen
alle, und sogar die Frauen suchen nach seinem toten Körper, auch wenn er wiederholt seine Auferstehung angekündigt hat (DU TOIT 2006). Warum wurden die
Jünger in diese Rolle gebracht? Ist es nicht viel wahrscheinlicher, dass die Vergangenheit hier so »vergegenwärtigt« wird, weil Jesus von Nazaret nicht verstanden
wurde? Ähnliche Fragen können mit Blick auf die anderen Erzählfiguren gestellt
werden. Warum wird die Familie Jesu erzählerisch derart negativ dargestellt?
Warum sind die Herodianer in die galiläische Entscheidung, Jesus zu töten, invol-

viert (3,6) und warum warnt der mk. Jesus vor dem Einfluss des Herodes (8,15)? Warum gibt es Episoden, in denen sich Markus auf Petrus' autobiographische Erinnerung zu beziehen scheint (z. B. 14,54.66–72)? Ich behaupte nicht, dass sich diese Fragen, die sich aus der Entwicklung der Erzählhandlung ergeben, allesamt durch den Rekurs auf die Zeit Jesu beantworten lassen. Einige hängen nämlich mit Umständen zur Zeit der Abfassung des MkEv zusammen. Doch andere, wie etwa der Unglaube der Jünger und die Leugnung des Petrus, lassen sich am besten durch ihren Verweischarakter auf die erzählte Zeit erklären. Spiegelt der Erzähler hier wahre Kenntnis über Jesu Vergangenheit? Ein weiteres Beispiel: Im Licht von Mk 12,35–37 ist deutlich, dass der implizite Autor seine Hörerschaft dazu bringen möchte, die schriftgelehrte Meinung zu überwinden, dass nämlich der Christus aus einer Familie von davidischer Abstammung kommen müsse, da dies in der gemeinsamen Erinnerung, die dem MkEv vorausgeht, umstritten war (BREYTENBACH 1997). Die Tatsache, dass sowohl Matthäus als auch Lukas die Jesusgeschichte derart umgestalten, dass sie die davidische Abstammung bezeugt, sollte vor einer Vernachlässigung der klassischen historisch-*kritischen* Exegese warnen. Der Rekurs auf Erzählung entlastet den Historiker nicht von einer kritischen Einstellung gegenüber den Quellen, und auch die Erzählungen von Augenzeugen stellen dabei keine Ausnahme dar!

Dem »Rahmen« der mk. Erzählung, den Schmidt als historisch unbedeutend verworfen hatte, lässt sich somit entnehmen, dass Jesus nach der Auslieferung Johannes des Täufers die gute Nachricht über die Ankunft des Reiches Gottes in Städten wie Kafarnaum, Betsaida, Gennesaret verkündet (1,21; 2,1; 9,33; 6,45; 8,22; 6,53) und seine Nachfolgerinnen und Nachfolger aus diesen Städten sowie aus Magdala anwirbt (15,40.47; 16,1). Er scheint sich dabei im Haus von Simon (Petrus) und Andreas in Kafarnaum aufgehalten zu haben (1,29; 2,1; 7,17; 9,33; 10,10) und in die umliegenden Orte (6,6.56; 8,27) und an Marktplätze (6,56) gereist zu sein, um seine Botschaft zu verkündigen. Wie Alt vor langer Zeit bemerkte, betritt Jesus mit Ausnahme von Jerusalem nie eine Stadt (ALT 1953: 438.450–451). Er besucht lediglich die Orte von Cäsarea Philippi (8,27) und die Territorien von Tyrus, Sidon sowie die weiteren Orte der Dekapolis (7,31; s. dazu ALT 1953; BREYTENBACH 1999). Die Tatsache, dass der Erzähler die Szenerie der einzelnen Episoden in solch einer Weise gestaltet, impliziert höchstwahrscheinlich, dass er dabei geteilte Erinnerung über die Orte und Adressaten der Lehre Jesu in neuer Gestalt wiedergibt. Diese geteilte Erinnerung wird vermutlich auch Reminiszenzen aus der Zeit der Wirksamkeit Jesu enthalten haben.

5. Schluss

Da geteilte Erinnerung durch den Prozess des Schreibens archiviert wurde, können wir heute – als nicht adressierte, späte Leserinnen und Leser – den Erzählrahmen des MkEv lesen und – nach historisch-kritischer Prüfung – die impliziten Informationen für eine historische Rekonstruktion verwenden. Wenn wir, das MkEv als Erzählung lesend, den Wredeschen Weg einschlagen und den Text im eigentlichen Sinne als eine Erzählung lesen, wird deutlich, dass sie die implizite Hörerschaft mit wertvollen einzelnen Informationen über die Person Jesu ausstattet. Die Weise, wie die Ereignisse zu einem Handlungsablauf verbunden werden (*emplotment*), lässt es aber nicht zu, das MkEv als historische Erzählung zu betrachten. Indem die mk. Erzählung vor dem Hintergrund historischer Geographie und Archäologie Galiläas gelesen wird, und dabei jede von Josephus bereitgestellte Information berücksichtigt wird, kann es vielversprechender sein, ihr wichtige Aspekte darüber zu entnehmen, wie die Gemeinde hinter dem MkEv sich an Jesus von Nazaret erinnert und wie diese Erinnerung ihre Identität geprägt hat. Dies meint nicht, diese gemeinschaftliche Erinnerung als Folge des »Eindrucks«, den Jesus hinterlassen hat, zu betrachten, ohne sie einer historisch-kritischen Prüfung zu unterziehen. Aufgrund des Übergangs von individueller zu kollektiver Erinnerung, können wir nicht hören, was die Jüngerinnen und Jünger gehört haben, und uns nicht vorstellen, was sie sahen. Wir müssen uns zufrieden geben mit der narrativen Refiguration gemeinschaftlicher sekundärer Erinnerung.

BREYTENBACH, Cilliers 2013: From Mark's Son of God to Jesus of Nazareth – Un cul-de-sac?, in: WATT, Jan van der (Hg.): The Quest for the Real Jesus. Radboud Prestige Lectures by Prof. Dr. Michael Wolter, Bibl.-Interpr.S 120, Leiden, 19–56.
PERRIN, Norman 1966: The Wredestrasse Becomes the Hauptstrasse. Reflections on the Reprinting of the Dodd Festschrift: A Review Article, JR 46/2, 296–300.
SCHRÖTER, Jens 2007b: Von Jesus zum Neuen Testament. Studien zur urchristlichen Theologiegeschichte und zur Entstehung des neutestamentlichen Kanons, WUNT 204, Tübingen.
WREDE, William 1901; ⁴1969: Das Messiasgeheimnis in den Evangelien, Zugleich ein Beitrag zum Verständnis des Markusevangeliums, Göttingen.

Cilliers Breytenbach

IX. Die Evangelien als »kerygmatische Erzählungen« über Jesus und die »Kriterien« in der Jesusforschung

In der Mitte des 20. Jh.s verfestigten sich die Kriterien, die innerhalb der Jesusforschung für die Erschließung von »authentischem« Material der Jesusüberlieferung aus den Evangelien verwendet wurden, zu einer regelrechten Methodologie. Die Grundlage dieser Phase der Jesusforschung bildete das formgeschichtliche Modell der schriftlichen Evangelien als kerygmatische Erzählungen. Nach diesem Konzept gelten die schriftlichen Evangelien als Ausdruck der verkündigten Theologie (oder des Kerygmas) der späteren Christengemeinden. Deren Gesamtdeutung der Person Jesu wurde entsprechend nicht als Reflex der Zeit Jesu verstanden, sondern der Zeit, in der diese späteren Christen ihren Glauben zum

Ausdruck brachten. Man ging davon aus, dass sie in ihrer Verkündigung Einzelstücke der Jesusüberlieferung wie Logien oder kurze Erzählungen verwendeten. Aus dieser Perspektive resultiert sodann die Einsicht, dass die erzählerischen Deutungen Jesu in den schriftlichen Evangelien auf die Überlieferung aufgesetzt und nicht Teil ihrer frühesten Entwicklungsstadien waren. Nachdem das formgeschichtliche Entstehungsmodell der Jesusüberlieferung in den Evangelien auf diese Weise Albert Schweitzers älteres Verdikt gegen die Leben-Jesu-Forschung des 19. Jh.s und deren Versuche, eine moderne Biographie Jesu zu schreiben, bestätigt hatte, ging das Interesse am historischen Jesus in der deutschen Forschung zunächst zurück. Neuen Auftrieb erhielt die Fragestellung erst nach Rudolf Bultmann, als auf der Grundlage des formgeschichtlichen Modells mit dem Begriff des »authentischen Jesusgutes« und bestimmten Kriterien zu seiner Erschließung die Suche nach dem historischen Jesus wieder aufgenommen wurde. Als exemplarisch für diese Phase der Jesusforschung können insbesondere die Arbeiten von Ernst Käsemann, Günther Bornkamm und Ferdinand Hahn gelten.

1. Ernst Käsemann

Ernst Käsemann war ein Schüler Rudolf Bultmanns und ist für das Verständnis der formalen Entwicklung der Echtheitskriterien in der fraglichen Phase der Jesusforschung sicher am wichtigsten. Käsemann war nicht der erste, der verschiedene Kriterien für die Frage nach dem historischen Jesus heranzog, wie er auch nicht der erste war, der die weitgehend mythische Natur der Evangelien erkannte. Dennoch geht die programmatische Forderung nach dem Gebrauch von Kriterien bei der Erschließung »authentischen Jesusgutes« auf seine Vorlesung über »Das Problem des historischen Jesus« von 1953 zurück (KÄSEMANN [7]1970: 204 f.). In diesem Text markiert er deutlich den Bedarf, wenn er sagt, dass »wir, vom Gleichnisstoff abgesehen, schlechterdings keinerlei formale Kriterien zur Herausstellung des authentischen Jesusgutes besitzen« (aaO. 204; vgl. 205 f.). Zwei Aspekte verdienen in Käsemanns Forderung nach belastbaren Echtheitskriterien besondere Beachtung. Der erste Punkt betrifft seine Grundeinstellung gegenüber den Evangelien: »Wir können nicht mehr die Zuverlässigkeit der synoptischen Überlieferung über Jesus im allgemeinen voraussetzen« (aaO. 203). Seine Forderung nach Kriterien, die die Echtheit des vorfindlichen Materials beweisen sollen, legen die Beweislast auf den Forscher, der die Historizität eines Elements der Jesusüberlieferung behaupten will. Diese Position kehrt die Perspektive gegenüber einer älteren Sichtweise geradezu um, wie sie beispielsweise im »Leben Jesu« von David Friedrich Strauß in der zweiten Auflage aus den 1830er Jahren erkennbar wird, wo Kriterien für den Erweis des unhistorischen Charakters von Teilen der Jesusüberlieferung entwickelt wurden. Der zweite erwähnenswerte Punkt betrifft den Begriff der »Authentizität«, der nach Käsemanns Verständnis im Kontrast zum Deutungsrahmen steht, den die schriftlichen Evangelien liefern. Ähnlich

wie seine erwähnte Grundeinschätzung des historischen Charakters der Evangelien ist auch sein Begriff der »Authentizität« unmittelbar von der Formgeschichte
abhängig.

Grundlegend für Käsemann ist die Überzeugung, dass Bultmann und die
Formgeschichte erfolgreich gezeigt haben, dass die Evangelien in erster Linie als
kerygmatische Erzählungen aufzufassen sind. Der Deutungsrahmen der Evangelien spiegelt den Sitz im Leben bei den ersten Christen wider, die mit diesem
narrativen Gerüst die Bedeutung Jesu in ihrer je eigenen Gegenwart artikuliert
haben. Entsprechend hätten die aktuellen Bedürfnisse »schon in ältester Zeit
[Jesu] Historie fast aufgesogen« (aaO. 194). Käsemann sieht keinen Grund, dieses
Resultat der Formgeschichte aufzugeben und meint, »[w]er an dieser Einsicht
rüttelt, bringt uns um Ertrag und Sinn unserer Forschung in den letzten beiden
Jahrhunderten« (aaO.). Er selbst hält die frühchristliche Eschatologie (oder bei
Lukas das Ausbleiben der eschatologischen Ereignisse) für den bestimmenden
Interpretationsrahmen für das Jesusbild der Evangelienverfasser.

Die Formgeschichte hatte also, wie zuvor schon Albert Schweitzer, gezeigt, dass
die Leben-Jesu-Forschung des 19. Jh.s mit ihrem Ziel, eine moderne Biographie
Jesu zu schreiben, die aus »objektiven Fakten« bzw. »bruta facta« besteht (aaO.
191), in einer Sackgasse enden musste. Das Kerygma, das in den Evangelien zum
Ausdruck kommt, zeigt, dass die frühe Kirche keine Verwendung für solche reinen Fakten hatte. Dieser Umstand macht eine auf die Fakten ausgerichtete Suche
nach dem historischen Jesus zu einem aussichtslosen Unterfangen. Es gilt nach
Käsemann, »daß wir nur durch das Medium der urchristlichen Botschaft zu diesem Jesus Zugang gewinnen und daß solche Botschaft uns diesen Zugang primär
gerade nicht eröffnet, sondern versperrt« (aaO. 194).

Für Käsemann spielt die Suche nach den objektiven Fakten zum Leben Jesu
keine entscheidende Rolle. Er bringt immer wieder seine Geringschätzung gegenüber einer Definition der Aufgabe des Historikers als bloße Rückgewinnung
und Zusammenstellung der *bruta facta* zu einem Kausalzusammenhang zum
Ausdruck. Auf das Resultat eines solchen Verfahrens bezieht er sich häufiger als
»Historie« im Gegensatz zur »Geschichte« und betrachtet es insgesamt als nutzlos: »Alle Historie wird uns nur durch Tradition zugänglich und durch Interpretation verständlich« (aaO. 190). Und weiter: »Historie ist erstarrte Geschichte,
deren geschichtliche Bedeutsamkeit durch Konstatieren und Tradieren allein
noch gar nicht an den Tag gebracht wird« (aaO. 194 f.). Vor diesem Hintergrund
vertritt er die Auffassung, dass »wir vergangener Geschichte gegenüber auf das
Erzählen angewiesen [sind], wenn wir Kunde von ihr erhalten wollen« (aaO.
190). Mit Blick auf die Irrwege der Jesusforschung des 19. Jh.s betont Käsemann
in Bezug auf die kritische Rekonstruktion von Geschichte die Bedeutung derjenigen Deutungskategorien, die die Texte selbst bereithalten, also des Kerygmas als
des einzigen, wenn auch schwierigen Weges zum historischen Jesus.

Wegen der Probleme, die auf diesem Weg zutage treten, sahen sich manche
Exegeten gezwungen, »den Versuch schließlich auf[zu]geben, aus den Synopti-

kern ein Leben Jesu zu eruieren« (aaO. 194). Im Gegensatz dazu will Käsemann »allerdings auch nicht zugeben, daß angesichts dieses Sachverhaltes Resignation und Skepsis das letzte Wort behalten und zum Desinteressement am irdischen Jesus führen dürften« (aaO. 213). Für die abermalige Hinwendung zum historischen Jesus nennt er vor allem zwei Gründe, die beide auf dem Kerygma selbst beruhen.

Zum einen werde deutlich, dass die frühe Kirche ihre theologischen Deutungen durchgängig auf den irdischen Jesus projizierte, was darauf schließen lasse, dass die frühe Kirche dem historischen Leben Jesu offenbar eine große Bedeutung beimaß und nicht bereit war, das theologische Zentrum ausschließlich in die nachösterliche Zeit zu verlagern (aaO. 195 f.212 f.). Auf diese Weise »gibt uns jedoch das NT selber ein Recht zu dieser Frage« (aaO. 195).

Zum anderen enthalte das Kerygma trotz des hohen Grades, zu dem es »nicht authentisch, sondern Ausprägung des urchristlichen Gemeindeglaubens in seinen verschiedenen Stadien ist«, wie die Formgeschichte meinte (aaO. 188), einiges »authentisches Jesusgut« (204 f.). Käsemann wählt seine Formulierungen in dieser Hinsicht sehr bedacht. Er betrachtet das Kerygma als »größtenteils« unecht (aaO. 188) und das Leben des historischen Jesus als »fast«, aber nicht gänzlich darin verschlungen (194.200.213). Das »authentische Jesusgut« werde unter dem Kerygma »verdeckt« (aaO. 195), sei in dieses »eingebettet« (188.204) oder mit dem mythischen Material »verflochten« (198) und deswegen von diesem »überlagert« (188). Diese Metaphern verweisen auf die wichtige Grundannahme, dass in den Evangelien authentisches und nicht-authentisches Material wie in einem mehrschichtigen Gewebe verknüpft vorliege und mit einem gewissen Aufwand identifiziert und getrennt werden könne. Diese Vorstellung war für zwei Generationen der Jesusforschung leitend, auch für die unmittelbaren Zeitgenossen Käsemanns, die teilweise mit denselben Metaphern operierten.

Das Ziel der historischen Arbeit wäre demnach die Herauslösung des authentischen, ursprünglichen Jesusgutes aus den kerygmatischen Erzählungen der Evangelien. Käsemann sieht diese Arbeit als »radikale Kritik« (aaO. 204), die mit der vorausgegangenen Überzeugung bricht, nach der die historische Zuverlässigkeit der synoptischen Evangelien generell infrage steht. Käsemann betrachtet seinen Zugang allerdings auch als Ausweitung der Formgeschichte, insofern er deren Modell der Entstehung der Jesustradition in den Evangelien akzeptiert und darauf aufzubauen versucht. So stellt er fest, dass sein Vorgehen »auf Grund der formgeschichtlichen Arbeit« und in Übereinstimmung mit der Methode nicht die »Echtheit« des Deutungsrahmens der Evangelien zu erweisen habe, sondern die des darin enthaltenen »Einzelgutes« (aaO. 203). Die Formgeschichte habe ihre präzise Aufgabe darin, »daß sie als authentisch ausschließt, was nach seinem Sitz im Leben dafür nicht in Betracht kommen kann« (aaO. 204). Anders ausgedrückt: Die Einzelelemente der Überlieferung, die einer Überprüfung hinsichtlich ihrer Echtheit unterzogen werden können, sind die, die die Formgeschichte »unangetastet« gelassen hat (aaO. 188). Diese Formulierung gibt einen entscheidenden Hinweis auf die Art, wie sich Käsemann den Zugang zum historischen Jesus durch die Anwendung der Echtheitskriterien vorstellt, weil sie eine grundlegende Definition des Authentizitätsbegriffs beinhaltet. Er steht im Gegensatz zu den Deutungskategorien, die die schriftlichen Evangelien vorgeben und die sich direkt aus dem Sitz im Leben bei den frühen Christen ergeben.

Bei der Überprüfung des Einzelmaterials kommt Käsemann zu einem Unterscheidungsprinzip, das heute als Differenzkriterium oder als Kriterium der doppelten Unähnlichkeit bekannt ist. Er stellt fest, dass ein Element aus den schriftlichen Evangelien Echtheit beanspruchen könne, wenn die »Tradition aus irgendwelchen Gründen weder aus dem Judentum abgeleitet, noch der Urchristenheit zugeschrieben werden kann« (aaO. 205). Bultmann hatte bereits in seiner »Geschichte der synoptischen Tradition« eine Variante dieses Kriteriums formuliert, obwohl er es verwendete, um die erste Entwicklungsstufe eines Gleichnisses aufzudecken. In einer Modifikation verbindet Käsemann das Differenzkriterium mit dem Kriterium, das heute als Verlegenheitskriterium bezeichnet wird und dann gelten soll, »wenn die Judenchristenheit ihr überkommenes Gut als zu kühn gemildert oder umgebogen hat« (aaO. 205). Käsemann betrachtet also jenes Material als authentisch, das sich nicht aus dem Frühchristentum oder dem Judentum des Zweiten Tempels ergeben kann, genauso wie das, was die frühe Kirche aus Unbehagen überdeckt hat.

Für Käsemann ist diese Methode das einzige Mittel, mit dem man »einigermaßen sicheren Boden [...] unter den Füßen« haben kann (aaO. 205). Unter den Beispielen, die er auf dieser Grundlage als authentisches Jesusgut klassifiziert, sind Passagen, in denen Jesus als Überbieter des Mose erscheint (insbesondere die ersten drei Antithesen der Seligpreisungen, Mt 5,21.27.32), eine ursprüngliche Version des Spruches vom Herrn über den Sabbat (Mk 2,28), die Ignoranz Jesu gegenüber den Reinheitsgeboten, das Logion über das Binden des starken Mannes (Mk 3,27) und die Taufe Jesu durch Johannes den Täufer.

2. Günther Bornkamm

Wie Käsemann war auch Günther Bornkamm ein Schüler Bultmanns und stark von dessen Konzept der Evangelien als kerygmatischen Erzählungen beeinflusst. Bornkamm veröffentlichte 1956, nur drei Jahre nachdem Käsemann seine berühmte Vorlesung gehalten hatte, sein Buch über »Jesus von Nazareth«, das als Meilenstein der Jesusforschung gelten kann. In dieser und anderen Publikationen vertritt er eine Vielzahl von Positionen, die denen von Käsemann sehr ähnlich sind.

Auch für Bornkamm hatte die Formgeschichte einige unhintergehbare Ergebnisse erzielt. Dazu gehörte zum einen die Einsicht, dass die Jesusüberlieferung in den Evangelien in einzelnen Sprüchen und Perikopen tradiert wurde und jede kritische Prüfung ihrer Überlieferungsgeschichte deswegen auf dieser Ebene anzusetzen habe und nicht auf der Ebene der Deutungsrahmen, die die schriftlichen Evangelien vorgeben (BORNKAMM [15]1995: 21 f.194). Damit im Zusammenhang stand dann zum anderen, dass die schriftlichen Evangelien als unmittelbare Resultate der Verkündigung der frühen Kirche anzusehen sind (aaO. 14.194 f.). In der Tat, so Bornkamm, steht »die Jesusüberlieferung [...] im Dienst des Glaubens, in dem sie freilich von Anfang an immer schon gestanden hatte« (aaO. 194). Schließlich war als direkte Folge des zweiten Punktes festzuhalten, dass eine moderne Biographie Jesu im Stil der Leben-Jesu-Forschung des 19. Jh.s praktisch unmöglich ist. Bornkamm wendet sich gegen eine Herangehensweise, die bei der Darstellung des Lebens Jesu nach »Ursachen und Wirkungen eines Geschehens, nach der inneren Entwicklung und dem Profil der Gestalten« sucht (aaO. 16 f., vgl. auch [2]1966: 61) und wiederholt die Behauptung, dass der frühen Kirche solch »bloße Historie herzlich wenig bedeutet« habe ([15]1995: 22). Mit Nachdruck stellt er darum fest: »Wir besitzen keinen einzigen Jesusspruch und keine einzige Jesusgeschichte, die nicht – und seien sie noch so unanfechtbar echt – zugleich das Bekenntnis der glaubenden Gemeinde enthalten oder mindestens darin eingebettet sind. Das macht die Suche nach den bloßen Fakten der Geschichte schwierig und weithin aussichtslos« (aaO. 12; vgl. [2]1966: 61 f.).

Bornkamm ist allerdings ebenfalls nicht gewillt, vor der Frage nach dem historischen Jesus zu kapitulieren. Lediglich die spezifische Ausrichtung der Leben-Jesu-Forschung muss auch nach seiner Auffassung aufgegeben werden: »Wohlgemerkt, nicht die Frage nach dem historischen Jesus kann und soll überhaupt zum Schweigen gebracht werden« (aaO. 63). Die durch die frühe Kirche in ihrem Kerygma vollzogene Zuordnung der nachösterlichen Theologie zum vorösterlichen Jesus sei von grundlegender Bedeutung und könne als Rechtfertigung für die Suche nach dem historischen Jesus betrachtet werden ([15]1995: 19 f.153.166). Auf diese Weise rückt auch Bornkamm das Kerygma in den Vordergrund. Er ist der Auffassung, dass die Aufgabe des Historikers darin bestehe, »*im* Kerygma der Evangelien die Geschichte [...] zu suchen« (aaO. 18, Hervorhebung original).

Wie bei Käsemann bezieht sich diese Richtungsvorgabe jedoch nicht auf den narrativen Deutungsrahmen der Evangelien, sondern auf Einzelperikopen, die die übergreifenden Erzählungen bilden (aaO. 18). Auch nach Bornkamms Auffassung beginnt die Suche nach dem historischen Jesus erst, wenn die Formgeschichte ihre Arbeit getan hat, deren Beitrag er mit Blick auf die Überlieferungsmechanismen, die sie aufgedeckt hat, zu schätzen weiß: »Ihre Beobachtung ist eine ausgezeichnete erste Hilfe für die Unterscheidung von Wesentlichem und Unwesentlichem in einem Text« (aaO. 17). Auf dieser Grundlage ist »der kritische Exeget und Historiker [...] genötigt, in Fragen der Überlieferungsgeschichte oft von ›echten‹ und ›unechten‹ Jesusworten zu sprechen und also Worte des historischen Jesus von ›Gemeindebildungen‹ zu unterscheiden« (aaO.). Bornkamm verwendet ähnliche Metaphern wie Käsemann, um die Annahme zum Ausdruck zu bringen, dass in der Überlieferung eine Mischung vorliege, die es erlaubt, authentisches und nicht-authentisches Material zu identifizieren und zu separieren

– das Material sei »ineinander gewoben« (aaO. 12), das authentische Traditionsgut mit dem Kerygma »verwoben« (45.137), »zusammengewoben« (83), von diesem »überlagert« (81) bzw. in das Bekenntnis »eingebettet« (12). Die authentische Überlieferung bezeichnet Bornkamm auch als historischen Kern innerhalb
des Kerygmas (aaO. 136.152).

Um diesen historischen Kern aus seinem kerygmatischen Kontext herauslösen
zu können, formuliert auch Bornkamm bestimmte Varianten des Differenzkriteriums und des Verlegenheitskriteriums. Unter Verwendung des Differenzkriteriums behauptet er beispielsweise, dass Mk 13 und seine Parallelen sowohl
Traditionsgut aus der frühjüdischen Apokalyptik als auch aus dem späteren
Christentum enthalten und dass ferner »echte Jesusworte [...] mit beidem zusammengewoben« sind (aaO. 83). Diese Feststellung ist eine der deutlichsten
Stellungnahmen für die Theorie, dass in den Evangelien verschiedene Überlieferungen als Mischung vorliegen, für deren Trennung es des Differenzkriteriums
bzw. des Kriteriums der (doppelten) Unähnlichkeit bedarf. Mithilfe dieses Krite-
riums tritt Bornkamm für die Echtheit der Aussage Jesu in Mk 14,25 ein, bis zum
Anbruch der Gottesherrschaft keinen Wein mehr zu trinken, weil dieser Gedanke
nicht in der Herrenmahlstradition in 1Kor 11,23–25 erscheint (aaO. 141). Das
Verlegenheitskriterium benutzt Bornkamm, um beispielsweise die Echtheit der
Taufe Jesu durch Johannes den Täufer (aaO. 43 f.) und die der Einbeziehung des
Judas in den Zwölferkreis zu erweisen (132). Bornkamm bezieht außerdem das
heute so bezeichnete Kriterium des semitischen Einflusses in seine Arbeit ein, das
Kriterium der Tendenzwidrigkeit und das Kriterium der vielfachen Bezeugung.
Mit dem ersten Kriterium wird vorausgesetzt, dass Überlieferung, die einen
aramäischen Kontext erkennen lässt, mit relativ großer Wahrscheinlichkeit als
authentisch gelten kann. Das zweite verkörpert *in nuce* die Logik des Kriterienzu-
gangs insgesamt. Es wird auf der Ebene der Erzählung angewandt und beruht auf
der Annahme, dass Tradition, die gegen den Deutungsrahmen der schriftlichen
Evangelien steht, Echtheit beanspruchen kann. Das dritte Kriterium folgt der
Einschätzung, dass einzelne Aussagen Jesu, die übereinstimmend in verschiedenen Bereichen der Jesustradition überliefert sind und dort in verschiedenen Gattungen auftauchen, recht wahrscheinlich authentisch sind. In früheren Auflagen
seines Jesusbuches wendet Bornkamm das Kriterium des semitischen Einflusses
an, um für die Echtheit des spezifischen »Amen«-Gebrauchs bei Jesus zu argumentieren, das unübersetzt aus dem Aramäischen in die griechische Überlieferung übernommen sei ([3]1959: 91). Er gebraucht das Kriterium auch umgekehrt,
um die Echtheit von Mt 19,28 auszuschließen, wegen des dort verwendeten »singuläre[n], ins Aramäische nicht rückübersetzbare[n] Begriff[s] παλιγγενεσία«
([3]1959: 191 Anm. 13; beide Behauptungen hat Bornkamm aus späteren Auflagen
gestrichen). Eine Variante des Kriteriums der Tendenzwidrigkeit kommt bei
Bornkamm zum Zug, wenn er vorsichtig für die Echtheit der Verkündung des
Todesurteils gegen Jesus durch Pilatus votiert, weil die Evangelienautoren aus seiner Sicht sonst eher dazu tendieren, Pilatus zu entschuldigen ([15]1995: 144 f.). Das

Kriterium der vielfachen Bezeugung zieht Bornkamm heran, um den Gedanken vom Anbruch des Gottesreiches, das in der Gegenwart verborgen, aber bereits wirksam ist, als Schlüsselelement der Lehre des historischen Jesu zu erweisen (aaO. 57–84).

Allerdings entwickelt Bornkamm den Ansatz Käsemanns auch in einer wichtigen Weise weiter, wenn er darauf aufmerksam macht, dass vorgeblich unechtes Traditionsgut für den Historiker trotzdem von Wert sein kann. Nach seiner Auffassung ist es »nicht einzusehen, warum nicht auch ein Wort oder eine Geschichte, die ihre Formung erst der Gemeinde verdanken, in der Sache historisch Echtes bewahrt haben« können (aaO. 9). Daraus folgt für Bornkamm, dass »nicht das, was die Überlieferungskritik in ihrer Sprache etwa ›unecht‹ oder ›Gemeindebildung‹ zu nennen pflegt, von vornherein unter das Verdikt bloßer Dichtung und Erdichtung« gestellt werden muss (aaO. 17 f.). An diesem Punkt wird eine differenziertere Sichtweise auf das Verhältnis zwischen Deutungskategorien in den Evangelien und historischer Genauigkeit erkennbar, wodurch die Diskussion historischer Aspekte auf eine breitere Datenbasis gestellt wird, als wenn sie nur auf Tradition zugreift, die als authentisch gekennzeichnet werden kann. Bornkamm hält es beispielsweise für unbezweifelbar, dass Jesus die Konflikte und seinen Tod in Jerusalem erwartet habe, andererseits ist er der Meinung, dass die einzelnen Leidensweissagungen kaum auf den historischen Jesus zurückgehen (aaO. 136). Offensichtlich läuft dieser Ansatz in die Gegenrichtung der herkömmlichen Suche nach »authentischem« Traditionsgut, die die Verbindungen zwischen den zur Diskussion stehenden Überlieferungsstücken und den Bildungen der frühen Kirche gerade zu trennen versucht. In einer späteren Veröffentlichung vertritt Bornkamm sogar die Auffassung, dass der historische Jesus sich den späteren legendarischen Darstellungen seiner Person geradezu »aufgenötigt und aufgezwungen« habe ([2]1966: 63). In diesem Sinne kann er festhalten, dass ihn eine »Bilanz«, die »Echt und Unecht, Authentisch und Sekundär« gegeneinander aufrechnet, nicht wirklich interessiert, obwohl er im selben Atemzug natürlich zugestehen muss, dass »alle diese Fragen [...] jedem, der an der Geschichtsforschung beteiligt oder interessiert ist, in seiner täglichen Arbeit nicht erspart« bleiben (aaO. 63 f.).

Diese Äußerungen machen deutlich, dass Bornkamm offenbar nach mehr als nur einem Weg zum historischen Jesus gesucht hat. Seine Vorstellung von »Echtheit« stimmt allerdings weitgehend mit der Überzeugung Käsemanns überein, dass die Forschung einen historischen Jesus hinter dem Deutungsrahmen der schriftlichen Evangelien aufzudecken habe. Bornkamm hält es für möglich, »hinter« die Tradition zurückzugehen und so zur »Sache selbst« (BORNKAMM [15]1995: 7) gelangen zu können. Der Jesus, der sich aus den Glaubensäußerungen der frühen Christen herausschälen lässt, wäre nach Bornkamm das, »was vor aller gläubigen Deutung sich unverstellt und unableitbar zeigt« (aaO. 48; vgl. 50).

3. Ferdinand Hahn

Ferdinand Hahn war sowohl ein Schüler von Käsemann als auch von Bornkamm. Deren Einfluss ist in den Schriften Hahns unverkennbar, insbesondere in einem Essay über »Die Frage nach dem historischen Jesus«, der auf Vorlesungen aus den Jahren 1960 und 1961 zurückgeht (HAHN ²1966), und in seiner berühmten Monographie zu den »Christologischen Hoheitstiteln« (1963).

Hahn bestätigt die formgeschichtliche Erkenntnis, dass das Kerygma seinen Sitz im Leben bei den frühen Christen habe und an der Figur Jesu nicht biographisch interessiert sei (²1966: 34–38). Außerdem teilt er die Überzeugung, dass die Leben-Jesu-Forschung des 19. Jh.s zwar gescheitert sei, ihre Frage nach dem historischen Jesus allerdings weiter Bestand habe. Er bekräftigt die von Martin Dibelius vertretene Position, dass es zu keinem Zeitpunkt einen rein historischen Jesus gegeben habe, und stellt vor diesem Hintergrund die Frage, ob dies bedeute, »daß wir hinter die Predigt der Urgemeinde schlechterdings nicht mehr zurückkönnen und auf jegliche Frage nach der vorausgehenden Geschichte Jesu verzichten müssen?« Seine eindeutige Antwort darauf lautet: »Ganz sicher nicht« (aaO. 43).

Ähnlich wie seine Lehrer ist Hahn der Auffassung, dass die Forschung der Geschichte *im* Kerygma auf die Spur kommen könne: »Daß eine wirkliche Geschichte hinter dieser Verkündigung der Urgemeinde steht, spürt man bei jedem einzelnen Überlieferungsstück. Aber das kommt gerade *in* der Verkündigung zur Sprache« (aaO. 36, Hervorhebung original, vgl. 29). Das Zitat zeigt, dass auch Hahn den Ansatzpunkt der Untersuchung auf der Ebene der Einzelperikopen sieht, die die kerygmatische Erzählung der schriftlichen Evangelien bilden, nicht auf der Ebene der Erzählung selbst. Die kritische Forschung müsse den Deutungsrahmen der Evangelien »durchstoßen« und »hinter« die kerygmatische Erzählung »zurückgehen«, um die Historie ausmachen zu können (aaO. 16.36). Hahn betrachtet die Arbeit der Jesusforschung folglich als ein Herausfiltern der authentischen Aspekte des Kerygmas aus den nicht-authentischen Aspekten: »Historisch-kritische Arbeitsweise heißt [...], daß aus der einheitlichen, ganzheitlichen Schau der Evangelien [das nachösterliche Glaubensverständnis] unterschieden wird von dem, was wir über die konkrete Geschichte Jesu, die ursprüngliche Erscheinungsweise seines Wirkens und den zweifellos echten Bestand seiner Verkündigung noch ausmachen können« (aaO. 15).

Für diese Aufgabenstellung bekräftigt Hahn mit Bezug auf Bornkamm die Nützlichkeit des Differenzkriteriums und meint entsprechend, dass »alle Elemente, die eindeutig Bestandteil der nachösterlichen Gemeindetradition sind, ausgeschieden werden müssen, ebenso alle Aussagen, die sich als Übernahme aus jüdischer Vorstellung erweisen« (aaO. 38). Die dabei übrigbleibende Überlieferung bezeichnet er als »Grundbestand« (aaO.). So nimmt er beispielsweise an, dass die Unterscheidung zwischen Jesus und dem Menschensohn in Texten wie Mk 8,38/ Lk 12,8–10 ein »echtes Jesuswort« sein müsse, weil spätere Christen die beiden

Figuren verschmolzen hätten, wie es die mt. Parallele in Mt 10,32 f. zeige (aaO. 33, vgl. 38–42). Wie Bornkamm verwendet Hahn ferner das Kriterium des semitischen Einflusses, um »aramäische Vorlagen« der Sprüche Jesu aus dem Griechisch der Evangelien zu erschließen (aaO. 34) und umgekehrt, um die Echtheit von Logien auszuschließen, die nicht ins Aramäische rückübersetzt werden können (aaO. 51 f.).

Ähnlich wie Bornkamm will auch Hahn das als unecht erwiesene Material nicht gänzlich aussondern. Die Reden Jesu im JohEv etwa seien zwar »unergiebig« für die Rekonstruktion der Verkündigung des historischen Jesus, dennoch könnten sie als Teil einer Rezeptionsgeschichte gesehen werden, die »die Wirklichkeit der Geschichte Jesu« reflektiere (aaO. 27). Hahn ist folglich der Auffassung, dass die Trennung zwischen »ursprünglichen und sekundären« Äußerungen Jesu »gar nichts über den wahren Wert eines Spruches« aussage (aaO. 33). Er meint sogar, dass die Forschung damit zu rechnen habe, dass die frühe Kirche der Vergangenheit Jesu in gleicher Weise verpflichtet gewesen sei wie ihrer eigenen Gegenwart. Im Zusammenhang mit der Diskussion des bereits erwähnten Jesuswortes in Mk 8,38parr. gibt Hahn zu bedenken, dass sich »die älteste Gemeinde [vielleicht] nicht nur durch das Geisteswirken, sondern zu allererst durch den irdischen Jesus« zur Wahl ihrer Ausdrucksformen veranlasst sah (1963: 35). Besonders in seinem Buch über die »Christologischen Hoheitstitel« achtet er entsprechend darauf, Verbindungslinien zwischen dem irdischen Jesus und der frühen Kirche nachzuzeichnen (aaO. 77).

Für Hahn besteht diese Kontinuität, wie er betont, nur zwischen der frühen Kirche und dem »irdischen« Jesus, den er vom »historischen« Jesus unterscheidet, wie er auch die Suche nach diesen beiden Jesusfiguren hinsichtlich ihrer Voraussetzungen differenziert (²1966: 36). Für die Frage nach dem irdischen Jesus könne eine Kontinuität mit dem Kerygma angenommen werden, während die Frage nach dem historischen Jesus »jene Prämissen« akzeptieren müsse, »die für das neuzeitliche Geschichtsdenken maßgeblich sind« (aaO. 37). Wie schon bei seinem Doktorvater beruht das Konzept der Rückfrage nach dem authentischen, historischen Jesus auf der Aussonderung der kerygmatischen Erzählungen der Evangelien, um zu einem historischen Jesus zu gelangen, der von der Deutung der frühen Christen unberührt ist. So sagt er etwa ausdrücklich: »Wenn ich vom historischen Jesus rede, gehe ich zurück hinter alle Glaubensaussagen der Gemeinde, beschränke mich auf die Gegebenheiten seines Erdenlebens, seines Wirkens und Verkündigens und versuche das Bild zu gewinnen, das von allem nachösterlichen Begreifen noch frei ist, um die Geschichte Jesu aus sich selbst zu erfassen« (aaO. 37).

4. Zusammenfassung

Die Arbeit von Käsemann, Bornkamm und Hahn zeigt, wie Kriterien zur Erschließung »authentischen« Jesusgutes unmittelbar auf der Grundlage des formgeschichtlichen Modells der schriftlichen Evangelien als kerygmatische Erzählungen entwickelt wurden. Der Ausgangspunkt ist in allen drei Fällen der Nachweis der Formgeschichte, dass die Evangelien aus den Glaubensüberzeugungen der frühen Kirche erwuchsen, sowie die formgeschichtliche Insistenz auf dem Ansatz bei den Einzelperikopen, wenn es um die Erschließung der Jesusüberlieferung in den Evangelien geht. Der Einfluss der Formgeschichte und das Versagen der Leben-Jesu-Forschung des 19. Jh.s, eine moderne Biographie Jesu zu schreiben, bestimmen erkennbar die Entwicklungsstadien der Echtheitskriterien.

Derselbe forschungsgeschichtliche Kontext führte viele der Zeitgenossen und Vorgänger von Käsemann, Bornkamm und Hahn dazu, die Frage nach dem historischen Jesus gänzlich aufzugeben. Gegen diesen Trend vertraten die drei Exegeten die Auffassung, dass die Fragestellung selbst keineswegs obsolet geworden und lediglich eine frühere Zuspitzung fehlgegangen sei. Für ihre Forschung verwendeten sie in ähnlicher Weise bestimmte Unterscheidungsprinzipien wie das Differenzkriterium, das Verlegenheitskriterium und das Kriterium des semitischen Einflusses, um einzelne Elemente aus der Überlieferung der Evangelien als »ursprünglich« und »echt« zu erweisen und sie aus den kerygmatischen Erzählungen herauszulösen, in die diese Überlieferungen eingebettet waren.

Die Echtheitskriterien entfalteten bis in die Jesusforschung der sog. »Third Quest« in den Jahren zwischen 1980 und 2000 eine große Wirkung. Oftmals wurden sie als Königsweg für die Frage nach dem historischen Jesus gesehen. Dennoch enthalten die Kriterien ein interpretatives oder besser epistemologisches Problem, das vielleicht erst in der letzten Zeit mit aller Deutlichkeit ans Licht gekommen ist, als man in der Forschung zunehmend skeptisch wurde, dass es dem Historiker möglich sei, »hinter« die Evangelien zurückzugehen zu einem Jesus, der von den Deutungen der frühen Kirche unberührt ist. Das Problem ergibt sich aus dem Verständnis von »Authentizität«, das mit den Echtheitskriterien verbunden ist. Im Licht ihrer Kritik an der Jesusforschung des 19. Jh.s haben Käsemann und seine Zeitgenossen davon Abstand genommen, »authentisches« Material als *bruta facta* im Sinne biographischer Details aus dem Leben Jesu zu suchen. Aber es ging ihnen auch nicht einfach nur um die erste Stufe der Überlieferung. Käsemann meinte, über Bultmann hinausgehen zu können, der sich mit »der ältesten Schicht urchristlicher Verkündigung« zufriedengegeben hatte (KÄSEMANN [7]1970: 188). Bornkamm äußerte sich in ähnlicher Weise, dass er sich nicht mit »bloßer Überlieferung« bescheiden könne, sondern dass er »hinter sie zurückfragen« müsse, »um der Sache selbst ansichtig zu werden« (BORNKAMM [15]1995: 7). Hahn konnte von authentischer Überlieferung als den ureigenen, »unveränderten« Worten Jesu sprechen (HAHN [2]1966: 35). Offensichtlich gingen alle drei Exegeten davon aus, dass der »authentische« Jesus aus den Worten, Taten und der Person des Jesus von Nazaret selbst bestünde.

An dieser Stelle ergibt sich die Frage, ob man den so verstandenen »authentischen« Jesus auch wirklich erreichen kann, ob man ihn folglich gewissermaßen von den Deutungen seiner frühesten Anhänger befreien kann, die ihr eigenes Bild Jesu weitergaben und in den erhaltenen Texten niederlegten. Bornkamm und Hahn haben dieses Problem offenbar bereits gesehen und dem »unechten« Material in ihrer Arbeit eine sehr sorgfältig ausbalancierte Rolle zugewiesen. Ungeachtet dessen ist der »authentische« Jesus bei Käsemann, Bornkamm und Hahn zwar vielleicht nicht lediglich mit dem biographischen Rohmaterial dargestellt, das von der Leben-Jesu-Forschung geschätzt wurde, aber dennoch ein Jesus, der von den Deutungen seiner ersten Anhänger noch unberührt ist. Diese Tatsache überrascht, wenn man sich die Kritik der drei Exegeten an der Leben-Jesu-Forschung des 19. Jh.s vor Augen hält, der sie die Aufgabe des Kerygmas zugunsten der Suche nach den bloßen Fakten vorhielten. Wie bereits erwähnt propagierten sie vor diesem Hintergrund das Kerygma als einzig gangbaren Weg zum historischen Jesus. Tatsächlich lässt sich in ihrer eigenen Arbeit aber beobachten, dass sie das Kerygma aufzubrechen versuchen und den Deutungsrahmen, den es zeigt, auf ihrer Suche nach dem historischen Jesus verwerfen. Das Kerygma gilt als Weg zum historischen Jesus, soweit aus seiner mythologischen Deutung Informationen über den »authentischen« Jesus gewonnen werden können. Sich »auf das Erzählen« (Käsemann [7]1970: 190) zu berufen und an diesem Punkt anzusetzen, ist mit anderen Worten genau das, was die drei Exegeten auf der Suche nach »authentischem« Material letztlich nicht getan haben, weil sie, wie man heute sagen kann, die Natur der Erzählungen der Evangelien grundlegend unterschätzt haben. Es besitzt eine gewisse Ironie, dass Käsemann, Bornkamm und Hahn zwar anerkannten, dass es einen »ungedeuteten« Jesus nicht geben kann, dass sie aber dennoch eine Methodologie entwickelt und vorangetrieben haben, die explizit behauptet, einen der Deutung vorausgehenden Bereich aufdecken zu können.

In der gegenwärtigen Forschung sind die Echtheitskriterien vielfach kritisiert worden, wobei in manchen Fällen auch die eben genannten Punkte aufkommen (vgl. bes. Keith/Le Donne 2012). Zum Teil gelten die Echtheitskriterien aber auch weiterhin als legitime Arbeitsmethode in der Jesusforschung. Die Debatte macht den Einfluss deutlich, den der Kriterienzugang zum »authentischen« Jesus über beinahe 150 Jahre auf die Jesusforschung hatte.

Bornkamm, Günther 1956; [3]1959; [15]1995: Jesus von Nazareth, Urban-Taschenbücher 19, Stuttgart.
– 1962; [2]1966: Die Bedeutung des historischen Jesus für den Glauben, in: Hahn, Ferdinand/Lohff, Wenzel/Bornkamm, Günther: Die Frage nach dem historischen Jesus, Evangelisches Forum 2, Göttingen, 57–71.
Hahn, Ferdinand 1962; [2]1966: Die Frage nach dem historischen Jesus und die Eigenart der uns zur Verfügung stehenden Quellen, in: Hahn, Ferdinand/Lohff, Wenzel/Bornkamm, Günther: Die Frage nach dem historischen Jesus, Evangelisches Forum 2, Göttingen, 7–40.

– 1963; ⁵1995: Christologische Hoheitstitel. Ihre Geschichte im frühen Christentum, FRLANT 83, Göttingen.

Käsemann, Ernst ⁷1970: Das Problem des historischen Jesus, in: Ders.: Exegetische Versuche und Besinnungen, Erster Band, Göttingen, 187–214.

Keith, Chris/LeDonne, Anthony (Hg.) 2012: Jesus, Criteria, and the Demise of Authenticity, London/New York, 25–48.

Chris Keith

X. Die »Third Quest for the Historical Jesus«

1. Einführung

Als »Third Quest for the Historical Jesus« wird jene Phase der Jesusforschung bezeichnet, die etwa 1980 einsetzte und sich zunächst in der englischsprachigen Jesusforschung, insbesondere in den USA, dann aber weltweit als Standardparadigma der wissenschaftlichen Jesusforschung etabliert hat.

Die *Third Quest* zeichnet sich im Vergleich zu der Phase der vorangegangen Jesusforschung (»*New/Second Quest*«) in erster Linie durch eine veränderte Fragerichtung aus: Kennzeichnend für die *Third Quest* ist nämlich die Frage, inwiefern Jesus durch seinen historischen Kontext bedingt wurde (vgl. etwa den Buchtitel *Jesus and the Constraints of History*, Harvey 1982). Aus dieser Fragestellung folgt zwangsläufig das Interesse, Jesus *innerhalb* seines historischen Kontextes, d. h. in erster Linie im Rahmen des palästinischen Judentums, zu verstehen. Das Leitmotiv der *Third Quest* ist somit das Kontextprinzip. Darin unterscheidet sie sich fundamental von der von Ernst Käsemann initiierten Phase der Jesusforschung, in der man noch nach der Einzigartigkeit Jesu im Vergleich zum Judentum und Christentum fragte und dafür das Kriterium der doppelten Differenz als Werkzeug zur Aussonderung nicht-relevanter Überlieferung anwendete. Dagegen zeichnet die Jesusforschung der *Third Quest* aus, dass sie Jesus gerade in Kontinuität zum Judentum des Zweiten Tempels versteht.

Diese neue Fragerichtung impliziert, dass der lebensweltliche Kontext Jesu nicht bloß als Folie zur Darstellung der Verkündigung Jesu dient, sondern dass er eine entscheidende und unentbehrliche Quelle ist, die darüber informiert, wer Jesus war (exemplarisch: Crossan 1991: 1–224; vgl. du Toit 2002a: 98–101). Daraus resultiert methodisch gesehen eine erhebliche Aufwertung jener Disziplinen, die sich mit der Lebenswelt Jesu befassen, wie die Archäologie, die Erforschung der Kultur- und Sozialgeschichte Galiläas, soziologische Untersuchungen zu gesellschaftlichen Strukturen zur Zeit Jesu sowie generell die historische bzw. kultur- und religionsgeschichtliche Erforschung des Judentums des Zweiten Tempels – sie werden als notwendige methodische Instrumente für eine möglichst vollständige Konstruktion des historischen Kontextes Jesu betrachtet, welcher wiederum die Funktion hat, die Konturen eines plausiblen Bildes von Jesus als antikem Juden zu ermöglichen.

2. Entwicklung

Die *Third Quest* ist inzwischen 35 Jahre alt und weist viele Merkmale der Entwicklung eines Forschungsparadigmas im Sinne von Thomas Kuhn auf: Auf eine revolutionäre Anfangsphase in den achtziger Jahren folgte eine Konsolidierung hin zur Normalforschung, während gewisse neue Entwicklungen im 21. Jh. vielleicht schon die ersten Auflösungserscheinungen im Sinne von Thomas Kuhns Anomalien signalisieren.

2.1. Seminale Anstöße

Zunächst ist festzuhalten, dass die *Third Quest* generell durch das in den sechziger und siebziger Jahren entstandene, sehr differenzierte Bild des antiken Judentums vorbereitet wurde. Abgesehen von dieser generellen Entwicklung im Bereich der Erforschung des Judentums sind vor allem drei Forscher zu nennen, die schon in den siebziger Jahren Vorstöße starteten, die die *Third Quest* entscheidend vorbereiteten und auch vorprägten.

Der erste in diesem Zusammenhang zu nennende Forscher ist Geza Vermes, der 1973 *Jesus the Jew. A Historian's Reading of the Gospels* (VERMES 1973) veröffentlichte, das innerhalb der damaligen Forschungslandschaft einen regelrechten Fremdkörper darstellte. Vermes forderte, Jesus bzw. Jesu Verkündigung in das zeitgenössische Judentum einzubetten und zu klären, welche Art Jude Jesus gewesen war. Er deutete Jesus als galiläischen Charismatiker und Wundertäter vom Schlage des jüdischen Thaumaturgen Chanina ben Dosa, als »holy man« oder *ḥasid*. Vermes' Buch wurde zu einer Art Programmschrift: Es hat nicht nur das Programm der *Third Quest* formuliert, dass Jesus nämlich als Jude innerhalb des Judentums zu verorten sei, sondern auch die Aufgabe, Jesu gesellschaftliche Rolle adäquat zu beschreiben. Dementsprechend richtete er den Schwerpunkt seiner Erörterungen nicht auf die Verkündigung Jesu, sondern auf seine Taten.

In diesem Zusammenhang ist ebenfalls Morton Smiths provokatives Buch *Jesus the Magician* (SMITH 1978) zu nennen. Smith kritisierte die etablierte Jesusforschung dafür, dass sie das Bild von Jesus als einem predigenden Lehrer einseitig bevorzuge, und forderte, dass die einseitige Abwertung der Wunderüberlieferung zugunsten der Wortüberlieferung rückgängig gemacht werden müsse und dass Jesu Taten, die ihn Smith zufolge als Magier ausweisen, ins Zentrum der Aufmerksamkeit gerückt werden müssen. Ebenso wie Vermes fragte er also auch nach der sozialgeschichtlichen Rolle Jesu. Smiths Aufforderung, der Wunderüberlieferung als potentieller Quelle für die Suche nach dem historischen Jesus mehr Aufmerksamkeit zu widmen, wurde vor allem in den USA positiv aufgenommen und prägte somit die entstehende *Third Quest* entscheidend.

Als dritter seminaler Anstoß soll hier Gerd Theißens Studie *Soziologie der Jesusbewegung* (THEISSEN 1977) genannt werden, die schon 1978 ins Englische übersetzt wurde und zunächst vor allem in den USA große Wirkung entfaltete.

Theißen verwendete der Soziologie entnommene Methoden, um die Jesusüberlieferung (insbesondere die Logienquelle) einer sozialgeschichtlichen Analyse zu
unterziehen. Er prägte die sozialgeschichtliche Kategorie »Wanderradikalismus«,
um die gesellschaftliche Rolle bzw. Stellung der »Jesusbewegung« als innerjüdische Reformbewegung zu kennzeichnen, die ihm zufolge geprägt war von einem
Ethos der Heimat-, Familien-, Besitz- und Schutzlosigkeit. Theißen ebnete mit
seiner Studie vor allem den Weg für die Verwendung von soziologischen, sozialgeschichtlichen und kulturanthropologischen Analysemethoden und Kategorien
in der Jesusforschung und wurde somit indirekt auch Vorläufer ideologiekriti-
scher, insbesondere feministischer Ansätze. Die Wanderradikalismus-Hypothese
wirkte in einem Teil der *Third Quest* in der transformierten Gestalt der Kyniker-Hypothese nach.

2.2. Die Anfänge

Obwohl Vermes' *Jesus the Jew* oder Theißens *Soziologie der Jesusbewegung* in gewisser Hinsicht jeweils als Initialzündung eines neuen Typus der Jesusforschung
gewertet werden könnte, werden die Anfänge der *Third Quest* in der Regel in den
achtziger Jahren verortet. Als Startschuss dürften die 1980 von dem britischen
Neutestamentler Anthony E. Harvey gehaltenen *Bampton Lectures* (HARVEY
1982 veröffentlicht als: *Jesus and the Constraints of History*) gelten, der darin die
Frage nach der historischen Bedingtheit Jesu gestellt hat. Im engeren Sinne des
Bedingtseins durch sprachliche Konventionen hat John Riches dieselbe Fragestellung in seinem Buch *Jesus and the Transformation of Judaism* (RICHES 1980) angesprochen. Damit war das Programm der sog. *Third Quest* formuliert. Im Folgenden werden die Anfänge der *Third Quest* anhand von vier Monographien geschildert, die wichtige Stationen in der Etablierung der *Third Quest* darstellten,
die ferner als repräsentativ für bestimmte markante Positionen bzw. methodische
Ansätze innerhalb der *Third Quest* gelten können und die als »Klassiker« der
Third Quest eine prägende Wirkung auf die Jesusforschung ausgeübt haben (vgl.
dazu DU TOIT 2002a: 93–107).

2.2.1. Marcus J. Borg: *Conflict, Holiness and Politics in the Teaching of Jesus* (1983)

Als erste Jesus-Monographie, in der die typischen Merkmale eines neuen Typus
der Jesusforschung bzw. der *Third Quest* sichtbar wurden, kann Marcus J. Borgs
1983 veröffentlichte Überarbeitung seiner Oxforder Dissertation gelten (BORG
1983). Typisch für die *Third Quest* schreibt Borg Jesus in die gesellschaftlichen
Verhältnisse Palästinas seiner Zeit ein (aaO. 27–72): Es sei eine Zeit sozialer Konflikte zwischen Armen und Reichen, zwischen Juden und Römern gewesen. Borg
zufolge konsolidierten sich die palästinischen Juden in einer Situation der Verunreinigung Israels durch Heiden unter den Bannern von Tora und Tempel und

betrachteten die Wahrung der Heiligkeit Israels als göttliche Verpflichtung. Insofern sei Heiligkeit, verstanden als kultische Reinheit, die grundlegende Wertekategorie, die die Identität Israels bestimmte, sodass alle Konflikte, die die kultische Reinheit betrafen, prinzipiell politischer Art gewesen seien.

In diesem Kontext verortet Borg Jesus (aaO. 73–200): Die Erzählungen in den Evangelien über Tischgemeinschaft, Sabbatkonflikte und Reinheit sowie die Kontroversen über den Zehnten und den Tempel zeigten, dass Jesus Heiligkeit als grundlegenden gesellschaftlichen Wert radikal in Frage gestellt hat. Borg stellt die These auf, dass Jesus sich an einem innerjüdischen Konflikt über das richtige Verständnis überlieferter Werte beteiligt habe. Im Rahmen dieses Konflikts habe er dem Schlagwort »Seid heilig, wie Gott heilig ist« (Lev 19,2) den Aufruf »Seid barmherzig, wie Gott barmherzig ist« (vgl. Lk 6,36) entgegengesetzt und Barmherzigkeit als alternatives Paradigma für eine grundlegende Reform Israels propagiert.

Nach Borgs Verständnis war Jesus ein Charismatiker, ein »holy man« im Sinne Vermes', was ihn dazu befähigt habe, als Prophet und Weiser (»sage«) zugleich aufzutreten: Als Prophet rufe er Israel auf, sich an der inklusiven Barmherzigkeit Gottes zu orientieren statt an exklusiven Kategorien der Heiligkeit und Reinheit, als Weisheitslehrer kritisiere und unterminiere er die konventionelle Weisheit, die die Gesellschaft stabilisiert, als Gründer einer Reformbewegung stelle er zwecks Erneuerung Israels die Normen seiner Zeitgenossen radikal in Frage (vgl. aaO. 229–247).

Ferner gehört wesentlich zu Borgs Konstruktion des historischen Jesus, dass er die Vorstellung von Jesus als eschatologischem Propheten verwirft (aaO. 248–263; vgl. auch BORG 1986). Dementsprechend argumentiert Borg, dass die Herrschaft-Gottes-Aussagen in der Jesusüberlieferung mehrheitlich keinen eschatologischen Bezug haben. Vielmehr bezögen sie sich auf die gegenwärtige (mystische) Erfahrung der numinosen Gottesgegenwart und/oder die Gemeinschaft derer, die solche Gottesgegenwart erfahren haben. Die eindeutig eschatologischen *Basileia*-Aussagen Jesu hält er für nicht-authentische Produkte des frühen Christentums. Borg wurde einer der einflussreichsten Vertreter der *Third Quest*, die dafür plädierten, Jesu Verkündigung nicht-eschatologisch zu verstehen.

2.2.2. Ed Parish Sanders: *Jesus and Judaism* (1985)

Eine der wirkmächtigsten Jesusdarstellungen der *Third Quest* stammt von Ed Parish Sanders. Auch Sanders verortet Jesu Wirken bzw. Verkündigung im Judentum des Zweiten Tempels (SANDERS 1985a): Er stellt die These auf, dass die unumstrittenen Fakten des Lebens Jesu es erforderten, ihn zwischen Johannes dem Täufer, einem zur Umkehr aufrufenden eschatologischen Propheten, und dem frühen Christentum, einer das unmittelbar bevorstehende Ende erwartenden messianischen Bewegung (aaO. 8–13.323 f.334 f.), zu verorten. Aus diesem Grund kontextualisiert er Jesu Wirken und Verkündigung im Rahmen der zeitgenössischen jüdischen Restaurationseschatologie (aaO. 77–119) und deutet ihn als einen Propheten der endzeitlichen Restauration Israels. Sanders zufolge betrachtete sich Jesus als Gottes letzten Boten vor dem Kommen des Gottesreiches und erwartete dementsprechend, dass Gott durch eine endzeitliche Machttat eine neue Ordnung schaffen wird. Er habe im Rahmen der kommenden Herrschaft Gottes einen neuen Tempel und die Restauration der zwölf Stämme Israels erwartet (aaO. 228–237). Die Tatsache, dass Jesus Aspirationen auf eine Führungsrolle für sich und seine Jünger im Gottesreich hegte, deute auf ein ausgeprägtes Selbstbewusstsein Jesu: Er habe sich wahrscheinlich als Gottes Statthalter im kommenden Reich betrachtet (aaO. 306–308.321–324).

Zum Kern von Sanders' Studie gehört die These, dass Jesus als Vertreter einer jüdischen Restaurationseschatologie fest in der jüdischen Religion verankert gewesen sei. Eine Analyse der Überlieferung über Jesus und das Gesetz zeige, dass Jesus das Gesetz – ausgenommen Mt 8,21 f.par. – in vollem Umfang respektiert hat, während die Überlieferung über Jesu ethische Unterweisung zeige, dass Jesus seinen Anhängern ausgesprochen hohe ethische Standards abverlangt hat, die prinzipiell im Einklang mit dem Gesetz standen (aaO. 252–302). Dennoch zeigten Jesu Erwartung der Zerstörung des Tempels und seine Bereitschaft, unbußfertigen Sündern Zugang zum Reich Gottes zu gewähren, dass er die mosaische Ordnung nicht für absolut verbindlich hielt, sondern erwartet hat, dass Gott im neuen Äon darüber hinausgehen wird (aaO. 245–289), wie es vor allem seine Gleichnisse über einen barmherzigen Gott, der Gute und Böse gleichermaßen ins Gottesreich lassen wird (z. B. Mt 22,10), sowie seine eigene bedingungslose Annahme von Sündern nahelegen.

Wie Borg zeichnet Sanders Jesus also in das palästinische Judentum (»Common Judaism«/»Covenantal Nomism«) seiner Zeit ein, aber anders als Borg verortet Sanders Jesu Verkündigung *gerade* im Rahmen der endzeitlichen Erwartungen des Judentums des Zweiten Tempels. Bemerkenswert ist ferner, dass Sanders nicht nur die historische Bedingtheit Jesu zur Geltung kommen lässt (Kontextprinzip), sondern auch darauf besteht, dass Jesus im Sinne der Wirkungsplausibilität in Kontinuität zum frühen Christentum gesehen werden muss.

2.2.3. Richard A. Horsley: *Jesus and the Spiral of Violence.*
Popular Jewish Resistance in Roman Palestine (1987)

Auch Richard A. Horsley besteht darauf, dass ein adäquates Verständnis von Jesus nur zu erreichen sei, wenn er mitten in der konkreten gesellschaftlichen Situation des palästinischen Judentums des ersten Jh.s verortet wird (HORSLEY 1987). Mit Hilfe einer soziologischen Analyse der Jesusüberlieferung und anderer zeitgenössischer Quellen bestimmt er Jesus als einen Propheten, der eine gesellschaftliche Revolution unter der Landbevölkerung Palästinas propagiert habe.

Grundlegend ist die Vorstellung von einer in Palästina bestehenden »imperial situation« (aaO. 1–120), wonach Palästina der Kontrolle des Römischen Reiches unterstand (»subject country«), das durch militärische Macht und mit Hilfe von Gefolgsleuten in der Bevölkerung (»retainer agents«) das Land beherrschte, ausbeutete und unterdrückte. Die Situation sei gekennzeichnet gewesen von Unterdrückung und dem Konflikt zwischen den herrschenden und ökonomisch potenten städtischen Eliten (jüdische Aristokraten, herodianische und römische Beamte) und der ökonomisch unterdrückten Landbevölkerung (»rural peasantry«), die wegen wachsender Verschuldung zusehends verarmte. Zu dieser »imperialen Situation« gehöre unvermeidlich eine Spirale der Gewalt: Strukturelle Gewalt und institutionalisiertes Unrecht führten zu Protest und Widerstand, was wiederum zu verstärkter Unterdrückung führe und schließlich in eine soziale Revolte münde.

Horsley zufolge haben apokalyptische Traditionen gerade angesichts der imperialen Situation die Funktion, die Erinnerung an Gottes Befreiungshandeln sowie die Erwartung einer Restauration der Gesellschaft nach dem Willen Gottes zu wecken, andererseits die herrschende Ordnung zu delegitimieren und zu dämonisieren (aaO. 121–146). In diesem Kontext sei Jesus zu verorten (aaO. 147–167): Für seine Verkündigung der Herrschaft Gottes habe Jesus auf die zeitgenössische Apokalyptik zurückgegriffen und sei der Überzeugung gewesen, dass Gott dabei war, den herrschenden dämonischen gesellschaftlichen Mächten ein Ende zu bereiten, damit eine Erneuerung des individuellen und gesellschaftlichen Lebens möglich wird. Dabei deutet er Jesu Verkündigung der »Herrschaft Gottes« als politische Metapher, die sich auf die konkrete historische Wirklichkeit bezieht (aaO. 157): Jesus habe die Erwartung gehegt, dass Gott Israel erneuern wird, indem er die Gerechten anerkennt und die Ungerechten richtet, d. h. dass er schon in der Gegenwart eine Transformation der gegenwärtigen historischen Wirklichkeit bewirkt. Somit sei Jesus Prophet im Sinne der Propheten Israels gewesen, der angesichts des Gerichts zu Umkehr ruft (aaO. 172–177.193–198) und sich für die Erneuerung der politischen und gesellschaftlichen Strukturen der örtlichen Gemeinden der traditionellen Landbevölkerung (»traditional peasants«) engagiert (aaO. 209–245). Damit wendet sich Horsley gegen Theißens Wanderradikalismus-Theorie: Jesu Verkündigung zielte darauf, Gottes Herrschaft in den ländlichen Siedlungen sichtbar zu machen und sie durch Heilungen, Exorzismen, Sündenvergebung, Tischgemeinschaft und die symbolische Restauration Israels in Form der Berufung der Zwölf zu vermitteln (aaO. 167–206). Ethische Forderungen Jesu bezüglich eines Schuldenerlasses, der Aufgabe von Eigentum, des Verleihens von Besitz ohne Rücksichtnahme auf Rückzahlung, der Vermeidung von Gerichtsprozessen usw. seien folglich nicht als ethische Normen für Wandercharismatiker zu werten, sondern als konkrete Richtlinien für das Leben in den Siedlungen der Landbevölkerung Palästinas. Ebenso ziele das Gebot der Feindesliebe nicht auf radikalen Pazifismus, sondern auf Solidarität unter den Dorfbewohnern angesichts struktureller Unterdrückung (aaO. 246–284). Durch die gesellschaftspolitische Stoßrichtung seiner Verkündigung sei Jesus vor allem in Konflikt mit der priesterlichen Aristokratie und ihren machterhaltenden Institutionen wie dem Tempel geraten. Horsley zufolge engagierte sich Jesus in Erwartung eines bevorstehenden, durch Gott herbeigeführten politischen Umsturzes (aaO. 285–318). Dieser Konflikt mit den politischen Institutionen seiner Zeit habe dann auch zu Jesu Kreuzestod geführt (aaO. 160–164).

Wie Borg und Sanders zielt Horsley also darauf, Jesus in dem Judentum seiner Zeit zu verorten, in seinem Fall geht es aber um eine sozialgeschichtliche Verortung Jesu innerhalb der gesellschaftlichen Strukturen der Zeit (»imperial situation«). Anders als Borg, aber wie Sanders stellt er nicht in Abrede, dass sich Jesus apokalyptischer Traditionen bedient habe, aber anders als Sanders deutet er dies in erste Linie gesellschaftspolitisch, sodass die endzeitlichen Traditionen radikal »vergesellschaftet« werden.

2.2.4. John Dominic Crossan: *The Historical Jesus.*
The Life of a Mediterranean Peasant (1991)

Als letzte klassische Monographie der Anfangszeit der *Third Quest* dürfte John D. Crossans *The Historical Jesus* gelten (CROSSAN 1991). Ähnlich wie Horsley verortet Crossan Jesus unter Heranziehung sozialgeschichtlicher und kulturanthropologischer Ansätze in der Gesellschaft seiner Zeit, die er als eine hierarchisch strukturierte Agrargesellschaft beschreibt, die sich in einer typischen kolonialen Situation (»colonial condition«) befand. Grundlegend für Crossan ist die patriarchale Struktur der Mittelmeergesellschaft, die durch Patron-Klient-Beziehungen strukturiert war und in der Ehre und Schande als Grundwerte (»core values«) galten und der Zugang zu Macht, Gütern und Privilegien nur durch Gönner (»brokers«) vermittelt wurde (aaO. 1–84). Nach Crossan rief die gravierende strukturelle Ungleichheit der »colonial condition« unvermeidlich sozialen Widerstand der Landbewohner hervor, der sich im damaligen Palästina in einem breiten Spektrum von Protestbewegungen (von prophetischen und messianischen Bewegungen über Räuberbanden bis zu gewalttätigen Protestbewegungen) niedergeschlagen habe (aaO. 89–224). Dazu kämen noch das Phänomen der Charismatiker (»holy men«), die das religiös-politische Establishment herausgefordert und einen alternativen Zugang zur göttlichen Wirklichkeit angeboten haben (aaO. 137–158), sowie die mediterrane Protestbewegung des Kynismus, der sich gegen die Grundwerte Ehre und Schande sowie die sozialen Hierarchien in der griechisch-römischen Kultur stellte und auf soziale Gleichheit (»egalitarianism«) zielte (aaO. 72–90). Crossans Hauptthese ist, dass Jesus im Rahmen dieser beiden Formen sozialen Protests zu verstehen sei: Er sei ein jüdischer Kyniker aus der palästinischen Landbevölkerung, der als Heiler und Exorzist, d. h. als Magier (bzw. »holy man«), auftrat (aaO. 303–353).

Crossan zufolge begann Jesus zunächst seine Karriere als Anhänger des Täufers, brach jedoch alsbald mit dessen asketischer Praxis und apokalyptischer Verkündigung (aaO. 227–264). Dieser Bruch mit dem Täufer korrespondiere mit Jesu Verständnis vom Reich Gottes als einem nicht-eschatologischen, weisheitlich geprägten Reich, wovon eine ganze Reihe von Jesusworten und Gleichnissen zeugten, die (im Gegensatz zu apokalyptischen Überlieferungen!) der frühesten Überlieferungsschicht angehören sollen: Das Gottesreich sei eine radikal auf Gleichheit bedachte Lebensweise in der gegenwärtigen Wirklichkeit gewesen, die gesellschaftliche und religiöse Unterscheidungen für überholt und darum für irrelevant hielt (aaO. 265–302). Die auf radikale Gleichheit zielende Verkündigung Jesu korrespondiere mit seinem, mit den Kynikern vergleichbaren, vagabundierenden Lebensstil, den er mit der Praxis der offenen Tischgemeinschaft verknüpfe, d. h. einer Lebensweise, die die gesellschaftlichen Grundwerte Gönnerschaft und Ehre-und-Schande verwirft (aaO. 261–264.332–348.421 f.).

Das Jesusbild Crossans wird dadurch vervollständigt, dass Jesus als Heiler und Exorzist aufgefasst wird: Somit habe er die religiöse Monopolstellung der offiziellen Religion seiner Zeit in Frage gestellt, weil er dadurch an den offiziell zuständigen Institutionen (Priestertum, Tempelkult) vorbei Sündenvergebung und Heilung vermittelte (aaO. 303–338.344.346 f.). Crossan zufolge hat Jesu radikale Wanderschaft die Funktion, jegliche Form der Gönnerschaft zu vermeiden, d. h. der Entstehung neuer Abhängigkeiten vorzubeugen: Indem er und seine Nachfolger sich ständig auf Wanderschaft befinden, müssen sie zu den Menschen gehen, umgekehrt brauchten die Menschen nicht als unterlegene Bittsteller zu ihnen zu kommen (aaO. 345–348). Nach Crossan hat Jesu Praxis der offenen Mahlgemeinschaft und frei verfügbaren Heilung in Verbindung mit radikaler Wanderschaft ihn in eine funktionale Opposition zum Tempelkult in Jerusalem versetzt. Darum vertritt Crossan den Standpunkt, dass Jesus im Zusammenhang tempelkritischer Aussagen und Handlungen verhaftet und nach einem schnellen und unspektakulären Prozess durch Pilatus gekreuzigt worden sei (aaO. 354–394).

Wie Horsley geht es Crossan um die sozialgeschichtliche Verortung Jesu innerhalb der gesellschaftlichen Strukturen der Zeit (»colonial condition«), wie Borg urteilt er, dass die apokalyptisch-endzeitliche Jesusüberlieferung nicht authentisch ist, sondern erst im frühen Christentum entstanden sei, sodass er Jesus im Gegensatz zu Sanders gerade von den apokalyptischen Bewegungen des Täufers und des frühesten Christentums absetzt.

2.3. Konsolidierung

Gegen Anfang der neunziger Jahre ging die *Third Quest* in eine Phase der Normalforschung über. Obwohl in den nächsten Jahren zahlreiche neue Jesus-Monographien veröffentlicht wurden (SCHÜSSLER FIORENZA 1994; BECKER 1996; WRIGHT 1996; JOHNSON 1997; ALLISON 1998; WITHERINGTON 1999; CHILTON 2000; DUNN 2003a; SCHRÖTER 2006b; CASEY 2010 u.v.m.), bewegen sich die dort gezeichneten Jesusbilder mehr oder weniger in dem von Borg, Sanders, Horsley und Crossan abgesteckten Diskurs, häufig in direkter Auseinandersetzung mit ihren Thesen. Dazu kommen zahlreiche Spezialstudien, die sich mit der Lebenswelt Jesu befassen, wie archäologische und andere Studien zur Kultur- und Sozialgeschichte Galiläas (z. B. REED 2000; FREYNE 1998; MEYERS 1999; HORSLEY 1996) sowie soziologische bzw. sozialgeschichtliche Untersuchungen zu den gesellschaftlichen Strukturen zur Zeit Jesu (z. B. HORSLEY 1989; STEGEMANN/STEGEMANN 1995; HANSON/OAKMAN 1998; MALINA 2001), die dazu beitragen, Jesus von seinem historischen Kontext her zu verstehen und somit die Leitfrage der *Third Quest* präziser zu beantworten.

Die Konsolidierung der *Third Quest* zu einem Forschungsparadigma wird vor allem an Bestrebungen deutlich, über die veränderte Methodik zu reflektieren (vgl. z. B. THEISSEN/WINTER 1997; PORTER 2000; HOLMÉN/PORTER 2011: 1–851), den Stand der Forschung in forschungsgeschichtlichen Darstellungen zu dokumentieren (BORG 1994; CHILTON/EVANS 1994; WITHERINGTON 1995) und in Lehrbüchern (z. B. THEISSEN/MERZ 1996; STEGEMANN 2010) sowie populärwissenschaftlichen Darstellungen (BORG 1987; SANDERS 1993; CROSSAN 1994b; 1998) festzuhalten.

Nichts stellt die Konsolidierung der *Third Quest* so eindeutig unter Beweis wie John P. Meiers massives, auf (mindestens) fünf Bände angelegtes Werk *A Marginal Jew* (MEIER 1991–2015, Bde. 1–5), das im Rahmen der Richtlinien der *Anchor Bible Reference Library* ein aktuelles Jesusbild in Auseinandersetzung mit einem breiten und repräsentativen Ausschnitt aus dem aktuellen Forschungsdiskurs bietet und eine umfassende Dokumentation des Forschungsstandes der *Third Quest* darstellt. Ebenso gilt dies für das von Tom Holmén und Stanley Porter herausgegebene, vier Bände umfassende *Handbook for the Study of the Historical Jesus* (HOLMÉN/PORTER 2011), das auf fast 4000 Seiten aktuelle Diskurse innerhalb der *Third Quest* abbildet.

2.4. Neue Entwicklungen

In der *Third Quest* wird in Aufnahme früherer Jesusforschung ein mit Hilfe von Authentizitätskriterien gesicherter Ausschnitt der Jesusüberlieferung im Rahmen des palästinischen Judentums des Zweiten Tempels kontextualisiert. Etwa um die Jahrtausendwende wurden erstmals Stimmen laut, die das Authentizitätsmodell grundlegend in Frage stellten (vgl. DU TOIT 2002b: 118–125; ALLISON 2011; KEITH/LE DONNE 2012) und forderten, es mit einem Ansatz zu ersetzen, der den charakteristischen Merkmalen kultureller Erinnerung (*cultural memory*) im Rahmen oraler Kulturen adäquat Rechnung trägt (vgl. KELBER 1995; SCHRÖTER 1997; DUNN 2003a; KIRK/THATCHER 2005; ALLISON 2010; vgl. dazu DU TOIT 2013: 15–21). Möglicherweise bahnt sich darin ein Umbruch in der Jesusforschung an, der die *Third Quest* als Standardparadigma ablösen könnte (↗ B.XI.).

3. Charakteristische Merkmale

Fragt man nach den Gemeinsamkeiten der zahlreichen Publikationen, die im Rahmen der *Third Quest* veröffentlicht wurden, lassen sich charakteristische Merkmale dieser Phase der Jesusforschung identifizieren.

3.1. Das Prinzip kontextueller Kontinuität

Grundlegend für die *Third Quest* ist das Interesse, Jesus *innerhalb* seines historischen Kontextes anzusiedeln. Dabei setzt man voraus, dass jedes Individuum in ein Netzwerk diachroner und synchroner Kontinuitäten eingebunden ist, die es mit seiner Umwelt verbinden. Auf die Frage nach dem historischen Jesus angewandt bedeutet dies, dass Jesu Verhalten durch die kulturellen, gesellschaftlichen und sprachlichen Konventionen seiner Zeit bedingt war. Diese haben folglich einen hohen Quellenwert, wenn es darum geht, ein Profil darüber anzufertigen, was für eine Person Jesus gewesen sein mag.

3.1.1. Jesus im Kontext des Judentums

Der primäre Kontext, in dem Jesus bzw. die Jesusüberlieferung zu verorten ist, ist das palästinische Judentum zur Zeit Jesu. Die Aufgabe der Jesusforschung ist also, Jesu Person und Wirken als Teil des Judentums des Zweiten Tempels zu verstehen, d. h. ihn als antiken Juden zu interpretieren. Die Leitfrage lautet also, welche Art *Jude* Jesus war. Das Bestreben der *Third Quest*, diese Frage zu beantworten, ist äußerst facettenreich. Dennoch lassen sich die Studien, die sich mit der Fragestellung beschäftigen, in zwei Kategorien einteilen (DU TOIT 2002a: 117 f.128–132).

Zum einen gibt es Versuche, Jesus in *religionsgeschichtlicher* Hinsicht innerhalb des Kontextes des palästinischen Judentums des ersten Jh.s anzusiedeln. Hier wird schwerpunktmäßig danach gefragt, in welchem Verhältnis Jesus bzw. seine Verkündigung zu den in der jüdischen Gesellschaft des ersten Jh.s geführten religiösen Diskursen über Themen wie Tora, Tempel, Reinheit, Heiligkeit, Israel, Messias, Israels Zukunft usw. stand oder wie sein Verhältnis zu religiösen Bewegungen seiner Zeit (etwa die Pharisäer oder apokalyptische Strömungen) zu bestimmen und wie sein gewaltsamer Tod in diesem Zusammenhang zu erklären ist (wichtige Vertreter eines solchen Ansatzes sind z. B. E. P. Sanders, J. Becker, J. D. G. Dunn und J. P. Meier, in gewisser Hinsicht auch M. J. Borg).

Zum anderen ist man bestrebt, Jesus eher in *sozialgeschichtlicher* Hinsicht dem palästinischen Judentum des ersten Jh.s zuzuordnen. Hier fragt man nach Jesu Rolle in der konkreten gesellschaftlichen Situation seiner Zeit, d. h. nach seiner Stellung innerhalb der gesellschaftlichen Strukturen des damaligen Judentums und nach seiner Wirkung auf diese Strukturen und die gesellschaftlichen Zustände seiner Zeit. Vor allem zwei sozialgeschichtliche Modelle haben sich in der *Third Quest* etabliert: Einerseits deutet man Jesus im Rahmen des *antiken Patriar-*

chalismus, der den *sozialen* Kontext seines Wirkens bildet (z. B. G. Theißen, E. Schüssler Fiorenza, J. D. Crossan, W. Stegemann), andererseits im Rahmen mediterraner *sozial-politischer Strukturen* (»Agrargesellschaft«), die durch Unterdrückung und ökonomische Not der unteren Schichten (»colonial condition«/»imperial situation«) gekennzeichnet waren (Vertreter sind vor allem R. A. Horsley, J. D. Crossan, R. D. Kaylor, mit Einschränkungen auch S. Freyne und M. J. Borg). Sozialgeschichtliche Ansätze deuten Jesus i. d. R. als Gründer einer innerjüdischen Erneuerungsbewegung, wobei ihr Verhältnis zur Gesellschaft verschieden bestimmt wird. Einerseits wird sie als *utopische Gemeinschaft* verstanden, die als *Alternative* zur vorhandenen, mit Unterdrückungsstrukturen durchsetzten Gesellschaft dient (bahnbrechend Theißens Wanderradikalismus-These, ferner z. B. E. Schüssler Fiorenza und J. D. Crossan). Andererseits bezieht sich die Erneuerungsbewegung auf die reformbedürftige Gesellschaft als solche (z. B. auf die galiläische Landbevölkerung) und zielt darauf, die Gesellschaft selbst bzw. ihre Institutionen zu reformieren (z. B. R. A. Horsley, R. D. Kaylor, mit Einschränkungen auch M. J. Borg).

3.1.2. Aspekte des Lebens Jesu als Kontext seiner Verkündigung

Während die vorangegangene Phase der Jesusforschung gekennzeichnet war durch eine Konzentration auf die Wortüberlieferung als Quelle für einigermaßen gesicherte historische Erkenntnisse über Jesus, gehört es zu den markantesten Merkmalen der *Third Quest,* dass ihr die Wortüberlieferung nicht als alleinige adäquate Grundlage für eine Konstruktion des historischen Jesus gilt. Vielmehr zeichnet sie sich dadurch aus, dass die Verkündigung Jesu nicht in Isolation, sondern in Kontinuität zu anderen Aspekten des Lebens Jesu gedeutet wird.

Dies gilt in erster Linie für die Wunderüberlieferung (bes. für die Heilungen und Exorzismen): Es wird allgemein angenommen, dass Heilaktivität und exorzistische Handlungen einen integralen Aspekt des Wirkens Jesu in Galiläa ausmachen. Folglich kann man ein historisch adäquates Bild von Jesus nur zeichnen, wenn man seine Heiltätigkeit und ihre Bedeutung innerhalb des gesellschaftlichen Kontextes berücksichtigt und seine Verkündigung damit in Beziehung setzt (vgl. umfassend MEIER 1994: 509–1038; ferner SANDERS 1985a: 157–173; CROSSAN 1991: 303–353; BECKER 1996: 211–233). Dazu gehört auch ein verbreitetes Interesse, Jesu Wundertätigkeit religionsgeschichtlich bzw. -soziologisch zu verorten: So ist es verbreitet, Jesus in Nachfolge von Vermes dem sozialen Typus »holy man« zuzuordnen (z. B. M. J. Borg, E. P. Sanders), manchmal wird er als Magier (M. Smith, J. D. Crossan) oder gar als Schamane (P. Craffert, J. Pilch) bestimmt.

Ein weiterer charakteristischer Zug der *Third Quest* ist das Interesse, die Verkündigung Jesu im Kontext von bestimmten biographischen Fakten zu interpretieren. Dabei handelt es sich um historisch unumstrittene Aspekte des Lebens Jesu (»historische Fakten«) wie die Taufe Jesu durch Johannes den Täufer, die Kreuzigung durch die Römer, die Beteiligung der jüdischen Führungsschicht am

Tod Jesu usw. Diese Fakten, insbesondere die Umstände des gewaltsamen Todes Jesu (vgl. z. B. Horsley 1994; Sanders 1985a: 18–22; McKnight 2005), konstituieren demnach Fixpunkte im Leben Jesu, die den Historiker vor die Aufgabe stellen, andere Aspekte des Lebens Jesu, insbesondere seine Verkündigung (aber auch seine Heilpraktiken und sein Sozialverhalten) mit ihnen zu korrelieren, sodass ihnen im Prozess der Formulierung einer historisch plausiblen Hypothese zum Leben Jesu also eine richtungsweisende Funktion zukommt.

3.1.3. Wirkungsgeschichtliche Kontinuität

In Teilen der *Third Quest* wird das Prinzip der kontextuellen Kontinuität im Sinne der wirkungsgeschichtlichen Plausibilität auf die Entstehung des Christentums ausgedehnt: Ein historisch plausibles Jesusbild erfordert, dass die Entstehung des Christentums sowie zentrale Merkmale des frühen Christentums (z. B. die endzeitliche Prägung) als Folgen des Wirkens Jesu plausibel gemacht werden können (z. B. E. P. Sanders, J. Becker, G. Theißen, J. P. Meier u.v.m.).

3.2. Methodik

Da das Kontextprinzip das Leitmotiv der *Third Quest* ist, besteht die Aufgabe der Erforschung des historischen Jesus darin, die Jesusüberlieferung in einer plausiblen historischen Konstruktion des Judentums des Zweiten Tempels bzw. der palästinisch-jüdischen bzw. galiläischen Gesellschaft des ersten Jh.s zu *kontextualisieren*, damit das Wirken Jesu von dort her sein besonderes Profil bzw. seine Bedeutung erhalten kann. Der erste Teil der Aufgabe, nämlich die Konstruktion des historischen Kontextes Jesu im Rahmen des Judentums des Zweiten Tempels, wird unter Verwendung diverser Spezialdisziplinen vorgenommen wie etwa der Archäologie, Soziologie und Kulturanthropologie zwecks Rekonstruktion der Sozialgeschichte Galiläas bzw. Palästinas zur Zeit Jesu sowie generell der Kultur- und Religionsgeschichte des Judentums des Zweiten Tempels.

Bei der Kontextualisierung der Jesusüberlieferung ist entscheidend, welcher Ausschnitt der Jesusüberlieferung für eine Konstruktion des historischen Jesus verwendet wird. In dieser Hinsicht verbleibt die *Third Quest* in dem seit dem Anfang des 20. Jh.s geltenden Paradigma der Jesusforschung, dem zufolge authentische Jesustradition mit Hilfe sog. Authentizitätskriterien gesichert wird bzw. nicht-authentische Tradition ausgesondert werden muss (vgl. Meier 1991: 167–195; Theissen/Winter 1997; Porter 2000, vgl. dazu du Toit 2013: 11–15).

Allerdings hatte das Leitprinzip der Kontextualität zur Folge, dass das Leitkriterium früherer Jesusforschung, nämlich das doppelte Differenzkriterium, aufgegeben wurde. Es wurde durch eine Prozedur ersetzt, in der jene Jesusüberlieferung, die plausibel auf das palästinische Judentum des ersten christlichen Jh.s zurückgeführt werden kann, als historisch authentisch zu gelten hat. Kontextuelle Kontinuität bezüglich des palästinischen Judentums gilt somit als notwendige

Bedingung, um eine Überlieferung als historisch authentisch einzustufen. In einem Teil der *Third Quest* wird auch das Kriterium der Wirkungsplausibilität angewendet, wonach Jesusüberlieferung authentisch ist, wenn sie Auswirkungen des Lebens Jesu verständlich machen kann (vgl. bes. THEISSEN/WINTER 1997: 176–217; THEISSEN/MERZ 1996: 116–122). Theißen hat für dieses Verfahren zur Sicherung der Historizität überlieferter Tradition das Begriffspaar »historische Kontext- und Wirkungsplausibilität« geprägt. Es ist jedoch zu beachten, dass das Differenzkriterium in einem Teil der *Third Quest* hinsichtlich des frühen Christentums in voller Schärfe beibehalten wird (so z. B. M. J. Borg, J. D. Crossan, B. L. Mack, R. Funk und das »Jesus-Seminar«).

Das Differenzkriterium erhält in der *Third Quest* eine neue Funktion: Da man voraussetzt, dass jedes Individuum in ein Netzwerk diachroner und synchroner *Kontinuitäten* und *Diskontinuitäten* eingebunden ist, das es mit seiner Umwelt verbindet und zugleich von ihr trennt (Eigenprofil), wird die Forderung nach kontextueller Korrespondenz mit dem antiken Judentum dahingehend ergänzt, dass man sich auf die Suche nach dem individuellen Profil Jesu *innerhalb* seines jüdischen Kontextes macht, d. h. nach jener besonderen Kombination kontextueller Elemente, die Jesu (kontextgebundene) Individualität konstituiert (THEISSEN/ WINTER 1997: 188–191; BECKER 1996: 4 f.17 f.).

4. Streitfragen und Debatten

Die *Third Quest* ist trotz ihres Charakters als Forschungsparadigma kein homogenes Unternehmen. Von Anfang an war sie von einigen zum Teil vehement ausgefochtenen Debatten über einige fundamentale Streitfragen gekennzeichnet. So tobte um die umstrittenen Thesen des von Robert W. Funk und Crossan im Jahr 1979 gegründeten und sehr öffentlichkeitswirksam agierenden »Jesus Seminar« (z. B. FUNK 1997; 1998; vgl. auch STEGEMANN 2010: 119 f.) ein besonders erbitterter Streit (vgl. z. B. CROSSAN/JOHNSON/KELBER 1999).

Im Folgenden werden einige der charakteristischen Streitfragen der *Third Quest* kurz dargestellt (zu Streitfragen im Rahmen sozialgeschichtlicher Deutungen Jesu s. hier oben 3.1.1).

4.1. Eschatologische oder nicht-eschatologische Verkündigung?

Eine der heftigsten Debatten im Rahmen der *Third Quest* betraf die Frage nach der Bedeutung der Endzeit in Jesu Verkündigung. Sie entzweite wie keine andere Fragestellung die Wissenschaftler der *Third Quest* (vgl. dazu DU TOIT 2002a: 120–123). Während die Jesusforschung seit Anfang des 20. Jh.s von der Überzeugung getragen wurde, dass Jesu Verkündigung durch und durch von einer futurischen Eschatologie geprägt war, haben eine Reihe von Jesusforschern im Rahmen der *Third Quest* diesen Konsens aufgekündigt (z. B. M. J. Borg, J. D. Crossan, das

Jesus-Seminar, ferner R. A. Horsley u.v.m.). Weil es sich bei dieser Fragestellung um den Bezugsrahmen der Verkündigung Jesu handelt, ist sie von fundamentaler Bedeutung – sie impliziert eine grundlegende Weichenstellung für das Verständnis der Verkündigung Jesu.

Der Dissens beruht auf unterschiedlichen Einschätzungen über die Authentizität der Worte Jesu über den kommenden Menschensohn einerseits sowie andererseits darüber, ob die allgemein anerkannten authentischen Gottesreich-Aussagen Jesu sich auf eine gegenwärtige und diesseitige Erneuerung der Gesellschaft bzw. der Menschen beziehen oder doch eher eine endzeitliche Naherwartung reflektieren (vgl. z. B. Borg 1986 und Allison 1994).

4.2. Prophet oder Weisheitslehrer?

Eng verwandt mit der Problematik des (nicht-)eschatologischen Charakters der Botschaft Jesu ist eine weitere Debatte der *Third Quest*. Während ein Teil der Jesusforscher an dem alten Konsens, dass Jesus in erster Linie ein *Endzeitprophet* war, festhält, vertreten diejenigen, die den endzeitlichen Charakter der Verkündigung Jesu bestreiten, die Meinung, dass Jesus primär als Weisheitslehrer zu verstehen sei (vgl. dazu du Toit 2002a: 122–124): Jesus sei ein Weiser gewesen, der (unkonventionelle) weisheitliche Sprüche (Aphorismen) schuf und eine subversive Weisheit lehrte (z. B. J. D. Crossan, B. L. Mack und E. Schüssler Fiorenza). Charakteristisch für diesen Standpunkt ist, dass weisheitliche Belehrung und apokalyptische bzw. eschatologische Verkündigung häufig als miteinander inkompatibel betrachtet werden (vgl. aber z. B. Ebner 1998, der eine vermittelnde Position vertritt).

4.3. Jesus als Kyniker?

In einem Teil der *Third Quest* wurde die These von Jesus als Weisheitslehrer dahingehend präzisiert, dass er nicht einfach als Weisheitslehrer, sondern als ein *kynischer* Weiser zu verstehen sei (vgl. dazu du Toit 2002a: 127 f.). Die Kyniker-Hypothese wurde seit den achtziger Jahren vor allem durch Francis G. Downing propagiert (Downing 1984; 1988; ferner Mack 1988), Verbreitung fand sie durch Crossans Jesusbuch. Die Kyniker-Hypothese ist höchst umstritten – strittig ist vor allem die Relevanz des herangezogenen Vergleichsmaterials für das Verständnis des historischen Jesus bzw. die Anwendbarkeit dieses Materials auf die Jesusüberlieferung, ferner ob überhaupt mit kynischer Präsenz in Galiläa gerechnet werden darf (vgl. z. B. Tuckett 1989; Betz 1994).

4.4. Weisheitliche Traditionen als älteste Schicht der Überlieferung?

Die oben genannten Debatten haben alle ihren Ursprung darin, dass in einem Teil der *Third Quest* argumentiert wird, dass die älteste Schicht der Jesusüberlieferung eine weisheitliche Prägung aufweise, während ein Interesse an eschatologischen Themen erst in späteren Überlieferungsschichten auftauche. Dies wird als Beweis für einen nicht-eschatologischen, weisheitlichen Charakter der Verkündigung Jesu ausgelegt (z. B. M. J. Borg, J. D. Crossan, B. L. Mack u.v.m.; vgl. dazu DU TOIT 2002a: 123–126). Die These stützt sich einerseits auf John Kloppenborgs Studie *The Formation of Q* (1987), die mit einer Sammlung von *weisheitlichen* Reden als frühester literarischer Schicht der Logienquelle rechnet, andererseits beruht sie auf der Privilegierung bestimmter nicht-kanonischer Quellen bzw. mutmaßlich früher Schichten in solchen Quellen (vgl. bes. CROSSAN 1985; 1988; 1991), insbesondere des EvThom (CROSSAN 1991; PATTERSON 1993; vgl. aber SCHRÖTER 1997). In diesem Zweig der *Third Quest* wird also das mutmaßliche Alter der Überlieferung (i. d. R. zusammen mit der unabhängigen Mehrfachbezeugung) zu dem entscheidenden Kriterium historischer Authentizität (so bes. CROSSAN 1991: xi–xxxvi). Widerspruch blieb nicht aus: In einem großen Teil der Forschung wird an der (traditionellen) eschatologischen Prägung der (frühesten) Jesusüberlieferung festgehalten (vgl. z. B. E. P. Sanders, R. A. Horsley, J. P. Meier, D. C. Allison, J. D. G. Dunn u.v.m.), während die Korrelation von mutmaßlichem Alter und Authentizität der Überlieferung zum Teil scharf kritisiert wurde (z. B. W. H. Kelber, J. Schröter).

DU TOIT, David S. 2002a: Erneut auf der Suche nach Jesus. Eine kritische Bestandsaufnahme der Jesusforschung am Anfang des 21. Jahrhunderts, in: KÖRTNER, Ulrich H. J. (Hg.): Jesus im 21. Jahrhundert. Bultmanns Jesusbuch und die heutige Jesusforschung, Neukirchen-Vluyn, 91–134.
– 2013: Die methodischen Grundlagen der Jesusforschung. Entstehung, Struktur, Wandlungen, Perspektiven, MThZ 64, 98–123.
HÄFNER, Gerd (Hg.) 2013: Die historische Rückfrage nach Jesus, MThZ 64/2.
STEGEMANN, Wolfgang 2010: Jesus und seine Zeit, BE 10, Stuttgart.
THEISSEN, Gerd/MERZ, Annette 1996; ²1997; ⁴2011: Der Historische Jesus. Ein Lehrbuch, Göttingen.

David du Toit

XI. Der »erinnerte Jesus«: Erinnerung als geschichts-hermeneutisches Paradigma der Jesusforschung

In der historisch-kritischen Jesusforschung spielt seit der zweiten Hälfte des 20. Jh.s die Kategorie der »Erinnerung« (»memory«) in der Diskussion über einen historisch und methodisch adäquaten Zugang zu Wirken und Lehre Jesu eine Rolle. Der Begriff und das damit bezeichnete Konzept werden allerdings in unterschiedlicher Weise gebraucht, was die Diskussion über den »erinnerten Jesus« und die Kritik, die dagegen vorgebracht wurde, bisweilen unübersichtlich werden lässt. Um die methodische und hermeneutische Relevanz des Modells der

»Jesuserinnerung« darzulegen, muss deshalb zunächst geklärt werden, welche methodischen Ansätze mit diesem Begriff bezeichnet wurden und werden und wie dieser Zugang in produktiver Weise zu verwenden ist. Dabei soll zugleich deutlich werden, dass der Ertrag des Erinnerungskonzepts in der Einzeichnung der Jesusforschung in ein Paradigma besteht, das historisch-kritische Forschung und geschichtshermeneutische Reflexion miteinander verbindet.

Etwas vereinfacht lassen sich zwei Modelle unterscheiden, mit Hilfe des Erinnerungskonzepts Wirken und Geschick Jesu zu erfassen. In einer ersten Verwendung sollen damit die Bewahrung und Weitergabe der Lehre Jesu durch seine frühen Anhänger beschrieben werden. In diesem Sinn hatte Birger Gerhardsson den Begriff in seiner monumentalen Studie »Memory and Manuscript« in die Jesusforschung eingeführt (GERHARDSSON 1961 [³1998]). Gerhardsson setzt sich in diesem Werk kritisch mit dem von der Formgeschichte entwickelten Modell auseinander, dem zufolge die Jesustradition maßgeblich im Überlieferungsprozess der nachösterlichen Gemeinden geprägt wurde, Rückschlüsse auf die vorösterliche Phase des Wirkens Jesu deshalb nur in engen Grenzen möglich seien. Gegenüber der dabei zugrundeliegenden Annahme eines kollektiven, anonymen Gemeindemilieus, in dem die Jesusüberlieferung durch den Osterglauben kerygmatisch geformt worden sei, möchte Gerhardsson zeigen, dass es wesentlich näherliege, deren Ursprung und frühe Formung auf einen Prozess der Memorierung und Weitergabe der Lehre Jesu zurückzuführen. Die in den Evangelien aufbewahrte Jesustradition könne demzufolge durch die Analyse von Memorierungsvorgängen in die vorösterliche Zeit und bis zu Jesus selbst zurückverfolgt werden. Die Lehrtätigkeit Jesu sei dazu im Kontext hellenistisch-jüdischer Memorierungs- und Überlieferungstechniken zu betrachten, wobei der rabbinische Lehrbetrieb eine besonders enge Analogie darstelle. Die Lehre Jesu sei demnach in vergleichbarer Weise wie die Tora zunächst vor allem mündlich, dann auch schriftlich bewahrt und weitergegeben und dabei immer wieder neu interpretiert und aktualisiert worden.

Mit diesem Zugang möchte Gerhardsson im Anschluss an seinen Lehrer Harald Riesenfeld die Frage nach Ursprung und Tradierung der Jesusüberlieferung auf eine historisch und soziologisch tragfähige Grundlage stellen. Dazu greift er eine in der Auseinandersetzung mit der Formgeschichte häufig geäußerte Kritik auf, die sich gegen die Annahme richtet, die Jesusüberlieferung würde keine Rückschlüsse auf ihre Entstehung und Weitergabe in vorösterlicher Zeit erlauben. Dies hatte auch Heinz Schürmann in einem wichtigen Aufsatz kritisiert und gegenüber der Behauptung einer erst nachösterlichen Formung der Jesusüberlieferung die »vorösterlichen Anfänge der Logientradition« im Jüngerkreis Jesu ins Feld geführt (SCHÜRMANN 1968; 1994). Die Vertreter der Formgeschichte hatten für ihre Sicht dagegen die Evangelien in die anonyme »Volksliteratur« eingeordnet und die in ihnen aufgenommenen Überlieferungen als von der gottesdienstlichen Praxis bzw. der Predigt des frühen Christentums geprägt beurteilt. Zu deren Kennzeichen gehöre es dementsprechend, »daß diese nicht von einem Einzelmenschen, sondern von einer Menge (Volk, Gemeinschaft, Gemeinde) weitergegeben und geformt sind« (SCHMIDT 1923: 117 f.; vgl. auch den Bezug auf André Jolles, »Einfache Formen«, bei BULTMANN [10]1995). Dieses Modell einer anonymen Gemeinschaftsüberlieferung hat, wie sich noch zeigen wird, unter anderen Vorzeichen auch innerhalb des Erinnerungszugangs eine gewisse Rolle gespielt. Gerhardsson und seinem Ansatz folgende Vertreter sehen dagegen in dieser Auffassung ein entscheidendes Defizit des formgeschichtlichen Zugangs, das sie durch ein historisch-traditionsgeschichtlich gefasstes Konzept von »Erinnerung« beheben wollen, das an konkreten Personen als Überlieferungsträgern orientiert ist. Dabei werden – wie in anderer Weise auch in der Formgeschichte – mündliche Traditionsprozesse ausdrücklich einbezogen und mit der Bewahrung und Formung der Jesustradition verbunden. Die kreative Neuinterpretation der Lehre Jesu im Überlieferungsprozess wird bei diesem Zugang keineswegs in Abrede gestellt, allerdings innerhalb eines Modells ihrer zuverlässigen, kontinuierlichen Weitergabe verstanden.

Gerhardssons Ansatz wurde von seinem Schüler Samuel Byrskog (BYRSKOG 2000) und auf eigene Weise von Rainer Riesner (RIESNER 1981 [³1988]) weitergeführt. Beiden geht es darum, Ursprung und Weitergabe der Jesusüberlieferung im Kontext jüdischer und hellenistischer Tradierungsmodelle zu interpretieren. Der Ursprung der Jesusüberlieferung sei demnach bei Jesus selbst zu suchen, dessen Lehre durch seine Nachfolger – in erster Linie durch den Zwölferkreis, aber auch durch andere Personen in seinem Umfeld – zusammengestellt, interpretiert und weitergegeben wurde. Für Byrskog und Riesner spielen dabei, wie auch bereits für Gerhardsson, die Annahme eines Lehrer-Schüler-Verhältnisses zwischen Jesus und seinen Jüngern sowie diejenige einer personalen Kontinuität von Jesus über den Zwölferkreis bis zu den Evangelien eine wichtige Rolle. Byrskog weist darüber hinaus auf die Formung der Jesusüberlieferung hin, die sich etwa in den Chrien zeige. Diese in der antiken Rhetorik verbreitete und im Schulunterricht gelehrte Gattung habe sich demnach in besonderer Weise dafür angeboten, Inhalte des Wirkens und der Lehre Jesu zu bewahren und weiterzugeben (BYRSKOG 2010). Diese Weiterentwicklung des Ansatzes von Gerhardsson hat vor allem darin ihre Stärke, dass sie nicht lediglich Modelle aus der jüdischen oder griechisch-römischen Umwelt auf die Jesusüberlieferung überträgt, sondern die Überlieferungsvorgänge anhand der Evangelientexte selbst studiert. In diesen gibt es Byrskog zufolge hinreichend Indizien für die Annahme eines Traditionskontinuums zwischen dem Wirken Jesu und seiner Darstellung in den Erzählungen.

Aufgrund der Orientierung an personaler Traditionsweitergabe ist innerhalb dieses Modells der Rekurs auf Augenzeugen aus dem Umfeld Jesu entscheidend. Byrskog verweist dazu auf die grundlegende Bedeutung, die Augenzeugen in der antiken Geschichtsschreibung besessen hätten. Als Tradenten der Jesusüberlieferung spielen dabei sowohl für Riesner als auch für Byrskog insbesondere Petrus und der Zwölferkeis eine zentrale Rolle (RIESNER 2011: 425 f.). Eine Zuspitzung dieses an den Augenzeugen orientierten Zugangs findet sich bei Richard Bauckham, der die Evangelien direkt auf Augenzeugen des Wirkens Jesu zurückführen möchte (BAUCKHAM 2006a). Zu diesen rechnet er sowohl die maßgeblichen Traditionsgaranten wie Petrus, dessen Erinnerungen im MkEv aufbewahrt seien, und den im JohEv erwähnten »Lieblingsjünger«, aber auch von Jesus Geheilte wie Bartimäus, Hanna und Simeon aus der lk. Geburtsgeschichte oder Natanaël aus dem JohEv. Wichtig ist für Bauckham dabei die Kategorie »testimony«, mit der er das verlässliche, von Augenzeugen bewahrte Zeugnis über das Wirken Jesu bezeichnet. Auf der Grundlage eines solchen Ansatzes wurden auch empirische Studien zu Funktionsweisen und -mechanismen des menschlichen Gedächtnisses herangezogen, um den Weg der Jesusüberlieferung von den Anfängen bis zu ihrer Verschriftlichung in den Evangelien nachzuzeichnen (McIVER 2011).

Dem so verstandenen Erinnerungsbegriff lässt sich schließlich auch der Ansatz von James Dunn zuordnen (DUNN 2003b). Dunn geht davon aus, dass sich in der frühen Jesusüberlieferung der »Einfluss« (*impact*) Jesu niedergeschlagen habe, der es deshalb erlaube, auf Inhalte und Formen des Wirkens Jesu zurückzuschließen. Die Vielfalt der synoptischen Überlieferungen wird von Dunn dabei auf mündliche Traditionsprozesse zurückgeführt, bei denen von einer Variabilität in der jeweiligen Präsentation einer Überlieferung auszugehen sei, die sich dann auch auf die Verschriftlichungen ausgewirkt habe. Anders als bei den zuvor genannten Autoren wird die Jesusüberlieferung von Dunn allerdings nicht auf Augenzeugen zurückgeführt, sondern im Sinne des bereits genannten formgeschichtlichen Zugangs sowie im Anschluss an Kenneth Bailey (BAILEY 1995) als »informal controlled tradition« aufgefasst.

Der Erinnerungsbegriff wird in dem bislang dargestellten Verständnis demnach auf individuelle Erinnerungsvorgänge von Personen aus dem Umfeld Jesu bezogen. Auf diese Weise sollen diejenigen Prozesse erfasst werden, in denen die Jesusüberlieferung im frühen Christentum bewahrt und weitergegeben wurde. Dadurch soll eine Kontinuität der Traditionsprozesse aufgezeigt werden, die es ermögliche, wesentliche Inhalte der Evangelientradition auf das Wirken Jesu zurückzuführen. Mündliche Formen der Weitergabe können dabei sowohl für die Stabilität als auch für die Variabilität von Überlieferungsprozessen in Anschlag gebracht werden. Der so verstandene Erinnerungsbegriff bildet deshalb eine Alternative zur Auffassung der älteren Formgeschichte von den Evangelien und der in diesen aufgenommenen Überlieferungen als durch Mythos und Kultus der nachösterlichen Gemeinden geprägter anonymer Volks- und »Kleinliteratur«. Demgegenüber ist der so gefasste Erinnerungszugang an konkreten historischen Personen, die für die Weitergabe der Lehre Jesu verantwortlich waren, und den Prozessen der Formung und Überlieferung der Inhalte des Wirkens Jesu orientiert. Damit wird zugleich die Verwurzelung der Evangelien in anonymen Gemeindemilieus infrage gestellt – eine Kritik, die von verschiedener Seite gegen den formgeschichtlichen Ansatz geltend gemacht wurde.

Allerdings erheben sich gegen den genannten Zugang auch gewichtige Einwände. So ist – selbst wenn man Datierungsfragen außer Acht lässt – bereits fraglich, ob sich die Jesusüberlieferung tatsächlich nach Analogie rabbinischer bzw. hellenistischer Memorierungs- und Überlieferungstechniken erklären lässt oder der Textbefund nicht einen anderen Zugang nahelegt. Auch wenn Jesus in den Evangelien häufig als »Lehrer« (ῥαββί bzw. διδάσκαλος) angeredet wird und seine Jünger als »Schüler« (μαθηταί) bezeichnet werden, sind die Indizien für einen »Schulbetrieb«, in dem die Lehre Jesu aufgenommen und weitergegeben worden sei, eher gering. Des Weiteren wird die Bedeutung von Augenzeugen im Prozess der Weitergabe von Überlieferungen bei dem genannten Zugang deutlich überschätzt. Zwar ist historisch durchaus wahrscheinlich, dass Personen wie Petrus und der engste Kreis der Jünger/innen Jesu für die Entstehung der Jesusüberlieferung im frühen Christentum eine zentrale Rolle gespielt haben. Dass dies jedoch als getreue Bewahrung der Lehre Jesu vorzustellen sei, die es erlauben würde, diese aus den Evangelien zu rekonstruieren, unterliegt erheblichen Zweifeln. Dagegen spricht bereits, dass das Verhältnis zwischen der mündlichen Verkündigung Jesu und den schriftlichen Jesuserzählungen der Evangelien bei dem genannten Zugang nur unzureichend erfasst wird. Dass es möglich sei, Situationen des Auftretens Jesu und der vorschriftlichen Verwendung der Überlieferungen aus den Evangelien zurückzugewinnen, mutet angesichts der sprachlichen und situativen Variabilität mündlicher Überlieferung sehr unwahrscheinlich an. Auch der Versuch von James Dunn, das Verhältnis von Konstanz und Variabilität der mündlichen Jesusüberlieferung auf der Basis eines Essays von Kenneth Bailey zu beschreiben, muss als gescheitert betrachtet werden. Anders als Bailey behauptet hatte, lässt sich bei der mündlichen Überlieferung der von ihm angeführten Beispiele gerade kein stabiler »Kern« erweisen, der im Überlieferungsprozess immer wieder variiert worden sei. Vielmehr hat sich innerhalb der entsprechenden Überlieferungen auch die Grundstruktur der jeweiligen Versionen, in denen die Ereignisse erzählt wurden, verändert (vgl. WEEDEN 2009; KLOPPENBORG 2012). Dies entspricht den Forschungen zu mündlichen Traditionsprozessen, die herausgestellt haben, dass in mündlicher Überlieferung nicht ein »Original« immer wieder variiert wird, sondern jede Präsentation selbst ein »Original« ist.

Dass dieses Merkmal mündlicher Überlieferungsvorgänge auch für die Anfänge der Jesusüberlieferung vorauszusetzen ist, lassen die synoptischen Evangelien – und auf ihre Weise auch Paulus sowie außerkanonische Jesusüberlieferungen – deutlich erkennen. Jesus war demnach mit verschiedenen Hörerkreisen konfrontiert und formulierte seine Lehre entsprechend der jeweiligen Situation. So werden etwa die Gleichnisse vom Verlorenen (Lk 15,4–7/Mt 18,12–14) in den Evangelien für verschiedene argumentative Kontexte fruchtbar gemacht (Auseinandersetzung mit Pharisäern und Schriftgelehrten bzw. innergemeindliche Paränese), das Gleichnis vom großen Festmahl weist in seinen beiden Versionen (Lk 14,15–24/Mt 22,1–14) eine je eigene Pointe auf (Aufforderung, die Bedürftigen und Marginalisierten einzuladen, bzw. Deutung der Zerstörung Jerusalems als Reaktion Gottes auf Israels Ablehnung des Rufs zur Umkehr), ebenso wie die Aufforderungen zur Nachfolge und die Auseinandersetzungen mit Gegnern auf unterschiedliche vorliterarische Verwendungszusammenhänge verweisen. Die synoptischen Evangelien rekurrieren demnach auf eine Vielfalt von Verwendungskontexten, was den Zugang zu »authentischen« Situationen und »ursprünglichen« Fassungen bestimmter Überlieferungen nahezu unmöglich macht. Vielmehr sind die entsprechenden Überlieferungen offensichtlich in verschiedenen mündlichen und schriftlichen Zusammenhängen verwendet worden. Die Evangelien haben ihnen in ihren Jesuserzählungen sodann eine je spezifische sprachliche Gestalt und einen Ort innerhalb der Gesamtkomposition gegeben. Sowohl der formgeschichtliche Ansatz, eine vorschriftliche Verwendung dieser Überlieferungen durch die Bestimmung ihres »Sitzes im Leben« zu erheben, als auch der Versuch, die vorliterarische Bedeutung der Jesusüberlieferungen mit Hilfe des Erinnerungskonzeptes zu erfassen, müssen demnach als wenig überzeugend beurteilt werden.

Ein grundlegendes Problem des skizzierten Verständnisses von Erinnerung liegt dabei in dem Versuch, eine Kontinuität zwischen den Jesuserzählungen der Evangelien und den historischen Situationen des Wirkens Jesu aufzuweisen. Lehre und Wirken Jesu wurden zweifellos von den Augen- und Ohrenzeugen der entsprechenden Situation weitererzählt, vermutlich zunächst auf Aramäisch, später dann auf Griechisch; sie wurden in bestimmte literarische Formen gebracht (z. B. Chrien, Parabeln, Heilungserzählungen); sie wurden mit Hilfe atl. Zitate und Motive gedeutet; sie wurden in narrative Zusammenhänge eingeordnet; sie wurden schließlich von den Verfassern der Evangelien sprachlich und kompositorisch bearbeitet und in umfassende Erzählungen mit je eigenen inhaltlichen Charakteristika integriert. Diese vielfältigen Überlieferungs-, Übersetzungs- und Interpretationsvorgänge lassen sich schwerlich mit einem Zugang erfassen, der diese retrospektiv freilegen und bis zu ihren Ursprüngen zurückverfolgen möchte.

Letztlich steht hinter dem Ansatz, die Jesuserinnerung als rekonstruierbaren Traditionsprozess aufzufassen, demnach das Anliegen, aus den Jesuserzählungen der Evangelien auf dahinterliegende Überlieferungsstufen und rekonstruierbare Anfänge im Wirken Jesu zu schließen. Es ist jedoch äußerst fraglich, ob dieser Weg methodisch und geschichtshermeneutisch plausibel ist. Dabei soll in keiner Weise infrage gestellt werden, dass vom Wirken Jesu maßgebliche Impulse für die Entstehung der mit seinem Namen verbundenen Überlieferungen ausgegangen sind. Auch soll nicht dem formgeschichtlichen Modell einer anonymen, nachösterlich-kerygmatisch geformten Gemeindeüberlieferung das Wort geredet werden. Dass die Überlieferungen von Wirken und Lehre Jesu durch konkrete historische Situationen und Ereignisse ausgelöst wurden, bedeutet jedoch keineswegs, dass sich diese aus den vorhandenen Quellen rekonstruieren ließen. Dagegen sprechen bereits die sprachlich wie inhaltlich variablen Jesusüberlieferungen des 1. und 2. Jh.s, die gerade nicht den Eindruck einer an der wörtlichen Bewahrung der Lehre Jesu und ihren ursprünglichen Verwendungszusammenhängen orientierten Weitergabe erwecken, sondern den einer vielfältigen Neuinterpretation, Adaption an je aktuelle Situationen und freien sprachlichen wie inhaltlichen Gestaltung. Aus diesen vielfältigen Überlieferungen lassen sich durchaus Konturen dessen erkennen, wie Jesus im frühen Christentum erinnert wurde. Diese Konturen lassen sich jedoch nicht als Rekonstruktion der Lehre Jesu und historischer Situationen seines Wirkens hinter den Texten auffassen. Sie stellen vielmehr Entwürfe des Wirkens Jesu auf der Basis historisch-kritischer Interpretation der Quellen dar, die nicht mit den Ereignissen selbst gleichzusetzen sind.

Gegen den Rückschluss von den Jesuserinnerungen des frühen Christentums auf die historische Realität hinter den Texten spricht aber auch die geschichtshermeneutische Einsicht, dass sich historische Tatsachen und Ereignisse nicht von ihren Interpretationen absondern lassen, sondern vom Zeitpunkt ihres Geschehens an untrennbar mit diesen – in der Regel sprachlichen – Deutungen verbunden sind und stets als in dieser Weise, nämlich als gedeutete Ereignisse, aufgefasst und weitergegeben werden. Die Frage nach Lehre und Wirken Jesu lässt sich demnach nicht so formulieren, dass ausgehend von den zugänglichen Quellen nach den Vorstufen der Überlieferungen und deren Ursprung bei Jesus selbst zu suchen sei. Vielmehr ist diese Frage als diejenige nach einem auf den Jesuserinnerungen des Urchristentums basierenden Bild des Wirkens Jesu in seinem aus den zugänglichen Quellen rekonstruierten historischen Kontext zu stellen. Dies führt zu der zweiten hier zu besprechenden Verwendungsweise des Erinnerungsbegriffs.

In einer von dem zuerst beschriebenen Ansatz unterschiedenen Weise wird der Erinnerungsbegriff als kulturhermeneutische Kategorie gebraucht, mit der der Zugang zur Vergangenheit aus der Perspektive der jeweiligen Gegenwart erfasst werden soll. In dieser Weise ist er in den neunziger Jahren des 20. Jh.s im Anschluss an Jan Assmann in die Jesusforschung eingebracht worden (SCHRÖTER 1997). Der grundlegende Unterschied zu der zuerst genannten Verwendungsweise liegt darin, dass »Erinnerung« in diesem Verständnis weder als Beschreibung des Traditionsprozesses der Jesusüberlieferung noch als Grundlage für die Formulierung historischer Aussagen über Wirken und Lehre Jesu aufgefasst wird. Mit der Verwendung der Erinnerungskategorie sind diesem Verständnis zufolge demnach auch keine Thesen über den Ursprung einzelner Worte, Spruchkomplexe oder Inhalte des Wirkens Jesu verbunden. Dass sich bestimmte Bestandteile der Jesusüberlieferung in historisch plausibler Weise auf das Wirken Jesu zurückführen lassen, wird dabei nicht in Abrede gestellt. Die Entscheidung hierüber wird jedoch nicht unmittelbar mit dem Erinnerungskonzept verknüpft. »Erinnerung« ist in dieser Perspektive vielmehr Teil eines geschichtshermeneutischen Zugangs, der den Bezug auf die Vergangenheit im Rahmen eines an der Deutung der jeweiligen Gegenwart orientierten Rückgriffs auf Personen und Ereignisse versteht.

In diesem Sinn hatte bereits Assmann den Erinnerungsbegriff verwendet (ASSMANN 1992). Er stellt heraus, dass sich Gemeinschaften auf die Vergangenheit im Sinne einer »fundierenden« Geschichte beziehen, in der Personen und Ereignisse für das eigene Selbstverständnis grundlegende Bedeutung erlangen. Bei einer solchen Aneignung der Vergangenheit steht zunächst nicht die Faktizität des

Geschehenen im Zentrum, sondern seine Funktion für Konstitution und Identität der jeweiligen Gemeinschaft. Assmann bezieht sich dabei auf Maurice Halbwachs, der in seinen Untersuchungen zum kollektiven Gedächtnis herausgestellt hatte, dass die Aneignung der Vergangenheit im menschlichen Gedächtnis neben der individuellen auch eine kollektive Dimension besitzt. Assmann führt dies in der Weise weiter, dass er die identitätsstiftende Dimension bestimmter Ereignisse der Vergangenheit als »fundierende Mythen« von Gemeinschaften betont.

Auf die Jesusüberlieferung lässt sich dieser Zugang zunächst in der Weise anwenden, dass die Wege, auf denen Lehre und Wirken Jesu geformt und weitergegeben wurden, als Modi der »Jesuserinnerung« aufgefasst werden – als Überlieferungsweisen also, in denen sich frühchristliche Gemeinden unter Rückgriff auf Lehre und Wirken Jesu ihrer eigenen Identität versicherten. Dies erklärt die »transparente« Erzählweise der Evangelien, in denen das Wirken Jesu so gezeichnet wird, dass es für die je eigene Situation bedeutungsvoll wird. So können etwa die »Gleichnistheorie« in Mk 4, die zum rechten Hören und Befolgen der Lehre Jesu aufruft, oder der Ruf in die Kreuzesnachfolge in Mk 8,34–9,1 als Reflexe historischer Situationen aufgefasst werden, in denen das Bekenntnis zu Jesus zu einer in ihren Konsequenzen undeutlichen, mit Gefahren verbundenen Haltung geworden war; die Auslegung der Tora in Mt 5,21–48 sowie die Aufforderung zur Orientierung an jüdischer Frömmigkeitspraxis in Mt 6,1–18 lassen sich aus einer Situation verstehen, in der christliche Gemeinden eine Identität neben dem Judentum ausgebildet hatten, dabei jedoch auf die Bewahrung des jüdischen Erbes verpflichtet werden sollten; die im LkEv häufig anzutreffende Warnung vor Hochmut und törichtem Umgang mit irdischem Besitz spiegelt soziale Differenzen in christlichen Gemeinden wider, die der Verfasser des LkEv als mit dem im Wirken Jesu gründenden Ethos unvereinbar ansieht.

Texte wie die hier exemplarisch genannten sind innerhalb der literarischen Kompositionen der Evangelien Zeugnisse für Rezeptionen des Wirkens Jesu, das in jeweils eigener Form zur Geltung gebracht wird. Insofern »repräsentieren« die Evangelien den irdischen Jesus, mit dem keine unmittelbare Begegnung mehr möglich ist, in je eigener Weise. Um die Eigenart dieser »Repräsentationen« zu erfassen, wäre es unzureichend, sich auf die erzählte Welt der Evangelien zu beschränken. Diese Eigenart besteht nämlich darin, die eigene Gegenwart gerade dadurch zu deuten, dass von Lehre, Wirken und Geschick Jesu, das zur Zeit der Entstehung der Evangelien bereits einige Jahrzehnte zurückliegt, erzählt wird. Die Evangelien rücken ihre eigene Gegenwart dazu in den Horizont des Wirkens Jesu, das dadurch sinnstiftende, wirklichkeitserschließende Kraft erhält. Diese Perspektive lässt aus der Vergangenheit »Geschichte« – nämlich für die Gegenwart bedeutungsvolles Geschehen – werden. Indem die Evangelien auf diese Weise ihre eigene Zeit im Licht fundierender Vergangenheit deuten, erheben sie zugleich den Anspruch, etwas über diese Vergangenheit selbst zu berichten. Deshalb ordnen sie das Wirken Jesu zeitlich und geographisch ein, erwähnen Personen in seinem Umfeld – etwa seine Familie, Jünger, Frauen, Gegner, politi-

sche Machthaber usw. – und machen deutlich, wie aus diesen Ereignissen eine
Gemeinschaft hervorgegangen ist, die sich auch nach den Passions- und Osterer-
eignissen an Wirken und Lehre Jesu gebunden wusste. In Anknüpfung an und in
Weiterführung von Assmanns Zugang ist das Erinnerungskonzept deshalb geschichtsmethodologisch zu reflektieren und mit neueren geschichtshermeneutischen Einsichten, die bereits im 19. Jh. grundgelegt sind, zu verbinden.

Die so verstandene »Jesuserinnerung« unterscheidet sich von dem zuerst genannten Zugang darin, dass sie nicht die Frage nach Ursprung und Weitergabe
der Jesusüberlieferung ins Zentrum rückt, sondern diejenige nach der Aneignung der Vergangenheit aus der Perspektive der jeweiligen Gegenwart. »Erinnerung« wird deshalb nicht individuell verstanden und an Prozesse des Bewahrens
oder Vergessens im Gedächtnis von Individuen gebunden. Erfasst werden sollen
vielmehr diejenigen Vorgänge, durch die sich in Gemeinschaften Traditionen
ausbilden, die die für das eigene Selbstverständnis relevante Vergangenheit bewahren, die in Texten, Ritualen, Festen oder Erinnerungsorten je und je vergegenwärtigt wird. Das frühe Christentum knüpft dazu an Geschichte und Kultur
Israels an – etwa bei der Ausbildung des Rituals eines gemeinsamen Mahles, bei
dem das letzte Mahl Jesu in Jerusalem im Horizont israelitisch-jüdischer Traditionen vergegenwärtigt wird, oder bei der Deutung des Wirkens Jesu mit Hilfe der
Schriften Israels, die bereits vor der Verschriftlichung der Überlieferungen eingesetzt haben dürfte. Zu der so verstandenen »Jesuserinnerung« gehört auch die
Berücksichtigung der Einsicht, dass das Wirken Jesu in bestimmten Formen –
etwa in Chrien, Parabeln und Heilungserzählungen – überliefert und schließlich
in größere narrative Zusammenhänge eingebunden wurde, in denen auch die
historischen Kontexte seines Auftretens zur Geltung kommen. Die vorschriftlichen Jesusüberlieferungen und die Evangelien sind deshalb als an Wirken und
Lehre Jesu gebundene Texte aufzufassen, die Person und Wirken Jesu so »repräsentieren«, dass sie für die Gemeinschaften, die sich auf ihn beziehen, bedeutungsvoll werden.

Aus diesen Texten lassen sich deshalb zugleich Umrisse dessen erheben, was
aus historisch-kritischer Perspektive für den »historischen Jesus« wahrscheinlich
zu machen ist. Aber auch der »historische Jesus« ist eine Form der Jesuserinnerung – eine solche nämlich, die diejenigen Überlieferungen und Ereignisse zur
Grundlage eines Jesusbildes macht, die auf der Basis historisch-kritischer Quellenanalyse plausibel erscheinen. Diese mit den Methoden kritischer Geschichtswissenschaft erstellten Jesusbilder können deshalb in den geschichtswissenschaftlichen Diskurs eingebracht werden und müssen sich in diesem bewähren oder
können modifiziert, ggf. auch falsifiziert werden. Dass diese »historischen« Jesusbilder jedoch nicht mit der Vergangenheit hinter den frühchristlichen Quellen
verwechselt werden dürfen, ergibt sich daraus, dass die Jesusbilder dieser Quellen
selbst das Ergebnis von Selektions-, Interpretations- und Zuschreibungsprozes-
sen sind und die dabei verwendeten Überlieferungen und historischen Informationen zu verschiedenen solcher Bilder zusammengesetzt werden konnten und

können. Die Quellen und die von ihnen verwendeten Überlieferungen lassen verschiedene Möglichkeiten zu, Wirken und Lehre Jesu darzustellen. Die auf historisch-kritischer Grundlage gezeichneten Jesusbilder sind deshalb eine spezifische Form von »Jesuserinnerungen«: Sie sind auf der Basis der jeweiligen Quellenkenntnis und mit Hilfe historisch-kritischer Methoden entworfen und repräsentieren Person und Lehre Jesu auf der Grundlage neuzeitlicher geschichtswissenschaftlicher Methodik.

Der so verstandene Erinnerungszugang ist deshalb skeptisch gegenüber einem Vorgehen, das den »historischen« oder den »wirklichen« Jesus »hinter« den Texten sucht. Die für ein solches Unterfangen in der Jesusforschung ausgebildeten »Kriterien« der Rückfrage nach dem historischen Jesus können bei reflektierter Verwendung durchaus hilfreich für eine historisch-kritische Quellenanalyse sein. Sie sollten jedoch nicht den Eindruck erwecken, als könne mit ihrer Hilfe der »wirkliche« Jesus »hinter« den Texten ermittelt werden. Diese »Kriterien« – die letztlich nichts anderes sind als Regeln, die bei historisch-kritischer Arbeit an den Quellen stets zur Anwendung kommen, – können vielmehr die historisch-kritische Jesusforschung steuern und zur Plausibilität der entsprechenden Jesusbilder beitragen.

Damit wird selbstverständlich nicht in Abrede gestellt, dass sich die frühchristlichen Texte auf eine historische Realität beziehen, die ihnen vorausliegt. Diese Realität ist aber stets nur als gedeutete zugänglich. Der Unterschied dieser Verwendung des Erinnerungsbegriffs zu dem eingangs ausgeführten Konzept ist deshalb letztlich geschichtshermeneutischer Art. Er fasst die frühchristlichen und in analoger Weise die historisch-kritischen Jesusdarstellungen als Texte auf, die Wirken und Geschick Jesu auf je eigene Weise repräsentieren und damit in ihrer jeweiligen Gegenwart zur Geltung bringen.

Das Konzept der »Jesuserinnerung« nimmt damit die geschichtstheoretische Einsicht auf, dass historisch-kritische Quellenauswertung in eine Geschichtserzählung münden muss, für die es der historischen Einbildungskraft bedarf, um aus dem historischen Material geschichtliche Zusammenhänge herzustellen, die die Vergangenheit in der Gegenwart bedeutungsvoll werden lassen. Dabei werden die Quellen, die sich an die Spuren der Vergangenheit gebunden wissen, von solchen Überlieferungen unterschieden, die sich als legendarische Einkleidungen der Jesusfigur erweisen – etwa die sog. »Kindheitsevangelien« oder moderne Adaptionen der Jesusfigur in Roman und Film. Die letzteren sind nicht auf die Repräsentation des Wirkens Jesu verpflichtet, sondern bilden eine davon abgelöste Form des Bezugs auf sein Wirken unter aktuellen Fragestellungen. Das Konzept der »Jesuserinnerung« tritt deshalb nicht in Gegensatz zu einer historisch-kritischen Rekonstruktion des Wirkens Jesu. Es will eine solche Rekonstruktion auch nicht ersetzen, sondern durch eine geschichtshermeneutische Reflexion vertiefen. Dies sei im Folgenden exemplarisch verdeutlicht.

Die Anfänge des Wirkens Jesu im Umfeld Johannes des Täufers, einschließlich seiner Taufe, bilden einen festen Bestandteil der Jesuserinnerung, der sich auch

historisch wahrscheinlich machen lässt. Um die Bedeutung der Taufe Jesu durch
Johannes zu erfassen, bedarf es der deutenden, Zusammenhänge herstellenden
Interpretationsleistung, die dieses Ereignis in den Kontext des Auftretens Jesu
einordnet. Entscheidend dabei ist, dass das Wirken des Täufers als Auftakt zum
öffentlichen Wirken Jesu gedeutet wird, was sich auf die Konturen von Person
und Botschaft des Johannes in den frühchristlichen Quellen auswirkt. Frühchristliche Erinnerung deutet sein Auftreten mit Bezug auf den in der Schrift
angekündigten wiederkommenden Elija, lässt ihn als Vorläufer Jesu erscheinen,
ordnet seine Wirksamkeit vollständig auf diejenige Jesu hin und macht ihn zum
ersten und entscheidenden Zeugen der Geistbegabung Jesu und seiner Erwählung zum Gottessohn. Historisch-kritische Jesusforschung hinterfragt dieses Bild
und konstatiert eine Differenz zwischen den frühchristlichen Darstellungen und
der historischen Plausibilität. Hier wie dort wird dabei ein Bild von der Vergangenheit entworfen, das nicht einfach mit dieser selbst zur Deckung zu bringen ist.
Historisch-kritischer Forschung erscheint Johannes als jüdischer Prophet und
Umkehrprediger, in dessen Umfeld sich Jesus möglicherweise eine Zeitlang aufgehalten hat, von dem er die Taufe als symbolische Besiegelung der Umkehr und
des Abwaschens der Sünden empfangen und von dem er sich später getrennt hat,
um mit seiner eigenen Wirksamkeit zu beginnen. Vermutlich entspricht vieles
davon den tatsächlichen Ereignissen, wenngleich das Bild des Johannes in frühchristlicher Überlieferung in bestimmter Weise stilisiert wird, wie etwa ein Vergleich mit Josephus Ant. 18,116–119 zeigt, und das Verhältnis von Johannes und
Jesus in den Evangelien und auch in historisch-kritischen Darstellungen unterschiedlich gezeichnet wird (in letzterer bisweilen sogar bis zu der wenig ein-
leuchtenden Behauptung einer schroffen Diastase zwischen beider Auftreten).
Entscheidend ist indes, dass die Anfänge des öffentlichen Wirkens Jesu dadurch
in spezifischer Weise in Erscheinung treten. Der Beginn seines Auftretens wird
mit demjenigen des Johannes in Verbindung gebracht, obwohl auch andere Anfänge denkbar wären: bei seiner Geburt, bei Ereignissen aus seiner Jugend, bei
seiner Ankündigung der anbrechenden Gottesherrschaft oder bei der Berufung
von Nachfolgern. Dass die historisch greifbaren Anfänge mit Johannes verbunden werden, weist demnach auf eine spezifische Form der Jesuserinnerung hin:
Das für bedeutsam gehaltene Auftreten Jesu wird in den Kontext des Wirkens des
Johannes eingeordnet, der seinerseits als jüdischer Umkehrprediger gezeichnet
und dessen Auftreten mit Schriftzitaten gedeutet wird (Jes 40,3 sowie das Misch-
zitat aus Ex 23,20/Mal 1,3; vgl. Mk 1,2parr.; Q 7,27). Die später hinzutretenden
legendarischen Erzählungen über die Geburt Jesu und die diese wiederum später
ausmalenden Berichte von seiner Kindheit bestätigen dies auf ihre Weise. Diese
Texte zeigen, dass die Anfänge der Jesuserinnerung in christlicher Tradition so
ausgemalt wurden, dass dabei die Einzigartigkeit seines Menschseins und die Exklusivität seiner Gottesbeziehung immer deutlicher in den Vordergrund traten.
    Die greifbaren Anfänge des Auftretens Jesu aus der Perspektive des Erinne-
rungszugangs zu betrachten, macht demnach deutlich, dass sowohl die früh-

christlichen Berichte als auch heutige Jesusdarstellungen darauf beruhen, dass
das Wirken des Täufers als signifikant für die Darstellung des Auftretens Jesu
betrachtet und deshalb fest mit diesem verbunden wurde. Wie dieses Verhältnis
genauer zu beschreiben ist, hängt von den jeweiligen Voraussetzungen ab, mit
denen die entsprechenden Überlieferungen interpretiert werden. Historisch-
kritische Analyse wird dabei Johannes und Jesus in den Kontext des antiken Judentums Galiläas einzeichnen und ihr Verhältnis auf dieser Grundlage zu erfassen suchen. Die Prämissen eines solchen Zugangs sind von denen der Evangelien,
die Johannes auf der Basis des christlichen Glaubens und ohne historisch-kritische Differenzierung in die Jesusgeschichte einzeichnen, verschieden. Gleichwohl bleibt eine historisch-kritisch informierte Darstellung darauf verwiesen, auf
der Grundlage der zugänglichen Quellen und historischen Informationen eine
Hypothese über das Verhältnis von Johannes und Jesus zu formulieren, die sowohl historisch plausibel ist als auch den Quellenbefund zu erklären vermag. Die
Quellen schließen dabei bestimmte Deutungen aus, lassen jedoch ein Spektrum
möglicher historischer Hypothesen zu, die für eine historisch-kritische Jesusdarstellung infrage kommen und die als mehr oder weniger wahrscheinlich beurteilt
werden können. Das Konzept der Jesuserinnerung macht dabei darauf aufmerksam, dass sich die Abwägung dieser Wahrscheinlichkeiten innerhalb des Bereichs
möglicher Hypothesen über die greifbaren Anfänge des Wirkens Jesu bewegt.

Ein weiteres signifikantes Beispiel sind die Rekurse auf die Reinheitsthematik
im frühen Christentum. Nach Markus und Matthäus hat sich Jesus zu dieser Frage verhalten, wenngleich die jeweilige Akzentuierung unterschiedlich ist. Markus
zufolge löst Jesus die Frage der Unterscheidung reiner und unreiner Speisen, indem er alle Speisen für rein erklärt (Mk 7,19), wogegen Matthäus die ethische
Dimension der Reinheitsthematik hervorhebt: Unreinheit kommt aus dem Mund
des Menschen und damit letztlich aus seinem Herzen (Mt 15,18–20). Für Paulus
ist die Reinheitsfrage ein innergemeindliches Problem, das er dadurch lösen
möchte, dass er Reinheit und Unreinheit zu einer Frage der Beurteilung durch
den einzelnen Menschen erklärt (Röm 14,14). Paulus bezeichnet dies als eine »im
Herrn Jesus« gewonnene Überzeugung, bindet also die Relativierung der Reinheitsgebote durch die Überordnung des Liebesgebotes an den Glauben an Jesus
Christus. In der Apg schließlich wird Petrus in einer programmatischen Vision
erklärt, dass Gott auch unreine Speisen für rein erklärt hat (Apg 10,14), was anschließend darauf bezogen wird, dass Gott alle Menschen willkommen sind
(10,34 f.).

Hinter diesen verschiedenen Rekursen auf die Reinheitsthematik steht offenbar die für den urchristlichen Glauben zentrale Überzeugung, dass das Auftreten
Jesu den jüdischen Diskurs über rein und unrein maßgeblich beeinflusst hat. Diese Überzeugung wurde bei Markus und Matthäus in je eigener Weise direkt mit
dem Wirken Jesu in Verbindung gebracht, sie konnte aber auch ohne einen solchen Bezug auf die Öffnung der christlichen Gemeinde für Heiden (Apg) oder
auf den gemeindeinternen Umgang mit verschiedenen Haltungen zu rein und

unrein (Paulus) bezogen werden. Im Wirken Jesu lassen sich durchaus Züge finden, die auf diese Rezeptionen der Reinheitsthematik im Urchristentum eingewirkt haben können – etwa seine Haltung gegenüber Kranken, seine Einstellung zum Sabbatgebot, möglicherweise auch seine Haltung gegenüber Nicht-Juden. Ob sich auch eine programmatische Äußerung Jesu zur Reinheitsthematik wahrscheinlich machen lässt und worauf diese ggf. zielte, oder ob umgekehrt die Bedeutung dieser Frage im frühen Christentum dazu geführt hat, sie auch in der Jesusüberlieferung zu verankern, lässt sich angesichts des Quellenbefundes kaum eindeutig feststellen. Entscheidend ist indes, dass das Wirken Jesu als grundlegende Neubestimmung des Verhältnisses von rein und unrein aufgefasst und so zum Bestandteil der Jesuserinnerung wurde.

Wie diese Beispiele, die sich auf die frühe Jesusüberlieferung insgesamt ausweiten ließen, zeigen, gründet das geschichtshermeneutische Paradigma der Jesuserinnerung auf der Einsicht, dass die Rekonstruktion der Vergangenheit an die Spuren gebunden ist, die sich den frühen Quellen entnehmen lassen. Diese geben damit den Rahmen vor, innerhalb dessen sich ein historisch-kritisches Bild der Person Jesu verantworten muss; sie markieren zugleich die intellektuelle und ethische Verantwortung des christlichen Glaubens vor seinen Ursprüngen. Das Konzept der Jesuserinnerung geht davon aus, dass sich auf der Basis historisch-kritischer Quellenauswertung Umrisse des Wirkens und der Lehre Jesu zeichnen lassen. Diese Umrisse sind jedoch selbst eine spezifische Weise der Jesuserinnerung und kein Weg zur Vergangenheit »hinter« den Texten. Der »historische Jesus« erscheint aus dieser Perspektive vielmehr als eine Form der Jesuserinnerung auf historisch-kritischer Grundlage, die nicht mit dem »wirklichen Jesus« hinter den Texten gleichzusetzen ist. Das Paradigma der Jesuserinnerung gründet deshalb letztlich auf der Einsicht, dass das hinter den frühchristlichen Quellen liegende Wirken Jesu die unverzichtbare Grundlage des christlichen Glaubens darstellt, dass dieses Wirken jedoch stets nur in Gestalt der die Vergangenheit aus der Perspektive der Gegenwart aneignenden Weise zugänglich ist. Der so verstandene »erinnerte Jesus« lässt sich deshalb nicht zuletzt als hermeneutische Reflexion der Unterscheidung von »historischem Jesus« und »geglaubtem Christus« verstehen.

EARLY CHRISTIANITY 6/3, 2015: Jesus and Memory. The Memory Approach in Current Jesus Research (mit Beiträgen von Alan Kirk, Eric Eve, David du Toit und Chris Keith).

EVE, Eric 2013: Behind the Gospels. Understanding the Oral Tradition, London.

KEITH, Chris/LeDONNE, Anthony (Hg.) 2012: Jesus, Criteria, and the Demise of Authenticity, London/New York.

KIRK, Alan/THATCHER, Tom (Hg.) 2005: Memory, Tradition, and Text. Uses of the Past in Early Christianity, Semeia Studies 52, Atlanta.

STUCKENBRUCK, Loren T./BARTON, Stephen C./WOLD, Benjamin G. (Hg.) 2007: Memory in the Bible and Antiquity, WUNT 212, Tübingen.

Jens Schröter

C. Das historische Material

I. Einführung

1. Der zweite Teil des Handbuchs behandelt diejenigen Zeugnisse, die in der historisch-kritischen Jesusforschung den Rekonstruktionen von Herkunft, Wirken und Geschick Jesu zugrunde gelegt werden. Der Umfang des berücksichtigten Materials ist dabei in der neueren Jesusforschung erheblich ausgeweitet worden. Hatte sich die »neue Frage nach dem historischen Jesus« vornehmlich an den synoptischen Evangelien orientiert, so werden in der aktuellen Diskussion auch das JohEv und weitere Schriften des Neuen Testaments, nicht-kanonische Texte des frühen Christentums, jüdische Schriften der hellenistisch-römischen Zeit sowie nicht-literarische Überreste – archäologische, numismatische und epigraphische Zeugnisse – herangezogen. Diese Ausweitung der Quellenbasis ist Ausdruck der Überzeugung, dass sich auf der Grundlage des zur Verfügung stehenden Materials ein plausibles historisches Bild von Wirken und Geschick Jesu rekonstruieren lässt. Die Einzeichnung seines Wirkens in das Judentum Galiläas und Judäas im 1. Jh. bildet dabei einen Schwerpunkt der neueren Jesusforschung. Archäologische und epigraphische Zeugnisse präzisieren die politischen, religiösen und kulturellen Gegebenheiten der Zeit und der Regionen, die für das Wirken Jesu maßgeblich sind. Diese Zeugnisse zeichnen damit auf ihre Weise ein Bild des historischen Kontexts, in den die Evangelien des Neuen Testaments das Wirken Jesu stellen.

Gegenüber der vorangegangenen Forschungsphase liegt damit insofern ein Neuansatz vor, als in dieser häufig betont wurde, dass die literarischen Quellen über Jesus (also in erster Linie die synoptischen Evangelien) als nachösterliche Glaubenszeugnisse aufzufassen seien, die eine historische Rekonstruktion des Wirkens und Geschicks Jesu nur in engen Grenzen erlauben würden. Die geschichtswissenschaftliche Ausrichtung der aktuellen Jesusforschung setzt dagegen nicht bei der Unterscheidung von vorösterlichem Jesus und nachösterlichen Glaubenszeugnissen ein, sondern fragt danach, welche Rückschlüsse sich aus den zur Verfügung stehenden historischen Zeugnissen im Blick auf das Wirken Jesu ziehen lassen. Die Notwendigkeit einer Reflexion des Verhältnisses von Deutungen der Person Jesu in frühchristlichen Quellen und der historischen Wirklichkeit, auf die sie sich beziehen, wird dabei nicht in Abrede gestellt. Sie wird jedoch in ein Paradigma eingeordnet, das den Charakter historisch-kritischer Rekonstruktionen geschichtshermeneutisch reflektiert. Betrifft die Frage nach dem Verhältnis von Ereignis und Deutung historische Arbeit generell, so ist sie im Blick auf die Person Jesu in besonderer Weise virulent. Wirken und Geschick Jesu sind stets nur *in ihren Deutungen*, niemals unabhängig von diesen, zu erfassen. Dies führt zu der Frage, ob die frühchristlichen Darstellungen der Person Jesu überhaupt – und wenn ja, in welcher Weise – Rückschlüsse auf Weg, Wirken und Geschick Jesu erlauben. Damit steht jedoch die historische Grundlage des christlichen Glaubens selbst zur Diskussion: Basiert der christliche Glaube auf dem

Wirken und Geschick Jesu oder auf den frühchristlichen *Deutungen* seiner Person?

Diese Spannung, die der historisch-kritischen Jesusforschung seit jeher inhärent ist, wurde längere Zeit in der Gegenüberstellung »historischer Jesus – kerygmatischer (oder: geglaubter) Christus« diskutiert. Die neuere Forschung hat dagegen darauf aufmerksam gemacht, dass *jede* Darstellung der Vergangenheit zugleich eine Deutung der Ereignisse ist, auf die sie sich bezieht. Eine historisch-kritische Interpretation des zur Verfügung stehenden Materials führt deshalb nicht zur historischen Wirklichkeit hinter den Quellen, sondern stellt eine mögliche Rekonstruktion der Vergangenheit in Form der historischen Erzählung dar. Auch wenn es das Ziel historisch-kritischer Forschung ist, zu den vergangenen Ereignissen selbst vorzustoßen – und historische Darstellungen, auch Jesusdarstellungen, oftmals mit genau diesem Anspruch verfasst sind –, kann kein Zweifel daran bestehen, dass es sich dabei um Interpretationen der Zeugnisse der Vergangenheit aus der Perspektive der jeweiligen Gegenwart handelt. Die Beschäftigung mit dem historischen Material gewinnt genau vor diesem Hintergrund ihre Bedeutung: als Verbindung von Gegenwart und Vergangenheit, die die Person Jesu auf der Basis einer kritischen Interpretation der vorhandenen Zeugnisse zugänglich macht.

2. Die folgende Präsentation des historischen Materials unterscheidet zwischen literarischen und nichtliterarischen Zeugnissen. Die ersteren lassen sich dabei noch einmal in christliche und nichtchristliche Texte unterteilen. Bei den christlichen Schriften sind die Texte des Neuen Testaments von besonderer Bedeutung. In einem historisch orientierten Zugang steht jedoch nicht ihr Charakter als Glaubenszeugnisse oder kanonische Dokumente im Zentrum. Sie werden vielmehr auf ihren Beitrag für eine historische Rekonstruktion des Wirkens und Geschicks Jesu hin befragt. Der Blick richtet sich also darauf, ob sie Überlieferungen bzw. Informationen enthalten, die sich für den Kontext des Wirkens Jesu und dessen Inhalte auswerten lassen.

Auch außerkanonische Schriften können derartige Überlieferungen und Informationen enthalten. Die Diskussion über die Bedeutung nicht-kanonischer, »apokrypher« Texte für die historische Jesusforschung ist in den zurückliegenden Jahrzehnten intensiv geführt worden. Dazu hat zum einen die Tatsache beigetragen, dass das Spektrum frühchristlicher Schriften durch wichtige Textfunde wie etwa denjenigen der Nag Hammadi Codices, aber auch weiterer, oftmals nur fragmentarisch erhaltener Texte, erheblich erweitert wurde. Zum anderen wurde geltend gemacht, dass sich eine Rekonstruktion der Geschichte des frühen Christentums nicht primär oder gar ausschließlich an denjenigen Schriften und theologischen Auffassungen orientieren dürfe, die sich in der christlichen Kirche durchgesetzt haben. Vielmehr müssten die frühchristlichen Texte unabhängig von ihrem (späteren) Status als kanonische oder apokryphe Texte für eine Rekonstruktion der Geschichte des frühen Christentums – und damit auch für die Frage nach dem historischen Jesus – berücksichtigt werden.

In Teilen der US-amerikanischen Jesusforschung der zurückliegenden Jahrzehnte wurde der historische Wert der nicht-kanonischen Jesusüberlieferungen zuweilen sehr hoch veranschlagt. Dabei war mitunter die Intention nicht zu verkennen, der Vorrangstellung der ntl. Quellen die These von nicht-kanonischen Texten als Quellen von zumindest gleichwertiger, wenn nicht gar größerer Bedeutung für die Rekonstruktion der frühen Jesusüberlieferung und des historischen Jesus entgegenzustellen. Dieser Zugang hat sich jedoch nicht durchsetzen können, da sich die nicht-kanonischen Texte in der Regel als einer gegenüber den ntl. Texten späteren Phase der Rezeption der Jesusüberlieferung zugehörig erweisen. Dessen ungeachtet gilt, dass die Unterscheidung kanonisch gewordener und nicht-kanonischer Jesusüberlieferungen nicht den Ausgangspunkt oder gar den Maßstab für die historische Beurteilung dieser Zeugnisse bilden darf. Für die Jesusforschung bedeutet dies, dass auch nicht-kanonische Zeugnisse, etwa das EvThom oder Jesusworte, die sich außerhalb der Schriften des Neuen Testaments finden, auf ihren Beitrag für eine historische Jesusdarstellung hin zu prüfen sind. Die Jesusbilder der kanonischen und der apokryphen Texte sind dabei ihrerseits als je spezifische Rezeptionen der Person Jesu aufzufassen, die Einblicke in theologiegeschichtliche Entwicklungen des frühen Christentums eröffnen. Deshalb werden einige dieser Texte in Teil E. dieses Handbuchs unter den frühen Rezeptionen des Wirkens Jesu behandelt.

Entsprechend den eingangs genannten geschichtshermeneutischen Überlegungen ist demnach zu konstatieren, dass die in den Texten des frühen Christentums begegnenden Überlieferungen keinen unmittelbaren Zugang zu Person und Wirken Jesu bieten. Das gilt auch für die Wortüberlieferung – die »Verkündigung« Jesu –, der in der »neuen Frage nach dem historischen Jesus«, aber auch in bestimmten Kreisen der neueren Q-Forschung, der Vorrang bei der Rekonstruktion des historischen Jesus eingeräumt wurde. Der Vergleich verschiedener Verarbeitungen von Worten und Gleichnissen, etwa in den synoptischen Evangelien und im EvThom, zeigt jedoch, dass die entsprechenden Überlieferungen in unterschiedlicher Weise rezipiert und in die jeweilige Jesusdarstellung integriert wurden. Analoges gilt für Heilungserzählungen oder Konfliktszenarien. Wie die entsprechenden Überlieferungen »ursprünglich« gelautet haben, ist dabei ebensowenig zu rekonstruieren wie ihr ursprünglicher Ort innerhalb des Wirkens Jesu feststellbar ist. Dies ist – neben anderen Gründen – nicht zuletzt darauf zurückzuführen, dass die Jesusüberlieferung zunächst mündlich existierte und schon aus diesem Grund die Vorstellung der »ursprünglichen« Fassung einer Überlieferung, die im Verlauf des Tradierungsprozesses verändert worden sei, unangemessen ist. Die Überlieferungen wurden in verschiedenen Erzählzusammenhängen tradiert, bevor sie Teil derjenigen Jesuserzählungen wurden, in denen sie heute begegnen.

Die wenigen nicht-christlichen Zeugnisse über Jesus liefern keine über die christlichen Quellen hinausgehenden Informationen. Sie bieten jedoch interessante Einblicke, wie Jesus in früher Zeit aus nicht-christlicher (griechisch-römischer bzw. jüdischer) Perspektive wahrgenommen wurde.

Die nicht-literarischen Zeugnisse sind schließlich indirekter Art. Sie vermitteln einen Eindruck von den sozialen und religiösen Verhältnissen zur Zeit Jesu, etwa von Wohnhäusern in Kafarnaum, vom Fischfang am See Gennesaret, von Städteplanung und Münzprägungen des Antipas oder von der Jerusalemer Tempelanlage. Sie sind insofern zur Erschließung der Lebensbedingungen in Galiläa und Judäa zur Zeit Jesu sowie für die Rekonstruktion des Judentums der hellenistisch-römischen Zeit und der sozialen und politischen Bedingungen des Mittelmeerraums insgesamt zu berücksichtigen.

3. Eine kritische Auswertung der frühchristlichen Jesusüberlieferungen kann auf dieser Grundlage Konturen von Lehre, Wirken und Selbstverständnis Jesu erheben, die aus nachösterlicher Perspektive aufgegriffen und zu verschiedenen Jesusbildern verarbeitet wurden. Insbesondere die synoptischen Evangelien erweisen sich dabei als Texte, die das frühchristliche Bekenntnis zu Jesus als dem Christus und Sohn Gottes in Form von Erzählungen über sein irdisches Wirken präsentieren und dabei historische Informationen über Orte seines Auftretens, Personen in seinem Umfeld (Nachfolger, Gegner usw.) sowie über politische und soziale Verhältnisse der Zeit Jesu verarbeitet haben. Sie ordnen das Wirken Jesu auf diese Weise in eine konkrete Zeit und einen konkreten Raum ein und lassen sich deshalb für die historisch-kritische Jesusfrage auswerten, obwohl ihre Jesusdarstellungen zugleich »transparente« Erzählungen sind, die die Bedeutung Jesu für ihre eigene Zeit zum Ausdruck bringen wollen.

Ein den Quellen angemessener Zugang muss deshalb das Verhältnis von in ihnen verarbeiteten Spuren der Vergangenheit zu solchen Tendenzen berücksichtigen, die den Gegenwartsinteressen des jeweiligen Autors verpflichtet sind. So können etwa Auseinandersetzungen Jesu mit jüdischen Gruppen, die von allen vier kanonisch gewordenen Evangelien überliefert werden, unabhängig von der Historizität einzelner Episoden, als plausible Charakteristika seines Wirkens gelten, die sich mit unserem Kenntnisstand über das Judentum der betreffenden Zeit und Region in Übereinstimmung bringen lassen. Andere Schriften übertragen derartige Auseinandersetzungen auf spätere Konstellationen zwischen Judentum und Christentum oder auf innerchristliche Debatten, die sich von den Gegebenheiten zur Zeit Jesu bereits weiter entfernt haben. Beispiele hierfür wären etwa das EvPetr, das EvThom oder P.Oxy. 840.

4. Rekonstruktionen des Wirkens Jesu bewegen sich stets in einem Zirkel zwischen einem vorausgesetzten Gesamtbild und der Beurteilung von Einzelüberlieferungen. Wie etwa ein Gleichnis, eine Heilungserzählung oder eine Kontroverse über die Einhaltung jüdischer Reinheitsvorschriften in das Gesamtprofil des Wirkens Jesu eingeordnet wird, hängt davon ab, welches Bild des Wirkens Jesu vorausgesetzt wird und wie sich die entsprechende Überlieferung in dieses Bild einfügen lässt. Das Gesamtbild kann sich dabei entsprechend der Einschätzung etwa der politischen, religiösen und sozialen Situation Galiläas zur Zeit Jesu, des Ju-

dentums der betreffenden Zeit sowie der Beurteilung von Einzelüberlieferungen verändern. Die in der Jesusforschung des 20. Jh.s entwickelten »Kriterien« haben ihre Bedeutung innerhalb dieses Prozesses der Interpretation des historischen Materials. Sie dürfen dagegen nicht isoliert zum Erweis der Authentizität eines Gleichnisses, eines Jesuswortes oder einer Heilungserzählung verwendet werden.

Die im Folgenden näher vorgestellten Zeugnisse für eine Rekonstruktion des Wirkens Jesu sind als Bestandteile des so beschriebenen Prozesses historischer Interpretation aufzufassen. Sie stellen diejenigen Materialien dar, an deren Interpretation sich die Plausibilität historisch-kritischer Entwürfe von Wirken und Geschick Jesu bemisst.

Jens Schröter / Christine Jacobi

II. Literarische Zeugnisse

1. Christliche Texte

1.1. Die synoptischen Evangelien, die Logienquelle (Q) und der historische Jesus

Die synoptischen Evangelien und die Logienquelle bilden die bei weitem umfangreichste und wichtigste Materialsammlung für die Frage nach dem historischen Jesus. Bedeutsam sind ferner das Thomas- und das Petrusevangelium, die Sprüche und Erzählungen enthalten, von denen mitunter angenommen wird, dass sie früh und unabhängig von den synoptischen Evangelien entstanden sind. Hinzu kommen einige *Agrapha* (RESCH [2]1906) und die beiden Jesusworte, die bei Paulus zitiert sind (1Kor 7,10 f.; 9,14). Seit dem 19. Jh. besteht ein allgemeiner Konsens, dass die Jesusworte und -erzählungen aus dem vierten Evangelium deutlich durch die Interessen des joh. Kreises geformt sind, so dass sie als Beleg für die Worte und Taten des historischen Jesus nicht in Frage kommen.

1.1.1. Die synoptischen Evangelien und die Logienquelle (Q)

Seit dem Anfang des 20. Jh.s hat man erkannt, dass der erzählerische Rahmen des MkEv redaktionellen Ursprungs ist und deswegen keine zuverlässige Chronologie der historischen Ereignisse des Wirkens Jesu ergibt. Das Material ist von Markus oder bereits in seinen Vorlagen nach pragmatischen Gesichtspunkten zusammengestellt worden, sodass ähnliche Stoffe in Einheiten gruppiert sind (Mk 2,1–3,6: Streitgespräche; 4,1–34: Gleichnisse; 4,34–6,12: Wundererzählungen; 11,1–12,44: Streitgespräche), die ihrerseits einem groben topographischen Schema folgen. Auch die Anordnung der Worte in der hypothetischen Logienquelle hilft bei der Rekonstruktion des Lebens Jesu nicht weiter, weil die Stoffe auch hier überwiegend thematisch strukturiert und nur sehr vage in einen räumlichen oder zeitlichen Zusammenhang gebracht sind. Die synoptischen Evangelien und die Logienquelle enthalten also eine große Zahl isolierter Einzelsprüche und -erzählungen, deren ursprünglicher Sitz im Leben des historischen Jesus nicht mehr ermittelt werden kann. Darunter fällt ganz unterschiedliches Material: Sprüche (Aphorismen, Maximen, Gleichnisse, prophetische Aussagen, apokalyptische Sprüche), Chrien (Sprucherzählungen), Wunderberichte (Heilungen, Exorzismen, Naturwunder), eine Anzahl anderer Anekdoten und Berichte (Geburts- und Kindheitsgeschichten, Jesu Taufe, Versuchung und Verklärung) und eine Erzählung über die Gefangennahme und Hinrichtung Jesu mit anhängenden Berichten über Erscheinungen des Auferstandenen (nur das Petrusevangelium berichtet von der Auferstehung selbst). Von den 522 Überlieferungsstücken, die John D. Crossan in den Texten der frühen Jesusbewegung vom 1. Jh. bis zur Mitte des 2. Jh.s gesammelt hat (CROSSAN 1991: 434–450), ist der größte Teil in irgendeiner Form in den synoptischen Evangelien und der Logienquelle belegt.

In vielen Fällen (180 von den 522 in Crossans Liste) findet sich ein Spruch oder eine Anekdote in identischer oder einer ähnlichen Form in mehreren voneinander unabhängigen Quellen. Der Aphorismus über das Suchen und Finden erscheint beispielsweise in Q 11,9–11 (Mt 7,7 f.; Lk 11,9–11), EvThom 2 und 92; Mk 11,24; Jak 1,5 und 4,3 sowie in Joh 14,13 und 15,7. Das Gleichnis vom Senfkorn ist dreimal, nämlich in Mk 4,31 f.; Q 13,18 f. und EvThom 20, belegt. Auf diese Weise lässt sich die »Rezeption« einzelner Aussprüche und Erzählungen in den Evangelien gut vergleichen. Gelegentlich findet sich auch ein einzelnes Motiv mehr oder weniger identisch in unterschiedlichen Sprüchen und Erzählungen wieder (z. B. die Verbindung Jesu mit den τελῶναι), wobei die weite Verbreitung möglicherweise auf eine solide historische Grundlage verweist. Auch wenn eine Maxime wörtlich überliefert und in mehreren Quellen bezeugt ist, wird sie allerdings oftmals für ganz unterschiedliche Zwecke verwendet. So ist etwa das Wort vom Maß dreimal unabhängig voneinander in Mk 4,24; Q 6,38 (Lk 6,38; Mt 7,2) und 1Clem 13,2 belegt und wird an allen Stellen anders interpretiert (KLOPPENBORG 2012). Die Warnung vor dem Einbrecher (EvThom 21; 103; Q 12,39) erscheint bei Thomas als Aufforderung, sich gegen die Welt zu wappnen, während sie in der Logienquelle und den davon abhängigen Texten (Mt 24,43; Lk 12,39) die Unmöglichkeit illustriert, den Zeitpunkt zu kennen, zu dem der Menschensohn kommt. Beide Worte, das vom Maß und das vom Dieb, könnten von Jesus stammen, aber es bleibt in beiden Fällen unklar, wie sie ursprünglich gemeint waren.

Die Verschiedenartigkeit, mit der Jesusüberlieferungen »rezipiert« wurden, lässt sich auf mindestens zwei Gründe zurückführen. Aus der Perspektive der kognitiven Neurowissenschaften ist zunächst darauf zu verweisen, dass das menschliche Gedächtnis vergangene Ereignisse nicht einfach nur erinnert, sondern sie nach bestimmten Gesichtspunkten rekonstruiert. Es vermag den Kern eines Ereignisses oder einer Aussage zu bewahren, neigt aber gleichzeitig zur Abwandlung, Ergänzung oder Auslassung von Einzelheiten bzw. dazu, die Erinnerung nach Bedarf an neue Situationen und Kontexte anzupassen (SCHACTER

1995; ALLISON 2010: 1–30; CROOK 2013). Weiter ist das kollektive Gedächtnis von Erinnerungsgemeinschaften in der Lage, den Kern bestimmter Erinnerungen über längere Zeiträume zu bewahren, aber es kann Erinnerungen auch durch Erfindungen ausschmücken, sie zur leichteren Weitergabe bestimmten Mustern anpassen und im Lichte dominanter Gegenwartsinteressen verändern (SCHWARTZ 2005; 2009a). Die erhaltenen Jesustraditionen bewahren also wohl zum Teil die grundlegenden Konturen seiner Worte und Taten, in vielen, wenn nicht in den meisten Fällen, ist es aber schlicht unmöglich zu ergründen, was Jesus genau gesagt und getan hat oder welche Absichten er mit seinen Worten und Taten verfolgt hat. Zudem muss mit der Existenz erfundener Traditionen gerechnet werden, die durch bloße Wiederholung zu stabilen Elementen der Überlieferung geworden sind (BOTHA 1993; KAWAN 2005). Statt eines einheitlichen Bildes des historischen Jesus haben wir es demnach mit einer Reihe von mehr oder weniger divergenten »Rezeptionen« der Figur Jesu in einer Vielzahl von Evangelienquellen zu tun.

1.1.2. Gemeinsame Überlieferung

Es gibt einige bemerkenswerte Übereinstimmungen in der Rezeption einzelner Sprüche und Erzählungen, die in verschiedenen Quellen überliefert sind. In diesen Fällen lässt sich wahrscheinlich davon ausgehen, dass es sich um historisch einigermaßen zuverlässige Berichte über Jesus handelt. Dazu gehört etwa die breit bezeugte Verbindung Jesu mit Johannes dem Täufer (Q 3,7–9.16 f.; 7,18–35; 16,16; Mk 1,2–13; Joh 1,19–34; EvThom 46; EvHebr Fragment 2 und EvNaz 2) oder das Motiv, dass Johannes die Ankunft eines »Kommenden« (Q 3,16; Joh 1,27) oder »Stärkeren« (Mk 1,7) ankündigt. Jesus wird sowohl in Q 4,1–13 als auch in Mk 1,12 f. durch den Teufel versucht. Vielfach belegt ist die Tatsache, dass Jesus Jünger berief, von denen erwartet wurde, dass sie seine Autorität oder Identität erkennen (Mk 1,16–20; 3,7–12; 8,27–38; 10,25–31; Q 6,20a.46; 9,57–60; 10,21 f.23 f.; 12,2–12; 14,26 f.; EvThom 1 f., 13, 38, 52; Joh 1,19–51; 20,24–29), obwohl die Jüngerschaft in den einzelnen Schriften unterschiedlich konzipiert ist. Berichte von der Aussendung der Jünger erscheinen in Q 10,2–11.16 und Mk 7,6–13, erwähnt wird sie außerdem in EvThom 14,4 und 73, auch wenn es verschiedene Auffassungen darüber gibt, ob das EvThom an diesen Stellen von den Synoptikern abhängig ist oder nicht (SCHRÖTER 1996). Die Logienquelle und Markus thematisieren die Kritik Jesu an den Pharisäern (Mk 8,15; Q 11,39–52). Jesus wird in Q 7,1–10.22; 11,14 und bei Markus als Wundertäter dargestellt, obwohl dies keineswegs die Historizität dieser Geschichten garantieren muss. Das mehrfach bezeugte Material spiegelt in einigen Fällen möglicherweise historische Tradition wider, in anderen Fällen, wie bei der Erzählung von Jesu Versuchung, handelt es sich vermutlich um legendarische Stoffe.

Mit ziemlicher Sicherheit gehören Jesus und die Verkündigung der βασιλεία τοῦ θεοῦ eng zusammen. Bei Markus wird diese Verkündigung als εὐαγγέλιον bezeichnet und steht mit dem Ruf zur Umkehr in Verbindung (Mk 1,14 f.). Das Gottesreich besitzt hier räumliche Konnotationen, insofern man es »sehen«, sich ihm »nähern«, »hineingelangen« und »in ihm sein« kann (Mk 9,1.47; 10,15.23–25; 12,34; 14,25). Es gilt außerdem als μυστήριον, das denen gegeben wird, die es wert sind, und soll, so die Erwartung, rasch anwachsen (Mk 4,26.30) und für Kinder leichter zu erlangen sein (Mk 10,14 f.) als für die Reichen (Mk 10,23–25). Es ist deutlich in der Zukunft angesiedelt, wird aber dennoch als unmittelbar bevorstehend betrachtet (Mk 9,1).

Auch die Logienquelle enthält das Nomen βασιλεία und das Verb εὐαγγελίζομαι. Die Verkündigung der βασιλεία begegnet hier in einer Reihe von Seligpreisungen, die die Zuwendung Gottes zu den Armen, Hungrigen, Weinenden und Verfolgten verheißen (Q 6,20; 7,22), steht aber auch mit Heilung in Verbindung (Q 10,9). Nach der Gottesherrschaft ist zu suchen (Q 12,31), und obwohl gesagt wird, dass sie kommt (Q 10,9; 11,2.20), ist ihr Kommen anders als beim mk. Menschensohn nicht von Zeichen begleitet (Q 17,20 f.). Wie im Fall des mk. Gottesreiches wird auch hier erwartet, dass es rasch wächst (oder herbeikommt?; Q 13,18–21), aber es kann auch Gewalt erleiden (Q 16,16), was möglicherweise als Anspielung auf die Tötung Johannes des Täufers zu verstehen ist. Während die Logienquelle die Gottesherrschaft wie Markus mit dem Gedanken einer Statusumkehr verbindet, sind der Aufruf zur Buße und die Ankündigung des Gottesreiches nicht so unmittelbar miteinander verknüpft, wie es bei Markus der Fall ist. In der Logienquelle zielt die Umkehr auf moralische Erneuerung (Q 3,7–9) und Anerkennung der göttlichen Macht (Q 10,13–15; 11,32).

Sowohl Markus als auch die Logienquelle erwähnen verschiedene Wundertaten Jesu, allerdings lassen sich dabei auffällige Unterschiede im Detail ausmachen. Markus berichtet von zahlreichen Heilungen und Exorzismen, wobei die Heilungswunder die Aufmerksamkeit der Menge auf sich ziehen, während die Austreibungen vor allem die ἐξουσία Jesu unterstreichen (Mk 1,27) und der Enthüllung der Identität Jesu als Sohn Gottes durch die Dämonen dienen (Mk 1,24.34; 3,11). Im Gegensatz dazu enthält die Logienquelle lediglich zwei Wunderberichte, nämlich den einer Heilung (Q 7,1–10) und den eines Exorzismus (Q 11,14), obwohl auch sonst durchaus erwähnt wird, dass die Taten Jesu mit Wundern einhergehen (Q 7,22). Die Logienquelle ist aber offenbar eher an den Reaktionen und Kontroversen interessiert, die diese Wunder auslösen. Im Falle des Hauptmanns von Kafarnaum und der Heilung seines Dieners zielt die Logienquelle auf die Erkenntnis der ἐξουσία Jesu durch den Hauptmann und auf die polemische Aussage Jesu, dass er »solchen Glauben in Israel nicht gefunden« habe (Q 7,9). Die Liste der Wundertaten, die Jesus in Q 7,22 aufzählt – »Geht und berichtet Johannes, was ihr gesehen und gehört habt: Blinde sehen, Lahme gehen, Aussätzige werden gereinigt und Taube hören, Tote werden auferweckt und den Armen wird das Evangelium verkündigt« –, gibt offenkundig eine zustimmende Antwort auf die Frage, ob er »der Kommende« sei oder ob »auf einen anderen« gewartet werden soll (Q 7,19). Der Exorzismus in Q 11,14 bietet erzählerisch die

Gelegenheit für die Unterstellung, dass Jesus mit dem Beelzebul konspiriere, was eine ausführliche Antwort und Gegenrede Jesu nach sich zieht (Q 11,15–26).

Insgesamt sind die gemeinsamen Sprüche in der Logienquelle länger und detailreicher als bei Markus: Mk 1,7 f./Q 3,7–9.16 f.; Mk 1,12 f./Q 4,1–13; Mk 4,30–32/Q 13,18 f.20 f.; Mk 6,7–13/Q 10,3–16; Mk 3,22–26/Q 11,14–26; Mk 8,11 f./ Q 11,16.29–35; Mk 12,38–40/Q 11,39–52; Mk 8,34–37/Q 14,26 f. und 17,33; Mk 8,38/Q 12,2–12. Der einzige Redezusammenhang, bei dem die Markusversion umfangreicher ausfällt, ist die Endzeitrede in Mk 13,1–36, die ihre partielle Entsprechung in Q 17,20–37 hat. Die Zusammenfassung von Einzelaussagen zu längeren Redeeinheiten ist wahrscheinlich eher das Resultat der Überlieferung als eine Erinnerung an Jesus als Redner. Obwohl viele der Einzelsprüche möglicherweise authentisch sind, ist ihr »ursprünglicher« Redekontext nicht mehr erkennbar.

1.1.3. Jesus bei Markus

In Ergänzung des Materials, das Markus mit der Logienquelle teilt, bietet Markus viele charakteristische Akzente, die vermutlich zumeist literarische Konstrukte und keine historischen Reminiszenzen sind. Die Erzählstruktur des MkEv hebt die Identität Jesu als Gottessohn und Messias hervor. Beide Titel erscheinen bereits in der Einleitung. Die Vorstellung Jesu als Sohn Gottes strukturiert das gesamte Evangelium und wird bei der Taufe Jesu (Mk 1,9–11), bei seiner Verklärung (Mk 9,2–8) und seinem Tod (Mk 15,39) erwähnt. Das Bekenntnis des Petrus zu Jesus als Christus (Messias) (Mk 8,29), die Unfähigkeit des Hohenpriesters zu dieser Erkenntnis (Mk 14,61) und die Akklamation des Hauptmanns unter dem Kreuz (Mk 15,39) bilden gegensätzliche literarische Elemente, die die zentrale Bedeutung der Christologie im MkEv unterstreichen. Auch die Exorzismen dienen dazu, die Identität Jesu zur Sprache zu bringen, indem den Dämonen ein Wissen um die Identität Jesu zugeschrieben wird.

Das MkEv enthält eine Reihe fantastischer Wundererzählungen – die Stillung des Sturms, der Seewandel, die Brotvermehrung –, die dazu dienen, Jesu Macht hervorzuheben und zugleich das Versagen der Jünger darzustellen, die Identität Jesu zu erkennen. Auch dies scheint eher ein literarisches Mittel als eine historisch zuverlässige Erinnerung zu sein (TYSON 1961). Der zweite Teil des Evangeliums ist durch die Leidensweissagungen strukturiert, die die Notwendigkeit des Todes Jesu zum Ausdruck bringen (Mk 8,31; 9,31; 10,32–34.45). Obwohl die Erklärungen Jesu eindeutig sind, stellt Markus die Jünger auch in diesem Zusammenhang als unverständig oder resistent gegen diese Äußerungen dar. Vermutlich handelt es sich dabei um nachträgliche narrative Erklärungen der Tatsache, dass Jesus hingerichtet wurde. Die Konflikte Jesu mit den Schriftgelehrten (Mk 1,22; 2,6.16; 3,22; 7,1.5; 9,14; 10,33; 11,18.27; 12,25.35.38–40; 14,1.43.53; 15,1.31), den Hohenpriestern und Ältesten (Mk 8,31; 10,33; 11,18.27; 14,1.10.43.53.55; 15,1.3.10.11.31) dienen in der Gesamtanlage der Erzählung ebenfalls zur Erklärung des Todes Jesu. Markus erweitert das Gleichnis von den Weingärtnern (Mk 12,1–11), das eine nur wenig verhüllte Allegorie des Wirkens Jesu darstellt, durch eine Szene, in der die Gegner Jesu sich bloßgestellt sehen und mit dem Wunsch reagieren, ihn verhaften zu lassen (Mk 12,12).

Markus vertritt eine stark apokalyptisch geprägte Eschatologie, die damit rechnet, dass das Kommen des Menschensohns noch zu Lebzeiten der ersten Anhänger Jesu stattfindet (Mk 9,1; 13,30), und die in der Endzeitrede die geläufige Verbindung des nahenden Endes mit empirisch wahrnehmbaren Katastrophen herstellt (Krieg und Hungersnot). Obwohl Markus betont, den Zeitpunkt des Endes nicht zu kennen (Mk 13,32), weisen alle Indizien in seinem Text darauf hin, dass es aus seiner Sicht unmittelbar bevorsteht.

1.1.4. Die Logienquelle (Q)

Im Vergleich zu Markus bietet die Logienquelle einige markantere Beispiele für ein gruppenspezifisches bzw. gegenkulturelles Ethos und weit heftigere prophetisch inspirierte Angriffe auf die Gegner Jesu oder jene, die sich seiner Verkündigung verschließen (ROBINSON/HOFFMANN/KLOPPENBORG 2000). Wiederholt werden in der Logienquelle Seligpreisungen gebraucht (Q 6,20–23; 7,23; 10,23 f.; 11,27 f.; 12,43). Markus verwendet diese Form, mit der die göttliche Zuwendung verheißen wird, an keiner Stelle, wohingegen sie bei Matthäus (Mt 5,5.7–10; 16,17), Lukas (Lk 12,37 f.; 14,14 f.; Apg 20,35), Johannes (Joh 13,17; 20,29), Jak (Jak 1,2.25) und Thomas (EvThom 7; 18; 19; 49; 54; 58; 68; 69; 103) deutlich ausgebaut wird. Weherufe, ursprünglich prophetische Ankündigungen des Untergangs, finden sich bei Markus nur zweimal (Mk 13,17; 14,21), während sie in der Logienquelle recht häufig vorkommen (Q 6,24–26, 17,1; 11,39–52) und bei Matthäus, der die Weherufe aus der Logienquelle übernimmt, um weitere ergänzt werden (Mt 23,15.16); sie erscheinen auch im EvThom (EvThom 102; 112).

Die Logienquelle vertritt ein gegenkulturelles Ethos, das den Vergeltungsverzicht und das uneigennützige Geben in den Mittelpunkt stellt (Q 6,27 f.29 f.) und damit auf dem Gedanken der Reziprozität beruht, wie er in der »Goldenen Regel« formuliert ist (Q 6,31), die »as a ›starting mechanism‹ that stimulates the kind of interaction necessary to bring into existence the envisioned social relations« fungiert (KIRK 2003: 686). Ebenso erhält die Mahnung, Barmherzigkeit zu üben und nicht zu richten (Q 6,36 f.), ihre Motivation aus einer Anspielung auf die geläufige Praxis des *quid pro quo* von Verleihern, bei denen Geben und Nehmen demselben Maß folgen (Q 6,38): sich barmherzig und unvoreingenommen zu zeigen, wird nach den Regeln des Marktes denen Ehre einbringen, die soziale und ökonomische Macht ausüben (KLOPPENBORG 2010). Darüber hinaus ermuntert die Logienquelle zur Nachahmung der unterschiedslosen Zuwendung und Großzügigkeit Gottes (Q 6,36; 11,9–13) und zum Vertrauen auf die göttliche Fürsorge in ihren Ermahnungen zu furchtloser Rede (Q 12,2–7) und zu einem einfachen, unabhängigen Leben (Q 12,22–31.33 f.; 16,13). Obwohl einige oder vielleicht alle dieser Sprüche die Überzeugung und Praxis Jesu widerspiegeln, sind sie in der Logienquelle sicher überarbeitet und zu komplexeren Reden umgeformt worden. Bei Markus formulieren die prophetischen Drohungen direkte Warnungen (Mk 8,38; 12,38–40). Im Gegensatz dazu beschwören die prophetischen Drohungen in der Logienquelle lediglich ein schreckliches Gericht über jene, die sich hinsichtlich der Gegenwart des Gottesreiches unverständig zeigen (Q 10,13–15; 11,24–26.31 f.; 11,39–52; 13,34 f.; 17,1 f.23–30.34 f.). Einige Gleichnisse der Logienquelle enden mit plastischen Schilderungen der Vernichtung oder des Ausschlusses der Unfrommen und Ungläubigen aus dem Gottesreich (Q 12,42–46; 14,16–24; 19,12–27; JACOBSON 1982).

Im Gegensatz zum mk. Jesus verhält sich der Jesus der Logienquelle gegenüber der Apokalyptik wesentlich zurückhaltender, indem er zwar einerseits das Kommen des Menschensohns ankündigt, aber andererseits alle diesbezüglichen Zeichenforderungen ablehnt (Q 11,29 f.; 17,20 f.), das Kommen als absolut unvorhersehbar bezeichnet und es nicht inmitten von Kriegen und anderen Katastrophen sucht, sondern in den ganz alltäglichen Bedingungen des Lebens (Q 17,23–30.34 f.). Die signifikanten Unterschiede zwischen den eschatologischen Motiven bei Markus und in der Logienquelle sowie das Fehlen einer apokalyptischen Eschatologie im EvThom deuten womöglich darauf hin, dass die eschatologische Orientierung Jesu uneindeutiger war, als mitunter angenommen wird (z. B. ALLISON 1998).

Die Logienquelle ist eine wichtige Sammlung von Aphorismen, Chrien und Gleichnissen, die zumeist in längeren Redeeinheiten zusammengestellt sind und weniger als einzelne Weisheitssprüche erscheinen (KLOPPENBORG 1995). Auffälligerweise fehlen in der Logienquelle, anders als bei Markus (und Johannes), Kontroversen über Sabbat und Toraverständnis (sofern Lk 10,24–28 und 14,5 nicht aus Q stammt, vgl. LAMBRECHT 1995; NEIRYNCK 1991; TUCKETT 1988).

Die vom MkEv und der Logienquelle abhängigen Evangelien des Matthäus und Lukas ergänzen ihre Vorlagen mit zusätzlichen Sprüchen, Gleichnissen und Anekdoten. Einige davon mögen historische Tradition widerspiegeln, insbesondere die Gleichnisse in Mt 13,24–30.44.45 f.47 f.; 20,1–15, Lk 10,30–35 und 15,11–32. In anderen Fällen haben Matthäus und Lukas offenbar auch legendarisches Material verwendet, beispielsweise für die Geburtserzählungen und die Erscheinungsberichte.

Die synoptischen Evangelien und die Logienquelle sind neben dem EvThom die ergiebigste Quelle für die Frage nach dem historischen Jesus. Jede dieser Schriften folgt allerdings eigenen redaktionellen Interessen. Diese Interessen erklären die Auswahl einzelner Sprüche und Erzählungen sowie die spezifische Weise, in der sie in den jeweiligen Texten verwendet werden. Dabei spiegelt das mehrfach in voneinander unabhängigen Quellen bezeugte Material mit großer Wahrscheinlichkeit eine historisch zuverlässige Tradition wider. Auch in diesen Fällen ist es jedoch wichtig, die redaktionellen Interessen in Rechnung zu stellen, die in den Quellen wirksam sind. Einfach bezeugte Sprüche und Erzählungen, das Sondergut bei Matthäus und Lukas, die charakteristischen Sprüche des Ev-Thom und das Material in den *Agrapha* können nur dann mit großer Wahrscheinlichkeit als unecht ausgeschlossen werden, wenn ihr Inhalt erkennbar auf redaktionelle Eingriffe zurückgeht. Die synoptischen Evangelien und die Logienquelle bieten insgesamt kein einheitliches Bild des historischen Jesus, sondern vielgestaltige, mitunter widersprüchliche Zugänge, deren Unterschiede sich einer Vereinheitlichung zu einem Jesusbild oftmals widersetzen.

ARNAL, William E. 2011: The Synoptic Problem and the Historical Jesus, in: FOSTER, Paul/GREGORY, Andrew/KLOPPENBORG, John S./VERHEYDEN, Joseph (Hg.): New Studies in the Synoptic Problem: Oxford Conference, April 2008. Essays in Honour of Christopher M. Tuckett, BEThL 239, Leuven, 371–432.

CROSSAN, John Dominic 1991: The Historical Jesus. The Life of a Mediterranean Peasant, San Francisco.

KLOPPENBORG, John S. 2001: Discursive Practices in the Sayings Gospel Q and the Quest of the Historical Jesus, in: LINDEMANN, Andreas (Hg.): The Sayings Source Q and the Historical Jesus, Colloquium Biblicum Lovaniense XLIX, BEThL 158, Leuven, 149–190.

SCHRÖTER, Jens 1998: Markus, Q und der historische Jesus: Methodologische und exegetische Erwägungen zu den Anfängen der Rezeption der Verkündigung Jesu, ZNW 89, 173–200.

SCHRÖTER, Jens 2003: Die Bedeutung der Q-Überlieferungen für die Interpretation der frühen Jesustradition, ZNW 94, 38–67.

TUCKETT, Christopher M. 2002: Q and the Historical Jesus, in: SCHRÖTER, Jens/BRUCKER, Ralph (Hg.): Der historische Jesus. Tendenzen und Perspektiven der gegenwärtigen Forschung, BZNW 114, Berlin, 213–241.

John S. Kloppenborg

1.2. Johannesevangelium

Das JohEv kommt neben den Synoptikern und den dort verarbeiteten Traditionen als historische Quelle für die Jesusüberlieferung nur in zweiter Linie in Frage, denn seine Darstellung ist programmatisch aus österlicher Perspektive ausgestaltet. Sein Jesusbild spiegelt die nachösterlich gewonnene Erkenntnis der göttlichen Würde Christi (Joh 1,1.18; 20,28), der im ganzen Werk der Präexistente, Inkarnierte und Erhöhte ist. Dieses Bild überformt die Darstellung seines irdischen Wirkens und seiner Passion, so dass sich historisch valide Überlieferung nur an einzelnen Stellen und in kritischem Vergleich mit der synoptischen Tradition erheben lässt. Freilich konnte das JohEv aufgrund der traditionellen Zuschreibung an den Zebedaiden Johannes manchen Auslegern historisch überlegen erscheinen, außerdem könnten mögliche Quellen historische Informationen bieten. Für die Frage nach dem Quellenwert des JohEv für die Jesusforschung spielen daher die Verfasserfrage, die Quellenfrage und v.a. die Einschätzung des Verhältnisses zu den Synoptikern eine wesentliche Rolle.

1.2.1. Bezeugung, Autorschaft, Herkunft und Quellen des JohEv

Das Evangelium »nach Johannes« wird bei Irenäus (Iren.haer. 3,1,1) dem Apostel Johannes, Sohn des Zebedäus, zugeschrieben, der das Werk als letztes Evangelium hochbetagt in Ephesus verfasst haben soll. Nach Joh 21,22 f. ist der Autor der im JohEv (erst) ab 13,23 erwähnte, mit Petrus »konkurrierende« (Joh 20,2–10; 19,35; vgl. 18,15 f.) »Jünger, den Jesus liebte«. Sieht man diesen schon in dem unbekannten ersten Jünger aus Joh 1,35–42, konnte sich aufgrund von Mk 1,16–19 die Identifikation mit dem Zebedaiden nahelegen. Freilich begegnet der Name nur in der Inscriptio, und nur in Joh 21,2 sind die Zebedaiden erwähnt. Die »apostolische« Autorisierung, die das JohEv als Augenzeugenbericht erscheinen lässt, ist im Text also nicht direkt beansprucht, sondern erst erschlossen. Nimmt man die Notiz des Papias (Eus.h.e. 3,39,4) ernst, der zwei Gestalten namens »Johannes« unterschied, den Apostel und den »Alten (πρεσβύτερος) Johannes«, und berücksichtigt, dass ein πρεσβύτερος als Autor von 2Joh und 3Joh auftritt, dann könnte dies der Traditionsträger im joh. Kreis sein, so dass die Zuschreibung an den Apostel dann auf eine frühe Verwechslung oder Überblendung beider zurückgeht (HENGEL 1993).

Die traditionelle Zuschreibung des JohEv an einen palästinischen Augenzeugen des Wirkens Jesu, die bis heute bei konservativen Autoren immer wieder Anklang findet (BAUCKHAM 2006a: 358–383, RATZINGER 2007: 266 f.), ist sowohl aus sprachlichen Gründen wie auch angesichts des Stoffes und der theologischen Gestaltung des JohEv nicht haltbar (FREY 2015a: 93–97). Die Tradition der Abfassung bzw. Herausgabe des JohEv in Ephesus bzw. der Asia ist hingegen angesichts der frühen Wirkungsspuren dort plausibel, ebenso dass das JohEv als letztes der vier Evangelien verfasst wurde, wobei meist eine Zeit um 100–110 (SCHNELLE ⁴2008) angenommen wird. Dafür spricht u. a. auch die hohe Christologie (Jesus als »Gott«: 1,1.18; 20,28), die kritische Rezeption synoptischer Stoffe (FREY 2013b: 265–281) und die undifferenzierte Rede von »den Juden«, die auf Entwicklungen nach 70 und in der Diaspora zurückweist (FREY 2013c).

Seit Beginn des 20. Jh.s suchte die Forschung nach Quellen des JohEv. Julius Wellhausen (WELLHAUSEN 1908) wollte eine durchlaufende (dem MkEv ähnlichere) Grundschrift, Rudolf Bultmann (BULTMANN 1948) vier Quellen des (von der »Kirchlichen Redaktion« überarbeiteten) Werks des Evangelisten erheben (Logoshymnus, Wunder- bzw. »Semeiaquelle«, »Offenbarungsredenquelle«, Passionsbericht). Außer der Redenquelle wurden diese von vielen akzeptiert, wobei über Textbestand und Profil der Quellen nie ein Konsens bestand. Georg Richter (RICHTER 1977) erneuerte die These einer (nun judenchristlichen) Grundschrift, Robert T. Fortna (FORTNA 1970; 1988) erweiterte die Semeiaquelle zum »Zeichenevangelium«. Zuletzt ist der Optimismus literarkritischer Rekonstruktion stark geschwunden, da die Sprache des JohEv (und der Briefe) zu homogen ist, um Quellenscheidungen zu stützen, und die Argumentation ohne klare Textparallelen oft zirkulär bleibt (HENGEL 1993; FREY 1997: 429–445; 2013). Die Annahme einer zusammenhängenden Wunderquelle ist unhaltbar (VAN BELLE 1994), nur Einzeltraditionen sind zu erheben (LABAHN 1999), und auch aus den Jesusreden lassen sich nur einzelne Herrenworte begrenzt zurückverfolgen (THEOBALD 2002). Ein joh. Passionsbericht ist überflüssig, sobald man mit der Kenntnis des MkEv rechnet (LANG 1999).

Mit Ausnahme einzelner Exegeten, die alte Quellenhypothesen weiterführen (BECKER 2001; THEOBALD 2009) und neuen kühnen Versuchen (SIEGERT 2007; VON WAHLDE 2010), wächst die Überzeugung, dass das JohEv ein sorgfältig gestaltetes Werk ist, das eklektisch (Joh 20,30) synoptische Überlieferungen und eigene Gemeindeüberlieferungen (z. T. mit Parallelen in 1Joh) verbindet, aber eigenständig sprachlich und theologisch überformt (HENGEL 1993; SCHNELLE ⁴2008; FREY 2013a) und am Ende (posthum?) durch Schüler unter Anfügung von Joh 21 (anders THYEN 2005) herausgegeben wurde.

1.2.2. Das Verhältnis zu den Synoptikern in der Forschung: Ergänzung, Überbietung, Ersetzung?

Zentrale Bedeutung für die historische Beurteilung hat die Frage nach dem Verhältnis zu den Synoptikern. Die Differenzen wurden schon in der Antike wahrgenommen, nicht zuletzt von paganen Kritikern wie Kelsos, Porphyrios und Kaiser Julian Apostata (dazu MERKEL 1971: 8–31; COOK 2000). Aber schon die Kritik des Papias am Aufbau des MkEv (bei Eus.h.e. 3,39,15) könnte die Auffassung widerspiegeln, dass für ihn, der den »Presbyteros Johannes« noch gekannt hatte, nicht das Mk-, sondern das JohEv die bessere »Ordnung« bewahrt hatte. Nach Clemens (bei Eus.h.e. 6,14,7) berichtete Johannes auf Bitten der anderen Apostel die »geistlichen« Dinge über Jesus, in Ergänzung zu den »leiblichen« der Synoptiker. Aufgrund seiner Christologie wurde das JohEv gerne theologisch vorgezogen, wobei historische Differenzen gesehen, aber meist harmonisierend überspielt wurden. Augustinus' *De consensu Evangelistarum* führte die Harmonistik für Jahrhunderte zum Sieg (FREY 2013b: 244–246).

Erst die Betrachtung der Evangelisten als »bloß menschliche Schriftsteller« (LESSING 1778) und die kritische Ablehnung der Harmonistik (HERDER 1797: 416) eröffneten die Diskussion neu. Aus seiner Vorliebe für die joh. Christologie wollte Schleiermacher auch die historische Priorität des JohEv folgern, hingegen wollte David Friedrich Strauß (STRAUSS 1835) den (v. a. gegenüber dem MtEv) stärker mythischen Charakter des JohEv aufweisen und Ferdinand Christian Baur (BAUR 1847; 1864; dazu FREY 2014) deutete das JohEv idealistisch als Entfaltung des Logosgedankens. Ende des 19. Jh.s hatte sich in der kritischen Forschung der Konsens etabliert, dass das JohEv kein apostolischer Augenzeugenbericht, sondern eine späte theologische Allegorie sei. Seine Intention wurde nicht mehr in der *Ergänzung* (Clem.Al.), sondern in der *Überbietung* (Baur) oder gar *Ersetzung* (WINDISCH 1926) der Synoptiker gesehen. So war die historische Alternative unausweichlich gestellt: Das Bild des historischen Jesus war nur unter Verzicht auf das JohEv zu erheben (FREY 1997: 30–39). Wenn liberale Jesusdarstellungen das JohEv noch einbezogen, so nur, um das Bild Jesu von synoptischen Anstößigkeiten zu reinigen und »geistiger« und philosophisch erträglicher zu machen. Während um 1900 für Johannes weithin die Kenntnis der Synoptiker angenommen wurde, kam im 20. Jh. die These der *Unabhängigkeit* zur Dominanz, z. T. in Verbindung der Annahme eigenständiger Quellen. Percival Gardner-Smith (1938; dazu VERHEYDEN 1992) und der Einfluss von Rudolf Bultmann und Charles Harold Dodd etablierten die Sicht, dass das JohEv einem eigenen religiösen Milieu entstamme (NOACK 1954) und erst die Redaktion synoptische Tradition berücksichtige. Nur eine Minderheit hielt an der joh. Kenntnis des MkEv (und ggf. LkEv) fest (BARRETT 1956; KÜMMEL 1963). Während Bultmann an der historischen Rückfrage uninteressiert war, rekonstruierte Dodd vor-joh. Traditionen, in denen er Semitismen, topographische Notizen, Berührungen mit jüdischer Überlieferung und eigene Passionsüberlieferungen erkennen wollte (DODD 1963: 423–432). Seine Impulse wurden aber wenig weitergeführt, da ab ca. 1980 neue Methoden der Evangelienforschung aufkamen, die an historischer Rückfrage weniger interessiert waren. Die Kritik an den klassischen Quellenhypothesen drängte auch die These der Unabhängigkeit des JohEv und seiner Tradition (BECKER 2001; SMITH [2]2001: 195–241) gegenüber der Annahme einer Kenntnis des Mk- und evtl. des LkEv (NEIRYNCK 1977; SCHNELLE 1992; HENGEL 1993; LANG 1999) oder auch des MtEv (THYEN 2005) und einer selektiven Bezugnahme auf synoptische Stoffe zurück. Zuletzt zeigt sich – neben sehr konservativen Versuchen, die Apostolizität und Historizität des JohEv zu verteidigen (CARSON 1981; BLOMBERG 2001; BAUCKHAM 2006a; 2007; dazu FREY 2013a: 8–12) – das Interesse an einer Revision des kritischen Konsensus, der das JohEv faktisch aus der Jesusforschung verdrängt hatte, besonders in dem von Paul Anderson und Tom Thatcher initiierten Projekt »John, Jesus and History« (ANDERSON 2006; ANDERSON/JUST/THATCHER 2007; 2015; JUST/ANDERSON/THATCHER 2009). Doch Andersons Postulat einer »interfluentiality« (ANDERSON 2006: 40 f.), das eine klare literarische Verhältnisbestimmung von JohEv und Synoptikern vermeidet und eine »bi-optische« Perspektive auf Jesus einnehmen will, läuft Gefahr, kritische Einsichten für einen Eklektizismus und historisch unkritischen Optimismus preiszugeben.

1.2.3. Selektive Rezeption und kritische Interpretation: Das Verhältnis zur synoptischen Überlieferung und die historische Auswertung

Gattung: Wie die Synoptiker ist das JohEv ein narratives Evangelium (»Vita Jesu«), das den Weg Jesu von der Begegnung mit dem Täufer bis zu den österlichen Erscheinungen erzählt, dabei aber stärker diskursiv, dialogisch und dramatisch ausgestaltet ist. Vieles spricht dafür, dass Johannes die Form des Evangeliums nicht neben Markus selbständig »erfunden«, sondern die im MkEv vorliegende Form modifiziert und weiterentwickelt hat (SCHNELLE [4]2008: 532), durch

Voranstellung des Prologs Joh 1,1–18, die dramatische Ausgestaltung des Streits Jesu mit »den Juden« bis Joh 12 und die diskursive Ausweitung der Abschiedssituation in Joh 13–17.

Stoff: Das JohEv teilt mit den Synoptikern eine Vielzahl von Erzähl- und Wortüberlieferungen, die meisten sind im MkEv belegt, einige haben ihre Parallele in Q oder im LkEv. Hingegen fehlen viele andere wesentliche synoptische Stoffe (SCHNELLE [4]2008: 529–531). Andererseits bietet das JohEv viel »Sondergut« in Erzähl- und Redestoff. Während für diesen komplexen Befund vielerlei Erklärungen denkbar sind, deutet die Analogie der Perikopenfolge von Speisung der 5000, Seewandel, Überfahrt, Zeichenforderung und Petrusbekenntnis in Joh 6 bzw. Mk 6–8 eher auf eine Kenntnis des MkEv seitens des Evangelisten (und nicht nur seiner Tradition oder einer späteren Redaktion) hin (SCHNELLE [4]2008: 531).

Chronologie und Topographie: Während Jesus im MkEv einmal zum Passa nach Jerusalem zieht (ebenso im Lk- und MtEv), notiert Johannes drei Passa-Feste (Joh 2,13; 6,4; 11,55). Die Zeit seines Wirkens ist daher bei Markus maximal ein Jahr, bei Johannes zwei bis drei Jahre. Versuche, die Differenz durch Textumstellung (von Joh 5 und 6) zu bereinigen, überzeugen nicht. Der anderen Chronologie korrespondiert die Differenz in der Topographie, insofern Jesus nach dem JohEv mehrmals zwischen Galiläa und Judäa »pendelt«. Der joh. Stoff ist daher deutlich weniger auf Galiläa und stärker auf Judäa und Jerusalem bezogen.

Passionschronologie: Nach Markus stirbt Jesus am Freitag, dem 15. Nisan, dem Passa-Feiertag, nach der Feier des Passa-Mahls am Abend zuvor. Nach Johannes stirbt er am Freitag, 14. Nisan, dem »Rüsttag« vor dem Fest, an dem sich die Ankläger nicht im Haus des Pilatus verunreinigen wollen (Joh 18,28). Jesu letztes Mahl ist hier kein Passa-Mahl, Jesus stirbt vielmehr etwa zu der Zeit, in der die Passa-Lämmer im Tempelbezirk zum abendlichen Mahl in den Häusern geschlachtet werden. Die Differenz ist auch durch hypothetische Annahme differierender Kalender, etwa des qumranischen Lunisolarkalenders (so JAUBERT 1957) nicht zu überbrücken; aus ihr ergeben sich auch unterschiedliche Jahre des Todes Jesu. Das Datum des JohEv wurde später zum Zeugen für die Kleinasiaten im Streit um den Ostertermin gegen Rom.

Jesu Messianität und Verkündigung: Während bei Markus Jesu Messianität noch verborgen bleibt (Schweigegebote) und er sich erst im Prozess (Mk 14,61 f.) offenbart, wird bei Johannes seine christologische Würde von Anfang an explizit, ein »Messiasgeheimnis« gibt es nicht (freilich ein Jüngerunverständnis). Jesus offenbart seine »Herrlichkeit« (Joh 2,11). Während das Zentrum der synoptischen Verkündigung die Herrschaft Gottes ist, verkündigt Jesus bei Johannes sich selbst und seine Würde als Messias, Sohn und »Gott«. Die größere historische Plausibilität ist hier auf Seiten der synoptischen Tradition.

Dramaturgie: Das JohEv bietet die Tempelreinigung am Anfang in Joh 2,13–22 als Auftakt des Streits mit »den Juden«, während das MkEv sie am Ende seines Wirkens (Mk 11,15–17) als Anlass der Verhaftung erzählt. Anlass des Todesbeschlusses ist bei Johannes hingegen das größte Zeichen, die Erweckung des Lazarus (Joh 11), in der sich Jesus als göttlicher Lebensgeber zeigt. Hier liegt die historische Plausibilität bei Markus, hingegen ist die Umstellung bei Johannes aus dramaturgischen Gründen zu erklären.

Sprache und Diktion: Die wichtigste Differenz zu den Synoptikern liegt in der Sprache Jesu: Bei Johannes redet Jesus überwiegend nicht in den Formen der synoptischen Tradition, in Logien, Gleichnissen, kurzen Apophthegmen etc., sondern in langen, z. T. repetitiv oder spiralig voranschreitenden Reden, die längere metaphorische Netzwerke aufbauen und in klaren Ich-bin-Worten gipfeln. In den Synoptikern kommt nur Mt 11,26 f. der joh. Diktion nahe. Auch ist trotz einiger semitischer Namen die Sprache des JohEv weiter vom aramäischen Substrat der ältesten synoptischen Tradition entfernt. Entscheidend aber ist die Beobachtung, dass Jesu Sprache im JohEv mit der Sprache des Täufers und anderer Figuren, der Sprache des Erzählers und auch der Sprache des 1Joh übereinstimmt: Es ist die Sprache und Terminologie des Evangelisten bzw. seiner Gemeinde, die die Redeweise des joh. Jesus prägt. Damit ist aber eindeutig: Die joh. Worte Jesu spiegeln nicht die Diktion des irdischen Jesus wider, vielmehr hat diese eine tiefgreifende Transformation erfahren, z. B. von der »Königsherrschaft Gottes« (so noch Joh 3,3.5; dann ist nur noch von Jesu Königtum die Rede, so z. B. Joh 18,36) zum »ewigen Leben« (Joh 3,15 f.) als dem nun beherrschenden Heilsbegriff etc. (FREY 2013b: 277–281). Die Konsequenz ist klar: Die Worte Jesu im JohEv (auch die Ich-bin-Worte und das τετέλεσται am Kreuz Joh 19,30) sind nicht »authentische« Worte des irdischen Jesus, sondern Ergebnis einer Umformung im Lichte der nachösterlichen »Anamnesis« der Jesusgeschichte (vgl. Joh 2,22; 12,16), die in der joh. Tradition als Werk des »erinnernden« Geistes legitimiert wurde.

Kritische Reinterpretation: Die Umformung der älteren Überlieferung impliziert eine kritische Reinterpretation der synoptischen Tradition im Licht der joh. Christologie. Joh 12,27 f.; 14,31 und 18,10 bieten eine Rezeption der mk. Getsemani-Perikope (Mk 14,32–42), die zeigt, dass ein Gebet Jesu um Verschonung für Johannes untragbar wäre (FREY 2013b: 265–271), auch der Ruf der Gottverlassenheit am Kreuz (Mk 15,34) muss bei Johannes der Proklamation der Erfüllung (Joh 19,30) weichen. Zahlreiche Erzählzüge, etwa des Täuferbildes (Joh 1,19–34; 3,27–36), der Gefangennahme Jesu (Joh 18,1–11), des Pilatusdialogs (Joh 18,28–19,18), zeigen die Spuren dieser christologisch und literarisch-dramaturgisch motivierten Transformation.

Fazit: Wesentliche Züge des joh. Bildes Jesu und seiner Verkündigung, des Täufers (FREY 2013b: 271–277), der Jünger und der »Juden« (FREY 2013c) bieten kein historisch akkurates Bild der Zeit und Geschichte Jesu von Nazaret, sondern eine Reinterpretation auf der Basis älterer Überlieferung.

1.2.4. Das JohEv als historische Quelle

Dennoch gibt es Anzeichen, dass der Evangelist mit Details des palästinischen Judentums vertraut ist und evtl. selbst dorther stammt (HENGEL 1993: 278–281):

Er bietet aramäische Namen und Termini (8x Rabbi, in Joh 20,16 die Steigerungsform Rabbuni), die er z. T. ins Griechische übersetzt (so zweimal Messias in Joh
1,41; 4,25; Kephas in 1,42; Thomas in 11,16; 20,24; Gabbata in 19,13; Golgota in
19,17), präzise auflöst (Simon, Sohn des Johannes in Joh 1,42; 21,15; vgl. Barjona
Mt 16,17; Judas, Sohn des Simon Iskariot Joh 6,71; 13,2.26) oder auch theologisch
ausdeutet (Siloam in Joh 9,7). Für Jerusalem sind die Ortstraditionen besonders
dicht (8,20: Gotteskasten; 10,23: Halle Salomos; 18,13.24: Residenzen des Hannas
und Kajaphas; 19,17.20: Golgota nahe bei der Stadt[mauer]); weiter noch in 1,28:
»Betanien jenseits des Jordan« als Taufstelle des Täufers im Ostjordanland (vgl.
10,40; 3,23: Aenon bei Salim mit viel Wasser). Auch die Kenntnis jüdischer Feste,
Bräuche und Gesetze (Joh 2,6: Steingefäße; 4,9: Juden und Samaritaner; 7,22 f.:
Beschneidungsgebot bricht Sabbatgebot; 7,37: der letzte Tag von Sukkot; 8,17:
zwei Zeugen; 10,22: Winter; 12,13: Palmzweige; 18,28 und 19,31: Rüsttag) stützt
das palästinische Lokalkolorit und die Glaubwürdigkeit des Autors.

Für einzelne Aspekte der *Zeitgeschichte des antiken Judentums* ist das JohEv
eine historisch ernst zu nehmende Quelle (so HENGEL 1999): So ist Sychar als
Hauptort der Samaritaner zuerst in Joh 4,5 belegt und Joh 10,22 die erste Erwähnung des Chanukka-Festes mit dem griechischen Namen τὰ ἐγκαίνια. Johannes
nennt als einziger ntl. Autor das von Antipas neu gegründete Tiberias (6,1.23 f.;
21,1). Die Notiz in Joh 5,1 f. zum Teich Bethesda mit seinen fünf Säulenhallen
erwies sich durch die Ausgrabung der Anlage mit einem Doppelteich und einem
Asklepioskult aus der Zeit nach 135 n.Chr., der evtl. auf eine ältere Heiltradition
zurückgeht, als überraschend ortskundig. Mit der Erwähnung der Hohepriester
Hannas und Kajaphas, wobei letzterer als der amtierende (Joh 11,49), Hannas als
sein Schwiegervater und »graue Eminenz« eingeführt wird (Joh 18,13), bietet Johannes ein zutreffendes Bild des Einflusses des Hannas-Clans und des komplexen
Machtgefüges zwischen der Priesteraristokratie und dem römischen Präfekten.

Im Blick auf die *Geschichte der frühchristlichen Gemeinde* könnte Joh 4 (neben
Apg 8,4–25) eine frühe Samaritanermission belegen (ZANGENBERG 1998), das
Samaritanerthema weist (bei aller joh. Überformung) zumindest auf den palästi-
nischen Raum zurück. Auch Jesu Diskussionen mit den »Juden« spiegeln nicht
nur Konflikte der Zeit der Abfassung wider, sondern nehmen Diskurse um Jesu
Messianität und die eschatologischen Erwartungen auf (Elija, ein wunderwirken-
der Prophet, Messias; vgl. Joh 1,19–21), die in die frühe Geschichte der Jesusbewegung zurückreichen (BAUCKHAM 2006b). Insbesondere das erstmals bei
Johannes belegte ἀποσυνάγωγος (Joh 9,22; 12,42; 16,2) weist auf Vorgänge der
Abspaltung bzw. des Ausschlusses von Jesusanhängern aus Synagogengemeinden
hin, die für die joh. Kreise prägend in Erinnerung blieben, wenngleich sie wohl
bereits vor Abschluss des JohEv vollzogen waren. Deren Hintergrund liegt aber
kaum in einem zentralen Beschluss der Rabbinen in Jabne bzw. ihrer Erweiterung
des »Ketzersegens« in der 11. Bitte des Achtzehngebets (so MARTYN 1968;
WENGST 1981), sondern in lokalen Trennungsprozessen in der Diaspora nach
dem Jahr 70 (FREY 2013c).

Auch für *Einzelaspekte der Geschichte Jesu* steuert das JohEv historisch ernst zu nehmende Details bei. So ist die Herkunft des Petrus und des Andreas (und des Philippus) aus Betsaida nur bei Johannes bezeugt (Joh 1,44) und glaubwürdig, auch Kana spielt als Heimat des Natanaël (Joh 21,2), und Ort zweier Taten Jesu eine wichtige Rolle. Die Bedeutung dieses Ortes geht nicht erst auf den Evangelisten zurück, doch ist der Ursprung dieser Tradition kaum mehr zu erhellen. Joh 1,35 legt plausibel nahe, dass sich ein Teil des Jüngerkreises Jesu aus Anhängern des Täufers speiste, so dass sich auch eine gewisse Konkurrenz zwischen Täufer- und Jesuskreis (Joh 3,26.30) und (gegen Mk 1,14) eine noch überlappende Wirksamkeit (Joh 3,24) nahelegt. Joh 2,20 bietet mit 46 Jahren eine recht exakte Angabe für die Zeit seit dem Beginn des herodianischen Tempelbaus (19 v.Chr.) bis zur Zeit des Auftretens Jesu (27 n.Chr.), was Lk 3,23 entspricht. Da die mk. ebenso wie die joh. Chronologie konstruiert sein kann, hat die längere Wirksamkeit Jesu mit ggf. mehreren Festreisen durchaus einige Wahrscheinlichkeit für sich. Am schwersten zu entscheiden ist die Frage nach Jesu Todesdatum. Historisch lässt sich für Markus oder Johannes argumentieren: Ist es denkbar, dass das Synhedrion in der Passa-Nacht tagte und die Kreuzigung am hohen Feiertag exekutiert wurde (Mk), oder nicht? Haben die Synoptiker (Markus oder seine Quelle) Jesu letztes Mahl zum Passa-Mahl gemacht oder hat Johannes seine Passa-Lamm-Typologie (vgl. Joh 1,29; 19,36) durch eine chronologische Änderung unterstützt? Hier bleiben die historischen Aporien weithin unauflösbar.

Trotz dieser zahlreichen (oft eher am Rande mitgeteilten) Details bleibt festzuhalten, dass das JohEv sich als historische Quelle des Wirkens Jesu und damit als Gegenstand der historischen Jesusforschung nur in zweiter Linie anbietet. In ihm sind programmatisch Elemente der Zeit des irdischen Jesus, Elemente der vergangenen Geschichte der Gemeinde(n) und Fragen und Einsichten aus dem »Horizont« des Autors und seiner Adressaten in einer eigenartigen, homogenen Sprache miteinander verschmolzen. Dieses »Sandwich« lässt sich weithin nicht mehr auflösen, um historisch valide Informationen zu isolieren, zumal wenn externe Parallelen fehlen. Jesu Lehre und Reden, wesentliche Aspekte seiner Wirksamkeit (Heilungen und die bei Johannes fehlenden Exorzismen) und die historischen Grundzüge seiner Passion sind daher in erster Linie aus den Synoptikern zu erheben.

ANDERSON, Paul N. 2006: The Fourth Gospel and the Quest for Jesus. Modern Foundations Reconsidered, London/New York.

FREY, Jörg 2013a: Wege und Perspektiven der Interpretation des Johannesevangeliums, in: DERS.: Die Herrlichkeit des Gekreuzigten. Studien zu den Johanneischen Schriften I, hg. v. SCHLEGEL, Juliane, WUNT 307, Tübingen, 3–41.

– 2013b: Das vierte Evangelium auf dem Hintergrund der älteren Evangelientradition. Zum Problem: Johannes und die Synoptiker, in: DERS.: Die Herrlichkeit des Gekreuzigten. Studien zu den Johanneischen Schriften I, WUNT 307, hg. v. SCHLEGEL, Juliane, Tübingen, 239–294.

HENGEL, Martin 1993: Die johanneische Frage. Ein Lösungsversuch, mit einem Beitrag zur Apokalypse von Jörg Frey, WUNT 67, Tübingen.

Jörg Frey

1.3. Sonstige Schriften des Neuen Testaments

Der Quellenwert all jener ntl. Schriften, die anders als die Evangelien kein biografisches Interesse an Jesus verfolgen und sein irdisches Wirken nicht ins Zentrum stellen, ist nur indirekt zu erschließen und wird in der Forschung kontrovers bewertet. Mit ihm zusammen hängt die historische Frage nach der Bedeutung, die die Jesustradition im frühen Christentum besaß. Auch sie wird in der Forschung unterschiedlich beantwortet. Die Suche nach Spuren von Jesusüberlieferung außerhalb der Evangelien verdankt sich neuzeitlicher Bibelkritik, die das Verhältnis zwischen dem historischen Jesus und seinen christologischen Deutungen in den frühchristlichen Schriften zur Diskussion stellte. Ein grundlegendes Problem bildet dabei die Tatsache, dass das Wirken des irdischen Jesus in den weiteren ntl. Schriften noch stärker als in den Evangelien mit der Entfaltung der christologisch-soteriologischen Bedeutung seiner Sendung verwoben ist.

1.3.1. Apostelgeschichte

Nach Darstellung der Apg, die als Teil des lk. Doppelwerkes enge Verbindungen zum dritten Evangelium besitzt und deshalb für die Frage nach dem Zusammenhang vorösterlicher Jesustradition und ihrer nachösterlichen Rezeption besonders instruktiv ist, beruft sich das frühe Christentum auffällig selten auf Lehre und Taten des irdischen Jesus. In den vom Verfasser der Apg gestalteten Reden des Petrus und des Paulus, die die Ausbreitung der Kirche im Römischen Reich an zentralen Wendepunkten reflektieren und voranbringen, werden zu missionarischen und apologetischen Zwecken lediglich Grunddaten des Wirkens Jesu aufgegriffen. Am ausführlichsten, wenngleich auch nur summarisch, geht die Petrusrede im Haus des Hauptmanns Cornelius (Apg 10,34–43) auf die Ereignisse des Wirkens und Geschicks Jesu ein (Taufe durch Johannes, Wirken Jesu in Galiläa und Jerusalem, Heilungen, die Passion und sein Kreuzestod, außerdem die Auferweckung durch Gott und Erscheinungen; daneben ist das Reich Gottes Thema der Apostelpredigt, vgl. Apg 8,12; 14,22). Charakteristisch für den lk. Umgang mit synoptischer Tradition ist darüber hinaus, dass Lukas einige wenige Stoffe, die Markus und Matthäus in das irdische Wirken Jesu einordnen, in seiner nachösterlichen Geschichtsdarstellung unterbringt: Dass die Speisegebote relativiert werden, lässt er Petrus in einer Vision erkennen (vgl. Apg 10,9–48; 11,1–18), während Markus und Matthäus das Problem der Verunreinigung durch Speisen zu einem Thema der irdischen Wirksamkeit Jesu machen. Ebenso wird die Aussage von Falschzeugen gegen Jesus, er werde den Tempel zerstören (vgl. Mk 14,58), in der Apg zu einem Teil der Anklage gegen Stephanus, wodurch Lukas dessen Martyrium mit dem Prozess Jesu parallelisiert (Apg 6,14). Es lässt sich hieran zeigen, dass die Bezugnahmen auf das Wirken des irdischen Jesus in der Apg keinen eigenen, über synoptische Überlieferung hinausgehenden Informationswert besitzen. Die wenigen Rekurse auf bekanntes Material aus den synoptischen Evangelien dienen vielmehr im Rahmen der lk. Geschichtserzählung dazu, die Apostel als Zeugen des Auftretens Jesu und seiner Auferstehung zu legitimieren (vgl. Apg 10,39.42; vgl. auch 13,31), die Handlung voranzutreiben, indem Glauben oder Ablehnung der Hörer provoziert wird (vgl. Apg 10,44; 13,42–44), und schließlich die gesamte Jesusgeschichte als Erfüllung der Schrift zu interpretieren (vgl. Apg 13,17–23.32–41).

Was das Wirken Jesu betrifft, bietet das Bild der Apg damit insgesamt kein neues Material. Auffällig ist auch die fehlende Rückbindung weichenstellender Entscheidungen des Urchristentums an Wortüberlieferung des irdischen Jesus (vgl. BARRETT 1985). Obwohl umfangreiche Kenntnis von Jesusworttradition bei dem Verfasser des lk. Doppelwerkes vorauszusetzen ist, werden die mit der Ausbreitung christlicher Gemeinden verbundenen Entwicklungen wie die Aufnahme von Heiden in das Volk Gottes nach Darstellung der Apg nicht durch Jesuserinnerung initiiert, sondern durch das Wirken des *Geistes* in Petrus und Paulus ausgelöst und eher mit der *Schrift* als mit Jesustradition begründet (vgl. Apg 15,15–18.28; STRANGE 2000: 69; BARRETT 1985: 706).

Zu Beginn der Apg, bis zu seiner Erhöhung, übernimmt gleichwohl der *Auferstandene* die Funktion des Geistes als treibende Kraft hinter den Ereignissen. Kompositorisch sind die Rekurse auf Worte des Auferstandenen von Lukas als leitendes Programm geschaffen, das zentralen Ereignissen zugrunde gelegt wird. So entwirft der auferstandene Jesus den geografischen Ablauf der Mission und beruft die Jünger zur Zeugenschaft in Jerusalem, Judäa, Samarien und bis an das Ende der Erde (Apg 1,8). Er erweist sich damit als eigentlicher Initiator der Ausbreitung der Kirche, die im Folgenden erzählt wird. Die zuvor ergehenden Ankündigungen des Auferstandenen in Apg 1,4 f. besitzen zwar Parallelen im LkEv, aber auch bei ihnen handelt es sich nicht um Jesustradition im engeren Sinn: In der Ankündigung der Geisttaufe, die die Johannestaufe überbieten wird, reformuliert der Auferstandene ein synoptisch überliefertes Wort Johannes des Täufers (Apg 1,5; vgl. Mk 1,8; vgl. auch Mt 3,11; Lk 3,16), das im Folgenden erzählerisch umgesetzt und später in der Petrusrede noch einmal in nahezu wörtlicher Wiederholung von Apg 1,5 als Erinnerung an ein ῥῆμα τοῦ κυρίου aufgegriffen wird (Apg 11,16). Lukas führt so auch die Geistgabe an Cornelius und andere Gottesfürchtige auf den Kyrios zurück und schafft reflektierende Fixpunkte in seiner Erzählung. Der auferstandene Jesus spielt zudem mit einem Selbstzitat auf seine Worte in Lk 24,49 an (ἣν ἠκούσατέ μου), die er ebenfalls bereits als Auferstandener gesprochen hatte. Auch hier wird keine Überlieferung des irdischen Jesus rezipiert, sondern die letztgenannten Passagen sind von Lukas geschaffen, um den Beginn des lk. Geschichtswerks über die Ausbreitung der christlichen Gemeinde mit dem Schluss des LkEv zu verklammern.

Ein weiteres Beispiel für die Eigenständigkeit der Jesusüberlieferung im LkEv gegenüber der Geschichtsdarstellung der Apg sind die vom vorösterlichen Jesus erteilten Missionsinstruktionen zur Aussendung der 72 (Lk 10,1–12), die in der frühchristlichen Mission, die die Apg schildert, nicht einfach umgesetzt, sondern teils übergangen, teils durch neue Offenbarungen ersetzt werden. Einen Sonderfall bildet in dem Zusammenhang die Eigenversorgung des Paulus bei seiner Mission. Sie steht im Widerspruch zu den Anweisungen an ausgesandte Verkündiger in Lk 10,7 (vgl. auch 1Kor 9,14) und wird in der Apg mit dem einzigen dort überhaupt vorkommenden Herrenwort begründet, das seinerseits in den Evangelien nirgends bezeugt ist: Geben ist seliger als Nehmen (Apg 20,35, vgl. auch die Parallele in Did 1,5). Paulus zitiert es in innergemeindlicher Rede. Zahlreiche Exegeten sehen in dem in hellenistischer Literatur sonst als Sprichwort bekannten Herrenwort eine sekundäre Zuschreibung an Jesus, die Lukas vorgenommen habe (HORRELL 1997: 598 f.). Der Befund zeigt insgesamt, dass weder die Evangelien Jesustradition zum unmittelbaren Gebrauch in nachösterlicher Zeit sicherten und festschrieben, noch umgekehrt solche Überlieferungen für die ersten Christen bei der Gestaltung der Gemeinden und bei kirchenleitenden Entscheidungen bindend waren.

1.3.2. Die neutestamentlichen Briefe

Ebenso wie die Apg verfolgen auch die ntl. Briefe primär andere Zwecke als die Bewahrung und Vermittlung von Jesusüberlieferung. Sie legen frühchristliche Glaubensüberzeugungen in je unterschiedlichen Kommunikationszusammenhängen für das gemeindliche Leben und die christliche Identität in nachösterlicher Zeit aus. Dazu beziehen sie sich auf Eckdaten der Jesusgeschichte von der Präexistenz und Menschwerdung über Leiden, Kreuzestod und Auferweckung bis zur Erhöhung (vgl. Phil 2,6–11; 1Kor 15,3b–5; Röm 4,25; 8,34; vgl. auch 2Petr 1,16–18). Als implizite Bestandteile dieser sog. »Jesus story«, eines narrativen Konzentrats des Heilsgeschehens, werden die Ereignisse während des öffentlichen Wirkens Jesu in Galiläa und Jerusalem in den Briefen nicht eigens thematisiert, sondern argumentativ verarbeitet (vgl. REINMUTH 1995; WEDDERBURN 1989). Beispielhaft für diese Form der Verarbeitung ist die Aussage in Gal 4,4 über die Sendung des Sohnes Gottes, »geboren von einer Frau und unter das Gesetz getan«. Das biografische Detail zielt im Briefganzen nicht auf Vermittlung von Jesusüberlieferung, sondern antizipiert bereits die Befreiung der »unter dem Gesetz Stehenden«, die mit Christus eingetreten ist, und besitzt also eine soteriologische Pointe (vgl. Gal 4,5; SCHOLTISSEK 2000: 201). Von solchen Ausnahmen wie der Erwähnung der Geburt Jesu »unter dem Gesetz«, seiner Beschneidung und dem letzten Mahl in der Nacht seiner Auslieferung abgesehen (Röm 15,8; 1Kor 11,23–25; vgl. auch 1Thess 2,14 f.), spielen biografische Einzelheiten des Wirkens Jesu eine noch geringere Rolle als in der Apg. Dies spricht neben anderem gegen den Anspruch von Jak und 1Petr, von Augenzeugen Jesu verfasst worden zu sein (zu Vertretern der Augenzeugenschaft von 1Petr vgl. aber ACHTEMEIER 1996: 9 f.). Die in beiden Briefen vorkommenden Anklänge an Jesusüberlieferung müssen wohl eher nicht als älteste Zeugnisse von Jesusüberlieferung, sondern als Rezeptionen frühchristlicher (Jesus-)Tradition bzw. Evangelientradition interpretiert werden (vgl. BEST 1970).

Dennoch verarbeiten die ntl. Briefe Themen jesuanischen Wirkens und seiner frühchristlichen Deutung. Einige dieser Themen können mit dem Kriterium der mehrfachen Bezeugung (↗ B.IX.; B.X.) für ein plausibles historisches Profil Jesu gesichert werden. Dazu zählen etwa die βασιλεία-Verkündigung Jesu (Röm 14,17 u.ö.; Jak 2,5) und sein Umkehrruf, die Abba-Anrede (Gal 4,6; Röm 8,15), Züge des jesuanischen Ethos (z.B. Umgang mit Besitz: Jak 2,1–13; 5,1–6; Umgang mit dem Feind: Röm 12,14–21) sowie Anklänge an die Haltung Jesu zu halachischen Fragen wie Reinheit von Speisen (vgl. Röm 14,14). Bezugnahmen auf Jesu Person und christologische Interpretationen seines Selbstverständnisses (Niedrigkeit, Leiden, Proexistenz, Jesus als Repräsentant der Gottesherrschaft und Sohn Gottes) sowie die Kreuzigung (und Auferweckung) werden in den Briefen zu Ausgangspunkten umfangreicher theologischer Argumentationen. Bestimmte Motive der Jesustradition, vor allem Leiden und Proexistenz Jesu, fungieren außerdem als christologische Begründung frühchristlicher Paränese (vgl. Gal 2,6; Phil 2,6–8; 1Petr 2,21; 3,13–18; 4,1). In spezifischer Weise werden sie außerdem von Paulus zur Legitimation seines Apostelamtes als μιμητὴς Χριστοῦ herangezogen (vgl. 1Kor 11,1; 1Thess 1,6; 2Kor 13,4). Die genannten Aspekte der Person und des Wirkens Jesu werden jedoch nicht für sich thematisiert, sondern fließen in situationsbedingte Gemeindeunterweisungen und Entwürfe zu einer neuen, »christlichen« Identität ein. Klare Grenzziehungen zwischen Biografischem und nachösterlicher Interpretation, wie im Falle von Gal 4,4, sind oft nicht möglich. Vereinzelt wurden die genannten Aspekte zwar für ein kritisch zu erhebendes Gesamtbild von Jesu Person und Wirken herangezogen (vgl. SCHOLTISSEK 2000; Reinmuth, Wolter, Becker), spielten jedoch in neuerer Diskussion gegenüber Spuren der Wortüberlieferung eine geringere Rolle für die historische Rückfrage nach Jesus.

In paränetischen Abschnitten insbesondere des 1Thess, 1Kor und Röm, außerdem 1Petr und Jak, begegnen Themen, Motive und Lexemverbindungen, die auch aus synoptischer *Wortüberlieferung* vertraut sind und in den Evangelien im Munde Jesu überliefert werden. Aus diesem Grund gerieten mit der Zuwendung zur Frage nach Tradierungsweisen der Jesusüberlieferung und deren Spuren in verschiedenen außersynoptischen Quellen in der zweiten Hälfte des letzten Jh.s die ntl. Briefe in den Fokus der Jesusforschung. Man versprach sich Zugang zu erhaltener Jesustradition außerhalb der Evangelien, die von einer vermuteten späteren, narrativen Verarbeitung unbeeinflusst sei (Koester, Allison, Dunn). Die Suche nach Jesustradition beschränkte sich dabei nicht auf kanonisch gewordene Schriften, sondern griff auch auf außerkanonische Texte aus, die wie ntl. Briefe potenziell Jesustradition überliefert haben können (↗ C.II.1.4). Ebenso wie diese wurden auch die Parallelen in den Briefen vorwiegend in der Alternative »abhängig – unabhängig von synoptischer Jesusüberlieferung« diskutiert.

Aufmerksamkeit erhielten Traditionsstoffe in 1Thess, 1Kor, Röm, 1 und 2Petr und Jak, die lexikalisch bzw. semantisch analog in den synoptischen Evangelien unter der Autorität Jesu, d. h. als seine *Worte* überliefert werden. Sie umfassen sowohl allgemeine ethische und halachische Themen (Trennungsverbot: 1Kor 7,10 f.; Feindesumgang, Vergeltungsverzicht und Nicht-Richten: Röm 12,14; Jak 5,9; Reichtumskritik: Jak 2,5; 5,1 f.; Reinheit: Röm 14,14; Schwurverbot: Jak 5,12; außerdem Demut, Frömmigkeit, Barmherzigkeit, Tun des Willens Gottes und Streben nach Vollkommenheit) als auch Überlieferungen, die thematisch spezifischer mit der Jesusbewegung bzw. den frühen Christen zusammenhängen (Deuteworte Jesu beim letzten Mahl: 1Kor 11,23–25; Missionsunterhalt: 1Kor 9,14 und 1Tim 5,18; Naherwartung: 1Thess 5,2; 2Petr 3,10; Apk 3,3; 16,15; Bedeutung des Glaubens: 1Kor 13,2; Leiden um der Gerechtigkeit willen: 1Petr 3,14). Da solche Parallelüberlieferungen in den ntl. Briefen – bis auf wenige Ausnahmen in 1Kor – nirgends als Zitate Jesu bzw. als Herrenworte gekennzeichnet werden und außerdem neben Übereinstimmungen mit ihren synoptischen Parallelen auch charakteristische Differenzen aufweisen, gehen die Forschungsmeinungen zur tatsächlichen Anzahl und zum Charakter der Parallelen als Echos oder Anspielungen weit auseinander. Wie die Beziehungen zwischen synoptischer Jesusworttradition und den Analogien in den ntl. Briefen interpretiert werden, entscheidet sich dabei an den zugrundegelegten globalen Thesen über den Beginn und die Kontinuität des frühchristlichen Überlieferungsprozesses.

Zwei bis in die Gegenwart einflussreiche Positionen können hier genannt werden: Seit Birger Gerhardsson (GERHARDSSON 1961; 1979) richtet die skandinavische Forschung ihr Untersuchungsinteresse auf Techniken des Memorierens und auf das Verhältnis zwischen Lehrautoritäten und ihren Schülern, die in der israelitisch-jüdischen bzw. griechisch-römischen Umwelt des frühen Christentums praktiziert wurden und den ersten Christen Strukturen für ihren Umgang mit Jesustradition bereitgestellt haben könnten. Ausgehend von Vorbildern des frühjüdischen bzw. paganen Umfeldes rechnet diese Forschungsrichtung mit einem vergleichsweise kontrollierten, auf autorisierten Überlieferungsträgern basierenden Traditionsprozess (vgl. RIESNER ³1988; BYRSKOG 1994; 2000; 2011). Der historische Jesus habe wie ein Schuloberhaupt oder Lehrer gewirkt und den Memoriervorgang selbst angestoßen (vgl. RIESNER ³1988), weshalb wesentliche Teile der Überlieferung letztlich auf ihn zurückgingen. Einen Überlieferungsprozess entlang literarischer Abhängigkeiten der ntl. Schriften von konstruierten Vorstufen entwarfen demgegenüber Dale C. Allison und Helmut Koester in der zweiten Hälfte des letzten Jh.s. Die sog. Jesustradition bei Paulus sei entweder auf zirkulierende, relativ gefestigte Jesustradition oder auf vorsynoptische Quellen, etwa »Q« bzw. schriftlich fixierte, katechetische Spruchsammlungen zurückzuführen (ALLISON 1982; 1985; KOESTER 1990; vgl. auch BEST 1970). Ganz analoge Erklärungen mit der Kenntnis von Q bzw. redaktioneller Bearbeitungen von Q (»Q^{Mt}«)

fand auch der Befund von »Jesustradition« in den katholischen Briefen, v. a. dem Jak und dem 1Petr, die beide einen auffällig hohen Anteil an Bergpredigttradition bieten (HARTIN 1991; DAVIDS 1982). In dem hier beschriebenen Theorierahmen wird die in den Briefen erhaltene »Jesustradition« als ein möglicher Zeuge älterer Überlieferungsgestalten und als ein von der (vor-)synoptischen Überlieferung abhängiger Nebenstrom aufgefasst, deren Hauptstrom in die synoptischen Evangelien einging. Durch kritischen Vergleich der Textbefunde und Kenntnis des Memorier- und Tradierungsprozesses sei auf ältere Gestalten der Paralleltradition zurückzuschließen und evtl. Wortüberlieferung des historischen Jesus zu ermitteln.

Gegenüber einer einlinigen Verhältnisbestimmung der Evangelien zu den Briefen zeichnet sich gegenwärtig sowohl in der Paulus- als auch in der Jakobusforschung ein Paradigmenwechsel ab (vgl. KONRADT 2004; JACOBI 2015), der auf eine breitere Kontextualisierung der Befunde zurückgeht. Zum einen werden nunmehr auch *außerchristliche*, v. a. frühjüdische Analogien für die Überlieferungsbildung mitberücksichtigt, zum anderen werden die ntl. Briefe *untereinander* verglichen. Es zeigt sich, dass sowohl zu Traditionen israelitisch-frühjüdischer Herkunft als auch zwischen den paränetischen Abschnitten der Paulusbriefe, des 1 und 2Petr und des Jak oftmals engere Berührungen vorliegen als jeweils zu den synoptischen Evangelien. Die Parallelen umfassen dabei z. T. Einzelworte, z. T. aber auch größere semantische Zusammenhänge. Der Befund deutet zunächst darauf hin, dass frühchristliche Paränese nicht eindimensional auf der Basis der Jesusüberlieferung, sondern wesentlich auch auf der Grundlage israelitisch-frühjüdischen Ethos gebildet wurde (vgl. SCHRÖTER 2007b: 97). Die auffälligen Analogien zwischen der Jesustradition der Evangelien und einigen Stellen in den ntl. Briefen könnten darauf zurückzuführen sein, dass beide Schriftbereiche auf dieselben Topoi frühchristlicher Ethik zugriffen, die ihnen bereits vorlagen und die auf der Basis von Schriftworten und frühjüdischer Weisheit gebildet worden waren. Solche Traditionen könnten sich in den Evangelien mit genuiner Jesusüberlieferung, in den ntl. Briefen dagegen mit Gemeindeunterweisung und -belehrung verbunden haben. Ebenso vorstellbar ist in manchen Fällen, dass neben anderen Überlieferungsbereichen auch Jesustradition auf die Ausformung von frühchristlicher Paränese einwirkte und so indirekt weitertradiert wurde. In jedem Fall sind die Relationen zwischen synoptischer Jesusüberlieferung und den Anklängen im Corpus Paulinum, dem Jak und 1Petr eher vermittelter und indirekter Art und lassen sich nicht mit unmittelbaren Abhängigkeiten von der in die Evangelien eingegangenen Jesusüberlieferung erklären. Es ist vielmehr mit flexibleren und unkontrolliert verlaufenden Überlieferungsvorgängen und einer gegenseitigen, indirekten Beeinflussung frühchristlicher Überlieferung und Jesustradition mit einem »nach beiden Seiten offenen Überlieferungsprozess« zu rechnen (KONRADT 2004: 192). Dies hat Konsequenzen für die Beurteilung der Bedeutung und Autorität von Jesusüberlieferung im frühen Christentum (vgl. JACOBI 2015).

1.3.3. Diskussion zweier Beispiele

Zwei Beispiele aus dem Corpus Paulinum und aus dem Jak können die traditions- und überlieferungsgeschichtlichen Beziehungen der Parallelüberlieferung demonstrieren:

(1) Röm 12,14–21, ein ethischer Katalog über den Verzicht auf Vergeltung und das Segnen der Widersacher, besitzt eine sehr prominente synoptische Analogie im Feindesliebegebot und Vergeltungsverzicht der Bergpredigt Mt 5,38–48 bzw. der Feldrede Lk 6,27–36, weshalb in Röm 12,14–21 nicht selten Jesusüberlieferung vermutet wird (u. a. DUNN 1990; WENHAM 1994). Dennoch weist Röm 12,14–21 deutlich engere lexikalische und semantische Berührungen zu Weisungen des pseudepigraphen 1Petr an Gemeinden in Kleinasien auf (1Petr 3,8–19; vgl. auch 1Thess 5,12–22): Erstens wird die Mahnung zum Verzicht darauf, Böses mit Bösem zu vergelten, in 1Petr 3,9a mit einem nahezu identischen – und hier wie dort nicht auf Jesus zurückgeführten – Prohibitiv ausgedrückt wie in Röm 12,17. Zweitens besitzen die beiden Formulierungen eine markante Parallele in außerchristlicher Literatur. Ganz ähnlich fordert Levi seine Brüder Simeon und Benjamin in der aus der ägyptischen Diaspora stammenden jüdischen Novelle »Joseph und Aseneth« dazu auf, sich nicht am Sohn des Pharao zu rächen (JosAs 23,9; 29,3). Schließlich werden drittens sowohl in Röm 12 als auch in 1Petr 3 die ethischen Instruktionen mit Schriftzitaten statt mit der Autorität Jesu begründet. Die Ermahnungen zum Vergeltungsverzicht in Röm 12,17 und 1Petr 3,9 erscheinen vor diesem Hintergrund als weiterführende Verarbeitungen frühjüdischer, auf Schriftauslegung basierender Weisheit. Im Kontext des 1Petr werden sie mit der beispielhaften Proexistenz und dem widerspruchslosen Leiden Christi illustriert, im Kontext des Röm mit dem Heilshandeln Gottes in Jesus Christus, mit dem er seine Liebe zu den Feinden archetypisch erweist (Röm 5,8–10). Damit wird die weisheitlich-ethische Tradition in Röm und 1Petr mit dem Heilsgeschehen in Christus verzahnt. Von diesem einmaligen Heilsgeschehen erhält sie auch ihre spezifische und gegenüber ihren frühjüdischen Parallelen innovative Neuausrichtung, die sich in der Segensforderung als einem radikalen, von den Christusgläubigen verlangten Kontrastverhalten niederschlägt. Durch die inhaltliche Ausrichtung der Überlieferung auf das Christusgeschehen sind Vergeltungsverzicht und Segnen der Gegner mit der Autorität des Kyrios verbunden und bedürfen keiner weiteren, konkreten Verortung im Wirken des irdischen Jesus.

(2) Ähnlich indirekte Verbindungen bestehen zwischen Jak 4,10 und den synoptischen Entsprechungen in Mt 23,12; Lk 14,11; 18,14. Hinter der weisheitlichen Mahnung zur Demut in Jak 4,10, die auch atl.-frühjüdisch belegt ist und einen Tun-Ergehen-Zusammenhang zwischen Erniedrigung und Erhöhung herstellt, wurde vielfach die Aufnahme eines Jesuswortes vermutet (Hartin, Mußner). Dabei zeigt die Formulierung in Jak 4,10 im Imperativ Passiv ταπεινώθητε und dem Antonym ὑψώσει, das Gott zum Subjekt hat, eine größere Nähe zu 1Petr 5,6, mit der sie auch dieselben Abweichungen von der synoptischen Analogie

aufweist. Darüber hinaus sind beide brieflichen Überlieferungsvarianten in einen vergleichbaren Kontext eingebettet, zu dem auch noch ein Zitat aus Spr 3,34 und eine Warnung vor dem διάβολος gehören. Es erscheint daher plausibel, dass Jak 4,10 und 1Petr 5,6 nicht unabhängig voneinander auf ein Jesuswort rekurrieren, wie es im Mt- und LkEv überliefert ist. Sie beziehen sich vielmehr auf eine ihnen vorliegende, aus Spr 3,34 herausentwickelte frühchristliche Tradition, die von Jesustradition beeinflusst worden sein kann (vgl. KONRADT 2004: 193).

1.3.4. Herrenworte in den neutestamentlichen Briefen

Explizite Jesuswortüberlieferungen führen unter den Briefen allein die echten Paulusbriefe an, die sie allerdings als Weisungen des *gegenwärtig* wirkenden Kyrios wiedergeben (1Kor 7,10f.; 9,14; vgl. auch 11,23–25; 1Thess 4,15). Dies – und nicht ihr historischer Ursprung beim irdischen Jesus – ist wohl auch der Grund, weshalb die Weisungen für die Gemeinden im Prinzip bindend sind. Im Argumentationsganzen werden die Herrenworte in 1Kor 7,10f. und 9,14 gleichwohl in ihrer Bedeutung und ihrem Geltungsbereich eingeschränkt. Für Paulus ist das Trennungsverbot in 1Kor 7,10f. eine Regelung, die ohnehin nur das gegenüber dem asketischen Leben »für Christus« untergeordnete Lebensmodell »Ehe« betrifft. Den klassischen Schriftbeleg für die Ehe als Schöpfungswerk Gottes, Gen 2,24, legt er demgegenüber auf das Einswerden mit dem *Kyrios* aus (1Kor 6,16f.). Ebenso nimmt Paulus für sich in Anspruch, das Recht auf Unterhalt in 1Kor 9,14 abzulehnen, um der Evangeliumsverkündigung zu genügen. Der christologische Gesamthorizont seiner Ausführungen überbietet auf diese Weise die einzelnen Herrenworte.

Etwas anders verhält es sich allerdings mit der das Trennungsverbot einschränkenden Parenthese in 1Kor 7,11a. Hier sind Anweisungen für den Fall gegeben, dass sich eine Frau dennoch von ihrem Ehemann trennt. Der syntaktische Einschub wurde häufig als paulinische Unterminierung des absoluten jesuanischen Trennungsverbots interpretiert, mit der der Apostel Rücksicht nehme auf die Ehescheidungspraxis in der griechisch-römischen Umwelt – und zugleich die Autorität des Herrenwortes offen unterlaufe. Das in 1Kor 7,11a geforderte Unverheiratetbleiben oder Versöhnen der getrennten Frau mit ihrem Mann entspricht allerdings dem synoptisch überlieferten Jesuswort über den Zusammenhang zwischen Wiederheirat und Ehebruch (vgl. die Doppelüberlieferung in Mk 10,11f.; Mt 5,32par.). Die dort vorausgesetzte Vorstellung von der Ehe als eine von Gott geschlossene, durch Menschen nicht zu trennende Verbindung könnte auch im Hintergrund der Parenthese in 1Kor 7,11a stehen und die Mahnung an die geschiedene Frau motiviert haben. In diesem Fall läge in 1Kor 7,10f. ein Hinweis auf umfassendere paulinische Kenntnisse von Jesusüberlieferung vor.

In der paulinischen Zitation der Herrenmahlsparadosis in 1Kor 11,23–25 begegnen einige Besonderheiten. Nur hier steht die Überlieferung vom letzten Mahl Jesu »in der Nacht seiner Auslieferung« zusammen mit den zitierten Deuteworten Jesu im Zentrum der paulinischen Argumentation. Das liegt daran, dass der Kyrios bzw. das Heilsgeschehen in Christus in der Überlieferung selbst zum Thema wird. Nur hier gibt es zudem einen biografischen Bezug zum Leben Jesu, der vermutlich bereits Teil der Tradition ist. Dass somit ein spezifisches Ereignis im Leben Jesu die Wortüberlieferung rahmt und eine wesentliche Rolle für die Auslegung spielt, ist unter allen Rezeptionen von Jesusworttradition in den ntl. Briefen einzigartig. Gleichwohl wird die Bedeutung der Tradition nicht dadurch unterstrichen, dass sie als authentische historische Erinnerung von Augenzeugen präsentiert würde. Die Schlussfolgerung Birger Gerhardssons (GERHARDSSON 1998: 290), die einführenden Traditionstermini »empfangen« und »weitergeben« (1Kor 11,23a) würden in Analogie zur pharisäisch-rabbinischen Tradition die Paulus bekannte Jesusüberlieferung als ein fest etabliertes, mit besonderer Geltung ausgestattetes *Corpus* ausweisen, geht wohl zu weit. Zum einen ist es die Interpretation der Mahlszene als Sinnbild für das Heilvolle im Wirken und Tod Jesu, die die Überlieferung für die Korinther überhaupt erst bedeutsam werden lässt. Vorausgesetzt ist also bereits ein nachösterlicher Deutungsprozess, der die Überlieferung geformt hat und zur Grundlage einer rituellen Vergegenwärtigung des Kyrios werden ließ. Zum anderen bezeichnet sich Paulus selbst als direkten Empfänger der Überlieferung »vom Kyrios« und umgeht so eine menschliche Tradentenkette, die nach pharisäisch-rabbinischer Traditionskultur mit den Traditionstermini impliziert wird. Paulus präsentiert sich als Vermittler der Worte des lebendigen Kyrios an die Gemeinde; die Beziehung zwischen dem Apostel, dem Kyrios und der Gemeinde ist eine dynamische.

1.3.5. Fazit

Nirgends beruft sich ein Autor auf den irdischen Jesus als historischen Ursprung der Überlieferung. *Direkte* Zitate des irdischen Jesus finden sich nicht, und biografische Situationen, die Jesusrede veranlassten, werden bis auf 1Kor 11,23 nicht aufgerufen. Als solches ausgewiesenes und über den Evangelienbefund hinausgehendes Überlieferungsmaterial zum »historischen Jesus« lässt sich in den übrigen Schriften des Neuen Testaments demnach nicht nachweisen. Für die historische Rückfrage nach Jesus bedeutet der Befund zunächst, dass außersynoptische Parallelen sog. Jesustradition nicht unkritisch als frühe und literarisch unabhängige Zeugnisse einer zuverlässig tradierten Jesusüberlieferung herangezogen werden können. Die Briefe lassen keinen Traditionsprozess im Sinne eines antiken Schulbetriebs erkennen, verwenden nur vereinzelt Traditionsterminologie und schweigen in den überwiegenden Fällen über die Herkunft ihrer Überlieferung. Es ist davon auszugehen, dass kein im modernen Sinn »historisch-bewahrendes Interesse« an der Wortüberlieferung Jesu bestand.

So unterschiedlich die ntl. Schriften außerhalb der Evangelien mit Jesusüberlieferung umgehen, so erstaunlich konform gehen sie doch darin, anstelle einer erinnernden, an Bewahrung orientierten Pflege authentischer Jesusüberlieferung das anhaltende Wirken des lebendigen, erhöhten Kyrios zum Maßstab christlicher Wirklichkeitsdeutung zu machen. Das ist vor allem in den echten Paulusbriefen, aber auch in der Apg zu beobachten, und in gewisser Weise verdrängt diese christozentrische Hermeneutik eine traditionsorientierte, bewahrende Jesusrezeption (vgl. BARRETT 1985: 706; JACOBI 2015: 295–298). Dies muss gleichwohl nicht als Bruch und Diskontinuität zum vorösterlichen Jesus, sondern kann als Weiterführung seines Selbstanspruches als exklusiver Repräsentant Gottes interpretiert werden (vgl. WOLTER 2011: 449–455; ↗ D.IV.3.8). Die Anknüpfungspunkte an den vorösterlichen Jesus sind dann allerdings nicht auf der Ebene einzelner Wortüberlieferungen, sondern auf der Ebene umfassenderer Überzeugungen zu suchen. Dem entspricht eine Form der Aneignung von Jesusüberlieferung, die vorwiegend in den echten Paulusbriefen und dem 1Petr anzutreffen ist. Sie lässt sich beschreiben als eine weitreichende, über das Medium der Sprache hinausgehende, durch Vorbild wirkende, mimetische und rituelle Rezeption des Wirkens und der Person Jesu. In der Apg können in vergleichbarer Weise in den Heilungen des Petrus und Paulus Fortwirkungen der Heilungstätigkeit Jesu gesehen werden (Apg 3,1–11; 9,32–35.36–43 u.ö.; vgl. NEIRYNCK 1979). Zu dieser Eigenart frühchristlicher Rezeption von Jesusüberlieferung tritt die hohe Bedeutung von Schriftbelegen, die – zuweilen anstelle eines passenden synoptischen Jesuswortes – in den ntl. Briefen und in der Apg (vgl. Apg 15,16f.; 28,26f.) als Begründung der Missionspraxis und der Ethik der ersten Christen dienen. Eine Sonderform der Rezeption von Jesustradition entwickelte sich ferner mit der Ausbildung frühchristlicher Prophetie, für deren »freien« Umgang mit der Kyriosautorität die Johannesoffenbarung vielleicht als ein spätes Zeugnis gelten kann (vgl. synoptische Überlieferung im Munde des erhöhten Kyrios in Apk 2,7 u.ö.; 3,3; 16,15; 22,7; vgl. auch 1Thess 4,15; VOS 1965).

Verschiedene Hypothesen wie etwa die, dass Jesustradition im frühen Christentum vor allem für die private Frömmigkeitspraxis und individuelle Ethik (Gebetshaltung, Vertrauen in Gott als »Vater«, Nächstenliebe) überliefert und bewahrt wurde, während sie zur Entwicklung der Kirche nur wenig beitragen konnte (BARRETT 1985: 708), bleiben letztlich spekulativ. Was die ntl. Schriften außerhalb der Evangelien insgesamt für die Frage nach Jesustradition leisten können, beschränkt sich aus diesen Gründen im Wesentlichen auf die Verifikation parallel überlieferter Tradition unter Anwendung des Kriteriums der mehrfachen Bezeugung. Das sich daraus ergebende Bild ist gleichwohl zunächst nur aussagekräftig hinsichtlich gemeinsamer, vorausliegender Traditionen, besagt aber noch nichts über deren Herkunft vom historischen Jesus. Wie der Befund in den ntl. Schriften außerhalb der Evangelien interpretiert wird, ist daher immer noch vom jeweils vorausgesetzten Profil des historischen Jesus und der Einschätzung der Authentizität von Jesuslogien in den Evangelien beeinflusst: Exegeten, die bspw. Mk 10,45 für authentisch halten, können auch in 1Petr 1,18 eine (petrinische) Reminiszenz an Jesusüberlieferung sehen (vgl. die Diskussion bei BEST 1970: 99f.). Je zuverlässiger also die Evangelientradition eingeschätzt wird, desto mehr

Anklänge werden auch in den Briefen gefunden. Die Loslösung der Fragestellung von den synoptischen Evangelien und der Vergleich der »Jesustradition« rezipierenden ntl. Briefe untereinander kann hier aufzeigen, dass sog. Jesustradition im frühen Christentum durchaus länger in einem nicht fixierten »Aggregatzustand« zirkulierte (vgl. WOLTER 2013) und vermutlich Formen der Überlieferung existierten, die außerhalb der Evangelien nicht unter der Autorität des irdischen Jesus tradiert wurden.

BYRSKOG, Samuel 2011: The Transmission of the Jesus Tradition, in: HOLMÉN, Tom/PORTER, Stanley E. (Hg.): Handbook for the Study of the Historical Jesus, Vol. II: The Study of Jesus, Leiden, 1465–1494.

DUNN, James D. G. 1990: Paul's Knowledge of the Jesus Tradition. The Evidence of Romans, in: KERTELGE, Karl/HOLTZ, Traugott/MÄRZ, Claus-Peter (Hg.): Christus bezeugen. FS Wolfgang Trilling, Freiburg/Basel/Wien, 193–207.

JACOBI, Christine 2015: Jesusüberlieferung bei Paulus? Analogien zwischen den echten Paulusbriefen und den synoptischen Evangelien, BZNW 213, Berlin.

STRANGE, William A. 2000: The Jesus-Tradition in Acts, NTS 46, 59–74.

WACHOB, Wesley Hiram/JOHNSON, Luke Timothy 1999: The Sayings of Jesus in the Letter of James, in: CHILTON, Bruce/EVANS, Craig A. (Hg.): Authenticating the Words of Jesus, NTTS 28/1, Leiden/Boston/Köln, 431–450.

WENHAM, David 1994: Paul – Follower of Jesus or Founder of Christianity?, Grand Rapids.

WOLTER, Michael 2013: Jesus bei Paulus, in: ROTHSCHILD, Clare K./SCHRÖTER, Jens (Hg.): The Rise and Expansion of Christianity in the First Three Centuries of the Common Era, WUNT 301, Tübingen, 205–232.

Christine Jacobi

1.4. Außerkanonische Schriften als Quellen für den historischen Jesus?

Die umfangreiche Forschungsdebatte zur Person des historischen Jesus ist in den letzten beiden Jahrhunderten von der allseits geteilten Grundannahme ausgegangen, dass die kanonischen Evangelien des Matthäus, Markus, Lukas und Johannes das Ausgangsmaterial bereithalten, aus dem ein Bild Jesu gewonnen werden kann. In Teilen der Forschung wurde dabei das MkEv als Grundlage bevorzugt (z. B. MANSON 1967: 26 f.), zuweilen orientierte man sich auch an der Logienquelle (z. B. HARNACK 1907) und vielfach wurde in einem komplexeren Zugriff Material aus allen vier Evangelien herangezogen. Weitestgehende Einigkeit bestand jedoch darin, dass der »wahre« Jesus ausschließlich in den vier ntl. Evangelien und ihren Quellen zu finden sei (SANDERS 1993: 64 f.). Diese Annahme ist in jüngerer Zeit infrage gestellt worden. Gelegentlich wurden nunmehr auch andere frühchristliche Evangelien oder einzelne Worte Jesu verwendet, die in außer-ntl. Texten überliefert sind, um ein Bild von Jesus zu entwerfen, das unabhängig von den kanonischen Evangelien ist. Dabei sollten »zusätzliche« oder »alternative« Wege zum historischen Jesus aufgezeigt werden, die nicht von Matthäus, Markus, Lukas und Johannes beeinflusst sind. Damit sind zugleich die in dieser Forschungsrichtung anzutreffenden Bewertungsmöglichkeiten für die außerkanonischen Quellen benannt: Einige Forscher betrachten die apokryphen Evangelien als mögliche Ergänzung der kanonischen Evangelien, denen neues, vorher unbekanntes Material entnommen werden kann (z. B. JEREMIAS [3]1963) oder die zusätzliche Belege für Jesusworte aus den kanonisch gewordenen Evangelien liefern (CROSSAN 1991), um auf diese Weise das für die Echtheitsfrage relevante Kriterium der »vielfachen Bezeugung« zu erfüllen (↗ B.IX.). Andere Forscher sind der Ansicht, dass die Darstellung Jesu im Neuen Testament der Modifikation oder Korrektur bedarf, wofür die apokryphe Literatur wertvolle Dienste leiste.

Der wichtigste archäologische Fund in dieser Hinsicht war sicher die Entdeckung des EvThom, das in drei griechischen Fragmenten von einer Müllhalde im ägyptischen Oxyrhynchus (1897–1904 veröffentlicht) geborgen wurde und in einem nahezu vollständigen koptischen Manuskript aus Nag Hammadi (1959 veröffentlicht) überliefert ist. Es gibt vor, die Worte Jesu durch die Hand des Apostels Thomas zu verzeichnen und besteht aus 114 Einzelsprüchen und Dialogen. Von diesen Sprüchen ist ungefähr die Hälfte auch in den synoptischen Evangelien enthalten, die andere Hälfte weist nur geringe oder gar keine Verbindungen zu den kanonischen Sprüchen auf. Als Indizien für die Unabhängigkeit des EvThom von den Synoptikern wurden gelegentlich (1) die gattungsmäßige Sonderstellung des EvThom als Auflistung unverbundener Sprüche, Gleichnisse und kürzerer Episoden, (2) die abweichende Anordnung der synoptischen Sprüche im EvThom und (3) die Unterschiede im Wortlaut der Logien angeführt, die das EvThom und die Synoptiker gemeinsam haben. Auf diese Weise käme dem EvThom ein Quellenwert für die Worte Jesu neben dem MkEv, der Logienquelle und dem Sondergut des MtEv und LkEv zu (so z. B. PATTERSON 1993). Wegen ihrer relativen Kürze und Direktheit, die sie von den kanonischen Parallelen unterscheidet, sind einige der synoptischen Sprüche im EvThom hin und wieder für authentisch gehalten worden, sofern Kürze und Einfachheit als Kennzeichen der Echtheit der Worte Jesu galten. Das Gleichnis von den bösen Weingärtnern bei Thomas bietet beispielsweise ein elegantes Trikolon von drei Gesandten, nämlich dem ersten Diener, dem zweiten Diener und dem Sohn (EvThom 65), während bei Markus in etwas ungeordneter Form dem ersten und zweiten Diener zunächst noch »viele andere« und dann erst der Sohn folgen (Mk 12,1–11). Die Bewertung des EvThom als literarisch unabhängige Quelle eröffnete nicht nur die Möglichkeit, den Text für die vielfache Bezeugung der Worte Jesu im Rahmen der Echtheitsfrage fruchtbar zu machen, sondern auch das Bild insgesamt durch neues Material zu erweitern. Entsprechend hat sich in einzelnen Entwürfen die Sicht auf den historischen Jesus von der vorherrschenden Perspektive, die Jesus als eschatologischen Propheten betrachtet, hin zu einem Verständnis von Jesus als Weisheitslehrer verschoben; er wird dann weniger als jüdischer Gerichts- und Heilsprophet wahrgenommen, sondern eher als Vermittler universeller Weisheit (DAVIES 2005).

Die Forschungsmeinungen über den historischen Wert des EvThom gingen allerdings bereits in der ersten Forschungsgeneration, die sich mit dem vollständigen Text auseinandersetzen konnte, sehr weit auseinander. In diesem Zusammenhang ist dann sogar von einer »Kontinentalspaltung« gesprochen worden, die in grober Vereinfachung Europa, wo die Haltung zum EvThom überwiegend skeptisch blieb, von den Vereinigten Staaten trennte, wo die historische Verwertbarkeit vielfach optimistischer eingeschätzt wurde. Über einen langen Zeitraum hat sich die Forschung am EvThom mit der Frage nach dessen Verhältnis zu den kanonisch gewordenen Evangelien befasst. Zuletzt hat es allerdings immer mehr, darunter auch einige sehr entschiedene Stimmen gegeben, die das EvThom als Sammlung betrachten, welche sich in weiten Teilen aus den synoptischen Evangelien speist und deren historischer Wert entsprechend vernachlässigbar ist (z. B. GOODACRE 2012; DENZEY LEWIS 2014; MEIER 2015). Damit ist freilich nur der Wert für das Verständnis des historischen Jesus in seinem ursprünglichen Kontext eingeschränkt. Ungeachtet dessen bietet das EvThom einen wertvollen Einblick in die Rezeption der Jesusüberlieferung im 2. Jh., als der Text zusammengestellt wurde (↗ E.VI.).

Literarisch unabhängiges historisches Material wurde zuweilen auch in anderen Evangelien vermutet. 1948 veröffentlichte Joachim Jeremias die erste Auflage seines Buches »Unbekannte Jesusworte«, in dem er die These fortentwickelte, dass einige der sog. *Agrapha* (also der Worte Jesu, die in den kanonischen Evangelien »nicht aufgeschrieben« sind) für authentisch gehalten werden könnten. Spätere Auflagen dieses Buches sind mit der Aufnahme von neu entdecktem Material immer umfangreicher geworden. Jeremias beurteilte zum Beispiel die Reinheitsdebatte zwischen Jesus und dem Priester in P.Oxy. 840 als Reflex auf eine authentische Episode aus dem Leben Jesu. In einer anderen Richtung hat Morton Smith die Auffassung vertreten, dass das »Geheime Markusevangelium« sehr genau die historischen Elemente der Lehre Jesu über den Messias und das Gottesreich widerspiegele (SMITH 1973). Helmut Koester war der Ansicht, dass eine Reihe apokrypher Evangelien unabhängig von ihren kanonischen Gegenstücken entstanden seien und deswegen potentiell historischen Wert besäßen (KOESTER 1992).

Neben den apokryphen Evangelien gilt die Aufmerksamkeit auch anderem apokryphem Material, in dem gelegentlich nach authentischen Logien gesucht wird. So ist etwa der Ausspruch Jesu aus den apokryphen Petrusakten, dass die, die mit ihm sind, ihn nicht verstanden haben (ActPetr 10), als historische Reminiszenz gewertet worden. Ferner hat man auch das Gleichnis Jesu aus den Thomasakten, das über einen kosmischen Weinstock spricht, der in der Tiefe gepflanzt ist und bis in den Himmel reicht (ActThom 146), für authentisch gehalten.

Jenseits des »häretischen« apokryphen Materials kommen als weitere Quellen auch die Texte der Kirchenväter in Betracht, die ebenfalls eine Anzahl zusätzlicher Worte Jesu überliefern. Am breitesten bezeugt ist vielleicht der bei Clemens von Alexandrien, Origenes, Kyrill von Jerusalem und vielen anderen erhaltene Ausspruch: »Seid tüchtige Wechsler«, der manchmal auch mit einer Erklärung versehen ist, die die ethische Zielrichtung unterstreicht: Es gelte zu akzeptieren, was rein und ursprünglich ist, aber zurückzuweisen, was schlecht und gefälscht ist. Der vielleicht am wenigsten umstrittene apokryphe Spruch Jesu findet sich bei Origenes und Didymus dem Blinden auf der einen und im EvThom und dem »Evangelium des Erlösers« (bzw. dem »Unbekannten Berliner Evangelium«) auf der anderen Seite: »Wer mir nahe ist, ist dem Feuer nahe; wer mir fern ist, ist fern vom Gottesreich« (z. B. EvThom 82).

Darüber hinaus liefern auch einige wenige abweichende Lesarten in den ntl. Handschriften Material für die Sammlung der *Agrapha*. So enthält beispielsweise das Manuskript des Codex Bezae aus dem 5. Jh. zwischen Lk 6,4 und 6,5 folgende Ergänzung: »Am selben Tag sah er (Jesus) einen Mann, der am Sabbat arbeitete, und sagte zu ihm: ›Mensch, wenn du weißt, was du tust, bist du selig. Aber wenn du es nicht weißt, bist du verflucht und ein Gesetzesübertreter.‹« Auch diesen Spruch stufte Jeremias als authentisch ein, obwohl seine Bezeugung in nur einem von mehreren Tausend Manuskripten des Neuen Testaments Zweifel an dieser Einschätzung aufkommen lässt.

Auch wenn gelegentlich ein anderes Bild gezeichnet wird, sind die Stimmen, die sich für die Authentizität der genannten Episoden und Logien aussprechen, klar in der Minderzahl. Anders als die kanonischen Evangelien enthalten viele der apokryphen Evangelien, einschließlich des EvThom, kein plausibles Setting im Judentum des 1. Jh.s. Vielen der *Agrapha* fehlt ein größerer literarischer Kontext, der es erlauben würde, ihre Echtheit zu überprüfen. Ein großer Teil des diskutierten Materials sind Einzelsprüche (z. B. »Seid tüchtige Wechsler«), Manuskriptfragmente (z. B. das Egerton-Evangelium) und Texte, die nur in Übersetzungen vorliegen (z. B. das koptische Judasevangelium). Insgesamt spielen sie in der modernen Forschungsliteratur zum historischen Jesus mit einigen wenigen Ausnahmen nur eine sehr untergeordnete, meist aber gar keine Rolle, obwohl sie, wie schon bemerkt, interessante Zeugnisse der späteren Rezeptionsgeschichte der Jesustradition darstellen.

FREY, Jörg/SCHRÖTER, Jens (Hg.) 2010: Jesus in apokryphen Evangelienüberlieferungen, WUNT 254, Tübingen.

GATHERCOLE, Simon 2012: The Composition of the Gospel of Thomas: Original Language and Influences, Cambridge.

GOODACRE, Mark S. 2012: Thomas and the Gospels: The Case for Thomas's Familiarity with the Synoptics, Grand Rapids.

HEDRICK, Charles W. 1988: The Historical Jesus and the Rejected Gospels, Semeia 44.

LABAHN, Michael 2011: The Non-Synoptic Jesus, in: HOLMÉN, Tom/PORTER, Stanley E. (Hg.): Handbook for the Study of the Historical Jesus, Vol. I–IV, Leiden/Boston, 1933–1996.

NICKLAS, Tobias 2011: Traditions about Jesus in Apocryphal Gospels (with the Exception of the Gospel of Thomas), in: HOLMÉN, Tom/PORTER, Stanley E. (Hg.): Handbook for the Study of the Historical Jesus, Vol. III: The Historical Jesus, Leiden, 2081–2118.

STROKER, William D. 1989: Extracanonical Sayings of Jesus, Atlanta.

Simon Gathercole

2. Nichtchristliche Texte

2.1. Griechische, römische und syrische Quellen über Jesus

Mit der Anklage Jesu vor Pontius Pilatus in Jerusalem muss seinen Anhängern bewusst geworden sein, welches geringe Ansehen sie bei griechischen und römischen Behörden besaßen. Paulus bemühte sich, bei Gefängniswärtern und Statthaltern ein Verständnis für den Christusglauben zu wecken, und der Autor der Apostelgeschichte beschreibt mehrfach, wie die frühen Christen von den Staatsvertretern wahrgenommen wurden. Sowohl Justin der Märtyrer (Iust. 1apol 35,48) als auch Tertullian (Tert.apol. 5,21) waren überzeugt, dass Pilatus einen Bericht über den Prozess gegen Jesus an den Kaiser Tiberius gesandt hatte, ungefähr seit dem 3. Jh. waren außerdem diverse pro- und antichristliche Pilatusakten in Umlauf. Insgesamt finden sich in paganen Texten der ersten zwei Jahrhunderte allerdings nur wenige verlässliche Hinweise auf Jesus, die hier nach Inhalt, Kontext und möglicher Bedeutung vorgestellt werden sollen, zusammen mit einem syrischen Text, der Jesus im Licht der paganen Tradition darstellt. Ein eigener Artikel widmet sich den einschlägigen Passagen aus dem Werk des Flavius Josephus (↗ C.II.2.2).

2.1.1. Mara bar Sarapion

Eine Pergamenthandschrift aus dem 7. Jh. beinhaltet eine Sammlung philosophischer und medizinischer Texte in syrischer Sprache. Der Codex wurde in den 1840er Jahren aus dem Wüstenkloster, in dem er verwahrt wurde, ins Britische Museum überführt (B. L. Add. 14,658). Für die Jesusforschung ist insbesondere ein kleinerer Text von Interesse, nämlich der Brief eines gewissen Mara, Sohn des Sarapion, der seinen eigenen Sohn, welcher andernorts bei einem Tutor lebt, zu einem tugendhaften Leben nach philosophischen Maßstäben anhält. Er ist überzeugt, dass weise Männer, die Verfolgungen erduldet haben, das letzte Wort gegen ihre ungerechten Unterdrücker behalten, und stellt dafür eine bemerkenswerte Liste von Beispielen zusammen (Übersetzung nach Aufhauser ²1925: 9):

»Denn was hatten die Athener für einen Nutzen davon, dass sie Sokrates töteten, was ihnen ja mit Hungersnot und Pest vergolten wurde? Oder die Samier von der Verbrennung des Pythagoras, da ihr ganzes Land in einem Augenblick vom Sand verschüttet wurde? Oder die Juden von der Hinrichtung ihres weisen Königs, da ihnen von jener Zeit an das Reich weggenommen war? Denn gerechtermaßen nahm Gott Rache für jene drei Weisen: die Athener starben Hungers, die Samier wurden vom Meere bedeckt, die Juden umgebracht und aus ihrem Reiche vertrieben, leben allenthalben in der Zerstreuung. Sokrates ist nicht tot: wegen Plato, noch Pythagoras: wegen der Herastatue, noch der weise König: wegen der neuen Gesetze, die er gegeben hat.«

Obwohl Jesus nicht namentlich genannt wird, ist es schwerlich möglich, einen anderen als ihn mit jenem Mann zu identifizieren, der, wie es der antiken christlichen Auffassung entsprach, von »den Juden« getötet und von Gott durch die Vertreibung der Juden aus ihrem Land gerächt wurde. Der Brief gibt also keinen eigenständigen Zugang zum Leben Jesu, könnte aber im Wettstreit um den frühesten nicht-christlichen Hinweis auf Jesus eine Rolle spielen, abhängig von der Datierung und der Bestimmung seines literarischen Charakters sowie der Umstände seiner Entstehung.

Die Hinweise auf die Lebensumstände im Brief des Mara sind leider recht unspezifisch und können deswegen verschiedenen Zeiträumen zugeordnet werden. Als Mitglied der sozialen Elite von Samosata in Kommagene bedauert Mara den kürzlich erlittenen Verlust der Unabhängigkeit an eine fremde Herrschaft. Aus der Haft, in der er sich mit einigen Gefährten aus Samosata befindet, hofft er, mit Erlaubnis der Römer bald in seine Heimatstadt zurückkehren zu können. Als historischer Kontext wird hierfür oft die (erneute) Umwandlung Kommagenes in eine römische Provinz durch Vespasian 72 n.Chr. angeführt. Allerdings wurde das vormals unabhängige Königreich bereits 17 n.Chr. von Tiberius zur Provinz gemacht, bevor Caligula die einheimische Herrschaft für die Dauer einer Generation wiederherstellte. Ein vorübergehender Abfall zum Partherreich in den frühen 160er Jahren, den Lucius Verus wieder rückgängig machte, gilt als weiterer möglicher Kontext. Die erste englischsprachige Edition (CURETON 1855) stellte den Brief des Mara 1855 mit weiteren Texten aus den 160er Jahren zusammen. Auch eine Untersuchung von 1897 zeigte die Diskrepanzen zwischen den Hinweisen des Briefes und der politischen Situation von 72 n.Chr. (SCHULTHESS 1897). Dennoch wird dieses letztere Datum in vielen Studien bevorzugt. Kathleen E. McVey hat den Brief als Schreibübung eines christlichen Studenten aus dem 4. Jh. gedeutet, der sich als früherer Heide ausgibt (MCVEY 1990). Michael Speidel hält die Handschrift sowie den literarischen Charakter des Briefes für einen Hinweis auf eine Datierung in das 2. oder 3. Jh. (SPEIDEL 2012).

War Mara ein Christ? Wegen seiner Beschäftigung mit der philosophischen Lebensweise (statt mit dem christlichen Glauben), wegen der Eigenart, den Namen Jesu unerwähnt zu lassen, ferner wegen der ungewöhnlichen Bezeichnung für Christus (»weiser König«) und wegen der Behauptung, dass Christus *durch seine neuen Gesetze* (und nicht als auferstandener Herr) weiterlebe, wurde diese Frage vielfach verneint. Allerdings ist die Schlussfolgerung möglicherweise zu einfach, wenn man sich die auffällige Übereinstimmung des Briefes mit der typischen christlichen Haltung gegenüber den Juden vor Augen führt. Die große Vielfalt christlicher Interpretationen der Person« Jesu ist in vielen antiken Texten deutlich zu erkennen. Irenäus und Eusebius verurteilen Strömungen, die Christus auf eine Stufe mit anderen Lehrerpersönlichkeiten stellen, etwa mit dem Mediziner Galen, und verorten eine solche »Irrlehre« auch in Samosata (Eus.h.e. 5,28; Iren.haer. 1,26,5 über die Karpokratianer). Es muss damit gerechnet werden, dass Kenntnis des Christusglaubens und Bindung an ihn, wie sie in solch unterschiedlichen Texten wie dem lk. Doppelwerk, dem Hebräerbrief oder im Brief des Plinius an Trajan vorausgesetzt sind, sehr verschieden ausgeprägt waren. Christen entwickelten offenbar verschiedene Glaubensformen und vertraten dabei unterschiedliche Vorstellungen über ihren Lehrer und Herrn.

In diesem Spektrum ergeben sich einige plausible Auslegungsmöglichkeiten für den Brief des Mara, die ein eindeutiges Urteil über seinen nicht-christlichen Charakter oder seinen Status als erstes nicht-christliches Zeugnis von Jesus deutlich erschweren.

2.1.2. Sueton

C. Suetonius Tranquillus (ca. 70–130/135 n.Chr.) war Mitglied des römischen Ritterstandes mit ausgezeichneten Beziehungen zur Herrschaftselite und ein produktiver Schriftsteller. Mit Unterstützung seines Freundes, des Senators Plinius (des Jüngeren), in dessen Bekanntenkreis sich auch Tacitus befand (s. u.), trat er unter den Kaisern Trajan und Hadrian in den Staatsdienst ein. Von Suetons zahlreichen Werken ist einzig *De vita Caesarum* erhalten. Es umfasst die Biographien von zwölf Kaisern, angefangen vom Dynastiebegründer Julius Cäsar bis hin zu den Flaviern. Im Rahmen der rhetorischen Vorgaben betont Sueton vor allem Herkunft und Lebensende der einzelnen Herrscher und formuliert für jeden von ihnen eine zusammenfassende moralisch-politische Beurteilung. Daneben zeigt er einen gewissen Hang zum Klatsch und baut bei jeder Gelegenheit pikante Anekdoten aus dem Leben der verstorbenen Kaiser in seine Darstellung ein. Neben solchen unterhaltsamen Details bietet er oft nur eine Aufzählung von Regierungsmaßnahmen, ohne dabei großen Wert auf kontextuelle und zeitliche Einordnung oder sonstige Erläuterungen zu legen.

In einem Abschnitt über Neros Anordnungen und Initiativen erwähnt Sueton entsprechend in rascher Abfolge die Begrenzung der Ausgaben durch den jungen Kaiser, die Einschränkung des Fleischverkaufs in den Schenken, die Bestrafung der Christen für ihren neuen und gefährlichen Aberglauben, die Ausweisung von Pantomime-Darstellern aus Rom und Auflagen für Wagenlenker, die sich über dem Gesetz wähnten (Suet.Nero 16,2). Nähere Angaben, insbesondere auch über die Christen, bleibt der Autor schuldig. Glücklicherweise bietet Tacitus (s. u.) in dieser Hinsicht ausführlichere Informationen.

Von größerem Interesse für die Jesusforschung ist Suetons »Leben des Claudius« (Regierungszeit 41–54 n.Chr.). Ein langer Abschnitt im mittleren Teil zählt, wie auch bei Nero, die segensreichen Taten des Kaisers auf, die, wie Sueton bemerkt, von den Ehefrauen und freigelassenen Sklaven des Kaisers arrangiert gewesen seien, welche ihn angeblich dominierten. Berichtet wird von der Wiederbelebung römischer Sitten und Bräuche, der Bestrafung all jener, die sich das römische Bürgerrecht angemaßt hatten, der Statusumstellung einiger Provinzen und der Bewilligung von Privilegien für germanische Gesandte in Rom. Unter all diesen Maßnahmen erwähnt Sueton, dass Claudius »die Juden/Judäer aus Rom vertrieb, die, angestachelt von Chrestus, fortwährend Unruhe stifteten« (Suet.Cl. 25,4: *Iudaeos impulsore Chresto assidue tumultuantis Roma expulit*). Diese kurze Formulierung gibt einige Rätsel auf und wurde in der Forschung zu einem breit diskutierten Thema.

Suetons Hauptaussage bezieht sich auf die Vertreibung der Juden aus Rom, weil sie fortwährend Unruhe stifteten. Wäre dies die gesamte Aussage, hätte man sich wohl auf den Zusammenhang mit Apg 18,2 konzentriert (»Claudius hatte nämlich angeordnet, dass alle Juden Rom verlassen müssten«) und auf den Bericht des Cassius Dio (60,6,6), der ein Versammlungsverbot für die Juden erwähnt (Dio behauptet, sie seien zu zahlreich für eine Ausweisung gewesen), weil sie die Römer zu fremden Lebensweisen verführen würden.

Problematisch ist die Wendung *impulsore Chresto*, von der sich Historiker häufiger haben täuschen lassen. Einigkeit besteht darin, dass sich das römische Christentum in der Regierungszeit des Claudius in den städtischen Synagogen ausbreitete. Der Name »Chrestus« ist dem Namen »Christus« verlockend ähnlich, zumal bekannt ist, dass beide tatsächlich häufig verwechselt wurden. Auch der Klang des griechischen Jota in »Christos« ist kaum zu unterscheiden vom e-Laut in »Chrēstus«. So kann man sich fragen, ob Suetons »Chrestus« nicht vielleicht ein entstellter Hinweis auf christliche Missionare ist, die während der Herrschaft des Claudius in den römischen Synagogen aktiv waren.

Zu Recht hüten sich Historiker hier vor einfachen Lösungen. Bei unbefangener Lektüre lässt sich der Aussage der Hinweis auf einen Unruhestifter namens Chrestus entnehmen. Dieser Name (von χρηστός, »nützlich«, »zuverlässig«) war sehr gebräuchlich, besonders unter Sklaven und Freigelassenen, die den Großteil der jüdischen Bevölkerung Roms ausmachten. Cassius Dio (s. o.) sieht die Unruhen unter Claudius als Fortführung der Tumulte unter Tiberius 19 n.Chr. (57,18,5), bei denen von christlicher Beteiligung selbstverständlich noch keine Rede ist. Auch Apg 18,2 bezieht sich offenbar nur auf die Ausweisung von Juden aus Rom. Es besteht kein Grund, die Aktivität eines Mannes namens Chrestus in der Regierungszeit des Claudius unter den Juden in Rom zu bezweifeln. Zwar ist der Name in den frühen jüdischen Grabinschriften aus Rom nicht belegt, allerdings stammen diese erst aus dem 2. bis 5. Jh. Sollte im Text des Sueton doch Christus gemeint sein – was schon Paulus Orosius (Oros.hist. 7,6) im 5. Jh. vermutete –, bedürfte es einiger Anstrengungen, um einen »Christus« in römischen Synagogen (»Christus« ist nicht das Christentum) historisch plausibel zu machen.

2.1.3. Plinius und Tacitus

P. Cornelius Tacitus (Suffetkonsul 97 n.Chr.) und C. Caecilius Plinius Secundus (Suffetkonsul 100 n.Chr.) verband neben ihrer Freundschaft auch die Zugehörigkeit zur Senatorenelite, welche die römische Kultur maßgeblich prägte. Nachdem sie beide eine Rhetorikausbildung erhalten hatten, dienten sie in der Legion und durchliefen die römische Ämterlaufbahn bis zum Konsulat. Sie verwalteten wichtige römische Provinzen und waren zudem intensiv in das literarische Leben der Hauptstadt eingebunden.

In einem Brief an Trajan bittet Plinius um Rat für den Umgang mit den Christen in seiner Provinz Bithynia et Pontus. Diese Anfrage und die Antwort des Kaisers (Plin.epist. 10,96 f.) zählen wohl zu den bekanntesten römischen Quellen, die die Herkunft der Christen thematisieren. Dabei wird Jesus zwar nicht direkt erwähnt, aber doch ein Eindruck von der christlichen Religionspraxis vermittelt.

Tacitus beschäftigt sich mit Jesus selbst. Als Historiker neigt er dazu, auf den Ursprung der Völker, Städte oder Gruppierungen einzugehen, die er beschreibt. So behandelt er etwa die Entstehung Jerusalems, bevor er die Zerstörung der Stadt schildert (Tac.hist. 5,2–13). Im Bericht von Neros Herrschaft wird in chronologischer Form auf den großen Brand 64 n.Chr. in Rom eingegangen, auf den Wiederaufbau der Stadt und den verzweifelten Versuch des Kaisers, die Schuld für die Katastrophe auf die römischen Christen zu schieben, indem er sie bestrafte (Tac.ann. 15,38–44). Tacitus erklärt dazu Folgendes (ann. 15,44, Übersetzung nach Heller [5]2005):

»Der Mann, von dem sich dieser Name [sc. der Christen] herleitet, Christus, war unter der Herrschaft des Tiberius auf Veranlassung des Prokurators Pontius Pilatus hingerichtet worden; und für den Augenblick unterdrückt, brach der unheilvolle Aberglaube wieder hervor, nicht nur in Judäa, dem Ursprungsland dieses Übels, sondern auch in Rom, wo aus der ganzen Welt alle Greuel und Scheußlichkeiten zusammenströmen und gefeiert werden.«

Der erste Satz ist für die Jesusforschung von größter Bedeutung. Es bleibt allerdings unklar, woher Tacitus seine Informationen bezog. Dass er die Evangelien gelesen hat, ist unwahrscheinlich. Wesentlich näher liegt die Annahme, dass ihm Berichte von angeklagten Christen aus erster oder zweiter Hand bekannt waren, vielleicht hatte er auch die Darstellung Jesu aus den *Antiquitates* des Josephus (Ant. 18,63 f.) vor Augen. Josephus war in Rom der Gewährsmann für alles, was Judäa und die Juden betraf, und es gibt durchaus Hinweise, dass Tacitus an anderer Stelle vom *Bellum*, dem anderen Hauptwerk des Josephus, Gebrauch macht (Tac.hist. 5,1–13).

Der Bericht des Tacitus zu Nero und den Christen trägt nichts Substantielles zu den bekannten Informationen über Jesus bei. Sollten seine Angaben auf mündlichen Berichten von Christen beruhen, hätten sie so viel Zeugniswert wie die Evangelien, allerdings mit dem Unterschied, dass ein kritischer Nicht-Christ sie für glaubwürdig hielt.

2.1.4. Lukian von Samosata

Noch ein weiterer paganer Autor muss erwähnt werden, weil er etwa zur gleichen Zeit wie die anderen seine Texte verfasst hat und Jesus, wie es scheint, auf der Grundlage christlicher Berichte erwähnt. Lukian war ein Einwanderer aus Samosata, der Stadt in der syrischen Kommagene, aus der auch der eingangs erwähnte

Mara stammte, und als solcher nicht aus derselben sozialen Schicht wie die lateinischen Autoren. Er verstand sich meisterhaft auf die griechische Rhetorik und bemühte sich u. a. mit seinen geistreichen satirischen Essays um Ansehen und Lebensunterhalt in den literarischen Kreisen Roms und des östlichen Mittelmeerraums. In einer seiner Satiren greift er Peregrinus aus Parium (im westlichen Kleinasien) an, der rastlos auf spiritueller Suche war, bevor er sein Leben im griechischen Olympia durch den Feuertod beendete, wobei Lukian nach eigenem Bekunden zugegen war. Interessant ist der Text, weil Peregrinus einige Zeit unter Christen lebte, von denen er sich später wieder abwendete. Lukian lässt sich die Gelegenheit nicht entgehen, sowohl Peregrinus als auch die Christen für diese zeitweilige Verbindung zu verspotten.

Lukian behauptet, dass Peregrinus ein äußerst gewandter Darsteller gewesen sei, der den leichtgläubigen Christen in Palästina vorgab, ein Prophet zu sein, und von diesen entsprechend verehrt wurde (Luc.Pereg. 11). Angeblich soll Peregrinus sogar heilige Texte verfasst haben, was die Verehrung nur noch wachsen ließ und ihn neben »jenen anderen« stellte, »den sie [sc. die Christen] auch heute noch verehren, den Menschen, der in Palästina hingerichtet worden ist, weil er diesen neuen Kult in die Welt gesetzt hat« (aaO., Übersetzung nach Hansen 2004).

Wie im Falle der anderen antiken Quellen, liefert auch Lukian keine unabhängigen Informationen, sondern bedient sich christlicher Tradition, um einen spöttischen Blick auf Jesus als Begründer des christlichen Glaubens zu werfen.

Übersetzungen nach
Aufhauser, Johannes B. ²1925: Antike Jesus-Zeugnisse, Bonn.
Heller, Erich (Hg.) ⁵2005: Tacitus. Annalen, lateinisch-deutsch (Sammlung Tusculum), Düsseldorf.
Pilhofer, Peter/Baumbach, Manuel/Gerlach, Jens/Hansen, Dirk Uwe (Hg.) 2004: Lukian: Der Tod des Peregrinos. Ein Scharlatan auf dem Scheiterhaufen. Hrsg., übersetzt und mit Beiträgen versehen von Peter Pilhofer, Manuel Baumbach, Jens Gerlach, Dirk Uwe Hansen, SAPERE 9, Darmstadt.

Boman, Jobjorn 2011: Inpulsore Cherestro? Suetonius' *Divus Claudius* 25.4 in Sources and Manuscripts, LASBF 61, 355–376.
Cureton, William 1855: Spicilegium Syriacum: Containing Remains of Bardesan, Meliton, Ambrose, and Mara bar Serapion, London.
Mara bar Sarapion 2014: Letter to his Son, hg. und übers. v. Merz, Annette/Rensberger, David/Tieleman, Teun, Tübingen.
McVey, Kathleen E. 1990: A Fresh Look at the Letter of Mara bar Serapion to His Son, V Symposium Syriacum, OCA 236, 257–272.
Schulthess, Friedrich 1897: Der Brief des Mara bar Sarapion: ein Beitrag zur Geschichte der syrischen Literatur, ZDMG 51, 365–391.
Speidel, Michael A. 2012: Making Use of History Beyond the Euphrates: Political Views, Cultural Traditions, and Historical Contexts in the Letter of Mara bar Sarapion, in: Merz, Annette/Tieleman, Teun (Hg.): The Letter of Mara bar Sarapion in Context, Leiden, 11–42.

VOORST, Robert E. VAN 2000: Jesus Outside the New Testament: An Introduction to the Ancient Evidence, Grand Rapids.

Steve Mason

2.2. Jüdische Quellen: Flavius Josephus

Die dreißig Bücher des Werkes von Flavius Josephus (37– ca. 100 n.Chr.) sind recht gut erhalten – bei antiken Texten ein durchaus seltener Fall –, weil Christen früh ein starkes Interesse an ihnen entwickelt haben. Josephus war mit der flavischen Kaiserfamilie verbunden, was seinem Werk eine große Dignität verschaffte. Der Priester aus Jerusalem hat die Verhältnisse in Judäa vor 70 n.Chr. und die Zerstörung Jerusalems durch die Römer kenntnisreich beschrieben und in einer Fülle, Klarheit und Souveränität dargelegt, die von keiner anderen Quelle erreicht wird. Ungefähr ab dem 4. Jh. haben Christen begonnen, die Texte des Josephus, die sie von kaiserlichen Schreibern übernommen hatten, zu vervielfältigen, bis die Druckerpresse die Massenverbreitung ermöglichte. Vom 15. bis in das frühe 20. Jh. waren die Werke des Josephus in fast jedem Haushalt zu finden, der eine protestantische Bibel besaß, und galten als deren historisches Pendant. Christen mit dem Namen »Josephus«, manchmal sogar mit dem Zusatz »Flavius«, konnte man im lateinischen Westen häufiger begegnen.

Diese kurzen Bemerkungen lassen zwei Fragen aufkommen: Hat Josephus als jüdischer Autor, der kurz nach der Kreuzigung Jesu in Jerusalem geboren wurde, über den Begründer des Christentums geschrieben? Und haben die christlichen Tradenten diese Aufzeichnungen in dem langen Überlieferungsprozess, der sich anschloss, unverändert bewahrt? Am Text des Neuen Testaments sind bekanntlich beim Abschreiben immer wieder zufällig oder absichtlich Änderungen vorgenommen worden. In welchem Ausmaß griffen die Kopisten in die Texte des Josephus ein? Einige Passagen könnten für christliche Bearbeiter besonders interessant gewesen sein, etwa die ausführlichen Erzählungen über König Herodes (und dessen Familie), der Jesus (wie Matthäus berichtet) nach dem Leben getrachtet hatte, oder das reichhaltige Material über die Hohenpriester, etwa über Kajaphas, oder über den Statthalter Pontius Pilatus, der den Berichten der Evangelien zufolge am Tod Jesu beteiligt war. Dazu kommen die häufigen Ausführungen über Pharisäer, Sadduzäer und andere jüdische Gruppierungen der Zeit Jesu. Erstaunlicherweise hat die Forschung in diesen Passagen jedoch keine belastbaren Hinweise auf christliche Eingriffe feststellen können.

Die Darstellung Johannes des Täufers durch Josephus (Ant. 18,116–119) ist das markanteste Beispiel für diese bemerkenswerte Zurückhaltung. Die Evangelien schreiben Johannes eine wesentliche Bedeutung für den Werdegang Jesu zu, worin ihnen die Jesusforschung zustimmt: Jesus beginnt sein Wirken mit der Taufe durch Johannes, dessen Hauptaufgabe den Evangelien zufolge darin besteht, Jesus anzukündigen. Das Porträt des Täufers bei Josephus (das erst ein gutes Stück nach der Passage über Jesus folgt, s. u.) lässt keinerlei christliche Überarbei-

tung erkennen. Johannes erscheint als eigenständiger und allseits beliebter Lehrer, der von Herodes Antipas wegen seiner großen Anhängerschaft, die man für
potentiell gefährlich hält, in Machärus östlich des Toten Meeres hingerichtet wird
(nicht in Galiläa, wie es die Evangelien vermuten lassen) – Jesus wird hier nicht
erwähnt. Es sieht also nicht danach aus, dass christliche Bearbeiter die Darstellung des Josephus nach ihren Vorstellungen verändert hätten.

Die beiden Textstücke, die für die Jesusforschung am wichtigsten sind, müssen
dagegen als wahrscheinlichste Kandidaten für eine nachträgliche christliche Bearbeitung betrachtet werden. Sie stehen im hinteren Teil der *Antiquitates Iudai-
cae*, die Josephus 93/94 n.Chr. vollendet hat. Zunächst beschreibt Josephus die
Amtszeit des Pontius Pilatus als Präfekt für Judäa innerhalb der Provinz Syria.
Nachdem er von zwei Vorfällen berichtet hat, die zu großem Tumult führten, und
Pilatus der mutwilligen Eskalation bezichtigt, fährt er folgendermaßen fort (Ant.
18,63 f.; Übersetzung nach Clementz 1899):

»Um diese Zeit lebte Jesus, ein weiser Mensch, wenn man ihn überhaupt einen
Menschen nennen darf. Er war nämlich ein Vollbringer ganz unglaublicher Taten
und der Lehrer aller Menschen, die mit Freuden die Wahrheit aufnahmen. So zog
er viele Juden und auch viele Heiden an sich. Er war der Christus. Und obgleich
ihn Pilatus auf Betreiben der Vornehmsten unseres Volkes zum Kreuzestod verurteilte, wurden doch seine früheren Anhänger ihm nicht untreu. Denn er erschien ihnen am dritten Tag wieder lebend, wie gottgesandte Propheten dies und
tausend andere Dinge von ihm vorherverkündigt hatten. Und noch bis auf den
heutigen Tag besteht das Volk der ›Christen‹, die sich nach ihm nennen, fort.«

Anschließend schildert Josephus »ein anderes Unglück«, das zur selben Zeit
die Juden in Rom traf (Ant. 18,65–84), bevor er auf die Amtsenthebung des Pilatus zu sprechen kommt (18,85–89).

Die zweite für die Jesusforschung relevante Passage scheint diesen Bericht vorauszusetzen. Sie findet sich in einer sehr kompakten Erzählung gegen Ende des
Werkes, die detailliert auf die Rechtsübertretungen der Jerusalemer Hohenpriester als Anlass des kommenden Krieges eingeht, in dessen Erwartung die *Antiquitates* schließen. In diesem Zusammenhang stellt Josephus den Hohenpriester
Ananus II. (62 n.Chr.) als korrupten und grausamen Opportunisten dar und erwähnt, dass dieser die Hinrichtung von angeklagten Gesetzesbrechern ohne Befugnis veranlasst habe, und zwar in der Zeit zwischen dem Tod des Präfekten/
Prokurators Festus und der Ankunft seines Nachfolgers Albinus (Ant. 20,200;
Übersetzung nach Clementz 1899):

»Ananus versammelte den hohen Rat zum Gericht und stellte vor dasselbe den
Bruder des Jesus, der Christus genannt wird, mit Namen Jakobus, sowie noch
einige andere, die er der Gesetzesübertretung anklagte und zur Steinigung führen
ließ. Das aber erbitterte auch die eifrigsten Beobachter des Gesetzes und sie
schickten deshalb insgeheim Abgeordnete an den König [Agrippa II.] mit der
Bitte, den Ananus schriftlich aufzufordern, dass er für die Folge sich ein ähnliches
Unterfangen nicht mehr beifallen lasse, wie er auch jetzt durchaus im Unrecht

gewesen sei. [Sie informieren auch den neuen Statthalter Albinus, der auf dem Weg nach Jerusalem ist, welcher den Ananus aufgebracht zur Ordnung ruft, bevor ihn Agrippa durch einen neuen Hohepriester ersetzt.]«

Betrachtet man die beiden Passagen gemeinsam, erscheint besonders die erste wenig authentisch. Hätte Josephus tatsächlich gesagt, dass Jesus »der Christus war« und seine Auferstehung die Erfüllung prophetischer Weissagungen? Josephus lässt sonst keinerlei Nähe zum Christusglauben erkennen, wohingegen er 30 Bücher seines Werkes den Tugenden des Mose, den jüdischen Gesetzen und der Stadt Jerusalem widmet. Auch unter literarischen Gesichtspunkten ist es kaum vorstellbar, dass er das Adjektiv χριστός in dieser Weise gebraucht. Da das Wort »bestrichen, eingerieben, beschmiert« bedeutet, hatten griechische Autoren selten dafür Verwendung. Josephus benutzt es nur ein weiteres Mal, bezogen auf die verputzte Wand des salomonischen Königspalastes (Ant. 8,137). Was meint er also, wenn er den ungewöhnlichen »Menschen« Jesus als »den Verputzten/Bestrichenen« bezeichnet? In jüdischem und urchristlichem Sprachgebrauch bezeichnete χριστός natürlich den »Gesalbten« Gottes (König oder Hoherpriester), als Septuaginta-Übersetzung des hebräischen משיח. Allerdings ist Josephus üblicherweise bemüht, seiner griechischsprachigen Leserschaft die verwendeten hebräischen Begriffe und Vorstellungen zu erläutern. Zudem ist er sehr reserviert gegenüber charismatischen Anführern seiner Zeit, die eine biblisch-prophetische Autorität für sich beanspruchen (z.B. Bell. 2,259–263; 6,285). Obwohl es grundsätzlich möglich ist, dass Josephus an dieser Stelle nachlässig war und deswegen auf eine Erklärung verzichtete, macht die offensichtliche Übereinstimmung mit den Ansichten der christlichen Tradenten eine nachträgliche Bearbeitung doch sehr wahrscheinlich.

Schließlich sollte man erwarten, und dies weist in dieselbe Richtung, dass christliche Schriftsteller des 2. und 3. Jh.s eine solche Aussage verwertet hätten, wenn sie bei Josephus darauf gestoßen wären. Origenes (Mitte des 3. Jh.s), der die Werke des Josephus kannte, bedauert jedoch mehr als einmal, dass der von ihm geschätzte Autor kein Christ war (Or.Cels. 1,47; comm. Mt 10,17). Als erster zitiert Eusebius (gest. 339/340) die Passage über Jesus, allerdings in drei unterschiedlichen Fassungen (h.e. 1,11; d.e. 3,5; [syr.] Theoph. 5,44). Gegen Ende des 4. Jh.s nimmt Hieronymus den jüdischen Autor in sein Werk *De viris illustribus* auf und zwar insbesondere wegen der Jesus-Passage, die er ebenfalls als Zitat anführt. Aber selbst in dieser Version heißt es im entscheidenden Satz, dass »er für [den] Christus gehalten wurde« (vir.ill. 13). Ähnlich zurückhaltende Formulierungen finden sich auch in christlichen Texten des Mittelalters. Wie lassen sich diese Abweichungen erklären, wenn Josephus doch anscheinend so eindeutig über Jesus geschrieben hat?

Die Unstimmigkeiten liegen auf der Hand und schon protestantische Kritiker der kirchlichen (»katholischen«) Traditionen im 16. Jh. haben darauf hingewiesen. Ernst Gerlach fasste die diversen Argumente für und gegen die Echtheit der Passage 1863 in erschöpfender Ausführlichkeit zusammen (GERLACH 1863), in der Hoffnung, zu einer definitiven Lösung zu gelangen. Die Diskussion dauert jedoch unverändert an. Zwischen den hauptsächlich diskutierten Möglichkeiten – Josephus habe die gesamte Passage oder nur einen Teil von ihr verfasst oder sie sei komplett erst nachträglich eingefügt worden – findet sich die Forschungsmeinung heute überwiegend bei der Mittelposition ein. Nach wie vor wird aber auch die Auffassung vertreten, Josephus könne sich kaum in dieser Weise auf Jesus bezogen haben. Eine neuere Untersuchung führt die Jesus-Passage dementsprechend auf Eusebius zurück (OLSON 2013).

Der zweite Textabschnitt über Jakobus, den Bruder Jesu, die weniger schwierig zu sein scheint, bietet eine hilfreiche Seitenperspektive auf die Problematik. Der Mann, der von Ananus zum Tod verurteilt wird, ist für die Darstellung des Josephus nebensächlich. Er konzentriert sich vielmehr auf die Konflikte innerhalb der jüdischen Führung in Jerusalem (Ant. 20,179–181.189–196), die durch einen Machtkampf mit König Agrippa II., den raschen Wechsel von Hohenpriestern und den Tod des römischen Statthalters Festus verschärft wird. In dieser Situation entschließt sich ein neu ernannter Hohenpriester, Härte gegen diverse Gegner zu zeigen, vielleicht im Bestreben als Verfechter von Recht und Ordnung wahrgenommen zu werden, jedenfalls aber in einer Weise, die andere Mitglieder der jüdischen Führung gegen ihn aufbringt. Es ist typisch für Josephus, nur eine bestimmte Person aus einer Gruppe zu nennen (»X und die bei ihm waren«), und zumindest nicht unüblich, eine Person oder einen Ort zu nennen und durch einen zweiten Namen oder ein *cognomen* mit λεγόμενος zu ergänzen (Ant. 4,82; 8,100; Vit. 4; vgl. Ant. 1,123; 2,6). Die Reihenfolge seiner Angaben zu Jakobus legt dann nahe, dass er ihn als Repräsentanten der betreffenden Gruppe sieht, *weil* er »*der Bruder des Jesus*« ist, »*der Christos genannt wird* [oder: *der bekannt ist als Christos*]«. Der Name des Jakobus wird erst im Anschluss genannt.

Die Formulierung scheint vorauszusetzen, dass Josephus zuvor jemanden erwähnt hat, der »bekannt ist als *Christos*«, woran sich der Leser erinnert sehen kann. Die einzig plausible Stelle dafür ist jene im 18. Buch, die von Jesus als »dem Christus« spricht. Josephus bezieht sich auf Ant. 13,288–298 mit seiner Bemerkung, dass Ananus als Sadduzäer strenge Gerichtsurteile sprach, »wie wir es bereits erklärt haben« (20,199). Auf denselben Punkt spielt auch die Aussage in Ant. 18,16 f. an, in der Josephus die größere Popularität der Pharisäer erwähnt und die Angewohnheit der wenigen Sadduzäer, in öffentlichen Ämtern deshalb eher den Prinzipien der Pharisäer zu folgen, was Ananus hier freilich versäumt. Vor dem Hintergrund dieser Textbeziehungen lässt sich sagen, dass die Jakobus-Passage im größeren Zusammenhang der *Antiquitates* ihren Sinn insbesondere dann entfaltet, wenn Josephus zuvor bereits auf jemanden verwiesen hat, der bekannt ist als *Christos*.

Wenn man dagegen annimmt, dass die Jesus-Notiz im 18. Buch nicht von Josephus stammt, ist daraus zu schließen, dass der Autor dieser Passage auch den entsprechenden Hinweis auf Jesus, »der als *Christos* bekannt ist«, zwei Bücher später ergänzt hat. Allerdings ist es nicht leicht, sich die Aussage zunächst ohne die Ergänzung vorzustellen, da Jesus (ohne Näherbestimmung) ein durchaus häufiger Name bei Josephus ist. Warum sollte Jakobus, der hier verurteilt wird, mit irgendeinem Jesus in Verbindung gebracht werden? Die Verbindung mit Jesus, »der *Christos* genannt wird«, scheint für Josephus der entscheidende Grund zu sein, Jakobus als einen der Gegner des Ananus herauszustellen. Eine originelle alternative Erklärung (CARRIER 2012) schlägt vor, Josephus beziehe sich hier möglicherweise auf einen anderen, ebenfalls wichtigen Jakobus und »Bruder Jesu«. Ananus habe demnach einen ansonsten nicht belegten gegnerischen Hohenpriester namens Jakobus verfolgt, den Bruder des späteren Hohepriesters »Jesus, Sohn des Damnaeus«, der aufgrund dieses Vorfalls unter dem neuen Statthalter anstelle des Ananus an die Spitze der jüdischen Führung gesetzt wurde (vgl. Ant. 20,203). Das Auftreten dieses Brüderpaares habe einen frühen christlichen Abschreiber bewogen, Jakobus zum Bruder Jesu Christi zu machen. Diese geschickte Rekonstruktion schafft allerdings mehr Probleme, als sie zu lösen vermag. Sie erklärt weder den Vorwurf der Gesetzesübertretung (die eine aktuelle Debatte im Urchristentum berührt, in die Jakobus bekanntlich verwickelt war [Apg 21,17–26; vgl. Gal 6,12]), noch den Umstand, dass mit Jakobus noch weitere Männer verurteilt werden. Ungeklärt bleibt auch die Reaktion der anderen Mitglieder der jüdischen Führung auf das rechtsbrüchige Verfahren oder die Darstellung eines Hohenpriesters, der seine Befugnis in Gerichtsverfahren überschreitet, nicht aber beim Vorgehen gegen Konkurrenten innerhalb der jüdischen Führung. Die einfachste Erklärung für den Text in Ant. 20 bleibt deshalb die Annahme, dass Josephus bereits im 18. Buch einen Jesus, der *Christos* genannt wurde, erwähnt hat, worauf er sich nunmehr bezieht.

Was Josephus in der Jesus-Passage tatsächlich geschrieben hat, ist wahrscheinlich nicht mehr zu ermitteln, weil alle erhaltenen griechischen Manuskripte (aus dem 10. Jh.) die Passage mehr oder weniger in der Form überliefern, wie sie in der oben angeführten Übersetzung angegeben ist. Robert Eisler (EISLER 1931) vertrat mit Blick auf die slawische Version aus dem 13. Jh., die er als möglichen Zugang zu Josephus' ursprünglichem Text beurteilte, die Auffassung, dass die Passage als im Wesentlichen authentisch gelten könne, wenn man die kritische Tendenz darin beachte: Jesus war ein Wundertäter, der die Leichtgläubigen verführte, gelegentlich das Gesetz übertrat und dafür verurteilt wurde. Eislers Vorschlag ist nur selten ohne Vorbehalte akzeptiert worden. Dennoch bleibt es eine interessante Option, Josephus für unparteiischer oder kritischer zu halten, als der erhaltene Text es erkennen lässt.

Die Forschung hat einzelne Ausdrücke und Phrasen aus der Jesus-Passage in Ant. 18,63 f. im Zusammenhang mit dem sonstigen Sprachgebrauch des Josephus und in Bezug auf die antike griechische Literatur insgesamt untersucht. Dabei hat sich gezeigt, dass zumindest zwei Formulierungen (ἔργων ποιητής, »Vollbringer von Taten«, bzw. εἰς ἔτι τε νῦν, »und noch bis auf den heutigen Tag«) für Josephus ungewöhnlich sind, dafür aber auffälligerweise für Eusebius durchaus charakteristisch sind. Anscheinend haben also die Manuskripte der Eusebius-Überlieferung auf die Überlieferung der Werke des Josephus eingewirkt. Dasselbe könnte auch für andere Wendungen gelten (Olson 2013). Wenn man diese Richtung konsequent verfolgt, wird allerdings ebenfalls deutlich, dass eine ganze Reihe von Formulierungen der Jesus-Passage nicht nur charakteristisch für Josephus sind, sondern zudem besonders häufig im unmittelbaren Kontext in Ant. 17–19 vorkommen und sich erkennbar vom Sprachgebrauch des Eusebius unterscheiden. Hierzu zählen z. B. γίνεται δέ (»es lebte«), κατὰ τοῦτον τὸν χρόνον (»um diese Zeit«), σοφὸς ἀνήρ (»weiser Mensch«), εἴγε (»wenn überhaupt«), παράδοξα ἔργα (»unglaubliche Taten«), ἡδονῇ δέχομαι (»mit Freuden aufnehmen«, meist sarkastisch, achtmal in Ant. 17–19), τἀληθῆ (»die wahrhaftigen [Dinge]«), τοῦ Ἑλληνικοῦ (»von den Heiden«), ἐνδείξει (»auf Betreiben«), οἱ πρῶτοι ἄνδρες (»die Vornehmsten«), παρ᾽ ἡμῖν (»unter uns«, d. h. unter den Juden), ἐπιτιμάω (»verurteilen«), … ἔχων ἡμέραν (»am … Tage«), οἱ θεῖοι προφῆται (»göttliche Propheten«) und φῦλον (»Volk«, abwertend). Es ist demnach einfacher anzunehmen, dass Josephus einen großen Teil dieses Abschnitts selbst verfasst hat und seit dem 4. Jh. einige Änderungen nachgetragen wurden. Unwahrscheinlicher ist es, dass ein (von Eusebius beeinflusster?) Schreiber den Sprachgebrauch des Josephus aus Ant. 17–19 sorgfältig imitiert, dabei aber achtlos einige eigentümliche Wendungen des Eusebius hinterlassen hätte.

Zusammenfassend lässt sich sagen, dass Josephus Jesus Christus anscheinend erwähnt und außerdem einiges über dessen Leben zu berichten weiß, das unabhängig von der christlichen Tradition ist und der Richtung folgt, die auch seine Darstellung Johannes des Täufers prägt. Wegen der offenkundigen Eingriffe durch christliche Tradenten trägt der erhaltene Text allerdings nichts für das Verständnis des historischen Jesus aus, obwohl es bemerkenswert bleibt, dass Josephus Johannes, Jesus und Jakobus unter vielen anderen Nebenfiguren namentlich erwähnt.

Übersetzungen nach

Clementz, Heinrich 1899: Des Flavius Josephus *Jüdische Altertümer*. Übersetzt und mit Einleitung und Anmerkungen versehen von Dr. Heinrich Clementz, 2 Bde. (= Bibliothek der Gesamt-Litteratur. Bände 1329/1339 und 1368/1380), Halle.

Carrier, Richard 2012: Origen, Eusebius, and the Accidental Interpolation in Josephus, Jewish Antiquities 20.200, JECS 20, 489–514.

Eisler, Robert 1931: The Messiah Jesus and John the Baptist: According to Flavius Josephus' recently rediscovered ›Capture of Jerusalem‹ and the other Jewish and Christian sources, übers. v. Krappe, Alexander Haggerty, New York.

Gerlach, Ernst 1863: Die Weissagungen des Alten Testaments in den Schriften des Flavius Josephus und das angebliche Zeugniss von Christo, Berlin.

Meier, John P. 1991: A Marginal Jew. Rethinking the Historical Jesus, Vol. I: The Roots of the Problem and the Person, New York.

Olson, Ken 2013: A Eusebian Reading of the Testimonium Flavianum, in: Johnson, Aaron P./ Schott, Jeremy M. (Hg.): Eusebius of Caesarea: Tradition and Innovations, Hellenic Studies Series 60, Washington, 97–114.

WHEALEY, Alice 2003: Josephus on Jesus: The Testimonium Flavianum Controversy from Late Antiquity to Modern Times, New York.

Steve Mason

III. Nichtliterarische Zeugnisse

1. Archäologische Zeugnisse

1.1. Problemstellung

Da weder Jesus noch seine unmittelbaren Nachfolger bis ins 2. Jh. n. Chr. hinein zu den kulturprägenden Eliten ihrer Zeit gehörten (anders etwa als Pilatus; ↗ C. III.2) und keinerlei erkennbare materielle Spuren hinterlassen haben (Bauten, Inschriften, Objekte), ist die Suche nach direkten archäologischen Zeugnissen für die Person Jesu oder ihrer direkten Wirksamkeit methodisch gesehen fragwürdig und hat zu keinen allgemein anerkannten Ergebnissen geführt. Die Aufgabe und das große Potential der Archäologie für die Jesusforschung liegen daher vor allem in der Erforschung der regionalen Lebensgefüge, die die Quellen mit der Person des historischen Jesus verbinden: vor allem Untergaliläa und Jerusalem. Grabungen in Orten wie Jerusalem, Kafarnaum, et-Tell (Betsaida) oder Magdala dokumentieren vielfältige Aspekte der alltäglichen materiellen Kultur wie etwa Hausbau und -einrichtung, Bestattungswesen, Infrastruktur oder mit religiösen Praktiken verbundene Gebäude und Objekte (zum Folgenden ZANGENBERG 2012a; ZANGENBERG 2013c; ↗ D.III.4).

1.2. Elemente der materiellen Kultur

Dies lässt sich anhand verschiedener Sachverhalte verdeutlichen: Die großflächige Freilegung mehrerer, zwischen dem späten 1. Jh. v. und 6. Jh. n. Chr. bewohnter *insulae* in Kafarnaum vermittelt gute Einblicke in die Kombination von urbaner Planung der Straßenzüge und recht traditioneller Bauweise innerhalb der Wohnblöcke (Hofhäuser). Das jüngst freigelegte urbane Wohngebiet des 1. Jh.s v./n. Chr. von Magdala weist hingegen deutlicheren hellenistischen Einfluss und höheren Wohlstand auf. Im Jüdischen Viertel Jerusalems zeigten sich noch größere Unterschiede in der Bauweise vor 70 n. Chr.: zum einen prachtvolle Stadtpalais am oberen Hang, zum anderen einfache Wohnhäuser im Bereich des »burnt house«. Zugleich muss freilich berücksichtigt werden, dass die momentan freigelegten Bereiche dieser Orte nicht notwendig repräsentativ für die gesamte Siedlung waren (vgl. die urbanen Elemente im orthodoxen Teil Kafarnaums).

Der Fund von Fragmenten dreier Fischerboote (eines davon sehr gut erhalten und nun als »Jesus boat« bekannt) am Ufer des Sees Gennesaret bei Kibbutz Ginnosar lieferte wichtige Erkenntnisse zum hohen Stand lokalen Schiffbaus und der

Fischerei aus der Zeit kurz nach Jesu Wirken in der Region. Das am besten erhaltene Boot war aus verschiedenen Hölzern zusammengesetzt. Ein vergleichbarer Bootstyp ist auf einem Mosaik des 1. Jh.s n.Chr. aus Magdala abgebildet.

Grabungen u. a. in Gamla (Golan), Qirjat Sefer (Judäa) und neuerdings auch in Magdala haben Synagogengebäude aus der Zeit Jesu zutage gefördert. Sie erlauben nicht nur wichtige Einsichten in die Architektur (rechteckiger Bau mit Sitzbänken) und Dekoration (z. B. farbige Innenwände und Mosaiken in Magdala und z. T. skulpierte Säulen in Gamla) der frühesten Stufe einer ganzen Bautradition, sondern lassen im Verbund mit einschlägigen Texten (Josephus, Mischna, Neues Testament) auch die zentrale soziale und religiöse Funktion dieser Gemeinschaftszentren besser verstehen.

Seit Beginn archäologischer Untersuchungen in Jerusalem stand der Tempelberg im Mittelpunkt (↗ D.III.5). Die systematische Analyse herodianischer Architekturteile im Trümmerschutt westlich und südlich der Plattform lassen die überwältigende Pracht des jüdischen Heiligtums erahnen und die literarischen Traditionen des Josephus, der Evangelien und der Mischna besser verstehen. Vor allem sind viele Elemente des mit dem Tempel verbundenen Pilgerbetriebs bekannt geworden (Läden entlang der Straße westlich der Plattform, ein monumentaler Aufgang von Süden mit Abwasserkanal, der Schiloachteich, große Tauchbäder für Pilger, Theodotus-Inschrift). Zugleich belegen zahlreiche Tauchbäder und unterschiedliche Typen Steingefäße die große Rolle jüdischer Reinheitsvorstellungen für weite Teile der Bevölkerung Judäas und Galiläas. Andere, hellenistisch inspirierte Steinobjekte (Tische mit Steinplatte und gedrechseltem Fuß) sowie Glas und Feinkeramik dokumentieren die Offenheit der gehobenen jüdischen Gesellschaftsschichten für internationale Wohn- und Lebenskultur (MAGNESS 2011; ZANGENBERG 2013d).

Die fortschreitende Erforschung der Texte aus den Höhlen bei Qumran trägt weiterhin enorm zum Verständnis der Vielfalt des Judentums zur Zeit Jesu bei. Die Untersuchung der Umgebung der Siedlung zeigt, wie divers Judäa wirtschaftlich war. Grabungen in Cäsarea erbrachten im Bereich des Herodespalastes und des *praetorium* wichtige Befunde, die die Entwicklung des Amts- und Verwaltungssitzes des Statthalters der Provinz *Iudaea* nachzeichnen lassen.

Ein wichtiges Element der kulturellen Vielfalt *Iudaea*s stellt auch die Gemeinschaft der Samaritaner dar, die zwar den Pentateuch als heilige Schrift anerkannten und wie das zeitgenössische Judentum von Priestern geleitet wurden, ihr zentrales Heiligtum aber in Konkurrenz zu Jerusalem auf dem Berg Garizim besaßen. In der Jesustradition werden sie nur am Rande erwähnt (z. B. Mt 10,5; Lk 9,51–56; 10,25–37; 17,11–19; Joh 4,4–42). Ausgedehnte Grabungen auf diesem Berg brachten Reste des von Johannes Hyrkanus kurz vor 100 v.Chr. zerstörten Tempelbereichs, sowie hunderte Inschriftenfragmente und eine ganze Stadt des 2. Jh.s v.Chr. zutage (ZANGENBERG 2012b).

Auch unsere Kenntnis der zeitgenössischen Bestattungskultur konnte dank der Archäologie beträchtlich erweitert werden. Elemente des Bestattungsritus (Versammlung am Grab, Gaben für den Toten), die klare Bevorzugung der Ganzkörperinhumation, die Einsammlung der Knochen zur Zweitbestattung aus Raumgründen, sowie das Aussehen der beiden gängigen Grabtypen (Schachtgrab, Kammergrab zum Teil mit Rollstein) sind nun gut bekannt und helfen, die Traditionen von der Bestattung Jesu zu verstehen (ZANGENBERG 2009).

Im Jahre 1968 wurden in einem Kammergrab im Jerusalemer Stadtteil Giv'at ha-Mivtar mehrere Knochenkisten gefunden. Eines dieser Ossuare war mit dem Namenszug »Yehochanan, Sohn des Hagkol (?)« beschriftet und enthielt die Überreste mehrerer Individuen, darunter den Fersenknochen eines mittelalten Mannes, durch den ein Nagel geschlagen war. Reste von Holz zwischen Nagel und Knochen legen nahe, dass der Mann gekreuzigt worden war. Offensichtlich wurde er nach der Hinrichtung zunächst wie üblich in dem Kammergrab erstbestattet, bevor seine sterblichen Überreste von Angehörigen eingesammelt und ein Teil seines Skeletts zusammen mit Knochen anderer Familienmitglieder in dem besagten Ossuar zweitbestattet worden war. Der »Gekreuzigte von Giv'at ha-Mivtar« ist damit das bisher einzige archäologische Zeugnis für die Kreuzigungsstrafe aus der Zeit Jesu. Das Grab belegt zugleich, dass Verwandte offensichtlich die Möglichkeit hatten, den Leichnam eines Gekreuzigten vom Statthalter zurück zu erbitten und im Familienkontext würdig zu bestatten.

Höchst umstritten ist jedoch das aus illegalen Grabungen stammende, sog. »Jakobus-Ossuar« und das möglicherweise (!) damit zusammenhängende, 1980 gefundene Kammergrab Talpiot I, das als »Familiengrab Jesu« bekannt geworden ist. Auffällige Übereinstimmungen der auf Ossuaren aus Talpiot I eingeritzten Namen mit denen der in Mk 6,3 genannten Verwandten Jesu, sowie die Erwähnung einer »Mariamene« (!), und die besonders kontrovers diskutierte Erwähnung eines »Jeshua bar-Josef« warfen Fragen nach der statistischen Wahrscheinlichkeit auf, wonach dieses Grab etwa der Familie Jesu gehört haben könne. Der derzeitige Forschungsstand gibt freilich weder Anlass für Apologie noch für Sensationalismus (CHARLESWORTH 2013).

1.3. Jesusreliquien

Abgesehen von diesen zwar zeitgenössischen, aber »indirekten« Quellen besaßen vermeintlich direkt mit Jesus oder den Jüngern in Verbindung stehende Objekte in der Geschichte der Christenheit stets große Bedeutung. Zu nennen sind in diesem Zusammenhang vor allem Gegenstände aus dem Umfeld der Passion Jesu (Lanze, Kreuztitulus, Stücke vom Kreuz) sowie Kleidungsstücke oder Textilien, die durch die Berührung mit Jesus besondere Eigenschaften erworben haben sollen.

Die Liste bedeutender, über den jeweils engeren regionalen Kontext hinaus ausstrahlender Jesusreliquien ist nicht sehr lang (SÖRRIES 2012). So wird etwa in der Kirche Santa Croce di Gerusalemme (Rom) der angeblich authentische *titulus* des Kreuzes aufbewahrt (vgl. Joh 19,19parr.; das Schriftbild ist freilich kreuzfahrerzeitlich). In der Wiener Hofburg ist die Lanze des »Hauptmanns Longinus«, in dessen Blatt zudem noch ein Nagel des Kreuzes eingearbeitet wurde, als Teil der Insignien des Heiligen Römischen Reiches Deutscher Nation zu bewundern (Joh 19,34).

Im Jahre 2012 wurde der Heilige Rock in Trier wieder ausgestellt und im Jahre 2015 erneut das im Turiner Dom aufbewahrte sog. Grabtuch (»Sacra/Santa Sindone«) präsentiert. Vor allem zum Grabtuch hat sich seit den 1950er Jahren eine mittlerweile sehr komplexe Forschungslandschaft entwickelt (»Sindonologie«), die einerseits mit naturwissenschaftlichen Mitteln das tatsächliche Alter des Textils feststellen möchte (Zeitenwende oder Mittelalter?), sich darüber hinaus um die Rekonstruktion des Überlieferungsweges von der angenommenen Herkunft des Tuches aus Palästina (dazu auch Pollenanalysen) ins oberitalienische Turin bemüht, sowie die Entstehung des auf dem Tuch sichtbaren Abbildes eines männlichen Körpers zu erklären versucht. Betrachtet man jedoch Mk 15,46 (*ein* Tuch) mit Joh 19,40; 20,6 f. (Tüch*er* bzw. Textil*streifen plus* ein Gesichtstuch), so wird fraglich, ob es überhaupt jemals nur *ein* einziges authentisches »Grabtuch« gegeben hat (ZANGENBERG 2008; KOLLMANN 2010).

Wie das Turiner Grabtuch gehören auch die aus der Kunst und als Reliquien bekannten Abbildungen des Antlitzes Jesu in den Kreis der Passionsreliquien und werden entweder mit dem Gesichtstuch (»Sudario«) nach Joh 20,6 f. (unerwähnt bei den Synoptikern) oder dem »Schweißtuch der Veronika« identifiziert. Durch populärwissenschaftliche Veröffentlichungen ist etwa das »Schweißtuch von Manopello« (Volto Santo) besonders bekannt geworden. Eine mit dem Turiner Grabtuch vergleichbare Forschungslandschaft existiert hierzu (noch) nicht, die Authentizität des Textils ist freilich mehr als fraglich und wird – wie die des Turiner Grabtuchs – vom Lehramt der katholischen Kirche auch nicht behauptet.

CHARLESWORTH, James H. 2006: Jesus and Archaeology, Grand Rapids.

KOLLMANN, Bernd 2010: Das Grabtuch von Turin. Ein Porträt Jesu? Mythen und Fakten, Freiburg.

SÖRRIES, Reiner 2012: Was von Jesus übrig blieb. Die Geschichte seiner Reliquien, Kevelaer.

ZANGENBERG, Jürgen K. 2013c: Jesus der Galiläer und die Archäologie. Beobachtungen zur Bedeutung der Archäologie für die historische Jesusforschung, MThZ 64, 2013, 123–156.

Jürgen K. Zangenberg

2. Inschriften und Münzen

2.1. Inschriften

2.1.1. Allgemeines

Inschriften waren in der antiken Welt ein sehr weit verbreitetes Element des öffentlichen und privaten Raumes. Auch wenn zur Zeit Jesu sicher nicht alle Menschen lesen oder schreiben konnten, »verewigten« Inschriften sichtbar und dauerhaft wichtige Nachrichten, markierten Gebäude, ehrten verdiente Menschen wie Herrscher oder Wohltäter oder bezogen sich auf religiöse Gefühle oder Praktiken. Inschriften sind in harte Oberflächen geschlagen, gepunzt oder geritzt, auf Holz geschrieben (meist nicht erhalten) oder auf organische Materialien aufgetragen. Die Übergänge von der Epigraphie zur Papyrologie sind nicht selten fließend.

Die älteste Inschrift, die den Namen Jesu nennt, ist der *titulus* des Kreuzes, dessen Text die Evangelien in verschiedenen Versionen überliefern (gr. in Mk 15,26; Mt 27,37; Lk 23,38; dreisprachig Joh 19,19–22). Die Tafel selbst ist freilich nicht erhalten geblieben. Da weder Jesus noch seine Jünger jedoch zu den kulturell führenden Gesellschaftsschichten ihrer Zeit gehörten, werden sie auf zeitgenössischen Inschriften außerhalb des Neuen Testaments nicht genannt. Überhaupt wurden nur sehr wenige griechische, aramäische, hebräische oder (noch weniger) lateinische Inschriften aus der unmittelbaren palästinischen Umwelt Jesu gefunden. Eine der wenigen Ausnahmen bilden die ca. 400 mit meist kurzen Namenszügen beschrifteten Ossuare aus dem späten 1. Jh. v.Chr. bis ins frühe 2. Jh. n.Chr. Sie erlauben einen interessanten Einblick in jüdische Namensgebung und nennen zuweilen auch Beruf und Herkunft des Bestatteten. Eine weitere Ausnahme stellen die stark fragmentierten Dedikationsinschriften aus hellenistischer Zeit dar, die in sekundärer Verwendung auf dem Berg Garizim gefunden wurden. Generell jedoch nimmt die Menge an Inschriften sowohl im ländlichen als auch im städtischen Raum Palästinas, vor allem in Galiläa, erst im Laufe des 4. Jh.s n.Chr. deutlich zu.

2.1.2. Wichtige Inschriften aus der Umwelt Jesu

Im Jahr 1961 fanden italienische Archäologen bei Ausgrabungen im Theater von Cäsarea ein Architekturfragment, das wohl von einem größeren öffentlichen Bauwerk im benachbarten Hafenbereich stammte (»Tiberieum«). Darauf waren der Name des zwischen 26 und 36 regierenden Statthalters Pontius Pilatus und sein Titel *praefectus Iudaeae* eingemeißelt (ECK 2007: 34–37; SCHRÖTER/ZANGENBERG 2013: 67). Der Titel *praefectus* zeigt den Rang des Statthalters an, der aus dem Ritterstand stammte und bis zum Ausbruch des Aufstands im Jahre 66 dem syrischen Legaten unterstellt war. Erst nach 70 hatten auch *Iudaea*s Statthalter konsularischen Rang, seitdem unterstand ihnen auch eine Legion.

Während der Ausgrabungen im südlichen und westlichen Umfeld des Tempelberges wurden zahlreiche, zum Teil dekorierte Architekturfragmente gefunden, die ursprünglich zu den Säulenhallen des Heiligtums gehörten. Darunter befindet sich auch eine stark fragmentierte Inschrift (CIIP I/1: Nr. 3, S. 45–47; SCHRÖTER/ZANGENBERG 2013: 469). Sie erwähnt einen gewissen »(S)paris, Sohn des Akeson, aus Rhodos (?)«, der für »die Pflasterung« einen unbekannten Betrag Drachmen gespendet hatte. Diese Inschrift ist ein wichtiger Beleg dafür, dass gleich allen anderen antiken Heiligtümern auch der Tempel in Jerusalem private Wohltäter anzog, die neben Herodes und der Priesterschaft für dessen Ausschmückung aufkamen.

Im Jahre 1871 wurde ein vollständiges Exemplar der aus Josephus (Flav.Jos. Bell. 5,193–197) bekannten Inschrift gefunden, die Nichtjuden bei Androhung der Todesstrafe davor warnte, die Schranke vor dem Heiligtum zu übertreten (CIIP I/1: Nr. 2, S. 42–45; SCHRÖTER/ZANGENBERG 2013: 469). Diese Inschrift erinnert an die vermutlich einzige Ausnahme zur Regel, wonach lokale jüdische Autoritäten seit der römischen Übernahme *Iudaeas* keine Todesstrafe mehr vollstrecken durften. Offenbar erkannten die Römer dieses alte Heiligtumsgesetz weiterhin an.

Von besonderer Bedeutung ist auch die 1913/14 im römischen Steinbruch auf dem Jerusalemer Südosthügel gefundene Bauinschrift einer Synagoge (CIIP I/1: Nr. 9, S. 53–56; SCHRÖTER/ZANGENBERG 2013: 483). Sie datiert ins 1. Jh. n.Chr. und gedenkt eines gewissen Theodotus, Sohn des Vettenus, »Priester und Synagogenvorsteher« in dritter Generation, der die Synagoge »zur Verlesung des Gesetzes und zur Lehre der Gebote und das Fremdenhaus und die Kammern« und die Wasseranlagen hatte bauen lassen. Die Inschrift unterstreicht die vielfältigen Funktionen jüdischer Synagogen als Gebets- und Lehrhaus, aber auch als Herberge für Pilger. Dass hier ein Priester Synagogenvorsteher war, ist wohl zum Teil der besonderen Situation in Jerusalem geschuldet. Die Tatsache, dass die Inschrift in griechischer Sprache abgefasst ist und Theodotus einen griechischen (Übersetzung für Matityahu oder Yehonatan?), sein Vater sogar einen lateinischen Namen trägt, belegt den kosmopolitischen Charakter Jerusalems im 1. Jh. n.Chr. Auffällig ist jedoch, dass z. B. keine einzige Bauinschrift aus den zahlreichen Festungen und Palästen des Herodes erhalten geblieben ist.

2.2. Münzen

2.2.1. Verwendung von Münzen

Seit ihrer Erfindung gegen Ende des 7. Jh.s v.Chr. im westlichen Kleinasien bieten Münzen mit ihren Symbolen, Porträts und Titulaturen einen einzigartigen Einblick in die politischen, ökonomischen und religiösen Werte und Vorstellungen antiker Menschen.

Daher sind Münzen eine wichtige Quelle auch für die Lebenswelt Jesu und der frühen Christen, auch wenn es noch Jahrhunderte dauern sollte, bis Christen selbst die ersten Münzen prägten oder christliche Motive auf Münzen zu sehen waren.

Wie in anderen Regionen der antiken Mittelmeerwelt kursierten auch im Palästina zur Zeit Jesu Münzen aus unterschiedlichen lokalen, regionalen und überregionalen Systemen nebeneinander. Da aufgeprägte Nominalbezeichnungen fehlten, gab es auch keine fixen Wechselkurse zwischen den Systemen oder starr festgelegte Preise. Der »Wert« einer Münze richtete sich im 1. Jh. v./n.Chr. zunächst ungefähr nach der Metallsorte (zur Zeit Jesu Gold, Silber und Bronze), dann nach ihrer Größe und dem Metallgehalt, der freilich vor allem bei Edelmetallen wie Silber oder Gold durchaus deutlich schwanken konnte. Die Prägung auf der Münze half bei der Identifikation der ausgebenden Macht und dadurch bei der Beurteilung der Qualität der Münze, i.e. ihres Edelmetallgehaltes. Zur Not konnte man diesen mit der Feinwaage oder einfachem Anritzen leicht zusätzlich kontrollieren.

Obwohl Münzen in Palästina bereits seit dem 4. Jh. v.Chr. hergestellt wurden, deutet die seit dem späten 2. Jh. v.Chr. im Fundspektrum vorkommende hohe Anzahl sehr kleiner Bronzenominaler darauf hin, dass Münzen erst zu dieser Zeit für alltägliche Transaktionen auf dem Markt etc. verwendet wurden. Im Laufe des 1. Jh.s v.Chr. nimmt der Einsatz von Münzen in Palästina kontinuierlich zu (»Monetarisierung«). Der verstärkte Ersatz von Naturalien durch Münzgeld zum Entrichten von Steuern und Zöllen oder zur Auszahlung von Sold oder Donativen an Soldaten treibt diesen Prozess zusätzlich voran. Es ist jedoch davon auszugehen, dass zur Zeit Jesu neben münzbasierten Geschäften auch weiterhin Naturalabgaben und Tauschhandel verbreitet waren.

Im Unterschied zu Bronzemünzen treten Silbermünzen im Fundmaterial Palästinas des 1. Jh.s v./n.Chr. nur in recht kleinen Stückzahlen auf (mit deutlich steigender Tendenz zur Zeit des Jüdischen Aufstands). Goldmünzen bleiben bis in die Spätantike hinein äußerst selten. Silbermünzen dienten meist, aber nicht ausschließlich, für periodische Zahlungen großer Beträge (Sold; Schulden, vgl. Mt 18,28 100 δηνάρια; Steuer, vgl. Mk 12,15parr. δηνάριον) oder zur Speicherung und zum Transport hoher Werte – hierin vergleichbar mit Schmuck oder Edelmetallgefäßen, die umgeschmolzen werden konnten. Bis zum Ausbruch des ersten Aufstandes gegen Rom haben lokale Autoritäten in Palästina keine Silbermünzen geprägt. Erst als es galt, »fremdes Geld« mit anstößigen Porträts oder paganen Symbolen zu ersetzen (zum Silberschekel für den Tempel s. 2.2.2.2), wurde wohl aus dem Tempelschatz eigenes Silbergeld ausgemünzt, das dann zugleich den Anspruch auf eigene Staatlichkeit manifestierte und die »jüdische« Münzreihe für den Zahlungsverkehr komplettierte.

2.2.2. Münzen in der Welt der Jesustradition

Münzen kommen an verschiedener Stelle in der Jesustradition vor. Nicht immer sind die Angaben der Texte jedoch so präzise, dass man sie zweifelsfrei mit einem bestimmten System oder auch nur einer spezifischen Münze in Beziehung setzen könnte: Was z. B. in Mt 5,26 κοδράντης = *quadrans* heißt, wird in Lk 12,59 λεπτόν genannt. »Gold, Silber und Kupfer« werden gemäß dem allgemeinen Sprachgebrauch auch im Neuen Testament als Sammelbegriff für »Geld« verwendet (Mt 10,9; vgl. Mk 6,8; Lk 9,3). Die Begriffe τάλαντον (Mt 18,24; 25,14–30) oder μνᾶ (nur in Lk 19,13, eine Mine entspricht 100 δραχμαί und 1/60 eines τάλαντον; vgl. 4Q159) begegnen im Neuen Testament als Maßeinheit für ungeheuer große Werte (ein τάλαντον von Silber entspricht 6000 δραχμαί/*denarii*, Gewicht ca. 75lb.) und für unausgemünztes Metall. In Realität scheint es sich dabei um Barren, meistens aus Silber (vgl. Mt 25,27; Lk 19,15 Zinsen in ἀργύρια = Silbermünzen), gehandelt zu haben.

2.2.2.1. Münztypen in Galiläa

Zur Zeit Jesu waren in Galiläa hasmonäische Bronzemünzen aus dem 1. Jh. v.Chr. noch weit verbreitet. Hasmonäische Prägungen existieren allein in Bronze und zeigen in der Regel auf der Vorderseite eine Inschrift (Titel und Name des Herrschers) sowie auf der Rückseite hellenistische (sehr oft das Füllhorn, auch den Stern und das Diadem) oder seltener jüdische Symbole (Palmwedel, Lilie; unter Mattathias Antigonus auch zum ersten Mal die Menorah). Besonders oft begegnen die »anchor-star«-Typen des Alexander Iannaios (reg. 103–76 v.Chr.) im Wert einer *Prutah* (ca. 2g) oder Halb-*Prutah* (ca. 1g), der kleinsten Geldeinheit. Sehr wahrscheinlich bezeichnet das griechische Wort λεπτόν in Mk 12,41; Lk 12,59; 21,2 eine dieser beiden kleinsten Bronzemünzen. Auch in späteren Perioden wurden derartige *Prutot* geprägt. Neben den kleinsten Bronzemünzen zirkulierten in Galiläa auch Stücke der nächstgrößeren Gewichtseinheit (gr. δίλεπτον), diese werden aber im Neuen Testament nicht erwähnt.

Im Zuge der Neuorganisation des Orients unter Pompeius 63 v.Chr. geriet Judäa sukzessive unter römische Kontrolle. Entsprechend der römischen Maxime, Macht dezentral an lokale Instanzen zu delegieren, blieb auch in Palästina die Prägung von Bronzegeld den jeweiligen Autoritäten überlassen. Silber- und Goldnominale aus anderen Regionen deckten den hiesigen Bedarf und setzten so die große Typenvielfalt und Parallelität unterschiedlicher Münzsysteme aus hellenistischer Zeit fort. Echte *römische* Silbermünzen wie etwa der in Mk 12,13–17parr. implizierte *denarius* mit Kaiserporträt bleiben nach Ausweis der Archäologie bis zur Ankunft römischer Legionssoldaten im Zuge des Jüdischen Krieges in Palästina sehr selten (OSTERMANN 2009: 48–52). Die Tatsache, dass einige römische Münztypen im Neuen Testament namentlich genannt werden (*quadrans* = 1/4 eines *as*; *as*/ἀσσάριον = 1/16 eines *denarius*; der typisch römische *sestertius* wird nicht erwähnt), muss dem nicht widersprechen.

Herodes d.Gr., zwischen 40/37–4 v.Chr. König von Roms Gnaden über die ehemaligen hasmonäischen Gebiete und weitere hellenistisch geprägte Territorien, prägte wie seine hasmonäischen Vorgänger nur Bronzedenominale (offenbar aufgrund eigenen Wunsches, vgl. HÜBNER 2013; insgesamt ARIEL/FONTANILLE 2012, zu Silbermünzen 29–42). Obwohl Herodes wie seine Vorgänger Selbst- oder Kaiserporträts auf seinen Münzen tunlichst mied, setzte er systematisch »semantisch polyvalente« Motive ein wie den makedonischen Schild, den Dreifuß, das Diadem, den Dioskurenhelm, einen Anker oder ein Kriegsschiff, um damit sowohl seinen Rang, seine militärische Macht als auch seine Loyalität zu Rom zu unterstreichen, ohne jüdische Gefühle allzu sehr zu strapazieren (HÜBNER 2013: 108–112; JACOBSON 2013: 132–141).

Nach Herodes' Tod wurde sein Reich unter seinen Söhne aufgeteilt. Bis 34 bzw. 39 n.Chr. regierten seine Söhne als Klientelfürsten über Galiläa und Peräa (Antipas) bzw. über Gaulanitis und Trachonitis (Philippus), im Jahr 6 n.Chr. übernahmen römische Statthalter aus dem Ritterstand die Herrschaft über Judäa und Samaria vom glücklosen Ethnarchen Archelaus. Weder die Herodessöhne noch die ritterlichen Statthalter stellten Silber- und Goldprägungen her. Überhaupt schlugen nur sechs der elf Statthalter bis 66 n.Chr. eigene Münzen (MESHORER 2001: 168). Ikonographisch nähern sich die »jüdischen« und »paganen« Prägungen immer mehr an (LICHTENBERGER 2013 spricht von regelrechtem »Motivtransfer«). So mied Jesu Landesfürst Herodes Antipas, der vier unterschiedliche Bronzenominale in überschaubaren Mengen in seiner Residenz Tiberias prägen ließ (»ganz« im Wert von 1/8 oder 1/12 *denarius*, »halb«, »viertel« und »achtel«), konsequent Kaiser- oder Eigenporträts, feierte aber durch Aufschriften auf seinen Münzen seine Großtaten als Herrscher (TIBERIAS in Lorbeerkranz) oder verdeutlichte seine Loyalität zu seinem kaiserlichen Herrn Caligula (MESHORER 2001: 82 f.). Häufig sind vor allem traditionelle Symbole wie Palmbaum und -wedel sowie wiederum die Kornähre. Auch die meisten Prokuratorenmünzen bilden traditionelle »jüdische« bzw. allgemein unverfängliche Symbole wie Kornähre oder Palmbaum (Coponius, 6–9 n.Chr.) bzw. -wedel (Festus, 59–62 n.Chr.), sowie Lilien (Valerius Gratus, 15–26 n.Chr.) ab. Allein einige Münzen des Pilatus (26–36 n.Chr.) zeigen dezidiert pagane Symbole (Priestergeräte *simpulum, lituus*), andere verwenden »unanstößige« Motive. Nur bei Felix (52–59 n.Chr.) werden Waffen abgebildet (gekreuzte »germanische« bzw. »keltische« Schilde). Datiert sind die Münzen gewöhnlich durch das Regierungsjahr des Kaisers, unter dem der betreffende Statthalter die Münze geschlagen hat. Die ebenfalls in vier Perioden geprägten Münzen von Antipas' Bruder Philippus (4 v.–34 n.Chr.) geben ein anderes Bild ab: Sie zeigen sowohl die Porträts von Augustus und Livia als auch (seltener) sein eigenes, sowie auf der Rückseite oft die Fassade des *Augusteum* in Philippus' Residenzstadt Cäsarea, was deutlich die im Vergleich zu Galiläa viel höhere Anzahl an nichtjüdischen Bewohnern im Territorium des Philippus spiegelt.

Während des 1. Jhs. v.Chr. begannen auch freie Städte eigene, meist mit paganen Symbolen, stilisierten Gebäuden, Inschriften und Kaiserporträts dekorierte Münzen auszugeben (meist Bronze, zuweilen auch in Silber). Wichtig für den Münzumlauf in Galiläa waren vor allem Ptolemaïs, Tyrus und Sidon, daneben auch Gadara und Hippos.

Die Münzen des von 37–44 n.Chr. über weite Teile Palästinas herrschenden Königs Herodes Agrippa I. glichen sich deutlich an die »Bildsprache des römischen Staatsapparates« an (LYKKE 2013b). Neben einigen politisch signifikanten anikonischen Darstellungen (z. B. Baldachin) kommen auch Darstellungen von Familienangehörigen und einer Tempelfassade vor. Exklusiv jüdische Motive fehlen, desto stärker sind Bezüge zum jeweiligen Kaiserhaus. Agrippas plötzlicher Tod während der Kaiserfestspiele in Cäsarea wurde daher von frommen Kreisen als Strafe Gottes gesehen (Flav.Jos.Ant. 19,343–352; Apg 12,21–23).

2.2.2.2. Münzen in den Evangelien

Bronzemünzen begegnen im Neuen Testament immer wieder als Geld der »kleinen Leute«. So sieht Jesus zu, wie »das Volk« χαλκός (»Kupfer«) in den Opfer-
stock am Tempeleingang legt – Reiche spenden entsprechend mehr (Mk 12,41).
Als eine arme Witwe vorbeikommt, kann sie gerade einmal zwei λεπτά im Wert
von einem κοδράντης geben (*quadrans*; Mk 12,42: die Leser des MkEv kennen
sich wohl mit dem römischem Münzfuß aus, in der Parallele Lk 21,2 fehlt diese
Gleichsetzung!), was Jesus großes Lob aussprechen lässt. Nach Lk 12,6par. und
Mt 10,29 kostet ein Spatz ein ἀσσάριον (gr. für lat. *as*) und in Lk 12,59 wird ein
rachsüchtiger Mensch, der seinem Nächsten nicht vergeben will, auch nicht mit
Vergebung rechnen können, sondern seine Schuld bis auf die allerletzte Klein-
bronze (λεπτόν) zurückzahlen müssen (in der Parallele Mt 5,26 steht wieder
κοδράντης).

Für Silbermünzen begegnen im Neuen Testament die beiden gebräuchlichen
Begriffe: griechisch δραχμή sowie das gräzisierte lateinische δηνάριον (von *denarius*), ohne dass damit erkennbar auf die Differenz zwischen beiden Münzsyste-
men angespielt oder eine bestimmte Münze spezifisch angesprochen wäre. Diese
gängigste Silbermünze wiegt ca. 3,5–4g. Auf der Vorderseite trägt die δραχμή/der
denarius das Herrscherporträt mit Inschrift, die Rückseite ist unterschiedlich de-
koriert. Δραχμαί mit griechischen Aufschriften stammen in aller Regel aus östlichen Münzstätten, lateinisch beschriftete *denarii* kommen aus dem Westen und
sind sehr selten. Nach Ausweis der Texte wurden *denarii*/δραχμαί in Palästina
auch im Alltag bei besonderen Transaktionen verwendet. So bezahlt der barmherzige Samaritaner nach Lk 10,35 zwei δηνάρια, um den Verletzten in der Herberge pflegen zu lassen. In Mt 18,28 wird eine im Vergleich zu 10.000 Talenten
(Mt 18,24) kleine Schuld mit 100 δηνάρια bemessen (vgl. Lk 7,41). Der Wert des
δηνάριον entsprach nach Mt 20,2.9.10.13 etwa dem Tageslohn eines Landarbei-
ters, mit dem man sich nach Apk 6,6 in Zeiten der Teuerung nur ein χοῖνιξ
(»Maß« = etwas mehr als 1l) Weizen kaufen konnte. Dies macht verständlich,
warum eine arme Hausfrau so intensiv nach einer verlorenen δραχμή sucht und
sich so sehr freut, als sie sie gefunden hatte (Lk 15,8–10). Nach Mk 6,37; Joh 6,7
wollten die Jünger für 200 δηνάρια Brot für 6000 hungrige Menschen kaufen, was
deutlich weniger ist als die 300 δηνάρια, die das kostbare Nardenöl gekostet hat,
mit dem nach Mk 14,5 die namenlose Frau in Betanien Jesu Haupt salbte (vgl. Joh
12,5).

Eine numismatische Besonderheit stellt der Silberschekel im Wert von zwei
denarii/δραχμαί = δίδραχμα dar (Gewicht ca. 14g), den jeder männliche Jude einmal pro Jahr an den Tempel abführen musste (Ex 30,12–16; Neh 10,32f.). Das
System der Tempelsteuer bedeutete die Transaktion riesiger Summen aus allen
Gebieten der Mittelmeerwelt nach Jerusalem und machte den Tempel zu einer
mächtigen Großbank. Ungeachtet des »jüdischen Bilderverbots« wurden zur
Entrichtung dieser Steuer im 1. Jh. v./n.Chr. offensichtlich nur Silberstücke der

Stadtmünze von Tyros verwendet. Sie zeigen auf der einen Seite das Bild des tyrischen Stadtgottes Melqart, auf der anderen einen Adler. Der Grund lag vielleicht darin, dass der Edelmetallgehalt dieser Stücke besonders hoch oder alternative Zweidrachmenstücke notorisch selten waren (MESHORER 2001: 72–78; ARIEL/FONTANILLE 2012: 29–42). Andere Münzen mussten daher durch Geldwechsler vor Ort umgetauscht werden, was einen weiteren wichtigen Faktor der Jerusalemer Tempelwirtschaft darstellte (MESHORER 2001: 77). Vieles bleibt jedoch undeutlich.

Einmal scheint im Neuen Testament direkt auf diesen Silberschekel angespielt zu werden. Nach Mk 14,11 erhielt Judas Iskariot Silbergeld (ἀργύριον) von den Hohenpriestern, um Jesus auszuliefern (par. Lk 22,5; nach Mt 26,15 waren es exakt 30 ἀργύρια). Angesichts der kultischen und biblischen Konnotationen (Sach 11,12 f.[LXX]) ist es wahrscheinlich, dass zumindest Mt 26,15 auf die Tempelschekel anspielt. Nach Mt 17,24 wird Petrus gefragt, ob Jesus denn die Doppeldrachme (δίδραχμα) nicht bezahle. Dieser bejaht das und kann nach Mt 17,27 mit einem wundersam im Maul eines Fisches gefundenen *stater* die Tempelsteuer für sich und für Jesus bezahlen.

Inschriften
COTTON, Hannah M./DI SEGNI, Leah/ECK, Werner/ISAAC, Benjamin u. a. (Hg.) 2010: Corpus Inscriptionum Iudaeae et Palaestinae, CIIP, Vol. I: Jerusalem, Part 1: 1–704, Berlin/New York.
ECK, Werner 2007: Rom und Judäa. Fünf Vorträge zur römischen Herrschaft in Palästina, Tria Corda 2, Tübingen.
ZANGENBERG, Jürgen K. 2012a: Archaeology, Papyri, and Inscriptions, in: COLLINS, John J. u. a. (Hg.): Early Judaism. A Comprehensive Overview, Winona Lake, 332–366.
SCHRÖTER, Jens/ZANGENBERG, Jürgen K. (Hg.) 2013: Texte zur Umwelt des Neuen Testaments, UTB 3663, Tübingen.

Münzen
ALKIER, Stefan 2003: »Geld« im Neuen Testament. Der Beitrag der Numismatik zu einer Enzyklopädie des Frühen Christentums, in: DERS./ZANGENBERG, Jürgen (Hg.): Zeichen aus Text und Stein. Studien auf dem Weg zu einer Archäologie des Neuen Testaments, TANZ 42, Tübingen, 308–335.
KREITZER, Larry J. 1996: Striking New Images. Roman Imperial Coinage and the New Testament World, JSNT.S 1134, Sheffield.
LYKKE, Anne (Hg.) 2013a: Macht des Geldes – Macht der Bilder. Kolloquium zur Ikonographie auf Münzen im ostmediterranen Raum in hellenistisch-römischer Zeit, ADPV 42, Wiesbaden.
MESHORER, Ya'aqov 2001: A Treasury of Jewish Coins. From the Persian Period to Bar Kokhba, Jerusalem/New York.

Jürgen K. Zangenberg

D. Leben und Wirken Jesu

I. Einführung

Im dritten Teil des Handbuchs werden die Konturen des Lebens und Wirkens Jesu vorgestellt, die sich aus den zugänglichen Quellen rekonstruieren lassen. Aus den in Teil II näher besprochenen historischen Materialien lassen sich dabei zunächst die politischen Verhältnisse erheben, die für das Wirken Jesu maßgeblich sind. Im weiteren Sinn sind dies die Strukturen des Römischen Reiches, die sich seit dem 1. vorchristlichen Jh. auch auf die Verhältnisse in Judäa, Samaria und Galiläa ausgewirkt haben. Im engeren Sinn sind es die in der Regierungszeit Herodes d.Gr. und den sich hieran anschließenden Herrschaftsperioden seiner Söhne Archelaus, Antipas und Philippus entstandenen Verhältnisse in diesen Gebieten, die für das Wirken Jesu vorauszusetzen sind.

Im Blick auf die religiösen Verhältnisse sind die Entwicklungen des Judentums des Zweiten Tempels, insbesondere der Makkabäer- bzw. Hasmonäerzeit, zu berücksichtigen. In dieser Zeit entstanden diejenigen Ausprägungen und Gruppen innerhalb des Judentums, die auch während des Auftretens Jesu existierten und von denen einige im Neuen Testament genannt werden.

In den auf diese Weise umrissenen Kontext sind die biographischen Aspekte Jesu – seine Herkunft und seine Stellung innerhalb des Judentums – einzuzeichnen. In der Jesusforschung des 20. Jh.s ist häufig betont worden, es sei nicht möglich, eine »Biographie Jesu« zu schreiben, weil die Quellen aufgrund ihres Charakters als Präsentationen des Wirkens und Geschicks Jesu auf der Grundlage des nachösterlichen Bekenntnisses die dafür notwendigen Informationen nicht liefern würden. Auch wenn dies innerhalb gewisser Grenzen durchaus zutrifft, lassen sich dennoch Aspekte benennen, die es erlauben, Jesus in biographischer Hinsicht in seine Zeit und die Region seiner Herkunft und seines Wirkens einzuordnen. Dabei ist in Rechnung zu stellen, dass die Erzählungen über Jesu Geburt und Kindheit im Wesentlichen legendarisch, für eine historische Darstellung dementsprechend kaum verwertbar sind. Biographische Züge lassen sich jedoch anhand von Beobachtungen zum kulturellen und religiösen Milieu Galiläas und Judäas, in erster Linie zum galiläischen Judentum der betreffenden Zeit, erheben.

Die Behandlung des öffentlichen Wirkens Jesu wird durch Beobachtungen zu seinem sozialen Kontext, insbesondere zu seinem Verhältnis zu Johannes dem Täufer und zu seiner Stellung in den sozialen und politischen Verhältnissen seiner Zeit, eröffnet. Im Anschluss wird dies anhand der maßgeblichen Inhalte des Handelns und Lehrens Jesu vertieft. Die Unterscheidung von Handeln und Lehren ist dabei heuristischer und pragmatischer Natur, denn selbstverständlich bestehen zwischen beiden Bereichen enge Verzahnungen und auch das Lehren Jesu lässt sich als eine Form seines Handelns auffassen.

Die behandelten Aspekte führen die zentralen Inhalte des öffentlichen Wirkens Jesu vor Augen, zu denen etwa die Gründung einer Gemeinschaft innerhalb Israels, Machttaten sowie die Haltung Jesu zu Gruppen in seinem Umfeld wie den Samaritanern und am Rand der Gesellschaft stehenden Personen wie Zöllnern und Sündern, aber auch zum Volk Israel als einer theologischen und sozialen Größe, gehören. Wesentliche Inhalte des Lehrens Jesu kommen in seiner Rede von Gott als Vater, in der Ankündigung der in seinem Wirken anbrechenden Gottesherrschaft, in seiner Haltung zur Tora sowie in den Vorstellungen von Gericht und Heil zum Ausdruck. Im Wirken und Lehren Jesu zeigt sich so ein spezifisches Selbstverständnis, das seinen zentralen Inhalt in der Überzeugung besitzt, er selbst sei derjenige, mit dessen Wirken die Durchsetzung des Heils Gottes auf der Erde unmittelbar verbunden ist.

Das Ethos Jesu ist eng mit den beiden voranstehend genannten Bereichen verbunden. Es kann jedoch als selbständiger Teil seiner Lehre und seines Wirkens aufgefasst werden. In diesem Ethos kommt die Überzeugung zum Ausdruck, dass dem Anbruch der Gottesherrschaft ein Lebenswandel entspricht, der sich an den radikalen Forderungen nach Verzicht auf irdischen Besitz und einer kompromisslosen Hinwendung zu Bedürftigen orientiert.

Ein eigener Bereich ist schließlich den Passionsereignissen gewidmet. Mit diesen sind sowohl die historischen Fragen nach der Beteiligung des Sanhedrin sowie der Kreuzigung und Grablegung Jesu verbunden als auch eine Betrachtung von Verlauf und Bedeutung des letzten Mahles Jesu mit seinen Jüngern in Jerusalem.

Der dritte Teil des Handbuchs vermittelt auf diese Weise einen Überblick über die wesentlichen Inhalte des öffentlichen Wirkens Jesu in ihrem historischen Kontext. Dadurch entsteht ein facettenreiches Bild der charakteristischen Merkmale von Handeln, Lehre und Ethos des galiläischen Juden Jesus von Nazaret, einschließlich der Umstände, die zu seiner Hinrichtung geführt haben.

Jens Schröter / Christine Jacobi

II. Politische Verhältnisse und religiöser Kontext

1. Politische Verhältnisse: Römische Herrschaft, Herodes der Große, Antipas

Die politischen Verhältnisse in Palästina zur Zeit Jesu werden durch drei zentrale Entwicklungen bestimmt, nämlich von einem langfristigen Übergang von östlicher zu westlicher Dominanz im Nahen Osten, von einer Phase von mittlerer Dauer, die den Übergang von der souveränen jüdischen Herrschaft in Palästina zur römischen Fremdherrschaft umfasst, und schließlich einer kurzen Phase des Übergangs von der Herrschaft römischer Vasallen zur direkten römischen Herrschaft. Die Etablierung der direkten römischen Herrschaft im gesamten Gebiet Palästinas kaum 15 Jahre nach der Kreuzigung Jesu markiert den Abschluss aller drei Entwicklungen, die im Folgenden überblicksartig dargestellt werden sollen.

1.1. Von der östlichen zur westlichen Dominanz im Nahen Osten

Für den langfristigen Übergang von östlicher zu westlicher Dominanz ist daran zu erinnern, dass die Geschicke das Nahen Ostens bis in das 4. Jh. v.Chr. jahrtausendelang von Machthabern aus dem Osten bestimmt wurden. Assyrer und Babylonier oder Meder und Perser (um den Blick auf das 1. Jahrtausend v.Chr. zu beschränken) kamen als Eroberer und Herrscher stets aus dem Osten. Eine große Umwälzung erlebte das 4. Jh. v.Chr. mit den Eroberungszügen Alexanders des Großen aus dem Westen; Dan 11 und die Anfangsverse des 1. Makkabäerbuches lassen erkennen, dass dies schon im alten Palästina als historischer Wendepunkt wahrgenommen wurde. Der Tod Alexanders führte allerdings zu beträchtlicher Unruhe in den Kriegen seiner Nachfolger (»Diadochen«), an deren Ende Palästina wieder der Herrschaft von Königen unterstand, die entweder in Ägypten (Ptolemäer, bis 200 v.Chr.) oder Syrien (Seleukiden) residierten. Diese hellenistischen Königreiche blieben zwar der griechischen Kultur verbunden, die Alexander in die Region gebracht hatte, müssen ihrem Wesen nach aber trotzdem als östliche Königreiche betrachtet werden. Tatsächlich betont die Forschung zur hellenistischen Welt zunehmend die Bedeutung der östlichen Kultur für die hellenistischen Königreiche, die trotz des Herrschaftswechsels weiterbestand.

Darüber hinaus war die Möglichkeit einer Revanche aus dem Osten im Verlauf des 2. und 1. Jh.s v.Chr. bis in das 1. Jh. n.Chr. durchaus gegeben. Im 2. Jh. v.Chr. expandierte das Partherreich und griff aus seinem angestammten Gebiet in der Nähe des Kaspischen Meeres zunehmend auf das Seleukidenreich über und trug dazu bei, dessen Einfluss von Mesopotamien nach Syrien zurückzudrängen; im Norden und Osten erhoben sich ebenfalls einige Königreiche, etwa Pergamon, Pontos und Armenien, die ihr Herrschaftsgebiet teils auf Kosten der Seleukiden vergrößerten. Im Süden, der hier von besonderem Interesse ist, revoltierte die Makkabäerdynastie in Judäa gegen die Seleukiden, und zwar zur selben Zeit, in der auch ein ituräischer Staat im Libanon und ein arabisches (»nabatäisches«) Königreich an Einfluss gewannen. Der Osten war also weiterhin recht vital.

Im 2. Jh. v.Chr. trat im Osten neben den einheimischen Mächten, die zu dieser Zeit ihre Blüte erlebten, allerdings eine neue Macht mit einem ausgeprägten Herrschaftsanspruch in Erscheinung, nämlich die römische Republik. Nachdem sie ihre Kontrolle über Italien im 4. und 3. Jh. v.Chr. befestigt und Karthago am Ende des 3. Jh.s vernichtet hatte, richtete die Republik ihren Expansionsdrang nach Osten, was die Seleukiden in den ersten Jahrzehnten des 2. Jh.s zu spüren bekamen, als sie militärisch unterlagen und Antiochus III. 190 n.Chr. harte Auflagen akzeptieren musste. Seinen Sohn, Antiochus IV., vertrieben die Römer 168 v.Chr. aus Ägypten. Das anfangs eher sporadische römische Engagement kam zunächst den anderen Staaten im Osten zugute, die von der Schwächung der Seleukiden profitieren konnten; die hasmonäischen Herrscher in Judäa hielten dieses Verhältnis mit Rom sogar in einer Reihe von Verträgen fest (vgl. 1Makk 8, 12 und 15) und standen damit keineswegs allein. Der fortdauernde Verfall der seleukidischen

Macht führte jedoch dazu, dass sich schließlich auch die anderen Staaten direkt mit Rom konfrontiert sahen und auf unterschiedliche Weise der Reihe nach der römischen Expansion zum Opfer fielen. Attalus III. von Pergamon überließ den Römern nach seinem Tod 133 v.Chr. sein Herrschaftsgebiet; Sulla besiegte 85 v. Chr. nach langem Kampf Mithridates VI. von Pontos; 66 v.Chr. schlug Pompeius Tigranes II. von Armenien, nur wenige Jahre nach dessen Rückzug aus Syrien, wo er fast 15 Jahre geherrscht hatte (83–69 v.Chr.), und nur kurz bevor Pompeius selbst nach Syrien (64 v.Chr.) und Judäa (63 v.Chr.) vorstoßen sollte; Ägypten fiel 30 v.Chr. an Octavianus (den zukünftigen Augustus). Der romantische Tod von Antonius und Kleopatra 300 Jahre nach dem Tod des Alexander markierte offenbar den Beginn einer neuerlichen westlichen Herrschaft im Osten.

Die Zeitgenossen werden dies allerdings nicht so empfunden haben. Zum einen blieb das Partherreich außerhalb der römischen Machtsphäre. Alexander war nach Mesopotamien (und weit darüber hinaus) vorgedrungen, aber Rom hatte das Partherreich nie erobert. Der Euphrat bezeichnete die Grenze zwischen den beiden Großmächten, also auch zwischen Ost und West, über die jahrhundertelang Auseinandersetzungen geführt wurden, ohne dass ein endgültiger Ausgang abzusehen war. Die Parther waren 40 v.Chr. erfolgreich in den Osten des Römischen Reiches eingefallen und konnten sich dort für etwa zwei bis drei Jahre festsetzen. Entsprechend hielt sich die Furcht vor Wiederholung eines solchen Ereignisses. Tatsächlich wurde Herodes Antipas (der »Fuchs« aus Lk 13,32), der zur Zeit Jesu in Galiläa herrschte, 39 n.Chr. aus dem Amt entfernt und nach Gallien verbannt, weil der römische Kaiser Tiberius zu der Überzeugung gelangt war, dass er mit den Parthern gegen Rom konspirierte (Flav.Jos.Ant. 18,250–252).

Zum anderen hatte Rom zwar die meisten der eroberten Gebiete seiner direkten Herrschaft unterstellt (auf diese Weise wurde etwa Pergamon der Kern der Provinz Asia, das seleukidische Syrien die *Provincia Syria* und das ptolemäische Ägypten zur kaiserlichen Provinz), in einigen Fällen wurden aber auch die einheimischen Herrscher als Vasallen anerkannt, was entweder bestimmten machtpolitischen Erwägungen folgte oder einfach deswegen geschah, weil kein akuter Handlungsbedarf bestand. Neben der andauernden parthischen Bedrohung konnte diese Zurückhaltung in den betreffenden Gebieten dazu beitragen, die Hoffnung einer lokalen Machtrestauration im Osten wach zu halten.

Judäa war eine solche Ausnahme, was sachlich zu der bereits angesprochenen mittelfristigen Entwicklung von der souveränen jüdischen Herrschaft zur Fremdherrschaft führte.

1.2. Von der souveränen jüdischen Herrschaft zur römischen Fremdherrschaft

Zur selben Zeit, als Pompeius Syrien erreichte und annektierte (64 v.Chr.), stritten in Judäa zwei Brüder, Aristobulus II. und Hyrkanus II., Erben des Königs Alexander Jannäus (gest. 76 v.Chr.) und seiner Witwe und Nachfolgerin, Königin Salome Alexandra (gest. 67 v.Chr.), um den Thron der hasmonäischen Herrschaft, die ein Jh. zuvor nach dem Makkabäeraufstand gegen die Seleukiden errichtet worden war. Die Unterstützung des Pompeius, um die sich beide Brüder bemühten, erhielt schließlich Hyrkanus, wodurch die Eroberung Jerusalems im Sommer 63 v.Chr. zu seinem Triumph wurde, den Pompeius aus unbekanntem Grund duldete. Zwar verweigerte er Hyrkanus den Königstitel, verzichtete aber darauf, Judäa als römische Provinz zu annektieren. Stattdessen wurde Hyrkanus als römischer Vasallenherrscher zum »Hohepriester« ernannt und erhielt den zusätzlichen Titel »Ethnarch« (Ant. 14,191).

Der erste Titel bezeichnet die religiöse Autorität, während der zweite, wenn er wörtlich verstanden wird (insbesondere im Blick auf die verweigerte Königswürde), die Herrschaft über das jüdische ἔθνος (»Volk«), nicht aber über das Land zum Ausdruck bringt (vgl. SHARON 2010). Diese bedeutsame formale Entscheidung, die Hyrkanus die Herrschaft über das Land entzog, wurde zudem von substantiellen Maßnahmen begleitet: So trennte Pompeius eine Reihe von Städten, die von Nichtjuden bevölkert waren, vom Herrschaftsgebiet des Hyrkanus ab. Diese Städte waren von den Hasmonäern erobert worden und wurden jetzt der Kontrolle des römischen Statthalters in der neugegründeten *Provincia Syria* unterstellt. Hyrkanus beherrschte also, anders noch als seine Eltern, nicht das gesamte Gebiet Palästinas. Paradoxerweise hatten diese Gebietsverluste allerdings zur Folge, dass er das verbliebene Territorium relativ uneingeschränkt kontrollieren konnte. Weil die Römer keine Maßnahmen ergriffen, um ihre Vorherrschaft zu demonstrieren, konnten die Juden in allen praktischen Belangen weiterhin den Eindruck haben, dass sie in einem hasmonäischen Staat lebten. Auch der Umstand, dass Rom in der Mitte des 1. Jh.s v.Chr. im Inneren von einem langen Bürgerkrieg erschüttert wurde, trug natürlich zu weiteren Zweifeln an der Endgültigkeit ihrer Herrschaft über den Osten bei.

Offenbar glaubten viele Juden tatsächlich, dass der Verlust der unabhängigen hasmonäischen Herrschaft nicht als *fait accompli* zu betrachten war. Es wird berichtet, dass Aristobulus II. und seine Söhne, die Pompeius nach Rom verbannt hatte, mehrfach versuchten, nach Judäa zurückzukehren, dort Truppen zu sammeln und die Macht zurückzuerlangen. In ihren Augen scheint der Staat also noch existiert zu haben, sodass es sich lohnen konnte, um die Herrschaft zu kämpfen. Es ist keine Überraschung, dass der erfolgreichste Versuch einer solchen Rückkehr zur Macht durch einen der Söhne des Aristobulus mit Unterstützung der Parther zustande kam: Im Jahr 40 v.Chr. in der frühen Phase der Invasion der Parther im Osten des Römischen Reiches verbündete sich Mattatias Antigonus mit den Eindringlingen, um sich seine Unterstützung mit dem Königstitel belohnen zu lassen, den er bis 37 v.Chr. behielt, als die Römer gegen Ende ihrer Wiedereroberung des Ostens auch Judäa einnahmen.

Aber auch jetzt wurde Judäa nicht annektiert, sondern blieb ein Vasallenstaat mit einem neuen jüdischen Herrscher anstelle des Hyrkanus, den die Parther gefangengenommen hatten und der ohnehin alt und wenig durchsetzungsstark geworden war. Dieser neue Herrscher war Herodes, der Sohn des Antipater (gest.

43 v.Chr.), welcher als einflussreicher und erfolgreicher Berater und Verwalter die rechte Hand des Hyrkanus gewesen war. Herodes, dem in den vierziger Jahren die Regierungsgeschäfte in Galiläa übertragen worden waren, hatte sich nach Rom geflüchtet, als Judäa von den Parthern eingenommen wurde. Octavianus und Marcus Antonius drängten den Senat, ihn als Klientelkönig in Judäa einzusetzen, um dort Antigonus, dem parthischen Klientelherrscher, entgegenzutreten. Wie der römische Sieg 63 v.Chr. zugleich der Triumph des Hyrkanus war, so profitierte 37 v.Chr. Herodes vom Sieg der Römer über Antigonus, nachdem sie die Parther 38 v.Chr. über den Euphrat zurückgeworfen hatten.

Herodes, der 37 v.Chr. etwa 35 Jahre alt war, lebte verhältnismäßig lange und regierte bis zu seinem Tod im Jahr 4 v.Chr. Die Einzelheiten seiner Regentschaft müssen hier nicht interessieren, hervorzuheben sind allerdings zwei Herrschaftsprinzipien, die für die Beständigkeit seiner Machtausübung fundamental wichtig waren. Mit ihrer Hilfe lässt sich verstehen, was sich in der kurzen Spanne nach seinem Tod änderte, als die Herrschaft in Palästina zur Zeit Jesu in die Hände der Römer überging. Die beiden Prinzipien beziehen sich auf den Umgang des Herodes mit seinen Oberherren und seinen Untertanen und umfassen die absolute Unterordnung unter Rom auf der einen und die Trennung von Religion und Staat auf der anderen Seite. Das erste Prinzip war ein pragmatisches Einverständnis mit den politischen Tatsachen, das zweite zielte darauf, Zusammenstöße zwischen Herodes und seinen jüdischen Untertanen zu vermeiden.

1.2.1. Absolute Unterordnung unter Rom

Wie bereits erwähnt, wurde Herodes auf Betreiben von Octavianus und Marcus Antonius 40 v.Chr. vom römischen Senat zum König von Judäa ernannt. Zwei Jahre zuvor war diese Entwicklung noch keineswegs absehbar gewesen. Herodes war zu diesem Zeitpunkt Statthalter von Galiläa und hatte sich im Dienst des Cassius Longinus, der die römische Provinz Syria beherrschte, als effizienter Ordnungshüter und Steuereintreiber erwiesen. Als Cassius sich dann im Krieg gegen Octavianus und Marcus Antonius befand und diesen verlor (er wurde 42 v.Chr. in Philippi geschlagen), war zu erwarten, dass die Sieger auch Herodes bestrafen. Herodes aber, der nominell der Herrschaft des Hyrkanus unterstand, traf Marcus Antonius in Bithynien und konnte ihn trotz des Widerstands von jüdischer Seite dazu bringen, ihn im Amt zu belassen (Ant. 14,301 f.). Helfen konnten ihm dabei sein Charme und die Verbindungen seines Vaters zu Julius Cäsar und Antonius selbst, aber sicher auch das Argument, dass er Cassius nicht gedient hatte, um ihn im Bürgerkrieg zu unterstützen, sondern weil er in ihm den legitimen Vertreter der römischen Oberherrschaft sah, dem seine uneingeschränkte Loyalität galt, worauf sich nun auch Antonius und sein späterer Partner Octavianus verlassen durften. Antonius ließ sich (vielleicht auch von einem beträchtlichen Bestechungsgeld, Ant. 14,303) überzeugen. Als Judäa zwei Jahre später von den Parthern eingenommen wurde, floh Herodes nach Rom und wurde dort von Octavianus und Antonius nicht nur als römischer Vertreter in Judäa bestätigt, sondern auch in Konkurrenz zu dem von den Parthern als König eingesetzten Antigonus zum König ernannt – eine Entscheidung, die die Römer schließlich auch militärisch durchsetzten.

Einige Jahre später, nachdem Octavianus und Antonius das Römische Reich unter sich aufgeteilt hatten – Antonius (mit Kleopatra) im Osten, Octavianus im Westen – und Octavianus in der Schlacht bei Actium (31 v.Chr.) den Sieg über Antonius davontrug, fand Herodes sich abermals auf der Seite der Verlierer. Wie nach der Niederlage des Cassius in Philippi war auch jetzt zu erwarten, dass die Niederlage des Antonius zugleich den Fall des Herodes bedeuten würde. Herodes suchte Octavianus auf der Insel Rhodos auf und verteidigte sich mit dem Hinweis auf seine Loyalität gegenüber Rom (im Bericht des Josephus ist dieses Argument explizit erwähnt, Ant. 15,187–193). Auch in diesem Fall sollte die Strategie aufgehen und Herodes in seiner Position bestätigt werden.

Herodes hielt Wort: Für die Dauer seiner weiteren Regentschaft war er stets darauf bedacht, seine Loyalität gegenüber Octavianus/Augustus ostentativ zum Ausdruck zu bringen, sei es, wenn nötig, durch die Teilnahme an römischen Militärkampagnen (Ant. 15,198–201.317) oder vor allem durch die Gründung von Städten zu Ehren des Augustus (Cäsarea und Sebaste) und anderen prominenten Römern. Nach dem Zeugnis des Josephus, der eine lange Liste solcher herodianischen Bauprojekte aufführt (Bell. 1,401–416), »ließ [Herodes] keinen irgendwie geeigneten Platz seines Reiches ohne ein Zeichen der Ehre Caesars« (Bell. 1,407, Übersetzung nach Michel/Bauernfeind). Josephus teilt weiter mit, dass Herodes neben Marcus Vipsanius Agrippa (einem Feldherrn und Schwiegersohn des Augustus) der beste Freund des Kaisers und Agrippas bester Freund neben dem Kaiser gewesen sei (Ant. 15,361). Selbst wenn man diese Information für übertrieben hält, so ist doch deutlich, dass die Loyalität des Herodes gegenüber Augustus das Fundament bildete, auf dem sein Thron Bestand haben konnte.

1.2.2. Trennung von Religion und Staat

Zusammen mit diesem Prinzip muss allerdings auch das andere Grundelement der Politik des Herodes berücksichtigt werden, nämlich die Trennung von Religion und Staat, die dazu bestimmt war, die jüdische Bevölkerung in seinem Königreich gefügig zu halten. In diesem Zusammenhang ist daran zu erinnern, dass Judäa vor der Übernahme durch die Römer und sogar noch während der Regierungszeit Hyrkanus' II. einige Generationen lang von hasmonäischen Hohenpriestern beherrscht wurde, die mit dem impliziten oder expliziten Anspruch auftraten, die legitimen Vertreter Gottes in Israel zu sein, die das Land in dessen Auftrag regierten. Herodes war dieser Weg versperrt, weil er idumäischer Herkunft war und deswegen keine Möglichkeit hatte, das Priestertum anzustreben. Josephus erwähnt mehrfach, dass Herodes dem »niederen Stand« entstammte (d.h. von nicht-priesterlicher Herkunft war, Ant. 14,78.489 usw.) und gelegentlich sogar Zweifel daran geäußert wurden, dass er überhaupt als Jude gelten dürfte (vgl. u. a. Ant. 14,403: Herodes als »Halbjude«; Ant. 19,332: sogar sein Enkelsohn wurde nicht als »eingeborener Jude« betrachtet). Wie sollte er unter diesen Umständen mit der jüdischen Religion umgehen?

Anscheinend hoffte Herodes zu Beginn seiner Herrschaft, dass er die Hasmonäer für sich vereinnahmen könnte: Er heiratete Mariamne, eine hasmonäische Prinzessin, und setzte deren Bruder, Aristobulus III., als Hohenpriester ein. Falls dies der Steigerung seiner Legitimität als jüdischer Herrscher dienen sollte, blieb es allerdings ohne Erfolg. Die jüdische Bevölkerung zeigte eine überschwängliche Begeisterung für Aristobulus, was Herodes dazu veranlasste, den jungen Hasmonäer durch einen vorgetäuschten Badeunfall zu Tode kommen zu lassen. Das Verhältnis zu Mariamne und zum Rest ihrer hasmonäischen Familie war zerrüttet, sodass Herodes sie schließlich alle in kurzer Zeit umbringen ließ.

Dieses schwere Zerwürfnis führte jedoch nicht dazu, dass Herodes auch gegen die jüdische Religion selbst vorging. Vielmehr verschrieb er sich in dieser Hinsicht einer wohlwollenden Politik der Nichteinmischung: er ernannte Hohepriester aus Familien, die keine politischen Ambitionen hatten (STERN 1982), während er selbst die Staatsführung übernahm, ohne sich mit den Angelegenheiten der jüdischen Religion zu befassen, abgesehen von der Ernennung und Absetzung der Hohenpriester (was sicherstellte, dass sie sich aus den Staatsangelegenheiten heraushielten) und von äußerlicher Unterstützung, insbesondere durch den groß angelegten Umbau des Jerusalemer Tempels.

Insgesamt erwies sich diese Politik als zweckdienlich: die Illegitimität des Herodes als jüdischer Herrscher wurde durch den Verzicht, sich als solcher zu präsentieren, neutralisiert. Er erschien als Herrscher des Königreichs Judäa, der in Jerusalem ebenso massiv und erfolgreich investierte wie in die Erbauung paganer Städte in seinem Herrschaftsbereich und in verschiedene Projekte im Römischen Reich, die er aktiv unterstützte (RICHARDSON 1999).

Die doppelte Grundausrichtung seiner Politik, nämlich die Pflege der guten Beziehungen zu Rom auf der einen Seite und des wohlwollenden, aber unbeteiligten Verhältnisses zum Judentum auf der anderen Seite, verschaffte Herodes den nötigen Spielraum für eine überwiegend friedliche und prosperierende Herrschaft. Die abscheulichen Geschichten, die mit seinem Namen verbunden sind, haben mit den Schwierigkeiten innerhalb seiner eigenen Familie zu tun, die vor allem in seinem letzten Lebensjahrzehnt zutage traten, wie es wohl zu erwarten ist, wenn ein König neun oder zehn Frauen hat und deswegen zu viele mögliche Erben, die angesichts des fortschreitenden, die normale Lebenserwartung weit übersteigenden Alters ihres Vaters zunehmend ungeduldig werden. Diese Vorfälle berühren aber kaum die Bewertung seiner gesamten Regentschaft.

Die beiden Grundpfeiler der herodianischen Politik sind außerdem für das Verständnis der dritten und letzten hier zu besprechenden Phase hilfreich, die den Übergang von der Vasallenherrschaft zur direkten römischen Herrschaft in Palästina betrifft.

1.3. Von der Vasallenherrschaft zur direkten römischen Herrschaft

Nach dem Tod des Herodes 4 v.Chr. entschied Augustus, das Königreich aufzulösen. Er richtete sich dabei im Wesentlichen nach dem, was als letzter Wille des
Herodes galt (Ant. 17,188 f.), und teilte das Königreich in drei Herrschaftsgebiete,
die jeweils an einen Sohn des Herodes übergeben wurden. Die Teilung des Gebietes deutete bereits recht klar auf die Absicht hin, das Land zu annektieren, was
sich auch darin niederschlug, dass Augustus den drei Herodessöhnen den Königstitel verweigerte: Archelaus wurde »Ethnarch« im judäischen und samarischen Kernland (Mt 2,22 bezieht sich fälschlich auf seine Herrschaft als König),
Herodes Antipas wurde »Tetrarch« in den jüdisch okkupierten Gebieten Galiläas
und Transjordaniens (auch er wird in Mt 14,9 unzutreffend als »König« bezeichnet) und Philippus »Tetrarch« in weiter verstreuten und zumeist von Nichtjuden
bewohnten Gebieten im Norden. Diese verkleinerten Territorien mit niederran-
gigen Herrschern waren dem Römischen Reich natürlich leichter einzuverleiben,
was innerhalb eines halben Jh.s nach dem Tod des Herodes – also in der Zeit der
Wirksamkeit Jesu – schließlich auch geschah.

Die Annexion vollzog sich in mehreren Schritten, die alle ihre eigene Geschichte haben. Augustus verbannte Archelaus bereits 6 n.Chr. nach Gallien und
unterstellte dessen Gebiet der direkten römischen Herrschaft. Ob dies die Errichtung einer römischen Provinz (*Provincia Judaea*) einschloss (wie Josephus in
Bell. 2,117 behauptet) oder lediglich den Anschluss Judäas an die Provinz Syria
bedeutete (wie er in Ant. 17,355 und 18,2 meint), ist ungewiss. Auch im ersten
Fall wird der römische Statthalter in Syrien, der über einige Legionen verfügte,
großen Einfluss in Judäa gehabt haben und, wenn nötig, in die inneren Belange
einbezogen worden sein. Umgekehrt wird es im zweiten Fall eigene römische
Verwalter für Judäa gegeben haben, denen die Durchsetzung von Recht und Ordnung (und das Steuerwesen) übertragen wurde. Der Unterschied zwischen beiden Varianten mag also eher semantischer Natur sein. Die Verbannung des Archelaus geschah nach dem Bericht des Josephus (Ant. 17,342) als Reaktion auf die
Beschwerden der Einwohner Judäas und Samarias über die »Grausamkeit und
Tyrannei« des Herodessohnes. Der Vorwurf mag zutreffen, allerdings zeigt der
Fall des Herodes, dass die Grausamkeit eines Herrschers, wenn sie der Einhaltung von Recht und Ordnung (und der Unterwürfigkeit gegenüber dem Römischen Reich) diente, in Rom keineswegs zwingend missbilligt wurde, im Gegenteil: »a widely publicized potential to wreak havoc was certainly a powerful
political asset for the greatest state-builder of the time, Augustus« (Schwartz
2014: 59 f.). Die Annexion Judäas war also vielleicht nur eine notwendige Folge,
die sich aus dem römischen Prinzip des »Teilens und Herrschens« ergab. Das
Territorium des Philippus wurde der Provinz Syria angegliedert, nachdem er 34
n.Chr. gestorben war. Diese Entscheidung mag umso leichter gewesen sein, als
der Tetrarch kinderlos geblieben war. Als allerdings zehn Jahre später der Hero-
desenkel Agrippa I. starb (auf den noch zurückzukommen ist) und dabei einen

Erben hinterließ, war dies für Claudius offenbar kein Hindernis für die Annexion seines Königreiches. Herodes Antipas wurde 39 n.Chr., wie bereits bemerkt, wegen des Verdachts der Konspiration mit den Parthern nach Gallien verbannt.

Dieser Vorwurf war allein schon schwerwiegend genug, aber es mögen in seinem Fall noch andere Gründe hinzugekommen sein. Herodes Antipas war Tetrarch von Galiläa, das seinem Ruf und den Tatsachen entsprechend als Brutstätte anti-römischer Gesinnung gelten musste (vgl. für einen Überblick bes. LOFTUS 1977/78) und damit aus den Regionen Judäas herausstach, sofern diese in Rom differenziert wahrgenommen wurden (worüber nicht viel bekannt ist). Galiläa bot bereits zur Zeit des Herodes die Kulisse für Erhebungen gegen Rom, aber auch nach dessen Tod, etwa im Jahr 6 n.Chr., als ein Aufstand gegen den ersten römischen Zensus in Judäa von Judas dem Galiläer angeführt wurde (Apg 5,37), und zur Zeit des Pontius Pilatus, aus der nicht nur von »den Galiläern« berichtet wird, »deren Blut Pilatus mit dem ihrer Opfertiere mischte« (Lk 13,1), sondern natürlich auch von Jesus von Nazaret und dessen Anhängern, die in den Augen der Römer ebenfalls Aufständische waren und entsprechend behandelt wurden. Unter der von Herodes d. Gr. noch sehr genau befolgten Maßgabe, dass ein Herrscher in der römischen Welt an erster Stelle für die Aufrechterhaltung der römischen Oberherrschaft zu sorgen hatte, musste Herodes Antipas als Versager erscheinen. Herodes d. Gr. hatte es verstanden, als Vasall Roms von militärischen Initiativen (außer bei der Unterstützung römischer Interessen) und einer eigenständigen Außenpolitik abzusehen. Herodes Antipas brach auch diese Regel: er mischte sich in äußere Angelegenheiten, wodurch er den Zorn mächtiger Gegner in Rom auf sich zog (Ant. 18,104 f.), und geriet dazu in einen Krieg gegen die benachbarten Nabatäer, der schließlich zur Intervention der Römer führte (Ant. 18,109–115.120–125).

Das Nachleben des ersten politischen Grundsatzes des Herodes, der die absolute Unterordnung unter Rom betraf, war also recht begrenzt. Es ist vermutet worden, dass auch Archelaus davon abgewichen sei, wie es der Umstand nahelegt, dass er – zwar im kleineren Umfang als sein Vater – baulich tätig war (Ant. 17,340), aber lediglich eine Stadt mit seinem eigenen Namen (Archelaïs) und keine zu Ehren des Augustus oder eines anderen Römers errichtete. Möglicherweise trug er den Römern nach, dass sie ihm den Königstitel verweigert hatten (BERNETT 2007: 182 f.188). Unabhängig davon kann wohl zumindest im Blick auf Herodes Antipas festgehalten werden, dass er entweder nicht fähig oder nicht willens war, seine Untertanen in der Weise zu lenken, wie Rom es gerne gesehen hätte.

Der zweite Grundsatz, der zur langen Regentschaft des Herodes beigetragen hatte, seine Politik der Nichteinmischung in die jüdischen Religion, war für den Übergang zur direkten römischen Herrschaft eher indirekt von Bedeutung. Um dies zu verstehen, ist noch einmal auf die Besonderheit der Verhältnisse in Judäa einzugehen: Warum haben die Römer so lange darauf verzichtet, Judäa zu annektieren? Warum konnten von der Eroberung Judäas durch Pompeius bis zur Entscheidung des Augustus, Archelaus zu verbannen, 70 Jahre vergehen, bevor die

direkte römische Herrschaft eingeführt wurde? Die Antwort scheint darin zu liegen, dass Judäa aus römischer Sicht einen durchaus eigenständigen Charakter
hatte. Die Römer verstanden sich darauf, Königreiche zu erobern und Statthalter
anstelle einheimischer Herrscher einzusetzen. Tatsächlich bestand darin das Wesen ihres (wie jedes anderen) Großreiches: einnehmen und annektieren – so hatte Rom es in Pontos, Syrien und Ägypten praktiziert, um nur die Hauptbeispiele
aus dem Osten des Römischen Reiches zu nennen, die oben bereits erwähnt wurden. Wie allerdings mit einem Staat umzugehen war, an dessen Spitze ein Hoherpriester stand und dessen Mittelpunkt ein Tempel bildete, ließ sich daraus nicht
ableiten. Ein besonderes Problem stellte auch der jüdische Monotheismus dar,
der mit Intoleranz und Empfindlichkeiten verbunden war, die von außen schwer
einzuschätzen waren (BERNETT 2007: 182 f.188; MOMIGLIANO 1986). Es mag also
als Vorteil erschienen sein, einen einheimischen Vasallen als eine Art Puffer zwischen Juden und Römern einzusetzen. Entsprechend wurde Hyrkanus II. nach
der römischen Eroberung Judäas 63 v.Chr. als Klientelherrscher installiert. Auch
im Falle des Herodes wird dies für die Römer einer von mehreren wichtigen
Gründen gewesen sein, ihn nach der neuerlichen Eroberung Judäas 37 v.Chr.
zum König zu ernennen.

Die lange Regentschaft des Herodes hatte allerdings gezeigt, dass es möglich
war, die jüdische Religion vom Staat zu trennen, wodurch der Staat wie ein gewöhnliches Königreich geführt werden konnte. In der Tat setzte Herodes alles
daran, den Römern diesen Punkt besonders deutlich zu demonstrieren, wovon
emblematisch die aufwändige Ausstattung des Herodeions als Gästehaus zeugt,
in dem sich prominente römische Besucher in einem römischen Ambiente hei-
misch fühlen konnten (vgl. jetzt PORAT/CHACHY/KALMAN 2015). Vom Empfang
der Römer in Cäsarea mit Statuen der Stadt Rom und des Kaisers (Ant. 15,339)
bis zur Bewirtung im Herodeion führte Herodes den Römern bei jeder Gelegenheit vor Augen, dass Judäa als normaler Teil des Römischen Reiches betrachtet
werden konnte. Dadurch entfielen allerdings auch die an die Eigenheiten des jüdischen Staates und des Monotheismus geknüpften Gründe, weiterhin von der
Einnahme und Annexion als Wesenszügen des Römischen (wie jedes anderen)
Reiches abzusehen. Zwar bestand die jüdische Religion auch unter Herodes fort
und erlebte in Judäa sogar eine Blüte, doch Rom war nun offenbar der Ansicht,
dass ihre Existenz zusammen mit der des Tempels keinen größeren Widerspruch
zur römischen Herrschaft darstellte als etwa die Existenz von Synagogen in Rom
(SCHWARTZ 2009b).

Was für Judäa zutraf, galt sicher auch für Galiläa. Augustus hatte bei der Annexion Judäas 6 n.Chr. seine Zurückhaltung aufgegeben, obwohl Jerusalem mit
dem Tempel als jüdischem Wahrzeichen im Zentrum dieses Gebietes lagen.
Ebenso wenig war nun zu erwarten, dass er oder seine Nachfolger Tiberius, Gaius Caligula und Klaudius von einer Annexion der Territorien des Philippus und
Herodes Antipas absehen würden, die weit vom judäischen Kernland entfernt
und weniger offensichtlich mit der jüdischen Religion verbunden waren. Von Ju-

däa waren diese Regionen durch Samaria getrennt, wo die Samaritaner früher ihren eigenen Tempel besessen hatten, der mit dem Heiligtum der Juden in Konkurrenz stand (vgl. Joh 4,20; Ant. 13,256; 18,29–31; 20,118). Vor diesem Hintergrund mögen die Römer erwartet haben, dass sich die Galiläer wie Juden in der Diaspora verhielten.

Die Eingliederung Palästinas in das Römische Reich hätte also innerhalb von 10 Jahren nach der Kreuzigung Jesu mit der Verbannung des Herodes Antipas durch Caligula 39 n.Chr. abgeschlossen sein können. Unter den beschriebenen Voraussetzungen wäre es folgerichtig gewesen, das Territorium des Herodes Antipas nach dem Beispiel der Gebiete des Archelaus und Philippus ebenfalls direkter römischer Kontrolle zu unterstellen. Trotzdem entwickelten sich die Dinge 39 n.Chr. in eine andere Richtung. Geschichte ereignet sich nicht nach einer stringenten Ordnung, sondern wird hin und wieder von Umständen bestimmt, die laufende Entwicklungen hemmen oder deren Kurs verändern. Im Falle der Gebietsverwaltung in Galiläa hatten die guten Beziehungen des Herodesenkels Agrippa I. zur Kaiserfamilie einen maßgeblichen Einfluss auf den Gang der Ereignisse. Schon bei Herodes spielte die Freundschaft mit Octavianus eine gewisse Rolle, um ihm sein Amt zu erhalten. Auch Agrippa I., der in Rom aufgewachsen war, konnte sich bei Caligula in einem Maße beliebt machen, dass er nach der Verbannung des Herodes Antipas dessen Territorium erhielt. Schon 37 n.Chr. hatte Gaius das vormalige Gebiet des Philippus von der Provinz Syria abgetrennt und es Agrippa übergeben, 41 n.Chr. sprach ihm Klaudius, der Nachfolger des Gaius, außerdem Judäa und Samaria zu. Auf diese Weise ergab sich zwischen 37 und 41 n.Chr. aufgrund der persönlichen Beziehungen Agrippas (und vielleicht aus Unzufriedenheit mit der Provinzverwaltung, die unter Pilatus und nochmals unter Caligula nicht in der Lage war, Unruhen zu verhindern) eine vollständige Umkehr des historischen Trends, der sich im Vorfeld angedeutet hatte und darauf hinauslief, Palästina in das Römische Reich einzugliedern.

Die Herrschaft Agrippas I. ist ein bemerkenswertes Beispiel für die Fähigkeit einzelner Personen, den Lauf der Geschichte zu beeinflussen, sie blieb allerdings eine Episode und bestätigte damit die Wirkungsmacht übergeordneter historischer Entwicklungen, die trotz etwaiger Verzögerungen und Umwege zu ihrem Ziel gelangen. Drei Jahren nach der Wiederherstellung des gesamten herodianischen Königreiches starb Agrippa I. (43/44 n.Chr.). Klaudius annektierte daraufhin das Land und setzte römische Statthalter zu seiner Verwaltung ein, obwohl Agrippa, wie bereits bemerkt, einen 16-jährigen Sohn hinterließ, Agrippa II., der die Position seines Vaters hätte übernehmen können. Die Herrschaft Agrippas I. entbehrt also nicht einer gewissen Ironie: sie erwies sich als Instrument, durch das die drei Teile des herodianischen Königreiches wieder zu einer Einheit fanden, die nun jedoch im Ganzen der römischen Kontrolle unterworfen wurde. Diese neue Situation sollte in der Folge trotz zweier großer Aufstände (66–73 und 132–136 n.Chr.) und anderer Schwierigkeiten bis zur Eroberung Palästinas durch die Araber im 7. Jh. n.Chr. Bestand haben.

Zusammenzufassend lässt sich noch einmal festhalten, dass Palästina zur Zeit Jesu die endgültige Etablierung westlicher Herrschaft im Nahen Osten erlebte, den Übergang von einheimischer jüdischer Herrschaft zur indirekten römischen Herrschaft durch jüdische Vasallen und schließlich auch die Ablösung dieser indirekten Herrschaft durch direkte römische Herrschaft mittels römischer Statthalter. Die letzte Veränderung, die dem imperialen Wesenszug des römischen Reiches entsprach, könnte insbesondere in Galiläa durch die Nachlässigkeit des Vasallenherrschers (Herodes Antipas) bei der Erhaltung von Recht und Ordnung beschleunigt worden sein. Einen eigenen Beitrag wird ferner die durch die Politik des Herodes vermittelte Erkenntnis geleistet haben, dass Palästina trotz der Besonderheiten von Judentum und Monotheismus wie jeder andere Teil des Römischen Reiches zu beherrschen war.

Rückblickend wird sichtbar, dass die drei erwähnten historischen Entwicklungen Mitte der vierziger Jahre n.Chr. mit der endgültigen Errichtung der direkten römischen Herrschaft in Palästina zu einem gemeinsamen Abschluss kamen. Bekannt ist auch, dass nur etwa zwei Jahrzehnte später ein großer jüdischer Aufstand, der auf eine Umkehr der Geschichte zielte, auf schreckliche Weise scheiterte und zur Zerstörung der jüdischen Hauptstadt mit dem Tempel als jüdischem Wahrzeichen führte. Freilich konnten die Zeitgenossen den Verlauf der Geschichte nicht voraussehen. Vor allem bei den Juden, denen biblische und andere Verheißungen einer messianischen Zukunft vertraut waren, könnte der Eindruck, dass die Dinge sich im Fluss befanden, aber zu der Bereitschaft beigetragen haben, die Zeit für die Errichtung eines neuen Königreiches für reif zu halten.

Übersetzungen nach
Michel, Otto/Bauernfeind, Otto (Hg.) 1959–1969: Flavius Josephus. De bello Judaico. Der jüdische Krieg. Darmstadt.

Bernett, Monika 2007: Der Kaiserkult in Judäa unter den Herodiern und Römern, WUNT 203, Tübingen.

Loftus, Francis 1977/78: The Anti-Roman Revolts of the Jews and the Galileans, JQR 68, 78–98.

Momigliano, Arnaldo 1986: The Disadvantages of Monotheism for a Universal State, CP 81, 285–297.

Porat, Roi/Chachy, Rachel/Kalman, Yakov 2015: Herodium: Final Reports of the 1972–2010 Excavations Directed by Ehud Netzer, Vol. I: Herod's Tomb Precinct, Jerusalem: Israel Exploration Society and the Institute of Archaeology of the Hebrew University of Jerusalem, Jerusalem.

Richardson, Peter 1999: Herod: King of the Jews and Friend of the Romans, Edinburgh, 197–202.

Schwartz, Daniel R. 2009b: One Temple and Many Synagogues: On Religion and State in Herodian Judaea and Augustan Rome, in: Jacobson, David M./Kokkinos, Nikos: Herod and Augustus, Leiden, 385–398.

Schwartz, Seth 2014: The Ancient Jews from Alexander to Muhammed, Cambridge, 59–60.

Sharon, Nadav 2010: The Title ›Ethnarch‹ in Second Temple Period Judea, JSJ 41, 472–493.

STERN, Menahem 1982: Social and Political Realignments in Herodian Judaea, The Jerusalem Cathedra 2, 40–62.

Daniel R. Schwartz

2. Religiöser Kontext

2.1. Judentum der hellenistisch-römischen Zeit

2.1.1. Historischer, kultureller und religionspolitischer Hintergrund

Im Gefolge des Eroberungsfeldzugs Alexanders d. Gr. vertieften und verbreiterten sich die Kontakte zwischen den Griechen und der vorderorientalischen Welt. Nachdem aus den Diadochenkriegen die hellenistischen Königreiche hervorgegangen waren, standen Palästina und das südliche Syrien (als »Syrien und Phönikien«) ab 301 v.Chr. für etwa ein Jh. unter der Herrschaft der Ptolemäer-Dynastie. In dieser Zeit setzte sich das Griechische in den verschiedenen Reichsteilen und sozialen Kontexten in unterschiedlichem Maß als Verkehrssprache durch. Während die Verwaltung griechischsprachig wurde und die in Ägypten lebenden (teilweise unter Ptolemaios I. dorthin verbrachten) Judäer ebenfalls begannen, ihre Dokumente auf Griechisch abzufassen, konnten sich etwa in Judäa neben dem Griechischen das Aramäische und, für bestimmte Zwecke, das Hebräische halten. Das Ptolemäerreich war ein gut organisierter, zentralisierter Staat. Er wurde vom König geführt, der göttliche Ehren beanspruchte; ihm zur Seite stand der διοικητής, der »Wirtschafts- und Finanzminister«. Das Land »gehörte« dem König und konnte von anderen nur gepachtet werden. Das straff organisierte Steuerwesen lag in der Hand zahlreicher Steuerpächter. Das Kernland Ägypten war in »Gaue« (νομοί) eingeteilt, die Provinzen in »Hyparchien«. Für die Provinz »Syrien und Phönikien« sind folgende Hyparchien belegt: Judäa, Samaria, Galiläa, Idumäa, Asdod (das Philisterland) sowie die Ammanitis im Ostjordanland. Die Hyparchie Judäa bildete insofern eine Ausnahme, als sie nicht von einem στρατηγός, sondern von den Hohepriestern in Jerusalem geleitet wurde und sich somit eine gewisse Teilautonomie bewahrte.

200 (nach anderen: 198) v.Chr. gelang dem Seleukidenkönig Antiochus III. in der Schlacht bei Paneas die Eroberung der Provinz; als »Koilesyrien« gehörte sie fortan bis 143 v.Chr. zum Seleukidenreich. Unterteilt war sie nun in die folgenden vier »Eparchien«: Idumäa, Paralia (d. h. das Land am Meer), Samaria und Galaaditis; Samaria wiederum zerfiel in Samaria im engeren Sinne und Judäa. Das Seleukidenreich war weniger straff verwaltet als das Ptolemäerreich. Aufstände und militärische Konflikte trugen zu seiner Destabilisierung bei. In der Anfangszeit seiner Herrschaft scheint Antiochus III. in einem Erlass den Bewohnern Jerusalems und seines Umlands Steuerfreiheit und andere Vergünstigungen, einschließlich der Erlaubnis, nach den »väterlichen Gesetzen« zu leben, zugesagt zu haben (Flav.Jos.Ant. 12,238–244). Die Hohepriesterwürde lag zunächst bei der

Familie der Oniaden: Auf Simon II., den gefeierten Hohenpriester des Sirachbuchs (Sir 50,1–21), folgte der weniger glücklich agierende Onias III. Nachdem den Seleukiden im Frieden von Apamea 188 v.Chr. hohe Reparationsleistungen auferlegt worden waren, geriet das Hohepriesteramt in den Sog konkurrierender Tributversprechen. Mit einem solchen gelangte Onias' stärker hellenisierter Bruder Jason bei Regierungsantritt Antiochus' IV. in den Besitz des Amtes. Gegen weitere Geldleistung erhielt er vom König die Erlaubnis, eine Kampfbahn (γυμνάσιον) und einen Übungsplatz für junge Leute (ἐφηβεῖον) einzurichten sowie die Bevölkerung Jerusalems »als Antiochener« einzuschreiben (2Makk 4,9 f.). Mit der dadurch betriebenen Umwandlung Jerusalems nach Vorbild einer hellenistischen Polis wurde die Tora als Verfassung des judäischen Ethnos außer Kraft gesetzt und die Freiheiten Antiochus' III. verloren für Jerusalem ihre Geltung. Nachdem Jason durch den von den Tobiaden gestützten Menelaus aus dem Hohepriesteramt verdrängt worden war, verschärfte sich die Situation. Jason probte den Aufstand, scheiterte aber und musste fliehen. Antiochus IV. reagierte mit einer Strafaktion, offenbar unterstützt und beraten durch Menelaus, der die Angleichung der Judäer an vorderorientalische Kulte betrieb. Der König erließ Edikte, denen zufolge es den Bewohnern Jerusalems verboten war, nach den »väterlichen Gesetzen« zu leben; unter Todesandrohung zwang er sie, heidnische Gebräuche anzunehmen, die Opfer im Tempel einzustellen und stattdessen Altäre für die Schlachtung unreiner Tiere sowie Tempel und Götzenbilder zu errichten, den Sabbat und die Feste abzuschaffen, und er verbot die Beschneidung (so nach 1Makk 1,44–50; vgl. 2Makk 6,1–7). Auf dem Brandopferaltar wurde das »Gräuel der Verwüstung« errichtet (*schiqquṣ [me]schomem* – eine Anspielung auf den Namen des vorderorientalischen Gottes Ba'al schamin; Dan 9,27; 11,31; 12,11), der Sache nach ein Stein-Baityl, in dem der Gott verehrt wurde.

Als der Zwang zum heidnischen Opfer auch im Umland Jerusalems durchgesetzt werden sollte, kam es zum Aufstand der Makkabäer um den Priester Mattathias und seine Söhne, allen voran Judas mit dem Beinamen »Makkabios« (so die griech. Form, wohl von hebr. *maqqebet* »Hammer«). Nach einem Guerillakrieg erreichten die Aufständischen die Rücknahme des Verbots der Tora und einer ihr entsprechenden Praxis (vgl. 2Makk 11,16–33). Anschließend eroberte Judas mit seinen Leuten Jerusalem und stellte am 25. Kislew 164 (oder 165) v.Chr. den Tempeldienst mit neuem Gerät und einem neu erbauten Brandopferaltar wieder her (vgl. 1Makk 4,36–59; 2Makk 10,1–8). In den seleukidischen Thronwirren der folgenden Jahre installierte zunächst Demetrius I. den gemäßigt hellenisierten Hohenpriester Alkimos, woraufhin die Kämpfe wieder aufflackerten; sodann ernannte der Usurpator Alexander Balas im Jahr 150 v.Chr. Jonathan, den Bruder des mittlerweile gefallenen Judas, zum »Freund des Königs« und Hohenpriester des Ethnos. Die nach einem Ahn als »hasmonäische« bezeichnete Dynastie konsolidierte in der Folge ihre Herrschaft: 142 v.Chr. wurde ein weiterer Bruder, Simon, von Demetrius II. als »Hohepriester, Heerführer und Ethnarch der Judäer« anerkannt (1Makk 13,47). 134–104 v.Chr. amtierte Johannes Hyrkanus I., unter dem es zu territorialer Expansion und zur Judaisierung der unterworfenen Idumäer kam: Es wurde ihnen erlaubt, »im Land zu bleiben, wenn sie ihre Genitalien beschneiden ließen und nach den Gesetzen der Judäer leben wollten« (Flav. Jos.Ant. 13,257; zu Hyrkanus' Aktionen gegen die Samaritaner s. 2.2). Hyrkanus' Sohn Aristobulus I. (104–103 v.Chr.) nahm als erster Hasmonäer den Königstitel an; er betrieb Expansion nach Norden und forderte die am nördlichen Rand Galiläas lebenden Ituräer auf, sich beschneiden zu lassen und nach der Tora zu leben, wenn sie im Land bleiben wollten (Flav.Jos.Ant. 13,318). Sein Bruder Alexander Jannäus (103–76 v.Chr.) gewann Gebiete im Ostjordanland und wichtige Städte wie Gaza hinzu. Alexanders Witwe Salome Alexandra (76–67 v.Chr.) machte Hyrkanus II. zum Hohepriester; dessen Streit mit seinem zunächst überlegenen Bruder Aristobulus II. (67–63 v.Chr.) rief die Römer unter Pompeius auf den Plan.

2.1.2. Integration und Diversifikation im Judentum der hellenistisch-römischen Zeit

Das Judentum in hellenistisch-römischer Zeit ist durch ein dialektisches Verhältnis von Integration und Diversifikation geprägt. Integration wird dabei durch eine Reihe gemeinsamer, grundlegender Konzepte und Institutionen vermittelt. Diversifikation hingegen entsteht zum einen aufgrund von Unterschieden in lokalen Institutionen und Praktiken (v. a. zwischen dem Tempel in Jerusalem, den Wohnorten im Land Israel und der Diaspora), zum andern aufgrund der unterschiedlichen Interpretation und Konkretisierung der gemeinsamen Konzepte und Institutionen durch die verschiedenen Gruppierungen innerhalb des Judentums dieser Zeit. Forschungsgeschichtlich bedeutet diese Einsicht eine Weiterführung und zugleich differenzierende Modifikation des von Sanders (SANDERS 1992) vorgelegten Modells des »Common Judaism«, das das Gemeinsame betont, dabei aber das Profil der unterschiedlichen Gruppen zu wenig berücksichtigt. Im Folgenden kann aus Platzgründen auf das Judentum der Diaspora nicht detailliert eingegangen werden (dazu BARCLAY 1996), so dass dieses nur zur Sprache kommen wird, insofern es auch für das Judentum im Land Israel relevant ist.

2.1.2.1. Institutionen des Judentums in hellenistisch-römischer Zeit

Hier ist zunächst der Jerusalemer Tempel zu nennen. Gemäß jüdischem Verständnis war es derjenige Ort auf Erden, an dem Gott seinen Namen wohnen ließ. Nur hier durften Opfer dargebracht werden (der Oniaden-Tempel im ägyptischen Leontopolis blieb eine zeitbedingte Randerscheinung). Der Zweite Tempel wurde im Frühjahr 515 v.Chr. geweiht (Esr 6,15); nach seiner Entweihung unter Antiochus IV. wurde er im Dezember 164 (oder 165) v.Chr. von den Makkabäern erneut geweiht (1Makk 4,52–59; 2Makk 10,5–8). Nachdem bereits in vormakkabäischer Zeit ein innerer Tempelvorhof abgesondert worden war (Flav.

Jos.Ant. 12,141), baute Herodes I. die Tempelanlage in großem Stil aus (Flav.Jos. Bell. 5,184–227; mMid enthält zutreffende Details, ist aber im Ganzen idealisierend). Letzte Arbeiten wurden erst ca. 63 n.Chr. vollendet (Flav.Jos.Ant. 20,219). Herodes ließ den Tempelplatz in etwa auf doppeltes Maß vergrößern (144.000 m²) und mit einer Umfassungsmauer aus z. T. riesigen Steinquadern umgeben. Betrat man ihn, so gelangte man zuerst in den Vorhof der Heiden; er war durch eine drei Ellen (ca. 1,50 m) hohe Schranke begrenzt, an der sich Steintafeln befanden, die Nichtjuden unter Todesdrohung warnten, den inneren Bezirk zu betreten. Juden und Jüdinnen hingegen durften, sofern sie rituell rein waren, hinter der Schranke über Stufen weitergehen, bis sie zu einer inneren Mauer mit zehn Toren kamen; von dort gelangten die Jüdinnen in den Vorhof der Frauen, die jüdischen Männer in den Vorhof der Israeliten. Dieser war lediglich durch eine niedrige Schranke von einer Elle Höhe vom Vorhof der Priester getrennt. Dort befanden sich der Brandopferaltar, die Schlachtbank und das Wasserbecken; dies war der Bereich, in dem die Opfer dargebracht wurden. Zwölf Stufen führten von diesem Vorhof hinauf zum Tempelgebäude. Dieses war zweigeschossig; das höhere Untergeschoss war wiederum in die längere Vorderhalle und das »Allerheiligste« unterteilt. Die Vorderhalle betraten die Priester zunächst durch einen offenen Eingang und sodann durch ein Tor, vor (?) dem ein buntgewirkter Vorhang hing, der das All symbolisierte (Flav.Jos.Bell. 5,212 f.). In der Vorderhalle selbst befand sich der siebenarmige Leuchter (die *menora*), der Schaubrottisch und der Räucheraltar. Ein weiterer Vorhang trennte den »Allerheiligstes« genannten Raum ab: »In ihm befand sich überhaupt nichts: keiner durfte ihn betreten, niemand ihn berühren oder auch nur einen Blick in ihn werfen« (Flav.Jos.Bell. 5,219). Allein der Hohepriester ging einmal im Jahr am Versöhnungstag hinein. Anders als in sonstigen Heiligtümern gab es kein Kultbild. Säulenhallen erstreckten sich an den Innenmauern des Tempelplatzes, von denen die größte, die »königliche Säulenhalle«, an der Südseite lag.

Im Mittelpunkt des Geschehens am Tempel stand das Opfer sowie die mit ihm verbundenen Aktivitäten; daneben fanden zu bestimmten Zeiten Gebete und die Rezitation von Tora-Abschnitten durch Priester sowie Hymnengesang und Trompetenblasen statt. Die Priester waren in 24 Rotationen eingeteilt, die abwechselnd eine Woche lang den Opferdienst versahen. Die Leviten unterstützten sie als Torwächter und Tempelsänger. Zu unterscheiden sind gemeinschaftliche und individuelle Opfer. Zu den Ersteren gehören das tägliche Brandopfer (*tamid*) – ein Lamm morgens und nachmittags –, das Sabbat-Brandopfer sowie die zusätzlichen Opfer für Neumonde, Jahresfeste und den Versöhnungstag, die jeweils aus mehreren Brandopfern und einem Bock als Sündopfer bestanden. Zu den Opfern, die Einzelne brachten, gehörten nach biblischer Vorschrift (Josephus weicht in Einzelheiten davon ab) Sündopfer bei bestimmten unwissentlichen Vergehen (Lev 4) oder beim Reinwerden eines Aussätzigen (Lev 14), Schuldopfer bei Vergehen an Besitz bzw. Geweihtem (Lev 5), auch als weiteres Opfer des reinwerdenden Aussätzigen, sowie Schlachtopfer, bei denen das Fleisch gemeinschaftlich verzehrt wurde (Lev 3). Neben Großvieh und Kleinvieh war für bestimmte Opferarten die Darbringung eines Paares (Turtel-) Tauben (so beim Reinigungsopfer von Ausflüssigen: Lev 15,14 f.29 f.) vorgesehen, die bei Armen auch an die Stelle anderer Opfertiere treten konnten (so beim Reinigungsopfer der Wöchnerin: Lev 12,8). Speis- und Trankopfer begleiteten die Tieropfer. Nur manche Opfer dienten somit der Sühne; bei anderen stand Dank oder Gabe an Gott im Vordergrund, und wieder andere schlossen Reinigungsprozesse ab. Wenngleich in Fortsetzung prophetischer Kultkritik immer wieder Ungenügen am Tempelkult geäußert wurde und über die Ausübung des Tempeldienstes unter den verschiedenen jüdischen Gruppen teils scharfe Kontroversen bestanden, war der Tempel ein wichtiges integrierendes Symbol; der an ihm praktizierte Kult wurde in weiten Kreisen akzeptiert. Zwar kamen Juden, die in größerer Entfernung vom Tempel lebten, mit ihm nur gelegentlich unmittelbar in Kontakt, doch stellte die Tempelsteuer von einem Halbschekel (vgl. Ex 30,13), zu der alle über zwanzigjährigen Männer verpflichtet waren, ein Bindeglied dar; diese Gelder wurden auch in den Städten der Diaspora gesammelt und zu festgesetzten Zeiten durch Abgesandte zum Tempel gebracht (Philo spec. 1,77 f.; legat. 156; Flav.Jos.Ant. 18,312). Die Bedeutung des Tempels kommt auch darin zum Ausdruck, dass vielfach – auch dort, wo der Zweite Tempel kritisch gesehen wurde – für die Endzeit ein von Gott errichtetes Heiligtum erwartet wurde (vgl. 4Q174 iii 2–6; zur Zeit der Neuschöpfung: 11QT^a 29,8–10; Jub 1,27–29; 4,26).

Eine weitere wichtige Institution war der Festkalender, der die Praxis sowohl am Tempel als auch in den Häusern orientierte. An den drei Wallfahrtsfesten Passa, Wochen- und Laubhüttenfest sollten die männlichen Israeliten vor dem Herrn »erscheinen« (Ex 23,17), wobei die tatsächliche Teilnahme an der Wallfahrt schwankte und ebenfalls von der Entfernung vom Tempel abhängig war. In den Nachmittagsstunden des 14. Nisan schlachteten die Häupter der Mahlgesellschaften von etwa zehn bis fünfzehn Personen je ein Passa-Tier (Lamm oder Zicklein) im Vorhof der Israeliten, wobei die Priester bei der Beseitigung des Blutes assistierten. Während der sieben Tage des Passa-/*Maṣṣot*-Fests durfte nur Ungesäuertes verzehrt werden. Nach Ausgang des Sabbats nach Passa bzw. des ersten Feiertags (darüber gab es eine Kontroverse, s. u.) wurde die Garbe (*omer*) der Gerste geerntet und im Tempel »geschwungen«; von diesem Tag an wurden 50 Tage bis zum Wochenfest gezählt, an dem zwei Laib Weizenbrot in den Tempel gebracht wurden. Das Laubhüttenfest wurde durch Wohnen in Hütten (*sukkot*), das Nehmen und Schütteln des Feststraußes (*lulav* aus Palmblättern, Bachweiden und Myrte, dazu *etrog*, eine Zitrusfrucht), nächtliche Feiern in den Tempelvorhöfen mit Musik und Tanz, die Bachweidenzeremonie sowie eine (auf den Beginn der Regenzeit hinweisende) Wasserlibation durch den (Hohe-?) Priester begangen (zu den letzten beiden Elementen gab es Kontroversen, s. u.). Der Versöhnungstag war gekennzeichnet durch Versöhnung und Fasten. Der Hohepriester führte dabei ein komplexes Ritual in Anlehnung an Lev 16 aus, zu dem das Schlachten eines Bocks zum Sündopfer, das Betreten des Allerheiligsten, das Aussprechen des Gottesnamens und das Sprengen des Sündopfer-Blutes daselbst, das Fortschicken eines weiteren Bocks (»Sündenbocks«) in die Wüste für die Sünden der Gemeinschaft und abschließende Opfer gehörten.

An ihren jeweiligen Wohnorten versammelten sich jüdische Gemeinden in Synagogen. Inschriftlich ist die Institution des »Gebetshauses« (προσευχή) im ägyptischen Judentum des 3. Jh.s v.Chr. belegt, ab dem 2. Jh. v.Chr. werden Versammlungen von Juden in der Diaspora Kleinasiens erwähnt, und das als (jüdische oder samaritanische) Synagoge identifizierte Gebäude in Delos wurde wohl schon vor 88 v.Chr. als solche genutzt. Im Land Israel sind in den letzten Jahren neben den archäologisch greifbaren Synagogen von Gamla (1. Jh. v.Chr.), Herodeion und Masada (beides Sekundärverwendung, erster judäischer Krieg) und der Theodotus-Inschrift, die eine Synagoge in Jerusalem erwähnt (CIIP I/1: Nr. 9, S. 53–56; vor 70 n.Chr.), weitere Bauten entdeckt worden, für die eine Identifizierung als Synagoge sowie eine Datierung vor 70 n.Chr. vorgeschlagen worden ist: Qirjat Sefer und Khirbet Umm el-Umdan in der judäischen Schefela, Khirbet Diab und Khirbet at-Tawani in den judäischen Bergen, Magdala und wohl auch Khirbet Qana in Galiläa (hingegen ist Netzers Identifizierung einer Synagoge aus hasmonäischer Zeit in Jericho aus typologischen Gründen fraglich). Typisch für diese Bauten ist ein rechteckiger Raum mit einer oder mehreren Reihen von Steinbänken entlang dreier oder aller vier Seiten. Eine konsequente Orientierung ist nicht festzustellen, vielmehr fällt die innere Ausrichtung auf die Mitte des mit Bänken umgebenen Raums auf. In Magdala wurde – offenbar *in situ* – ein ursprünglich wohl mit Hörnern versehener niedriger Steintisch gefunden (Vorderseite: siebenarmiger Leuchter, Räucheraltar und zwei Krüge; Rückseite: der Thronwagen über Feuerzungen, vermutlich das Allerheiligste repräsentierend; die Deutung von Oberseite und Seitenflächen ist umstritten). Die praktische Funktion des Steins ist unklar; am wahrscheinlichsten erscheint die Ablage von Schriftrollen. Damit legt der Magdala-Stein eine gewisse Bezugnahme auf den Tempel nahe; die Annahme, dass hinter den Institutionen von Tempel und Synagoge zwei voneinander unabhängige »Judentümer« stünden (so Flesher) wird spätestens durch diesen Befund unwahrscheinlich. Auf der anderen Seite lässt sich nicht erhärten, dass Synagogen grundsätzlich als heilige Orte und somit als Fortsetzungen des Tempels galten (so Binder, zur Auseinandersetzung mit beiden Positionen LEVINE 2004). Auch die bildliche Aufrufung des Tempels in der Synagoge von Magdala diente kaum dazu, die Anwesenden gleichsam in die Tempelvorhöfe zu versetzen; vielmehr stellt sie eine Verbindung her zwischen dem Tempel und den andersartigen Aktivitäten, die in der Synagoge vollzogen wurden. Nach dem überwiegenden Zeugnis der literarischen Quellen kamen Jüdinnen und Juden in Synagogen v. a. zusammen, um die Verlesung und Erklärung der Tora zu hören, insbesondere am Sabbat (Philo legat. 156; hyp. [= Eus. praep. 8,] 7,12 f.; Theodotus-Inschrift; Flav.Jos.Apion. 2,175; wie weit eine Lesung aus den Propheten [Lk 4,16–21] bereits verbreitet war, ist umstritten). Dabei wird man ebenfalls Lobsprüche gesagt haben; auch der Name προσευχή deutet daraufhin, dass man die dort stattfindenden Tätigkeiten als »Gebet« verstehen konnte. Auffällig ist dennoch, dass Gebete in diesem Kontext selten explizit erwähnt sind (Flav.Jos.Vit. 295 bezieht sich auf die spezielle Situation eines Fasttags; Mt 6,5 ist unklar im Blick auf die Regelmäßigkeit von Gebeten in Synagogen). Es ist daher nicht ganz klar, in welcher Weise tägliche oder Sabbatgebete mit der Synagoge verbunden waren. Gebetet wurde zu verschiedenen Zeiten und Anlässen, insbesondere aber morgens und abends (Flav.Jos.Ant. 4,212 [Rezitation des Sch^{e}ma Jisrael?]; Qumrantexte: 1QS 10,1–7; 1QH^a 20,7–12 [olim 12,4–9]). Einzelne Fromme koordinierten das Gebet mit der letzten Weihrauchgabe im Tempel am Nachmittag (Jdt 9,1); ein dreimaliges Gebet (vgl. Ps 55,17 f.; Dan 6,11.14) wurde erst unter den Rabbinen verpflichtend, wobei der Pflichtcharakter des Abendgebets zunächst noch umstritten blieb (mBer 4,1; jBer 4,1. 7c–d; bBer 27b; zur Dreizahl vgl. Did 8,3). Zwar beteten Einzelne in Richtung Jerusalem (Dan 6,11; 3Esr 4,58), doch dürfte auch das noch nicht verpflichtend gewesen sein. Auch dienten die häufig in der Nähe von Synagogen im Land Israel zu findenden Ritualbäder (*miqwa'ot*) wohl nicht dem Schutz eines heiligen Raums (in Analogie zum Tempel), sondern der Reinigung derer, die mit den heiligen Schriften umgingen und aus ihnen vorlasen. Die Verbindung zwischen dem Tempel und den örtlichen Synagogen dürfte daher über den gemeinsamen Bezug auf die Tora vermittelt worden sein. Neben den offenbar der breiteren Bevölkerung einer Stadt oder eines Dorfs dienenden Synagogen (wie die archäologisch noch nicht eindeutig identifizierte Synagoge in Kafarnaum aus dem 1. Jh.: Mk 1,21) gab es auch Versammlungsräume spezifischer Gemeinschaften; so hören wir Apg 6,9 von der »sogenannten Synagoge der Freigelassenen (Λιβερτίνων)«, und Philo von Alexandrien erwähnt die Synagogen der Essäer (Philo prob. 81).

2.1.2.2. Grundlegende theologische Konzepte

Die weitaus meisten Juden in hellenistisch-römischer Zeit waren Anhänger einer monotheistischen Verehrung Gottes. Das Sch^{e}ma Jisrael (Dtn 6,4–9), das Bekenntnis zur Einheit und Einzigkeit Gottes, war von jedem Juden morgens und abends zu sprechen; es findet sich auch auf den meisten antiken Exemplaren von *Tefillin* (Gebetsriemen). Die ersten beiden Dekalog-Gebote betreffen (nach der Zählung bei Philo und Josephus) das Fremdgötter- und Bilderverbot (Ex 20,3 f.; Dtn 5,7 f.). Der Dekalog scheint zur Zeit des Zweiten Tempels liturgisch breiter verankert gewesen zu sein: So soll er Teil der Morgenliturgie im Tempel (mTam 5,1) gewesen sein und findet sich auf einem Typus der in Qumran gefundenen *Tefillin* (während er von den Rabbinen nicht zu den *Tefillin*-Passagen gerechnet wird: mSan 11,3; SifDtn 35). Nach Josephus seien auch griechische Philosophen zu einer ähnlichen Gottesauffassung gekommen, doch nur Mose habe ein ganzes Volk darauf verpflichtet (Flav.Jos.Apion. 2,168 f.). Dessen ungeachtet konnten Juden in hochgestimmter Rhetorik von Mittlerfiguren wie höheren Engeln oder erhöhten Gestalten (z. B. Henoch, Mose) sprechen; es ist jedoch umstritten, ob dies als kultische Verehrung betrachtet werden kann.

Der eine und einzige Gott ist nach einhelliger Überzeugung der Schöpfer, Erhalter und Vollender der Welt (Flav.Jos.Apion. 2,190: Gott ist »Anfang und Mitte und Ende/Ziel aller Dinge«). In Anknüpfung an JHWH-Königspsalmen wird Gottes Königsherrschaft bekannt – seit Deuterojesaja (vgl. Jes 52,7–10) als universale, jedoch Israel zum Bezugspunkt nehmende Herrschaft. Dabei lassen sich eine »theokratische« und eine »eschatologisch-apokalyptische« Vorstellung unterscheiden: Der ersten zufolge ist Gott bereits König (etwa vermittelt über die jeweiligen politischen Herrscher; so Dan 2,21 f.; 3,33; 6,27), nach der zweiten wird Gott im Eschaton (wieder) zur Herrschaft gelangen, unter Mitwirkung eines messianischen Königs (z. B. 1QSb 5,17–29; 4Q285; PsSal 17 f.) oder ohne dieselbe (vgl. Jub), wobei auch im letzteren Fall endzeitliche Mittler (z. B. gesalbter Prophet [4Q521] oder Menschensohn [Dan 7]) eine Rolle spielen können; gelegentlich sind Menschensohn- und Messias-Vorstellung verbunden (1Hen 37–71; 4Esra). Über die Einbeziehung der Völkerwelt in diese endzeitliche Herrschaft bestehen unterschiedliche Auffassungen: Während einige Texte auf die exklusive Restitution Israels fokussieren (z. B. PsSal; nur die »Söhne des Lichts«: 1QM), sprechen andere von einer Gemeinschaft zwischen Israel und der Völkerwelt (Jes 56,1–7; 66,18–24), gar von einer endzeitlichen Verwandlung (1Hen 90,32–38 [Tier-Apokalypse], doch ist umstritten, ob die Verwandlung der Völker in »weiße Rinder« auf vollständige Angleichung an Israel zielt, das weiterhin als »weiße Schafe« firmiert). Neben der Ansicht, dass die gegenwärtige Welt unvergänglich sei (Philo aet. 19), steht die häufigere Erwartung ihres Endes, entweder durch Katastrophe (z. B. Sib 3,657–808) oder Transformation (Jub), z. T. als Reversion der Schöpfung mit anschließender Neuschöpfung (4Esr 7,30–32). Endzeit-Urzeit-Entsprechung ist ein häufiges Muster eschatologischen Denkens (DOERING 2011).

Unbeschadet der genannten universalen Bezüge hat Gott nach jüdischer Überzeugung das Volk Israel erwählt und mit ihm einen Bund geschlossen. Mitgliedschaft in der Bundesgemeinschaft wird durch (vorrabbinisch vorwiegend patrilinear definierte) Abstammung vermittelt und bei männlichen Nachkommen durch Beschneidung am 8. Tag verbürgt. Während einige Texte Beschneidung nach dem 8. Tag nicht als bundesgemäß anerkennen (Jub 15,25–27), sind ab dem 2. Jh. v.Chr. »Konversionen« erwachsener Männer zum Judentum belegt, die die Beschneidung einschließen (Jdt 14,10; Flav.Jos.Ant. 20,38–48), wobei Rolle und Charakter der hasmonäischen (Zwangs-?) Eingliederung der Idumäer und Ituräer kontrovers diskutiert werden (vgl. COHEN 1999). Auf dass Israel in diesem Bund bleibe, hat Gott ihm die Tora gegeben (»Bundesnomismus«; vgl. SANDERS 1985b: 397–401). Wie die jüngere Diskussion gezeigt hat, schließt diese gemeinsame Überzeugung deutliche Unterschiede in der Rolle der Werke in den verschiedenen Literaturen des antiken Judentums nicht aus (vgl. die Analysen in CARSON/O'BRIEN/SEIFRIED 2001). Die Tora wird – in je unterschiedlicher Art und Weise – als Gabe und Aufgabe wahrgenommen.

2.1.2.3. Gottes Willen erkennen und tun: Tora und Halacha

Die Tora bringt den Willen Gottes zur Sprache, doch stand in hellenistisch-römischer Zeit weder ihr präziser Wortlaut fest, noch gab es einen abgeschlossenen Kanon heiliger Schriften. Zwar kam dem Pentateuch ein unbestrittener Vorrang zu, doch ist das Konzept von »Tora« weiter gefasst als diese Schriftengruppe, insofern auch Prophetenbücher und sonstige Schriften gesetzliche Vorschriften enthielten (ein schönes Beispiel ist Jes 58,13 f., eine Stelle, die Impulse für die Verbote des Handels und des Reisens sowie für die Rolle der »Freude« am Sabbat gegeben hat). Zugleich gab es Schriften, die Teile der Tora neu schrieben und damit über diese hinausgehende rechtliche Einzelheiten festhielten, ohne die Tora zu ersetzen (z. B. Jub, 11QTᵃ). Überhaupt bot die Tora nur eine Auswahl von Vorschriften, die der Konkretisierung und Ergänzung bedurften: die Tora war auf Halacha angewiesen. Die konzeptionelle Zuordnung schwankte dabei unter den Gruppen des antiken Judentums (zu diesen s. u.); so sind für die Pharisäer »väterliche Überlieferungen« bezeugt, während die Qumrantexte zwischen dem in der Tora »Offenbaren« und dem nur Gruppenmitgliedern durch inspiriertes Studium zugänglichen »Verborgenen« unterscheiden. Auf verschiedene Art und Weise wurde die Tora mit dem Naturrecht korreliert; so konnte sie mit der Weisheit identifiziert (Ps 19; Sir 19,20 [Luther: 19,18]; 24,23 [Luther: 24,32 f.]; Bar 4,1; neben dem weltschaffenden Logos: SapSal 9,1 f.) oder verstanden werden als das in die Schöpfung eingeschriebene, jedoch allein auf Israel zielende Gesetz (Jub 1–3), als schriftliche Kopie des Naturrechts (Philo Mos. 2,14.51 f.) oder – in Analogie zum All-durchdringenden Wirken Gottes – als zu allen Menschen ausgehender Nomos (Flav.Jos.Apion. 2,284). Die Tora umfasst sowohl kultisch-rituelle als auch moralisch-ethische Gebote. Mehrfach begegnen in antiker jüdischer Literatur Gesetzes-Zusammenfassungen in paränetischer und unterweisender Absicht (z. B. Philo hyp. [= Eus.praep. 8,] 7,1–9; Flav.Jos.Apion 2,190–219; NIEBUHR 1987), in denen auch die Gewichtung von Geboten zum Ausdruck kommt (vgl. die Goldene Regel in Tob 4,15; Arist 207; Philo hyp. 7,6; bShab 31a [dort Hillel d.Ä. zugeschrieben] oder die zwei »Hauptstücke« [κεφάλαια] der »Philosophie« [= Tora-Auslegung] bei Philo spec. 2,63: »gegenüber Gott Frömmigkeit und Heiligkeit und gegenüber den Menschen Menschenliebe und Gerechtigkeit«).

Die Halacha stellt die normative Konkretion des Gesetzes dar. Sie lässt sich (vgl. die spätere Systematik der Mischna) in die folgenden Bereiche unterteilen: landwirtschaftliche Vorschriften und Abgaben, Sabbat und Feste, Heirat und Ehescheidung, Zivil- und Strafrecht, Opfer und profane Schlachtung sowie Reinheit und Unreinheit. In hellenistisch-römischer Zeit gab es keine für alle Juden verbindliche Halacha; vielmehr bestanden Unterschiede zwischen den verschiedenen Religionsparteien, die aber schon von älteren Wurzeln herrühren: so findet sich eine geprägte, »strenge« Halacha bereits im Jubiläenbuch, das älter ist als die Texte des Jachad von Qumran. Die Unterschiede waren z. T. beträchtlich und hängen mit sozialen, rechtshermeneutischen und theologischen Differenzen zusammen.

2.1.2.4. Die Bildung von Religionsparteien (Elitegruppen) im Judentum des Landes Israel

Wahrscheinlich unter den Hasmonäern kommt es in Weiterentwicklung derartiger Differenzen zur Ausbildung von verschiedenen elitären Freiwilligkeitsgruppen, die in der Forschung, insbesondere der englischsprachigen, häufig als »Sekten« (*sects*) bezeichnet werden; im Deutschen« ist oft von »Religionsparteien« die Rede. Vorläufer finden wir in der »Versammlung der Frommen (Ασιδαῖοι)«, die sich dem Makkabäeraufstand anschloss und deren Wurzeln vermutlich in schriftgelehrten Kreisen zu suchen sind (vgl. 1Makk 2,42; 7,12 f.). Inwieweit diese historisch mit den von Josephus erstmals für die Zeit Jonathans genannten »Schulen« (αἱρέσεις) Pharisäer, Sadduzäer und Essener (Flav.Jos.Ant. 13,171) zu tun haben, ist unklar. Als Gründe für ihre Entstehung in der Zeit der Makkabäer bzw. Hasmonäer werden genannt (BAUMGARTEN 1997): die Auseinandersetzung mit dem Hellenismus, die die Zusammengehörigkeit der Nation geschwächt haben könnte, eine größere Verbreitung von Lesekompetenz, die Urbanisierung der judäischen Gesellschaft sowie eschatologische Erwartungen, die mit der makkabäischen Erhebung verbunden wurden. Erst für die Zeit seit Johannes Hyrkanus I. sind wir etwas genauer über Pharisäer und Sadduzäer unterrichtet. Hyrkanus wandte sich von den Pharisäern ab und den Sadduzäern zu; unter Alexander Jannäus eskalierte der Streit mit den Pharisäern (Flav.Jos.Ant. 13,372 f.), und erst Salome Alexandra näherte sich ihnen wieder an (Flav.Jos.Ant. 13,400–406). Josephus bringt die Elitegruppen seinen Lesern in Anlehnung an die griechischen Philosophenschulen nahe: Die Pharisäer stellt er in Analogie zu den Stoikern dar (Flav.Jos.Vit. 12), die Essener vergleicht er mit den Pythagoräern (Flav.Jos.Ant. 15,371), und für die Sadduzäer liegt ein Vergleich mit den Epikuräern nahe. Vergleichspunkte sind dabei v. a. die Stellung zum Schicksal (εἱμαρμένη) bzw. zum freien Willen sowie zur Frage der »Unsterblichkeit der Seele«, wobei es genauer um die Frage der Auferstehung der Toten und von Lohn und Strafe nach dem Tod geht. Später nennt Josephus noch eine vierte Gruppe, die »vierte Philosophie«. Sowohl aus dem Vergleich mit den Philosophenschulen als auch aus der späten Anfügung einer vierten Gruppe geht hervor, dass die Dreigliederung eine Vereinfachung ist (z. B. bleibt unklar, ob und wie die in den Qumrantexten genannten Gruppen zugeordnet werden können). Des Weiteren ist zu beachten, dass weite Teile der Bevölkerung keiner dieser Gruppen angehörten. Wenn diese also im Folgenden beschrieben werden, ist die breite Bevölkerung des Landes Israel stets mit im Blick zu behalten, die in unterschiedlicher Weise auf die Elitegruppen reagierte und mit ihnen interagierte.

Die Pharisäer: Nach Josephus glauben die Pharisäer sowohl an das Schicksal als auch an die Kraft des menschlichen Willens (Flav.Jos.Bell. 2,162 f.; Ant. 18,13).

Sie bejahten die Unsterblichkeit der Seele, doch nähmen sie nur für die Guten einen Übergang in einen anderen Körper an, während die Bösen durch ewige Strafe gezüchtigt würden (Flav.Jos.Bell. 2,163). Der Glaube an die Auferstehung wird den Pharisäern auch im Neuen Testament zugeschrieben (Apg 23,8). Sie zeichneten sich durch Genauigkeit in ihrer Gesetzesbeachtung aus (Flav.Jos.Bell. 1,110; Ant. 18,41; Vit. 191; Apg 22,3; 26,5; der Name *peruschim* von *parasch*, vielleicht eher »genau bestimmen« als »sich absondern«). Ein wichtiges Kennzeichen ist, dass sie neben der Tora Satzungen aus der Überlieferung der Väter folgten (Flav.Jos.Ant. 13,297.408; Mk 7,3–8; vgl. Gal 1,14). Besondere Aufmerksamkeit widmeten sie dem Halten des Sabbat (Mk 2,23–3,6parr.), den Reinheitsvorschriften (Mk 7,3–6) und dem Verzehnten (Lk 11,42par.). Zugleich zeichnet sich ihre Halacha durch Anpassungsfähigkeit an Lebensumstände aus; so wird der Familie des aus Apg 5,34 als Pharisäer bekannten Gamaliel die Anerkenntnis des *eruv* zugeschrieben (mEr 6,2), einer Rechtsfiktion, mittels derer man am Sabbat einen Gegenstand aus einem Haus in einen von mehreren Parteien geteilten Hof tragen darf. Vielfach ist die pharisäische Position die Vorläuferin dessen, was wir später in rabbinischer Literatur finden (teilweise in den stilisierten Kontroversen zwischen *peruschim* und *ṣeduqim*; dazu s. u.). Gleichwohl darf man die rabbinische Literatur nicht unbesehen für die Rekonstruktion pharisäischer Positionen heranziehen, da sie auch weitere Traditionen aufnimmt und ihrer eigenen Systematik folgt. Gelegentlich erkennen wir die Pharisäer spiegelbildlich in der Position, die von den Qumrantexten abgelehnt wird (wo die Pharisäer polemisch als »Sucher glatter Dinge« bezeichnet werden: CD-A 1,18 f.; 4Q169). Häufig wird die pharisäische Sicht von weiteren Kreisen geteilt, so dass es schwer ist, »spezifisch pharisäische« Positionen anzugeben; ein Beispiel ist die Ausdeutung von Lev 23,11 *mi-mochorat ha-schabbat* auf den Tag nach dem (Passa-) Feiertag, nicht auf den Tag nach dem Sabbat, die auch in der Septuaginta sowie bei Philo von Alexandrien und Josephus belegt ist. Wenn man Josephus' gerundete, schematische Zahlen für die relative Größe der Elitegruppen beanspruchen darf, hatten die Pharisäer einen gewissen Vorrang vor den anderen (»über 6000« Pharisäer [Flav. Jos.Ant. 17,42] gegenüber 4000 Essenern [Flav.Jos.Ant. 18,20; Philo prob. 75]). Sie vertraten nicht ein »normatives Judentum«, das es zu jener Zeit nicht gab, fanden aber – wohl aufgrund ihrer lebenspraktischen Orientierung – größere Zustimmung beim breiten Volk als andere Gruppen (Flav.Jos.Ant. 13,298).

Die Sadduzäer: Zu den Sadduzäern gehörten Mitglieder und Anhänger derjenigen Priesterdynastie, die sich auf den Priester Zadok (2Sam 8,17 etc.) zurückführte; verankert im Priesteradel (Flav.Jos.Ant. 18,17), bildeten sie einen Teil der Zadokiden (*bene ṣadoq*), woraus sich Ähnlichkeiten v. a. in der Rechtsauffassung mit Positionen in den Qumrantexten erklären, in denen die *bene ṣadoq* ebenfalls eine wichtige Rolle spielen. Nach Josephus sollen sich die Sadduzäer nur an den »geschriebenen Gesetzen« orientiert und zusätzliche Überlieferungen abgelehnt haben (Flav.Jos.Ant. 13,297; 18,16; ob sie allein dem Pentateuch folgten [so Or.

Cels. 1,49], ist aber fraglich). Sie sind damit Neuerungen in Glaubensvorstellungen und Halacha wenig aufgeschlossen und vertreten materiell »konservative« Positionen; jedoch bedeutet ihr pointierter Rückgriff auf den Text eine Reform und somit methodisch eine Neuerung. Daher leugnen die Sadduzäer die – nur in wenigen, späten Texten der Hebräischen Bibel (Jes 24–27; Dan 12) erwähnte – Auferstehung der Toten (Mk 12,18–27parr.; Apg 23,8 [wohl mit appositionellem Verständnis: »... sagen, es gebe keine Auferstehung, weder als Engel noch als Geist«]) bzw. – wie Josephus es für griechisch gebildete Leser ausdrückt – die Fortdauer der Seele sowie Lohn und Strafe nach dem Tod (Flav.Jos.Bell. 2,165; Ant. 18,16). Nach Josephus erkennen sie ferner keine göttliche Vorherbestimmung an und schreiben alles dem menschlichen Willen zu (Flav.Jos.Bell. 2,164f.; Ant. 13,173). Für die sadduzäische Halacha ist man auf umsichtige Auswertung der in der tannaitischen Literatur belegten Kontroversen zwischen ṣeduqim und peruschim angewiesen, wobei jedoch im Blick behalten werden muss, dass die Rabbinen, die sich in der Nachfolge der Pharisäer sahen, die »Sadduzäer« u. U. tendenziös stilisiert haben. Umstritten ist auch, wieweit man die in rabbinischen Texten (z. T. im Wechsel) genannten »Boethusäer« mit den Sadduzäern identifizieren darf; immerhin scheinen sie verwandte Positionen vertreten zu haben. Kontroversen sind u. a. belegt für die Bereiche Sabbat und Kalender, Straf- und Zivilrecht sowie Reinheitshalacha. Demnach haben die Sadduzäer den eruv der Höfe abgelehnt (mEr 6,2), während die Boethusäer ha-schabbat in Lev 23,11 auf den Wochensabbat bezogen und deshalb gegen das Schneiden der Omer-Garben am Ausgang des ersten Passa-Feiertags protestierten (mMen 10,3), ferner die Sabbat-Verdrängung durch das (unbiblische) Weidenruten-Schlagen (tSuk 3,1) sowie die Wasserlibation am Sukkot-Fest ablehnten (tSuk 3,16). Des Weiteren haftet nach den Sadduzäern der Besitzer auch für den von Sklaven angerichteten Schaden (mJad 4,7) und haben den Boethusäern zufolge Töchter das Erbrecht (tJad 2,20; Hs. Wien: bajit sijjan). Nach Josephus waren die Sadduzäer in der Anwendung von Strafen strenger als die Pharisäer (Flav.Jos.Ant. 13,294; 20,199). In Reinheitsfragen halten sie einen Priester, der ṭevul jom ist, also das Reinigungsbad genommen, jedoch nicht den Sonnenuntergang abgewartet hat, für untüchtig, die Rote Kuh zu verbrennen (mPara 3,7), und sind der Ansicht, dass der Strahl einer reinen Flüssigkeit, der in eine unreine fließt (niṣoq), selbst unrein ist (mJad 4,7). Ähnliche Positionen sind in den Qumrantexten belegt.

Die Essener, der »Neue Bund« und der Jachad (»Gemeinschaft«): Die dritte Gruppe, die Josephus nennt, sind die Essener, die auch bei Philo von Alexandrien (als »Essäer«: Philo prob. 75–91; hyp. [= Eus.praep. 8,] 11,1–18]) und Plinius d.Ä. (Plin.nat.hist. 5,73) erwähnt werden. Sie schreiben alles der göttlichen Vorherbestimmung zu (Flav.Jos.Ant. 13,172; 18,18) und bejahen, wie Josephus mit Anleihen an griechische Vorstellungen darlegt, die »Unsterblichkeit der Seele« (Flav. Jos.Bell. 2,154–158; Ant. 18,18; die Parallele bei Hippol.haer. 9,27,1 spricht von Auferstehung und Unsterblichkeit von Fleisch und Seele). Sie sollen sich nicht an den allgemeinen Opfern beteiligt haben, jedoch Gaben zum Tempel geschickt und »für sich« geopfert haben (Flav.Jos.Ant. 18,19). Der ausführlichste Bericht über sie findet sich in Flav.Jos.Bell. 2,119–161. Demzufolge seien die Essener untereinander enger verbunden als andere Juden, schätzten die Ehe gering, hielten Gütergemeinschaft, vermieden Berührung mit Öl, trügen weiße Gewänder und lebten in zahlreichen Städten (sc. Judäas). Vor Sonnenaufgang sprächen sie überlieferte Gebete, widmeten sich sodann ihrer Arbeit, unterbrochen durch die gemeinschaftliche Mittags- und Abendmahlzeiten, vor denen sie sich in Wasser reinigten. Sie lehnten Eide ab – außer bei der Aufnahme in die Gruppe –, bemühten sich um die Schriften der Alten und studierten diese mit Blick auf heilende Wurzeln und Steine. Nach dreijähriger Probezeit würden Bewerber durch eine Selbstverpflichtung mit Eid aufgenommen; wer sich größere Vergehen zuschulden kommen lässt, werde ausgeschlossen. Verboten sei auch das Ausspucken in der Versammlung. Des Weiteren zeichneten sich die Essener durch ein gewissenhaftes Gerichtswesen sowie eine besonders strenge Sabbatbeobachtung aus; so vermieden sie am Sabbat auszutreten, während sie an anderen Tagen ihre Notdurft an entlegenen Stellen in ein mit einer Axt gegrabenes Loch verrichteten, das sie dann wieder zuscharrten. Nach Dauer der Zugehörigkeit seien sie in vier Stände geteilt. Es gebe eine weitere Gruppe der Essener, die der Ehe gegenüber aufgeschlossener sei.

Schon bald nach der Entdeckung der ersten Qumrantexte im Jahr 1947 hat man die Identifizierung der in diesen Texten genannten Gruppe(n) mit den Essenern vorgeschlagen. Unbeschadet der gewiss idealisierenden Darstellung der antiken Essener-Berichte, deutet eine Reihe von Übereinstimmungen in Lebenspraxis und Gruppenorganisation insbesondere mit dem in der Gemeinschaftsregel (1QS, 4QS) genannten Jachad auf eine gewisse Beziehung hin. Anzuführen sind v. a. ein stufenweiser Aufnahmeprozess (1QS 6,13–23), Gemeinschaftsmahle (6,4 f.), Gütergemeinschaft (1,11–13; 5,1–3; 6,17–20), temporärer und finaler Gemeindeausschluss (6,24–7,25), das Spuckverbot in der Versammlung (7,13) sowie die Schweigepflicht über die esoterischen Lehren (4,6; 9,17). Auch dualistisch gefasste Aussagen über göttliche Vorherbestimmung sind zu nennen (3,13–4,1). Allerdings stimmen einige Details nicht genau überein bzw. verbleiben manche Unklarheiten. Während etwa bestimmte Texte der Gemeinschaft Funktionen des Tempels zuschreiben (1QS 5,4–7; 9,3–6; 8,4–11; 11,7–9; vgl. 4Q174 [=4QFlor] iii 6 f.), fehlen Belege für die von Josephus genannte Gaben- und Opferpraxis; ferner schreibt kein Qumrantext Ehelosigkeit ausdrücklich vor, wenngleich das Schweigen über Frauen und Kinder in 1QS zu einer reinen Männergemeinschaft passen würde. Anders als die Gemeinschaftsregel bietet die ebenfalls in den Qumranhöhlen gefundene Damaskusschrift Vorschriften für ein familiär organisiertes Leben in Siedlungen, die aufgrund einer Wüstentypologie »Lager« heißen. Wichtigste Gruppenbezeichnung ist hier der »Neue Bund« im Lande Damaskus, offenbar ein Vorläufer des Jachad, während die Bezeichnung »Jachad« hier nur am Rand vorkommt. Das genaue Verhältnis der beiden Gemeindeordnungen und der in ihnen angesprochenen Lebensformen ist umstritten. Doch auch innerhalb der Gemeinschaftsregel ist eine Pluralität lokal organisierter Gemeinden erkennbar. Die neuere Qumranforschung ist daher abgerückt von der einseitigen Fokussierung auf die Ortslage Khirbet Qumran, die eher einer von mehreren Siedlungsorten war, und nimmt mehrere miteinander in Verbindung stehende Gemeinden und Gruppen an (COLLINS 2010). »Essener« könnte daher als Ober- oder ggf. Teilbegriff verstanden werden. Großen Raum in der neueren Qumranforschung nimmt auch die Unterscheidung und Verhältnisbestimmung zwischen innerhalb und außerhalb des Jachad entstandenen Schriften ein, die beide in den Höhlen gefunden wurden. Somit hat der Jachad auch breitere jüdische Tradition rezipiert, wie etwa Weisheitsschriften (wie 4QInstruction), apokalyptische Texte (wie Teile von 1Hen) oder Neuschreibung biblischer Texte mit programmatischem Charakter (wie Jub). Aussagen über die Auferstehung finden sich vorwiegend in Texten, für die jachadische Herkunft fraglich oder unwahrscheinlich ist (u. a. 4Q521, 4Q385 [=4QpsEzek] und 4Q245 [=4QpsDan^c ar]). Die Halacha des Jachad ist überwiegend streng, kennt kaum Neuerungen und steht im Ansatz derjenigen der Sadduzäer nahe. Gut belegt ist ein 364-Tage-Kalender, dessen zugrundeliegende Siebener-Struktur gegenüber dem sonst im Judentum verbreiteten lunisolaren Kalender vorteilhaft für die Unterscheidung von Sabbaten und Festen war. In welchem Maß er praktiziert wurde, ist jedoch umstritten.

2.1.2.5. Antirömische Rebellengruppen, Messiasprätendenten und Zeichenpropheten

Nach dem Tod Herodes' I. im Jahr 4 v.Chr. brachen an mehreren Orten Unruhen aus, von denen einige als Versuche der Restitution eines volkstümlichen judäischen Königtums nach davidischem Vorbild (jedoch nicht zwingend aus davidischer Dynastie) zu verstehen sind. So setzten sich zunächst Simon, ehemaliger Sklave des Herodes (Flav.Jos.Ant. 17,273–277), und dann der Schafhirte Athronges (Flav.Jos.Ant. 17,278–284) selbst das Diadem aufs Haupt und erhoben damit offenbar messianische Ansprüche. Ferner soll ein gewisser Judas das königliche Waffenlager in Sepphoris geplündert und alle bekämpft haben, die nach der Herrschaft griffen (Flav.Jos.Bell. 2,56), d. h. vielleicht: sich mit ihm um die Herrschaft stritten (so Flav.Jos.Ant. 17,271 f.). Bereits Judas' Vater Ezekias könnte Rebellion im Sinn gehabt haben: Josephus stilisiert ihn als »Erzräuber« (ἀρχιληστής; Flav.Jos.Bell. 1,204; Ant. 14,159), den der junge Herodes, gerade von seinem Vater Antipater unter Julius Cäsar zum Befehlshaber Galiläas eingesetzt, ergriff und tötete; doch hat die »Räuber«-Terminologie bei Josephus starke politische Untertöne.

Strittig ist, ob der genannte Judas mit Judas »dem Galiläer« identisch ist. Letzterer gründete zusammen mit dem Pharisäer Zadok nach der Verbannung des Archelaus und der Angliederung Judäas an die römische Provinz Syria im Jahr 6 n.Chr. eine Aufstandsbewegung, die sich an der von Quirinius veranlassten Steuerschätzung entzündete (Flav.Jos.Bell. 2,117; Ant. 18,4–10; Apg 5,37). Diese Bewegung nennt Josephus in Flav.Jos.Ant. 18,9.23 die »vierte Philosophie« der Juden. Abgesehen von ihrer Freiheitsliebe, die sie im Herrschaftsanspruch Gottes gründe, stimme sie in allen Belangen mit den Pharisäern überein. Judas und seine Anhänger fanden ein gewaltsames Ende (Apg 5,37), und zwei seiner Söhne wurden unter dem Prokurator Ti. Julius Alexander gekreuzigt (Flav.Jos.Ant. 20,102). Meist wird die »vierte Philosophie« mit den »Zeloten« identifiziert. Josephus vermeidet den letzteren Begriff jedoch für die Zeit vor dem Krieg; auch ist die Bedeutung einzelner Belege umstritten (so bedeutet ζηλωταί in Flav.Jos.Bell. 2,444.564 vielleicht »fanatischer Anhänger«; erst ab Bell. 2,651 ist deutlich eine Gruppe bezeichnet). Allerdings könnte die Erwähnung »Simons, des Zeloten« unter den Jüngern Jesu (Lk 6,15) die Existenz einer »Zeloten« genannten Gruppe bereits für die erste Hälfte des 1. Jh.s n.Chr. nahelegen. Generell ist umstritten, ob man von einer ideologisch einheitlichen Aufstandsbewegung im 1. Jh. n.Chr. sprechen kann, u. a. getragen von den Nachkommen Judas' des Galiläers (Hengel ³2012), oder ob nicht soziale und konzeptionelle Differenzen stärker zu gewichten sind (Horsley 1999). Dabei werden auch historische Substanz und Zuordnung der »Sikarier« diskutiert. Benannt nach dem Dolch (lat. *sica*), mit dem sie (zunächst an Mit-Judäern) Morde verübten, traten sie nach Josephus vor der ausdrücklichen Nennung der Zeloten auf (Flav.Jos.Bell. 2,254–257: unter Felix; Ant. 20,186: unter Festus; die Erwähnung für die Zeit Judas' des Galiläers Bell. 7,253 f. ist wohl Schematismus); der Wert anderer Quellen ist umstritten (Apg 21,38, dort dem »Ägypter« [s. u.] zugeordnet; mMakh 1,6 *ha-siqrin* = »Sikarier«?; bGit 56a: »Abba Siqra« als Haupt der *barjone* »Banditen« von Jerusalem). Man hat auf eine gewisse Flexibilität im Gebrauch der Bezeichnung bei Josephus hingewiesen, der zwischen einer Gruppenbezeichnung und rhetorischer Abqualifizierung schwanke; letztere sei u. a. deutlich beim Auftreten von »Sikariern« in Alexandrien sowie in der Cyrenaica nach Kriegsende (Flav.Jos.Bell. 7,410–419.437–450; Brighton 2009).

Zu Beginn des ersten judäischen Kriegs wurden jedenfalls bei einem weiteren Sohn Judas' des Galiläers, Menachem, erneut messianische Ansprüche erkennbar. Nach Plünderung der Waffenkammer auf Masada kehrte er nach Jerusalem zurück »wie ein König« (Flav.Jos.Bell. 2,434); als er nach ersten Erfolgen »hochtrabend und mit königlicher Kleidung geschmückt« zum Gebet im Tempel hinaufschritt, wurde er von den priesterlichen Aufständischen um den Tempelhauptmann Eleazar ermordet. Ein Enkel des Judas, Eleazar ben Jair, floh nach Masada (Flav.Jos.Bell. 2,444–448), wo er den Widerstand der Sikarier anführte. Ausgeprägte sozialrevolutionäre und messianische Aspekte lassen sich auch bei Simon bar Giora wahrnehmen, der im Jahr 69 n.Chr. nach Jerusalem eingelassen wurde, um die Stadt von der Tyrannei des Rebellenführers Johannes von Gischala zu befreien: Seine Anhänger seien ihm »wie einem König« gefolgt (Flav.Jos.Bell. 4,510). Vor seiner Gefangennahme durch die Römer kam er in weißem Gewand und Purpurmantel auf dem Tempelplatz zum Vorschein (Flav.Jos.Bell. 7,26–31);

dass er – und nicht Johannes – am Ende des Triumphes des Vespasian und Titus in Rom getötet wurde (Flav.Jos.Bell. 6,434; 7,153–155), spricht dafür, dass die Römer in ihm den wichtigeren Anführer des unterworfenen Volks sahen.

Motiviert durch eine politische Eschatologie waren auch die Aktivitäten einer Reihe von »Zeichenpropheten«, die die Durchquerung des Jordans und damit eine neue Landnahme (so Theudas [Flav.Jos.Ant. 20,97–99; Apg 5,36]; vgl. Johannes den Täufer), auch mit einer Übertragung des Mauerwunders von Jericho auf Jerusalem (so der »Ägypter« nach Flav.Jos.Ant. 20,169–172; vgl. Bell. 2,261–263; Apg 21,38) oder einen neuen Exodus in der Wüste (anonyme Propheten unter Felix [Flav.Jos.Bell. 2,258–260; Ant. 20,167 f.] und Porcius Festus [Flav.Jos.Ant. 20,188]) inszenierten. Auch der Prophet Jesus, Sohn des Ananias, der zum Laubhüttenfest über Stadt, Tempel und Volk weissagte und vom Prokurator Albinus für verrückt erklärt wurde (Flav.Jos.Bell. 6,300–309), ist hierunter zu rechnen.

2.2. Samaritaner

Die Geschichte der Samaritaner in der Antike ist durch eine fortschreitende Entfremdung vom Judentum gekennzeichnet; bei beiden handelt es sich jedoch um Bevölkerungsgruppen im Traditionsbereich »Israels«. Die Samaritaner selbst führen sich zurück auf die Nordstämme Ephraim, Manasse und Levi. In kritischer Perspektive sind mehrere Faktoren zur Entstehung der Samaritaner anzuführen (vgl. BÖHM 2010). Nach Spannungen zwischen Samarien und Jerusalem während des Jerusalemer Tempelbaus und im Anschluss an diesen kam es offenbar im 5. Jh. v.Chr. zum Bau eines Heiligtums auf dem Berg Garizim, gefördert vom Gouverneur Samarias, Sanballat dem Horoniter (vgl. Neh 13,28), der sich zur Kult-Ausübung dissidenter Jerusalemer Priester bediente. Diese Datierung der ersten Phase des Heiligtumsbaus hat Magen (MAGEN 2007) archäologisch mit guten Gründen wahrscheinlich gemacht. Josephus setzt diese Abwanderung Jerusalemer Priester irrtümlich in die Alexanderzeit (Flav.Jos.Ant. 11,302–311); allerdings könnte die nachfolgende größere Ansiedlungsbewegung, die er als Reaktion auf das strenge Vorgehen der Jerusalemer in Fragen von Mischehen, Reinheit und Sabbatbeobachtung darstellt (11,312.346), mit dem von Magen für die hellenistische Zeit festgestellten Ausbau des Heiligtums und Aufbau einer Stadt zu korrelieren sein (PUMMER 2009: 139–50). Wahrscheinlich wurde das Heiligtum auch von der in Samaria verbliebenen nordisraelitischen Bevölkerung mitgetragen. Zwar weiß die judäisch-jüdische Tradition (2Kön 17,24–41) von der Ansiedlung fremder Volksgruppen (»Kutäer«) in Samaria nach der Eroberung unter Sargon II. und von synkretistischen Praktiken, doch ist das im dort beschriebenen Maß sicher polemisch. Im weiteren Verlauf der Geschichte nahmen die Spannungen zwischen Judäern und Samaritanern zu, auch in der Diaspora, wohin immer mehr Samaritaner gelangten; Josephus berichtet für die Mitte des 2. Jh.s v.Chr. von Streitigkeiten zwischen beiden vor Ptolemaios VI. in Alexandrien über die Rechtmäßigkeit ihres jeweiligen Tempels (Flav.Jos.Ant. 13,74–79).

Zum eigentlichen Schisma kam es jedoch erst, als Johannes Hyrkanus I. um 110 v.Chr. das samaritanische Heiligtum auf dem Garizim und die diesem angeschlossene Stadt zerstörte (zu diesem revidierten Datum PUMMER 2009: 200–210) und Samaria in sein Herrschaftsgebiet eingliederte. In römischer Zeit war das Verhältnis zwischen Juden und Samaritanern einerseits von Spannungen und Provokationen geprägt (vgl. Flav.Jos.Ant. 18,29 f. [doch Text korrupt]; 20,118–136), andererseits konnten Vertreter beider Gruppen durchaus Zweckbündnisse eingehen (Flav.Jos.Ant. 17,342 zur Abberufung Archelaus'). Auch legt ein Text wie Lk 10,30–37 nahe, dass beide noch immer (unter der impliziten Rubrik »Israel«) miteinander in Beziehung gesetzt werden konnten.

Nach ihrem Selbstverständnis haben die Samaritaner die israelitische Tradition unverändert bewahrt (*schomerim*, »Bewahrer«). Wichtigstes Unterscheidungsmerkmal gegenüber den nach Jerusalem ausgerichteten Juden ist der Heiligtumsort auf dem Berg Garizim, an dem auch nach der Zerstörung festgehalten worden ist; er bleibt (bis heute) Ziel der samaritanischen Fest-Wallfahrt und Ort der Passa-Schlachtung. Heilige Schrift ist allein der Pentateuch in einer spezifischen samaritanischen Textrezension, geschrieben in der samaritanischen Schrift, die auf der paläo-hebräischen basiert. Grundlage dieser Textrezension bildet wiederum eine auch unter den Qumranhandschriften (z. B. 4QpaleoExod^m) belegte »prä-samaritanische« Rezension, die sich durch Harmonisierungen und Erweiterungen auszeichnet (z. B. sind bereits in 4Q158 [= 4QRP^a] und 4Q175 [=4QTest] die Verse Dtn 18,18 f. in Ex 20,21 eingeschoben); Verwandtschaft besteht auch zur (Vorlage der) Septuaginta. Damit erweisen sich die spezifisch samaritanischen Texteingriffe als relativ schmale Schicht, wobei es v. a. um den Garizim als Heiligtumsort geht (mit Ausnahme von Dtn 27,4, wo »Garizim« vielleicht ursprüngliche Lesart ist [vgl. CHARLESWORTH 2015]; markant: das »Garizim-Gebot« als zehntes Gebot des Dekalogs unter Anfügung von Ex 13,11a; Dtn 11,29b; 27,2–7*; 11,30 und veränderter Zählung der übrigen Gebote) sowie um das Tempus der Verben, die die Erwählung des Heiligtums bezeichnen (Perfekt statt MT Imperfekt). Der Konzentration auf den Pentateuch entspricht die besondere Stellung des Mose (vgl. Dtn 34,11 f.) bei den Samaritanern; zentrale Hoffnungsgestalt ist der »Prophet wie Mose« (Dtn 18,15.18), in späterer Zeit als »Taheb« bezeichnet.

BARCLAY, John M. G. 1996: Jews in the Mediterranean Diaspora: From Alexander to Trajan (323 BCE – 117 CE), Edinburgh.

COLLINS, John J. 2010: Beyond the Qumran Community: The Sectarian Movement of the Dead Sea Scrolls, Grand Rapids.

SANDERS, Ed P. 1992; ²1994: Judaism: Practice and Belief 63 BCE – 66 CE, London/Philadelphia.

STEMBERGER, Günter 1991; ²2013: Pharisäer, Sadduzäer, Essener, Stuttgart.

Lutz Doering

III. Biographische Aspekte

1. Jesus: Herkunft, Geburt, Kindheit, Familie

Eine Anzahl ntl. Texte schreibt Jesus eine davidische Herkunft zu (z. B. Mt 1,1; Lk 1,32; Apg 2,29–32; 13,23; Röm 1,3; 2Tim 2,8; Apk 22,16; vgl. Hebr 7,14). Für den christlichen Anspruch, dass Jesus der »Christus« sei, der (davidische) Messias, war die Versicherung dieser Abstammung von großer Bedeutung. Das theologische Interesse an der davidischen Abstammung Jesu ist allerdings zu unterscheiden von der Frage nach der historischen Zuverlässigkeit der ntl. Angaben über Jesu Herkunft.

Den scheinbar augenfälligsten Beweis für die davidische Herkunft Jesu geben die Genealogien bei Matthäus (1,1–17) und Lukas (3,23–38). Allerdings sind die Unterschiede zwischen den Stammbäumen kaum in Einklang zu bringen, was nicht gerade für ihre Echtheit spricht. In dieser Hinsicht ähneln sie anderen biblischen Genealogien. Bereits im Alten Testament finden sich unterschiedliche Stammbäume für ein und dieselbe Person, bei deren Abfassung offenbar theologische, politische, soziale und andere Interessen im Vordergrund standen, während die historische Genauigkeit dahinter zurückblieb (BROWN ²1993: 57–95, 505). Es ist durchaus möglich, auch zur Zeit Jesu, dass jüdische Familien, die eine davidische Abstammung für sich in Anspruch nahmen, Familienstammbäume besaßen und zwar sowohl in schriftlicher als auch in mündlicher Form. Der Umstand allerdings, dass die Genealogien des Matthäus und Lukas bereits beim Namen des Großvaters Jesu voneinander abweichen, lässt vermuten, dass ihr Ursprung höchstwahrscheinlich nicht in einer Familientradition liegt, obwohl eine Forschungsminderheit heute davon ausgeht, dass eine der beiden Genealogien, wahrscheinlich die des Lukas, einen authentischen Familienstammbaum dokumentiert, zumindest für einige der letzten Generationen vor Jesus (z. B. BAUCKHAM 1990: 315–373). Überzeugender ist die Annahme, dass die Stammbäume aus gängigen davidischen Genealogien adaptiert wurden. Sie mögen in dieser Form zusammengestellt worden sein, um Jesus als Zielpunkt der Heilsgeschichte auszuweisen (vgl. dazu JOHNSON 1969).

Nach dem Zeugnis der Evangelien war Jesus während seines Wirkens als »Sohn Davids« anerkannt. Die meisten Stellen, an denen der Titel erscheint, sind jedoch redaktionelle Ergänzungen, insbesondere bei Matthäus, dessen Interesse an der davidischen Abstammung Jesu nicht zu übersehen ist und der eine Neigung zeigt, die Messianität Jesu mit den Heilungswundern in Verbindung zu bringen (Mt 9,27; 11,2–6; 12,23; 15,22; 21,9.14 f.). Allerdings gibt es mindestens einen Beleg, der mit großer Wahrscheinlichkeit auf alter Tradition beruht (Mk 10,47 f.parr.). Ferner bekräftigt auch der Apostel Paulus in seinem ca. 57/58 n.Chr. verfassten Brief an die Christen in Rom die davidische Abstammung Jesu, wofür er sich wahrscheinlich auf eine bestehende jüdisch-christliche Überlieferung bezieht

(Röm 1,3), die deutlich macht, dass die davidische Abstammung Jesu bereits zu dieser Zeit eine fest etablierte Überzeugung war.

Ein wichtiger Textbeleg, der sich mit diesem Thema beschäftigt, ist der Dialog über den Davidssohn in Mk 12,35–37. Jesus möchte wissen, wie die Schriftgelehrten behaupten können, dass der Messias der Sohn Davids sei. In (dem messianisch interpretierten) Ps 110 nennt David, der vorgebliche Autor des Psalms, den Messias seinen »Herrn«, der zur Rechten Gottes sitzt. Wie kann er dann, so die Frage Jesu, der Sohn Davids sein? Einige Interpreten sind der Meinung, dass Jesus hier die überkommene Meinung infrage stellt, nach der der Messias davidischer Abstammung sein müsse, um damit implizit die davidische Herkunft seiner eigenen Person abzuweisen. Eine näherliegendere Interpretation würde eher davon ausgehen, dass Jesus einfach die traditionellen davidischen Messiasvorstellungen für inadäquat hielt. Tatsächlich bezeugen zeitgenössische jüdische Quellen eine Vielfalt messianischer Konzepte (BROWN [2]1993: 506–507). In jedem Fall scheint der Text nahezulegen, dass Jesus die davidische Herkunft für sein wie auch immer geartetes »messianisches Bewusstsein« nicht für zentral gehalten hat, was es unwahrscheinlich macht, dass der Titel »Sohn Davids« in der Überlieferung der Evangelien von Jesus selbst stammt. Das schließt nicht aus, dass Zeitgenossen, die von seiner davidischen Abstammung wussten, ihn vielleicht mit diesem Titel angesprochen haben, möglicherweise auch in Verbindung mit seinen Heilungen. Dennoch ist eine gewisse Vorsicht angebracht, weil der Titel stärker mit der Heilsfunktion Jesu verbunden gewesen sein dürfte als mit seiner Herkunft.

Aus späterer Zeit überliefert Eusebius verschiedene Berichte von Hegesipp (2. Jh.), nach denen die Enkel des Jesusbruders Judas unter Domitian wegen ihrer davidischen Herkunft angeklagt wurden, als der Kaiser die Mitglieder des Hauses David zu beseitigen versuchte, während Simon, der Sohn des Klopas, ein Cousin Jesu, unter Trajan das Martyrium als Davidide (und Christ) erlitt (Eus.h.e. 3,11,1; 3,20,1–7; 3,32,3.5). Insgesamt gibt es keinen zwingenden Grund, die davidische Abstammung Jesu zu bestreiten, auch wenn einige der Textbelege, die dies anscheinend unterstützen, einer kritischen Untersuchung nicht standhalten können.

Die Behauptung, dass Jesus über Josef von David abstammt, scheint in einem gewissen Widerspruch zu der Behauptung zu stehen, dass er von einer Jungfrau geboren wurde. Wenn Josef Jesus jedoch praktisch »adoptiert« hat, indem er ihn als seinen Sohn bezeichnete, ist die Vaterschaft Josefs wahrscheinlich anerkannt worden, als wäre er der biologische Vater Jesu. Darüber hinaus könnte die Überlieferung in den ersten Jahrzehnten zwei verschiedene Darstellungen der Herkunft Jesu nebeneinander bewahrt haben, nämlich dass er der »Sohn Josefs« sei (Lk 4,22; Joh 1,45; 6,42) und dass er durch den Heiligen Geist von einer Jungfrau empfangen wurde. Es ist in der Antike nichts Ungewöhnliches, dass für die Darstellung einer wichtigen Person sowohl ein göttlicher als auch ein menschlicher Vater aufgeboten wird (LINCOLN 2013).

Von größerem Interesse ist die Frage nach der historischen Zuverlässigkeit der Tradition, die von der jungfräulichen Geburt Jesu und deren Umständen berichtet. Detailliert wird die Empfängnis und Geburt Jesu im Neuen Testament nur von Lukas und Matthäus behandelt. Nach allgemeiner Einschätzung sind diese beiden Evangelien nach dem Jahr 70 entstanden und ihre Darstellungen der Geburt Jesu, seiner Kindheit und Jugend spätere Zusätze zum Hauptbestand der Jesusüberlieferung, die von der Taufe Jesu (als Erwachsener) bis zu seinem Tod und seiner Auferstehung reicht (das Grundgerüst der Darstellung bei Markus, Johannes und im Predigtschema der Apostelgeschichte, z. B. Apg 10,34–43). Daraus muss nicht unbedingt ein besonders spätes Datum für die Entstehung der Geburtserzählungen folgen, aber es mahnt zumindest zur Zurückhaltung bei allzu frühen Datierungen. Das älteste Evangelium, das MkEv, zeigt jedenfalls keine Kenntnis dieser Traditionen, wie sie von Matthäus und Lukas überliefert werden.

Die Einzelheiten der Geburts- und Kindheitsgeschichten bei Matthäus und Lukas lassen sich nicht in Einklang bringen, was ihre Rückführung auf eine gemeinsame Quelle oder gar ihren Ursprung in der Familie Jesu ausschließt. Trotz dieser grundsätzlichen Einschätzung lässt sich allerdings festhalten, dass die unabhängigen Quellen, auf die Matthäus und Lukas zurückgreifen, einige Details gemeinsam haben, was vermuten lässt, dass die Quellen der Evangelisten selbst auf einem Corpus älterer Traditionen mit Wurzeln im palästinischen Judenchristentum beruhen (eine Übersicht von Übereinstimmungen zwischen dem Mt- und LkEv bei BROWN [2]1993: 34–35; ambitionierter ist die Liste bei CORLEY 2009: 200–201). Aus historischer Sicht sind die wichtigsten dieser Übereinstimmungen die jungfräuliche Empfängnis Jesu durch den Heiligen Geist, die Geburt in Betlehem und die Datierung dieser Ereignisse in die Regierungszeit des Herodes.

Angesichts der Quellenlage lassen sich die Ursprünge des Glaubens an die jungfräuliche Empfängnis Jesu nicht aufdecken. Ein historischer Ausgangspunkt könnte möglicherweise die Erinnerung an eine Geburt gewesen sein, die »zu früh« stattfand, nachdem Josef und Maria zusammengekommen waren (vgl. Mt 1,18). Eine solche Erinnerung könnte zusammen mit dem frühen Bekenntnis, dass Jesus (von der Taufe oder von der Auferstehung her) der »Sohn Gottes« sei, zu der Tradition von der jungfräulichen Empfängnis verschmolzen sein. Jüdische Quellen aus dem 2. Jh., die möglicherweise Wurzeln im 1. Jh. haben, unterstellen, dass Jesus ein illegitimer Sohn der Maria gewesen sei. Es lässt sich nicht beweisen, dass diese Behauptung zeitlich vor die Evangelien zurückreicht. Sie könnte als Antwort auf die Darstellung in den Evangelien entstanden sein, obwohl sie möglicherweise auch auf einer früheren Darstellung einer Unregelmäßigkeit im Zusammenhang mit der Empfängnis Jesu beruht. Die jungfräuliche Empfängnis Jesu durch den Heiligen Geist ist ein christlicher Glaubensartikel, der sich dem historischen Urteil entzieht. Dennoch wird man wohl nicht abzustreiten brauchen, dass die Evangelien eventuell Erinnerungen an eine Schwangerschaft der verlobten Maria bewahrt haben, die unter ungewöhnlichen Umständen zustande gekommen ist.

Die Forschung ist mehrheitlich skeptisch im Blick auf die Behauptung, dass »Jesus von Nazaret« in Betlehem geboren sei, und neigt allgemein dazu, den Geburtsort eher in Nazaret zu suchen. Aus historischer Sicht spricht gegen die Geburt in Betlehem vor allem (1) der Umstand, dass Matthäus und Lukas über den Wohnort von Josef und Maria unmittelbar vor der Geburt Jesu uneins sind. Matthäus setzt voraus, dass sie in Betlehem lebten. Lukas verortet sie in Nazaret und Jesus wird in seiner Darstellung nur deswegen in Betlehem geboren, weil sich Josef und Maria für eine Steuerschätzung in die Vaterstadt Josefs begeben. (2) Mit dem reichsweiten Zensus, den Lukas unterstellt, sind allerdings eine Vielzahl historischer Probleme verbunden. (3) Außerdem gibt es keinen unabhängigen Beleg für den Kindermord des Herodes in Betlehem, auch wenn der jüdische Historiker Josephus detailliert von anderen Gräueltaten des Herodes zu berichten weiß. Diese Schwierigkeiten legen insgesamt nahe, dass die Nachricht von der Geburt Jesu in Betlehem vielleicht keine historische Basis hat, sondern ihren Ursprung womöglich eher einer messianischen Schriftauslegung verdankt (Mt 2,4–6) und zwar als Teil eines umfassenden Programms, die davidische Messianität eines Mannes zu verteidigen, von dem nur bekannt war, dass er aus Nazaret in Galiläa stammte (Joh 1,46; 7,41 f.; vgl. weiter Mt 2,23). Trotzdem kann eine Geburt in Betlehem auch nicht gänzlich ausgeschlossen werden und eine Forschungsminderheit argumentiert nach wie vor für die Zuverlässigkeit dieser Tradition. Dass die Geburt Jesu zeitlich gegen Ende der Herrschaft des Herodes einzuordnen ist, wahrscheinlich zwischen den Jahren 7 und 4 v.Chr., als König Herodes starb, wird in der Forschung als plausibel betrachtet.

Wegen der primär kerygmatischen Ausrichtung der Jesustradition haben Matthäus und Lukas über die Kindheit und Jugend Jesu (im Vergleich zu seinem Wirken als Erwachsener) relativ wenig zu bieten. Die vorliegenden Erzählungen lassen vor allem ein theologisches Interesse erkennen und ihre Einzelheiten widersetzen sich einer Harmonisierung zu einem ausgewogenen Gesamtbild der ersten Jahre Jesu. Die Erzählungen bei Matthäus zeigen eine Kombination aus messianischer Schriftauslegung und mosaischer Typologie, die anscheinend die Struktur seiner Darstellung der Kindheit Jesu vorgegeben haben. Die Erzählungen bei Lukas heben vor allem die Gesetzesobservanz der Familie Jesu hervor. In einem Punkt stimmen die Einzelheiten allerdings nicht mit den Bestimmungen des Gesetzes überein (Lk 2,22–24), was wiederum die Frage nach der historischen Authentizität aufkommen lässt. Lukas schildert die Umstände der Geburt Jesu und die Ereignisse in seiner Kindheit nach dem Vorbild der atl. Figur des Samuel, was mit dem lk. Interesse korrespondiert, Jesus als prophetische Gestalt darzustellen. Lukas bietet ferner die einzige kanonische Erzählung über Jesus als Jugendlichen, nämlich seinen Besuch in Jerusalem mit seinen Eltern im Alter von zwölf Jahren (Lk 2,41–52). In der Geschichte ist Jesus bereits im Knabenalter mit ungewöhnlicher Intelligenz begabt und mit einem Bewusstsein seiner engen Beziehung zu Gott, seinem »Vater«, ausgestattet. Die Erzählung enthält legendarische Motive, die in Darstellungen der Kindheit prominenter Personen (sowohl in als auch au-

ßerhalb des antiken Judentums) häufiger begegnen. Sie unterstreicht ein weiteres
Mal die Gesetzesobservanz der Familie Jesu (die alljährliche Pilgerreise nach Jerusalem zum Passa-Fest) und den Gehorsam Jesu gegenüber seinen Eltern, auch
wenn sie bereits die besondere Nähe Jesu zu seinem himmlischen Vater und seine
kompromisslose, über familiäre Verpflichtungen hinausgehende Unterordnung
unter den Willen Gottes andeutet, die sein Wirken als Erwachsener bestimmt.
Spätere apokryphe Erzählungen (die in schriftlicher Form ab dem 2. Jh. belegt
sind) führen die Tendenz der Überlieferung fort, die Geburt und Kindheit Jesu
legendarisch auszumalen (MARKSCHIES/SCHRÖTER 2012). Der Kernbestand der
Jesusüberlieferung in den Evangelien scheint eine eher unauffällige Kindheit und
Jugend zu erinnern (Mk 6,2 f.), sodass spätere Legenden, einschließlich der Schilderung diverser Wundertaten, die Jesus als Kind vollbracht haben soll und die
sein Wirken als Erwachsener vorzeichnen, kaum Authentizität für sich beanspruchen können.

Das Neue Testament nennt folgende Personen als Familienmitglieder Jesu: seinen Vater Josef, seine Mutter Maria, vier namentlich bekannte Brüder (Jakobus,
Joses, Judas und Simon, vgl. Mk 6,3) und einige (namenlose) Schwestern. Man
findet in der Antike eine Vielzahl von Meinungen darüber, ob die Brüder und
Schwestern echte, biologische Geschwister Jesu waren, die ebenfalls von Maria
geboren wurden (die Sicht des Helvidius), oder Stiefgeschwister (aus einer früheren Ehe des Josef, so die Sicht des Epiphanius) oder möglicherweise auch Cousins
(die Sicht des Hieronymus). Dass die »Brüder« vielleicht Cousins waren, hängt
davon ab, ob man die ersten beiden Brüder, die in Mk 6,3 erwähnt werden, mit
Jakobus und Joses identifiziert, auf die in Mk 15,40 als Söhne der Maria Bezug
genommen wird, welche dann als die gleichnamige Schwester oder Schwägerin
der Jesusmutter Maria betrachtet werden müsste (Joh 19,25), und ob man Simon
mit dem Sohn des Klopas gleichsetzt. Dies alles ist allerdings spekulativ. Einige
Belege ab dem 2. Jh. können für die Sicht des Epiphanius herangezogen werden.
Aber die Auffassung, dass Jesu Brüder (und Schwestern) nicht von Maria geboren
wurden, könnte ihre Wurzeln in frühen asketischen Tendenzen haben, die die
Jungfräulichkeit besonders hochschätzten, und/oder in Traditionen, die die fortwährend Jungfräulichkeit der Maria verfochten, um auf diese Weise die Überzeugung von der jungfräulichen Empfängnis und Geburt Jesu zu befestigen. Neben der erwähnten Schwester (oder Schwägerin) der Maria wird auch von Elisabeth gesagt, dass sie eine Verwandte Marias gewesen sei (Lk 1,36), was Johannes
den Täufer, ihren Sohn, zu einem Angehörigen Jesu machen würde, aber die genaue Art dieses Verhältnisses ist natürlich ungewiss. Es wurde ferner spekuliert,
dass noch weitere Personen, die im Neuen Testament erwähnt werden (einschließlich einiger Jünger Jesu), Verwandte Jesu gewesen seien, aber diese Überlegungen
bleiben ebenfalls weitgehend unbeweisbar (vgl. dazu insgesamt BAUCKHAM 1990:
5–44).

Die Evangelien geben zu erkennen, dass das Verhältnis Jesu zu seiner Familie
während des größten Teils seiner Wirkungszeit angespannt war (Mk 3,20 f.31–35;

Joh 7,5). Sowohl die Art, wie Jesus von der Jüngerschaft spricht (Mt 8,21 f.; 10,34–37; Mk 10,29 f.), als auch deren tatsächliche Praxis, wie sie in den Evangelien dargestellt wird (Mk 1,16–20), legt den Schluss nahe, dass Jesus die Hingabe an das Gottesreich als Berufung verstand, die gegenüber Familienbeziehungen den Vorrang hatte, was sicher auch für das Verhältnis zu seiner eigenen Familie galt.

Für die nachösterliche Zeit lässt das Neue Testament jedoch keinen Zweifel aufkommen, dass die Brüder Jesu eine wichtige Rolle in der christlichen Mission gespielt haben. Jakobus wurde der Leiter der Jerusalemer Gemeinde (Apg 15,13–21; 21,18; Gal 2,9), während Paulus »die Brüder des Herrn« erwähnt (1 Kor 9,5; vgl. auch Apg 1,14), die als umherziehende Missionare tätig waren. Abgesehen von Jakobus wissen wir wenig über ihre Arbeit. Spätere Traditionen deuten darauf hin, dass Verwandte Jesu in Palästina wirksam waren, speziell in Galiläa und vielleicht auch in anderen Regionen (BAUCKHAM 1990: 45–133). Ebenfalls nach einer späteren Tradition folgte Simon, der Sohn des Klopas und Cousin Jesu (Klopas als Bruder des Josef), Jakobus als Haupt der Jerusalemer Gemeinde nach. Zwei ntl. Briefe, der Jakobus- und der Judasbrief, werden traditionell den Brüdern Jesu zugeschrieben, aber ihre Verfasserschaft bleibt umstritten.

BAUCKHAM, Richard J. 1990: Jude and the Relatives of Jesus in the Early Church, London.
BROWN, Raymond E. ²1993: The Birth of the Messiah: A Commentary on the Infancy Narratives in the Gospels of Matthew and Luke, New York.
CORLEY, Jeremy (Hg.) 2009: New Perspectives on the Nativity, London.
JOHNSON, Marshall D. 1969: The Purpose of the Biblical Genealogies. With Special Reference to the Setting of the Genealogies of Jesus, MSSNTS 8, Cambridge.
LINCOLN, Andrew T. 2013: Born of a Virgin? Reconceiving Jesus in Bible, Tradition and Theology, London.
MARKSCHIES, Christoph/SCHRÖTER, Jens (Hg.) 2012: Antike christliche Apokryphen in deutscher Übersetzung. I. Band: Evangelien und Verwandtes (Teilband 1 & Teilband 2), Tübingen, 1.280–342; 2.886–1029.

Stephen Hultgren

2. Die Bildung und Sprache Jesu

2.1. Die Bildung Jesu

Über Art und Umfang der Bildung Jesu gibt es nur sehr wenige direkte oder indirekte Informationen. Aus den kanonischen Evangelien kommen dafür folgende Texte in Frage: die Geschichten von Jesus, in denen er in der Synagoge aus der Schrift liest (Lk 4,16–19), auf den Boden schreibt (Joh 8,6.8) und im Alter von zwölf Jahren mit den Lehrern am Jerusalemer Tempel diskutiert und die Zuhörer über seine Weisheit in Erstaunen setzt (Lk 2,46 f.); andere Geschichten, in denen die Menschen über den erwachsenen Jesus staunen, der mit Vollmacht und Weisheit lehrt (Mk 1,22; 6,2) oder über seine Gelehrsamkeit und »Buchstaben«-Kenntnis, obwohl er nicht »studiert« hat (Joh 7,14 f.); die Feststellung, dass Jesus ein Zimmermann sei (Mk 6,3), der sein Handwerk (vermutlich) von seinem Vater gelernt hat (Mt 13,55). Außerdem findet sich eine Reihe eher allgemeiner Hinweise, etwa die Vertrautheit Jesu mit den Lehrtraditionen der Schriftgelehrten und Pharisäer (z. B. Mk 7,6–13) oder die Auseinandersetzungen mit Gegnern, in denen auf das Lesen biblischer Texte Bezug genommen wird (z. B. Mt 12,3.5; 21,16; Mk 12,10.26; vgl. Lk 10,26). Zudem berühren auch eine Anzahl späterer nicht-kanonischer Texte die Frage der Literalität Jesu (s. KEITH 2011: 156–163).

Angesichts der spärlichen Belege ist es schwierig, über Art und Umfang der Bildung Jesu mehr als nur spekulativ und in Allgemeinplätzen zu sprechen. Immerhin gibt es einige Zeugnisse über die jüdische Bildung und Literalität im griechisch-römisch geprägten Palästina des 1. Jh.s, aus denen sich mit gebotener Vorsicht Analogien für den Bildungsstand Jesu ableiten lassen, aber selbst hier sind die Belege begrenzt und offen für unterschiedliche Interpretationen.

Im Judentum fand die Ausbildung der Kinder traditionell im Elternhaus statt. Die Tora verpflichtet die Eltern bekanntermaßen, ihre Kinder in der Tora zu unterweisen (Dtn 6,7; 11,19) und ihnen die Gebote in Verbindung mit der Geschichte Israels nahezubringen (Ex 10,2; 12,26 f.; 13,8–10; Dtn 6,20–25). Auch die weisheitliche Tradition deutet auf das Elternhaus als den wichtigsten Ort für die Kindererziehung (z. B. Spr 1,8 u. ö.). Für die breite Mehrzahl bedeutete das Lernen der Tora freilich nicht Lektüre, sondern Hören, Rezitieren und Memorieren des Vorgelesenen (Dtn 6,7). Priestern und Leviten war die Aufgabe anvertraut, das Volk in der Tora zu unterweisen (Lev 10,11; Dtn 33,10; 2 Kön 17,27 f. etc.), außerdem gibt es Anordnungen für das öffentliche Lesen und Lehren des Gesetzes (Dtn 31,9–13). Einen zusätzlichen Einblick in die Lehrinhalte geben die Lehrpsalmen, die ihren Schwerpunkt ebenfalls auf der Tora und der Geschichte Israels haben (Ps 1; 78; 119). In bestimmten Situationen verlangt die Tora auch das Schreiben (Dtn 6,9; 11,20; 24,1–4), allerdings konnten hier wohl auch professionelle Schreiber aushelfen.

All dies bietet einen recht nützlichen Rahmen, um die jüdische Bildungspraxis zur Zeit des Zweiten Tempels zu verstehen. So lässt sich unter Priestern und Leviten tatsächlich das Anliegen feststellen, das Volk in der Tora zu unterweisen (Esr 7,25; Neh 8,8 f.; Mal 2,7; Sir 45,17; zu Belegen aus den Schriften vom Toten Meer und anderer nicht-kanonischer Literatur s. CARR 2005: 201–239). Aber es finden sich auch Hinweise auf eine stärkere Verbreitung der Bildung in der Bevölkerung. Sir 51,23 (frühes 2. Jh. v. Chr.) ist der erste palästinisch-jüdische Text, der von einer regulären Schule spricht. Doch selbst hier bleibt es dabei, dass neben den Weisen die Eltern die wichtigsten Lehrer sind (Sir 8,8 f.; 30,3). Die Einführung von Schulen in dieser Zeit lässt sich womöglich ebenso aus dem Einfluss hellenistischer Erziehungsideale wie aus der jüdischen Reaktion auf die Hellenisierung erklären (HENGEL [2]1973: 120–152). Zur selben Zeit etablieren sich auch die Pharisäer als angesehene Laienlehrer des Gesetzes (Flav. Jos. Ant. 13,171–173; 18,15).

Auch rabbinische Texte sprechen von der Einrichtung eines Schulbetriebs in der Zeit des Zweiten Tempels. Eine Überlieferung im palästinischen Talmud hält fest, dass Simon ben Shetah (erste Hälfte des 1. Jh.s v.Chr.) angeordnet habe, Kinder zur Schule zu schicken (jKet 8,11.32c). Der babylonische Talmud kennt eine Tradition, nach der Joshua ben Gamala (Jesus, Sohn des Gamliel, Hohepriester 63–65 n.Chr.) bestimmt habe, dass in jeder Stadt Lehrer für Kinder berufen werden und dass die Kinder im Alter von sechs oder sieben Jahren zum Unterricht gebracht werden sollen (bBB 21a). Diese Festlegung setzt voraus, dass bereits ein Bildungssystem existierte und dass Joshua es reformieren wollte. Eine andere Tradition behauptet, dass es in Jerusalem 480 (oder 460) Synagogen mit angegliederten Schulen gegeben habe, bevor die Stadt 70 n.Chr. zerstört wurde (jMeg 3,1.73d; jKet 13,1.35c). Die historische Zuverlässigkeit dieser Angaben wird jedoch weithin bezweifelt.

Archäologische Belege für die Existenz von Schulen sind verhältnismäßig selten und überdies erst spät zu datieren. Ein Argument *e silentio* führt hier allerdings nicht weiter, weil nicht davon ausgegangen werden kann, dass bereits alle frühen »Schulen« in eigens dafür bestimmten Gebäuden oder Räumen untergebracht waren. Aber während in späteren amoräischen Texten häufiger Synagogen und Lehrhäuser als Orte des Lernens erwähnt sind, zeigen tannaitische Texte in diesem Punkt eine größere Zurückhaltung. Sie sprechen gelegentlich von Schulen (z.B. mKet 2,10) und einem Bildungsangebot für Kinder außerhalb des Elternhauses, aber sie betonen gleichzeitig die Verantwortung des Vaters, seinen eigenen Sohn zu unterrichten (HEZSER 2001: 48–52.75). In den Schriften vom Toten Meer sieht die Gemeinschaftsregel (1QSa 1,6–8) für die eschatologische Gemeinschaft vor, dass Jungen offenbar für zehn oder mehr Jahre im Gesetz und in den Gemeinschaftsregeln unterrichtet werden, was einen Einblick in die Bildungsideale der Gemeinschaft gibt, die diesen Text hervorbrachte. Josephus spricht vom Gebot des Gesetzes, den Kindern »Buchstaben« beizubringen, sodass sie die Gesetze Israels und die Taten ihrer Vorväter verstehen können (Flav. Jos.Apion. 2,204; vgl. 1,60). Mit Stolz verweist er darauf, dass die Juden sich jede Woche versammelten, um das Gesetz zu hören und zu lernen, und dass einer, der entsprechend befragt werde, die Gesetze leichter wiedergeben könne als seinen eigenen Namen (Apion. 2,175.178), was zweifellos zu einer der Übertreibungen des Josephus in apologetischer Absicht gehört.

Es ist schwierig, von den genannten Belegen zu einem verlässlichen Urteil über die Existenz eines geregelten Schulbetriebs im 1. Jh. zu gelangen, der außerhalb des Elternhauses stattgefunden hat. Eine relativ neue Untersuchung kommt zu dem Ergebnis, dass in der Zeit des Zweiten Tempels und in der tannaitischen Periode die Erziehung zumeist noch eine Angelegenheit des Elternhauses war und dass die zunehmende Verbreitung von Schulen ab dem 3. Jh. den Wunsch der Rabbinen widerspiegelt, eine Alternative zum griechisch-römischen Schulwesen zu etablieren (HEZSER 2001: 39.59.71.103). Zugleich darf allerdings nicht übersehen werden, dass jüdische Lehrer bereits vor 70 n.Chr. darum bemüht wa-

ren, das Volk insbesondere angesichts fremder Einflüsse im Gesetz zu unterweisen. Es lässt sich nicht ausschließen, dass erste Versuche, eine Grundausbildung
für Kinder außerhalb des Elternhauses anzubieten, schon in der Zeit des Zweiten
Tempels unternommen wurden. Wer (neben den Vätern) für die Erziehung verantwortlich gewesen sein könnte, ist schwer zu sagen, obwohl neben Priestern
auch Synagogenvorsteher und Schriftgelehrte dafür in Frage kommen. Auch können wir nicht mit Sicherheit feststellen, wo die Erziehung (außerhalb des Elternhauses) stattgefunden hat. Es gibt Belege, dass die Synagoge im 1. Jh. als Ort für
den »Unterricht in den Geboten« diente (vgl. z. B. die berühmte Theodotus-Inschrift in Jerusalem), was aber nicht notwendigerweise formale Unterrichtsme-
thoden einschließt. Erst in späteren Jahrhunderten entwickelt sich die Synagoge
deutlich erkennbar zum typischen Lernort mit einem geregelten Ausbildungs-
programm (HEZSER 2001: 51–54).

Im Blick auf den Bildungsinhalt bietet die rabbinische Literatur folgendes Modell: Kinder (d. h. gewöhnlich Jungen) begannen mit dem Besuch einer Grund-
schule (בית הספר) im Alter von fünf bis sieben Jahren. Im Mittelpunkt der Ausbildung stand die schriftliche Tora. Der Lehrer (ein סופר) brachte den Schülern das
Alphabet bei und die Art, wie die Tora zu lesen ist. Mit dem Lesen der Tora als
zentralem Lehrgegenstand scheint in der Grundausbildung allerdings nicht zugleich das Schreiben verbunden gewesen zu sein, das wohl eher eine besondere
Fertigkeit blieb, die von Schriftgelehrten und Mitgliedern der Oberklasse erworben wurde. Trotzdem ist es sicher möglich, dass einige Kinder auch das Schreiben
erlernten. Nach der Vermittlung der Grundlagen mögen einige Schüler zusätzlich
die mündliche Tora (Mischna) erlernt haben, vielleicht in einer Sekundarschule
(בית המדרש). Darüber hinaus war es möglich, mit einem noch höheren Studium
fortzufahren, das Dialektik und Interpretation der Schrift und der mündlichen
Tora umfasste, außerdem die Rechtswissenschaft.

Das rabbinische Modell lässt sich natürlich nicht in das 1. Jh. zurückprojizie-
ren. Allerdings hat das Modell Parallelen in der griechisch-römischen Erziehung,
in der die grundlegende Bildung (mit der üblicherweise im Alter von sieben Jahren oder auch früher begonnen wurde) aus dem Erlernen des Alphabets, dem
Lesen (und Schreiben) und dem Rezitieren und Memorieren klassischer Texte
bestand, während die höhere Bildung die Interpretation dieser Texte vermittelte
und sich neben anderen Dingen den Bereichen Rhetorik, Philosophie und Recht
widmete (HEZSER 2001: 72–89). Es ist nicht unwahrscheinlich, dass die in der
rabbinischen Literatur beschriebene Form der Grundausbildung bereits im 1. Jh.
Vorläufer hatte. Allerdings ist schwer zu sagen, wie verbreitet dieses Bildungspro-
gramm gewesen ist. Jüngste Schätzungen gehen davon aus, dass der Grad der
Alphabetisierung unter den palästinischen Juden, wie auch sonst im Römischen
Reich, sehr niedrig war (10% oder weniger) (KEITH 2011: 72–85), obwohl die
Bedeutung der Tora möglicherweise dazu beigetragen hat, dass die jüdische Al-
phabetisierung etwas über dem allgemeinen Durchschnitt gelegen hat.

Die Belege aus den Evangelien oder aus der Zeit des Zweiten Tempels erlauben keine verlässlichen Schlüsse über den Bildungsstand Jesu. Vielleicht hat Jesus eine grundlegende Ausbildung erhalten und zumindest die Heilige Schrift in Hebräisch zu lesen gelernt. Allerdings ist Lk 4,16–19 der einzige biblische Text, der dies eindeutig belegt. Eventuell ist die Darstellung Jesu als Leser der Schrift aber erst eine sekundäre Entwicklung in der Überlieferung (vgl. Mk 6,1–6). Da in Joh 8,6.8 nicht mitgeteilt wird, was Jesus auf die Erde schreibt, ist es schwierig, aus dieser Darstellung irgendwelche Schlussfolgerungen zu ziehen. Es mag sein, dass Jesus einige Buchstaben und Wörter schreiben konnte (falls das bei Johannes gemeint ist), aber dies muss nicht zwangsläufig eine höhere Schreibfähigkeit bedeuten. Jesus wurde unter der Anleitung seines Vaters Zimmermann (Mk 6,3; Mt 13,55), wie es anscheinend allgemein üblich war, dass mindestens einer der Söhne den Beruf des Vaters übernahm. Dies wird eine Gelegenheit gewesen sein, einige grundlegende Fertigkeiten des Lesens, vielleicht auch des Schreibens und Rechnens zu erlernen (vgl. KEITH 2011: 112–114). Die Aussage in Joh 7,15 führt nicht wesentlich weiter, da der Text in verschiedene Richtungen ausgelegt und sowohl für einen gebildeten als auch für einen ungebildeten Jesus in Anschlag gebracht werden kann. Zu entnehmen ist der Stelle immerhin, dass Jesus keine *höhere* jüdische Bildung im Bereich der Schriftauslegung besaß, was auch sonst kaum anders gesehen wird (vgl. Mk 1,22; 6,2 f.). Es gibt keinen Grund zu der Annahme, dass Jesus sich je mit fortgeschrittenen Studien beschäftigt hat. Zwar suggeriert die Darstellung des zwölfjährigen Jesus, der mit den »Lehrern« diskutiert (Lk 2,46 f.), etwas anderes, aber ihr legendarischer Charakter macht die Geschichte als Beleg unbrauchbar. Das Wissen, das Jesus offenbar von Lehrtraditionen der Pharisäer und Schriftgelehrten besaß, kann er sich einfach durch das Zuhören als Außenstehender erworben haben.

2.2. Die Sprache(n) Jesu

Die kanonischen Evangelien sind allesamt auf Griechisch geschrieben und halten die Worte Jesu in dieser Sprache fest. An einigen Stellen haben die Evangelien jedoch Worte Jesu aus einer semitischen Sprache (meist Aramäisch, seltener Hebräisch) ins Griechische transliteriert. Literarische und epigraphische Belege zeigen, dass im jüdischen Palästina des 1. Jh.s drei Sprachen gebraucht wurden (Aramäisch, Griechisch und Hebräisch, jeweils in unterschiedlichem Ausmaß), sodass sich die Frage ergibt, welche Sprache oder Sprachen Jesus benutzte, welche er verstand (und welche er möglicherweise las und schrieb).

Die aus einer semitischen Sprache transliterierten Aussagen Jesu sind leicht überschaubar. In Mk 5,41 befiehlt Jesus der Tochter des Jaïrus ταλιθα κουμ, was das aramäische טליתא קום wiedergibt und von Markus zutreffend als »Mädchen, steh auf!« ins Griechische übersetzt wird. Die letzten Worte Jesu am Kreuz lauten bei Markus ελωι ελωι λεμα σαβαχθανι (Mk 15,34), was die griechische Transliteration einer aramäischen Übersetzung von Ps 22,2 darstellt. Matthäus gibt dieselben Worte als ηλι ηλι λεμα σαβαχθανι wieder (Mt 27,46). Eine lange Diskussion, die hier nicht aufgerollt werden kann, widmet sich der Frage, ob die Version des Matthäus hebräisch oder aramäisch ist (oder gar eine Mischung von beiden) (vgl. zuletzt Buth/Notley 2014: 395–421). Man könnte annehmen, dass Matthäus den Wortlaut stärker an den biblisch-hebräischen Psalmentext angeglichen hätte, wenn dies die beabsichtigte Sprache gewesen wäre. Man kann sich außerdem fragen, wie der ursprüngliche Ausruf Jesu gelautet hat (vorausgesetzt, dass der Bericht authentisch ist), da das ηλι bei Matthäus leichter als das ελωι bei Markus das Missverständnis der Menge erklärt, die glaubt, dass Jesus nach Elija gerufen habe. Zu erwähnen ist hier auch das einzelne Wort εφφαθα, das Markus in der Erzählung von der Heilung des taubstummen Mannes in Mk 7,34 korrekt mit »Werde geöffnet!« ins Griechische übersetzt. Dieser Ausdruck steht sehr wahrscheinlich für das aramäische אתפתח, das unter Assimilation des ת an das פ zu אפתח wird (obwohl auch die Meinung vertreten wurde, dass εφφαθα das hebräische Nif'al הפתח wiedergeben könnte). Diese erhaltenen Sprachspuren sind die besten Belege dafür, dass Jesus Aramäisch gesprochen hat.

Zusätzlich zu diesen Aussagen überliefern die Evangelien eine Anzahl einzelner Wörter, die aus dem Aramäischen oder Hebräischen transliteriert sind und nahelegen, dass Jesus gewöhnlich in einer semitischen Sprache gesprochen hat. Für eine vollständige Auflistung dieser Wörter fehlt hier der Raum (eine Übersicht bei Jeremias 1971a: 16 f.), besonders prominent ist der Gebrauch von Abba in Jesu Anrede Gottes als »Vater« und seine eigentümliche Verwendung des nicht-responsorischen Amen in dem Satz »Amen [wahrlich] ich sage euch …«. Die meisten der semitischen Ausdrücke, die von Jesus überliefert sind, scheinen dem Aramäischen zu entstammen, einige sind aber auch Hebräisch und einige können beiden Sprachen zugehören. Schließlich finden sich in den Evangelien eine Vielzahl von Aussprüchen Jesu, deren griechische Form möglicherweise auf Vokabular und Syntax des Aramäischen beruht. Insbesondere in Fällen möglicher Fehlübersetzungen ins Griechische, bei alternativen Übersetzungen des Aramäischen an Parallelstellen und bei Wortspielen, die sich bei der Rückübersetzung ins Aramäische feststellen lassen, erscheint eine aramäische Ursprungsfassung durchaus greifbar (nach wie vor wichtig Black ³1967 trotz der neueren Kritik z. B. bei Porter 2000: 89–99).

Vor diesem Hintergrund überrascht es kaum, dass das Aramäische zumeist als Muttersprache Jesu betrachtet wird, die er wohl auch für seine Unterweisungen verwendet hat. Mitunter ist allerdings vermutet worden, dass Jesus vielleicht auch auf Griechisch oder Hebräisch gelehrt hat, und die Frage ist in den letzten Jahrzehnten angesichts der vermehrten Belege für den Gebrauch des Griechischen und Hebräischen unter den palästinischen Juden zur Zeit Jesu mit immer größerem Nachdruck gestellt worden. In diesem Zusammenhang ist es notwendig, die allgemeine sprachliche Situation im Palästina des 1. Jh.s etwas genauer zu betrachten.

Das Bild, das die Forschung von der Sprachsituation im jüdischen Palästina zeichnet, hat sich im letzten Jh. dramatisch gewandelt. Die vorherrschende Sichtweise, die spätestens ab dem 16. Jh. und bis in die Mitte des 20. Jh.s in Geltung stand, ging davon aus, dass die Sprache, die die jüdische Bevölkerung Palästinas seit der Rückkehr aus dem Babylonischen Exil verwendete, fast ausschließlich das Aramäische gewesen sei, während das Hebräische in der gebildeten Elite für Literatur, Studium, Gebet und Liturgie gepflegt wurde. Das Mischna-Hebräisch ist gelegentlich als künstliche Gelehrtensprache betrachtet worden, als eine Mischung aus volkstümlichem Aramäisch und gelehrtem Hebräisch. Hin und wieder wurde allerdings auch angenommen, dass das Hebräische noch zur Zeit Jesu als lebende Sprache gebraucht wurde, aber diese Sichtweise hat sich nicht durchsetzen können. Die Belege für die Verwendung des Griechischen unter den palästinischen Juden wurden ebenfalls als Hinweise auf ein Oberschichtenphänomen betrachtet. Entsprechend ist man ohne weitere Begründung davon ausgegangen, dass Jesus fast ausschließlich Aramäisch gesprochen haben muss. Ein klassischer Vertreter dieser Sichtweise ist Gustaf Dalman, der Belege für die Annahme aufführt, dass das Aramäische (und nicht das Hebräische) die Sprache des Volkes gewesen sei und die Aussagen Jesu auf dieser Grundlage in einer rekonstruierten aramäischen Ursprungsform interpretiert, obwohl er dafür häufiger auch hebräische Parallelen heranzieht (DALMAN 1898; ²1930).

Im späteren 20. und frühen 21. Jh. hat sich dieses Bild grundlegend verändert. Die großen Textfunde aus der judäischen Wüste haben gezeigt, dass das Hebräische weiter in Gebrauch stand und zwar nicht nur bei den Eliten und in priesterlichen oder schriftgelehrten Kreisen, sondern auch in der normalen Bevölkerung in einem Maße, das vielleicht hinter dem Aramäischen zurückblieb, das für die Alltagskommunikation aber nicht zu vernachlässigen ist. Die Belege haben ferner deutlich gemacht, dass das Mischna-Hebräisch nicht als künstliche Sprache, sondern als genuine Entwicklung innerhalb der lebendigen hebräischen Gebrauchssprache gelten muss, die natürlich durch das Aramäische beeinflusst war. In ähnlicher Weise haben die Textfunde auch für das Griechische gezeigt, dass die Sprache häufiger Verwendung fand als bisher angenommen. Biblische Bücher und andere palästinisch-jüdische Schriften, die zuerst in Griechisch geschrieben oder aus dem Hebräischen oder Aramäischen ins Griechische übersetzt wurden, belegen die Verbreitung des Griechischen in Palästina. Ein weiteres Indiz hierfür sind die »Hellenisten« aus Apg 6,1 und 9,29, wahrscheinlich Griechisch sprechende Juden in Jerusalem, von denen einige zu Christen wurden. Die fortlaufende Entdeckung von Inschriften hat bestätigt, was die literarischen Belege nahelegen: Aramäisch war in der Tat die vorherrschende Sprache, was den Gebrauch des Griechischen oder Hebräischen aber offenbar nicht ausschloss. Viele Juden im Palästina des 1. Jh.s haben sicher Griechisch oder Hebräisch gesprochen und zwar zusätzlich zu oder auch anstelle von Aramäisch. Auf diese Weise hat sich insgesamt ein neues Bild der sprachlichen Situation ergeben, in dem nun davon auszugehen ist, dass Aramäisch, Griechisch und Hebräisch nebeneinander und

in engem Kontakt zueinander gesprochen und geschrieben wurden, auch wenn
es weiterhin schwer abzuschätzen ist, welchen genauen Anteil die jeweiligen
Sprachen in der Alltagskommunikation hatten (ein neuerer Versuch bei WISE
2015). Obwohl Latein von den römischen Beamten in Palästina verwendet wurde, ist sein Gebrauch in der einheimischen Bevölkerung zu vernachlässigen (neuere Forschungsüberblicke bes. bei BUTH/NOTLEY 2014 und WISE 2015: 7–20;
älter, aber immer noch brauchbar ist FITZMYER 1970).

In der Forschung hat sich die Einsicht durchgesetzt, dass man den Gebrauch
von Sprachen nicht nur zeitlich, sondern auch räumlich differenzieren muss.
Weiterhin umstritten ist vor diesem Hintergrund die Verbreitung des Griechischen in den verschiedenen Teilen Galiläas, wo Jesus aufwuchs und den Großteil
seines Lebens verbrachte. Dies liegt vor allem daran, dass die Zeugnisse für die
sprachliche Situation in Galiläa bei weitem nicht so zahlreich sind wie für Judäa.
Sicher ist das Griechische in den größeren, hellenisierten Städten in und um Galiläa recht verbreitet gewesen. Inwieweit es über diese Städte hinaus gebraucht
wurde, ist dagegen ungewiss. Im Allgemeinen gilt es als wahrscheinlich, dass eine
größere Anzahl von galiläischen Juden griechisch sprechen konnte, insbesondere
wenn sie etwa bei der täglichen Arbeit mit griechisch sprechenden Nichtjuden im
Austausch standen, auch wenn die Alltagssprache trotzdem das Aramäische
(oder Hebräische) war. Es wurde vermutet, dass das Hebräische in Galiläa im
1. Jh. weniger verbreitet war als in Judäa (z. B. EMERTON 1973: 16 f.), aber auch
diese Einschätzung ist jüngst infrage gestellt worden (BUTH/NOTLEY 2014: 110–
181). Es bleibt darum nach wie vor schwierig, in dieser Frage über Allgemeinplät-
ze und Vermutungen hinauszukommen.

Was bedeutet dies für die Sprache(n), die Jesus verwendet hat? Als erstes kann
in dieser Hinsicht festgehalten werden, dass die Zeugnisse aus den Evangelien gut
in das beschriebene Bild der Sprachsituation in Palästina passen. Die Belege
scheinen darauf hinzudeuten, dass Jesus wohl hauptsächlich auf Aramäisch
sprach und lehrte. Aber falls die Geschichte in Lk 4,16–30 authentisch ist, zeigt
sie, dass Jesus offenbar in der Lage war, in der Synagoge von Nazaret aus dem
(vermutlich hebräischen) Buch Jesaja vorzulesen. Da wir wissen, dass in der Zeit
des Zweiten Tempels Mischna-Hebräisch in halachischem Kontext gebraucht
wurde, ist es darüber hinaus möglich, dass Jesus mit anderen Lehrern auf Hebräisch debattierte. Die Stellen, an denen geschildert wird, wie Jesus Kontakt mit
Nichtjuden hat (z. B. Mt 8,5–13; Mk 7,25–30; 15,2–5), sind als Hinweis auf Situationen zu verstehen, bei denen Jesus möglicherweise griechisch sprach (vgl. Joh
12,20–22; weitere mögliche Situationen zählt PORTER 2000: 144–154, auf). Dass
Jesus auf Griechisch *lehrte*, ist dagegen schwerer nachzuweisen. Es ist vorgeschlagen worden, dass Jesus vielleicht einige griechische Ausdrücke verwendet hat
(z. B. ὑποκριτής für »Heuchler«), was in der Forschung allerdings mehrheitlich
abgelehnt wurde (s. FITZMYER 1992: 62 f.). Selbst wenn man nicht ausschließen
will, dass Jesus in bestimmten Situationen griechisch gesprochen hat, bedarf es

weiterer Forschung, um zu zeigen, dass er sich auch in einzelnen *Lehr*situationen des Griechischen bedient haben könnte oder sogar bedient haben muss.

Buth, Randall/Notley, R. Steven (Hg.) 2014: The Language Environment of First Century Judaea, Leiden.

Hezser, Catherine 2001: Jewish Literacy in Roman Palestine, TSAJ 81, Tübingen.

Keith, Chris 2011: Jesus' Literacy: Scribal Culture and the Teacher from Galilee, New York/London.

Riesner, Rainer 1981; ³1988: Jesus als Lehrer. Eine Untersuchung zum Ursprung der Evangelien-Überlieferung, WUNT II 7, Tübingen.

Wise, Michael Owen 2015: Language and Literacy in Roman Judaea: A Study of the Bar Kokhba Documents, New Haven.

Stephen Hultgren

3. Jesus im Judentum seiner Zeit (Die jüdische Prägung Jesu)

Jesus wurde in eine jüdische Familie geboren; als »Josefs Sohn« (Lk 3,23; 4,22; Joh 1,45; vgl. Mt 1,16) galt er nach dem damals vorherrschenden patrilinearen Prinzip als Jude kraft Abstammung. Nach Lk 2,21 wurde er am achten Tag beschnitten (vgl. Gen 17,12–14). Als Erwachsener nahm er mindestens einmal an der Wallfahrt nach Jerusalem zu Passa teil; das JohEv lässt ihn mehrfach und während weiterer jüdischer Feste in Jerusalem anwesend sein. Ob Jesu letztes Mahl ein Passa-Mahl gewesen ist (so die Synoptiker), ist umstritten, hat aber für die hier verhandelte Frage kein entscheidendes Gewicht. Während seines öffentlichen Wirkens in Galiläa ging Jesus in die örtlichen Synagogen, um zu lehren (Mt 4,23; 9,35; 13,54), insbesondere am Sabbat (Mk 1,21; Lk 4,15.16; 13,10). Wenngleich zumindest einige dieser Notizen redaktionell sind, passen die Synagogenbesuche gut zu Jesu Heilen am Sabbat (Mk 3,1parr.), denn an diesem Tag kam die jüdische Bevölkerung eines Ortes in der Synagoge zusammen. Heute wird klarer als in früherer Forschung gesehen, dass »Synagoge« hier ein Gebäude (und nicht bloß eine »Versammlung« von Menschen) bezeichnet, wie es in von Juden besiedelten Dörfern und Städten im 1. Jh. häufig zu finden war. Es entspricht den sonstigen Darstellungen zu sabbatlichen Synagogen-Versammlungen, dass in diesem Kontext nicht von Jesu Gebet, sondern von seiner Lehre und Schriftlesung die Rede ist (wenngleich eine feste Prophetenlesung für diese Zeit allgemein nicht zu sichern ist). Jesu Anrede an den Mann mit der verkrüppelten Hand: »auf, in die Mitte« (ἔγειρε εἰς τὸ μέσον; Mk 3,3), die den Mann in die Öffentlichkeit der versammelten Gemeinde stellt, passt dabei zur baulichen Typik einer Synagoge aus dem 1. Jh., deren wichtigstes Merkmal ja in den um einen rechteckigen Raum in der Mitte liegenden Bankreihen besteht (↗ D.II.2). Trotz der Verbindung der Heilung in Mk 3,5parr. mit einem bloßen Wort ist davon auszugehen, dass solches Heilen am Sabbat als anstößig betrachtet wurde (in Lk 13,13 wird Jesus bei weiteren Heilungen am Sabbat Handauflegung, in 14,4 Anfassen zugeschrieben).

Gleichwohl bemüht sich Jesus um Argumentation, indem er nach Mk 3,4 auf die Lebensrettung rekurriert. Diese spielt seit der Makkabäerzeit eine Rolle im Sabbatdiskurs (Selbstverteidigung: 1Makk 2,39–41); in rabbinischen Quellen firmiert sie als *piqquach nefesch*, um derentwillen der Sabbat »verdrängt« werden darf (tShab 9[10],22; 15[16],16 f.; MekhJ *Schabbta ki tissa* 1 [zu Ex 31,13; Horovitz/Rabin 340 f.]), selbst bei bloßem Verdacht (*sfeq nefaschot*: tShab 15[16],11.16 f.; mJoma 8,6). Schon in einigen Texten aus Qumran ist Sorge um ein bedrohtes Menschenleben ein Motiv (CD-A 11,16 f.; 4Q265 6,6 f.), doch führt sie hier zu einer kreativen, *unterhalb* eines Sabbatbruchs verbleibenden Lösung (Rettung etwa durch Handreichung, nach 4Q265 durch Darreichung eines Obergewands). Jesus legt in seiner Argumentation nach Mk 3,4 nahe, dass seine (aus Mk 2,24; 3,6 mindestens z.T. als »Pharisäer« bestimmten) Gegenspieler zustimmten, dass man am Sabbat Gutes tun und Leben retten darf. Er steht ihnen hierin somit näher als der Position der Qumrantexte, geht freilich in seinem Verständnis der Heilung als »Leben retten« über sie hinaus (DOERING 2015).

Jesus gehörte nicht erkennbar einer der Elitegruppen (Pharisäer, Sadduzäer, Essener bzw. Jachad) an. Zugleich stand er, wie dieses Beispiel zeigt, in einigen Fragen den Pharisäern näher als den anderen Gruppen. Dabei kann man in sozialer Hinsicht eine Konkurrenz Jesu und seiner Bewegung zu den Pharisäern um dieselben Milieus annehmen. Die Häufigkeit der Auseinandersetzung mit den Pharisäern gerade in Gesetzesfragen legt eine gewisse Nähe im Ansatz nahe; auch bietet die Jesustradition eine partielle Anerkenntnis pharisäisch geprägter »Gerechtigkeit« (Mk 2,17; Lk 5,31; 15,7.29.31; vgl. Mk 12,34; BERGER 1988). Gleichwohl hat Jesus offenbar Kritik an pharisäischen (oder pharisäisch unterstützen) Gesetzestraditionen geübt; so ist Händewaschen nutzlos, da Speisenverzehr einen Menschen nicht verunreinigen kann (Mk 7,15–23; vgl. FURSTENBERG 2008). Implizit findet sich eine Kritik an Gesetzestraditionen auch im Sabbatlogion Mk 2,27, insofern hier auf die schöpfungsmäßige Ausrichtung des Sabbats auf den Menschen hin (διὰ τὸν ἄνθρωπον ἐγένετο) zurückgegriffen wird. In der Frage der Ehescheidung geht Jesus sogar so weit, das mosaische Zugeständnis des Scheidebriefs Dtn 24,1 als nicht von der eigentlichen, schöpfungsmäßigen Bestimmung von Mann und Frau gedeckt anzusehen, die Jesus wieder zur Geltung bringt (Mk 10,4–9). Dabei trifft er sich partiell mit der Damaskusschrift (Zitat Gen 1,27 in CD-A 4,21), die das Zweierprinzip jedoch auch außerhalb der Schöpfungsgeschichte auffindet (Zitate von Gen 7,9; Dtn 17,17 in CD-A 5,1 f.) und darüber hinaus nicht das Verbot der Ehescheidung (diese ist erlaubt nach 4Q266 9 iii 4–7; CD-A 13,17), sondern das Verbot (gleichzeitiger oder serieller) Polygynie zu Lebzeiten des Partners vertritt (DOERING 2009). Jesu Gewichtung der Gebote (so nach Mt 23,23 τὰ βαρύτερα τοῦ νόμου »die schwerer wiegenden [Aspekte] des Gesetzes«) und ihre Zusammenfassung zur Goldenen Regel (Mt 7,12par.) und zum doppelten Liebesgebot (Mk 12,28–31parr.) haben ansatzweise Vorbilder im antiken Judentum (↗ D.II.2), wenngleich sich Jesu Formulierungen im Einzelnen von diesen unterscheiden.

Dass Jesus nach synoptischem Zeugnis »in Vollmacht« lehrte (ἐξουσία; Mk 1,22parr.; 1,27par. etc.), ist dabei durchaus im Rahmen jüdischer Prägung und Erwartung verständlich. So kennen wir aus den Qumrantexten mehrere Belege für geistbegabte Propheten, die in der Endzeit erwartet wurden (4Q521 2 ii 1 f.; 4Q558 51 ii 4: Elija; 11Q13 2,15–19; 4Q175 1–8; 1QS 9,11: der »Prophet wie Mose«; CD-A 6,10 f.: derjenige, »der Gerechtigkeit lehrt am Ende der Tage«; vielleicht auch CD-A 7,18; 4Q174 iii 11: der »Tora-Erforscher«, bei dem es sich aber auch um den pristerlichen Messias handeln könnte). Freilich wird damit ein Teil der von Jesus vertretenen Plausibilisierungsstrukturen auf die Anerkenntnis dieser Vollmacht verlagert. Durchgängig ist dabei als Horizont für Jesu Wirksamkeit die nahegekommene Gottesherrschaft zu beachten (Mk 1,14 f.par.), die sich in seinen Exorzismen und Heilungen sowie in seiner Verkündigung als inauguriert zeigt (Lk 11,20par.; Mt 11,4–6par.). Damit knüpft Jesus an jüdische Traditionen eschatologisch verstandener Königsherrschaft Gottes an. Wiederum sind Texte aus Qumran aufschlussreich für solch ein Verständnis der Endzeit und der in ihr geschehenden Taten Gottes (4Q521 2 ii 5–15 im Vergleich mit Mt 11,4–6par.). Dabei fällt auf, dass Jesu Wirken im Ganzen recht gut zu dem eines Propheten passt, während der *titulus crucis* »der König der Juden« an die vielfältig im Judentum des 1. Jh.s belegten Erwartungen eines königlichen Messias sowie die Verkörperung dieser Erwartung in konkreten Gestalten denken lässt, aber kaum an Jesu öffentlicher Wirksamkeit Anhalt hat. Einzig mit dem Einzug nach Jerusalem (Mk 11,1–10parr.; Joh 12,12–19) scheint Jesus explizit königlich-messianische Akzente gesetzt und diese mit der weitgehend prophetischen Signatur seines sonstigen Wirkens verbunden zu haben (vgl. COLLINS 2010: 229–234).

BERGER, Klaus 1988: Jesus als Pharisäer und frühe Christen als Pharisäer, NT 30, 231–262.

COLLINS, John J. ²2010: The Scepter and the Star: Messianism in Light of the Dead Sea Scrolls, Grand Rapids.

DOERING, Lutz 2009: Marriage and Creation in Mark 10 and CD 4–5, in: GARCÍA MARTÍNEZ, Florentino (Hg.): Echoes from the Caves: Qumran and the New Testament, StTDJ 85, Leiden, 133–164.

– 2015: Jesus und der Sabbat im Licht der Qumrantexte, in: FREY Jörg/POPKES, Enno E. (Hg.): Jesus, Paulus und die Texte von Qumran, WUNT II 390, Tübingen, 33–61.

FURSTENBERG, Yair 2008: Defilement Penetrating the Body. A New Understanding of Contamination in Mark 7.15, NTS 54, 176–200.

Lutz Doering

4. Galiläa und Umgebung als Wirkungsraum

4.1. Problemstellung und Forschungslage

Mit Ausnahme der Geburt, einer Episode aus der Jugendzeit (Lk 2) und der intensiven letzten Lebenswoche in Jerusalem (Mk 11,1–16,8parr.) war Galiläa nach dem Zeugnis der Synoptiker Jesu primärer Wirkungsbereich. Das JohEv teilt diese Sicht, lässt Jesus jedoch mehrmals von Galiläa nach Jerusalem ziehen, um an Festen teilzunehmen (Joh 2,13; 5,1; 7,2–10; 10,22 f.; 11,55) und intensiv am Tempel zu lehren (Joh 7,14–52). In Galiläa beruft Jesus nach dem Zeugnis aller vier kanonischen Evangelien seine Jünger und tritt in Kontakt mit den unterschiedlichsten Menschen (Pharisäer, Zöllner, »Sünder« unterschiedlichster Art, Fischer, Synagogenvorsteher). Zudem durchzieht galiläisches Lokalkolorit die meisten Genres der Evangelien (Streitgespräche, Wundererzählungen; vor allem bei den Synoptikern auch Gleichnisstoffe). Entstehungsgeschichtlich gehören Orte und Ereignisse in Galiläa daher zweifellos zu den ältesten Schichten der Jesustradition.

Hinsichtlich der *geographischen Entwürfe* des »Weges Jesu« in Galiläa unterscheiden sich die Synoptiker jedoch vom JohEv. Während erstere Jesu Wirken mit Ausnahme Nazarets (Mt 4,13; Lk 4,16–30par.) und der Verklärung am Tabor (Mk 9,2–10parr.) fast ausschließlich am Nordrand des Sees Gennesaret (Kafarnaum, Betsaida, Gadara, indirekt Magdala) lokalisieren, kennt das JohEv neben der Seeregion auch Wirkungsorte im zentralen Untergaliläa wie Kana und Naïn. Diese konzeptionellen Unterschiede erschweren Versuche, den tatsächlichen Ablauf und Wirkungskreis des historischen Jesus aus den Evangelien heraus zu rekonstruieren. Da die joh. Version des Auftretens Jesu ebenso Produkt redaktioneller Tätigkeit ist wie die synoptische, kann keiner Version unmittelbar der Vorzug vor der anderen zukommen.

Die Einsicht in die schrittweise redaktionelle Formung der Jesustradition hinterfragt ferner die bis vor nicht allzu langer Zeit in der Forschung verbreitete Annahme, dass die Evangelien Galiläa gleichsam »zutreffend« abbilden, dass also eine enge Korrespondenz zwischen »Jesus, dem Galiläer« und dem »Galiläa Jesu« bestehe. Dies trifft jedoch nur sehr bedingt zu. Die Evangelien bieten im Hinblick auf den *galiläischen Kontext* des Auftretens Jesu keinen repräsentativen »Durchschnitt« des galiläischen Milieus, sondern nur einen Ausschnitt. Bestimmte Elemente werden thematisiert (Dörfer, Fischerei, Armut), andere nicht (größere Städte, kulturelle Einflüsse). Insofern schafft sich die Jesustradition »ihr« Galiläa, ähnlich wie etwa Josephus »sein« Galiläa in seinen autobiographischen Berichten in *Vita* oder der historischen Darstellung in *Bellum* entwirft (ZANGENBERG 2007).

Wesentlichen Anteil an dieser Korrektur unseres Galiläabildes haben mittlerweile gut vier Jahrzehnte intensiver archäologischer Feldforschung, gepaart mit sozialhistorischen Fragestellungen etwa nach der Besiedlungsstruktur, Lebenssituation von Bauern, dem Verhältnis von Stadt- zur Landbevölkerung, der sozialen Verortung galiläischer Widerstandsbewegungen, der Zusammensetzung der

jüdischen Oberschicht oder der Rolle von Religion (z. B. FREYNE 1998; ZANGEN-
BERG/SCHRÖTER 2012; FIENSY/STRANGE 2014). Galiläa zwischen Herodes d.Gr.
und dem katastrophalen Ersten Aufstand entpuppt sich nun immer mehr als eine
im östlichen Mittelmeerbereich gelegene Durchgangsregion zwischen den urbanen Zentren an der Küste und der Dekapolis, deren jüdische Kultur einem rasanten Veränderungsprozess unterworfen war, welchen die unterschiedlichen regionalen Bevölkerungsgruppen auf verschiedene Weise rezipiert haben. Vor allem
das südöstliche Galiläa, und damit die geographische Lebenswelt Jesu in Untergaliläa (so JohEv) bzw. am Nordufer des Sees (so Synopt. und JohEv) war gemäß
der neuen Forschungsergebnisse urbaner und »hellenisierter« als das dörf-
lich-kleinstädtische Bild von Galiläa vermuten ließe, das die Evangelien zeichnen. Die Frage, ob die Konzentration auf das ländlich geprägte Galiläa eine bewusste Wahl des historischen Jesus darstellt oder auf Schwerpunkten der vor-
und frühliterarischen Traditionsformung (Q!) beruht, ist umstritten und harrt
der Klärung.

4.2. Topographie und Geschichte

Geographisch ist Galiläa nur im Süden durch den Anstieg des Berglandes entlang
der Jesreel-Ebene und im Osten durch das Jordantal sowie den See Gennesaret
einigermaßen klar umgrenzt. Im Südwesten geht das galiläische Bergland sanft in
die Küstenebene über, im Nordwesten reicht es bis an das Mittelmeer heran. Im
Norden bildet erst der heute außerhalb Galiläas gelegene Litani-Fluss eine wirkliche topografische Grenze. Keine dieser Linien trennte jedoch das antike Galiläa
dauerhaft von dessen Umgebung, und selbst das Mittelmeer war von Galiläa aus
über Küstenstädte wie Ptolemaïs, Tyrus oder Sidon zugänglich. »Galiläa« war immer ein Gebiet, das sowohl durch seine physische Topographie *als auch* durch
dessen wechselvolle Geschichte und die Verbindung mit der es umgebenden Ge-
samtregion geprägt war. Galiläas Kulturgeschichte kann man daher nicht ohne
die Einbeziehung der umliegenden Gebiete – vor allem der Dekapolis und des
Küstenstreifens – begreifen, zumal viele kulturell prägende Impulse oft genug von
außerhalb auf Galiläa eingewirkt haben.

Die Geschichte der Region vor der hasmonäischen Eroberung und Kolonisati-
on bleibt mangels ausreichender Daten immer noch recht schemenhaft, weder
die exakten Grenzen des »Bezirks« (*galil*) noch dessen Bevölkerungsstruktur lassen sich bisher mit wünschenswerter Klarheit bestimmen. Die berühmte, in Mt
4,15 f. zitierte Passage aus Jes 8,21/9,1 impliziert, dass zumindest zur Zeit der
Jesajatradition nach judäischer Perspektive »Heiden« im Nordbezirk »Galiläa«
gewohnt haben. Im 3. und 2. Jh. v.Chr. war Galiläa durch Gruppen bevölkert,
deren Gebrauchskeramik einerseits in teils späteisenzeitlicher Tradition stand
(»Galilean Coarse Ware«), die andererseits aber auch von den Küstenstädten aus
dem kulturellen Einfluss des phönizischen Hellenismus ausgesetzt waren. Abgesehen von einem Palast (Tel Qedesh), einigen Befestigungen (Qeren Naftali,

Beersheba ha-Galil), einem Handelsposten im agrarischen Hinterland (Tel Anafa) und Heiligtümern wie Mitzpe Yamim zeigt vor allem die Fundkeramik in zahlreichen späteren Siedlungen, dass Galiläa vor 100 v.Chr. sehr wohl besiedelt war.

Neben dieser paganen, phönikisierenden semitischen Bevölkerung scheinen jedoch bereits damals Juden in der Region gelebt bzw. das Gebiet von Süden her infiltriert zu haben (1Makk 5,14–24). Die Forschung ist hier freilich noch im Gange, mit neuen Erkenntnissen ist jederzeit zu rechnen.

Im Gefolge der breitangelegten hasmonäischen Expansion nach Norden am Ende der Herrschaft des Johannes Hyrkanus I. (ca. 110 v.Chr.) und wenig später unter der Regierung seines Nachfolgers Aristobulus I. (104/3 v.Chr.) änderte sich das kulturelle Gepräge der Region grundlegend: Der Einfluss von der Küste wurde ersetzt durch eine jüdisch geprägte, vom Jerusalemer Hof inspirierte Spielart des Hellenismus. Die neuen Herren strebten danach, die Region durch staatliche Investitionen und Infrastrukturmaßnahmen möglichst nahtlos in ihr wachsendes Reich zu integrieren. Die Zerstörung bisheriger Siedlungen und deren Ersatz durch neue Dörfer und Städte mit von Süden her beeinflusster materieller Kultur zeigen deutlich, dass Galiläa systematisch kolonisiert wurde. Auch wenn dies nicht das physische Ende der vorhasmonäischen Bevölkerung bedeutet haben muss, ist diese nach dem Beginn des 1.Jh.s v.Chr. im Fundspektrum nicht mehr sichtbar. Die hasmonäische Eroberung hatte natürlich auch Folgen für die Demarkation dessen, was seither unter dem Begriff »Galiläa« firmiert. Die Grenze Galiläas verlief fortan dort, wo sich der hasmonäische Einfluss nicht dauerhaft etablieren konnte: Gebiete östlich des Jordan und des Sees Gennesaret, entlang der Küstenebene sowie im Norden unterhalb des Litani blieben »außerhalb« und hielten an ihren vorhasmonäischen Traditionen fest (vgl. den geographischen Exkurs in Flav.Jos.Bell. 3,35–43). Durch die Schaffung einer relativ homogenen Bevölkerungs- und Siedlungsstruktur im Inneren und die Definierung deutlicher, kulturell geprägter Grenzen nach Außen wurden die Hasmonäer zu den eigentlichen Schöpfern »Galiläas« im Sinne eines jüdisch bewohnten, auf die Hügel- und Bergregionen Nordpalästinas beschränkten Gebietes. Erst die augusteischen Gebietszuweisungen um den Hermon und im Raum der Dekapolis an Herodes d.Gr. sorgten dafür, dass nun auch Territorien zu Galiläa geschlagen wurden, die nicht mehrheitlich jüdisch besiedelt waren. Andererseits lebten Juden auch außerhalb Galiläas, etwa in der Gaulanitis jenseits des Jordan (z.B. Gamla), der Trachonitis (Cäsarea Philippi) oder als Diasporagemeinden in benachbarten Dekapolisstädten wie Hippos oder Gadara. Ein starkes, religiös und kulturell fundiertes Zusammengehörigkeitsgefühl zwischen jüdischen Gruppen beiderseits des Sees sorgte dafür, dass die ohnehin rasch wandelbaren politischen Grenzen keinen allzu großen Einfluss auf deren Kontakte und Kommunikation hatten. Dass sich die Jünger also nach Mk 5,1–20parr. (Dekapolis) und 7,24–31par. (»Gebiet von Tyros und Sidon«) zwischen dem Gebiet des Philippus und des Antipas hin- und herbewegen, ist daher durchaus plausibel.

Über die hasmonäische »Vision« über Galiläa gibt ein immenses Bauprojekt Auskunft, das durch intensive Ausgrabungen erst in jüngster Zeit ins Licht der Forschung getreten ist: das Hafen- und Handelszentrum Magdala. Offensichtlich mit staatlichen Mitteln und Planung entstand während der ersten Hälfte des 1. Jh.s v.Chr. in Magdala, etwa in der Mitte des Westufers des Sees Gennesaret gelegen, Schritt für Schritt ein monumentaler, befestigter Hafen mit Kai, Mole und Türmen. Magdala besaß urbane Strukturen wie z. B. Quadriporticus, Brunnenhaus, Thermen und Villen. Durch seine Uferlage am See war die Stadt das entscheidende Zwischenglied im offensichtlich immer lukrativer werdenden Handel zwischen Ptolemaïs im Westen und den Dekapolisstädten am Ostufer des Sees. Für die Hasmonäer versprach der Hafen die Möglichkeit, diesen Handel durch ihr neu gewonnenes Gebiet zu leiten und anzapfen zu können. Die Heimat Marias aus Magdala war somit alles andere als ein beschauliches Dorf (DeLuca/Lena 2015).

Zwei weitere bedeutende urbane Zentren zur Zeit Jesu waren Sepphoris und Tiberias. Bereits in persischer und hellenistischer Zeit diente Sepphoris aufgrund seiner Lage als wichtiges Bindeglied für den Handel zwischen Mittelmeer und See. Zu Beginn des 1. Jh.s v.Chr. verteidigte Alexander Jannäus Sepphoris erfolgreich gegen einen Angriff des Ptolemaios IX. Lathyros (Flav.Jos.Ant. 13,337 f.). Seither diente die Siedlung als hasmonäisches Verwaltungszentrum für Galiläa. Herodes d.Gr. nahm die Stadt 37 v.Chr. in einem Schneesturm ein und nutzte sie als nördliches Hauptquartier (Flav.Jos.Ant. 17,271). Eine Rebellion nach dem Tod des Herodes 4 v.Chr. wurde vom syrischen Legaten Quinctilius Varus niedergeschlagen (Flav.Jos.Ant. 17,289; Bell. 2,68). Antipas baute sie unter dem Namen αὐτοκρατορίς als Residenzstadt wieder auf (Flav.Jos.Ant. 18,27), jedoch ist der genaue Umfang dieser Aktivitäten archäologisch schwer fassbar. Der von Josephus in diesem Zusammenhang verwendete Begriff πρόσχημα kann sowohl auf die Befestigung der Stadt wie auch auf ihre besondere Pracht anspielen. Dass Jesus aus Nazaret, einem unweit von Sepphoris gelegenen Dorf, wie hunderte andere Männer an diesen öffentlichen Bauprojekten teilgenommen habe, ist denkbar, aber nicht beweisbar. In der Jesustradition kommt Sepphoris nicht vor. Das Theater jedenfalls scheint frühestens vom Ende des 1. Jh.s n.Chr. zu stammen. Nach der Gründung von Tiberias nahm Sepphoris nur noch den zweiten Platz im Reich des Antipas ein. Größe und Aussehen der Siedlung zur Zeit Jesu bleiben weitgehend undeutlich. Während des Aufstandes blieb Sepphoris loyal, wohl weil man Handelseinbußen fürchtete und sich nichts vom Bruch mit Rom versprach. Einen tiefgreifenden urbanen Aufschwung nahm Sepphoris offensichtlich erst nach dem Zweiten Aufstand unter dem Namen Diocäsarea (Meyers/Meyers 2013).

Tiberias war erst im Jahre 19/20 n.Chr. von Herodes Antipas zu Ehren von Kaiser Tiberius etwa 7 km südlich der bereits boomenden Hafenstadt Magdala gegründet worden. Nach Josephus (Flav.Jos.Ant. 18,36–38) wurde die Stadt auf dem Boden eines aufgelassenen Friedhofs errichtet und war von Antipas mit jüdischen und heidnischen Bewohnern unterschiedlichster Herkunft und Standes besiedelt worden. Die Tatsache, dass Antipas seine Residenz von Sepphoris nach

Tiberias verlegte, unterstreicht wiederum die große Bedeutung, die das Westufer des Sees Gennesaret als Knotenpunkt zwischen Binnengaliläa und der Dekapolis besaß. Im Neuen Testament spielt Tiberias eine eher marginale Rolle (Joh 6,1.23; 21,1). Als Jesus nur unweit nördlich von Magdala und Tiberias aktiv war, befand sich die Stadt sicher noch weitgehend im Aufbau. Nicht nur der aufwändig dekorierte Palast mit königlicher Schatzkammer und Archiven (Flav.Jos.Vit. 37–39.64–66.68 f.), sondern auch Institutionen wie ein Stadtrat mit 600 Mitgliedern, ein Rat von »zehn Ersten« (δέκα πρῶτοι), ein Marktaufseher (ἀγορανόμος) und ein regierender Beamter (ἄρχων) belegt den hellenistisch-jüdischen Charakter der neuen Residenz (Flav.Jos.Bell. 2,599.639 f.; Vit. 64 f.; Ant. 18,149; MILLER 2013). Eine große Synagoge diente den Bürgern für religiöse und politische Versammlungen (Flav.Jos.Vit. 276–280). Die Stadt folgte einem deutlich geplanten Aufriss und besaß wohl schon zur Zeit des Antipas einen Cardo (Reste beim Tor im Süden der Stadt gefunden), ein Theater und ein Stadion (Flav.Jos.Bell. 2,618 f.; Vit. 90–96). Nicht nur die große Diversität hinsichtlich der Herkunft, sondern auch konkurrierende religiöse, soziale und wirtschaftliche Interessen heizten Mitte des 1. Jh.s tiefgreifende Konflikte in der Bevölkerung an. Wie in Sepphoris war auch die Oberschicht von Tiberias gegen eine Beteiligung an der Revolte gegen Rom, andere Einwohner aus der Mittelschicht jedoch unterstützten die Rebellen, wieder andere waren offen gegen die Bewohner der benachbarten Dekapolis eingestellt (Flav.Jos.Vit. 33–42; MILLER 2013).

Neben Zöllen und Abgaben aus lokalem Zwischen- und Endhandel und aus an Schiffbau gebundenem Handwerk (↗ C.III.1) boten die Häfen von Magdala und Tiberias gute Möglichkeiten für eine viel effektivere Ausbeutung des Fischreichtums im See (HAKOLA 2016). Reeder und Fischer konnten dort ihre Boote löschen und ihre Waren verkaufen. Zugleich entstanden im späten 1. Jh. v.Chr. Zuchtanlagen entlang des Ufers von Magdala wie sie sonst aus Spanien oder Nordafrika bekannt sind, um der starken Nachfrage nach Fischprodukten nachkommen zu können. Magdala war für diese Industrie offensichtlich bekannt, denn neben ihrem aramäischen Namen *Migdal* (gräzisiert Μαγδαλά = »Turm«) war die Stadt auch unter dem griechischen Ταριχέα bekannt (τάριχος = Salz-/Pökelfisch) (DeLUCA/LENA in FIENSY/STRANGE 2015). Offensichtlich wohnten in der städtisch geprägten Region am See griechisch- und aramäischsprachige Gruppen nebeneinander (vgl. auch Hippos/Susita). Es liegt daher nahe, dass auch Jesus und seine Jünger in begrenztem Maße zweisprachig waren. Weder die für einen Binnensee außergewöhnlich großen Hafenanlagen noch die »industrialisierten« Fischzuchtmethoden sind ohne die unter den Hasmonäern fortgesetzte, dann von Herodes d.Gr. und Antipas weiter intensivierte Öffnung Galiläas zum weiteren Mittelmeerraum hin denkbar. All dies unterstreicht: Galiläa war zur Zeit Jesu sicher kein abgelegenes, rein agrarisches Hinterland (ZANGENBERG 2013c).

4.3. Soziale und religiöse Gegebenheiten

Angesichts der hohen staatlichen Investitionen zunächst in Magdala ist damit zu rechnen, dass die Hasmonäer bereits mit der Eroberung und Annektion Galiläas eine eigene, aus dem Süden stammende, jüdische *Oberschicht* installierten, die natürlich in besonderem Maße von den durch den wirtschaftlichen Aufschwung generierten Steuer- und Zolleinnahmen der Region profitierte. Die galiläische Elite dürfte anfänglich besonders in Magdala und Sepphoris präsent gewesen sein. Unter Herodes Antipas (reg. 4 v. – ca. 37 n.Chr.) wurde dieser Trend verstärkt. Nicht nur baute er Sepphoris auf halbem Wege zwischen See und Mittelmeer als zweite Residenz mit Palast, Archiven und reichen Häusern prachtvoll aus (Flav.Jos.Ant. 18,27), er war auch der erste Herrscher, der *unmittelbar* für Galiläa (und Peräa) verantwortlich war und dort auch residierte (Flav.Jos.Ant. 18,36–38). Die Steuern flossen daher nicht mehr wie bei den Hasmonäern und Herodes d. Gr. aus Galiläa nach Jerusalem ab, das seit 6 n.Chr. unter eigener römischer Verwaltung durch Präfekte stand, sondern blieben unter der Kontrolle des Antipas, der als Klientelfürst seine eigene Steueradministration im Dienste Roms unterhielt. Nicht von ungefähr ist daher in der Jesustradition immer wieder von Zöllnern die Rede, die als Kollaborateure und Profiteure bei der örtlichen Bevölkerung verhasst waren (Mk 2,13–17parr.).

Aus zahlreichen Befunden von Orten im Binnenland lässt sich ablesen, dass zur Zeit Jesu neben den höfisch gebundenen Eliten offensichtlich auch die lokalen Anführer (Dorf-, Familienoberhäupter) von Handel und Landwirtschaft profitierten und ihren wachsenden Reichtum durch Bauten und deren Ausstattung in hellenistischer Manier dokumentieren wollten. Interessant sind zum Beispiel der flächendeckende Gebrauch von geblasenem Glas oder Feinkeramik und die Wandmalereien in den *domus* von Iotapata oder Gamla. Überhaupt differenzierten sich auch ländliche Siedlungen sozial und ökonomisch stets weiter aus. Dörfer entwickeln sich zu Landstädten (Iotapata, Gamla, Kafarnaum, Khirbet Qana), die ihrerseits als Bindeglied zwischen den Dörfern ihres Umlandes und Städten wie Magdala, Sepphoris oder Tiberias eine wichtige Rolle bei der Dynamisierung des ökonomischen und sozialen Lebens in Galiläa spielten. Interessanterweise nennt Mt 9,1 das jüdisch geprägte, kleinstädtische Kafarnaum als »missionarischen Stützpunkt« der Jesusbewegung. Diese Landstadt lag an einer wichtigen Verkehrsverbindung unweit von Magdala, wies deutlich urbane Elemente auf und war als Zoll- und Grenzstation in das politische und wirtschaftliche Gefüge von Antipas' Fürstentum eingeordnet (Mk 2,14f.parr.). Selbst wenn Jesus Tiberias und Sepphoris wegen deren Nähe zum Hof des Antipas fern geblieben sein sollte, hat er sich dank seines Stützpunktes Kafarnaum der jüdisch-hellenistischen Welt am See nicht entziehen können.

Am Ende des 1. Jh.s v. und in der ersten Hälfte des 1. Jh.s n.Chr. wuchs die Bevölkerung Galiläas. Selbst an den schlechter nutzbaren Randzonen des Kulturlands ließ man sich nieder, sodass Galiläa vor dem Ersten Aufstand die bisher höchste Siedlungsdichte erreichte (LEIBNER 2009). Inwiefern die gewöhnliche Bevölkerung aus Bauern, Handwerkern und Fischern ebenfalls von dieser Dynamik profitieren konnte oder sie nicht eher zur Verarmung weiter Teile der Bevölkerung geführt haben könnte, ist je nach dem zugrundegelegten Modell in der Forschung umstritten. Leider sind bisher nur sehr wenige echte galiläische Dörfer ausgegraben. Et-Tell (Betsaida) nahe des Jordaneinflusses am Nordostufer des Sees Gennesaret ist ein sehr schönes Beispiel sowohl für die Anpassungsfähigkeit dörflicher Siedlungen als auch für die Struktur eines solchen Dorfes. Die Siedlung bestand im frühen 1. Jh. n.Chr. aus einzelnen, lose nebeneinander stehenden Hofhäusern. Et-Tell (Betsaida) und Kafarnaum zeigen zudem, dass auch in Dörfern und kleineren Städten »Gegenstände des gehobenen täglichen Bedarfs« wie Feinkeramik und Glas Einzug hielten. Gleichzeitig demonstrieren neuere sozialhistorisch orientierte Forschungen, wie komplex die Bewohnerschaft selbst auf der Ebene eines Dorfes war: »Bauern« (*peasants*) waren keine homogene Gruppe stets verarmter und unterdrückter *underdogs*. Bereits auf der Dorfebene existierten Unterschiede in Produktion und Vermarktung landwirtschaftlicher Produkte, die sich auch im Wohlstand der Menschen niederschlugen. Subsistenzwirtschaft und Marktorientierung ergänzten sich, was Stadt und Land eng miteinander verknüpfte.

Doch gab es sicher auch Verlierer der sozialen und kulturellen Umwälzungen, die sich seit dem 1. Jh. v.Chr. verstärkt vollzogen. Die lokalen Ressourcen wie verfügbares Land oder Ernteerträge waren nicht in gleichem Maße steigerungsfähig wie die Bevölkerung zunahm, sodass trotz – oder gerade wegen – des Bevölkerungswachstums Menschen immer wieder verarmten und möglicherweise wegen ungünstiger Lebensumstände, zu großer Familien oder Krankheiten in Steuerverzug gerieten, den Besitz verpfändeten oder sich gar in Schuldknechtschaft begeben mussten.

So brach bereits beim Tod des Herodes 4 v.Chr. ein Aufstand aus, dessen Parolen vom Widerstand gegen römische Herrschaft und der alleinigen Treue zu Gott auch noch lange nach dessen Niederschlagung durch den syrischen Legaten Publius Quinctilius Varus Gehör fanden (Flav.Jos.Bell. 2,68; Ant. 17,289). Traditionelle biblische Vorstellungen vom Eigentum am bäuerlich genutzten Land, der Treue zu den väterlichen Gesetzen und von der Freiheit des Gottesvolkes konnten zur Zeit Jesu sicher bei manchen Galiläern wieder abgerufen werden. Andere Gruppen, vor allem in den städtischen Milieus von Sepphoris, Tiberias oder Madgala, profitierten eher vom guten Verhältnis zur Obrigkeit und verweigerten sich dem Aufruhr.

Die galiläische Bevölkerung des 1. Jh.s n.Chr. war somit kein homogener Block, sondern umfasste Gruppen unterschiedlicher wirtschaftlicher Interessen, sozialer Identitäten und dementsprechender Loyalitäten (FIENSY/STRANGE 2014). Dass der weit überwiegende Teil der Galiläer unabhängig von Stand und Reichtum zur Zeit Jesu jüdischen Glaubens war, steht heute in der Forschung fest. Auch dieser Glaube war wiederum kein monolithischer Block, sondern wurde unterschiedlich gelebt und ausgelegt. Die Loyalität zum Jerusalemer Tempel und seiner Priesterschaft, die Beachtung jüdischer *essentials* wie Beschneidung, Sabbat und gewisser fundamentaler Reinheitsvorschriften gehörte sicher zu dem von allen jüdischen Galiläern vertretenen Grundbestand. Nicht nur die Jesustradition, sondern auch die spätere rabbinische Literatur zeigen, dass man über die rechte Auslegung des Gotteswillens auch in Galiläa herzhaft streiten konnte. Manche der in Galiläa vertretenen religionsgesetzlichen Positionen können durchaus dem entsprochen haben, was wir aus Judäa kennen (vgl. die häufige Nennung von Pharisäern in der Jesustradition). Echte Unterschiede zwischen »galiläischer« und »judäischer« Halacha sind jedoch nicht erkennbar. Wie in Judäa, so erwies sich hellenistischer Einfluss auch in Galiläa als Herausforderung zur Besinnung auf eigene Identitäten und Werte, wenn auch die einzelnen Bevölkerungsgruppen unterschiedlich darauf reagierten. Wie auch in Judäa förderte hellenistischer Einfluss durch Bereitstellung neuer architektonischer und dekorativer Möglichkeiten auch in Galiläa die Ausbildung einer viel differenzierteren jüdisch-palästinischen materiellen Kultur. So erlaubte die Verfügbarkeit von wasserdichtem Mörtel etwa den Bau von Mikwen und schuf damit neue Möglichkeiten für die Umsetzung breit diskutierter Reinheitsvorschriften. Die Bauform des griechischen Rathauses (βουλευτήριον) stand Pate für die Entwicklung der frühesten Synagogenarchitektur (Gamla, Magdala).

Zur Zeit Jesu war Galiläa eine dynamische, durch innere und äußere Faktoren in Bewegung begriffene Region. Das besondere Augenmerk der Jesustradition auf die *personae miserae* und die subversive Tendenz der Reich-Gottes-Verkündigung resultieren nicht aus besonders drückender Armut gerade dieser Region, sondern verdanken sich einem Akzent, den Jesus offensichtlich selbst gesetzt und den die Jesustradition entsprechend breit überliefert hat.

FIENSY, David A./STRANGE, James R. (Hg.) 2014/15: Galilee in the Late Second Temple and Mishnaic Periods. Vol. 1: Life, Culture and Society/Vol. 2: The Archaeological Record from Cities, Towns and Villages, Minneapolis.

ZANGENBERG, Jürgen K./SCHRÖTER, Jens (Hg.) 2012: Bauern, Fischer und Propheten. Galiläa zur Zeit Jesu, Zaberns Bildbände zur Archäologie, Darmstadt/Mainz.

ZANGENBERG, Jürgen K. 2013c: Jesus der Galiläer und die Archäologie. Beobachtungen zur Bedeutung der Archäologie für die historische Jesusforschung, MThZ 64, 2013, 123–156.

Jürgen K. Zangenberg

5. Jerusalem und Judäa als Wirkungsraum

5.1. Politische Situation Judäas zur Zeit Jesu

Nachdem Herodes d.Gr. 4. v.Chr. gestorben und Judäa und Samaria, das Kerngebiet seines Reiches, zehn Jahre lang von dessen glücklosen Sohn Archelaus regiert worden waren, wurden diese Gebiete im Jahre 6 n.Chr. der *Provincia Syria* zugeschlagen und – abgesehen vom Intermezzo unter dem jüdischen König Herodes Agrippa I. 37–44 n.Chr. – als eigenständige Verwaltungseinheit *Iudaea* von insgesamt 13 *praefecti* aus dem Ritterstand regiert. Der bekannteste dieser Statthalter war zweifellos Pontius Pilatus (reg. 26–36 n.Chr.).

Mit der Einrichtung dieser neuen Verwaltungseinheit war ein *census* verbunden, der unter der Leitung des syrischen Finanzprokurators durchgeführt wurde (Hintergrund von Lk 2,1 f.). Ziel dieser Maßnahme war die Festlegung der Steuern, die zukünftig an Rom bezahlt werden mussten. Hauptstadt *Iudaea*s und damit Residenz des Statthalters sowie Sitz der Verwaltung war die von Herodes gegründete kosmopolitische Hafenstadt Cäsarea am Meer, in der Juden, Griechen, Syrer und wohl auch einige Römer nicht immer spannungsfrei wohnten. Der Statthalter kam gewöhnlich nur im Ausnahmefall (wie bei großen Pilgerfesten) nach Jerusalem, um Präsenz zu zeigen und die Lage unter Kontrolle zu halten. Ihm zur Seite stand eine Garnison von Hilfstruppen (vielleicht 5.000 Mann, keine Legionen; ECK 2007: 105–155), die für die innere Sicherheit zu sorgen hatten und wegen ihrer Brutalität und Arroganz beim jüdischen Teil der Bevölkerung alles andere als beliebt waren. Aus Apg 10,1 wissen wir z. B. von einer italischen Kohorte. War der Statthalter in Jerusalem, residierte er vermutlich im ehemaligen Herodespalast am Westrand der heutigen Altstadt; die Truppen waren vornehmlich in der Antoniafestung am Nordrand der Tempelplattform einquartiert, um bei Unruhen sofort eingreifen zu können. Wie der Name zeigt, war die Antonia bereits zu Beginn der Herrschaft des Herodes errichtet worden. Sie bestand aus einem, entlang der Nordseite des Heiligtums gebauten, rechteckigen Block von 120×45 m mit je einem 26 m hohen Eckturm (37 m an der Südostecke). Ihr Zweck war der Schutz der verwundbaren Nordseite des Heiligtums (Flav.Jos.Bell. 1,387–390.401; 5,238–246). Den Römern war diese Funktion durchaus bewusst (Tac.hist. 5,12,1 *templum in modum arcis propriique muri*). Im Inneren befand sich ein luxuriöser Palast, den Herodes bis zur Fertigstellung seiner neuen Residenz im Westen der Stadt bewohnte. Nur sehr wenig ist davon erhalten (KÜCHLER 2007: 349–355).

Neben der Antonia in Jerusalem gab es weitere, kleine Militärposten an strategisch wichtigen Punkten im Land wozu vor allem die ehemaligen Herodesfestungen aber auch Straßenkreuzungen gehörten.

Abgesehen von der fruchtbaren Küstenzone und dem daran anschließenden Hügelland im Westen bestand Judäa vor allem aus dem gebirgigen, nach Norden bis auf ca. 800 m ansteigenden Bergland mit dem Zentrum Jerusalem sowie einer semi-ariden bis ariden Zone entlang des Jordangrabens. In dieser »Wüste« (Mk 1,4; ἔρημος) verortet die synoptische Tradition das Auftreten Johannes des Täufers (Mk 1,4–11parr.; Mt 3,1–12par.; vage in Joh 1,19, nach 3,23 tritt der Täufer im samarischen Aenon bei Salim auf) und Jesu Aufenthalt in der Wüste (Mk 1,12 f.parr.; Mt 4,1–11par.). Für beide Erzählungen besitzt die Region theologische Bedeutung als Ort einer erneuerten Landnahme (Josuatradition) bzw. der Gottesbegegnung und Einsamkeit.

Die Bevölkerung *Iudaea*s war alles andere als homogen. Neben den jüdischen, griechisch- und aramäischsprachigen Bewohnern vor allem im judäischen Kernland und als Minderheiten in den Küstenstädten lebten religiös eigenständige, aramäischsprachige Samaritaner im Gebiet des Garizim in Samaria sowie nichtjüdische Gruppen (in den Quellen oft als »Griechen« oder »Syrer« bezeichnet) in den hellenisierten Städten entlang der Küste. »Echte«, lateinischsprachige Römer waren sehr selten. Religiös und kulturell motivierte Spannungen zwischen all diesen Gruppen sowie zum Teil auch untereinander (etwa zwischen »konservativen« und »progressiven« Juden unterschiedlicher Couleur) gehörten zum Alltag.

Generell ließen die Römer die einheimische Bevölkerung nach ihren hergebrachten Traditionen leben, sofern nicht die innere Sicherheit gefährdet war, wozu auch die ungestörte Erhebung von Steuern und Abgaben gehörte. Römischer Gepflogenheit entsprach es, dass Dörfer, Synagogengemeinschaften und Clans ihre internen Angelegenheiten soweit wie möglich selbst regelten. So behielt die priesterliche Elite auch nach der Provinzwerdung einen großen Teil ihrer Rechte (vor allem über den Tempel und die damit verbundenen religiösen und ökonomischen Fragen) und übte beim Volk weiterhin großen Einfluss aus. Wie anderenorts gelangten die römische Verwaltung und die einheimische Elite auch in *Iudaea* trotz aller wechselseitigen Abneigung zu einem erträglichen, von pragmatischen Überlegungen geleiteten *modus vivendi*. Dies verdeutlicht nicht zuletzt die verhängnisvolle Synergie zwischen Hohem Rat und Statthalter bei der Hinrichtung Jesu.

5.2. Judäa und Jerusalem in den Evangelien

Nach den Synoptikern kommt Jesus erst gegen Ende seines Lebens von Galiläa nach Jerusalem. Diese Reise wird bei Markus nur kurz erzählt (Mk 10,1–52): Jesu Route führt ihn zunächst in »das Gebiet von Judäa und von Jenseits-des-Jordan« (i.e. Peräa; Mk 10,1) und dann via Jericho (Mk 10,46; ZANGENBERG 2013a) von Osten unmittelbar an die Vororte von Jerusalem (Mk 11,1). Er umgeht also Samarien und reist durch das Jordantal, was angesichts wiederholter Überfälle von Samaritanern auf galiläische Pilger eine gängige Route war (Lk 9,52 f.; Tac.ann. 12,54; Flav.Jos.Bell. 2,232–247; Ant. 20,118–136). Mt 19,1–20,34 setzt denselben Weg wie Mk voraus, füllt ihn nur mit einigen zusätzlichen Erzählungen auf. Allein Lukas dehnt Jesu Reise mit Material aus Q und Sondergut stark aus und kombiniert die aus Mk übernommene Strecke via Jericho mit Ansätzen einer eigenständigen Samarienroute. Historisch und geographisch plausibel ist diese Kombination kaum. Nach dem JohEv besucht Jesus Jerusalem mehrmals.

In allen vier kanonischen Evangelien besitzt Jerusalem deutliches Gewicht vor allen anderen Orten in Judäa, auch ist Jerusalem als Gegenpol zu Galiläa deutlich theologisch »aufgeladen«. Bereits die Leidensankündigungen (Mk 8,31–33; 9,30–32; 10,32–34parr.) zeichnen Jerusalem als Stadt des Verrats und der Hinrichtung des Messias, aber auch als Ort seiner triumphalen Auferstehung. Galiläa wie auch

Jerusalem sind zugleich Schauplätze der messianischen Lehre in Vollmacht. Der Beschluss Jesus zu töten wird bereits in Galiläa gefasst (Mk 3,6 durch Pharisäer und Herodianer), dann aber in Jerusalem verschärft und unter göttlicher Führung und mit der Zustimmung Jesu umgesetzt (Mk 11,18 durch Hohenpriester und Schriftgelehrte; Mk 14,32–42; δεῖ).

5.3. Orte und Wege Jesu in Jerusalem nach Mk

Nach den Synoptikern näherte sich Jesus dem mit zahlreichen Dörfern dicht aufgesiedelten Stadtgebiet Jerusalems aus dem Osten (Mk 11,1: Betfage und Betanien). Vom auf dem Ölberg gelegenen »Garten Getsemani« (= »Ölkelter«, wohl ein für die Region typischer, mit Ölbäumen und landwirtschaftlichen Installationen bestandenes Landgut: Mk 14,32; χωρίον) wechselt er mehrmals zum am Ostrand der Stadt gelegenen Heiligtum.

Nach dem triumphalen Einzug in die Stadt (Mk 11,1–10; ↗ D.IV.5.1) geht Jesus direkt »in das Heiligtum« (ἱερόν; Mk 11,11). Vom Ölberg im Osten kommend musste Jesus dazu das Kidrontal überqueren, um das Heiligtum durch das einzige dort gelegene monumentale Tor betreten zu können (Shushan-Tor). Dies war sicher nicht der monumentalste Zugang, wohl aber der theologisch bedeutendste: Das Tor lag direkt gegenüber dem Altar und dem Eingang zum Tempel selbst. Durch dieses Tor führte der Hohe Priester am Großen Versöhnungstag den Sündenbock aus dem Heiligtum heraus nach Osten in die Wüste. Die Diktion in Mk 11,11 belegt, dass Jesus den Heiligen Bezirk, nicht aber das Tempelgebäude im engeren Sinne betrat, was ihm als Nichtpriester ohnehin nicht gestattet gewesen wäre.

Das Heiligtum bestand – wie andere große Heiligtümer aus spätrepublikanischer und frühkaiserzeitlicher Zeit (vgl. *Caesareum* in Kyrene oder das *Hercules Victor*-Heiligtum von *Tibur* in Latium) – aus einer riesigen Plattform, die von Säulenhallen umgeben war und in deren Mitte der eigentliche Tempel stand (zum Tempel insgesamt vgl. Flav.Jos.Bell. 5,184–237; Ant. 15,391–402; PATRICH 2009; KOLLMANN 2013: 42–53). Herodes begann den Bau des Heiligtums entweder 23/22 v.Chr. (Flav.Jos.Bell. 1,401) oder 20/19 v.Chr. (Flav.Jos.Ant. 15,380), also zeitgleich mit der ebenso ehrgeizigen Errichtung der Residenz- und Hafenstadt Cäsarea. Der Tempel von Jerusalem war eines der größten Heiligtümer seiner Zeit (Tac.hist. 5,8,1 *immensae opulentiae templum*; vgl. Plin.nat.hist. 5,15,70). Selbst Jesu Jünger waren nach Mk 13,1 f.parr. voll der Bewunderung für dessen Pracht und Größe. Jesus aber sieht dies alles der vollständigen Vernichtung entgegengehen, was später einen Grund für seine Verurteilung darstellen wird (Mk 14,57–59parr.). Mit Blick auf das gegenüberliegende Heiligtum hält Jesus seine apokalyptische Offenbarungsrede (Mk 13,3–37parr.).

Der Tempel war das religiöse, geistige und soziale Zentrum des Judentums in Palästina wie auch der weit verstreuten Diaspora. Sein Kult war Geschenk Gottes an sein Volk, ein kosmisches Ereignis und gab den Menschen die Möglichkeit, ihn zu bitten und ihm zu huldigen. Der König sorgte dafür, dass der Kult auch während der Bauarbeiten nicht unterbrochen werden musste. Nur ausgebildete Priester durften in den kultisch sensiblen Bereichen arbeiten. Im Jahre 9 oder 8 v.Chr. wurde der eigentliche Tempel wieder eingeweiht (Flav.Jos.Ant. 15,423), die Arbeiten am Heiligtum dauerten aber bis kurz vor Ausbruch des Jüdischen Aufstands (Joh 2,20; Flav.Jos.Ant. 20,219). Die endgültige Fertigstellung des Heiligtums bedeutete Massenentlassungen und hohe Arbeitslosigkeit, was die ohnehin angespannte Lage in *Iudaea* und Jerusalem zusätzlich verschärfte.

Das Heiligtum bestand zunächst aus dem Temenos. In seiner letzten, herodianischen Form besaß der Heilige Bezirk mit 485 m an der West- und 460 m an der Ostseite sowie 315 m an der flachen Nord- und 280 m an der steilen und besonders monumentalen Südseite fast die doppelte Größe seines hellenistischen Vorgängers. Das im Norden aus dem Fels geschlagene und im Süden durch riesige, an der »Zinne« im Südosten bis zu 50 m hohe Substruktionen geschaffene Trapez besaß einen Umfang von 1550 m und eine Grundfläche von gut 146.000 m². Die lokal gebrochenen Kalksteinblöcke waren so sorgfältig gearbeitet, dass kein Mörtel notwendig war. Normalerweise maßen sie zwischen 1,0 x 2,0 m und wogen zwischen 5 und 6 t, an statisch wichtiger Stelle wurden jedoch viel größere Blöcke verbaut, die bis zu 12 m lang und 70 t schwer sein konnten. Der größte bisher entdeckte Baustein war 13,6 m lang, 3,5 m hoch, 4,6 m dick und wog 560 t.

Den südlichen Abschluss der Plattform dominierte die »Königliche Halle« (Apg 5,20–42), mit ihrer Länge von 185 m und Höhe von 15 m die seinerzeit größte freistehende Basilika. Sie diente nicht allein der Verschönerung der ohnehin schon dramatischen Südfassade, sondern wurde für Versammlungen, als Marktplatz oder Gerichtsgebäude verwendet und erfüllte so die Funktion des in Jerusalem bis zur Gründung von *Aelia Capitolina* fehlenden zentralen *forums*. Einem ähnlichen Zweck dienten auch die niedrigeren, kaum weniger monumentalen Säulenhallen, die die Plattform an den anderen drei Seiten umschlossen. All diese Hallen öffneten sich nach Innen zum Hof und spendeten Schatten für Besucher, um zu sitzen, zu reden, zuzuhören, zu diskutieren, Handel mit Opfergaben zu treiben oder Geld zu wechseln. Hier könnte die prophetische Austreibung der Händler aus dem Tempel stattgefunden haben (Mk 11,15–19parr.; ↗ D. IV.5.1). Die konstant fließenden Einnahmen durch Tempelsteuer und Pilgerströme machten den Tempel zu einem riesigen Wirtschaftsfaktor für die Stadt (GOODMAN 1999). Die Hallen waren ferner eine ideale Bühne für die zahlreichen Lehrgespräche, die Jesus nach Mk 11,27–13,2parr. wie ein Philosoph umhergehend (περιπατεῖν vgl. Mk 11,27) im ἱερόν mit Hohenpriestern, Schriftgelehrten und Ältesten, dann ab Mk 12,13 mit Pharisäern und Anhängern des Herodes, ab Mk 12,18 auch mit Sadduzäern geführt hat.

Wie die Hallen boten die im Bereich der südlichen Plattform, im Norden, Osten und Westen gelegenen Zugänge gute Gelegenheit, die vielen Menschen zu beobachten, die in den Heiligen Bezirk strömten, um Gebete zu verrichten, private Opfer darzubringen oder Gelübde abzulegen. Neben einer armen Witwe

sieht Jesus auch Angehörige der reichen Oberschicht. Im Unterschied zur demütigen Frau, die aus Barmherzigkeit ihr Letztes hergibt (Mk 12,41–44par.), wollen
die Schriftgelehrten in der Öffentlichkeit gegrüßt werden, tragen lange Gewänder, gieren nach den vorderen Sitzen in der Synagoge und den obersten Plätzen
beim Gelage und bringen arme Witwen um ihre Häuser (Mk 12,37b–40parr.). So
schafft die kompakte Szenerie des Heiligtums eine Bühne für theologische Debatten und kraftvolle Sozialkritik.

Die gewaltige Tempelplattform war nach »Heiligkeitsgraden« zunächst in einen »Vorhof der Heiden« (eine Innovation des Herodes), den »Vorhof der (israelitischen) Frauen« und den »Vorhof der (männlichen) Israeliten« geteilt. Eine
Schranke mit Inschriften warnte Nichtjuden, den ihnen zugemessenen Bereich
nicht zu übertreten (↗ C.III.2).

Wohl im Bereich des heutigen Felsendoms stand, eingeschlossen von einer hohen Umfriedung mit prachtvollen Toren und Kammern zur Aufbewahrung von
Weihegaben, Werkzeugen, Feuerholz und anderen Gerätschaften, der eigentliche
Tempel mit dem östlich davor gelagerten großen Brandopferaltar. Dieser Bereich
war allein für die Priester zugänglich. Nichts davon ist erhalten geblieben, jedoch
geben uns Texte eine recht genaue Vorstellung vom Aussehen dieses Gotteshau-
ses. Der Tempel war nach Osten ausgerichtet. Er gehörte zum syrischen Lang-
haustyp und besaß eine breite und hohe Eingangshalle, gefolgt von einer niedrigeren und schmaleren Haupthalle mit zwei Räumen (das »Heilige« und das »Allerheiligste«, das nur der Hohepriester am Großen Versöhnungstag betreten durfte).

Dieser Tempel war Jahr für Jahr Ziel zahlloser Pilger, die vor allem zur Feier der
großen Wallfahrtsfeste (Passa, Wochenfest und Laubhüttenfest) in die Stadt
strömten. Die Pilger, die durchaus ein Vielfaches der üblichen Einwohnerzahl von
ca. 40.000 Menschen ausmachen konnten, wurden in Privathäusern oder Herber-
gen aufgenommen oder kampierten auf Grundstücken im Umkreis der Stadt. Die
Verbindung all dieser Feste mit den Freiheits- und Heiligkeitstraditionen Israels
machte die große Menge Menschen zu einem nahezu unkontrollierbaren Sicher-
heitsrisiko. Nach Mk 14,1 f.parr. war die Atmosphäre zwei Tage vor dem Passa-
Fest sehr aufgeheizt. Auch Pilatus weilte in der Stadt. Wie Tausende anderer Menschen feiern Jesus und seine Jünger ihr Mahl in einem gemieteten Speisesaal im
ersten Stock eines Stadthauses – liegend auf Polstern, wie es hellenistischer Sitte
entspricht (Lage unbekannt, traditionell auf dem Zion; KÜCHLER 2007: 617 f.).
Aufgrund der starken Überformung des Berichtes durch die christliche Mahltradition und des Fehlens zahlreicher zum Passa gehöriger Elemente, ist die Frage
umstritten, ob und inwieweit es sich bei dem Mahl tatsächlich um ein Passa-Mahl
gehandelt hat. Nach dem Mahl zieht sich Jesus auf den Ölberg zurück.

Nach Verrat und Gefangennahme wird Jesus ins Haus des Hohenpriesters Kajaphas gebracht (Mk 14,26–52parr.), wo sich die Angehörigen der maßgeblichen
Priesterfamilien zur Befragung Jesu und zur Umsetzung des Todesbeschlusses
versammelt haben (Mk 14,54parr.). Der Charakter und die Legitimität dieses
Prozesses vor dem Hohen Rat sind seit jeher umstritten, jedoch sollte man ange-

sichts der starken literarischen Gestaltung der Berichte und der unübersichtlichen Situation am Vorabend des Passa-Festes nicht allzu hohe Maßstäbe an die formale Korrektheit der Prozessführung legen, wie sie etwa später in der Mischna festgelegt ist. Der Bericht Mk 14,53–72parr. impliziert ein großes Haus mit Innenhof, in dem sich einzelne Begleiter Jesu und Gesinde des Hauses um ein Feuer versammeln konnten. Verschiedene derartige Häuser wie die »Palatial Mansion«, das »House of the Columns« oder die »Herodian Mansion« sind in der Oberstadt und auf dem angrenzenden Südhügel des Zionsberges (St. Peter in Gallicantu) zwar archäologisch untersucht worden, keines dieser Gebäude konnte jedoch zweifelsfrei als Haus des Kajaphas identifiziert werden. Immerhin belegen die Grabungen die vielfältigen Bestrebungen der priesterlichen Oberschicht Jerusalems vor 70, ihre jüdische Identität mit dem gehobenen Luxus der hellenistischen Welt zu vereinbaren. Mikwen und Mosaike, Stuck und Steingefäße werden zu faszinierenden Zeugnissen für eine entstehende jüdisch-hellenistische materielle Kultur in Palästina, deren Entwicklung durch den Jüdischen Aufstand jäh unterbrochen wurde (KÜCHLER 2007: 608–613; ZANGENBERG 2013b).

Im Zuge der Befragung Jesu kommt der Hohe Rat zu einem eindeutigen Ergebnis: Jesus wird nach Mk 14,62–64 wegen βλασφημία (motiviert durch die Androhung der Zerstörung des Tempels sowie Jesu Selbstidentifikation mit dem himmlischen Repräsentanten Gottes; vgl. Unterschiede bei den Parallelberichten!) zum Tode verurteilt und von den Umstehenden misshandelt. Da man Verurteilte jedoch offensichtlich nicht mehr aus eigener Autorität hinrichten konnte oder dies angesichts der volatilen Situation in der Stadt ohne Unterstützung des Statthalters nicht riskieren wollte, ließ man Jesus zu Pilatus führen (Mk 15,1). Schauplatz dieses Prozesses ist die Gerichtshalle (αὐλή) im Amtssitz des Statthalters (πραιτώριον Mk 15,16; vgl. Apg 23,35). Traditionell wurde dieser Ort mit dem λιθόστρωτος im Bereich der Antonia im heutigen Kloster der Schwestern von Zion am Nordrand des Heiligtums verbunden, doch nachdem das hadrianische Datum dieses Pflasterbodens zweifelsfrei nachgewiesen wurde, vermutet man den Ort des Prozesses im ehemaligen Herodespalast am Westrand der Stadt, der den Ansprüchen des Pilatus besser gerecht wurde und angesichts der gespannten Lage zu Passa auch sicherer war (KÜCHLER 2007: 381 f.500 f.; GIBSON 2012: 99–125).

Der festungsartig geschützte Palast war erst 23 v.Chr. bezugsfertig geworden (Flav.Jos.Bell. 5,156–183; Ant. 15,318). Er übertraf an Luxus alles, was Herodes bisher gebaut hatte (Flav.Jos.Bell. 1,402), maß ca. 100 x 300 m und besaß riesige, mit Mosaiken ausgestattete Hallen und Gasträume mit 100 Betten, Innenhöfe mit Gärten, Wasserinstallationen und Kolumbarien zur Taubenzucht. All dies schuf eine paradiesgleiche Atmosphäre. Grabungen unter der heutigen Zitadelle und dem Armenischen Patriarchat brachten Reste der massiven Substruktionen des Unterbaus zum Vorschein, die darüber gelegenen Strukturen wurden nach der römischen Eroberung abgetragen.

Pilatus zeigte nach der Jesustradition anfangs offensichtlich wenig Neigung, sich für innerjüdische Angelegenheiten instrumentalisieren zu lassen (Mk 15,1–20a), folgt dann aber angesichts des unberechenbaren Volkswillens seinem Instinkt, Unruhen eher zu vermeiden und die Oberschicht nicht gegen sich aufzubringen. Statt Jesu gibt er Barabbas, einen verurteilten Terroristen (στασιαστής), frei und lässt Jesus zur Hinrichtung abführen. Trotz der Tendenz der Jesustradition, römische Autoritäten von der Schuld an der Hinrichtung freizusprechen und sie den jüdischen Wortführern anzulasten, ist dieses Bild eines römischen Beamten zwischen Konfliktvermeidung und Opportunismus nicht unplausibel. Pilatus besaß als Statthalter alle Rechtsgewalt über einen einfachen Provinzbewohner wie Jesus, dass er aus Galiläa stammte, das durch Antipas verwaltet wurde, spielte dabei keine Rolle. Der Hinrichtungsgrund wird mit Jesu Anspruch, König der Juden zu sein, angegeben – also letztendlich mit Aufrührerei, die Rom stets mit der Höchststrafe geahndet hat. Für gewöhnliche Provinzbewohner bedeutete dies die gefürchtete Kreuzigung. Hatte Pilatus Jesu Reich-Gottes-Botschaft auf diese Weise (miss)verstanden? Der *titulus* macht das Urteil für jeden sichtbar, dem der Todgeweihte auf seinem letzten Weg begegnet.

Die Hinrichtung bestand aus mehreren Akten der Misshandlung, Verspottung und mahnenden Zurschaustellung des Delinquenten (GIBSON 2012: 127–146). Dem Sadismus des Exekutionskommandos aus Hilfstruppensoldaten unter der Führung eines Centurio war dabei keine Grenze gesetzt. Auffällig sind wiederum Elemente, die mit dem »Königtum« Jesu spielen, was sicher nicht nur ein literarischer Zug ist. Nach Mk 15,20b–41 wurde Jesus nun aus der Stadt hinaus zur Hinrichtungsstätte Golgota geführt, sehr wahrscheinlich einem aufgelassenen Steinbruch, in dessen Felskante bereits einige Grabhöhlen getrieben worden waren. Golgota liegt vermutlich nördlich bzw. nordwestlich der Zweiten Mauer (die Dritte Mauer existierte noch nicht) etwa im Gebiet der heutigen Grabeskirche (KÜCHLER 2007: 416–418). Die exakte Stelle ist aufgrund massiver Felsabarbeitungen in römischer Zeit jedoch nicht mehr zu identifizieren.

Die Kreuzigung war nicht nur eine besonders grausame Hinrichtungsart (der Delinquent erstickt an seinem eigenen Körpergewicht), sie galt in der antiken Welt auch als Strafe für Sklaven und ehrlose Verbrecher. Durch die Zurschaustellung des Sterbenden bzw. Toten am Kreuz diente diese Hinrichtungsart auch zur Einschüchterung potentiell unzuverlässiger Provinzbewohner und zur Demonstration der unumschränkten Macht Roms über Leben und Tod.

Anders als viele Gekreuzigte, denen eine Bestattung verweigert wurde, erhielt Jesus ein Begräbnis im Kammergrab des reichen Ratsherren Josef von Arimathäa (↗C.III.1; Mk 15,42–16,8parr.). Nach der Freigabe des Leichnams und seiner Abnahme vom Kreuz wurde er in Tücher gehüllt, zum Grab gebracht und angesichts des nahenden Passa darin rasch auf einer Steinbank niedergelegt. Das Grab verschloss man mit einem Rollstein, wie es vor allem bei Gräbern der Elite wiederholt vorkommt (»Königsgräber«, »Herodesgrab«). Tausende Gräber unterschiedlicher Größe wurden seit dem 19. Jh. in der Nekropole vor allem südlich, östlich und nördlich Jerusalems gefunden (KLONER/ZISSU 2007). Am Tag nach dem Sabbat kamen Frauen aus der Gefolgschaft Jesu mit Duftstoffen und Salben, um die Totenehrung nachzuholen. Dass es dabei nicht um Mumifizierung zur Erhaltung des Leichnams für das Jenseits ging, sondern um dessen ehrende Behandlung, zeigen Texte sowie archäologische Funde (ZANGENBERG 2008; GIBSON 2012: 147–167).

GIBSON, Shimon 2012: Die sieben letzten Tage Jesu. Die archäologischen Tatsachen, München.

KOLLMANN, Bernd 2013: Jerusalem. Geschichte der Heiligen Stadt im Zeitalter Jesu, Darmstadt.

KÜCHLER, Max 2007: Jerusalem. Ein Handbuch und Studienreiseführer zur Heiligen Stadt, OLB IV/2, Göttingen.

PATRICH, Joseph 2009: 538 BCE – 70 CE: The Temple (Beyt Ha-Miqdash) and Its Mount, in: GRABAR, Oleg/KEDAR, Benjamin Z. (Hg.): Where Heaven and Earth Meet. Jerusalem's Sacred Esplanade, Jerusalem/Austin, 36–71.

ZANGENBERG, Jürgen K. 2013b: Jerusalem. Hellenistic and Roman, in: MASTER, Daniel M. u. a. (Hg.): The Oxford Encyclopedia of the Bible and Archaeology. Volume II, Oxford, 23–37.

Jürgen K. Zangenberg

IV. Öffentliches Wirken

1. Der soziale Kontext

1.1. Jesus und Johannes der Täufer

Am Anfang der Geschichte Jesu steht der Täufer Johannes. An dieser Herkunft hat Jesus selbst keinen Zweifel gelassen (vgl. Q 7,31–34; Mk 11,27–33). Die frühchristlichen Quellen von Markus bis zu den Apokryphen spiegeln die Anfangsstellung des Johannes deutlich wider. Die Deutungskarriere des Johannes zeigt dabei eine klare Tendenz: Ist er zunächst der unabhängige Täufer Jesu (Mk), so erkundigt er sich – noch im Zweifel – nach Jesu Sendung (Q), erkennt dann Jesu Überordnung an, zunächst bei der Taufe (Mt), dann bereits im Mutterschoß (Lk), schließlich als Zeuge mit Blick auf die Präexistenz (Joh). Noch bei der Höllenfahrt bereitet er Jesu Weg (EvNik) und wird schließlich ganz zum aszetischen Heiligen, der sich allein von seinem Verhältnis zu Jesus Christus her definiert. Die demütige Weigerung, Jesus zu taufen (Mt 3,14), kann gar ins Gegenteil umschlagen: Jesus tauft Johannes (vgl. *Opus imperfectum in Matthaeum* 4,15 PG 56:658). So bestätigt die Wirkungsgeschichte sein Wort: »Jener muss wachsen, ich aber kleiner werden« (Joh 3,30). Aus dem Vorgänger wurde der Vorläufer.

1.1.1. Quellen und Methoden der Täuferforschung

Die Täuferforschung war seit Reimarus in mancher Hinsicht Vorläufer der Rückfrage nach Jesus. Hier ließen sich sowohl die kühnen Thesen als auch die klassi-

schen Methoden an breitgestreutem, aber überschaubarem Textgut erproben.
Als Quellen dienten alle erzählenden Schriften des Neuen Testaments, die Redenquelle eingeschlossen, sowie die frühchristliche Literatur, zwar meist knapp,
aber insgesamt in überraschender Spanne von den judenchristlichen Evangelien
über das *Protevangelium Jacobi* und den Märtyrer Justin bis zu den pseudoklementinischen und gnostizistischen Schriften. Historisch relevant ist der Bericht
des Josephus, der den Täufer als respektablen hellenistischen Tugendlehrer
zeichnet, dessen Taufritus und Endzeitbotschaft zur Schonung der römischen
Leserschaft nachdrücklich abgeschwächt werden (Ant. 18,116–119). Spätere
Quellen tragen kaum zur historischen Fragestellung bei: Der Koran zeigt sich
vor allem vom frommen Vater Zacharias fasziniert und sieht in Johannes den
gottesfürchtigen Propheten ohne Umkehrritual und Endzeitbotschaft. Aufgereg-
tes Interesse herrschte vor allem im ersten Drittel des 20. Jh.s an der mandä-
ischen Literatur, die den Täufer als maßgeblichen Lehrer und Jesus als dessen
dunklen Konkurrenten schildert. Zwischenzeitlich hat sich solches »Mandäer-
Fieber« gelegt. Auch wenn diese gnosisnahe Religion wahrscheinlich ins syro-
palästinische Täufermilieu zurückreicht, hat sie Johannes, zumindest in der
theologisch aufgeladenen Erzählgestalt, doch erst unter muslimischem Einfluss
»entdeckt«, als sie eines eigenen Propheten bedurfte. Auch der *Slawische Josephus*
– Ergänzungen zum Text des *Bellum Judaicum* – entfachte in der ersten Hälfte
des 20. Jh.s unnötige Aufregung: Der Täufer tritt hier in zwei Fragmenten als as-
zetischer und politisch-rebellischer Wildmensch auf. Das Bild gehört in die Ha-
giographie der byzantinisch-mittelalterlichen Zeit und besitzt keinen Quellenwert für das 1. Jh.

Immer wieder hat die Forschung auch über Quellen aus der »Sekte der Täufer-
jünger« spekuliert (bes. Mk 6,17–29; Lk 1,46–55.68–79; Joh 1,1–18; Sib 4,159–
178), aber die Rekonstruktionen sind methodologisch anfechtbar und die postulierten Gruppen hinter den Texten lassen sich historisch kaum greifen. Bedenkt
man, dass das Urchristentum selbst aus der Täuferbewegung hervorgegangen ist,
wird die prominente Anfangsstellung des Johannes in der frühchristlichen Literatur ebenso verständlich wie dessen »apologetische« Verortung. Nur der traditionsgeschichtliche Kern der pseudoklementinischen Literatur weist auf eine profilierte Religionsgruppe von Johannesverehrern im syrischen Raum, die auch die
in der Tat auffällige Auseinandersetzung des vierten Evangeliums (vgl. z. B. Joh
1,6–8.15.19–28) mit der Gestalt des Johannes erklärbar macht. In dieser – soweit
wir sehen: zeitlich und räumlich begrenzten – Gruppierung wurde Johannes vermutlich als Elija verehrt, der mittels der Taufe das Gottesvolk endzeitlich sammelt. Die Qumranschriften nennen Johannes nicht, obschon es gewisse Schnitt-
felder im Täufermilieu gibt.

So bleiben als Hauptquellen über Johannes den Täufer vor allem die Evangeli-
en, die Apostelgeschichte und Josephus. Man hat die Forschungsverlegenheit angesichts dieses Befunds mit der Herausforderung verglichen, die geschichtliche
Gestalt Jesu aus dem Koran zu destillieren (REUMANN 1972). Aber so aussichtslos

ist die Rückfrage nicht. Gerade weil sich das Frühchristentum als Fortschreibung der Täuferbewegung entwickelt hat, sind geschichtlich tragfähige Traditionen zu erwarten. Wenn die Deutungskarriere des Täufers unter christlichen Vorzeichen stand, erweist sich dies als günstige Bedingung für das Kriterium der Tendenzwidrigkeit: Wo Johannes sich als sperrig oder unabhängig von der Jesustradition erweist, ist ein historischer Bezug triftig anzunehmen (z. B.: der Messias empfängt die Bußtaufe durch Johannes). Auch die anderen in der Jesusforschung bewährten Kriterien leisten hilfreiche Dienste: mehrfache Bezeugung (z. B. Popularität des Johannes und seiner Umkehrtaufe), Kohärenz (z. B. Einbettung in die umfassendere Taufbewegung und Kontinuität zur Taufpraxis im Urchristentum), Beiläufigkeit unverdächtiger Details (z. B. topographische Notizen in Joh). Insgesamt gewinnen wir so einen zwar fragmentarischen, aber plausiblen Gesamteindruck. Variieren wir das Bild Albert Schweitzers: Der historische Johannes macht sich frei vom Block des christologischen Dogmas und kehrt in seine Zeit zurück.

1.1.2. Wirkung, Taufe, Botschaft

Der Täufer Johannes hat eine Bewegung ausgelöst. Breitere Mengen ließen sich von seiner Umkehrtaufe anziehen; sein Auftreten und seine Bedeutung wurden im zeitgenössischen Judentum lebhaft diskutiert (vgl. bes. Mk 1,4 f.; Q 7,24–26; Mt 21,32; Lk 3,15; 7,29 f.; Apg 13,25). Das vierte Evangelium bestätigt diesen Eindruck mittelbar, indem es ihn zurechtzurücken sucht (z. B. Joh 3,26–29; 4,1–3; 10,40–42). Auch wenn die synoptischen Nachrichten im Sinne einer Restauration des Gottesvolks gefärbt sein mögen, steht außer Frage, dass der markante Bußprediger in Judäa, Galiläa und Samarien auf starke Resonanz stieß. Noch Jahrzehnte nach der Hinrichtung des Täufers beriefen sich religiöse Grenzgänger auf ihn (vgl. Apg 18,24–28; 19,1–7). Seine Hinrichtung durch den Tetrarchen Herodes Antipas führte zu nachhaltigen Reaktionen im Volk (vgl. Flav.Jos.Ant. 18,116.119).

Diese Breitenwirkung des Johannes erklärt sich aus jener Umkehrtaufe, die nach ihm und nach der er benannt wurde. Kultische Reinigungen, als solche bereits in der Tora vorgesehen, wurden in hellenistischer Zeit ausgeweitet und volkstümlich. Das urbane Kultzentrum rückte für die zumal im syrisch-palästinischen Milieu nachweisbaren Taufbewegungen perspektivisch an den Rand, während die sakrale Reinheit, oft in zurückgezogenem Lebensstil, einen zentralen Platz gewann, ohne dass der offizielle Opferkult deshalb konzeptionell verworfen werden musste. Die Qumranschriften bezeugen eine solche vom dominierenden Religionstypus abweichende Frömmigkeit ebenso wie im 1. Jh. die Vierte Sibylle oder jener Eremit Bannus, der von den Hervorbringungen der Wüste lebte und sich ständig Kaltwaschungen unterzog. Wenn Josephus als suchender junger Mann drei Jahre lang bei ihm »in die Lehre« gegangen sein will (vgl. Flav.Jos.Vit. 11 f.), belegt dies die Popularität dieses Frömmigkeitsstils.

Johannes setzte ihn voraus, spitzte ihn aber radikal zu (Q 3,7–9.16 f.). Er vereinfachte den sakralen Tauchakt, befreite ihn von elitären Umzäunungen, entwickelte ihn zum einmalig gespendeten Realsymbol der alles entscheidenden Heilskehre und machte ihn als offenkundig begabter Kommunikator durch seine Predigt volkstümlich. Dieser performative Akt, zumal im beziehungsreichen Jordanwasser, vermittelte die Verschonung vom Feuergericht und sammelte die Getauften als heiligen Rest zum endzeitlichen Geistempfang. Über das Ritual dieser Taufe ist in jüngerer Zeit viel spekuliert worden. Es wird sich von der frühesten christlichen Immersionstaufe kaum unterschieden haben, denn die Jesusbewegung setzte – jetzt im Zeichen der Parusieerwartung – fort, was unter Jesu Erfüllungsanspruch nur wenige Jahre unterbrochen worden war. Anders als die christliche Taufe war die Johannestaufe allerdings kein Initiationsritus: Die Getauften kehrten in ihre Lebenswelt zurück, in der sie »Früchte« bringen sollten, die ihrer Umkehr zum Gott Israels entsprachen. Dies wird in einem entschiedenen toragemäßen Wandel zum Ausdruck gekommen sein, vielleicht auch manches vorweggenommen haben, was künftig die jesuanische und christliche Ethik bestimmen sollte (Q 3,8; vgl. Lk 3,10–14). Der hauptstädtische Tempelkult war damit nicht grundsätzlich entwertet, rückte aber vom religiösen Zentrum an die Peripherie. Das Zentrum bot der »marginale Kult« der Johannestaufe. Insofern weder theologisches Herkommen noch ethnische Zugehörigkeit über den Heilsempfang entschied, sondern die bewusste Entscheidung des einzelnen Umkehrwilligen, steht der Täufer für eine folgenreiche ethische Individualisierung. Auffällig erscheint, mit welcher Entschlossenheit er, ungeachtet seiner radikalen Theozentrik, die Taufe als soteriologisches Ereignis an die eigene Person und Botschaft band und sich faktisch als maßgeblicher Heilsmittler Israels gebärdete. So bereitete er jener Bindung zwischen endzeitlicher Proklamation und eigenem Wirken den Weg, die – auf andere Weise – für Jesu Botschaft von der Königsherrschaft Gottes kennzeichnend werden sollte.

Die Gerichtsansage des Johannes wirkt, soweit es die knappen Mitteilungen, vor allem in der Redenquelle, erkennen lassen, apokalyptisch-drängend: Israel wird allein auf das unmittelbare Verhältnis zu seinem Gott geworfen. Die Vergangenheit verbürgt kein Heil, die Zukunft keine Kontinuität, die Gegenwart steht im Zeichen des unmittelbar bevorstehenden feurigen Zorngerichts: Schon liegt die Axt an der Wurzel der Bäume. Neben dem Feuer als dem Element des göttlichen Strafgerichts hat man beim *pneûma* an den apokalyptischen Sturm gedacht, aber es scheint plausibler, es mit der frühesten christlichen Tradition auf die – freilich ebenfalls überwältigende – Endzeitgabe des Gottesgeistes zu beziehen. Eine Strafbotschaft ohne Hoffnungsaspekt ließe die Attraktivität der Täuferbotschaft ebenso wenig verstehen wie ihre Deutungskarriere in dem christlichen Motiv der Geisttaufe. Das Wirken des Täufers zielt auf die Sammlung des heiligen Restes Israels. Den Getauften also, die dem Feuergericht entgehen, wird die Heilsgabe des Gottesgeistes zugesagt.

Es wird kontrovers darüber diskutiert, wer der Kommende sei, den der Täufer ansagt (Mk 1,7 f.; Q 3,16 f.). Man erörtert eine Reihe von endzeitlichen Mittlergestalten, besonders den Menschensohn. Mustern wir alle Gestalten, auf die die motivliche und metaphorische Kennzeichnung durch den Täufer zutreffen kann, so erfüllt am ehesten JHWH selbst die Erwartung des himmlischen Feuerrichters. Tatsächlich bleibt in der höchstgespannten Naherwartung kein Platz für eine weitere *persona dramatis*. Jes 40,3 (vgl. Mk 1,3), etwas wie ein Slogan der Täuferbewegung (vgl. 1QS 8,12–14), ist denn auch ursprünglich eine Ansage über das Kommen Gottes. Ist Maleachi das »Rollenbuch« des Täufers (s. 1.1.3), so ist der »große und furchtbare Tag« des Feuergerichts der Tag des göttlichen Richters selbst. Es sollte das Urchristentum einige Deutungsmühe kosten, bis diese Erwartung christologisch interpretiert werden konnte.

1.1.3. Fragmente einer Biographie

Nach Lk 1,5–80 wurde Johannes unter Herodes d.Ä. (reg. 37–4 v.Chr.) als Sohn des Priesters Zacharias und seiner Frau Elisabeth geboren und war mit Jesus verwandt. Es ist nicht auszuschließen, dass diesen Nachrichten mündliche Überlieferung zugrundeliegt, aber im Ganzen nimmt Lukas hier in dem für ihn kennzeichnenden »malerischen« Stil eine heilsgeschichtliche Deutung vor, wie denn sein Vorevangelium insgesamt der biblischen Rückbindung der Christus-Botschaft dient: Der ganz »alttestamentlich« stilisierte Priestersohn verortet den Messias in der ehrwürdigen Ahnengemeinschaft Israels.

Historisch tragfähigen Grund betreten wir mit dem öffentlichen Wirken des Täufers. Nach Lk 3,1 f. ist Johannes um 28 n.Chr. aufgetreten. Da er vor Jesus gestorben ist, haben wir mit einer kurzen, aber aufwühlenden Wirksamkeit zu rechnen, am ehesten 28/29 n.Chr. Johannes zog an den Ufern im unteren Jordantal entlang und hat vermutlich auch in Samarien gewirkt (vgl. Joh 3,23). Einöde und Jordan als Bühne sowie die nomadische Kleidung und Nahrung (vgl. Mk 1,4–6) dienten der symbolischen Verkörperung eines ganz von JHWH abhängigen Lebens, das mit der Exodus- und Elijatradition (vgl. 2Kön 1,8) assoziiert werden konnte. Das Selbstbild, das Johannes beanspruchte, war das des Verkündigungspropheten, und zwar des endzeitlichen, wie dies etwa in Jesu Einschätzung »mehr als ein Prophet« zum Ausdruck kommt (vgl. Q 7,24–28). An die Prophetenüberlieferung Israels erinnerten auch die Wüste als Ort der besonderen Gottesnähe, Umkehr- und Gerichtsbotschaft, der Lebensstil mit einer Gruppe von Prophetenjüngern, die kritische Ferne zum Jerusalemer Establishment, der Konflikt mit dem Herrscher. Die Prophetentypologie bestimmte die Wahrnehmung des Täufers vom mk. Martyriumsbericht bis hin zur stilisierten Biographie des lk. Vorevangeliums.

Am Jordan war Elija in den Himmel gefahren (vgl. 2Kön 2,1–14); in Johannes kehrte er gewissermaßen zurück. Vermutlich wurde diese »Wiederkunft« weniger als personale Identität gedacht denn als funktionale Verkörperung eines biblischen Rollenmusters (vgl. Lk 1,16 f.). Wie (Deutero-)Jesaja den Verstehenskontext der Basileia-Botschaft Jesu bilden sollte, so formte sich die Identität des Täufers nach dem Buch Maleachi auf das Rollenmodell des *Elias redivivus* hin, der – mittels des Umkehrinstruments der Taufe – das Volk vor Gottes Zorngericht sammelt (vgl. Mk 1,2; Q 7,27; Mal 3,1 mit Ex 23,20): Elija bereitet JHWH den Weg (vgl. bes. Mal 3,1–3.23 f.; ferner Sir 48,10; Lk 1,76 f.). Erst allmählich eröffnete sich für die christliche Täuferdeutung die Perspektive, in *Elias redivivus* den Vorläufer des Messias zu sehen (vgl. Mk 9,11–13/Mt 17,10–13; anders Joh 1,21).

Das sicherste historische Einzeldatum im Leben des Johannes ist seine Hinrichtung. Berücksichtigt man die konzeptionellen Unterschiede, so ist die volkstümliche Tradition des Markus (Mk 6,17–29) mit der politischen Schilderung des Josephus (Ant. 18,109–119) durchaus vereinbar: Als Herodes Antipas (reg. 4 v.Chr.–39 n.Chr.) seine Verwandte Herodias ehelichte, floh die bisherige Gattin zu ihrem Vater, dem Nabatäerkönig Aretas IV. Die von Markus herausgestellte Kritik des Täufers an der Heiratspraxis des Tetrarchen, zumal im Grenzland zum Nabatäerreich, war also ein heikles Politikum. Dies erklärt, warum die militärische Niederlage des Antipas gegen Aretas (um 36 n.Chr.) noch Jahre nach dem Geschehen vom Volk als Strafe für die Hinrichtung des einflussreichen Volkspredigers gedeutet wurde. Johannes wurde auf der Festung Machärus in Peräa, wahrscheinlich durch Enthauptung, hingerichtet. Markus bietet eine bunte Hofszenerie von Eros und Kabale, die auf Volksgerüchte zurückgehen mag, aber theologisch durchdrungen ist: Johannes erleidet ein biblisches Geschick und wird auch darin zum Vorläufer des Messias.

1.1.4. Johannes und Jesus

Jesus stand auf der Seite des Täufers, aber ob der Täufer Jesus gekannt hat, ist fraglich. Als sicher kann gelten, dass Jesus sich vor seinem eigenen öffentlichen Wirken der Bußbewegung anschloss, indem er sich von Johannes im Jordan taufen ließ (Mk 1,9–11). Wahrscheinlich hat es Jesu eigene Entwicklung maßgeblich geprägt, als er in diese entschiedene und wohl auch beeindruckende Umkehrbewegung seiner Zeitgenossen zum Gott Israels eintrat. Auch wenn Jesu werbender Lebensstil später von der strengen Gerichtsvorbereitung des Täufers abwich und vielmehr vom Motiv hochzeitlicher Erfüllung geprägt war (vgl. bes. Mk 2,18 f.; Q 7,31–35), wurde Jesus in der Öffentlichkeit als »Nachfolger« des Jordanpropheten wahrgenommen (z.B. Mk 6,14–16; 8,28; vgl. Mk 1,14 f.). Er hat eigene Jünger im Täufermilieu rekrutiert (vgl. Joh 1,35–51) und die frühe Jesusbewegung hat, namentlich im Bereich der Tauf-, Gebets- und Fastenpraxis, Kontinuitäten zur Täuferbewegung gepflegt (vgl. z.B. Mk 2,20; Lk 11,1). Das rätselhafte Wort des joh. Jesus, dass »Andere« die Felder zur Ernte bereitet hätten (Joh 4,35–38), dürfte sich auf die täuferische Samarienmission beziehen, an die die Jesusbewegung später anknüpfen konnte.

Diese Kontinuität hat auch eine theologische Seite. Johannes hat Jesu Gottes-und Menschenbild nachhaltig inspiriert. Die Ausrufung der Gottesherrschaft trieb die Umkehrpredigt des Täufers voran: Jesu Botschaft von der Basileia *war* die Täuferbotschaft – mit dem Anspruch der Erfüllung, unter dem theozentrischen Primat der Gnade und im dramatischen Wechsel zum Heilswirken Jesu. Dennoch wird es dem Verhältnis der beiden Propheten nicht gerecht, stellt man, wie es oft geschieht, den Frohbotschafter Jesus in den Schwarzweißkontrast zum Drohbotschafter Johannes. Eher mag man von einer soteriologischen Rochade sprechen: Für Johannes ist das Gericht die erste Aussicht und die Verschonung die geschenkte Ausnahme; für Jesus ist das Heil das zuerst Geschenkte und das Gericht die letzte Aussicht für die, die es verweigern.

Setzte Jesu Proklamation der Gottesherrschaft also die Gerichtsbotschaft des Johannes voraus, so wurzelte sie gleichwohl nicht in dieser, sondern in Jesu ureigener Erfahrung vom entgegenkommenden *Abba*. Der wesentliche Unterschied zur täuferischen Endzeitansage lag darin, dass Jesus selbst überhaupt noch auftrat: Nicht als Feuerrichter im Zeichen des Zornes war Gott nahe, sondern als barmherziger Vater im Zeichen der Zuneigung. Nicht die Axt an der Wurzel des Baumes bestimmte nunmehr die Zeitwahrnehmung, sondern die Vegetationsmetaphorik im geschenkten Rhythmus des Erntejahrs. Wenn also Jesu Botschaft auch nicht logisch aus der des Täufers ableitbar ist, so ist sie es doch im Modus der prophetisch-dramatischen Wende. Gerade weil das Volk Israel nicht umkehrt, weil es von sich aus gerechterweise nichts mehr zu hoffen hat, ist es Israels Gott, der sich umwendet und statt des verdienten Zornes die Zeit der überraschenden Gnade anbrechen lässt (vgl. z.B. Jer 31,31–34). Diese dramatische Wende gegenüber der Täuferbotschaft (die nicht mit einer konzeptionellen Abwendung verwechselt werden darf) wurde am Anfang des Wirkens Jesu in der Basileia-Verkündigung greifbar. Jesus selbst hat sie am Ende seines Wirkens noch einmal aufgegriffen, als er angesichts der Verweigerung Jerusalems »trotz allem« bei seinem letzten Mahl abermals Gottes unerwartbare Zuwendung ansagte. Diesen Bezug hat Matthäus sensibel wahrgenommen, als er die Bestimmung der Johannestaufe »zur Vergebung der Sünden« in Jesu deutendes Todeswort verpflanzt hat (Mt 26,28).

Bis zuletzt hat sich Jesus auf die »Vollmacht« jener Taufbewegung berufen, in deren Linie nunmehr er selbst im Jerusalemer Tempel Israels Umkehr forderte (vgl. Mk 11,27–33). Ein Bruch zwischen Jesus und Johannes oder eine Phase Jesu als Prophetenjünger oder Taufassistent wird nirgends, auch nicht in einem frühen apologetischen oder polemischen Kontext, direkt sichtbar. Ob solche Hypothesen erklärungsbedürftige Texte oder Tatbestände erschließen oder als unökonomische Hilfsannahmen auszuscheiden sind, ist umstritten. Der einzige persönliche Kontakt, der früh überliefert ist und mitunter als historische Erinnerung gewertet wird, ist die – freilich apokryph anmutende – Szene einer indirekten Befragung Jesu durch Jünger des Johannes: »Bist du es, der kommen soll, oder sollen wir auf einen anderen warten?« (Q 7,18 f.). Die Voraussetzungen zu dieser Frage sucht

man in der Täuferbotschaft vom himmlischen Feuerrichter vergeblich und Jesu
Antwort, die statt auf Dämonenaustreibung auf Totenerweckung verweist (Q
7,22 f.), wirkt christologisch durchtränkt. Nicht ein letztes Wort des Täufers klingt
hier an, sondern der erste, noch tastende Versuch, die Täuferfigur in die Jesustradition – genauer: die Jesusgestalt in die Täuferbotschaft – zu integrieren. Die Figur des Johannes, der Jesus kennt, sich zu ihm bekennt, sein Wegbereiter, Zeuge,
erster Glaubender und kirchlicher Heiliger wird, spiegelt die christologische Er-
innerungsstrategie wider: Der jüdische Täufer dient der Selbstvergewisserung des
Christentums angesichts seiner Ursprünge. In religionsgeschichtlicher Hinsicht
freilich wirkt der theologische Eindruck stimmig: Johannes der Täufer ist der
(sehr dramatische) »Anfang des Evangeliums«.

BACKHAUS, Knut 2011: Echoes from the Wilderness: The Historical John the Baptist, in:
    HOLMÉN, Tom/PORTER, Stanley E. (Hg.): Handbook for the Study of the Historical Jesus,
    Vol. II: The Study of Jesus, Leiden/Boston, 1747–1785.
BECKER, Jürgen 1972: Johannes der Täufer und Jesus von Nazareth, BSt 63, Neukirchen-Vluyn.
ERNST, Josef 1989: Johannes der Täufer. Interpretation – Geschichte – Wirkungsgeschichte,
    BZNW 53, Berlin.
MÜLLER, Ulrich B. 2002: Johannes der Täufer. Jüdischer Prophet und Wegbereiter Jesu, Bibli-
    sche Gestalten 6, Leipzig.
WEBB, Robert L. 1991: John the Baptizer and Prophet. A Socio-Historical Study, JSNT.S 62,
    Sheffield.

Knut Backhaus

1.2. Jesus im politischen und sozialen Umfeld seiner Zeit

Erörterungen zum politisch-sozialen Umfeld Jesu können ganz verschiedene
Formen annehmen. In Untersuchungen antiker oder moderner Gesellschaften
kann die Kategorie des »Politischen« vom Regierungshandeln der herrschenden
Elite über das Verständnis von Rasse, Klasse und Gender bis hin zu Steuerfragen
reichen. Die Schwierigkeit besteht darin, dass alles in gewisser Weise politisch
(und sozial) ist, was umgekehrt bedeutet, dass jeder Versuch der Kategorisierung
unvermeidlich Dinge ausschließt, die unter anderem Blickwinkel vielleicht von
Belang wären. Im Folgenden kann es also lediglich um einen allgemeinen Überblick gehen, der sich allerdings an einigen zentralen Fragen der Jesusforschung
und deren Entwicklung orientieren wird. Tatsächlich hat sich die Forschung in
dieser Hinsicht üblicherweise (wenn auch nicht immer) mit der Haltung Jesu zu
imperialer Macht, Revolution und Autorität befasst. Diese Perspektive kann bis
zu Hermann Samuel Reimarus und noch weiter zurückverfolgt werden. Eine der
bekanntesten Darstellungen Jesu als zelotischer Revolutionär stammt allerdings
aus den 1960er Jahren von S. G. F. Brandon (BRANDON 1967) und ist damals nicht
ohne den Widerspruch namhafter Forscherkollegen geblieben (CULLMANN 1970;
HENGEL 1970; BAMMEL/MOULE 1984). Unter dem Einfluss marxistischer und
postkolonialer Ansätze und aufgrund eines gesteigerten Interesses an den sozi-

alen, ökonomischen und politischen Bedingungen im Lebensumfeld Jesu ist die Frage des Verhältnisses Jesu zu Rom, zur herodianischen Dynastie bzw. zum »Imperialismus« im Allgemeinen bis in die Gegenwart ein wichtiges Thema der Forschung (neben vielen anderen z. B. HORSLEY 1987; CROSSAN 1991; STEGEMANN/ STEGEMANN 1995; HERZOG 2005). Im Zusammenhang damit steht seit den 1970er Jahren ein wachsendes Interesse an Fragen aus dem Bereich von Gender und Identitätspolitik, deren Fokus sich, grob gesagt, nicht mehr nur auf die Haltung Jesu gegenüber Frauen richtet, sondern mehr und mehr auf das Verständnis von Genderkonstruktionen im lokalen Kontext Galiläas und im größeren Kontext imperialer Vorstellungen der Zeit (MOXNES 2003; MARTIN 2006: 94–98; LEDONNE 2013; CROSSLEY 2015: 134–162).

Während das Bild eines eher »pazifistischen« Jesu in der gegenwärtigen Forschung weit verbreitet ist, hat es auch immer wieder Darstellungen gegeben, die der von Brandon ähneln, und zwar in unterschiedlicher Form bei Fernando Bermejo-Rubio oder Dale Martin, der die Auffassung vertritt, dass die Anhänger Jesu bewaffnet gewesen seien und übernatürliche Hilfe für den Angriff auf die Römer und deren Klientelherrscher erwartet hätten (BERMEJO-RUBIO 2014; MARTIN 2014; vgl. OAKMAN 2012). Eine umfassende Bewertung solcher Ansätze ist nicht leicht, weil sie vielfach mit problematischen Annahmen hinsichtlich der Historizität und Beschaffenheit der verfügbaren Quellen verbunden sind. Vorstellbar ist, dass den ersten »Christen« daran gelegen war, das Bild eines gewalttätigen revolutionären Jesu zu unterdrücken, was aber nicht heißen muss, dass sie dies auch tatsächlich getan haben. Möglich ist auch, dass der historische Jesus das Tragen eines Schwertes hinnehmen oder in naher Zukunft göttliche Vergeltung erwarten konnte, während er zugleich darüber sprach, die andere Wange hinzuhalten. Viele Hypothesen hängen an der Historizität einer verhältnismäßig geringen Anzahl von Textstellen, was es schwierig macht, sie zu verifizieren. Solange man allerdings die Schwierigkeiten im Blick behält, die sich bei dem Versuch ergeben, Jesus mit ganz bestimmten Positionen in Verbindung zu bringen, lassen sich zumindest einige grobe Angaben zur Haltung Jesu in einigen klassischen Fragen machen, die in der Forschung diskutiert werden.

Es ist bekannt, dass das Wirken Jesu in die Zeit der Herrschaft des Herodes Antipas in Galiläa fiel und dass die Evangelien eine gewisse Feindseligkeit zwischen den beiden nahelegen (z. B. Mk 3,6; 8,15; 12,13; Lk 13,31–33; 23,11; vgl. Lk 3,19 f.). Bekannt ist außerdem, dass zur selben Zeit Kajaphas Hoherpriester in Jerusalem war und Pilatus römischer Statthalter. Im Blick auf die Schwierigkeiten, die mit der Historizität des Prozesses gegen Jesus zusammenhängen, ist das tatsächliche Ausmaß des Kontaktes zwischen Jesus und diesen beiden Schlüsselfiguren nicht leicht zu bestimmen. Abgesehen davon scheint die Andeutung, dass Jesus als Bandit hingerichtet wurde (z. B. Mk 15), auf eine potentiell unbequeme Erinnerung hinzuweisen, allerdings eine, die nicht weiter überrascht, wenn man bedenkt, dass Rom und seine Klientelherrscher Anführer diverser Bewegungen (wie z. B. Johannes den Täufer) unabhängig davon hinrichten ließen, ob sie eine gewalttätige Bedrohung darstellten oder nicht (Flav.Jos.Ant. 18,116–119; 20,97–99). Mit Sicherheit lässt sich sagen, dass Jesus als neuer »politischer« Anführer *wahrgenommen* wurde und dass sein Tod, wie wir sehen werden, eng mit solchen Wahrnehmungen verbunden war.

Für die allgemeinere Betrachtung dieser Dinge in der Evangelientradition lohnt es sich, einige übergreifende sozio-politische Entwicklungen ins Auge zu fassen, aus denen sich diese Themen ergaben. Zu der Zeit, in der die Jesustradition entstand, erlebte das herodianische Galiläa den (Wieder-)Aufbau der städtischen Zentren Tiberias und Sepphoris, was beträchtliche sozio-ökonomische Folgen hatte. In Judäa war der Jerusalemer Tempel zu einem ähnlich umfangreichen Bauprojekt geworden. Urbanisierungen dieser Art gelten als eine Ursache für das (verhältnismäßig seltene) Phänomen ländlicher Unruhen und das Auftauchen millenaristischer Gruppierungen in agrarisch geprägten Gebieten, die unter verschiedensten Vorzeichen, reaktionären wie revolutionären, zu Veränderungen aufriefen (CROSSLEY 2015: 23). Für die Bauvorhaben mussten Arbeitskräfte und Material beschafft werden und die Bevölkerung musste Umsiedlungen in Kauf nehmen, was die Beschreibung der Erbauung von Tiberias bei Josephus gut erkennen lässt (Ant. 18,36–38). Für das Verständnis der Zeit, die prophetische und millenaristische Figuren wie Theudas und Johannes den Täufer hervorgebracht hat, dürfte auch die Revolte gegen die römische Herrschaft in den Jahren 66 bis 70 n.Chr. von Bedeutung sein, in deren Zusammenhang von Gewaltausbrüchen berichtet wird, die in Sepphoris und Tiberias niedergeschlagen wurden (Vit. 30.39.66–68.99.374–384). Das Aufkommen der Jesusbewegung ist in diesen größeren Kontext sozialer Unruhen und Umbrüche einzuordnen.

Einige Einschränkungen sind dabei freilich angebracht. Der Fokus soll hier auf den sozialen Auswirkungen der Urbanisierungsprojekte liegen, und zwar unabhängig davon, ob im Bewusstsein der Bevölkerung diese Entwicklungen für die sich ändernden Lebensbedingungen verantwortlich waren. Die wichtige Arbeit von Morten Hørning Jensen zur Archäologie in Galiläa, der konfliktorientierte Zugänge zum Lebensumfeld Jesu in Galiläa infrage gestellt und darauf aufmerksam gemacht hat, dass die Belege für eine prosperierende herodianische Wirtschaft überwiegen (JENSEN 2006), hat zudem gezeigt, dass soziale Unruhen durchaus nicht einfach nur das Resultat eines eindeutigen Niedergangs des allgemeinen Lebensstandards sein müssen. Entscheidend ist vielmehr, wie bestimmte Veränderungen von der Bevölkerung wahrgenommen wurden. Tatsächlich war die Situation in Galiläa wohl ein wesentlich komplexeres Gemisch ganz unterschiedlicher Interessen (vgl. Flav.Jos.Ant. 18,36–38). Für die sachgerechte Anwendung eines konfliktorientieren Modells sollte der Fokus auf lokal eingrenzbarem Wandel liegen, dessen *Wahrnehmung* womöglich nicht in allen Teilen der Bevölkerung positiv war (CROSSLEY 2015: 23–27). Über den Lebensstandard, das Ausmaß von Unruhen, die Anwendung physischer Gewalt oder die »Unterdrückung« der Bevölkerung lassen sich keine gesicherten Aussagen treffen. Festzuhalten ist allerdings, dass es in der Zeit, als Jesus in Galiläa aufwuchs, tatsächlich dramatische Umwälzungen gab, die wohl auch Umsiedlungen und Vertreibungen einschlossen.

Eine besonders deutliche Verbindung zwischen den sozialen Veränderungen in Galiläa und dem historischen Jesus zeigt sich an dessen millenaristischer Haltung oder, etwas konventioneller ausgedrückt, an seiner eschatologischen Vorstellung von der Gottesherrschaft. Das Kernargument von Albert Schweitzer und Johannes Weiß, dass Jesus ein eschatologischer Prophet gewesen sei, besitzt nach wie vor Überzeugungskraft (FREY 2006; CASEY 2010: 212–226; ALLISON 2010: 31–220). Die Erwartung eines kommenden Gottesreichs, einer Herrschaft Gottes auf Erden, impliziert natürlich das Ende der römischen Herrschaft, zumindest in Israel. Bei Josephus erhält man eine Vorstellung, wie die Vision von Macht und Königsherrschaft aus dem Danielbuch im 1. Jh. verstanden und wiedergegeben worden sein könnte, einschließlich des Endes der römischen Herrschaft (Flav.Jos. Ant. 10,209 f.268.272–277). Dieses Interesse an der Zukunft und der Zukunft Roms hat jedoch die Idee eines »gegenwärtigen« Gottesreichs in der ältesten Überlieferung nicht verdrängen können, obwohl eine solche Vorstellung inkompatibel mit millenaristischem Denken ist. Das präsentische Verständnis des Gottesreichs ergänzt dort einfach das futurische (z. B. Mk 4,26–32; vgl. Dan 4,31–34). Die Idee eines »gegenwärtigen« Gottesreichs beeinflusst natürlich ebenfalls die Einschätzung, wer wirklich als der allumfassende Herrscher zu betrachten ist. Für Leser im 1. Jh. dürfte das Danielbuch klare Hinweise zur Beurteilung der Lage der römischen Herrschaft enthalten haben (Dan 2,44). Daniels Perspektive ist zwar auf die künftige Gottesherrschaft ausgerichtet, die Annahme für die Gegenwart aber lautet, dass sogar Nebukadnezzar die Macht Gottes anerkennen muss (Dan 4,31).

Die Idee des Gottesreiches ist allerdings selbst imperialer Ideologie verpflichtet. In der aktuellen Forschung zum historischen Jesus spielt es eine weniger prominente Rolle, dass eine Art theokratischer Imperialismus bereits Teil der frühesten Jesustradition ist. Am deutlichsten zeigt sich dies in der Terminologie, die mit βασιλεία/מלכות typischerweise Gottes Herrschaft oder Königtum beschreibt wie auch deren eher räumliche Dimension, d. h. Gottes Herrschaftsgebiet und Regentschaft über alle Menschen, was die Möglichkeit eines davidischen Königs einschließt (vgl. 1Chr 28,5). Die Sprache, mit der von Gottes Königreich auf Erden gesprochen wird, ist wie im Falle antiker Königsherrschaft im Allgemeinen imperial und theokratisch geprägt und territorial bezogen, all dies sind also vertraute Ideen innerhalb der antiken Welt (vgl. Ob 19–21; Sach 14,9; Ps 47,2 f.; Dan 7,27). Eine der Stellen aus den Evangelien, die die Herrschaft im Gottesreich besonders explizit thematisiert, ist Lk 22,29 f./Mt 19,28. Die dort gemachten Aussagen werden von Lukas und Matthäus in unterschiedlicher Weise entfaltet, aber das Motiv von den Anhängern Jesu, die auf Thronen sitzen und die zwölf Stämme Israels richten werden, ist beiden gemeinsam und kann recht gut auf frühere Entwicklungsstadien zurückgeführt werden. Die Vorstellung vom Richten der zwölf Stämme Israels beispielsweise betrifft offenbar nur Israel in der Endzeit, was ei-

nen Entstehungskontext in der frühesten palästinischen Jesusüberlieferung nahelegt, in der Nichtjuden noch keine große Rolle spielten (vgl. Mk 11,10). Vieles
von der imperial geprägten Terminologie in der Evangelientradition reproduziert
geläufige Begriffe von Herrschaft und Autorität und tritt damit eher weniger für
eine Welt ein, die imperiale Herrschaft beseitigen will. Diese Denkrichtung lässt
sich auch in anderen Aussagen zum Gottesreich erkennen. In Mt 16,19 etwa, einer Aussage Jesu, die wahrscheinlich nicht authentisch ist, verspricht Jesus dem
Petrus »die Schlüssel des Himmelreichs.« Und weiter: »Was du auf Erden binden
wirst, das wird auch im Himmel gebunden sein, und was du auf Erden lösen
wirst, das wird auch im Himmel gelöst sein.« Auf ähnliche Weise bietet Lk 22,29 f.
eine aufschlussreiche Ergänzung zu dem Spruch über die zwölf Stämme: »Darum
vermache ich euch das Reich, wie es mein Vater mir vermacht hat: Ihr sollt in
meinem Reich mit mir an meinem Tisch essen und trinken, und ihr sollt auf
Thronen sitzen und die zwölf Stämme Israels richten.« Auch hier lässt sich die
Vorstellung, dass das Gottesreich von Menschen in Besitz genommen oder verwaltet wird, als lk. Redaktion deuten, aber diese Gedanken sind auch in den
Aussagen über die gegenwärtig wachsende Gottesherrschaft enthalten (z. B. Mk
4,26–32; Lk 13,20 f.par.; Mt 13,44; Lk 17,20 f.; EvThom 113). Der Streit über die
Dämonenaustreibung (Mk 3,22–30), in dem gesagt wird, »wenn ein Reich in sich
gespalten ist, kann es keinen Bestand haben«, arbeitet mit der Annahme, dass
Jesus in der Gegenwart mit einem mächtigen Reich in Verbindung steht, wie es
auch in Mt 12,28/Lk 11,20 (vgl. Mk 10,14 f.; 12,34) zum Ausdruck kommt. Diese
Aussagen sind nicht so leicht als spätere Entwicklungen identifizierbar wie etwa
Mt 16,19, was allerdings nicht zwingend bedeutet, dass sie auf den historischen
Jesus zurückgehen, obwohl die Überlieferung, dass Jesus als Verbündeter des Satans betrachtet wird (Mk 3,22–30), auf ältere Tradition deutet. Auf Grundlage der
verfügbaren Belege, die einen Einblick in die Denkweise geben, sind imperial
geprägte Vorstellungen aber sehr wahrscheinlich bereits in der frühesten Gottes-
reich-Tradition anzunehmen.

Der eschatologische Rollentausch, der innerhalb der Überlieferung in der
Konstruktion von Arm und Reich auftaucht, ist in diesem Kontext auf ähnliche
Weise erklärbar. Besonders explizit und mit direkten eschatologischen Bezügen
ist dieses Thema etwa in Mk 10,17–31 und Lk 16,19–31 ausgeführt. Die Vorstellung, dass die Reichen von der eschatologischen Belohnung ausgeschlossen sind,
steht in der Tradition der Gleichsetzung von Reichtum mit Bosheit (z. B. CD-A
4,15–19; 1QS 11,1 f.; PsSal 5,16) und ist wahrscheinlich ein Versuch zur Neudeutung des theologischen Vergeltungsgedankens. Lukas hat ein ausgeprägtes Interesse an Arm und Reich, aber der ökonomisch verstandene Umkehrungsgedanke
reflektiert wahrscheinlich bereits älteste palästinische Jesustradition. Die hierar-
chische Struktur bleibt in Fällen wie Mk 10,17–31 und Lk 16,19–31 allerdings
auch in der Umkehrung erhalten. In Mk 10,17–31 ist die Nachahmung des Vergeltungsgedankens, der hier infrage gestellt wird, noch klarer, weil die materielle
Belohnung sogar schon für »diese Zeit« und nicht erst für das »kommende Zeit-

alter« in Aussicht gestellt wird (Mk 10,28–31). Die Nachahmung von bereits bestehenden Mustern lässt sich aber auch bei theologischen Vergeltungsvorstellungen finden, in denen die Belohnung in die Zukunft bzw. in das Leben nach dem Tod verschoben wird (vgl. z. B. 1Hen 92–105; vgl. Hi 42,10–17).

Das Thema ist wahrscheinlich bereits in der frühesten Jesustradition präsent. Das Nachdenken über Gott und den Mammon ist jedenfalls quer durch die synoptische Tradition nachweisbar und findet sich sowohl in voneinander unabhängigen Überlieferungssträngen (egal, ob eine Form von Q angenommen wird oder nicht) als auch in verschiedenen Gattungen (z. B. Mk 10,17–31; Lk 6,20–26par.; Mt 6,24par.; Lk 14,12–24/Mt 22,1–14; Lk 4,18; 12,13–21; vgl. EvThom 64). Hinzuweisen wäre in diesem Zusammenhang auch auf eine Reihe verwandter Themen in der synoptischen Tradition, wie das wiederkehrende Schuldenmotiv (z. B. Lk 12,57–59/Mt 5,25; Lk 6,35; 16,1–8; Mt 5,40–42; 6,12; 18,23–35), die Sorge um Menschen ohne Nahrung, Kleidung und sozialen Anschluss (Mt 25,31–46; Lk 6,20 f.), die Opposition gegen Reichtum, aufwändige Kleidung und üppige Speisen (z. B. Mt 11,8par.; 6,25–34par.; Lk 6,24 f.; vgl. 1Hen 98,2; 102,9–11) und die Betonung des Unterschieds zwischen Arm und Reich (Lk 6,20–26par.; Lk 14,12–24/Mt 22,1–14; vgl. EvThom 64). Allein Anzahl und Dichte dieser Themen in verschiedenen Quellen und Gattungen sprechen sehr stark dafür, dass die Evangelisten die Debatte um Armut und Reichtum bereits vorgefunden haben, die sich wahrscheinlich zum Teil aus der Wahrnehmung speiste, was sich im Ergebnis sozialer Umbrüche durch den (Wieder-)Aufbau von Sepphoris und Tiberias in Galiläa abspielte.

Herrschaft, Unterwerfung, Imperialismus und Theokratie sind als leitende Vorstellungen Teil der Evangelientradition und der relevanten Quellen aus dem Umfeld und möglicherweise der einzige denkbare Weg, um eine realistische Alternative zu den bestehenden Herrschaftsverhältnissen zu entwerfen. Ein ähnliches Phänomen der Nachahmung durch Kritik findet sich auch in den frühesten »christologischen« Aussagen. In der Forschung ist Jesus auf unterschiedliche Weise mit Personen verglichen worden, die millenaristischen Bewegungen angehörten und auf provokante Art den *status quo* infrage stellten (ROWLAND 1986: 111–113; ALLISON 2010: 85–86.221–304; vgl. THEISSEN/MERZ [4]2011: 175–180). Möglich sind freilich auch kulturübergreifende Vergleiche mit bestimmten Menschen in agrarischen Kontexten, die zwischen dem menschlichen und göttlichen Bereich vermitteln und dabei außerhalb privilegierter sozialer Schichten und offizieller Vermittlungszusammenhänge göttlicher Autorität stehen (CROSSLEY 2015: 23–27). Solche Personen unterstützen zuweilen (aber nicht immer) eine Umverteilungsethik und die Bedürfnisse der unteren sozialen Schichten. Die Idee eines direkten Zugangs zum Göttlichen, der außerhalb der durch die herrschende soziale Schicht autorisierten Vermittlung stattfindet, hat immer zu Konflikten und Spannungen mit den etablierten Vermittlungskanälen geführt, die sich dadurch gefährdet sahen. Für das Verständnis der Jesustradition ist dies eine hilfreiche Perspektive, insofern die Autorität Jesu in den Evangelien eben als charismatische Autorität dargestellt wird, die direkt von Gott kommt und als solche mehrfach angefragt wird, besonders im Zusammenhang mit Heilungen und Exorzismen und mit Johannes dem Täufer (z. B. Mk 1,23–27; 2,10 f.; 11,27–33).

In dieser Perspektive zeigen sich auch die möglichen Verbindungslinien zwischen den sozialen Umbrüchen, der hochgespannten Wahrnehmung Einzelner, der Nachahmung von Machtdiskursen und den christologischen Entwicklungen. Bewegungen in Zeiten sozialer Umbrüche und ihre Anführer verfolgen oftmals spezifische Machtagenden. So gab es in Palästina einige Aufstandsbewegungen und Banden, die als Ergebnis sozialer Umbrüche wahrgenommen wurden (z. B. Flav.Jos.Ant. 17,270–284; 18,269–275; Bell. 2,57–65.585–588; Vit. 35.66) und die es auf das bestehende Machtgefüge, bestimmte Reichtümer und die römische Herrschaft abgesehen hatten (Bell. 2,427–248; Ant. 18,269–275; Bell. 2,228–231; Ant. 20,113–117; Vit. 126 f.), wobei deren Anführer gerne den Habitus legitimer Herrscher nachahmten (Bell. 2,57–62; Ant. 17,273–278; Tac.hist. 5,9). Es geht natürlich nicht darum, Jesus zum Anführer einer Räuberbande zu erklären, die Parallele allerdings mag helfen, Jesus als »subversive« Figur zu verstehen, die in ihren Handlungen nichtsdestotrotz hegemoniale Vorstellungen von Autorität und Macht replizierte. Ein möglicher Beleg für solche Vorstellungen in der frühesten palästinischen Jesustradition ist Mt 12,28/Lk 11,20. Der Unterschied zwischen dem »Finger« (Lk 11,20) und dem »Geist Gottes« (Mt 12,28) als Instrumente der Dämonenaustreibung ist für eine Rekonstruktion weniger von Belang, da beide Vorstellungen die Anwendung göttlicher Macht beinhalten. Die Kombination von Exorzismus, Besessenheit und der Macht Jesu ist in der Evangelientradition in verschiedenen Quellen, Erzählungen und literarischen Formen gut bezeugt (z. B. Mk 1,23–27; 3,11 f.14 f.22–29; 7,24–30; 9,17–29; Mt 4,23–25; 9,35; 15,30 f.; 12,43–45par.; Lk 8,2; 13,10 f.), wie auch das umgekehrte Motiv belegt ist, dass Jesus die Macht gerade fehlt, um bestimmte Wundertaten zu vollbringen, wie Markus vom Aufenthalt Jesu in Nazaret zu berichten weiß (Mk 6,5 f.), was wohl eine Bildung der frühen Kirche ist. Die Kombination von Exorzismus, Autorität und Macht ist ein markanter Zug der frühen Tradition und geht wahrscheinlich auf eine starke Erinnerung im frühen Christentum zurück (eine, die Johannes offenbar weniger gefiel). Die Annahme, dass Jesus bei Dämonenaustreibungen mit göttlicher Macht handelt, wie es in Mt 12,28/Lk 11,20 zum Ausdruck kommt, ist sicher bei vielen Heilungen und Exorzismen im Spiel gewesen. Instruktiv ist hier wieder der Vergleich mit der Vorstellung der »präsentischen« Gottesherrschaft in Dan 4, insbesondere in Nebukadnezzars Rede, in der er Gott als den »Höchsten« preist und dessen »ewige Herrschaft« rühmt, die »alle Generationen überdauert« (Dan 4,31 f.). Die frühe Evangelientradition hat Jesus eng mit dieser Art göttlicher Macht in Verbindung gebracht und ihn womöglich als deren Vermittler betrachtet.

Während Exorzismen üblicherweise als Teil der frühesten Evangelientradition gelten, bereitet der Jesusforschung die chronologische Entwicklung der Christologie weit größere Probleme. Anscheinend hat sie sich nach dem Tod Jesu ziemlich rasch entwickelt, weswegen es nicht leicht ist, die Vorstellungen auszumachen, die schon zu Lebzeiten Jesu präsent waren. Es ist allerdings recht wahrscheinlich, dass die frühesten Wahrnehmungen von Jesus irgendeine Vorstellung von einer Inthronisierung enthielten. Darauf wurde bereits hingewiesen. Nach Mt 19,28/Lk 22,28–30 beispielsweise ist für Jesus und die zwölf Jünger eine herausgehobene Rolle im kommenden Gottesreich zu erwarten (z. B. das Richten Israels). In ähnlicher Weise bitten die Söhne des Zebedäus in Mk 10,35–45 um den Platz zur Rechten und zur Linken Jesu »in deiner Herrlichkeit« (Mk 10,37). Die gesamte Episode in Mk 10,35–45 scheint in enger Verbindung mit makkabäischer Märtyrertheologie und der Vorstellung des Sterbens für Israel zu stehen (vgl. z. B. 2Makk 7; 4Makk 17,20–22), was seinerseits mit der Erwartung der Verherrlichung nach dem Tod verknüpft ist (Dan 12,2 f.). Die Menschensohn-Aussage in Mk 10,45 ist möglicherweise idiomatisch als generischer Ausdruck für die Person des Redners zu verstehen und das Sterben für »die Vielen« könnte als Einschränkung gemeint sein, der den Personenkreis, der davon profitiert, vielleicht auf Israel begrenzt (vgl. 1QS 6,1.7–25; CD-A 13,7; 14,7). Historizität ist niemals leicht zu »beweisen«, für Mk 10,35–45 ließe sich aber zumindest anführen, dass die Aussagen mit der frühesten palästinischen Jesustradition kompatibel sind. Außerdem darf wohl angenommen werden, dass auch königliche und »messianische« Vorstellungen bereits in der ältesten Tradition präsent waren. Ein signifikantes einzelnes Beispiel ist die Bezeichnung »König der Juden« in Mk 15, die u. a. auf der Spottinschrift am Kreuz Jesu angebracht ist (Mk 15,26). Dieser Titel, der ihm von den Scharfrichtern gegeben wird, stimmt nicht direkt mit der frühen Christologie überein und könnte deshalb eine frühe Erinnerung an Jesus wiedergeben.

Wenn diese Argumente in die richtige Richtung weisen, dann lassen wohl solche Texte, die die Rolle von Königtum, Herrschaft und Erhöhung thematisieren, Rückschlüsse auf die Erwartungen zu, die mit der Vorstellung der künftigen Herrschaft und des Gerichts durch Jesus und die zwölf Jünger verbunden waren (z. B. PsSal 17; 4Q246 2,1–9; 1QM 6,4–6; 4Q252 5,1–4; 4Q521 2 ii 1–13; 11Q13 2,13; 2Bar 72,2–73,2). Wiederkehrende Themen in diesen Texten zeigen, wie Verheißungen von Frieden und Wohlstand mit Begriffen von Macht, Gewalt und Herrschaft verbunden sind, also mit Themen, die alle in der Evangelientradition enthalten sind. Hätten solche Behauptungen nicht gleichlautend auch für Rom gemacht werden können? Die sehr verbreitete, nicht nur in der Forschung anzutreffende Sichtweise, dass die Jesustradition radikal egalitäre Vorstellungen propagiere und damit eine Herausforderung für jede Form von Reichtum und Privilegien darstelle, ist nur eine Seite der Medaille. Selbst wenn das abgenutzte Klischee in Teilen zutreffen mag, dass Konstantin oder Paulus die ursprüngliche Lehre Jesu preisgegeben haben, ist es gleichermaßen klar, dass Vorstellungen von Herrschaft und Gericht, wie harmlos und abgeschwächt auch immer, bereits frühzeitig präsent waren, und es ist vor diesem Hintergrund keine Überraschung, dass die Entwicklung einer imperial geprägten Christologie sehr rasch nach dem Tod Jesu einsetzte. Paulus hat in diesem imperial konnotierten Denkhorizont offenbar mit einer extrem herausgehobenen Position für Christus gerechnet (z. B. Phil 2,10 f.) und in einer anderen, etwas abgeschwächten Weise, mit der Aufhebung sämtlicher Statusunterschiede »in Christus Jesus« (Gal 3,28). Paulus wiederholt und erweitert außerdem das Motiv des Richtens aus der Evangelientradition, das auch für ihn mit der eschatologischen Umkehr der Machtverhältnisse verbunden ist (1Kor 6,2). Es bleibt schwierig, den historischen Jesus aus der Geschichte solcher Vorstellungen auszublenden.

Auch Genderkonstruktionen können nicht einfach von allgemeineren soziopolitischen Entwicklungen getrennt werden, und in der Tat lassen sich Verbindungen herstellen zwischen sozialen Umbrüchen, dem zeitgenössischen Imperialismus und solchen Bereichen, die in der Forschungsgeschichte als »politisch« bezeichnet werden. Die vormals sicher geglaubte Annahme, dass Jesus von eindeutiger Sexualität, und darüber hinaus sexuell enthaltsam und unverheiratet gewesen sei, und (deshalb) in gewisser Weise ein Gegenbild zur herrschenden Männlichkeitsvorstellung darstellt, lässt sich nicht mehr aufrechterhalten. Es gibt allerdings ein offensichtlich den Genderaspekt betreffendes Thema aus der frühesten Jesusüberlieferung, nämlich den Tod Jesu durch die Kreuzigung. Möglicherweise ist Jesus als eines von vielen »entmännlichten«, passiven Opfern in den Händen des Römischen Reiches verstanden worden. Wie Coleen Conway gezeigt hat, lassen sich im MkEv einige Anzeichen für eine solche Sichtweise erkennen (Mk 14–16) neben anderen eher »vermännlichten« Traditionen, die Jesus als starken Mann (Mk 1–8) und edlen Märtyrer zeichnen (Mk 8–10). Natürlich war die Bereitschaft, Jesus derart »entmännlicht« zu zeigen, nicht überall im gleichen Maße gegeben; Paulus beispielsweise konstruiert Jesus bereits in deutlich »männlicheren« und heroischeren Begriffen (CONWAY 2008). Man sollte dabei allerdings nicht der bekannten Versuchung unterliegen, diese Interpretationen in der Weise zu verbinden, dass das »entmännlichte« Bild gewissermaßen den Ausgangspunkt gebildet habe und von der späteren, »vermännlichten« Deutung des Todes Jesu abgelöst wurde. Vielmehr werden verschiedene, mitunter widersprüchliche Wahrnehmungen nebeneinander gestanden haben, und weit eher ist mit einem uneinheitlichen Publikum zu rechnen, das unterschiedlich auf die kursierenden Jesusdarstellungen reagierte. Dass das Bild der Männlichkeit Jesu durch die Kreuzigung infrage gestellt sein würde, war sicher von Anbeginn klar und dürfte schon für Jesus und seine Anhänger ein Thema gewesen sein, als sich abzuzeichnen begann, dass er in dieser Weise sterben würde. Tatsächlich hat Jesus seit dem gewaltsamen Tod Johannes des Täufers wissen können, was in Jerusalem mit ihm geschehen würde. Schwierige Fragen, die das Männlichkeitsbild betreffen, waren also bereits in einem frühen Stadium präsent und haben auf Antwort gedrängt.

Ein weiterer Aspekt zeigt sich in einem anderen Zusammenhang, in dem unter dem Blickwinkel der Genderbezüge ein Kontrast zwischen zwei verschiedenen Formen von Familie hergestellt wird: Jesu biologischer Familie und seiner Anhängerschaft als neuer Familie (z. B. Mk 3,31–35). Halvor Moxnes hat darauf hingewiesen, dass das Motiv einer neuen Familie nicht mit herkömmlichen Mustern eines Familienhaushalts zu vereinbaren ist, weil der fiktive Familienzusammenhang um Jesus beispielsweise vaterlos ist (zumindest auf der Erde, vgl. Mt 23,9) und Frauen (wahrscheinlich auch Witwen) in verschiedenen Rollen (wie bspw. die einer »Mutter«) einschloss, was wahrscheinlich die Familie des erwachsenen Jesus nachahmen sollte (MOXNES 2003: 101–105). Unabhängig davon, ob Jesus nun verheiratet oder unverheiratet, sexuell enthaltsam oder aktiv gewesen ist, sein neuer Familienzusammenhang macht in keiner Weise den Eindruck, irgendwelchen erwartbaren Normen zu entsprechen. Zu solchen Erwartungen hat es sicher auch gehört, dass ein Mann sich als Haushaltsvorstand fortpflanzt und damit der Familie die Lebensgrundlage sichert, sowohl sozial als auch ökonomisch (vgl. Gen 22,17). Solche Rollenmuster mögen in diesem Kontext allerdings einfach nicht praktikabel gewesen sein, weil die Gruppe um Jesus in Galiläa umherzog. Es ist sicher keine Überraschung, dass Jesus und seine neue Familie in den Evangelien zumeist in Konfliktsituationen dargestellt wird. Auch dieses Thema dürfte bereits in die frühe Jesusüberlieferung gehören. Von Familienentzweiung ist in der Evangelientradition mehrfach die Rede (z. B. Mk 3,20–22.31–35; 10,29 f.; Mt 8,22par.; Mt 10,34–36/Lk 12,51–53/EvThom 16,1–4; Mt 10,37par.) und es geschieht wahrscheinlich nicht ohne Grund, dass Jesus umherzieht und von einer Rückkehr nach Nazaret nur einmal bei Markus berichtet wird, wo ihm ein feindseliger Empfang bereitet wird (Mk 6,1–6).

Doch trotz oder gerade wegen der Spannungen mit den herkömmlichen Mustern des unter Gendergesichtspunkten geordneten Raumes und Verhaltens lässt die Evangelientradition erkennen, dass es offenbar von Beginn an strukturelle Zwänge gab, die dazu führten, dass die überkommenen Muster von Gender und Macht unter anderen Vorzeichen wieder aufgenommen und nachgeahmt wurden. Das herkömmlich Konzept der Familie mag in der Evangelientradition unterlaufen worden sein, aber die Vorstellung einer dominanten männlichen Figur ist dabei anscheinend nicht verlorengegangen, wie auch die Vaterschaft Gottes natürlich ein prominentes Thema in der Evangelientradition geblieben ist (vgl. Mt 23,9). Es gibt einerseits Belege für eine gewisse Komplexität und Widersprüchlichkeit im Blick auf die Männlichkeit Jesu, andererseits findet zugleich eine »Vermännlichung« des Bildes Jesu statt. Tatsiong Benny Liew hat im MkEv eine Tendenz ausgemacht, Jesus in »männlichen« und militarisierten Begriffen zu beschreiben, und einige dieser Einsichten sind für das Verständnis der Wahrnehmung Jesu in der frühen Überlieferung von Bedeutung. Beispielsweise stellt Liew fest, dass ein Mann, der außerhalb des Hauses aktiv ist, wie es in der mk. Darstellung Jesu immer wieder der Fall ist (was womöglich ein frühes Jesusbild widerspiegelt), einem griechisch-römischen Stereotyp entspricht, dessen Kehrseite die Beschränkung der Frau auf den häuslichen Bereich ist. Jesus nimmt ferner die Rolle eines Vaters ein, indem er die Mitglieder seiner fiktiven Familie als »Söhne«, »Töchter« und »Kinder« anspricht (Mk 2,19; 5,34; 10,24), sich in Autoritätskonflikte mit Gegnern wirft und auf dem Weg zur Kreuzigung die schwersten

Misshandlungen auf sich nimmt (LIEW 2003). Dass solche konventionellen Rollenmuster gleichzeitig mit anderen Tendenzen präsent waren, die nach Moxnes die herkömmlichen Formen unterlaufen, erscheint durchaus plausibel.

Eine andere Darstellung des politischen und sozialen Umfelds Jesu hätte vielleicht andere Aspekte ins Zentrum gerückt, wie zum Beispiel die Tempelreinigung, die Bergpredigt, die Steuerfrage, die Haltung Jesu gegenüber Antipas oder seinen Umgang mit Samaritanern und Fremden. Die Berücksichtigung dieser Fragen wäre natürlich ebenso legitim. Auch in diesem Fall wäre freilich anzuerkennen gewesen, wie stark die Themen von der sozio-politischen Lage in Galiläa und von allgemeinen Einflüssen des Imperialismus und des Römischen Reiches bestimmt sind. Wie zu sehen war, ist die älteste Jesusüberlieferung ein Produkt ihrer Zeit, und bleibt dies sowohl bei der Infragestellung überkommener Muster als auch in der eigenen Wiederaufnahme geläufiger Konzepte von Macht und Autorität. Es verwundert nicht, dass die Rezeption der Lehre Jesu quer durch das politische Spektrum anschlussfähig war und ist, auch für Positionen, die sich entweder für oder gegen das gesellschaftliche Establishment stellen. Diese anscheinend widersprüchlichen Haltungen sind bereits in den frühesten Erinnerungen an Jesus in den Evangelien enthalten und bieten sich an, von dort in allen möglichen Ausformungen der christlichen Bewegung aufgenommen zu werden, und zwar sowohl in imperialer als auch anti-imperialer Ausrichtung (s. FELDMEIER 2012 und CROSSLEY 2015 für zwei gegensätzliche Beurteilungen der Implikationen solcher Haltungen).

BERMEJO-RUBIO, Fernando 2014: Jesus and the Anti-Roman Resistance: A Reassessment of the Arguments, JSHJ 12, 1–105.

CROSSLEY, James G. 2015: Jesus and the Chaos of History: Redirecting the Quest for the Historical Jesus, Oxford.

OAKMAN, Douglas E. 2012: The Political Aims of Jesus, Minneapolis.

STEGEMANN, Ekkehard W./STEGEMANN, Wolfgang 1995; ²1997: Urchristliche Sozialgeschichte. Die Anfänge im Judentum und die Christusgemeinden in der mediterranen Welt, Stuttgart.

THEISSEN, Gerd/MERZ, Annette 1996; ²1997; ⁴2011: Der Historische Jesus. Ein Lehrbuch, Göttingen.

James G. Crossley

2. Das Handeln Jesu

2.1. Jesus als Wanderprediger

Nach dem übereinstimmenden Zeugnis aller vier Evangelien zog Jesus umher und predigte. Auf den ersten Blick scheint die Bezeichnung »Wanderprediger« deswegen gut zu passen, um zumindest einen Teil des Wirkens Jesu zu beschreiben. Doch wirft eine solche Einordnung auch eine Anzahl von Fragen und Problemen auf.

2.1.1. Die Verkündigung Jesu ist ohne Zweifel ein wichtiger Aspekt seines Wirkens, wie es in den Evangelien dargestellt wird. Es ist darum umso bemerkenswerter, dass die Evangelien anscheinend keinen bestimmten Ausdruck dafür kennen. Drei Verben kommen neben dem einfachen λέγω oder εἶπον für eine konkretere Beschreibung dessen in Frage, was unter dem Stichwort »Predigt« zusammengefasst werden kann: εὐαγγελίζομαι, κηρύσσω und διδάσκω. Nur von διδάσκω wird auch das entsprechende Nomen auf die Tätigkeit Jesu angewendet. Das erste Verb, offenbar eine Vorzugsvokabel bei Lukas (Mt: 1 Beleg, Mk: 0, Lk: 10, Joh: 0, Apg: 15, Paulus: 23, Kath. Briefe: 3, Apk: 2), wird einmal indirekt durch ein Schriftzitat auf das Wirken Jesu bezogen (Mt 11,5 = Lk 7,22 und Lk 4,18), häufiger auch direkt (Lk 4,43 in einer Selbstauskunft Jesu für κηρύσσω in Mk 1,38; Lk 8,1 zusammen mit κηρύσσων für διδάσκων in Mk 6,6b und διδάσκων [...] καὶ κηρύσσων τὸ εὐαγγέλιον in Mt 9,35; Lk 20,1 in Verbindung mit διδάσκοντος für διδάσκοντι in Mt 21,23 und περιπατοῦντος in Mk 11,27) und einmal auf Johannes den Täufer (Lk 3,18), die Jünger (Lk 9,6 für eine Form von κηρύσσω in Mk 6,12 = Mt 10,7) und wohl auf die gemeinsame Anstrengung Jesu und seiner Jünger, wenn man die entsprechende Aussage aus dem Munde Jesu in dieser Richtung verstehen will (Lk 16,16, abweichend von Mt 11,12).

Die anderen beiden Verben sind geläufiger und drängen sich bei der Lektüre in gewisser Weise in den Vordergrund. Κηρύσσω (Mt: 9 Belege, Mk: 12/14, Lk: 9, Joh: 0, Apg: 8, Paulus: 19, Kath. Briefe: 1, Apk: 1) begegnet zuerst in Bezug auf Johannes den Täufer, der seine Botschaft der Umkehr verkündigt (Mk 1,4.7 = Mt 3,1 und Lk 3,3; vgl. Apg 10,37). Unmittelbar im Anschluss wird das Verb auf die Tätigkeit Jesu übertragen (Mk 1,14 = Mt 4,17, für ἐδίδασκεν in Lk 4,15, vgl. aber das Zitat von Jes 61,1 f. in Lk 4,18.19; Mk 1,38, für εὐαγγελίσασθαι in Lk 4,43; Mk 1,39 = Mt 4,23, in Verbindung mit διδάσκων, und Lk 4,44; Mt 11,1, wieder in Verbindung mit einer Form von διδάσκω; Mt 9,35 = Lk 8,1 in Ergänzung der sekundären Parallele in Mk 6,6b; vgl. auch 1Petr 3,19). Jesus selbst verwendet es, um eine der Aufgaben der Jünger zu benennen, bevor sie ausgesendet werden (Mk 3,14 abweichend von Mt 10,1 und Lk 6,13, vgl. aber Lk 9,2; Mk 6,12 = Mt 10,7, für διήρχοντο [...] εὐαγγελιζόμενοι in Lk 9,6, vgl. aber wieder Lk 9,2; so auch Mk 13,10 = Mt 24,14, vgl. Lk 24,47; Mk 14,9 = Mt 26,13, abweichend von Lk 7,47; Mt 10,27 = Lk 12,3; auch Mk 16,15.20). In der Apostelgeschichte und in den Briefen des Paulus wird es zu einer geläufigen Bezeichnung für das Predigtwirken der Apostel. Daneben wird es gelegentlich verwendet, wenn vormals Kranke die Nachricht von ihrer Heilung durch Jesus verbreiten (Mk 1,45, mit einer anderen Konnotation, wie durch das begleitende διαφημίζειν verdeutlicht wird, abweichend von διήρχετο in Lk 5,15; Mk 5,20 = Lk 8,39; Mk 7,36).

Noch gebräuchlicher als κηρύσσω ist διδάσκω (Mt: 14 Belege, Mk: 17, Lk: 17, Joh: 9/10, Apg: 16, Paulus: 18, Kath. Briefe: 3, Apk: 2). Es wird in den Evangelien noch häufiger verwendet, vor allem für Jesus. Ausnahmen sind die sehr negative Bezugnahme auf das Tun der »Heuchler« in Mk 7,7 (= Mt 15,9), die zusammenfassende Bemerkung zu den Taten der Jünger bei ihrer ersten Aussendung in Mk

6,30 (ὅσα ἐποίησαν καὶ ὅσα ἐδίδαξαν, für ὅσα ἐποίησαν in Lk 9,10, abweichend von Mt 14,12), die allgemeine Warnung in Mt 5,19 (*bis*) (das zweite Mal in Verbindung mit ποιήσῃ), der isolierte Verweis der Jünger Jesu auf Johannes den Täufer und dessen Lehre für seine Jünger (Lk 11,1) und der Bezug auf das Wirken des Geistes in Lk 12,12 (aus der Logienquelle?) und Joh 14,26 (identifiziert als Paraklet), die beiden Fälle in Mt 28,15.20, die einmal die Anweisungen für die Grabwächter betreffen und das andere Mal die Aufgaben, die die Jünger vom Auferstandenen erhalten, und schließlich der Kommentar der Pharisäer zur Aussage des Blinden über Jesus in Joh 9,34 und der Hinweis Jesu auf die Lehre, die er vom Vater erhalten hat (Joh 8,28). Markus verwendet das Verb zweimal beim ersten öffentlichen Auftritt Jesu als Prediger in einer Synagoge (Mk 1,21 = Lk 4,31; Mk 1,22 = Lk 4,32, vgl. Mt 7,29) und kurz darauf auch in der Einleitung der Erzählung von der Berufung des Levi (Mk 2,13, ausgelassen in Lk 5,27). Ein ähnlicher Gebrauch als Teil des Erzählrahmens findet sich in Mk 4,1 f. (abweichend von ἐλάλησεν in Mt 13,3 und εἶπεν in Lk 8,4, vgl. aber Lk 5,3); Mk 6,2 (= Mt 13,54, für ἀναγνῶναι in Lk 4,16, vgl. aber Lk 4,15); etwas isolierter in Mk 6,6b (= Mt 9,35, gefolgt von κηρύσσων τὸ εὐαγγέλιον); Mk 6,34 (für ἐλάλει in Lk 9,11 und abweichend von Mt 14,14); Mk 10,1 (abweichend von ἐθεράπευσεν in Mt 19,2). Markus verwendet es zweimal für die Leidensankündigungen (Mk 8,31, abweichend von δεικνύειν in Mt 16,21 und εἰπών in Lk 9,22; und Mk 9,31 abweichend von εἶπεν in Mt 17,22 = Lk 9,43, vgl. aber auch οἷς ἐποίει bei Lukas) und gelegentlich auch für die Einführung eines Spruches Jesu wie in Mk 11,17 (ausgelassen bei Mt 21,13 = Lk 19,46, vgl. aber Lk 19,47) oder um auszudrücken, wie die Gegner Jesu (Mk 12,14 = Mt 22,16 und Lk 20,21 [*bis*]; Mk 12,35, ausgelassen bei Mt 22,41 und Lk 20,41) und Jesus selbst auf seine Lehr- und Verkündigungstätigkeit Bezug nehmen (Mk 14,49 = Mt 26,55, ausgelassen bei Lk 22,53). Ergänzend zu den genannten Fällen bei Markus fügt Matthäus das Verb in seiner Version des Summariums aus Mk 1,39 in Mt 4,23 hinzu und gebraucht es in der Eröffnung *und* im Abschluss der Bergpredigt (Mt 5,2 abweichend von ἔλεγεν in Lk 6,20; und Mt 7,29, s. o., in derselben Funktion auch in Mt 11,1). Ferner ändert er die mk. Vorlage auch in Mt 21,23 entsprechend ab (s. o.). Wie Markus scheint Lukas eine gewisse Präferenz für das Verb bei der Einführung bestimmter Szenen zu haben, wie in Lk 4,15 (s. o.), 5,17 (abweichend von ἐλάλει in Mk 2,2), 6,6 (abweichend von Mk 3,1), 11,1 (*bis*) (einmal in einer Frage der Jünger, das andere Mal für Johannes den Täufer), 13,10.22; 20,1 (s. o.). Neben den bereits erwähnten Parallelen mit Markus begegnet das Verb bei Lukas bei einer Zurechtweisung auch im Munde Jesu (Lk 13,26, der Logienquelle zugeschrieben, obwohl nicht bei Matthäus), nach einer Rede Jesu, um ein Summarium einzuleiten (Lk 21,37) und als Teil der Kritik am Handeln Jesu durch seine Gegner (Lk 23,5; s. o. zu Mk 12,14.35 und Parallelen). In Apg 1,1 steht es gemeinsam mit ποιεῖν in einer sehr knappen, aber aussagekräftigen Zusammenfassung des Wirkens Jesu. Wie Matthäus benutzt auch Johannes das Verb, um eine Rede Jesu abzuschließen (Joh 6,59; 8,20) oder einzuführen (7,14, bei einer Rede, die eine Reaktion und Antwort provoziert, und zweimal in Joh 7,28 und 35). Joh 8,2 kann mit Lk 21,37 verglichen werden, die Verteidigung Jesu in Joh 18,20 mit Mk 14,49 = Mt.

Die Belege sind nicht immer eindeutig, auch sind vielleicht nicht alle der genannten Stellen für die Frage nach Jesus als Wanderprediger gleichermaßen relevant. Man könnte etwa jene Stellen ausschließen, an denen Jesus die Jünger belehrt, ob vertraulich oder öffentlich, weil er in diesen Fällen lediglich seine engsten Anhänger anspricht. Auf der anderen Seite geschieht diese Lehre zumeist irgendwo »auf dem Weg« und ist zum Teil mit öffentlicher Unterweisung und Predigt verbunden. Für ein vollständiges Bild von Jesus als Prediger sind diese Belege also gleichwohl von Interesse und deswegen auch in die folgende Typologie einbezogen. Es dürfte sinnvoll sein, die Perspektive so weit wie möglich zu fassen, ohne dabei aus dem Blick zu verlieren, dass ein »Lehrer« nicht immer zugleich ein »Prediger« ist.

2.1.2. Der Überblick gibt einen ersten Eindruck von den verschiedenen Assoziationen, die mit der Predigt Jesu verbunden sind. Sie kann als »Verkündigen« (εὐαγγελίζομαι, κηρύσσω) oder formeller als »Lehren« (διδάσκω) beschrieben werden. Die drei Verben können sich überlagern und scheinen im Allgemeinen auf dieselbe Tätigkeit bezogen zu sein, semantisch sind sie aber nicht deckungsgleich. Der Überblick zeigt auch, dass die Ausdrücke sich offenbar kombinieren (Mt 4,23; 9,35; 11,1; Lk 8,1; 20,1) und austauschen lassen (Mk 1,14 und Lk 4,15; Mk 6,6b und Lk 8,1; Mk 6,12 und Lk 9,6; auch bei Jesus selbst: Mk 1,38 und Lk 4,43) und keineswegs zwingend erscheinen müssen (das beste Beispiel hierfür ist vielleicht die Einführung der Bergpredigt/Feldrede, bei der Matthäus eine Formulierung mit διδάσκω wählt, während Lukas ein einfaches ἔλεγεν verwendet; vgl. auch Mk 4,1 f., abweichend vom Mt-/LkEv). Einen Jesus, der sich äußert und spricht, zeigen die Evangelien darüber hinaus auch bei anderen Gelegenheiten und im Zusammenhang mit anderen Handlungen – etwa bei Heilungen, bei den Sonderunterweisungen der Jünger und den Streitgesprächen mit den Gegnern.

2.1.3. Die Verkündigung Jesu kann ganz verschiedene Formen annehmen und ganz unterschiedliche Themen behandeln, auch wenn sich diese insgesamt einigen wiederkehrenden Themenbereichen zuordnen lassen. Dies führt nicht nur zu unterschiedlichen Predigtarten, sondern auch zu einer gewissen Variabilität im Bild des Predigers. Im Blick auf die drei oben beschriebenen Verben lässt sich feststellen, dass sie in allen Evangelien hin und wieder absolut gebraucht werden und dann lediglich darauf verweisen, dass Jesus »predige« (»lehrte«, »verkündigte«), ohne dazu nähere Angaben zu machen (vgl. Mk 1,21 = Lk; Mk 1,38 abweichend vom LkEv; Mk 1,39 = Lk, aber abweichend vom MtEv; Mk 2,13; 4,1, vgl. aber 4,2; Mk 6,2 = Mt; Mk 6,6b abweichend vom MtEv; Mk 6,34: πολλά; 10,1; Mt 11,1; 21,23 = Lk; Lk 4,15, vgl. aber 4,16 f.; 4,18 und 7,22 = Mt; Lk 5,3.17; 6,6; 13,10.22; 19,47; 20,1; 21,37; Joh 7,14; [8,2]; im Munde Jesu bei Mk 14,49 = Mt und in Joh 18,20; auch in Bezug auf die Jünger in Mk 3,14; 6,30; [16,20]; Lk 9,6; zweimal im Munde der Gegner Jesu: Lk 13,26 und Joh 7,35; und einmal vom Vater und vom Geist: Joh 8,28; 14,26: πάντα). Einiges über den Inhalt der Verkündigung kann in diesen Fällen natürlich aus dem jeweiligen Kontext oder dem Vergleich mit ähnlichen Passagen erschlossen werden, aber offenbar steht hier der Akt der Verkündigung im Vordergrund. Manchmal dient er auch als Anlass, um ein anderes Thema einzuführen: So zwingt die Lehre/Verkündigung Jesu die Zuhörer/Gegner, seine Autorität zur Kenntnis zu nehmen oder sie in Frage zu stellen (Mk 1,21.22 = Lk; Mk 6,2 = Mt; Mt 21,23 = Lk 20,1; Joh 7,14); die Gegner Jesu ergreifen die Gelegenheit, um Jesus zu anderen Themen zu befragen (Mk 10,1; Lk 13,22; [Joh 8,2]) oder sie sehen einen Anlass, ein Mordkomplott zu schmieden (Lk 19,47); der Täufer fragt nach der Identität Jesu und erhält darauf eine Antwort (Mt 11,1); Jesus beruft die Jünger (Mk 2,13 und Lk 5,3) oder heilt (Lk 5,17; 6,6; 13,10).

Nicht besonders informativ sind Inhaltsangaben wie »alles, was sie gelehrt hatten« (ὅσα ἐδίδαξαν, Mk 6,30), »was man euch ins Ohr flüstert« (ὃ εἰς τὸ οὖς ἀκούετε, Mt 10,27, vgl. Lk 12,3), »was gesagt werden muss« (ἃ δεῖ εἰπεῖν, Lk 12,12) oder »alles, was ich euch befohlen habe« (πάντα ὅσα ἐνετειλάμην ὑμῖν, Mt 28,20), die sämtlich die Verkündigung der Jünger betreffen und nur auf der Grundlage des jeweils Vorausgehenden bis zu einem gewissen Grad »rekonstruiert« werden können. Nicht wesentlich aussagekräftiger sind solche Angaben, in denen die Botschaft Jesu auf ihre Kernaussage reduziert wird, weil die Evangelien nicht gänzlich darin übereinstimmen, worin diese Kernbotschaft besteht, und folglich spekuliert werden kann, wie Jesus diese Botschaft entfaltet hat und was er seinen Zuhörern über die wenigen Worte hinaus sagte, die in solchen Fällen geboten werden. Dennoch geben diese Formulierungen zumindest einen allgemeinen Eindruck vom Inhalt der Botschaft. Die Ankündigung der unmittelbaren Nähe des Gottesreiches, die Markus bei der ersten Erwähnung als das »Evangelium Gottes« bezeichnet und mit einem Ruf zur Umkehr verbindet, stellt die pointierteste und vollständigste Form dieser Kernbotschaft dar (Mk 1,14 f.par. Mt, ohne die Bezeichnung als »Evangelium Gottes«; vgl. für das Motiv der »Nähe« des Gottesreiches auch Mt 10,7). Als Kürzel dient gelegentlich auch nur die Bezeichnung »das Evangelium« (Mk 13,10; 14,9 = Mt; [Mk 16,15]) oder der Verweis auf einen Ruf zur Umkehr (Mk 6,12 und Lk 24,47). Matthäus zeigt eine Vorliebe für die Wendungen ἡ βασιλεία τῶν οὐρανῶν (Mt 10,7par. Mk 6,12 u. ö.) und τὸ εὐαγγέλιον τῆς βασιλείας (Mt 4,23; 9,35; 24,14), die er als eine Art Standardformel für die Botschaft Jesu verwendet. Lukas gebraucht den äquivalenten Ausdruck ἡ βασιλεία τοῦ θεοῦ (Lk 4,43; 8,1; 9,2; 16,16) und verweist gelegentlich auch auf die soziale Dimension dieser Botschaft (Lk 4,18 f.; 7,22).

Schließlich gibt es aber auch eine Anzahl von Belegen, bei denen eine direkte Verbindung mit (mehr oder weniger) substantiellen Inhalten der Lehre Jesu hergestellt wird. Dies ist in Mk 8,31 und 9,31 (Leidensankündigungen) der Fall, in Mk 11,17 und 12,35 (Schriftzitate nebst Interpretation), indirekt auch in Mk 4,1 f.; Mt 5,2 und 7,29 (Bergpredigt), Lk 11,1 (Herrengebet), im formelleren Zusammenhang der Synagogen- oder Tempelpredigt in Lk 4,15 und in Joh 6,59 und 8,20 (beide Male zurückbezogen auf den vorausgehenden Kontext) und 7,28.

Interessant sind auch solche Fälle, in denen die Gegner Jesu dessen Predigt charakterisieren und dabei eine Terminologie verwenden, die er selbst nicht gebraucht, z. B. in Mk 12,14 (= Lk: »du lehrst wirklich den Weg Gottes«, ἐπ' ἀληθείας τὴν ὁδὸν τοῦ θεοῦ διδάσκεις) oder sie negativ beurteilen, wie in Lk 23,5 (»er wiegelt das Volk auf«, ἀνασείει τὸν λαόν), vgl. auch ihre Ratlosigkeit angesichts der Äußerungen Jesu in Joh 7,35.

Zu einem Bild der Verkündigung Jesu können also sowohl allgemeine Bezugnahmen als auch längere Reden und Einzelsprüche beitragen, wobei das unterschiedliche Material jeweils eigene Akzente setzt und verschiedene Perspektiven auf den Wanderprediger ausleuchtet. Die Botschaft Jesu besteht nicht nur aus einer Reihe von *Bonmots* und stereotypen Wendungen, sondern kann zu umfangreichen Kompositionen entfaltet sein und sogar die Gestalt einer formellen Synagogenpredigt am Sabbat annehmen. In gleicher Weise kann das Publikum aus den Jüngern, einer wohlgesinnten Menge und den notorisch kritischen Gegnern bestehen. Außerdem wird die Verkündigung Jesu nicht selten von anderen Handlungen begleitet, etwa einem Speisungswunder (Mk 6,34), einer Berufung (Mk 2,13; Lk 5,3), einem Eingriff in den Tempelmarkt (Mk 11,17), einem Streitgespräch (Lk 13,22.26) oder häufiger auch Heilungen. Die Verbindung von Predigt und Heilungen kann dabei recht konkret (Mk 1,21 = Lk, vgl. Mk 1,23; Mk 1,39 = Mt 4,23; Mk 6,12 f.parr. Mt 10,7 f. = Lk 9,2.6; Mt 9,35; Mt 11,5 f. = Lk 7,22 und 4,18 f.; Lk 6,6; 8,1; 13,10) oder auch eher allgemein beschrieben sein (von den Jüngern in Mk 6,30: ὅσα ἐποίησαν καὶ ὅσα ἐδίδαξαν; Apg 1,1: ποιεῖν τε καὶ διδάσκειν). Insgesamt lässt sich also sagen, dass Jesus nach Darstellung der Evangelien zu allen und in allen Formen predigt.

2.1.4. Die Evangelien zeigen Jesus vom Beginn seines öffentlichen Wirkens bis zu seinem Prozess in Jerusalem als Prediger und Lehrer (Mk 14,49parr.), in besonderer Weise auch danach, allerdings nur noch vor seinen Jüngern (Mt 28,20). Bei Markus ist die Verkündigungstätigkeit Jesu der erzählerische Ansatzpunkt, mit dem seine öffentliche Wirksamkeit beginnt (Mk 1,14 f.). Etwas anders stellt sich die Situation vielleicht bei Johannes dar, der sich erstmals am Ende des 6. Kapitels ausdrücklich auf die Verkündigung Jesu bezieht und das Motiv insgesamt seltener benutzt als die anderen Evangelisten, obwohl es auch bei ihm im Prozess Jesu erscheint (Joh 18,20, vgl. Mk 14,49parr.).

2.1.5. Während seines Wirkens scheint Jesus nach Darstellung der Evangelien kaum einmal allein zu sein und falls er doch hin und wieder Ruhe und Einsamkeit sucht, ist dieser Versuch zumeist vergeblich. Von Anfang an heißt es, dass er von Jüngern begleitet wird, die er selbst berufen hat. Ihre Anzahl variiert und nicht immer ist klar erkennbar, wie viele von ihnen anwesend sind (vgl. den inkonsistenten Gebrauch der Bezeichnung »die Zwölf« in den Evangelien; ↗ D. IV.2.2), auch wenn Jesus zeitweise nur eine begrenzte Zahl zulässt. Ziemlich spät in den Evangelien wird der Leser darüber in Kenntnis gesetzt, dass sich unter den Jüngern auch Frauen befinden (Mk 15,40 f.parr. Mt/Lk/Joh; Lukas erwähnt sie bereits früher in 8,1–3). Sie werden nicht explizit als Jünger bezeichnet, obwohl ihnen eine recht herausgehobene Rolle in den letzten Tagen des Lebens Jesu und nach seinem Tod zugeschrieben wird. Neben den Jüngern wird Jesus zumindest in Galiläa von einer großen Menschenmenge begleitet, die in der Regel sehr aufgeschlossen und interessiert ist, seine Botschaft zu hören (vgl. Mk 2,2; 4,1 f.), manchmal aber auch ein wenig hilfsbedürftig und mitleiderregend erscheint (vgl. Mk 6,34par.). Einmal wird Jesus von Jüngern des Johannes aufgesucht und von ihnen befragt (Mt 11,2–6 = Lk). Außerdem ist er anscheinend immer von Vertretern seiner Gegner umgeben und in besonderer Weise auch von Mitgliedern seiner Familie. Die Gegner versuchen Jesus auszuhorchen (vgl. Mk 3,22parr., u. ö.) und ihn zum Schweigen zu bringen (Mk 3,6par.), seiner Familie liegt eher daran, ihn mundtot zu machen (Mk 3,21 und 3,31–35parr.).

Die Verkündigung Jesu führt zu unterschiedlichem Erfolg. Die Berufungserzählungen und manche der Heilungserzählungen scheinen betonen zu wollen, dass Jesus einen großen Eindruck hinterlassen hat, und zwar sowohl bei Einzelpersonen als auch bei der Menge, die beide über seine Lehre erstaunt sind und zu dem Entschluss kommen, sich ihm anzuschließen – worin ein Hauptinteresse der Evangelisten (vgl. Mk 1,18; 2,14 f.; 3,7; 5,24; 6,1; 10,28.32.52; 11,9; 15,41, meist mit Parallelen bei Matthäus/Lukas; ähnlich auch bei Johannes; vgl. weiter die Kontrastfolie in Mk 9,38) wie auch Jesus selbst liegt (Mk 8,34; 10,21 und Parallelen; vgl. symbolisch aufgeladen bei Joh 13,36 f.). Doch sein Wirken scheint niemals restlos erfolgreich zu sein, immer gibt es Abweichler oder Menschen, die sich nicht überzeugen lassen wollen. Am Ende wird dies nach Darstellung der Evangelien sogar für alle seine Begleiter gelten: Er wird von allen verlassen mit Ausnahme einiger weniger Frauen, die es glücklicherweise verstehen, die ersten Jünger wieder neu zu versammeln, die nun Zeugen der Erscheinung des Auferstandenen werden. Dies führt zu eindrücklichen Szenen, auch wenn nicht alle Evangelien gleichermaßen daran interessiert sind, dieses Motiv zu entfalten (vgl. Mk 16,8, nach dem Versprechen in 16,7) und das entsprechende Material in einigen Fällen als Epilog (Joh 21; vgl. bes. 21,19–22) oder spätere Ergänzung vorliegt (der sekundäre Markusschluss).

2.1.6. Jesus predigt »überall«. Der Ausdruck wird in den Evangelien mehrfach in dieser allgemeinen Form verwendet (Lk 9,6 πανταχοῦ; [auch Mk 16,20]), noch häufiger begegnet der Gedanke aber auch in konkreten Erzählzusammenhängen (s. u.). Natürlich ist er nicht wörtlich zu verstehen. Die Formulierungen enthalten immer eine geographische Begrenzung, was allerdings kaum für ein Itinerar ausgewertet werden kann. Von Jesus heißt es, dass er »in allen Städten und Dörfern Galiläas« gepredigt habe (Mk 1,14a = Mt/Lk/Joh: εἰς τὴν Γαλιλαίαν; Mk 1,38: ἀλλαχοῦ εἰς τὰς ἐχομένας κωμοπόλεις = Lk 4,43: ταῖς ἑτέραις πόλεσιν; Mk 1,39: εἰς ὅλην τὴν Γαλιλαίαν, vgl. MtEv, wofür Lukas »in den Synagogen Judäas« liest; Mk 6,6: περιῆγεν τὰς κώμας κύκλῳ = Mt 9,35: τὰς πόλεις πάσας καὶ τὰς κώμας; Mt 11,1: ἐν ταῖς πόλεσιν αὐτῶν; Lk 8,1: διώδευεν κατὰ πόλιν καὶ κώμην; Lk 9,6: κατὰ τὰς κώμας; Lk 13,22 διεπορεύετο κατὰ πόλεις καὶ κώμας). In einigen Fällen werden die Evangelien etwas präziser, indem sie hinzusetzen, dass Jesus in seiner

Heimatstadt gepredigt habe (Mk 6,1–6parr.) oder im benachbarten Kafarnaum (Mk 1,21par.; Joh 6,59) oder in den Synagogen (am Sabbat*: Mk 1,21par.*; 1,39parr.; 6,2*parr. Mt/Lk*; Lk 4,15; 6,6*; 13,10*; Joh 6,59; 18,20). Die Predigt in den Synagogen gibt seinem Wirken einen etwas formelleren Charakter, obwohl es offenbar nicht zur Steigerung seiner Akzeptanz in gewissen Teilen des Auditoriums führt, sondern vielmehr neue Fragen zu Status und Qualifikation aufwirft, die ihm einen solchen Auftritt erlauben (das wichtigste Beispiel dafür ist Lk 4,16–30 und die Parallelen in Mk 6,1–6 = Mt). Aber die Verkündigung Jesu war sicher nicht auf solche Versammlungsorte beschränkt, sondern konnte ebenso gut auf einem Marktplatz stattfinden (so die Redeweise der Gesprächspartner Jesu in Lk 13,26, auch wenn dies in den Evangelien nicht exemplifiziert wird) oder in einem Privathaus (vgl. Lk 7,36–50), am Seeufer (Mk 2,13; 4,1 f. = Mt; vgl. Lk 5,3), auf einem unbestimmten Berg (Mk 3,14 = Mt/Lk; Mt 5,2), an einem abgelegenen und einsamen Ort (Mk 6,35parr.; Lk 4,42 f.) oder irgendwo »unterwegs« (Mk 8,31; 9,31parr.; auch Lk 5,17 abweichend von Mk/Mt; Lk 11,1: ἐν τόπῳ τινί). Wo seine Jünger bei ihrer Mission auftreten, wird dagegen nicht erwähnt und scheint nicht auf bestimmte Orte festgelegt zu sein (vgl. Mk 6,12parr.; 6,30). Interessant ist hier wieder die Perspektive der Gegner, die Jesus beschuldigen, »in ganz Judäa von Galiläa bis hierher« zu predigen (Lk 23,5), was durch das Zeugnis der Evangelien kaum gedeckt ist. Die Reise endet an einem bestimmten Punkt, wo sich der Ort der Verkündigung schließlich auf den Jerusalemer Tempel(bezirk) beschränkt (Mk 11,17; 12,35; 14,49 und Parallelen; Mt 21,23par. Lk; Lk 19,47; 21,37 und öfter bei Joh, der darauf ein besonderes Gewicht legt: 7,14.28; 8,2.20; 18,20). Erst spät in den Evangelien scheint der Verkündigungsgedanke eine universelle Dimension anzunehmen, wenn Jesus die Jünger für ihre künftige Mission instruiert (Mk 13,10par.: εἰς πάντα τὰ ἔθνη = Lk 24,47; Mt 24,14: ἐν ὅλῃ τῇ οἰκουμένῃ; Mk 14,9 = Mt: εἰς ὅλον τὸν κόσμον; [vgl. Mk 16,15]) und der Auferstandene dasselbe noch einmal in ähnlicher Weise bestätigt (Mt 28,20). Zu Lebzeiten hat Jesus Palästina aber kaum einmal verlassen. Matthäus lässt ihn gegenüber seinen Jüngern sogar die Warnung aussprechen, die Grenzen des Landes Israel nicht zu überschreiten (Mt 10,5 f.23; vgl. auch die Fernheilungen in Mk 7,24–30 = Mt und Mt 8,5–13 = Lk). Wenn er selbst diese Regel übertritt, geschieht es nur widerwillig, wie Lukas es in seiner Darstellung der Jerusalemreise anzudeuten scheint (Lk 9,52–56, vgl. aber Mk 10,1par. Mt, obwohl dieser Text etwas unklar ist). Ob Jesus möglicherweise die Absicht hat, in die Diaspora zu reisen, ist eine Frage, die bemerkenswerter Weise nur seine Gegner beschäftigt (Joh 7,35).

2.1.7. Die Evangelien verwenden eine Vielzahl von Ausdrücken, um das Umherreisen Jesu zu beschreiben. Dabei entsteht das Bild eines Menschen, der beständig unterwegs ist, der kommt und geht, der verschiedene Orte (Städte, Häuser oder den Tempel) betritt oder sie verlässt, der durch sie hindurch reist (Lk 8,1: διοδεύω; vgl. Apg 17,1) oder am See und im Land umherzieht (Mk 6,6 und Mt 4,23; 9,35: περιάγω, womit übrigens auch die Tätigkeit der Pharisäer in Mt 23,15 bezeichnet wird). Bei Gelegenheit kann in diesem Zusammenhang auch ein sehr gewöhnliches Verb eine intensivere Bedeutung bekommen (vgl. πορεύομαι in Lk 9,52). Auffällig ist auch der Gebrauch von περιπατέω in Mk 11,27 (abweichend von Mt/Lk) zur Beschreibung der Lehrtätigkeit Jesu im Jerusalemer Tempel(bereich), die dadurch beinahe einen philosophischen Charakter erhält.

Über die Umstände, unter denen Jesus und seine Begleiter umherziehen, wird wenig gesagt. Hin und wieder heißt es, dass sie unterwegs von jemandem eingeladen werden (Mk 14,3–9parr.; Lk 7,36–50; Joh 11), und diese Erwartung wird auch den Jüngern bei ihrer Aussendung mit auf den Weg gegeben. Gelegentlich trifft Jesus einige Vorkehrungen, etwa auf der Reise durch Samaria (Lk 9,52–56) und bei der Vorbereitung des Passa-Mahls in Jerusalem (Mk 14,12–17). Erwähnt werden aber auch Mangel- und Notsituationen, die Jesus allerdings zu lindern versteht (die Speisungswunder), die allerdings auch zu Klagen bei seinen Jüngern (Mk 10,28 = Mt/Lk) und bei Jesus selbst führen (Mt 8,20 = Lk 9,58). Jesus reist unter sehr bescheidenen Bedingungen und erwartet, dass dies auch das Schicksal seiner Jünger ist.

Es ist nicht möglich, eine Reiseroute zu rekonstruieren, die über die allgemeine Information hinausgeht, dass Jesus in der Nachbarschaft Kafarnaums und am See von Galiläa unterwegs ist und eine (oder wie Johannes meint mehrere) Pilgerreise(n) nach Jerusalem unternimmt, deren Itinerar ebenfalls vage bleibt und offenbar nicht im Zentrum des Interesses der Evangelisten steht. Für das Porträt eines Wanderpredigers muss dies allerdings kein Problem darstellen, da er per definitionem kaum einem festen Reiseplan folgen wird, sondern eher dorthin geht, »wo der Wind weht« und der Geist ihn hinführt.

2.1.8. Das Reisen ist keine zwingende Voraussetzung für das Verbreiten einer Botschaft oder Lehre. Ebenso kann man an einem bestimmten Ort leben und diesen zum Zentrum seiner Lehrtätigkeit machen, wie beispielsweise Sokrates es tat, als er sich in Athen niederließ, und andere, die seinem Beispiel folgten. Sicher ist dies leichter in einer Stadt zu realisieren, die ein größeres Einzugsgebiet und darum ein größeres potentielles Publikum bietet. Aber auch in einem Dorf in einer abgelegenen Provinz mag eine solche Praxis denkbar sein. Epiktet hat seine Schule in Nikopolis eröffnet, einer Stadt im Nordwesten Griechenlands, die zwar Knotenpunkt für Reisende nach Ost und West war, aber ihrem Charakter nach dennoch provinziell blieb. Jesus zog offenbar die Wanderexistenz vor, auch wenn er schließlich in Jerusalem ankam, um dort seine Bestimmung zu finden. Nach welchem Modell lässt sich diese Existenz beschreiben? Vier Möglichkeiten sollen im Folgenden aufgeführt werden, die für die Klärung dieses Aspekts des Wirkens Jesu vorgeschlagen wurden, auch wenn sie keineswegs gegen Kritik gefeit sind.

Eine erste Möglichkeit besteht darin, die soziale und religiöse Tradition des antiken Judentums zu betrachten. Die erste Assoziation, die sich dabei einstellen mag, betrifft die jüdische Prophetie. Die Darstellung Jesu in den Evangelien zeigt gewisse Gemeinsamkeiten mit dieser Tradition. Allerdings weisen alle Evangelisten darauf hin, dass Jesus »mehr als ein Prophet« gewesen sei. Auch wenn die Propheten immer wieder eine kritische Haltung einnehmen und sehr freimütig ihre theologischen Interpretationen politischer Ereignisse vortragen können, was den Vergleich mit dem Wirken Jesu durchaus nahelegt, sind sie für die Herleitung des Motivs der Wanderexistenz kaum geeignet. Ein zweiter Aspekt aus derselben Tradition ist ebenfalls nur bedingt hilfreich. Der abschließende Teil der Reise Jesu lässt sich mit dem Weg jüdischer Pilger nach Jerusalem vergleichen (vgl. die Bestimmungen für die Ankunft auf dem Tempelberg im rabbinischen Traktat Berakhot bBer 9,5). Die Parallele ist herangezogen worden, um die Beschränkungen zu erklären, die Jesus seinen Jüngern für ihre Mission auferlegt. Dabei zeigen sich zwei Schwierigkeiten: Zwar mögen die jüdischen Pilger unter harten Bedingungen gereist sein, es waren ihnen allerdings einige grundlegende Erleichterungen gestattet, die der mk. Jesus gerade ausschließen möchte. Entscheidend ist sicher, dass die Pilger reisen und beten, aber in der Regel nicht predigen.

Auf der Suche nach Erklärungsmustern ist in den letzten Jahren verstärkt die Logienquelle und die Didache in den Blick gerückt. Leider erwähnt die Logienquelle nur die Mission der Jünger und bezieht sich kaum auf die Reisen Jesu (mit Ausnahme von Q 9,57–60 und dem Logion über die Nachfolge in Q 14,27). Es ist natürlich vorstellbar, dass die Modalitäten der Jüngermission auf die Mission Jesu übertragen wurden, allerdings wird dies in der Logienquelle nicht entfaltet, wie es auch umstritten bleibt, ob die Logienquelle auf eine Predigthilfe für Missionsreisende reduziert werden kann. Die Didache erwähnt reisende Lehrer/Apostel/Propheten, die verschiedene Gemeinschaften besuchen, aber sie steht ihnen offenkundig kritisch gegenüber und vermeidet (absichtlich?) jeden Vergleich dieser Personen mit Jesus (Did 11). Entsprechend gering ist der Ertrag für eine Einordnung des Wirkens Jesu in dieser Hinsicht. Der Text stammt aus einer anderen Zeit und richtet sich erkennbar auf eine andere Situation.

Noch umstrittener ist der Vorschlag, dass Jesus ein(e Art) kynischer Philosoph gewesen sei oder als solcher betrachtet wurde. Trotz einiger Gemeinsamkeiten, die zum Teil sogar recht reizvoll erscheinen (und zumeist, aber nicht ausschließlich Material der Logienquelle betreffen), ist die Überzeugungskraft dieses Gedankens doch überwiegend als begrenzt eingeschätzt worden und zwar vor allem wegen der Unterschiede, die zwischen den Inhalten kynischer Philosophie und der Botschaft Jesu bestehen und wegen der andersartigen Aussagen, die in den Evangelien über und von Jesus gemacht werden. Möglicherweise verfehlt dieses Urteil aber den Kern. Der Vergleichspunkt ist nicht so sehr der Inhalt der Botschaft, sondern das Verhalten. Aber auch in dieser Hinsicht muss bemerkt werden, dass Wanderschaft kein zwingender Bestandteil des kynischen Lebens war und dass die Indifferenz gegenüber einem festen Wohnsitz nicht automatisch mit einem unbeständigen Wanderdasein verbunden sein musste. Vielleicht liegt hier ein Ansatzpunkt, wenn es um den Vergleich ähnlicher Lebensstile von andererseits sehr unterschiedlichen Personen aus unterschiedlichen geistigen Kontexten geht. Die Lebensbeschreibung des Apollonius von Tyana von Philostratos (aus den ersten Jahrzehnten des 3. Jh.s) zeigt den Protagonisten als einen unermüdlichen Reisenden, der bestrebt ist, seine Botschaft in jede Stadt zu bringen und seine Jünger oder jedes beliebige Auditorium, das sich ihm bietet, zu belehren. Leider ist über den historischen Apollonius, abgesehen von den Schilderungen des Philostratos, nicht viel bekannt, ferner scheint die Erzählung zum Teil als paganes Gegenstück zu den Evangelien konzipiert zu sein.

Eine vierte Option, die bislang vielleicht noch nicht die gebührende Aufmerksamkeit erhalten hat, ergibt sich, wenn man auf die Gegner Jesu in den Evangelien schaut. Die Schriftgelehrten und Pharisäer haben offenkundig ein großes Interesse daran, was Jesus sagt und tut, während er in Galiläa umherzieht. Die Kenntnis über die Struktur und Organisation der jüdischen Elite in den Landesteilen ist leider sehr begrenzt, dennoch fällt auf, dass deren Vertreter anwesend sind, wo immer Jesus erscheint. Sie sind über sein Ansehen als Lehrer und über die Wirkung seiner Predigt auf die Menge beunruhigt, außerdem werden sie von Jesus dafür kritisiert, wie sie ihre Leute »ausbilden«. Wahrscheinlich war es nicht so, dass jeder Ort einen »Ortspharisäer« besaß, trotzdem sind sie nach Darstellung der Evangelien überall präsent und zeigen sich besorgt um das, was geschieht. Die Tirade gegen ihren Missionseifer in Mt 23,15 mag im Blick auf das Ausmaß ihrer Bemühungen überzogen sein, aber sie entbehrt wohl nicht einer gewissen Grundlage, auf der sie ihre Wirkung erzielen konnte. Am Ende sind sich Jesus und seine Gegner also vielleicht ähnlicher, als man erwarten sollte, was helfen könnte, die Spannungen zwischen ihnen zu erklären, die in den Evangelien beschrieben werden.

Zwei Beobachtungen zum Abschluss: (1) Das Wirken Jesu als wandernder Verkündiger und Heiler wird in den Evangelien detailliert dargestellt, wofür eine Vielzahl von Motiven und Vokabeln aufgeboten wird, die die Komplexität des Phänomens deutlich macht. Das Reisen ist ein integraler Bestandteil seines Wirkens, den Jesus auch für seine Jünger vorgesehen hat, der allerdings geographisch begrenzt ist und anscheinend in zwei Bereiche gegliedert werden kann: einen in der Umgebung seiner Heimatstadt und einen, der nach Jerusalem gerichtet ist. (2) Dieser Aspekt des Wirkens Jesu zeigt eine gewisse Nähe zu verschiedenen Vorbildern der jüdischen und griechischen Tradition, obwohl keines davon als Parallele Vorrang oder Exklusivität beanspruchen kann. Integral für das Wirken und einzigartig in Ausrichtung und Botschaft – dies sind vielleicht die kennzeichnenden Merkmale für diesen Teil des Lebens Jesu, wie es in den Evangelien dargestellt wird.

Downing, Francis Gerald 1988: Christ and the Cynics. Jesus and Other Radical Preachers in First-Century Tradition, JSOT Manuals 4, Sheffield.

Schmeller, Thomas 1989: Brechungen. Urchristliche Wandercharismatiker im Prisma soziologisch orientierter Exegese, SBS 136.

Theissen, Gerd 1979; ³1989a: Studien zur Soziologie des Urchristentums, WUNT 19, Tübingen.

Tiwald, Markus 2002: Wanderradikalismus. Jesu erste Jünger – ein Anfang und was davon bleibt, ÖBS 20, Frankfurt.

Joseph Verheyden

2.2. Gründung einer Gemeinschaft

2.2.1. Ruf in die Nachfolge

Der Ruf Jesu zur Nachfolge ist ein Motiv, das die Evangelien insgesamt durchzieht. Er wird in drei unterschiedlichen Ausformungen thematisiert, die gemeinsam ein mehr oder weniger vollständiges Bild davon ergeben, was Nachfolge bedeutet, vor welche Anforderungen sie stellt und was für Rechte und Pflichten mit ihr verbunden sind. Diese Aspekte sollen im folgenden Überblick dargestellt werden.

2.2.1.1. Berufungen und die Antwort der Berufenen bilden einen Motivkomplex, der bereits aus der hebräischen Bibel (insbesondere bei den Propheten) bekannt ist und schon in den Erzählungen über die Kindheit Jesu für verschiedene Charaktere zur Anwendung kommt. Die Jüngerberufung ist nach Darstellung der Evangelien eine der ersten Handlungen Jesu zu Beginn seines öffentlichen Wirkens. Die Versionen der ersten Berufungserzählung bei Markus und Matthäus sind weitgehend identisch und stehen in beiden Fällen an derselben Stelle innerhalb des Erzählverlaufs (Mk 1,16–20 = Mt 4,18–22). Lukas bietet eine ausgebaute Variante dieser Geschichte (Lk 5,1–11), die er später in seiner Erzählung platziert, nachdem er schon recht ausführlich über Lehre und Heilungen Jesu berichtet hat – ein Unterschied, der allerdings nicht überbetont werden muss, denn auch bei Markus und Matthäus hat Jesus seine Verkündigung bereits zuvor begonnen (Mk 1,14 f. = Mt 4,13–17); Lukas bietet hier einfach eine konkretere Darstellung. Bei Johannes findet sich eine etwas kompliziertere Geschichte, aber auch er stellt sie wie Markus und Matthäus an den Anfang seiner Erzählung, obwohl er keine andere Tätigkeit Jesu vor der Berufung der ersten Jünger (Joh 1,35–51) erwähnt. Doch selbst bei Johannes kommt Jesus nicht aus dem Nichts. Vielmehr wird er durch Johannes den Täufer angekündigt, der vor einer großen Menschenmenge über ihn spricht, auch wenn nicht gesagt ist, dass Jesus von ihm getauft wird, wie es die synoptischen Evangelien berichten.

Jesus ist also kein gänzlich Unbekannter, als er an den See von Galiläa (See Gennesaret bei Lukas) kommt. Das könnte erklären, warum er in der Berufungserzählung des Markus und Matthäus offenbar keine Einführung benötigt, sich den Fischern am See nicht vorstellt und diese auch keine Fragen zu seiner Identität stellen – wenn man nicht gerade für eine eher theologische Erklärung votiert und die Berufungserzählung als eine Art Offenbarung an die Jünger versteht. Das Fehlen eines Hinweises auf die Person Jesu ist in der Tat ein auffälliges Merkmal, über dessen Bedeutung eine gewisse Unsicherheit besteht, weil die Berufenen nicht erkennen lassen, ob oder wie sie davon Kenntnis haben, wer Jesus ist. Lukas weicht von diesem Muster ab und legt Petrus die Anrede Jesu als »Meister« (ἐπιστάτης) und die Selbstbezeichnung als »Sünder« in den Mund (Lk 5,5.8). Die Anrede ist eine Vorzugsvokabel des Lukas, die nur er verwendet und an einer Stelle auch anderen Außenseitern in den Mund legt, die Jesus anrufen (die Aussätzigen in Lk 17,13). Es fehlt allerdings eine Erklärung, warum die Bezeichnung in diesem Kontext angemessen ist; die Selbstbezeichnung des Petrus wird später noch weitere Male im Berufungszusammenhang erscheinen und dort für andere Menschen gebraucht werden (s. u.). Hinzu kommt, dass Jesus seine Macht oder sein besonderes Wissen demonstriert, als er Petrus mit Erfolg zum Fischen auf den See zurückschickt, wobei dieser ein großes Vertrauen zeigt, wenn er den Befehl ohne Widerspruch ausführt. Lukas erklärt, was Markus und Matthäus unausgesprochen lassen; auch in seiner Darstellung bleibt aber ein Geheimnis, sowohl im Blick auf Jesus als auch im Blick auf die Reaktion des Petrus.

Die synoptischen Fassungen der Berufungserzählung enthalten drei weitere interessante Aspekte. Berufen wird jeweils nur eine kleine Anzahl von Menschen (vier bei Markus und Matthäus, drei davon auch bei Lukas), die der untersten sozialen Schicht angehören. Die Anzahl wird nicht erklärt, die soziale Stellung scheint keinerlei Problem darzustellen und bleibt ebenfalls unbegründet, was unwillkürlich die Frage aufkommen lässt, wohin die Erzählung steuern wird. Ferner fällt auf, dass Jesus bei der Anrede der Fischer das Wort »Jünger« vermeidet und kaum etwas darüber sagt, welche Erwartungen sich mit der Aufforderung, ihm zu folgen und »Menschenfischer« zu werden, verbinden. Zwar scheint die »Menschenfischerei« eine treffende Bezeichnung zu sein, doch bleibt auch sie letztlich unklar. Umso bemerkenswerter ist die Reaktion der angesprochenen Männer. Sie lassen alles hinter sich (auch die engsten Familienangehörigen, d. h. jene, für die sie eigentlich zu sorgen haben) und schließen sich Jesus unmittelbar an. Diese beiden Motive werden später in den Evangelien wiederaufgenommen und zeigen dort, dass die Ad-hoc-Entscheidungen unumkehrbar und nicht nur probeweise getroffen sind. Mit diesen Elementen werden die synoptischen Berufungserzählungen zu Prototypen ihres Genres: Fragen werden nicht gestellt, Antworten kaum gegeben. Alles ist offen und die Spannung bleibt erhalten.

Johannes wählt für seine Version der ersten Berufungserzählung einen etwas anderen Weg. Bei ihm gibt es keine Szene am See und keine Fischer und daher auch keinen Grund, das Schlüsselwort der synoptischen Berufungserzählungen anzubringen. Stattdessen erhält der Leser hier eine Vielzahl von Informationen über Jesus und über die Reaktion der Jünger auf ihre Berufung. Johannes stimmt mit den Synoptikern überein, wenn er von einer Doppelberufung von jeweils zwei Personen spricht, darüber hinaus lassen sich aber eine Reihe von Unterschieden feststellen. Das beginnt mit den ersten beiden Berufenen, die bereits Jünger sind, als sie zu Jesus kommen, nämlich Jünger von Johannes dem Täufer. Sie bekommen Jesus von ihrem Meister mit derselben rätselhaften Formulierung vorgestellt, die er schon zuvor verwendet hatte, um Jesus anzukündigen und in eine göttliche Dimension zu rücken (»Seht, das Lamm Gottes«, Joh 1,29.35 f.). Die Jünger folgen diesem Fingerzeig, vermeiden es aber, Jesus in derselben Weise anzusprechen wie ihr Meister, und halten sich stattdessen an das gewöhnlichere »Rabbi« (Joh 1,38). Recht gewöhnlich ist auch ihre Frage, die sie an Jesus richten: Sie wollen wissen, wo er wohnt. Die couragierte Entscheidung der Jünger in den synoptischen Erzählungen scheint hier weit entfernt. Bei Johannes bleiben sie für einen Tag bei Jesus und werden von ihm unterrichtet. Davon ist zwar nicht explizit die Rede, aber das Resultat scheint zumindest einen der beiden zu überzeugen (der andere verschwindet aus der Szene, obwohl nicht gesagt wird, dass er gegangen sei): Andreas geht zu seinem Bruder Simon, um ihn zu Jesus zu bringen, nachdem er ihm die Identität seines neuen Meisters offenbart hat (der Messias!). In der Weise, wie er selbst mit Jesus bekannt gemacht wurde, verfährt er also auch mit seinem Bruder, welcher von Jesus sofort einen anderen Namen erhält. Diese Umbenennung, die in anderem Kontext auch in den synoptischen Evangelien erwähnt wird, stellt einen Zusammenhang her, der aus Initiationsriten bekannt ist und deswegen nach der »Initiation«, die Andreas erfahren hat, keineswegs deplatziert erscheint. Man könnte versucht sein, diesen ersten Teil der Darstellung im Vergleich mit den synoptischen Fassungen nicht als Berufungserzählung gelten zu lassen. Der zweite Teil kommt dem bekannten Erzählschema allerdings deutlich näher, wenn Jesus nun zu Philippus tritt und ihn auffordert, ihm zu folgen (Joh 1,43). Philippus reagiert darauf, indem er einer weiteren Person berichtet, den Messias getroffen zu haben. Er tut dies in weniger direkter Form als zuvor Andreas und ohne dass gesagt wird, dass er eine entsprechende Instruktion erhalten habe – es sei denn, man versteht die Angabe, dass er aus demselben Ort wie Andreas und Simon stamme (Joh 1,44), als Hinweis auf seine Informationsquelle, was den Ruf Jesu zur Nachfolge in gewisser Weise schmälern würde. Der letzte der Berufenen erweist sich als der am schwersten zu Überzeugende (Joh 1,46–48). Allerdings übertrifft sein Bekenntnis schließlich alles, was die Mitberufenen über Jesus gesagt haben, weil er auf das Zeugnis des Täufers in Joh 1,34 zurückgreift und Jesus entsprechend den »Sohn Gottes« und »König Israels« nennt (Joh 1,49), womit er das Täuferbekenntnis mit seiner eigenen Interpretation dessen verbindet, was dieser Messias repräsentiert. Der Ausruf wird von Jesus weder dementiert noch bestätigt, aber in seiner Antwort greift er selbst auf ein Motiv zurück, das in der Rede des Täufers bereits enthalten war, obwohl er es in anderer Weise formuliert und dabei eine Selbstbezeichnung einführt, die in allen Evangelien verwendet wird (»Menschensohn«, Joh 1,51).

Beim Vergleich mit den synoptischen Erzählungen sieht es danach aus, als würde Johannes alles bereits zum Anfang preisgeben und darüber hinaus versuchen, die Rolle Jesu bei dieser ersten Berufung einzuschränken, indem er sich darauf konzentriert, von den Berufenen zu sprechen. Aber auch bei Johannes bleiben einige Dinge ungeklärt – von der Identität des anderen Täuferjüngers neben Andreas bis hin zu den Erwartungen, die jenen gelten, die sich zur Nachfolge entschlossen haben. Jesus ist auch in der Version des Johannes die tonangebende Gestalt. Während in den synoptischen Evangelien die Initiative allein von Jesus ausgeht, zeichnet Johannes ein etwas komplexeres Bild, in dem das Zusammenspiel der Beteiligten stärker in den Blick kommt, aber auch hier geht der Impuls zur Nachfolge von der Unterweisung Jesu aus und er behält das letzte Wort bei der Identifikation seiner Person. Es besteht vor diesem Hintergrund keinerlei Anlass, die Version des Johannes vollständig von denen der synoptischen Evangelien zu trennen. Seine Fassung ist sicher ausführlicher und komplexer, aber sie vermittelt dieselbe Kernbotschaft: Jesus beruft und die Jünger folgen ihm bedingungslos.

Bald nach der ersten Berufungserzählung bietet Markus eine zweite (Mk 2,13–17), die Matthäus und Lukas ganz weitgehend übernehmen, wobei Matthäus sie erst später in den Erzählverlauf integriert (Lk 5,27–32 = Mt 9,9–13). Diese Geschichte entspricht der ersten nur zum Teil. Dieses Mal wird ein »wirklicher« Außenseiter berufen, nämlich ein Zöllner, was auch hier in sehr knapper Form geschieht: Jesus ruft ihn auf, ihm zu folgen (jetzt mit dem »technischeren« ἀκολουθέω), und der Mann willigt ein, ohne ein Wort zu verlieren. An diesem Punkt beginnt die Erzählung in zweierlei Hinsicht eine eigene Wendung zu nehmen. Jesus bedient sich des Zöllners, um einen Zugang zu anderen Vertretern dieses Berufsstandes zu erhalten, die jetzt als »Sünder« bezeichnet werden, genau wie Petrus sich bei seiner Berufung selbst genannt hat (die Wendung »Zöllner und Sünder« kann auf zwei verschiedene Gruppen bezogen oder, wahrscheinlicher, als synonymer Ausdruck gebraucht sein). Bei Markus findet sich in diesem Zusammenhang eine rätselhafte Notiz über die Vielen, die Jesus bereits nachfolgten, wobei unklar bleibt, ob es sich um die Zöllner handelt oder, wiederum wahrscheinlicher (die große Anzahl der Zöllner war zuvor schon erwähnt worden), um seine Jünger, die ebenfalls anwesend sind und nun das erste Mal bei Markus als solche bezeichnet werden (vgl. auch Lk 5,30). Offenbar sind die Berufungen zur Nachfolge auch in anderen als den explizit geschilderten Fällen erfolgreich gewesen, aber es wird nicht gesagt, wie die Vielen berufen wurden, ob persönlich wie jene aus der ersten Erzählung und der Zöllner Levi-Matthäus, oder als Folge der Predigt Jesu vor der Menge. Hinzu kommt ein weiteres Element: Die Berufungen und deren Erfolg werden von den Mitgliedern der religiösen Elite kritisch verfolgt, was nach der Auseinandersetzung bei der Heilung des Gelähmten (Mk 2,1–12) zu einer neuerlichen Konfrontation führt (erstmals mit den Pharisäern bei Markus). Der Disput gibt Jesus die Gelegenheit, den heilsstiftenden Charakter seines Handelns zu unterstreichen. Menschen (»Sünder«) werden demnach berufen, um gerettet zu werden (Mk 2,17parr.).

Ferner gibt es Berufungserzählungen »zweiter Ordnung«, wenn man so will, in denen Jesus nach der Schilderung bei Markus und Lukas aus der Menge der ihm Nachfolgenden eine begrenzte Zahl von Jüngern, nämlich den Zwölferkreis auswählt, den er mit der Aufgabe betraut, seine Botschaft zu verbreiten und die Besessenen zu heilen (Mk 3,13–15par. Lk 6,13; Mt 10,1–4 beschreibt dies als Beauftragung einer Gruppe, die bereits konstituiert ist). Nach Markus versammelt Jesus die Ausersehenen um sich und benennt zwölf von ihnen (καὶ προσκαλεῖται οὓς ἤθελεν αὐτός, […] καὶ ἐποίησεν δώδεκα, Mk 3,13); Lukas berichtet davon in ähnlicher Weise (προσεφώνησεν τοὺς μαθητὰς αὐτοῦ, καὶ ἐκλεξάμενος ἀπ' αὐτῶν δώδεκα, Lk 6,13). Eine bestimmte Gruppe von Jüngern wird ausgewählt, um eine konkret bezeichnete Aufgabe zu erfüllen (so bei Markus, vgl. aber auch Lk 9,1 f.); weitere Einzelheiten dazu werden später in der »Aussendungsrede« Jesu formuliert. Die Ausgesandten werden bei ihrer Rückkehr »Apostel« genannt

(Mk 6,30 = Lk 9,10). Offenbar handelt es sich dabei um denselben Personenkreis, wobei allerdings festzuhalten ist, dass die beiden Ausdrücke »Jünger« und »Apostel« nicht einheitlich verwendet werden, wenn auf das missionarische Wirken der Jünger Bezug genommen wird (vgl. etwa den misslungenen Exorzismus der »Jünger« in Mk 9,18 = Mt/Lk).

Zu diesen »förmlichen« Berufungserzählungen können vielleicht noch andere hinzugezogen werden. Ein gutes Beispiel wäre etwa die Geschichte des reichen jungen Mannes (Mk 10,17–31parr.), die in eine Berufung durch Jesus mündet, welche der Angesprochene unbeantwortet lässt (Mk 10,21 f. = Mt/Lk). Auch die kleine Szene in Joh 11,28 f., in der Jesus Maria zu sich ruft (φωνέω), die dieser Aufforderung unmittelbar Folge leistet, könnte möglicherweise dazu gezählt werden. Einige bekunden lediglich die Absicht, Jesus nachfolgen zu wollen, wie z. B. der Schriftgelehrte in Mt 8,19 f. (vgl. Lk 9,57 f., wo er anonym bleibt). Matthäus stellt ihm einen Jünger zur Seite, der um Erlaubnis bittet, seinen Vater zu begraben, was Jesus abweist und mit einem strengen »Folge mir« beantwortet (Mt 8,21 f.). Lukas hat dies zu einer Dreierszene ausgebaut, in der auch der zweite und dritte Gesprächspartner nur Anwärter für die Jüngerschaft sind (Lk 9,59–62). Das Motiv der Nachfolge ist zentral für alle diese Szenen und der Fokus liegt auf den damit verbundenen Mühen und Entbehrungen, denen Lukas allerdings eine soteriologische Komponente und einen Bezug zur Aufgabe der Jünger hinzufügt (vgl. Lk 9,62 und 60). Dasselbe kann vom blinden Bartimäus gesagt werden, dessen Ruf gehört wird und der daraufhin selbst von Jesus »gerufen« wird (φωνέω in Mk 10,49 und Mt 20,32), was zu seiner Heilung und zur Nachfolge führt (Mk 10,52par. Mt/Lk). In einer Dublette dieser Erzählung in Mt 9,27–31 wird dieses letzte Motiv ausgelassen. Stattdessen spricht Matthäus davon, dass die Geheilten die Nachricht von Jesu Tat verbreiten, was ein Motiv ist, das auch in anderem Zusammenhang begegnet und als reduzierte Variante des Nachfolgemotivs gelten kann (vgl. auch Mk 1,45 mit demselben Verb διαφημίζω wie Mt). Vielleicht sollte man dieser Kategorie auch die Erzählung in Lk 10,38–42 über Marta und Maria zurechnen, in der Maria, wie es heißt, »das Bessere« wählt, als sie von Jesus unterrichtet werden möchte, auch wenn nicht gesagt wird, dass sie ihm nachfolgt.

Von dieser letztgenannten Passage ist es nur ein kleiner Schritt zu solchen Erzählungen, die von der Nachfolge sprechen, ohne dass von einer Berufung die Rede wäre. Diese »impliziten« Berufungsgeschichten, wenn man sie so nennen will, sind etwas schwerer einzuordnen, weil nicht immer klar wird, ob die Protagonisten andauernd bei Jesus bleiben, wie es in den eigentlichen Berufungserzählungen offensichtlich vorausgesetzt ist. Einige von ihnen scheinen dies aber zu tun. Wiederholt wird in den Evangelien davon gesprochen, dass Jesus für eine gewisse Zeit von einer Menschenmenge begleitet wird, die ihm folgt (Mk 3,7 = Mt/Lk; Mk 5,24 = Lk, dort ohne das Verb ἀκολουθέω; Mk 6,33 = Mt/Lk mit ἀκολουθέω anstelle von συνέδραμον bei Markus; Mk 10,1: συμπορεύονται par. Mt 19,2: ἠκολούθησαν; Mt 8,1; 8,10 = Lk; Mt 20,29par. Mk 10,46, aber ohne ἀκολουθέω; Lk 23,27, in dem eher unsicheren Kontext auf dem Weg nach Golgota; Joh 6,2). Fast beiläufig erfährt der Leser dabei auch etwas über Nachfolgerinnen Jesu, ziemlich spät im Erzählverlauf bei Markus und Matthäus (Mk 15,41 =Mt/Lk; vgl. auch Joh 19,25), verhältnismäßig früh dagegen bei Lukas (Lk 8,1–3).

Zwei weitere Bemerkungen gehören an den Schluss dieses Abschnitts. Wenn man das große Interesse der Evangelisten am Motiv der Nachfolge in Rechnung stellt, ist es erstaunlich, dass sie auch von einigen wenigen Fälle berichten, in denen Jesus anscheinend bestrebt ist, die Menschen gerade nicht an sich zu binden. Ein Beispiel bietet Mk 2,12parr., wo einem Gelähmten gesagt wird, er solle nach Hause gehen (vgl. Mk 8,26), auch Mk 5,34 = Mt/Lk, wo eine Frau mit einem Segen weggeschickt wird, oder bei zwei Fernheilungen (Mk 7,24–30 = Mt; Mt 8,1–10 = Lk), bei denen die Bittsteller nach Hause gesandt werden, um das gewünschte Ergebnis vorzufinden. Noch pointierter sind solche Passagen wie Mk 1,38 = Lk, in denen sich Jesus der Menge zu entziehen versucht, Mk 5,19 = Lk, wo der Besessene nach seiner Heilung ebenfalls aufgefordert wird, nach Hause zu gehen, als er die Bitte äußert, sich Jesus anschließen zu dürfen, oder Mt 12,16, wo den Geheilten schlicht verboten wird, über Jesus zu sprechen (weniger klar ist, wer an der Parallelstelle bei Markus gemeint ist). Wahrscheinlich wollten die Evangelisten nicht sagen, dass diese Menschen keine Jünger geworden seien; sie folgen Jesus aber jedenfalls nicht auf seinem Weg, wie es andere tun. Schließlich gibt es eine merkwürdige Äußerung der Jünger in Mk 9,38 = Lk, mit der sie Einspruch gegen einen Exorzisten erheben, der den Namen Jesu verwendet, ohne in den Nachfolgekreis zu gehören (οὐκ ἀκολούθει ἡμῖν/μεθ᾿ ἡμῶν). Die Nachfolge wird hier zum Maßstab für die Beurteilung anderer Menschen, zumindest aus Sicht der Jünger Jesu.

2.2.1.2. Die Berufung zur Nachfolge und der Entschluss, diesen Ruf anzunehmen, sind zweifellos entscheidende Momente, aber damit nicht genug. Der Ruf reicht noch weiter. Nach der Darstellung der Evangelien ist Nachfolge und Jüngerschaft ein Prozess, der niemals endet und immer in Gefahr steht zu scheitern. Beiden Aspekten wird in den Evangelien die gebührende Aufmerksamkeit gewidmet. Die Anhänger Jesu, sowohl die Menge als auch der innere Zirkel, werden von Jesus fortdauernd unterwiesen. Der größere Teil dieser Lehre betrifft die Botschaft Jesu und die spezifische Rolle seiner Person, aber mehr als einmal wird auch darüber gesprochen, was das Jüngersein aus der Sicht Jesu bedeutet. Er instruiert die Jünger über die Beziehung zu ihrem Meister (Mt 10,24 f. = Lk; Mk 6,34 und 14,27 = Mt; in seiner eigenen Weise auch Joh 10,4 f.), über ihre Aufgabe als Apostel des Evangeliums (vgl. die »Aussendungsrede«) und über die Mühen und Entbehrungen der Jüngerschaft (Mk 6,8 f.11 = Mt/Lk; Mk 8,34–9,1 = Mt/Lk; Mk 13,9.11 = Mt/Lk; Mt 5,11 f.; 10,23; 23,37 = Lk; Joh 15,20). Er tut dies in Wort und Tat, indem er sie warnt oder lobt, indem er sie über das Gottesreich und seine Person belehrt, aber auch, indem er sie zur Mission aussendet, von der sie Bericht erstatten sollen (Mk 6,30 = Mt/Lk), indem er vorführt, was wahre Jüngerschaft bedeutet (die Fußwaschung in Joh 13,1–20), und sogar indem er ihnen zeigt, wie sie Gegnern widerstehen können (vgl. die Streitgespräche Mk 11 f.parr., wo die

Jünger offenbar Teil des Publikums sind, und noch direkter lange vorher, als Jesus sie in der Auseinandersetzung um das Fasten am Sabbat vertritt, Mk 2,18–22 = Mt/Lk). Er ist darauf bedacht, eine Trennung zwischen dem engsten Jüngerkreis und anderen Sympathisanten zu vollziehen, indem er Sonderunterweisungen gewährt, die nur den Ersteren zuteilwerden (Mk 4,10–12.13–20 = Mt/Lk), und selbst aus diesem engeren Kreis werden gelegentlich einige ausgesondert, um Zeugen noch vertraulicherer Begegnungen mit ihrem Herrn zu werden (vgl. die Verklärungserzählung Mk 9,2–10.11–13 = Mk/Lk). Aber die »Ausbildung« der Jünger ist ein langer und schwieriger, manchmal auch entmutigender Prozess, wie die Evangelisten nicht müde werden zu betonen. Die Jünger erweisen sich häufiger als schwerfällig, manchmal versagt ihr Verständnis gänzlich (vgl. Mk 6,52 und 8,14–21 = Mt 16,5–12, mit dem typisch mt. ὀλιγόπιστοι; Lk 18,34), obwohl sie hin und wieder auch zu einer Einsicht gelangen (Mt 16,12; 17,13). Sie werden zum Problem oder Ärgernis für andere (Mk 10,13 = Mt/Lk; Mt 15,23: die Jünger weisen Menschen ab, die zu Jesus kommen wollen; Mk 14,47 = Mt/Lk/Joh: die Streitlust der Jünger bei der Festnahme Jesu) und für sich selbst (Mk 4,38 und 6,49 = Mt/Lk: ihre Panik auf dem See Gennesaret; Mk 14,32–42 = Mt/Lk: ihre überwältigende Müdigkeit in Getsemani). Oder sie geraten untereinander in Streit (Mk 9,33–37 = Mt/Lk; Mk 10,35–45 = Mt und par. Lk). Zuweilen ist Jesus gezwungen, sich mit kritischen Situationen auseinanderzusetzen, etwa als Petrus ihn im Namen aller Jünger mit der problematischen Tatsache konfrontiert, dass sie alles für ihn zurückgelassen haben (Mk 10,28 = Mt/Lk), oder als er den Verräter unter ihnen anzeigen muss (Mk 14,18–21 = Mt/Lk/Joh). Er reagiert auf diese Verfehlungen in unterschiedlicher Weise: Er weist die Jünger zurecht (Mk 8,30 = Lk), sagt ihren Treuebruch voraus (Mk 14,27 = Mt und Mk 14,30 = Mt/Lk), wiederholt oder erklärt geduldig, was er gesagt oder getan hat (Mk 4,13–20 = Mt/Lk), verdammt den Verräter (Mk 14,21 = Mt) oder verspricht (himmlischen) Lohn für jene, die ihm treu bleiben (Mk 10,29 f. = Mt, der noch eine andere Art der Belohnung ergänzt in 19,28 = Lk 22,28–30; Lk 12,37; und die Gleichnisse über Herren und Diener). Zuweilen hat man auch den Eindruck, dass Jesus es sich selbst ein wenig schwer macht, etwa wenn er Petrus für sein Bekenntnis zunächst lobt und ihn dann zurechtweist (Mk 8,29.33 = Mt), ohne dass dem Leser unmittelbar klar wird, was daran verkehrt gewesen ist. Die gesamte lange Zeit in Galiläa und auf dem Weg nach Jerusalem ist Jesus damit beschäftigt, die Jünger zu *seinen* Jüngern zu machen. Am Ende allerdings scheint die Mühe vergeblich gewesen zu sein, wenn fast alle (außer den Frauen) ihn verlassen und seine engsten Vertrauten ihn verleugnen (Mk 14,50 = Mt; Mk 14,66–72 = Mt/Lk/Joh). Die Krise erreicht damit ihren Höhepunkt, wiewohl dies natürlich nicht das Ende der Geschichte markiert.

2.2.1.3. In gewisser Weise dauert die Einweisung in die Nachfolge nach dem Tod Jesu und seiner Auferstehung fort. Die Jünger werden durch den Auferstandenen erneut dazu berufen, neue und wahre Jünger zu werden, die das Werk fortführen, das Jesus ihnen aufgetragen hat. Die Erscheinungsberichte können als

neue Berufungsgeschichten gelesen werden, in denen Jesus der Herr den Jüngerkreis dazu drängt, Mut zu fassen, ihren Glauben wiederzufinden und sich bereit
zu machen für die große Aufgabe, die vor ihnen liegt. Das Evangelium des Matthäus endet in dieser Weise (vgl. den Auftrag des Auferstandenen in Mt 28,19 f.),
ebenso das LkEv, wo sich Jesus der Bereitschaft der Jünger für das Kommende
versichert (Lk 24,49). Darüber hinaus ist es wahrscheinlich kein Zufall, dass der
Erscheinungsbericht in Joh 21,1–11 der Berufungserzählung aus Lk 5,1–11 ähnelt und das Verb ἀκολουθέω im zweiten Teil des Kapitels ein Schlüsselwort bildet (vgl. Joh 21,19.20.22), oder dass ein späterer Autor das ursprüngliche Ende
des MkEv um eine etwas ungeordnete Beschreibung der Taten der »neugebore-
nen« Jünger erweitert hat und darin die Folgen des Versprechens zu illustrieren
scheint, dass die Jünger Jesus nach seiner Auferstehung in Galiläa treffen werden
(Mk 16,7). Besonders auffällig an diesen Schlusserzählungen ist vielleicht der
Umstand, dass das vorausgegangene Versagen der Jünger unerwähnt bleibt. Der
Auferstandene handelt, als sei nichts geschehen. Über das Verhalten der Jünger
wird hinweggesehen, stattdessen werden sie abschließend belehrt, um ihre Mission für alle Zeiten beginnen zu können (so bei Matthäus und Johannes).

2.2.1.4. Nach der Darstellung der Evangelien sind die Jünger untrennbar mit
dem Leben Jesu verbunden. Sie müssen unterwiesen und mit der Botschaft vertraut gemacht werden, damit sie imstande sind, das Werk Jesu fortzuführen. Von
manchen wird ausdrücklich gesagt, dass sie »berufen« wurden, was recht einfach
durch ein schlichtes εἶπεν ausgedrückt sein kann (Mk 1,17parr. Mt/Lk) oder mit
dem etwas prägnanteren καλέω (Mk 1,20 = Mt; vgl. Mk 2,17 = Mt/Lk). Sie werden zumeist als »Jünger« (μαθηταί) bezeichnet, gelegentlich auch mit anderen
Ausdrücken (»die Zwölf«, »Apostel«, »die, die bei Jesus sind«), was verschiedene
Möglichkeiten eröffnet, Jesus als »Meister« oder »Lehrer« darzustellen (ἐπιστάτης,
διδάσκαλος, aber auch »Rabbi«) und über die Beziehung zwischen Jesus und seinen Jüngern nachzudenken. Vor allem »folgen« sie Jesus »nach« (ἀκολουθέω),
ein Verb, das im Erzählverlauf recht bald das einfachere δεῦτε ὀπίσω μου der
ersten Berufungserzählung bei Markus und Matthäus ersetzt, obwohl gelegentlich auch andere Verben verwendet werden, um auszudrücken, dass die Jünger
Jesus begleiten oder mit ihm umherziehen. Die Vermutung liegt nahe, dass
ἀκολουθέω in diesem Fall vielleicht auch eine symbolische Bedeutung besitzt.
Die Jünger folgen Jesus nicht nur buchstäblich, sondern auch in ihren Taten und
im Geist.

Sie werden unterwiesen und sie erhalten ein bestimmtes »Wissen« über ihren
Meister und dessen Botschaft. Sie müssen lernen, um in der Lage zu sein, andere
zu belehren. Sie verstehen allmählich, dass ihr besonderer Status mit Privilegien,
aber vor allem mit Pflichten verbunden ist. Es wird von ihnen erwartet, Mut und
Vertrauen zu fassen bzw. zu bewahren (vgl. das Motiv der »Kleingläubigen« bei
Matthäus) und Ausdauer in den Mühen und Entbehrungen zu zeigen, die sie erleiden. Sie werden wiederholt daran erinnert, dass sie nicht wie ihr Meister von
göttlicher Herkunft sind und dies auch nicht sein können. Gelegentlich erscheint

ihr Meister als idealer Jünger, der Tugenden wie Geduld, Mitgefühl mit Notleidenden, Demut und Menschenliebe demonstriert und die Jünger dazu ermuntert, es ihm gleichzutun. Ihnen steht eine große Aufgabe bevor, die ihr ganzes Leben in Anspruch nehmen wird, was sie erst allmählich begreifen, nachdem sich ihre Begegnung mit dem irdischen Jesus in die besondere Erfahrung und Überzeugung verwandelt hat, vom Herrn zur Jüngerschaft berufen zu sein. In dieser Perspektive wird die Jüngerschaft zu einem Schlüsselmotiv der Evangelien.

2.2.2. Die Bildung des Zwölferkreises

Paulus, die vier Evangelien, die Apostelgeschichte und der Verfasser der Johannesapokalypse sind alle darüber unterrichtet, dass Jesus von einem ausgewählten Kreis von Jüngern begleitet wurde, die »die Zwölf (Jünger)« genannt werden. Die Bezeichnung und das Motiv (das mehr ist als eine bloße Bezeichnung) führt zu einigen interessanten Fragen hinsichtlich Ursprung, genauer Bedeutung und Gebrauch in den Evangelien und anderen frühchristlichen Schriften.

2.2.2.1. Unter den vielen Zahlen, die in den jüdischen Schriften eine bestimmte (symbolische) Bedeutung erhalten haben, nimmt die Zahl Zwölf einen besonderen Platz ein (alle folgenden Stellenangaben beziehen sich auf die Septuaginta). Es gibt zwölf »kleine« Propheten (vgl. auch Sir 49,10); zwölf Quellen (und 70 Palmen) in Elim (Ex 15,27^{LXX} und Num 33,9^{LXX}, zwei Stellen, die mit den 70 bzw. 72 Jüngern in Lk 10,1 in Verbindung gebracht werden); zwölf Schaubrote (Lev 24,5^{LXX}); zwölf königliche Feinde des Josua (Jos 24,12^{LXX}); zwölf Ochsen, die das Eherne Meer im salomonischen Tempel tragen (2Chr 4,4.15^{LXX}; vgl. Jer 52,20^{LXX}); der Umfang der beiden von den Chaldäern gestohlenen Säulen aus demselben Tempel beträgt zwölf Ellen (Jer 52,21 f.^{LXX}); Salomo und Manasse werden im Alter von zwölf Jahren Könige (3Kgt 2,12; 4Kgt 21,1); einige Könige regieren zwölf Jahre: Rehabeam (3Kgt 12,24a), Omri (3Kgt 16,23), Joram (4Kgt 3,1), Amon (4Kgt 21,19 v.l.) und Alexander d. Gr. (1Makk 1,7); zwölf Löwen stehen an den Stufen zu Salomos Thron (3Kgt 10,20 = 2Chr 9,19^{LXX}); zwölf Monate dauert die Vorbereitung der Frauen, bevor sie zu Artaxerxes geführt werden (Est 2,12^{LXX}); zwölf Männer begleiten Jischmael (Jer 48,1 f.^{LXX} v.l.); zwölf Söhne werden Ismael geboren (Gen 17,20^{LXX}; 25,16^{LXX}), zwölf dem Jakob (Gen 35,22^{LXX}); schließlich die zwölf Stämme Israels (Gen 49,28^{LXX}; Ez 47,13^{LXX}), von denen bei verschiedenen Gelegenheiten einzelne Vertreter ausgewählt werden (zwölf Anführer Israels, Num 1,44^{LXX}; zwölf Kundschafter, Dtn 1,23^{LXX}; zwölf Träger der Gedenksteine aus dem Jordan, Jos 3,12^{LXX}; 4,3–5^{LXX}; je zwölf Kämpfer für Benjamin und die Leute Davids, 2Kgt 2,15; zwölf Statthalter, 3Kgt 4,7; die Tempeldiener, 1Chr 25,9–31^{LXX}; zwölf Oberpriester, 2Esdr 8,24) oder die manchmal durch zwölf Gegenstände symbolisiert werden (Steine in Ex 24,4^{LXX}; 28,21^{LXX}; 36,21^{LXX}; Jos 4,2.8 f.20^{LXX}; 3Kgt 11,30; Ochsen in Num 7,2^{LXX} und verschiedene andere Kultgegenstände in Num 7,84–87^{LXX}; Stäbe in Num 17,17.21^{LXX}; Kälber oder Jungstiere in Num 29,17^{LXX}; 2Esdr 8,35; Stücke eines Mantels in 3Kgt 11,30; Ziegenböcke in 1Esdr 7,8 und 2Esdr 6,17). In einigen Fällen wird auch ein Vielfaches dieser Zahl verwendet (12.000 in Num 31,5^{LXX}; Jos 8,25^{LXX}; Ri 21,10^{LXX}; 2Kgt 10,6 und 17,1; 3Kgt 2,46i; 10,26 = 2Chr 1,14^{LXX} und 9,25^{LXX}; Jdt 2,15; Ps 59,2^{LXX}; Jon 4,11^{LXX}; 1Makk 11,45^{LXX} und 15,13^{LXX}; 2Makk 8,20 und 12,20) oder die Kombinationen mit 100 wie in Tob 14,1 (Tobit stirbt im Alter von 112 Jahren). Es gibt kaum Stellen, die keine symbolische Bedeutung haben (mögliche Ausnahmen sind die Anzahl der Städte in Jos 21 oder der Leviten für den Dienst an der Lade in 1Chr 15,10^{LXX}, der Gefäße für den Tempel in 1Esdr 8,56, die Größe der Vorhalle und des Opferherdes im neuen Tempel in Ez 40,49^{LXX} und 43,16^{LXX}, das Maß der Opfergaben für Bel in Dan (Bel 3), weil die Zahl zwölf hier zusammen mit anderen Maßangaben begegnet, vielleicht Elischas zwölf Ochsengespanne in 3Kgt 19,19 und die zwölf Teile des zerstückelten Körpers in Ri 19,29^{LXX}, obwohl diese letzten beiden Fälle weniger sicher zu den Ausnahmen gehören). Der kurze Überblick zeigt, dass die Zwölfzahl verschiedene Bedeutungen annehmen und in unterschiedlicher Weise gebraucht werden kann. Es überrascht also nicht, dass das Motiv auch bei späteren Autoren Anklang gefunden hat.

2.2.2.2. Auf die zwölf Stämme Israels wird in Mt 19,28 (= Lk; bei Matthäus in Verbindung mit den »zwölf Thronen«); Jak 1,1; Apk 21,12 und besonders nachdrücklich in Apk 7,4–9 Bezug genommen; auf die zwölf Söhne Jakobs in Apg 7,8 (dort als »Patriarchen« bezeichnet). Die Zahl zwölf kann mit der Vorstellung des Unzählbaren verbunden sein (eine zwölfjährige Krankheit in Mk 5,25 = Mt/Lk; zwölf Engellegionen in Mt 26,53), häufiger mit der des Überflusses (die zwölf Körbe in Mk 6,43 = Mt/Lk/Joh; Mk 8,19par. Mt, obwohl hier nur indirekt; Joh 11,9: zwölf Stunden am Tag) und/oder der Vollständigkeit und Perfektion (wiederholt in der Johannesapokalypse: der Kranz mit den zwölf Sternen, Apk 12,1; die zwölf Grundsteine mit den Namen der zwölf Apostel, die zwölf Tore, die jeweils aus einer Perle gemacht sind, die die Namen der zwölf Stämme Israels tragen und von zwölf Engeln bewacht werden, Apk 21,12.14.21; das Vielfache von Zwölf in Apk 21,16; die zwölf Früchte der Lebensbäume, Apk 22,2, die möglicherweise Überfluss und Perfektion gemeinsam verkörpern). Gelegentlich scheint die Zahl auch ohne symbolische Bedeutung verwendet zu sein (vgl. Mk 5,42 = Lk: das Alter der Tochter des Jaïrus; Lk 2,42: das Alter Jesu; Apg 19,7: »ungefähr zwölf Männer«, und 24,11: »nicht mehr als zwölf Tage«; in diesen letzten beiden Fällen liest der *textus receptus* stattdessen δεκαδύο, in Abgrenzung zu δώδεκα, »den Zwölf«), aber selbst in diesen Fällen ließen sich Gründe angeben, die dafür sprechen, dass vielleicht mehr als die bloße Anzahl gemeint ist (ein Hinweis auf die Mündigkeit in Lk 2,42 und entsprechend auch in Mk 5,42; die »ungefähr zwölf Männer« in Apg 19,7 sind bereits Jünger, vgl. 19,1).

2.2.2.3. Bei Markus, Lukas und Johannes begegnet die Bezeichnung »die Zwölf« (οἱ δώδεκα) für eine Gruppe von Jüngern Jesu, die Matthäus entsprechend konsequenter »die zwölf Jünger« (οἱ δώδεκα μαθηταί) nennt (Mt 10,1; 11,1; [20,17]; als Variante in 26,20; vgl. auch Mk 11,11 v.l.). Matthäus verwendet darüber hinaus die Bezeichnung »die zwölf Apostel« (οἱ δώδεκα ἀποστόλοι, Mt 10,2), die der Verfasser der Johannesapokalypse mit einem Zusatz versieht, der bezeichnend und typisch für ihn ist (οἱ δώδεκα ἀποστόλοι τοῦ ἀρνίου, »die zwölf Apostel des Lammes«, Apk 21,14). In eigener Weise findet sich die Wendung auch bei Markus (Mk 3,14). Die zwölf Jünger werden stets als Gruppe betrachtet, obwohl sie einmal namentlich identifiziert werden und einzelne Mitglieder hin und wieder ausgesondert werden (s. u.).

Auch Paulus kennt den Ausdruck »die Zwölf«. Er verwendet ihn einmal in einem Zusammenhang, der allgemein als Reflex alter Bekenntnistradition angesehen wird (1 Kor 15,5), und scheint dabei vorauszusetzen, dass seine Leser wissen, wovon er spricht. Allerdings erweist sich seine Aussage als problematisch, wenn sie mit den Angaben aus den Evangelien verglichen wird (s. u.). In den Evangelien werden »die Zwölf« bei verschiedenen Gelegenheiten und in unterschiedlicher Weise eingeführt. Bei Markus erscheint die Bezeichnung erstmals in einer Passage, die textlich unsicher, aber sachlich recht gehaltvoll ist (Mk 3,13–16):

(13) Und er [sc. Jesus] stieg auf einen Berg und rief die zu sich, die er erwählt hatte, und sie kamen zu ihm. (14) Und er setzte zwölf ein [die er auch Apostel nannte], die er bei sich haben und die er dann aussenden wollte, damit sie predigten (15) und mit seiner Vollmacht Dämonen austrieben. (16) [Und er setzte die Zwölf ein] ...

([13] καὶ ἀναβαίνει εἰς τὸ ὄρος καὶ προσκαλεῖται οὓς ἤθελεν αὐτός, καὶ ἀπῆλθον πρὸς αὐτόν. [14] καὶ ἐποίησεν δώδεκα [οὓς καὶ ἀποστόλους ὠνόμασεν] ἵνα ὦσιν μετ' αὐτοῦ καὶ ἵνα ἀποστέλλῃ αὐτοὺς κηρύσσειν [15] καὶ ἔχειν ἐξουσίαν ἐκβάλλειν τὰ δαιμόνια· [16] [καὶ ἐποίησεν τοὺς δώδεκα,] ...).

Die erste Passage in eckigen Klammern (V. 14) hat eine identische Parallele bei Lukas und steht deswegen im Verdacht, im Laufe der Textüberlieferung mit Absicht oder versehentlich bei Markus eingefügt worden zu sein. Die zweite Passage (V. 16) ist auffällig, weil sie wie eine Wiederholung der entsprechenden Formulierung am Beginn von V. 14 aussieht. Damit sind nur zwei Textprobleme in einem Abschnitt benannt, der insgesamt zahlreiche sekundäre Bearbeitungen erkennen lässt. Beide Formulierungen sind aber in den Text der maßgeblichen wissenschaftlichen Ausgabe des Neuen Testaments (»Novum Testamentum Graece«) eingegangen, wenn auch unter Vorbehalt. Stilistisch unterscheidet sich der Abschnitt nicht vom übrigen Text des MkEv (vgl. nur die extensive parataktische Satzgliederung). Er beschreibt eine Szene, in der Jesus zwölf Personen beruft, die sich ihm anschließen und seine Botschaft verkündigen sollen, wobei sie mit besonderer Macht gegen böse Kräfte ausgestattet sind. Die beiden Teile der Aufgabe, Verkündigung und Exorzismen, spiegeln das Wirken Jesu wider. Der Leser weiß bereits, dass Jesus von Jüngern begleitet wurde (Mk 2,15 f.18.23), und darf deswegen annehmen, dass die Zwölf dieser Anhängerschar angehörten, obwohl dies nicht explizit gesagt wird und die Zusammensetzung und Größe dieser Anhängerschaft nicht thematisiert wird. Die Mitglieder dieser Gruppe werden nicht »Jünger« genannt, auch die Zwölf nicht, die eher als »Apostel« vorgestellt werden, was gut zu der Aufgabe passt, die ihnen übertragen ist. Den Ausdruck »Apostel« verwendet Markus auch, wenn er von der Rückkehr der Zwölf von ihrer ersten Mission berichtet (Mk 6,30 = Lk, bei Matthäus ausgelassen). Markus gibt weder Grund noch Kriterien für die Auswahl des Zwölferkreises an. Die Wahl liegt bei Jesus und zwar ausschließlich bei ihm und sie ist offensichtlich erfolgreich: Alle Berufenen folgen ohne Widerrede. »Die Zwölf« sind entsprechend eine Schöpfung Jesu. Vor diesem Hintergrund kommt dem geringfügigen Unterschied zwischen den beiden Formulierungen am Beginn der Verse 14 und 16 möglicherweise größeres Gewicht zu. Die zweite Formulierung enthält vor der Zahl den bestimmten Artikel (τούς), was möglicherweise so zu verstehen ist, dass er »die Zwölf« aus zwölf Jüngern »machte« (V. 16), die er zuvor »ausgewählt« hatte (V. 14). Der Kreis ist das Ergebnis der Entscheidung Jesu, eine begrenzte Zahl aus einer anscheinend größeren Gruppe von Anhängern für eine bestimmte Aufgabe zu erwählen, deren zweiter Teil genauer ausgeführt ist (predigen und heilen), während der erste (bei Jesus sein) eher vage bleibt, aber die Zwölf als besonders nahestehende oder privilegierte Jünger kennzeichnet. Markus setzt die Erzählung mit einer Namensliste fort. Zunächst werden hier die Namen der Erstberufenen aus Mk 1,16–20 erwähnt, wobei Simon und Andreas nicht als Brüderpaar erscheinen, während Jakobus und Johannes wie zu Beginn des Evangeliums als Söhne des Zebedäus aufgeführt sind. Simon, Jakobus und Johannes erhalten formell einen neuen Namen wie bei der Initiation in eine geheime Verbindung. Die restlichen acht Namen folgen in einer Zusammenstellung, die nicht weiter erklärt wird. Alle diese Namen werden hier zum ersten Mal genannt, nichts ist also über die Geschichte dieser Personen oder über den Moment bekannt, in dem sie sich Jesus angeschlossen haben. Einer aus dieser Liste wird als »Sohn des Alphäus« bezeichnet, also in derselben Weise wie der Zöllner Levi, von dessen Berufung Markus zuvor berichtet hatte (Mk 2,13 f.), aber er trägt einen anderen Namen (Jakobus) und die Abstammung ist offenbar hinzugefügt, um ihn von dem gleichnamigen Zebedaiden zu unterscheiden. Die Liste schließt mit Judas Iskariot, der schon hier als künftiger Verräter Jesu diskreditiert wird. Markus wiederholt etwas später Teile dieser Geschichte in ähnlichem Wortlaut, wenn er von Jesus spricht, der während seiner Wanderschaft durch Galiläa »die Zwölf« zu sich ruft, um sie paarweise auf ihre erste Mission auszusenden (Mk 6,6b–7):

(6b) und er [sc. Jesus] zog durch die benachbarten Dörfer und lehrte. (7) Er rief die Zwölf zu sich und sandte sie aus, jeweils zwei zusammen. Er gab ihnen die Vollmacht, die unreinen Geister auszutreiben.

([6b] καὶ περιῆγεν τὰς κώμας κύκλῳ διδάσκων. [7] καὶ προσκαλεῖται τοὺς δώδεκα καὶ ἤρξατο αὐτοὺς ἀποστέλλειν δύο δύο καὶ ἐδίδου αὐτοῖς ἐξουσίαν τῶν πνευμάτων τῶν ἀκαθάρτων.)

Wieder ist die Aussage stilistisch unauffällig. Formal entspricht sie ganz der ersten, sodass der Leser beide ohne Schwierigkeiten aufeinander beziehen kann. Die zweite Passage unterstreicht den spezifischen Charakter des engeren Jüngerkreises und seiner Aufgabe, die dezidiert auf die Mission ausgerichtet ist.

Matthäus vermeidet die Dublette, fasst beide Geschichten zusammen und platziert sie im Erzählverlauf an derselben Stelle wie Mk 6,6b–7. Die Einführungsszene aus Mk 3,13a verwendet er für die Lokalisierung der Bergpredigt, die in Gegenwart der Jünger und für sie gehalten wird (Mt 5,1 f.), was die Bedeutung erkennen lässt, die er dieser mk. Parallele beimisst, und Aufschluss darüber gibt, wie er sich die Zusammensetzung dieser Gruppe vorstellt. Die literarische Bearbeitung ist nicht in jeder Hinsicht geglückt. Matthäus vereinfacht die mk. Erzählung, stiftet dabei aber einige Verwirrung. Bei Markus wählt Jesus zunächst zwölf Personen aus dem Kreis seiner Anhänger und sendet sie später aus. Matthäus berichtet nicht von einer Auswahl, sondern setzt sie anscheinend voraus, wenn er umstandslos formuliert: »dann rief er seine zwölf Jünger zu sich …« (καὶ προσκαλεσάμενος τοὺς δώδεκα μαθητὰς αὐτοῦ …, Mt 10,1) – falls damit nicht gesagt sein soll, dass der Jüngerkreis nur diese zwölf Personen umfasste. Es hilft dem Verständnis wenig, dass von »seinen« zwölf Jüngern gesprochen wird oder davon, dass Jesus vor den Jüngern die Größe der Aufgabe und den Mangel an Missionaren beklagt (Mt 9,36 f., ergänzt zur Aussage aus Mk 6,6b in V. 35), denn bis zu diesem Punkt ist von den »Zwölf« keine Rede gewesen und lediglich bekannt, dass es eine unbestimmte Anzahl von Jüngern gab, wodurch die tatsächlichen Verhältnisse einigermaßen unklar bleiben. In dieser Hinsicht ist die etwas umständliche Schilderung bei Markus deutlicher. Die Zwölf werden allerdings auch bei Matthäus mit denselben Aufgaben betraut, nämlich dem Verkündigen und Heilen, sie werden auch hier »Apostel« genannt und ihre Namen sind in einer Liste aufgeführt, die mit der Aufzählung bei Markus übereinstimmt, außer dass Simon Petrus und Andreas am Beginn zusammengestellt sind, die Zebedaiden keinen neuen Namen erhalten und Matthäus und Thomas in umgekehrter Reihenfolge genannt sind, wobei Ersterer als Zöllner bezeichnet wird (Mt 10,2–4).

Lukas folgt mit dem Bericht über die Auswahl des Zwölferkreises der Version des Markus, geht dann aber eigene Wege, wenn er von der Mission der Jünger spricht. Er behält die Bergszene aus dem MkEv bei und fügt ihr eines seiner Vorzugsmotive hinzu, das einsame Gebet Jesu, womit die folgende Szene der Bestimmung des Zwölferkreises zusätzlich eine gewisse Feierlichkeit bekommt. Lukas sagt ausdrücklich, dass die Zwölf aus dem größeren Kreis der Jünger Jesu ausgewählt werden (»er rief seine Jünger zu sich und wählte aus ihnen zwölf aus«, προσεφώνησεν τοὺς μαθητὰς αὐτοῦ, καὶ ἐκλεξάμενος ἀπ᾽ αὐτῶν δώδεκα, Lk 6,13). Er nennt sie ebenfalls »Apostel«, auch wenn ihre konkrete Aufgabe an dieser Stelle noch unerwähnt bleibt, und bietet wie Markus und Matthäus eine Liste der Namen, allerdings mit kleineren Abweichungen: In Übereinstimmung mit Matthäus fasst er das erste Brüderpaar, Simon Petrus und Andreas, zusammen, unterlässt es aber, Jakobus und Johannes ebenfalls als Brüder zu kennzeichnen; die Reihenfolge von Matthäus und Thomas entspricht der mk. Fassung, Lukas ersetzt jedoch Thaddäus mit einem gewissen Judas, Sohn des Jakobus, der die vorletzte Position einnimmt, unmittelbar vor Judas Iskariot (Lk 6,14–16). In der Apostelgeschichte kehrt Lukas für die beiden Brüderpaare zur mk. Reihenfolge zurück, setzt aber Thomas vor Bartholomäus und Matthäus und lässt den Namen des Verräters Judas entfallen; die Liste ist dort auf die bloßen Namen reduziert, außer für den zweiten Jakobus, den zweiten Simon und den zweiten Judas (Apg 1,13 f.). Lukas folgt Markus auch bei der Erwähnung der »Zwölf« in der Einleitung zur ersten Aussendungsrede (Lk 9,1), verzichtet aber (wie Matthäus) auf das Detail der paarweisen Aussendung, das dann allerdings in der Einleitung zur zweiten Aussendungsrede eine Rolle spielt (Lk 10,1). Dort werden nun nicht mehr die Zwölf ausgesendet (die nicht einmal erwähnt werden), sondern 70 bzw. 72 Jünger, was offenbar ein weiteres Zahlensymbol aufgreift, das aus dem Alten Testament bekannt ist. Die Aufgabe bleibt die gleiche, auch der formale Charakter verändert sich nicht. Lukas ergänzt hier die Bemerkung über die große Aufgabe und die wenigen Helfer (Lk 10,2), die ihre bereits erwähnte Parallele in Mt 9,36 f. hat und wahrscheinlich der Logienquelle zuzuschreiben ist. Für Lukas ist die Missionsaufgabe also offensichtlich kein Privileg des Zwölferkreises.

Einen ganz anderen Weg wählt Johannes. Bei ihm werden die Zwölf erstmals an einem viel späteren Punkt im Erzählverlauf unter dramatischen Umständen eingeführt, nämlich in der joh. Parallele zum Petrusbekenntnis (Joh 6,67–71). Gerade hatten einige der Jünger die Aussage Jesu über den Verzehr seines Fleisches und Blutes für unerträglich erklärt, woraufhin er ihnen sagt, dass er ihren Unglauben vorausgesehen habe (Joh 6,64). In der Folge ziehen sich viele Jünger zurück (Joh 6,66) und in diesem kritischen Moment wendet er sich an »die Zwölf«, ohne dass einzelne Namen genannt werden, und fragt, ob sie ebenfalls die Absicht hätten, ihn zu verlassen. Petrus, der für den gesamten Kreis spricht und die 1. Person Plural verwendet, beteuert, dass dies nicht geschehen werde, und bekennt Jesus als den »Heiligen Gottes« (Joh 6,69). Unbeeindruckt von dieser Äußerung setzt Jesus nach, indem er daran erinnert, dass er die Zwölf ausgewählt habe – wovon Johannes nicht berichtet – und dabei bereits gewusst habe, dass einer ihn verraten werde (Joh 6,70 f.). Johannes greift auf diese Weise eine Information heraus, die bei den Synoptikern in den Namenslisten enthalten ist, und ergänzt an drei Stellen einen Hinweis darauf, dass Jesus das Geschehen offenkundig voraussieht (vgl. 6,64.70.71). Die Zwölf sind hier nicht eingeladen oder aufgefordert, sich Jesus und seiner Mission anzuschließen, stattdessen sehen sie sich von ihm in einer anderen und weit dramatischeren Weise herausgefordert, die für eine Würdigung der Einsicht des Petrus keinen Platz lässt. Petrus wird sich im weiteren Verlauf natürlich kaum besser verhalten als derjenige, der hier Verräter genannt wird, weil er Jesus in gewissem Sinne ebenfalls verraten wird. So fügt sich die irritierende Reaktion Jesu auf das Bekenntnis des Petrus vielleicht sehr gut zur joh. Vorstellung eines allwissenden Jesus.

Nach der Ausgangsszene, die die Auswahl der Zwölf zum Gegenstand hat, gehen die Evangelisten getrennte Wege und nutzen das Motiv auf je eigene Weise. Bei Markus geschieht das bereits kurz nach dieser Einführung, wenn er die Zwölf zum bevorzugten Publikum einer Sonderunterweisung Jesu macht. Die Jünger werden zunächst nur indirekt oder beiläufig in den Auseinandersetzungen Jesu mit Schriftgelehrten und seiner eigenen Familie erwähnt (vgl. Mk 3,20). Sie bleiben auch im Hintergrund, als er der Menge das Gleichnis vom Sämann vorträgt (Mk 4,1–9). Im Anschluss an diese Rede erscheinen die Zwölf aber in einer etwas merkwürdigen Formulierung als Teil einer größeren Gruppe (Mk 4,10), die gesondert über die Bedeutung des Gleichnisses belehrt wird. Matthäus und Lukas ersetzen in ihren Versionen die mk. Angabe »seine Begleiter und die Zwölf« (οἱ περὶ αὐτὸν σὺν τοῖς δώδεκα) durch »(seine) Jünger« (οἱ μαθηταί [αὐτοῦ], Mt 13,10/Lk 8,9). Markus selbst scheint die Zwölf am Ende der Gleichnisrede vergessen zu haben und spricht dort nur noch von »den eigenen Jüngern« (οἱ ἴδιοι μαθηταί), um sich auf den inneren Kreis der Anhänger Jesu zu beziehen (κατ᾽ ἰδίαν, Mk 4,34), während Matthäus bei seiner Eingangsformulierung bleibt (und Lukas die Stelle auslässt). Die Zwölf gehören also zum engeren Jüngerkreis, dem Jesus Sonderunterweisungen gewährt, aber sie sind nicht deren exklusive Empfänger. Es verwundert also nicht, dass die Formulierung des Markus in einigen Handschriften durch den einfacheren Ausdruck »seine Jünger« ersetzt ist.

Bei Matthäus begegnen die Zwölf gleich nach ihrer Einführung (Mt 10,1 f.) ein weiteres Mal (Mt 10,5), die dortige Bezugnahme auf die Aussendung ist aus Mk 6,7 übernommen. Angeschlossen ist eine ausführliche Version der Aussendungsrede, die eine Reihe sehr konkreter Anweisungen zum Verhalten der Jünger enthält (vgl. Mt 10,24 f.37–39) und an deren Ende Matthäus betont, dass sie an die »zwölf Jünger« gerichtet ist (Mt 11,1). Eine solche Feststellung fehlt bei Markus und Lukas, die stattdessen von »den Aposteln« sprechen, was sie bereits bei der Einführung der Zwölf (abweichend von Matthäus) getan hatten. Lukas macht eine beiläufige Bemerkung zu den Zwölf (Lk 8,1–3), die nur bei ihm überliefert ist und die sich zum Teil am Muster von Mk 6,6b und, wie man ergänzen könnte, Mk 3,13–19 orientiert: Die Zwölf sind demnach nicht die einzigen, die Jesus auf seiner Verkündigungsmission folgen, unter den Begleitern sind auch eine Anzahl von Frauen, die alle namentlich genannt werden, gewissermaßen als Gegenstück zur Namensliste der Jünger. Die Information bleibt zunächst eher unbeachtet, im weiteren Verlauf erweist sie sich aber als bedeutsam, weil sie auf die Anwesenheit der Frauen bei der Kreuzigung vorausblickt und damit eine Perspektive auf dieses viel spätere Ereignis eröffnet. Eine weitere isolierte Erwähnung der Zwölf folgt bei Lukas unmittelbar nach der ersten Aussendungsrede, als sie Jesus vor der Speisung der 5000 vorschlagen, die anwesende Menschenmenge für Essen und Unterkunft in die umliegenden Siedlungen zu schicken (Lk 9,12, abweichend von Mk/Mt); am Ende der Speisungserzählung spricht er allerdings wieder von »den Jüngern« und kehrt damit zu der Bezeichnung zurück, die auch in seiner Vorlage verwendet wird (Lk 9,16 = Mk/Mt).

Bei Markus dauert es eine Weile, bis die Zwölf nach der Aussendungsrede ein weiteres Mal erwähnt werden, dann jedoch in einem eher negativen Kontext, der von ihrem Rangstreit berichtet (Mk 9,33–36). Sie werden von Jesus zurechtgewiesen und zur Demut angehalten (Mk 9,35), was er am Beispiel eines herbeigerufenen Kindes zu verdeutlichen versucht. Der abschließende Teil der Entgegnung Jesu erinnert an eine ähnliche Äußerung, die in der Logienquelle am Ende der Aussendungsrede erscheint (vgl. Mk 9,37 mit Mt 10,40–42par. Lk 10,16). Matthäus und Lukas übernehmen die Szene, erwähnen aber nicht die Zwölf, sondern sprechen wieder von »den Jüngern« (Mt 18,1) oder noch allgemeiner von »ihnen« (Lk 9,46). Bei allen drei Synoptikern ist das Verhältnis der Jünger untereinander ein wichtiges Thema, das später wiederkehrt (vgl. Mk 10,43 f. = Mt/Lk, und Mt 23,11 f.par. Lk 14,11; 18,14; vgl. auch Joh 13,1–20). Bei Markus und Matthäus wird der Streit in einem dieser Fälle ausdrücklich auf die Zebedaiden als Mitglieder des Zwölferkreises zurückgeführt (Mk 10,35 = Mt). Impliziert ist dieser Kreis wohl auch bei Lukas und Johannes, die darin übereinstimmen, den Streit im Zusammenhang des letzten Abendmahls zu verorten.

Ein ähnlich problematisches Bild geben die Zwölf bei der nächsten Erwähnung im Erzählverlauf des MkEv auf dem Weg nach Jerusalem (Mk 10,32–34), wo die Szene auch bei Matthäus und Lukas eingeordnet ist. Markus spricht als einziger davon, dass die Jünger vor den kommenden Ereignissen zunehmend Angst haben (Mk 10,32); mit Lukas und Matthäus ist er sich aber einig, dass Jesus die Zwölf beiseite nimmt (so wahrscheinlich die Bedeutung von παραλαμβάνω, das in allen drei Fällen erscheint), um sie noch einmal (Mk: πάλιν) zu belehren und ein drittes Mal sein künftiges Leiden zu thematisieren. Der erste Versuch vor »den Jüngern« (Mk 8,31 = Mt und vgl. Lk 9,18) war gescheitert, als Petrus ihm deswegen Vorwürfe macht, was Jesus zu einer strengen Zurechtweisung (Mk 8,33 = Mt) und einer Belehrung über die Bedeutung der Jüngerschaft veranlasst (Mk 8,32–9,1 = Mt/Lk). Auch der zweite Versuch, ebenfalls vor »den Jüngern« (Mk 9,31 = Lk; Mt: »sie«), war auf Unverständnis gestoßen (Mk 9,32 = Lk; ausgelassen bei Matthäus) und von den Jüngern mit der Auseinandersetzung um Rang und Ehre beantwortet worden (Mk 9,33–37 = Lk; mit einem kurzen Intermezzo bei Matthäus). Der dritte Versuch endet wie der zweite, wie Lukas ausdrücklich bemerkt (Lk 18,34) und wie es der wiederholte Streit um die Ehre verdeutlicht, der bei Markus und Matthäus unmittelbar folgt (Mk 10,35–45 = Mt). Die Jünger sind nicht in der Lage, die Bedeutung des Weges Jesu nach Jerusalem zu erfassen, und beschäftigen sich stattdessen mit Dingen, die Jesus mit Nachdruck als unwürdig zurückweist. Die Zwölf unterscheiden sich in diesem Punkt nicht von der größeren Gruppe der Jünger (falls eine größere Gruppe im Blick war).

Noch einmal treten die Zwölf in einem weiteren entscheidenden Moment in Erscheinung. Jesus erreicht Jerusalem in Begleitung seiner Jünger, zwei werden vorausgeschickt, um die Ankunft vorzubereiten (Mk 11,1 = Mt/Lk; vgl. Joh 12,16). Nur Lukas setzt hinzu, dass dabei nicht nur die Zwölf zugegen sind (Lk 19,37: ἅπαν τὸ πλῆθος τῶν μαθητῶν). Alle drei Synoptiker berichten, dass Jesus die Nacht in Betanien verbringt. Markus ist der Meinung, dass er dort nur von den Zwölf begleitet wurde (Mk 11,11). Entsprechend wäre davon auszugehen, dass auch nur der Zwölferkreis Zeuge der Verfluchung des Feigenbaumes am nächsten Tag ist (Mk 11,12–14), befragt wird Jesus dazu jedenfalls von Petrus, dem Sprecher der Zwölf (Mk 11,21). Lukas hat die Geschichte bereits früher im

Erzählverlauf untergebracht, Matthäus dagegen hält sich an die Reihenfolge des Markus, obwohl er weiter von »den Jüngern« als Zeugen des Geschehens spricht (Mt 21,20). Bei Markus ist die Eingrenzung auf den Zwölferkreis möglicherweise über die folgenden Streitgespräche in Jerusalem (Mk 12), die Endzeitrede (Mk 13), die außerhalb des Tempelbezirks in Gegenwart »der Jünger« gehalten wird, und vielleicht bis zur Salbung in Betanien beibehalten, von der nicht gesagt wird, welche der Jünger dort anwesend sind (Mk 14,4: τινες). Aber gleich im Anschluss an diese Erzählung scheint Markus ein Lapsus unterlaufen zu sein. Er lässt Jesus nun zu »seinen Jüngern« sprechen, von denen er zwei vorausschickt, um in Jerusalem das Passa-Mahl vorzubereiten (Mk 14,12 = Mt), das er dort »mit seinen Jüngern« essen will (Mk 14,14 = Mt/Lk: μετὰ τῶν μαθητῶν μου), die sich schließlich als »die Zwölf« erweisen (Mk 14,17 = Mt; Lk 22,14: »Apostel« und eine Textvariante mit »den Zwölf«). Matthäus und Lukas machen in gewisser Weise denselben Fehler, was natürlich daran liegt, dass sie an keiner Stelle eine derartige Unterscheidung eingeführt haben. Matthäus folgt Markus für die Vorbereitungsszene und fährt dort fort, von »den Jüngern« zu sprechen (Mt 26,17), wie er es zuvor getan hat, aber schließlich sind dies auch bei ihm nur die Zwölf (Mt 26,20). Abweichend von Markus greift Lukas zwei Jünger namentlich aus dem Zwölferkreis heraus, obwohl er nicht erwähnt, dass sie zu dem engeren Kreis gehören (Lk 22,8). Wenn er anschließend sagt, dass sich Jesus mit den Aposteln zum Passa-Mahl niederlässt (Lk 22,14), vermeidet er das Problem, das sich bei Matthäus ergibt, aber generiert ein ganz ähnliches, weil auch die Apostel zuvor mit den Zwölf gleichgesetzt wurden. Alle drei synoptischen Erzählungen leiden also unter einer gewissen Inkonsistenz, weil sie nicht oder nicht hinreichend zwischen der größeren Gruppe der Jünger Jesu und dem Zwölferkreis unterscheiden (wollen). Einzig Johannes verfährt konsequent, indem er gar nicht darauf eingeht, wie viele mit Jesus am Passa-Mahl teilnehmen.

In diesem späten Stadium der synoptischen Erzählungen wird eine Formel eingeführt, die Johannes schon früher verwendet hat, als er die Zwölf zum ersten Mal erwähnt: »einer der Zwölf« (εἷς τῶν δώδεκα). Die Formel scheint eine ausgesprochen negative Konnotation zu besitzen, da sie beinahe ausschließlich zur Kennzeichnung des Judas als Verräter dient (Joh 6,71; Mk 14,10 = Mt; Lk 22,3: »der zur Zahl der Zwölf gehörte«, ὄντα ἐκ τοῦ ἀριθμοῦ τῶν δώδεκα; Mk 14,20; 14,43 = Mt/Lk). Die einzige Ausnahme bildet Joh 20,24, wo sie leicht variiert auf Thomas angewendet wird (εἷς ἐκ τῶν δώδεκα), allerdings auch hier in einem Zusammenhang, der für den Bezeichneten wenig schmeichelhaft ist. Der Verrat des Judas markiert (zeitweise) das Ende der »Zwölf« als Gruppe, tatsächlich verhalten sie sich alle ähnlich wie Judas, indem sie Jesus verlassen, einschließlich ihres Anführers und Sprechers Petrus, der als einzige weitere Person namentlich als Verräter genannt wird und dadurch einen Platz als εἷς τῶν δώδεκα neben Judas erhält. Anders als dieser bereut er allerdings sein Versagen und findet mit den anderen wieder in eine Gruppe zusammen, die nun als »die Elf (Jünger)« (οἱ ἕνδεκα [μαθηταί]) bezeichnet werden (Mt 28,16; Lk 24,9 [abweichend von Mt 28,8: »seine Jünger«] und Lk 24,33, jeweils in Anwesenheit anderer Personen; auch im sekundären Markusschluss Mk 16,14).

Paulus ist bekannt, dass »die Elf« Zeugen der Erscheinungen des Auferstandenen waren, stiftet allerdings eine gewisse Verwirrung, indem er dies den Zwölf zuschreibt (1Kor 15,5). Die Evangelien zeichnen in dieser Hinsicht ein komplexes und differenziertes Bild. Lediglich bei Matthäus (und im Anhang des MkEv) wird über eine solche Erscheinung vor den elf verbliebenen Jüngern als Gruppe berichtet, die gleichwohl zu Verstörung und Unglaube führt (Mt 28,16 f.; auch Mk 16,14 mit einem noch negativeren Kommentar). Zuvor finden einige Frauen (Mk 16,1–8 = Mt/Lk; Joh: eine Frau), denen sich bei Lukas und Johannes ein oder zwei Mitglieder des Elferkreises hinzugesellen (Lk: Petrus; Joh: Petrus und »der andere Jünger«), das leere Grab. Dieselben Frauen (Mt 28,9; Joh 20,14–18; auch Mk 16,9) und zwei andere namenlose Jünger (Lk 24,13–35) sind auch die ersten, die dem Auferstandenen begegnen. Die Nachricht vom leeren Grab und von den Begegnungen mit dem Auferstandenen werden wahlweise »den Jüngern« (Mk 16,7 = Mt; Joh 19,26 f.), »den Elf und denjenigen, die bei ihnen waren« (Lk 24,33), einmal auch »den Elf« (Lk 24,9) oder zweien von ihnen (Joh 20,2) zugetragen. Das Versprechen einer künftigen Begegnung mit dem Auferstandenen in Galiläa, das die Frauen von dem Engel am leeren Grab erhalten, richtet sich an Petrus und die Jünger (Mk 16,7) oder an die Jünger (Mt 28,7) oder gar die »Brüder« (Mt 28,10), aber nicht mehr speziell an die Zwölf oder Elf. Dasselbe gilt für den Erscheinungsbericht in Joh 21: Anwesend sind dort Petrus, Thomas und die beiden Zebedaiden, ferner Natanaël »und zwei andere« (Joh 21,2), von denen einer wohl der Lieblingsjünger ist, der später noch einmal erwähnt wird.

Einige Zeit später wird der Elferkreis noch einmal per Loswahl vervollständigt (Apg 1,26). Anscheinend hat die Bezeichnung hier aber ihren Reiz verloren, denn die Zwölf werden als solche nur zweimal in der Apostelgeschichte erwähnt, einmal als Begleiter bei der Pfingstrede des Petrus (Apg 2,14) und ein weiteres Mal etwas nachdrücklicher als Vermittler eines Kompromisses zwischen »Hellenisten« und »Hebräern« (Apg 6,2). Allerdings kann ihre Rolle und Funktion nicht an der bloßen Bezeichnung festgemacht werden. In der Apostelgeschichte lässt sich erstmals eine »Transformation« beobachten, die offenbar recht früh begonnen hat: »die Zwölf« sind »die Apostel«. Die Entwicklung wird indirekt bereits bei Paulus sichtbar (vgl. z. B. 1Kor 9,5 und die vielen Selbstbezüge als »Apostel« in den Briefeingängen); bei Markus ist sie in gewisser Weise schon bei der Berufung der Zwölf angelegt (Mk 3,14 und 6,30 = Lk), ohne dass er diese Richtung weiterverfolgt; Lukas greift sie in seinem Doppelwerk auf und setzt sie fort (vgl. Lk 17,5parr. Mk/Mt: »die Jünger«; Lk 22,14parr. Mk/Mt: »die Zwölf«; Lk 24,10parr. Mk/Mt: »die Jünger«; etwas weniger klar in Lk 11,49, abweichend von Mt; und wiederholt in Apg, wo die Apostel zum Grundstein der Jerusalemer Gemeinde werden). Dieselbe Transformation zeigt sich in der beiläufigen Erwähnung in Apk 21,14 mit dem Bild der zwölf Grundsteine des neuen Jerusalems, auf denen die zwölf Namen der Apostel stehen, und in der Didache, die den vollständigen

Titel Διδαχὴ κυρίου διὰ τῶν δώδεκα ἀποστόλων τοῖς ἔθνεσιν (»Die Lehre des Herrn durch die zwölf Apostel für die Heiden«) trägt, auch wenn dieser Text in der späteren Tradition kaum Beachtung gefunden hat und die »Zwölf (Apostel)« dort wie in der Apostelgeschichte zu Missionaren ganz anderer Art gemacht werden als die Wandermissionare, die Jesus in den Evangelien vor Augen hat. Dieser ursprüngliche Ansatz ist allerdings nicht vollständig in Vergessenheit geraten. Die spätere Tradition kennt die Geschichte der Aussendung der Zwölf in alle Welt, jeder in eine bestimmte Region oder auf einen bestimmten Kontinent, um dort zu missionieren (Eus.h.e. 3,1,1, mit Bezug auf Origenes). »Die Zwölf« scheinen sich in zwei Richtungen entwickelt zu haben, indem sie einerseits zur zentralen Autorität in den Gründungsjahren der Kirche wurden und andererseits das maßgebliche Vorbild aller künftigen Reisemissionare überall auf der Welt. In diesen beiden Formen sind sie, »die Apostel«, in das christliche Gedächtnis eingegangen.

2.2.2.4. Die Zwölf werden als kleiner aber symbolisch bedeutsamer Kreis eingeführt, den Jesus aus der Schar seiner Anhänger auswählt und mit der Aufgabe aussendet, seine Botschaft zu verbreiten. Der Zwölferkreis wird dabei nicht immer klar von den übrigen Jüngern Jesu unterschieden, deren Anzahl nicht begrenzt ist. Den Aspekt der Auswahl aus dem Jüngerkreis formuliert Lukas besonders deutlich (Lk 6,13), aber auch die anderen Evangelisten scheinen diese Auffassung zu teilen, selbst wenn sie dies nicht immer hinreichend präzise darstellen. Die mt. Unterscheidung zwischen »den zwölf Jüngern« und »seinen Jüngern« könnte in dieselbe Richtung weisen. Der Aspekt der mangelnden Abgrenzung macht es schwer, darüber zu entscheiden, ob der Personenkreis, der Jesus nach Jerusalem folgte, nur aus den Zwölf bestand, auch wenn einige von ihnen gelegentlich für besondere Zwecke ausgesondert werden (wie in der Verklärungserzählung). Genauso gewagt dürfte es sein, die Bezeichnungen »die Zwölf« und »die Jünger« einfach für austauschbar zu halten, auch wenn dieser Eindruck zuweilen entstehen mag (vgl. Mk 14,10, wo der Autor vermutlich nur ungenau formuliert hat). Während die Zwölf anfangs wie ein elitärer Zirkel erscheinen, der für eine besondere Aufgabe ausersehen ist, stellt sich bald heraus, dass sie ebenso unvollkommen sind wie die übrigen Jünger (vgl. ihr Unverständnis und Verhalten in Mk 9,31 f.33–37 und 10,32–34.35–45parr.). Lukas weist zudem darauf hin, dass offenbar auch andere Jünger auf Mission ausgesandt werden (Lk 10,1). Die Privilegien, die dem Zwölferkreis bei Markus durch die Sonderunterweisungen Jesu zugestanden werden (Mk 4,10; 11,11), sind anscheinend nur bedingt tauglich, ihnen den Erhalt ihres besonderen Status zu ermöglichen, letztlich erweisen sie sich als ebenso schwach und fehlbar wie alle anderen (mit Ausnahme der Frauen). Nach der Auferstehung Jesu gelten sie offenbar nicht mehr als eine besonders herausgehobene Gruppe (auch nicht in 1Kor 15, wo sie neben 500 anderen als Auferstehungszeugen genannt werden). Allerdings verschwinden sie auch nicht, vielmehr ändert sich ihre Bezeichnung und als »Apostel« nehmen sie nach Darstellung des Lukas (und Paulus) eine prominente Rolle in den ersten Jahrzehnten der Kirche ein. In den Evangelien werden die Zwölf also als ein Kreis dargestellt, der im Leben Jesu eine gewisse Rolle spielt, dessen Mitglieder aber an den in sie gesetzten Erwartungen scheitern. Bei Lukas und Paulus wird jedoch erkennbar, dass ihnen nach dem Tod Jesu eine Transformation gelungen ist, durch die sie als »Apostel« zu den leitenden Figuren der frühen Kirche wurden und zu Helden einer großen Zahl von (apokryphen) Erzählungen über die christliche Mission (↗ E.V.).

BETZ, Hans Dieter 1967: Nachfolge und Nachahmung Jesu Christi im Neuen Testament, BHTh 37, Tübingen.

DUNN, James D. G. 1992: Jesus' Call to Discipleship, Cambridge.

FREYNE, Seán 1968: The Twelve: Disciples and Apostles. A Study in the Theology of the First Three Gospels, London.

HENGEL, Martin 1968: Nachfolge und Charisma: Eine exegetisch-religionsgeschichtliche Studie zu Mt 8,21 f. und Jesu Ruf in die Nachfolge, BZNW 34, Berlin.

KLEIN, Günter 1961: Die zwölf Apostel. Ursprung und Gestalt einer Idee, FRLANT 77, Göttingen.

MEIER, John P. 2001: A Marginal Jew. Rethinking the Historical Jesus, Vol. III: Companions and Competitors, New York, 40–124.125–285.

ROLOFF, Jürgen 1965: Apostolat – Verkündigung – Kirche, Gütersloh.

SCHILLE, Gottfried 1967: Die urchristliche Kollegialmission, AThANT 48, Zürich.

SCHULZ, Anselm 1964: Nachfolgen und Nachahmen: Studien über das Verhältnis der neutestamentlichen Jüngerschaft zur urchristlichen Vorbildethik, StANT 6, München.

Joseph Verheyden

2.3. Mahlgemeinschaften Jesu

Die früheste Jesusüberlieferung erzählt oder erwähnt in verschiedenen Kontexten Mahlzeiten Jesu mit anderen. Gemeinsam ist den Texten, dass sie nicht eine alltägliche Praxis Jesu nennen oder illustrieren, sondern bedeutsame Begebenheiten darstellen oder hervorheben. In dem Begriff der Mahlgemeinschaft kommt einerseits zum Ausdruck, dass nie von einem Essen Jesu allein die Rede ist; andererseits ist mit ihm die Annahme angedeutet, dass der Aspekt der Sozialität für die Sinnzuschreibung an die Mahlpraxis Jesu in den Quellen von besonderem Gewicht sei. Gesondert zu untersuchen sind die Tradition über das letzte Mahl Jesu mit seinen Schülern (↗ D.IV.5.2) und das Bildfeld des Mahls in Gleichniserzählungen Jesu (↗ D.IV.3.3).

2.3.1. Überblick über den Textbestand

Genauer sind zu unterscheiden:
– Mahlgemeinschaften Jesu mit »Zöllnern« (Mk 2,13–17parr.; vgl. Lk 19,1–10);
– andere Mahlszenen (Mk 14,3–9parr.; Lk 14,1–24);

- Speisungswunder (Mk 6,31–44parr./Joh 6,1–13; Mk 8,1–8/Mt 15,32–39; Joh 2,1–11);
- Mahlszenen nach Passion und Auferstehung (Lk 24,13–35; 24,36–43; Joh 21,9–13; vgl. EvHebr Fragment 6 [Hier.vir.ill. 2, ed. Bernoulli, 8]);
- Worte über die Mahlpraxis Jesu und seiner Anhänger (Mk 2,18–22parr.; 7,1–23parr.; Mt 11,19/Lk 7,34 f.; 15,2);
- weitere Worte Jesu über das Essen (Lk 12,35–38; 13,29/Mt 8,11; vgl. EvEb Fragment 7 [Epiph.haer. 30,22,4, ed. Holl, GCS 25, 363]).

Die Tatsache, dass in den ausgeführten Erzählungen nur ausnahmsweise (Lk 24,43; vgl. EvThom 61) tatsächlich gezeigt wird, dass Jesus Speise zu sich nimmt, deutet schon an, dass die Texte unterschiedliche Akzente setzen, dass aber in allen Jesus eine besondere Rolle zufällt. Ebenfalls die Ausnahme in der frühchristlichen Mahltradition ist, dass Jesus – so in den Evangelienberichten vom letzten Mahl mit seinen Jüngern – Funktionen des Gastgebers einnimmt; meist ist er der besondere Gast, dessen Worte und Handeln aus einer Mahlzeit ein bedeutsames, der Erinnerung würdiges Ereignis machen. Wo Jesus als Diener beim Mahl gezeichnet ist (Lk 22,25–27; Joh 13,4 f.12–17), ist dies eine christologische Aussage.

2.3.2. Das Mahl mit »Zöllnern und Sündern«

Ausdrücklich zum Thema wird die Mahlgemeinschaft Jesu in der kleinen Erzählung Mk 2,13–17parr., die eine Jüngerberufung (des Levi, Mt 9,9: des Matthäus) mit einer Konfliktszene mit den Pharisäern (Lk 5,30 erwähnt auch »die Schriftgelehrten«) während einer Mahlzeit (Lk 5,29 spricht von einem »Festmahl« [δοχή]) verknüpft (zur möglichen Entstehungsgeschichte s. KOCH 1989). In Frage steht das gemeinsame Essen Jesu mit »Zöllnern und Sündern« (Mk 2,15/Mt 9,10; Mk 2,16parr.; Lk 7,34/Mt 11,19; Lk 15,1 f.; 19,2–7). Die Antwort Jesu interpretiert die ganze Szene hinsichtlich seiner eigenen Sendung und bindet sie zurück an die einleitende Berufung. Der in Frage und Antwort gebrauchte Begriff des »Sünders« bedeutet eine moralische und theologische Qualifikation und dürfte so den des »Zöllners« (gemeint sind Steuerpächter bzw. -einnehmer, vgl. HERRENBRÜCK 1990) interpretieren und erweitern. Die ausdrückliche Erwähnung der Jünger Jesu (Mk 2,15/Mt 9,10; Mk 2,16parr.) blickt vermutlich über den Rand der Erzählung hinaus und ist Indiz dafür, dass die Szene auch eine orientierende Funktion für die frühchristliche Leserschaft haben soll. Die dargestellte Sozialität ist jedoch nicht im Sinne einer respektvollen Toleranz zu interpretieren, sondern als Ausdruck und Beispiel der Sendung und Zuwendung auch zu sozial und religiös Geächteten – und damit als grundsätzliche Anerkennung nicht dieser Ächtung, aber doch des ihr zu Grunde liegenden Wertsystems. In Lk 5,32 wird dies noch verstärkt durch das Stichwort »Umkehr« (μετάνοια), welches den Zweck der Zuwendung nennt. Das Streitgespräch Mk 2,16parr. findet sich in ähnlichem Wortlaut auch in P.Oxy 1224 (frg. 2 *verso* = p. 175; LÜHRMANN 2000: 175).

Lk 19,1–10, ein Text, der nicht ausdrücklich von einem gemeinsamen Mahl spricht, kann als exemplarische Veranschaulichung dieser Sendung Jesu (und seiner Nachfolger) gelesen werden. Jesus begegnet hier nicht nur einem »Obersten der Zöllner«, sondern damit zugleich auch einem Reichen (V. 1). Das Stück steht an herausgehobener Stelle in der Gesamtkomposition des Evangeliums und weist enge Beziehungen besonders zu Kap. 15 auf (WOLTER 2008: 611). Die Erwähnung des Namens Zachäus macht das Stück zu einer Personallegende (DIBELIUS [6]1971: 114 f.).

Wendet man den Begriff der Zeichenhandlung auf die Episoden an, so wird damit herausgestellt, dass Einkehr und gemeinsames Essen stellvertretend für eine umfassendere Zuwendung zum gesellschaftlichen Außenseiter stehen. Doch darf nicht übersehen werden, dass in der Welt und Zeit Jesu Gastfreundschaft und Mahlgemeinschaft selbst wichtige Realgestalten sozialer Beziehungen und Integration waren; sie stehen also im Text nicht für etwas ganz oder überwiegend Anderes, sondern als *pars pro toto*.

2.3.3. Weitere Mahlszenen

Die Salbung in Betanien (Mk 14,3–9/Mt 26,6–13/Joh 12,1–11) ist in der mk. und joh. Fassung, etwas weniger deutlich bei Matthäus, ein Vorausblick auf die Passion Jesu. Das Mahl bildet den (für das Salben narrativ notwendigen) Rahmen für das von Jesus kommentierte Handeln der Frau, wird aber nicht selbst besprochen. Mk 14,9/Mt 26,13 weist in einem Amen-Wort Jesu ausdrücklich auf die Erinnerung an dieses Ereignis in den frühesten Gemeinden hin (in der erzählten Welt: voraus), eine Voraussage, welche die Überlieferungswürdigkeit der ganzen Passionsgeschichte (vgl. Mk 13,9 f. diff. Mt 10,18) herausarbeiten will, nicht allein die Glaubwürdigkeit dieser Episode (LÜHRMANN 1987: 233). Die lk. Version löst die Szene kontextuell und thematisch aus dem Zusammenhang der Passion, verlegt sie in das Haus eines Pharisäers mit Namen Simon (Lk 7,36.40 f.; vgl. Mk 14,3) und macht aus der anonymen Frau der mk. Version eine »Sünderin« (γυνὴ ἁμαρτωλός; V. 37.39.47–49; bei Johannes handelt es sich um Maria, die Schwester Martas). Diese Ergänzungen helfen, die Episode zum Beispiel der Sündenvergebung umzuformen. So gestaltet ist sie Ausdruck der auch sonst belegten, älteren Vorstellung der Nähe Jesu zu Sündern.

In Lk 14,1–24 bildet das Sabbatmahl im Hause eines führenden Pharisäers den narrativen Rahmen für eine Therapie mit einer angeschlossenen Konfliktszene (V. 2–9), für metaphorische Worte Jesu über die Rangordnung bei einer Hochzeit und die Einladungen zu einer Mittags- oder Abendmahlzeit (V. 12: ἄριστον ἢ δεῖπνον) sowie für eine Parabel, in deren Zentrum ein festliches Mahl steht (V. 15–24/Mt 22,1–14). Gerade in diesen Textstücken wird die Einladung zum Mahl zum zentralen Motiv und zum Anknüpfungspunkt für die Interpretation. Die narrative Einleitung der lk. Komposition bereitet deutlich die Themen der nachfolgenden Worte vor; die Mahlszene selbst ist vielleicht neutral, vielleicht aber auch als Kontrast gestaltet (vgl. V. 1b.4). Der literarische Charakter der Komposition ist deutlich, so dass sich die Frage nach einer möglichen historischen Reminiszenz an ein bestimmtes Ereignis nicht stellt. Allerdings ist zu erwägen, dass die hier und sonst im LkEv (vgl. etwa 7,36; 11,37) erwähnte persönliche Nähe Jesu zu den Pharisäern eine sonst unableitbare Erinnerung an den vorösterlichen Jesus darstellt.

2.3.4. Speisungswunder

Die eindrucksvollen Erzählungen über Speisungswunder (Geschenkwunder) Jesu in den Evangelien haben ihre Pointe jeweils nicht in der Mahl-*Gemeinschaft* Jesu mit anderen Menschen:

In der Speisung der 5000 bzw. der 4000 ist zum einen deutlich, dass Jesus seinen Jüngern den Auftrag zur Speisung gibt (Mk 6,37parr.; vgl. Joh 6,5–9; Mk 6,41parr. bzw. Mk 8,6 f./Mt 15,36); zum anderen wird die Masse der Menschen kaum (aber vgl. Mt 14,21) näher spezifiziert. Zwar ist Jesus markant an dem Mahl beteiligt (Mk 6,41parr. diff. Joh 6,11), doch ist es fraglich, ob Jesus am gemeinsamen Verzehr der Speisen teilnimmt. Lobgebet und Brotbrechen erinnern an die Szene vom letzten Mahl (zum Motiv des Brotbrechens im lk. Doppelwerk s. Löhr 2012: 71). Die Jüngerbelehrung in Mk 8,17–21/Mt 16,7–10 bietet eine Interpretation beider Mahlwunder, welche mit Hilfe einer allegorischen, an die Zahlenangaben geknüpften Erklärung auf die Mission Jesu und seiner Nachfolger verweist. Dies funktioniert nur auf der Ebene der Evangelienerzählung insgesamt; insofern ist es wenig plausibel, hier eine historische Reminiszenz anzunehmen.

Die Brotrede in Joh 6,22–59 deutet das Element des Brotes aus dem vorher erzählten Speisungswunder als »Brot vom Himmel« und »Brot des Lebens« (V. 33–35.48–50) im Unterschied zur Manna-Speise der Wüstenzeit. Das Brot ist Jesus selbst, und so können in einem letzten Gesprächsgang Brot und Wein – eine deutliche Anspielung auf die eucharistische Speise – mit Fleisch und Blut des Gottessohnes identifiziert werden (V. 52–58). Die hier greifbar werdende Kombination von Speisungswundertradition und sakramental-theologischer Auslegung der eucharistischen Mahlfeier ist für die vorausgehende Jesustradition noch nicht zu belegen.

Vergleichbar mit den synoptischen Speisungswundern ist die joh. Erzählung vom Weinwunder in Kana: Jesus gibt die wesentlichen Anweisungen, die das Weinwunder bewirken (2,7 f.), doch von einem gemeinsamen Genuss des Getränks ist nicht die Rede. Nimmt man nicht einfach eine Unvollständigkeit der Darstellung an, erklärt sich dieser Befund am besten aus der Absicht, Jesus als die personale Mitte der Episode darzustellen; eine spezifisch eucharistische Tendenz (so u. a. Cullmann ²1950: 70 f.) ist dagegen nicht zu erkennen. Der Text ist ein prägnantes Beispiel der narrativen Christologie des vierten Evangeliums, das möglicherweise Züge eines älteren Jesusbildes wie die Erwähnung der Familie Jesu und des Weingenusses, aber auch den Vorausblick auf die Passion (vgl. Joh

12,23), aufnimmt und umformt. Das galiläische Kana wird im JohEv (und sonst nirgends im Neuen Testament) noch in 4,46 und 21,1 erwähnt.

2.3.5. Nachösterliche Mähler

Die Erzählungen von Begegnungen mit dem Auferstandenen im Zusammenhang eines Mahls finden sich in den kanonischen Evangelien nur im Lk- und JohEv. Mehrere unterschiedliche Anliegen scheinen die Darstellung anzuregen oder zu bestimmen: Die Betonung der (aus alltäglich-menschlicher Perspektive ganz überraschenden) Identität des Erscheinenden mit dem wenige Tage zuvor Hingerichteten wird mit Hilfe des Motivs der Rekognition erreicht (Lk 24,30 f.; Joh 21,12 f.; vgl. 21,4–8, und s. Joh 6,1–21parr. sowie Lk 5,1–11). Die Leibhaftigkeit der Auferstehung zu betonen scheint die Absicht der Notiz in Lk 24,42 f. zu sein; ein gemeinsames Mahl findet hier jedoch gar nicht statt. Einzelne Züge der Darstellung dürften dem Zweck dienen, die eucharistische Feier der frühen Gemeinden in einem Mahl des Auferstandenen zu begründen, bzw. dieses als die Brücke zwischen vorösterlichen Tischgemeinschaften und sakramentaler Feier der Gemeinde zu schlagen (vgl. Lk 24,30; EvHebr Fragment 7 [Hier.vir.ill. 2, ed. Bernoulli, 8], weniger wahrscheinlich ist dies für Joh 21). Insofern die methodisch etablierte historische Kritik ausschließlich an der (Re-) Konstruktion diesseitiger, irdischer, der Analogie fähiger Vorgänge interessiert ist und Zeugnisse über paranormale Phänomene nur sehr eingeschränkt zu beurteilen vermag, scheiden diese Texte für eine methodisch kontrollierte Rückfrage nach dem historischen Jesus und seiner Mahlpraxis aus.

2.3.6. Worte über die Mahlpraxis Jesu und seiner Anhänger

In dem Streitgespräch Mk 2,18–22parr. (vgl. EvThom 104) spielt das Motiv der Mahlgemeinschaft keine ausdrückliche Rolle, doch könnte im Bild von Hochzeit und Bräutigam der ältere Vorwurf über Jesu nicht-asketisches Leben positiv aufgenommen und verarbeitet sein. Zugleich spielt das Bild auf die Vorstellung der heilvollen Endzeit an.

Nur in der mk. Einleitung zu Jesu Worten über Rein und Unrein (Mk 7,1–23parr.) bildet eine Frage von Pharisäern und Schriftgelehrten über Reinheitsgebote im Zusammenhang mit dem Essen den Ausgangspunkt für das Folgende. Den Anhängern Jesu wird die Nichtbeachtung der jüdischen Halacha (der »Überlieferung der Ältesten«, V. 5) zum Vorwurf gemacht. Die beigegebene Erläuterung in V. 3 f. deutet darauf, dass die intendierten Leser mit den angesprochenen Regelungen nicht vertraut sind und dass diese für sie auch kein aktuelles Thema darstellen. Dann aber ist die Annahme plausibel, vielleicht nicht der genaue Wortlaut des Streits, wohl aber sein Thema verdanke sich einer Erinnerung an einen (wohl nicht nur einmal aufgetretenen) Konflikt Jesu und seiner Anhänger mit anderen Gruppen im palästinischen Judentum. Der Text gäbe so einen Einblick in einen für die Umwelt auffälligen Zug im Alltagsleben der Gruppe um Jesus.

Im Rahmen der Aussagen über Johannes den Täufer (Lk 7,24–35/Mt 11,7–19, vielleicht aus einer älteren Quelle Q) zitiert Jesus die Meinung (wohl der gegnerischen Pharisäer und Schriftgelehrten), er sei ein »Fresser und Weintrinker, ein Freund von Zöllnern und Sündern«. Die Verknüpfung der beiden Motive könnte Reflex eines schon länger tradierten Jesusbildes sein, das in den Erzählungen vom Mahl mit den Zöllnern sekundär entfaltet wurde.

Ein Beleg für die lk. Rezeption dieser Tradition dürfte die redaktionelle (Jeremias 1971b) szenische Einleitung in Lk 15,2 sein: Die Gegner, Pharisäer und Schriftgelehrte, machen Jesus die Mahlgemeinschaft mit »Sündern« zum Vorwurf; ob das im Vers verwendete Verb προσδέχεσθαι (»annehmen«) einen soteriologischen Nebensinn trägt, ist unsicher. Der Satz ist deutlich in Hinblick auf die nachfolgende Gleichniskomposition hin formuliert.

2.3.7. Weitere Worte Jesu über das Essen

Die Vorstellung vom Mahl der Königsherrschaft Gottes, zu dem die Teilnehmenden aus allen vier Himmelsrichtungen herbeiströmen werden, ist im Munde Jesu deutlich ausformuliert in Lk 13,29/Mt 8,11 f. (zum möglichen Wortbestand in Q vgl. Fleddermann 2005: 686–688).

Biblisch-jüdische Vorbilder und Parallelen dieser Aussage sind die Vorstellungen von der endzeitlichen Sammlung Israels (Ps 107,2 f.; Jes 27,13, 49,12; Sach 10,9 f.; Bar 4,37; 5,5; PsSal 11,2, 1Hen 57,1; Wolter 2008: 493), eines endzeitlichen Mahls unter Beteiligung des (bzw. der) Gesalbten oder des Menschensohns (1QSa 2,11–22; 1Hen 62,13–16; Pitre 2009: 136–138) sowie der endzeitlichen Völkerwallfahrt zum Zion (Zeller 1971/1972; verbunden mit der Sammlung Israels: Jes 43,5–9; Sach 8,7 f.20–23; verbunden mit einem [Opfer-] Mahl: Jes 25,6–9). Die Verknüpfung von Lk 13,28 und 29 impliziert die Anwesenheit der Patriarchen und Propheten in der Königsherrschaft, eine Vorstellung, die ebenfalls jüdischer Tradition entstammt (Pitre 2009: 143–145). Wichtige Motiv-Elemente, darunter die Beteiligung des Messias o. ä., sind also vor der oder zur Zeit Jesu und der frühchristlichen Überlieferung auch in jüdischen Quellen belegt. Die *ausdrückliche* Erwähnung des Terminus (nicht der schon früher im Motivzusammenhang belegten Vorstellung) der »Königsherrschaft Gottes« in diesem Kontext könnte dagegen eine Innovation der Jesusüberlieferung sein. Beide Befunde sprechen eher dafür als dagegen, dass dieser Ausblick tatsächlich Teil der Selbstauslegung Jesu war.

Der Ausblick auf das Mahl in der Königsherrschaft Gottes begegnet noch in dem Verzichtswort Jesu in der Abendmahlsüberlieferung (Mk 14,25/Mt 26,29). Dasselbe Motiv findet sich auch in dem Jesuswort Lk 22,28–30 (diff. Mt 19,28), gesteigert und kombiniert mit demjenigen der endzeitlichen Herrschaft über die Zwölf Stämme (zu jüdischen Parallelen vgl. Pitre 2009: 144). Auch die Parabel

Lk 14,16–24/Mt 22,1–14 (↗ D.IV.5.2) dürfte vom Motivkomplex eines endzeitlichen Mahls beeinflusst sein (vgl. den Makarismus in Lk 14,15).

Eine solche Prägung ist für die synoptischen Speisungswunder nicht wahrscheinlich zu machen, während Joh 2,1–11 (vgl. bes. V. 4) das Motiv offenbar aufnimmt und erzählerisch umbildet. Nicht in denselben Motivzusammenhang gehören die Seligpreisung Lk 6,21/Mt 5,6 und die Anweisung zum Fasten in Mt 6,16–18.

Zwar blickt auch das Wort Lk 12,35–38 bildhaft auf endzeitliches Geschehen voraus, doch ist von der Königsherrschaft Gottes hier nicht die Rede; pragmatisch liegt der Akzent auf der Mahnung zur Wachsamkeit angesichts der Ungewissheit über den Zeitpunkt des Endes.

2.3.8. Zusammenfassung

Die gesichtete Überlieferung von Rede- und Erzählstoffen des frühesten Christentums weist dem Motiv des Mahles und der Mahlgemeinschaften im Reden und Handeln Jesu eine wichtige Rolle zu. Anliegen der Quellen ist es nicht, das Alltagsleben Jesu und seiner Anhänger zu kolorieren, sondern den Lesern theologische und moralische Orientierung zu geben. In diesen bedeutsamen Erzählungen und Worten entdeckt die historische Forschung nicht im Detail zuverlässige Berichte über einzelne Ereignisse, sondern exemplarische Veranschaulichungen charakteristischer Züge eines Bildes Jesu, das als historisch plausibel gelten kann. Zu diesen Zügen der Mahltraditionen gehören besonders die im palästinisch-jüdischen Kontext der Zeit offenbar auffällige nicht-asketische Lebensweise Jesu und seiner Anhänger, die auf Veränderung zielende Zuwendung zu sozial und religiös Geächteten und die Aufnahme der Bildwelt von Mahl und Fest in Hinblick auf das erwartete Ende der Zeit.

HEIL, John Paul 1999: The Meal Scenes in Luke-Acts. An Audience-Oriented Approach, SBL. MS 52, Atlanta.

KOLLMANN, Bernd 1990: Ursprung und Gestalten der frühchristlichen Mahlfeier, GTA 43, Göttingen.

PITRE, Brant 2009: Jesus, the Messianic Banquet, and the Kingdom of God, Letter and Spirit 5, 145–166.

Hermut Löhr

2.4. Heilungen Jesu

2.4.1. Krankenheilungen Jesu in unterschiedlichen Gattungen und Traditionsschichten

Die Krankenheilungen Jesu sind ein Grenzphänomen. Jesus tritt Krankheit und Tod in jeglicher Hinsicht entgegen (FELDMEIER/SPIECKERMANN 2011: 394). Verschiedene Gattungen (Erzählüberlieferung, Summarien, Apophthegmen und Logien) wie auch Traditionsschichten (Q, Sondergut und EvThom) haben Hinweise auf die Heiltätigkeit Jesu bewahrt. Ntl. *Heilungserzählungen* haben wie alle antiken Heilungsgeschichten ein festes Repertoire auftretender Personen: Heiler, der oder die Kranke, Menge, Helfer des kranken Menschen, Gegner. Für die Erzählüberlieferung lassen sich typische Strukturelemente identifizieren, die freilich nicht alle in einer einzigen Heilungsgeschichte realisiert sein müssen, wie etwa das Kommen des Wundertäters, des Kranken oder einer für den Kranken bittenden Person in der Einleitung, die Charakterisierung der Krankheit in der Exposition und die Heilung durch Berührung, heilende Mittel, Vertrauenswort oder Gebet als Mitte der Geschichte und schließlich die Demonstration der Heilung als finales Motiv der Heilungserzählung, die von Staunen, Furcht, Entsetzen, Akklamation oder ablehnenden Reaktionen begleitet sein kann (THEISSEN [5]1987: 47–80). In diesen Strukturelementen stimmen die ntl. Texte mit ihren religionsgeschichtlichen Parallelen überein.

Die Erzählüberlieferung bietet Heilungen von Blinden (Mk 8,22–26; Joh 9,1–7 u. a.), Gelähmten (Mk 2,1–12parr.; Joh 5,2–9b u. a.), kultisch Unreinen wie Aussätzigen (Mk 1,40–45parr.; Lk 17,11–19) oder der blutflüssigen Frau (Mk 5,25–34parr.), aber auch Heilungen am Sabbat wie die der verdorrten Hand (Mk 3,1–6parr. u. a.) und Fernheilungen von Nichtjuden wie die des Sohnes eines Hauptmanns (Mt 8,5–13par.). Zudem finden sich Wiederbelebungen, wie etwa die der Jaïrustochter (Mk 5,22–24.35–43parr.). Heilungsgeschichten wurden zunächst als Einzeltraditionen weitergegeben, wobei man eine Steigerung des Wunderhaften beobachten kann, indem (1) zwei Kranke (Mt 8,28–34; 20,29–34) anstatt einem Kranken (Mk 5,1–20; 10,46–52) erwähnt werden oder (2) Varianten einer Grundform entstehen (wie die Heilung des Gelähmten in Mk 2,1–12 und Joh 9,1–7).

Neben dem MkEv enthalten auch die Spruchquelle Q, wo sich die Heilung des Sklaven eines Hauptmanns (Mt 8,5–13) neben der Wortüberlieferung findet, und das Sondergut des LkEv drei Heilungen (Lk 13,10–13; 14,1–6; 17,11–19) und eine Wiederbelebung (Lk 7,11–17); das Sondergut des MtEv enthält die Heilung zweier Blinder (Mt 9,27–31). Exorzismen kommen weder im lk. noch mt. Sondergut hinzu und fehlen im JohEv vollständig; stattdessen führt Jesus eine Auseinandersetzung mit dem Satan über Kreuz und Auferstehung (Joh 16,11 u. a.). Im EvThom werden die Jünger ebenfalls nur mit Heilungen beauftragt, nicht jedoch mit Dämonenaustreibungen (EvThom 14).

Die Erzählungen betonen die Not der Kranken auf verschiedene Weise: Zeitangaben heben das Andauern und damit die Hoffnungslosigkeit der Erkrankung hervor (Mk 5,25parr.: blutflüssig seit 12 Jahren; Lk 13,11: verkrümmt seit 18 Jahren; Joh 5,5: gelähmt seit 38 Jahren; Joh 9,1: blind von Geburt an; s. ausführlich WEISSENRIEDER 2003). Darüber hinaus wird betont, dass menschenmögliche Hilfe in Anspruch genommen wurde: die blutflüssige Frau, die »alles Vermögen« für ärztliche Hilfe aufgewandt hat (Mk 5,26parr.); der Rasende, der von keiner menschlichen Macht gebändigt werden kann (Mk 5,3parr.); die Jünger, die den epileptischen Knaben nicht heilen können (Mk 9,18parr.). Ferner spiegeln die Orte, an denen Jesus auf die Kranken trifft, die Not der Kranken, ihre soziale Ausgrenzung und Hilflosigkeit (z. B. Lk 17,12; Joh 5,7). Nur in wenigen Erzählungen begegnet der aktive Kranke (der Blinde in Mk 10,46–52; die Blutflüssige, die jedoch »von hinten« an Jesus herantritt und dessen Gewand heimlich berührt Mk 5,27parr.). Zudem weisen einige Krankheitsbezeichnungen und expressive Formulierungen auf die Schwere der Krankheit hin (z. B. großes Fieber πυρετῷ μεγάλῳ in Lk 4,38; der Wassersüchtige ἄνθρωπός τις ἦν ὑδρωπικὸς in Lk 14,2; der Gelähmte παραλυτικός [das unübliche Adjektiv in Mk 2,3 und Mt 9,2], das Partizip Perfekt παραλελυμένος in Lk 5,17). Die Reaktionen auf die Heilungen werden mit Furcht (Mk 5,15parr.), Erschrecken (z. B. Mk 1,27par.) und sogar Ekstase (Mk 5,42) beschrieben. Mehrere Texte belegen, dass Heilungen durch Gottes Macht erst in der messianischen Heilszeit erwartet werden (Mt 11,5; Lk 7,22). Die Krankenheilungen Jesu werden dementsprechend als Hinweise auf die Herrlichkeit Gottes in der Gegenwart gedeutet (Lk 9,43).

In der Forschung differenziert man zwischen Heilung (Krankheit als körperliche Schwäche) und Dämonenaustreibung (Krankheit als Besessenheit durch eine fremde Macht). Während nun Markus und Matthäus die Heilungen stärker von Dämonenaustreibungen unterscheiden, verbindet Lukas beide Phänomene, indem er sie mit Verben beschreibt, die eher den Vollzug einer Heilung als den einer Austreibung implizieren. Betrachtet man die Beschreibungen der Symptome, der Kranken und Besessenen in den Evangelien aus der Perspektive antiker Medizin, lassen sich kaum Unterschiede zwischen beiden ausmachen (WEISSENRIEDER 2003). Die krankheitsindizierenden Hinweise, wie etwa »Mondsucht« (Aret. SD 1,4,2; Gal.di.dec. 3,2 [9,902 f. Kühn]; loc.aff. 3,9 [8, 175–177.233]; Mt 17,15), »Fieber« (Hippocr.prog. 17,2; iudic. 11,4), »Zähneknirschen« (Hippocr.morb. sacr. 7,1–39; Cael.acut. 1,65; Mk 9,18) oder »Fallen in Feuer oder Wasser« (Cels. 3,23; Mk 9,22) werden sowohl im Neuen Testament als auch in Schriften antiker Medizin verwendet. Ebenso finden sich auch Ausdrücke, die Heilung signalisieren, in den medizinischen Traktaten, wie etwa der Ausdruck »das Fieber verließ sie« (ἀφῆκεν αὐτὴν ὁ πυρετός; VON BENDEMANN 2014: 300). In der römischen Medizin zeichnen sich zahlreiche Quellen gerade dadurch aus, dass sie metaphorisch von einem »Attackieren« oder »Ausfahren« aus einem Menschen sprechen und dafür eine Terminologie benutzen, die auch in den altlateinischen Evangelienhandschriften vorkommt, wie *eicere, dimittere, remittere* (LANGSLOW 2000: 178–202). Die medizinsoziologische Perspektive vermag diesen Aspekt noch zu vertiefen: Auch von antiken Medizinern sind uns zahlreiche religiöse Deutungen von Krankheiten erhalten. Schon der Traktat *De morbo sacro* des Corpus Hippocraticum belegt in einem freilich grammatikalisch umstrittenen Abschnitt, dass eine Gesellschaft Abweichungen vom gesunden Menschen als dämonisch bezeichnen kann (VAN DER EIJK 2005: 191); besonders gilt dies dann, wenn Krankheiten als unheilbar eingestuft werden, wie etwa Fallsucht oder »großes« Fieber. Möglicherweise ließe sich eine vergleichbare Deutung auch für einige Totenerweckungen geltend machen, wie einige Quellen nahelegen (s. D.L. 8,67: die sog. »Atemlose«). Die Grenze zwischen supranaturalen und naturalen Erklärungen scheint in der Antike nach anderen Parametern zu verlaufen (TIELEMAN 2013; VON STADEN 2003: 15–44).

Zudem unterscheidet man zwischen »disease« als biologischer Krankheit und »illness« als sozialer (und ritueller) Erfahrung (KLEINMAN 1995; PILCH 2000; kritisch: WEISSENRIEDER 2003). Diese Unterscheidung setzt eine klare Trennung zwischen den physischen und sozial-kulturellen Phänomenen einer Krankheit voraus. So wird z. B. »Aussatz« als eine harmlose Hautkrankheit interpretiert, die lediglich soziale und rituelle Konsequenzen habe (WOHLERS 1999). Gegen diese Sichtweise lassen sich eine Glosse des Manuskripts M der medizinischen Schrift *De alimento* des Corpus Hippocraticum wie auch Galens Erläuterungen dieser Stelle anführen (Hippocr.alim. 20,1; Gal.differ.morb. 6,863 Kühn): Die Krankheit »Aussatz« ist immer dann für einen Kranken gefährlich, wenn sie nicht nur an der Oberfläche sichtbar ist, sondern auch im Körperinneren wirkt und den »Fluss des Blutes« im Körper stoppt. Diese Interpretation findet sich gleichermaßen in der antiken Medizin wie in jüdischen Schriften (4Q269 8; WaR 15, Sepher-ha-Rephu'ot u. a.; s. WEISSENRIEDER 2013). In diesem Sinne weist Galen »Aussatz« als Krankheit aus, die sich »gegen die menschliche Natur« wendet. Jüdische und medizinische Texte belegen einen zeitlich begrenzten Ausschluss aus der sozialen Gemeinschaft (Cael.chron. 4,1,13). Eine Trennung zwischen physischer und sozial-kultureller Dimension von Krankheit ist somit fraglich.

Weiterhin differenziert man in jüngster Zeit in den Disability Studies zwischen Krankheit und Behinderung, Gesundung und dem Anspruch normgemäßer Körperlichkeit. Dadurch, dass der Fokus gattungsbedingt bei der Interpretation der Heilungsgeschichten auf der Genesung liege, werde der gesunde Körper zur Normalität erhoben (MOSS/SCHIPPER 2011; zu den krankheitshermeneutischen Aspekten schon VON BENDEMANN 2014, WEISSENRIEDER 2003). Die Heilungsgeschichten werden als »texts of terror« bezeichnet (BETCHER 2013). In der Tat hat der historische Jesus sich den herangetragenen Bitten um Heilung angenommen; die Erzählungen berichten gleichwohl vom Versagen der Jünger (Mk 9,14–29parr.), Herr über die Krankheiten zu werden, und der daraus resultierenden Verzweiflung der Menschen. Theologisch stellt sich von daher nicht nur die Frage nach der Grausamkeit der sozialen Lebenswelt, sondern auch die nach der Schöpfung. Diese Frage wird in der ntl. Forschung bislang nahezu ausgeblendet. Historisch stellt sich die Frage nach dem Begriff der »Behinderung«. Die antike Literatur kennt eher den Zustand des Krankseins als den der Krankheit. Die Bezeichnungen νόσον, νόσημα, νοσεῖν treten beispielsweise in den Schriften Galens auffallend zurück. Benannt wird vielmehr das betroffene Körperglied. Möglicherweise steht dahinter ein Naturbegriff, der mit der Kunstfertigkeit der als göttlich gedeuteten Natur rechnet (Gal.inaequ.intemp. 5 [7,743 Kühn]; meth.med. 10,41.50 f.59.71 Kühn).

Neben der Erzählüberlieferung werden Heilungen gemeinsam mit Dämonenaustreibungen in *Summarien* genannt (Mk 1,32–34 u. a.; im letzten Summarium Mk 6,53–56 fehlt die Dämonenaustreibung). In *Streitgesprächen* (Mt 11,2–6 u. a.) offenbart sich besonders das Misstrauen der Zeitgenossen Jesu (»Ist er der, der da kommen soll?«); Jesus verweist auf die Heilung von Blinden, Lahmen, Aussätzigen, Tauben und die Auferweckung von Toten als Hinweise auf die Erfüllung prophetischer Verheißungen (Exorzismen werden nicht genannt). In den *Wortüberlieferungen* (Lk 7,18–23 u. a.) werden die Heilungen mit den zentralen Inhalten seiner Botschaft verbunden: mit der Gottesherrschaft (bes. in der Aussendungsrede Lk 10,9), mit der Aufforderung zur Umkehr (Mt 11,20–24) und mit der Zuwendung zu den Armen (Lk 7,18–23). Eines kann angesichts der Überlieferungslage jedenfalls als unbestritten gelten: Der historische Jesus hat geheilt.

2.4.2. Die Heiltechniken Jesu

Während Heilungsgeschichten Hinweise auf Krankheiten sparsam verwenden, schildern sie Heiltechniken oder formelhafte Wendungen zur Heilung detaillierter, so dass man annehmen kann, dass diese als Instruktion für christliche Heiler dienten. Die wichtigsten Heiltechniken sind Handauflegung, das Wirken einer besonderen Kraft (δύναμις) und die sog. »Drecksapotheke«.

Die ntl. Jesusüberlieferung berichtet von der Berührung eines Aussätzigen (ἅπτομαι; Mk 1,41parr.) und der Berührung der Augen eines Blinden (Mk 8,23.25). Zudem kennen die Quellen das Aufrichten der Schwiegermutter des Petrus (Mk 1,31parr.) und des epileptischen Jungen (Mk 9,27). Lukas erweitert die Angaben noch, indem er die Handauflegung direkt mit der Heilungszusage verbindet (»er legte ihr die Hände auf« Lk 4,40; 13,13) oder Jesus das abgeschlagene Ohr (Lk 22,51) oder die Bahre des toten Jünglings zu Naïn (7,21) berührt. Zudem führen die Evangelien zahlreiche Berichte von Kranken an, die Jesus berühren (Mk 3,10parr.; 5,27 f.parr., 5,30 f.parr. u. a.). Einige ntl. Textstellen belegen Berührungen (ἅπτομαι), auch des Gewandes, durch Kranke, die man mit Unreinheit in Verbindung bringen könnte (s. Mk 5,27.28.30.31; anders Lk 8,44). Es ist umstritten, ob sich die Handauflegung auf jüdische Texte zurückführen lässt, wo sie aber sehr selten vorkommt (FLUSSER 1957: 107 f.). Als möglichen Beleg kann man 2Kön 5,11 heranziehen, wo der hebräische Text die eigentümliche Wendung והניף ידו (»die Hand über die Stelle schwingen«) bietet, die von der Septuaginta mit ἐπιθήσει τὴν χεῖρα αὐτοῦ (»er wird seine Hand auflegen«) übersetzt wird, wie dies auch in der Jesusüberlieferung vielfach belegt ist (Mk 5,23; 6,5; 7,32 u. a.). Einen weiteren Beleg bietet das Genesis Apokryphon, wo eine Handauflegung Abrahams erwähnt wird, die den kranken Pharao heilt. Der Text verwendet hierfür סמך, das in der Septuaginta in der Regel mit ἐπιτίθημι übersetzt wird.

Die manuelle Berührung ist häufig mit Hinweisen auf die δύναμις Jesu verbunden, seinen Macht- oder Krafttaten (bspw. Mk 5,30parr.; 6,14; Mt 11,5par.; Lk 4,18–21 vgl. Jes 61,1 f.; nicht im JohEv; s. auch 4Q521 2 ii 12). Die Übersetzung des Begriffs δύναμις in altlateinischen Handschriften des LkEv ist indes bemerkenswert: Dieser wird mit *virtus* übersetzt, einem Begriff, der – vergleichbar mit *qualitas* – in der römischen Medizin die Qualität eines Medikaments kennzeichnet (Soran. 17,13; 73,22; Anon. in Prm. 24,V. 3; Cael.acut. 3,17). Unterschieden wird dies von einer weiteren Übersetzungsmöglichkeit von δύναμις, *vires*, das eine körperliche Kraft ausdrückt (Soran. 96,29; Cael.acut. 1,86). Dementsprechend deutet schon die frühe lateinische Übersetzung vom 2. Jh. n.Chr. Jesu Berührung als »Medizin«.

Nicht nur Jesu Berührung allein wird als Kraft oder Medizin gedeutet. Markus und Johannes wissen von Heilungen mit Spucke, die man der sog. »Drecksapotheke« zuordnet. In Mk 7,32–37 heilt Jesus einen blinden und tauben Mann, indem er ihm seine Finger in die Ohren legt, seine Zunge mit Speichel berührt, seufzend zum Himmel aufsieht und einen aramäischen Hilferuf spricht; in Mk 8,22–26 heilt er einen Blinden, indem er Spucke auf seine Augen reibt, ihm seine Hände auflegt (8,22) und mit diesen die Augen berührt (8,25; YARBRO COLLINS 2007: 369) und in Joh (9,1–11) heilt Jesus einen »Blinden von Geburt an«, indem er seine Augen mit einer Mischung aus Spucke (*saliva*) und Erde behandelt und ihn schließlich noch zum Teich Schiloach schickt, um sich einer Waschung zu unterziehen. Schon seit Aristoteles ist menschliche Spucke dafür bekannt, Schlangen in die Flucht zu schlagen (Arist.hist.an. 8,206–209; s. Plin.nat.hist. 7,2,13–15; Ael. NA 9,4). Plinius benennt indes Spucke auch in einer Auflistung nicht nur als Schutz gegen Epilepsie, sondern auch als Mittel (*precatione*) gegen Blindheit (nat. hist. 27,7; 26,60). Es ist Galen, der die Bedeutung von *saliva* vertieft, besonders in seiner Schrift *De natura facultatibus*: Nahrung, die im Mund mit *saliva* vermischt wurde, verändert ihre Substanz bemerkenswert schnell und macht die Nahrung zum Teil des Körpers einer Person; dieser Prozess geschieht assimilierend wie auch vergiftend. Galen erläutert zudem, dass im Mund neben Nahrung und Flüssigkeiten auch »die Rückstände des Gehirns durch den Gaumen« und »Spucke von den Drüsen auf der Unterseite der Zunge« aufgenommen werden, die sich dann vermischen (Gal.usu.part.). Es ist von daher plausibel, dass man der *saliva* einiger bedeutenderer Personen eine größere Heilkraft zusprach, wie die Beispiele von Vespasian belegen. Die Belege mahnen zur Vorsicht vor einer Zuordnung zu magischen Praktiken einerseits und der Heilung durch *saliva* als Unterschichtsphänomen andererseits. In Mk 8,22 f. artikuliert sich in dem Willen des Schöpfers, »der alles gut gemacht hat« (im Perfekt; vgl. Gen 1,31[LXX] im Aorist), ein schöpfungstheologisches Argument, wie sich dies auch zahlreich in der teleologischen Physiologie Galens finden lässt. Wenn Matthäus und Lukas auf diesen Aspekt der Heilung verzichten, dann möglicherweise auch um Spucken und Spucke als verächtliche Geste oder verunreinigende Substanz, wie sie in der Septuaginta häufiger genannt wird (1Kgt 21,14; Jes 40,15[LXX]), zu vermeiden, um die Heilkraft Jesu ohne Hilfsmittel zu betonen, oder einem Vergleich mit anderen Wundertätern der Antike vorzubeugen (s. 2.4.4).

2.4.3. Religionsgeschichtlicher Kontext der ntl. Heilungsgeschichten

Krankheit und Heilung werden in den Texten des Zweiten Tempels zwar erwähnt; die Texte folgen aber oft nicht dem klassischen Schema einer Heilungsgeschichte. In der Weisheitsliteratur sind Heilungswunder ein Zeichen der Rettung (SapSal 16,5-14; 18,20-25: σύμβολον...σωθηρίαν); durch das Wort Gottes und durch Medikamente entfalten sie ihre Wirkung ebenfalls nur durch Gottes Zutun (Sir 38,1-15; Ben Sira 38,9-11 Gebete und Opfer). Umstritten sind die Erwähnungen von Krankenheilungen in der sog. Henochischen Literatur wie etwa die eschatologische Hoffnung auf Heilung in Jub 23,14-31, das auf eine satansfreie Zeit mit Tagen der »Segnung und Heilung« verweist (Jub 23,29), wobei die Krankenheilung ebenso metaphorisch für die Restauration des Bundes zwischen Gott und den Menschen gefasst werden kann. Der jüdische Historiker Flavius Josephus weist mehrfach auf das besondere Interesse der Essener an Krankenheilungen hin (Flav.Jos.Bell. 2,136 u. a.), das in der Forschung zu der Tendenz geführt hat, Essener mit »Heiler« zu übersetzen (VERMES 1975: 8-36); selten bezieht sich Josephus auf biblische Heilungswunder wie die Heilung des Sohnes der Witwe durch Elija (1Kön 17,17-24; Flav.Jos.Ant. 8,325; vgl. jSuk 5,1.55a und BerR 98,11) oder die wundersame Heilung des Königs Hiskia durch Jesaja (Jes 38,9, hier jedoch ohne wunderhaften Charakter; Flav.Jos.Ant. 10,27-31). Die Heilungen werden als Teil der Vorsehung Gottes interpretiert und es ist sicherlich kein Zufall, dass Josephus hier auf einen Begriff der Stoa zurückgreift, die πρόνοια (»Vorsehung«; ATTRIDGE 1976: 154-165 u. a.), um die Heilungen als wahrhafte Vorsehung (Flav.Jos.Ant. 2,286) zu erweisen, was im Gegensatz zur menschlichen Einschätzung von wunderhaften Ereignissen steht (Ant. 2,330-337). Umstritten ist das Testimonium Flavianum (Ant. 18,63), in dem Jesus als Vollbringer von »wunderhaften Werken« (παράδοξα ἔργα) charakterisiert wird. Philo von Alexandrien setzt sich besonders im Kontext der Therapeuten mit Krankenheilungen auseinander und kennt neben der Heilung von körperlicher Krankheit (Philo spec. 1,77; sacr. 70, 123 u. a.) auch die Krankheit der Seele, die nur spirituell geheilt werden könne (cont. 2; opif. 155; spec. 1,179 u. a.).

In der griechisch-römischen Literatur finden sich Parallelen zu den ntl. Heilungen in den Berichten über die Wunderheilung durch Kaiser: So berichtet Plutarch von dem König Pyrrhus von Epirus, durch dessen Berührung ein Milzkranker genesen konnte (Plut.Pyrrh. 3,7-9), von Alexander d. Gr., der in einem Traum Anweisungen zur Heilung des Krateros mit Nieswurz erhalten hat (Plut.Alex. 41,6; s. zudem Cic.div. 2,66,135), und von Perikles, der einen am Bau der Propyläen verunglückten Künstler heilt, nachdem ihm Athena Hygieia im Traum erschienen ist (Plut.Per. 13,12 f.; Plin.nat.hist. 22,20,44). Von zentraler Bedeutung, speziell für die Oberschicht, mögen die Anekdoten von Vespasians Heilungsgeschichten gewesen sein, die von Sueton (Vesp. 7,2,12), Tacitus (hist. 4,81 f.) und in Transliteration von Dio Cassius (68,1,1) belegt sind. Tacitus und Sueton berichten von einem Blinden von Alexandrien, der, gesandt von dem Gott Serapis,

Vespasian um Heilung anfleht (»*Quae re tibi auxilium feram* – Wie soll ich dir helfen?«), die Vespasian durch Bestreichen von Spucke auf dessen Augen vollzieht, von einem Mann mit einem gelähmten Bein (s. auch Plut.Pyrrh. 3) und einem Kranken mit einer gelähmten Hand (Tac.hist. 4,81 f.), der ebenfalls von Vespasian Heilung erfuhr, indem dieser die affizierten Körperteile berührte (LEPPIN 2013; ENGSTER 2010). Tacitus berichtet zudem, dass Vespasian besorgt über seine *fama vanitatis* (»Gerücht vom Misserfolg«) sei, besonders aber über ein mögliches »Versagen der supranaturalen Kräfte«. Deshalb sucht er zunächst die Bestätigung durch Ärzte (*medicis*), bevor er die Heilung vollzieht. Wundersame Heilungen durch Berührungen werden indes auch Hadrian in der *vita Hadriani* (Hist.Aug.Hadr. 25,1–4) und Trajan in Plinius' panegyrischen Texten zugeschrieben, die von kranken Menschen berichten, die durch die Anwesenheit des Imperators geheilt wurden (Plin.paneg. 22,3). Als weiteres prominentes Beispiel für einen Wundertäter sei zudem Apollonius von Tyana genannt, der als neupythagoräischer Wanderphilosoph um 96/97 n.Chr. wirkte (überliefert bei Philostrat, 3. Jh. n.Chr.). Apollonius vollbringt Heilungen an einem wassersüchtigen Mann aus Assyrien, den er mit der diätetischen Lehre kurierte (vit.ap. 1,9), an einem von Tollwut befallenen jungen Mann (vit.ap. 6,43) und an einem an Manie leidenden jungen Mann durch Anblicken des Kranken (vit.ap. 4,20). Der Verweis auf die göttliche Heilungsmacht ist auch medizinischen Schriften bekannt, wie das hippokratische Traktat *Decorum* aus dem 1. Jh. n.Chr. zeigt, wo es heißt, dass die Machttaten der Götter »in das Wissen und Denken der Medizin verwoben« seien. »Medizin wird von den Göttern in Ehren gehalten. Und die Ärzte haben sich an die Götter gewandt. Denn in der Medizin ist die herrschende Kraft [δύναμις] nicht unwichtig. Obwohl die Ärzte viele Aspekte bedenken und verantworten, manche [Krankheiten] werden selbst für diese spontan geheilt« (Hippocr.decent. 6). Spontane Heilung wurde demnach den Göttern zugeschrieben. Zahlreiche Quellen berichten zudem davon, dass Galen sich mit frühchristlichen Heilungsgeschichten auseinandergesetzt habe. Die entsprechenden Traktate sind bislang verschollen; die Überlieferung lässt sich jedoch in syrischen, arabischen und lateinischen Übersetzungen finden (vgl. z. B. Bar Hebraeus, der in seiner *syrischen Chronik* auf die »Wunder« der Nazraye [Nazarener] hinweist, oder Casiris lateinische Übersetzung: *Christiani nuncupantur religionem suam in parabolis et miraculis constituisse*).

2.4.4. Neutestamentliche Heilungsbegriffe im religionsgeschichtlichen Kontext

Das Neue Testament kennt zahlreiche Begriffe, die Heilung artikulieren, von denen θεραπεύω der zentralste ist. In medizinischen Schriften wie dem Corpus Hippocraticum (VM 15,1; aph. 6,38; vict. 4,2,59; etc.) oder auch bei Galen (nat. fac. 1,13; 2,9; 2,126 Kühn) bezeichnet das Verb ein »Dienen«, »Sich-Kümmern«, »ärztliches Behandeln« oder ein sich zügig vollziehendes Resultat einer ärztlichen Bemühung um die Heilung von Kranken und deren Gebrechen, das in der

Regel mit einer Kontinuität der Heilungsbedingungen einhergeht, etwa der Veränderung des Lebensstils durch den Kranken (meist im Präsens oder Imperfekt; WELLS 1998). Θεραπεία meint den Dienst in den verwundbaren Zeiten des Lebens, wie besonders der Hippokratische Eid deutlich macht. Zahlreiche antike Autoren kennen zudem den λόγος, das Wort, als eine heilende Kraft, der auf eine Kommunikation deutet, die dementsprechend eine Antwort der Hörenden einfordert (wie etwa bei M. Aur. 5,28; s. auch Porph.Marc. 31,34), ein Gedanke, wie er sich vergleichbar auch im Neuen Testament findet. In der Septuaginta beschreibt das Verb θεραπεύω ein menschliches Bemühen um Heilung (Ausnahme: SapSal 16,12). Im Neuen Testament findet sich in Mt 4,24; 8,16 u. a. das Verb im gnomischen Aorist (parallel zu »lehren« διδάσκειν und »verkündigen« κηρύσσειν in Mt 4,23; 9,35), während es Markus in erster Linie im Präsens oder Imperfekt gebraucht und damit eine andauernde Handlung benennt. Lukas führt als einziger das Verb im Präsens oder Imperfekt Passiv an und verbindet es mit einem aktiven Hören des Wortes, das auch eine Veränderung mit sich bringt (μετάνοιαν 5,32). Objekte der Heilung können Krankheiten (Lk 6,18parr.) wie auch Kranke sein. Nur Lukas verwendet θεραπεύω für das Tun (»Arzt, heile dich selbst«) und die Unfähigkeit der Ärzte zu heilen (Lk 8,23). Θεραπεύω kommt auffallend häufig in den Sabbatheilungen vor und meint hier die Tätigkeit des Heilens, die eine Änderung des Lebensstils zur Folge hat (Lk 13,10–17). Diese Verbindung wird in den Summarien noch vertieft: Θεραπεύω steht neben der Predigt des kommenden Gottesreiches. Dieser Aspekt einer aktiven Veränderung der Situation nach der Heilung verbindet die ntl. Aussagen mit solchen aus deren Umfeld.

An einigen Stellen verwenden die ntl. Evangelien ebenso wie die Septuaginta, besonders aber das LkEv, das Verb ἰάομαι (Tob 12,14; Ps 6,3; 30,3; 41,4 f.; SapSal 16,10; Sir 38,9; Mk 5,29; Mt 8,8.13; 13,15; 15,28; Lk 5,17; 6,18 u. a.; Joh 4,47; 5,13; 12,40). Besonders eindrücklich formuliert Ex 15,26[LXX]: »Ich bin der Herr, der dich heilt«. Heilung und Gebet sind aufeinander bezogen. Religionsgeschichtlich finden sich das Verb und seine Derivate verstärkt in den sog. ἰάματα oder Heilungsberichten, die dem Heilgott Asklepios (bspw. IG IV^2 1,121–122) gewidmet sind und denen eine Art Werbefunktion für Wunderheilungen zukommt. Der Name geht auf die Sammlung von στῆλαι (Steintafeln) zurück, die sich in der Mehrzahl in den Asklepieien in Epidaurus, Kos und Pergamon finden und die Heilungsmethoden reflektieren. Diese werden als Träume der Kranken wiedergegeben, die dann auf den ἰάματα in einer Formel erscheinen (»er/sie sah in einem Traum; und es erschien ihm/ihr«). Neben der Gott-Patienten-Konsultation belegen diese ἰάματα Anordnungen und Maßnahmen der Götter wie Berührung oder Verschreibungen von Heilmitteln (IG IV^2 1,126 u. a.); in der Forschung wird deshalb oft eine Nähe der Heilgötter zu der antiken Medizin speziell hippokratischer oder galenischer Provenienz vermutet. Die in den ἰάματα begegnenden Begriffe sind in erster Linie ὑγιής (»die Person ist geheilt«) und ἰάομαι (»heilen«; IG II^2 4475a, 4514: hier die heilende Kraft des Asklepios in seiner Manifestation als

Schlange; DILLON 1994). Der Aufenthalt in einem Asklepiosheiligtum umfasste oft die Entrichtung einer Gebühr (s. Alt.v.Perg. VIII 3.161.8; LSCG 69.20–24) sowie die Einhaltung diätetischer Vorschriften, Abstinenz von sexueller Aktivität (Alt.v.Perg. VIII 3.161.11–14), rituelle Bäder, Opfer, Inkubation in einem Schlafsaal (LSCG 69.43–47), Glaube und Gebet, Heilung und Danksagung. Hier meint das Verb ἰάομαι die Heilung durch eine göttliche Macht und die Wiederherstellung des Zustands vor der Krankheit.

Daneben ist speziell bei Lukas das Verb ὑγιαίνειν belegt (5,31 wo ἰσχύοντες zu ὑγιαίοντες verändert wird; 7,10; 15,27). Die Derivate des Begriffs ὑγιεία werden im Asklepioskult und in der antiken Medizin verwendet und verweisen auf Göttlichkeit der menschlichen Natur. Nur bei Mk 5,34 finden wir in der Heilungsgeschichte der »blutflüssigen Frau« die Wendung »Sei gesund von deiner Plage« (s. Ps 37[38],18^LXX). Der Begriff der »Plage« kennzeichnet in den biblischen Texten einen Ausschluss aus dem Kult und der Kultgemeinschaft. Das »Gesunden« geht deshalb mit der Wiederaufnahme in die Gemeinschaft der Glaubenden einher. Die geheilte Frau wird dementsprechend »Tochter« genannt (Mk 5,34parr.).

Der Medizinanthropologe Arthur Kleinman hat deutlich gemacht (KLEINMAN 1995: 307–310), dass Heilung nicht nur durch die genannten Begriffe wie θεραπεύω signalisiert wird, sondern ebenso durch Beschreibungen, die eine Transformation oder auch eine »therapeutische Veränderung« und damit Gesundung nahelegen. In den ntl. Texten wird das Leiden um ein Verb ergänzt, das eine Gesundung anzeigt: So *verlässt* das Fieber die Schwiegermutter des Petrus wieder (Mt 8,15), der Aussatzkranke wird *gereinigt* oder der Blinde kann *sehen*.

2.4.5. Die theologische Relevanz der Heilungen Jesu

Die ntl. Forschung hat im Großen und Ganzen drei Überlegungen angestellt: Fraglich ist, ob in den ntl. Heilungsgeschichten Krankenheilung und Sündenvergebung zusammengehören. In Joh 9,2 f. wird dieser Zusammenhang klar verneint; Mk 2,1–12parr., wo Ps 103 als Prätext fungiert, ist die einzige Belegstelle. In Ps 103,3 werden in einem Parallelismus membrorum vollkommene Sündenvergebung und die Heilung aller Krankheiten nebeneinander gestellt und das Erbarmen Gottes mit einem Vater verglichen, der sich seinen Kindern zuwendet (Mk 2,5c). Der Zusammenhang zwischen Krankheit und Sünde wird in Mk 2,1–12 narrativ umgesetzt. Die Krankheit ist sichtbarer Ausdruck der Sünde. Wer so krank ist, ist offenbar Sünder (V.9). Jesus fragt weder danach, woher die Krankheit kommt, noch wer sie verursacht hat. Entscheidend ist, dass in der Präsenz und im Handeln Jesu Sünde und Krankheit ihre Macht verlieren. Auch stehen Sündenvergebung und Krankenheilung nicht in einer zeitlichen Reihenfolge: Dem Kranken müssen nicht *zuerst* die Sünden vergeben werden und *danach* wird er geheilt. Das bedeutet aber, dass die Verknüpfung von Krankheit und Sünde hier durchbrochen wird. Eine Krankenheilung war in der Antike zwar nicht alltäglich, gehörte aber durchaus zu den möglichen Erfahrungen. Dagegen ist die

Sündenvergebung ein Privileg Gottes (Ex 34,7; Jes 43,25; 44,22). Indem Jesus Sünden vergibt, beansprucht er göttliche Autorität.

Eine zweite Überlegung bezieht sich auf die Heilungen Jesu am Sabbat (wie z. B. in Mk 3,1–6parr.; Joh 5,1–18). Die Damaskusschrift beschreibt die Hilfeleistung, die am Sabbat geleistet werden darf, in sehr engen Grenzen, die weder Geburtshilfe noch die Rettung eines Menschen aus einer Zisterne erlauben (CD-A 10,14–11,18; s. auch 4Q265 6,5 f.). Über Heilungen schweigt die Schrift jedoch. Anders argumentieren die Rabbinen, die durchaus medizinische Hilfe in Lebensgefahr erlauben (mJoma 8,6; DOERING 1999: 448 f.), doch lassen sich die Heilungen Jesu gerade nicht als solche verständlich machen. Das Jubiläenbuch bietet wohl die entschiedensten Aussagen zur Sabbatobservanz in der Zeit Jesu, indem der Sabbatbruch als Vergehen bezeichnet wird (s. Jub 2,25.27; 50,8.12), weil der Sabbat als Hinweis auf das endzeitliche Heil und die Wiederherstellung der Schöpfung gelesen werden kann (Jub 50,9; DIETZFELBINGER 1978: 295–298). Diese Interpretation wird nun im Licht der Erfahrung des Reiches Gottes in den Heilungen neu gedeutet: Im segnenden Schöpfungswerk der Heilungen (und auch der Exorzismen) wird die Nähe der Gottesherrschaft körperlich erfahrbar. In diesem Sinne weist das Verbum ἀποκαθίστημι (wiederherstellen) in Mk 3,5 gleichermaßen auf eine medizinische wie auch eschatologische Bedeutung hin (hinsichtlich einer Verbindung mit dem Wirken Elijas vgl. Mal 3,23; Mk 9,12; DOERING 2008: 236–239).

Die Heilung gründet schließlich im Glauben (Mk 5,34; 10,52; Mt 9,22; Lk 7,50; 17,19), dessen direktes Objekt nicht immer erwähnt wird, so dass es unklar ist, worauf sich der Glaube richtet. Die Erzählung des Sklaven des Hauptmanns von Kafarnaum ist insofern ausschlussreich als hier explizit das Vertrauen auf den Gott Israels formuliert wird, der sich durch Jesu heilvolles Handeln artikuliert. Dieses Vertrauen wird besonders von Menschen ausgesprochen, die als »Nichtjuden« zunächst eine Vorrangstellung Israels für Jesu Wirkmacht anerkennen. Es gründet sich auf die Hoffnung von »Nichtjuden«, dass diese Wirkmacht heilsgeschichtlich ausgeweitet wird, wie dies schon in Jes 56,1–8 formuliert wird. Während jedoch die Syrophönizierin argumentiert, dass die Heiden letztlich zum Haus Israel gehören (Mt 15), richtet sich der Glaube des Hauptmanns – einem langgedienten Soldaten der Herodianer – darauf, dass Jesu Wort eben diese Grenze überschreitet.

2.4.6. Jesus, der Heiler

In der Forschung werden unterschiedliche Titel für Jesu Wirken erwogen (Arzt, göttlicher Mensch und Wundercharismatiker; Magier; ↗ D.IV.2.5). Die einzige Zuschreibung, die wir im Neuen Testament finden, ist die des Arztes. Schon medizinische Traktate zeigen eine Nähe zur religiösen Deutung von Krankheit und der Rolle des Arztes, besonders bei Galen, der sein ärztliches Handeln der Deutungsmacht des Asklepios unterordnen kann. Die religiöse Deutung von Krankheit als göttliche Strafe hat in der Jesusüberlieferung an Relevanz verloren, so dass sich Raum für eine positive Ausgestaltung des Verhältnisses von Religion und Medizin eröffnet: In Lk 5,31 werden denjenigen, »die frei von Krankheit sind« (ὑγιαίνω; Verb ausschließlich im LkEv), diejenigen gegenübergestellt, »denen es schlecht geht (κακῶς ἔχοντες)«. Jesus, der Arzt, sei nicht gekommen, die Gerechten zu rufen, sondern die Sünder. Diese Zuwendung zu den sündigen Menschen verbindet sich mit der Erfahrung, dass Jesus als Arzt an Kranken heilend wirkte. Die Arztmetapher, die bei Irenäus und Origenes etabliert wird (Iren.haer. 2,5,2; Or.Cels. 2,67; KOLLMANN 1996: 364), verweist auf eine Schnittmenge, die medizinische und religiöse Vorstellungen evoziert (und Jesus als »Arzt«, ἰατρός deutet), wie sie uns etwa aus dem Hippokratischen Eid bekannt sind, den man in der Antike auf Asklepios schwor. Hinzu kommen weitere Aspekte, die eine Vergleichbarkeit zwischen der medizinischen und der religiösen Dimension nahelegen: Einige medizinische Lehrbücher für den Anfänger beginnen ihre Abhandlungen mit einer Tugendliste (z. B. Hippocr.decent. 3; medic. 1), wie etwa das Verhalten des Arztes auf der Basis von Vertrauen (Hippocr.flat. 1; Eus.h.e. 10,4,11; TEMKIN 1991: 141–144), aber auch die Tugenden des Maßhaltens, der Selbstbeherrschung oder auch des gerechten Handelns (ROSEN/HORSTMANSHOFF 2003) und der Behandlung der Kranken gleichermaßen ohne Ansehen der Person (STAMATU 2005). Zu den Tugenden eines Arztes gehörte auch der Krankenbesuch (oftmals durch Schüler; s. Hippocr.decent. 17; vgl. Mt 25,36). Indem der Verfasser des LkEv den Körper zum Ort der Gesundheit erklärt, macht er deutlich, dass er um diese Tradition des von ihm gewählten Arztbildes weiß. Er spitzt das Bild freilich theologisch zu: Wie schon in seiner auf Jes 61,1 gestützten Antrittspredigt in Lk 4,19, bezieht sich Lukas auf Gottes Annahme derjenigen, die krank und arm sind. Dass dies im Kontext einer der für die lk. Theologie so bedeutungsvollen Mahlszenen aufgenommen wird, zeigt: Das Bild des Arztes ist theologisch zentral.

Hinweise auf den Heilgott Asklepios, die man in Joh 5,1–9 (der Heilung des Kranken am Teich Bethesda) zu finden glaubt, könnten möglicherweise auf eine Schnittmenge zwischen religiöser und medizinischer Krankheitsdeutung hindeuten (STEGER 2004). Insbesondere seit der Ausgrabung von 1956 lässt sich eine große Badeanlage in Jerusalem nachweisen, deren nördliches Becken bis in die Zeit Herodes Agrippas (41–44 n.Chr.) außerhalb der Stadt lag (RENGSTORF 1953; KÜCHLER 1992: 127–154). Ende des 1. Jh.s n.Chr. wurde diese Anlage dann als Asklepieion ausgestaltet, wie Asklepiosstatuen im *abaton* der Anlage nahelegen. Zudem fand sich ein Votivopfer, der Fußabdruck einer Frau namens »Pompeia Lucilia«. Demnach kann man wahrscheinlich annehmen, dass es ein Asklepieion in Jerusalem gegeben hat (WEISSENRIEDER/ETZELMÜLLER 2015). Dass Joh 5,1–9 sich auf dieses bezieht, ist damit freilich noch nicht mit Sicherheit nachgewiesen. Indes ist die Verwendung des Adjektivs, ὑγιαιτός auffallend, das auf die Tochter des Heilgottes Asklepios, Hygieia, verweisen kann und in Joh 5 häufig auftritt (V. 6, 9, 11, 14 f., sonst nur noch in Joh 7,23). Wunderkraft wird in antiken Texten dem göttlichen Menschen, θεῖος ἀνήρ, zugeschrieben. Diese Zuschreibung ist für

Asklepios unbestritten, ist aber häufiger für Philosophen ohne Wundermacht oder historische Gründerfiguren belegt (BIELER 1967.II: 105–109; DORMEYER ²2002: 222–225). Das Adjektiv θεῖος ist dem Wortfeld εὐσεβής bzw. θεοσεβής zuzurechnen und bezeichnet eine Erkenntnistradition, die auch im Judentum nachweisbar ist (DU TOIT 1997: 109 f. u. a.). Zudem stellt man in der Forschung Bezüge zu jüdischen Wundercharismatikern, besonders zu Chanina ben Dosa, her. Doch sind diese Bezüge sehr vage, denn von Chanina ist lediglich eine Krankenheilung überliefert (s. bBer 34b; Joh 4,46–53; VERMES 1973: 55–64; kritisch: BECKER 2002: 343 f.).

Die Krankenheilungen Jesu sind in unterschiedlichen Gattungen wie Überlieferungstraditionen bezeugt, die verschiedenste Themen und Motive zusammenführen wie etwa die sich körperlich offenbarende Gottesherrschaft, die Umkehrpredigt und die Botschaft an die Armen und Sünder. Die Krankenheilungen Jesu verweisen auf die Eingriffe Gottes als Anbeginn einer messianischen Heilszeit; die Macht Gottes wird aber vergleichsweise selten genannt (Mt 11,5 u. a.). Jesus selbst ist Träger einer »numinosen Macht«, der die Überwindung einer Mangelsituation herbeiführt. In Jesus, dem Arzt wird Gottes Macht heilsam gegenwärtig (KAHL 1994: 230–233: »bearer of numinous power«).

BENDEMANN, Reinhard VON 2014: Die Heilungen Jesu und die antike Medizin, Early Christianity 5, 273–312.

DILLON, Matthew P. J. 1994: The Didactic Nature of the Epidaurean Iamata, ZPE 101, 239–260.

KOLLMANN, Bernd 1996: Jesus und die Christen als Wundertäter. Studien zu Magie, Medizin und Schamanismus in Antike und Christentum, FRLANT 170, Göttingen.

TIELEMAN, Teun 2010: Religion und Therapie in Galen, in: ETZELMÜLLER, Gregor/WEISSENRIEDER, Annette (Hg.): Religion und Krankheit, Darmstadt, 83–95.

WEISSENRIEDER, Annette 2003: Images of Illness in the Gospel of Luke. Insights of Ancient Medical Texts, WUNT II 164, Tübingen.

Annette Weissenrieder

2.5. Exorzismen

2.5.1. Umfang des exorzistischen Wirkens Jesu

Exorzismen gehören zu den am breitesten bezeugten Taten Jesu (ANNEN 1976: 107–146; KOLLMANN 1996: 174–215) und sind eng mit seiner Botschaft von der Gottesherrschaft verbunden. Bei Exorzismen, eigentlich Beschwörungen, handelt es sich um die rituelle Vertreibung böser Geister, die vom Körper des Menschen Besitz ergriffen haben. Das exorzistische Ritual ist durch einen erbitterten Machtkampf gekennzeichnet, bei dem der Exorzist den Dämon durch Drohgebärden, massive Einschüchterung und Ausfahrbefehle zum Verlassen des Besessenen zu bewegen sucht.

Jesus rückte die Dämonenaustreibungen zusammen mit den Heilungen in das Zentrum seines Wirkens (Lk 13,32). In der Beelzebulkontroverse (Mk 3,22–27) sind sie Gegenstand der Auseinandersetzung mit Gegnern. Diese erkannten Jesu Exorzismen als unbestrittene Tatsache an, bezichtigten ihn allerdings des Bündnisses mit dem Beelzebul. Dabei handelt es sich um eine von vielen Bezeichnungen für den Satan, der in der jüdischen Dämonologie als Oberhaupt der bösen Geister gilt. Jesus entkräftet den Vorwurf durch die Bildworte vom in sich gespaltenen Reich. Es wäre widersinnig, wenn der Satan gegen seinen eigenen Herrschaftsbereich des Bösen vorgehen würde. Die hinter Jesus stehende Macht ist in Wirklichkeit Gott, dessen Herrschaft er mit den Exorzismen zum Durchbruch verhilft (Lk 11,20). In diesen dynamischen Prozess werden auch die Jünger einbezogen und zu Exorzismen angeleitet (Mt 10,8).

In der Erzähltradition der Evangelien werden mehrere Exorzismen Jesu ausführlicher geschildert (Mk 1,21–28; 5,1–20parr.; 7,24–30par.; 9,14–29parr.). Die Berichte sind von christologischen Interessen geleitet und orientieren sich am Formschema antiker Exorzismuserzählungen, haben aber zuverlässige Erinnerung an das geschichtliche Wirken Jesu bewahrt (MEIER 1994: 646–677; DUNN 2003b: 673–677). Auch wenn die unverwechselbaren Konturen Jesu verschwimmen, vermitteln sie einen Eindruck davon, wie Jesus bei seinen Exorzismen vorgegangen sein dürfte und welche Wirkung diese auf seine Zeitgenossen ausübten. Die nur bei Lukas überlieferte Nachricht von der Austreibung sieben böser Geister aus Maria Magdalena (Lk 8,2) beruht wohl ebenfalls auf historischer Erinnerung. In den weitgehend redaktionellen Summarien der Evangelien (Mk 1,34.39parr.; 3,10–12parr.) wird das von den Einzelüberlieferungen geschilderte exorzistische Handeln Jesu verallgemeinert und gesteigert.

2.5.2. Dämonische Besessenheit

Dämonische Besessenheit (vgl. TRUNK 1994: 10–21; KEENER 2011: 776–779.788–809) stellt ein kulturspezifisches Grenzphänomen dar. Sie kann in der mediterranen Welt der Antike und vergleichbaren Kulturen der Gegenwart auch positiv besetzt sein, begegnet aber meist in pathologischer Form. Die Vorstellung der Besessenheit dient in einem dämonengläubigen Milieu der Erklärung anormaler menschlicher Verhaltensmuster und verhilft den Betroffenen zu einer Form, ihre Nöte zu artikulieren oder ihrer Identität Ausdruck zu verleihen. Sie beinhaltet damit eine Rollenzuweisung oder ein Rollenangebot der Gesellschaft für Menschen, die ein von der Normalpersönlichkeit stark abweichendes Erscheinungsbild zeigen. Typische Symptome von Besessenheit sind ein andersartiger Gesichtsausdruck, eine veränderte Stimmlage, das Sprechen in fremden Sprachen sowie unkontrollierte oder aggressive Handlungen, die meist völlig unvermittelt auftreten. Es entsteht der Eindruck, dass die betreffende Person der dämonischen Macht vollständig ausgeliefert ist und jegliche Kontrolle über den eigenen Körper verloren hat.

Besessenheit lässt sich aus kulturanthropologischer Perspektive als sozial erlernte *Performance* begreifen (STRECKER 2002: 54–59). Vermeintlich von Dämonen in Besitz genommene Personen aktivieren in dramatischer Form solche Rollenmuster, wie sie in einer vom mythischen Denken geprägten Gesellschaft als Indiz für Besessenheit gelten. Sie schaffen dadurch eine dämonische Wirklichkeit, die im Handeln des Exorzisten als öffentlicher Aufführung eine Aufsprengung erfährt, indem die Identität der Besessenen neu konstituiert und ihre soziale Stellung in der Gesellschaft neu bestimmt wird. Dämonische Besessenheit stellt als dramatische Inszenierung nicht automatisch eine Krankheit dar, doch wird es den Exorzismen Jesu nicht gerecht, dort bei den Besessenen lediglich von der spielerischen Inszenierung auffälliger Verhaltensmuster zur Erregung erhöhter Aufmerksamkeit auszugehen.

Der besessene Gerasener (Mk 5,1–20) zeigt mit dem unablässigen Schreien, dem Übernachten an Grabstätten, dem Herumlaufen ohne Kleidung und dem Drang zur Selbstzerstörung alle Verhaltensweisen, die in antiken Quellen als typische Merkmale für Manie gelten. Offenkundig leidet er an einer dissoziativen Persönlichkeitsstörung, die wegen ihrer gravierenden Begleiterscheinungen als Besessenheit interpretiert wird. Dass eine ganze Legion von Dämonen von ihm Besitz ergriffen hat, spiegelt nicht nur die Schwere des Leidens wider, sondern spielt auch auf die politischen Verhältnisse an. In der Lebenswelt Jesu dürften die Situation der römischen Fremdherrschaft mit ihrem dämonischen Imperialismus, die für viele Agrargesellschaften charakteristische Verarmung der Landbevölkerung sowie die Zerrissenheit der Menschen zwischen Bewunderung und Verdammung der hellenistisch-römischen Kultur als wichtige Faktoren für ein gehäuftes Auftreten psychopathischer Besessenheitsphänomene in Rechnung zu stellen sein (CROSSAN [2]1995: 402–468; WITMER 2012: 61–96). In Gesellschaften, die durch politische, soziale und kulturelle Gegensätze innerlich aufgewühlt sind, treten in überdurchschnittlichem Maße mentale Störungen hervor, die von den daran zerbrechenden Menschen in einem Hilfeschrei als Beherrschung durch Dämonen artikuliert werden. Wenn Maria Magdalena von sieben bösen Geistern besessen ist (Lk 8,2), stellt dies ebenfalls ein Indiz für eine schwere Persönlichkeitsstörung dar.

Das Krankheitsbild des besessenen Jünglings (Mk 9,14–29) weist dagegen mit Zähneknirschen, Schaumbildung vor dem Mund und unvermitteltem Kollabieren alle Symptome auf, die nach der hippokratischen Medizin (Hippocr.morb. sacr. 1,7) typisch für epileptische Anfälle sind. Folgerichtig spricht Matthäus von Mondsucht (Mt 17,15), eine in der Antike weit verbreitete Bezeichnung für Epilepsie, weil man die Abstände der Anfälle durch den Mond gesteuert sah. Neben schweren Persönlichkeitsstörungen und Epilepsie können auch Lähmung (Lk 13,11), Blindheit (Mt 12,22) oder Stummheit (Lk 11,14) als Folge dämonischer Besessenheit erfahren oder interpretiert werden. Wenn in einer Gesellschaft allgemein anerkannt ist, dass verzweifelte Menschen ihre psychischen oder physischen Probleme als Kontrollverlust über den eigenen Körper infolge des Wirkens dämonischer Mächte interpretieren, werden Möglichkeiten der Problemlösung durch einen rituellen Exorzismus eröffnet.

2.5.3. Eschatologischer Horizont der Exorzismen Jesu

Die Exorzismen Jesu sind Bekundungen des endzeitlichen Handelns Gottes. Im Hintergrund steht der Dämonenglaube des antiken Judentums, wie er in Schriften der zwischentestamentlichen Zeit (Jubiläenbuch; Testamente der zwölf Patriarchen; Qumrantexte) begegnet. Der als Ankläger der Menschen im Himmel sitzende Satan (Hi 1,6–12) gilt als Herrscher über ein Heer von Dämonen, das für das Wirken des Bösen auf Erden verantwortlich ist (Jub 10,8). Im Rahmen apokalyptischer Hoffnungen wurde erwartet, dass Gott den Satan am Ende der Tage in einem Vernichtungsgericht binden oder stürzen werde, um danach wie zu Paradieszeiten wieder die uneingeschränkte Herrschaft über seine Schöpfung auszuüben (TestLev 18,10–14; TestDan 5,10–12). Mit der Vernichtung des Teufels und der Wiederaufrichtung der universalen Königsherrschaft Gottes verband sich die Hoffnung auf ein Ende von Krankheit und Leid, da das Böse ein für alle Mal ausgeschaltet war (AssMos 10,1; 2Bar 73,1–3).

Jesus teilte das dämonistische Weltbild und die apokalyptischen Denkmuster des antiken Judentums. Im Unterschied zu seinen Zeitgenossen war er allerdings der Überzeugung, dass der Satan schon entmachtet sei und Gott mit der Wiederaufrichtung seiner Herrschaft begonnen habe. Dies wurde Jesus nach eigenem Bekunden in einem visionären Erlebnis offenbart, bei dem er den Satan wie einen Blitz vom Himmel fallen sah (Lk 10,18). Das Gleichnis vom starken Mann, in dessen Haus man erst eindringen kann, wenn er gefesselt ist (Mk 3,27), benennt die bereits vollzogene Entmachtung des Satans als Voraussetzung für die erfolgreichen Exorzismen Jesu. Da Beelzebul von Gott gefesselt wurde, sind die ihm unterstellten bösen Geister herrenlos geworden und können bekämpft werden. Mit jedem Exorzismus verliert das Böse an Raum und wächst der Machtbereich Gottes auf Erden. Im Weichen der Dämonen nimmt Schritt für Schritt jene neue Welt Gottes Gestalt an, die gemeinhin erst für das Ende der Tage erwartet wurde (Lk 11,20). Es spricht viel für die Annahme, dass Jesus aufgrund der Vision des Satanssturzes die Trennung von Johannes dem Täufer vollzog, um als Exorzist und Heiler an der Durchsetzung der Gottesherrschaft mitzuwirken (MÜLLER 1977: 427–429; HOLLENBACH 1982: 207–217). Diese eschatologische Perspektive der Exorzismen Jesu ist beispiellos und macht sie unverwechselbar.

2.5.4. Religionsgeschichtliches Umfeld

Dass Jesus keineswegs der einzige jüdische Exorzist seiner Zeit war, gibt bereits das Neue Testament zu erkennen (Mt 12,27; Mk 9,38; Apg 19,13). Der rituelle Exorzismus ist im antiken Judentum erstmals im Buch Tobit belegt (Tob 8,1–3), wo die aus Ägypten bekannte Vertreibung böser Geister durch das Räuchern von Fischinnereien als Gabe Gottes gilt, der sie durch seinen Engel Raphael offenbar machte (KOLLMANN 1994: 289–299; STUCKENBROCK 2002: 258–269). Im Genesis-Apokryphon aus Qumran wird Abraham zum vollmächtigen Exorzisten stilisiert, der den mit Plagen geschlagenen Pharao (Gen 12,17) durch Gebet, Handauflegung und Bedrohung des bösen Geistes heilt (1Q20 20,28 f.). In den Tagen Jesu dominierten Exorzismen in der auf David und Salomo zurückgeführten magischen Tradition. In diesen Zusammenhang gehören die mit Psalmen Davids (11Q11; vgl. LibAnt 60,1–3) und anderen Liedern (4Q510.511.560) durchgeführten Dämonenbeschwörungen in Qumran (SANDERS 1997: 216–233; NAVEH 1998: 252–261; ESHEL 2003: 396–415) und das durch einen Augenzeugenbericht des Josephus (Flav.Jos.Ant. 8,44–49) bekannte Wirken des in der Zeit des Jüdischen Krieges aktiven Exorzisten Eleazar (DULING 1985: 1–25; DEINES 2003: 365–394). Eleazar verwendete einen Siegelring mit darunter verborgener heilkräftiger Wurzel, um den Dämon aus den Nasenlöchern des Besessenen herauszuziehen. Er bediente sich damit eines Instruments, das speziell zur Heilung von Epilepsie in der Antike breit bezeugt ist. Ergänzend rezitierte er Beschwörungsformeln Salomos, wie sie nach Darstellung des Josephus auch von anderen jüdischen Magiern zu Dämonenaustreibungen verwendet wurden. Vermutlich verfügte Eleazar über ein magisches Kompendium, das dem in der rabbinischen Tradition erwähnten und als Werk Salomos geltenden »Buch der Heilmittel« vergleichbar ist. Auch das jüdisch beeinflusste Exorzismusformular PGM 4,3019–3078 mit der Beschwörung der Dämonen beim »Siegel Salomos« und die magischen Riten im Testament Salomos spiegeln diese Heilkunst wider.

In der hellenistischen Literatur finden sich die unmittelbarsten Parallelen zu den Dämonenaustreibungen Jesu bei Lukian von Samosata und Philostrat. Lukian (2. Jh.) beschreibt in seiner Schrift Philopseudes, in der er den antiken Wunderglauben ins Lächerliche zieht, das Auftreten zweier Exorzisten. Der namenlos bleibende Syrer aus Palästina (Luc.Philops. 16) hat sich nach Art der schon von der hippokratischen Tradition bekämpften Magier (Hippocr.morb.sacr. 1,10) auf die Heilung von Mondsucht (Epilepsie) spezialisiert und bestreitet damit seinen Lebensunterhalt. Dazu tritt er an den Besessenen heran und erkundet, woher der Dämon stammt und auf welchem Weg er Einzug in den Kranken gehalten hat. Nachdem der Dämon in seiner Muttersprache beides preisgegeben hat, wird er vom Exorzisten durch Beschwörungsformeln und Bedrohung ausgetrieben. Von dem pythagoreischen Philosophen Arignotus, bei dem es sich um eine fiktive Figur handeln dürfte, erzählt Lukian, wie er in Korinth einen Totengeist durch schauerliche Zauberworte in ägyptischer Sprache vertrieb und dadurch das von ihm in Beschlag genommene Haus wieder bewohnbar machte (Philops. 16).

Philostrat (3. Jh.) erwähnt indische Weise, welche die bösen Geister durch Briefe vertreiben (Philostr.vit.ap. 3,38), und schildert einen Exorzismus des pythagoreischen Philosophen Apollonius von Tyana (1. Jh.), der in Athen durch massive Bedrohung des Dämons einen besessenen Jüngling heilt (Philostr.vit. ap. 4,20). Dieser leidet an einer Persönlichkeitsstörung, die sich in unvermitteltem Lachen oder Weinen und permanenten Selbstgesprächen artikuliert. Durch bloßes Anblicken wird der Dämon in Furcht versetzt und ausfahrwillig gemacht. Anschließend spricht ihn Apollonius in zorniger Erregung an und gebietet ihm, sichtbar zu entweichen. Daraufhin ergreift der Dämon unter Zertrümmerung einer Säule die Flucht. Eine zuweilen vermutete Abhängigkeit Philostrats vom Neuen Testament ist unwahrscheinlich. Im Kern dürfte die Episode eine Lokaltradition aus Athen wiedergeben und auf das historische Wirken des Apollonius zurückgehen. Anschauliche Einblicke in die Praxis des Exorzismus, wie er von Spezialisten in esoterischen Zirkeln gelehrt wurde, bieten die *Papyri Graecae Magicae* aus Ägypten. Dabei handelt es sich um eine komplexe Sammlung magischer Rezepte und Ritualanweisungen, darunter auch mehrere Instruktionen zur Heilung dämonisch besessener Personen (PGM 4,1227–1264; 4,3019–3078; 5,96–171; 13,242–244). Die im 4. Jh. zusammengestellten Texte bieten magische Praktiken, wie sie überwiegend auch bereits in ntl. Zeit in Gebrauch gewesen sein dürften.

2.5.5. Exorzismustechniken Jesu

In den Kommentarworten zu seinem exorzistischen Wirken spricht Jesus davon, dass er die Dämonen mit dem Finger oder Geist Gottes austreibt und sich somit als Werkzeug Gottes bei der Bekämpfung des Bösen sieht (Lk 11,20/Mt 12,28). Für die in den Erzählberichten geschilderten Austreibungsrituale (vgl. POPLUTZ 2013: 101–106) lässt sich nicht mit Sicherheit sagen, ob sie in allen Punkten der tatsächlichen Vorgehensweise Jesu entsprechen oder dessen Wirken auch nach dem Vorbild anderer antiker Exorzisten ausgemalt wurde.

Im Mittelpunkt der Jesus zugeschriebenen Techniken stehen die Befragung und Bedrohung der Dämonen, Ausfahrworte, das Rückkehrverbot und der Befehl zur Einfahrt in andere Objekte. Die Bedrohung oder Einschüchterung des Krankheitsgeistes (Mk 1,25; 9,25: ἐπετίμησεν) zählt zu den typischen Praktiken antiker Exorzisten. In welcher konkreten Form Jesus die Dämonen bedrohte, lassen die Evangelienberichte offen. Im Kampf gegen das Böse ist der Exorzist auf starke Verbündete angewiesen. Häufig wird im exorzistischen Ritual eine Gottheit herbeigerufen, um eine übermächtige Drohkulisse gegenüber unreinen Geistern aufzubauen. Möglicherweise bedrohte Jesus die Dämonen durch Rezitation von Sach 3,2 »Jahwe bedrohe (LXX: ἐπιτιμήσαι) dich, Satan«, das im antiken Judentum als magische Formel gegen den Teufel oder Dämonen diente (VitAd 39; bBer 51a; vgl. Jud 9). Dies würde dazu passen, dass er Gott als eigentlichen Urheber seiner Dämonenaustreibungen betrachtete und dies implizit auch bei anderen jüdischen Exorzisten voraussetzte (Lk 11,19).

Für die Ausfahrworte Jesu an die bösen Geister (Mk 1,25; 5,8; 9,25) hingegen finden sich in den magischen Papyri aus Ägypten unmittelbare Parallelen. Dort ist in drei Exorzismusanleitungen ein genau wie in den ntl. Berichten mit »Geh aus ihm heraus« (ἔξελθε) formulierter, allerdings um Begleithandlungen, Zauberworte, Beschwörungen oder Beschleunigungsformeln ergänzter Ausfahrbefehl an die Dämonen belegt (PGM 4,1242.3007; 5,158). Wenn in Mk 9,25 das Ausfahrwort um ein Rückkehrverbot bereichert ist, steht die Befürchtung im

Hintergrund, dass ausgetriebene Krankheitsgeister erneut Besitz vom Körper des Menschen nehmen können. Auch an anderer Stelle (Mt 12,43–45par.) spricht Jesus die Notwendigkeit von Schutzmaßnahmen nach der Dämonenaustreibung an, um dem Rückfall in den Zustand der Besessenheit vorzubeugen. Weitere Jesus zugeschriebene Techniken sind die Frage nach dem Namen des Dämons (Mk 5,9), dessen Kenntnis dem Exorzisten Macht über ihn verleiht und die gezielte Anrede ermöglicht, sowie die Einschickung der bösen Geister in ein anderes Objekt (Mk 5,13), wie sie auch von Eleazar (Flav.Jos.Ant. 8,48) und Apollonius von Tyana (Philostr.vit.ap. 4,20) praktiziert wird. Diese manipulativen Begleithandlungen haben das Ziel, das Verpuffen der dämonischen Macht zum Ausdruck zu bringen und den Geheilten das tatsächliche Entweichen der Geister aus ihrem Körper zu demonstrieren. Wenn Jesus aus dem besessenen Gerasener eine Legion von Dämonen austreibt, in eine Schweineherde einschickt und diese im See Gennesaret ertrinken lässt, gewinnt dies vor dem Hintergrund der römischen Fremdherrschaft auch symbolische revolutionäre Bedeutung.

Insgesamt hat Jesus nach Darstellung der Evangelien seine Exorzismen ausschließlich durch furchteinflößendes Auftreten und die Kraft des Wortes bewirkt, während andere antike Exorzisten wie Eleazar oder die Magier der ägyptischen Papyri ergänzend auch mit Amuletten, Siegelringen, Musik, Räucherpraktiken, Palmwedeln oder heilkräftigen Wurzeln arbeiteten. Beschwörungsformeln an Geister oder Gottheiten, wie sie einen Exorzismus im engeren Sinne kennzeichnen, sind für die Dämonenaustreibungen Jesu ebenfalls nicht belegt.

2.5.6. Die Exorzismen Jesu im Licht von Magie und Schamanismus

Jesus ist kein Repräsentant rationaler Heilkunst, sondern auf dem Feld einer von magischen Vorstellungen geprägten Krankheitsdiagnostik zu verorten. Bei Persönlichkeitsstörungen, Epilepsie und weiteren Leiden ging er von dämonischer Besessenheit aus und bekämpfte sie mit Exorzismen. Dabei kamen nach Darstellung der Evangelien Praktiken aus dem Bereich der Magie zur Anwendung. Kontrovers wird darüber diskutiert, inwieweit dies Jesus tatsächlich auch zum Magier macht (KOLLMANN 2011: 3057–3061). Dass er ein ebenso machtvoller wie zwielichtiger Magier war, stellte in der antiken Außenwahrnehmung seiner Person eines seiner Markenzeichen schlechthin dar (STANTON 2004: 129–144; GEMEINHARDT 2010: 471–476). Die einflussreichsten modernen Konzepte von Jesus als Magier stammen von Morton Smith, der aus den Evangelien und nichtchristlichen Quellen wie dem Talmud oder der »Wahren Lehre« des Platonikers Kelsos eine in sich stimmige Magierlaufbahn Jesu zu rekonstruieren versucht (SMITH 1978), und John Dominic Crossan, demzufolge Jesus im Rahmen seiner Vision von einer besseren Gesellschaft über ein soziales Programm aus Magie und Mahl verfügte (CROSSAN ²1995: 402–468). Da der Begriff des Magiers vielfach negativ besetzt ist, wird Jesus mit seinen Exorzismen alternativ auch als Schamane betrachtet, der Kontrolle über Geister ausgeübt und Weisheit aus der

göttlichen Welt vermittelt habe (CRAFFERT 2008: 245–308; vgl. DREWERMANN
³1992: 43–309). Auf der anderen Seite versucht man Jesus trotz seiner magisch
anmutenden Exorzismuspraktiken schärfer von der antiken Magie abzugrenzen.
Dabei wird er der Kategorie des mehr durch persönliche Ausstrahlung als mecha-
nische Techniken heilenden Charismatikers (MEIER 1994: 537–552; TWELFTREE
2007: 81–86), des unmittelbar in der Kraft Gottes wirkenden Chassiden (VERMES
1993a: 45–68), des messianischen Propheten (AUNE 1980: 1523–1539) oder des
signifikante Elemente der Weltsicht und Krankheitsvorstellungen mit seinen
Klienten teilenden Volksheilers (STEGEMANN 2004: 84–88) zugeordnet.

Die kontroverse Diskussion um Jesus als Magier wird durch den Paradigmenwechsel in der Bewertung von Magie deutlich entschärft. Die Betrachtung von
Magie als primitiver Vorstufe oder degenerierter Fehlentwicklung von Religion
erweist sich als Klischee. Wo die Grenze zwischen abgelehntem magischem Wunder und gutgeheißenem charismatischem Wunder gezogen wird, ist im Wesentlichen eine Frage des subjektiven Standpunkts und der gesellschaftlichen
Machtstellung (SEGAL 1981: 349–375; AUBIN 2001: 16–24). Bevorzugt Phänomene, die nicht mit dem gesellschaftlich vorherrschenden Religions- und Wissen-
schaftsverständnis konform sind, werden als Magie abqualifiziert und in Miss-
kredit gebracht. Magie befriedigt Bedürfnisse, die durch die dominanten religiösen Institutionen nicht abgedeckt werden, und stellt eine subversive Form des
sozialen Protestes dar. Auf Jesu Exorzismen trifft dies zweifellos zu. Damit teilt er
das Geschick nahezu aller prominenten Magier oder Schamanen der Antike, von
den eigenen Anhängern nicht zuletzt wegen der Wunder als übermenschliches
Wesen verehrt, von den Gegnern hingegen der betrügerischen Magie bezichtigt
und als Zauberer diskreditiert zu werden.

Trotz dieser grundsätzlichen Übereinstimmungen sind an der Betrachtung
Jesu als Magier oder Schamane auch deutliche Abstriche vorzunehmen. Mit dem,
was Jesus an Machttaten wirkt, deckt er nur ein ganz schmales Segment aus dem
Betätigungsfeld eines antiken Magiers ab. Im Gegensatz zu professionellen Magiern lässt Jesus sich für seine Dienste nicht entlohnen. Solche Aspekte, die Magie
zu einer problembehafteten Form der Religionsausübung machen, insbesondere
die Zwangsbeeinflussung von Gottheiten, die Durchsetzung fragwürdiger Wünsche und die Anwendung von Schadenszauber, erweisen sich für Jesu Wirken als
bedeutungslos. Für Jesus ist weder die für schamanistische Heilungen konstitutive Lehre von der Seelenwanderung bezeugt noch scheint er ekstatische Jenseits-
reisen unternommen zu haben, um den Seelen der Verstorbenen Totengeleit zu
geben oder den Seelen der Lebenden heilungsrelevante Informationen aus ihren
früheren Inkarnationen zu verschaffen. Er fügt sich in keines der magischen oder
schamanistischen Raster seiner Zeit nahtlos ein. Die Initiation zum Magier oder
Schamanen war langwierig und setzte eine umfassende Einführung in die Ge-
heimlehren voraus. Johannes der Täufer als einzig bekannter Lehrer Jesu kommt
dafür nicht in Betracht, denn er bewirkte keine Wunder (Joh 10,41). Dem Talmud (bShab 104b) und Kelsos (Or.Cels. 1,28.38) zufolge soll Jesus in Ägypten

eine magische Schulung durchlaufen haben, was historisch allerdings fraglich ist, da es an die Legende vom Ägyptenaufenthalt der Heiligen Familie (Mt 2,13–15) anzuknüpfen scheint. Auch zu den dominanten Strömungen der zeitgenössischen jüdischen Magie weist Jesus keine direkten Verbindungslinien auf. Besonders auffällig ist die Tatsache, dass Jesus in keiner erkennbaren Beziehung zu der mit David und Salomo verbundenen magischen Heilkunst steht. Im Gegensatz zur Qumrangemeinde und zu Eleazar machte er bei seinen Exorzismen weder von Psalmen Davids noch von Beschwörungsformeln Salomos Gebrauch. Der Gesamtbefund deutet darauf hin, dass Jesus sich ohne magische oder schamanistische Vorkenntnisse in einer Art Berufungsvision (Lk 10,18) seiner besonderen Kräfte bewusst wurde und zu Dämonenaustreibungen im Horizont der anbrechenden Gottesherrschaft beauftragt sah.

EBNER, Martin 2013: Die Exorzismen Jesu als Testfall für die historische Rückfrage, in: GEMÜNDEN, Petra VON u. a. (Hg.): Jesus – Gestalt und Gestaltungen, FS Gerd Theißen, NTOA 100, Göttingen, 477–498.

KOLLMANN, Bernd 2011: Jesus and Magic: The Question of the Miracles, in: HOLMÉN, Tom/PORTER, Stanley E. (Hg.): Handbook for the Study of the Historical Jesus, Vol. IV: Individual Studies, Leiden/Boston, 3057–3085.

STRECKER, Christian 2002: Jesus und die Besessenen, in: STEGEMANN, Wolfgang (Hg.): Jesus in neuen Kontexten, Stuttgart, 53–63.

TWELFTREE, Graham H. 1993: Jesus the Exorcist. A Contribution to the Study of the Historical Jesus, WUNT II 54, Tübingen.

WITMER, Amanda 2012: Jesus, the Galilean Exorcist, Library of New Testament Studies 459, London/New York.

Bernd Kollmann

2.6. Totenerweckungen und Naturwunder

2.6.1. Kontroversen um den geschichtlichen Hintergrund

Neben Exorzismen und Heilungen werden Jesus auch Totenerweckungen und Naturwunder zugeschrieben. Innerhalb der Naturwunder lässt sich zwischen Geschenkwundern, Rettungswundern, Strafwundern und Epiphanien unterscheiden. Während die Exorzismen und Heilungen unbestritten im Zentrum des geschichtlichen Wirkens Jesu standen, ist der historische Hintergrund der Totenerweckungen und Naturwunder schwer aufzuhellen. Bei der Rückfrage nach dem tatsächlichen Geschehen gibt es völlig gegensätzliche Einschätzungen (vgl. KOLLMANN 2014: 3–25). Die supranaturalistische Auslegung geht von Tatsachenberichten aus und rechnet damit, dass Jesus unter Umgehung der Naturgesetze Tote erwecken und das Naturgeschehen beeinflussen konnte. Die rationalistische Deutung versucht die Berichte von Totenerweckungen und Naturwundern Jesu mit der kritischen Vernunft in Einklang zu bringen, indem durch Spekulationen über die tatsächlichen Begleitumstände das Wunderhafte aus ihnen herausinterpretiert wird. Für die mythologische Wunderbetrachtung handelt es sich dagegen um fiktive Ereignisse, die Jesus unter Rückgriff auf atl. Tradition zum Erweis seiner Messianität angedichtet wurden. Die religionsgeschichtlich-kerygmatische Erklärung knüpft daran an, sieht aber in hellenistischen Parallelen das maßgebliche Vorbild für die ntl. Berichte, bei denen es sich um symbolische Glaubensgeschichten zur Veranschaulichung der göttlichen Macht des erhöhten Christus über Tod und Schöpfung handele. Die tiefenpsychologische Beleuchtung ausgewählter Totenerweckungen und Naturwunder Jesu bringt Theorien zu der im Hintergrund stehenden Wirklichkeit hervor, die nicht allzu weit vom Rationalismus entfernt sind. Aus ethnologischer Perspektive gelten heutige Augenzeugenberichte über Totenerweckungen und Naturwunder in Afrika, Asien und Lateinamerika zuweilen als Beleg dafür, dass auch die entsprechenden ntl. Zeugnisse ernst zu nehmen sind und rational nicht erklärbare Ereignisse widerspiegeln könnten (KEENER 2011: 536–600).

2.6.2. Totenerweckungen

Im Neuen Testament wird von drei Fällen berichtet, in denen Jesus Tote in das Leben zurückgerufen hat. Die Geschichte von der Jaïrustochter (Mk 5,21–24.35–43) erzählt davon, wie der Synagogenvorsteher Jaïrus sich mit der Bitte an Jesus wendet, in sein Haus zu kommen und die dort im Sterben liegende Tochter durch Handauflegung zu heilen. Zur selben Zeit treffen Boten ein, um den inzwischen eingetretenen Tod des zwölfjährigen Mädchens zu verkünden. Durch die Altersangabe wird die Dramatik des Falls erhöht, da das Mädchen unmittelbar vor Erreichen der Heiratsfähigkeit verstorben ist. Jesus begibt sich zum Haus des Synagogenvorstehers, wo bereits die Totenklage angestimmt wird. Er entfernt das Publikum und bewirkt durch Handergreifung und Aussprechen der Worte »Mädchen, steh auf!« (*talitha koum*) die Wiederbelebung. Das Mädchen erhebt sich, wandelt umher und erhält zum Erweis des wiedergewonnenen Lebens etwas zu essen.

Bei der Frage, was sich tatsächlich zugetragen haben könnte, ging der nach der Aufklärung einsetzende christliche Rationalismus von Scheintod aus. Eine falsche Todesdiagnose kam in der Antike nicht selten vor und die sicheren Zeichen für den tatsächlich eingetretenen Tod werden von der medizinischen Tradition intensiv erörtert (vgl. KOLLMANN 1996: 93 f.). Empedokles wurde durch die Wiederbelebung einer scheintoten Frau berühmt, die bereits sieben Tage im Koma lag und von den Ärzten für tot erklärt worden war (Herakl.Pont. Fragm. 76–89). In Mk 5,39 »Das Mädchen ist nicht tot, sondern schläft« wird wohl der Tod euphemistisch als Schlaf bezeichnet, doch bleibt in einer gewissen Schwebe, ob das Mädchen tatsächlich gestorben ist. Rationalistische Erklärungsmuster begegnen auch heute noch. So rechnet man damit, dass Jesus das wegen niedrigen Blutzuckerspiegels im Koma befindliche Mädchen durch Nahrungszufuhr wieder zu sich brachte (WILCOX 1982: 476), oder meint aus tiefenpsychologischer Perspektive, die Tochter des Jaïrus habe sich dem Eintritt ins Erwachsenenalter mit einem Totstellreflex verweigert und sei durch Jesus von ihren Ängsten befreit worden (DREWERMANN ³1992: 295–301). Unter dem Eindruck mythologischer Wunderhermeneutik hingegen wird die Erzählung als ungeschichtliches Produkt des urchristlichen Messiasglaubens betrachtet. Sie sei aus den Totenerweckungen des Elija und Elischa entwickelt worden, um Jesus als eschatologischen Propheten darzustellen, der das Wirken aller Propheten vor ihm einholt und überbietet (GNILKA 1978: 212.219). In der Tat sind vor allem Anklänge an das Elischawunder 2Kön 4,8–37 erkennbar. Beide Erzählungen gehören zu jenem Typus der Totenerweckung, wo sich der Wundertäter ins Haus der verstorbenen Person begibt. Außerdem wird hier wie dort das Publikum entfernt. Allerdings reichen die Parallelen nicht so weit, dass sie eine Übertragung des Elischawunders auf Jesus nahelegten. Die konkreten Informationen, dass der Vater des toten Mädchens Jaïrus hieß, das Amt des Synagogenvorstehers innehatte und Jesus sich der aramäischen Worte *talitha koum* bediente, sprechen gegen eine frei erfundene Erzählung (MEIER 1994: 784–788). Möglicherweise steht ein Heilungswunder Jesu an der Jaïrustochter im Hintergrund, das später zu einer Totenerweckung ausgemalt wurde (FISCHBACH 1992: 178–181).

Bei der Erweckung des Jünglings zu Naïn (Lk 7,11–17) begegnet Jesus dem Leichenzug unterwegs und vollbringt das Wunder in aller Öffentlichkeit. Aus dem Stadttor von Naïn wird ein Toter zu der außerhalb der Mauern gelegenen Begräbnisstätte herausgetragen. Dass es sich um den einzigen Sohn einer Witwe handelt, erhöht die Tragik des Todesfalles, da der Versorger und Rechtsvertreter der Frau verstorben ist. In diesem Fall greift Jesus ungebeten ein. Er beruhigt die trauernde Mutter, tritt an die Totenbahre heran und berührt sie. Nachdem er so den Leichenzug zum Stillstand gebracht hat, wendet er sich mit dem Befehlswort »Junge, ich sage dir, steh auf!« an die verstorbene Person. Der Tote erwacht sofort und beginnt zu sprechen. Der Bericht ruft die Erinnerung an das Erweckungswunder des Propheten Elija (1Kön 17,17–24) wach. In beiden Fällen handelt es sich bei dem Toten um den Sohn einer Witwe und wie Elija erweist sich Jesus durch sein Wunder als großer Prophet. Die Exposition Lk 7,12 lehnt sich unmittelbar an 1Kön 17,10 (»und als er an das Stadttor kam«) an. Die Wendung »und er gab ihn seiner Mutter« (17,23) aus der atl. Erzählung kehrt in Lk 7,15 wörtlich wieder. Zudem dient in beiden Geschichten die wiedergewonnene Sprachfähigkeit zur Beglaubigung des Wunders. Diese Übereinstimmungen haben zu der Annahme geführt, die lk. Wundergeschichte sei eine Nachbildung von 1Kön 17,17–24 (BRODIE 1986: 247–267).

Dagegen sperren sich allerdings viele Erzählzüge, die in dem Wunder des Elija kein Vorbild haben, hingegen im hellenistischen Typus der Totenerweckung bezeugt sind, wo der Wundertäter unvermittelt dem Trauerzug begegnet und spontan seine Hilfe anbietet. Der Arzt Asklepiades von Prusa (1. Jh. v.Chr.) näherte sich aus wissenschaftlicher Neugier einem Leichenzug, diagnostizierte bei dem Verstorbenen, der bereits zur Feuerbestattung auf dem Scheiterhaufen eingesalbt

war, durch Abtasten des Leibes noch Spuren verborgenen Lebens und reanimier-
te ihn unter Verwendung von Medikamenten (Apul.florida 19,92–96).

Noch enger sind die Parallelen zwischen dem Wunder Jesu und der Erweckung
eines Mädchens durch Apollonius von Tyana (Philostr.vit.ap. 4,45). Das Mädchen war in Rom unmittelbar nach der Hochzeit gestorben. Philostrat deutet die
Möglichkeit an, dass es sich um einen Fall von Scheintod handelte. Sowohl Jesus
als auch Apollonius begegnen dem von einer großen Volksmenge begleiteten
Trauerzug, ergreifen ungebeten die Initiative und bewirken die Wiederbelebung,
indem die tote Person oder deren Sarg berührt und wunderwirksame Worte an
sie gerichtet werden. Beide Auferweckte sprechen zum Erweis des wieder gewonnenen Lebens. Wahrscheinlich ist Lk 7,11–17 in einem Milieu entstanden, in
dem sowohl der atl. als auch der hellenistische Typus der Totenerweckungserzäh-
lung auf das Jesusbild einwirken konnten (Bovon 1989: 357–360). Die Intention
von Lk 7,11–17 besteht darin, Jesus als machtvollen Herrn über den Tod zu präsentieren, der hinsichtlich der Wiederbelebung Verstorbener den großen Propheten Israels wie auch hellenistischen Wundertätern in nichts nachsteht. Ob die
Erzählung historische Haftpunkte hat, bleibt fraglich (Meier 1994: 797 f.).

Die eindrücklichste Totenerweckung im Neuen Testament ist die des Lazarus
in Joh 11,1–44. Es handelt sich um einen mehrschichtigen Text, dessen Endge-
stalt sich der Unterbrechung und Ausgestaltung einer ursprünglich mündlich
überlieferten Wundererzählung (Theobald 2009: 714–718; vgl. Wagner 1988:
42–87) durch eine Reihe von Dialogszenen verdankt. Wie in der Jaïrusgeschichte
wird Jesus zu einer kranken, bis zu seinem Eintreffen bereits verstorbenen Person
gerufen und vollbringt die Erweckung durch ein Befehlswort. Allerdings ist das
Wunder massiv gesteigert. Lazarus weilt am vierten Tage in der Grabstätte, einer
mit einem Stein verschlossenen Höhle, und beginnt bereits Verwesungsgeruch
auszudünsten. Mit diesen Informationen soll ausgeschlossen werden, dass Lazarus lediglich scheintot war, zumal nach rabbinischer Tradition die Seele nur bis
zu drei Tage in der Hoffnung über dem Grab schwebt, in den Verstorbenen zurückkehren zu können (BerR 100,7). Besonders spektakulär erscheint das Ende
der Geschichte, wo der wiederbelebte Lazarus, nach wie vor mit Grabtüchern
umwickelt, aus der Höhle herausschreitet. Für den Evangelisten Johannes ist das
Wunder eine Vorabbildung der Auferstehung Jesu und Demonstration der un-
eingeschränkten Herrschaft Jesu über die Macht des Todes. Erzählerisch werden
daher Bezüge zwischen der Auferweckung des Lazarus und der Auferstehung
Jesu hergestellt, indem in beiden Fällen ein Felsengrab die letzte Ruhestätte darstellt, der Leichnam in Leinentücher gewickelt wurde und das Haupt mit einem
Schweißtuch umhüllt ist.

Die Erzählung will die überragende Heilsbedeutung Jesu durch eine ihm zugeschriebene Totenerweckung veranschaulichen. Häufig wird in dem Lazaruswunder unter Verweis auf das Gleichnis vom reichen Mann und armen Lazarus eine
erzählerische Ausgestaltung von Lk 16,30 (»Aber wenn irgendeiner von den Toten zu ihnen ginge, so würden sie Buße tun«) gesehen. Werde im Gleichnis des

Lukas die Rückkehr des verstorbenen Lazarus auf die Erde gefordert, so sei sie bei Johannes nun als Tatsache erzählt, indem Lazarus zum Helden einer Auferstehungsszene wird (ERNST 1977: 477). Näher dürfte die Annahme liegen, dass dem Lazaruswunder die geschichtliche Erinnerung an eine Heilung Jesu zugrunde liegt, die später zu einer Totenerweckung gesteigert wurde (KREMER 1985: 105–108; THEOBALD 2009: 719 f.).

2.6.3. Geschenkwunder

Geschenkwunder haben eine überraschende Bereitstellung materieller Güter zum Inhalt. Dies kann durch eine Notlage motiviert sein, erfolgt aber meist spontan, um die Vollmacht des Wundertäters zu erweisen (THEISSEN [5]1987: 111–114). Die Geschichte von der wunderbaren Speisung als bekanntestes Geschenkwunder der Evangelien handelt davon, wie Jesus am See Gennesaret eine riesige Menschenmenge mit wenigen Broten und Fischen sättigte und sogar noch Brot übrig blieb. Der Urbericht spaltete sich im Verlauf der Überlieferungsgeschichte in zwei Erzählversionen auf, die Speisung der 4000 (Mk 8,1–10par.) und die Speisung der 5000 (Mk 6,30–44parr.). In atl.-jüdischer Tradition gibt es eine Vielzahl von Vergleichstexten, darunter die Manna- und Wachtelspeisung der Wüstenzeit, die wunderbare Mehlvermehrung durch Elija (1Kön 17,7–16) und das Ölwunder des Elischa (2Kön 4,1–7). Von Chanina ben Dosa wird erzählt, wie er den leeren Backofen auf wunderbare Weise mit Brot füllte (bTaan 24b.25a). Die unmittelbarste Parallele ist aber das Brotwunder des Elischa (2Kön 4,42–44), das im Aufbau und Handlungsablauf weitgehende Übereinstimmung mit dem ntl. Speisungsbericht aufweist. Die Befähigung zur wunderbaren Bereitstellung von Speisen wird auch ägyptischen Magiern (Or.Cels. 1,68; PGM 1,103 f.) und dem römischen König Numa (Plut.Numa 15,2 f.) zugeschrieben.

Der Rationalismus rechnete mit einer geheimen Höhle voller Lebensmittel, die auf Anweisung Jesu heimlich herausgereicht wurden, oder ging davon aus, dass Jesus die Reichen dazu animierte, ihre in den Taschen versteckten Brote und Fische mit allen zu teilen (vgl. SCHWEITZER [9]1984: 82.92). Diese Erklärungen sind kaum tragfähig. Die Entstehung der Erzählung von der wunderbaren Speisung verdankt sich einem Zusammenwirken mehrerer Faktoren. In atl.-jüdischer Tradition wurde das zukünftige Heil mit dem Bild üppigen Essens und Trinkens umschrieben (Jes 25,6). Jesus hat diese Zukunftshoffnungen in die Gegenwart hineingeholt, indem er die Gottesherrschaft in den schillernden Farben eines großen Festmahls ausmalte (Lk 14,16–24) und ihren Anbruch durch Mahlgemeinschaften mit Zöllnern und Sündern zeichenhaft zum Ausdruck brachte. In der von Jesus verkündigten und durch Mahlgemeinschaften veranschaulichten Gegenwart der Heilszeit, in der materielle Nöte überwunden und alle Hungrigen satt werden, hat die Geschichte von der wunderbaren Brotvermehrung ihre Wurzeln. Historischer Haftpunkt dürfte eine Mahlgemeinschaft Jesu am See Gennesaret sein. Bei der Ausgestaltung zum Wunder hat dann das Beispiel des Elischa, der

100 Personen mit 20 Broten satt werden ließ und noch Reste übrigbehielt, Pate gestanden. Jesus wird als Wunderprophet und endzeitlicher Heilsbringer proklamiert, der die Tat des Elischa bei weitem überbietet. Das Speisungswunder erzählt aus der Perspektive des Glaubens vom Hungerstillen und Sattwerden in der von Jesus herbeigeführten neuen Welt Gottes.

Das Weinwunder von Kana Joh 2,1–12 war für die Religionsgeschichtliche Schule ein Paradebeispiel für das Eindringen hellenistischer Wundertradition in die Jesusüberlieferung (BOUSSET [5]1965: 270–274). Die Bereitstellung großer Weinmengen ist für Dionysos, den Gott des Weines, charakteristisch. Im Dionysosheiligtum von Elis verschlossen die Priester am Vorabend des alljährlichen Dionysosfestes drei leere Kessel in einem versiegelten Gebäude und präsentierten sie am nächsten Tag voller Wein (Paus.Graec.Descr. 6,26,1 f.). Vielfach ist im Zusammenhang mit Dionysos die Vorstellung bezeugt, dass zu bestimmten Zeiten Wein aus Quellen sprudelt. Dabei dürfte auch an eine Verwandlung von sonst aus den Quellen strömendem Wasser in Wein gedacht sein (BROER 1999: 291–308). In atl.-jüdischer Tradition ist die unermessliche Fülle von Wein ein Sinnbild für die Freuden der Heilszeit (Gen 49,11 f.; 1Hen 10,19; 2Bar 29,5). Mit der Etablierung des Dionysoskults in Palästina kam es ab dem 2. Jh. v.Chr. zu einer gegenseitigen Durchdringung beider Traditionskreise (HENGEL 1987: 83–112). Ein Zentrum des Dionysoskults lag in den Tagen Jesu nicht allzu weit von Kana entfernt in Nysa-Skythopolis. In Joh 2,1–12 spiegelt sich ohne Zweifel ein Konkurrenzverhältnis zwischen Jesus und Dionysos wider (EISELE 2009: 1–28; THEOBALD 2009: 203–208). Der Auftritt Jesu mit seiner Mutter und das dabei gewirkte Weinwunder lassen sich als Gegenbild zu den Mythen vom Weingott Dionysos und seiner Amme Nysa begreifen. Gewissermaßen vor der eigenen Haustür wächst Dionysos mit Jesus ein Konkurrent heran und bricht in seine Domäne ein, indem er besonders köstlichen Wein in Fülle schafft (EISELE 2009: 24). Geschichtlicher Haftpunkt von Joh 2,1–12 dürfte die Teilnahme Jesu an einem Hochzeitsmahl in Kana sein, aus der sich die Erzählung von einem dort bewirkten Weinwunder entwickelte. Als Gegenstück zu den Dionysoslegenden proklamiert das Kanawunder die Vollmacht Jesu und zielte wohl auch darauf ab, Dionysosanhänger für den christlichen Glauben zu gewinnen.

Bei dem wunderbaren Fischfang Lk 5,1–11 handelt es sich, wie die Parallele Joh 21,1–14 nahelegt, wohl um eine erst von Lukas mit den Jüngerberufungen verbundene und dadurch in das Erdenleben Jesu zurückdatierte Auferstehungsgeschichte (MEIER 1994: 899–904). Das Wunder beschränkt sich auf das außerordentliche Vorauswissen Jesu um ein von Erfolg gekröntes Auswerfen der Netze. Die Geschichte von der Münze im Fischmaul (Mt 17,24–27) schließlich ist ein nachösterliches Normenwunder zur Regelung der Frage, ob Judenchristen noch die Tempelsteuer entrichten sollen. Dazu wird das in der Antike weit verbreitete Motiv vom Fund eines Geld- oder Schmuckstücks im Inneren eines Fischs (Hdt. 3,42; Strab. 14,1,16) aufgegriffen und auf Jesus übertragen.

2.6.4. Rettungswunder, Epiphanien und Strafwunder

Das bedeutsamste Rettungswunder Jesu ist die Sturmstillung (Mk 4,35–41), in der es um die Bewahrung vor feindlichen Naturgewalten geht. Diese stellte der antike Mensch sich als von Engeln oder Dämonen gesteuerte Mächte vor. Daher trägt die Sturmstillung Züge einer Dämonenvertreibung, indem Wind und Wellen als personifizierte Gewalten mit Drohwort und Schweigebefehl bedacht werden.

Die Zwangsbeeinflussung von Wind und Wellen zählte in der Antike zum festen Betätigungsfeld von Magiern, Schamanen und Mantikern (vgl. KRATZ 1979: 95–106). Persische Magier retteten die Flotte des Xerxes vor einem gefährlichen Seesturm, indem sie den Wind durch Zaubersprüche verstummen ließen und das Wasser durch Tieropfer beschwichtigten (Hdt. 7,191). Auch Pythagoras (Iamb.vit.Pyth. 28,135), Sophokles (Philostr.vit.ap. 8.7,8) und Magier aus Kleonai (Clem.Al. strom. 6,31,1 f.) sollen über die Fähigkeit verfügt haben, die hinter den Naturgewalten stehenden Mächte mit Zaubersprüchen, Gesängen oder Opfern zu beruhigen. Empedokles trug wegen seiner Sturmstillung in Agrigent sogar den Beinamen Windbezwinger (Clem.Al. strom. 6,30,1). In jüdischen Sturmstillungstraditionen (Jon 1; Ps 107,23–32; TestNaph 6,1–10; bBM 59b; jBer 9,1.12c–13c) vollzieht sich dagegen die Beschwichtigung der Naturgewalten als alleiniges Werk Gottes, der auf das Flehen der in Seenot Geratenen reagiert. Die Mk 4,35–41 prägende Vorstellung, dass die hinter Wind und Wellen stehenden bösen Geister von einem in besonderer Weise dazu qualifizierten Menschen durch Bedrohung und Zwangsbeeinflussung zum Verstummen gebracht werden können, erweist sich somit als genuin hellenistisch. Der Rationalismus erklärte sich das Wunder Jesu phantasievoll damit, dass das Boot in eine windstille Bucht kam oder Jesus das plötzliche Abflauen des Sturms vorhersah. In eine ähnliche Richtung geht die Vermutung, dass Jesus als Schamane, der in Einklang mit der Natur lebte, über besondere Kenntnisse in der Wetterkunde verfügte und daher genau wusste, wann der Sturm sich legen würde (DREWERMANN [3]1992: 165–169). Geschichtlicher Ausgangspunkt der von antiken Sturmstillungstraditionen inspirierten Erzählung (Mk 4,35–41) sind die Bootsfahrten Jesu und der Jünger über den See Gennesaret, den Fallwinde an heißen Tagen unvermittelt in ein bedrohliches Gewässer mit peitschenden Wellen verwandeln können. In allen anderen Punkten hat sich wohl »dichterische Phantasie historischer Erinnerung bemächtigt« (THEISSEN/MERZ [4]2011: 268). Die Erzählung antwortet auf die Frage nach dem Wesen Christi, indem sie von der Furcht erregenden Epiphanie des Gottessohnes als Herr über Wind und Wellen berichtet. Mit der Befähigung zur Sturmstillung wird zugleich ein zentrales Merkmal des Heilshandelns Gottes auf Jesus übertragen.

Bei dem ebenfalls auf dem See Gennesaret spielenden Seewandel Jesu (Mk 6,45–52/Joh 6,16–21) bringen Wind und Wellen die Jünger erneut in eine bedrohliche Situation, bevor sich durch das unerwartete Erscheinen Jesu der Sturm beruhigt. Das Rettungswunder wird aber von der Epiphanie völlig in den Hintergrund gedrängt und ist möglicherweise erst sekundär hinzugetreten (BULTMANN [9]1979: 231). Die Epiphanie weist eine auffällige Nähe zu der Ostergeschichte in Lk 24,36–43 auf, wo die Jünger den unvermittelt erscheinenden Jesus ebenfalls für ein Gespenst halten, bevor dieser sich mit der Formel »Ich bin es« zu erkennen gibt. Häufig wird deshalb vermutet, dass eine Auferstehungsgeschichte in das Erdenleben Jesu zurückdatiert wurde (MADDEN 1997: 116–139), was aber unsicher bleibt. Bei der Rückfrage nach dem historischen Hintergrund rechneten die rationalistischen Theologen mit einem im Wasser treibenden Holzbalken, auf dem Jesus ging, oder mit einer optischen Täuschung der im Boot sitzenden Jünger, die im Nebel den in Wirklichkeit am Ufer entlang spazierenden Jesus auf dem Wasser wähnten (vgl. SCHWEITZER [9]1984: 82.91). Im Jahr 2006 stellten nordamerikanische und israelische Wissenschaftler gar die abenteuerliche Theorie auf, Jesus sei nicht über das Wasser, sondern auf Eisschollen gewandelt. In der Antike habe es in Palästina mindestens zwei längere Kälteperioden gegeben, die das Wasser auf dem See Gennesaret in Ufernähe hätten gefrieren lassen. Aus kulturanthropologischer Perspektive wird der Versuch unternommen, den Seewandelbericht vor dem Hintergrund veränderter Bewusstseinszustände der beteiligten Augenzeugen als geschichtlich zuverlässige Tradition zu begreifen. Die Vision des auf dem Wasser wandelnden Jesus sei das klassische Beispiel einer Erfahrung, wie sie »leicht von 80% der damaligen mediterranen Bevölkerung ohne Gebrauch irgendeines Stimulans gemacht werden konnte« (PILCH 2002: 38; vgl. MALINA 1999: 351–371).

Diese Erklärungen werden der Intention des Textes kaum gerecht. Das Motiv des Seewandels ist in jüdischer wie griechisch-römischer Tradition breit bezeugt (YARBRO COLLINS 1994: 211–225). Das Alte Testament spricht vom Wandeln Gottes auf dem Wasser (Hi 9,8) und seiner Macht über die See (Ps 77,17). Dio Chrysostomos formuliert programmatisch, dass »von den Menschen unter der Sonne jener der stärkste ist und eine Macht hat, die nicht einmal den Göttern selbst nachsteht, der über die Fähigkeit verfügt, das unmöglich Erscheinende möglich zu machen, der, wenn er nur will, zu Fuß auf dem Meer gehen kann« (Dio.Chrys.or. 3,30). Herrscher wie Xerxes (Dio.Chrys.or. 3,31), Alexander d. Gr. (Menan.Fragm. 924K) oder Antiochus IV. (2Makk 5,21) sollen zum Erweis ihrer Göttlichkeit über das Meer gewandelt sein oder zumindest den Versuch dazu unternommen haben. Auch Magier wie die von Lukian verspotteten Hyperboräer (Luc.Philops. 13) und »Korkfüßler« (Luc.ver.hist. 2,4) konnten angeblich über das Wasser laufen, ohne dabei unterzugehen. Wohl ohne geschichtliche Anhaltspunkte (MEIER 1994: 919–924) wird Jesus die von Gott oder göttlichen Menschen beherrschte Fähigkeit zum Wandeln auf dem Wasser zugeschrieben, um seine Messianität und Göttlichkeit zu veranschaulichen.

Die Erzählung vom verdorrten Feigenbaum (Mk 11,12–14.20 f.) schließlich fällt als einziges Strafwunder Jesu völlig aus dem Rahmen. Der Feigenbaum symbolisiert bei den Propheten das Volk Israel. Vor dem Hintergrund atl. Gerichtsprophetie (Jer 8,13; Jo 1,7.14) entstand eine Strafwundererzählung, die vom Verdorren des Feigenbaumes handelt und symbolisch auf Israel gemünzt ist. Vielleicht wirkte auch das Gleichnis vom Feigenbaum Lk 13,6–9 auf die Traditionsbildung ein. Das Fluchwort gegen den Baum stellt wohl eine auf Jesus zurückgehende prophetische Zeichenhandlung dar, mit der er die Enttäuschung über die Ablehnung seiner Botschaft zum Ausdruck brachte. Später erzählte man sich, dass der Baum tatsächlich verdorrt sei.

2.6.5. Fazit

Bei kritischer Analyse der Jesus zugeschriebenen Totenerweckungen und Naturwunder ergibt sich ein ernüchterndes Fazit. Die betreffenden Wunderberichte sind maßgeblich vom Glauben der Gemeinde geprägt, haben im Vergleich mit ihren antiken Parallelen wenig Unverwechselbares an sich und unterliegen im Hinblick auf ihre Geschichtlichkeit ganz erheblichen Zweifeln. Den Naturwundern ist bereits wegen ihres Fehlens in den ältesten Traditionsschichten der Evangelien (Wortüberlieferung; Logienquelle) mit Skepsis zu begegnen. Einzelne Rettungs- und Geschenkwunderberichte haben zwar historische Haftpunkte wie die symbolträchtigen Mahlgemeinschaften Jesu, seine Teilnahme an einer Hochzeit oder die regelmäßigen Bootsfahrten mit den Jüngern auf dem See Gennesaret, spiegeln aber kaum geschichtliche Ereignisse wider. Bei den Totenerweckungen stellt sich die Ausgangssituation anders dar, da sie nicht nur in der Erzähltradition, sondern auch im Munde Jesu überliefert sind (Lk 7,22par.). Die zuverlässige Diagnostik des tatsächlich eingetretenen Todes war in der Antike ein intensiv erörtertes Thema und es kam nicht selten vor, dass ohnmächtige oder im Koma liegende Personen für tot erklärt wurden. Vor diesem Hintergrund liegt es im Bereich des Möglichen, dass Jesus in Einzelfällen Menschen ins Leben zurückrief, die fälschlicherweise für tot gehalten wurden. Manche gehen allerdings noch einen Schritt weiter und trauen Jesus zu, dass er als Träger der Schöpfermacht Gottes wissenschaftlich nicht erklärbare Totenerweckungen und Naturwunder vollbrachte, mit denen Gott in seiner Freiheit unerwartete Zeichen in der Welt setzte (REISER 2011: 158–197; vgl. KEENER 2011: 742 f.).

FISCHBACH, Stefanie M. 1992: Totenerweckungen. Zur Geschichte einer Gattung, fzb 69, Würzburg.

KOLLMANN, Bernd 2005: Totenerweckungen in der Bibel – Ausdruck von Protest und Zeichen der Hoffnung, in: EBNER, Martin/ZENGER, Erich (Hg.): Leben trotz Tod, JBTh 19, Neukirchen-Vluyn, 121–141.

LABAHN, Michael 2014: Wunder verändern die Welt. Überlegungen zum sinnkonstruierenden Charakter von Wundererzählungen am Beispiel der sogenannten »Geschenkwunder«, in: KOLLMANN, Bernd/ZIMMERMANN, Ruben (Hg.): Hermeneutik der frühchristlichen Wundererzählungen. Geschichtliche, literarische und rezeptionsorientierte Perspektiven, WUNT 339, Tübingen, 369–393.

MEIER, John P. 1994: A Marginal Jew. Rethinking the Historical Jesus, Vol. II: Mentor, Message, and Miracles, New York, 773–1038.

TWELFTREE, Graham H. (Hg.) 2017: The Nature Miracles of Jesus: Problems, Perspectives, and Prospects, Eugene.

Bernd Kollmann

2.7. Frauen im Umfeld Jesu

Die Frage nach der Darstellung der Rolle der Frauen im Umfeld Jesu (wie in den ntl. Schriften allgemein) ist erst durch die feministische Theologie in der zweiten Hälfte des 20. Jh.s verstärkt fokussiert worden. Die feministischen Exegetinnen haben deutlich gemacht, dass moderne Darstellungen der im Neuen Testament erwähnten Frauen zumeist aus der Perspektive männlicher Exegeten auf Frauen ihres eigenen Lebensumfeldes geprägt waren. Zugleich stellte sich die Frage, inwieweit auch die Verfasser der Evangelien selbst die Darstellungen der Frauen subjektiv und aus ihrer aktuellen Gemeindesituation heraus formten. Dies gilt etwa generell für die auf antiken Sprachkonventionen basierende androzentrische Sprechweise der Evangelisten (SCHÜSSLER FIORENZA 1988: 63.76–77 u. ö.; PHILLIPS 2000: 24–26), für die Beschränkung des Zwölferkreises auf Männer (BIEBERSTEIN 1998), aber auch für die Darstellung des Verhaltens von Frauen. Dabei wurde das sog. verfallsgeschichtliche Modell, das eine Gleichstellung von Mann und Frau in der Zeit Jesu postuliert, die zunehmend aufgelöst worden sei, zu Recht kritisiert (PETERSEN 1999: 6–9). Ebenso wurde die These, Jesus habe die (jüdischen) Frauen aus der Unterdrückung befreit, revidiert (LEVINE 1994) und die Bedeutung der Kenntnis der Rolle und Darstellung von Frauen im zeitgenössischen Judentum betont (BAUCKHAM 2002: xvi–xvii).

Im Aufbau der kanonischen Evangelien erscheinen Frauen zunächst als Mitglieder der Familie Jesu (↗ D.III.1) bzw. der Familien der ersten Jünger (Mk 1,30). Als Teil des Volkes (↗ D.IV.2.8) sind sie von Beginn des öffentlichen Auftretens Jesu in Galiläa an Adressatinnen der Botschaft Jesu und Empfängerinnen seines machtvollen Handelns in Heilungen und Exorzismen (↗ D.IV.2.4–5). Frauen folgen Jesus nach und werden seine Schülerinnen (so etwa Maria, die Schwester Martas, in Lk 10,38–42 und Maria Magdalena in Joh 20,16), auch wenn explizite Berufungserzählungen fehlen und sich nach Darlegung aller kanonischer Evangelien keine Frauen im Zwölferkreis befanden. Eine herausgehobene Rolle kommt in allen Evangelien Maria aus Magdala zu.

Nach den Erzählungen des *MkEv* tritt Jesus in direkten Kontakt mit Frauen zunächst im Rahmen von Heilungen, deren Zahl allerdings deutlich zurücksteht hinter den Heilungen von Männern. Nach dem Erzählplot des Markus heilt Jesus nach der ersten Geistaustreibung in Kafarnaum die Schwiegermutter des Petrus (Mk 1,30 f.). In der Kombination der Auferweckungserzählung der Tochter des Jaïrus mit der Heilung der chronisch blutenden Frau (Mk 5,21–43) wird die heilende Macht des in Jesus angebrochenen Gottesreiches narrativ unterstrichen. Frauen sind Teilhaberinnen an der das ganze Leben und auch den Tod umfassenden Macht des Gottesreiches, sie partizipieren an der in Jesus wirkenden Macht

Gottes. Dass die heilende Macht des Gottesreiches auch pagane Frauen erreicht, verdeutlicht die Erzählung von der Syrophönizierin im tyrisch-galiläischen Grenzgebiet, deren Tochter von Jesus ebenfalls geheilt wird (Mk 7,24–30). Durch das Gespräch der Syrophönizierin mit Jesus, das auf die Universalität des Heils referiert, weist Markus der nicht-jüdischen Frau eine wichtige Funktion bezüglich der Rezeption der Jesusbotschaft in der paganen Bevölkerung zu. Grundsätzlich sind Frauen als Teil des Volkes immer auch Empfängerinnen der Botschaft Jesu, die gleichermaßen Bilder aus der Lebenswelt von Männern und Frauen enthält. Die Neukonstitution des Familienbegriffs durch die Aufkündigung der Bedeutung der leiblichen Familie und die Schöpfung der *familia dei* gilt in ihrer Radikalität Männern ebenso wie Frauen (Mk 3,33–35), deren Geschlechtlichkeit im eschatologischen Gottesreich aufgehoben sein wird (Mk 12,18–27). Doch soll diese Neukonstitution nicht zur völligen Aufkündigung irdischer familiärer Strukturen führen: So radikalisiert der mk. Jesus das jüdische Gesetz zur Ehescheidung, indem er diese verbietet (Mk 10,2–12). Frauen dienen auch zur Verdeutlichung des dem Gottesreich angemessenen Verhaltens. Die Erzählung von der armen Witwe, die in vorbildlicher Weise ihren gesamten Lebensunterhalt im Tempel spendet (Mk 12,41–44), kontrastiert mit der Perikope über das zögerliche Verhalten eines Reichen, dem der von Jesus geforderte Verzicht auf seinen Besitz schwer fällt (Mk 10,17–31). Auch die von einigen Anwesenden kritisierte Salbung Jesu im Hause Simons in Betanien durch eine namenlose Frau wird vom mk. Jesus als vorbildlich dargestellt, insofern er die Salbung als vorgezogene Totensalbung interpretiert und betont, dass man sich überall auf der Welt, wo das Evangelium verkündet wird, an diese Frau erinnern werde (Mk 14,3–9). Durch die sich anschließende Erzählung vom Verrat des Judas unterstreicht Markus auch hier kompositorisch die Vorbildlichkeit der Jesus salbenden Frau in ihrem Verhalten Jesus gegenüber. Die Erzählung von der proleptischen Totensalbung Jesu rahmt zusammen mit dem Gang von drei Frauen zum leeren Grab, um Jesus zu salben, die Passionsgeschichte. Wenngleich Markus sowohl mittels der Syrophönizierin als auch der Jesus salbenden Frau die über Israel hinausgehende Bedeutung Jesu anhand von Frauenfiguren verdeutlicht, werden erst im Rahmen der Passionserzählung Nachfolgerinnen Jesu, die ihm bereits aus Galiläa gefolgt waren und gedient hatten, namentlich genannt (Mk 15,40 f.). Aus ihrer Gruppe ragen heraus: Maria aus Magdala, Maria, die »Mutter des Jakobus des Kleinen und Joses« (vermutlich identisch mit der Maria »des Joses« in Mk 15,47 und der Maria »des Jakobus« in Mk 16,1; REIPRICH 2008: 162–164 identifiziert sie mit Maria, der Mutter Jesu) sowie Salome (evtl. die Schwester Jesu; vgl. BAUCKHAM 2002: 225–256). Sie beobachten mit anderen Frauen von ferne die Kreuzigung. Alle drei sind Jüdinnen, deren familiäre Konstellation ihnen erlaubte – sei es, weil auch ihre Männer Jesus folgten (vgl. auch Mk 10,29), sei es, weil sie unverheiratet waren – sich Jesus anzuschließen. Die Dreiergruppe entspricht figurenkompositorisch der Gruppe der drei bevorzugten Jünger (Mk 5,37; 9,2; 14,33). Auch wenn die genannten Frauen nicht zum ausschließlich männlichen Zwölferkreis gehören, werden sie als Nachfolgerinnen Jesu hervorgehoben, insofern sie der Lehre Jesu Glauben schenken, ihm bis zum Kreuz nachfolgen und ihm auch nach der Kreuzigung dienen (MELZER-KELLER 1997: 54 f.; vgl. bereits die weiblichen Metaphern für Jesu Nachfolgerinnen in Mk 3,33–35 und den Nachfolgeruf Mk 8,34 f.). Im Unterschied zu den Jüngern und dem Elferkreis sind die Frauen Zeuginnen des Todes, des Begräbnisses und der Botschaft über die Auferstehung Jesu (vgl. 1Kor 15,3b–5): Die beiden in Mk 15,40 f. genannten Marien beobachten den Ort der Grablegung (Mk 15,47); alle drei Frauen tragen aromatisierte Salben zum Grab (Mk 16,1). Die drei Frauen sind schließlich die ersten Empfängerinnen der Auferstehungsbotschaft und werden vom Engel im leeren Grab beauftragt, Petrus und den anderen Jüngern vom in Galiläa zu erwartenden Wiedersehen Jesu zu berichten (Mk 16,7; vgl. 14,28). Das Erschrecken der Frauen im Grab lässt sich als Reaktion auf die Erscheinung des Engels und die Begegnung mit der göttlichen Macht verstehen (vgl. Mk 2,12; 4,41; MELZER-KELLER 1997: 64 f. sieht in der Furcht der Frauen dagegen eine Analogie zum Jüngerunverständnis). Das Schweigen der Frauen über das Erlebte (Mk 16,8) wiederum kontrastiert mit den wiederholten Übertretungen des Schweigegebots durch Geheilte im Evangelium. Es stellt zusammen mit der Furcht der Frauen eine dramatische Klimax dar, die der Auferstehungsbotschaft äußerstes Gewicht und der Szene hermeneutisches Potential verleiht. Im sekundären Schluss des Evangeliums erscheint Jesus zuallererst Maria aus Magdala, die den Jüngern von ihrer Vision berichtet, dann erst zeigt sich Jesus den Jüngern (Mk 16,9–20). Der Text verweist auf die besondere Rolle der Maria aus Magdala in einem Teil der Jesusüberlieferung, die auch das JohEv und die Evangelien nach Maria und Philippus beschreiben.

Im *MtEv* finden sich Frauen bereits im Stammbaum Jesu und stehen vor allem mit der Rolle Marias in der Geburtserzählung (↗D.III.1) von Anfang an im Fokus der Erzählung. Im MtEv finden sich zudem fast alle Texte aus dem MkEv wieder, die Frauen ins Zentrum stellen; er verzichtet aber etwa auf die Erzählung von der vorbildlich großzügigen Witwe und überliefert die Heilungsgeschichten um die chronisch blutende Frau und deren vorbildlichen Glauben und die Auferweckung der Tochter des Synagogenvorstehers in deutlich kürzerer Form. Andererseits wird die Kanaanäerin (Syrophönizierin) nun für ihren »großen Glauben« gelobt (Mt 15,28). Matthäus nimmt die Integration von paganen Frauen und Sünderinnen in die Nachfolgeschaft Jesu in den Blick; Hinweise auf Frauen unter den μαθηταί fehlen allerdings, da Matthäus Jünger und Zwölferkreis offenbar als identisch versteht, wobei er die von Männern dominierte mt. Gemeindesituation zu reflektieren scheint (MELZER-KELLER 1997: 182–185; die metaphorische Rede in 12,49 muss kein Hinweis auf Frauen unter den μαθηταί sein). In der Verkündigung des mt. Jesus sind Frauen explizite Adressatinnen (vgl. Mt 10,34–36/Lk 12,49–53), besonders jedoch nun auch im Rahmen seiner Schilderungen über die Endzeit (Mt 24,40 f.; 25,1–13), von der die Frauen ebenso betroffen sein werden wie die Männer. Auch die Angehörigen gesellschaftlicher Randgruppen (Zöllner und Prostituierte) werden Teil des eschatologischen Gottesreiches sein (Mt

21,31), das zudem vom Ideal der Enthaltsamkeit geprägt sein wird (Mt 19,12). Die das irdische Leben betreffenden Verhaltensanweisungen des mt. Jesus richten sich gleichermaßen an Männer und Frauen. Auch bei Matthäus ist die Ehe Ziel besonderer Regelungen (Mt 5,27–32), die jedoch wiederum angesichts der Fokussierung auf die Verhältnisse im kommenden Gottesreich relativiert werden (Mt 19,12; 22,23–33parr.). In der Passionserzählung wird als dritte Frau am Kreuz die Mutter der Zebedaiden genannt (Mt 27,55 f.), die möglicherweise mit der mk. Salome identisch ist. Die Zebedaiden werden bei Matthäus auch sonst unter den Jüngern hervorgehoben (Mt 20,20; 26,37). Doch nur die beiden Marien sind Zeuginnen am Grab, wobei ihre Reaktion auf die Auferstehungsbotschaft des Engels nun nicht nur Furcht – wie bei Markus –, sondern auch Freude ist (Mt 28,8). Die beiden Frauen sind auch diejenigen, denen der Auferstandene zuerst erscheint; auch beauftragt er sie, die Jünger nach Galiläa zu schicken, wo sie ihn sehen würden. Im Unterschied zu den Jüngern (Mt 28,17) ergreift die beiden Frauen kein Zweifel während dieser Begegnung. In ihrer Freude über die Botschaft und ihrem Glauben an die Wahrheit der Vision und Audition des Auferstandenen sind Maria aus Magdala und die »andere« Maria vorbildlich Glaubende, erste Auferstehungszeuginnen und Auftragsempfängerinnen. Im Unterschied zur mk. Darstellung geben die Frauen im MtEv die Aufforderung an die Jünger weiter, Jesus in Galiläa zu sehen. Matthäus weist ihnen somit eine wichtige kommunikative Rolle im Nachfolgegeschehen zu. Mt 28,16–20 berichtet dann von dieser Vision und Audition des Elferkreises.

Das *LkEv* enthält auch unabhängig von den Vorgeschichten (Lk 1 f.; ↗ D.III.1), die Frauen aus der Familie Jesu und die Prophetin Hanna fokussieren, die größte Zahl an Texten, die Frauen als Akteure ins Geschehen bringen, wobei diese häufig mit männlichen Akteuren parallelisiert werden. Damit erscheinen Frauen bei Lukas in den Geburts-, Passions- und Auferstehungserzählungen an zentralen Stellen des Evangeliums. Lukas schildert eine weitere Frauenheilungsgeschichte (Lk 13,10–17; vgl. 14,1–6) und zeichnet Jesus als denjenigen, der sich entsprechend seiner Verkündigung besonders den Ausgestoßenen und Armen zuwendet, was etwa an der Erzählung über die Jesus salbende Sünderin (Lk 7,36–50; vgl. Mk 14,3–9) deutlich wird, jedoch auch am Mitleid mit der Witwe in Naïn (Lk 7,13) oder durch die metaphorischen Reden in Lk 18,1–8 und 21,1–4. Dabei stehen jedoch nicht nur notleidende Frauen im Zentrum des Interesses, sondern gesellschaftliche Randgruppen allgemein (Lk 5,27–32; 15,1). Die Dreiergruppe der von Markus und Matthäus erst im Zusammenhang der Passionserzählungen besonders hervorgehobenen Frauen wird durch Lukas in den Vorgeschichten um die Dreiergruppe Elisabeth, Maria und Hanna ergänzt, die bereits die Zeugung und Geburt Jesu als göttliches Offenbarungsgeschehen erkennen. Lukas führt die bei Markus und Matthäus erst in den Passionsgeschichten in den Fokus rückenden Anhängerinnen Jesu dementsprechend nun erzählerisch bereits früher ein: Neben dem Zwölferkreis werden viele Frauen, die Jesus z. T. finanziell unterstützen, als dessen Anhängerinnen bereits im Galiläa-Zyklus genannt (Lk 8,1–3), wobei nun Maria aus Magdala, Johanna, die Frau des Chuza, eines Verwalters des Herodes Antipas, und Susanna (als von Jesus Geheilte) namentlich hervorgehoben werden. Mit der Einführung Johannas in den Kreis der drei Frauen betont Lukas die Bedeutung des Wirkens Jesu in Galiläa und den Erfolg seiner Verkündigung in der gesellschaftlichen Oberschicht (BAUCKHAM 2002: 109–161). Zusätzlich eingeführt wird von Lukas die Erzählung von der Begegnung Jesu mit den Schwestern Maria und Marta (Lk 10,38–42), in der Maria durch ihr Hören auf Jesu Botschaft zur vorbildlich Glaubenden wird; durch das Sitzen zu Jesu Füßen wird sie als seine Schülerin gezeichnet (vgl. Apg 22,3), deren Tätigkeit Jesus im Vergleich zum Dienen Martas als »gut« bewertet. Aus dieser sowie anderen Stellen schließt Bieberstein (BIEBERSTEIN 1998: 281) auf eine inklusive Verwendung des μαθηταί-Begriffs bei Lukas. Ebenso wie in Markus und Matthäus sind Frauen wieder Kreuzigungszeuginnen (Lk 23,49), nun allerdings stehen auch »Bekannte« Jesu in der Nähe des Kreuzes. Klagende Frauen, die mit dem den Tod Jesu befürwortenden Volk kontrastieren, begleiten Jesus zum Kreuz (Lk 23,27–31) sowie seinen Leichnam zum Grab (Lk 23,55 f.). In der Auferstehungserzählung werden wiederum Maria aus Magdala, – wie bereits bei Markus und Matthäus – Maria (die Mutter des Jakobus, vgl. Mk 15,40) und Johanna als Zeuginnen besonders hervorgehoben (Lk 24,10; vgl. 8,3). Lukas deutet die Auferstehungsbotschaft der Engel mittels der Leidens- und Auferstehungsankündigung (Lk 9,22), deren Adressaten auch die Frauen sind (Lk 24,7 f.). Zusammen mit den beiden Marien und Johanna tragen auch andere Frauen (vgl. Lk 8,1–3) die Botschaft von der Auferstehung nun zum Elferkreis und zu den Jüngern, wobei allein Petrus auf die Botschaft reagiert. Das lk. Konzept, Frauen explizit als Adressatinnen und Förderinnen der Ausbreitung der Christusbotschaft darzustellen, setzt sich in Apg fort (Apg 9,36–43; 16,11–15).

Der Verfasser des *JohEv* erwähnt zwar im Vergleich mit den Synoptikern weniger Frauen, benennt keine Nachfolgerinnen namentlich, berichtet auch keine Heilungen von Frauen, weist jedoch verschiedenen Frauengestalten hermeneutische Schlüsselpositionen im narrativen Ablauf des Textes zu: Dies gilt zum einen für die Mutter Jesu, der bereits eine wichtige Rolle beim ersten Wunder zukommt (Joh 2,1–12), die Jesus begleitet (Joh 2,12) und gemeinsam mit ihrer Schwester auch beim Kreuz steht (Joh 19,25); zum anderen gilt dies jedoch für die Samaritanerin am Jakobsbrunnen (Joh 4,1–30), die die Frage nach der Messianität Jesu stellt (Joh 4,29); zudem berichtet Johannes wie Lukas vom Zusammentreffen Jesu mit Maria und Marta in Betanien (Joh 12,1–11; 11,2), weist den beiden Frauen nun jedoch eine bedeutendere Rolle zu als Personen, die Jesus – ebenso wie ihren Bruder Lazarus – »liebte« (Joh 11,5). Marta identifiziert Jesus als Christus, den Sohn Gottes (Joh 11,27; vgl. Petrus in Mk 8,27–30parr.). Zudem scheint Joh 11,2 Maria mit der anonymen Salbenden (Mk 14,3–9parr.) zu identifizieren. Die Auferweckung des Lazarus sowie das Gespräch Jesu mit Marta über die Auferweckung präludieren die Auferstehung Jesu und deuten deren theologische Dimension (Joh 11,1–45). Die Perikope der Begegnung Jesu mit der Sünderin hingegen ist sekundär (Joh 7,53–8,11). Inwieweit die besondere Funktion der Frauen im JohEv aus der Gemeindesituation erklärbar ist, wird diskutiert (HARTENSTEIN 2012: 432–433). Ebenso wie in den synoptischen Evangelien spielt Maria aus Magdala eine besondere Rolle, erscheint allerdings wie bei Markus und Matthäus erst als Beobachterin der Kreuzigung (Joh 19,25). Hier wird sie zusammen mit der Mutter Jesu, die in den synoptischen Evangelien nicht unter den Zeuginnen der Kreuzigung war, und deren Schwester (und mit) Maria, der Frau des Klopas (vgl. dazu BAUCKAHM 2002: 203–223), genannt. Wenngleich Johannes die Mutter Jesu (und den Lieblingsjünger) als Teilnehmer der Kreuzigung ins Zentrum rückt, kommt Maria aus Magdala auch bei Johannes eine zentrale Rolle während der Entdeckung des leeren Grabes zu (Joh 20,1–18; TASCHL-ERBER 2007): Im Unterschied zu Petrus und dem Jünger, den Jesus liebte, reflektiert Maria das Fehlen des Leichnams; ihr wird die erste Christus-Vision zuteil, in der Johannes Maria mittels der Anrede Jesu (»*rabbuni*«) als dessen gehorsame Schülerin charakterisiert, und die sie den Jüngern dem Auftrag Jesu gemäß mit den Worten berichtet »ich habe den Herrn gesehen« (Joh 20,18). Die Erstvision Christi durch Maria ist narrativ von hohem Gewicht und erhält vor dem Hintergrund, dass Paulus sich aufgrund einer Christus-Vision als Apostel versteht (1Kor 9,1), besondere Bedeutung.

Maria (hebr. Miriam) *aus Magdala* (vermutlich das heutige el-Meğdel am Westufer des Sees Gennesaret) wird als offenbar nicht verheiratete Nachfolgerin Jesu dargestellt, die nach Darlegung aller Evangelien Kreuzigung und Auferstehung Jesu bezeugt. Nach den synoptischen Evangelien beobachtet Maria auch die Grablegung (namentlich in Mk 15,47 und Mt 27,61; als Teil der »Frauen« in Lk 23,55). Da Maria Auferstehungszeugin und die erste Empfängerin einer Christus-Vision ist, hat sie auch nach der Auferstehung zentrale Bedeutung (Mt 28,9 f.; Joh 20,11–18; sekundär: Mk 16,9–11). Auch wenn Paulus Maria in 1Kor 15,5–8 nicht unter den Auferstehungszeugen erwähnt, lassen diese Narrative unter historischer Perspektive auf eine Nachfolge der Maria aus Magdala bereits in Galiläa und auf eine mögliche führende Position der Maria in der ältesten Gemeinde schließen (TASCHL-ERBER 2007: 477); zudem stellen sie Maria in Konkurrenz zu Petrus, womit sich auch die spätere Überlieferung über Maria erklärt: Als Lieblingsjüngerin Jesu, die von diesem besondere Offenbarungen empfängt, diese an die Jünger weitergibt und von Petrus angegriffen wird, ist sie in apokryphen Schriften gezeichnet (Evangelium nach Maria, Evangelium nach Philippus; PETERSEN 1999).

Nach wie vor ist die Frage, welche Frauenbilder die Evangelien im Einzelnen vertreten, aufgrund verschiedener hermeneutischer Probleme nicht abschließend geklärt (vgl. dazu BAUCKHAM 2002: xv–xvi); dennoch lässt sich summarisch – auch im Hinblick auf historische Wahrscheinlichkeiten – festhalten: Die Evangelien berichten übereinstimmend von der Präsenz von Frauen bereits im galiläischen Umfeld Jesu, die von Jesu Verkündigung ebenso beeindruckt sind wie von seinen machtvollen Heilungen. Dabei fällt eine durchweg positive

Charakterisierung der Frauengestalten gegenüber Jesus in den Evangelien auf (PELLEGRINI 2012: 410–412). Deutlich ist ebenso, dass sich Frauen in der Nachfolge Jesu befanden (damit entspricht die Jesusbewegung anderen zeitgenössischen jüdischen Gruppierungen, ILAN 2000: 125–128); zu ihnen zählten vermutlich sowohl verheiratete als auch alleinstehende, arme sowie vermögende Frauen. Erwähnte Namen reflektieren vermutlich Namen historischer Jesusnachfolgerinnen (ILAN 2000: 121–123; BAUCKHAM 2002). Ebenso deutlich ist die besondere Funktion von Frauen im Zusammenhang des Kreuzigungs- und Auferstehungsgeschehens, wobei Maria von Magdala übereinstimmend als namentlich herausragende Nachfolgerin Jesu aufgeführt wird.

BAUCKHAM, Richard J. 2002: Gospel Women: Studies of the Named Women in the Gospels, Grand Rapids.
KITZBERGER, Ingrid Rosa (Hg.) 2000: Transformative Encounters. Jesus and Women Re-Viewed, Bibl.-Interpr.S 43, Leiden.
MELZER-KELLER, Helga 1997: Jesus und die Frauen, Freiburg.
PETERSEN, Silke 2011: Maria aus Magdala. Die Jüngerin, die Jesus liebte, Biblische Gestalten 23, Leipzig.
STANDHARTINGER, Angela 2004: Geschlechterperspektiven auf die Jesusbewegung, Zeitschrift für Pädagogik und Theologie 4, 308–318.

Christiane Zimmermann

2.8. Jesus und das Volk

Jesus richtet sich mit seiner Verkündigung und seinem machtvollen Handeln zuallererst an das jüdische Volk, das vor allem bei Markus, aber auch bei Matthäus und Lukas, selten bei Johannes, mit dem Lexem ὄχλος (Menschenmenge) bezeichnet wird. Dabei konnotiert ὄχλος eine große, nicht weiter differenzierte Zahl von Menschen, die das »einfache« Volk repräsentieren und als Adressaten Jesu fungieren, wobei ein Teil dieses Volkes auch Menschen paganer Herkunft sind. Als kontinuierliche Hörerschaft Jesu bildet das Volk neben der Gruppe der jüdischen Anführer und der aus dem Volk hervorgehenden Gruppe der Jünger/ des Zwölferkreises eine zentrale Resonanzfigur für Lehre und Wirken Jesu. Der in der zeitgenössischen paganen Literatur häufig festzustellende pejorative Beiklang von ὄχλος (»Pöbel«) ist in den Evangelien nicht vorausgesetzt; dieser eignet vielmehr dem Lexem γενεὰ αὕτη, der Generation des Volkes zur Jesuszeit, das jedoch auch gezielt auf die gegnerischen Figuren referieren kann (vgl. etwa Q 7,31–35; 11,14–52; Mk 9,19). Neben dem Lexem ὄχλος erscheinen auch die numerischen Lexeme πολλοί, πάντες und πλῆθος zur Bezeichnung der Volksmenge. Häufig ist das Volk als Akteur jedoch auch nur versteckt im Satzprädikat (»sie«), in Personalpronomen oder in lokalen Bezeichnungen (»das ganze judäische Land und alle Jerusalemer« Mk 1,5; »die ganze Stadt« Mk 1,33). Das Volk ist keine stets gleichbleibende Größe, wodurch sich auch die unterschiedlichen Reaktionen des Volkes auf Jesu Wirken in Galiläa und anlässlich der Passa-Amnestie in Jerusalem erklären. Auch wenn die primären Adressaten der Botschaft Jesu zunächst identisch sind mit dem Volk Gottes, erscheint das Lexem λαός bei Markus selten, bei Matthäus und vor allem Lukas dagegen häufiger, und ist in Anlehnung an die Sprache der Septuaginta beschränkt auf das auserwählte Volk Israel (vgl. aber Lk 2,31). Der ὄχλος repräsentiert – unter Einbezug auch paganer Hörerinnen und Hörer – in der Regel denjenigen Teil des λαός, der im Erzählablauf mit der Verkündigung Jesu konfrontiert wird. Inwieweit ὄχλος und λαός auf dieselbe Gruppe referieren, ist jedoch von Fall zu Fall zu entscheiden – die Übersetzung beider Lexeme mit »Volk« verwischt hier die Nuancen. Mit der Einbeziehung von λαός in die Thematik kommt die heilsgeschichtliche Frage nach der Hoffnung auf eine schließliche Errettung der bislang nicht zum Christusglauben gekommenen Mitglieder des Volkes als λαὸς Ἰσραήλ jeweils mit in den Blick, die zunehmend positiv beantwortet wird (KONRADT 2007: 89–91 für das MtEv; SCHRÖTER 2007a: 261.263 für das LkEv). Das Lexem ἔθνος referiert entweder auf ein Volk im Sinne von »Nation«, wobei auch das jüdische Volk gemeint sein kann (Lk 23,2; Joh 18,35), oder auf den religiösen Status der nicht-jüdischen Völker (»Nicht-Juden«). Die ἔθνη erscheinen daher vor allem als kontrastierende Größe oder als Gruppe, die mit der Heilsbotschaft nach Jesu Tod und Auferstehung verstärkt in Kontakt kommen wird (Mt 28,19).

Erzählerisch dient das Volk in den Evangelien als direktes Gegenüber der Lehre und des heilvollen Handelns Jesu im Auftrag Gottes (vgl. Lk 24,19: »[…] Jesus von Nazareth, der ein prophetischer Mann war in Tat und Wort vor Gott und dem ganzen Volk«). Es verdeutlicht die breite positive Resonanz Jesu, hilft jedoch auch bei einer differenzierten Beleuchtung der Identität Jesu. Dabei suggerieren die Evangelisten einerseits die Wiedergabe historischer Abläufe, andererseits ist die Sicht auf das Volk stark nachösterlich geprägt. Aus dieser letzten Perspektive heraus dient das Volk sowohl der Darstellung der unterschiedlichen Rezeptionsweisen der Taten und der Lehre Jesu als auch als paränetisch ausgerichtete Folie für die Adressatengemeinden der Evangelien. Je nach Bewertung des Volkes wird dieses als primäre Identifikationsfigur der Leserinnen und Leser betrachtet (MINEAR 1972: 89) oder steht in dieser Hinsicht hinter den Jüngern zurück (MEISER 1998: 212).

Für das Verhältnis Jesu zum Volk ist die Metaper der »Schafe ohne Hirten« (Num 27,17; Mk 6,34; Mt 9,36; Joh 10,7.9) grundlegend; durch sie wird einerseits die defizitäre Situation des Volkes, andererseits die schützende und führende Funktion Jesu verbildlicht, der das Volk durch Lehre und Heilungen sowie Speisungen zu retten vermag. Während die Lehre Jesu gegenüber dem Volk wiederholt schlicht konstatiert, bisweilen aber auch beschrieben wird als eine, die mit »Erschrecken« zur Kenntnis genommen wird (Mk 1,22; 6,2; 11,18), kommt es im Zusammenhang der Heilungen, die meist bestimmte Einzelpersonen aus dem Volk fokussieren, zu verschiedenen Reaktionen wie Admirationen und Akklamationen des Volkes. Admirative Reaktionen wie Staunen, Erschrecken und Furcht (θαυμάζειν, ἐκπλήττεσθαι, φοβεῖσθαι) dienen vor allem in den Chorschlüssen der Wundergeschichten dazu darzulegen, wie die göttliche Macht erkannt wird, woraus dann das Bekenntnis zu Jesus folgt. Akklamative Reaktionen (δοξάζειν) bestätigen dieses Erkennen und verweisen damit auf die Kontinuität der göttlichen Treue zum Volk (Israel), die sich in Jesus erneut und machtvoll zeigt (MEISER 1998: 74–108.369–370). Das Volk verbildlicht die wachsende Resonanz des Erfolges der jesuanischen Verkündigung und heilenden Macht, insofern die Zahl derer aus dem Volk, die in Jesu Nähe kommen wollen, stetig wächst und das Handeln Jesu so z. T. sogar behindert (Mk 2,4); andererseits kontrastiert der Erfolg Jesu beim Volk mit der kritischen Haltung der religiösen Führer. In den Passionsgeschichten führt das Eintreten des Jerusalemer Volkes für die Freigabe des Barabbas unter Einfluss der jüdischen Führer im Rahmen der Passa-Amnestie mit zur Kreuzigung Jesu.

In der Forschung hat die Untersuchung dieser kollektiven Erzählfigur zumal in ihrer individuellen Färbung in den einzelnen Evangelien bislang keine große Aufmerksamkeit gefunden (vgl. MEISER 1998: 2–30; COUSLAND 2002: 3–21); zudem wird sie in ihrer jeweiligen Bedeutung unterschiedlich bewertet. Innerhalb der Evangelien lassen sich folgende verschiedene Akzente in der Darstellung des Volkes erkennen:

Markus verwendet das Lexem λαός kaum und beschreibt den ὄχλος als primären und kontinuierlichen Hörerkreis Jesu, aus dem die Jünger und der Zwölferkreis hervorgehen. Dabei lehrt Jesus das Volk wiederholt, er fordert es auf zu hören und zu verstehen (Mk 7,14); auch kann das Volk möglicherweise als Teil der Gruppe verstanden werden, der das Geheimnis des Königreiches zugänglich gemacht wird (Mk 4,10 f.; MINEAR 1972: 82). Dem Volk gilt ebenso wie dem Jüngerkreis der Nachfolgeruf (Mk 8,34). Im Unterschied zum Jüngerkreis identifiziert das Volk Jesus jedoch nicht als den Gesalbten, sondern als Johannes den Täufer, als Elija und als einen Propheten (Mk 8,27–29). Das Volk ist jedoch nicht nur Adressat der Lehre und der heilenden Macht, sondern auch der affektiven Hinwendung Jesu: Jesus empfindet Mitleid mit dem hungernden Volk (Mk 6,34; 8,2) und übergibt die Aufgabe der Sorge um dieses Volk für die Zeit nach Ostern dem Jüngerkreis (Mk 6,37; 8,4–6). Heilungen und Speisungswunder führen beim Volk zur Wahrnehmung der in Jesus wirkenden göttlichen Macht (Mk 9,15) und zu entsprechenden o.g. Reaktionen. Positive Resonanz findet Jesus auch beim Volk in Judäa (Mk 10,1). In Jerusalem fürchten die jüdischen Führer das Volk nicht nur wegen seiner großen Zahl, sondern auch wegen seiner Reaktion auf die Lehre Jesu (Mk 11,18) und beschließen, Jesus zu verhaften. Die letzten vier Belege von ὄχλος im MkEv (14,43; 15,8.11.15) referieren auf eine Gruppe des Jerusalemer Volkes, die sich der Agitation gegen Jesus anschließt und zu seiner Kreuzigung beiträgt. Der vorausgehende, Jesus beim Einzug in Jerusalem bejubelnde ὄχλος dagegen (Mk 11,7–9) wird in den Passionserzählungen nur noch von den aus Galiläa stammenden Frauen am Kreuz repräsentiert (Mk 15,40 f.), die jedoch als eigene Figurengruppe fungieren.

Matthäus gibt dem Volk unter den Evangelisten das deutlichste Charakter-Profil (COUSLAND 2002): Er betont von Anfang an die Funktion Jesu als Retter seines Volkes (Mt 1,21), wobei die nicht-jüdischen Völker jedoch heilsgeschichtlich inkludiert sind (Mt 1,1, vgl. dazu KONRADT 2007: 286–288; Mt 4,15; 5,16; 12,21 und explizit 28,19). Sehr viel häufiger als Markus verwendet Matthäus statt ὄχλος das Lexem λαός, wobei ὄχλος auf das anwesende Volk referiert (POPLUTZ 2008: 105 f.). Inwieweit die beiden Lexeme jedoch stets denselben Referenten haben, wird besonders mit Blick auf Mt 27,24 f. diskutiert (KONRADT 2007: 169). Matthäus gibt seiner Darstellung des Volkes einen klar israel-theologischen Zug (MEISER 1998: 247–257). Er verstärkt die positiven Reaktionen des ὄχλος auf Jesus und schreibt einige kritische Bemerkungen des Volkes aus Q den Pharisäern zu (Mt 9,32–34; 12,22–24). Zudem kontrastiert er die Reaktionen des Volkes stärker mit denen der religiösen Anführer (Mt 9,32–34). In der Bergpredigt wird das Volk Mit-Adressat der ausführlichen Belehrungen Jesu (Mt 5,1), erkennt dessen Vollmacht und reagiert darauf mit Staunen (Mt 7,28 f.; zur Bedeutung von ἐξεπλήσσοντο: KONRADT 2007: 98). Das Volk erkennt in Jesus die Zuwendung Gottes zu Israel (Mt 9,33) und Jesus selbst als verheißenen davidischen Messias (KONRADT 2007: 96–108). Die »πολλοί«, die den mk. Jesus beim Einzug in Jerusalem bejubeln, ersetzt Matthäus explizit durch »ὁ πλεῖστος ὄχλος« (Mt 21,8). Auch im MtEv ist die in den Passionsgeschichten gegen Jesus agitierende Volksmenge (Mt 27,24 f.) als lokale Jerusalemer Gruppe von den anderen ὄχλοι zu unterscheiden.

Lukas verwendet ebenso wie Markus und Matthäus grundsätzlich die Funktion des Volkes als Resonanzfigur des Wirkens Jesu, wobei er mit Matthäus die israel--theologische Betrachtung des Volkes teilt (MEISER 1998: 270–278). Das Lexem λαός erscheint bei Lukas fast ebenso oft wie ὄχλος und wird bereits in den lk. Vorgeschichten verwendet, um die Bedeutung der Geburt Jesu für das Volk Israel zu beschreiben (Lk 2,10). Während das Lexem ὄχλος im LkEv vor allem dazu dient, die Reaktionen des Volkes auf Jesu Lehre und Heilungen darzustellen, fokussiert Lukas mit dem Lexem λαός in der Regel das Geschick des Volkes Israel. Im Vergleich zu Markus und Matthäus ersetzt er an verschiedenen Stellen ὄχλος bzw. πλῆθος durch λαός bzw. ergänzt es (z. B. Lk 6,17; 7,1; 8,47; 9,13). Lukas betont jedoch auch die über Israel hinausgehende Bedeutung Jesu bereits in der Weissagung des Simeon: Jesus ist die Rettung πάντων τῶν λαῶν, die aufgeteilt sind in die ἔθνη und den λαός σου Ἰσραήλ (Lk 2,31 f.); zugleich ist von Anfang an auch die Nicht-Annahme dieser Rettung im Blick (Lk 2,34). In der Passionsgeschichte findet sich neben einer kritischen Bewertung des dortigen λαός zugleich die Trauer Jesu über seine Ablehnung durch das Volk. Lukas gibt dieser Trauer Ausdruck, indem er die aus Q entnommene Klage (Lk 13,34 f.par.) um eine Beweinung Jerusalems ergänzt (Lk 19,41–44). Stärker als Markus und Matthäus zeichnet Lukas in der Passionsgeschichte die Zuwendung Jesu zum dortigen Volk, das er im Tempel sammelt (Lk 19,47par.; 21,37 f.), und bezeichnet das Volk zwischen Lk 19,47–21,38 ausschließlich als λαός, um die Konzentration des

Geschehens auf das jüdische Volk hervorzuheben (MEISER 1998: 316). In der Pilatus-Szene reduziert er die Rolle des Volkes (Lk 23,13–25), stellt die Führer in den Vordergrund (Lk 24,19 f.) und führt die über den Tod Jesu klagenden Frauen Jerusalems (Lk 23,27) und den Jesus unschuldig sprechenden Mitgekreuzigten (Lk 23,41) ein. Die Ablehnung der Freudenbotschaft durch Teile des Volkes Israel wird kritisiert und zugleich betrauert, daneben bleibt wie bei Matthäus die Hoffnung auf die Rettung ganz Israels bestehen (Lk 24,21; SCHRÖTER 2007a: 261.263). Aus nachösterlicher Perspektive dienen die Handlungen und Belehrungen Jesu vor dem Volk als Haftpunkte für den Glaubensgrund und als paränetische Lehrstücke für die Gegenwart der lk. Gemeinde (MEISER 1998: 336–350.359; vgl. etwa Lk 11,27 f.; 12,4–21).

Johannes lässt Jesus als inkarnierten Logos nicht vor dem Volk, sondern vor der Welt (κόσμος) agieren. Damit generalisiert Johannes die Adressaten Jesu von Anfang an, sein Erscheinen betrifft alle Menschen (Joh 1,7; vgl. auch Joh 11,51 f.), keine lokal oder religiös definierte Gruppe. Allein in Joh 6,7 und 12 tritt das Volk stärker in Erscheinung, wobei Johannes hier ein Bild des Volkes zeichnet, das zum Teil dem der Gegner aus der Gruppe der Ἰουδαῖοι ähnelt (BENNEMA 2013; vgl. zu einer differenzierten Beurteilung der Ἰουδαῖοι, KIERSPEL 2006), oder er identifiziert das Volk mit dem κόσμος (Joh 12,17–19); andererseits sind das Volk und die Ἰουδαῖοι jedoch auch wieder positive Resonanzfiguren des Lehrens und Wirkens Jesu (vgl. Joh 7,31 f. und Joh 12,9–11). Dabei treiben die Fragen des Volkes wie die der Ἰουδαῖοι den Erzählplot voran und ermöglichen theologische Reflexion.

Vor allem in den synoptischen Evangelien ist das Volk das entscheidende Gegenüber des Handelns und der Lehre Jesu mit unterschiedlicher Aufnahmebereitschaft. Während die Resonanz der Verkündigung Jesu in Galiläa mit dem Wachsen der Volksmenge, die ihm folgt, beschrieben wird, spielt das Volk in Jerusalem eine wichtige negative Rolle beim Prozess Jesu. Matthäus und Lukas zeichnen unter einer bewusst nachösterlichen Perspektive und auch unter dem Einfluss von Q in stärkerem Maße ein israel-theologisches Bild des Volks als Markus. Die Hoffnung auf eine gesamte Errettung Israels bleibt bei beiden Evangelisten bestehen. In allen Evangelien zeigen sich daher am Volk, zu dem auch Nicht-Juden gehören, die generellen Möglichkeiten und Konsequenzen der Annahme bzw. Nicht-Annahme der Christus-Botschaft.

BENNEMA, Cornelis 2013: The crowd: A faceless, divided mass, in: HUNT, Steven A. u. a. (Hg.), Character studies in the fourth gospel. Narrative approaches to 70 figures in John, WUNT 314, Tübingen, 347–355.

COUSLAND, J. R. C 2002: The Crowds in the Gospel of Matthew, NT.S 102, Leiden/Boston/Köln.

MALBON, Elizabeth Struthers 2000: In the Company of Jesus: Characters in Mark's Gospel, Louisville.

MEISER, Martin 1998: Die Reaktion des Volkes auf Jesus: eine redaktionskritische Untersuchung zu den synoptischen Evangelien, BZNW 96, Berlin/New York.

SIEGERT, Folker 2000: Jesus und sein Volk in der Quelle Q, in: DERS. (Hg.): Israel als Gegenüber:

vom alten Orient bis in die Gegenwart. Studien zur Geschichte eines wechselvollen Zusammenlebens, Göttingen, 90–124.

Christiane Zimmermann

2.9. Jesu Perspektive auf Israel

Zu den wichtigsten Merkmalen der neueren Jesusforschung gehört die Einsicht, dass sich das Wirken Jesu zuerst und vor allem an Israel richtete. Gottes auserwähltes Volk, das Volk, mit dem er seinen Bund geschlossen und dem er seine Weisung, die Tora, gegeben hat, tritt damit als Adressat der Lehre Jesu, seiner Heilungen und seines Rufs in die Nachfolge, in den Blick. Nicht-Israeliten spielen in der Jesusüberlieferung dagegen nur sporadisch eine Rolle. Das zeigt sich bereits an der geographischen Konzentration des Auftretens Jesu auf die jüdisch geprägten Regionen Galiläa und Judäa. Die Überlieferungen von Jesu Aufenthalten in der Dekapolis (Mk 5,1–20parr. bzw. Mk 7,31–37), der phönizischen Küstenregion um Tyros (und Sidon; Mk 7,24–30; Mt 15,21–28) sowie in den Dörfern von Cäsarea Philippi (Mk 8,27–30par. Mt 16,13–20) berichten von gelegentlichen »Abstechern« in die benachbarten Regionen Galiläas, sie verändern das Bild der auf Israel gerichteten Wirksamkeit Jesu jedoch nicht, sondern bestätigen es auf ihre Weise. Diese Erzählungen konzentrieren sich zudem im MkEv und stellen deshalb ein spezifisches Merkmal der mk. Jesusdarstellung dar. Die Frage nach dem Verhältnis von Israel und den Heiden wird dagegen bei Matthäus und Lukas auf eigene Weise verarbeitet. Bei Johannes schließlich werden »Griechen« (Joh 7,35; 12,20) bzw. Nicht-Juden (10,16: die »anderen Schafe«; 11,52: die »zerstreuten Kinder Gottes«) gelegentlich genannt, auch diese Erwähnungen machen aber deutlich, dass das Wirken Jesu primär auf Israel gerichtet ist.

Die Wirksamkeit Jesu wird demnach nur dann verständlich, wenn sie in ihrem jüdischen Lebenskontext und ihrer Verwurzelung in den Schriften und Traditionen Israels und des Judentums wahrgenommen wird. Dabei wird erkennbar, dass sich Jesus als mit dem Auftrag ausgestattet verstand, die Herrschaft Gottes über sein Volk im verheißenen Land in seinem eigenen Wirken zur Geltung zu bringen. Sein Auftreten traf dabei in eine Situation, in der Israel unter römischer Herrschaft stand und sich die Hoffnungen darauf richteten, dass sich das in den Schriften Israels verheißene Heilshandeln Gottes an seinem Volk bald ereignen möge. Diese Erwartungen konnten sich auf das Kommen eines von Gott gesandten Retters oder Gesalbten richten, der das Volk von der Fremdherrschaft befreien, die Herrschaft des Hauses Davids aufrichten und Israel in Gerechtigkeit regieren werde. Derartige Hoffnungen wurden von Anhängern und Sympathisanten Jesu mit seiner Person und seinem Wirken verbunden, was in Texten wie Mk 11,1–10 (beim Einzug in Jerusalem wird Jesus mit dem Ruf empfangen »Gepriesen sei die kommende Herrschaft unseres Vaters David«) und Lk 1,32 f. (bei der Ankündigung der Geburt Jesu heißt es: »Dieser wird groß sein und ›Sohn des Höchsten‹ genannt werden, und Gott der Herr wird ihm den Thron Davids, sei-

nes Vaters, geben. Und er wird herrschen über das Haus Jakob bis in Ewigkeit.«)
erkennbar wird. Mit Jesus verband sich demnach die Hoffnung, er werde die römische Herrschaft über Israel beenden und die davidische Herrschaft aufrichten.

Das Wirken Jesu ist allerdings nicht allein und auch nicht in erster Linie aus
den sozialen und politischen Umständen in Galiläa und Judäa heraus zu erklären,
auch wenn diese durchaus eine Rolle gespielt haben. Wirken und Lehre Jesu sind
nicht primär eine Reaktion auf Fremdherrschaft und soziale Bedrückung, sondern haben eine grundlegendere Ausrichtung. Das ist schon darum wahrscheinlich, weil Galiläa zur Zeit Jesu nicht von tiefgreifenden politischen und sozialen
Spannungen bestimmt war. Antipas, der Herrscher Galiläas zur Zeit Jesu, betrieb
eine Politik des wirtschaftlichen Aufschwungs und respektierte weitgehend die
jüdische Prägung des von ihm regierten Territoriums. Die Situation zwischen Römern und Juden war in Galiläa nicht in derselben Weise angespannt wie in Judäa
und Jerusalem, schon aus dem Grund, dass im Galiläa zur Zeit Jesu und des Antipas kein römisches Militär stationiert war. Die Rahmenbedingungen für das
Auftreten Jesu sind deshalb nicht vordergründig aus der politisch-sozialen Situation heraus zu erklären. Sein Wirken zielt vielmehr auf eine Restitution Israels
aus seinen Schriften und Traditionen heraus, die für das Wirken Jesu die maßgebliche Grundlage bilden.

Jesus wollte zuerst und vor allem in Israel die Herrschaft und das Heil Gottes
vermitteln und den Willen Gottes zur Geltung bringen. Im Zentrum steht dabei
sein Aufruf, sich der in seinem Wirken anbrechenden Gottesherrschaft anzuschließen. Die politischen und sozialen Implikationen sind vor diesem Hintergrund zu verstehen. Die Bezeichnungen »Gesalbter« (Messias, Christus), »Sohn
Gottes«, »Sohn Davids« und auch »Menschensohn« werden dabei im Licht seines
Wirkens inhaltlich neu bestimmt und gehen in dieser Weise in den christlichen
Glauben ein (↗ E.III.).

Um den Kontext des Wirkens Jesu, sein Selbstverständnis und seine Perspektive auf Israel zu konkretisieren, sollen im Folgenden zunächst das Wirkungsgebiet
und die jüdischen Gruppierungen der Zeit Jesu im Zusammenhang der für sein
Wirken relevanten Traditionen näher betrachtet werden. Anschließend wird auf
Merkmale des Wirkens Jesu eingegangen, die seine Sicht auf Israel charakterisieren.

2.9.1. Die geographische Perspektive des Wirkens Jesu

Das Zentrum des Wirkens Jesu lag in Galiläa (vgl. ↗ D.III.4.). Den synoptischen
Evangelien zufolge bildete dabei die Gegend um den See Gennesaret, insonderheit das Dorf Kafarnaum, das Zentrum. Zu weiteren galiläischen Orten, die in
den Evangelien genannt werden, gehören Nazaret (Mk 1,9; Mt 2,23; Lk 1,26; 4,16;
Joh 1,45 f. u. ö.), Kana (Joh 2,1) und Naïn (Lk 7,11). Dagegen treten die galiläischen Städte Sepphoris und Tiberias nicht in den Blick. Tiberias wird nur in Joh
6,1.23; 21,1 erwähnt, aber nicht als Ort des Wirkens Jesu, Sepphoris wird nie ge-

nannt, auch Magdala tritt nur als Herkunftsort von Maria in den Blick. Nach Betsaida im Herrschaftsgebiet des Herodessohnes Philippus kommt Jesus nach Mk 6,45 mit seinen Jüngern, in Mk 8,22 ereignet sich dort die Heilung eines Blinden; in Joh 1,44; 12,21 wird es als Herkunftsort von Jüngern Jesu genannt; in Mt 11,21par. Lk 10,13 ist es gemeinsam mit Chorazin Adressat von Weherufen Jesu. Daraus ergibt sich das Bild einer im Wesentlichen auf die Dörfer Galiläas konzentrierten Wirksamkeit Jesu, wogegen es keine Indizien dafür gibt, dass Jesus auch in Sepphoris und Tiberias oder in dem ebenfalls urban geprägten Magdala aufgetreten wäre. Die Dörfer Galiläas, insbesondere die Gegend um den See, haben demnach offenbar den primären sozialen und religiösen Kontext seines Wirkens gebildet.

Galiläa bildete, gemeinsam mit Samaria, einen Teil des Nordreichs, das infolge der assyrischen Eroberung im 8. vorchristlichen Jh. eine gegenüber Judäa eigene Entwicklung nahm. Anders als in Samaria wurde dabei in Galiläa offenbar keine Fremdbevölkerung angesiedelt. Nach einer Phase vermutlich spärlicher Besiedlung in persischer und frühhellenistischer Zeit nahm die jüdische Bevölkerung Galiläas im Zuge der Eroberungen der Makkabäer bzw. Hasmonäer im 2. und 1. vorchristlichen Jh. deutlich zu. Insbesondere unter dem Hasmonäer Aristobulus I. (104–103 v.Chr.) wurde Galiläa von Judäa aus besiedelt und religiös und kulturell in das jüdisch beherrschte Gebiet integriert (wohl auch durch Zwangsmaßnahmen, worauf Flavius Josephus, Ant. 13,318 f., hinweist). Die früher mitunter behauptete kulturelle Spannung zwischen Galiläa und Judäa trifft demnach jedenfalls für die Zeit Jesu nicht zu, worauf auch Jesu Besuche in Jerusalem hinweisen (nach dem JohEv hat es mehrere solcher Aufenthalte gegeben, vor allem im Zusammenhang mit jüdischen Festen, was historisch durchaus plausibel ist). Zwar ist davon auszugehen, dass auch Nicht-Juden in Galiläa lebten, worauf die Charakterisierung als »Galiläa der Heiden« in Jes 8,23 hinweisen könnte. Allerdings ist daraus in keiner Weise auf eine heidnische Prägung Galiläas zur Zeit des Wirkens Jesu zu schließen (vgl. CHANCEY 2002). Dafür lässt sich auch nicht die Zitierung der genannten Jes-Stelle in Mt 4,15 f. anführen. Dieses Zitat bringt vielmehr programmatisch zum Ausdruck, dass das Wirken Jesu über Israel hinausgehen und sich auch an die Heiden richten wird – was am Ende des MtEv mit dem Auftrag des Auferstandenen, *alle Völker* zu lehren und zu Jüngern zu machen, dann auch geschieht.

Die jüdische Prägung Galiläas in hasmonäischer bzw. römischer Zeit wird durch neuere archäologische Forschungen bestätigt, die eine lebendige jüdische Religionspraxis belegen (REED 2000; FIENSY/STRANGE 2014/15). Der jüdische Charakter von Orten wie Sepphoris (Zippori), Magdala (Migdal), Kafarnaum oder Jotapata (Yodefat), bezeugt durch Synagogen, Steingefäße, die auf die Einhaltung ritueller Reinheitsvorschriften hinweisen, das Fehlen von Schweineknochen und Wohnhäuser mit Mikwaot, macht deutlich, dass die jüdische Frömmigkeit, ungeachtet regionaler Unterschiede zu Judäa und Jerusalem, im Galiläa der

Zeit Jesu Lebenskultur und Alltagsleben bestimmte. Dies ist darum auch als kulturelles Milieu für Jesus, seine Anhänger und seine Adressaten vorauszusetzen.

Dabei hat es vermutlich Rivalitäten zwischen dem überwiegend ländlich geprägten Galiläa und den religiösen Eliten sowie der städtischen Bevölkerung in Judäa und Jerusalem gegeben, die Galiläa als unbedeutende Provinz mit einer ungebildeten Landbevölkerung betrachteten (vgl. etwa Mt 26,73; Joh 7,49–52; Apg 2,7). Auch Spannungen zwischen den Pharisäern und den zur Jerusalemer Tempelaristokratie gehörenden Sadduzäern (vgl. Mk 12,18; Apg 23,6–9) lassen sich hier einordnen. Daraus ist aber nicht auf einen grundlegenden Konflikt zwischen Galiläa und Judäa zu schließen. Vielmehr ist davon auszugehen, dass zwischen Judäa/Jerusalem und Galiläa seit der hasmonäischen Expansion enge Beziehungen bestanden, die nicht zuletzt in der herausgehobenen Bedeutung von Jerusalem und dem Tempel als Zentrum der jüdischen Religion gründeten (FREYNE 2001). Das Auftreten Jesu in Jerusalem erklärt sich nicht zuletzt vor diesem Hintergrund.

Der in den synoptischen Evangelien berichtete Aufenthalt Jesu in der Dekapolis, am Ostufer des Sees Gennesaret, gibt dagegen deutlich zu erkennen, dass es sich um ein nicht-jüdisches Gebiet handelt. Die Existenz einer Schweineherde (Mk 5,11parr.) wäre in einer jüdischen Region wie Galiläa undenkbar. Die bei Markus und Matthäus berichtete Begegnung Jesu mit einer syrophönizischen (Matthäus: kanaanäischen) Frau macht deutlich, dass die Heilung ihrer Tochter eine Ausnahme darstellt, die erst erfolgt, nachdem Jesus die nicht-jüdische Frau auf den Unterschied zwischen Juden und Heiden (im Bild von »Kindern« und »Hunden«) aufmerksam gemacht hat (bei Matthäus ergänzt um den Hinweis Jesu, er sei nur zu den »verlorenen Schafen des Hauses Israel« gesandt). Es ist das Beharren bzw. der Glaube der Frau, der schließlich doch zur Heilung ihrer Tochter führt (Mk 7,29; Mt 15,28). Dem lässt sich die in Mt 8 und Lk 7 berichtete Heilung des Sohnes eines Hauptmanns an die Seite stellen. In der mt. Version dieser Erzählung wird wiederum die Ausrichtung des Wirkens Jesu auf Israel deutlich hervorgehoben (Mt 8,7 ist vermutlich als Frage aufzufassen: »*Ich* soll kommen und ihn heilen?«). Alle drei Episoden weisen demnach darauf hin, dass sich das Wirken Jesu auch auf die an Galiläa angrenzenden Gebiete erstreckte, ohne dass dies deshalb als aktive Hinwendung zu Heiden aufzufassen wäre. Vielmehr könnte sich Jesus in diese Gebiete begeben haben, weil er sie zum Land rechnete, dem Gottes Verheißungen für eine Wiederherstellung Israels galten und auf die er deshalb auch seine Wirksamkeit erstrecken wollte.

Das geographische Profil des Auftretens Jesu wird auch in den summarischen Bemerkungen deutlich, die sein Wirken auf »ganz Galiläa« ausgerichtet sein lassen (Mk 1,39par. Mt 4,23; vgl. Lk 4,14; Apg 10,37) oder diejenigen Gebiete aufzählen, aus denen man Kranke zu Jesus brachte, damit er sie heile (Mk 3,7f.; Lk 6,17). Die zuletzt genannten Stellen zeigen, dass die Kunde von Jesus auch Gegenden außerhalb Galiläas erreichte: Jerusalem und Judäa, das Ostjordanland, die syrophönizische Küstenregion, Idumäa. Damit ist in etwa dasjenige Gebiet umrissen, auf das sich insbesondere seit hasmonäischer Zeit die Hoffnungen auf die Aufrichtung der Herrschaft Gottes im verheißenen Land richteten (vgl. FREYNE 2004).

Das Auftreten Jesu in Jerusalem, das zur Konfrontation mit der jüdischen Obrigkeit führte (↗ D.IV.5.), gehört in diesen Zusammenhang, denn es ist ebenfalls Ausdruck der Ausrichtung seines Wirkens auf ganz Israel. Jerusalem als Ort des Tempels, Sitz des Synhedrions und des Hohenpriesters war religiöses und politisches Zentrum des Judentums. Die politischen Verhältnisse in Judäa und Jerusalem unterscheiden sich dabei von denjenigen in Galiläa. Judäa unterstand einem römischen Präfekten, in Jerusalem war eine römische Kohorte stationiert. Galiläa war dagegen an Antipas verpachtet, der den Römern tributpflichtig war.

Jesu Aufruf zu Umkehr und Nachfolge angesichts der in seinem Wirken anbrechenden Gottesherrschaft war demnach ein Programm der Erneuerung Israels als des von Gott erwählten Volkes. Dabei geriet er in Konflikt mit den jüdischen Autoritäten in Jerusalem, aber auch mit jüdischen Gruppen seiner Zeit, wie etwa den in den Evangelien genannten Pharisäern, Sadduzäern und Schriftgelehrten.

2.9.2. Jesu Stellung zu jüdischen Traditionen

Jesus teilte mit seinen jüdischen Zeitgenossen selbstverständlich den Glauben an den Gott Israels als den einzigen Gott, (Mk 10,18par. Mt 19,17; Lk 18,19; Mk 12,29), die Überzeugung von der Bedeutung von Tora und Propheten als den grundlegenden Zeugnissen Israels (vgl. Mt 5,17; 7,12; 11,13; Lk 24,44; Joh 1,45) sowie vom Tempel als dem religiösen Zentrum des Volkes. Im sog. »Doppelgebot der Liebe« (Mk 12,29–31; Mt 22,37–40; Lk 10,27) wird der zentrale Inhalt der Tora aus der Perspektive Jesu zusammengefasst: Dem Gebot, Gott zu lieben (Dtn 6,5), wird dasjenige, den Nächsten zu lieben (Lev 19,18), an die Seite gestellt. Jesu Stellung zu den jüdischen Überlieferungen sowie zu seiner eigenen Rolle in der Geschichte Gottes mit seinem Volk ist in diesem Horizont zu beschreiben.

Mit seinen Mahlgemeinschaften (↗ D.IV.2.3), seiner Rede in Bildworten und Gleichnissen (↗ D.IV.3.3) sowie seiner vollmächtigen Auslegung der jüdischen Tora (↗ D.IV.3.6) verband sich die Überzeugung Jesu, dass die Herrschaft Gottes durch sein Handeln herbeigeführt wird. Mit seiner Interpretation der Tora als der verbindlichen Weisung Gottes bewegte er sich dabei nicht etwa außerhalb der jüdischen Auslegungspraxis, setzte jedoch eigene Akzente. Dabei geriet er insbesondere mit den Pharisäern in Konflikt, die sich auf die Verwendung der Tora im Alltagsleben spezialisiert hatten und die Reinheitsvorschriften für die Alltagspraxis fruchtbar machen wollten. Die Intensität der Auseinandersetzung könnte darin begründet sein, dass die Intention der Pharisäer derjenigen Jesu durchaus vergleichbar war. Beide wollten die Tora so auslegen, dass sie das Leben der Menschen im jüdischen Land tatsächlich bestimmt. Darum waren sie um eine möglichst lebensnahe, praktikable Interpretation bemüht. Die Kritik Jesu richtete sich deshalb auch weniger gegen die Lehre der Pharisäer selbst als vielmehr dagegen, dass sie mit Hilfe zusätzlicher Regeln und Auslegungspraktiken in Form mündlicher Weisungen über die schriftlich fixierte Tora hinausgingen (vgl. Mk 7,8.13). Jesu Stellung zur Tora rückte demgegenüber die innere Haltung zu Gott in den Vordergrund, an der sich die Auslegung der Toragebote orientieren sollte. Das wird etwa in den sog. »Antithesen« der Bergpredigt deutlich (Mt 5,21–48), einer vom Verfasser des MtEv zusammengestellten Reihe von Äußerungen Jesu zur Tora. Jesus verurteilt dort nicht erst den Mord, sondern bereits den Zorn auf den anderen; Ehebruch beginnt bereits beim begehrlichen Blick eines Mannes auf eine Frau; nicht nur das Schwören von Meineiden, sondern das Schwören überhaupt wird verboten; das Lieben selbst der Feinde wird gefordert. Mit dieser Haltung stand Jesus der »mündlichen Tora« der Pharisäer kritisch gegenüber und stellte ihr die grundlegende Orientierung an der Intention der Weisungen Gottes gegenüber. Paradigmatisch zum Ausdruck kommt dies in der am Schöpfungsgebot orientierten Interpretation des Ehescheidungsverbotes, das Jesus der Regelung des Scheidebriefes aus Dtn 24,1–3 gegenüberstellt (Mk 10,2–9). Jesus tritt damit als Lehrer und Ausleger der Tora auf, durch den Gott an seinem Volk handelt.

Auch mit seiner Einstellung zum Sabbat bewegte sich Jesus in einem Spektrum von Auslegungen des Sabbatgebotes, das von einer sehr strikten Sabbatobservanz (vgl. etwa CD-A 10,14–11,18) bis zu Regelungen reichte, die bestimmte Verrichtungen am Sabbat unter besonderen Umständen für erlaubt hielten. In den Sabbatepisoden in Lk 13,10–17 und 14,1–6 wird deutlich, dass Jesus das Sabbatgebot programmatisch auf die Bedeutung des Tages, an dem das Verhältnis zwischen Gott und den Menschen im Zentrum steht (vgl. etwa Jub 2,17–28) hin interpretierte. Deshalb sollten dem Leben der Menschen dienende Handlungen wie etwa Heilungen erlaubt sein. Programmatisch zum Ausdruck kommt das in der Formulierung, dass der Sabbat für den Menschen da ist, nicht der Mensch für den Sabbat (Mk 3,27).

Die in den Evangelien berichteten Kontroversen über das rechte Verständnis des Gesetzes spielen sich demnach nicht zufällig häufig zwischen Jesus und den Pharisäern ab. Die dabei anzutreffenden, mitunter scharfen Verurteilungen der Pharisäer (etwa in den Weherufen Lk 11,39–52par. Mt 23,13–33) sind polemische Zuspitzungen, keine historischen Beschreibungen von deren Sicht auf die Tora. Sie sind zudem in der Zeit nach der Zerstörung Jerusalems und des Tempels formuliert, in der sich das rabbinische Judentum herausbildete (das freilich in den Pharisäern eine wichtige Wurzel hatte).

Mit den Sadduzäern dürfte Jesus dagegen aufgrund von deren Haltung zum Tempel und der von ihnen geleugneten Lehre von der Auferstehung der Toten in Konflikt geraten sein. Jesus vertrat, wie auch die Pharisäer, die Überzeugung von der Auferstehung der Toten und sah darin einen Erweis der Macht Gottes über den Tod (vgl. Mk 12,18–27). Jesu Aktion auf dem Tempelplatz zeigt seine von den Sadduzäern verschiedene, nämlich kritische Haltung zum Tempel. Betrachteten die Sadduzäer diesen als das zentrale jüdische Heiligtum, so bringen die Tempelaktion Jesu und auch das Wort über das Abreißen und Wiederaufbauen des Tempels zum Ausdruck, dass Jesus die von ihm selbst verkündete und zum Durchbruch gebrachte Gottesherrschaft nicht an den Tempel gebunden sah, sondern diesen der Gottesherrschaft gegenüber als vorläufige, menschliche Institution betrachtete. Darin dürfte ein Grund dafür liegen, dass die jüdischen Autoritäten gegen ihn vorgingen und ihn der römischen Besatzungsmacht auslieferten.

Jesu Ruf zur Umkehr und seine Ansage der anbrechenden Gottesherrschaft waren demnach fest in den Traditionen Israels und des Judentums verankert, forderten aber zugleich aufgrund der Autorität, die er für seine Person und sein Wirken beanspruchte, zur Entscheidung zwischen Annahme und Ablehnung heraus.

2.9.3. Israel in der Jesusüberlieferung

Wenn Israel in den Evangelien genannt wird, geschieht dies häufig, um die Sendung Jesu bzw. diejenige seiner Jünger inhaltlich näher zu bestimmen: Sie sind nur zu den »verlorenen Schafen des Hauses Israel« gesandt (Mt 10,6; 15,24); die Jünger werden die Mission in den Städten und Dörfern Israels nicht erfüllt haben, »bis der Menschensohn kommt« (Mt 10,23); Jesus verheißt den Jüngern, dass sie die zwölf Stämme Israels richten werden (Mt 19,28; Lk 22,30); Jesus kann auch als »König Israels« bezeichnet werden (Mk 15,32par. Mt 27,42; Joh 1,49; 12,13). Nach Lk 24,21 verband sich mit ihm die Hoffnung auf die Erlösung Israels. Die mit dem Kommen des Retters bzw. Gesalbten in Verbindung stehenden Erwartungen begegnen auch im Zusammenhang mit der Geburt Jesu (Mt 2,6.20 f.; Lk 1,68; 2,25.32).

Andere Aussagen heben das Außergewöhnliche von Lehre und Wirken Jesu hervor: Jesu Lehre ist »eine neue Lehre in Vollmacht« (Mk 1,27); Jesus bewirkt Heilungen, die zuvor in Israel nicht gesehen wurden (Mt 9,33) und Menschen dazu veranlassen, den Gott Israels zu preisen (Mt 15,31); er heilt Menschen, deren Krankheiten eigentlich unheilbar waren und an denen sie schon viele Jahre litten und erweckt sogar Tote wieder zum Leben (Mk 5,21–43parr.; Lk 7,11–17; Joh 11,1–44). Das Wirken Jesu wird deshalb als Erfüllung des in den prophetischen Schriften angekündigten Heilshandelns Gottes gedeutet: Blinde sehen, Lahme gehen, Aussätzige werden rein, Taube hören, Tote stehen auf, Armen wird das Evangelium verkündigt (Lk 7,22par. Mt 11,4 f.; vgl. Mk 7,37; Mt 15,30). Im LkEv wird sein Auftreten deshalb mit dem Jesajazitat über den von Gott gesalbten Propheten gedeutet, der den Armen die frohe Botschaft bringt, den Gefangenen Freiheit verkündet und den Blinden, dass sie sehen (Lk 4,18 f.).

Die Texte, die Israel explizit erwähnen, stellen demnach eine enge Verknüpfung zwischen dem Wirken Jesu und den Verheißungen für Israel, insbesondere mit der Aufrichtung der Herrschaft Gottes durch das Wirken seines Gesalbten, her. Dies wird durch weitere Aspekte des Wirkens Jesu verstärkt.

Das von Jesus in den Mittelpunkt gerückte Konzept der Gottesherrschaft (↗ D. IV.3.2) knüpft an die Vorstellung von Gottes Königtum (vgl. etwa Ps 47; 145; Tob

13,1–6; 2Makk 1,24–29) bzw. von seiner zukünftig zu errichtenden Herrschaft (vgl. z. B. 1QM 7,6; AssMos 10,1–10) an und bringt beide Aspekte – Gegenwart und Zukunft von Gottes Herrschaft – in eine dynamische Beziehung: Die Gottesherrschaft bricht im Wirken Jesu verborgen und unscheinbar an, wird aber zukünftig von Gott vollendet werden (vgl. z. B. Mk 4,30–32: das Gleichnis vom Senfkorn).

Wichtig sind weiter Symbolhandlungen Jesu, die sich auf die Erneuerung Israels beziehen. Dazu gehören etwa die Auswahl des Zwölferkreises (Mk 3,14–19parr.), der Einzug Jesu in Jerusalem, die Aktion auf dem Tempelplatz sowie das letzte Mahl mit seinen Jüngern in Jerusalem. In diesen Handlungen wird Jesu Perspektive auf Israel deutlich erkennbar: Er richtet die Aufforderung an das jüdische Volk, zu Gott umzukehren und in seine Nachfolge einzutreten, um so an der durch ihn vermittelten Herrschaft Gottes Anteil zu erlangen.

Dabei ist eine markante Verschiebung gegenüber Johannes dem Täufer zu beobachten. Hatte dieser das unmittelbar bevorstehende Gericht Gottes angesagt und angesichts dessen zur Umkehr und zum Abwaschen der Sünden durch die von ihm vollzogene Symbolhandlung des Untertauchens im Jordan aufgerufen (Mk 1,4; Mt 3,7–10par. Lk 3,7–9), so eröffnet Jesus durch sein Wirken die Möglichkeit, in die Gottesherrschaft einzutreten, die auf der Erde aufgerichtet wird. Die Zeit dafür ist allerdings durch das zukünftige Gericht Gottes begrenzt, weshalb bei Johannes und Jesus Heil und Gericht auf je eigene Weise in engem Zusammenhang miteinander stehen (↗ D.IV.3.4). Darauf weisen etwa die Gleichnisse in Mt 24,43–25,30, aber auch die Weherufe in Mt 11,20–24par. Lk 10,13–15 hin.

Eine spezifische Facette des Wirkens Jesu ist seine Hinwendung zu am Rande Stehenden: Zöllnern, Sündern, Armen, Kranken, Aussätzigen (↗ D.IV.2.10). Offenbar sah er in diesen Menschen die primären Adressaten der Einladung in die Gottesherrschaft. Texte, in denen dies programmatisch zum Ausdruck kommt, sind die Seligpreisungen (Lk 6,20–23, gefolgt von Weherufen an die Reichen; Mt 5,3–12), die Berufung eines Zöllners (Mk 2,13–17parr.), die Heilungen Jesu sowie die in Lk 15 in einer programmatischen Mahlszene zusammengestellten Gleichnisse über die Hinwendung Gottes zu den Sündern und Verlorenen.

Eine Konsequenz der an sein eigenes Wirken gebundenen Aufrichtung der Gottesherrschaft ist die Scheidung zwischen denen, die aufgrund der Annahme seiner Botschaft daran teilhaben werden, und denen, die verlorengehen (vgl. etwa Mt 8,11 f.par. Lk 13,28 f.). Dabei kann die Zugehörigkeit zur Gemeinschaft Jesu sogar über die Herkunft aus Israel gestellt werden (Mk 5,34parr.; 10,52; 11,22parr.; Mt 8,10; 15,28). Darin könnte eine Tendenz erkennbar werden, an die das Christentum nach Ostern angeknüpft hat, wenn die Christusbotschaft nun mehr auch an Nicht-Juden ausgerichtet wurde.

Das Wirken Jesu in Israel hat zu einer Spaltung innerhalb des Judentums Galiläas und Judäas geführt. Auf der einen Seite standen diejenigen, die in ihm denjenigen sahen, durch den Gott heilvoll an Israel handelt und die deshalb seinen

Anspruch, Gottes irdischer Repräsentant zu sein, akzeptierten. Innerhalb dieser Gruppe lässt sich noch einmal unterscheiden zwischen denen, die in die Nachfolge Jesu eintraten und seine Wanderexistenz teilten (etwa der Zwölferkreis), und denen, die seiner Botschaft positiv gegenüberstanden und ihn und seine unmittelbaren Nachfolger in den Dörfern Galiläas aufnahmen. Auf der anderen Seite standen die Jesus Ablehnenden, die sein Auftreten als Provokation empfanden und darin einen Widerspruch zu den Schriften und Traditionen Israels und des Judentums sahen. Dieser Konflikt um die Legitimität der von Jesus beanspruchten Autorität spiegelt sich z. B. in der Auseinandersetzung über die Herkunft der Macht Jesu über Dämonen und unreine Geister in Mk 3,22–30parr. wider. In der Konsequenz entstand daraus die Gemeinschaft derer, die an ihrer Überzeugung, er sei der von Gott Gesandte, auch angesichts seines Kreuzestodes festhielten. Dabei haben die Ostererfahrungen eine grundlegende Rolle gespielt, weil sie den Anhängern Jesu die Gewissheit vermittelten, dass seine Hinrichtung das Ende nur seines irdischen Weges war.

Die Evangelien stellen das Wirken Jesu aus nachösterlicher Perspektive dar. Dabei ist die Hinwendung der christlichen Mission zu den Heiden bereits vorausgesetzt. Deshalb wird in den synoptischen Evangelien das Wirken Jesu auf je eigene Weise zur nachösterlichen universalen Ausrichtung des Evangeliums ins Verhältnis gesetzt. Bei Markus wird von der Ausweitung über Galiläa hinaus in die nicht-jüdischen Gebiete erzählt, ohne dass das damit verbundene Problem des Übergangs zur Heidenmission eigens thematisiert würde. Bei Matthäus wird dagegen die Sendung Jesu zu Israel ausdrücklich betont. Der Auftrag, alle Völker zu lehren und zu taufen, erfolgt dagegen erst am Ende durch den Auferstandenen (Mt 28,19 f.). Bei Lukas schließlich wird das Wirken Jesu ganz auf Israel konzentriert, die Ausweitung zu den Heiden wird dagegen erst in der Apg erzählt. Daran wird erkennbar, dass das Verhältnis von Wirken Jesu in Israel und der nachösterlichen Ausrichtung der Christusverkündigung an Juden und Heiden im frühen Christentum als klärungsbedürftig betrachtet wurde. Dies ist auch in der gegenwärtigen Forschung nicht anders.

2.9.4. Jesus und Israel – Kontinuität oder neue Perspektive?

Die dargestellten Facetten der Wirksamkeit Jesu haben zu zwei Positionen geführt, die in der Forschung einander gegenüberstehen: Die eine Position betont, dass Jesus in den Kontext des Judentums gehört, sein Wirken demzufolge innerhalb der jüdischen Kultur und der jüdischen Traditionen zu interpretieren sei. Jesu Aufruf zur Umkehr wie sein Auftreten insgesamt gehe nicht über die Traditionen Israels hinaus, sondern bewege sich innerhalb des Judentums seiner Zeit. Weder mit seiner Auslegung der Tora noch mit seiner Ansage der anbrechenden Gottesherrschaft habe er deshalb den Rahmen jüdischer Diskurse seiner Zeit verlassen. Diese Sicht wird mit je eigenen Akzenten z. B. von Ed Parish Sanders, John Meier, Tom Wright, Martin Hengel, James Dunn und Wolfgang Stegemann vertreten.

Dem gegenüber steht die Auffassung, dass die Art und Weise, wie Jesus im Judentum seiner Zeit aufgetreten sei, sich nicht mehr innerhalb der aus jüdischer Perspektive akzeptablen Positionen bewegte. Seine Haltung zu Tora und Tempel, sein Hoheitsanspruch sowie die Überzeugung von dem mit seinem Wirken verbundenen Kommen Gottes hätten vielmehr für das Judentum eine Provokation dargestellt und seine Ablehnung von jüdischer Seite provoziert. Eine solche Sicht wird z. B. von Jürgen Becker, John Dominic Crossan, Ben Meyer und Steven Bryan vertreten.

Zwischen beiden Positionen lässt sich jedoch vermitteln. Jesu Wirken im Judentum seiner Zeit steht in Kontinuität zu Gesetz und Propheten, was Mt 5,17–20 programmatisch zum Ausdruck bringt. Zugleich gründete Jesus innerhalb Israels eine Gemeinschaft derer, die in ihm den sahen, den Gott zur Rettung seines Volkes gesandt hat und der Gottes Weisung für Israel vollmächtig auslegt. Zentral ist dabei sein Selbstverständnis, derjenige zu sein, durch den Gott seine Herrschaft in Israel aufrichtet. Diese mitunter als »messianischer Anspruch« (Hengel) bezeichnete Überzeugung von der Bedeutung seines eigenen Wirkens kommt in der Bezeichnung »Menschensohn« zum Ausdruck, die Jesus vermutlich für seine eigene Person gebraucht hat. Sie wird aber auch in seinen Gleichnissen und Heilungen sowie in seinen symbolischen Handlungen erkennbar. Kontinuität und Diskontinuität stehen deshalb im Wirken Jesu nicht im Widerspruch, sondern in spannungsvoller Dynamik zueinander. Eine Hinwendung zu den Heiden erfolgte im Wirken Jesu sicher nicht, sie lässt sich aber als Konsequenz seiner Sicht auffassen, dass die Zugehörigkeit zur von ihm begründeten Gemeinschaft die entscheidende Voraussetzung dafür ist, das Heil Gottes zu erlangen.

2.9.5. Zusammenfassung

Das auf Israel bezogene Wirken Jesu konzentriert sich in seinem Aufruf zur Umkehr und der Einladung, in die durch ihn vermittelte Gottesherrschaft einzutreten. Diese Botschaft, die in den Heilungen und Mahlgemeinschaften Jesu konkret erfahrbar wurde, gründet in den Verheißungen des Heilshandelns Gottes, wie sie in den Schriften Israels festgehalten sind. Diese Verheißungen werden durch Jesus in neuer Weise interpretiert. Sie werden mit seinem eigenen Wirken verbunden, das Israel das Heil Gottes vermittelt. Dies wird nicht als politisches Programm zur Beseitigung der römischen Herrschaft proklamiert, sondern als Vermittlung der heilvollen Nähe Gottes, vor allem an die Armen, Kranken und Ausgegrenzten. Das Auftreten Jesu, seine Auslegung des jüdischen Gesetzes und seine Kritik am Tempel provozierten jedoch innerhalb des Judentums auch Ablehnung und Feindschaft, die schließlich zu seiner Auslieferung an die Römer und zu seiner Hinrichtung führten. Seine Anhänger hielten jedoch an der Überzeugung, er sei der entscheidende Repräsentant Gottes, auch angesichts seines Todes fest. Nach Ostern richteten sie die Verkündigung von Jesus als dem Auferweckten und Erhöhten in Israel aus. Die programmatische Hinwendung zu

Nicht-Juden war ein hierauf aufbauender, wichtiger Schritt in der Geschichte des Christentums.

BRYAN, Steven M. 2002: Jesus and Israel's Traditions of Judgment and Restoration, MSSNTS 177, Cambridge.

CHANCEY, Mark A. 2002: The Myth of a Gentile Galilee, MSSNTS 118, Cambridge.

FREYNE, Seán 2004: Jesus, A Jewish Galilean. A New Reading of the Jesus Story, London.

HENGEL, Martin/SCHWEMER, Anna Maria (Hg.) 2001: Der messianische Anspruch Jesu und die Anfänge der Christologie, WUNT 138, Tübingen.

MEYER, Ben 1979: The Aims of Jesus, London.

REED, Jonathan L. 2000: Archaeology and the Galilean Jesus. A Re-Examination of the Evidence, Harrisburg.

Darrell L. Bock / Jens Schröter

2.10. Zöllner und Sünder als Adressaten des Wirkens Jesu

2.10.1. Tischgemeinschaft mit Zöllnern und Sündern

Nach übereinstimmendem Zeugnis der synoptischen Evangelien (zwei Versionen: [1] Mk 2,15–17parr., [2] Mt 11,18 f.par.), wurde Jesus vorgeworfen, sich freiwillig in die Gemeinschaft von »Zöllnern und Sündern« (τελῶναι καὶ ἁμαρτωλοί) zu begeben und zwar im Gegensatz zu der Gewohnheit seines Vorläufers Johannes des Täufers. Ungeachtet einiger Zweifel an der Glaubwürdigkeit dieser Überlieferung (WALKER 1978) wird dies im Allgemeinen als Reflex auf eine genuine Verhaltensweise Jesu angesehen. Gleichzeitig wird die Bedeutung dieses Vorwurfs in jedem Evangelium anders bestimmt (außer bei Johannes, der die Angelegenheit nicht erwähnt). In der Grundform der Streiterzählung wird Jesus von seinen Gegnern, denen der Erfolg Jesu in der galiläischen Bevölkerung nicht geheuer ist, dafür angegriffen, seine Anhänger entgegen der geläufigen Praxis ohne Unterschied bei sich aufzunehmen. Seine Wundertaten haben anscheinend eine große Anziehungskraft auf Menschen ausgeübt, die die Nähe seiner Wunderkraft suchten, und er war offenbar bereit, alle bei sich aufzunehmen und mit allen ungeachtet ihrer Herkunft oder Tätigkeit zu essen. Zum Erstaunen der pharisäischen Beobachter war Jesus nicht von der Tischgemeinschaft mit verrufenen Menschen, etwa mit den Zöllnern abzubringen, wofür er eine doppelte Rechtfertigung angab: »Die Gesunden brauchen keinen Arzt, sondern die Kranken. Ich bin nicht gekommen, um die Gerechten zu rufen, sondern die Sünder« (Mk 2,16 f.).

Beim Versuch, die Spannungen zwischen Jesus und den Pharisäern in einen konkreten sozialen Kontext einzuordnen, sind in der Forschung verschiedene Identifikationen für die »Sünder« und ihre soziale Stellung vorgeschlagen worden. Neben den Zöllnern könnten die »Sünder« demnach speziell jene Menschen bezeichnen, die in verrufenen Geschäftszweigen arbeiteten. In der rabbinischen Literatur sind Listen von Berufen erhalten, die als schlecht (רשעים), und kaum vertrauenswürdig galten, darunter auch Zöllner und Wucherer (JEREMIAS 1931:

296). Die Forschung neigte allerdings dazu, alle in die Kategorie der »Sünder«
einzuschließen, die von den Gegnern Jesu als solche betrachtet werden konnten.
Gelegentlich wurden die »Sünder« ganz allgemein mit dem *am ha-'ares*, wörtlich:
dem »Volk des Landes« identifiziert, d. h. mit der gewöhnlichen Bevölkerung
(JEREMIAS 1971a: 113 f.). Nach der rabbinischen Literatur betrachteten die Pharisäer diese Gruppe als unrein und hätten sie deswegen weder beherbergt noch mit
ihnen gegessen (mChag 2,7; mDemai 2,3). Die Pharisäer seien womöglich der
Auffassung gewesen, so die Forschungsmeinung, dass die Ignoranz in Gesetzesfragen die *amme ha-'ares* zu Sündern machte und ihnen den Zugang zum Heil
versperrte; daher hätten sich die Pharisäer gegen den Umgang Jesu mit ihnen und
sein Heilsversprechen gewendet. Jesus allerdings sei davon überzeugt gewesen,
dass seine Anhänger, auch wenn sie als »gering« und »einfältig«, als »verlorene
Schafe« und »Arme« galten, kein geringeres Anrecht auf seine Botschaft hätten
(Mk 9,42; Mt 10,42; 10,6; Lk 6,20). Allerdings ist diese Interpretation kaum zu
halten, da die Pharisäer trotz ihres großen Interesses an Reinheitsfragen keine
Feindseligkeit gegen das *am ha-'ares* hegten und die unreinen Nicht-Pharisäer
keineswegs pauschal als »Sünder« betrachteten (eine Vorstellung, die nur in späteren talmudischen Quellen auftaucht, bPes 49a). Die Pharisäer waren im Gegensatz zu anderen jüdischen Gruppierungen, etwa den Mitgliedern des Jachad,
nicht der Auffassung, dass Nicht-Mitglieder vom Erbe Israels ausgeschlossen sei-
en. Tatsächlich wird die Bezeichnung »Sünder« in Quellen aus der Zeit des Zweiten Tempels im Parteienstreit zwischen jüdischen Sekten verwendet, um jene zu
bezeichnen, die außerhalb der Grenzen einer bestimmten Gruppierung stehen,
was mitunter so weit führte, dass der Begriff synonym zu »Heiden« gebraucht
werden konnte (DUNN 2005: 478–482). Allerdings ist dieser Standpunkt eben
nicht mit pharisäischen Ansichten kompatibel. Die Pharisäer etablierten ihr
Selbstbild als religiöse Führer mit ihrer strengen Gesetzesobservanz insbesondere in Reinheitsfragen, aber dies hinderte sie gerade daran, das *am ha-'ares* pauschal mit »Sündern« gleichzusetzen (FURSTENBERG 2015). Sicher haben sie auch
Kritik an anderen gesellschaftlichen Gruppen geübt, waren dabei aber anscheinend immer darauf bedacht, sie nicht mit den berüchtigten Zöllnern und Mitgliedern anderer ehrloser Berufsgruppen in Verbindung zu bringen.

Die »Sünder« sind auch mit Apostaten identifiziert worden, die den Bund Israels abgelehnt haben und nicht bereit waren, Buße zu tun. Allgemein galt die Auffassung, dass solche Menschen sich selbst aus dem Volk Israel ausschlossen. Sie
machten sich also praktisch selbst zu Heiden (PERRIN 1967: 103) und verloren
deswegen ihr Anrecht auf das Erbe der kommenden Welt (Num 15,30 f.; mSan
10,1; tSan 13,4 f.; SifBem 112). Jesus habe gegen die Haltung der Pharisäer und
gegen gebräuchliche Heilsauffassungen verstoßen, indem er mit den solcherma-
ßen Geächteten gemeinsam zu Tisch saß, ihnen den Weg zu Umkehr und Vergebung wies oder sie sogar bedingungslos für das Gottesreich anerkannte (SANDERS
1985a: 200–208). Nach einer Untersuchung des Ausdrucks »Sünder« an den relevanten Stellen ist allerdings zu bezweifeln, dass damit (im Gegensatz zum rabbi-

nischen Ausdruck »Häretiker« oder »Apostat«) eine genau umgrenzte soziale Gruppe gemeint ist. Der Ausdruck erscheint praktisch nie im erzählenden Kontext (außer in Bezug auf die Tischgemeinschaft Jesu in Mk 2,15, wo dies in der Formulierung mit dem Vorwurf der Pharisäer übereinstimmt), sondern ausschließlich in Ermahnungen, entweder um die Adressaten anzuklagen (Mk 8,38) oder um sie warnend von den Sündern fernzuhalten (Lk 5,32 f.). Die Bezeichnung »Sünder« ist also keine feststehende Kategorie, ihre Reichweite und Bedeutung hängt vielmehr vom genauen Kontext ab, in dem sie gebraucht wird.

Der Vorwurf der Gemeinschaft mit »Sündern« impliziert demnach keine grundlegende Uneinigkeit über die Grenzen der Gemeinschaft und die Einbindung jener, die vom Volk Israel ausgeschlossen sind. In seinem Bild vom Gottesreich mag Jesus in der Tat die Hierarchie innerhalb der Gemeinschaft umgestürzt haben, nicht aber deren Grenzen. Die Frage, um die es hier geht, ist viel spezieller. In seinem konkreten Kontext ist der Vorwurf gegen Jesus als Ausdruck der Empörung über die Missachtung der geltenden Konventionen der Tischgemeinschaft zu verstehen. In der weisheitlichen Literatur lautet ein geläufiger Ratschlag, die Gesellschaft und insbesondere die Tischgemeinschaft mit Übeltätern zu meiden. Jesus Sirach empfiehlt, den Gottlosen das Brot zu verweigern (Sir 12,5). Keiner, so meint er, habe Mitleid mit einem, der sich mit einem Sünder einlässt, weil dieser verschlagen sei und jede Gelegenheit nutzen werde, sich schadlos zu halten (12,13–18). Ein Sünder hat nach seiner Auffassung nicht mehr mit einem Frommen gemein, als ein Wolf mit einem Lamm (13,17; vgl. mAv 1,7). Diese Alltagsweisheit fand speziell im Hinblick auf die schlecht beleumundeten Zöllner Anwendung, die als exemplarische Betrüger galten. Sie waren deswegen nicht nur aus der rabbinischen Reinheitsgemeinschaft (tDemai 3,4) und von der Zeugenaussage im Gericht ausgeschlossen (bSan 25b), auch beschränkte sich diese Haltung keineswegs auf Judäa als Vorbehalt gegen die direkte oder indirekte Herrschaft Roms (DONAHUE 1971), sondern dieselbe Einschätzung findet sich auch bei griechischen Schriftstellern. Lukian beispielsweise ist zwar bereit, jene zu entschuldigen, die aus Not die unwürdige Aufgabe des Steuereintreibens übernehmen, er findet es allerdings trotzdem »unanständig, Menschen, die sich so verhalten, an den eigenen Tisch zu bitten, um einen Kelch und dieselben Speisen mit ihnen zu teilen« (Luc.pseudol. 30 f.). Die völlige Missachtung dieses grundlegenden Bewertungsmaßstabs und die Bereitschaft, freiwillig die Gesellschaft von Zöllnern zu suchen, hat in den Augen seiner Gegner anscheinend die moralische Integrität Jesu untergraben. Darüber hinaus dürfte dieses Verhalten den Pharisäern einen weiteren Grund geliefert haben, Jesus die Vernachlässigung der Gesetzesobservanz zu unterstellen.

2.10.2. Die »Sünder« in den synoptischen Evangelien

Bei Markus ist der Vorwurf der Pharisäer und die Antwort Jesu, dass er nicht gekommen sei, »um die Gerechten zu rufen, sondern die Sünder«, über diese eine

Episode hinaus nicht weiter ausgebaut. Die Verkündigung des Gottesreiches durch Heilungen und den Ruf zur Umkehr (Mk 1,15) hat notwendigerweise einen sehr engen Kontakt mit Kranken, Unreinen und Sündern mit sich gebracht, der sicher über das Maß des gesellschaftlich Akzeptierten hinausging. Jesus ruft alle Juden dazu auf, sich ihm bei der Vorbereitung auf das Gottesreich anzuschließen, unter vielen anderen auch Levi den Zöllner (Mk 2,14), aber es gibt bei Markus keinen Hinweis, dass sich die Mission Jesu etwa gezielt auf die Randbereiche der jüdischen Gesellschaft in Galiläa richtet. Über seinen Jüngerkreis hinaus hat Jesus nach dieser Darstellung offenbar keine bestimmte Verbindung zu einer spezifischen Gruppe entwickelt, auch nicht zu den »Sündern«, vielmehr hat er das gesamte Volk Israel als verirrtes Schaf betrachtet, das eines Hirten bedarf (Mk 6,34).

In der Q-Fassung lautet der Vorwurf gegen Jesus ganz ähnlich wie bei Markus, doch betrifft er hier eine exklusive Beziehung zu den »Sündern« und führt zu einer komplexeren Botschaft im Blick auf diese Gruppe. Jesus wird in dieser Überlieferung (Mt 11,16–19par.) von den »Menschen dieser Generation« vorgeworfen, ein »Fresser und Säufer« zu sein, ein »Freund der Zöllner und Sünder«. Wie in der Parallelüberlieferung ist der Vorwurf durch den Kontrast zwischen Jesus und Johannes verschärft (vgl. Mk 2,18par.). Die Unterscheidung zwischen den beiden geschieht auf doppelte Weise: Johannes habe gefastet, Jesus aber betreibe Schwelgerei, Johannes habe die Umkehr gepredigt, während Jesus die Gemeinschaft mit Sündern suche. Der polemische Tonfall verschleiert den eigentlichen Sachverhalt, auf den sich der Vorwurf bezieht – oder ist es vorstellbar, dass Jesus tatsächlich ein Freund der Zöllner und Sünder war? –, und mag eher das massive Unbehagen zum Ausdruck bringen, das die Verbindung Jesu mit den »Sündern«, wie sie oben beschrieben wurde, hervorgerufen hat. Zugleich hat die Q-Tradition bei Lukas und Matthäus eine genauere Betrachtung der Haltung Jesu gegenüber denen, die als »Sünder« marginalisiert sind, und über ihren Weg zum Heil hervorgebracht.

In der lk. Version dient die Beschwerde gegen Jesus als Ausgangspunkt für die Darstellung der exklusiven Beziehung Jesu zu den Sündern als feste soziale Gruppe. Zunächst hat Jesus nach der lk. Darstellung und anders als bei Markus keine Zöllner und Sünder bei sich empfangen, sondern hat die Zöllner vielmehr im Haus des Levi aufgesucht, um dort mit ihnen zu speisen (Lk 5,29). Lukas bietet außerdem Material, das nur in seinem Evangelium enthalten ist und die Gewohnheit Jesu illustriert, aktiv die Gesellschaft von Sündern zu suchen. Als er durch Jericho geht, befiehlt er Zachäus, dem reichen Oberzöllner, ihn in seinem Haus zu empfangen (Lk 19,1–10). Unabhängig von den Beweggründen des Zachäus erklärt Jesus dort, dass der Menschensohn gekommen sei, um die Verlorenen zu suchen und zu retten. Diese Mission erzeugt zwangsläufig eine Spannung zwischen zwei verschiedenen Gruppen, die nach Lukas die Nähe Jesu gesucht haben, den Pharisäern und den Sündern. Jesus nimmt auch die Einladung von Pharisäern an, bevorzugt aber die Gesellschaft der Sünder. Während er mit einem

Pharisäer speist, lobt er die große Gastfreundschaft einer Sünderin, die ihm anders als der Pharisäer die Füße wäscht und ölt (Lk 7,36–50), und nach einem Essen mit angesehenen Pharisäern kommt es zu Protesten, weil sich die Pharisäer von seiner anderweitig geübten Tischgemeinschaft mit Sündern beleidigt fühlen (Lk 15,1 f.). In dem dreifachen, nur bei Lukas überlieferten, Gleichnis über das Finden des verlorenen Schafes, der verlorenen Münze und des verlorenen Sohnes rechtfertigt Jesus seine besondere Hinwendung zu den Verlorenen, die zur Umkehr bereit sind. Der Gegensatz in der Aussage Jesu, dass er gekommen sei, »nicht die Gerechten zu rufen, sondern die Sünder«, ist in der lk. Darstellung des Wirkens Jesu zu einer regelrechten Gegnerschaft dieser beiden Gruppen ausgeprägt.

In diese Rekonstruktion des sozialen Kontexts trägt Lukas seine Kritik an der privilegierten religiösen Elite ein, etwa an den Pharisäern, deren starkes Selbstvertrauen in ihren Lebenswandel und ihre soziale Stellung sie für den radikalen Umschwung unvorbereitet sein lässt, der mit dem Kommen des Gottesreiches verbunden ist, während die Sünder eher auf die Botschaft Jesu hören und deswegen die ersten sind, die sich ihm anschließen, um in das Gottesreich zu gelangen. Das Gleichnis über das Gebet des Pharisäers und des Zöllners illustriert diesen Gegensatz auf der persönlichen Ebene (Lk 18,9–14). Auf der öffentlichen Ebene tadelt Jesus (laut Lukas) die Pharisäer und Rechtsgelehrten für ihre selbstgewisse Haltung, sich im Gegensatz zu den Zöllnern der Taufe des Johannes zu entziehen (Lk 7,29 f.; vgl. Mt 3,7; 21,23–32). Der offenkundige Gegensatz zwischen Pharisäern und Sündern bei Lukas lässt den Eindruck entstehen, dass Jesus an der Spitze einer sozialen Bewegung der Marginalisierten stand, die sich gegen die pharisäische Elite erhob (JEREMIAS 1971a: 113 f.). Allerdings sagt diese Konstellation weniger über den tatsächlichen sozialen Kontext aus, in dem Jesus sich bewegt hat, sondern weit mehr über die radikale Natur, die aus Sicht des Lukas für die Verkündigung des Gottesreiches durch Jesus charakteristisch ist.

Anders als Lukas hat Matthäus der mk. Einzelepisode über die Verbindung Jesu mit den Sündern kein eigenes Material hinzugefügt. Zugleich hat er aber ebenfalls ein offenes Ohr für die Hinweise aus der Q-Tradition, die Jesus als »Freund der Zöllner und Sünder« kennzeichnen. Auf der einen Seite sind die Zöllner und Sünder bei Matthäus die einzigen Gäste am Tisch (Mt 9,10). Auf der anderen Seite unternimmt Jesus in der mt. Darstellung ganz anders als bei Lukas besondere Anstrengungen, seine Adressaten von den Zöllnern und Sündern abzugrenzen. In der Bergpredigt fordert er sie auf, nicht wie Zöllner und Heiden zu handeln (Mt 5,46 f.), während die lk. Version nur auf Sünder im Allgemeinen Bezug nimmt (Lk 6,32 f.). Weiter fordert der mt. Jesus in seiner Anleitung zum rechten Tadeln, dass ein Gemeindemitglied, das eine Zurechtweisung nicht akzeptieren will, »wie ein Heide oder ein Zöllner« behandelt werden soll (Mt 18,17), wohingegen er bei Lukas für eine unbegrenzte Vergebungsbereitschaft plädiert (Lk 17,3 f.). Während Lukas schließlich das Gleichnis vom verlorenen Schaf auf die Freude über die Umkehr des Sünders zuspitzt, legt Matthäus den Schwerpunkt auf die Sorge für die »Geringen« (Mt 18,1–14). Wie Kinder sind diese vielleicht nicht die hervorstechendsten Gemeindemitglieder, aber sie sind eben auch keine ausgesprochenen Sünder. In der mt. Darstellung versucht Jesus seine Anhänger also gleichermaßen von den Pharisäern und denjenigen, die aufgrund ihres Berufes als Sünder gelten, abzugrenzen. Seine Botschaft der Umkehr ist auf die Bedürfnisse einer spezifischen Gemeinschaft zugeschnitten, um ihr einen alternativen Weg anzubieten, der von den Sündern wegführen soll.

2.10.3. Jesus, die Umkehr und die Sühne

Die Gegenüberstellung von Jesus und Johannes dem Täufer in allen Versionen der Überlieferung, die Jesus und sein Verhältnis zu den Sündern thematisiert, lässt die Frage aufkommen, welcher Art der Aufruf Jesu für die Sünder war und welchen Weg der Umkehr er ihnen angeboten hat. Johannes forderte offenbar ein Sündenbekenntnis und mahnte die Getauften, »Früchte zu bringen, die der Buße würdig sind«. Wie hat Jesus die Menschen auf das Kommen des Gottesreiches vorbereitet? Ist er von der Botschaft des Johannes abgewichen und hat er alle in seine Heilsbotschaft einbezogen? Wie wirkte sich die Nachfolge auf die Steigerung moralischer Standards bei den Anhängern Jesu aus? In der Forschung gibt es eine breite Vielfalt von Meinungen, die sich auf das Verhältnis zwischen dem Aufruf Jesu zur Umkehr und seiner eigenen Vollmacht beziehen, woraus sich wiederum der Grad der Kontinuität ableitet, der zwischen seiner Botschaft und den Sühnevorstellungen gesehen wird, die nach seinem Kreuzestod aufgekommen sind. Anscheinend hängt diese Frage eng damit zusammen, wie die Natur der Beziehung Jesu zu den Sündern und ihre Rolle in seiner Mission bestimmt wird. Die Frage nach der jesuanischen Vorstellung von Umkehr und Vergebung und nach ihrer Aktualität richtet sich im Wesentlichen nach der Entscheidung, welcher der synoptischen Darstellungen seiner Gemeinschaft mit den Sündern der Vorzug gegeben wird.

So wird Jesus gelegentlich als treuer Jünger des Johannes betrachtet, der die für die Umkehr vorgesehene Frist (wie im Gleichnis vom Feigenbaum, Lk 13,6–9) verlängert und diese Botschaft auch an seine eigenen Jünger weitergegeben hat. Jesus und Johannes haben demnach beide zur Umkehr aufgerufen und vor dem bevorstehenden Gericht gewarnt. Die Unterschiede zwischen ihnen sind nach dieser Auffassung eher marginal und gehen nicht über die Grenzen des in den zeitgenössischen jüdischen Gruppierungen Anerkannten hinaus. Die Erwartung einer ultimativen Reinigung durch die Taufe des Johannes sei im eschatologischen Zeitgeist vorgeprägt gewesen, in dem auch die tröstliche Botschaft Jesu von der Liebe Gottes zu seinen Kindern, die auch die Wiederaufnahme der Verlorenen in den Bund vorsah, nichts Außergewöhnliches dargestellt habe. Johannes und Jesus würden lediglich in der Dringlichkeit aus dem Rahmen fallen, mit der sie ihre Botschaft vor dem Hintergrund der unmittelbaren Naherwartung in prophetischer Manier vorgebracht haben. Jesus habe also selbst kein neues Konzept von Umkehr und Sühne entwickelt, das in unterschiedlicher Form erst nach seinem Tod entstanden sei (FREDRIKSEN 2012; CHOI 2000). Im Gegensatz dazu wird auch die Auffassung vertreten, dass Jesus in seinen Ansichten durchaus revolutionär gewesen sei und durch seine Tischgemeinschaft mit den Sündern die Grenzen des Bundesgedankens und geltende Normen ins Wanken gebracht habe. Jesus habe den Gedanken der Vergebung und Sühne derart ausgeweitet, dass er auch die größten Sünder einschließen konnte, die sich durch ihre Taten selbst aus dem Bund Israels ausgeschlossen hatten (PERRIN 1967: 93–103). Unter der Annahme, dass der Widerspruch gegen Jesus ausgeblieben wäre, wenn er diese Menschen zur Umkehr und damit zur Rückkehr in den Bund bewegt hätte, wird allerdings auch vermutet, dass Jesus den Sündern den Zugang zum Gottesreich sogar ohne jede Bereitschaft zur Buße versprochen (SANDERS 1985a) und darüber hinaus den biblischen Wiedergutmachungs- und Opfergedanken aufgehoben habe. Anders als Johannes habe Jesus nicht zur Umkehr aufgerufen (entsprechend wird in dieser Perspektive die Echtheit der entsprechenden Aussagen angezweifelt), weil er davon überzeugt gewesen sei, dass das ganze Volk Israel einen Platz im Gottesreich habe (vgl. mSan 10,1).

Zwischen diesen Positionen liegen Erklärungsversuche, die auf den besonderen Transformationsprozess verweisen, den Jesus bei seinen Anhängern durch die Nähe zu ihm in Gang setzte. Die entscheidende Frage ist dann nicht, ob Jesus zur Umkehr aufgerufen habe oder nicht, sondern vielmehr, wie die Wirkung seiner Persönlichkeit eventuell den Sinneswandel herbeiführte, zu dem er in seiner Botschaft aufrief. Möglicherweise diente das messianische Bild Jesu dazu, das Heil exklusiv mit seiner Person in Verbindung zu bringen. Die Anerkennung des Königtums Jesu hätte damit bestehende Heilskonnotationen des Gesetzes verdrängt und die Voraussetzung definiert, um in das Gottesreich zu gelangen. Die Rettung der Gerechten und der Sünder wäre nicht länger an die Bundesvorstellung gekoppelt, sondern einzig an die Hingabe an Jesus als Retter. Nach dieser Interpretation hat Jesus den Sündern nicht etwa eine Rettungsleine ausgeworfen, sondern die Bedingungen für die Rettung neu auf seine Person ausgerichtet, womit er den Grund für die nachösterlichen Rettungskonzepte legte, die davon ausgehen, dass es keine Rettung außerhalb des Glaubens an Jesus geben kann (ALLISON 1987: 68–74). Stärker im Einklang mit zeitgenössischen Bußvorstellungen steht die Auffassung, dass sich der exklusive Rang Jesu nicht von seiner Vollmacht ableitete, Menschen in das Gottesreich einzulassen, sondern von seiner Kraft, die Welt durch Heiligung und Reinigung zu retten. Die Angehörigen der Qumran-Sekte waren der Meinung, dass sie wegen ihrer Versklavung an die materielle, körperliche Welt nicht von sich aus zur Buße kommen konnten. In ihrer dämonologischen Weltvorstellung konnte die Umkehr nicht durch eine autonome Entscheidung des Menschen realisiert werden, sondern allein durch die Erscheinung eines reinigenden Geistes, der zur Befreiung des Menschen aus der Versklavung durch die Sünde führte. In den Lobliedern heißt es entsprechend: »Und ich habe erwählt, meine Hände nach deinem Willen zu reinigen […] in dem Wissen, dass keiner ohne dich gerechtfertigt ist. Und ich suche deine Gegenwart mit dem Geist, den du mir gegeben hast, um deine Gnadenerweise unter deinen Sklaven auf ewig vollständig zu machen, um mich zu reinigen mit deinem heiligen Geist« (1QH^a 8,28–30). Während in Qumran der Eintritt in die Gemeinschaft den gewünschten Verwandlungsgeist herbeiführen sollte, könnte Jesus sich selbst als Verkörperung dieser reinigenden Kraft gesehen haben. Er mag dann seine Exorzismen als Aufhebung der Sünde verstanden haben, die seinen Anhängern eine neue Schöpfung vor Augen führte.

2.10.4. Formen der Umkehr in den Evangelien

Die Bandbreite der möglichen Interpretationen des jesuanischen Rufes zur Umkehr reflektiert in gewisser Weise die Vielgestalt der entsprechenden Aussagen in den synoptischen Evangelien. Markus zeigt kein Interesse an der Dynamik der Buße, an den Bedingungen, die den Sinneswandel (μετάνοια) ermöglichen, oder an den Formen der Umkehr. Er erwähnt, dass sowohl Jesus als auch seine Jünger zur Umkehr aufriefen (Mk 1,15; 6,12), aber das Wirken Jesu ist bei ihm nicht von diesem Interesse bestimmt. Ihm genügt die Feststellung, dass sich in der Heilungskraft Jesu seine Vollmacht zur Sündenvergebung manifestiert (Mk 2,1–12). Die Lehre und Gleichnisse Jesu vermitteln bei ihm nicht die Prinzipien eines toragemäßen Lebenswandels, sondern den Glauben an Jesus selbst und die Zurückweisung aller irdischen Güter zugunsten der Nachfolge (Mk 10,21).

Im Gegensatz dazu ist Jesus im Q-Material als Lehrer der Tora dargestellt, der einen großen Adressatenkreis unterweist und von seinen Zuhörern erwartet, dass sie Buße tun und sich seiner Lehre anschließen. Ähnlich wie bei Johannes dem Täufer, der nach Matthäus und Lukas ein Sündenbekenntnis und bestimmte Formen der Buße verlangt, schließt auch das Wirken Jesu die ethische Unterweisung ein. Jesus setzt mit seinen Forderungen einen hohen ethischen Standard, den seine Hörer auch anstreben und nicht nur zur Kenntnis nehmen sollen, wie es der Fall ist, wenn sie seine Predigten lediglich anhören und nichts tun als ihn »Herr, Herr« zu nennen (Mt 7,21–24; Lk 6,46–49; vgl. 8,21). Die Dringlichkeit der Umkehr wird mehrfach plastisch vor Augen geführt. Jesus beklagt die Städte, die seinem Aufruf zur Umkehr nicht gefolgt sind (Mt 11,20–24; Lk 10,13–15). Er vergleicht sich selbst mit dem Propheten Jona und warnt, dass die Bewohner von Ninive im Gericht gegen »diese Generation«, die sich der Umkehr verweigert, auftreten werden (Mt 12,41 f.; Lk 11,30–32). Diese Botschaft gewinnt noch an Intensität, wenn Jesus verkündet, dass nur die Umkehr vor dem Verderben retten kann. Es wird demnach nicht genügen, die Predigt Jesu gehört zu haben, sondern es kommt darauf an, Früchte der Umkehr zu tragen, bevor der Zugang zum Gottesreich verschlossen ist (Lk 13,1–9.24–30; Mt 7,13–20). Das Motiv der Abneigung der Zuhörer gegen die Unterweisung Jesu erscheint auffälligerweise auch im Gastmahlsgleichnis in Q. Weil die vorgesehenen Gäste keine Bereitschaft zeigen, der Einladung zum Gastmahl zu folgen, sieht sich der Gastgeber gezwungen, andere, weit geringere Gäste auf der Straße zu suchen, die an dem Mahl teilnehmen sollen, von dem die übrigen ausgeschlossen sind. (vgl. Mt 22,1–14 und Lk 14,16–24).

ALLISON, Dale C. 1987: Jesus and the Covenant: A Response to Sanders, JSNT 29, 57–78.
DONAHUE, John R. 1971: Tax Collectors and Sinners: An Attempt at Identification, CBQ 33, 39–61.
JEREMIAS, Joachim 1931: Zöllner und Sünder, ZAW 30, 293–300.
– 1971a; ⁴1988: Neutestamentliche Theologie. Erster Teil: Die Verkündigung Jesu, Gütersloh.
SANDERS, Ed P. 1985a: Jesus and Judaism, London/Philadelphia.
WALKER, William O. 1978: Jesus and the Tax Collectors, JBL 97, 221–238.

Yair Furstenberg

2.11. Jesu Verhältnis zu den Samaritanern

Für die Frage nach dem Verhältnis Jesu zu den Samaritanern kommen als Quellen in Betracht:

– drei Texte im LkEv (Lk 9,51–56: Abweisung Jesu in einem samaritanischen Dorf; Lk 10,25–37: Beispielgeschichte vom barmherzigen Samaritaner; Lk 17,11–19: Heilung der zehn Aussätzigen); zusätzlich sind Texte über die nachösterliche Samarienmission in Apg 1,8; 8,1.4–25; 9,31; 15,3 heranzuziehen;

– eine ausgeführte Erzählung und eine Notiz im JohEv (Joh 4,4–42: Begegnung Jesu mit einer Samaritanerin; Joh 8,48: Vorwurf der Kontrahenten, Jesus sei ein Samaritaner);

– ein Logion im MtEv (Mt 10,5 f.: Gebot für die Jünger, nicht auf den Weg zu den Heiden zu gehen und nicht in eine Stadt der Samaritaner hineinzugehen, sondern vielmehr zu den »verlorenen Schafen des Hauses Israel« zu ziehen).

Der jeweilige Kontext zeigt, dass es hier nicht nur um Bewohner Samariens in geographisch-politischer Hinsicht geht, sondern die als Σαμαρίτης, Σαμαρῖτις und Σαμαρῖται bezeichneten Personen als Samaritaner im religiösen Sinn verstanden werden. Jedes der drei stark judenchristlich geprägten Evangelien zeigt von seiner Christologie und seinem Israelverständnis her eine eigene Perspektive auf das Verhältnis Jesu zu den Samaritanern. Lukas, Johannes und Matthäus repräsentieren unterschiedliche Haltungen, die sich auch im zeitgenössischen Judentum gegenüber den Samaritanern finden. Je nach theologischem Geschichtsbild und Israelverständnis konnten sie als integraler Teil des Gottesvolkes oder eher als Nicht-Israel eingeordnet werden.

Bei allen Samaritanertexten handelt es sich um jeweiliges Sondergut. Das MkEv und vermutlich auch Q (vgl. Mt 10,5 f.) erwähnen weder Samarien noch die Samaritaner. Da das Vergleichsmaterial fehlt, ist nicht zu sagen, ob und in welchem Umfang die Sonderguttexte auf ältere Traditionen zurückgehen. Das macht auch die Rückfrage nach dem historischen Jesus nahezu unmöglich. Welche Haltung er aus seinem Sendungsauftrag heraus im Spektrum innerjüdischer Verhältnisbestimmungen zu den Samaritanern eingenommen hat, kann nicht mehr rekonstruiert werden, sondern nur – wenn überhaupt – vorsichtigen Plausibilitätsüberlegungen vorbehalten bleiben.

Im Folgenden werden die Texte der einzelnen Evangelien je für sich betrachtet und auf ihr literarisch konstruiertes Bild vom Verhältnis Jesu zu den Samaritanern befragt. Überlegungen zur Intention des Textes und zu möglichen historischen Hintergründen fließen mit ein.

2.11.1. Matthäus (Mt 10,5 f.)

Das Gebot könnte schon aus vor-mt. Tradition stammen, wahrscheinlich hat Matthäus das Logion jedoch selbst gebildet und an den Beginn der Aussendungsrede gesetzt. Die Σαμαρῖται kommen hier genau wie die Heiden als Nachbarbevölkerung Galiläas in den Blick. Ob Matthäus sie (in einem synonymen Parallelismus) den Heiden gleichsetzt oder ob er sie in einem Status zwischen Heiden und verlorenen Schafen des Hauses Israel sieht, ist kaum zu entscheiden. Sie gehören für ihn jedenfalls nicht zum Gottesvolk. Die Sendung der Jünger steht auf der Erzählebene in Analogie zum Wirken Jesu, wie es bis Mt 10 narrativ entfaltet worden ist. Auch Jesus hat bis dahin keine Stadt der Samaritaner betreten, sondern sein Wirken ganz auf Galiläa als schriftgemäßem Ort der Zuwendung zu Israel konzentriert. Die von Matthäus als Nicht-Israel verstandenen Samaritaner dürften jedoch in den nachösterlichen universalen Sendungsauftrag von Mt 28,19 (πάντα τὰ ἔθνη) eingeschlossen sein, auch wenn sie dort nicht explizit erwähnt werden.

Als Gründe dafür, warum Matthäus die Nachbarn im Süden als Nicht-Israel eingestuft hat, kommen vor allem zwei Möglichkeiten in Betracht. Weil Matthäus sich allein auf die Städte der Samaritaner bezieht, könnte er vom Geschichtsbild von 2Kön 17,24–41 beeinflusst sein und eine im zeitgenössischen Judentum verbreitete, literarisch vermittelte Sicht auf die Städte in der südlichen Nachbarregion Galiläas teilen. Nach 2Kön 17,24–41 lebten in den Städten Samariens Nachkommen von Fremdvölkerkolonisten, die im JHWH-Kult zwar unterrichtet waren, aber dennoch Synkretismus praktizierten – und zwar »bis auf diesen Tag« (V. 41).

Die andere Möglichkeit, warum Matthäus die Samaritaner als Nicht-Israel verstanden haben könnte, steht in Zusammenhang mit seiner besonderen Betonung der davidischen Messianität Jesu und der Erfüllung der damit zusammenhängenden prophetischen Verheißungen. Matthäus unterstreicht christologische Grundaussagen, die in historischer Perspektive bei den Samaritanern kaum Anknüpfungspunkte gefunden haben dürften. Die Samaritaner hatten zur jüdischen Prophetie und zu den Zions- und Davidstraditionen keinen theologischen Bezug, sondern waren allein auf die Moseschriften in der besonderen Form des Samaritanischen Pentateuchs fixiert. Er begründete bei ihnen nicht nur die kultische Priorität des Garizim, sondern auch die auf Mose konzentrierte Eschatologie. Am Ausgang des 1. Jh.s n.Chr. wurden diese theologischen Differenzen durch den Abschluss des Kanonisierungsprozesses innerhalb des Judentums immer deutlicher. Auch hierin könnte für Matthäus der Grund gelegen haben, die nur auf den

Pentateuch (und dann noch auf eine eigene Version) bezogenen Samaritaner als Nichtjuden und damit für ihn auch als Nicht-Israel einzuordnen.

2.11.2. Lukas (Lk 9,51–56; 10,25–37; 17,11–19)

Demgegenüber erstaunt das insgesamt positive Verhältnis zwischen Jesus und den Samaritanern bei Lukas, dessen Christologie jüdisch-messianischen Verheißungen genauso stark wie die Christologie des Matthäus verpflichtet ist. Auch bei den lk. Samaritanertexten handelt es sich um Sonderguttraditionen, deren Herkunft nicht mehr greifbar ist. Allerdings hatte Lukas Zugang zu Jesusüberlieferungen, die sonst nicht mehr zugänglich sind (vgl. Apg 20,35). Alle drei Texte lassen detailliertere Kenntnisse über die Samaritaner und das Verhältnis von Juden und Samaritanern im 1. Jh. n.Chr. erkennen. Die Perspektive auf die Samaritaner ist nicht von der literarischen Perspektive von 2Kön 17,24–41 beeinflusst, sondern zeigt sie – eher in Andeutungen – als toraobservanten, den Jerusalemer Tempelkult ablehnenden Teil des Gottesvolkes Israel. Fremde/ἀλλογενεῖς (Lk 17,18) und ein eigenes Volk/ἔθνος (Apg 8,9) sind sie für Lukas, weil sie, aus der jüdischen Binnenperspektive betrachtet, nicht zur eigenen »Gruppe« gehören.

Im LkEv schlägt Jesus auf seiner Reise nach Jerusalem zunächst den Weg in ein samaritanisches Dorf ein (Lk 9,51 f.). Diese redaktionell gesetzte erste Station zeigt, dass die Samaritaner für Lukas in den messianischen Sendungsauftrag Jesu, das Gottesvolk zu sammeln und zu restituieren, grundsätzlich hineingehören. Die Vorbereitungen der Jünger betreffen nicht nur die Unterkunft, sondern beziehen sich auch auf das Kommen und die Verkündigung Jesu. Der Plan misslingt jedoch. Das Reiseziel Jerusalem – im Gesamtkontext ist es genauer das Passa-Fest – erklärt die kultisch motivierte Abweisung Jesu durch die Samaritaner, die ihn und seine Jünger als jüdische Festpilger betrachten. Hier wie auch in der Reaktion der Jünger (V. 54) werden die in historischer Hinsicht latent vorhandenen Spannungen zwischen Juden und Samaritanern, die ihre Ursache in der Zerstörung des samaritanischen Heiligtums auf dem Garizim durch den Jerusalemer Hohenpriester Johannes Hyrkanus am Ausgang des 2. Jh.s v.Chr. hatten, deutlich. Diese Spannungen entluden sich im 1. Jh. n.Chr. bevorzugt im Umfeld von Wallfahrtsfesten und -bewegungen (Flav.Jos.Ant. 18,29 f.; 20,118–136). Das Ansinnen, bei Samaritanern Quartier zu nehmen, zeigt ganz abgesehen von der für Lukas primär theologischen Bedeutung dieser Station, dass trotz der schwierigen gemeinsamen Geschichte eine nachbarliche Zweckgemeinschaft zwischen Juden und Samaritanern bestand und galiläische Pilger den Weg über Samarien nach Jerusalem nehmen konnten (vgl. Flav.Jos.Vit. 268–270). Die kleine Erzählung spiegelt so zumindest eine für den historischen Jesus gegebene Möglichkeit und könnte Reflex einer Erinnerung daran sein, dass er mit seiner Botschaft und dem Verständnis des eigenen Auftrags bei den Samaritanern keinen Fuß fassen konnte. Die auf Jerusalem ausgerichtete Vollendung seiner Mission ließe einen Misserfolg Jesu in Samarien historisch sogar plausibel erscheinen.

In der Sicht des Lukas war erst der nachösterlichen Christusverkündigung bei den Samaritanern Erfolg beschieden. In Apg 1,8 findet sich die Verheißung bzw. der Auftrag des Auferstandenen an die Jünger zur Samarienmission und jetzt zeigen die Samaritaner auch eine offene Haltung gegenüber der Christusbotschaft (Apg 8,4–25; vgl. 9,31; 15,3). Die Texte setzen wie auch Joh 4,4–42 die Existenz eines frühen samaritanischen Christentums voraus. Ob hier mit historischer Erinnerung gerechnet werden kann oder eher eine literarische Strategie vorliegt, um die umfassende Restituierung des Gottesvolkes oder auch nur ein Paradigma zur Überwindung religiöser Schranken in der Nachfolge Jesu vorzuführen, ist nicht sicher zu entscheiden. Mit Apg 8 und Joh 4 liegen immerhin zwei voneinander unabhängige Überlieferungen über ein frühes Christentum in Samarien vor. Der Entstehung eines samaritanischen Christentums könnte entgegengekommen sein, dass in Teilen der frühchristlichen Verkündigung der Jerusalemer Tempel wie überhaupt jedes von Händen geschaffene Bauwerk als Ort der Gottesverehrung kritisch beurteilt und als Kultort relativiert werden konnte (vgl. Apg 6,13; 7,48–50).

Auch die fiktionale kleine Geschichte vom barmherzigen Samaritaner (Lk 10,30–35) greift die Kultortdifferenz zwischen Juden und Samaritanern auf, nutzt diese aber auf sehr subtile Weise. Der Samaritaner ist Vertreter des anderen Teils Israels und Gegenfigur zu Priester und Levit. Er demonstriert beispielhaft, dass es im Gottesvolk nicht auf den Ort des Kultes ankommt, sondern auf Gottesliebe und gewissermaßen auf der Straße und im Alltag gelebte Zuwendung gegenüber Hilfsbedürftigen (die im Rahmen der Erzählung in V. 27 angeführten Toragebote haben Juden und Samaritaner gemeinsam). Im Kontext des LkEv deutet die Beispielgeschichte die weiter bestehende positive Haltung Jesu zum nichtjüdischen Teil des Gottesvolkes an – auch nach seiner Abweisung in einem samaritanischen Dorf (Lk 9,51–56). Im Gegenzug zeigt in Lk 17,11–19 ein Samaritaner, anders als die jüdischen Mitglieder der Gruppe geheilter Aussätziger, die Jesus gegenüber angemessene Haltung, denn er erkennt in seiner Person den rechten Ort des Dankes und der Gottesverehrung. Auch diese Erzählung relativiert die Bedeutung der beiden unterschiedlichen Kultorte von Juden und Samaritanern, verweist jedoch auch auf einen neuen, eschatologischen, für beide Teile des Gottesvolkes Israel gemeinsamen Ort der Gottesverehrung: Jesus Christus.

2.11.3. Johannes (Joh 4,4–42; 8,48)

Das in Christus begründete alternative, beide Gruppen integrierende eschatologische Konzept der Gottesverehrung findet sich auch in Joh 4,4–42. Auch im JohEv, dessen Verfasser präzise und detaillierte Kenntnisse über die Samaritaner besitzt, begibt sich Jesus nach Samarien. Am Jakobsbrunnen in der Nähe der Ortschaft Sychar kommt es zu einem theologischen Gespräch zwischen Jesus als Repräsentanten der jüdischen Tradition und einer samaritanischen Frau. Die ihrer religiösen Identität stark bewusste Samaritanerin bezeichnet Jesus als Propheten

(V. 19) und vermutet in ihm den Χριστός (V. 29). Die Hoffnungsgestalt, auf die
die samaritanische Eschatologie fokussiert ist, ist zwar der in Dtn 18,18 verheißene Prophet wie Mose; wenn die Frau Jesus hier dennoch als Christus bezeichnet,
lässt der Verfasser des JohEv sie die Sprache der jüdischen Messianologie sprechen, die auch das frühe Christentum gesprochen und verstanden hat.

In Joh 4,20 wird das theologische Differenzkriterium zwischen Juden und Samaritanern schlechthin – der je eigene, als zentral angesehene Ort der Gottesverehrung – aufgerufen. Jesus selbst repräsentiert hier das jüdische Selbstverständnis (ἡ σωτηρία ἐκ τῶν Ἰουδαίων ἐστίν) und nimmt auch die traditionell-jüdische
Samaritanerpolemik auf (V. 22), führt dann jedoch ein neues Konzept der Gottesverehrung (ἐν πνεύματι καὶ ἀληθείᾳ) ein, das die bisher bestehenden unterschiedlichen Kultorte relativieren wird (V. 24). Im Fortgang des Gesprächs erweist sich Jesus im Rahmen einer Selbstoffenbarung als der, der nicht nur die jüdischen, sondern auch die samaritanischen eschatologischen Erwartungen
erfüllt. Am Ende hat er im Zuge einer messianischen Brautwerbung viele Samaritaner für das mit ihm verbundene Heilsangebot gewonnen; sie bekennen ihn als
»Retter der Welt« (V. 42).

Der substantiell von der joh. Christologie geprägte und mit atl. Motiven ange-
reicherte Text versucht zum einen, das zur joh. Zeit existierende samaritanische
Christentum als durch Jesus selbst begründet zu erweisen. Zum anderen zeigt der
Text, dass Jesus selbst die theologischen Streitigkeiten zwischen den beiden Teilen des Gottesvolkes überwunden hat und sich im Glauben an ihn die eschatologischen Hoffnungen beider Parteien erfüllen. Darüber hinaus deutet der Verfasser des JohEv hier schon die über Israel hinausreichende soteriologische Perspektive an: οὗτός ἐστιν ἀληθῶς ὁ σωτὴρ τοῦ κόσμου (V. 42).

Im zweiten Text des JohEv, in Joh 8,48, äußern jüdische Kontrahenten Jesu u. a.
den Vorwurf, er sei ein Samaritaner, weil er ihren Anspruch auf atl. Heilstraditi-
onen und damit ihr Gottesverhältnis infrage stellt. Die als Unterstellung vorgebrachte Identifikation soll eine bestehende Affinität in theologischen Positionen
zwischen Jesus und den Samaritanern anzeigen. Hier scheint der von Polemik
geprägte Dissens zwischen Juden und Samaritanern im Hinblick auf die Väterra-
ditionen auf. Wie in Joh 4,4–42 wird der Dissens in der joh. Sicht der Dinge durch
den Selbstanspruch Jesu überwunden.

Böhm, Martina 1999: Samarien und die Samaritai bei Lukas. Eine Studie zum religionsge-
    schichtlichen und traditionsgeschichtlichen Hintergrund der lukanischen Samarientexte und
    zu deren topographischer Verhaftung, WUNT II 111, Tübingen.
Frey, Jörg 2012: »Gute« Samaritaner? Das neutestamentliche Bild der Samaritaner zwischen
    Juden, Christen und Paganen, in: Ders./Schattner-Rieser, Ursula/Schmid, Konrad (Hg.):
    Die Samaritaner und die Bibel. The Samaritans and the Bible, SJ 70/StSam 70, Berlin/Boston,
    203–233.
Konradt, Matthias 2007: Israel, Kirche und die Völker im Matthäusevangelium, WUNT 215,
    Tübingen.
Lindemann, Andreas 1993: Samaria und Samaritaner im Neuen Testament, WuD 22, 51–76.

ZANGENBERG, Jürgen K. 1998: Frühes Christentum in Samarien: Topographische und traditionsgeschichtliche Studien zu den Samarientexten im Johannesevangelium, TANZ 27, Tübingen/Basel.

Martina Böhm

3. Die Reden Jesu / Das Lehren Jesu

3.1. Das Gottesbild Jesu und die Bedeutung der Vatermetaphorik

Ausweislich unserer Überlieferung stand der eine Gott Israels im Mittelpunkt der Verkündigung Jesu von Nazaret. Doch es ging nicht um eine Lehre vom Wesen Gottes an sich, sondern darum, zu entfalten, was Gott, namentlich die nahende »Königsherrschaft Gottes« (↗ D.IV.3.2) für die Menschen bedeutet.

Jesu Aufforderungen zur Umkehr, zu einem Verhalten entsprechend Gottes Forderungen bzw. Vorbild, wie auch sein Zuspruch und sein eigenes Verhalten setzen umfassendes Wissen von Gott und Vertrauen in Gott bei den Hörerinnen und Hörern der Botschaft voraus. Die folgende Darstellung kann also nicht einfach das »Gottesbild Jesu« nachzeichnen, sondern muss es aus dem uns überlieferten Material situativ gesprochener Jesusworte rekonstruieren. Grundlage hierfür sind, ohne dass das ausgeführt werden könnte, die Kriterien der Wirkungs- und Kontextplausibilität (THEISSEN/MERZ ⁴2011: 116–120).

Umstritten ist in der Jesusforschung, ob man trotz Kontinuität mit der jüdischen Gottesrede die Eigenheiten Jesu als Innovationen kennzeichnet (so etwa SCHNELLE 2007: »ein neues, aber keineswegs unjüdisches Gottesbild«, »in Spannung zu herrschenden Gottesbildern im Judentum« (70); vor allem aber die ältere Jesusforschung vor der *Third Quest*), oder als Profilierung der Gottesrede innerhalb der Möglichkeiten der vielstimmigen jüdischen Theologie (vgl. THOMPSON 2011 sowie die Jesusforschung von Jüdinnen und Juden, bes. VERMES 1993b; ↗ B.X.). Die Antwort hängt letztlich davon ab, wie man die Theologumena und *argumenta e silentio* in der Rekonstruktion gewichtet, sowie davon, wie man die in der Jesusüberlieferung zentrale Gott-Vater-Metapher interpretiert. Hier wird dafür votiert, Jesu Gottesbild in Kontinuität mit jüdischen Gottesvorstellungen zu interpretieren, denn dafür spricht neben der inhaltlichen Übereinstimmung (s. u.) auch die Tatsache, dass nirgends eine »Erneuerung« der Gottesverkündigung behauptet wird, wie auch, dass Gottes Wesen und Wirken ausweislich der Jesusüberlieferung gar nicht strittig war: Gottes anbrechendes Königtum, seine Macht und »väterliche« Zuwendung sind Basis von Argumenten, von Forderungen wie Zuspruch, ohne dass sie selbst begründet werden müssten. Strittig ist vielmehr, was dies für die Menschen und ihre Stellung vor Gott bedeutet.

Dass Jesus nach den Evangelienberichten die Heilsgeschichte Israels (Sinaibund, Exodus, Landnahme etc.) nicht thematisiert (betont etwa von SCHNELLE 2007: 70), kann an selektiver Überlieferung aufgrund veränderten Interessenslagen nach Ausbreitung der Mission über Israel hinaus liegen. Auch Gottes Schöpfersein, die grundsätzliche Erkennbarkeit Gottes (vgl. Röm 1,18–20) oder Warnungen vor der Verehrung anderer Götter (vgl. Ex 20,3; 1Kor 10,21 u. ö.) werden in der Jesusüberlieferung kaum oder gar nicht thematisiert, ohne dass daraus deren Irrelevanz für den irdischen Jesus zu folgern wäre.

Daher wird hier vertreten, dass das aus Jesu Worten und Wirken (↗ D.IV.) implizit erkennbare Gottesbild in der Tradition des atl.-jüdischen steht und dieses pointiert: Jesus stellte, auch in der überindividuellen Metaphorik der Königsherrschaft Gottes, *die Beziehung Gottes zu den einzelnen Menschen und umgekehrt die Beziehung der einzelnen zu Gott* in den Vordergrund, indem er Gottes Anspruch (↗ D.IV.3.4), aber vor allem seine Zuwendung verkündete.

Im Folgenden wird in der gebotenen Kürze umrissen, wie Jesus nach unserer Überlieferung auf Gott referiert (1.), welche Gottesvorstellung dies mit der atl.-jüdischen Überlieferung voraussetzt (2.), und genauer, was mit der Gott-Vater-Metaphorik vermittelt wird (3.).

3.1.1. Bezeichnungen und Metaphern zur Rede von Gott

Wie Jesus Gott ursprünglich bezeichnet hat, ist durch unsere überformte und nur auf Griechisch vorliegende Überlieferung nicht mehr zu rekonstruieren. Nach der ntl. Überlieferung (vgl. insgesamt SCHLOSSER 1987: 21–51) spricht er gelegentlich mit der Septuaginta-Übertragung des Gottesnamens JHWH von Gott als κύριος (Herr; Lk 10,21; Mk 13,20; vor allem aber in Aufnahme atl. Zitate, z. B. Mk 12,29 f.parr.). Öfter verwendet er danach θεός (Gott; vgl. Mt 12,28; 22,37par.; Mk 10,27 u. ö.). Die Transzendenz Gottes bildet sich ab in der Assoziierung Gottes mit dem Himmel als der dem Menschen entzogenen Sphäre (vgl. etwa Lk 12,33 f. par., vgl. nur Dtn 30,12).

Um den transzendenten Gott innerhalb der menschlichen Erfahrungswirklichkeit besprechbar zu machen, wird wie auch sonst in religiöser Rede in Metaphern gesprochen. Im Mittelpunkt der Theologie des historischen Jesus stehen nach der Evangelienüberlieferung seine Rede von der βασιλεία τοῦ θεοῦ, der »Königsherrschaft« bzw. dem »Königreich Gottes« (↗ D.IV.3.2), die indirekt Gott als König sichtbar macht (vgl. auch Mt 18,23; 22,2; 25,34), und seine Rede von Gott als Vater (πατήρ, aramäisch *abba*; s. 3.1.3). Beide Metaphern begegnen gelegentlich nebeneinander (Lk 11,2par.; 12,32), aber die Vorstellungen vom »Königtum« und »Vater« werden nicht verbunden.

Daneben stehen weitere Metaphern und Gleichnisse (↗ D.IV.3.3), die aus unterschiedlichen Spendebereichen der Alltagserfahrung in Palästina geschöpft sind. Gott wird metaphorisiert als Sklavenbesitzer (vgl. Lk 16,13par.) und als Weinbergbesitzer und Arbeitgeber (Mt 20,1–15; vgl. Jes 5,1–7). Er wird mit einem Richter verglichen, der sich umstimmen lässt (Lk 18,1–8). Nie geht es darum, Gott an sich zu charakterisieren, sondern um unterschiedliche Aspekte seiner Relation zu den einzelnen Menschen, die so als ein hierarchisches Autoritätsgefälle beschrieben wird. Diese Bilder führen jeweils eine männliche Figur mit (teilweise absoluter) Machtfülle für Gott an. Doch Gott wird auch sichtbar in einem Menschen, der einlädt zum Festmahl (Lk 14,6–14), dem Freund, der sich zuwendet (Lk 11,5–8), dem Hirten, der das verlorene Schaf sucht (Lk 15,3–7par.), und in der armen Frau, die eine verlorene Drachme mit viel Elan sucht und die Freude über die wiedergefundene Münze mit ihren Freundinnen teilt (Lk 15,8–10; vgl. SCHOTTROFF 1994: 138–151).

3.1.2. Grundlinien der Gottesvorstellung Jesu

Die dem Reden und Handeln Jesu zugrunde liegende Gottesvorstellung entspricht den allgemein geteilten jüdischen Überzeugungen seiner Zeit (↗D.II.2; vgl. genauer THOMPSON 2011). Folgende Grundüberzeugungen von Gott sind, auch wenn sich teilweise nur wenige Belege finden, vorausgesetzt:

Es gibt nur einen einzigen Gott (Mk 12,29.32 mit Dtn 6,4; Mk 10,18; Mt 23,9). Er ist von ganzem Herzen zu lieben (Mk 12,30parr. mit Dtn 6,5). Dieser Gott hat Himmel und Erde erschaffen (vgl. Mk 10,6), und er erhält sie auch: Er schenkt Sonne und Regen (Mt 5,45). Der Gedanke der *creatio continua* liegt auch den Vegetationsmetaphern zugrunde, wenn diese das Wachsen der Saat oder Frucht zum Zeichen der Ausbreitung der Gottesherrschaft machen (Mk 4,26–29.30–32), wie auch den Begründungen für die Aufforderung, nicht zu sorgen: Daraus, dass Gott so kleine Dinge wie Feldblumen und Sperlinge versorgt, kann man die Fürsorge Gottes für die Bedürftigen ablesen (Mt 6,26.28–30; Lk 12,24.27 f.). Gott ist also aus seiner Schöpfung erkennbar. (Das »johanneische Logion« aus Q, wonach niemand den Vater erkennt außer dem Sohn und wem dieser es offenbaren will, Mt 11,27par., ist eine nachösterliche Bildung, die die Sohneschristologie voraussetzt [mit LUZ 1990: 200; vgl. RAU 2011 zu Q 10,21–11,13 als Q-Komposition über Gott als Vater Jesu zur Legitimierung von Jesu Sendung].)

Der aus diesem Monotheismus folgende Universalismus findet in der Rede von Gottes Königsherrschaft seinen Ausdruck: Diese ist allumfassend.

Gott ist nicht in Bildern abbildbar, aber offenbar. Auch wenn nicht jedes Jesus zugeschriebene atl. Zitat »historisch« ist, so wird sich doch in den vielen Bezügen auf das Alte Testament im Munde Jesu die Gewissheit niedergeschlagen haben, dass dieser eine Gott in den Schriften Israels bezeugt wird (vgl. bes. Mt 5,17; Mk 11,17parr.; 12,24par.; Lk 10,26–28). Vorauszusetzen ist daher, auch wenn dies nicht expliziert wird, ebenso der das Alte Testament grundierende Glaube, dass Gott Israel erwählt hat, einen Bund mit ihm geschlossen hat und seine Geschichte prägt (mit FRANKEMÖLLE 2006: 231 f.). So ist auch Jesu Wirken selbst auf Israel ausgerichtet (vgl. Mk 7,27; vgl. Mt 15,24). Dazu gehört in der prophetischen Tradition auch scharfe Kritik an Gruppen in Israel (s. o.), ohne dass damit bedeutet wäre, dass Gott Israel verworfen hätte (THOMPSON 2011: 2591 f.).

Gottes Wille, insbesondere sein Gesetz, ist für die Menschen bindend (Mk 3,35parr.; Mt 5,18 f.). Denn strittig ist in den Streitgesprächen und Gesetzesdeutungen Jesu nicht, dass das Gesetz den Willen Gottes wiedergibt, sondern auf welche Weise diesem in der Lebenspraxis zu entsprechen ist (↗D.IV.3.7). Dies zeigt sich an der Auslegung der Gebote (Mt 5,21–48), in Kritik am Kultus (Mk 11,15–17parr.; vgl. Joh 2,14–16; ↗D.IV.5.1) oder Diskursen über die Sabbateinhaltung (z. B. Mk 2,27; 3,4par.; vgl. Mt 12,11 f.; Lk 13,15 f.). Gottes Wirken wird sogar zum Vorbild für die Menschen: Die hohe Forderung, auch die Feinde zu lieben, wird damit begründet, dass Gott selbst Sonne und Regen auch den Ungerechten und Bösen gibt (Mt 5,45; vgl. Lk 6,35 f.; vgl. Lk 11,42).

Ob Jesus unter den jüdischen Theologien seiner Zeit eher an die apokalyptische oder an die weisheitliche Konzeption anknüpft, ist in der Forschung umstritten (vgl. DU TOIT 2002a: 120–124). Die erfahrungsbezogene Gottesrede kann der Weisheit entstammen; eine eschatologische Interpretation in dem Sinne, dass Jesus mit Gottes imminentem und letztgültigem Handeln rechnet, scheint mir jedoch zwingend (Lk 11,2par.; weiter ↗D.IV.3.2). In diesem Sinne teilt Jesus mit der Mehrheit der jüdischen Strömungen die von den Sadduzäern abgelehnte Erwartung einer Auferweckung der Toten; sie ist letztlich Ausdruck der Macht Gottes (Mk 12,18–27parr.) und seiner bleibenden Bindung an die einzelnen Menschen als »Gott der Lebendigen« (Mk 12,27parr.).

Der Glaube an die Allmacht Gottes ist Grundlage der Gebetspraxis, denn Gott sei alles möglich (Mk 11,22–24par.; 14,36; vgl. 10,27parr.). Das Böse ist folglich Gott unterlegen, weshalb Jesus »mit dem Finger Gottes« (Lk 11,20) resp. »mit dem Geist Gottes« (Mt 12,28) Dämonen austreiben kann. Zu Gottes Macht und Souveränität gehört aber auch, dass er frei ist zu entscheiden, wem er Wissen enthüllt, wem er es verbirgt (Lk 10,21par.) und wem er sich zuwendet (Lk 4,25–27). Er ist ebenso frei, seine Güte Menschen zuteilwerden zu lassen, unabhängig von dem, was die einzelnen geleistet haben (Mt 20,15).

Die Geschichtsmächtigkeit Gottes zeigt sich aber auch in den Androhungen der Strafe Gottes, der das Verborgene sieht (Mt 6,4.6.18). Das Gericht Gottes (↗D.IV.3.4) ist zwar souverän, aber nicht willkürlich, denn die Weherufe gegen jüdische Städte (Lk 10,13–15par.), gegen Autoritäten (Pharisäer und Schriftgelehrte: Lk 11,39–52; 12,45–47; Mt 23; Mk 12,38–40) wie auch allgemeiner formuliert (Lk 12,4 f.; 13,1–5; Mt 10,28) sind begründet im Handeln der jeweils Inkriminierten.

Das in der Jesusüberlieferung erkennbare Gottesbild stellt aber nicht die Gerichtsandrohungen, sondern die positive Zuwendung Gottes zu den Menschen in den Vordergrund. Wie die Praxis Jesu, seine Zuwendung zu Hilfsbedürftigen wie Ausgegrenzten und Sünderinnen und Sündern den einzelnen Menschen gilt, so steht auch im Zentrum der in dieser Praxis und Lehre Jesu implizierten Theologie die Beziehung Gottes zu den einzelnen Menschen und der einzelnen Menschen zu Gott. Jesus betont, dass Gott sich den Armen, Hungernden, den Trauernden zuwendet (Lk 6,20–23; vgl. Mt 5,3–12), dass die Kinder und die, die sich gering machen wie diese, Anteil am Gottesreich erhalten werden (Mk 10,14 f.parr.), dass gerade die, die sich erniedrigen, erhöht werden (Mt 23,12par.) und dass Gott denen, die seine Vergebung suchen, vergibt (Lk 11,4par.). Auch dies ist nicht eine Innovation im Gottesbild gegenüber dem atl.-jüdischen Glauben, sondern eine individualisierte Verdeutlichung des Vertrauens in Gottes Gnade auf der Linie des Alten Testaments. Die Hinwendung zu den Bedürftigen entspricht der sozialen Situation der Jesusbewegung und der ihr begegnenden Menschen, und sie folgt der theologischen Pointe, dass das nahende Gottesreich alle zur Umkehr einlädt (Mk 1,14 f.par.), ist aber auch mit der Gott-Vater-Metapher verbunden.

3.1.3. Die Bedeutung der metaphorischen Rede Jesu von Gott als Vater

In der großen Zahl von Jesusworten in den Evangelien, die Gott als »Vater« metaphorisieren (ca. 167 Mal, vgl. ZIMMERMANN 2007a: 41.74–76; zu den Zahlen und grundsätzlich SCHLOSSER 1987: 103–209; VERMES 1993b: 152–183), dürfte im Sinne der Wirkungsplausibilität die Redeweise des irdischen Jesus erinnert sein. Denn auffällig ist, dass die Rede von Gott als Vater in den Evangelien nur im Munde Jesu begegnet. Eben das kann widerspiegeln, dass Jesus selbst diese Metapher vielfach verwendet hat. Dafür, dass dies speziell für die Gebetsanrede *abba* (»der Vater« als Anrede, und »mein Vater«) gilt, spricht die ungewöhnliche Überlieferung des aramäischen *abba* als griechisch transkribiertes Lehnwort in der Gebetsanrede Jesu in Mk 14,36 (vgl. Röm 8,15; Gal 4,6 im Munde der Glaubenden, jeweils mit ὁ πατήρ übersetzt).

Joachim Jeremias (JEREMIAS [4]1988: 67–73) hatte mit großem Nachhall die These popularisiert, dass *abba* »Kindersprache, Alltagssprache, Höflichkeitsausdruck« sei und es deshalb »für das Empfinden der Zeitgenossen Jesu [im palästinischen Judentum] unehrerbietig, ja undenkbar erschienen [wäre], Gott mit diesem familiären Wort anzureden« (72). Daher sei es »ipsissima vox Jesu« und drücke »das Herzstück des Gottesverhältnisses Jesu« aus, sein »Sohnesbewusstsein« und Wissen seiner Bevollmächtigung (73).

Diese These wird bis in jüngere Zeit rezipiert (Belege bei SCHELBERT 2011: 23–34). Sie ruht allerdings auf einem brüchigen *argumentum e silentio*, denn uns sind kaum sprachliche Zeugnisse aus dem ländlichen bzw. galiläischen Judentum zur Zeit Jesu erhalten, so auch keine mündlichen Gebete. Überdies zeigt die kritische Durchsicht der Belege für *abba* durch SCHELBERT 2011, dass das Wort nicht nur Vokativ ist, in erster Linie »mein Vater« bedeutet (auch im Hebräischen für *abbi*) und dass diese Vateranrede keine kindersprachliche Konnotation hat (191 f.; vgl. treffend VERMES 1993b: »Abba isn't Daddy!« [180]). So ist aus der (kontingenten?) Beobachtung, dass es für die Gebetsanrede *abba* keine Parallele gibt, keine inhaltlich-theologische Spezifik des Gottesbildes Jesu abzuleiten.

Dies gilt umso mehr, als in den letzten Jahren nachgewiesen wurde, dass die Gott-Vater-Metaphorik einschließlich der Anrede Gottes als »Vater« im Gebet im Judentum zur Zeit Jesu (und auch in der paganen Religiosität, vgl. ZIMMERMANN 2007a: 64–70) geläufig war. Nach wenigen Belegen im Alten Testament nimmt die Gott-Vater-Metaphorik im Frühjudentum bereits deutlich zu (vgl. den detaillierten Nachweis durch ZIMMERMANN 2007a: 41–79 im einzelnen; BÖCKLER 2000 zu den atl., STROTMANN 1991 zu den frühjüdischen, TÖNGES 2003 zu den ältesten rabbinischen Texten).

Im Neuen Testament nimmt die metaphorische Rede von Gott als »Vater« noch einmal auffallend zu, aber lässt bereits eine Entwicklung erkennen. In den ntl. Briefen ist sie schon stehende Metapher (vgl. etwa die brieflichen Grußformeln wie 1Kor 1,3 u. ö.), und in die Bedeutung der Vorstellung von Gott als Vater fließt bald die korrelierende christologische Metapher von Jesus als dem einen »Sohn Gottes« ein (so bes. im JohEv, vgl. z. B. 20,31; 3,35). Für die Frage, welches Gottesbild Jesu Redeweise erkennen lässt, sind freilich nur die ältesten synoptischen Texte aussagekräftig, die keine christologische Vertiefung erkennen lassen. Aussagen, die Vater und Sohn korrelieren (Mk 13,32; Lk 10,22par.), und solche, in denen Jesus von »*meinem* Vater (in den Himmeln)« spricht (Übersicht bei SCHNEIDER 1992), können nicht als authentisches Jesusgut gelten. Sie fehlen bei Markus, stehen bei Lukas selten (2,49; 10,22; 22,29; 24,49) und nur bei Matthäus sehr häufig. Wo der synoptische Vergleich möglich ist (vgl. Mt 10,32 f. mit Lk 12,8 f.; Mt 12,50 mit Mk 3,35; Mt 20,23 mit Mk 10,40), sind sie erkennbar mt. Redaktion und der Ausdruck ὁ πατήρ μου ἐν τοῖς οὐρανοῖς (»mein Vater in den Himmeln«, z. B. auch Mt 18,10.19.35) ist bereits formelhaft.

Es sind daher nicht sehr viele Aussagen, aus denen sich die Bedeutung der Gott-Vater-Metapher in der Jesusrede ablesen lässt. Neben Aussagen über Gott als Vater (Mk 8,38 als Vater des Menschensohns; 11,25; Mt 5,16.45.48; 6,4.6.8.14 f.18.32; 7,21; 10,20.29; Lk 6,36; 12,30.32) steht die besagte Gebetsanrede Gottes als *abba* bzw. πατήρ. Unumstritten »authentisch« ist unter den Gebeten nur das Vatergebet (↗ D.IV.3.5) in der Fassung von Lk 11,2–4 (vgl. Mt 6,9). Aber auch die Anrufung Gottes als Vater im Gebet Jesu in Getsemani (Mk 14,36parr.) sowie in den Gebeten Jesu nach Lk 10,22par. und 23,46; 23,34 (textkritisch aber unsicher) können, wiewohl nachösterliche Bildungen, die Erinnerung an Jesu Gebetspraxis weitertragen.

Um den Beitrag der Rede von Gott als Vater zum Gottesbild Jesu und ihre Pragmatik zu eruieren, bedarf es einer methodisch geleiteten Auslegung, die den metaphorischen Charakter der einzelnen Aussagen beachtet und sie je für sich interpretiert im Blick darauf, was *von der antiken Vatervorstellung jeweils konkret auf Gott übertragen wird* (vgl. zur Methodik GERBER 2008). Dann ergibt sich ein differenzierteres Bild als in der Forschung, die sich oft darauf beschränkt, in der Prädikation Gottes als Vater dessen »Nähe« ausgedrückt zu sehen, damit aber nur eine Metapher durch eine andere (raummetaphorische) ersetzt (vgl. entsprechend SCHLOSSER 1987: 203–209).

Für die Interpretation ist vom Bildspender, der antiken Vaterkonzeption, auszugehen. »Vater« ist ein Relationsbegriff, denn er impliziert stets die Beziehung eines Mannes zu einem oder mehreren Kindern. Diese Beziehung ist durch lebenslange Dauer und asymmetrische Exklusivität bestimmt: Ein Kind hat nur einen Vater, ein Vater aber kann viele Kinder haben. In der Rede von Gott als

Vater werden also immer zugleich ein oder mehrere »Kinder« mitgedacht, ob explizit oder nicht. So kann die Metapher die Relation von Gott zu Menschen qualifizieren, indem sie insbesondere die Einzigkeit dieses Gottes und die *exklusive* Beziehung auf ihn zur Sprache bringt. Sie kann zugleich *inklusiv* sein, insofern sie offen lässt, wer alles zu Gott als »Vater« gehört.

Ein Kindschaftsverhältnis ist freilich für die Antike nicht einfach eine biologische Gegebenheit, sondern eine Aussage über den Status, als legitimes Kind eines Vaters anerkannt zu sein. Die Autorität und Entscheidungsfreiheit des *paterfamilias* stellt das römische Recht heraus, das ihm zubilligt, ein Neugeborenes sterben zu lassen oder nicht-leibliche Kinder vollgültig zu adoptieren (SCHIEMANN 2006).

»Sohn Gottes« bzw. »Kind Gottes« zu sein kann also einen besonderen, von Gott verliehenen Status beschreiben, so etwa in der Metapher von den jüdischen Menschen als »Kindern Gottes« (Mk 7,27par.). Anders wird nach Lk 6,35; Mt 5,44f.48 (vgl. 5,9) denen, die Gottes Beispiel folgen bzw. Frieden stiften, dieser Status verheißen (vgl. auch Joh 1,12; Gal 4,1–7). In diesen Worten ist zugleich ein anderer Aspekt der Vaterrolle impliziert: Der ideale Vater ist Vorbild, das ideale Kind hat sich an ihm zu orientieren. So wird die Aufforderung zur Nachahmung Gottes nicht zufällig mit der Vatermetapher verbunden (vgl. auch Eph 5,1; Joh 5,19–23).

Die anderen Gott-Vater-Metaphern der vermutlich ältesten Jesusüberlieferung kreisen um bestimmte Themen: das Gebet zu Gott und die Vergewisserung der Gebetserhörung, die Fürsorge Gottes und seine Vergebungsbereitschaft. Schon die atl. und jüdische Tradition hat dies mit der Gott-Vater-Metapher verbunden (BÖCKLER 2000: 377–394; STROTMANN 1991: 360–379; TÖNGES 2003: 247–251.257–262). Die Autorität, die in der Antike einem Vater besonders zukommt, wird hier nicht betont (vgl. aber so Mk 13,32par.; Mt 7,21; vgl. 12,50). Auch von der »väterlichen Liebe«, die in der modernen Aneignung der Gott-Vater-Metapher oft assoziiert wird, ist nicht die Rede (nur indirekt, vgl. Lk 6,36; 15,11–32). Autorität wie liebende Zuwendung sind aber in diesen Zuschreibungen zu Gott vorausgesetzt.

Diese Motive Fürsorge, Gebetserhörung und Vergebung finden sich gebündelt im Vatergebet (↗ D.IV.3.5) in Lk 11,2–4par., werden aber auch in Gleichnissen und Bildworten entfaltet: Die Sorgensprüche Mt 6,25–32par. verweisen auf den »himmlischen Vater« als Schöpfer und Fürsorgenden. Dass Gott die Bitten erhört (Mt 6,6), wird mit dem Gleichnis in Mt 7,7–11par. durch einen Analogieschluss begründet: Wenn schon die schlechten irdischen Eltern bzw. Väter die Bitten ihrer Kinder erfüllen, um wie viel mehr »der Vater aus dem Himmel« (Lk 11,13par.). Mit der Gott-Vater-Metapher wird weiter betont, dass Gott die Bedürfnisse der Menschen ohnehin kennt (Mt 6,6.32par.; 10,29par.). In dem Gebet zu Gott als einem Vater äußert sich also das Vertrauen darauf, dass er die Bitten der Menschen kennt und zu erfüllen vermag (vgl. auch Mk 14,36).

Auch Gottes Vergebungsbereitschaft ist besonders mit der Vatervorstellung verbunden (Mk 11,25; Mt 6,14f.; vgl. 18,35; Lk 23,34); die Parabel von dem Vater zweier Söhne in Lk 15,11–32 entfaltet dieses Motiv narrativ. Zugrunde liegt die Vorstellung, dass der Vater als unumschränkte Autoritätsperson seinen Kindern Strafen zumessen oder erlassen kann.

Blickt man auf die Aspekte im Gottesbild, die mittels der Gott-Vater-Metaphorik profiliert werden, so geht es also um Eigenschaften und Tätigkeiten, die in unserer Kultur auch oder gerade als »mütterlich« assoziiert sind (Fürsorge, Nachsichtigkeit etc.). Im Rahmen der antiken patriarchalen Familienkonzeption, in der die Mutter dem Vater untergeordnet ist, kann jedoch nur die Vaterrolle den über allem stehenden, allmächtigen Gott ins Bild setzen (vgl. GERBER 2008). Auch wenn die Gott-Vater-Metapher so die patriarchalen Strukturen als Bildspender aufnimmt, kann sie zugleich Kritik an patriarchalen Herrschaftsverhältnissen vermitteln. Das zeigt die Übergehung des Vaters in der neuen Familie (Mk 3,34 f. par.; 10,29 f.). Wenn zudem Jesus, wie es Mt 23,9 überliefert, gefordert haben sollte, nur Gott »Vater« zu nennen, hat er aus dieser Gott-Vater-Metaphorik Kritik an Vater-Autoritäten abgeleitet. Die kann sich auch gegen die römisch-imperiale Vatermetaphorik gewendet haben, etwa die Verehrung des Kaisers als *pater patriae* (D'ANGELO 2006).

3.1.4. Zusammenfassung

Innerhalb der Möglichkeiten jüdischer Gottesrede wird Gott von Jesus vor allem in diversen Metaphern angesprochen, die aus der Lebenswelt geschöpft werden und Unterschiedliches sichtbar machen. Zentral sind die Metaphern von Gottes Königtum und Gott als Vater. Sie rücken in unterschiedlich pointierten Aussagen Gottes Einzigkeit, Autorität und Beziehung zu den einzelnen Menschen in den Vordergrund. Es geht nicht darum, Gottes Wesen neu und anders zu beschreiben als bislang, sondern die Menschen zu Gottvertrauen und einem Gott entsprechenden Leben einzuladen.

SCHELBERT, Georg 2011: Abba Vater. Der literarische Befund vom Altaramäischen bis zu den späten Midrasch- und Haggada-Werken in Auseinandersetzung mit den Thesen von Joachim Jeremias, NTOA 81/StUNT 81, Göttingen u. a.

SCHLOSSER, Jacques 1987: Le Dieu de Jésus. Étude exégétique, LeDiv 129, Paris.

THOMPSON, Marianne Meye 2011: Jesus and God, in: HOLMÉN, Tom/PORTER, Stanley E. (Hg.): Handbook for the Study of the Historical Jesus, Vol. III: The Historical Jesus, Leiden, 2575–2595.

ZIMMERMANN, Christiane 2007a: Die Namen des Vaters. Studien zu ausgewählten neutestamentlichen Gottesbezeichnungen vor ihrem frühjüdischen und paganen Sprachhorizont, AJEC 69, Leiden.

Christine Gerber

3.2. Gottesherrschaft

Die Vorstellung der »Gottesherrschaft« ist bereits in den Schriften Israels verwurzelt und steht im Mittelpunkt der Verkündigung Jesu (KLEIN 1970).

3.2.1. Die Gottesherrschaft im Alten Testament

Der Begriff der »Gottesherrschaft« gründet auf der Überzeugung, dass JHWH (der Herr), der Gott Israels, König ist. Er ist es, der über Israel regiert, über die Völker und über die ganze Welt. Die Vorstellung vom Königreich, Königtum oder von der Regentschaft Gottes wird in unterschiedlicher Weise ausgedrückt, manchmal explizit, vielfach implizit (BEASLEY-MURRAY 1986; PATRICK 1987).

3.2.1.1. Gott als Richter und Erlöser

Gottes Rolle als König ist implizit in seinem Handeln als Richter, Erlöser, Kriegsherr und Retter enthalten, Attribute und Handlungsweisen, die im alten Orient den Königen zugeschrieben wurden. In einer wichtigen Aussage bei Jesaja kommen viele dieser Elemente zusammen: »Denn der Herr ist unser Richter, der Herr ist unser Herrscher, der Herr ist unser König, er wird uns retten« (Jes 33,22).

Gottes Rolle als Erlöser ist bei den Propheten und in den Psalmen ein wiederkehrendes Motiv. Bei Deuterojesaja wird JHWH häufig Erlöser und Heiliger genannt, gelegentlich auch in recht innigen Ausdrucksformen: »So spricht der Herr, dein Erlöser, der dich im Mutterleib geformt hat« (Jes 44,24; vgl. 54,5: »dein Schöpfer ist dein Gemahl«; 54,8: »mit ewiger Huld habe ich Erbarmen mit dir«; 63,16: »du, Herr, bist unser Vater, unser Erlöser«). Gott hat »sein Volk getröstet« und »Jerusalem erlöst« (Jes 52,9). Gott ist »Erlöser« und der »Heilige Israels« (Jes 41,14; 43,14; 48,17; 49,7; 54,5), »Herr der Heere« (Jes 47,4), »der Erste und der Letzte«, der einzige Gott (Jes 44,6), der »Starke Jakobs« (Jes 49,26). Gott wird »für Zion als Erlöser kommen und für alle in Jakob, die umkehren von ihrer Sünde« (Jes 59,20). Der Tag wird kommen, an dem Israel erkennen wird, dass der Herr sein Retter und Erlöser ist, der Starke Jakobs (Jes 60,16). In Anspielung auf die jesajanische Tradition bekennt Jeremia, »ihr [sc. der Söhne Israels und Judas] Erlöser ist stark; Herr der Heere ist sein Name« (Jer 50,34). Der Psalmist spricht von Gott als seinem Fels und Erlöser (Ps 19,15; vgl. 78,35), ein Gott, der »seine Knechte erlöst« (Ps 34,23).

3.2.1.2. Gott als König

Gott wird im Alten Testament mehrfach explizit als König bezeichnet. In der wahrscheinlich ältesten Tradition tröstet JHWH Samuel, den Propheten und Priester, als Israel einen König fordert, um wie die anderen Völker zu sein (1Sam 8,5 f.): »Hör auf die Stimme des Volkes in allem, was sie zu dir sagen. Denn nicht dich haben sie verworfen, sondern mich haben sie verworfen: Ich soll nicht mehr ihr König sein« (1Sam 8,7).

Dieser Vertrauensbruch wird mit der Königsherrschaft des David, dessen Charakter nach Gottes Herz ist (1Sam 13,14), teilweise überwunden. David wird als Sohn Gottes angenommen: »Du bist mein Sohn, heute habe ich Dich gezeugt« (Ps 2,7; vgl. 2Sam 7,14; Ps 89,27). Wenn Israels Könige Gottessöhne sind, ist damit zugleich gesagt, dass Gott selbst Israels großer König ist. In gewissem Sinne ist Davids Königsherrschaft damit ein Abbild der Gottesherrschaft (was in den späteren Chronikbüchern explizit zum Ausdruck kommt).

Jesaja und seine Tradition spricht explizit von Gott als König: »Im Todesjahr des Königs Usija sah ich den Herrn. Er saß auf einem hohen und erhabenen Thron. Der Saum seines Gewandes füllte den Tempel aus. [...] Da sagte ich: Weh mir, ich bin verloren. Denn ich bin ein Mann mit unreinen Lippen und lebe mitten in einem Volk mit unreinen Lippen und meine Augen haben den König, den Herrn der Heere, gesehen« (Jes 6,1.5; vgl. 33,22). Bei Deuterojesaja nennt sich der Herr selbst »König Jakobs« (Jes 41,21) und »König Israels« (Jes 44,6).

In ähnlicher Weise bezieht sich auch der Prophet Jeremia auf Israels Gott als »König« (Jer 10,10; 51,57), den »Herrn der Heere« (Jer 48,15), der in Zion residiert (Jer 8,19). Er ist Israels ewiger König (Jer 10,10). Israels Gott ist der »König der Völker« (Jer 10,7). Diese Bezeichnungen begegnen wieder bei Zephanja, der Gott den »König Israels« nennt (Zeph 3,15), den »König, Herrn der Heere« (Sach 14,16) und »König über die ganze Erde« (14,9) bei Sacharja. Gott, der »Herr der Heere«, sagt zu sich selbst bei Maleachi: »Ich bin ein großer König« (Mal 1,14).

Die Psalmen sprechen häufiger von Gott als König (Ps 5,3; vgl. 44,5; 47,7; 68,25; 72,11). Der Herr liebt Gerechtigkeit und sorgt für Recht und Gerechtigkeit in Israel (Ps 99,4).

3.2.1.3. Die Königsherrschaft des Herrn

Der Ausdruck »Königsherrschaft JHWHs« begegnet zweimal im Alten Testament, beide Male in den Chroniken und beide Male in enger Verbindung mit dem Königshaus Davids (1Chr 28,5; 2Chr 13,8).

Die Vorstellung von Gott, der auf einem Thron sitzt, ist sehr alt und reicht mindestens bis in die Zeit des Propheten Micha zurück: »Darum – höre das Wort des Herrn: Ich sah den Herrn auf seinem Thron sitzen; das ganze Heer des Himmels stand zu seiner Rechten und seiner Linken« (1Kön 22,19; 2Chr 18,18), was die Vision des Jesaja in Erinnerung ruft (Jes 6,1).

In der Zusammenschau des relevanten Materials wird deutlich, dass die Vorstellung von JHWH als König Israels und König über die ganze Welt sich durch das gesamte Schrifttum Israels hindurchzieht, auch wenn die exakte Bezeichnung »Königsherrschaft JHWHs« nur zweimal und »Königherrschaft Gottes« an keiner Stelle gebraucht wird.

3.2.2. Das Gottesreich in der zwischentestamentlichen Literatur

Expliziter und vielfältiger werden die Erwartungen und Sprachformen hinsichtlich der Gottesherrschaft in der zwischentestamentlichen Literatur (COLLINS 1987; LATTKE 1984). Einige Elemente aus dieser sich entwickelnden Tradition hatten einen starken Einfluss auf die Überzeugungen Jesu und des frühen Christentums.

3.2.2.1. Daniel

Das auf aramäisch und hebräisch verfasste Danielbuch ist ein wichtiges Zeugnis für die Idee der Gottesherrschaft in der zwischentestamentlichen Zeit (CHILTON 1994; EVANS 2009b). Das Buch stellt eine Abfolge von vier menschlichen Königreichen vor, die schließlich durch das Königreich zerstört werden sollen, das der »Gott des Himmels errichten wird.« Dies wird das letzte Königreich sein, das »in Ewigkeit nicht untergeht« (Dan 2,44; vgl. 4,31; 6,27). Der babylonische König bekennt in diesem Sinne: »Wie groß sind seine [sc. Gottes] Zeichen, wie gewaltig seine Wunder! Sein Reich ist ein ewiges Reich; seine Herrschaft überdauert alle Generationen« (Dan 3,33; vgl. 4,14.22.27.34; 5,21). In einer nächtlichen Vision lernt Daniel, dass »die Herrschaft und Macht und die Herrlichkeit aller Reiche unter dem ganzen Himmel dem Volk der Heiligen des Höchsten gegeben werden. Sein Reich ist ein ewiges Reich und alle Mächte werden ihm dienen und gehorchen« (Dan 7,27; vgl. 7,14).

3.2.2.2. Die Schriftrollen vom Toten Meer

Obwohl der exakte Ausdruck »Königsherrschaft Gottes« in den Schriften vom Toten Meer nicht vorkommt, begegnet die entsprechende Vorstellung dennoch recht häufig (VIVIANO 1987). In den eschatologischen Segenssprüchen im zweiten Anhang der Gemeinschaftsregel wird die Gemeinde instruiert, zum Priester zu sagen: »Mögest du im Tempel des Königreiches dienen« (1QSb 4,25 f.). Im Blick auf den Kontext ist es sehr wahrscheinlich, dass es sich bei dem »Königreich« um das Gottesreich handelt. Ein weiterer Segensspruch bezieht sich auf die Bundeserneuerung und die Errichtung der »Königsherrschaft seines [sc. Gottes] Volkes auf ewig« (1QSb 5,21).

An anderer Stelle ist zu lesen: »Deine [sc. Gottes] Königsherrschaft ist erhaben unter den Völkern […] der Rat der reinen göttlichen Wesen mit all denen, die wissen, wie dein herrlicher Name durch alle Zeiten der Ewigkeit zu loben und zu segnen ist. Amen, Amen« (4Q286 7,1,5–7; vgl. die Parallele 4Q287 5,10 f.). Von der Gottesherrschaft ist auch in einem anderen weisheitlichen Text die Rede: »Denn Gottes Wohnung ist im Himmel und [seine Königsherr]schaft umgreift die Länder und Meere« (4Q302 3,2,9 f.). Der Autor der Loblieder spricht von

Gottes Königsherrschaft, aber der Text ist nur fragmentarisch erhalten (1QH^a 3,27: [...] seine Königsherrschaft. Wer hat all diese Dinge getan?«).

Die meisten Bezüge auf die Königsherrschaft Gottes finden sich in einer Text-sammlung, die als »Himmlische Liturgie der Engel« bekannt ist (4Q400–4Q405). Diese Texte enthalten etwa 20 Belege für die Königsherrschaft Gottes (obwohl in beinahe allen Fällen das Personalpronomen verwendet wird). Leider ist nur ein kleiner Teil dieser Sammlung erhalten geblieben, sonst wäre wohl mit Dutzenden weiterer Belege zu rechnen.

Die Qumrangemeinschaft erwartete den baldigen Anbruch der Gottesherr-schaft, womit der Sieg über die Feinde der Gemeinschaft und die Wiedereinset-zung eines gerechten Priestertums in Jerusalem verbunden sein sollte. »Und dem Gott Israels wird die Königsherrschaft gehören und durch die Heiligen seines Volkes wird er Kraft erweisen« (1QM 6,6). Die Gerechten Israels werden ewig herrschen (1QM 12,15 f.). Im Gotteslob der Qumrangemeinschaft heißt es: »Und du, Gott, bist furchtbar in der Herrlichkeit deiner Königsherrschaft« (1QM 12,7). Mit dem Anbruch der Gottesherrschaft und der Erneuerung der Priesterschaft wird »ein großer Tempel der Königsherrschaft in majestätischem Strahlen gebaut werden, um für ewige Generationen zu überdauern« (4Q212 frg. 1,4,18).

3.2.2.3. Andere Literatur

Auch andere Schriften aus der zwischentestamentlichen Literatur sprechen von der Königsherrschaft Gottes oder von Gott als König (Jub 1,28; TestDan 5,13). Der Autor des Testaments des Mose sagt das Erscheinen der Königsherrschaft Gottes voraus, nachdem Israel eine Zeit des Zorn überdauert hat: »Dann wird seine [sc. Gottes] Königsherrschaft erscheinen [...]. Denn der Himmlische wird sich von seinem königlichen Thron erheben« (TestMos 10,1.3). Wegen der Sünde Israels wird die »Königsherrschaft des Herrn« fortgenommen werden (TestBen 9,1). An anderer Stelle wird gesagt, dass Gottes »Königsherrschaft eine ewige Herrschaft« sei, »die nicht vergehen wird« (TestJos 19,12). Im äthiopischen Henochbuch wird Gott als »König der Welt« (1Hen 12,3) und als »Gott der ge-samten Schöpfung« (1Hen 84,2) gefeiert.

3.2.3. Das Gottesreich in Verkündigung und Taten Jesu

Die Idee der Gottesherrschaft steht im Mittelpunkt der Verkündigung Jesu. Tat-sächlich gilt die Gottesherrschaft sogar als das Evangelium selbst, auf das Israel gewartet hat: »Die Zeit ist erfüllt, das Reich Gottes ist nahe. Kehrt um und glaubt an das Evangelium« (Mk 1,15). Die Verkündigung der Gottesherrschaft wird ex-plizit als »Evangelium« oder »frohe Botschaft« bezeichnet (1,14). Der Evangelist Markus sieht die Proklamation des Gottesreiches zu Recht im Zentrum der Bot-schaft Jesu.

Das Verständnis des Evangeliums von der Gottesherrschaft bei Jesus spiegelt die »gute Nachricht« wider, die bereits bei Jesaja verkündet wird. Inhalt der »guten Nachricht« ist dort die Erscheinung Gottes (Jes 40,9), die Ankündigung seiner Herrschaft (52,7) und sein rettendes und erlösendes Eingreifen (61,1 f.). In der Verkündigung Jesu finden sich einige dieser Aussagen als Zitate und Anspielungen (z. B. Jes 61,1 f. in Mt 11,5/Lk 7,22 und Lk 4,18 f.), wobei die Formulierung und Interpretation bei Jesus zeigt, wie Jesaja in der aramäischen Sprache paraphrasiert und gedeutet wurde.

3.2.3.1. Verkündigung

Die Gottesherrschaft ist in vielen Gleichnissen Jesu das bestimmende Thema. Die Reaktion auf das Gottesreich wird verglichen mit dem Samen, der gesät ist (Mk 4,3–20: dass die Gottesherrschaft gemeint ist, geht explizit aus der Parallele in Mt 13,19 hervor; Mk 4,26–29.30–32). Die Bitte um das Kommen der Gottesherrschaft ist das Grundthema des Herrengebets (Mt 6,10; Lk 11,2: »Dein Reich komme!«). Das Streben nach der Gottesherrschaft hat die oberste Priorität (Mt 6,33); es ist über alle Maßen kostbar (Mt 13,44.45 f.47 f.). Die Gesegneten werden in das Gottesreich gelangen (Mt 5,3.10), egal um welchen Preis (Mk 9,42–50).

Reichtum, Habgier, Heuchelei, mangelnde Vergebungsbereitschaft und Gleichgültigkeit gegenüber den Armen und Hungernden verhindern den Zugang zum Gottesreich (Mt 18,23–35; 23,13; Mk 10,17–31). Auch geteilte Loyalität, Torheit und mangelnde Vorbereitung kann eine Person aus dem Gottesreich ausschließen (Mt 25,1–13; Lk 9,61 f.).

Das Gottesreich ist ein zentrales Element in den Einsetzungsworten beim letzten Abendmahl: »Amen, ich sage euch: Ich werde nicht mehr von der Frucht des Weinstocks trinken bis zu dem Tag, an dem ich von neuem davon trinke im Reich Gottes« (Mk 14,25). Das Gottesreich steht gewiss bevor (Mk 9,1), es schließt allerdings auch Kämpfe ein (Mt 11,12) und der genaue Zeitpunkt seines Kommens ist unbekannt (Mt 24,14; 25,13; Mk 13,8.32; Lk 17,20 f.). Die Kreuzigung Jesu wegen der Behauptung, er sei der »König der Juden« (Mt 27,37; Mk 15,26; Lk 23,38; Joh 19,19), ist eine düstere Bestätigung seiner früheren Verkündigung des Gottesreiches.

3.2.3.2. Heilungen und Exorzismen

Ein auffälliges Element der Verkündigung Jesu ist die Verbindung des Gottesreiches mit Heilungen und Exorzismen. Heilungen und Exorzismen sind in der Verkündigung Jesu keine Nebensache, sondern dienen der Illustration und Demonstration.

Jesus bestimmt zwölf Apostel, »damit sie predigten und mit seiner Vollmacht Dämonen austrieben« (Mk 3,14 f.; 6,7–13). Bei Lukas wird die Verbindung zwischen der Verkündigung des Evangeliums und den Heilungen und Exorzismen explizit hergestellt: »Dann rief er die Zwölf zu sich und gab ihnen die Kraft und die Vollmacht, alle Dämonen auszutreiben und die Kranken gesund zu machen. Und er sandte sie aus mit dem Auftrag, das Reich Gottes zu verkünden« (Lk 9,1 f.).

Der Zusammenhang zwischen Gottesreich und Exorzismen wird weiter verdeutlicht, als Jesus vorgeworfen wird, mit dem Beelzebul (oder Satan) im Bunde zu stehen. Auf diesen Vorwurf entgegnet Jesus: »Wenn ich die Dämonen durch Beelzebul austreibe, durch wen treiben dann eure Anhänger sie aus? Sie selbst also sprechen euch das Urteil. Wenn ich aber die Dämonen durch den Finger Gottes austreibe, dann ist doch das Reich Gottes schon zu euch gekommen« (Lk 11,19 f./Mt 12,27 f.). Der Ausdruck »Finger Gottes« greift auf die Äußerung der Wahrsager des Pharaos zurück, als sie ihre Ohnmacht eingestehen müssen (Ex 8,15). Nach jüdischer Interpretation standen die Wahrsager des Pharaos im Bund mit dem Satan. Die Anspielung Jesu auf das Eingeständnis der Magier ist rhetorisch effektvoll und bringt zum Ausdruck, dass sich seine Exorzismen nicht der Magie oder der Hilfe des Satans verdanken, sondern das Resultat der königlichen Macht Gottes sind (Chilton 1994).

Jesus sagt weiter: »Wenn ein Reich in sich gespalten ist, kann es keinen Bestand haben. Wenn eine Familie in sich gespalten ist, kann sie keinen Bestand haben. Und wenn der Satan sich gegen sich selbst erhebt und mit sich selbst im Streit liegt, kann er keinen Bestand haben, sondern es ist um ihn geschehen« (Mk 3,24–26). Der Bezug auf das gespaltene Reich impliziert, dass Jesus die Machtsphäre des Satans als Königreich sieht und zwar als Königreich, das sich im Krieg mit dem Königreich Gottes befindet. Der letzte Teil des Zitats, »es ist um ihn geschehen« (τέλος ἔχει, wörtlich: »er hat ein Ende«), hat eine auffällige Parallele im Testament des Mose, wo dem Volk Gottes versichert wird, dass nach einer Zeit der Verfolgung und des Leidens »sein [sc. Gottes] Reich in seiner ganzen Schöpfung erscheinen wird. Dann wird der Teufel ein Ende haben [...]. Denn der Himmlische wird sich von seinem Thron erheben« (TestMos 10,1.3). Die lateinische Formulierung *finem habebit* (»er wird ein Ende haben«) bildet abgesehen von der Zeitform eine genaue Entsprechung zum mk. τέλος ἔχει (»es ist um ihn geschehen«) (Evans 2009a). Der Gegensatz zwischen dem Gottesreich und dem Reich des Satans wird hier deutlich zum Ausdruck gebracht. Für die Entfaltung des Gottesreiches bedarf es demnach des Rückzugs und der schlussendlichen Zerstörung des Reiches des Satans.

3.2.3.3. Jüdischer Hintergrund

Die Verkündigung des Gottesreiches durch Jesus als bereits angebrochene Herrschaft spiegelt möglicherweise die aramäische Tradition wider, in der Texte wie Jes 40,9 und 52,7 als »das Königreich deines Gottes ist offenbart« paraphrasiert wurden (Chilton 1994). Die Hoffnung auf den Anbruch der Gottesherrschaft kommt auch im Kaddisch zum Ausdruck, einem alten aramäischen Gebet (Elbogen 1993), von dem eine Version anscheinend hinter dem Herrengebet steht.

3.2.4. Besondere Merkmale des Gottesreichsverständnisses Jesu

Von Josephus ist zu erfahren, dass seit der Zeit Herodes' d. Gr. (der von 37 bis 4 v.Chr. herrschte) bis zur Zerstörung des Jerusalemer Tempels 70 n.Chr. eine Reihe von Messiasprätendenten und Propheten auftraten, die Zeichen der kommenden Erlösung geben wollten. In diesem Kontext steht sicher auch die Frage an Jesus: »Meister, wir möchten von dir ein Zeichen sehen« (Mt 12,38; vgl. Mt 16,1–4; Mk 8,11; Lk 17,20). Im Gegensatz zu vielen seiner Zeitgenossen, lehnte Jesus diese Zeichen jedoch ab. Seine provokante Äußerung dazu lautet: »Das Reich Gottes kommt nicht so, dass man es an äußeren Zeichen erkennen könnte. Man kann auch nicht sagen: Seht, hier ist es!, oder: Dort ist es! Denn: Das Reich Gottes ist mitten unter euch« (Lk 17,20 f.).

Das Gottesreich zieht sich durch das gesamte Wirken Jesu, von seiner öffentlichen Predigt bis zu seiner Lehre im kleinen Kreis, insbesondere am Vorabend des Passa-Festes und seiner Passion. Die Einsetzungsworte (Mt 26,26–29; Mk 14,22–25; Lk 22,15–20) sind mit dem Gottesreich verknüpft. Jesus wünscht, das Passa-Mahl vor seinem bevorstehenden Leiden mit seinen Jüngern zu essen (Lk 22,15), womit vielleicht impliziert ist, dass das letzte Abendmahl nicht das eigentliche Passa-Mahl war, sondern ein Mahl in der Nacht zuvor (was, wenn es zutrifft, in Übereinstimmung mit der Chronologie des JohEv stünde). Aber er wird es nicht essen, so heißt es, »bis das Mahl seine Erfüllung findet im Reich Gottes« (Lk 22,16).

Markus und Lukas sprechen regelmäßig von der »Königsherrschaft Gottes« (ἡ βασιλεία τοῦ θεοῦ). Der Ausdruck erscheint 14-mal bei Markus und 32-mal bei Lukas, während bei Matthäus der Ausdruck »Königsherrschaft der Himmel« (ἡ βασιλεία τῶν οὐρανῶν) bevorzugt wird und insgesamt 36-mal belegt ist. In allen vier Evangelien können einige Besonderheiten der Verkündigung des Gottesreiches durch Jesus ausgemacht werden.

3.2.4.1. Jesus und das Gottesreich nach Markus

Im MkEv, das wahrscheinlich als erstes der vier Evangelien geschrieben und verbreitet wurde, ist das Gottesreich ein Geheimnis, dessen wahre Bedeutung nur den Jüngern Jesu enthüllt wird, während es den Außenstehenden in Rätseln mitgeteilt wird (Mk 4,11.24 f.; vgl. 4,33 f.). Nicht alle reagieren mit Glauben auf die Verkündigung des Gottesreiches (Mk 4,3–9). Wie das Gottesreich wächst, ist ebenfalls ein Geheimnis (Mk 4,26–29.30–32).

Kein Preis ist zu hoch, um in das Gottesreich zu gelangen. Niemand sollte irgendetwas zulassen, was den Zugang zum Gottesreich versperren könnte. Jesus ermahnt seine Jünger, sich eher ein Auge auszureißen oder eine Hand abzuhauen, als zur Sünde verführt und in die Hölle geworfen zu werden (Mk 9,42–48). Tatsächlich hindert Reichtum die Menschen oftmals daran, die Botschaft vom Gottesreich anzunehmen (Mk 10,17–22). Gegen die verbreitete Annahme gilt Reichtum nicht als sicherer Indikator der Eignung eines Menschen für den Eintritt in das Gottesreich. Stattdessen meint Jesus: »Eher geht ein Kamel durch ein Nadelöhr, als dass ein Reicher in das Reich Gottes gelangt« (Mk 10,25).

Nach dem Verständnis Jesu gelangen die Schwachen und Armen mit größerer Wahrscheinlichkeit in das Gottesreich als die Reichen und Mächtigen. Entsprechendes gilt auch für die Kinder, »denn Menschen wie ihnen gehört das Reich Gottes« (Mk 10,14). Tatsächlich sagt Jesus: »Wer das Reich Gottes nicht so annimmt wie ein Kind, der wird nicht hineinkommen« (Mk 10,15).

3.2.4.2. Jesus und das Gottesreich nach Matthäus

Obwohl der Ausdruck »Königsherrschaft Gottes« viermal bei Matthäus erscheint, verwendet der Evangelist vorzugsweise die Bezeichnung »Königsherrschaft der Himmel«, die 32-mal belegt ist. Der Unterschied ist rein formal und spiegelt die Tendenz des Matthäus wider, den Namen Gottes zu vermeiden, was wahrscheinlich dem Brauch der zeitgenössischen Synagoge folgt. Oftmals begegnet der Ausdruck »Königreich« bei Matthäus ohne weitere Qualifikation, meint aber auch in diesen Fällen das Gottesreich. Insgesamt gibt es damit 54 Belege für das Reich (Gottes/der Himmel) im MtEv.

Matthäus spricht als einziger von den »Söhnen des Gottesreiches« (Mt 8,12; 13,38). Diese Bezeichnung wird einmal positiv verwendet: Die gute Saat aus dem Gleichnis vom Unkraut unter dem Weizen sind die Söhne des Reiches. Im anderen Fall, im Rahmen der Erzählung vom Hauptmann aus Kafarnaum und der Heilung seines Dieners (Mt 8,5–13/Lk 7,1–10), wird jedoch davor gewarnt, dass die Söhne des Reiches »in die äußerste Finsternis geworfen werden«. Die »Söhne des Reiches« sind hier die Israeliten, die wegen ihrer Herkunft und aufgrund der Verheißungen erwarten, in das Gottesreich eintreten und mit den Vätern an einem Tisch sitzen zu können. Wegen ihres Unglaubens und der mangelnden Bereitschaft zur Umkehr werden sie aber davon ausgeschlossen sein. Andere, weniger naheliegende Anwärter wie die, die »von Osten und Westen« kommen, werden dagegen in das Gottesreich gelangen. Die Gleichnisse Jesu bei Matthäus, die zwischen Guten und Schlechten unterscheiden, dürften ebenfalls in dieser Weise zu verstehen sein. Einige Samen sind gut, andere schlecht (Mt 13,24–30), einige Fische sind gut, andere schlecht (Mt 13,47–50), einige Jungfrauen sind weise, andere töricht (Mt 25,1–13). Die mt. Gleichnisse scheinen damit als Warnung für Israel gedacht zu sein: Wer die Umkehr versäumt und die Verkündigung Jesu nicht angenommen hat, wird aus dem Gottesreich ausgeschlossen sein.

3.2.4.3. Jesus und das Gottesreich nach Lukas

Der Gedanke der Erwählung, der sich in manchen Äußerungen über das Gottesreich bei Markus bereits andeutet, ist bei Lukas weit offensiver formuliert. Den

Evangelisten Lukas scheint die Frage, wer für den Eintritt in das Gottesreich qualifiziert ist und aus welchen Gründen, besonders beschäftigt zu haben.

Als Antwort auf eine Seligpreisung derer, die »im Reiche Gottes am Mahl teilnehmen« dürfen (Lk 14,15), eine Anspielung auf Jesajas Prophezeiung eines großen eschatologischen Banketts (Jes 25,6), formuliert Jesus sein Gleichnis vom Festmahl (Lk 14,16–24), an dem entgegen der allgemeinen Erwartung die »Armen und die Krüppel, die Blinden und die Lahmen« teilnehmen, wohingegen die Wohlhabenden, also jene, die äußerlich als Gesegnete Gottes erscheinen, fernbleiben. Das Gleichnis dürfte die Zeitgenossen Jesu erstaunt haben, weil das Gleichnis den Erwählungsgedanken in eine gewisse Spannung mit der Tora bringt, soweit es den Bereich der kultischen Reinheit betrifft (Lev 21,17–23), und speziell mit der zeitgenössischen Gesetzesauslegung in Konflikt steht, wie sie etwa in 1QSa 2,5–22 sichtbar wird, wo es den »Lahmen, Blinden, Tauben, Stummen oder mit einem Makel an ihrem Fleisch Geschlagenen« nicht gestattet ist, bei der Erscheinung des Messias und dem damit verbundenen eschatologischen Festmahl mit den Großen Israels an der Tafel zu sitzen.

Jesus überrascht seine Zuhörer mit weiteren Gleichnissen, die die verbreiteten Ansichten über das Gottesreich umkehren. Im Gleichnis vom reichen und armen Mann (Lk 16,19–30) ist es Lazarus, der arme Mann, der in das Paradies aufgenommen wird, nicht der reiche Mann. Im Gleichnis vom Pharisäer und Zöllner (Lk 18,9–14) ist es der reumütige Zöllner, nicht der selbstgerechte Pharisäer, der in den Augen Gottes gerechtfertigt ist.

3.2.4.4. Jesus und das Gottesreich bei Johannes

Im JohEv besitzt der Gedanke des Gottesreiches eine ganz eigene Funktion. Der Ausdruck selbst erscheint nur zweimal und zwar innerhalb des bekannten Gesprächs Jesu mit Nikodemus (Joh 3,3.5). Jesus sagt dem Pharisäer, dass er »von oben« (oder »von neuem«) aus »Wasser und Geist« geboren werden muss, wenn er das Gottesreich erlangen will. In der Theologie des Johannes ist das Gottesreich Teil der spezifischen Rettungsvorstellung und der mystischen Union mit Christus (wie es bes. in Joh 14–16 deutlich wird). Sprache und Stil sind hier typisch joh., die Motive und Inhalte könnten aber gut von Jesus selbst stammen (dazu BARTHOLOMÄ 2012).

3.2.5. Die Rede vom Gottesreich in der Apostelgeschichte

Angesichts der Prominenz des Gottesreichgedankens in der Verkündigung Jesu ist es erstaunlich, wie selten diese Vorstellung sonst im Neuen Testament begegnet.

Der Ausdruck »Königsherrschaft (Gottes)« erscheint achtmal in der Apostelgeschichte. Während der 40 Tage, die der auferstandene Jesus mit seinen Jüngern verbringt, »hat er vom Reich Gottes gesprochen« (Apg 1,3). Dies führt zur Frage der Jünger: »Herr, stellst Du in dieser Zeit das Reich für Israel wieder her?« (Apg 1,6). Den Jüngern wird darauf lediglich gesagt, dass die »Zeiten und Fristen« nur von Gott gewusst werden (Apg 1,7). Sie sollen auf den Heiligen Geist warten und dann Zeugen Jesu sein (Apg 1,8). Dies geschieht zu Pfingsten (Apg 2).

Philippus verkündet »das Evangelium vom Reich Gottes und vom Namen Jesu Christi« (Apg 8,12). Paulus lehrt seine Anhänger: »Durch viele Drangsale müssen wir in das Reich Gottes gelangen« (Apg 14,22). Der Apostel erinnert die Ältesten von Ephesus, dass er das Gottesreich verkündet habe (Apg 20,25). Auch unter Arrest in Rom spricht Paulus fortgesetzt mit den Juden über das Gottesreich (Apg 28,23). Die Apostelgeschichte endet mit der positiven Bemerkung, dass Paulus »alle empfing, die zu ihm kamen. Er verkündete das Reich Gottes und trug die Lehre über Jesus Christus, den Herrn, vor« (Apg 28,30 f.).

In der Apostelgeschichte fällt auf, dass die wenigen Belege für den Ausdruck »Gottesreich« teils in ihrer Bedeutung ausgeweitet werden. Die Botschaft vom Gottesreich ist nicht länger nur die Botschaft Jesu, der den Anbruch der Gottesherrschaft verkündet, sondern sie bezieht jetzt auch Jesus selbst ein, sein Leiden, seinen Tod und, noch wichtiger, seine Auferstehung.

BEASLEY-MURRAY, George Raymond 1986: Jesus and the Kingdom of God, Grand Rapids.
HENGEL, Martin/SCHWEMER, Anna Maria (Hg.) 1991: Königsherrschaft Gottes und himmlischer Kult im Judentum, Urchristentum und in der hellenistischen Welt, WUNT 55, Tübingen.
VANONI, Gottfried/HEININGER, Bernhard 2002: Das Reich Gottes, NEB.Themen 4, Würzburg.
WILLIS, Wendel (Hg.) 1987b: The Kingdom of God in 20th-Century Interpretation, Peabody.

Craig A. Evans / Jeremiah J. Johnston

3.3. Gleichnisse und Parabeln

Jesus hat Gleichnisse erzählt. Gleichnisse sind kurze, prägnante Geschichten, die Alltagserfahrungen nutzen, um an ihnen eine theologische Botschaft einsichtig zu machen. Diese Redeweise ist so charakteristisch für Jesus, dass die Evangelisten sogar summarisch seine gesamte Lehre als »Gleichnisrede« beschreiben können (Mk 4,34: »ohne Gleichnisse redete er nicht zu ihnen«, vgl. Joh 16,25). Einige dieser Texte wie z. B. das Gleichnis vom »Barmherzigen Samariter« (Lk 10,30–35) oder »Der Verlorene Sohn« (Lk 15,11–32) zählen zu den wirkmächtigsten Texten des Neuen Testaments überhaupt (vgl. zur Wirkungsgeschichte GOWLER 2017). Was macht sie so faszinierend, warum sind sie für die Lehre Jesu so zentral?

3.3.1. Erzählte der historische Jesus vom »Reich Gottes« in Gleichnissen?

Die metaphorische Gottesrede war im Judentum beliebt, denn während man sich einer materialen Darstellung Gottes verweigert hatte (siehe Bilderverbot in Ex 20,4), wagte man sich durch Sprachbilder in die Grenzbereiche des Aussagbaren

hinein. Jesus knüpfte nicht nur an diese Bildfeldtraditionen an, sondern formulierte ganze »Bilderzählungen«, um von Gott und Gottes Wirklichkeit zu sprechen. Die Form dieser Redeweise und die inhaltliche Zuspitzung seiner Gottesrede als Rede von der βασιλεία τοῦ θεοῦ (Reich Gottes/Königsherrschaft Gottes,
↗ D.IV.3.2) sind hierbei eng aufeinander bezogen. Es verwundert deshalb nicht,
dass die historische Jesusforschung mit großer Einmütigkeit an dem Bekenntnis
festhält, dass Jesus das »Reich Gottes in Gleichnissen« verkündigte (z. B. HENGEL/
SCHWEMER 1998: 398; HULTGREN 2000: 384). Aber ist der Quellenbefund wirklich so eindeutig?

Folgt man der mehrheitlich akzeptierten Überlieferungstheorie, so finden sich
in den ältesten Quellen nur vereinzelte Belege von »Reich-Gottes-Gleichnissen«.
Inmitten einer Fülle von Gleichnistexten in der Logienquelle Q (28 Texte, siehe
ZIMMERMANN ²2015: 59 f.) wird das Reich Gottes als Referenzbereich nur zweimal angeführt: Beim Senfkorn- und Sauerteiggleichnis lesen wir: »Womit soll ich
das Reich Gottes vergleichen?« (Q 13,18.20). Ein ähnliches Bild zeichnet sich bei
Markus ab. Auch hier ist unter 17 Gleichnistexten (vgl. ZIMMERMANN ²2015:
262 f.) nur zweimal explizit vom Reich Gottes die Rede (Mk 4,26.30), einmal davon bei der Q-Parallele zum Senfkorngleichnis. Von 45 in den beiden ältesten
Quellen überlieferten Gleichnistexten verweisen also nur drei auf das Reich Gottes, die Mehrzahl aber nicht. Erst die spätere Evangelientradition, besonders das
MtEv, dokumentiert ein eindeutigeres Bild, indem hier zehnmal das Reich Gottes
als Bezugsfeld der Gleichnisse genannt wird (Mt 13,24–30; 13,44; 13,45 f.; 13,47–
50; 13,52; 18,23–35; 20,1–16; 21,28–32; 22,1–14; 25,1–13), nicht selten handelt es
sich hierbei um Sonderguttexte des ersten Evangelisten (vgl. auch Joh 3,3–5; Ev-
Thom 22; 64; 97; 98).

Wenn man diesen Befund streng im Sinne einer ursprungsorientierten historischen Jesusforschung auswertet, muss man konstatieren, dass Jesus nur sehr vereinzelt vom Reich Gottes in Gleichnissen sprach. Der eigentliche Erfinder dieser
Überzeugung war wohl Matthäus. Eine erinnerungsorientierte Jesusforschung
sieht hingegen bei Matthäus die Zusammenführung zweier Ströme der Jesuserinnerung: Einerseits die Erinnerung daran, dass Jesus in Gleichnissen sprach, andererseits die Erinnerung an die konstitutive Bedeutung des Reiches Gottes in seiner Verkündigung. Matthäus steht somit nicht gegen die Tradition, die von seiner
Redaktion befreit werden muss, sondern inmitten des Traditionsstroms und
flechtet zusammen, was auch im Gegenstand selbst begründet liegt: Die Gleichnisrede wird als konstitutiv für die Lehre Jesu von Gottes Wirklichkeit betrachtet.
Es ist die konkrete Lebenswelt der Menschen, die zum Anschauungsraum der
theologischen Botschaft Jesu avanciert. Entsprechend kann James D. G. Dunn
übergreifend resümieren: »Jesus was evidently remembered as using parables to
illustrate or illumine what he had in mind when he spoke of the kingdom« (DUNN
2003: 385). Das Beispiel zeigt, wie eng Jesus- und Parabelforschung miteinander
verflochten sind.

3.3.2. Die Suche nach dem historischen Gleichniserzähler – ein forschungsgeschichtlicher Streifzug

Die historische Gleichnisforschung zeichnet sich durch zwei Grundbekenntnisse aus: Zum einen hat man durch alle Phasen der Forschung hindurch an der Authentizität der Gleichnisse als ursprünglicher Jesusrede festgehalten. Zum anderen sah man diese Rede Jesu durch die evangelische Überlieferung als verändert, verstellt und oft genug als verschlechtert an.

Ein markantes Beispiel einer solchen Einschätzung ist mit dem Opus magnum *Die Gleichnisreden Jesu* (Bd. 1: 1886; Bd. 2: 1899) von Adolf Jülicher gegeben, dessen Arbeit in mehrfacher Hinsicht für das 20. Jh. prägend wurde. Jülicher war der Überzeugung, dass die Gleichnisse »auf Jesus selber zurück(gehen)«, ja »dass sie zu dem Sichersten und Bestüberlieferten gehören, was wir an den Reden Jesu noch besitzen.« (JÜLICHER 1910: I, 24). Allerdings sah er markante Unterschiede zwischen der einfachen Gleichnisrede Jesu und der zur Allegorisierung neigenden Überlieferung der Evangelisten (JÜLICHER 1910: I, 2.8.202). Joachim Jeremias griff diese Überzeugungen auf und zog entsprechend methodische Konsequenzen: Man müsse die »Gesetze der Umformung« kennen, um den Weg »von der Urkirche zu Jesus zurück« bis hin zur »ipsissima vox« Jesu (JEREMIAS [11]1998: 18 f.) gehen zu können.

Was für die Überlieferungsgestalt einzelner Gleichnisse galt, konnte aber auch auf die Gleichnisse als Ganze angewandt werden. Besonders innerhalb der amerikanischen Forschung wurde z. B. in der frühen Arbeit von John Dominic Crossan unter dem Titel *In Parables: The Challenge of the Historical Jesus* (1973) das Differenzkriterium auf die Gleichnisforschung übertragen: »Those narrative parables seemed to be most surely his own characteristic pedagogic genre as distinct from the usage of the primitive church and also contemporary Judaism« (CROSSAN 2002: 248 mit Verweis auf seine frühere Arbeit).

Im so genannten »Jesus-Seminar« des Westar-Instituts wurde mit solchen Kriterien eine Liste von 22 Parabeln als »authentisch« ausgewiesen (FUNK 2006: 165–169). Schon typisch für die »Third Quest« der Jesusforschung war hierbei die Einbeziehung außerkanonischer Quellen wie des EvThom, von dem zwei Sondergutgleichnisse in die Liste einbezogen wurden (EvThom 97, 98; ↗ B.X.) Eine gewaltige Reduktion der Textbasis auf nur vier authentische Jesusgleichnisse (Mk 4,30–32; 12,1–11; Mt 22,2–14; 25,14–30 mit Parallelen) hat jüngst J. P. Meier gefordert (MEIER 2016). Die Bestimmung ›echter‹ Jesusgleichnisse unterliegt jedoch meist hermeneutisch-methodischen Zirkelschlüssen.

Dieses Denk- und Auslegungsmuster wird bis in neueste Veröffentlichungen hinein fortgeschrieben. Zum einen dürfen die »Klassiker« wie das »Gleichnis vom verlorenen Schaf« (Lk 15,1–7) nicht fehlen, während anstößige Texte wie das brutale Sklaven-Gleichnis, bei dem der zurückkehrende Hausherr den Sklaven »in Stücke haut« (Lk 12,42–46), häufig missachtet werden. Zum anderen wird versucht eine ursprüngliche Jesusbotschaft gegenüber der späteren, im Neuen

Testament erhaltenen Überlieferung, abzugrenzen. Markante Beispiele jüngerer Zeit sind die Gleichnisauslegungen von Schottroff und Levine. Luise Schottroff wollte in ihrer »nicht-dualistischen« Deutung die eschatologische Botschaft Jesu von einer kirchlich-allegorischen Interpretation trennen, was nicht selten zu der Überzeugung führte, dass Jesus Anti-Gleichnisse formuliert hat (SCHOTTROFF 2005). Ein König, der imperiale Gastmähler und Feldzüge durchführt (z. B. Mt 22,1–14), könne nur ein Zerrbild des Reiches Gottes darstellen (dazu auch CRÜSEMANN 2014). Auch die jüdische Exegetin Amy-Jill Levine sieht in der Überlieferung der Gleichnisse eine gravierende Sinnverschiebung: »The Evangelists wanted to domesticate the parable by turning it into a lesson« (LEVINE 2014: 14.278). Aufgabe der Auslegung sei es, Jesus als jüdischen Gleichniserzähler wieder zu entdecken, den »initial context« (9) und die »original provocation« (10) der Stimme Jesu, wie sie ein jüdischer Zeitgenosse gehört hätte.

3.3.3. Jesus als »Erfinder« der Gleichnisse? Zum religions- und literaturgeschichtlichen Hintergrund

Die Frage, wie jüdisch nun eigentlich die Gleichnisrede Jesu ist, hat die Forschung lange beschäftigt. Zunächst hatte man im Überschwang der frühen Gleichnisforschung des 20. Jh.s eine scharfe Abgrenzung betont: »Der Gegensatz zwischen Jesu Lehrweise und der seiner schriftstellerischen Zeitgenossen aus Israel ist riesengroß. […] Jesus […] steht als Parabolist über der jüdischen Hagada. Seine Originalität ihr gegenüber ist durch seine Meisterschaft erwiesen. Nachahmer leisten nie Grosses, Unsterbliches.« (JÜLICHER I 1910: 165.172; ähnlich JEREMIAS [11]1998: 8).

Bereits Paul Fiebig hatte als Zeitgenosse Jülichers eine solche nahezu antijudaistische Einschätzung kritisiert (FIEBIG 1912: 119–222). Parallelen und Analogien zwischen ntl. und rabbinischen Gleichnissen wurden dann vor allem zum Ende des 20. Jh.s herausgearbeitet (FLUSSER 1981; DSCHULNIGG 1988; YOUNG 1989; 1998; STERN 2006). Inzwischen wird kaum mehr bestritten, dass die Gleichnisse Jesu schon rein formal in den Horizont jüdischer Erzählweise eingeordnet werden können (KOLLMANN 2004). Auch begrifflich findet man hierbei im hebr. Begriff מָשָׁל einen gewissen Rückhalt, der in der Septuaginta vielfach mit dem griech. παραβολή wiedergegeben wurde. Nach Schöpflin kann man מָשָׁל als »Gleichwort/ Vergleichswort« übersetzen (SCHÖPFLIN 2002: 22 f.). Allerdings sind die konkreten Belege von מָשָׁל vielfältig: Meist werden einzelne Sprichwörter מָשָׁל genannt (z. B. summarisch Spr 1,1). Nur vereinzelt kommen erzählende Gleichnistexte in der hebräischen Bibel vor, so etwa im »Weinberglied« (Jes 5,1–7), in »Nathans Strafrede an David« (2Sam 12,1–15), in den Pflanzenfabeln von Jotam (Ri 9,7–15) und Joas (2Kön 14,8–14) oder der Adler-Fabel in Ez 17,3–10. Die Fabeln sind aber streng genommen eine Gattung *sui generis* (ZIMMERMANN 2014a).

Während die spätere rabbinische Literatur eine Fülle von Gleichnissen verzeichnet (Thoma/Lauer nennen je nach Zählweise 500 bis 1400 Gleichnisse, vgl.

THOMA/LAUER 1986: 12; Pesiqta de Rav Kahana 5. Jh. n.Chr.), wird der Begriff
מָשָׁל in der Mischna nur dreimal gebraucht (mSuk 2,9; mNid 2,5; 5,7; dazu
NEUSNER 2006). In den frühen tannaitischen Texten kann man nur ganz wenige
Texte als Gleichnisse bezeichnen (vgl. NOTLEY/SAFRAI 2011). Es ist deshalb ebenso einseitig wie überlieferungsgeschichtlich fragwürdig, wenn man Jesus in einen
breiten Strom jüdischer Gleichnisdichtung einordnen oder gar, wie jüngst Levine,
den jüdischen Gleichniserzähler gegen den christlich erinnerten bewusst abgren-
zen wollte (LEVINE 2014).

Ein ähnliches Bild ergibt sich, wenn man die Gleichnisse des Neuen Testaments in den Horizont der griechisch-hellenistischen Literaturgeschichte und
antiken Rhetorik einordnen will (siehe dazu BERGER 1984: 1110–1124;
DORMEYER 1993: 140–158). Die Gleichnisse Jesu erfüllen die argumentative
Funktion der Überzeugung, was sie in die Nähe zu den antiken Rhetoriklehren
rückt. Unter der Hauptkategorie des Beispiels (παράδειγμα) hatten sowohl Aristoteles (Arist.rhet. 1393a, 28–31) als auch Quintilian (Quint.inst. 5,11.) die
παραβολή als eines der Gestaltungs- und Überzeugungsmittel der Rede angeführt. Allerdings zeigt ein genauer Vergleich auch hier, dass einfache Analogien
oder genealogisch-lineare Ableitungen fehlgehen (ZIMMERMANN 2007b). Die
Gleichnisse Jesu bleiben in ihrer Weise doch eigenständig und beispiellos.
Die Rückfrage nach einem Vor- und Umfeld darf nicht den kreativen und inno-
vativen Umgang mit vorfindlichen Formen übersehen.

3.3.4. Die Vielfalt der Überlieferung

Doch auch wenn die originelle und wirkmächtige Erzählweise des geschichtlichen Jesus ein unbestreitbares Postulat darstellt, bleibt es unzugänglich und alle
Versuche der historischen Jesusforschung, authentische Jesusgleichnisse anhand
von Kriterien (dazu KEITH/LE DONNE 2012) zu rekonstruieren, waren hypothetisch und auch ideologisch. Ein erinnerungsbasierter Ansatz wählt deshalb die
vier- bzw. fünfgestaltige Evangelienüberlieferung (MtEv, MkEv, LkEv, JohEv, Ev-
Thom) als Ausgangspunkt der Analyse. Die Logienquelle Q bleibt hierbei ein
Grenzfall, denn während einige Exegeten ihre Existenz bezweifeln (GOODACRE/
PERRIN 2004; KAHL 2012), stellt sie für andere eine Textüberlieferung zweiter
Ordnung dar, da die Parallelität der Doppelüberlieferung von Matthäus und Lukas doch eine schriftlich fixierte Quelle nahelegt (FLEDDERMAN 2005; ROTH
2017). Dies gilt umso mehr, wenn man die Existenz der Q-Gleichnisse nicht am
Wortlaut, sondern anhand narratologischer Kriterien wie z. B. Plot und Figuren-
konstellation sowie der Bildbereiche bemisst (ZIMMERMANN 2014b; allgemein
dazu FOSTER 2014).

In der Logienquelle Q finden sich »Klassiker« wie »Senfkorn-, Sauerteig-
Gleichnis« (Q 13,18–22) oder »das Verlorene Schaf« (Q 15,1–7). Neben einigen
mehrstufigen Gleichnissen (Q 12,42–46: Knechte; Q 19,12–26: Anvertraute
Pfunde) dominieren Kurzparabeln, die gleichwohl im Vollsinn die Gattungskri-

terien erfüllen (s. u.). Im Aufbau der Logienquelle etwa nach Hoffmann/Heil sind Parabeln in allen sieben Teilen gleich stark vertreten und können somit als Gerüst der Logienquelle gesehen werden (KERN ²2015: 54 f.; HOFFMANN/HEIL 2013: 14 f.; ROTH 2017). Wie bei Q insgesamt spielt die eschatologische Perspektive eine zentrale Rolle, wobei die Vorstellung des nahen Endes unmittelbar auf das Verhalten in der Gegenwart einwirkt (Q 6,34–45; 10,2; 13,24–27; 17,34 f.). Ein auffälliges Kompositionsprinzip der Parabeln ist hierbei die Kontrastierung, bei der jeweils ein gutes und richtiges Verhalten einem schlechten und verwerflichen gegenübergestellt wird (Q 6,47–49; 12,42–46; 17,34 f.; 19,12 f.15–24.26). Negative Verhaltensmuster werden vor Augen gemalt (Q 7,31–35; 11,24–26; 12,39 f.; 12,58 f.; 13,24–27) oder selbst »unmögliche Möglichkeiten« erzählerisch durchgespielt (Q 6,41 f.; 11,34 f.; 14,34 f.; 16,13), um die Rezipienten von Q nicht nur mental, sondern auch affektiv in die Geschichten des Scheiterns hineinzuführen. Auf diese Weise sollen sie selbst zur Entscheidung für oder gegen die Botschaft Jesu herausgefordert werden.

Im MkEv wird die Gleichnisrede gleich zu Beginn der Wirksamkeit Jesu als zentrale Redeform gewürdigt (Mk 4) und zugleich auch eine Meta-Diskussion (so genannte »Parabel-Theorie«; Mk 4,10–12) über die (Un-)Verständlichkeit dieser bildlichen Redeweise wiedergegeben. Die Polarisierung der Adressaten (draußen-drinnen) und die Verknüpfung mit dem Verstockungsmotiv (Jes 6) könnten einen historischen Reflex auf die frühe Ablehnung der Botschaft Jesu darstellen, möglicherweise könnten sie aber auch erzählpragmatisch einen Anreiz für die Mission schaffen.

Das MtEv zeigt sein Spezifikum in der Schaffung einer eigenen »Gleichnisrede« (Mt 13) innerhalb der fünf Redeblöcke, die aber auch sonst von zahlreichen Gleichnissen durchzogen sind (so z. B. 13 Gleichnisse in der Bergpredigt, acht in der Endzeitrede). Die eschatologische Ausrichtung wird mit einem scharfen Dualismus verknüpft, bei dem Gewaltszenarien unmittelbar mit Freudenmotiven des Hochzeitsfests (Mt 22; 25) kontrastiert werden. Diese Gestaltung dient letztlich auch der ethischen Dimension der Texte, die bei Matthäus besonders auch durch Einleitungen und Schlüsse verstärkt wird (MÜNCH 2004; ZIMMERMANN 2009).

Die Jesuserinnerung im LkEv rückt Jesu Zuwendung zu den Marginalisierten ins Zentrum. So werden Randfiguren der Gesellschaft, seien es Sklaven (Lk 12,35–38), seien es Frauen (Lk 15,8–10; 13,20 f.; 18,1–7) oder Kinder (Lk 7,31–35; 11,11–13; 18,17), zu Hauptfiguren der Gleichnisse. Auffällig ist hierbei auch die Kenntnis des städtischen Milieus, die an vielen Stellen durchscheint (πόλις in Lk 14,21; 18,2; 19,17). Besonders deutlich wird die Zuwendung zu den Armen (Lk 4,18) und Sündern (Lk 15,1) in der Zusammenstellung von drei Parabeln zu den Verlorenen (Schaf, Münze, Sohn) in Kapitel 15, in der die barmherzige Parteilichkeit Gottes betont wird.

Durch die Weichenstellung Jülichers war das JohEv lange aus der Gleichnisforschung ausgeschlossen worden. Erst neue überlieferungsgeschichtliche (THEO-

BALD 2002: 334–423) oder literaturwissenschaftliche (STARE 2011; ZIMMERMANN 2012a) Betrachtungen haben gezeigt, dass auch das vierte Evangelium Gleichnisse Jesu erinnert. Erfundene Erzählminiaturen über den Hirten, der seine Schafe aus dem Stall führt (Joh 10,1–5), das ausgesäte Weizenkorn (Joh 12,24) oder die gebärende Frau (Joh 16,21, dazu ZIMMERMANN 2015) bieten durchaus eigene Jesuserinnerungen, die sich vereinzelt mit der synoptischen Tradition überschneiden (Joh 5,19–23: Q 10,22; Mt 11,27; Joh 13,16: Mt 10,24–26).

41 der 109 Logien des EvThom können den Gleichnissen zugerechnet werden. Die historisch-diachron orientierte amerikanische Forschung hat hierbei zum Teil ursprünglichere Versionen (z. B. die Fassung der Gastmahl-Parabel log. 64) oder im Sondergut wie in EvThom 97 (Gleichnis vom Mehlkrug, dazu ZIMMERMANN 2017) oder 98 (Gleichnis vom Attentäter) sogar authentische Jesusgleichnisse gesehen, die in der kanonischen Überlieferung fehlen. Bei den zahlreichen Parallelüberlieferungen sind jedoch auch markante gnostische Färbungen der Erinnerung zu erkennen, indem das »verlorene Schaf« etwa das größte war (EvThom 107). Die neuere Thomasforschung lässt mehr Raum für die Inhomogenität des uns überlieferten Textes, so dass vermutlich sowohl frühe Versionen als auch späte Überarbeitungen in derselben Handschrift anzutreffen sind. Entsprechend schwer ist es aber, eine einheitliche Tendenz, literarische Eigenarten oder eine theologische Linie der Thomas-Parabeln festzulegen.

3.3.5. Gattungsfrage und Methodik: »Parabeln« deuten und verstehen

Wie viele Gleichnisse Jesus »eigentlich« erzählt hat, kann in einem erinnerungsbasierten Ansatz letztlich nicht bestimmt werden. Die einzelnen Quellen variieren von 17 bei Markus bis 54 bei Lukas. Wenn man die gesamte Erinnerung zusammenrechnet, kommt man auf über 100 Gleichnisse. Eine solche, im Vergleich zu vielen Gleichnisbüchern, hohe Zahl hängt aber auch mit der Gattungsbestimmung zusammen. Welche Textabschnitte sind überhaupt Gleichnisse zu nennen?

Das Neue Testament kennt zwei Begriffe, mit denen die bildhafte Rede Jesu übergreifend und auch in der Einleitung zu Einzeltexten bezeichnet wird. Die Synoptiker sprechen von παραβολή, das JohEv von παροιμία (Joh 10,6; 16,25.29). Obgleich die synoptischen Quellen mit παραβολή einen übergreifenden Gattungsbegriff anbieten, hat die Gleichnisforschung immer wieder Differenzierungen vorgenommen. Am bekanntesten war für die deutschsprachige Exegese die Einteilung von Adolf Jülicher in die Untergattungen »Gleichnis im engeren Sinn«, »Parabel« und »Beispielerzählung« (JÜLICHER I 1910: 25–118). Bultmann hatte noch zusätzlich die Gattung »Bildwort« hinzugefügt (BULTMANN [10]1995: 181–184). Seit langem wurde die Beispielerzählung als Gattung *sui generis* kritisiert, weil alle Gleichnisse, wie auch ihre rhetorische Tradition (s. o.) zeigt, beispielhaften Charakter haben und einen Handlungsappell besitzen (vgl. HARNISCH 2001: 84–97; BAASLAND 1986; ausführlich TUCKER 1998). Auch der Begriff »Bildwort/Bildrede« ist als Gattungsbegriff untauglich, weil er bestenfalls als Sammelbegriff für alle figurativen Redeformen dienen kann (vgl. ZIMMERMANN 2012b). Schließlich kommen die Unterscheidungskriterien von »Parabel« und »Gleichnis im engeren Sinn« am Quellenbefund immer wieder an ihre Grenzen: So finden sich bei vielen Texten Zeitenmischungen (»Dieb in der Nacht« Mt 24,43 f. »wachende Knechte« Lk 12,35–38; »Weg zum Gericht« Lk 12,58 f.; Brot der Hunde Mk 7,27 f. etc.), ferner wechseln die Zeitformen innerhalb der synoptischen Überlieferung (Mk 4,30–32: Präsens, Lk 13,18 f./Mt 13,31 f.: Aorist). Die Einschätzung, was alltäglich oder außergewöhnlich ist, steht auf dem fragmentarischen und stets wandelbaren dünnen Gerüst unserer Kenntnisse über die Antike Welt (z. B. Aussaatpraxis zu Mk 4,1–9; Ankunft des Bräutigams bei Mt 25,1–13). Alltäglich erscheinende Vorgänge, wie die Brotteigbereitung, erweisen sich bei näherem Hinsehen (Teigmenge; Auslassung des Knetvorgangs) gerade als ungewöhnlich (zu Q 13,20 f.).

Man ist deshalb gut beraten, wenn man dem Gattungsbewusstsein der frühchristlichen Autoren folgt und nach Kriterien sucht, die alle mit παραβολή bezeichneten Texte vereinen. In Anlehnung an die literaturwissenschaftliche Gattungsdiskussion wie auch an die englischsprachige Forschung bietet sich der Begriff »Parabel« als der übergeordnete Gattungsbegriff an: Im Kompendium der Gleichnisse Jesu hat sich ein Autorenkollektiv auf sechs Kriterien verständigt, wobei gemäß neuerer Gattungstheorie zwischen vier harten und zwei weichen Kriterien unterschieden werden kann (ZIMMERMANN [2]2015: 25):

Eine Parabel ist ein kurzer narrativer (1) fiktionaler (2) Text, der in der erzählten Welt auf die bekannte Realität (3) bezogen ist, aber durch implizite oder explizite Transfersignale einen metaphorischen Bedeutungstransfer in ein anderes semantisches Feld anzeigt (4).

Parabeln sind Miniaturerzählungen, die sich literaturwissenschaftlich betrachtet von Kurzgeschichten (im Ggs. zu LEVINE 2014 »short stories«), Novellen oder Romanen unterscheiden. Ob sie nun einen Vers oder 20 umfassen, spielt demgegenüber keine Rolle, solange sie die Minimalbedingungen des Narrativen (1.) erfüllen, dass zumindest eine Statusveränderung berichtet und nicht nur eine Zustandsbeschreibung (z. B. Mt 5,13: Ihr seid das Licht der Welt) gegeben wird. Die Erzählung ist erfunden (2. fiktional), will also keine historische Begebenheit wiedergeben (faktual). Gleichwohl bleibt der Erzählinhalt auf die als real empfundene Welt bezogen (3. realistisch). Im Gegensatz zu Fabeln oder Mythen, in denen Tiere und Göttergestalten anthropomorph auftreten, bleiben Parabeln realistisch. Es könnte so passieren, wie es erzählt wird. Allerdings werden durch immanente Indizien (z. B. Güte des Weinbergbesitzers in Mt 20,1–20), durch Rahmenverse (z. B. »das Reich Gottes ist wie…«) sowie durch Kontexte (Gespräch im Haus des Pharisäers Simon Lk 7,36–50) Transfersignale gegeben, durch die der Erzählinhalt auf ein fremdes semantisches Feld, in der Regel religiöse oder ethische Bereiche, übertragen wird (4. metaphorisch). So wird ein Anschauungsfeld »neben ein anderes gestellt« oder wörtlich »geworfen«, wie es die Etymologie von »Parabel« aus »παρα – βάλλειν« (nebeneinanderwerfen) anzeigt. Häufig machen Vergleichsformeln diese Zuordnung explizit (z. B. οὕτως … ὡς Mk 4,26.31; vgl. Joh

15,6). Ein Hörer oder eine Leserin soll dann religiösen Tiefensinn im Erzählten erkennen. Dies wird rhetorisch etwa durch die direkte Anrede in Fragen wie z. B. »Wer von euch...?« (Q 11,11; 12,25; Lk 11,5; 14,28; 17,7) oder Imperativen (Q 11,9: »Bittet! Sucht! Klopft an!«; 12,40: »Seid bereit!«; 13,24: »Tretet ein!«) ausgedrückt, die die Leserinnen und Leser unvermittelt ansprechen (5. appellativdeutungsaktiv). Anders als Sprüche stehen Parabeln gewöhnlich in größeren Erzähl- und Argumentationszusammenhängen (6. kontextbezogen), wobei im EvThom solche Kontexte im Blick auf den Makrotext nicht leicht zu ermitteln sind, aber doch auch immer wieder durchscheinen (so POPKES ²2015: 909–915 im Blick auf EvThom 83).

Aus den spezifischen Gattungskriterien ergibt sich zugleich eine spezielle Methodik der Auslegung (vgl. ZIMMERMANN 2017). Zunächst gilt es, die Erzählweise anhand narratologischer Methoden möglichst genau zu erfassen. Manche Parabeln bestehen nur aus einem einzigen Satz (z. B. Q 13,21: Sauerteig) oder einer rhetorischen Frage (z. B. Q 6,39: Blinder Blindenführer; Mt 18,12–14: zum Verlorenen Schaf). Vielfach wird aber von unterschiedlichen Figuren in komplexeren Beziehungskonstellationen und mehrstufigen Handlungssträngen erzählt. Wolfgang Harnisch hat die Drei-Figuren-Konstellation als maßgebliches Gestaltungsprinzip vieler Parabeln wahrgenommen (HARNISCH 2001: 80 f.; vgl. FUNK 1974: 51–81), Dan O. Via unterschied zwischen zwei Typen einer dramatischen Episodenreihung: a) Tat – Krise – Lösung; b) Krise – Tat – Lösung sowie zwischen aufsteigenden (komischen) oder absteigenden (tragischen) Handlungsbewegungen (VIA 1970). Charakteristisch sind weiterhin Dialoge (z. B. Mt 20,1–20: Winzergleichnis) oder »innere Monologe« (z. B. Lk 12,17: Kornbauer; 15,17–19: verlorener Sohn; vgl. HEININGER 1991: 14).

Um den parabolischen Übertragungsvorgang verstehen zu können, gilt es, die realen Anschauungsfelder so genau wie möglich anhand sozial- und realgeschichtlicher Analysen zu erfassen. Die Parabeln Jesu zeigen hierbei eine große Vielfalt: So werden nahezu alle Bereiche des *privaten sowie öffentlichen Lebens* einbezogen, angefangen von elementaren Lebenssituationen wie Geburt, Krankheit und Tod, über die Stillung von Grundbedürfnissen wie Schlafen (Q 17,34), Essen und Trinken (Q 11,11–13) bis hin zu den räumlichen Lebensverhältnissen wie das Bauen eines Hauses (Mt 7,24–27). Häufig geht es aber weniger um die Beschaffenheit eines Gegenstandes als um die damit verknüpften sozialen Verhältnisse. So ist z. B. die Spaltung der Hausgemeinschaft (Q 17,34 f.; Mk 3,25; EvThom 61) von Interesse. Gerade die spannungsvollen *Beziehungen unter Menschen* werden zum Anschauungsgegenstand, so etwa das Verhältnis zwischen Eltern und Kind, zwischen Brüdern und Freund(inn)en oder Sklaven und Herren. Auch *Arbeits- und Dienstverhältnisse* im weiteren Sinn wie z. B. die Entlohnung von Tagelöhnern (Mt 20,1–16) oder die Entlassung eines Verwalters (Lk 16,1–8) spielen eine Rolle. Innerhalb der Arbeitswelt wird häufig auf Verhältnisse Bezug genommen, wie sie im kleinbäuerlichen Milieu etwa des galiläischen Dorfes anzunehmen sind (Fischfang, Ackerbau etc.). Besonders wird hier auch die Lebenswelt der Frauen zur Geltung gebracht, wie etwa so tiefgehende Erlebnisse wie die Geburt eines Kindes in Joh 16,21 (dazu ZIMMERMANN 2015, allgemein BEAVIS 2002); ebenso wie die Knechts- bzw. Sklaven-Gleichnisse eine auffällige Gruppe bilden (Q 12,42–46; Mk 13,33–37; Lk 17,7–10; Mt 18,23–35). Doch die erzählte Welt der Parabeln lässt sich nicht auf eine bestimmte soziale Schicht begrenzen, wie es die befreiungstheologische Parabelauslegung zeigen wollte (HERZOG 1994; VAN ECK 2016). So ist auch von reichen Herden- (Lk 15,1–7) und Landbesitzern (Mk 12,1–12; Lk 12,16–20) die Rede und es kommen bei einer ganzen Reihe von Parabeln die Bereiche des Handels (Mt 13,45 f.; EvThom 76; 109), der Finanzen (Lk 7,41 f.; 16,1–8; Q 19,12–26) oder des Rechts (Q 12,58 f.; Lk 18,1–8) in den Blick. Schließlich kann auch der *außermenschliche Bereich* eigens in den Mittelpunkt gerückt werden, indem Pflanzen z. B. Feigenbaum (Mk 13,28 f.; Lk 13,6–9), Lilien (Q 12,27) oder einzelne Senf- (Mk 4,30–32) und Weizenkörner (Joh 12,24; EpJac NHC I 8,10–27, vgl. Mk 4,1–9 Sämann), ja sogar das »Unkraut« (Lolch in Mt 13,24–30) Anschauungsfelder der Parabeln darstellen. Auch hier geht es wiederum um Funktionen und Handlungen wie die Wachstums- (z. B. Mk 4,26–29; Mt 13,24–30; Joh 12,24) oder Ernte-Gleichnisse (Q 6,43–45; 10,2; 12,24; Joh 4,35–38; EvThom 63) demonstrieren. Jesus hatte aber auch »ein Herz« oder zumindest »Auge für Tiere«, denn wir lesen von Schweinen (Mt 7,6; Agr 165), Hunden (Mk 7,27 f.; EvThom 102, vgl. Lk 16,21) und Pferden (EvThom 47,1–2), ebenso wie von nistenden Vögeln (Mk 4,32–34), Fischen (Mt 13,47–50; EvThom 8), Raben (Q 12,24), Wölfen (Joh 10,12) und Aasgeiern (Q 17,37), ohne dass diese aber zu Fabelwesen anthropomorphisiert werden.

Metaphorizität und Appellstruktur laden schließlich zur aktiven Deutung ein, weshalb Parabeln ein beliebtes Lern- und Anwendungsfeld für rezeptionsästhetische Auslegungsmethoden (SCHULTE 2008) ebenso wie für die Bibeldidaktik (MÜLLER 2008; ZIMMERMANN 2013) wurden. Die spezifische Sprechweise der Gleichnisse erfordert auch eine multiple wissenschaftliche Analyse, die sowohl historische und traditionsgeschichtliche als auch narrative und rezeptionsästhetische Aspekte einbezieht. Sie darf die in ihrer Bildlichkeit prinzipiell offenen Texte nicht durch einlinige Erklärungen einengen. Nur im Eröffnen von Verstehenshorizonten bleibt die Gleichnisrede lebendiges Wort Gottes, das im Vorgang der Rezeption je und je neu Sinn stiftet und sogar Glauben weckt.

CRÜSEMANN, Marlene u. a. (Hg.) 2014: Gott ist anders. Gleichnisse neu gelesen auf der Basis der Auslegung von Luise Schottroff, Gütersloh.

SCHULTE, Stefanie 2008: Gleichnisse erleben. Entwurf einer wirkungsästhetischen Hermeneutik und Didaktik, PTHe 91, Stuttgart.

SNODGRASS, Klyne 2008: Stories with Intent: A Comprehensive Guide to the Parables of Jesus, Grand Rapids.

ZIMMERMANN, Ruben (Hg.) ²2015: Kompendium der Gleichnisse Jesu, Gütersloh.

– 2008: Hermeneutik der Gleichnisse Jesu. Methodische Neuansätze zum Verstehen urchristlicher Parabeltexte, WUNT 231, Tübingen (Studienausgabe 2011).

– 2017 (in Vorbereitung): Parabeln der Bibel. Die Sinnwelten der Gleichnisse Jesu entdecken, Gütersloh.

Ruben Zimmermann

3.4. Gerichtsvorstellungen Jesu

3.4.1. Die Gerichtsvorstellungen Jesu von Nazaret bewegen sich ganz im Rahmen der eschatologischen *Gerichtserwartungen des Judentums seiner Zeit*. Sie richteten sich auf ein eschatisches Eingreifen Gottes, das mit dem Ziel erfolgt, die von ihm in die Welt hineingelegte Heilsordnung wiederherzustellen und seine universale Herrschaft gegen alles ihr Entgegenstehende auch gewaltsam durchzusetzen. Dieses Eingreifen Gottes wurde als ein Handeln erwartet, mit dem Gott alles seiner Herrschaft Entgegenstehende vernichtet sowie alle bestraft, die nicht seiner Weltordnung entsprechend gelebt, sondern ihr zuwider gehandelt haben. Für die Ereignisgestalt von Gottes Eingreifen lassen sich zwei Gerichtsvorstellungen voneinander unterscheiden. Deren Abläufe scheinen zwar nicht miteinander vereinbar zu sein, doch können beide Vorstellungen problemlos nebeneinander existieren. Häufig stehen sie auch in ein und derselben Schrift nebeneinander.

Zum einen wurde Gottes Gericht als sog. *Vernichtungsgericht* erwartet. Diese Vorstellung knüpft an die alten Traditionen vom Jahwe-Krieg an, den Gott gegen seine und seines Volkes Feinde führt: Gott kommt (gegebenenfalls mit seinem Engelheer) vom Himmel auf die Erde herab und vernichtet alles, was seinem göttlichen Willen entgegensteht. Beschreibungen dieses Gerichtstyps finden sich z. B. in Sach 14; Sib 3,51–60.556–561; AssMos 10,1–10; 12,3–16. Dieses Gerichtshandeln richtet sich immer nur gegen die Widersacher Gottes und seines Volkes. Die Frommen und Gerechten erfahren es als Befreiung von ihren Feinden und Unterdrückern. Bei diesem Gerichtstyp steht darum immer schon vorher fest, wer auf der Seite des Heils steht und wer nichts als Unheil zu erwarten hat.

Daneben gibt es die Erwartung eines *forensischen Verfahrens vor dem Thron des Richters*, wie es z. B. in 1Hen 62 geschildert wird (vgl. aber auch 1Hen 47,3 f.; 90,20–27; Dan 7,9 f. u. ö.). Auch in Mt 25,31–46 wird ein solcher Gerichtstyp beschrieben, selbst wenn diese Erzählung vom Weltgericht wohl nicht auf Jesus zurückgeht. Für diese Gerichtsvorstellung ist charakteristisch, dass es sich hierbei nicht um einen Prozess handelt, bei dem die Wahrheit erst noch gesucht werden muss. Das Verfahren vor dem Thron des endzeitlichen Richters dient weder der Urteilsfindung noch hat es einen offenen Ausgang. Es geht vielmehr immer nur darum, Heil und Unheil zuzuweisen, und es steht immer schon vorher fest, für wen das Verfahren mit der Zuweisung von Heil endet, und wer von dem Richter Unheil zugewiesen bekommt. Darüber hinaus orientiert sich auch dieser Gerichtstyp nicht an Individuen, sondern an Gruppen: Häufig müssen nur die Sünder vor dem Richter erscheinen, um die Zuweisung von Unheil zu empfangen. Wenn auch die Gerechten vor den Thron des Richters treten, dann erscheinen sie dort ebenfalls immer nur als Gruppe und damit der Richter ihnen Heil zusprechen kann.

In seiner theologischen Substanz ist Gottes eschatisches Gerichtshandeln, wie es vom frühen Judentum erwartet wurde, immer *auch* bzw. – recht verstanden – *eigentlich* Heilshandeln. Es ist in dem Sinne *Gericht*, dass Gott in ihm seine heilvolle Weltordnung wieder auf*richtet*. »Gericht« und »Heil« sind darum immer miteinander verbunden, denn wenn Gott seine und seines Volkes Feinde überwindet sowie den Sündern Unheil und den Gerechten Heil zuweist, handelt er als Richter immer auch als Retter und ist sein Gerichtshandeln immer auch Heilshandeln.

Von diesen beiden Gerichtstypen ist in der Überlieferung von Johannes dem Täufer ausschließlich der erste Gerichtstyp, das sog. »Vernichtungsgericht«, belegt (Lk 3,7–9.16 f.): Johannes kündigt den Feuerrichter an, der ganz Israel mit seinem »Zorn« überzogen wird, wobei nur diejenigen der Vernichtung durch »unauslöschliches Feuer« (Lk 3,17par.) entgehen, die sich der von ihm propagierten »Taufe der Umkehr zur Vergebung der Sünden« (Mk 1,4; Lk 3,3; vgl. auch Mt 3,11; Apg 13,24; 19,4) unterzogen haben. Auch bei Johannes hat das Gericht keine andere Aufgabe, als Heil und Unheil *zuzuweisen*. Wie es sich verteilt, steht schon vorher fest.

Innerhalb der Jesusüberlieferung sind demgegenüber beide Gerichtstypen vertreten: Die Erwartung eines Vernichtungsgerichts ist in Lk 13,1–5 und 17,26–30.34 f. erkennbar, während in Lk 11,31 f.par. und 12,8 f.par. (vgl. auch Mk 8,38) die Vorstellung eines forensischen Verfahrens vor dem Thron des Richters durchscheint.

3.4.2. Das theologische Profil, das die Besonderheit von Jesu Rezeption dieses gerichtseschatologischen Grundwissens ausmacht, wird durch die *Kriterien* bestimmt, an denen Gott die Verteilung von Heil und Unheil in seinem Gerichtshandeln orientiert.

In der jüdischen Tradition war es im weitesten Sinne die Tora, mit der Gott seine heilvolle Ordnung der Welt eingestiftet hat, die als kritterieller Orientierungsmaßstab für die Zuweisung von Heil und Unheil durch das Gericht fungiert. Bei Johannes dem Täufer trat die bereits erwähnte »Taufe der Umkehr zur Vergebung der Sünden« (Belege s. o.) in diese Funktion ein: Alle, die seiner prophetischen Botschaft Glauben geschenkt haben und sich von ihm »taufen« ließen, stehen am Ende, bei der Zuweisung von Heil und Unheil, auf der Heilsseite: Sie werden nicht wie das Stroh verbrannt, sondern wie der Weizen in der Scheune geborgen (Lk 3,17par.; vgl. auch Mk 1,8: Sie werden »in Heiligen Geist getaucht«).

Demgegenüber sind die Gerichts- und Heilsvorstellungen bei Jesus von Nazaret in den Kontext seiner Selbstauslegung einzuordnen, wie er sie als Bestandteil seiner Verkündigung der Königsherrschaft Gottes vorträgt. Für sie sind zwei Elemente, die in enger Verbindung miteinander stehen, konstitutiv:

Zum einen tritt Jesus mit dem Anspruch auf, dass in seinem Wirken, d. h. wenn er Dämonen austreibt, Kranke heilt oder mit den Menschen isst und trinkt, das endzeitliche Heil der Königsherrschaft Gottes bereits präsent und erfahrbar ist (vgl. vor allem Lk 11,20par.; 17,20 f. sowie Lk 7,22par./Mt 11,5 mit der Anspielung auf Jes 26,19; 29,18; 35,5 f.; 61,1; Lk 16,16par.; vgl. auch Mk 2,18–19a). Dem entspricht, dass sich in seiner Hinwendung zu den Menschen die allein Gott zustehende Sündenvergebung ereignet (vgl. Mk 2,5.7) oder dass er die Hinwendung der Sünder zu *ihm* als Umkehr zu *Gott* deutet (Lk 7,36–50; 15,1–32).

Zum anderen geht damit eine theologisch profilierte Zukunftserwartung einher, denn auch wenn die Heilswirklichkeit der Königsherrschaft Gottes sich in Jesu Wirken bereits in der Gegenwart *punktuell* ereignet, steht noch etwas Entscheidendes aus: ihre *universale* Aufrichtung über den gesamten Erdkreis. Sie kommt dadurch zustande, dass Gott selbst kommt und von Zion-Jerusalem aus seine Herrschaft über die gesamte Welt durchsetzen wird (vgl. Lk 11,2par./Mt 6,10; Mk 1,15; 14,25). Für Jesus stand diese Durchsetzung der universalen Königsherrschaft Gottes unmittelbar bevor. Darüber hinaus erwartete er, dass sie mit einem Gerichtshandeln Gottes einherging, der sich bei der Zuweisung von Heil und Unheil an nichts anderem orientieren wird als daran, wie die Menschen auf den in Jesu Selbstauslegung zum Ausdruck kommenden Anspruch reagiert haben: Wer diesen Anspruch akzeptiert, bekommt in dem mit Gottes Herrschaftsantritt einhergehenden Gericht Heil zugewiesen, wer ihn ablehnt, verfällt demgegenüber dem Unheil.

3.4.3. Diese Konstellation gibt den Rahmen ab, in den die Texte eingeordnet werden können, die Auskunft über Jesu Gerichts- und Heilsvorstellungen geben:

3.4.3.1. In allgemeinster Form tritt der Zusammenhang von Stellung zu Jesus in der Gegenwart und Ergehen im zukünftigen Gericht vielleicht in der talionsartigen Formulierung gegenüber, mit der er in Lk 12,8 f. (par. Mt 10,32 f.; vgl. auch Mk 8,38) beschrieben wird: Wer sich vor den Menschen zu Jesus »bekennt«, zu dem wird sich im Endgericht auch der Menschensohn »bekennen«, und alle, die Jesus vor den Menschen »verleugnen«, werden auch im Endgericht »verleugnet« werden. Das Gegenüber von »bekennen« und »verleugnen« bildet hier erst das Gegenüber von Akzeptanz und Ablehnung des Anspruchs Jesu ab und dann das Gegenüber der Zuweisung von Heil und Unheil im Endgericht. In Mk 8,38 wird nur die Unheilsseite thematisiert: Wer sich Jesu und seiner Worte »schämt«, dessen wird sich im Gericht auch der Menschensohn »schämen«, d.h. er bekommt Unheil zugewiesen. Die komplementäre Entsprechung dazu auf der Heilsseite ist in Lk 7,23par. überliefert: »Selig ist, wer an mir keinen Anstoß nimmt«. Wie »an mir keinen Anstoß nehmen« gleichbedeutend mit »sich zu mir bekennen« (Lk 12,8par.) und das Gegenteil von »sich meiner und meiner Worte schämen« (Mk 8,38) ist, so sagt die vorangestellte Feststellung »selig ist« all denen eschatisches Heil zu, die seinen Anspruch, Repräsentant von Gottes Heil unter den Menschen zu sein, nicht zurückweisen. Unter Rückgriff auf eine andere Metaphorik, inhaltlich aber mit identischer Ausrichtung, stellt Jesus denselben Zusammenhang auch in Lk 14,15–24 und 13,23–29 (beide Texte mit Varianten und Parallelen in Mt 22,1–10 und in 7,13–14.22 f.; 8,11 f.; 25,10–12) her: Die Einladung zum Festmahl steht hier für die Aufforderung, mit Jesus den in ihm und seinem Wirken erfahrbaren Anbruch der eschatischen Heilszeit zu feiern (vgl. auch Mk 2,18–19a; Lk 19,9). Wer diese Einladung ausschlägt, weil er Jesu Anspruch nicht anerkennt und darum mit seinen alltäglichen Verrichtungen fortfährt wie bisher (vgl.

Lk 14,18–20), wird mit dem Ausschluss vom eschatischen Festmahl bestraft, das im Reich Gottes mit all denen gefeiert wird, die Jesu Einladung bereits in der Gegenwart Folge geleistet haben. Ins Ethische gewendet und noch einmal mit einer anderen Metaphorik setzt sich dasselbe Gegenüber auch in dem Gleichnis von den beiden Häusern in Lk 6,46–49par. fort. – Die exklusive Ausrichtung der Zuweisung von Heil und Unheil im Endgericht hat deren radikale Individualisierung zur Folge. Es kommt immer und ausschließlich darauf an, wie sich jeder einzelne Mensch zu Jesu Anspruch verhalten hat. Davon hängt ab, ob er bzw. sie Heil oder Unheil erfährt. Zum Ausdruck gebracht wird dieses Prinzip in Lk 17,34 f.par.: Demnach können selbst zwei Menschen, die einander so nahe sind wie zwei Männer, die gerade auf ein und demselben Bett liegen (Lk 17,34) bzw. zusammen auf dem Feld arbeiten (Mt 24,40), oder wie zwei Frauen, die gerade ein und dieselbe Mühle bedienen (Lk 17,35par.), ein je unterschiedliches Ergehen bei der Durchführung von Gottes Gericht zugewiesen bekommen: Der/die eine Heil, und zwar dadurch, dass er/sie »weggenommen« wird und so vor dem Vernichtungsgericht bewahrt bleibt, während der/die andere »zurückgelassen« wird und so mit allen anderen zugrunde geht. In allen Fällen findet eine Einzelfallprüfung statt, und die orientiert sich an nichts anderem als daran, wie man sich zu Jesu Anspruch gestellt hat.

3.4.3.2. Die konsequente Orientierung der Gerichts- und Heilserwartung Jesu an der Reaktion auf seine Selbstauslegung findet ihre Entsprechung darin, dass Jesu Verkündigung mit einer Umkehr-Forderung einhergeht und den Menschen im Fall der Verweigerung von Umkehr eschatisches Unheil angedroht wird (vgl. vor allem Lk 13,1–5, aber auch Mt 18,3 und Mk 1,15). »Umkehr« bedeutet in diesem Zusammenhang, die überkommenen Existenzorientierungen und Heilserwartungen hinter sich zu lassen und Jesus als denjenigen zu akzeptieren, in dessen Auftreten das Heil der Gottesherrschaft zugänglich ist. Nicht mit der Androhung von Unheil, sondern mit der Zusage von Heil wird die Umkehrforderung in einigen Gleichnissen begründet: Nach Mt 13,44.45 f., den Gleichnissen vom Schatz im Acker und der kostbaren Perle, entspricht die Umkehr, die die Begegnung mit Jesus erforderlich macht, dem Verhalten von Menschen, die sich von ihrem gesamten Besitz trennen, um einen Acker mit einem in ihm verborgenen Schatz oder eine kostbare Perle kaufen zu können: Das in Jesus zugängliche Heil der Gottesherrschaft ist ein Wert, für den es sich lohnt, alles dahinzugeben, was einem bisher wichtig war. Hiervon nicht weit entfernt ist auch das Gleichnis vom klugen Verwalter (Lk 16,1–8), denn auch hier wird eine geglückte Reaktion auf Jesu Verkündigung erzählt. Jesus selbst kommt in V. 1–3 vor: Sein Auftreten entzieht den vertrauten Existenz- und Heilsorientierungen der Menschen die Grundlage und verlangt von ihnen, sie in einer Weise neu zu justieren, die in radikaler Diskontinuität gegenüber dem steht, was ihrem Leben bisher Halt und Sicherheit gegeben hatte. Eben das tut der Verwalter, und er wird darum auch für seine Klugheit gelobt (V. 8a). Sein Verhalten wird den Hörern des Gleichnisses als ein positives Beispiel für die von Jesus verlangte Umkehr präsentiert. In Lk

13,24par. kleidet Jesus die Umkehrforderung in die Metapher vom »Hineingehen durch die enge Pforte«.

3.4.3.3. Wesentlicher Bestandteil der Gerichts- und Heilsvorstellungen Jesu war darüber hinaus die Gewissheit, dass die universale Durchsetzung der Gottesherrschaft unmittelbar bevorsteht. Diese Naherwartung verlieh seiner Umkehrforderung eine besondere Dringlichkeit. Auch sie ist Bestandteil der Selbstauslegung Jesu, denn inhaltlich gewinnt sie ihre Eigenart dadurch, dass Jesus die Menschen auffordert, in seinem Auftreten die Situation zu erkennen, in der ihnen letztmals die Möglichkeit eingeräumt wird, ihre Existenzorientierung auf das andringende Gericht hin auszurichten. In diesem Sinne charakterisiert er die Situation, in die sein Wirken die Menschen versetzt, in Lk 12,54–59 als »diesen Kairos« (V. 56b) der Entscheidung: Er stellt sie als Schuldner dar, die sich auf dem Weg zum Gericht befinden und denen jetzt die allerletzte Möglichkeit eingeräumt wird, einer Verurteilung und ihren Unheilsfolgen dadurch zu entgehen, dass sie im Sinne von Lk 13,3.5 »umkehren« und seine Selbstauslegung akzeptieren. Menschen, die diesen Charakter der Situation verkennen, weil sie die eschatische Bedeutung von Jesu Auftreten nicht wahrhaben wollen, ergeht es wie dem Kornbauern in Lk 12,15–20 (Thema dieses Gleichnisses war ursprünglich nicht die Unterscheidung von wahrem und falschem Reichtum, sondern die sachgerechte Beurteilung der Zeit): Er ist ein »Narr« (V. 20), weil er noch mit »vielen Jahren« rechnet (V. 19) und nicht bedenkt, dass er noch »in dieser Nacht« sein Leben lassen muss (V. 20).

3.4.3.4. Zu diesem Vorstellungszusammenhang gehört dementsprechend auch eine Reihe von Aussagen, die ihren gemeinsamen Nenner darin finden, dass sie sich als Reaktionen interpretieren lassen, mit denen Jesus auf die Zurückweisung seines Anspruchs reagiert. Er deutet sie als Verweigerung der geforderten Umkehr (s. 3.4.3.2) und antwortet darauf, indem er feststellt, dass das andringende Gericht nicht mehr lediglich bedingt wie in Lk 12,58 f.par.; 13,1–5, sondern definitiv und unausweichlich Unheil über sie bringen wird. Greifbar wird diese Erwartung in den Wehe-Worten gegen Chorazin und Betsaida (Lk 10,13 f.par.), in dem Wort gegen Kafarnaum (Lk 10,15par.) sowie in dem Doppelwort über das Auftreten der »Königin des Südens« und der Niniviten im Jüngsten Gericht als Zeugen gegen »diese Generation« (Lk 11,31 f.par.). In diesen Worten wird immer wieder die Ankündigung des unausweichlichen Unheils mit der Verweigerung der Umkehr begründet, die die Begegnung mit Jesus von ihnen verlangt hätte.

3.4.3.5. Aus den zuletzt genannten Texten geht aber auch hervor, dass es nicht ausreicht, lediglich nach Jesu *Vorstellungen* von Gericht und Heil zu fragen. Es kommt vielmehr darauf an, auch den pragmatischen *Gebrauch* zu thematisieren, den Jesus von ihnen macht. Die Wehe-Worte gegen Chorazin und Betsaida sowie das Wort gegen Kafarnaum werden in Lk 10,13–14.15 als Bestandteil einer Rede erzählt, die Jesus an die Jünger richtet. Ebenso wird man auch von den anderen Unheilsankündigungen vorauszusetzen haben, dass sie mindestens im Beisein von Anhängern Jesu gesprochen wurden, wenn diese nicht überhaupt als intendierte Hörer dieser Worte zu veranschlagen sind. Für diese Annahme spricht, dass es ganz bestimmt nicht Jesu Gegner, sondern immer nur seine Anhänger waren, die seine Worte überliefert haben. Die oben zitierten Unheilsankündigungen sind dann nicht Worte *an* die in ihnen Genannten, sondern Worte *über* sie. Eigentliche Adressaten dieser Gerichtsworte sind dann die Jünger, die sich für Jesus entschieden haben. Die Ankündigung des Unheils für diejenigen, die diese Entscheidung abgelehnt haben, bekommen dadurch eine Jesu Anhänger tröstende und stabilisierende Funktion. Diese pragmatische Intention haben Jesu Gerichts- und Heilsvorstellungen nicht nur mit der jüdischen Apokalyptik gemeinsam, sondern auch mit der Gerichtspredigt Johannes des Täufers, wie sie in Lk 3,17par. überliefert ist.

Sie findet ihren Ausdruck darüber hinaus in Lk 17,26–30par., einem Ausschnitt aus Jesu Rede über das Kommen des Menschensohnes, die ebenfalls an die Jünger gerichtet ist. Jesus konstruiert hier eine Analogie zwischen der Gegenwart auf der einen Seite sowie den Zeiten Noahs und Lots auf der anderen. Für die Jünger dürften vor allem zwei Aspekte miteinander vergleichbar gewesen sein: zum einen die Tatsache, dass in beiden Fällen die Rettung einiger weniger mit der Vernichtung aller anderen einhergeht, und zum anderen die auffällige Beschreibung der noachitischen Menschheit und der Bewohner Sodoms in V. 27a.28b. Jesus beschreibt nicht ihre Sündhaftigkeit, sondern genau das, was die Jünger in ihrer eigenen Umwelt sehen – dass die Menschen nicht auf Jesus achten, sondern mit ihrem Leben weitermachen wie jeden Tag. Die Ähnlichkeit mit dem in Lk 12,19; 14,18–20 geschilderten Verhalten (s. 3.4.3.1) ist nicht zu übersehen. Um die Jünger gegen die von dieser Situation ausgehenden Zweifel an ihrer eigenen Entscheidung für Jesus, für den sie ihr gesamtes bisheriges Leben aufgegeben haben, zu immunisieren, kündigt er an, dass es den Menschen, die sich von seiner Verkündigung bei ihren alltäglichen Verrichtungen nicht stören lassen, genauso ergehen wird wie der Sintflutgeneration und den Bewohnern Sodoms. Diese Unheilsankündigung hat darum keine andere Funktion als die Jünger der Richtigkeit ihrer Entscheidung für Jesus zu vergewissern.

3.4.3.6. Eine eigene Gruppe bilden schließlich noch Gerichts- und Heilsankündigungen, die Bestandteil von paränetischen Reden sind, die den Jüngern Jesu einschärfen wollen, dass aus ihrer Entscheidung für Jesus ein bestimmtes Verhalten zu folgen hat, und dafür den rhetorischen Affekt der Furcht mobilisieren, indem sie die ethische Forderung mit einer Gerichtsdrohung bewehren. Gegenstand solcher Mahnreden kann zum einen die Warnung vor der Aufgabe der neugewonnenen Existenzorientierung und die Abwendung von Jesus sein. Hierauf sind wohl die in Mk 9,43–48 überlieferten Worte bezogen, die vielleicht ein selbständiges Seitenstück in Mt 5,29 f. haben. Auch Lk 12,4 f.par. ergibt in diesem Zusammenhang einen guten Sinn, und nicht unplausibel ist in diesem Kontext auch das bereits besprochene Wort vom »Bekennen« und »Verleugnen« Lk 12,8 f. par. (vgl. auch Mk 8,38; s. 3.4.3.1).

In anderen Texten werden Drohungen von Gericht und Unheil aufgeboten, um unter den Anhängern Jesu bestimmte Verhaltensweisen im Umgang mit anderen Menschen verbindlich zu machen. In diesem Sinne droht das Gleichnis vom unbarmherzigen Knecht Mt 18,23–35 all denen Unheil an, die die Vergebung, die sie von Gott empfangen haben, nicht an andere Menschen weitergeben. Ganz analog wird auch die Forderung, auf das gegenseitige Richten/Verurteilen zu verzichten (Lk 6,37par.), mit einem talionsartigen Ausblick auf das eigene Ergehen im Gericht begründet.

3.4.4. Aufs Ganze gesehen bewegen sich Jesu Gerichts- und Heilsvorstellungen einerseits ganz im Rahmen der im antiken Judentum geläufigen Erwartung, die auch Johannes der Täufer geteilt hat: Wenn Gott zum Gericht kommt, ist dessen Ausgang nicht mehr offen, denn die Funktion des Gerichts beschränkt sich darauf, Heil und Unheil den Menschen lediglich *zuzuweisen*. Das kann in Form eines reinen Vernichtungsgerichts geschehen oder in Form eines forensischen Gerichtsverfahrens. Die Entscheidung darüber, welche Menschen Heil und welche Unheil zugewiesen bekommen, fällt in der Gegenwart, und sie steht bei Beginn des Gerichts unrevidierbar fest. Wie alle, die im frühen Judentum Gerichtsszenarien entwerfen, weiß auch Jesus bereits in der Gegenwart, wie sich die Zuweisung von Heil und Unheil verteilen wird.

Was die Besonderheit von Jesu eigener Gerichtserwartung ausmacht, lässt sich in zwei Schritten beschreiben: Zum einen erwartet er wie Johannes der Täufer, dass der Anbruch dieses Gerichts unmittelbar bevorsteht. Möglicherweise hat Jesus diese Naherwartung vom Täufer übernommen. Zum anderen – und hierin wird man das Alleinstellungsmerkmal von Jesu Gerichtserwartung zu sehen haben – orientiert sich bei ihm die Zuweisung von Heil und Unheil ausschließlich an dem Kriterium, ob die Menschen seinem Anspruch zugestimmt oder ob sie ihn abgelehnt haben: dass nämlich in seinem eigenen Wirken bereits in der Gegenwart Gottes Heil unter den Menschen erfahrbar ist. Dieser Aspekt trennt Jesu Gerichtserwartung darum auch von derjenigen Johannes' des Täufers, so dass man sagen kann: Der einzig maßgebliche Unterschied zwischen den Gerichts- und Heilsvorstellungen Jesu von Nazaret und Johannes' des Täufers ist Jesus.

REISER, Marius 1990: Die Gerichtspredigt Jesu. Eine Untersuchung zur eschatologischen Verkündigung Jesu und ihrem frühjüdischen Hintergrund, NTA NF 23, Münster.

RINIKER, Christian 1999: Die Gerichtsverkündigung Jesu, EHS.T 653, Bern u. a.

WOLTER, Michael 2009: »Gericht« und »Heil« bei Jesus von Nazareth und Johannes dem Täufer, in: DERS.: Theologie und Ethos im Neuen Testament. Studien zu Jesus, Paulus und Lukas, WUNT 236, Tübingen, 31–63.

ZAGER, Werner 1996a: Gottesherrschaft und Endgericht in der Verkündigung Jesu. Eine Untersuchung zur markinischen Jesusüberlieferung einschließlich der Q-Parallelen, BZNW 82, Berlin/New York.

Michael Wolter

3.5. Das Beten Jesu, Vaterunser

3.5.1. Voraussetzungen

Das Gebetsleben Jesu ist – wie das aller Betenden – bestimmt durch Gottesbild (↗ D.IV.3.1), Selbstbild (↗ D.IV.3.8) und Inhalt der Gebete. Diese unterschiedlichen Faktoren stehen in einer Wechselbeziehung: Aus der Art zu beten und aus den Inhalten der Gebete lässt sich auf das Verhältnis schließen, in dem sich die Betenden zum Adressaten des Gebetes sehen und es wird deutlich, wer und was Gott für die Betenden ist.

Zugleich impliziert jedes Gottes- oder Selbstbild bestimmte Gebetsformen und schließt andere Formen des Gebetes aus: So entspricht auf der einen Seite einem sich exklusiv als Gottessohn verstehenden Beter kein reumütiges Sündenbekenntnis. Auf der anderen Seite wäre gegenüber einem unnahbaren und abstrakten Gott ein inniges, persönliches Gebet unangemessen. Jede Veränderung einer der drei Hauptkomponenten (Gottesbild, Selbstbild, Gebetsinhalt) wirkt sich unmittelbar auf das Gesamtgefüge und auf die Darstellung der jeweils anderen Faktoren aus.

Jede Aussage über das Gebet Jesu spiegelt das Jesusbild der Betrachtenden. D.h. wer das Beten Jesu beschreibt oder bewertet, hat sich der oben benannten Wechselwirkungen bewusst zu werden und zu fragen, inwieweit eigene Vorstellungen und Wünsche einzelne Aspekte und damit das Gesamtbild beeinflussen.

Die hier gebotene Darstellung des Betens Jesu benennt zentrale Aspekte seines Gebetslebens. Dabei ist zu berücksichtigen, dass sich die ntl. Zeugnisse in ihrer Deutung des Gebetslebens Jesu unterscheiden und dass jeder der Autoren des Neuen Testamentes selbst gebunden war an die eingangs geschilderte Wechselwirkung.

Bei allen Bedingtheiten existiert über kaum eine Persönlichkeit der Antike und deren Umwelt so vielfältiges Quellenmaterial mit Bezug auf ihr Gebetsleben wie über Jesus von Nazaret. Auch der zeitliche Abstand zwischen dem Tod Jesu und ersten Aufzeichnungen über sein Leben und seine Botschaft ist, gemessen an anderen historischen Personen, bemerkenswert klein. Damit ist es wahrscheinlich, dass Eindrücke von Zeitzeugen und Menschen, die von deren unmittelbaren Berichten Kenntnis hatten, in die Darstellungen mit eingeflossen sind und so den überlieferten Texten eine hohe Authentizität verleihen.

Es ist Konsens unter den Biografinnen und Biografen, dass Jesus von Nazaret wesentlich durch sein Beten gekennzeichnet ist. So bietet der Evangelist Lukas an den entscheidenden Punkten seines Evangeliums Gebete: Er allein erwähnt, dass Jesus bei seiner Taufe (Lk 3,21 f.) und vor seiner Verklärung (Lk 9,29) gebetet hat. Den Inhalt der Gebete benennt er nicht. Auch wenn dem Evangelisten über die Existenz dieser Gebete kein Material vorgelegen hätte, wäre für Lukas das Beten Jesu im Kontext von Berichten über eine Himmelsstimme eine Selbstverständlichkeit gewesen, die von anderen zu notieren versäumt worden war.

Der hohe Stellenwert des Betens Jesu in Getsemani kommt nicht nur in den Evangelien, sondern auch durch dessen Erwähnung im Hebräerbrief (Hebr 5,7) zum Ausdruck.

Das von Jesus überlieferte Beten ist in der Regel ein unliturgisches, persönliches Beten. Daraus jedoch zu folgern, Jesus habe diese Art zu beten »erfunden« und nur *er* habe in dieser Form gebetet, wäre methodisch ebenso problematisch wie der Schluss, Jesus habe sich nicht an gottesdienstlichen Gebeten beteiligt (s. u.).

Die Erzählung von Hanna im Heiligtum (1Sam 1,10–13.15–17), die Erwähnung des Bittens des Zacharias und der Elisabeth (Lk 1,13) oder das Gleichnis vom Zöllner und Pharisäer im Tempel (Lk 18,10–14) sind Hinweise darauf, dass sehr persönliches Beten sowohl vor Jesus als auch in seinem Umfeld durchaus üblich war. Die Besonderheit des Betens Jesu lag weniger in dessen Privatheit als in der Exklusivität des Selbst- und Gottesbildes Jesu – deutlich wird das z. B. in seiner Unterscheidung zwischen »meinem Vater« und »eurem Vater« (z. B.: Joh 8,38; 20,17; vgl. Mt 18,35; Lk 22,29).

3.5.2. Das Gebetsleben Jesu und das jüdische Beten seiner Umwelt

Jesus war Jude aus Galiläa innerhalb einer Epoche, die geprägt war von der Frage nach dem rechten Leben vor Gott und der angemessenen Form der Kommunikation mit ihm. Der Tempelkult in Jerusalem und das Einhalten der Riten und Gebräuche (Feiertage, Reinheitsfragen, Beschneidung etc.) prägten das Leben. Bei einem Menschen, der in diesem Kontext als jemand Besonderes gekennzeichnet werden sollte, musste seine individuelle Beziehung zu Gott zum Ausdruck gebracht werden. Er war als ein Beter zu beschreiben, der einzigartige und intensive Zwiesprache mit Gott hielt.

Die überlieferte Kritik an Jesus, seiner Botschaft und seinem Wirken beschränkt sich in der Zeit vor seinem Prozess in Jerusalem im Wesentlichen auf innerjüdische Detailfragen.

Jesu Zugehörigkeit zur jüdischen Gemeinschaft steht außer Frage. Unter den kritischen Anfragen an Jesus sind keine, die den Inhalt, die Quantität oder die Form seines Betens berühren. Erst dieser innerjüdische Grundkonsens und das Anerkennen Jesu als einen gelehrten Gesprächspartner (vgl. Mt 22,16.24.36parr.) ermöglicht kontroverse, z. T. polemische Diskussionen. Hätte man Jesus *außerhalb* des religiös-gesellschaftlichen Rahmens verortet, wäre von vornherein kein Gespräch über theologische Fragen zu Stande gekommen.

Lukas berichtet, Jesus habe »nach seiner Gewohnheit« (Lk 4,16) die Synagoge besucht. Hier ist vorausgesetzt, dass er sich an den Gebeten der Gemeinschaft beteiligte. Jesus betete den ntl. Berichten zufolge mit den oder für die ihn umgebenden Menschen im Kontext von Mahlzeiten: Bei den Speisungen (Mk 6,41parr.; 8,6 f.par.) und bei seinem letzten Abendmahl (Mk 14,22 f.26parr.).

Jesus steht mit seiner Art zu beten einerseits für den gelungenen Spagat zwischen Teilhabe am jüdischen Gebetsleben seiner Zeit, andererseits für Elemente, die sein Beten abhoben vom üblichen Beten der Gemeinschaft.

Es darf vermutet werden, dass Jesus die gebräuchlichen Gebets*zeiten* seines Umfeldes nicht infrage gestellt hat. Die zahlreichen Erwähnungen seines Betens deuten darauf hin, dass ein dreimaliges Beten für Jesus ein Minimum darstellte, das zu unterschreiten für ihn keine Option war. Ob Jesus das jüdische Glaubensbekenntnis (das Sch^ema Jisrael) morgens und abends gesprochen hat und ob dessen Rezitation in der heute bekannten Form zu Anfang des 1. Jh.s in Galiläa schon allgemeiner Brauch war, entzieht sich unserer Kenntnis. Nach der Überlieferung der Synoptiker setzt Jesus im Zusammenhang mit der Frage nach dem höchsten Gebot den Wortlaut des Sch^ema Jisrael als bekannt voraus (Mk 12,29 f.parr.).

Der Tempel in Jerusalem wird von Jesus primär als Ort des Gebetes verstanden (Mk 11,17parr.; vgl. Jes 56,7). Am Tempelkult waren Priester als Opfernde, Leviten als Tempeldiener oder als Musizierende und nichtpriesterliche Repräsentanten des Volkes beteiligt. Sie bildeten die *Standmannschaften* (*maamadot*), die den Opferritus mit Gebeten begleiteten (OSTMEYER 2006: 217 f.). Die Priesterschaft gliederte sich in 24 Klassen, verteilt auf die Regionen Judäas und Galiläas. Sie übten für jeweils eine Woche ihren Dienst im Tempel aus. Das hieß, jede Priesterklasse zog mindestens zweimal im Jahr nach Jerusalem. Während die Priesterschaft eines Ortes sich in Jerusalem aufhielt, versammelte sich die daheimgebliebene, nicht-priesterliche Einwohnerschaft zum Gebet und zu Lesungen. Hierin ist eine Grundlage für die Ausprägung tempelunabhängiger Gottesdienste und die Etablierung von Synagogengottesdiensten zu sehen. Es ist wahrscheinlich, dass sich auch Jesus an den öffentlichen Gottesdiensten seines Heimatortes beteiligte (Lk 4,16). Für Jesus dürfte das im Stehen verrichtete Gebet, wie es auch bei den Tempelgottesdiensten gehalten wurde, die Regel gewesen sein. Abweichende Gebetshaltungen Jesu (Niederfallen: Mt 26,39; Mk 14,35; Knien: Lk 22,41) nennen die Synoptiker für das Getsemanigebet.

Jesu Tempelaktion (Mk 11,15–17parr.) richtete sich gegen Störungen des Gebetes und damit Störungen der Beziehung zwischen Gott und den Betenden. Er selbst wird den Tempel als Ort des persönlichen Gebetes genutzt haben.

Ein äußeres Charakteristikum des Betens Jesu war sein Rückzug zum Gebet in die Einsamkeit (Mk 1,35par.; 6,46parr.; Lk 5,16; 6,12; 9,18.28 f.; 11,1). Persönliches Beten hat in der Regel keine Zeugen und nur selten finden sich Menschen, die ein solches Beten im Wortlaut für die Nachwelt notieren. Auch in Fällen in denen berichtet wird, Jesus habe eine kleine Gruppe an Begleitern mitgenommen (Lk 9,28; Mk 14,33parr.), bleiben diese auf Distanz oder schlafen (Mk 14,35.37.40 f. parr.). Es scheint eine bewusst gesetzte Spannung zu sein, dass auf der einen Seite das Fehlen von Ohrenzeugenberichten für Jesu persönliche Gebete plausibel gemacht wird, zugleich aber auf der anderen Seite auch Inhalte seines Betens überliefert sind.

3.5.3. Gebete und Gebetsverständnis Jesu

Die Evangelien stellen Jesus u. a. als Lehrer, als Wundertäter, als Erzähler und als Beter dar. Den Evangelisten erscheint berichtenswert, dass Jesus sowohl ausgiebig und regelmäßig selbst betete als auch seine Anhängerschaft dazu aufforderte (Mt 7,7–11parr.).

Jesus begegnet als Beter für andere (Petrus; Lk 22,31 f.), als Lobpreisender (Jesu Jubelruf; Mt 11,25–27par.), als Dankender (Mk 14,22 f.parr.), als Segnender (Mk 10,16; Lk 24,50 f.) und als leidender Beter (in Getsemani und am Kreuz: Mk 14,32–41; 15,34; vgl. Ps 22,2). Jesu Leben ist ein Leben vor und mit Gott. Wird jede Form der Kommunikation mit Gott als Gebet verstanden (vgl. OSTMEYER 2006: 32), dann zeichnet die ntl. Überlieferung Jesus als einen seinem Wesen nach Betenden.

Für die Evangelisten sind Leben, Werke und Worte Jesu die Erfüllung dessen, was in »den Schriften« verkündet war (z. B. Mt 1,22; Mk 14,49; Lk 24,44; Joh 19,24.28.36). Folgerichtig entspricht es dem dargestellten Selbstverständnis Jesu, dass er jedes Detail der Überlieferung auf sich bezieht und sich zu eigen macht. Der Gott, zu dem Jesus als zu seinem Vater betet, ist der in den jüdischen Schriften bezeugte. Das von Jesus verkündigte Reich Gottes ist kein anderes als das von Ewigkeit verheißene und in Jesu Umwelt erwartete.

In Konsequenz dieser hermeneutischen Prämisse erkennt Jesus in den beiden vom Psalmbeter David in Ps 110,1 genannten Herren Gott und Christus (Mk 12,36 f.parr.; Apg 2,34), d. h. sich selbst. Mit seinem Sterberuf am Kreuz aus Ps 22,2 (Mt 27,46parr.) gibt er sich als der zu erkennen, der durch diesen Psalm präfiguriert ist. Die Worte der Psalmen werden damit im Leben Jesu kontextualisiert und erhalten bei ihm ihren wahren »Sitz im Leben«. Aus Sicht der Evangelisten Matthäus und Markus stehen niemand anderem als dem gekreuzigten Christus die Worte des 22. Psalms zu. Betende sprechen Ps 22,2 als Wort des sterbenden Jesus nach.

Dasselbe hermeneutische Grundverständnis kommt zum Tragen bei der Interpretation des Lobpreises Jesu durch die Unmündigen nach seiner Tempelreinigung (Mt 21,16) als Erfüllung von Ps 8,3. Auch Jesu Lob des Vaters (Mt 11,25 f.) für das Verbergen seiner Weisheit vor den Weisen und Klugen als Erfüllung von Jes 29,14 folgt dieser Linie.

Jesu Denken war geprägt von der Erwartung des Reiches Gottes und der damit einhergehenden Krisen. So betet er nach Lukas für Petrus, er möge im Glauben standhalten (Lk 22,32) und kündigt an, der Satan werde die Jünger »sieben« (Lk 22,31).

Mehrfach erwarten Menschen von Jesus, er möge für sie beten: Hinsichtlich der Sitzverteilung im Reich Gottes erklärt sich Jesus für nicht zuständig (Mk 10,35–40parr.). Die Bitte um ein Beten für die Kinder in Mt 19,13 beantwortet Jesus mit deren Annahme (er lässt sie zu sich kommen), ohne ein gesondertes Gebet zu sprechen (OSTMEYER 2004b: 8–10).

Das Beten im JohEv ist oft Ausdruck der gegenseitigen Verherrlichung Jesu und seines Vaters (vgl. Joh 11,4b). Bei der Auferweckung des Lazarus dankt Jesus seinem Vater für seine Erhörung (Joh 11,41 f.) ohne dass zuvor das eigentliche Gebet um Erhörung erwähnt wird. Zwischen letztem Abendmahl und seiner Verhaftung betet Jesus im Garten Getsemani. In Lk 22,28 spricht er von Stärkung in seinen Anfechtungen. Wiederholt mahnt er seine eingeschlafenen Begleiter, mit ihm zu wachen und zu beten, dass sie nicht in Anfechtung fallen (Mk 14,37 f.40 f.parr.; vgl. Lk 8,13). Jesus weiß nach Mk 14,17–42parr. um seinen bevorstehenden Tod. Er ruft Gott mit *abba* an und bittet, der Kelch möge an ihm vorübergehen (Mk 14,36), stellt aber alles dem Willen seines Vaters anheim und stirbt nach Lk 23,46 mit einem Vers aus dem 31. Psalm als letztem Wort: »Vater, in deine Hände befehle ich meinen Geist« (Ps 31,6).

3.5.4. Gebetsanweisungen

Jesus betet für seine Jünger (Lk 22,31 f.) und gibt ihnen Anweisungen, was (Vaterunser: Mt 6,9–13; Lk 11,2–4) und wie (Mt 6,6) sie beten sollen. Das Beten der Anhänger Jesu soll sich vom »Plappern der Heiden« (Mt 6,7) durch Konzentration auf das Wesentliche unterscheiden (Mt 6,9–13). Wie Jesus selbst sollen sich auch die betenden Jünger zum Gebet zurückziehen (Mt 6,6). Das persönliche Gebet zum Vater geschieht unter Ausschluss der Öffentlichkeit (Mt 6,5 f.). Das Entscheidende am Gebet ist die Vater-Kind-Beziehung zwischen den einzelnen Betenden und Gott als dem Gebetsadressaten.

Die überlieferten Gebetsinhalte beziehen sich in der Regel auf das anbrechende Reich Gottes: Jesus fordert seine Jünger auf, den Vater um mehr Arbeiter für die Ernte zu bitten (Mt 9,37 f.par.) und darum, dass die »messianischen Wehen« nicht im Winter geschehen mögen (Mk 13,18–20).

Die Gotteskindschaft der Betenden unterscheidet sich – so wesentliche Stimmen der ntl. Überlieferung – qualitativ von der Gotteskindschaft Jesu (Joh 8,38; 20,17; vgl. Mt 18,35; Lk 22,29). Seine Anhänger verdanken nach Röm 8,29 ihre Hineinnahme in die Vater-Kind-Beziehung ihrer Zugehörigkeit zu Jesus als ihrem älteren Bruder (vgl. Hebr 2,11 f.17). Die Gotteskindschaft der Anhänger Jesu ist in der paulinischen Korrespondenz eine durch ihn vermittelte. Nur in seinem Namen nennen sie Gott *abba* (Röm 8,15; Gal 4,6).

Individuelle Kindschaft (Mt 6,6) schließt das gemeinschaftliche Gebet nicht aus. Jesus selbst hat Teil am religiösen jüdischen Leben (Lk 4,16) und die den Jüngern im MtEv anempfohlene plurale Vateranrede (Mt 6,9) impliziert ein Beten in gottesdienstlichen Gemeinschaften.

Wie das Kindschaftsverhältnis keine Unterbrechung duldet, so soll auch die Kommunikation zwischen Betenden und dem Angebeteten nicht abreißen. Dabei ist die verbale Kommunikation nur *eine* Ausdrucksmöglichkeit der Beziehung (vgl. EHRLICH 2004). Aufforderungen zu dauerhaftem Gebet finden sich sowohl bei den Autoren der ntl. Briefe (1 Thess 5,17; Eph 6,18; Hebr 13,15 u. a.) als auch in den Evangelien (Lk 18,1; 21,36).

Wird Gebet verstanden als Existenz in der Kindschaft, dann spielen die einzelnen Gebetsworte und -bitten keine entscheidende Rolle. Die Frage nach der Erhörung ist von vornherein entschieden: Gott kennt die Bedürfnisse der Betenden bereits vor ihrer Benennung (Mt 6,8; vgl. V. 32) und hat sich der Gläubigen zu ihrem Besten angenommen. Gott hört ihre Bitten, unabhängig davon, ob jeder einzelne Gebetswunsch in Erfüllung geht.

3.5.5. Vaterunser (Mt 6,9–13; Lk 11,2–4; Did 8,3)

Eine Mehrzahl der Exegetinnen und Exegeten geht davon aus, dass Jesus eine in aramäischer Sprache formulierte Vorform des Vaterunsers an seinen Jüngerkreis weitergegeben hat. Der identische Wortlaut des Beginns der Brotbitte in Mt 6,11 und Lk 11,3, insbesondere die Verwendung des seltenen Terminus ἐπιούσιον lässt auf eine gemeinsame griechische Grundform schließen. Klein (KLEIN 2009: 92 f.) rechnet mit einer schriftlichen Urform (Q), die die ersten vier Bitten nach dem LkEv umfasste und sich sprachlich am MtEv orientierte. Zum Urgebet Jesu dürften die Anrufung Gottes mit *abba*, die Bitte um das Kommen des Reiches Gottes, die Brotbitte und mit Blick auf die Getsemaniperikope (vgl. Mk 14,36parr.) auch die Bitte um das Geschehen des Willens Gottes gezählt haben. Die Parallelität zwischen den Anfangsbitten des Vaterunsers und dem jüdischen Kaddisch ist bemerkenswert (SCHWIER 2005: 894).

In der Forschungsgeschichte lässt sich eine Verschiebung der Deutungsschwerpunkte nachzeichnen: Seit Mitte des vergangenen Jh.s dominierte eine stärker historisierende Auslegung. Als Belege für die – allerdings umstrittene – Einzigartigkeit des Vaterunsers galten die darin zum Ausdruck kommende Vater-Kind-Beziehung Jesu (*abba* als »Lallwort« kleiner Kinder), die vermeintliche Präzedenzlosigkeit der Anrufung oder die Knappheit der Formulierung (vgl. JEREMIAS 1966: 63 f.).

Die in Lk 11,2 überlieferte Anrede Gottes mit »Vater« – ohne weitere unmittelbare Ergänzung – legt nahe, dass die von Jesus ursprünglich gewählte Anrufung das aramäische *abba* war (»mein Vater« oder »lieber Vater«). Dass *abba* als Wort auch von Kindern gegenüber ihrem leiblichen Vater gebraucht wird, spielt keine Rolle (BARR 1988: 28–47). Es geht vielmehr altersunabhängig um das durch Jesus vermittelte Kindschaftsverhältnis zu Gott. Die Formulierung »unser Vater« (Mt 6,9) ist nicht so zu verstehen, als sei der Vater Eigentum der Gläubigen, sondern es ist Gott, dem die Gläubigen durch Christus als seine Kinder zugeeignet werden.

Seit Ende des vergangenen Jh.s tendiert die Forschung zu einem stärker eschatologischen Verständnis (baldiges Kommen der Gottesherrschaft; Erklärung des Brotes als »Brot der Heilszeit«; vgl. PHILONENKO 2002: 84–86; SCHWIER 2005: 894). Jüngste Untersuchungen setzen eher funktionale Akzente: Hurtado (HURTADO

2014: 51–53) macht auf die singuläre Rolle Jesu in der Religionsgeschichte aufmerksam. Holmås (HOLMÅS 2014: 91–111) legt einen Schwerpunkt auf die Abgrenzungsfunktion des Vaterunsers: Wer das charakteristische Gebet einer Gruppe spricht, bekennt sich damit zu dieser Gruppe. Das Vaterunser war das spezifische Gebet der Christusgläubigen. Ein solches Gebet fungierte als Ausweis der Zugehörigkeit (vgl. SANDNES 2014: 209–230; OSTMEYER 2004a: 332–334). MÜLLER (2003: 196) nennt das Vaterunser einen »identity marker« und KVALBEIN (2014b: 233–263) verweist auf das Gemeinschaftsstiftende des Gebetes.

In Lk 11,1 bitten die Jünger Jesus um ein Gebet analog zu dem Gebet, das Johannes der Täufer seine Jünger gelehrt hat. Der Wortlaut des Vaterunsers beinhaltet nichts, woran seine jüdische Umwelt hätte Anstoß nehmen können und sein vergleichsweise fester Text kennzeichnet die Betenden als Anhänger des Jesus von Nazaret.

In christologisch-soteriologischer Perspektive ist die Vermittlung der Kindschaft durch Christus *den* Sohn und durch seine Heilstat zentral; durch ihn stimmen die Gläubigen in den *abba*-Ruf ein (vgl. Röm 8,15; Gal 4,6).

Erst in dieser Funktion sowie durch das Selbstverständnis Jesu und sein daran geknüpftes Gottesbild wird das Vaterunser zu *dem christlichen Gebet* schlechthin.

Während die Frage, ob Jesus das Vaterunser selbst mitgesprochen hat, für die Du-Bitten bejaht wird (vgl. PHILONENKO 2002: 3.109 f.), lässt sich z. B. die Vaterunserbitte um Vergebung eigener Schuld nicht mit dem durch die ntl. Schriften tradierten Selbstbild Jesu in Einklang bringen (Joh 8,46; 2Kor 5,21; Hebr 4,15; 7,26; 1Petr 2,22; vgl. KLEIN 2009: 94).

In der Anrufung Gottes mit *abba,* (lieber) Vater bündelt sich das Selbst-, das Gebets- und das Gottesverständnis Jesu (Mk 14,36). Jesus versteht sich demzufolge exklusiv als *der* Sohn Gottes und setzt voraus, dass niemand sonst in einer vergleichbaren Beziehung zu Gott steht.

Gläubige, die diesen Gebetsruf nachsprechen, bekennen sich zu Christus als *dem* Sohn Gottes, durch den sie sich erlöst wissen. So verstanden, ist das Sprechen des Vaterunsers zugleich ein Glaubensbekenntnis.

Das Vaterunser bietet in komprimierter Form die Botschaft Jesu (vgl. JEREMIAS 1966: 161): Die Betenden bitten darum, dass das von Jesus verkündigte Reich des Vaters (bald) kommen möge und dass sie für den Eingang in dieses Reich bereit und bereitet sind.

DALMAN, Gustaf 1898; ²1930: Die Worte Jesu. Mit Berücksichtigung des nachkanonischen Schrifttums und der aramäischen Sprache. Bd.1. Einleitung und wichtige Begriffe, Leipzig.

JEREMIAS, Joachim 1966: Abba. Studien zur neutestamentlichen Theologie und Zeitgeschichte, Göttingen.

OSTMEYER, Karl-Heinrich 2004a: Das Vaterunser. Gründe für seine Durchsetzung als ›Urgebet‹ der Christenheit, NTS 50, 320–336.

– 2006: Kommunikation mit Gott und Christus. Sprache und Theologie des Gebetes im Neuen Testament, WUNT 197, Tübingen.

PHILONENKO, Marc 2002: Das Vaterunser. Vom Gebet Jesu zum Gebet der Jünger, UTB 2312, Tübingen.

STEMM, Sönke VON 1999: Der betende Sünder vor Gott: Studien zu Vergebungsvorstellungen in urchristlichen und frühjüdischen Texten, Leiden u. a.

Karl-Heinrich Ostmeyer

3.6. Jesu Interpretation der Tora

3.6.1. Jesus und das Gesetz in der Forschung

In welchem Verhältnis stand Jesus zur Tora und zu der Vielzahl halachischer Interpretationen, die gegen Ende der Zeit des Zweiten Tempels in Umlauf waren? Diese Frage hat die ntl. Forschung jahrhundertelang beschäftigt, weil die meisten Forscher entweder in der christlichen oder jüdischen Tradition verwurzelt waren und deswegen ein besonderes Interesse daran hatten, das Verhältnis zwischen Kirche und Synagoge zu klären. Die Unterschiede zwischen den beiden Glaubensrichtungen, die sich in den ersten Jahrhunderten n.Chr. recht bald (wenn auch nur graduell) entwickelten, wurden von der Kirche als Unterscheidung zwischen Ethik und Ritual eingestuft, was völlig unbegründet und heute kaum mehr aufrechtzuerhalten ist. In der älteren Forschung und in der Kirche wurde Jesus oft als »Erfüllung« nicht nur der Prophezeiungen des Alten Testaments gesehen, sondern auch der rituellen Forderungen des Gesetzes, die die Christen deswegen nicht länger einzuhalten brauchten, zumindest nicht in der Weise, wie die Juden es taten.

Kaum ein Forscher möchte heute noch mit dem mehr oder weniger offenen Überlegenheitsgestus und Antijudaismus assoziiert werden, der die ältere Forschung zu Jesus und dem Gesetz geprägt hat. Viele Darstellungen des »Lebens Jesu« aus dem 19. Jh. konstruieren einen deutlichen Gegensatz zwischen dem Liberalismus ihres Protagonisten und dem Legalismus der Pharisäer bzw. dem Enthusiasmus der Apokalyptiker. Mit Albert Schweitzer erlebte die Apokalyptik 1906 ihre Rückkehr in das Jesusbild. Zahlreiche Versuche in der ersten Hälfte des 20. Jh.s, die Lehre Jesu aus einer jüdischen Perspektive zu verstehen und sie in den Mainstream der antiken jüdischen Religion einzuordnen (MONTEFIORE 1927; KLAUSNER 1925; BRANSCOMB 1930), konnten sich nicht durchsetzen. Forscher der sog. »New Quest« ab den 1950er Jahren, allen voran Ernst Käsemann und Günther Bornkamm, vertraten mit ihren Echtheitskriterien, unter denen das Differenzkriterium das wichtigste war, die Auffassung, dass sich Jesus vom Judentum seiner Zeit unterschied und zwar insbesondere in seinem Gesetzesverständnis. Er habe sein Ethos nicht im Gesetz, sondern in der Absicht Gottes verankert, die er aus unmittelbarer Erfahrung oder Offenbarung gekannt habe und gegen die er jedes biblische Gebot geprüft sehen wollte. Es hat sich gezeigt, dass auch dieses Jesusbild weniger von historischen als von theologischen Gesichtspunkten geleitet war, dennoch besitzt es weiterhin eine gewisse Anziehungskraft, teils wegen seiner impliziten Christologie, teils wegen der Nähe zum Stereotyp der »großen Männer« und »Heroen« in der Geschichte. Während die Zugehörigkeit Jesu zum Judentum seiner Zeit heute bei nahezu allen Forschern unbestritten ist, kann dies im Detail mit ganz verschiedenen Sichtweisen verbunden sein.

In dieser Situation besteht natürlich eine gewisse Gefahr, dass das Pendel zu weit in die andere Richtung ausschlägt, was zu Problemen führt, die vielleicht nicht auf den ersten Blick erkennbar sind. Das inzwischen weithin anerkannte Bild von Jesus als Lehrer und Rabbi und die aus den Texten vom Toten Meer gewonnene Einsicht in die Diversität des Judentums zur Zeit des Zweiten Tempels machen es möglich, Jesus in einen Zusammenhang von Gesetzesinterpretationen und halachischen Entwicklungen zu stellen, der von den Anfängen der Zeit des Zweiten Tempels über Qumran und die Pharisäer bis hin zum rabbinischen Judentum reicht. Vergleiche zwischen der Jesustradition und rabbinischem Material, in der älteren Forschung populär, dann aber diskreditiert, werden neuerdings wieder häufiger unternommen, weil der Befund aus den Schriften vom Toten Meer zur Gegenprobe herangezogen werden kann. Dieses Unterfangen birgt allerdings einige Schwierigkeiten, insbesondere im Blick auf Argumentationsniveau und Differenzierungsgrad in den rabbinischen Texten, die allzu oft unbesehen auf die Zeit des Zweiten Tempels übertragen werden. Dies führt zu neuen, besonders tückischen Anachronismen, wofür im Folgenden einige Beispiele gegeben werden sollen. Um solche Fallstricke zu vermeiden, ist ein genaues Verständnis der Entwicklungen vonnöten, die sich gegen Ende der Zeit des Zweiten Tempels in den halachischen Interpretations- und Argumentationsweisen abzeichnen.

3.6.2. Jesus und das Gesetz in den Quellen

Die Jesustradition bringt die Lehre Jesu wiederholt mit dem Gesetz in Verbindung. Die Darstellung in der Logienquelle wird oft so verstanden, dass Jesus hier als Bewahrer des Gesetzes auftritt (vgl. Q 16,17). Markus hingegen rechtfertigt die teils anstößige Praxis seines nicht-jüdischen Publikums damit, dass sie im Einklang mit der Gesetzesinterpretation Jesu stehe oder gegenüber einzelnen Bestimmungen des Gesetzes den Vorrang habe (Mk 2,15–17.18–22.23–3,6; 7,1–23). Matthäus bemüht sich um die Korrektur dieses Bildes, indem er die mk. Darstellung der Lehre Jesu und der Konflikte um Gesetzesangelegenheiten einer Bearbeitung unterzieht und mit Material aus der Logienquelle verknüpft, um damit eher eine rabbinische Richtung einzuschlagen, die den Stand der halachischen Diskussion widerspiegelt, wie sie seinem Publikum im späten 1. Jh. offenbar geläufig war (Mt 12,5–7.11 f.; 5,32/19,9; Wechsel der Reihenfolge in 19,4–8; Auslassung von Mk 7,19). Dabei modifiziert er außerdem die Kritik der Logienquelle an den Gesetzeslehrern, indem er die mangelnde Gerechtigkeit dieses Personenkreises hervorhebt und den Vorwurf der Heuchelei ausweitet, den er bereits in seiner Quelle vorgefunden hat (Mt 23,13–36). Obwohl Lukas dieselben oder ähnliche Quellen verwendet, schildert er das Verhältnis Jesu zum Gesetz in einem

Kontext, der insgesamt von Frömmigkeit und Gesetzestreue geprägt ist, die bei ihm als religiöse Praxis, als Ethos verstanden ist (Lk 1,9; 2,22–24.27.41 f.; 4,16; 22,39; 23,56). Bei Lukas gibt es keinen wirklichen Bruch mit dem jüdischen Gesetz bis in die Apostelgeschichte hinein und auch dort nur als Folge des Kontakts mit Nicht-Juden, die zur Jesusbewegung hinzustoßen (Apg 10 f.; 15). Obwohl auch der lk. Jesus (bzw. der Jesus der Logienquelle) die religiöse Führung kritisiert (Lk 11,37–54), sind die Angriffe gegen die Heuchelei hier weniger heftig als bei Matthäus. Die mk. Streitgespräche, die das Händewaschen und die Ehescheidung thematisieren, sind bei Lukas ausgelassen. Die wenigen erhaltenen außerkanonischen Textzeugnisse zur Gesetzesfrage ergeben kein kohärentes Bild und auch das EvThom ist in dieser Hinsicht nicht eindeutig auswertbar. Die synoptischen Evangelien sind trotz ihrer unterschiedlich ausgeformten Jesusbilder einig in der Ambiguität der Haltung Jesu zum Gesetz. Jesus befindet sich bei ihnen immer wieder im Konflikt mit der jüdischen Führung und den Gesetzeslehrern, gleichwohl ist er nicht bereit, mit der Tora zu brechen oder sie für ungültig zu erklären. Nur bei Johannes schlägt die Jesusüberlieferung in eine dezidierte Antinomistik um, indem sie Jesus in ständigem Widerspruch gegen »die Juden« und »ihre Gesetze« zeigt (Joh 1,17; 7,19; 8,17, 10,34; 15,25). In der christologischen Argumentation des Johannes zeugen »das Gesetz und die Propheten« von Jesus (Joh 1,45), in der symbolischen Welt des JohEv wird das jüdische Gesetz aber nicht nur durch Jesus erfüllt, sondern sogar in seiner Funktion ersetzt. Es ist ziemlich offensichtlich, dass die programmatische, theologisch motivierte Umkehrung bei Johannes wenig oder gar nichts über die Haltung des historischen Jesus zur israelitischen Tradition aussagt, weswegen Johannes hier nicht weiter behandelt wird. Auch die Synoptiker folgen zwar einer bestimmten theologischen Programmatik, aber die Art, in der sie sich mit ihren Quellen auseinandersetzen, lässt es nicht sehr glaubhaft erscheinen, dass Jesus sich tatsächlich gegen die Tora gestellt hat (vgl. LOADER 2011).

3.6.3. Jesu Verhältnis zum Pentateuch

Die Tora in Gestalt der Pentateuch-Tradition dürfte zum Ende der Zeit des Zweiten Tempels von jedem Israeliten als natürlicher und maßgeblicher Leitfaden empfunden worden sein. In der hellenistischen Zeit setzte ein gradueller Wandel von Status und Funktion der Tora ein, die nun nicht mehr nur als prägend, sondern zunehmend als normativ betrachtet wurde, was sich auch auf den langwierigen Prozess der »Kanonisierung« auswirkte. Es gibt allerdings keinen Grund zu der Annahme, dass diese Neubewertung des Gesetzes in der Zeit des Zweiten Tempels bereits abgeschlossen oder überall unbestritten war. Vielmehr unterlag die Tora als praktische Anleitung weiterhin vielfältigen redaktionellen und interpretativen Veränderungsprozessen. In dem Maße, in dem der Text des Pentateuch mehr oder weniger feste Konturen annahm und der Tora zunehmend ein rechtsverbindlicher Status zuerkannt wurde, verlagerte sich die Gesetzesinterpretation vor allem in den Bereich halachischer Diskussionen. Daneben konnte aber auch der ältere und flexiblere Umgang mit der Tora als praktischem Leitfaden beibehalten werden, sodass die Diskussion um das Gesetz und seine Anwendung nicht überall dem neuen Argumentationstypus folgen musste, der sich unterdessen herausgebildet hatte.

Es ist nicht davon auszugehen, dass Jesus bei seiner Auseinandersetzung mit Sadduzäern und Pharisäern über die Auslegung der Tora notwendigerweise die Formen und Argumentationstypen der Rechtsdebatte anwendete, die wir in der späteren rabbinischen Literatur finden. Derselbe Vorbehalt gilt bei der Lektüre von »halachischen« Texten aus Qumran. Man darf nicht vergessen, dass die Verfasser der Evangelien aus dem späten 1. Jh. ihre Darstellung der Auseinandersetzungen Jesu im Lichte ähnlicher Konflikte und Diskussionen ihrer eigenen Zeit gestalteten und auf diese Weise die Jesustradition mit Eigenschaften des Rechtsdenkens einfärbten, die aus einem etwas späteren Zeitraum stammen.

Auch ist nicht davon auszugehen, dass Jesus dem Gesetz kanonische Geltung zugesprochen hat, was einen klar entfalteten Kanonbegriff vorausgesetzt hätte. In der Logienquelle äußert sich Jesus zu »den Propheten und dem Gesetz« (Mt 11,13) bzw. zu »dem Gesetz und den Propheten« (Lk 16,16). Bei Lukas ist dies Teil einer möglicherweise älteren Sammlung von Sprüchen aus der Logienquelle, in denen eine Aussage zum Verhältnis von Gottesreich und Gesetz und Propheten mit einem Spruch zur Vollgültigkeit des Gesetzes kombiniert wird, um den ersten Spruch vor Missverständnissen zu bewahren (Lk 16,17), was dann mit einem Wort über die Ehescheidung exemplifiziert wird (Lk 16,18). Matthäus hat die letzten beiden Aussagen in die Bergpredigt integriert (Mt 5,18.32) und benutzt den ersten Spruch (bzw. dessen Hauptaussage) für die Erklärung der Rolle Johannes des Täufers (Mt 11,12). Die Version des Lukas ist stärker an dessen Konzept einer Heilsgeschichte angepasst. In beiden Fällen bildet der Bezug auf »das Gesetz und die Propheten« den narrativen und zeitlichen Horizont des hereinbrechenden Gottesreiches. Wenn Jesus diesen Ausdruck verwendet hat, wird er damit kaum die Absicht verfolgt haben, zwei normative Abschnitte des Kanons zu bezeichnen. Die meisten anderen Belege für diese Phrase sind offenbar von dem Spruch aus der Logienquelle abhängig. Die damit im Zusammenhang stehende Aussage über das Auflösen oder Erfüllen des Gesetzes bei Matthäus (Mt 5,17) und die Ergänzung zur »Goldenen Regel« (»dies ist das Gesetz und die Propheten«, Mt 7,12) sind beide sekundär und abhängig vom Q-Spruch, wie auch das Fazit nach der Frage des Rechtsgelehrten, der sich nach dem größten Gebot erkundigt, und der Antwort Jesu, die das Sch^{e}ma zitiert (»an diesen beiden Geboten hängt das ganze Gesetz und die Propheten«, Mt 22,40). Die lk. Bezugnahmen auf Moses und die Propheten (Lk 16,29; 24,27.44) stammen aus dem späten 1. oder möglicherweise erst aus dem frühen 2. Jh. und können nicht beanspruchen, ihren Ursprung beim historischen Jesus zu haben. Für die Haltung Jesu sind wir allein auf Q (Lk) 16,16 verwiesen, das ursprünglich eher das Verhältnis des Gottesreiches Jesu zu den vorausgehenden Propheten zu klären scheint als Fragen der Schriftautorität. Markus benutzt die Formulierung »das Gesetz und die Propheten« nicht; tatsächlich verwendet er nicht einmal den Ausdruck νόμος.

3.6.4. Das Sch^ema, das Heiligkeitsgesetz und die Bergpredigt/Feldrede

Statt vom »Gesetz« (νόμος) spricht der mk. Jesus vom »Gebot« (ἐντολή) und bezieht sich dabei auf den Dekalog und auf das zentrale israelitische Bekenntnis, das Sch^ema (Dtn 6,4–9), sowie auf das Heiligkeitsgesetz (Lev 17–27), die beide im sog. »doppelten Liebesgebot« zusammengefasst sind. Es gibt zwei verschiedene Traditionen, in denen Jesus auf Fragen nach dem Gesetz reagiert: eine zu den Voraussetzungen für das ewige Leben (Mk 10,17–22parr.) und eine andere zum größten Gebot (Mk 12,28–34parr.). Nach der ersten Tradition führt die Einhaltung der Gebote (deren Auswahl vom Heiligkeitsgesetz beeinflusst zu sein scheint) zum ewigen Leben, wenn dies durch soziales Engagement (Verkauf des Besitzes zugunsten der Armen) ergänzt (oder vielleicht unter Beweis gestellt?) wird. Die zweite Tradition stellt die Liebe zu Gott (Dtn 6,5) und den Nächsten (Lev 19,18) als das größte Gebot heraus. Lukas hat die zweite Tradition überarbeitet und verbindet die Diskussion um das größte Gebot mit der Frage nach dem ewigen Leben, sodass das doppelte Liebesgebot noch viel deutlicher als das vom Gesetz vorgesehene Mittel zum Heil erscheint. Bei Markus führt die Einhaltung der Gebote zum Gottesreich (Mk 10,23; 12,34), bei Matthäus wird die Vollkommenheit als Voraussetzung ergänzt (Mt 19,21). Ungeachtet der verschiedenen Anwendungen der beiden Traditionen bei den Synoptikern entsteht der Eindruck, dass Jesus seine Vision vom Gottesreich mit der Tora in Verbindung gebracht hat und dass die Einhaltung der Vorschriften aus der Pentateuch-Tradition, speziell die sozialen Instruktionen für ihn von Bedeutung waren.

Ein ähnliches Bild ergibt sich aus der ethischen Unterweisung in der Bergpredigt bei Matthäus und der Feldrede bei Lukas, wovon vieles der Logienquelle zugeschrieben wird. Ähnlich wie in der mk. Tradition, nach der bloßer Gehorsam gegenüber den Geboten der Tora für unzureichend gehalten wird, verlangt Jesus bei Matthäus eine Gerechtigkeit, die die der religiösen Führung übertrifft (Mt 5,20). Matthäus hat die Kritik der Logienquelle an der Heuchelei der jüdischen Führung weiterentwickelt und umgestaltet (vgl. Lk 11,37–52) und schreckt dabei auch vor Verleumdung und Verunglimpfung nicht zurück (Mt 23,1–36). In der Bergpredigt spiegeln diese Vorwürfe offenbar Konflikte zwischen der mt. Gemeinde und dem zeitgleich entstehenden rabbinischen Judentum wider. Obwohl die Version des Matthäus stark überzeichnet und teilweise anachronistisch ist, stimmt die zugrundeliegende Kritik an den Eliten, die das Gesetz nur nominell praktizieren, sich nicht um die soziale Gerechtigkeit kümmern und um das eigene Ansehen besorgter sind als um die Armen, mit der mk. Tradition überein und ist wahrscheinlich auf den historischen Jesus zurückzuführen.

Einer der auffälligsten Züge des Materials der Logienquelle, das der mt. und lk. Fassung der Bergpredigt/Feldrede zugrunde liegt, ist sicherlich die sozial motivierte Aufforderung zum Vergeltungsverzicht und zur Feindesliebe (Mt 5,38–42.43–48; Lk 6,27–36; die fünfte und sechste der mt. »Antithesen«). Die Sperrigkeit dieser Forderungen gegenüber dem landläufigen Gerechtigkeits- und Verhältnismäßigkeitsempfinden ist oft bemerkt worden, bis zu einem bestimmten Grad sind die Sprüche deswegen wohl als Überspitzungen zu verstehen (vgl. KAZEN 2016). Obwohl Matthäus die anspruchsvolle Handlungsmaxime des Vergeltungsverzichts (Mt 5,38–42) von der Aufforderung zur einfacher zu praktizierenden Nächstenliebe (Mt 5,43–48) trennt, dürften die beiden Bestimmungen in der Logienquelle zusammengehört haben, wie es auch bei Lukas der Fall ist. Interessanterweise liest sich dieses Material fast wie ein Kommentar zu Teilen des Heiligkeitsgesetzes (Lev 19), das eine zentrale Rolle in Teilen der frühen Christusbewegung gespielt hat und auf das regelmäßig Bezug genommen wurde. In der Bergpredigt ist die Lehre Jesu dem jüdischen Talionsrecht entgegengesetzt (Ex 21,23 f.; Dtn 19,21; Lev 24,19 f.), was sich offenkundig mt. Redaktion verdankt. Die Logienquelle dagegen polemisiert nicht, sondern interpretiert das Heiligkeitsgesetz, welches das Bundesbuch und das deuteronomische Recht in Einklang bringt und für ein erweitertes Konzept in der Frage eintritt, wer als »Nächster« gelten soll, und dabei auch die ortsansässigen Fremden einschließt. Beide, den Einheimischen wie den Fremden, soll man lieben wie sich selbst (Lev 19,18.33 f.). Die Sprüche der Logienquelle zur Nichtvergeltung und Feindesliebe sind demzufolge eng mit dem Liebesgebot verbunden und stehen nicht im Gegensatz zur Tora, sondern legen das Heiligkeitsgesetz aus. Erst durch die mt. Redaktion geraten diese Aussagen in einen Kontrast zu Lehre und Verhalten der Gegner der mt. Gemeinde im späten 1. Jh. Sieht man von dieser Folie ab, könnten die Sprüche aus der Logienquelle tatsächlich auf die Lehre Jesu zurückgehen, da sie Haltungen reflektieren, die übereinstimmen mit dem, was auch in anderen Strängen der Jesustradition zu finden ist und weil sie eine Strategie erweiterter Zugehörigkeit und gruppeninterner Konfliktlösung im Kontext der Bundeserneuerung darstellen könnten.

3.6.5. Konflikte um Tora und Halacha

Wenn Jesus sich nicht gegen das Gesetz gewendet hat, sondern Lehre und Ethos, wie gesehen, an der Tora ausrichtete, wie sind dann jene Traditionsstücke zu erklären, die stattdessen Spannungen und Konflikte um religiöse und kulturelle Praktiken suggerieren, etwa im Blick auf die Einhaltung des Sabbats, auf Ehescheidung und Wiederverheiratung, in Fragen der rituellen Reinheit, der Speisegebote, des Zehnten, des Schwörens und Fastens? In der Forschung versucht man diese Schwierigkeit oft mit dem Hinweis auszugleichen, dass Jesus seine Ansichten mit einer einzigartigen Vollmacht vertreten habe, die mit einer gewissen Indifferenz gegenüber bestimmten Aspekten des biblischen Gesetzes und einem besonderen Verständnis vom bzw. einem unmittelbaren Zugang zur Absicht Gottes einhergegangen sei (vgl. WESTERHOLM 1978; MEIER 2009: 5–8.415). Alternativ oder ergänzend zu solchen implizit theologischen Erklärungen wird zuweilen vorgeschlagen, dass Jesus das biblische Gesetz gegen die mündliche Überliefe- rung und zeitgenössische Ausweitungen seiner Bestimmungen verteidigt habe. Vergleichbar, aber nicht identisch sind solche Auffassungen, die Jesus und seine Gegner als Verfechter unterschiedlicher Gesetzesauslegungen sehen oder als Ver- treter gegensätzlicher halachischer Standpunkte.

Es bedarf eines genauen Verständnisses der Entwicklungen in den halachi- schen Argumentationsmustern gegen Ende der Zeit des Zweiten Tempels, um deren historische Spuren in den synoptischen Streitgesprächen zu bewerten. Die Gesetzesauslegung bewegte sich im 1. Jh. zwischen Qumran und den Rabbinen. In Qumran beruhte Autorität auf bestimmten Vorstellungen von Offenbarung und göttlich inspirierter Interpretation der Tora, während die späteren Rabbinen die Rolle des menschlichen Auslegers bei der Exegese stärker hervorhoben. Dabei müssen halachische Argumente aus Qumran keineswegs immer alte Tradition wiedergeben. Die genaue Schriftlektüre führte vielmehr regelmäßig zu halachi- schen Neuerungen, die früheren Gebräuchen gegenüberstanden und ihrerseits Traditionalisten dazu anregen konnten, komplizierte exegetische Argumente zu entwickeln, die die traditionelle Position verteidigen sollten (vgl. SHEMESH 2009). Die Anfänge dieser Entwicklung können auch in der Jesustradition verfolgt wer- den, aber die volle Bandbreite wird erst in den rabbinischen Texten sichtbar, die gelegentlich auch deutliche Anzeichen eines »Nominalismus« enthalten, also eines Verständnisses des göttlichen Gesetzes als mehr oder weniger arbiträre Grundlage sittlichen Verhaltens, für die es der menschlichen Auslegung bedarf. In Qumran herrschte eher eine »realistische« Haltung vor, die die Tora als Refle- xion der göttlichen Absicht und der Schöpfungsordnung sah, was die halachische Ausweitung und Erneuerung von Gesetzesbestimmungen durch Analogieschlüs- se ermöglichte. Diese Aufteilung sollte nicht zu einem absoluten Gegensatz über- höht werden, aber die genaue Beachtung historischer und ideologischer Strö- mungen in der halachischen Diskussion erleichtert eine gründlichere Analyse der Jesustradition (KAZEN 2013). Komplexere Interpretations- und Auslegungsfor- men im Gesetzesdiskurs der Evangelien gehen wahrscheinlich auf deren Verfas- ser zurück und nicht auf den historischen Jesus, während einfachere Argumente, die auf einer genauen Lektüre der Tora basieren, eher für einen frühen Ursprung sprechen. Begründungsmuster, die sich auf die Schöpfung und die göttliche Ab- sicht berufen, haben ihren Ursprung mit größerer Wahrscheinlichkeit bei Jesus als Diskussionen, die einer eher »nominalistischen« Tendenz folgen, wofür sich zahlreiche Beispiele in den mt. Versionen der mk. Erzählungen finden, die oft- mals Auslegungsdifferenzen zwischen der mt. Gemeinde und der sich entwi- ckelnden rabbinischen Bewegung wiedergeben.

3.6.6. Jesus und der Sabbat

Ein gutes Beispiel sind die Streitgespräche über den Sabbat. Der entsprechende Vorfall auf dem Getreidefeld (Mk 2,23–28; Mt 12,1–8; Lk 6,1–5) ist oft als fiktiv betrachtet worden. Einige der exegetischen Argumente, insbesondere bei Matthäus, sind sicher späteren Datums: Bestimmte Gebräuche werden durch Textauslegung gegen Einwände gerechtfertigt (Mt 12,5–7), die aufgrund einer genauen Schriftlektüre auf restriktivere Verhaltensregeln drängen. Eine solche Strategie ist sowohl aus frühchristlicher Polemik wie aus rabbinischen Diskursen bekannt, geht aber wohl kaum auf den historischen Jesus zurück. Nach tannaitischen Texten wiegt Hunger schwerer als der Sabbat (mJoma 8,6), aber um diese Frage geht es hier nicht. Die Erzählung reflektiert anscheinend eher einen Konflikt um eine aktuelle Ausweitung des Gebots der Essenszubereitung vor dem Sabbat (vgl. Ex 16,23–29; 35,2 f.) in ein Verbot der Praxis, am Sabbat Dinge zu essen, die in der Natur zu finden sind (CD-A 10,22 f.) – eine die nicht überall im antiken Judentum akzeptiert wurde. Nichts spricht gegen einen historischen Kern dieser Art, selbst wenn die christologische Interpretation und die komplexeren exegetischen Argumente bei Matthäus, die Jesus in eine halachische Autorität verwandeln, offenbar einer späteren Zeit entspringen.

Die synoptische Erzählung von der Heilung am Sabbat ist in verschiedenen Versionen überliefert (Mt 12,9–14; Mk 3,1–6; Lk 6,6–11; 13,10–17; 14,1–6). Die meisten Forscher beziehen die Erzählung auf den rabbinischen Grundsatz, dass akute Lebensgefahr die Sabbatregeln außer Kraft setzt (*piquach nefesh*). Dieses Prinzip ist in tannaitischen Texten fest verankert (tShab 9[10],22; 15[16],17; mJoma 8,6) und wurde derart liberal angewendet, dass ein Konflikt eigentlich nur vorstellbar ist, wenn es zur Zeit Jesu auch ernsthafte Gegenstimmen gab. In rabbinischen Texten wird das *piquach-nefesh*-Prinzip mit sehr elaborierten exegetischen Argumenten verteidigt, was einen langen Entwicklungsprozess und das Bedürfnis nahelegt, die geläufige Praxis gegen Restriktionen zu verteidigen, die sich auf eine genaue Schriftlektüre berufen. Solche strikten Auslegungen des Sabbatgebots lassen sich etwa im Jubiläenbuch (2,29 f.; 50,6–13) und in der Damaskusschrift finden (CD-A 10,14–11,18).

Der Umgang mit einem Tier, das in eine Grube gefallen ist (Mt 12,11 f.; Lk 14,5; vgl. Lk 13,15), dient als klassisches Schulbeispiel für die Diskussion um die Grenzen der Sabbatobservanz (vgl. tShab 14[15],3; mBez 3). In der Forschung wird häufig die Auffassung vertreten, dass die Pharisäer bei der Berücksichtigung von Notfällen am Sabbat liberaler als die Essener (Qumran) gewesen seien, woraus sich allerdings die Frage ergibt, warum die späteren Rabbinen dann nach komplexen Rechtfertigungen für ihre verhältnismäßig milde Rechtsauslegung gesucht haben. Möglicherweise ergab sich der Bedarf zur Verteidigung des Naheliegenden daraus, dass die übliche Praxis von bestimmten Kreisen in Frage gestellt wurde. Die Damaskusschrift etwa erlaubt die Rettung von Menschen aus einer Grube am Sabbat nur mit Hilfe von Kleidungsstücken (d. h. ohne Werkzeuge) und macht keinerlei Zugeständnisse für die Rettung von Tieren (CD-A 11,13–17; 4Q265 6,4–8). Diese Regelung ergibt sich nicht aus der Abwägung eines Gebots gegen das andere (wie im Falle des *piquach-nefesh*-Prinzips), sondern sie reflektiert eine restriktive Auslegung des Toraverbots der Arbeit am Sabbat, das auch den Gebrauch von Werkzeugen in einem Notfall einschließt und sich damit gegen die übliche Praxis richtet. Im Ergebnis sahen sich die Pharisäer offenbar gezwungen, die Grenzen dieser Toraauslegung zu diskutieren, und spätere Rabbinen formulierten und verteidigten schließlich das Prinzip der Lebensrettung am Sabbat auf der Grundlage ihrer eigenen Schriftinterpretation. Jesus stand vermutlich im argumentativen Austausch mit den Pharisäern, wenn auch sicher nicht auf dem Niveau der Rabbinen.

Bei der Zusammenlegung der Tradition vom Tier in der Grube aus der Logienquelle mit der Erzählung von der Sabbatheilung aus Markus sind Matthäus und Lukas wahrscheinlich schon mit dem sich entwickelnden Rechtsprinzip vertraut gewesen, das die Lebensrettung am Sabbat erlaubt, womit sie die Äußerungen Jesu auf den Stand der rabbinischen Diskussion bringen, der in ihrer eigenen Gegenwart erreicht ist (Mt 12,9–14; Lk 13,10–17; 14,1–6). Das Motiv der Sabbatheilung steht allerdings noch mit einem anderen Punkt in Verbindung, der die Heilung chronischer Krankheiten betrifft. Nach einer alten Tradition haben Anhänger des Schammai das Gebet für die Kranken am Sabbat verboten, während die Schule des Hillel es erlaubte (tShab 16[17],22). Möglicherweise haben die Heilungen Jesu am Sabbat in diesem Konflikt ihren Ursprung. Solche Heilungen haben in der Jesustradition ein starkes Gewicht und sind jeweils mit einer Anzahl theologischer Interpretationen verbunden. Historisch markiert das Motiv der Sabbatheilung wahrscheinlich die Haltung Jesu in der andauernden Debatte zwischen den Anhängern Schammais und Hillels, in der eine pragmatische Haltung auf Restriktionen aufgrund einer engen Schriftauslegung stieß, bevor das klare *piquach-nefesh*-Prinzip formuliert war.

3.6.7. Jesus und Ehescheidung

In der Vergangenheit ist das mk. Streitgespräch über die Ehescheidung (Mk 10,1–12) üblicherweise als Beleg für die restriktive Haltung des historischen Jesus gewertet worden, die sich in Übereinstimmung mit den Essenern (Qumran) und den Anhängern Schammais, aber im Gegensatz zur »liberalen« Auffassung der Schule Hillels befunden habe. Das Vorrecht der Männer zur Ehescheidung ist in der Antike für den gesamten Nahen Osten vorauszusetzen. Die Belege für die gelegentlich vorgebrachte Meinung, dass auch jüdische Frauen die Ehescheidung veranlassen konnten, sind dagegen kaum belastbar und überdies eher selten (z. B. Heiratsurkunden aus Elephantine; Josephus zu Ehescheidungen in der herodianischen Familie in Ant. 15,259 f.; 18,136; 20,141–143; P.Mur. 19). Daher sollte das bei Markus formulierte Verbot für Männer, sich von den Frauen zu scheiden, und für Frauen, sich von den Männern zu scheiden (Mk 10,11 f.), als Modifikation im

Blick auf die Gepflogenheiten im griechisch-römischen Umfeld des Autors gelesen werden.

Die Auffassung, dass Ehescheidung in Qumran verboten war, muss angesichts der Belege für das Gegenteil aufgegeben werden (4QXII[a] Mal 2,16; CD-A 13,17; 11QT[a] 66,11; 54,4; 4Q159 2–4+8,10). Die Texte, die man für das vermeintliche Verbot vor Augen hatte, dürften sich eher auf Polygynie beziehen (CD-A 4,20 f.; 11QT[a] 57,15–19). Allerdings beruft sich die Damaskusschrift für ihr Argument gegen die Polygynie auf die göttliche Absicht, wie sie in der Schöpfungsgeschichte niedergelegt ist, und bezieht sich teilweise auf dieselben Schriftstellen wie Markus, was in beiden Fällen einen ähnlichen, dem »Realismus« zuneigenden Auslegungstypus erkennen lässt. Die Kontroverse zwischen den Anhängern Schammais und Hillels zeigt deutlich jüngere Züge. In rabbinischen Texten ist die Debatte gewöhnlich mit sehr avancierter Schriftauslegung und einem ausgeprägten »Nominalismus« verbunden (Sifra zu Lev 21,7; Sifre zu Dtn 24,1; bGit 90a). Nicht einmal die halachische Überarbeitung des Streitgesprächs bei Matthäus, die die rabbinische Autorität Jesu bekräftigt (Mt 19,1–9), kann sich dem Argumentationsniveau der entsprechenden rabbinischen Texte nähern. Während die mt. Ausnahmeklausel (Mt 19,9), die auch in der Bergpredigt vorkommt (Mt 5,32) und die Ehescheidung im Falle des Ehebruchs erlaubt, eine gewisse Kenntnis der Auseinandersetzung zwischen den Schulen Schammais und Hillels vermuten lässt, stellt sie doch nur eine Zwischenstufe der Entwicklung der halachischen Diskussion über diese Frage bei den Rabbinen dar.

Der Kern des mk. Streitgesprächs mit seinem einfachen »Realismus«, der sich auf die Schöpfungsordnung bezieht, hat seinen Ursprung möglicherweise beim historischen Jesus. Diese Vermutung wird durch den Umstand gestützt, dass die strikte Haltung gegen die Ehescheidung für die frühe Kirche bald zum Problem wurde. Wenn allerdings die Kontroverse zwischen den Anhängern Schammais und Hillels nicht die Ursache der Haltung Jesu gewesen ist, muss nach einer anderen Erklärung Ausschau gehalten werden. Hypothetisch, wenngleich nicht ohne Reiz, ist eine Herleitung aus der Kritik Jesu an den Eliten. Wie sein Mentor, Johannes der Täufer, der Herodes Antipas wegen seiner Eheaffären kritisierte (Mk 6,17–19; Mt 14,3–5; Lk 3,19), stellte sich auch Jesus gegen den Tetrarchen, der ihn seinerseits verfolgte (Lk 13,31 f.). Wenn das lk. (aus der Logienquelle stammende) Wort von der Ehescheidung (Lk 16,18) hinzugezogen wird, das keinen erzählerischen Rahmen hat, ließe sich die mk. Fassung des Streitgesprächs entweder als Entfaltung einer ursprünglichen Aussage gegen Antipas verstehen oder als Diskussion, die von der Kritik Jesu verursacht wurde.

Angesichts des kulturellen Umfelds, der Vielzahl unterschiedlicher Bräuche und Gruppierungen in der Umgebung und der zunehmenden Tendenz, geschiedene Frauen generell und unabhängig von ihren Gründen als unmoralisch zu betrachten, könnte ein klares Verbot für die Männer, ihre Frauen zu verlassen, als Schutzmaßnahme zugunsten der Frauen verstanden werden. Eine solche Äußerung wäre dem historischen Jesus mit Blick auf seine grundlegende Haltung, seine Kritik an Machtmissbrauch und sein »realistisches« Verständnis der göttlichen Absicht ohne Weiteres zuzutrauen.

3.6.8. Reinheit und Speisen

Das Streitgespräch über das Händewaschen (Mk 7,1–13; Mt 15,1–20) ist sehr unterschiedlich ausgelegt worden. Heute wird die Aussage, dass Jesus alle Speisen für rein erklärte (Mk 7,19; fehlt bei Matthäus), überwiegend als Kommentar des Markus gewertet, mit dem die Auseinandersetzung um das Händewaschen auf die ganz anders gelagerte Frage der Tischgemeinschaft und Reinheit der Speisen angewendet wird, die für das überwiegend nicht-jüdische Umfeld des Markus von Bedeutung war. Die Erzähltradition, auf die Markus aufbaut (Mk 7,1.5.15), behandelt allerdings das Problem der rituellen Unreinheit (die als ansteckend betrachtet wurde) und deren Eigenheit, sich über Speisen und Flüssigkeiten zu verbreiten. Es gibt keinen Beleg, dass der historische Jesus Speisegesetze in Frage gestellt oder diskutiert hat.

Vielfach wurde vorgeschlagen, dass Jesus Bräuche, die sich aus mündlicher Tradition herleiteten, zugunsten der biblischen Vorschriften bekämpfte und dass die Praxis des Händewaschens vor den Mahlzeiten tatsächlich erst nach der Zeit Jesu als rabbinische Neuerung aufkam oder zumindest erst zu einem späteren Zeitpunkt zur allgemeinen Gewohnheit wurde (vgl. mBer 8,2). Die Aussage, dass nichts, was von außen in den Menschen hineinkommt, ihn verunreinigen kann, sondern nur das, was aus ihm herauskommt (Mk 7,15), ist oft als Überspitzung verstanden worden oder als dialektische Negation und in einem relativierenden Sinne interpretiert worden (nichts von außen verunreinigt so sehr wie Dinge, die im Inneren des Menschen sind).

Jüngst ist aber auch eine absolute Interpretation vorgeschlagen worden, nach der Speisen den Menschen generell nicht verunreinigen, sondern nur die Menschen selbst als Verunreiniger agieren können. Dies stützt sich auf ein Verständnis des rituellen Händewaschens als eine Sicherheitsmaßnahme, die zur Zeit Jesu nur von einigen wenigen praktiziert wurde, um die Ausbreitung von Unreinheit über gewöhnliche Speisen, die den Priestern gegeben wurden (durch die es den Tempel und den Kult erreichen konnte), zu verhindern. Auch in diesem Fall hätte Jesus biblische Vorschriften gegen außerbiblische Neuerungen verteidigt.

Diese Sichtweise ist aus mehreren Gründen problematisch. In erster Linie ist der Kontrast zwischen Schrift und mündlicher Tradition (nicht im Sinne von Brauch, sondern im Sinne der pharisäischen Halacha) insgesamt ein Resultat der mk. Redaktion. Dieser Kontrast führt sowohl zur Bezugnahme auf Jesaja (Mk 7,6 f.) als auch zur Einfügung des Korban-Beispiels (Mk 7,10–13). In beiden Fällen soll gezeigt werden, dass die (mk.) Gegner nicht der Absicht der Tora folgen, sondern ihre eigenen Überlieferungen bevorzugen (Mk 7,8 f.13). Diese Gegenüberstellung von biblischer Vorschrift und jüdischer Halacha ist typisch für die frühen Christusgläubigen, die ihre eigene Gesetzesobservanz hervorhoben und gegen deviante Auffassungen der sich entwickelnden rabbinischen Bewegung zu verteidigen suchten (Kol 2,8.22; Tit 1,14; vgl. Eph 2,15). Die Argumentationsweise und die Kritik gegen den »Nominalismus« der Gegner weisen eher auf den zeitlichen Kontext der Evangelisten als auf die Zeit Jesu.

Darüber hinaus beruht die Auffassung, dass Jesus die Schrift gegen mündliche Überlieferung verteidigt habe, auf einem Anachronismus, der spätere rabbinische Reinheitsvorstellungen bereits für die Zeit des Zweiten Tempels unterstellt. Rabbinische Texte fokussieren die Reinheitsbestimmungen vollständig auf den Kult und geben komplizierte und exegetisch gezwungene Erklärungen für das Verhältnis zwischen Flüssigkeiten, Nahrungsmitteln und Gefäßen (bPes 14b und 17b–20b; Sifra Shemini 8), die ein umfassendes System für die Übertragung von Unreinheit mit einer Vielzahl gradueller Abstufungen bilden (mToh). Dies führt zu einer Einschätzung des rituellen Händewaschens als rabbinische Neuerung, die zur Zeit Jesu möglicherweise nur von einer kleinen, eher radikalen Gruppe praktiziert wurde. Normales Essen musste demnach nicht (allgemein als) unrein (betrachtet) werden, wenn es in Kontakt mit unreinen Menschen gekommen war.

Tatsächlich aber waren die Meinungen über Unreinheit und die Wege ihrer Übertragung in der Zeit des Zweiten Tempels weniger entwickelt und vielfältiger, als viele rabbinische Texte es nahelegen. Sogar die Mischna weist noch Spuren unterschiedlicher Sichtweisen auf, einschließlich der älteren Auffassung, nach der der Esser denselben Grad der Unreinheit annimmt wie das Essen (mToh 2,2; vgl. mSav 5,12). Gegen Ende der Zeit des Zweiten Tempels, als sich die Diskussion über die Verbreitungsarten der Unreinheit zuspitzte, entwickelte sich das Händewaschen zu einem von mehreren Mitteln, die Übertragung von verschiedenen Formen der Unreinheit zu kontrollieren. Als rituelle Praxis hat das Händewaschen sowohl Wurzeln in der Schrift (Lev 15,11) als auch im sonstigen Brauchtum und wie einige andere Wasserriten wurde es graduell in neue Kontexte überführt. Die rabbinische Diskussion über Flüssigkeiten, Speisen und Gefäße zeigt dagegen sehr viele Merkmale avancierter Schriftauslegung und »nominalistischer« Argumente, die für frühe Phasen der Auseinandersetzung noch nicht in Anschlag gebracht werden können.

Obwohl Markus mit seiner Aussage, dass »alle Juden« das Händewaschen vor dem Essen praktizieren (Mk 7,3), sicher übertreibt, wird man wohl einen gewissen Verbreitungsgrad auch unter Pharisäern annehmen dürfen, wodurch das Händewaschen in manchen Fällen zunehmend als Alternative zum Eintauchen gesehen wurde. Die Verbindung der Diskussion um das Händewaschen mit einem ganz anderen Aussageziel bei Markus deutet auf eine Vorgeschichte des verwendeten Materials und auf einen möglichen historischen Kern: Jesus hat seine Jünger offenbar gegen Vorwürfe aus Kreisen verteidigt, die in ihrem Bestreben, die Geltung der Reinheitsgesetze auszudehnen, die Reinheitshalacha bei den Anhängern Jesu nur unzureichend befolgt sahen. Seine Verteidigung stellt allerdings nicht biblische Gebote gegen rabbinische, sondern vergleicht die Reinheit des Herzens und des Inneren (Mk 7,15.18 f.) mit der körperlichen Unreinheit. Dies bedeutet weder einen Bruch mit den Reinheitsgesetzen noch eine generelle Kritik an der Reinheitshalacha, sondern folgt vielmehr einer prophetischen Tradition, der es vorrangig um die soziale und ökonomische Gerechtigkeit geht, was entlang der Linien entfaltet wird, die in der Logienquelle vorgezeichnet sind (Lk 11,39–42; vgl. Mt 23,25 f.; P.Oxy. 840).

3.6.9. Andere Texte und Themen

Die Verbindung zur prophetischen Kritik liefert auch für das Verständnis anderer in der Jesustradition angedeuteter Konfliktfelder ein plausibles Erklärungsmuster, insbesondere für den Zehnt, das Fasten und das Schwören. Der Zehnt ist vielleicht das deutlichste Beispiel für eine Kritik, die sich nicht gegen die Praxis als solche richtet, sondern die sorgfältige Beachtung der Vorschrift mit geringerer Sorgfalt in sozialen Belangen kontrastiert (Lk 11,42; Mt 23,23). Das entsprechende Material stammt aus der Logienquelle und passt zur generellen Ausrichtung der Lehre Jesu.

Das Schwören wird in einer Erörterung, die sich dem Thema der Wahrhaftigkeit widmet, explizit verboten (Mt 5,34–37), allerdings in einer Weise, die eine gewisse Übertreibung zum Zweck der Verdeutlichung erkennen lässt, was als Methode in der prophetischen Tradition geläufig ist. Eine ähnliche Aussage verbietet nicht das Schwören an sich, sondern lediglich den Eidesmissbrauch durch bestimmte Formeln, die den Verbindlichkeitscharakter aufheben (Mt 23,16–22). Beide Aussagen sind nur bei Matthäus zu finden und deuten auf eine gewisse Vertrautheit mit der sich entwickelnden rabbinischen Debatte. Gerade das letztere Beispiel richtet sich anscheinend gegen eine nominalistische Strategie, mit unüberlegten Eiden umzugehen, wofür die Mischna eine Reihe späterer und elaborierterer Argumente bietet (z. B. mNed 2,5; 6,9–7,5). Es ist deswegen äußerst ungewiss, ob diese Traditionen auf den historischen Jesus zurückgeführt werden kann. Weit eher kommt dafür der Kern der mk. Tradition über das Korban-Gelübde infrage (Mk 7,10–12; Mt 15,5 f.), die als Einwand gegen die übereilte Verwendung von Eiden mit Blick auf ihre negativen Konsequenzen gelesen werden kann. Aber auch in diesem Fall muss die mk. Darstellung, dass der Eid schon zur Zeit Jesu in Gebrauch stand, um Eltern gezielt die Unterstützung zu entziehen, nicht für bare Münze genommen werden. Derart extreme Formulierungen dürften vielmehr den Hintergrund für eine sich entwickelnde nominalistische Argumentation bilden, die darauf abzielt, die Verbindlichkeit unüberlegt geleisteter Eide zu verringern.

Nach der mk. Tradition (Mk 2,18–20parr.) werden Jesus und seine Jünger dafür kritisiert, das Fasten nicht einzuhalten. Da das Fasten in der volkstümlichen Frömmigkeit weithin praktiziert wurde und seine natürliche Fortsetzung in der frühen Christusbewegung fand, gibt es gute Gründe, einen historischen Hintergrund für diese Tradition anzunehmen. Der zusammenfassende Kommentar, dass die Jünger fasten werden, wenn der Bräutigam weggenommen ist (Mk 2,20), könnte dabei als Ergänzung verstanden werden, mit der ein unbequemer Teil der Tradition mit der gegenwärtigen Praxis ausgeglichen werden sollte. In einer Überlieferung, die nur bei Matthäus vorliegt, ist das Fasten akzeptiert, wird aber gleichzeitig kritisiert, wenn es nur der Demonstration der eigenen Frömmigkeit dient (Mt 6,16–18; vgl. Did 8,1). Allerdings gibt es in der Tora kein Fastengebot und die Vernachlässigung dieser Praxis bei Jesus dürfte eher im Rahmen seiner offenen Mahlgemeinschaften zu verstehen sein. Eine deviante Fastenpraxis lässt für sich noch keinen Mangel an Toraobservanz erkennen, aber die Kritik am Fasten, die sich aus der Kontrastierung mit sozialer Gerechtigkeit ergibt, ist ein wesentlicher Bestandteil prophetischer Tradition (vgl. Jes 58).

Unter den Texten, die sich auf die Gesetzesinterpretation Jesu beziehen, sind weiter P.Oxy. 840 und das EvThom zu nennen. In P.Oxy. 840 werden Jesus und seine Jünger von einem Tempelpriester kritisiert, dass sie in den heiligen Tempelbezirk gehen, ohne die Füße gewaschen zu haben. Jesus reagiert darauf, indem er die Reinigung durch Eintauchen in normales Wasser der Reinigung durch das Wasser des ewigen Lebens gegenüberstellt. Obwohl der Text verhältnismäßig jung und die Interpretation des Fragments sehr umstritten ist, erinnert die höhere Gewichtung des Inneren im Gegensatz zu äußeren Dingen sowohl an andere Jesustraditionen als auch an den prophetischen Diskurs Israels.

Das EvThom ist uneindeutiger. Es finden sich auch hier Sprüche zum Fasten (EvThom 6, 14, 27, 104), zum Gebet und Almosengeben (6, 14), zur Reinheit (14, 89), zum Sabbat (27) und zur Beschneidung (53). Fasten, Gebet und Almosengeben werden dabei negativ bewertet (14) – das Gebet bewirkt sogar Verdammnis. Die Interpretation dieser Aussage ist allerdings umstritten und sie wird nicht in Gänze wörtlich zu verstehen sein. Die Aussage über Verunreinigung durch das, was aus dem Mund herauskommt, und nicht durch das, was in ihn hineingeht (14), ist in der mt. Fassung wiedergegeben (Mt 15,11) und dem lk. Spruch über Tischgemeinschaft und Heilung entgegengestellt (Lk 10,8), was die Vernachlässigung von Reinheits- und Speisegeboten als Teil einer andauernden Missionstätigkeit nahelegt. Der Spruch über den Sabbat ist bekanntermaßen schwer zu deuten, während die Beschneidung einfach abgelehnt zu werden scheint. Diese Aussagen mögen einen späteren Ausgleich jüdischer Traditionen mit dem nicht-jüdischen Milieu der jeweiligen Autoren widerspiegeln. Dies mag auch der Fall sein bei einem der *Agrapha*, Lk 6,4 D, über den Mann, der am Sabbat arbeitet. Keine dieser Aussagen kann jedoch für Positionen des historischen Jesus in Fragen der Gesetzesinterpretation herangezogen werden.

3.6.10. Zusammenfassung

Es gibt keinen Beleg, dass Jesus sich gegen die Tora gewendet hat. Die Interpretation der Gesetzestradition Israels durch Jesus lässt Züge eines »Realismus« erkennen, der sich an der Absicht Gottes ausrichtet. Der Standpunkt Jesu setzt seine Prioritäten häufiger bei den Bedürfnissen und dem Wohlergehen der Menschen, was der prophetischen Tradition nahesteht, oder auch beim volkstümlichen *common sense*.

Die Synoptiker stellen Jesus gelegentlich als Verteidiger biblischer Vorschriften gegen rabbinische Neuerungen dar und vor allem bei Matthäus erscheint er als eine Art höherer Rabbi, der die Argumente und Interpretationen der Schriftgelehrten beherrscht. Moderne Interpreten haben manchmal Interesse an einem Jesus, der das jüdische Gesetz kraft seiner (göttlichen) Autorität aufhebt oder modifiziert. Andere ziehen es vor, ihn in einen Dialog mit tannaitischen Rabbinen zu bringen. Der historische Jesus wird mit solchen anachronistischen Herangehensweisen leicht verfehlt.

Die Auffassungen, dass Jesus die Tora wegen seiner Naherwartung relativiert oder seine Vollmacht es ihm erlaubt habe, die Absicht Gottes ohne Rücksicht auf das Gesetz zu verkünden, sagen möglicherweise mehr über die eschatologischen und christologischen Vorstellungen der Interpreten als über den historischen Jesus aus. Das hier präsentierte Material unterstützt solche Annahmen jedenfalls nicht.

Weil sich die Geltung der Tora als verbindliches Rechtskorpus nur schrittweise entwickelte, ist das Bedürfnis, ein Gebot gegen ein anderes aufzuwiegen und durch gezwungene exegetische Argumentationsformen Ausnahmen für Notfälle zu formulieren, als verhältnismäßig spätes Phänomen zu begreifen. Jesus erscheint in den Evangelien zwar als Gesetzesinterpret, aber er besitzt offenbar nicht das voll ausgeprägte Instrumentarium der halachischen Schriftauslegung. Der Standpunkt Jesu verweist auf eine traditionelle Haltung gegenüber dem Gesetz, für die es keinen echten Konflikt zwischen den Leitlinien der Tora und ihrer pragmatischen Anwendung gibt, welche sich an einem prophetisch inspirierten Interesse an menschlichem Wohlergehen und sozialer Gerechtigkeit orientiert. Die Vision Jesu vom Gottesreich gründet sich also auf dem Gesetz und dessen dem Menschen dienlichen Anliegen.

KAZEN, Thomas 2013: Scripture, Interpretation, or Authority? Motives and Arguments in Jesus' Halakic Conflicts, WUNT 320, Tübingen.
– 2018 (in Vorbereitung): Emotional Repression and Physical Mutilation? The Cognitive and Behavioural Impact of Exaggeration in the Sermon on the Mount, in: ROITTO, Rikard u. a. (Hg.): Social and Cognitive Perspectives on the Sermon on the Mount, Sheffield.
LOADER, William 2011: Jesus and the Law, in: HOLMÉN, Tom/PORTER, Stanley E. (Hg.): Handbook for the Study of the Historical Jesus, Vol. III: The Historical Jesus, Leiden u. a., 2745–2772.
MEIER, John P. 2009: A Marginal Jew. Rethinking the Historical Jesus, Vol. IV: Law and Love, New Haven/London.
SHEMESH, Aharon 2009: Halakhah in the Making. The Development of Jewish Law from Qumran to the Rabbis, The Taubman Lectures in Jewish Studies 6, Berkeley.

Thomas Kazen

3.7. Jesus als Weisheitslehrer

3.7.1. Die Karriere der jesuanischen Weisheit (Wirkungsgeschichte)

Nimmt man den Bekanntheitsgrad der Jesusworte als Maßstab, so erscheint Jesus als Weisheitslehrer, aus dessen Mund weisheitliche Lebenseinsichten nur so sprudeln: »Niemand kann zwei Herren dienen« (Mt 6,24; vgl. Lk 16,13). »Man sammelt doch nicht von Dornen Weintrauben oder von Disteln Feigen?« (Mt 7,16; vgl. Lk 6,44). »Können Hochzeitsgäste fasten …?« (Mk 2,19). Es sind derartige Spruchweisheiten genauso wie kurze Geschichten, in denen sich Alltagserfahrungen verdichten (z. B. verlorenes Schaf: Q 15,4–7; Talente/Mna: Mt 25,14–30; Lk 19,12–27; vgl. die Auflistung bei VON LIPS 1990: 198–203.228–232), die in der Wirkungsgeschichte Karriere gemacht haben und zu geflügelten Worten avanciert sind (vgl. THEISSEN 2008). Im Neuen Testament finden sie sich gehäuft in der Spruchquelle Q, d. h. im Redestoff des Mt- und LkEv sowie als Abschlusspointe vieler Streitgespräche im MkEv. Viel weniger bekannt sind die Worte des Apokalyptikers Jesus, die sich vor allem in den Endzeitreden der Evangelien finden. Nicht anders ist es um die Worte des Schriftgelehrten Jesus bestellt, der mit Schriftzitaten argumentiert und seine Gesprächspartner mit deren eigenen Waffen schlägt (vgl. Mk 2,25 f.; 7,6–13) oder gar mit dem philosophischen Jesus in den Redegängen des JohEv. Wohl finden sich auch hier weisheitliche Sprichwörter wie etwa »Der Wind weht, wo er will« (Joh 3,8), aber sie sind als Kleinstelemente eingewoben in die ausufernden Argumentationsgänge (vgl. Joh 4,37; 10,12; 16,21; dazu COLLINS 1990; POPLUTZ 2006). Von der Quellenlage her stoßen wir mit den Weisheitsworten der Spruchquelle und den Pointen der Apophthegmen im MkEv auf das Urgestein der Jesusüberlieferung.

3.7.2. Saat und Schaf, Hochzeit und Sabbat (Motivinventar)

Das Motivinventar der weisheitlichen Logien und Geschichten umfasst die Agrar- und Hauswirtschaft (vgl. Mk 4,3–8.26–29.30–32; Q 15,3–7; Mk 3,24 f.; 4,21 vgl. Q 11,33; Mk 4,24 vgl. Q 6,38; Mk 9,50 vgl. Q 14,34 f.; Q 6,48 f.; Lk 15,8–10) genauso wie Kommunikations- und Verhaltensweisen (vgl. Q 6,37–42; Mk 2,19; 3,27; 6,4; Mt 26,52; Mk 9,40 vgl. Q 11,23; Lk 11,5–8; 15,11–32), gelegentlich auch religiöse Bereiche wie Sabbat (Mt 12,11; Lk 13,15 f.; 14,5) oder Reinheit (Mk 7,15). Kurz: Die Welt des kleinen Mannes steht im Horizont.

3.7.3. Alltagslogik und Funktion der Weisheitsworte (Parömiologie)

Dass sich weisheitliche Worte und Geschichten gern und leicht einprägen, hat einfache Gründe: Sie sind kurz und gewöhnlich auf einen einzigen Gedanken hin konzentriert. Sie greifen Erfahrungen auf, die aus dem banalen Alltag vertraut sind. Dabei werden sie jedoch auf einen bestimmten Punkt zugespitzt, für den von den Adressaten gewöhnlich unumwundene Zustimmung erwartet wird. Für sich genommen spiegeln also weisheitliche Worte zunächst alltägliche Erfahrungen im Konzentrat. Stehen sie jedoch im Kontext einer bestimmten Problematik, mit der diese Alltagserfahrungen zunächst gar nichts zu tun haben, können sie zu Argumenten werden, sofern die Rezipienten den gewünschten Analogieschluss ziehen: Auf den Sachverhalt, der zur Diskussion steht, wird durch das Weisheitswort eine neue Perspektive geworfen, die das Problem in ein bestimmtes Licht stellt. Im Normalfall muss die daraus resultierende Schlussfolgerung vom Adressaten selbst gezogen werden, das heißt zugleich: Der Adressat selbst kommt zu einer bestimmten Einsicht bzw. wird dahin gelenkt. Der Sprecher stößt diesen Erkenntnisprozess lediglich an.

Genau das dürfte der Grund sein, weshalb Sprichwörter und weisheitliche Kurzgeschichten so beliebt sind: Sie sind wegen ihrer Alltagsnähe nicht nur leicht zu merken, sondern überlassen dem Adressaten auch die Anwendungshoheit. Außerdem lassen sie sich problemlos als Kommentar bzw. Entscheidungshilfe auch für andere Fälle einsetzen.

In diesem Prozess hat der Sprecher, der ein geläufiges Weisheitswort auswählt oder gar ein neues entwirft, jedoch keineswegs eine passive Rolle: Durch die von ihm gewählte Fokussierung auf einen ganz bestimmten Aspekt des Alltagslebens sondiert er bereits – und hat damit eine bestimmte Option für den Problemfall im Blick. Stimmt der Adressat der überraschend eingebrachten, scheinbar auf ein völlig anderes Sachfeld führenden Aussage zu, ist er dem Gesprächspartner schon auf den Leim gegangen. Denn sobald er die Analogien zum verhandelten bzw. diskutierten Problem zieht, hat er – als gefühlte eigenständige Erkenntnis – die Option des Gesprächspartners übernommen (EBNER 1998: 35–43). Die Parömiologie spricht von »out of context statements« und definiert: »Proverbs are strategies for dealing with situations« (BURKE ³1973: 296; vgl. SEITEL 1981; JACOBSON 1990).

Liegt diese »out of context«-Anwendung einer weisheitlichen Äußerung vor, dann wird – gattungsspezifisch gesprochen – aus einem weisheitlichen Erfahrungsspruch ein Bildwort und aus einer weisheitlichen Kurzgeschichte ein Gleichnis bzw. eine Parabel oder eine Beispielgeschichte (s. 3.7.4.3). Wird die erwünschte Handlungsanweisung mit einer Imperativform direkt ausgesprochen, liegt ein Mahnwort vor, dem seinerseits eine rationale Begründung folgen kann, aber nicht muss (vgl. Mk 4,24 f.; Mt 6,34; 7,6). Wird schließlich noch ein Weisheitsspruch hinzugefügt, fungiert letzterer zusätzlich zur rationalen Begründung als Alltagsbeleg für den Mahnspruch. Das zeigt aber gleichzeitig, dass der Weisheitsspruch keineswegs definitiv an den vorliegenden Mahnspruch gebunden ist; aus ihm ließen sich auch andere Schlussfolgerungen ziehen bzw. er wäre auch für andere Mahnungen einsetzbar; deshalb ist eine eigenständige Genese wahrscheinlich (vgl. Q 11,9–13: »Bittet, und gegeben wird euch […] Denn jeder Bittende empfängt […] Oder wer von euch ist ein Mensch, den sein Sohn bitten wird um Brot, – wird er etwa einen Stein ihm übergeben? […]«). Umgekehrt gibt es auch isoliert stehende Mahnsprüche, die auf jegliche Begründung verzichten (vgl. Mt 5,39–42; vgl. Lk 6,29 f.; vgl. die Auflistung und Analyse von ZELLER 1977).

Im Blick auf die Pragmatik muss die Kommunikationssituation beachtet werden: Mit einem Mahnspruch nimmt der Sprecher gegenüber seinem Publikum Autorität in Anspruch. Einen Mahnspruch zu formulieren ist Sache eines Lehrers gegenüber seinen Schülern. Nur deshalb kann die Begründung auch wegfallen, denn in einer kontinuierlich gedachten Kommunikationssituation steht ein bestimmter Lehrzusammenhang im Hintergrund. Weisheitliche Alltagssprüche und Kurzgeschichten dagegen sprechen von Gleich zu Gleich und legen die Schlussfolgerung, die eine bestimmte Handlungsoption impliziert, in die Hand des Adressaten. Insofern spiegelt sich in den Mahnsprüchen als Adressatenkreis die Nachfolger/innengruppe Jesu (sowohl des historischen also auch diejenige in den einzelnen Gemeinden, in denen die Evangelien gelesen werden), während die weisheitlichen Alltagssprüche und Kurzgeschichten auch einen offener gedachten Adressatenkreis anzeigen können.

3.7.4. Problemfelder und inhaltliche Stoßrichtung (Pragmatik)

Wenn die Überlieferungsvorgänge die ursprünglichen Sachverhalte auch nur einigermaßen korrekt darstellen, spiegeln sich in den vorliegenden evangeliaren Texteinheiten nicht nur die Form der Argumentation in Apophthegmen mit Bildworten als Pointe (vgl. Mk 2,15–17.18–22; 3,20–30; Q 11,14–20) oder mit weisheitlichen Kurzgeschichten als Parabeln bzw. Gleichnissen (vgl. Lk 15,1–32) genauso wie in problemorientiert aufgebauten Spruchgruppen (vgl. Q 12,22–31), sondern auch die Problemfelder sowie die Kommunikationspartner. Drei unterschiedliche Stoßrichtungen lassen sich ausmachen.

3.7.4.1. Reaktionen auf Anfeindung von außen

Gemäß dem messerscharfen Kriterium des Aufklärungstheologen Hermann Samuel Reimarus (1694–1768) stehen wir dann auf historisch sicherem Boden, wenn Fans Negatives über ihr Idol überliefern (REIMARUS 1979: 20). Dabei handelt es sich offensichtlich um Sachverhalte, die sich auch beim besten Willen nicht aus der Welt schaffen oder gar totschweigen lassen. Dieses Phänomen ist in der Jesusüberlieferung in zwei Fällen anzutreffen: Die beiden ältesten Überlieferungen, das MkEv und die Spruchquelle Q, halten in nahezu gleich lautenden Formulierungen von außen kommende Vorwürfe gegen Jesus fest. Sie betreffen die Beurteilung der offensichtlich als erfolgreich akzeptierten Dämonenaustreibungen Jesu sowie sein Mahlverhalten. In beiden Fällen werden im vorliegenden evangeliaren Kontext weisheitliche Erwiderungen als Gegenargumente Jesu überliefert.

»Durch Beelzebul, den Herrscher der Dämonen, treibt er die Dämonen aus« (Q 11,15; vgl. Mk 3,22). Mit diesem Vorwurf wird Jesus öffentlich angeprangert. Dahinter steht eine gefährliche Anzeige: Jesus würde nicht mit der Kraft des Gottes Israels, sondern mit Hilfe einer fremden, dunklen Macht, eben dem »Herrscher der Dämonen« sozusagen als V-Mann der Gegenseite, die Dämonen austreiben. In diesem Zusammenhang werden als Reaktion Jesu mehrere weisheitliche Sprüche überliefert. Jesus setzt sich zur Wehr, indem er eine Rückfrage stellt: »Wenn ich mit Hilfe von Beelzebul die Dämonen austreibe, eure Söhne, mit wessen Hilfe treiben sie (die Dämonen) aus?« (Q 11,19). Damit fordert Jesus gleiches Recht für alle: Wenn seine Exorzismen im Blick auf die Kraft, mit deren Hilfe ihm das gelingt, in böser Absicht hinterfragt werden, dann gilt der gleiche Verdacht auch für die anderen Exorzisten in Galiläa – oder die offensichtlich für die eigenen Leute selbstverständlich in Anspruch genommene Annahme, dass der Gott Israels der in den Exorzismen Wirkende ist, für beide Seiten. In Mk 3,24 f. stellt Jesus die weisheitliche Einsicht in den Raum, dass eine Königsherrschaft genauso wie eine Hausgemeinschaft, die in sich zerstritten ist, keinen Bestand haben wird. Hörer, die bereit und fähig sind, die entsprechenden Analogien zum verhandelten Problemfall zu ziehen, werden die Absurdität des Beelzebul-Vorwurfs sofort durchschauen. Schließlich greift Jesus im Wort von der »Überwindung des Starken« (Mk 3,27) auf Erfahrungen bei Plünderungen zurück: Niemand lässt sich sein Haus ausrauben, wenn er nicht vorher gefesselt worden ist – und will damit offensichtlich Analogien wecken zum apokalyptisch erwarteten Endkampfgeschehen zwischen gotttreuen und gottfeindlichen Mächten, das im Himmel beginnt und auch dort entschieden wird, also dem entsprechenden irdischen Kampf nicht nur zeitlich vorausgeht, sondern auch dessen Ausgang determiniert. Kurz: Jesus können die Dämonenaustreibungen nur deshalb gelingen, weil der himmlische Machtkampf bereits endgültig entschieden ist. Lediglich in Q 11,20 (»Wenn ich aber mit dem Finger Gottes die Dämonen austreibe, ist das Königreich Gottes bereits bei euch angekommen/ἔφθασεν«) hält Jesus die in den Weisheitsworten per Analogie versteckte Behauptung deklaratorisch fest: in der Metonymie vom »Finger Gottes« (vgl. Ex 8,15) als ausschlaggebender Kraft (vgl. insgesamt Ebner [2]2012: 104–117).

Mit dem Vorwurf »Siehe: ein Fresser und Weinsäufer, ein Freund von Zöllnern und Sündern!« (Q 7,34) bzw. »Mit den Zöllnern und Sündern isst er!« (Mk 2,16) wird das Mahlverhalten Jesu angeprangert: Er setzt sich mit den »falschen« Leuten an einen Tisch, die von der Gegenseite als »Sünder« eingestuft werden. Während in diesem Fall die Überlieferung der Spruchquelle – im Horizont der Weisheitstheologie – den alternativen Lebensstil Jesu als Experiment der Weisheit präsentiert, das jedoch nur bei denjenigen Anerkennung finden kann, die sich als deren wahre Kinder erweisen (Ebner 2016), legt das MkEv Jesus erneut eine weisheitliche Erwiderung in den Mund: »Nicht die Gesunden brauchen den Arzt, sondern die Kranken« (Mk 2,17) – in der Überlieferung allerdings verbunden mit einem programmatischen Sendungsauftrag (»Nicht bin ich gekommen, zu rufen Gerechte, sondern Sünder«).

Die Verunglimpfung als »Fresser und Weinsäufer« dürfte auf atl. Hintergrund genau diejenigen Stichworte aufgreifen, unter denen die Verurteilung eines »störrischen und widerspenstigen Sohnes« vor dem Ältestengericht erfolgen soll, weil

er dauerhaft und trotz Züchtigung »auf die Stimme seines Vaters und auf die
Stimme seiner Mutter nicht hört« (vgl. Dtn 21,18–21), also penetrant gegen das
konventionell erwartete Verhalten verstößt.

Für Jesus dürfte dessen sog. »a-familiäres Ethos« (KLAUCK 1995) im Hintergrund stehen, dessen Praktizierung von der Tradition unter der Rubrik »Nachfolge« und »Eltern verlassen« verhandelt wird, konkret aber bedeutet, dass Jesus
seine Heimatstadt Nazaret verlassen hat, nicht für seine alten Eltern sorgt – und
das Gleiche von seinen Nachfolgern erwartet (vgl. Q 9,59 f.; Mk 1,16–20). Damit
begeht er einen Tabubruch gegen das Eltern(versorgungs)gebot (Ex 20,12; Dtn
5,16; vgl. JUNGBAUER 2002), den die Urheber des »Fresser und Weinsäufer«-Vor-
wurfs im Keim ersticken wollen.

Nicht in den Spuren der Konvention bewegt sich Jesus schließlich, wenn er als
Wanderprediger durchs Land zieht, sich allenfalls als Gelegenheitsarbeiter (Mk
6,3: τέκτων) betätigt, also nicht nach dem Modell der fleißigen Ameise Vorräte
sammelt (vgl. Spr 6,6–11), sondern Gefahr läuft, zu verarmen (vgl. Spr 23,19–21),
zum Bettler zu werden und am Ende den Kommunen zur Last zu fallen. Auch
diesen Sachverhalt stellt Jesus weisheitlich in ein anderes Licht, hat als Adressaten
allerdings seinen Nachfolgekreis vor Augen.

3.7.4.2. Sorgen und Nöte im Nachfolgekreis

Es ist die Aufforderung, von den Raben und Lilien zu lernen (vgl. Q 12,22–31),
die den Unwillen zur materiellen Vorsorge à la fleißige Ameise der jüdischen Tradition in ein neues Licht taucht – gerichtet auf den Nachfolgekreis als Adressaten:
Das scheinbar idyllische Bild von den Raben, die weder säen noch ernten und
auch nicht in Scheunen sammeln sowie von den Lilien, die weder weben noch
spinnen, changiert bewusst zwischen Tier- bzw. Pflanzen- und Menschenwelt. In
den (aufgegebenen) Tätigkeiten spiegelt Jesus die Situation der Männer und
Frauen, die das sesshafte Leben in den Dörfern aufgegeben haben und mit ihm
als Wanderprediger durchs Land ziehen. Was sie an den Raben und Lilien tatsächlich beobachten können, ist, dass Gott bestens für sie sorgt. Und lernen sollen sie, dass sie als Menschen Gott doch viel mehr wert sind als Tiere oder Pflanzen. Mit diesen Sprüchen werden nicht nur die Nahrungs- und Kleidungssorgen
der Frauen und Männer im Nachfolgekreis in ein neues Licht gestellt, sondern
auch ihr als »faul« erscheinendes Verhalten: Darin manifestiert sich eine sich
restlos auf Gott verlassende Sorglosigkeit. Dieses Vertrauen versucht Jesus mit
einem weiteren Doppelspruch zu erwecken, der erneut die konventionellen Tätigkeiten von Frau und Mann aufgreift und an den Mutter- bzw. Vaterinstinkt
seiner Leute appelliert – als Analogie für die Güte Gottes: »Wer von euch ist ein
Mensch, der, wenn ihn sein Sohn um Brot bittet, ihm etwa einen Stein gäbe? Oder
auch, wenn er um einen Fisch bittet, ihm etwa eine Schlange gäbe?« (Q 11,11 f.).
Andere Weisheitsworte, zum Teil in Kombination mit entsprechenden Mahnworten überliefert, versuchen Zwistigkeiten untereinander bzw. Vorurteile ge-

geneinander zu hinterfragen (vgl. das Wort vom Splitter im Auge des andern: Q 6,41 f., oder vom Baum, der an seiner Frucht erkannt wird: Q 6,43–45).

3.7.4.3. Protreptische Geschichten »for beginners within the old world«

Schließlich finden sich eine Reihe von Beispielgeschichten, die von einer bestimmten Figur vorbildhaftes Verhalten erzählen, das zur Nachahmung anspornen soll, obwohl es völlig unerwartet oder ungewöhnlich ist. So das Verhalten des »barmherzigen Samariters« (Lk 10,30–35), der genau das praktiziert, was man eigentlich vom jüdischen Priester und Leviten erwarten würde, die jedoch dem unter die Räuber Gefallenen gegenüber völlig apathisch bleiben – und das, obwohl sie auf dem Rückweg vom Tempel sind und den Vorwand einer möglichen Verunreinigung für sich nicht in Anspruch nehmen können. Die Geschichte insinuiert: Vielleicht sind die den Juden wenig sympathischen Samariter doch ganz anders, als man gemeinhin denkt.

In diese Reihe gehört auch die Erzählung von den Mna, die Matthäus zum Talente-Gleichnis ausgebaut (Mt 25,14–30) und Lukas mit historisierenden Assoziationen zu Archelaus, der sich in Rom mit der Königsherrschaft über Palästina belehnen lassen will, versehen hat (Lk 19,12–27). Im Kern stellt die Beispielgeschichte den dritten Sklaven als eigentlichen Helden vor: Er verweigert sich dem ökonomischen Tauglichkeitstest, verwirkt damit seine Aufstiegsmöglichkeiten und verhöhnt das römische Steuersystem geradeheraus als Diebstahl (Lk 19,21; Mt 25,24). Auch Lk 16,1–7 erzählt von einem »Aussteiger«, der wegen seines luxuriösen Lebensstils als Verwalter zu Fall kommt und sich daraufhin mit den Gläubigern seines Herrn »vernetzt«. Die penetrante Witwe von Lk 18,2–5 entspricht keineswegs dem von ihr erwarteten demütigen Witwenverhalten, pocht unablässig auf ihr Recht und bringt den Richter dazu, sich – wie es das israelitische Gottesrecht vorschreibt: Ex 22,21–23; Dtn 24,17 – auf ihre Seite zu schlagen (zur Analyse vgl. EBNER 2010).

Alle diese Geschichten haben die konkrete gesellschaftspolitische Situation in Palästina zur Zeit Jesu vor Augen. Sie erzählen von Menschen, die »anders« sind, sich »anders« verhalten – und damit mitten in der »alten Welt« etwas Neues zum Vorschein kommen lassen, das sich daran orientiert, wie Gott sich Israel vorstellt: frei von Fremdherrschaft, frei von gegenseitiger Ausbeutung, fürsorglich für die am Rande, brüderlich unter den zwölf Stämmen (zu denen auch die Samaritaner gehören). Nachdem im Richter, im Verwalter und im dritten Sklaven Figuren der unteren bzw. mittleren Verwaltungsebene erscheinen und als Vorbilder präsentiert werden, könnten die speziellen Adressaten als am Lebensentwurf Jesu Interessierte gerade in diesem Bereich zu vermuten sein, womit die Erzählungen letztlich protreptischen Charakter hätten.

3.7.5. Weisheit und Apokalyptik (Theologie)

Jesu Grundüberzeugung bestand gemäß einem weiten Forschungskonsens darin, dass er die Gottesherrschaft in der Gegenwart bereits »angekommen« sah (Q 11,20; Mk 1,15). Damit unterscheidet er sich von Apokalyptikern wie Johannes dem Täufer, die das Kommen der Gottesherrschaft für die Zukunft erwarteten, zwar in großer zeitlicher Nähe, aber jenseits der von Menschen verantworteten Geschichte, eingeleitet durch ein universales Endgericht (vgl. Q 3,7–9). Es besteht aber auch ein Unterschied zur Gottesherrschaft-Theologie in Qumran, die etwa in den Sabbatliedern – wie Jesus – von der präsenten Gottesherrschaft ausging, erfahrbar jedoch nur im Kult, der auf Grund des in Qumran befolgten, traditionell am Tempel gültigen Sonnenkalenders die Synchronie mit dem himmlischen Wochenrhythmus gewährleistete. Bei Jesus zeigt sich die Gegenwart der Gottesherrschaft dagegen im ganz normalen Alltag, überall dort, wo Dämonen aus Menschen ausfahren (Q 11,20), genauso wie in den offenen Mahlgemeinschaften Jesu, in denen sich für ihn bereits die endzeitlich erwartete Hochzeit Gottes mit seinem Volk spiegelt (vgl. Mk 2,19 und Jes 49,18; 61,10; 62,5), die konventionell mit einem festlichen Mahl begangen werden muss (vgl. Gen 29,22; Ri 14,10.12.17; Mt 22,2–5). Kurz: Das eschatologisch Neue der Gottesherrschaft wird mitten in der Alten Welt erlebbar, zwar nur in fragmentarischen Mosaiksteinen, aber der realen Erfahrung zugänglich – sofern sie jesuanisch gedeutet wird.

In diesen theologischen Horizont eingeschrieben lassen sich die weisheitlichen Logien und Kurzgeschichten Jesu als Reglementierungshilfen für den Alltag der Gottesherrschaft verstehen, die in Mahnworten auch unmittelbare Handlungsanweisungen vorgeben können. So vor allem im weiten Feld der Kommunikation zwischen den sehr unterschiedlichen Tischgenossen Jesu, angefangen bei den Frauen und Männern, die alles verlassen haben, über die geheilten Kranken bis hin zu den Zöllnern, die den Fischern und Bauern alles aus der Tasche ziehen, aber den Jesusleuten gedeckte Tische offerieren (vgl. Q 7,34). Hierher gehören auch die Explikationen über das langsame, aber unaufhaltsame Wachsen der Gottesherrschaft (vgl. Q 13,18–21: Senfkorn und Sauerteig), die Werbung für eine unvoreingenommene Verkündigung mit Verheißung vielfältiger Frucht derjenigen Samen, »die auf gute Erde fallen« (Mk 4,3–8) sowie die Beleuchtung der Absage seitens der galiläischen Bevölkerung an das von Jesus und seinen Leuten gefeierte Fest der Gottesherrschaft als verpasste Chance (vgl. Mt 22,1–10; Lk 14,16–23).

Alternative Lösungsvorschläge gehen von den sog. »Zukunftsaussagen« der eschatologisch erwarteten Gottesherrschaft als Fixpunkt aus und versuchen, die Weisheitsworte entsprechend zuzuordnen: als volkstümliches Gut, »das erst durch die Gemeinde in die christliche Tradition aufgenommen und zu Jesusworten gestempelt worden« sei (BULTMANN [10]1995: 106); als *argumenta ad hominem* (MERKLEIN [3]1984: 181.232); als spezielle, die Konsequenzen der eschatologischen Reich-Gottes-Botschaft ausbuchstabierende Mahnung an diejenigen, die sich bereits für Jesus entschieden haben (ZELLER 1977); als Ausdruck schöpfungstheologischer Reflexion (VON LIPS 1990; vgl. die neueste Evaluation von GRANDY 2012: 31–44). Als Anfragen bleiben jedoch bestehen: (1) Bekommt das Unterscheidende an der Reich-Gottes-Botschaft Jesu, nämlich deren behauptete Gegenwart im Alltag der alten Welt (WEDER 1993), auch den entsprechend zentralen theologischen Ort bei der Evaluierung der unbestreitbaren Zukunftsaussagen, die eine endgültige Durchsetzung der Gottesherrschaft an der Äonenwende erwarten (vgl. nur Mk 14,25)? (2) Wird die generelle Flexibilität jüdischer Eschatologie ernst genommen, die stets lediglich motivierenden Charakter hat und zum Tun der Tora bewegen will, nirgends aber das Geländer bildet, von dem aus der jüdische Alltag strukturiert wird (vgl. MÜLLER 1999)?

3.7.6. Weisheitslehrer oder kluger Mann (Kategorisierung)?

Mit der Bezeichnung »Weisheitslehrer« verbindet man im Judentum Leute wie Jesus Sirach oder die anonymen Kompilatoren des Sprüchebuchs bzw. der anderen Weisheitsbücher. Ein Weisheitslehrer sammelt Volksweisheiten, reflektiert sie und ordnet sie Themen der Tora zu, gedacht zur Verhaltensschulung der Elite. Jesus dagegen scheint in der Linie der vielen weisen Frauen und Männer Israels Alltagserfahrungen für bestimmte Problem- bzw. Streitsituationen auf den Punkt gebracht bzw. in eine Geschichte gekleidet zu haben, um einen Denkprozess anzustoßen, der das eigene (vorgefasste) Urteil hinterfragen und bestenfalls zu einer Revision führen soll (vgl. 2Sam 12,1–4; 14,5–7; vgl. EBNER 2001). Erst die frühen christlichen Tradenten stellen Jesu Logien zu Sprücheclustern thematisch zusammen (PIPER 1989) bzw. binden sie an den Traditionsstrom der Toraaktualisierung (Mt 5–7).

Dabei ist auffällig: Beide Sachkomplexe, die in den späteren Gemeinden und in der Theologiegeschichte überhaupt allergrößte Bedeutung bekommen, nämlich das Herrenmahl (unter dem Gesichtspunkt: Wer darf mit wem essen?) und die Christologie (welche Macht wirkt in Jesus?), stehen bereits beim historischen Jesus im Brennpunkt der historisch gesicherten Auseinandersetzung um seine Person und seine in diesen beiden Punkten umstrittene Praxis. Aber: Für seine Verteidigung bemüht der historische Jesus weder eine himmlische Offenbarung, noch eine göttliche Weisung oder göttlich legitimiertes Recht. Sondern: Er führt vernünftige, dem Alltag abgelesene Argumente an, die sein Verhalten rechtfertigen sollen – für alle, die seine Weisheitslogien zu entschlüsseln bereit sind.

EBNER, Martin 2001: »Weisheitslehrer« – eine Kategorie für Jesus? Eine Spurensuche bei Jesus Sirach, in: BEUTLER, Johannes (Hg.): Der neue Mensch in Christus. Hellenistische Anthropologie und Ethik im Neuen Testament, QD 190, Freiburg, 99–119.
– 2010: Face to face-Widerstand im Sinn der Gottesherrschaft. Jesu Wahrnehmung seines sozialen Umfeldes im Spiegel seiner Beispielgeschichten, Early Christianity 1, 406–440.
– ²2012; Sonderausgabe 2016: Jesus von Nazaret. Was wir von ihm wissen können, Stuttgart.
GRANDY, Andreas 2012: Die Weisheit der Gottesherrschaft. Eine Untersuchung zur jesu

anischen Synthese von traditioneller und apokalyptischer Weisheit, NTOA/StUNT 96, Göttingen.

MÜLLER, Karlheinz 1999: Gibt es ein Judentum hinter den Juden? Ein Nachtrag zu Ed Parish Sanders' Theorie vom »Convenantal Nomism«, in: MELL, Ulrich/MÜLLER, Ulrich B. (Hg.): Das Urchristentum in seiner literarischen Geschichte, FS Jürgen Becker, BZNW 100, Berlin, 473–486.

Martin Ebner

3.8. Jesu Selbstverständnis

3.8.1. Die Darstellung von Jesu Selbstverständnis kann von seiner Verkündigung der Gottesherrschaft (↗ D.IV.3.2) ausgehen. Es handelt sich hierbei um ein eschatologisches Konzept, das im frühen Judentum seiner Zeit verbreitet und mit deutlich erkennbaren Konturen ausgestattet war. Jesus knüpft an diese Heilserwartung an, doch versieht sie mit einem eigenständigen Profil: Nach jüdischer Erwartung vollzog sich der Anbruch der Gottesherrschaft auf der Erde in der Weise, dass Gott *selbst* kommt und seine im Himmel bereits bestehende Herrschaft nun auch auf der Erde etabliert. Die Durchsetzung von Gottes Herrschaft wurde dementsprechend als ein Theophaniegeschehen verstanden, dem eine universale, die gesamte Schöpfung umfassende Reichweite zukam. Sie war *Gottes eigenes Werk*, das er mit niemand anderem teilt. Es bleibt vielmehr ihm allein vorbehalten. Diese, auf das Kommen Gottes selbst sich richtende eschatologische Erwartung ist darum von Heilshoffnungen, die das Wirken von menschlichen Heilsmittlern zum Gegenstand haben, sorgfältig zu unterscheiden. Israel als Gottes Eigentumsvolk hatte von der Gottesherrschaft nur Heil zu erwarten: Die Hoffnung des Gottesvolkes richtete sich darauf, dass Gott es aus der Unterdrückung durch fremde Völker und ihre Herrscher befreien wird.

Die semantische Innovation, die die Rezeption dieser eschatologischen Heilserwartung durch Jesus kennzeichnet, besteht darin, dass er nicht lediglich wie ein Prophet die unmittelbare Nähe des Anbruchs der Gottesherrschaft ankündigt, sondern einen sehr viel weiter gehenden Anspruch erhebt: dass nämlich in seinem eigenen Wirken die Gottesherrschaft und das Heil, das von ihr erwartet wurde, präsent und erfahrbar ist. Die Erwartung einer universalen Durchsetzung der Gottesherrschaft, die Gott durch sein eigenes Kommen herbeiführen wird, hat Jesus dabei nicht aufgegeben. Man kann das Verhältnis von Gegenwart und Zukunft der Gottesherrschaft so erklären, dass man sagt: In der Gegenwart ist das Heil der Gottesherrschaft *punktuell* präsent, nämlich überall dort, wo Jesus auftritt. Der Zukunft vorbehalten bleibt demgegenüber die *universale* Durchsetzung von Gottes Herrschaft, die Gott durch sein eigenes Erscheinen in Zion-Jerusalem herbeiführen wird (s. 3.8.4). Explizit zum Ausdruck kommt dieser Anspruch in Lk 11,20par. (»Wenn ich mit dem Finger/Geist Gottes die Dämonen austreibe, ist das Reich Gottes auf euch herabgekommen«). Mit diesem Wort erhebt Jesus den Anspruch, dass die himmlische Wirklichkeit der Gottesherrschaft in seinem exorzistischen Handeln irdische und damit auch von den Menschen erfahrbare Realität gewinnt. In Verbindung mit Lk 10,18 (»Ich sah den Satan wie einen Blitz aus dem Himmel fallen«) und Mk 3,27parr. (»Niemand kann in das Haus des Starken eindringen [...], wenn er nicht zuerst den Starken fesselt«; es handelt sich um eine Mk-Q-Doppelüberlieferung, der ein sehr hohes Alter zukommt), bekommen Jesu Exorzismen eine profilierte Bedeutung: Die Vision vom Satanssturz hat Jesus zu der Erkenntnis geführt, dass Gott dabei ist, seine Herrschaft über die gesamte Schöpfung aufzurichten (zum traditionsgeschichtlichen Hintergrund dieser Vorstellung vgl. AssMos 10,1–3; Apk 12,7–10). Seine Dämonenaustreibungen hätte Jesus dann als integralen Bestandteil der schöpfungsweiten Durchsetzung von Gottes Sieg über den Satan verstanden.

Nicht weit von Lk 11,20par. entfernt ist auch Lk 17,20 f.: Es ist nicht erforderlich, den Zeitpunkt des Kommens der Gottesherrschaft mit Hilfe von Vorzeichen zu berechnen, weil sie bereits unter den Menschen präsent ist, und zwar im Wirken Jesu. Auch in der Überlieferung, die in Lk 16,16par. aufgenommen ist, ist noch ein Element dieses Selbstverständnisses erkennbar.

3.8.2. Jesu Anspruch, dass in seinem Wirken das eschatische Heil Gottes unter den Menschen Wirklichkeit geworden ist, wird auch in Lk 7,22par. erkennbar: »Blinde sehen, Lahme gehen, Aussätzige werden rein, Taube hören, Tote werden auferweckt, Arme bekommen frohe Botschaft verkündet«. Das Wort enthält Anspielungen auf eine Reihe von Jesaja-Texten (Jes 26,19; 29,18; 35,5 f.; 61,1), die Gottes eschatisches Heilshandeln an seinem Volk beschreiben bzw. als Metaphern für die *durch Gott* herbeigeführte Umkehr von Israels Unheil in Heil fungieren. Die theologische Pointe dieses Wortes besteht darin, dass Jesus die durch Jesaja überlieferten Verheißungen auf sein eigenes Wirken in Israel bezieht: Er deutet auf diese Weise sein eigenes Wirken als Erfüllung dieser auf *Gottes* Handeln sich richtenden Verheißungen, und er erhebt damit keinen geringeren Anspruch, als dass er selbst an Gottes Stelle handelt: Was Israel von *Gott* erwartet, wird durch *Jesus* erfüllt. Analoges wird auch in Lk 19,10 erkennbar (»der Menschensohn ist gekommen, um das Verlorene zu suchen und zu retten«): Hier steht Ez 34,16 im Hintergrund, wo Gott seinem Volk verspricht: »Das Verlorene will ich suchen und das Versprengte zurückbringen, und das Gebrochene will ich verbinden, und das Kranke will ich stärken«. Ihre Spuren hinterlassen hat diese Selbsteinschätzung Jesu auch in der Seligpreisung der Jünger, die in Lk 10,23 f. par. überliefert ist: Es sind die Jünger, die als Augen- und Ohrenzeugen von Jesu Wirken das erleben, worauf »viele Propheten und Könige« vergeblich gehofft haben: die eschatische Erfüllung der Heilsverheißungen Gottes für sein Volk. Das spezifische Profil dieses Textes für das Selbstverständnis Jesu wird auch durch PsSal 17,44 illustriert, wo diejenigen selig gepriesen werden, »die in jenen Tagen leben, um zu sehen das Heil Israels [...], das Gott schaffen wird«. Auch nach diesem Text erfüllt Jesus die sich auf Gott richtenden Heilserwartungen.

3.8.3. Die Selbstauslegung Jesu, die in diesen Worten über seine Tätigkeit als charismatischer Heiler und Exorzist zum Ausdruck kommt, findet ihre inhaltlich kohärente Entsprechung auch in denjenigen Teilen der Jesusüberlieferung, die in seiner Hinwendung zu den sog. »Zöllnern und Sündern« sowie in der mit ihnen praktizierten Gemeinschaft zum Ausdruck kommt. Hierbei handelt es sich ebenfalls um ein typisches Element von Jesu Auftreten (↗ D.IV.2.10), und ihm dürfte sich darum auch der Vorwurf verdanken, er sei ein »Freund von Zöllnern und Sündern« (Lk 7,34par.; vgl. auch Mk 2,16; Lk 15,2). Diese Zuwendung verdichtet sich in dem Zuspruch der Sündenvergebung (Mk 2,5; Lk 7,48), mit dem Jesus für sich in Anspruch nimmt, die exklusiv Gott vorbehaltene Sündenvergebung (vgl. Mk 2,7: »Wer darf Sünden vergeben außer der eine Gott?«) den Menschen unmittelbar und gültig zuzueignen. Auch in dieser Hinsicht nimmt Jesus für sich in Anspruch, an der Stelle Gottes zu handeln. Aus der anderen Richtung betrachtet findet diese Deutung, die Jesus seinem Wirken gibt, ihren Ausdruck darin, dass er die Hinwendung der »Zöllner und Sünder« zu *ihm* als Umkehr zu *Gott* interpretiert (Lk 7,36–50; 15,1–32): Die Hinwendung zu Jesus bringt das Gottesverhältnis der Sünder wieder in Ordnung.

3.8.4. Eine wichtige Quelle für Jesu Selbstverständnis sind auch seine *Gleichnisse*. Wenn Jesus in ihnen metaphorisch über Gott und dessen auf die Menschen zukommende Forderung spricht, über deren Reaktion darauf und schließlich über die aus dieser Reaktion erwachsenden Konsequenzen, spricht er immer auch über sich selbst und charakterisiert die theologische Bedeutung seines Auftretens. In diesem Sinne geht aus Mk 2,19b; Lk 14,16par.; 15,24c hervor, dass er sein Wirken als Anbruch der eschatischen Heilszeit versteht, die er darum als Fest gefeiert wissen wollte. Zum Ausdruck kommt dieser Aspekt von Jesu Selbstverständnis darin, dass er ganz offensichtlich gerne mit den Menschen gegessen und getrunken hat (vgl. Mk 2,15–17; 6,34–44; Lk 7,36; 14,1; 15,1 f.; 19,5 f.), was ihm von Seiten seiner Gegner die Beschuldigung eintrug, er sei »ein Fresser und Weinsäufer« (Lk 7,34par.; ↗ D.IV.4.4).

Integraler Bestandteil der bis hierher skizzierten eschatologischen Selbstauslegung Jesu war das Bewusstsein, dass sie in Diskontinuität zu den überkommenen Heilserwartungen der jüdischen Menschen seiner Zeit steht. Die Bindung von Gottes Heil an seine Person und sein Auftreten verlangt darum von den Menschen, dass sie sich von den ihnen vertrauten Heilsvorstellungen trennen und sich neu orientieren. Sich dieser Neuorientierung zu verweigern, ist dasselbe, wie wenn man einen »neuen Flicken« auf ein »altes Gewand« nähen oder »neuen Wein« in »alte Schläuche« füllen will (Mk 2,21 f.) oder wie wenn jemand beim Pflügen zurückschaut (Lk 9,62). In all diesen Texten spiegelt sich ein Selbstverständnis, das jeden Kompromiss zwischen dem in Jesu Auftreten Wirklichkeit gewordenen Heil und der bisher in Geltung stehenden Heils- und Existenzorientierung ausschließt. Die Situation, in die Jesus die Menschen bringt, gleicht darum der in Lk 16,1–3 beschriebenen Situation des Verwalters, der seine bisherige Existenzgrundlage verliert, und der dann dafür, dass er seine Heilsorientierung nun ganz anders ausrichtet, gelobt wird (Lk 16,8a). Analoges teilen auch die in Mt 13,44.45 f. erzählten Gleichnisse über Jesu Selbstverständnis mit: Wenn die Menschen mit Jesus zusammentreffen, ist das nicht nur so, wie wenn sie einen Schatz oder eine kostbare Perle finden, sondern sie reagieren auch richtig, wenn sie sich von allem trennen, was ihnen gehört, um nur den Schatz und die Perle zu besitzen.

Das Thema Sündenvergebung (s. 3.8.3) wird in Mt 18,23–35 zur Sprache gebracht. Auch dieses Gleichnis gibt Auskunft über Jesu Selbstverständnis, insofern es in V. 23–27 über Gott so spricht, wie er den Menschen durch *Jesus* begegnet: Jesus verkündigt nicht lediglich das Erbarmen Gottes, der den Menschen ihre Sünden vergibt, sondern er *ist* Gottes Erbarmen bzw. – ausführlicher gesagt – in seinem Auftreten ereignet sich Gottes Erbarmen.

In den Gleichnissen vom Senfkorn (Mk 4,30–32parr.) und vom Sauerteig (Lk 13,20f.par.) sowie z. T. auch im Gleichnis von der selbstwachsenden Saat (Mk 4,26–29) bespricht Jesus das Verhältnis seines eigenen Auftretens zu der noch ausstehenden Durchsetzung von Gottes Herrschaft im universalen Schöpfungsmaßstab (s. 3.8.1). Diese Gleichnisse, in denen der Kontrast von klein und groß bzw. von wenig und viel durch den Zusammenhang natürlicher Prozesse (Wachstum und Fermentation) miteinander verbunden wird, dienen dazu, die *punktuelle* Gegenwart der Gottesherrschaft im Wirken Jesu (das Senfkorn, der Sauerteig) in einen vorstellbaren Zusammenhang mit der noch ausstehenden *universalen* Durchsetzung von Gottes Herrschaft zu bringen.

3.8.5. Ein weiteres Element von Jesu eschatologischem Selbstverständnis wird in solchen Texten erkennbar, die davon sprechen, dass sich die Zuweisung von Heil und Unheil in dem Gericht, das mit der Durchsetzung von Gottes universaler Herrschaft einhergehen wird, einzig und allein daran orientieren wird, ob die Menschen auf die Selbstauslegung Jesu mit Zustimmung oder mit Ablehnung reagiert haben (dazu ausführlich ↗ D.IV.3.4). In Bezug auf die Heilungen und Exorzismen Jesu war es nicht deren Faktizität, die kontrovers beurteilt wurde, sondern die Frage, wie diese Handlungen zu *deuten* sind: Weder die Bewohner Nazarets (Mk 6,1–6a) noch Jesu Gegner in Mk 3,22–27parr. bestreiten, *dass* Jesus Dämonen austreibt bzw. machtvolle Taten vollbringt und Weisheit lehrt. Was sie nicht erkennen oder nicht akzeptieren, ist die *Deutung*, die Jesus ihnen beilegt: dass in ihnen das eschatische Heil Gottes unter den Menschen erfahrbar wird (s. 3.8.1–2). Demgegenüber sieht der Vorwurf, Jesus würde die Dämonen »mit Beelzebul, dem Herrscher der Dämonen«, austreiben, in Jesus lediglich einen Magier, der nur darum Erfolg hat, weil er bestimmte exorzistische Techniken beherrscht. Umgekehrt wird die Akzeptanz von Jesu Deutung seiner Heilungen und Exorzismen »an mir keinen Anstoß nehmen« (μὴ σκανδαλίζεσθαι ἐν ἐμοί) genannt (Lk 7,23par.; vgl. auch Mk 6,3). Vereinzelt ist in der synoptischen Überlieferung in dieser Hinsicht auch von »glauben« und »Glaube« die Rede (Mk 2,5; 5,34.36; 10,52; Lk 7,9par.; 7,50; 17,19; Mt 8,13; 9,28; 15,28; vgl. auch Mk 6,6a: Hier wird das »Anstoß nehmen« [V. 3] an Jesus als »Unglaube« [ἀπιστία] bezeichnet), doch handelt es sich in den meisten Fällen wohl um urchristlichen Sprachgebrauch, der sekundär in die Jesusüberlieferung eingeschrieben wurde.

3.8.6. Jesu Forderung, sein Selbstverständnis zu akzeptieren, weil dies im Gericht über die Zuweisung von Heil und Unheil entscheiden wird, erstreckt sich auch auf seine *ethische Weisung*. Das an den Schluss von Feldrede und Bergpredigt platzierte Gleichnis vom Hausbau (Lk 6,47–49par.), das mit guten Gründen für authentisch gehalten wird, ist ein deutlicher Beleg für diesen Zusammenhang. »An mir keinen Anstoß nehmen« (Lk 7,23par.) kommt darin zum Ausdruck, dass man Jesu Worte nicht nur »hört«, sondern auch »tut«. Nur wer diesen Grundsatz befolgt, bekommt im Gericht Heil zugewiesen, wer Jesu Worte »nicht tut«, obwohl er sie gehört hat, auf den wartet Unheil. Jesus beansprucht für seine ethische Weisung damit einen Stellenwert, den das frühe Judentum der Tora zuschreibt (vgl. auch Lk 16,16par.).

Trotzdem kann man aber nicht sagen, dass Jesus seine eigene Autorität gegen die Autorität der Tora gestellt hat und es ihm darauf ankam, die Rechtsforderungen der Tora durch seine eigene Weisung außer Kraft zu setzen. Gerade die Sabbatkonflikte (Mk 2,23–28; 3,1–5; Lk 13,10–16; 14,1–6; vgl. auch Mt 12,11f.), die Diskussion über Rein und Unrein (Mk 7,14–23) und die Weisungen Jesu, wie sie aus den sog. Antithesen der Bergpredigt (Mt 5,21–48) rekonstruiert werden können, lassen erkennen, dass Jesus sich durchaus nicht in einem Gegenüber zur Tora positioniert hat. Vielmehr lassen seine torabezogenen Weisungen erkennen, dass sie darauf abzielten, die überlieferten Rechtsforderungen der Tora durch die Erteilung von neuer Tora zu aktualisieren. Es spricht darum einiges dafür, dass Jesus sich als von Gott autorisierter Tora-Erteiler verstand, der die Tora im Horizont der heilvollen Gegenwart der Gottesherrschaft, wie sie in seinem Wirken erfahrbar ist, neu interpretiert. Er tritt dabei mit dem Anspruch auf, derjenige zu sein, der Gottes Willen für das Verhalten, wie es die eschatische Situation der andringenden und in Jesu Auftreten bereits präsenten Gottesherrschaft verlangt, in exklusiver Weise ausrichtet. Seinen sprachlichen Ausdruck findet dieser Autoritätsanspruch auch in dem sog. nicht-responsorischen »Amen«, das – gefolgt von der Formulierung »ich sage euch/dir« – innerhalb der antiken jüdischen und christlichen Literatur nur im Munde Jesu begegnet (vgl. z.B. Mt 5,18; 10,15; 17,20; 18,3; Mk 3,28; 9,1.41; 10,15.29; 13,30; 14,25; Lk 4,24). Es gilt darum mit Recht als eine für Jesus typische Ausdrucksweise, mit der er seine exklusive Vollmacht zur Geltung bringt.

3.8.7. Ein wesentliches Element von Jesu Selbstverständnis wird auch in der *Einsetzung des Zwölferkreises* (↗ D.IV.2.2) erkennbar (Mk 3,14). Aus der Zwölfzahl geht hervor, dass sie in Kontinuität zu den eschatologischen Heilshoffnungen Israels steht, die sich auf eine endzeitliche Restitution des Gottesvolkes richteten. Andererseits steht sie aber auch in Diskontinuität zu diesen Hoffnungen, denn Jesus nimmt nicht einfach eine Wiederherstellung des »alten« Bundesvolkes vor, bei der es sich lediglich um eine Verlängerung der Vergangenheit in die Zukunft handelte, sondern er gründet Israel gewissermaßen neu: Die von Jesus aus dem Kreis seiner Anhänger ausgewählten Zwölf sind der Kern oder die Patriarchen des neuen Israel, und insofern er – Jesus – es ist, der sie auswählt und zu

Regenten über das Zwölfstämmevolk einsetzt (Lk 22,30par.), macht er sich durch diese Aktion zum Schöpfer des eschatisch erneuerten Israel. Eine solche Selbsteinschätzung konvergiert mit dem oben zur Deutung von Jesu Heilungen und Exorzismen Gesagten, denn mit der Erschaffung des neuen Israel schreibt Jesus sich ein Handeln zu, das sich mit dem Handeln Gottes, der Israel zu seinem Eigentumsvolk erwählt hat, auf *einer* Höhe befindet.

3.8.8. Schwer zu beantworten ist die Frage, in welcher Weise Jesus seinen *Tod* zu einem Bestandteil seines Selbstverständnisses gemacht hat. Als sicher kann gelten, dass Jesus seinen gewaltsamen Tod nicht von vornherein als konsequenten oder gar notwendigen Bestandteil seines Wirkens erwartet hat. Es ist aber davon auszugehen, dass er zu einem späteren Zeitpunkt – wahrscheinlich sogar erst im Zusammenhang seines Auftretens in Jerusalem – damit gerechnet hat, dass er eines gewaltsamen Todes sterben würde. Dieser Sachverhalt lässt danach fragen, ob ein bestimmtes Modell identifiziert werden kann, mit dessen Hilfe Jesus auch seinen Tod in die Deutung seines Auftretens integrieren konnte.

Mit relativ großer Sicherheit kann man ausschließen, dass Jesus seinen Tod nach dem vierten Gottesknechtslied Jes 52,13–53,12 gedeutet und sich als leidender Gottesknecht verstanden hat, durch dessen Leiden und Tod die Menschen von ihren Sünden befreit wurden. Gegen eine solche Verknüpfung spricht, dass die Bezugnahmen auf diesen Text in der Jesusüberlieferung nicht nur viel zu spärlich (es gibt sie nur in Mt 8,17 und Lk 22,37), sondern auch redaktioneller Provenienz sind. Der Verweis auf Jes 53,4 in Mt 8,17 wird zudem weder als Jesuswort zitiert, noch bezieht er sich auf den Tod Jesu.

Damit ist aber nicht die Möglichkeit ausgeschlossen, dass Jesus seinen Tod ohne Bezug auf Jes 53 als einen Tod verstanden hat, den er stellvertretend für die Menschen stirbt und diese dadurch von ihren Sünden befreit. Als Belege für eine solche Deutung gelten Mk 10,45 (»Auch der Menschensohn ist nicht gekommen, um bedient zu werden, sondern um zu dienen und sein Leben zu geben als Lösegeld für viele«) und das Kelchwort in der Abendmahlsüberlieferung (in der Fassung von Mk 14,24: »Das ist mein Blut des Bundes, das vergossen ist für viele«). In der Literatur ist umstritten, ob in diesen beiden Texten authentische Jesusüberlieferung erhalten ist (*pro* z.B.: STUHLMACHER 1981; HAMPEL 1990: 302–342; *contra* z.B.: ZAGER 1996b: 170–179). Obwohl die Echtheitsfrage nicht mit verbindlicher Gewissheit zu entscheiden ist, ist es wahrscheinlicher, dass beide Texte nicht auf den historischen Jesus zurückgehen, sondern eine nachösterliche Deutung des Todes Jesu als Heilstod voraussetzen. Sie wurde nicht nur erforderlich, sondern allererst möglich, als die frühe Christenheit über den Tod Jesu im Licht des Ostergeschehens theologisch reflektierte.

Es ist darum wahrscheinlich, dass Jesus seinen Tod im Rahmen der deuteronomistischen »Prophetenmordtradition« gedeutet hat, der zufolge Israel schon immer Gottes Boten verfolgt und getötet hat (vgl. 1Kön 19,10.14; 2Chr 36,15 f.; Neh 9,26; Jer 2,30). Innerhalb der Jesusüberlieferung lassen sich Spuren dieser Deutung vor allem in Lk 13,34par.; Mk 12,5par. identifizieren. Darüber hinaus ist diese Tradition auch in Lk 6,23par.; 11,47–51par.; Apg 7,52; Röm 11,3; 1 Thess 2,15 belegt (vgl. STECK 1967: 60–77; WEIHS 2003: 15–69). Charakteristisch für diese Tradition ist, dass es ihr immer um den Aufweis der Schuld Israels geht. Mit dieser Deutung seines Todes macht Jesus sich darum nicht indirekt zu einem Propheten, sondern er will mit ihrer Hilfe die Schuld Israels aufweisen: Wie Israel einst die Propheten verfolgt und getötet hat, so geht es jetzt auch mit ihm um. Wenn Jesus seinen Tod in das Licht dieser Tradition stellt, so geht daraus hervor, dass er ihm nicht eine Heilsbedeutung, sondern gewissermaßen Unheilsbedeutung zuschreibt. Das sog. Verzichtswort Mk 14,25 (»Amen, ich sage euch: Ich werde vom Gewächs des Weinstocks nicht mehr trinken, bis zu dem Tag, wenn ich es neu trinke im Reich Gottes«) gibt zu erkennen, dass Jesus seinen Tod zwar als Ablehnung seiner Verkündigung durch Israel gedeutet hat, nicht aber als Widerlegung von deren Inhalt. In diesem Wort gibt Jesus seiner Gewissheit Ausdruck, dass Gott die universale Durchsetzung seiner Herrschaft, die er mit seinem Auftreten begonnen hat, vollenden und dabei eine Zuweisung von Heil und Unheil vornehmen wird, wie sie von ihm angekündigt wurde (s. 3.8.5).

3.8.9. Inwieweit das Selbstverständnis Jesu auch einen *titularen Ausdruck* fand, lässt sich schwer sagen. Angewiesen ist es darauf nicht, und es gibt aus der jüdischen Überlieferung auch keine titulare Bezeichnung, die die vorstehend skizzierten Aspekte der Selbstauslegung Jesu in einer, ihnen entsprechenden Weise abbilden würde. Hieran wird erneut erkennbar, dass Jesu Selbstverständnis in dieser Hinsicht in Diskontinuität zu den eschatologischen Erwartungen des antiken Judentums stand. Aus dem Inventar der individuellen Heilsgestalten, deren Kommen in den Eschatologien des frühen Judentums erwartet wurde, gibt es keine, von der man sagen könnte, dass sie mit den an ihr haftenden Konnotationen als Modell für Jesu Selbstverständnis fungiert hätte.

HAMPEL, Volker 1990: Menschensohn und historischer Jesus. Ein Rätselwort als Schlüssel zum messianischen Selbstverständnis Jesu, Neukirchen-Vluyn.

HENGEL, Martin/SCHWEMER, Anna Maria (Hg.) 2007: Geschichte des frühen Christentums, Bd. I: Jesus und das Judentum, Tübingen.

KONRADT, Matthias 2010: Stellt der Vollmachtsanspruch des historischen Jesus eine Gestalt »vorösterlicher Christologie« dar?, ZThK 107, 139–166.

KREPLIN, Matthias 2001: Das Selbstverständnis Jesu. Hermeneutische und christologische Reflexion. Historisch-kritische Analyse, WUNT II 141, Tübingen.

KÜHL, Ernst 1907: Das Selbstbewußtsein Jesu, Berlin.

Michael Wolter

4. Das Ethos Jesu

4.1. Nächstenliebe und Feindesliebe

Der Begriff der Nächstenliebe wird häufig in einem allgemeinen Sinn für unterschiedliche Formen der Zuwendung Jesu zu sozial Niedrigen, Armen, Ausgegrenzten und Hilfsbedürftigen (Witwen, Kranke, Zöllner, Bettler, Kinder, Prostituierte, Fremde, Samaritaner u. a.) verwendet. Er ist jedoch von seiner Herkunft her im Zusammenhang eines Gebotes der Tora (Lev 19,18) anders und enger definiert, insofern der jüdische Bundesgenosse im Land Israel primär Objekt der gebotenen Liebe ist. Die jüdische Auslegungstradition bezieht sich, wenn sie auf universale Liebe zu sprechen kommt, nicht auf Lev 19,18 (LUZ 1997: 283). Doch sind sowohl das hebräische רע als auch das griechische πλησίον nicht exklusiv ethnisch auf jüdische Menschen zu beziehen (SÖDING 1995: 47–49; WOLTER 2008: 394). Innerhalb der synoptischen Tradition wird im Wort Jesu erstmals das Gebot der Gottesliebe (Dtn 6,5) mit dem Gebot der Nächstenliebe (Lev 19,18) kombiniert, sodass von einem ersten/höchsten und einem zweiten Gebot (Mk 12,28–31; Mt 22,36–39) oder gar von einem einzigen Gebot (Lk 10,27), dem Doppelgebot der Liebe gesprochen wird. Diese Konzentration und Zusammenfassung der gesamten Tora auf zwei Gebote (Mk 12,28–34; Mt 22,35–40; Lk 10,25–28) hat wohl insofern eine Vorgeschichte innerhalb des hellenistischen Judentums, als man nach den Hauptpunkten der Tora fragte und sie vor allem in Frömmigkeit und Gerechtigkeit fand. Allerdings wird diese Konzentration nur in der Sache vorgetragen, ohne hierbei auf diese beiden Gebote der Tora einzugehen. Daneben begegnet das Liebesgebot als Zitat von Lev 19,18 noch in der 6. Antithese innerhalb der Bergpredigt (Mt 5,43), wird dort aber durch Jesu Gebot der Feindesliebe überboten (s. u.). Das Doppelgebot der Liebe wird im frühen Christentum neben den synoptischen Texten noch durch Did 1,2, Iust.dial. 93,2 und Polyk 3,3 bezeugt, was eine sehr begrenzte Resonanz anzeigt (BECKER 1996: 391). EvThom 25 spricht von Bruderliebe, bietet aber nicht das Doppelgebot. Paulus interpretiert in Gal 5,14; Röm 13,8–10 ein einziges Gebot, nämlich das Gebot der Nächstenliebe (Lev 19,18), als Zusammenfassung der ganzen Tora, und er entgrenzt die Reichweite des Gebotes auf alle Glaubenden, unabhängig von ihrer Herkunft. Jak 2,8 versteht das Nächstenliebegebot (Lev 19,18) als das königliche Gesetz.

In der Forschung stand die Frage nach dem Verhältnis der unterschiedlichen Versionen des Doppelgebots zueinander im Blickpunkt, verbunden mit der Frage, ob die Zusammenstellung beider Gebote zum Doppelgebot auf Jesus zurückgeht oder ob es sich um eine Zuordnung innerhalb der frühchristlichen Gemeindetheologie handelt. In jedem Fall sind mit der Beantwortung dieser Fragen weitreichende Entscheidungen im Blick auf das Verhältnis Jesu oder der Gemeinde zur Tora verbunden.

Eine synoptische Zusammenschau (NIEDERWIMMER 1989: 90) von Dtn 6,5; Lev 19,18^{LXX}; Mk 12,28–34; Mt 22,35–40; Lk 10,25–28 und Did 1,2 ergibt folgende wesentliche Beobachtungen:

– Markus und Matthäus bieten das Doppelgebot im Rahmen eines Streitgesprächs mit einem Schriftgelehrten bzw. einem Gesetzeslehrer in Jerusalem, wobei die Gesprächsinitiative jeweils wie auch bei Lukas von diesem ausgeht. Lukas hingegen berichtet eher von einem Lehrgespräch mit einem Gesetzeslehrer zu Beginn des sog. Reiseberichts und er verknüpft dieses mit dem Gleichnis vom barmherzigen Samariter (10,29–37). In der Didache begegnet das Doppelgebot nicht in einem Erzählrahmen und auch nicht explizit als Wort Jesu, sondern diese Schrift einleitend als Grundgebot der Zwei-Wege-Lehre.

– Beide Gebote werden nach der Septuaginta aufgenommen, aber vor allem hinsichtlich Dtn 6,5 in voneinander abweichendem Wortlaut. Matthäus und Lukas (und auch Did 1,2) zitieren anders als Markus nicht das einleitende Sch^{e}ma Jisrael (Dtn 6,4). Gegenüber der Septuaginta wird bei Matthäus, Markus und Lukas nach »Herz« (καρδία) und »Seele« (ψυχή) als drittes bzw. viertes Glied noch »Gesinnung« (διάνοια) eingefügt und anstelle von »Kraft« (δύναμις) bei Matthäus, Markus und Lukas »Stärke« (ἰσχύς) genannt. Die Didache hingegen bietet zunächst ausschließlich das Gebot der Gottesliebe, allerdings ohne Hinweis auf die Adverbialbestimmungen mit Herz, Seele und Stärke, verweist aber bei Gott über Dtn 6,5 hinausgehend auf dessen Schöpfertätigkeit.

– Markus, Matthäus und Didache sprechen im Blick auf beide Gebote im Sinn einer Aufzählung und nicht einer Hierarchie von einem ersten und zweiten Gebot, wobei Matthäus betont, dass das zweite Gebot dem ersten gleichrangig sei. Bei Lukas hingegen orientiert sich das Lehrgespräch nicht mehr an der Frage nach dem höchsten Gebot in der Tora, sondern an der Frage, was der Gesetzeslehrer tun muss, um das ewige Leben zu ererben (vgl. ähnlich die Frage des reichen Jünglings in Mk 10,17parr.). In der Antwort werden zwar beide Gebote zitiert, aber nicht mehr als solche ausgewiesen, sondern in einer einzigen Lehrantwort verknüpft. Justin verbindet beide Gebote ebenfalls, spricht aber einleitend von zwei Geboten.

– Das Nächstenliebegebot wird im engen Anschluss an Lev 19,18^{LXX} zitiert, wobei Lukas und die Didache den Eingangsimperativ »du sollst lieben« nicht nochmals wiederholen.

Die Forschung hat sehr unterschiedliche Thesen für eine quellenkritische und traditionsgeschichtliche Erklärung und für eine gegenseitige Abhängigkeit der Texte voneinander vorgelegt, die jedoch alle nicht wirklich vollends überzeugen. Ein Konsens ist nicht in Sicht. Der einfachen Annahme, dass Matthäus und Lukas sich direkt auf Markus beziehen, steht das Vorkommen vieler und bedeutender *minor agreements* (gemeinsame Übereinstimmungen von Matthäus und Lukas gegen Markus) entgegen (WOLTER 2008: 392). Die gemeinsamen Abweichungen werden teilweise redaktionsgeschichtlich erklärt (KILUNEN 1989; MEIER 2009: 523). Es ist denkbar, aufgrund dieser gemeinsamen Übereinstimmungen gegen

Markus auf einen Einfluss aus Q (m. E. weniger wahrscheinlich) oder auf den Einfluss einer weiteren Überlieferung auf Matthäus und Lukas zu schließen (THEISSEN/MERZ 1996: 340). Auch hat die Annahme einer gemeinsamen Abhängigkeit von einer überarbeiteten Mk-Vorlage (Dt-Mk) eine gewisse Plausibilität, ohne alle Befunde erklären zu können. Wenn Lukas diesen Text an der Stelle zwischen 20,40 und 20,41 auslässt, an der er ihn eigentlich bei Markus gelesen haben müsste, und nach vorne zieht, kann daraus nicht die Existenz einer Dublette bzw. deren Vermeidung durch Lukas abgeleitet werden (so aber LUZ 1997: 270). Bornkamm fragt sogar, ob nicht Lk 10,25–28 die relativ älteste Gestalt der Überlieferung bewahrt hat (BORNKAMM 1968: 45), Luz erkennt in diesem Text eine Sondertradition (LUZ 1997: 271). Burchard sieht in Mk 12,28b–34b die ursprünglichste Tradition (BURCHARD 1970: 50 f.). Bietet Did 1,2 eine von den Synoptikern unabhängige Fassung des Doppelgebotes? Die Aufzählung mit erstens/zweitens erinnert zwar an die Fassung bei Makus/Matthäus, aber beide Gebote sind erheblich verkürzt und auch nicht mehr als Zusammenfassung im Munde Jesu, sondern als Gemeindeordnung ausgegeben.

Wir haben keine Argumente dafür, dass die Zusammenstellung dieser beiden Gebote als größtes/wichtigstes im Gesetz (MtEv) oder als erstes von allen Geboten (LkEv) in dieser expliziten Form bereits innerhalb der jüdischen Literatur oder in jüdischer Theologie vorgebracht worden ist (MEIER 2009: 499–522). Erkennbar ist allerdings das Bestreben (NISSEN 1974: 230–244; THEISSEN/MERZ 1996: 340–343), die Forderungen der gesamten Tora in Hauptpunkten (κεφάλαια) zusammenzufassen, die sich auf Gott und den Mitmenschen beziehen (Philo spec. 2,63). Ohne die atl. Gebote zu zitieren, sprechen Texte in den Testamenten der XII Patriarchen von der Liebe zum Herrn und zum Nächsten (TestIss 5,2), zu jedem Menschen (7,6) und zueinander (TestDan 5,3). Diese vielfach bezeugte Konzentration der Gebotsforderungen auf εὐσέβεια und δικαιοσύνη stellte eine wichtige Parallele zu dem hellenistischen Kanon der zwei Tugenden dar. Sie diente fraglos auch der Apologetik der Diasporasynagoge, die sich der hellenistischen Tugendlehre geöffnet hatte und diese mit der Tora verknüpfte. Neu ist allerdings die Feststellung, dass dieses Doppelgebot das ganze Gesetz und die Propheten wiedergibt (Mt 22,40) bzw. dass kein Gebot größer als dieses ist (Mk 12,31) und alle Brandopfer und Opfer weit übersteigt (Mk 12,32 f.). In den synoptischen Streitgesprächen zum Doppelgebot werden demnach Grundüberzeugungen der jüdischen Synagoge aufgenommen, verschärft und im Wort Jesu festgemacht. Daher kann Mk 12,32–34 abschließend eine weitreichende Übereinstimmung des jüdischen Schriftgelehrten mit Jesus konstatieren. Die Zusammenstellung der beiden Gebote zu einem Doppelgebot wird man daher im frühen Christentum am ehesten in einem Bereich suchen dürfen, der einerseits vom hellenistischen Judentum und seiner Konzentration auf die beiden Tugenden geprägt war (BORNKAMM 1968: 37; BURCHARD 1970: 57), der sich aber andererseits mit der Frage der Verbindlichkeit der gesamten Tora beschäftigte und partiell gesetzeskritisch eingestellt war (so deutlich Mk 12,33). Ob das Doppelgebot bereits im Bereich des hellenistischen Judentums (oder gar bei dem Tugendprediger Johannes dem Täufer; so THEISSEN 2003a: 70–72) zusammengestellt wurde, ohne dass sich dies in den Quellen niedergeschlagen hätte, darf man allenfalls fragen. In den Texten kommt eine Hierarchisierung zum Ausdruck, die das Doppelgebot zum Wesentlichen der Tora erklärt und etwa wie in Mk 12,33 den Opferkult abwertet, ohne damit aber insgesamt die Tora in ihrer Verbindlichkeit aufheben zu wollen. Indem dieser Disput und die entscheidende Antwort im Wort Jesu verankert werden, kennzeichnet die Gemeinde Jesus zugleich als diejenige Autorität, die für diese Entscheidung steht, die Tora in dem Doppelgebot der Liebe zusammenzufassen (BORNKAMM 1968: 42; BERGER 1972: 256). Dass das Doppelgebot intentional zur Verkündigung Jesu passt, wird gleichwohl festgehalten (SÖDING 1995: 37; THEISSEN/MERZ 1996: 345). Eine Rückführung bis auf den historischen Jesus wird auch erwogen (THEISSEN 2003a: 61; MEIER 2009: 522). Die Frage, wer zur Gruppe der Nächsten gehört bzw. wer unbedingt von ihr ausgeschlossen ist, wird im Streitgespräch nicht weiter erörtert und sie ist auch nicht von besonderem Interesse. Bereits innerhalb des Judentums hatte es, auch unter dem Einfluss stoischen Gedankenguts, eine schöpfungsmäßige oder naturrechtliche Ausweitung in einem inklusiven Sinn gegeben.

Nächstenliebe meint von seiner atl. Vorgeschichte her ein gemeinschaftsbezogenes und solidarisches Verhalten (LUZ 1997: 283). Im Vergleich mit der jüdischen Vorgeschichte ist die vorbehaltlose Ausdehnung des Begriffs des Nächsten über den Volksgenossen hinaus neu. Für das christliche Verständnis der Nächstenliebe wurde die von Lukas gebotene Verbindung des Doppelgebots mit dem Gleichnis vom barmherzigen Samariter leitend. In diesem Gleichnis wird einerseits die Frage nach dem Objekt der Nächstenliebe (Lk 10,29: wer ist mein Nächster?) verändert zur Frage nach dem Subjekt der Nächstenliebe (10,36: wer ist Nächster geworden dem, der unter die Räuber fiel?), wodurch Nächstenliebe als aktive Haltung bestimmt wird. Die erworbene Identität (Nächster werden) verdrängt die zugewiesene Identität (Nächster sein) und das ethische Paradigma verdrängt das kultische Paradigma (WOLTER 2008: 398). Denn es wird andererseits als Exempel solch karitativen Verhaltens (10,37: ἔλεος ποιεῖν) nicht Priester und Levit eingeführt, die als Tempelbedienstete in besonderer Weise für alle Reinheitsfragen der Tora stehen, sondern ein Samaritaner, der in jüdischer Perspektive nicht zur eigenen Kultgemeinde gehört (dazu BÖHM 1999: 254f.).

In der 6. Antithese (Mt 5,43–48) der mt. Bergpredigt wird das Gebot der Nächstenliebe als Teil der Moserede am Sinai zitiert (»ihr habt gehört, dass gesagt wurde«), ihm wird sodann aber in der Form einer Antithese das Gebot Jesu entgegengestellt: Liebt eure Feinde. Hieran schließen sich weitere Aufforderungen und Begründungen an. Die nächste und wörtliche Parallele zum Feindesliebegebot und auch zu den weiteren Aufforderungen und Begründungen bietet die lk. Feldrede in Lk 6,27.35, auch wenn das Feindesliebegebot hier nicht in eine antithetische Form eingebunden ist. Beide Texte, Mt 5,43–48 und Lk 6,27–36, weisen neben dem Feindesliebegebot eine Reihe von weiteren Übereinstimmungen im Wortlaut und in der Abfolge auf, haben allerdings auch jeder für sich bemerkenswerte Besonderheiten. Mt 5,38–42 hat die Mahnung, auf Wiedervergeltung zu verzichten (Lk 6,29 f.), vorgezogen und in der 5. Antithese verarbeitet. Es ist nicht möglich, einen gemeinsamen Grundtext überzeugend zu rekonstruieren. Dennoch ist unstrittig, dass beide Fassungen im Kern auf die Logienquelle und darüber hinaus, etwa im Feindesliebegebot, bis in die Verkündigung Jesu zurückreichen (LÜHRMANN 1972: 412). Zunächst sollen beide Texte kurz vorgestellt werden:

Das Gebot der Nächstenliebe wird in Mt 5,43 ergänzt um das Gebot, den eigenen Feind zu hassen. Letzteres ist nicht Teil der Tora, auch wenn es hier in der These als Zitat ausgegeben wird. Als nahe Parallele zum Hass der Feinde wird 1QS 1,3 f. betrachtet: Gott hat geboten, »alles zu lieben, was er erwählt hat, aber alles zu hassen, was er verworfen hat«. Auf den Zusatz aber, der die Reichweite des Liebesgebotes vor dem Feind begrenzt, bezieht sich die Antithese Jesu; ja der Zusatz stellt geradezu eine gewünschte Brücke dar. Zwei Forderungen werden genannt: die Liebe »eurer Feinde« und das Gebet für »eure Verfolger«. Hieran schließt sich die Verheißung an, auf diese Weise die Sohnschaft des Gottes zu erlangen, der, so lautet die erste Begründung, sich seinerseits unparteiisch zu allen Menschen verhält. Eine zweite rationale Begründung ergänzt, dass die begrenzte Liebe ausschließlich derer, »die mich lieben«, unakzeptabel ist, da solches Verhalten sich nicht von Zöllnern und Heiden unterscheidet und also nicht dem in der Bergpredigt geforderten »Mehr« oder der besseren Gerechtigkeit entspricht.

In der Fassung der lk. Feldrede fehlt die antithetische Struktur. Das Gebot der Feindesliebe wird durch drei weitere konkrete Näherbestimmungen ausgeführt: denen Gutes tun, »die euch hassen«; diejenigen segnen, »die euch fluchen«; für diejenigen beten, »die euch schmähen« (Lk 6,27 f.). Es schließt sich das Beispiel eines Raubüberfalls an, in dem man dem Aggressor frei geben soll (Lk 6,29 f.; von Matthäus als 5. Antithese in 5,38–42 geboten). In Lk 6,32–34 wird in einem Vergleich nach dem Dank gefragt, den man erwarten kann, wenn sich Liebe, Gutes tun und Geld verleihen ausschließlich auf diejenigen beziehen, von denen eine Rückerstattung erwartet werden kann. Der Abschnitt schließt mit der erneuten Aufforderung, die Feinde zu lieben, Gutes zu tun und zu leihen, und mündet aus in die Verheißung, auf diese Weise die Gottessohnschaft zu erlangen. Die abschließende Mahnung stellt die Glaubenden in die Nachahmung Gottes, wenn sie seiner Barmherzigkeit entsprechen.

Beide Fassungen sind in unterschiedliche Richtungen gewachsen. Matthäus fragt nach dem Verhältnis zur Tora und weitet das atl. Gebot im Blick auf die Feinde aus. Lukas gibt der erfahrenen Feindschaft (Hass, Fluch, Schmähung) klare Konturen, ordnet gleichzeitig aber das Gebot der Feindesliebe sprachlich (Gutes tun, Dank haben) und sachlich (die Goldene Regel in Lk 6,31) den Idealen hellenistischer Freundschaftsethik zu. Gemeinsam ist beiden Fassungen: a) die Aufforderung zur Feindesliebe und zum Gebet für die Verfolger; b) die Aufforde-

rung, sich von einem auf Gegenseitigkeit achtenden Verhalten abzusetzen; c) auf
die Weise die Gottessohnschaft zu erlangen; d) die Begründung der Feindesliebe
in Gottes Unparteilichkeit; e) die Forderung, Gott zu entsprechen (Imitatio-Ethik).
Welche Feinde sind im Blick? Beide Fassungen sprechen von konkreten Gegnern, »euren« Feinden. Mt 5,44 thematisiert deren Hass und Verfolgung, Lk
6,27 f. den Hass und verbale Injurien wie Verwünschungs-/Fluch- und Schmäh-
rede (vgl. zur Sache auch 1 Petr 3,16), was eine religiöse Ausgrenzung implizieren
kann. Solche Erfahrungen werden auch in dem Schlussmakarismus Mt 5,11 f./Lk
6,22 f. angesprochen, wobei hier deutlich ist, dass diese ausgrenzenden Maßnahmen von Israel ausgehen und zum Synagogenausschluss führen. Die Tradenten
der Logienquelle haben diese Erfahrungen in die Texte einfließen lassen. Eine
Verfolgung der Jesusnachfolger kann in der ersten Hälfte des 1. Jh.s verschiedene
Ursachen und Zuständigkeiten haben: a) Pharisäischer Eifer für die Reinheit des
jüdischen Glaubens traf christusgläubige Juden in Jerusalem und in den Diaspo-
rasynagogen (Gal 1,13; Apg 6,8–15; 9,1 f.); b) Das Synhedrion oder Teile desselben verübten Straf- und Züchtigungsmaßnahmen gegen Jesusjünger (Apg 4,1–3;
5,17 f.; vgl. auch 1 Thess 2,15); c) Der jüdische König Herodes Agrippa misshan-
delte die Gemeinde und tötete Jakobus (Apg 12,1 f.). Daneben gibt es auch sporadische Übergriffe seitens der paganen Gesellschaft auf Christen, zunächst zumeist
aufgrund ihrer ungeklärten Stellung innerhalb der Diasporasynagoge (Apg 14,4;
16,21; 18,12–17 u. a.). Zu den Feinden zählten für einen Teil der jüdischen Bevölkerung auch all diejenigen, die an der Machtausübung des römischen Provinzial-
systems, etwa durch Steuer, Abgaben, Landbesitz und Pacht, Dienstleistungen,
Zollwesen oder durch Kooperation beteiligt waren (Großgrundbesitzer, Zöllner,
Herodianer, Hohenpriesterfamilien, Sadduzäer). Die seit dem Jahr 6 n.Chr. eska-
lierenden zelotischen Maßnahmen, die im Jahr 67 n.Chr. in den jüdisch-rö-
mischen Krieg mündeten, erkannten in der Besatzung und in den mit ihr verbündeten jüdischen Parteien Feinde. Eine Eingrenzung der Feinde kann auf der
Grundlage der synoptischen Texte nicht vollzogen werden. Es sind sowohl religiöse als auch politische Gegner denkbar, eine Reduktion auf den persönlichen
Feind hingegen liegt nicht in der Linie des Textes.

Die Aufforderung zur Feindesliebe ist in beiden Texten an die Autorität Jesu
und an seine Lehre gebunden. Sie steht religionsgeschichtlich ohne direkte Parallele im Raum (WOLTER 2008: 256; MEIER 2009: 532–551) und gilt daher als Spezifikum christlicher Ethik. Als Überbietung und Verschärfung des Liebesgebotes
Lev 19,18 wird die Reichweite der Liebe über den Nächsten oder den Fremden
(Lev 19,34) hinaus nochmals ausgeweitet. Die Feindesliebe findet primär Gestalt
in religiösen Handlungen (Gebet, Segen), aber auch in an Freundschaft orientierten Vollzügen (Gutes tun, Geld leihen). Die Begründung zielt zum einen auf eine
Kritik der hellenistischen Gegenseitigkeitsethik, die das eigene Verhalten an der
berechneten Reaktion des Gegenübers ausrichtet. Zum anderen wird im Sinne
weisheitlicher Theologie an das Verhalten Gottes in seiner Schöpfung erinnert,
der in seiner Zuwendung durch Sonne und Regen nicht zwischen Bösen und Gu-

ten, Ungerechten und Gerechten unterscheidet. Daher steht das Gebot der Feindesliebe im Horizont einer Imitatio-Dei-Ethik. Diese wird allerdings im Gegensatz zur zeitgenössischen ethischen Unterweisung nicht mehr überwiegend von Herrschern als Tugend erwartet, sondern von den Jesusnachfolgern, zu denen viele als aus unteren Schichten kommend zählten (SCHOTTROFF 1975: 208–211).

Neben der schriftgestützten Verankerung der Nächstenliebe im Doppelgebot der Liebe sind noch weitere Texte anzuführen, die das Verständnis der Nächstenliebe in Wort und Tat Jesu in einem allgemeineren Sinn befördert haben, auch wenn in ihnen kein Bezug zu Lev 19,18 vorliegt. Diese zeigen, dass Jesus in hohem Maß der jüdischen Wohltätigkeitsethik verpflichtet war. Zunächst sind all diejenigen Worte zu nennen, die von ἔλεος, ἐλεημοσύνη, ἐλεεῖν (Barmherzigkeit, Almosen, barmherzig sein: Mt 5,7; Lk 11,41; 12,33 u.a.) sprechen. Außerdem οἰκτίρμων (barmherzig: Lk 6,36), ἀγαθοποιεῖν (Gutes tun: Lk 6,35), σπλαγχνίζεσθαι (Mitleid haben: Mt 9,36; 14,14; 15,32 u.a.). Auch das Bild Jesu als eines Hirten (Mt 9,36; Joh 10,11) oder als jemandes, der gekommen ist, um das Verlorene zu suchen und zu finden (Mt 10,6; Lk 19,10; vgl. auch 5,31 u.a.), gehört in diesen Kontext. Ebenso die Charakterisierung Jesu als eines Freundes der Zöllner und Sünder (Mt 11,19par.; Lk 15,1). Die synoptische Überlieferung bietet eine Vielzahl von Geschichten, in denen sich Jesus betont und oft in einem Gegensatz zu den religiösen Führern des Volkes denjenigen zuwendet, die am Rand der Gesellschaft stehen. Hierbei ereignen sich Jüngerberufungen (Mk 2,13–17; Lk 8,1–3; 19,1–10), Mahlgemeinschaften (Mk 2,16par.; Lk 19,5) und es kommt zu Umwertungen (Lk 6,20f.), insofern den Prostituierten (Mt 21,31), Armen (Lk 6,20; 16,19–31), Sündern (Mt 9,13par.; Lk 18,14), Zöllnern (Mt 21,31) ein eschatologischer Vorrang vor den Schriftgelehrten und geistigen Führern des Volkes zugesprochen wird. Auch Heilungen und Exorzismen holen die Kranken oder Dämonisierten in die jüdische Gesellschaft zurück. In diesen Texten geht es also primär um die Sendung Jesu an ganz Israel, und zwar vornehmlich zu denjenigen, die aufgrund der Halacha oder der sozialen Stellung am Rand der Gesellschaft lebten.

BERGER, Klaus 1972: Die Gesetzesauslegung Jesu. Ihr historischer Hintergrund im Judentum und im Alten Testament. Teil I: Markus und Parallelen, WMANT 40, Neukirchen-Vluyn.

BURCHARD, Christoph 1970: Das doppelte Liebesgebot in der frühen christlichen Überlieferung, in: LOHSE, Eduard (Hg.): Der Ruf Jesu und die Antwort der Gemeinde, FS Joachim Jeremias, Göttingen, 39–61.

LÜHRMANN, Dieter 1972: Liebet eure Feinde, ZThK 69, 412–438.

MEIER, John P. 2009: A Marginal Jew. Rethinking the Historical Jesus, Vol. IV: Law and Love, New Haven/London.

THEISSEN, Gerd ³1989c: Gewaltverzicht und Feindesliebe (Mt 5,38–48/Lk 6,27–38), in: DERS.: Studien zur Soziologie des Urchristentums, WUNT 19, Tübingen, 160–197.

Friedrich W. Horn

4.2. Besitz und Reichtum

Das Thema Besitz/Reichtum ist in der Jesusüberlieferung in allen Quellenschichten und vielen Textgattungen mit sehr unterschiedlichen Sitzen im Leben gegenwärtig, und es wird ein durchgängiges Thema der Verkündigung Jesu und der frühen Jesusbewegung ausgemacht haben. Es stellte seit dem 19. Jh. eine willkommene Plattform für aktualisierende Jesusbilder dar, die in der neuen Jesusforschung bisweilen reaktiviert werden. Jesus wird als Klassenkämpfer, als Sozialreformer, als Anwalt der Armen und Sprecher der unteren Klassen, als gesellschaftlicher »Aussteiger« u. a. betrachtet. Durch die Beiträge der sozialgeschichtlichen Exegese und der Palästina-Archäologie wurde eine versachlichende, dem direkten aktuellen Zugriff entgegentretende Kontextualisierung der Worte Jesu und seines Verhaltens eingeführt. Jesu Rede und Einstellung zu Besitz und Reichtum werden jetzt im Rahmen der Sozialgeschichte Galiläas und der prägenden jüdisch-hellenistischen Kultur betrachtet. Die Forschung schwankt, ob das Thema in der Verkündigung Jesu eher der Güterethik (Kritik an Besitz, Reichtum bei gleichzeitiger Befürwortung der freiwilligen Armut), der Sozialethik (Kritik an Besitzenden, Reichen) oder der Protestethik (»kynischer« Wanderradikalismus) zuzuweisen ist und fragt, wie dominant die diesbezügliche Prägung der atl.-jüdischen bzw. hellenistischen Tradition einzustufen ist. Das Thema Besitz/Reichtum wird oft in Verbindung mit Besitzverzicht, Armut und Wohltätigkeit (Almosen) behandelt (vgl. dazu ↗D.IV.4.3).

Als Vokabular für Besitz/Reichtum begegnen (neben den verschiedenen Münzbezeichnungen) vor allem: πλούσιος (der Reiche), πλουτεῖν (reich sein), πλοῦτος (Reichtum), κτῆμα (Besitz), κτᾶσθαι (besitzen), χρῆμα (Vermögen, Geld), ἀργύριον, ἄργυρος (Geld), φιλάργυρος (geldgierig, geizig), χρυσός (Gold), τὰ ὑράρχοντα (Vermögen, Besitz), θησαυρός (Schatz), θησαυρίζειν (Schatz sammeln), τὰ ἴδια (Eigentum), χαλκός (Geld), πλεονεξία (Habgier), ἀγαθά (Güter), κληρονομία (Erbe), μαμωνᾶς (Mammon). Die Verwendung dieses aus dem Aramäischen entlehnten Begriffs (ממון) hat zur grundsätzlich negativen Qualifikation jeglichen Besitzes im Verständnis Jesu beigetragen (dazu RÜGER 1973). Einerseits steht Mammon in Q 16,13 artikellos gleich einer Person als Gegenbegriff zu Gott und dieses impliziert, dass eine Entscheidung für Gott und gegen den Mammon vollzogen werden muss. Zum anderen ist Mammon in Lk 16,9 als Mammon der Ungerechtigkeit (Genitiv-Attribut anstelle eines Adjektivs) und in 16,11 als ungerechter Mammon qualifiziert. Nicht allein die falsche Verwendung macht Geld zu einem ungerechten Mammon, sondern Geld an sich ist als ungerecht charakterisiert. Merkwürdigerweise soll nun aber dieser ungerechte Mammon positiv eingesetzt und karitativ verwendet werden (dazu KONRADT 2006: 120–122).

Es empfiehlt sich, zunächst einen Überblick über den wesentlichen Textbestand zu gewinnen, der mit dem Thema direkt verknüpft ist. Manche Texte sind mehrfach aufgeführt.

- Gleichnisse, Bildworte: Q 12,33 f.; Lk 12,16–21; 16,1–9.19–31; EvThom 63.
- Berufungs- und Nachfolgeworte: Mk 1,18parr.; 6,8 f.parr.; 10,17–27parr.; 10,28–31parr.; Mt 9,9 f.; Lk 5,28; 10,4.
- Sozialkritische Worte oder Bewertungen: Mk 4,19parr.; 11,15–19parr.; 12,38–40parr.; 12,41–44par.; Lk 16,14.
- Weisheitliche Worte: Q 12,33 f.; EvThom 30; 63; 81.
- Prophetische Worte: Q 16,13; Lk 6,24–26; 12,15; EvThom 110.
- Individuelles Ethos und Gruppenethos: Mk 10,29; Q 6,34; 12,33 f.; Lk 14,33; 19,8; EvThom 95.
- Pharisäer- und Schriftgelehrtenkritik wegen des Reichtums: Q 11,39; 16,14; Mk 12,38–40.
- Anerkennung von Reichtum bzw. neutrale Wertung: Mk 14,3–5; 15,42–46; Lk 10,35.

Diese Texte geben unterschiedliche Stimmen wieder: Worte Jesu, so wie sie in der Erinnerung der Christen bewahrt wurden; Verschriftlichungen in den Evangelien, wobei die Handschrift der Evangelisten deutlich erkennbar wird; Texte, die Jesus zugewiesen werden, deren ursprünglicher Ort allerdings nicht eindeutig bestimmt werden kann. Jesu Einstellung zu Besitz und Reichtum muss unterschieden werden von derjenigen, die sich mit seiner Person in den jüngeren Evangelien, vor allem im LkEv verknüpft. Der Kontext einer Reichtumskritik Jesu in Galiläa zu Beginn des 1. Jh.s unterscheidet sich von der Reichtumskritik, die der Evangelist Lukas im Namen Jesu im mediterranen Raum vor christlichen Gemeinden ein knappes Jh. später formuliert und die Gegenstand vieler Untersuchungen war (zuletzt KONRADT 2006; BREYTENBACH 2007). Besitz und Reichtum spielen gelegentlich eine Rolle in Gleichnissen, bleiben hier aber ganz in der Bildhälfte und ohne Bewertung des Reichtums an sich (Mk 12,1–12parr.; EvThom 65; Lk 19,11–27par.; Agr 31). Auch in Wundergeschichten wird die hervorgehobene soziale Stellung der Geheilten oder ihrer Familie (Mk 5,21–43parr.; Lk 7,1–10parr.) nicht bewertet.

Wie wird das Leben der Reichen in den Evangelien beschrieben? Ich trage einige Aspekte zusammen: a) Kleidung (Q 7,25; 12,22; Lk 15,22; 16,19; EvThom 36): Im Gegensatz zum Täufer, der ein Gewand aus Kamelhaaren trug (Mk 1,6), gibt es in den Palästen weiche Kleider und Luxus (Q 7,25) sowie unvorstellbaren Luxus (Lk 16,19). Für viele Menschen ist Kleidung hingegen nicht selbstverständlich (Mt 25,36; Q 12,22); b) Nahrung (Lk 6,21.25; 15,23): der Gegensatz von Hunger und Sättigung ist ausgeprägt (Lk 16,21). Das üppige Festmahl gehört zum Alltag der Reichen und zur Hoffnung der Armen (auch Mk 6,32–44parr.; 8,1–10par.; Joh 2,1–11); c) feste Wohnung und Bettlerexistenz bilden einen Kontrast (Lk 16,20); d) Lebensstil und Luxus: Q 7,38; Mk 4,19parr.; Lk 12,16; 15,13; 17,8; e) soziale Stellung: absoluter Gegensatz zu den Armen (Lk 6,24–26; 16,19–31); der Reiche hat einen Verwalter (Lk 16,1), Knechte (Lk 12,43; 15,26; 17,7; 19,13), Pächter (Lk 20,9), aber auch Schuldner (Lk 16,5).

Überwiegend sind hier traditionelle und stereotype Zeichnungen Besitzender und Reicher aufgenommen worden, die noch nicht unmittelbar zur Haltung Jesu zu Besitz und Reichtum führen. Deutlicher werden die Konturen in drei Bereichen, in denen Besitz und Reichtum thematisiert werden: a) Es begegnet verschiedentlich Kritik an reichen jüdischen Autoritäten, Pharisäern und Schriftgelehrten, die den Jesusnachfolgern feindlich gegenüberstehen. b) Das Leben der Jesusnachfolger wird hingegen als durch absoluten Besitzverzicht bestimmt beschrieben. c) Schließlich begegnet eine Kritik des Reichtums und des Besitzes in Gleichnissen und Bildworten, die in großer Nähe zu jüdischen Texten stehen und deren Kritik an Besitz und Reichtum aufnehmen. Innerhalb der synoptischen Tradition hat es teilweise eine Verschärfung, teilweise eine Abmilderung besitzkritischer Aussagen gegeben. Diese Tendenzen sind in der folgenden Darstellung zu berücksichtigen.

a) Den Pharisäern und Schriftgelehrten wird vorgeworfen, voller Raubgier und Boshaftigkeit zu sein (Q 11,39), Pharisäer werden als geldgierig dargestellt (Lk 16,14). Sie haben den Tempel in eine Räuberhöhle verwandelt (Mk 11,17parr.; auch Joh 2,16 f.). Schriftgelehrte fressen die Häuser der Witwen, bereichern sich also illegitim (Mk 12,40par.). Diese Vorwürfe werden flankiert durch weitere Anklagen im sozialen Bereich (Mt 23,6; Lk 11,42). In den auf die Makarismen folgenden Weherufen der Feldrede (Lk 6,20–26) ist der Gegensatz zu den Autoritäten Israels in apokalyptischer Sprache überlagert durch den Gegensatz der Armen zu den Reichen. Auf der einen Seite stehen die Reichen, die gegenwärtig satt sind, lachen und im Volk hofiert werden. Sie stehen in einer Reihe mit den falschen Propheten Israels, denen das Volk auch zusprach. Auf der anderen Seite die Armen, Jesusjünger und Nachfolgende, die wegen ihres Bekenntnisses zum Menschensohn Hass, Verfolgung und Ausschluss erfahren. Darin aber stehen sie in einer Reihe mit den wahren Propheten Israels, die vom Volk Israel in gleicher Weise behandelt wurden. Der gegenwärtig erfahrene Gegensatz von Arm und Reich ist also Teil eines übergeordneten Konfliktes innerhalb der jüdischen Gemeinde wegen des Bekenntnisses zu Christus oder zum Menschensohn, und dieser Konflikt wird gedeutet im Rahmen eines bekannten Geschichtsmusters (BLOMBERG 1999: 145; WOLTER 2008: 253).

b) Sowohl in Berufungsgeschichten als auch in Nachfolgeworten und Aussendungsreden wird im Blick auf die Jünger Jesu in allen Quellenschichten eine radikale Distanz von Besitz und Reichtum beschrieben und zum Teil im Wort Jesu gefordert. Die erstberufenen Jünger verlassen die Netze des Bootes (Mk 1,18par.), den Vater (Mk 1,20), nach Lk 5,11 verlassen sie alles. Ebenso lässt der berufene Zöllner Levi nach Lk 5,28 alles zurück. Nach Mk 10,28parr. sagt Petrus für die Jünger, dass sie alles (Lk 18,28: das Eigentum) in der Nachfolge zurückgelassen haben. Sie haben mit Beruf und Familie ihre materielle Existenz aufgegeben.

Unter den Nachfolgeworten ragt die Forderung an den jungen Mann heraus, der viele Güter hatte (Mk 10,22) bzw. sehr reich war (Lk 18,23), der nach Mk 10,21 sein Eigentum (Lk 18,22: alles was er hat) verkaufen und den Armen geben und Jesus nachfolgen soll; eine apokryphe Variante bietet Origenes als Zitat aus dem Nazoräerevangelium (SCHNEEMELCHER 1990: 135). In diesem Text erscheint diese Forderung als notwendige, selbst die Einhaltung aller Gebote überbietende Bedingung für das ewige Leben. Ebenso erklären Lk 14,33 und 16,9 das Zurücklassen des Eigentums zur Bedingung der Nachfolge. Fragt man nach einer Begründung für diesen Besitzverzicht, so deutet Q 12,33 auf eine weisheitliche Sicht. Der wahre Reichtum besteht nicht in irdischem Besitz, der vielfältigen Bedrohungen ausgesetzt ist, sondern in einem himmlischen, durch Wohltätigkeit erwirkten Schatz (Q 12,33 f.). Die abschließende Sentenz zum wahren Reichtum »wo dein Schatz ist, da ist dein Herz« (Q 12,34) schließt Kompromisse aus (ebenso Q 16,13). In einem Nachgespräch mit den Jüngern nach der gescheiterten Berufung des jungen Mannes schließen sich unterschiedliche Bemerkungen zum Thema an, ob Reiche in das Reich Gottes eingehen können. Scheint das Eingangsvotum, dieser Weg sei für Reiche »schwierig« (Mk 10,23), die Möglichkeit noch nicht ganz auszuschließen, so betont die rhetorische Hyperbel von dem Kamel und dem Nadelöhr (Mk 10,25) die Unmöglichkeit. Abschließend allerdings sagt Jesus, dass die Rettung eines Menschen, auch wenn sie für diesen nicht möglich sei, ganz bei Gott liegt und ihm sei »alles« möglich (Mk 10,27). Dieses »alles« hat Lk 18,27 in seiner Fassung gestrichen. Den Jüngern jedenfalls, die in der Nachfolge bewusst alles verlassen haben, wird eine vielfache Rückerstattung zugesagt (Mk 10,31).

Die synoptischen Aussendungsreden (Mk 6,6b–13parr.; Q 10,1–12) untersagen neben anderen Ausrüstungsgegenständen wie Stab (anders Mk 6,8), Beutel, Schuhe/Sandalen (anders Mk 6,9), Brot, Tasche, zweites Gewand auch die Mitnahme von Geld (Mk 6,8). Mt 10,9 führt hier sogar drei Begriffe für Geld an: χρυσός, ἄργυρος, χαλκός. Man muss diesen Verzicht auf Geld im Kontext des weitgehenden Verzichtes auf jegliche Ausrüstung interpretieren (s. u.).

c) Die Gleichnisse vom reichen Kornbauern (Lk 12,15–21; EvThom 63; als Einleitung dazu auch Lk 12,13–15/EvThom 72) und von Lazarus und dem Reichen (Lk 16,19–31) thematisieren Besitz und Reichtum an sich, kaum aber das durch Besitz falsche, unsoziale Verhalten der in ihnen begegnenden Reichen.

Dem ersten Gleichnis ist ein Gespräch vorgeschaltet, das das Thema benennt, welches wiederum im anschließenden Gleichnis illustriert wird: denn für einen Menschen beruht sein Leben nicht darauf, dass er aus seinem Besitz Überfluss zieht (Lk 12,15c; Übersetzung WOLTER 2008: 446). Daher ergeht die Warnung vor πλεονεξία (Habsucht als Streben nach immer mehr), deren Gefahr im Gleichnis daher nicht in sozialem Unfrieden, sondern in individueller Fehleinschätzung des Lebens beschrieben wird. Ein reicher Mensch, nicht wirklich ein Bauer, eher ein Großgrundbesitzer, steht im Zentrum des Gleichnisses. Er betreibt nach einer guten Ernte Vorratswirtschaft, vergrößert seine Gebäude, in die er Ernte und seinen Besitz bringt, und richtet sich angesichts des großen Vorrats auf ein glänzendes Leben in den nächsten Jahren ein, das durch Essen, Trinken und Fröhlich-Sein (so auch Pred 8,15; JosAs 20,8 u. a.) bestimmt sein soll. Der Fehler des

Reichen liegt weder in der Vorratswirtschaft noch in dem beschriebenen genuss-
vollen Leben, vielmehr in der zeitlichen Fehlplanung. Richtet er sich auf viele
Jahre ein, so durchkreuzt der von Gott geschickte Tod noch »in dieser Nacht« alle
auf Jahre hin angelegten Planungen (so auch EvThom 63). So warnt das Gleichnis
am Beispiel des Reichen vor falscher Sicherheit. Erst in der Anwendung des
Gleichnisses in Lk 12,21, die in EvThom 63 fehlt, wird eine besitzkritische Alternative benannt: Schätze für sich selbst sammeln – reich sein bei Gott. Der Tod des
Reichen erscheint jetzt als Strafe für den Reichtum. Der wahre Reichtum hingegen besteht in einem Reichtum bei Gott, der durch Wohltätigkeit (Almosen) erworben wird (Lk 11,41; 12,33; 16,9).

In dem Gleichnis vom Reichen und dem Armen (Lk 16,19–31) wird eingangs
der unermessliche Reichtum des einen (Purpur und Byssos) und die bettelarme
Not des anderen beschrieben. Nach dem Tod der beiden ereignet sich eine schrof-
fe Umkehrung. Während der Arme in Abrahams Schoß gelangt, leidet der Reiche
in der Unterwelt Qualen. Abraham erklärt die postmortale Umkehrung damit,
dass der Reiche zu Lebzeiten das Gute und der Arme das Schlechte empfangen hat
und dass jetzt eine Vergeltung stattfindet, die unumkehrbar ist, was das Bild der
großen Schlucht zwischen der Unterwelt und Abraham illustriert. Im Gegensatz
zu der oft als direkte Parallele betrachteten ägyptischen Erzählung von der Bestattung eines Reichen und eines Armen (dazu WOLTER 2008: 557 f.) liegt eine wesentliche Differenz des Gleichnisses zur ägyptischen Erzählung darin, dass in ihm
in keiner Weise nach einer Schuld oder einem Fehlverhalten des Reichen gefragt
wird, die für diese Umkehrung im Jenseits verantwortlich wären. Vielmehr wird
diese Umkehrung ähnlich wie in Lk 1,46–55 und 6,20–26 als ein von Gott verur-
sachter Ausgleich im Jenseits beschrieben. Erst in dem an das Gleichnis anschließenden Dialog mit den Brüdern des Reichen wird auf »Umkehr zu Lebzeiten«
und auf die Weisung von Gesetz und Propheten verwiesen. Dies deutet vorsichtig
eine soziale Verantwortung an. Im literarischen Kontext des LkEv, der die geld-
gierigen Pharisäer und die Wertlosigkeit ihrer Vorrangstellung angesprochen hat
(Lk 16,14 f.), wird das Gleichnis zu einer Beispielgeschichte, die eindrücklich von
den Folgen des Reichtums und des falschen Umgangs mit Besitz warnt.

Die jüngeren Deutungen des vorgestellten Textbefundes orientieren sich mehr-
heitlich an der Forschung zur Sozialgeschichte und Archäologie Galiläas (STEGE-
MANN 2010: 250–257), kommen hierbei allerdings zu unterschiedlichen Ergebnissen. Es scheint, als würde gegenwärtig ein einfaches Modell gesellschaftlicher
Schichtung in Galiläa abgelöst durch eine sehr differenzierte Beschreibung der
Ökonomie, die sich aus neuen archäologischen Befunden speist (ZWICKEL 2013).
Die These eines Antagonismus zwischen städtischer und ländlicher Bevölkerung,
zu der die Jesusbewegung gehört habe, ist mittlerweile wieder aufgegeben worden (SCHRÖTER 2006b: 95). Inwieweit die Verkündigung Jesu die realen Verhältnisse spiegelt, ist umstritten. Neben etlichen besitzkritischen Aussagen stehen
auch viele Texte, die von der Gemeinschaft Jesu mit Reichen und Besitzenden
sprechen (HENGEL 1973: 34–36, spricht daher von einer radikalkritischen und

einer gleichzeitig freien Haltung Jesu zum Eigentum). Es ist festzuhalten, dass die gesamte Jesusüberlieferung keine Kritik an dem extremen Reichtum der Herodianer und den führenden hohepriesterlichen Familien kennt, die mit den römischen Präfekten zusammenarbeiteten (HENGEL 1973: 31). Auch finden wir keine explizite Kritik an den beiden Städten Sepphoris und Tiberias und dem sich in ihnen breitmachenden Wohlstand (anders REED 2002).

Gerd Theißen hat ab 1973 eine soziologische Interpretation der Jesusbewegung vorgetragen (THEISSEN 1977; 1979; ³1989a), die auch das Thema Besitz und Reichtum zum Gegenstand machte. Die Jesusbewegung als Armenbewegung verlässt in einer umfassenden Gesellschaftskrise die Normen der Umwelt (anomisches und deviantes Verhalten) und wird zu einer wanderradikalen Bewegung. »In aggressionsgesättigten Phantasien malte man sich das schreckliche Ende der Reichen und das Glück der Armen im Jenseits aus (Lk 16,19–31)« (THEISSEN 1977: 18). Der Besitzverzicht der Jünger ist eine Form der »Bettelei höherer Ordnung, charismatische Bettelei« (19). Die Besitzlosigkeit der Jünger muss im Zusammenhang mit dem grundsätzlichen Ausrüstungsverzicht als eine zeichenhafte Handlung verstanden werden. Sie steht hinsichtlich der äußeren Erscheinung in einer Nähe zu kynischen Wanderpredigern, enthält aber intentional Unterschiede (THEISSEN/MERZ 1996: 200). Überwiegend wird die Besitzlosigkeit als Verweis auf das Gottesbild der Boten interpretiert, demzufolge Gott sich um die Menschen kümmert (Q 11,2–4; 12,22–34). Die Besitzlosigkeit belegt also nicht wie bei den Kynikern die Autarkie der Boten, sondern hat eine Verweisfunktion auf die Nähe der Gottesherrschaft.

Eine Variante dieser These trug John D. Crossan vor, der die Jesusjünger explizit als jüdische Kyniker (bzw. kynische Juden) vorstellt, deren Widerstand sich gegen alle Zwänge der mediterranen Kultur richtet (CROSSAN 1994a: 553). Sowohl der These des Wanderradikalismus als auch deren kynischer Interpretation widersprach Richard A. Horsley, nach dessen Sicht Jesus Anweisungen für eine Organisation des dörflichen Lebens in Galiläa gibt, die ganz auf Hierarchie und Herrschaft verzichten (HORSLEY 1989). In diese Richtung deuten auch die Vorschläge, die Kritik am Reichtum mit der erwarteten völligen Umkehrung der Verhältnisse durch das Reich Gottes zu verstehen (HENGEL 1973: 32; MERZ 2001; RICHES 2004: 232). Zeller betont, Jesus habe das Reich Gottes als umstürzende Größe erwartet und in apokalyptischer Sicht ähnlich 1Hen 94,8 selbstzufriedene Reiche angegriffen (ZELLER 2004: 198f.).

Neben solchen Interpretationen, deren Plausibilität sich erst aus der sozialen und politischen Kontextualisierung ergibt, werden weiterhin auch eher existentiale Interpretationen vorgetragen, die weitgehend auf eine sozialgeschichtliche Einordnung verzichten. So betont Meier, Jesus lehne vor allem das Vertrauen in Geld und Besitz als »spirituelle Gefahr« ab: »Jesus saw wealth as a danger to total commitment to God and acceptance of his proclamation of the kingdom« (MEIER 2001: 515; ähnlich BERGES/HOPPE 2009: 76f.; GIESEN 2011). Reiser verortet das Thema Reichtum in der Verkündigung Jesu in der Güterlehre und nicht in der

Soziallehre. Die Kritik am Reichtum impliziere die Option für die Armut (REISER 1998: 461). Für Rau hingegen ergibt sich die Distanz Jesu zu den Reichen ausschließlich aus seiner gesuchten Nähe zu den Armen, die wiederum nur deshalb in Blick kommt, »weil die jesajanische Heilserwartung Jesus die Augen öffnet für die Besonderheit ihrer Stellung vor Gott [...]« (RAU 2006: 267).

Unter der Vorstellung der kommenden Herrschaft Gottes können die meisten angesprochenen Themen und Texte so interpretiert werden, dass diese Herrschaft Gottes Besitz und Reichtum in Frage stellt und gegenwärtige Verhältnisse neu ordnet. Die synoptischen Evangelien, vor allem Lukas, haben diese Sicht aufgenommen, hierbei aber den unversöhnlichen Gegensatz von Besitz und Herrschaft Gottes entschärft und im Sinne einer Wohltätigkeitsethik verschoben.

BERGES, Ulrich/HOPPE, Rudolf 2009: Arm und Reich, NEB.Themen 10, Würzburg.

GIESEN, Heinz 2011: Poverty and Wealth in Jesus and the Jesus Tradition, in: HOLMÉN, Tom/ PORTER, Stanley E. (Hg.): Handbook for the Study of the Historical Jesus, Vol. IV: Individual Studies, Leiden/Boston, 3269–3303.

MERZ, Annette 2001: Mammon als schärfster Konkurrent Gottes – Jesu Vision vom Reich Gottes und das Geld, in: LEDERHILGER, Severin J. (Hg.): Gott oder Mammon. Christliche Ethik und die Religion des Geldes, Linzer philosophisch-theologische Beiträge 3, Frankfurt, 34–90.

RAU, Eckhard 2006: Arm und Reich im Spiegel des Wirkens Jesu, in: BÖTTRICH, Christfried (Hg.): Eschatologie und Ethik im frühen Christentum, FS Günter Haufe, Greifswalder Theologische Forschungen 11, Frankfurt u. a., 249–268.

THEISSEN, Gerd [3]1989b: Wir haben alles verlassen (Mc. X,28). Nachfolge und soziale Entwurzelung in der jüdisch-palästinischen Gesellschaft des 1. Jahrhunderts n.Chr., in: DERS.: Studien zur Soziologie des Urchristentums, WUNT 19, Tübingen, 106–141.

Friedrich W. Horn

4.3. Nachfolge, radikaler Verzicht, »a-familiäres« Ethos

Die Botschaft vom anbrechenden Gottesreich, das in Verkündigung und Handeln seines Boten Jesus bereits eine neue Realität im »Fragment« schafft (WEDER 1993: 26–34, bes. 33), stellt anders als in dem vor dem Gericht warnenden radikalen Umkehrruf des Täufers die Einladung in die Heilsgemeinde in den Vordergrund. Diese Einladung zielt auf unbedingte Annahme. Verweigerung und Ablehnung werden im endzeitlichen Gericht durch Gott sanktioniert. Die Verkündigung vom Gottesreich ist somit auch der endzeitliche Ort der Entscheidung. Aus der Annahme der Einladung folgen neue Handlungsmuster, die von dem kommenden Reich her bestimmt sind und seine Ordnungen antizipieren. In dieser besonderen Situation ergehen durch Jesus als Verkündiger des Gottesreiches Anordnungen zum Leben, bestimmt vom Kommen und der Nähe Gottes.

Auch wenn die Gottesreichsverkündigung eine ethische Orientierungsleistung in besonders qualifizierter Zeit ist, ist sie weniger zeit- als vielmehr sachgebunden zu interpretieren; sie hat einen begrenzten Systemcharakter, ohne dass eine reflexive Diskurstiefe zu konstatieren ist. Der Anspruch Gottes als fürsorgender

Vater und Schöpfer (z. B. SCHNELLE 2007: 94–97), der die Angesprochenen liebt und auf die Antwort uneingeschränkter Liebe zielt, wird in Jesu Wirken Wort und Tat. Diese Dimension ist von grundlegend hermeneutischem Gewicht für die radikalen Nachfolgeforderungen Jesu und ihren zum Teil »a-sozialen« Charakter. Trotz christologischer Übermalung sind die provokant-anstößigen, radikalen Forderungen angesichts des nahekommenden Gottesreiches Hinweis auf ursprüngliche Jesustradition.

4.3.1. Nachfolge

4.3.1.1. Jüngerberufungen

Die Berufungen der engsten Mitarbeiter Jesu sind Nachfolgerufe: Mk 1,16–20 (s. a. Mk 2,14; Joh 1,35–51). Unabhängig von der sukzessiven Gestaltung der Nachfolgeszenen bis hin zu ihrer literarischen Einbettung spiegelt sich in ihnen die Erinnerung an Jesu Ruf, ihm als Verkünder des Gottesreiches zu folgen. Der Ruf ergeht im Alltag und führt unter Verzicht auf Bindungen und Besitz (vgl. Mk 10,28–31parr.) hinein in ein unmittelbares Nach-Folgen (hinter mich – ὀπίσω μου) in der Hingabe an das kommende Gottesreich und seine Verkündigung.

Jens Schröter macht darauf aufmerksam, dass innerhalb der Forderungen Jesu zwischen den jeweiligen Adressaten zu unterscheiden ist (SCHRÖTER 2006b: 214 f.). Die Nachfolgerufe in die Jüngerrolle ordnen die Adressaten in die Verkündigung Jesu ein und stellen sie damit in eine neue Rollenkonstruktion, die durch die Verkündigung des Reiches selbst bestimmt ist. Sie laden wie Jesus selbst Menschen in das Gottesreich ein (Q 10,2–16; Mk 6,6b–13). Dieses besondere Profil ist zu beachten, wenngleich damit keineswegs die grundsätzliche Forderung der Fokussierung auf Gott und sein kommendes Reich zu begrenzen ist. »Dementsprechend gilt auch für die ganze Bewegung ein einziges Ethos, das der Gottesherrschaft, für die es wie für einen Schatz im Acker oder eine besonders wertvolle Perle alles andere zurückzustellen und zu relativieren gilt (vgl. Mt 13,44.45 f.). Wie der Mehrwert der Gottesherrschaft konkret gewahrt wird, hängt von den konkreten Umständen ab« (SCHMELLER 1989: 69).

Eine Differenzierung bleibt im Einzelfall schwierig, vor allem bei den nicht direkt in die Mitarbeit führenden Aufforderungen; sie bilden die Dringlichkeit der Entscheidung für das Gottesreich ab, die allen Adressaten der Verkündigung aufgegeben ist.

4.3.1.2. Allgemeine Nachfolgerufe

»Nachfolge« ist ihrem Wesen nach eine vollkommene Fokussierung aufgrund des Rufs Jesu, die alles dem Gottesreich nachordnet: Q 9,57–60.61 f. (Mt 8,19–22par.; s. a. EvThom 86). Unabhängig von der Frage, ob Lk 9,61 f. bereits in Q stand (zur Diskussion LABAHN 2010: 148–150; dagegen z. B. SCHRÖTER 1997: 161 f.), zeigen

die drei Sprüche Spuren späterer Bearbeitung. Im Kern dürften sie aber die Schärfe des Einladungsrufes Jesu in das Gottesreich widerspiegeln, der sich mit gesellschaftlichen und religiösen Normen reibt. Vor allem der Vorrang der Nachfolge
vor dem Begräbnis des Vaters (Q 9,59 f.; s. u.) stellt einen unüberbietbaren Normenbruch dar. Inhaltlich werden die Ordnung und Forderung des nahen Gottes
unhinterfragbar in das Zentrum gestellt. Kernpunkt der Sprüche ist im Kontext
der Logienquelle »die Einschärfung der Bedingungen für die Jesusnachfolge –
ohne Kompromisse und ohne falsche Illusionen« (EBNER 2004: 85); dies entspricht der ursprünglichen Intention der Nachfolgerufe in der Verkündigung
Jesu.

4.3.1.3. Zusammenfassung

Der Ruf in die Nachfolge Jesu ist eine durch Jesus ergehende Nachordnung der
jeweils Angesprochen und ihrer gesellschaftlichen Verankerung unter den Ruf
des Gottesreichverkünders und damit in das Reich Gottes und seine Normen.
Nachfolge schenkt primär nicht Anhängerschaft eines Lehrers, sondern einer
Wirklichkeitsdeutung, die durch die Verkündigung und das Handeln des Lehrers
herbeigeführt wird. Insofern ist sie von Anfang an mit Jesus und seinem Wirken
verbundene Nachfolge, wird aber erst im Verlauf der sich entwickelnden Christologie zur Christusnachfolge, wie sie im MkEv zentrales Gewicht gewinnt.

4.3.2. Verzicht als Gewinn im Horizont des anbrechenden Gottesreiches

4.3.2.1. Verzicht auf Recht und Richten

Die Forderung zum Rechtsverzicht (Q 6,29.30; Mt 5,38–42par.) ist eine kleine
Spruchsammlung, die folgende Themen bedient: kein Zurückschlagen, Verzicht
auf juristische Auseinandersetzung um das Untergewand, Akzeptanz des militärischen Frondienstes, offene Hilfe und uneigennütziges Leihen. Der Q-Text lautet
nach der Rekonstruktion bei Hoffmann/Heil: »Dem, der dich auf die Wange
schlägt, dem halte auch die andere hin, und dem, der dich vor Gericht bringen
und dir dein Untergewand wegnehmen will, dem lass auch das Obergewand. Und
mit dem, der dich zu einer Meile Frondienst zwingt, gehe zwei. Dem, der dich
bittet, gib; und von dem, der sich leiht, fordere das Deine nicht zurück.«
    Ginge es beim Schlagen ins Gesicht um das Verhalten gegenüber Sklaven
(VALANTASIS 2005: 59), so würde der Spruch ausnahmsweise soziale Schichtun-
gen festigen. Mit dem Streit um das Gewand sind Schuldrechtsfragen betroffen,
die im ruralen Palästina der Zeit Jesu von Bedeutung waren. Die ausstehende
Schuld konnte gerichtlich eingefordert werden und Rechtsverzicht ein Existenz-
risiko bedeuten. Die Akzeptanz des Frondiensts setzt die Situation unter der römischen Besatzungsmacht voraus, ist aber durch Verdoppelung des geforderten
Dienstes politisch und sozial anstößig. Einen weiteren Themenbereich stellt die

Ermahnung zur Hilfsbereitschaft und zu einem nicht an Rückerstattung denkendes Leihen (s. a. EvThom 95) dar, was wiederum in der Linie eines gegebenenfalls existenzgefährdenden Verzichts liegt.

In diesen Sprüchen geht es nicht nur um juristischen Rechtsverzicht, sondern auch um den Verzicht auf das Recht der eigenen Unversehrtheit. Die Sprüche sind in ihrer Anstößigkeit wahrscheinlich auf die Gottesreichsverkündigung Jesu zurückzuführen und setzen deren sozial-politische Situation voraus, in der Jesus und seine frühen Anhänger ihre Verkündigung vollziehen. Diese Sprüche antizipieren nicht die Ordnung des anbrechenden Gottesreiches, sondern setzen seine Lebensordnung um, die von Nächstenliebe (Doppelgebot der Liebe: Mk 12,28–34parr.) geprägt ist; sie fordern zu einem produktiven Umgang mit erlittenem Unrecht und Zwang auf.

Die Forderungen sind grundsätzlich durch die Liebe als Mitte des ethischen Denkens Jesu geprägt und die Gefährdung der sozialen Lebenssicherungen hat ihr Gegengewicht im Vertrauen auf den liebenden Gott (z. B. BECKER 1996: 322–337). Im Verzicht wird das gute Handeln des nahenden Gottes durch die Anhänger seines Reichs als Gegenentwurf zur gesellschaftlichen Realität gelebt.

Dass das Konzept der Liebe durch Gott und der Liebe zu Gott den hermeneutischen Schlüssel zum Verständnis der Sprüche über den Verzicht darstellt, ist bereits in der Logienquelle erkannt worden; hier wurde die Aufforderung zur Feindesliebe den Sprüchen vom Rechtsverzicht vorangestellt: »Liebt eure Feinde!« (Q 6,27; Mt 5,44apar.).

In Q antwortet das Wort von der Feindesliebe auf den Makarismus der Verfolgten (Q 6,22) und dient damit auch der Identitätsbildung der Q-Anhänger – der »Feind« ist im literarischen Kontext ein Charakter, der die Zerstörung des Lebens der Adressaten zum Ziel hat; ihm steht die Liebe Gottes gegenüber (Q 6,35c). Beides wird im sekundären literarischen Kontext mit Recht herausgestellt. Zugleich wird in Q durch die Liebesforderung (6,27) die Kommunikationsfähigkeit mit den Außenstehenden erhalten (LABAHN 2010: 446–448). Q ergänzt exemplarisch die Fürbitte für die Feinde (6,28) und verweist auf das schöpfungserhaltende Handeln Gottes (6,35).

Mag die Provokation der absoluten Feindesliebe mit der Interpretation von Q bereits eingeschränkt werden, so gilt grundsätzlich, dass die Liebe als kreative Gestaltung des Verhältnisses zum »Feind« in der Liebe und Fürsorge Gottes verankert ist, der in seinem anbrechenden Reich nahe ist. »Gottes radikale, uneingeschränkte Liebe drängt in den Alltag des Menschen hinein, dem zugemutet wird, mit der Feindesliebe an der Liebe Gottes zu partizipieren. Eine Begründung für die Feindesliebe lässt sich nicht aus der vorfindlichen Wirklichkeit ableiten, sondern ein solch ungewöhnliches Verhalten kann nur aus dem Handeln Gottes heraus seine Bedeutung und Verbindlichkeit erhalten« (SCHNELLE 2007: 99).

Auch wenn das zukünftige Gottesreich keine Feinde kennen wird, ist die Liebe das wesentliche Element seiner Lebensordnung. Das Konzept der Feindesliebe nimmt die neue Lebensordnung des Friedensreichs ohne jede Feindschaft vorweg (Becker 1996: 323) und konterkariert damit ein auf Macht und Gewaltanwendung aufgebautes Sozialsystem, wie es (nicht allein) in der antiken Welt üblich ist. Die Feindesliebe weist die gegenwärtige Welt als vorläufige Welt gegenüber der Heilswirklichkeit des gekommenen Gottesreichs aus.

In diesem Zusammenhang ist zudem an die Forderung zum »Dienen« zu erinnern, in der Jesu eigenem Modell folgend (vgl. im Kern Mk 10,45) das Recht zu herrschen in der sozialen Praxis der Adressatengemeinschaft verneint wird (Mk 10,42b–44; hinter der mk. Komposition steht ein Prozess der Erinnerung, der Impulse der Jesusverkündigung bewahrt haben wird; s. a. Lk 12,37; 22,27; Joh 13,3–16). Diese Lebensordnung ist weniger eine generelle Herrschaftskritik als vielmehr eine neue Interaktionsstruktur für das Gottesreich. Mit dem Verzicht auf Herrschaft, die die damalige Gesellschaftspyramide strukturiert, werden soziale Hierarchien durch das neue Paradigma des »Dienens« dekomponiert. Sachlich entspricht dem gegenseitigen Dienen das Modell der Liebe als Zentralmotiv der Ethik des nahe gekommenen Gottesreiches. Das Verhalten der Adressatengruppe nimmt die Ordnung des Gottesreiches vorweg und erklärt die Statusorientierung der zeitgenössischen Gesellschaft für absurd und überholt.

Neben den an der Lebensordnung des Reichs orientierten Sprüchen vom (Rechts-) Verzicht ist an das Verbot des Richtens zu erinnern (Q 6,37 f.; Mt 7,1 f. par.), das anders motiviert ist. Hier geht es um jegliches Urteilen über den Mitmenschen, das zu sozialer Ausgrenzung und gegebenenfalls Vernichtung des anderen führen kann. Eingeschlossen sind die Verurteilung erlittenen Unrechts und damit der Verzicht darauf, dies zu kritisieren, was nicht mit dem Motiv der Liebe motiviert wird, sondern mit Gottes endzeitlichem Gericht. Dem in seinem Reich nahe kommenden Gott obliegt jegliche Kompensation des Unrechts; der Verzicht lässt sich sachlich der Ermahnung zur Feindesliebe zuordnen.

4.3.2.2. Besitzaufgabe

Der Ruf Jesu in die Nachfolge beinhaltet den Verzicht der Nachfolgenden auf ihren ursprünglichen Besitz und bescheidenen Wohlstand; dies gilt in besonderem Maße den von Jesus berufenen Verkündigern, aber auch grundlegend als Antizipation des kommenden Gottesreichs jeder Person, die ins Reich eingeladen ist. Im radikalen Vertrauen auf den nahenden Gott und sein schöpfungserhaltendes Wirken (vgl. Q 12,6 f.; Mt 5,45) empfängt der Nachfolgende von Gott, was er/sie für das Leben wirklich benötigt.

Ein Eingeladener wird alles »Vermögen« für den »Schatz im Acker« oder die »schöne Perle« des Gottesreiches einsetzen: Mt 13,44–46. In diesen beiden Gleichnissen artikuliert sich die radikale Konzentration auf das Gottesreich, für das der Besitzverzicht zu einem Bild wird. Ob vom Adressaten gefunden oder aktiv gesucht, das Gottesreich führt zu einer neuen Lebensordnung, die nicht in Besitzerhalt oder Besitzstreben, sondern in dem Reich selbst konzentriert ist. Im Motiv vom Verkauf aller Habe, um des Reichs habhaft zu werden (»und vor Freude darüber, geht er hin und verkauft alles, was er hatte, und kauft den Acker/die Perle«), wird der handlungsorientierte Anspruch der Kurzgeschichten bei Matthäus deutlich. Alles Haben (πάντα ὅσα ἔχει) ist gegenüber dem »Besitzanspruch« des nahenden Gottesreiches aufzugeben. So fordert Jesus nach Q 12,33 f. (Mt 6,19–21par.) dazu auf, »keine Schätze auf der Erde zu sammeln«, sondern geschützt im Himmel; im LkEv wird diese besitzkritische, Gott und sein Reich in den Vordergrund rückende Aufforderung durch Besitzaufgabe und Almosengeben konkretisiert (Lk 12,33a).

Die Absage an den Besitz spiegelt sich in der Negativwertung des Reichtums:

»Es ist leichter, dass ein Kamel durch ein Nadelöhr geht, als dass ein Reicher in das Reich Gottes hineingeht« (Mk 10,25parr.).

»Keiner kann zwei Herren dienen; denn entweder wird er den einen hassen und den anderen lieben oder er wird dem einen anhängen und den anderen verachten. Ihr könnt nicht Gott dienen und ›dem‹ Mammon« (Q 16,13; Mt 6,24par.; zu Q 16,13a: EvThom 47,2).

In beiden Worten steht Reichtum dem Reich Gottes prinzipiell entgegen, was zweifelsohne für spätere Generationen der Jesusbewegung anstößig wurde. Q 16,13 liefert eine Begründung, die am Ausschließlichkeitsgebot Jahwes ausgerichtet ist. Im Begriff »Mammon« wird Geld zur Gottheit (z. B. LABAHN 2007: 223). Die Adressaten sind vor die Entscheidung gestellt, zu wählen »between serving the true God and serving a pseudo-deity – Mammon« (BETZ 1995: 454). Besitz und Reichtum stehen nicht allein in der Gefahr der Vergottung, sondern stehen der ungeteilten Hingabe zu Gott als Geber und Bewahrer des Lebens und aller Güter entgegen. Zwar gibt Q 16,13 kein wirtschaftsethisches Statement (HORSLEY 1999: 293), dennoch ergeben sich wirtschaftsethische Konsequenzen, da der Dienst an Gott die Zuwendung zum Nächsten einschließt (vgl. LABAHN 2008: 278 f.). Der theologische Kontext sind das von Jesus geforderte Vertrauen und die völlige Konzentration auf das kommende Gottesreich.

In diesem Zusammenhang ist auch Q 16,16 von Bedeutung, auch wenn historische Nachfrage und Interpretation diffizile Probleme darstellen: »Von da an leidet die Königsherrschaft Gottes Gewalt [setzt sich die Königsherrschaft Gottes gewaltsam durch] und Gewalttäter rauben sie [ἡ βασιλεία τῶν οὐρανῶν βιάζεται καὶ βιασταὶ ἁρπάζουσιν αὐτήν].«

Bevorzugt man die erste Übersetzungsvariante der Rekonstruktion von Hoffmann/Heil (hierzu HEIL 2003: 127), werden die Adressaten zu Gewalttätern, die sich das Gottesreich gewaltsam aneignen (vgl. z. B. THEISSEN 2003b: 162). Die durch die Zeitangabe anvisierte Gegenwart ist die Zeit unbedingter Konzentration auf das Gottesreich, da es von den Adressaten mit Gewalt an sich zu reißen ist. Die Adressaten verzichten nicht allein auf Besitz, sondern eignen sich in dieser anrüchigen Szene selbst mit Gewalt das Gottesreich an.

4.3.2.3. Verzicht auf das Leben

Die radikalste Form des Verzichts ist der Verzicht auf das eigene Leben. Das Wort von der Bereitschaft zum Lebensverlust (»Wer sein Leben findet, wird es verlieren, und wer sein Leben meinetwegen verliert, wird es finden«; Q 17,33; s. a. Mk 8,35) fordert zu radikaler Nachfolge auf, die bis zum Tod reichen kann, um so von Gott geschenktes Leben im Gottesreich zu gewinnen (zu historischen Fragen und Interpretation HEIL 2014b: 77–83).

Dieser Gedanke wird weiter gesteigert, wenn der Lebensverlust selbst mit der völligen Bloßstellung und einem vollkommenen Ehrverlust einhergeht. Dies geschieht im Wort von der Kreuzesnachfolge, das nicht zwingend Jesu Tod spiegelt, sondern den Gedanken der Lebensaufgabe in so verstörender Zuspitzung als Nachfolgebedingung formuliert, dass es als Jesuserinnerung kompatibel und zugleich plausibel ist (vgl. SCHNACKENBURG 1986: 62 f.):

»Wer sein Kreuz nicht auf sich nimmt und mir folgt, kann nicht mein Jünger sein« (Q 14,27; Mk 8,34b; EvThom 55,2).

Q 14,27 bestimmt Jüngerschaft und Nachfolgebereitschaft als Bereitschaft zur Aufgabe von Leben und Ehre. Solcher Bereitschaft entspricht das Geschenk des Lebens (Mk 8,35). Verzicht wird somit zum Gewinn als ein von Gott gewährtes Geschenk.

4.3.2.4. Zusammenfassung

Die Verzichtsforderungen haben ihren Kontext in der Einladung zu radikalem Gottvertrauen, wie sie im Wort vom Nicht-Sorgen (Q 12,22–31; die Sequenz zielt m. E. nicht auf die engsten Jesusnachfolger, sondern auf die, die ihre Existenz auf die Gegenwart des kommenden Gottesreiches ausrichten; dazu SCHRÖTER 2006b: 218) und im Vertrauenshintergrund der Brotbitte im Vatergebet (Q 11,3; s. a. Q 11,9 f.) begegnet. Gott ist als Schöpfer der Welt auch ihr Erhalter, dem von den Geschöpfen mit radikalem Vertrauen zu antworten ist. Das Vertrauen in Gott, Glaube, ist die positive Antwort auf die Einladung in das Gottesreich. Sie ist ihrem Wesen nach Freiheit zur aktiven und kompromisslosen Annahme des Gotteswillens (vgl. Mk 3,35). Die Forderungen zum Verzicht finden ihre Plausibilität in der Nähe des fürsorgenden Gottes, mögen sie in ihrer extremen Zuspitzung vor allem ihren Haftpunkt im engsten Kreis der Jesusanhänger gehabt haben.

4.3.3. »A-soziales« und »a-familiäres« Ethos

In der Verkündigung Jesu dekonstruiert das sich durchsetzende Gottesreich gesellschaftliche Normen und Verpflichtungen, indem es seine Adressaten neu bestimmt (z. B. in den Seligpreisungen: Q 6,20 f.; Mt 5,1–6par.) und zugleich gesellschaftliche Hierarchien und Regeln auflöst, wie bei der Entlohnung im Gleichnis von den Arbeitern im Weinberg (Mt 20,1–16), in dem Heil jenseits sozialer Normen geschenkt wird. Zugleich provoziert das Nachfolgeethos Jesu zur Übertretung von gesellschaftlich und religiös anerkannten Normen. Hier kann der endzeitliche Gotteswillen mit dem überkommenen Verständnis des Gotteswillens konfrontiert oder gar neu gesetzt werden (vgl. zur eschatologischen Toraauslegung: MAIER 2013). Dies wird besonders anschaulich in den Worten Jesu, in denen die familiären Bindungen und Verpflichtungen in Frage gestellt bzw. aufgelöst werden (zur Torakompatibilität von Q 9,57–60 s. HEIL 2014a: 87–110).

4.3.3.1. Soziale Normen und Verpflichtungen auflösende Jesuworte

Im *Gleichnis vom Gastmahl* (Q 14,16–24; Mt 22,1–14par.) lehnen die ursprünglich eingeladenen Honoratioren der damaligen Gesellschaft die Einladung ab. Gegen gesellschaftliche Gepflogenheit erzählt Jesus davon, dass nunmehr all jene Personen von den als Boten ausgesandten Sklaven angesprochen werden, »die normalerweise zu solch einem Festmahl nicht geladen werden« (SCHOTTROFF 1987: 198). Das Gleichnis begründet damit die Ausrichtung der Botschaft vom Gottesreich an die religiös und sozial Marginalisierten (HEIL 2003: 92).

Mehr als die Umwertung des antiken Ehrenkanons sticht der Normenbruch von Q 9,59 f. heraus. Das Ehren und damit im Besonderen auch die Pietät gegenüber den Eltern gehört zu den Grundlagen antiker ethischer Normen, wie es ebenso eine wesentliche Grundlage des biblisch-jüdischen Ethos ist (vgl. z. B. BALLA 2003: 5–110; JUNGBAUER 2002: 7–253). Dazu gehört herausragend die Verantwortung für das Begräbnis der Eltern: »Ein anderer aber sagte ihm: Herr, gestatte mir, zuvor fortzugehen und meinen Vater zu begraben. Er aber sagte ihm: Folge mir, und lass die Toten ihre Toten begraben (Q 9,59 f.; Mt 8,21 f.par.).«

Mit diesem Spruch stellt »Jesus … seine Nachfolger in provozierenden Gegensatz zu den Erwartungen, die die Umwelt hinsichtlich des Familienzusammenhalts und der Aufgaben in der Familie hatte« (JUNGBAUER 2002: 296). Anstößiger und pointierter kann die mit der Verkündigung des Gottesreiches gekommene Dringlichkeit zu einer ganzheitlichen Hinwendung und Annahme des Gottesreiches nicht ausgesagt werden. Diese Dringlichkeit gilt allen Adressaten, auch wenn nicht alle als Jesu Mitarbeiter ihre sozialen Bindungen auflösen.

4.3.3.2. Auflösung familiärer Bindungen und neue Familienbindungen

Anstößig sind auch jene Worte, die die Gottesreichsverkündigung in innerhäusliche und innerfamiliäre Konflikte münden lassen: Q 12,51.53 und 14,26. Diese Worte stellen ebenfalls einen Tabubruch dar, deren Weiterbewahrung Jesus als Sprecher provoziert haben dürfte (tatsächlich mag auch die Erfahrung früher Jesusnachfolger darin bestanden haben, dass sich durch die Nachfolge die familiären Bindungen auflösten).

»Meint ihr, dass ich gekommen bin, Frieden auf die Erde zu werfen? Ich bin nicht gekommen, Frieden zu werfen, sondern das Schwert. Denn ich bin gekommen zu entzweien: den Sohn gegen den Vater und die Tochter gegen ihre Mutter und die Schwiegertochter gegen ihre Schwiegermutter.« (Q 12,51.53; Mt 10,34–36par.). »Wer seinen Vater und seine Mutter nicht hasst, kann nicht mein Jünger sein; und wer seinen Sohn und seine Tochter nicht hasst, kann nicht mein Jünger sein.« (Q 14,26; Mt 10,37par.; EvThom 55,1; 101,1 f.).

Beide Sprüche sind in Q durch die familiären Relationen Vater und Sohn, Mutter und Tochter eng verbunden und bilden einen engen Interpretationszusammenhang. Mit dem Kommen des Gottesreiches wird ein Entscheidungsdruck aufgebaut, der selbst die engsten Bindungen einer Familie zu etwas Sekundärem werden lässt; es geht um die Entscheidung zur Nachfolge in das Gottesreich. Die Präsenz des Gottesreiches zielt auf eine Fokussierung, die die Auflösung gesellschaftlicher Grundstrukturen einschließt.

In der feministischen Hermeneutik von Luise Schottroff wird durch Jesu Verkündigung »die patriarchale Ordnung in Frage« gestellt. »Es gibt also neben den wandernden JesusbotInnen keine ›normale‹ Familienstruktur und keinen Liebespatriarchalismus als Organisationsform der Gemeinde« mehr (SCHOTTROFF 1991: 339). Nach Arland Jacobson besteht programmatisch die Notwendigkeit »of breaking free from emmeshed family structures in order to pursue an alternative vision and/or lifestyle, and [b] the need to adopt lifestyle features that would mark the new group off from their neighbors and yield group self-definition and solidarity« (JACOBSON 2000: 201). Demgegenüber erzeugt die Auflösung sozialer und familiärer Bindungen in der Verkündigung vom anbrechenden Gottesreich eine neue, durch die Ordnung des Gottesreichs geprägte Gemeinschaft als »Familie« Jesu: »Er antwortete ihnen und sprach: Wer sind meine Mutter und meine Brüder? Und er blickte umher auf die, die im Kreis um ihn saßen und spricht: Siehe, meine Mutter und meine Brüder. Wer den Willen Gottes tut, der ist mein Bruder und meine Schwester und meine Mutter« (Mk 3,33–35parr.; vgl. EvThom 99).

Die vollständige Konzentration auf das Gottesreich schafft eine Gemeinschaft von Menschen, die durch die Liebe Gottes geprägt und jenseits überkommener Geschlechterrollen in dieser Liebe auf einander bezogen sind. Als Metapher für diese Gemeinschaft steht weiterhin das Motiv der »Familie« (Mutter und Geschwister), weil es offensichtlich einen bleibenden positiven Bildwert hat und so die endzeitliche Gemeinschaft in der Liebe Gottes zutreffend kennzeichnen kann.

4.3.3.3. Zusammenfassung

Durch gezielte Provokationen und Normenbrüche erfolgt eine Relativierung und Neubewertung gesellschaftlicher Verbindlichkeiten in Bezug auf das bereits im »Fragment« gekommene Gottesreich. Die Nähe des Reiches zwingt zu einer vollständigen Orientierung auf das Reich, dekonstruiert gesellschaftliche Regeln im Lichte des kommenden Gottes und fordert die Bereitschaft des Menschen, sich auf dieses Reich einzulassen. Zugleich schafft die Verkündigung Jesu eine Verbindung des neuen Gottesvolkes, die überkommene soziale Strukturen in ihrer Vorläufigkeit gegenüber dem Gottesreich überführt.

4.3.4. Ausblick

Die Botschaft von der im »Fragment« im Wirken Jesu präsenten und Raum greifenden Gottesbotschaft entwickelt radikale ethische Orientierungen, die mit Nachfolgerufen, elementaren Verzichtsforderungen und sozialen Tabubrüchen zu einer dem Kommen des Reiches entsprechenden Lebensordnung ermahnen. Jesu ethische Orientierungsleistung verlangt außergewöhnliche Entscheidungen der Adressaten, damit sie sich vollständig durch das Gegenwart werdende Reich Gottes bestimmen lassen. Dies führt zu neuen sozialen Bindungen einerseits und zur Aufgabe gesellschaftlicher Regeln und rechtlicher Forderungen anderseits. Das Heilsangebot Gottes stellt eine Verpflichtung dar, die weder Alternativen noch Verzug duldet, sondern auf sofortige und vollständige Akzeptanz zielt. Jegliche Möglichkeit, das Engagement auf etwas anderes als dieses Gottesreich zu richten, fehlt, da mangelnde Fokussierung als Ablehnung des Heilsangebots in das Gericht führt.

Jesu ethische Orientierungsleistung hat ihre gedankliche Mitte im Gottesbild, das Gottes Liebe und Fürsorge ins Zentrum rückt. Diese Konzentration ist eng mit der verkündigten Nähe des kommenden Reichs verbunden. Dennoch sind die radikalen Forderungen kein Ethikentwurf für einen zeitlich begrenzten Übergang in das Gottesreich (SCHWEITZER ²1973a [1901]: 229, »Interimsethik«), sondern bilden einen Gegenpol zu Strukturen der gegenwärtigen Welt und antizipieren die Ordnung des Gottesreichs. Die Dekonstruktion gegenwärtiger sozialer Strukturen ist somit Teil der umfänglichen Wirklichkeitsdeutung in der Reichgottesverkündigung Jesu, aber keineswegs primär kontextuell und unsystematisch (zu STEGEMANN 2002: 167).

Angesichts des provozierenden und bisweilen verstörenden Charakters der ethischen Radikalismen Jesu kann nicht überraschen, dass die ntl. Jesuserzählungen weitergehende Systematisierungen in veränderter Zeit vornehmen. Die provokanten Forderungen Jesu werden den Bedingungen der sich entwickelnden christlichen Gemeinden angepasst und christologisch neu bestimmt.

SCHNACKENBURG, Rudolf 1986: Die sittliche Botschaft des Neuen Testaments 1: Von Jesus zur Urkirche, HThK.S 1, Freiburg u. a., 58–67.

SCHNELLE, Udo 2007: Theologie des Neuen Testaments, UTB 2917, Göttingen, 94–104.

SCHRÖTER, Jens 2006b; ⁵2012: Jesus von Nazareth. Jude aus Galiläa – Retter der Welt, Biblische Gestalten 15, Leipzig, 213–230.

Michael Labahn

4.4. Jesus als »Fresser und Weinsäufer«

4.4.1. Einführung

Die Deutung des Auftretens Jesu ist kein Prozess, der erst mit der nachösterlichen Erinnerung beginnt und ausschließlich mit positiv-christologischen Beurteilungen erfolgt. Der Interpretationsprozess setzt mit der Wahrnehmung von Jesu Verkündigung und Handeln durch die Zeitgenossen ein, wodurch unterschiedliche Reaktionen ausgelöst wurden. Die Erinnerung an Kontroversen und Ablehnung ist nicht allein durch die nachösterlich gestalteten Streitgespräche Jesu oder die Berichte seiner Passion und Kreuzigung bewahrt, sondern auch in der Erinnerung an gegen Jesus gerichtete Polemik. Diese polemischen Wertungen sind als Außendeutungen des Auftretens Jesu nicht allein für das Verständnis von Jesu Wirkung, sondern auch als erst sekundär-christlich geprägte Jesuserinnerung von speziellem Wert. Neben dem Vorwurf der Besessenheit (Mk 3,22.30; Joh 7,20; 8,48.52; 10,22) und dem Vorwurf von Jesu Wirkeinheit mit Dämonen (Q 11,15par.; Mk 3,22par.) findet sich der Vorwurf, Jesus sei ein Fresser und Säufer.

4.4.2. Textbefund

Der Vorwurf, ein Fresser und Säufer zu sein, ist in Q 7,34par. gemeinsam mit dem Vorwurf, Jesus sei ein Freund von Zöllnern und Sündern, aufbewahrt; im Folgenden wird der Textbefund auf der Basis der bei Hoffmann/Heil abgedruckten Textrekonstruktion vorgestellt:

Q 7,34
Der Menschensohn kam,   ἦλθεν ὁ υἱὸς τοῦ ἀνθρώπου
er aß und trank,   ἐσθίων καὶ πίνων,
und ihr sagt: καὶ λέγετε·

»Dieser« Mensch da –   ἰδοὺ ἄνθρωπος
ein Fresser und Säufer,   φάγος καὶ οἰνοπότης,
ein Freund von Zöllnern und Sündern.   τελωνῶν φίλος καὶ ἁμαρτωλῶν.

Die Bezeichnung Jesu als Fresser und Säufer findet sich im Schlussabschnitt des ersten Hauptteils von Q (3,3a–7,35). Nachdem der Gerichtsprediger Johannes (3,7–9) einen Kommenden angekündigt hat (3,16b–17), wird Jesus durch Himmelsstimme (3,21 f.), Versuchungen (4,1–13), Unterweisung (6,22–49) und Heilung (7,1–10) hindurch in der Erzähllogik als der vom Täufer angesagte und von Gott legitimierte Gekommene erwiesen. Aufgrund der Einführung des Täufers als Ankündigender des Kommenden vor dem Auftreten der Hauptfigur im Text von Q und aufgrund ausbleibender direkter Identifizierung des Gekommenen mit dem Angekündigten verlangt die Zuordnung von Johannes und Jesus eine Klärung (7,18–35). Zugleich werden beide Protagonisten in ein Verhältnis zu den Anhängern Jesu (7,28) und zu seinen Gegnern (7,31–35) gesetzt. Die Autorität des Täufers als Stimme für den Gekommenen wird durch Jesus autorisiert (7,24–27), aber auch dem Gekommenen untergeordnet.

Nach seiner Rede über den Täufer (7,24–28) vergleicht Jesus seine Gegner, die unter Aufnahme deuteronomistischer Motive als »diese Generation« charakterisiert werden, mit Kindern auf dem Marktplatz (7,31 f.). Ihr Urteil ist das der Beliebigkeit, aber durch die Zitation ihrer parallel formulierten Polemik gegen den Täufer und den Gekommenen in einer im Wesentlichen parallel aufgebauten Passage (7,33 f.; beide Urteile sind durch den Aorist ἦλθεν mit jeweils zwei abhängigen Partizipien im Präsens, ἐσθίων und πίνων, eingeleitet) werden sie zugleich als verstehensunfähig charakterisiert: »In the immediate context it contrasts Jesus' ministry with that of John thus exposing the capriciousness of the people of ›this generation‹ who fall to respond to either« (FLEDDERMANN 2005: 385). Anders die Anhänger Jesu (nach LUZ ³1999: 185, die »Q-Gemeinde … als ›Kinder der Weisheit‹«), die der Weisheit Gottes folgen und ihr Recht geben:

Q 7,33	Q 7,34	Q 7,35
Denn	Der Menschensohn kam,	
Johannes kam,	er aß und trank,	
er aß nicht und er trank nicht,	und ihr sagt:	
und ihr sagt:		
Er hat einen Dämon.	»Dieser« Mensch da –	
	ein Fresser und Säufer,	
	ein Freund von Zöllnern und	
	Sündern.	
		Und Recht bekam die
		Weisheit von ihren Kindern.

Der in Jesu Rede aufgenommenen Polemik wird nicht grundsätzlich widersprochen, sondern sie nimmt ihren Ausgang in einem Gesamtbild von Jesu Wirken. Der Doppelspruch ist Ausdruck des Missverstehens »dieser Generation«, die trotz ihrer Kenntnis der Geschichte Jesu ihn nicht anerkennt, sondern sich von ihm abgrenzt. Das gesamte Wirken der beiden Protagonisten wird auf das punktuelle Ereignis ihres Gekommen-Seins hin konzentriert, das als asketische oder als freudige Fest- und Mahlgemeinschaft dargestellt wird. Das Unverständnis liegt in der Bewertung des Täufers als besessen und Jesu als Fresser, Säufer und Sünder.

Q schildert Jesus zu Beginn des Dokuments als fastend (4,2; vgl. jedoch 13,26). Die Jesusmissionare werden in Q 10,7 durchaus zum Essen und Trinken in den Häusern als Symbol einer Gemeinschaft des Friedens aufgefordert (SCHRÖTER 1997: 182, »symbolische[.] Handlung im Blick auf die zukünftige Basileia« – die Rekonstruktion ist jedoch strittig). Die Zukunftserwartung von Q kennt das Motiv vom eschatologischen Freudenmahl (vgl. 13,29; s. a. 14,16–23). Mahlgemeinschaften Jesu mit Zöllnern, Sündern oder Prostituierten werden nicht erzählt, allerdings integriert Q 7,34 als »gap« externes Wissen der Adressaten über Jesu

Mahlpraxis. In diesem Verstehensrahmen interpretiert Q das Essen und Trinken Jesu mit Zöllnern und Sündern als symbolische Vorabbildung des künftigen Heilsmahls. Essen und Weingenuss sind Ausdruck paradiesisch-eschatologischen Heils, das den religiös-sozialen Rahmen sprengt, an dem Zöllner und Sünder durch Gottes Vergebung Anteil gewinnen können. Auch wenn Q sich textexternen Wissens seiner Adressaten bedient, spricht viel für die Aufnahme traditionellen Materials.

4.4.3. Tradition und historische Frage

Q 7,33 f. bilden im Kontext des Dokuments keine isolierte Spruchgruppe (KLOPPENBORG 1999: 111), sondern kommentieren (s. a. WANKE 1981: 35–40) das traditionelle Gleichnis von den Marktkindern. Beide Passagen können als »Bezugs- und Kommentarwort« bereits eine ältere Einheit bilden (z. B. LUZ ³1999: 186 f., die auf Jesus zurückgehen könnte), wenngleich diese Annahme angesichts der geringen und der nur durch den Q-Kontext gegebenen Kohäsion zweifelhaft erscheint (z. B. SEVENICH-BAX 1993: 229 f., mit Nachweisen).

Der Nachweis dafür, dass neben der polemischen Charakteristik Jesu auch die des Täufers einen plausiblen Sitz im Leben in der Q vorangehenden Tradition, etwa in der Diskussion zwischen Täufer- und Jesusgruppe (Überlegungen bei EBNER 1998: 197 f.) hat, will nicht schlüssig gelingen. Die Auseinandersetzung mit dem Täufer gehört eher in die Argumentation des Q-Kontextes hinein, weil die den polemischen Doppelspruch entfaltenden Aussagen für den Täufer vorbereitet sind, der im Gegensatz zu den Palastbewohnern und als Prophet vorgestellt wurde (7,25 f.).

Möglich ist, dass Q eine bei Gegnern der Jesusanhänger umlaufende kurze polemische Wertung gegen Jesus aufgenommen hat. Schwierig zu klären ist die sprachliche Form dieser Tradition. Wenn hier bereits vom Kommen des Menschensohns die Rede war, was allerdings in den Sprach- und Argumentationskontext von Q passt, so läge eine bereits christologisch geformte Tradition vor (BULTMANN ⁹1979: 166, erwägt, dass der Terminus »Menschensohn« in der Bedeutung »Mensch« verwendet worden sei), deren historischer Haftpunkt angezweifelt werden kann.

Die rhetorische Abgrenzungsstrategie hat ihren Haftpunkt in der Diskussion um den historischen Jesus. Eine nachösterliche, christliche Bildung ist wenig wahrscheinlich, weil in diesem Kontext die Herabwürdigung des religiösen Heroen zum Zwecke der Gegnerpolemik nicht nachvollziehbar wäre, aber auch Elemente nachösterlicher Reflexionen nicht erkennbar sind. Zu fragen ist, ob ein Jesuswort vorliegt, bei dem sich Jesus als Menschensohn bezeichnet und die Polemik gegen seine Gegner wendet (POKORNÝ 2009: 173), oder eine Gegnerpolemik aufgrund ihrer bleibenden Verwendung den Weg in die Jesuserinnerung gefunden hat. Die Weitertradierung der Polemik wird schon in Q durch den Bezug auf das geschichtliche Wirken Jesu, der im kritisierten Verhalten eine Umwertung der religiösen Wertungen seiner Zeitgenossen vornimmt und soziale Grenzziehungen durchbricht, gegen die Sprecher bezogen. Die parallele Polemik gegen den Täufer ist eine sekundäre Bildung (anders z. B. ERNST 1989: 74; POKORNÝ 2009: 173, der in der unterschiedslosen Ablehnung von beiden Charakteren, dem Täufer und Jesus, ein Argument für die Authentizität sieht), die in die Polemik von Q gegen »diese Generation« mit hineingehört.

4.4.4. Kontextualisierung des Vorwurfs in der zeitgenössischen Enzyklopädie

Jesu Wirken wird im Urteil der Gegner auf den Vorwurf der Völlerei und des unmäßigen Alkoholgenusses reduziert. Dieser Vorwurf lässt sich vor allem auf weisheitlichem Hintergrund verstehen: Fressen und Saufen sind als törichte Verhaltensweisen bestimmt, die den Menschen um seine soziale Stellung und sein Eigentum bringen kann (Sir 18,32 f.; s. a. Spr 30,8 f.). Die Gemeinschaft eines Menschen, der als Fresser und Säufer charakterisiert wird, gilt es zu meiden (Spr 23,20 f.). Völlerei (und Alkoholgenuss) sind Verhaltensweisen, die Teilhabe an der Weisheit ausschließen (Spr 28,7). Ein solcher Mensch verkehrt im Kontext von Sündern, was auch den zweiten Teil der Polemik von Q 7,34 erklärt. Der Vorwurf verbindet ökonomische Beobachtungen mit sozialen und religiösen Komponenten, die in der Polemik ausschlaggebend sind. Ein derartig qualifizierter Mensch kann nicht als Lehrer und Prophet anerkannt werden, weil diese Person keinen Zugang zur Weisheit Gottes hat. Eine Gemeinschaft mit dieser Person hat jeder fromme Mensch zu meiden.

Etwas anders lässt sich der Vorwurf im Kontext griechisch-römischer Moralvorstellungen lesen. Übertriebener und zur Schau gestellter Luxus findet den Spott der Satiriker (vgl. *Cena Trimalchionis* des Titius Petronius) und philosophische Kritik (z. B. Sen Ep 95,15 f.,23). Für die kynische Bewegung sind Glück und Luxus, der sich beispielsweise in Kleidung, Schmuck, aber auch Gelagen ausdrücken kann, Gegensätze. Das kynische Ideal zielt auf ein bedürfnisloses Leben. Dass der Gottesreichsprediger Jesus oder seine frühen Anhänger solcher Luxuskritik ausgesetzt sind, ist wenig plausibel, verweist jedoch auf einen breiten negativen Resonanzraum solcher Polemik.

Ausgehend von seinen Erläuterungen zur Verehrung des Gottes Dionysos in Skythopolis spannt Seán Freyne einen anderen Horizont auf. Freyne markiert Berührungspunkte zwischen Q 7,31–35 und Motiven der Dionysosverehrung. Mit Blick auf Q 7,34 verweise der Terminus οἰνοπότης (Weintrinker/Säufer) auf die Kultfeiern des Dionysos. »Zöllner und Sünder« verweise auf »fremde Kräfte und Prostituierte« (FREYNE 2000b), mit denen Jesus Gemeinschaft habe. Daher kennzeichnen »ultrakonservative Gegner« Jesus als einen »Dionysiac« (FREYNE 2014: 43). So faszinierend diese Schlussfolgerung aufgrund des Lokalkolorits ist, sie bürdet dem Terminus οἰνοπότης, der auch in Spr 23,20 begegnet, zu viel argumentatives Gewicht auf.

4.4.5. Kontextualisierung des Vorwurfs im Wirken Jesu

Liegt hinter Q 7,33 eine Erinnerung an Polemik gegen Jesus, so dürfte ihr geschichtlicher Haftpunkt in den Mahlgemeinschaften liegen, die Jesus mit gesellschaftlichen und vor allem religiösen Randgruppen bzw. Außenseitern (im Sinne von Außenstehenden) eingeht. Wird in den Evangelientexten von Sündern und Sünderinnen und Zöllnern gesprochen, so wird zunächst ein provozierender, an religiösen Werten gemessener Normenbruch erkennbar. Zugleich zeichnet sich ein doppeltes theologisches Programm ab, das dem Konzept des im »Fragment« (WEDER 1993: 26–34, bes. 33) bereits angebrochenen und sich weiterhin durchsetzenden Gottesreiches besteht. In das genahte Reich Gottes sind auch die Sünder und Unreinen eingeladen, weil sie von ihrer Schuld freigesprochen werden (Lk 7,48; s. a. Mk 2,10parr.; 2,15–17). Gleichzeitig ist in den Mahlgemeinschaften die Feier des eschatologischen Freudenmahls im »Fragment« Wirklichkeit (vgl. z. B. Lk 19,9a). Jesu Gleichnisverkündigung erzählt vom Gottesreich als Bankett mit gefüllten Tischen (z. B. vgl. Q 13,29par.; s. a. 14,16–23par.). Zu diesem eschatologischen Mahl gehört die Erwartung eines paradiesischen Überflusses einschließlich des Weingenusses essentiell dazu (z. B. Sib 3,741–748; s. a. Am 9,13 f.; Hos 2,24; 14,7; Jo 4,18; Sach 8,12 u. a. m.). Auch wenn in den Mahlgemeinschaften Jesu nur ein schwaches Abbild dieses Mahles erfolgt sein wird, kann der Vorwurf des Fressens und Saufens hier einen plausiblen Anhalt bekommen (z. B. HOLMÉN 2001: 506; KOCH 1989: 64; LABAHN 2010: 279).

Diese Antizipation der Wirklichkeit des Gottesreiches mit Vergebung von Sünde und Feier eschatologischer Zukunft hat Widerspruch gefunden. Die Etikettierung Jesu als Fresser und Säufer dient der Kommentierung von Jesu Handeln, der Desavouierung seiner Predigt wie des Predigers selbst und zuletzt der Abgrenzung von ihm aufgrund seines abweichenden sozialen und religiösen Verhaltens. Die Sprecher versichern sich mit der Etikettierung ihres Urteils höherer moralischer Qualität. Vor allem bestreiten sie die religiöse Qualität und Verlässlichkeit der Botschaft des anderen. Möglich ist auch, dass das abweichende Verhalten als Akt der »rebellion and sedition« verstanden wird (mit Dtn 21,20 als postuliertem Primärhintergrund von Q 7,34: KEE 1999: 329; EBNER 1998: 156; MODICA 2008: 73).

4.4.6. Zusammenfassung

Der Vorwurf, Jesus sei ein Fresser und Säufer und ein Freund von Zöllnern und Sündern, ist eine Erinnerung an zeitgenössische Polemik gegen Jesus. Die beiden Vorwürfe bilden eine Einheit, die Jesu Predigt und Werk als Ganzheit versteht. Der Vorwurf ist ein Negativabbild der Mahlgemeinschaften Jesu. Aus dem Negativ lässt sich ein Bild von Jesu Verkündigung entwickeln, das ihn als eschatologischen Boten des Gottesreiches zeigt, in dessen Tischgemeinschaften die an Gott gebundene und von Gott gewährte Gemeinschaft, in einem Freudenfest als

»Fragment« gefeiert, bereits Wirklichkeit ist. Der Weingenuss bezieht sich auf den Überfluss des Weines, der sich in zahlreichen eschatologischen Vorstellungen vom Endzeitmahl spiegelt.

Die Polemik dient dem Ziel, Jesus und seine Anhänger zu diskreditieren und vor der Gemeinschaft mit ihnen zu warnen. Die abwertende Warnung vor dem Fresser und Säufer argumentiert primär weisheitlich, wobei kultische Elemente die verunreinigende Nähe zu Zöllnern und Sündern zu religiös-motivierter, sozialer Ausgrenzung führen.

KEE, Howard Clark 1999: Jesus. A Glutton and Drunkard, in: CHILTON, Bruce/EVANS, Craig A. (Hg.): Authenticating the Words of Jesus, NTTS 28/1, Leiden/Boston/Köln, 311–332.

LABAHN, Michael 2010: Der Gekommene als Wiederkommender. Die Logienquelle als erzählte Geschichte, Arbeiten zur Bibel und ihrer Geschichte 32, Leipzig, 2010, 221–226.278–280.

MODICA, Joseph B. 2008: Jesus as Glutton and Drunkard. The ›Excesses‹ of Jesus, in: MCKNIGHT, Scot/MODICA, Joseph B. (Hg.): Who do My Opponents Say That I Am? An Investigation of the Accusations Against the Historical Jesus, London, 50–73.

POKORNÝ, Petr 2009: Demoniac and Drunkard. John the Baptist and Jesus According to Q 7:33–34, in: CHARLESWORTH, James H./POKORNÝ, Petr (Hg.): Jesus Research. An International Perspective, Princeton–Prague Symposia Series on the Historical Jesus 1, Grand Rapids/Cambridge, 170–181.

WITETSCHEK, Stephan 2007: The Stigma of a Glutton and Drunkard. Q 7,34 in Historical and Sociological Perspective, EThL 83, 135–154.

Michael Labahn

5. Die Passionsereignisse

5.1. Einzug in Jerusalem, Tempelreinigung (Jesu Stellung zum Tempel)

5.1.1. Jesus, Jerusalem und der Tempel im Zeugnis der kanonischen Evangelien

Gemäß dem narrativen Plot des ältesten Evangeliums könnte man glauben, dass Jesus nur am Ende seines Lebens den Tempel in Jerusalem aufgesucht habe, nämlich als Ziel seines programmatischen Ganges von Galiläa nach Jerusalem (vgl. Mk 10,33; 11,11), um dort mit der »Tempelreinigung« (Mk 11,15–18) den Auftakt für seine bald darauffolgende Gefangennahme und Hinrichtung zu bieten. *Grosso modo* wird dieser Plot von den beiden anderen Synoptikern übernommen, in den Kindheitsevangelien wird allerdings bei Mt 2,1.11 mit einem Wohnort der Familie Jesu in Betlehem bei Jerusalem gerechnet, während man bei Lukas in der Kindheitserzählung wie auch in den ersten Kapiteln der Apg sogar von einem ausgeprägten Tempelzentrismus sprechen kann (Lk 1,9–23; 2,22–39; 2,41; 2,42–51; Apg 2,46; 3,1–10; 5,20 f.25.42). Anders aber stellt sich der Befund nach dem JohEv dar. Das vierte Evangelium legt nahe, dass Jesus im Zeitraum seines öffentlichen Wirkens nicht nur einmal programmatisch am Ende seines Lebens nach

Jerusalem zog, sondern wiederholt bei Festen in Jerusalem anwesend war und dort auch predigte: Joh 2,13; 5,1; 7,2–10; 10,22 f.; 11,55. Auch wenn die joh. Darstellung theologisch überformt ist, verdient sie im Kern diesbezüglich doch die höhere Glaubwürdigkeit. Es war der dezidierte Anspruch Jesu, mit seiner Botschaft *ganz Israel* zu erreichen; die Restitution des ganzen jüdischen Gottesvolks bricht sich etwa Bahn in der symbolischen Einsetzung des Zwölferkreises, der die für die Endzeit erwartete Wiederherstellung der zwölf Stämme Israels (vgl. Jes 60,4) präfiguriert. Aber auch Jesu besondere Zuwendung zu Sündern, Armen, Kranken und Marginalisierten verdeutlicht diese Sammlung *ganz Israels*, die besonders auch die »verlorenen Schafe des Hauses Israel« (Mt 10,6) mit einbezieht. Diesem Anliegen aber wäre es keineswegs zuträglich gewesen, wenn Jesus mit seiner Botschaft zunächst nur in Galiläa missioniert hätte und Jerusalem dabei unbeachtet geblieben wäre. Es ist wohl damit zu rechnen, dass Jesus die Pilgerfeste nutzte, zu denen galiläische Pilger regelmäßig nach Jerusalem zogen, um dort seine Botschaft und seinen Anspruch auch im Zentrum seiner Religion kundzutun. Die Erwähnung nur eines Ganges Jesu nach Jerusalem zeit seines öffentlichen Wirkens ist dem narrativen Plot der Synoptiker geschuldet. Zunächst war es das Verdienst des ältesten Evangelisten Markus, die vielen Einzelerzählungen über Jesus in einen narrativen Spannungsbogen zu setzen, der diese Erzählungen in eine chronologische und regionale Ordnung bringt. Der Wechsel von Galiläa nach Judäa setzt bei Markus in 10,1 ein und führt Jesus über Jericho (10,46) schließlich nach Betfage, Betanien und Jerusalem (11,1). Federführend ist in diesem narratologischen Entwurf das Moment der dreimaligen Leidensankündigungen (8,31; 9,31; 10,32–34), die durch das Jüngerunverständnis (8,32; 9,32–34; 10,35–41) konterkariert werden. Positive Identifikationsfigur und Kontrastfigur zu den unverständigen Jüngern ist dabei der blinde Bartimäus (Mk 10,35–52), der trotz seiner Blindheit hellsichtiger ist als die sehend-ungläubigen Jesusnachfolger, denn er »folgte Jesus auf seinem Weg« (Mk 10,52). Spätestens hier wird klar, dass Markus den programmatischen Gang Jesu nach Jerusalem als beispielgebend für jene gezeichnet hat, die Jesus in Kreuz und Leid nachfolgen wollen. Lukas hat dieses Konzept aufgegriffen und eigenständig weitergeführt. Für Lukas ist klar: »Ein Prophet darf nirgendwo anders als in Jerusalem umkommen« (Lk 13,33). So wird denn der Gang Jesu dorthin auch in feierlicher Weise mit den volltönenden Worten eingeleitet: »Es geschah aber, als sich die Tage seiner Hinaufnahme erfüllten, dass er das Antlitz fest darauf richtete, nach Jerusalem zu gehen.« Der sog. »lukanische Reisebericht« erstreckt sich dann auch von Lk 9,51 bis zur Ankunft in Jerusalem in 19,28 über zehn lange Kapitel.

Neben dem joh. Zeugnis haben wir aber auch in den Synoptikern eine Vielzahl von positiven Bezugnahmen auf den Tempel (vgl. Mk 1,40–44; 11,11; 12,35.41–44; 14,49; vgl. dazu auch die Parallelen bei Matthäus und Lukas; ferner: Joh 5,14; 7,14.28; 8,2.20; 10,23; 18,20; vgl. ÅDNA 2000: 130–131.434–440). Diese positiven Reminiszenzen legen nahe, dass Jesus den Tempel zeit seines Lebens nie grundsätzlich in Frage stellte. Von daher müssen tempelkritische Passagen – besonders die nicht ganz korrekt als »Tempelreinigung« bezeichnete prophetische Handlung Jesu (s. u.) – auf einem anderen Hintergrund interpretiert werden. Dieser lässt sich unschwer in grundsätzlichen theologischen Strömungen des damaligen Frühjudentums finden.

5.1.2. Frühjüdische Positionen zum Tempel

Im Frühjudentum lässt sich eine weit verbreitete Annahme einer kultischen Insuffizienz des Tempels feststellen – freilich ohne dass der Tempelkult dabei grundsätzlich in Frage gestellt wurde (vgl. PAESLER 1999: 40–89 und 150–166; EVANS 1992: 236–241; ÅDNA 2000: 122–127). In weiten Kreisen dominierte die Vorstellung, dass der irdische Jerusalemer Tempel im Eschaton durch einen neuen, nicht von Menschen, sondern von Gott gemachten Tempel ersetzt würde. Am stärksten galt dies für die Gemeinde hinter den Qumranschriften, denen der aktuelle Tempel in Jerusalem als entweiht galt. Nach 4Q174 iii 7 ersetzt die Qumrangemeinde den Tempel durch ein מקדש אדם, einen Tempel aus lebenden Menschen, die statt Tieropfern מעשי התודה, Werke des Lobpreises, darbringen (vgl. ÅDNA 2000: 105). Trotz dieser heftigen Kritik sendet die Qumrangemeinde aber noch immer Weihegeschenke in den Tempel, wie Josephus (Ant. 18,19) und Philo (prob. 75) übereinstimmend berichten. Damit wird klar: Auch wenn der aktuelle Tempel in den Augen der Qumraniten durch unwürdiges Kultpersonal und falsche Riten entweiht ist, bleibt trotz aller Kritik der prinzipielle Anspruch bestehen, dass dies das Haus Gottes ist. In ähnlicher Weise kritisiert auch TestMos 5,5 und 6,1 die Unreinheit der Tempelpriester, ebenso PsSal 2,3–5; 2Bar 10,18; Jub 23,21b und Flav.Jos.Bell. 4,323. Daher erwartet auch Jub 1,29 die Errichtung eines neuen Tempels im Eschaton. Auch 4Esr 10,46–55 und 1Hen 90,28 f. rechnen mit einem neuen, eschatologischen Tempel. Ähnliche Tendenzen gab es aber auch außerhalb Palästinas, im nichtapokalyptischen Judentum, etwa bei Philo. Dieser führt in spec. 1,66 f. aus, dass Gott die ganze Welt (σύμπαντα κόσμον) zu seinem Tempel gemacht habe; der handgemachte (χειρόκμητον) Tempel in Jerusalem ist nur ein Zugeständnis an menschliche Vorstellungen. An all diesen Beispielen kann man also erkennen, dass man im damaligen Judentum den Tempel offensichtlich kritisieren konnte, ohne die Gültigkeit des Tempelkults grundsätzlich in Frage zu stellen. Solche Tendenzen führen die prophetische Tempelkritik des Alten Testaments weiter (vgl. Jes 1,10–17; 66,1 f.; Jer 7,3–7; 26,18/Mi 3,12; Hos 4,4–6; Am 5,21–24). Ganz auf dieser Linie ist ja auch die Position von Johannes dem Täufer angesiedelt. Obwohl Sohn eines Tempelpriesters (wenn man hier Lk 1,5 glauben darf), verkündet er doch eine zum Tempelkult alternative Möglichkeit der Sündenvergebung durch seine Taufe. Aufgrund der kontextplausiblen Passgenauigkeit darf man auch für Jesus annehmen, dass er weder den Tempel grundsätzlich in Frage stellte, noch den Tempelkult für obsolet erklärte. Die Tempelkritik Jesu ist vielmehr ganz auf der Linie prophetischer Zeichenhandlungen anzusiedeln, wie wir im Folgenden sehen werden.

5.1.3. Einzug in Jerusalem

Auch wenn Jesus im Zuge seines öffentlichen Wirkens Jerusalem wiederholt besuchte, so kommt seinem finalen Besuch doch eine besondere Bedeutung zu. In diesem letzten Gang sucht er ganz bewusst eine Entscheidung zwischen Glauben oder Ablehnung bei seinen Hörern herbeizuführen. Anders als bei Markus, der die Ereignisse *ex eventu* schildert, geht Jesus jedoch nicht nach Jerusalem, um dort zu sterben, sondern um in einem finalen, letztgültigen Anlauf die Menschen mit seiner Botschaft zu konfrontieren. Dabei zielt er bewusst mitten in das Nervenzentrum jüdischen Lebens: den Tempel. Angesichts des Gottesreichs, dessen Anbruch Jesus ja als unmittelbar bevorstehend erwartet, sieht er sich zu solch einer prophetischen Eskalation berechtigt. Schon sein Einzug in Jerusalem ist dabei programmatisch: Die Jünger Jesu erwarteten das unmittelbar bevorstehende Anbrechen des Gottesreiches. In den Hosanna-Rufen schwingen klare messianische Erwartungen mit; in der Hoffnung auf das »Reich unseres Vaters David« (Mk 11,10) und der Proklamation als »König Israels« (Joh 12,13), kann man sogar politische Hoffnungen erkennen (vgl. auch noch Apg 1,6). Zwar hatte Jesus es zeit seines Lebens abgelehnt, als politischer Widerstandskämpfer missverstanden zu werden (Mt 5,5.9; Mt 5,39/Lk 6,29; Mt 10,16/Lk 10,3), dennoch konnte seine Rede vom »Gottesreich« solche Missverständnisse wecken. Auch die Kreuzesinschrift nennt in allen vier Evangelien als Grund für die Hinrichtung Jesu den Titel »König der Juden« (Mk 15,26parr.; Joh 19,19). Jesus war in seinem Anspruch keineswegs *unpolitisch* – das von ihm angekündigte Gottesreich würde alle irdischen Unrechtssysteme hinwegfegen und umkrempeln –, doch wird dieser Anspruch nicht von Menschen mit Waffengewalt durchgesetzt, sondern von Gott selbst. Daher könnte man den Anspruch Jesu als *präpolitisch* (STEGEMANN/STEGEMANN ²1997: 183) bezeichnen. Das Anliegen Jesu ist in erster Linie ein religiöses, das dann indirekt allerdings auch auf die politischen Realitäten durchschlägt.

5.1.4. Jesu Tempelprophetie: Tempelhandlung und Tempelwort

So wie der Einzug Jesu in Jerusalem als prophetisches Zeichen für den unmittelbar bevorstehenden Anbruch des Gottesreiches verstanden werden kann, so ist auch seine Tempelprophetie zu deuten. Bei atl. Propheten waren prophetische Zeichenhandlung und deutende Prophetenworte oft miteinander verknüpft (vgl. Jer 27; Ez 4,12 f.; Hos 1 f.). Insofern legt es sich nahe, Jesu Tempelhandlung und sein Tempelwort ineinander zu lesen. Vielleicht haben Jesu Zeitgenossen seinen drängenden Bußaufruf mit dem Verweis auf die heilsschaffende Gegenwart des Tempels zurückgewiesen. Jesu Antwort könnte dann ähnlich wie Jer 7,4–7 gelautet haben: »Vertraut nicht auf die trügerischen Worte: Der Tempel des Herrn, der Tempel des Herrn, der Tempel des Herrn ist hier! Denn nur wenn ihr euer Verhalten und euer Tun von Grund auf bessert, [...] dann will ich bei euch wohnen

[...]« Aber vielleicht repräsentiert Jesu Anspruch auf den Tempel einfach auch nur einen grundsätzlichen Zug seiner Botschaft: Ganz im Kontext frühjüdischer Tempelkritik (s. o.) erwartete auch Jesus in der Endzeit einen neuen Tempel. Als Bote des Gottesreiches war es somit sogar seine Pflicht, diesen Tempel im Sinne seiner Botschaft zu reklamieren. Nicht Abrogation des Tempels, sondern Anspruch auf diesen Tempel treten hier bei Jesus zu Tage. Die Tempelhandlung Jesu (Mk 11,15–19parr.) war eine spektakuläre Zeichenhandlung am Tempelareal, wahrscheinlich im Vorhof der Heiden, vermutlich auf dem Platz vor der Halle Salomos (vgl. SÖDING 1992: 50). Diese »Tempelaktion« sollte man besser nicht als »Tempelreinigung« bezeichnen, denn es geht Jesus nicht um eine *kultische* Reinigung des Tempels, auch nicht um eine Reinigung des Tempels von *schnöden Krämern*, sondern um eine prophetische Zeichenhandlung. Dies wird besonders durch das Tempelwort Jesu (Mk 14,58; Joh 2,19) deutlich, beide – Tempelhandlung und Tempelwort – gehören zusammen (vgl. THEISSEN/MERZ ²1997: 381; EBNER 2003: 183), obwohl beide nur im JohEv im selben Text (Joh 2,13–22) berichtet werden. Das Wort Mk 14,58 wird zwar nur »falschen Zeugen« in den Mund gelegt, doch belegen die Parallelbezeugung in Joh 2,19 sowie die hohe Passgenauigkeit zur Tempelaktion und ähnliche Traditionen in Q 13,34 f. und Mk 13,2, dass es sich hier um ein authentisches Jesuswort (vgl. THEISSEN/MERZ ²1997: 381) handelt. Die frühen Christen taten sich mit der Tempelkritik Jesu offensichtlich schwer, wie die Erwähnung der »falschen Zeugen« in Mk 14,58, ferner die auf den Leib Jesu bezogene spiritualisierende Darstellung in Joh 2,19 sowie die Formulierung Mt 26,61 im Konjunktiv belegen. Lukas hat das Wort überhaupt komplett aus dem Mund Jesu genommen und Stephanus zugeschrieben (Apg 6,14). Gegen die Historizität der Tempelhandlung hat sich zuletzt Dieter-Alex Koch (KOCH 2013: 175 f.) ausgesprochen, doch urteilen hier Gerd Theißen und Anette Merz (THEISSEN/MERZ ²1997: 381) zu Recht: »Eine Prophetie, die nachweisbar so viele Verlegenheiten und Schwierigkeiten schuf, ist nicht erst nachträglich Jesus in den Mund gelegt worden« (ganz in diesem Sinne auch EBNER 2003: 183).

In Tempelhandlung und Tempelwort reklamiert Jesus in prophetischer Weise, mit seiner Botschaft vom kommenden Gottesreich die letztverbindliche Auslegung des eschatologischen Heilswillens Gottes zu proponieren. Dem muss sich auch der Tempelkult unterordnen. Damit ist allerdings keine »Abrogation« des Tempelkultes gemeint, sondern eine Integration des Tempelinstituts in die Idee des nun anbrechenden Gottesreichs.

Die Konsequenzen dieses Handelns müssen Jesus bewusst gewesen sein. In dieser prophetischen Eskalation sticht er bewusst und willentlich mitten in das Nervenzentrum der damaligen religiösen Eliten. Diese Zeichenhandlung ist nicht kontextlose Ablehnung des Tempels, sondern kontextgebundene Neudeutung (s. o. die frühjüdische Kritik am Tempel). Für Jesus ist mit seinem zeichenhaften Einzug in Jerusalem und mit seiner prophetischen Provokation im Tempelareal die finale Phase seiner Gottesreich-Verkündigung eingeleitet. Er selbst ist nun bereit, mit seiner ganzen Existenz für diese Botschaft einzustehen. Auch wenn sein Ringen am Ölberg (Mk 14,26.32–41parr.) dramatisierend und theologisierend überhöht ist, zeigt es historisch korrekt, dass Jesus sich der Implikationen seines Handelns bewusst war. Von dort hätte Jesus nur über den Ölberg in die Judäische Wüste fliehen müssen, um sich dem Zugriff seiner Gegner zu entziehen. Doch auch hier sucht Jesus die prophetische Konfrontation. Trotz seines bewusst in Kauf genommenen Scheiterns rechnet er mit dem Anbruch des Gottesreichs, wie der im Kern wohl authentische Satz in Mk 14,25 zeigt: »Ich werde nicht mehr von der Frucht des Weinstocks trinken bis zu dem Tag, an dem ich von neuem davon trinke im Reich Gottes.« Trotz seines in Kauf genommenen Todes (»nicht mehr trinken«) wird das Reich Gottes dennoch kommen (»von neuem trinken im Reich Gottes«). Hier muss man Martin Hengel Recht geben: »Daß Jesus von seiner Verhaftung und Verurteilung nichtsahnend überrascht wurde, ist völlig unwahrscheinlich« (HENGEL 1978: 170). Der Tempel war religiös (seitens der Sadduzäer) wie politisch (seitens der Römer) ein neuralgisches Zentrum; dort stattfindende Störaktionen wurden unmittelbar geahndet – dies war Jesus wohl bewusst. Nach den bisherigen Provokationen Jesu (Einzug in Jerusalem und Tempelaktion) hatte der Hohe Rat wohl Angst, dass Jesus zum Passa-Fest einen Volksaufstand anzetteln könnte: »Wenn wir ihn gewähren lassen, werden […] die Römer kommen und uns die heilige Stätte und das Volk nehmen« (Joh 11,48). Daher wollten sie Jesus noch schnell vor dem Passa-Fest »unschädlich« machen, wie Mk 14,2 nahelegt: »Ja nicht am Fest, damit es im Volk keinen Aufruhr gibt« (hier besitzt Joh 18,28; 19,31 die bessere Chronologie, wenn dort mit dem Tod Jesu – gegen den Befund der Synoptiker – schon vor dem Passa-Abend gerechnet wird; vgl. THEISSEN/MERZ ²1997: 152). All diese Konsequenzen hat Jesus in seiner Tempelaktion bewusst in Kauf genommen – nicht um den Tod zu suchen, sondern um in prophetischer Eskalation die Menschen in eine Entscheidungssituation zu führen.

Joh 2,13–22 berichtet die Tempelaktion Jesu bereits am Beginn seines öffentlichen Wirkens. Dies ist historisch unwahrscheinlich und der Erzählintention des vierten Evangeliums geschuldet: Gleich zu Beginn seines öffentlichen Wirkens reklamiert Jesus den Tempel für sich. Auslöser für die Verurteilung Jesu ist nach Joh 11 die zum letzten der sieben »Zeichen« stilisierte Auferweckung des Lazarus und nicht seine Tempelhandlung.

5.1.5. Der neue Tempel im Gottesreich

Aus dem bisher Gesagten wird klar, dass Jesus weder den Tempel »abrogierte«, noch einen neuen Kult gegen den Tempel stiften wollte (gegen THEISSEN/MERZ ²1997: 382 f., die Tempelhandlung und letztes Mahl als »kultstiftende Symbolhandlung« sehen). Die Frage der prinzipiellen Gültigkeit des Tempels steht für Jesus genauso wenig zur Debatte wie für andere Gruppierungen des Frühjudentums (s. o.). Auch die spätere Urkirche hielt an der weiteren Gültigkeit des Tempelkults fest, wie die oben zitierten Texte der Apg klarmachen (wenn auch in der stilisierenden Erzählpragmatik des Lukas). Jesu Tempelaktion – gedeutet durch das Tempelwort – war also lediglich eine prophetische Zeichenhandlung, um die Urgenz des Glaubens an das Gottesreich zu unterstreichen.

Dabei aber ist die Frage noch unbeantwortet, wie sich Jesus das eschatologische Geschick des Tempels vorstellte. Die Erwartung eines neuen, nicht von Händen, sondern von Gott errichteten Tempels war im damaligen Judentum weit verbreitet (s. o.). Doch teilte Jesus solche Vorstellungen, wie das Mk 14,58 nahelegen könnte, oder spiegeln sich in diesem Wort frühjüdisch-hellenistische Erwartungen (vgl. Philo spec. 1,66 f.), die später christlich weitergeführt wurden? Wie hat Jesus das Gottesreich in Bezug auf den Tempel wahrgenommen? Die qumranitischen Sabbatlieder stellen eine starke Verbindung zwischen Gottesherrschaft und Tempelkult her (vgl. SCHWEMER 1991: 116–118). Die Teilnahme an der Sabbatliturgie bedeutet Teilhabe am himmlischen Tempelkult; dieser himmlische Tempel wird in der Endzeit den verunreinigten irdischen Tempel ablösen. Die in der Sabbatliturgie schon in der Gegenwart erfolgende Teilhabe der Qumraniten am himmlischen Tempelkult wird zur Prolepse der Gottesherrschaft, die ja im Himmel schon realisiert ist (vgl. SCHWEMER 1991: 76.81–84.94–103; vgl. dazu das bes. gut erhaltene 2. und 7. Sabbatlied von Qumran). Auch für Jesus ist das Gottesreich im Himmel bereits realisiert (»dein Reich komme, dein Wille geschehe wie im Himmel, so auf der Erde«, Mt 6,10). Als Prolepse des Gottesreichs dient dabei allerdings nicht der Sabbatgottesdienst, sondern Jesu Wunderheilungen und Sündenvergebungen. Gerade in der Restitution der prälapsarischen Heilheit und Heiligkeit verdeutlicht sich das endzeitliche Geschehen: Gemäß der *Urzeit-Endzeit Analogie* erwartete man, dass in *eschatologischer* Zeit die *protologische* Unversehrtheit des Menschen wiederhergestellt würde (vgl. TIWALD 2011: 371.379). Vielleicht darf man diese Erwartungen nicht nur für die Wunderheilungen und Sündenvergebungen Jesu geltend machen, sondern auch für sein Tempelverständnis. Die Annahme, dass im Eschaton die protologische Gottunmittelbarkeit wiederhergestellt wird, findet sich schon in Jo 3,1–5, einem Text, den auch Apg 2,17–21 aufgreift. Ähnliche Vorstellungen sind auch in Apk 21,22 beschrieben, wo das himmlische Jerusalem ganz ohne Tempel auskommt, weil die unmittelbare Gottesgegenwart im eschatologischen Jerusalem den Tempel ersetzt und die ganze Stadt damit zu einem einzigen Tempel wird. Die analog zum Joelbuch erwartete endzeitliche Geistunmittelbarkeit könnte dann gut dazu führen, dass für Jesus – wie es Joh 4,20–24 nennt – jeder Ort, wo Gottes Geist ist, ein Tempel sein kann. Wenn sich auch die detaillierten Vorstellungen Jesu zum eschatologischen Tempel nicht mehr präzise rekonstruieren lassen, so wurden doch Konzeptionen, welche die gläubige Gemeinde mit dem Tempel gleichsetzen, im Frühchristentum weiter fortgeführt (1Kor 3,16 f.; 6,19 f.; 2Kor 6,16; 1Petr 2,5). Ob solche Vorstellungen schon auf Jesus selbst zurückzuführen sind oder eine frühchristliche Adaptation frühjüdischer Deutemuster darstellen, wird sich nicht mehr definitiv entscheiden lassen. In jedem Fall aber lässt sich für den historischen Jesus keine »Abrogation« oder Obsolet-Setzung des Tempels *per se* finden – jedoch eine Neuinterpretation unter den Auspizien des beginnenden Gottesreichs.

ÅDNA, Jostein 2000: Jesu Stellung zum Tempel: Die Tempelaktion und das Tempelwort als Ausdruck seiner messianischen Sendung, WUNT II 119, Tübingen.

EVANS, Craig A. 1992: Opposition to the Temple: Jesus and the Dead Sea Scrolls, in: CHARLESWORTH, James: Jesus and the Dead Sea Scrolls, New York, 235–253.

PAESLER, Kurt 1999: Das Tempelwort Jesu. Die Tradition von Tempelzerstörung und Tempelerneuerung im Neuen Testament, FRLANT 184, Göttingen.

SÖDING, Thomas 1992: Die Tempelaktion Jesu, TThZ 101, 36–64.

TIWALD, Markus 2011: ΑΠΟ ΔΕ ΑΡΧΗΣ ΚΤΙΣΕΩΣ … (Mk 10,6). Die Entsprechung von Protologie und Eschatologie als Schlüssel für das Tora-Verständnis Jesu, in: BUSSE, Ulrich/REICHARDT, Michael/THEOBALD, Michael: Die Memoria Jesu. Kontinuität und Diskontinuität der Überlieferung, BBB 166, Bonn, 367–380.

Markus Tiwald

5.2. Das letzte Mahl Jesu

Alle vier kanonischen Evangelien (nicht jedoch die hypothetische Logienquelle Q, weitere in den ntl. Schriften verstreute Bezüge auf die Passion oder frühe außerkanonische Schriften wie EvThom oder EvPetr) erzählen von einer letzten gemeinsamen Mahlzeit Jesu mit seinen Schülern in Jerusalem vor der Verhaftung (Mt 26,20–30; Mk 14,17–26; Lk 22,14–38; Joh 13,1–18,1). Auch Paulus spricht in 1Kor 11,23–25 von einem Mahl des »Herrn« (κύριος), d. h. Jesu, in der Nacht seiner Auslieferung. In wieweit dieser Befund eine für die Beurteilung der Historizität bedeutsame mehrfache unabhängige Bezeugung des Geschehens darstellt, ist fraglich: Der Darstellung des Passionsgeschehens bei Markus liegt vielleicht ein älterer Passionsbericht zugrunde. Das Mt- und LkEv dürften literarisch vom MkEv abhängig sein; auch das JohEv weist wohl Bezüge zu den Synoptikern auf, so dass sich auch Ähnlichkeiten der Darstellung des letzten Mahls durch literarische Beziehungen erklären könnten. Die Einsetzungsworte (1Kor 11,23c – ein Hinweis auf ein vorliterarisches Überlieferungsstadium?) könnten noch eine eigene Geschichte haben, deren Beginn kaum im frühchristlichen Gottesdienst, sondern eher in der Katechese zu suchen ist. Den Anfang der Überlieferung haben so vielleicht nur ganz wenige Quellen gebildet.

Damit ist über die geschichtliche Zuverlässigkeit dieser Zeugnisse aber nicht entschieden. Will man nicht voraussetzen, Jesus von Nazaret sei seiner Verhaftung in Jerusalem ganz ahnungslos entgegen gegangen – wofür nichts spricht –, darf man annehmen, ein gemeinsames letztes Mahl mit Abschiedscharakter habe tatsächlich stattgefunden. Von dieser Überlegung ausgehend lassen sich wichtige Elemente der frühesten Überlieferung vom letzten Mahl Jesu durchaus auf ihre historische Plausibilität hin prüfen. Über ein allgemeines Interesse an der Ereignisgeschichte hinaus legt sich eine solche Prüfung vom Quellenbefund her nahe:

In ihnen wird ein einmaliges Geschehen der Vergangenheit zu bestimmter Zeit an bestimmtem Ort als Ereignis von überzeitlicher Bedeutung und als Ausgangspunkt einer nachahmenden Praxis gezeichnet.

Zeitpunkt des Mahls war nach Mk 14,12.17parr. die Nacht nach dem »ersten Tag des Festes der Ungesäuerten Brote, an dem man das Passa-Lamm schlachtete«, eine sachlich etwas ungenaue (SANDERS ²1994: 132 f.) Formulierung, welche die Nacht des Passa-Mahls meint. Dass das Mahl Jesu also nach dieser Darstellung ein Passa-Mahl gewesen sein soll, leidet keinen Zweifel, auch wenn alle als typisch angenommenen Elemente des Passa-Mahls zur Zeit Jesu (über das wir in Wahrheit jedoch nur wenig wissen; vgl. STEMBERGER 1990; LEONHARD 2006: bes. 73–118) fehlen. Dagegen ist die Mahlszene in Joh 13,1 f. ausdrücklich *vor* das Passa-Fest datiert. Die (freilich nur ungefähre und implizite; kritisch PITRE 2015: 325–330) Synchronisierung des Todes, nicht der Kreuzigung, Jesu mit dem Schlachten der Passa-Lämmer im Tempel dürfte theologisch motiviert sein (weitere Passa-Motive finden sich in Joh 19,31–37; vgl. Ex 12,9.46; Ps 34,21; s. ferner Sach 12,10; JEREMIAS ⁴1967: 75 f.), was jedoch nicht ausschließt, dass Johannes mit der Umdatierung die ihm bekannte synoptische Tradition auch in Hinsicht auf die Fakten korrigieren wollte. Chronologisch sind sowohl die synoptische wie die joh. Datierung möglich, führen jedoch auf unterschiedliche Jahre für den Zeitpunkt der Hinrichtung Jesu zurück (jedenfalls dann, wenn man die Notiz über den Sabbat in Mk 15,42/Mt 27,62/Lk 23,54/Joh 19,31.42 bzw. Mk 16,1; Mt 28,1; Lk 24,1; Joh 20,1 historisch ernst nimmt). Vergleicht man die im zeitgenössischen Judentum mit dem Passa-Mahl verbundenen theologischen Motive mit denjenigen, die sich in der frühesten christlichen Überlieferung mit dem letzten Mahl Jesu verknüpfen, so ist die Konvergenz eher allgemeiner Art (LÖHR 2008: 113–116). Von daher ist die Annahme, ein ursprünglich nicht mit dem Passa verbundenes Mahl Jesu sei aus theologischen Gründen in der frühchristlichen Tradition als Passa-Mahl ausgestaltet worden, wenig plausibel. Im Text 1Kor 11,23–25 wird das Passa-Mahl nicht erwähnt; ob das heißt, Paulus wisse um die Koinzidenz nicht oder er setze sie voraus (so HENGEL 2006a: 462–465.483 f.), ist nicht zu entscheiden. Christus selbst wird in 1Kor 5,7 als Passa-Lamm bezeichnet, man vergleiche auch die *mazzot*-Motivik im Kontext; für die Datierungsfrage tragen diese Bemerkungen jedoch nichts aus. Denkbar ist übrigens auch, dass der Kreis um Jesus sich schon vor dem Beginn des Festes zu einem in Erinnerung an das Passa begangenen Mahl versammelte.

Der *Ort des Geschehens* ist nach dem übereinstimmenden Zeugnis der Evangelien Jerusalem. Die vergleichsweise ausführlich erzählte Episode vom Auffinden des Abendmahlssaals (Mk 14,12–16/Lk 22,7–13; gekürzt in Mt 26,17–19) könnte Anspielung auf eine noch weitergesagte Erinnerung an einen konkreten Ort sein (zur späteren altkirchlichen Ortstradition des »Obergemachs« nach Mk 14,15par. bzw. Apg 1,13 auf dem Südwesthügel Jerusalems s. KÜCHLER 2007: 605 f.).

Als *Teilnehmer an der Mahlzeit* werden in Mk 14,17 und Mt 26,20 die Zwölf genannt. Lk 22,14 spricht von den Aposteln, meint damit aber ebenfalls den

Zwölferkreis. Lk 22,8 hatte zuvor Petrus und Johannes als Quartiermacher genannt; verknüpft mit der Mahlszene ist bei allen Synoptikern die Ankündigung der Verleugnung durch Petrus. Narrativ ist die Fokussierung auf den engsten Schülerkreis Jesu wegen der in die Mahlszene integrierten Ankündigung des Verrats durch Judas Iskariot notwendig. Doch ist die Nachricht auch historisch plausibel, wenn man annimmt, das letzte Mahl sei von Jesus bewusst als Abschiedsmahl begangen worden und der Zwölferkreis sei tatsächlich schon zu Lebzeiten Jesu entstanden? Nach Joh 13,5.22 u. a. findet die Mahlzeit im Kreis der Jünger statt (V. 1 spricht von den »Seinen«, nach V. 33 redet Jesus sie als »Kinder« an, nach 15,12–15 ausdrücklich als »Freunde«), einzelne Jünger wie Petrus (13,24.36 f.), Thomas (14,5), Philippus (14,8), Judas (14,22) werden ebenso genannt wie der anonyme Jünger, »den Jesus liebte« (13,23). 1 Kor 11 setzt die Anwesenheit mehrerer voraus, ohne sie zu erwähnen.

Während spätere Nachrichten über die Praxis im antiken Judentum das Passa--Fest als Familienfest erkennen lassen, zeichnet die früheste Tradition vom letzten Mahl Jesu ein auffälliges Bild: An ihm soll nur ein kleiner Kreis ausschließlich von (zum Kult zugelassenen?) Männern teilgenommen haben. Die historische Beurteilung dieser Nachricht hängt an derjenigen der Existenz und Bedeutung des Zwölferkreises zu Lebzeiten Jesu.

Der *Ablauf der Mahlzeit* wird in den genannten Quellen nur angedeutet. Der mk. (und ihm folgend der mt.) Bericht erwähnt folgende Elemente:

14,18: Gemeinsames Zu-Tisch-Liegen und Essen;

14,20: Das Tunken des Brotes in die Schale (τρύβλιον);

14,22: Brot;

14,23: Kelch, aus V. 25 geht hervor, dass es sich um einen Kelch mit Wein handelt;

14,26: Abschließender Gesang.

Der lk. Bericht (zum textkritischen Problem vgl. RESE 1975/1976) weicht deutlicher ab: Im Zusammenhang des Mahlgeschehens wird das Passa-Lamm (oder die Passa-Speise allgemeiner) erwähnt (22,15), zweimal wird der Kelch genannt (V. 17.20 – hier der Kelch »nach dem Essen«, so auch 1 Kor 11,25). Dagegen findet die Schale wie bei Paulus keine Erwähnung (vgl. V. 21). Teil der lk. Mahlszene sind nicht nur die Einsetzungsworte, sondern weitere Aussagen Jesu und Antworten seiner Schüler (V. 24–38). Nicht erwähnt wird der abschließende Gesang.

Die joh. Mahlszene berichtet, dass Jesus seinen Schülern die Füße wäscht (13,4 f.12). Daneben wird das Liegen bei Tisch motivisch ausgearbeitet (V. 23). Auch wird das Tunken eines Bissen (von Brot?) erwähnt (V. 26 f.). Die Szene enthält darüber hinaus einige Dialoge und vor allem ausführliche Reden Jesu. Die Einleitung in 17,1 und die Ausrichtung der Rede Jesu hin zu Gott macht aus den folgenden Worten ein langes, fürbittendes Gebet. Ob der bei Markus und Matthäus überlieferte Gesang (ὑμνεῖν) auf einen spezifischen jüdischen Mahlritus deutet, ist ebenso unsicher wie seine Näherbestimmung als Rezitation des Hallel (Ps

113–118), dessen Verbindung mit dem Passa-Mahl für die Zeit Jesu nicht gesichert ist (STEMBERGER 1990: 369 f.)

Zur Darstellung der Evangelien gehört auch die andeutende oder namentliche *Bezeichnung des Verräters* durch Jesus (Mk 14,17–21; Mt 26,21–25; Lk 22,21 f.; Joh 13,21–30). Auf der narrativen Ebene des Evangeliums bedeutet das Erwähnen oder Nicht-Erwähnen des Judas Iskariot keinen Unterschied; auch im MkEv (3,19) und LkEv (6,16) ist der Verräter den Lesern aus einer narrativen Prolepse bereits bekannt. Gleichwohl lässt sich feststellen, dass die älteste greifbare Erzählung vom Abendmahl nicht ausdrücklich auf Judas Iskariot weist, dessen Name insgesamt in der frühchristlichen Überlieferung fest mit dem Verrat verbunden ist. Die Passage aus Joh 13 könnte als Versuch interpretiert werden, die beiden vorgegebenen Traditionen miteinander auszugleichen.

Die als *Einsetzungsworte* bezeichneten Teile der Abendmahlsüberlieferung (Mk 14,22–25/Mt 26,26–29/Lk 22,[14–18.]19 f.; 1Kor 11,23–25) sind kleine Erzählstücke, welche zwei Worte Jesu zur Deutung des Mahlgeschehens mit Brot und Wein in den Mittelpunkt stellen. Der in 1Kor 11,24/Lk 22,19 gegebene Hinweis auf die »Erinnerung« (ἀνάμνησις) sowie besonders der Wiederholungsbefehl 1Kor 11,25 weisen dabei über die erzählte Ursprungssituation hinaus, wohl in die frühchristliche rituelle Praxis (vgl. auch 1Kor 11,17 f.20.33), während das sog. Verzichtswort Mk 14,25/Mt 26,29 auf die eschatische Fortexistenz Jesu vorausblickt, ohne dass das Stichwort »Auferstehung« ausdrücklich fällt. Das Handeln Jesu über dem Brot (ἄρτος; der situative Kontext, nicht das Lexem selbst, lässt an ungesäuertes Brot denken) umfasst nach 1Kor 11 Nehmen, Danken (d. h. ein Gebet; die synoptische Tradition erwähnt einen Lobspruch), Zerteilen sowie ein deutendes Wort. In Bezug auf den Kelch wird knapper erzählt, doch dürften Dankgebet und Herumreichen (wie in den synoptischen Texten) mit gemeint sein. Zweierlei ist zu beobachten: 1. Abgesehen von den Deuteworten ist keine der genannten Handlungen im Rahmen einer jüdischen (festlichen) Mahlzeit auch außerhalb eines bestimmten Festritus auffällig (SMITH 2003: 133–172). Jesus nimmt dabei die Rolle des Hausherrn oder Gastgebers ein. 2. Die Einsetzungsworte zielen offenkundig nicht auf eine vollständige Schilderung des Geschehens, sondern auf die Deutung von Brot und Wein. So wird diese Deutung zwar wörtlich wiedergegeben, nicht jedoch das vorausgehende Gebet Jesu. Daraus folgt, dass das Fehlen bestimmter Angaben in keiner Weise für die Beurteilung der Historizität des Erzählten herangezogen werden kann. Zugleich ist jedoch deutlich, dass die Einsetzungsworte eine absichtsvoll geformte und fokussierte Tradition über Jesus bieten, keinen neutralen Bericht.

Die *Worte Jesu* identifizieren das unter den Jüngern geteilte Brot mit dem Leib (σῶμα) Jesu (1Kor 11,24: »für euch«; Lk 22,19 fügt hinzu: »gegeben«), den einen herumgereichten Kelch (mit Wein und vielleicht Wasser) mit dem »neuen Bund in meinem Blut« (1Kor 11,25; Lk 22,20 ergänzt: »das für euch vergossen wird«) bzw. mit »meinem Bundesblut, das für viele vergossen wird« (Mk 14,24; Mt 26,28 fügt hinzu: »zur Vergebung der Sünden«). Diese Formulierungen weisen unterschiedlich deutlich und in unterschiedlicher Weise voraus auf den Tod Jesu, der als heilschaffend für andere verstanden ist. Vom Kelchwort her kann das Brotwort im Kontext der Vorstellung vom heilvollen Opfer verstanden werden, doch ist diese Interpretation für sich nicht zwingend. Auch kann die Rede vom Leib im Sinne der ganzen leibhaftigen Existenz bis hin zum Tod interpretiert werden. Das Kelchwort verweist mit der Rede vom vergossenen Blut auf einen gewaltsamen Tod Jesu, der »zugunsten« (ὑπέρ) anderer wirkt. Eine Anspielung auf das vierte Gottesknechtslied in Jes 52 f. (bes. 53,12) ist möglich (WOLFF ²1950: 64–66), aber nicht deutlich ausgearbeitet. Erzwingen diese Formulierungen allein keineswegs eine Interpretation im Rahmen kultischen Opfers, so weist die Rede vom »Bundesblut« in Mk 14,24 auf das Ritual des Bundesschlusses in Ex 24, besonders V. 8. Das paulinische Deutewort 1Kor 11,25 spielt auf die Vorstellung vom neuen Bund (Jer 31,31) an. Doch reicht dieser intertextuelle Bezug nicht zur Erklärung, denn von einem mit Blut vollzogenen Bundesschluss wie vom Blut oder Tod eines Menschen ist bei Jeremia nicht die Rede. Auch die bei Paulus tradierte Fassung dürfte daher indirekt auf Ex 24 Bezug nehmen. Ein solches Gemeinsames zu bestimmen heißt jedoch nicht sogleich, dieses auf Jesus zurückzuführen. Dass die Vorstellung vom sühnenden Blut des Passa-Lammes in irgendeiner Weise auf die Einsetzungsworte eingewirkt habe, ist schon deshalb nicht wahrscheinlich zu machen, weil die Voraussetzung – das Vorhandensein einer solchen Vorstellung zur Zeit Jesu – alles andere als gewiss ist (SCHLUND 2005: 225).

Verschiedentlich wurde versucht, eine *Ur-Fassung der Einsetzungsworte* oder der in ihnen enthaltenen wörtlichen Rede Jesu zu rekonstruieren. Es will aber kaum gelingen, die mk. und die paulinische Fassung, die am Anfang der greifbaren Entwicklung stehen, mit ihren wenigen, doch signifikanten Differenzen *verbatim* aufeinander zu reduzieren. In historischer Perspektive ist dieser Befund – zumal im Bereich der antiken Überlieferung – wenig überraschend. Viel diskutiert wurde der Versuch, im griechischen Text Elemente der charakteristischen Stimme Jesu wiederzufinden (JEREMIAS ⁴1967: 194 f.); genannt werden das einleitende »Amen, ich sage euch« in Mk 14,25, das *passivum divinum* in Lk 22,16 sowie (wohl zu) allgemein die »Vorliebe [Jesu] für Gleichnisse, Vergleiche und Gleichnishandlungen« (aaO. 195).

Ob die herausgearbeiteten wesentlichen gemeinsamen Züge der Tradition: Deutung von Brot und Wein, Bezug auf den erwarteten Tod und soteriologische Deutung desselben, sich einer zuverlässigen Erinnerung an das historische Abendmahl Jesu verdanken, bleibt umstritten. Dies gilt auch dann, wenn man nach dem Zusammenhang der Abendmahlstradition mit dem sonstigen Wirken Jesu fragt. Immerhin ergeben sich aus solchem Vergleich keine zwingenden Argumente gegen eine im Kern zuverlässige Überlieferung vom letzten Mahl Jesu.

Folgende Aspekte sind besonders anzusprechen:

1. Das letzte Mahl Jesu ist in den Evangelien nur eine (bei Markus: die letzte) von mehreren erzählten Mahlgemeinschaften Jesu. Wie andere Mahlszenen ist auch diese Erzählung besonders durch Worte Jesu und Handlungen als theolo-

gisch hoch bedeutsam gestaltet. Im Unterschied zu einigen anderen Mahlszenen wird in der Darstellung des letzten Mahls kein Akzent auf die Gemeinschaft mit gesellschaftlichen Außenseitern gesetzt (↗D.IV.5.2).

2. Die Bedeutung des Zwölferkreises für die Darstellung des vorösterlichen Auftretens Jesu ist aus Texten wie Mk 3,13–19parr.; 6,7–13parr.; Joh 6,66–71 (vgl. 1Kor 15,4) gesichert. Es gibt gute Gründe, die Existenz dieser Gruppe für historisch wahrscheinlich zu halten, bis in die letzten Tage vor Jesu Tod in Jerusalem.

3. Unter den Synoptikern erwähnt nur Lukas zuvor ein Passa-Fest, zu dem Jesus nach Jerusalem mitreist (2,41 f.). Anders im JohEv; 2,13 und 6,4 nennen Passa-Feste vor dem letzten Passa, bei denen Jesus anwesend war. Der Unterschied erklärt sich durch (und bedingt) die unterschiedlich veranschlagte Gesamtdauer des öffentlichen Auftretens Jesu. Dieser Befund lässt den Schluss zu, dass eine Beachtung eines der jüdischen Hauptfeste durch die Jesusbewegung durchaus der zeitgenössischen Vorstellung entsprach, auch wenn wir nicht sicher annehmen können, dass dies zum Anlass für eine wiederholte Wallfahrt nach Jerusalem wurde.

4. Der Bundesgedanke, der die Einsetzungsworte mit prägt, ist der sonstigen Jesustradition fremd; er ist auch nicht mit der Ankündigung der Königsherrschaft Gottes identifizierbar (VOGEL 1996: 88–92). Gerade dieser auffällige Befund spricht eher gegen als für die Annahme, erst die nachösterliche Aufnahme und Überarbeitung der Tradition vom letzten Mahl habe dieses Motiv eingetragen.

5. Die Überlieferung vom letzten Mahl Jesu ist nicht die einzige Passage der kanonischen Jesusüberlieferung, die auf das vierte Gottesknechtslied in Jes 52 f. hinweist. Mehr noch als die Bezugnahmen der Erzählerstimmen in Mt 8,17; Joh 12,38 auf den prophetischen Text und das Täuferwort Joh 1,29 deuten die Selbstaussagen in Mk 9,12b; 10,45 sowie, im Rahmen des Passionsgeschehens, Lk 22,37 die Bedeutung an, welche die Passage für das Verständnis des Wirkens Jesu gehabt haben muss. Die genannten mk. Texte verknüpfen die Vorstellung vom Gottesknecht mit derjenigen vom Menschensohn, was eine Parallele in den Bilderreden von 1Henoch hat und so nicht nur als Motiv der Darstellung, sondern auch als tatsächlicher Selbstanspruch Jesu im Rahmen des Judentums der Zeit zwar außergewöhnlich, aber vorstellbar wäre (BOYARIN 2012). Wer hingegen übermenschliche Ansprüche eines Menschen historisch für grundsätzlich ausgeschlossen hält, wird auch hier zu einem negativen Urteil kommen.

6. Mit ihrer Bezugnahme auf Leiden, Tod und Auferstehung stehen die Weissagungen über das künftige Geschick des Menschensohns in Mk 8,31–33parr.; 9,30–32parr.; 10,32–34parr. den Selbstaussagen Jesu in den Einsetzungsworten besonders nahe, ohne sachlich ganz deckungsgleich zu sein. Sie verleihen den Evangelienerzählungen Struktur und Orientierung auf die Passion hin; dies gilt insbesondere für die dritte Passage. Die Vermutung, diese Stücke – zumindest in ihrer redaktionellen Form – seien *ex eventu* (bzw. *ex narratione*) formuliert und Bestandteil der Evangelienredaktion und -komposition, liegt nahe. Die Evangeli-

en schreiben Jesus über diese Ankündigungen hinaus weitere Aussagen zu, welche die Erwartung eines gewaltsamen Endes (ohne direkten Bezug auf die Auferstehungshoffnung) direkt oder indirekt ausdrücken (Mk 11,27–33parr.; 12,1–9parr.; Lk 11,49–51par.; 13,34 f.par.). Deutlich hat das biblisch-jüdische Motiv vom gewaltsamen Geschick der Propheten (STECK 1967) eingewirkt. Gerade die Differenzen zwischen solchen Worten und der Darstellung der Passion können als Indiz für ihre (teilweise) Authentizität gewertet werden. Doch liegt eine exakte Rekonstruktion von Worten des historischen Jesus ebenso wie eine Introspektion in sein Denken und Fühlen jenseits dessen, was die historische Arbeit aus den erhaltenen Quellen zu erheben vermag.

JEREMIAS, Joachim ⁴1967: Die Abendmahlsworte Jesu, Göttingen.
PITRE, Brant 2015: Jesus and the Last Supper, Grand Rapids/Cambridge.

Hermut Löhr

5.3. Die Prozesse gegen Jesus

5.3.1. Ein jüdischer und ein römischer Prozess?

Das Gerichtsverfahren und die Hinrichtung Jesu durch die römische Administration sind außerbiblisch sowohl in den *Annales* des Tacitus (ca. 115 n.Chr.) als auch in den *Antiquitates* des Josephus (ca. 93 n.Chr.) erwähnt. Tacitus berichtet zunächst, dass Nero die Christen in Rom für den Brand der Stadt im Jahre 64 n.Chr. verantwortlich gemacht und sie bestraft hat, und erklärt im Anschluss, um was für Menschen es sich nach seiner Auffassung bei den Christen handelt, warum sie so bezeichnet werden und wer der Begründer dieser neuen Bewegung gewesen ist: »Der Mann, von dem sich dieser [sc. der Christen] Name herleitet, Christus, war unter der Herrschaft des Tiberius auf Veranlassung des Prokurators Pontius Pilatus hingerichtet worden; und für den Augenblick unterdrückt, brach der unheilvolle Aberglaube wieder hervor« (Tac.ann. 15,44, Übersetzung nach Heller ⁵2005).

Josephus stellt den Prozess gegen Jesus in einen Zusammenhang mit einer ganzen Reihe von Unruhen, die während der Amtszeit des Pontius Pilatus in der Provinz Judäa (26–36 n.Chr.) ausgebrochen waren. Der erhaltene Text weist an drei Stellen christliche Überarbeitungen auf, die sich abziehen lassen, um folgenden Wortlaut zu erhalten: »Um diese Zeit lebte Jesus, ein weiser Mensch. Er war nämlich der Vollbringer ganz unglaublicher Taten und der Lehrer aller Menschen, die mit Freuden die Wahrheit aufnehmen. So zog er viele Juden und auch viele Heiden an sich. Und obgleich ihn Pilatus auf Betreiben der Vornehmsten unseres Volkes zum Kreuzestod verurteilte, wurden doch seine früheren Anhänger ihm nicht untreu. Und noch bis auf den heutigen Tag besteht das Volk der Christen, die sich nach ihm nennen, fort« (Flav.Jos.Ant. 18,63 f., Übersetzung nach Clementz; eine gründliche Diskussion bei MEIER 1991: 56–88; ein Überblick über die Forschungsgeschichte bei WHEALEY 2003). Josephus erwähnt ein Detail, das Tacitus entweder nicht gekannt oder was ihn möglicherweise nicht interessiert hat, nämlich dass die jüdische Führung eine Anklage (ἔνδειξις) gegen Jesus vorbrachte: Sie verklagte also einen ihrer Landsleute, während die Verurteilung durch Pilatus erfolgte.

Das MkEv ist das älteste Zeugnis, das sich mit dem Prozess – oder den Prozessen – gegen Jesus beschäftigt. Es ist ungefähr 69 n.Chr. verfasst worden, wahrscheinlich am selben Ort wie die bereits erwähnten Werke des Tacitus und Josephus, also in Rom (HENGEL 1984). Nach dem Bericht des Markus ist Jesus von Judas Iskariot verraten, im Garten Getsemani verhaftet und von all seinen Jüngern im Stich gelassen worden (Mk 14,43–52); er wurde zum Palast des Hohenpriesters gebracht, von Petrus verleugnet und vom Hohen Rat der Gotteslästerung für schuldig befunden (14,53–72); darauf ist er an Pilatus ausgeliefert, der Anmaßung der Königswürde angeklagt und ebenfalls für schuldig befunden worden (15,1–15); schließlich wurde er gekreuzigt, starb und wurde von Josef von Arimathäa begraben (15,16–47). Soweit die wesentlichen Stationen des mk. Passionsberichts.

Markus schrieb etwa 40 Jahre nach den erwähnten Ereignissen; Jesus wurde wahrscheinlich am 14. Nisan des Jahres 30 gekreuzigt (s. z. B. MEIER 1991: 386–402; RIESNER 1994: 43–52; vgl. allerdings die skeptische Haltung von BOND 2013). Es ist jedoch anzunehmen, dass Markus einen älteren Passionsbericht verwendete, der mehr oder weniger dieselben Szenen enthielt. Dieser vor-mk. Bericht dürfte deutlich älter als das MkEv gewesen sein und damit zeitlich sehr viel näher an die fraglichen Ereignisse heranführen (PESCH 1977: 1–27; THEISSEN 1989: 177–211). Allerdings ist sowohl die genaue Gestalt als auch die Datierung dieses vor-mk. Berichts umstritten (vgl. die Diskussion von Soards in BROWN 1994b: 1492–1524).

Markus, seine Vorläufer, die den älteren Passionsbericht schrieben, und seine Nachfolger, Matthäus, Lukas und Johannes, haben ihre Texte natürlich nicht als unbeteiligte Beobachter verfasst, die lediglich an den Fakten interessiert waren. Sie hatten stattdessen eine theologische Botschaft, mit der sie ihr Publikum erreichen wollten und sie schrieben natürlich selbst als Christus-Gläubige: »*Daß* sie erzählen, *was* sie erzählen und *wie* sie erzählen, alles ist bestimmt durch ihren Glauben an den Gekreuzigten als den auferstandenen Christus« (DAHL ²1961: 154). Der mk. Passionsbericht zeigt entsprechend, dass alles genau so geschehen ist, wie Jesus es vorausgesehen hat (Mk 8,31; 9,31; 10,33 f.), die Schrift es vorhergesagt hat (14,27.49) und wie es also dem Willen Gottes entsprach. Vor dem Hintergrund der Psalmen konnte Jesus als leidender Gerechter verstanden werden (z. B. Mk 15,24.34), aber vor allem gilt er als der Messias, der König Israels/der Juden (14,61 f.; 15,2.26 etc.) und Sohn Gottes (14,61 f.; 15,39), dessen Selbsthingabe Rettung für »die Vielen« bedeutet (14,24; vgl. 10,45). Weil Markus über die Identität und das Heilswerk Jesu belehren und nicht nur historische Fakten als solche vermitteln will, ist nicht zu erwarten, dass er sich sonderlich für die technischen Aspekte des jüdischen oder römischen Gerichtsverfahrens gegen Jesus interessiert. Andererseits ist es natürlich richtig, wie Nils A. Dahl bemerkt, »obwohl das historische Interesse niemals Selbstzweck wird, ist es doch da« (DAHL ²1961: 156).

Es gibt keine triftigen Gründe, die Tatsache von Jesu Verurteilung und Hinrichtung als selbsternannter »König der Juden« zu bezweifeln (Mk 15,2.9.12.18.26), andererseits war Jesus wohl kein politischer Revolutionär (s. z. B. HENGEL 2007: 217–243; vgl. aber BERMEJO-RUBIO 2014, der Jesus als anti-römischen Aufrührer darstellt). Deswegen scheint es angebracht, die Anklage gegen ihn auf seinen Anspruch zurückzuführen, der Messias Israels zu sein, genau wie der mk. Passionsbericht es darstellt (Mk 14,61 f., s. z. B. DAHL ²1961: 166; DUNN 2000: 21–22; HENGEL 2001: 45–63). Josephus und Markus dürften also richtig liegen, wenn sie der Meinung sind, dass Jesus durch Pilatus aufgrund der Anklage verurteilt wurde, die von den »Vornehmsten« der Juden (Josephus), d. h. dem Hohen Rat (Markus), gegen ihn vorgebracht wurde.

5.3.2. Der jüdische Prozess

Die Historizität der mk. Darstellung des jüdischen Verfahrens gegen Jesus (Mk 14,53.55–65) ist allerdings mehrfach in Zweifel gezogen worden. In seinem klassischen, 1931 zum ersten Mal publizierten Aufsatz hat Hans Lietzmann dafür argumentiert, dass der Hohe Rat die Befugnis gehabt habe, Jesus hinzurichten; weil aber Jesus nicht gesteinigt worden ist, wie es der Fall gewesen wäre, wenn er tatsächlich der Gotteslästerung für schuldig befunden worden wäre (vgl. Lev 24,14), könne er auch nicht durch den Hohen Rat verurteilt worden sein; der Bericht von Markus sei in diesem Punkt also historisch unzutreffend (LIETZMANN 1958: 257–260).

Außerdem, so Lietzmann weiter, hätten die frühen Christen keine Kenntnis über die Vorgänge im Hohen Rat haben können, weil keiner von ihnen dem Verfahren beigewohnt habe: »Für den Historiker steht die Geschichte frei in der Luft« (LIETZMANN 1958: 254). Der mk. Bericht enthalte ferner verschiedene Elemente, die unrealistisch oder anachronistisch seien, so sei etwa der Vorwurf überraschend, dass Jesus die Absicht gehabt habe, den Tempel zu zerstören (Mk 14,58), die Frage des Hohenpriesters, ob Jesus der Messias, »der Sohn des Hochgelobten« sei (14,61), enthalte eher christliche als jüdische Terminologie, die Bewertung der Antwort Jesu als Gotteslästerung (14,64) sei nicht plausibel, ebenso wenig die Misshandlungen Jesu durch die Mitglieder des Hohen Rates (14,65; LIETZMANN 1958: 254–257).

Diese Argumente sind immer wieder aufgegriffen, verfeinert und ausgebaut worden (z. B. SANDERS 1985a: 297–298): So wurde beispielsweise behauptet, dass eine förmliche Gerichtssitzung des Hohen Rates während der Passa-Nacht kaum zusammengekommen wäre (so die mk. Chronologie) und auch kein zusätzliches zweites Treffen am nächsten Morgen (vgl. Mk 15,1); ferner sei der Bericht vom jüdischen Prozess gegen Jesus als Reflex des frühchristlichen Interesses zu verstehen, die Juden für den Tod Jesu verantwortlich zu machen und die Römer zu entlasten (Sanders 1985a: 298). Es ist sogar vorgeschlagen worden, dass Markus den jüdischen Prozess womöglich als Farce darstellen wollte (Bond 2004: 105), weswegen sein Bericht eher als Polemik aufzufassen sei und weniger als ein historisch zuverlässiger Bericht von den tatsächlichen Vorgängen.

Lietzmanns zentrales Argument, das die Rechtsbefugnis des Hohen Rats betrifft, ist ausführlich diskutiert worden (s. Brown 1994a: 315–322.364 mit Quellen). Zunächst wäre dazu festzuhalten, dass aus einer möglichen Befugnis, die Todesstrafe zu verhängen, nicht in jedem Fall deren Exekution folgen musste. Man hätte es vielmehr gerade im Falle Jesu für klug halten können, die Sache an den Statthalter zu übergeben (Bickermann 1935: 233–234).

Inzwischen ist allerdings klar, dass der Hohe Rat keinerlei rechtliche Befugnis besaß, die Todesstrafe auszuführen. Richtig ist, dass Rom den einheimischen Gerichten in den Provinzen die Arbeit gestattete und dass diese Gerichte auch in Strafsachen entscheiden durften. Dieses Recht schloss jedoch nicht die Kapitalgerichtsbarkeit ein, die in der Hand der römischen Statthalter blieb (Brown 1994a: 337–338.363–372). Die wenigen verfügbaren Quellen (vgl. Bickermann 1935: 188–190; Müller 1988; Brown 1994a: 337–338.363–372) lassen den Schluss zu, dass dem Hohen Rat im Falle Jesu zwei rechtliche Optionen zur Verfügung standen: Man hätte den Fall entweder untersuchen und eine Anklage vorbereiten können (so z. B. Bickermann 1935: 190–193.199) oder man hätte zuerst selbst über den Fall entscheiden und ihn dann mangels Befugnis zur Ausführung der Todesstrafe an den Statthalter verweisen können (so z. B. Thür/Pieler 1978: 386–387).

Eine Reihe von Forschern ist bei der Einschätzung geblieben, dass die mk. Darstellung des jüdischen Prozesses gegen Jesus historisch plausibel sei. Der Anfangsvorwurf gegen Jesus (Mk 14,58), die Frage des Hohenpriesters (14,61), die Antwort Jesu (14,62) und die Verurteilung wegen Gotteslästerung (14,63 f.) – all dies, so wird argumentiert, kann gut in der Weise oder ganz ähnlich geschehen sein, wie Markus es beschreibt (s. z. B. Betz 1982: 625–637; Dunn 2000; Schwemer 2001: 144–154, die sich speziell gegen die Sichtweise wendet, dass die mk. Darstellung anti-jüdisch sei).

Einer der Gründe, vielmehr der Hauptgrund für das Verfahren gegen Jesus vor dem Hohen Rat war wahrscheinlich seine Tempelaktion (Mk 11,15–18) und die Tempelworte (Ådna 2000: 324–328), die als Provokation erscheinen mussten. Eine der vermeintlichen Aussagen wurde entsprechend im Verfahren gegen ihn vorgebracht: »Ich werde diesen von Menschen erbauten Tempel niederreißen und in drei Tagen einen anderen errichten, der nicht von Menschenhand gemacht ist« (Mk 14,58; vgl. 13,2). Ohne in die Detailprobleme zu gehen, die mit diesem Tempelwort verbunden sind (vgl. dazu bes. Ådna 2000: 25–153; eine [Rück-]Übertragung der gesamten Aussage ins Aramäische, aaO.: 127–128), fällt die innere Verbindung der Aussage mit der nachfolgenden Frage über den messianischen Anspruch Jesu auf: Zumindest in gewissen Kreisen wurde der Bau eines neuen Tempels als eine messianische Aufgabe verstanden (für eine Diskussion der Belege, s. bes. ÅDNA 2000: 50–89).

Daher ist die Frage des Kajaphas in der Vernehmung kein neuer Anklagepunkt, sondern sie schließt sich organisch an den Inhalt des Tempelwortes an: »Bist du der Messias, der Sohn des Hochgelobten?« (Mk 14,61; s. BETZ 1982: 625–628; DUNN 2000: 7–10; zu Kajaphas vgl. BOND 2004; sein Name wird bei Markus nicht erwähnt). Zusätzlich mag Kajaphas auch von der Kenntnis der messianischen Erwartungen rund um Jesus geleitet worden sein. Dass ein jüdischer Hoherpriester die Bezeichnung »der Sohn des Hochgelobten« für den Messias verwendet, ist keineswegs ausgeschlossen und muss nicht bedeuten, dass ihm eine typische Ausdrucksweise des frühen Christentums in den Mund gelegt worden sei (zum Messias als »Sohn Gottes« in der frühjüdischen Literatur, einschließlich 4Q246 aus Qumran, vgl. COLLINS 1995: 154–172; eine Diskussion des Ausdrucks »der Hochgelobte« als Bezeichnung Gottes bei DUNN 2000: 9–10).

Nach der mk. Darstellung antwortet Jesus auf die Frage des Hohenpriesters mit Zustimmung und deutet zugleich unter Rückgriff auf Ps 110,1 und Dan 7,13 seine künftige Rehabilitierung an: »Ich bin es. Und ihr werdet den Menschensohn zur Rechten der Macht sitzen und mit den Wolken des Himmels kommen sehen« (Mk 14,62). Diese Antwort wird als Gotteslästerung betrachtet und Jesus zum Tod verurteilt (Mk 14,63 f.).

Die zustimmende Antwort auf die Frage nach dem messianischen Anspruch Jesu (»Ich bin es«) würde erklären, warum er anschließend im römischen Gerichtsverfahren als »König der Juden« angeklagt und verurteilt wurde. Allerdings muss die Antwort Jesu nicht so verstanden werden, dass er behauptete oder zugab, der Messias in genau dem Sinne zu sein, den Kajaphas annahm. Er wird den Begriff womöglich in abgewandelter Form im Blick gehabt haben (die Möglichkeit eines modifizierten Messiasbegriffs bei Jesus wurde bereits im 18. und 19. Jh. diskutiert; Belege bei BACK 2011: 1025–1026). Bei Matthäus lautet die Antwort »Du hast es gesagt« (Mt 26,64), was sich eventuell wie folgt paraphrasieren ließe: »Es kommt darauf an, was mit dem Ausdruck gemeint ist« (DUNN 2000: 12) (vgl. unten zu Mk 15,2). Die mt. Variante ist sicher sekundär, aber sie könnte trotzdem eine korrekte Interpretation der Aussageabsicht Jesu enthalten.

Die Behauptung, »König« zu sein, ohne dafür die Legitimation des Kaisers zu haben, war aus römischer Sicht ein klarer Affront gegen die kaiserliche Autorität. Im jüdischen Kontext galt ein messianischer Anspruch dagegen nicht als Gotteslästerung, soweit sich das aus heutiger Sicht beurteilen lässt (SANDERS 1985a: 298; BROWN 1994a: 534–535; EVANS 1995: 407). Deswegen kann die Bejahung der Frage des Kajaphas kaum ein Grund gewesen sein, Jesus zu verurteilen und ihn »den Heiden« auszuliefern (Mk 10,33). Stattdessen liegt das entscheidende blasphemische Element der von Markus überlieferten Antwort Jesu (Mk 14,62) wohl in der Art, wie Jesus seine künftige Rehabilitierung ins Auge fasst. In Anspielung auf Ps 110,1 und Dan 7,13 formuliert Jesus hier einen Anspruch, der weit überzogen erscheinen musste, weil er sich selbst in unmittelbare Nähe zu Gott stellt. Seine Antwort könnte zudem als Drohung gegen den Hohenpriester Gottes aufgefasst worden sein: »he makes claims as a judge who one day will render a verdict [...] against the very leadership that sees itself as appointed by God« (BOCK 1998: 231; s. ferner EVANS 1995: 409–423).

Die Authentizität der Antwort Jesu in Mk 14,62 bleibt umstritten. Nach verbreiteter Auffassung ist sie eher als frühchristliche Bildung zu verstehen, die Jesus in den Mund gelegt wurde. Gelegentlich wird allerdings auch dafür plädiert, dass die Antwort im Kern authentisch sei (z. B. BETZ 1982: 635; DUNN 2000: 12–17; vgl. auch SCHWEMER 2001: 190–151). Falls Jesus tatsächlich wegen Gotteslästerung verurteilt worden ist, hätten Kajaphas und die anderen Mitglieder des Hohen Rats sicher keinen Grund gehabt, die Angelegenheit zu verschweigen. Im Gegenteil, es muss gerade in ihrem Interesse gelegen haben, das Volk darüber in Kenntnis zu setzen, was während des Verhörs Jesu passiert sei.

Insgesamt könnte die Folge der Ereignisse, die, wie Josephus sagt, »auf Betreiben der Vornehmsten unseres Volkes« zustande gekommen ist (Flav.Jos.Ant. 18,64), folgendermaßen ausgesehen haben: Jesus wurde von jüdischer Seite speziell wegen seiner Tempelaktion und Tempelworte festgenommen und zum Prozess vor den Hohen Rat geführt; als Folge der Vernehmung zu diesem Punkt könnte die Frage nach dem messianischen Anspruch Jesu aufgekommen sein; Jesus hat sie positiv beantwortet und zusätzlich überaus selbstgewiss von seiner künftigen Erhöhung und Rehabilitierung gesprochen, was schließlich zu seiner Verurteilung wegen Gotteslästerung führte.

5.3.3. Der römische Prozess

Der älteste Text, der das römische Gerichtsverfahren gegen Jesus beschreibt, ist Mk 15,1–15. Die Darstellung beginnt mit der Auslieferung Jesu an Pilatus durch den Hohen Rat (15,1) und endet mit der von Pilatus bestimmten Auslieferung Jesu zur Kreuzigung (15,15). Dazwischen liegt die Vernehmung bei Pilatus (mit der kurzen Antwort Jesu, 15,2–5) und die Barabbas-Episode (15,6–14). Markus hat wahrscheinlich einige kleinere Ergänzungen in den Text eingetragen, der selbst Teil des vor-mk. Passionsberichts war (GNILKA 1979: 296–298). Die Barabbas-Episode hat sicher nie als eigenständige Erzählung existiert, sondern nur als integraler Bestandteil der Beschreibung des römischen Prozesses gegen Jesus (GNILKA 1979: 297).

Der Bericht ist eher knapp gehalten und ein neugieriger Leser der Gegenwart wird bemerken, dass Markus eine Reihe von Dingen unerklärt lässt: Hat Pilatus einen Dolmetscher gebraucht, als er Jesus befragte? Hat er den Fall mit Beratern besprochen? Wie hat er das »Verbrechen« Jesu definiert? Wieso gibt es keine formelle Verurteilung? Usw. Es bestehen mindestens zwei Möglichkeiten, die Kürze des mk. Berichts zu erklären: Das Hauptaugenmerk des Markus liegt darauf, Jesus im profundesten Wortsinn als »König der Juden« zu erweisen. Die Details des

Prozesses wird er deswegen für unbedeutend gehalten haben. Außerdem setzt er ganz einfach einen gewissen Kenntnisstand bei seinen Lesern und Zuhörern voraus, weswegen für ihn vieles selbstverständlich und nicht weiter erklärungsbedürftig ist.

Die Darstellung in Mk 15,1 impliziert, dass das Verhör vor dem Hohen Rat bis zum frühen Morgen dauerte und erst dann die Entscheidung getroffen wurde (συμβούλιον ποιήσαντες), Jesus zu Pilatus zu bringen (SHERWIN-WHITE 1963: 44; GNILKA 1979: 298–299), welcher zum Passa-Fest in Jerusalem weilte. Markus scheint eine Aufklärung über die Person des Pilatus nicht für nötig zu halten, dass dieser etwa Präfekt (*praefectus*) der römischen Provinz Judäa war, dass er in dieser Funktion der oberste Richter und außerdem verantwortlich für die öffentliche Ordnung war und dass er bereits früh am Morgen seinen Amtspflichten nachging. Markus erwartet außerdem, dass die Leser von selbst zu dem Schluss gelangen, dass die Hohenpriester, die als Ankläger Jesu auftreten (Mk 15,3), Jesu messianisches Bekenntnis offenbar als politisches Statement dargestellt haben: Hier ist ein Mann, der jüdischer König sein will; daher die erste Frage des Pilatus: »Bist du der König der Juden?« (15,2).

Die Antwort, die Jesus gibt – »Du sagst es« (15,2) –, ist nicht ganz eindeutig. Es hat sich dafür bislang keine exakte Parallele in der antiken Literatur finden lassen (HARTMAN 2005: 536). Wahrscheinlich ist die Antwort als bedingte Zustimmung zu verstehen, die deutlich machen soll, dass Jesus den Zusammenhang anders zum Ausdruck gebracht hätte (TAYLOR 1955: 579; vgl. GNILKA 1979: 300: »keine glatte Bejahung […] aber auch keine Zurückweisung«). Im weiteren Verlauf des Prozesses ist von Jesus nichts mehr zu vernehmen; die weiteren Anschuldigungen durch die Hohenpriester ignoriert er offenbar (15,3–5). Die Worte »Du sagst es« scheinen am Ende ein hinreichender Grund für das nachfolgend verhängte Todesurteil zu sein, zumindest wird diese Deutung durch den mk. Bericht nahegelegt.

Die Historizität der Barabbas-Episode ist schwer zu beurteilen. Der Hinweis auf die Gewohnheit des Statthalters, zum Passa-Fest Gefangene freizugeben (15,6), lässt sich aus anderen Quellen nicht bestätigen (vgl. die Diskussion z. B. bei WINTER 1961: 131–134; BROWN 1994a: 814–820; HENGEL 2001: 55–56). Abgesehen von diesem Problem lässt sich aber daran festhalten, dass der mk. Bericht einen historischen Kern besitzt (s. z. B. LIETZMANN 1958: 269). Jesus wurde als »König der Juden« hingerichtet, weswegen sein vermeintlicher Anspruch auf die Königswürde ein wichtiger Prozessgegenstand gewesen sein muss, genau wie Markus es berichtet (15,2). Pilatus hat sich wohl auf diesen Punkt konzentriert und Jesu Antwort dürfte es ihm unmöglich gemacht haben, die Klage abzuweisen. Jesus hat es zumindest nicht verneint, ein »König« zu sein, was aus römischer Sicht, wie gesagt, eine ernste Infragestellung der kaiserlichen Autorität bedeutete. Möglicherweise hat Pilatus dies als Hochverrat (*maiestas*) bewertet (so die mehrheitliche Forschungsmeinung, vgl. allerdings SHERWIN-WHITE 1963: 46 und COOK 2011: 199–203, die die Auffassung vertreten, dass Jesus wegen Aufwiegelung des Volkes verurteilt wurde; Brown 1994a: 717–719 und 1994b: 1206, hält es für »debatable«, ob Jesus wegen *maiestas* verurteilt wurde).

Ganz gleich, wie der passende Rechtsterminus für den vermeintlichen Anspruch Jesu lautet, Pilatus konnte die Angelegenheit nicht einfach ignorieren. Ein anderer Vorfall, von dem Philo berichtet, zeigt, wie unangenehm ihm die Sache wohl gewesen sein muss. In seiner Residenz in Jerusalem – so die Darstellung bei Philo – hatte Pilatus einige vergoldete Schilde mit Inschriften aufgestellt, die für viele Juden anstößig waren. Pilatus weigerte sich, die Schilde zu entfernen, weil er sie zur Ehre des Tiberius aufgestellt hatte und deswegen, wie Philo bemerkt, »nicht den Mut besaß«, sie wegzunehmen (Philo legat. 299–305). Der Grund mag darin zu suchen sein, dass Pilatus von den regelmäßigen Prozessen wegen *maiestas* unter Tiberius wusste und deswegen nicht das Risiko eingehen wollte, als illoyal zu gelten (Bond 1998: 43–44; zu den Prozessen wegen *maiestas* unter Tiberius vgl. Klostermann 1955; Saeger 2005: 125–138). Nach derselben Logik konnte Pilatus es ebenfalls nicht riskieren, einen selbsternannten jüdischen König laufen zu lassen, insbesondere dann nicht, wenn er von den führenden Männern in Jerusalem angeklagt war.

Auf der anderen Seite dürfte Pilatus allerdings auch kein Interesse gehabt haben, zum Passa-Fest einen Aufstand in der Bevölkerung zu provozieren. (Philo und Josephus unterstellen Pilatus starke antijüdische Absichten, aber in dieser Hinsicht sind ihre Berichte sicher nicht bes. ernst zu nehmen; vgl. Bond 1998: 25–93). Er mag es für vernünftig gehalten haben, die öffentliche Meinung zu testen, um zu sehen, ob Jesus Unterstützer hatte. Wenn nicht, wäre der Fall klar. Sollte es dagegen eine starke Unterstützung geben, würde dies für seine Entscheidungsfindung zu berücksichtigen sein. Falls die Barabbas-Episode einen historischen Kern besitzt, dann wohl in einem solchen Versuch des Pilatus, den Grad der öffentlichen Unterstützung für Jesus zu testen. Der Pilatus, wie Markus ihn beschreibt, ist kein Schwächling, sondern ein geschickt agierender Politiker, der die Menge recht genau zu manipulieren versteht, um mögliche Schwierigkeiten und Spannungen zu vermeiden (Bond 1998: 117).

Übersetzungen nach

Clementz, Heinrich 1899: Des Flavius Josephus Jüdische Altertümer. Übersetzt und mit Einleitung und Anmerkungen versehen von Dr. Heinrich Clementz, 2 Bde. (= Bibliothek der Gesamt-Litteratur. Bände 1329/1339 und 1368/1380; Nachdr. Wiesbaden 2012), Halle.
Heller, Erich (Hg.) [5]2005: Tacitus. Annalen, lateinisch-deutsch, Sammlung Tusculum, Düsseldorf.

Bond, Helen K. 1998: Pontius Pilate in history and interpretation, MSSNTS 100, Cambridge.
Brown, Raymond E. 1994a/b: The death of the Messiah: from Gethsemane to the grave. A commentary on the passion narratives in the four gospels (2008–2010). Vol. I/II, The Anchor Yale Bible Reference Library, New Haven.
Dunn, James D. G. 2000: »Are you the Messiah?« Is the crux of Mark 14,61–62 resolvable?, in: Horrell, David G./Tuckett, Christopher M. (Hg.): Christology, controversy and commu-

nity: New Testament essays in honour of David R. Catchpole, NT.S 99, Leiden/Boston/Köln, 1–22.

SCHWEMER, Anna Maria 2001: Die Passion des Messias nach Markus und der Vorwurf des Antijudaismus, in: HENGEL, Martin/SCHWEMER, Anna Maria: Der messianische Anspruch Jesu und die Anfänge der Christologie, WUNT 138, Tübingen, 133–163.

THEISSEN, Gerd/MERZ, Annette 1996; ²1997; ⁴2011: Der Historische Jesus. Ein Lehrbuch, Göttingen, 387–410.

Sven-Olav Back

5.4. Kreuzigung und Grablegung Jesu

5.4.1. Die Kreuzigung

Der Kreuzestod galt in der Antike als Schande (vgl. Hebr 12,2: σταυρὸς αἰσχύνης) und die Verkündigung eines gekreuzigten Messias entsprechend als empörender Unsinn. »Wir verkündigen Christus als den Gekreuzigten: für Juden ein Stolperstein (σκάνδαλον) und für Heiden eine Torheit (μωρία)«, sagt Paulus in 1Kor 1,23. Etwa 100 Jahre später sieht sich Justin der Märtyrer genötigt, in seiner Apologie auf die verbreitete Meinung einzugehen, dass die Christen in ihrem Glauben an Jesus schlicht verrückt seien: »Denn sie [sc. die Kritiker] erklären, dass unsere Verrücktheit (μανία) offenkundig sei, und sagen, dass wir den zweiten Platz hinter dem unveränderlichen und ewigen Gott einem gekreuzigten Menschen einräumen« (Iust. 1apol 13,4). Justin versucht, die christliche Verehrung Jesu zu verteidigen, indem er auf dessen Lehre verweist, die die Kraft habe, das Leben der Menschen zu verändern (1apol 14,2 f.) und erhabene Weisheiten enthalte (1apol 14,4–17,4).

Der früheste erhaltene Bezug auf die Kreuzigung Jesu findet sich in den Briefen des Paulus, die erste Darstellung der Ereignisse gibt das MkEv (Mk 15,20b–41). Demnach wird Jesus, nachdem man ihn gegeißelt (15,15) und verspottet hat (15,16–20a), aus dem Palast des Pilatus und aus der Stadt Jerusalem herausgeführt, nach Golgota gebracht und dort gemeinsam mit zwei Räubern gekreuzigt (15,20b–27). Am Kreuz wird er wieder verspottet und beleidigt (15,29–32). Finsternis fällt für drei Stunden über die gesamte Erde (oder: das gesamte Land); dann stirbt Jesus, seine letzten Worte sind: »Mein Gott, mein Gott, warum hast Du mich verlassen?« (15,33–37). Die Szene endet mit dem zerreißenden Vorhang im Tempel (15,38), dem Bekenntnis des Hauptmanns (15,39) und mit der Gruppe von Frauen, die das Geschehen aus der Ferne beobachten (15,40 f.). Neben diesen Frauen (zu deren Namen weiter unten) nennt Markus eine weitere Person mit Namen: Simon von Cyrene, der gezwungen wird, das Kreuz Jesu (σταυρός) vor die Stadt zu tragen (15,21).

In der mk. Darstellung fällt auf, dass die Kreuzigung selbst lediglich in einem kurzen Satz Erwähnung findet: καὶ σταυροῦσιν αὐτόν (»und sie kreuzigten ihn«, 15,24); ähnlich wird auch die Geißelung, die ein üblicher Teil der Bestrafung war, nur mit einem einzigen Wort genannt: φραγελλώσας (»er geißelte ihn«, 15,15).

Offensichtlich hatte Markus (und die ihm vorausgehende Tradition) kein Interesse an der Schilderung grausamer Details (eine umfassende Untersuchung der Kreuzigungsstrafe im Mittelmeerraum bei Cook 2014; vgl. Hengel 2008; Kuhn 1982; Chapman 2008; Samuelsson ²2013). Stattdessen werden andere Motive hervorgehoben. (1) Jesus wird als leidender Gerechter dargestellt, insbesondere durch die Anklänge an und Zitate aus Ps 22,19.8.2 in Mk 15,24.29.34 und die Anspielung auf Ps 69,22 in Mk 15,36. (2) Jesus wird wiederholt als »König der Juden/Israels« verspottet (Mk 15,26.32, auch V.18), d. h. er wird als »der, der er ist«, verhöhnt (Hartman 2005: 566). (3) Alles, was geschieht, folgt genau dem göttlichen Plan: in der dritten Stunde wird Jesus gekreuzigt (15,25), in der sechsten Stunde fällt eine Finsternis über die Erde/das Land (15,33) und in der neunten Stunde tut Jesus seinen letzten Atemzug (15,34.37). (4) Er wird als »Sohn Gottes« erkannt (15,39), wobei das Bekenntnis des Hauptmanns einen größeren Sinnhorizont hat, als diesem selbst bewusst ist (vgl. Mk 1,1.11; 3,11; 5,7; 9,7; 14,61).

Eine plausible Rekonstruktion (Gnilka 1979: 310–314) sieht die ersten beiden Motive (Jesus als leidender Gerechter und als König der Juden/Israels) bereits in der frühesten Schicht des vor-mk. Kreuzigungsberichts enthalten (Mk 15,20b–22a.24.26 f.29a.31–32ac.34.36a.37.40), das dritte Motiv wurde demnach auf einer sekundären, apokalyptisch geprägten Stufe eingetragen (Ergänzung von 15,22b.25.29b–30.33.38), während Markus in der Endredaktion (15,23.32b.35.39) das Bekenntnis des Hauptmanns ergänzt hat.

Neben der Tatsache der Kreuzigung gehen verschiedene Einzelheiten aus der frühesten Schicht des vor-mk. Berichts mit großer Wahrscheinlichkeit auf Erinnerungen an das historische Geschehen zurück, weil sie Parallelen in Kreuzigungsdarstellungen aus der antiken mediterranen Welt haben. Dazu gehören (vgl. für das Folgende Cook 2014: 423–430 mit Referenzen) (1) das Tragen des *patibulum*, d. h. des horizontalen Balkens des Kreuzes (Mk 15,21) (zum lateinischen Ausdruck vgl. Cook 2014: 15–26; es gibt keine exakte griechische Entsprechung zu *patibulum*, aber der Ausdruck σταυρός könnte offenbar dasselbe Objekt bezeichnen; Cook 2014: 28–32), (2) die Nacktheit des Gekreuzigten (15,24), (3) der *titulus crucis*, der den Grund der Bestrafung nennt (15,26), (4) die Kreuzigung außerhalb der Stadt (15,20.22) und (5) Menschen, die auf dem naheliegenden Weg am Ort der Kreuzigung vorbeikommen (15,29) (zum Ort der Kreuzigung Jesu vgl. Taylor 1998: 182–193).

5.4.2. Die Grablegung

In Mk 15,42–47 wird eine neue Person eingeführt, nämlich Josef von Arimathäa, ein namhaftes »Mitglied des Rates« (βουλευτής), d. h. des Jerusalemer Hohen Rates (Brown 1994b: 1213–1214; Myllykoski 2002: 55). Spät am Freitagnachmittag ging dieser nach der mk. Darstellung zu Pilatus und bat um den Leichnam Jesu (15,42 f.). Der Statthalter zeigte sich überrascht, dass Jesus bereits tot war, aber nachdem er dies bestätigt bekam, »überließ er Josef den Leichnam« (15,44 f.).

Josef nahm ihn vom Kreuz (oder besser: ließ ihn abnehmen), wickelte ihn in ein Leinentuch, legte ihn in ein Grab und ließ den Eingang mit einem Stein verschließen (15,46). Maria Magdalena und Maria, die Mutter des Joses, waren Augenzeugen dieses Geschehens (15,47).

Die Grablegungserzählung ist sicher nie einzeln im Umlauf gewesen, sondern war wahrscheinlich von Anfang an ein integraler Bestandteil des vor-mk. Passionsberichts (BLINZLER 1974: 75; PESCH 1977: 509–510; GNILKA 1979: 332; AEJMELAEUS 1993: 85), wo sie als Verbindung zwischen der Kreuzigung und der Erzählung über das leere Grab diente (16,1–8). Markus hat womöglich einige Ergänzungen hinzugefügt, etwa die Bemerkung über die späte Stunde (15,42a: ἤδη ὀψίας γενομένης). Auch Mk 15,44 f. wird oft als Beispiel für die mk. Redaktion genannt, aber zumindest die Bemerkung, dass Pilatus Josef den Leichnam Jesu überlässt (15,45b), muss Teil des ursprünglichen Berichts gewesen sein (so z. B. GNILKA 1979: 331).

Die Erwähnung der beiden Frauen in Mk 15,47 hält ein spezielles Problem bereit, dass zusammen mit den entsprechenden Namenslisten in Mk 15,40 und 16,1 betrachtet werden muss. Die einfachste Lösung könnte darin bestehen, alle Aufzählungen als ursprüngliche Bestandteile des vor-mk. Passionsberichts zu betrachten. Mk 15,40 scheint nicht drei, sondern vier verschiedene Frauen als Beobachter der Kreuzigung zu erwähnen (»die Mutter des Joses« ist verschieden von »der Mutter von Jakobus dem Kleinen«), Mk 15,47 nennt zwei von ihnen als Zeugen der Grablegung und Mk 16,1 berichtet, dass drei von ihnen am Sonntagmorgen zum Grab gingen (PESCH 1977: 505–508; vgl. THEISSEN 1989: 188 f. über die uneindeutige Ausdrucksweise in Mk 15,40: Die Kreise, in denen der Passionsbericht überliefert wurde, seien mit den genannten Frauen vertraut gewesen und hätten anders als spätere Leser keine Verständnisschwierigkeiten mit der Formulierung gehabt). Allerdings gibt es auch eine Reihe anderer Möglichkeiten, das Problem der Namenslisten in Mk 15,40.47 und 16,1 zu lösen.

Kommentatoren haben häufig bemerkt, dass der mk. Grablegungsbericht viele Fragen offenlässt. Einige davon erscheinen eher nebensächlich (z. B. warum sich Josef von Arimathäa nicht um die Leichname der beiden Räuber kümmerte), aber auch sonst enthält der Bericht »manche Lücken und unklare Punkte« (HARTMAN 2005: 574). Einige Punkte müssen wohl für immer ungeklärt bleiben, andere können aber vielleicht mithilfe vorsichtiger Vermutungen aufgehellt werden.

Die Bitte des Josef von Arimathäa um den Leichnam Jesu mag natürlich vor allem durch die Bestimmung der Tora begründet sein, nach der der Leichnam eines Menschen, der »an einem Pfahl« aufgehängt wurde, nicht über Nacht hängengelassen werden durfte, sondern »noch am gleichen Tag begraben« werden sollte (Dtn 21,22 f.). »Die Juden sind um die Beerdigung der Toten so sehr besorgt, dass sie sogar die Leichen der zum Kreuzestod Verurteilten vor Sonnenuntergang herunternehmen und beerdigen« (Flav.Jos.Bell. 4,317). Der besondere Umstand, dass die Kreuzigung Jesu auf den Tag vor dem Sabbat fiel (παρασκευή), musste die Sache umso dringlicher machen: An anderen Tagen hätte die Beerdigung wohl auch während der Nacht stattfinden können (Flav.Jos.Ant. 4,264), am Sabbat aber war das ausgeschlossen. Die etwas unklare Formulierung bei Markus »da es Rüsttag war« (ἐπεὶ ἦν παρασκευή, Mk 15,42) nimmt implizit auf die genannten Gesetzesbestimmungen Bezug.

Josef könnte aus eigener Veranlassung als gesetzestreuer Jude gehandelt haben. Wenn er ein Mitglied des Hohen Rates war, ist es aber auch denkbar, dass er in dessen Auftrag handelte oder zumindest im Einvernehmen mit dem Hohenpriester Kajaphas, der wahrscheinlich ein gutes Verhältnis zu Pilatus hatte (BOND 2004: 50–55). Die Leser des MkEv aus dem 1. Jh. dürfte es jedenfalls kaum überrascht haben, dass ein »vornehmer Ratsherr« die Erlaubnis hatte, in die Residenz des Statthalters zu gehen und seine Bitte vorzutragen.

Pilatus hatte beim Umgang mit dem Gesuch des Josef die Wahl: »[P]refects and procurators were able to do as they pleased« bei der Beseitigung von Leichen hingerichteter Personen (COOK 2011: 213). Einerseits hätte er auf der üblichen römischen Praxis bestehen können, nach der die Leichen hingerichteter Verbrecher zur zusätzlichen Bestrafung unbestattet blieben und zwar unabhängig von der Natur des Verbrechens oder der Art der Hinrichtung (MOMMSEN 1899: 987–989; COOK 2011: 195 f.206–209). Darauf wird z. B. im *Miles Gloriosus* des Plautus Bezug genommen (372 f.), wo ein Sklave sarkastisch bemerkt, dass »das Kreuz mein künftiges Grab sein wird: dort sind meine Vorfahren begraben [...].« Andererseits stand es dem Statthalter natürlich frei, eine gewisse Großzügigkeit walten zu lassen und zu erlauben, dass der Leichnam vom Kreuz genommen und bestattet wurde (MOMMSEN 1899: 989; COOK 2011: 209–213). Nach Ulpian, dem römischen Juristen, der um 200 schrieb, durften »die Leichen der zum Tode Verurteilten ihren Angehörigen nicht vorenthalten werden« und sollten »die Leichen von hingerichteten Personen begraben werden, als ob um Erlaubnis gefragt und dieser stattgegeben worden wäre«. Manchmal (*nonnumquam*) sei die Erlaubnis für das Begräbnis jedoch nicht gegeben worden, insbesondere in Fällen von Hochverrat (*maxime maiestatis causa*) (Dig. 48,24,1, zitiert bei COOK 2011: 195). Selbst bei einer *maiestas* war es also nach Ulpian möglich (wenn auch eben nicht garantiert), dass im Hinblick auf die Bestattung eine großzügige Entscheidung getroffen wurde.

Nach Mk 15,45 gab Pilatus der Bitte Josefs statt: ἐδωρήσατο τὸ πτῶμα τῷ Ἰωσήφ, was historisch plausibel erscheint. Pilatus stand, wie erwähnt, unter keinerlei Zwang, in anderer Weise zu entscheiden. Es wird ihm außerdem nicht daran gelegen haben, Aufruhr zu stiften, indem er den Juden verbot, ihr Gesetz zu befolgen; sein Auftreten in anderen Situationen lässt nicht erkennen, dass er seine jüdischen Untertanen absichtlich provozieren wollte (vgl. BOND 1998: 25–93). Schließlich stand er wahrscheinlich in gutem Kontakt mit Kajaphas (s. o.) und hätte daher keinen Grund gehabt, einem Mitglied des Hohen Rates einen Wunsch auszuschlagen, vor allem wenn dieses Mitglied die Unterstützung des Hohenpriesters hatte. Raymond Brown nimmt an, dass Pilatus den Anhängern Jesu wohl kaum das Recht zum Begräbnis ihres Meisters eingeräumt hätte, wenn dieser für eine *maiestas* verurteilt worden wäre (was Brown für »debatable« hält). Weil aber Josef von Arimathäa nicht zu den Anhängern gehörte, hätte diese Schwierigkeit nicht bestanden (Brown 1998: 235 f.241; 1994b: 1208 f.).

Mit der Zustimmung des Pilatus ließ Josef also den Leichnam Jesu vom Kreuz nehmen. (Ein wörtliches Verständnis der Markusstelle würde naheleg en, dass Josef selbst den Leichnam abgenommen hätte; weil dies aber eine äußerst schwierige Angelegenheit war, muss die Angabe wohl so verstanden werden, dass Josef von seinen Dienern unterstützt wurde; Hartman 2005: 575). Im Prinzip hätte er den Leichnam an einen Ort bringen können, der für die Bestattung hingerichteter Verbrecher vorgesehen war (vgl. Brown 1994b: 1209 f.) – falls zu dieser Zeit ein solcher Ort außerhalb Jerusalems existierte. Nach der Mischna »standen dem Gericht zwei Begräbnisplätze zur Verfügung, einer für die Enthaupteten oder Erdrosselten, einer für die Gesteinigten oder Verbrannten« (mSan 6,5). Josephus spricht an einer Stelle von einem »ehrlosen Begräbnis« (ταφὴ ἄτιμος, Flav.Jos. Ant. 5,44; vgl. 4,202), was vielleicht ebenfalls auf eine Bestattung an einem solchen Ort zu beziehen ist (vgl. Blinzler 1974: 94).

Nach dem mk. Bericht brachte Josef den Leichnam jedenfalls nicht zu einer solchen Begräbnisstätte – die vielleicht zu weit außerhalb der Stadt lag (Blinzler 1974: 94 f.) –, sondern »legte ihn in ein Grab, das in einen Felsen gehauen war« und »wälzte einen Stein vor den Eingang des Grabes« (Mk 15,46; zu antiker jüdischer Bestattungspraxis vgl. Hachlili 1992). Die Wahl fiel wahrscheinlich auf diesen Ort, weil Josef keine Zeit hatte, den Leichnam aufwendig zu transportieren, und deswegen von einem nahegelegenen Grab Gebrauch machen musste (Blinzler 1974: 96–98 mit Bezug auf Joh 19,42). Markus könnte also mit seiner Angabe richtig liegen, dass Josef von Arimathäa erst spät am Nachmittag erschien. Es besteht kein Grund zu der Annahme, dass die frühe christliche Gemeinde aus apologetischen Gründen die Nachricht zu unterdrücken versuchte, dass Jesus etwa an einem anderen Ort begraben worden sei: »Es wäre für die älteste Christenheit keineswegs ein Ding der Unmöglichkeit gewesen, wie von einem schimpflichen Tod am Kreuz, so auch von einem schimpflichen Begräbnis zu erzählen« (Blinzler 1974: 75; vgl. auch Aejmelaeus 1993: 122).

Der mk. Bericht von der Grablegung kann als historisch plausibel gelten. Einerseits enthält er keine Gesichtspunkte, die unwahrscheinlich wären. Andererseits erscheint der Gedanke abwegig, dass die Figur des Josef von Arimathäa und seine Rolle bei dem Begräbnis erfunden seien. Brown stellt dazu fest: »a Christian fictional creation from nothing of a Jewish Sanhedrist who does what is right is almost inexplicable« (Brown 1994b: 1240). In der frühen Kirche bestand offenbar eher ein Bedürfnis, dessen »positive« Einstellung zu Jesus zu erklären: Er habe, so heißt es, »auf das Reich Gottes« gewartet (Mk 15,43), sei ein »Jünger Jesu« (Mt 27,57) oder »ein guter und gerechter Mann« gewesen, der dem, »was die anderen [aus dem Hohen Rat] beschlossen hatten und taten, nicht zugestimmt« hatte (Lk 23,50 f.). Unter den Zeugen für die Tat des Josef erwähnt der vor-mk. Passionsbericht Maria Magdalena und Maria, die Mutter des Joses (Mk 15,47, s. o.).

BLINZLER, Josef 1974: Die Grablegung Jesu in historischer Sicht, in: DHANIS, Édouard (Hg.): Resurrexit: Actes du symposium international sur la résurrection de Jésus, Rome 1970, Rom, 56–107.

BROWN, Raymond E. 1994b: The death of the Messiah: from Gethsemane to the grave. A commentary on the passion narratives in the four gospels (2010). Vol. II, The Anchor Yale Bible Reference Library, New Haven.

COOK, John Granger 2014: Crucifixion in the Mediterranean world, WUNT 327, Tübingen.

HENGEL, Martin 2008: Mors turpissima crucis: Die Kreuzigung in der antiken Welt und die »Torheit« des »Wortes vom Kreuz«, in: DERS.: Studien zum Urchristentum: Kleine Schriften VI, hg. v. THORNTON, Claus-Jürgen, WUNT 234, Tübingen, 594–652.

TAYLOR, Joan E. 1998: Golgotha: A reconsideration of the evidence for the sites of Jesus' crucifixion and burial, NTS 44, 180–203.

Sven-Olav Back

E. Frühe Spuren von Wirkungen und Rezeptionen Jesu

I. Einführung

1. Zur Beschäftigung mit dem Wirken und Geschick Jesu gehört der Blick auf die Wirkungen, die von ihm ausgegangen sind, bzw. auf die Rezeptionen, die seine Person in der Geschichte des Christentums (und darüber hinaus) erfahren hat, unmittelbar dazu. Unter »Wirkungen« sind dabei Impulse verstanden, die im Auftreten Jesu gründen und in die nachösterliche Zeit hinein fortgewirkt haben. Dazu gehören die Gründung des Zwölferkreises, dessen Einsetzung durch Jesus als die zwölf Stämme Israels symbolisierende Größe (vgl. vor allem Mt 19,28/Lk 22,30) in den synoptischen Evangelien erzählt wird und der in der Frühzeit der Jerusalemer Gemeinde als deren Leitungsgremium fungierte (vgl. 1Kor 15,5; Apg 1,16–26; 6,2); das letzte Mahl in Jerusalem, das aller historischen Wahrscheinlichkeit nach von Jesus selbst mit einer über die konkrete Situation dieses Mahles hinausreichenden Bedeutung versehen und das bereits in der Frühzeit des Christentums als Ritual zur Vergegenwärtigung seiner Person gefeiert wurde (vgl. bes. 1Kor 11,24 f.; Lk 22,19) sowie die Forderungen der konsequenten Nachfolge, die vor allem in der Bergpredigt und dieser nahestehenden Texten (etwa den ersten Kapiteln der Didache) zusammengestellt wurden und die von früher Zeit an als ethische Orientierung der Christen dienten. Mit »Rezeptionen« sind dagegen Deutungen des Wirkens und Geschicks Jesu Christi in der Christentumsgeschichte bezeichnet, etwa die Ausbildung der frühen Christologie, bildliche Darstellungen von Szenen aus dem Leben Jesu sowie legendarische Ausmalungen seiner Geburt, seines irdischen Wirkens und seiner Auferstehung, vornehmlich in apokryphen Texten. Die Unterscheidung von »Wirkungen« und »Rezeptionen« ist somit nicht in kategorialer Weise zu verstehen, sondern als heuristisches Instrument zur Erfassung der Verbindung zwischen den Ereignissen des Wirkens Jesu und deren vielfältigen Deutungen in der Christentumsgeschichte.

2. Der Zusammenhang von Ereignis und Deutung wurde in diesem Handbuch bereits an verschiedenen Stellen thematisiert. Im Blick auf den letzten Teil, der die Wirkungen und Rezeptionen der Person Jesu in nachösterlicher Zeit exemplarisch beleuchtet, ist dazu an neuere hermeneutische Ansätze anzuknüpfen, die auf die facettenreichen Deutungshorizonte historischer Überlieferungen aufmerksam gemacht haben. Einen hilfreichen Zugang hierfür liefert Hans-Georg Gadamers Konzept der »Wirkungsgeschichte«. Dieses von Gadamer in seiner 1960 zum ersten Mal erschienenen Studie »Wahrheit und Methode« vorgestellte Modell geht davon aus, dass historisches Verstehen nicht als Gegenüber von interpretierendem Subjekt und gedeutetem Gegenstand aufzufassen ist, sondern sich stets in einer hermeneutischen Situation vollzieht, die in gleicher Weise von der historischen Erscheinung und der Geschichtlichkeit der Interpretierenden geprägt ist. Bei der Interpretation historischer Ereignisse kommt es zu einer Verschmelzung beider Horizonte und damit zu einer Wirkung der Tradition in der jeweiligen Gegenwart. Gadamers Überlegungen zielen demnach auf die Überwindung des Gegensatzes von Historie und deren Aneignung, indem sie darauf

aufmerksam machen, dass die Interpretierenden und der geschichtliche Gegenstand einander nicht neutral gegenüberstehen, sondern stets in einem »Geflecht von Wechselwirkungen« miteinander verbunden sind. Für die Jesusüberlieferung bedeutet dies, dass heutiges Verstehen von den vielfältigen Deutungen, die Wirken und Geschick Jesu Christi in der Christentumsgeschichte erfahren haben, nicht absehen kann. Diese Deutungen bestimmen und bedingen vielmehr als Sinnpotentiale, die Ereignisse, Überlieferungen oder historische Gegebenheiten aus sich herausgesetzt haben, immer schon das gegenwärtige Verstehen mit. Sie bereichern das historische Geschehen durch Verstehensangebote und zeichnen es so in die Geschichte derjenigen Wirkungen ein, die es evoziert hat und immer wieder neu evozieren kann. Ein hermeneutisch orientierter Zugang zu Wirken und Geschick Jesu wird dementsprechend nicht von einer strikten Trennung von Ereignis und Deutung ausgehen, sondern beides als in engem Zusammenhang miteinander stehend betrachten.

3. Die in diesem Handbuch behandelten Wirkungen bzw. Rezeptionen der Person Jesu sollen Schlaglichter auf einige markante Aspekte der Wirkungs- bzw. Rezeptionsgeschichte werfen. Es sollen solche Anknüpfungen in den Blick treten, die das Verhältnis zwischen dem Wirken Jesu und der Entstehung frühchristlicher Glaubensaussagen, aber auch die Herausbildung sozialer Formierungen und ethischer Überzeugungen beleuchten. Grundlegend ist dabei die frühchristliche Überzeugung von der Auferstehung bzw. Auferweckung Jesu von den Toten. Mit dieser verbanden sich bereits in früher Zeit Traditionen über Erscheinungen des Auferstandenen, einschließlich der von diesem erteilten Weisungen. Die entsprechenden Überlieferungen zielen auf die Verbindung des vorösterlichen Wirkens Jesu mit der Geschichte der nachösterlichen Gemeinden. Sie sind dementsprechend auf die Verleihung des Geistes, die Erneuerung der Mahlgemeinschaft oder den Auftrag zur Mission gerichtet, können in apokryphen Texten aber auch neue Lehren enthalten, die über die Erzählungen vom vorösterlichen Wirken Jesu hinausgehen. In Bekenntnisaussagen verdichtet sich die frühchristliche Überzeugung von der einzigartigen Bedeutung Jesu Christi und seiner Zugehörigkeit zu Gott. Diese Formulierungen sind deshalb grundlegend für die weitere Entwicklung der Christologie, in der sie in vielfacher Weise gedeutet und zu umfassenderen Glaubensaussagen ausgebaut werden. Damit eng verbunden sind die sog. »Hoheitstitel«, die Jesus beigelegt wurden, um sein exklusives Verhältnis zu Gott und seine göttliche Würdestellung zur Sprache zu bringen. Zu den frühen Rezeptionen Jesu gehören schließlich auch Deutungen seiner Person in außerkanonischen Texten und bildlichen Darstellungen. Sie machen darauf aufmerksam, dass die Rezeptionen Jesu von früher Zeit an nicht auf die kanonisch gewordenen Evangelien beschränkt waren, sondern in Texten und bildlichen Darstellungen Ausdruck fanden, die die autoritativ gewordenen Texte der christlichen Tradition in einen weiteren Kontext stellen und wichtige Zeugnisse christlicher Frömmigkeit bilden.

Jens Schröter / Christine Jacobi

II. Auferstehung, Erscheinungen, Weisungen des Auferstandenen

Die Erscheinungen Jesu nach seinem Kreuzestod und das Bekenntnis zu seiner Auferweckung durch Gott werden in historischer Perspektive vielfach als die entscheidende Zäsur verstanden, die das Wirken des irdischen Jesus von der Geschichte des frühen Christentums absetzt. An dieser Zäsur orientierten sich seit dem 18. Jh. entstehende Darstellungen des historischen Jesus, die unter einem aufkommenden historisch-kritischen Bewusstsein die Auferweckung Jesu als sekundäre Deutung von den historischen Fakten unterschieden.

Zu den »historischen Fakten« zählten Rationalisten wie Hermann Samuel Reimarus das leere Grab, das im Zeitalter der Aufklärung zum Ausgangspunkt des Auferstehungsglaubens erhoben und auf verschiedene Weise, immer aber in Einklang mit den Naturgesetzen gedeutet wurde: So habe Josef von Arimathäa Jesu Leichnam zunächst in seinem Familiengrab bestattet, die Frauen hätten den richtigen Begräbnisort Jesu nicht mehr gefunden oder Jesus sei umbestattet worden (LAKE 1907; vgl. auch BOSTOCK 1994). Eine vergleichbare Erklärung bezeugt bereits Tertullian, dem zufolge das Gerücht von einem Gärtner zirkulierte, der Jesu Leichnam weggeschafft habe, damit Besucher nicht seinen Salat zertreten (spec. 30).

Ebenfalls verbreitet unter Aufklärungstheologen wie Heinrich Eberhard Gottlob Paulus, Karl von Hase und Friedrich Schleiermacher war die Scheintodhypothese, die zugleich das leere Grab *und* die Erscheinungen Jesu erklären sollte. Jesus sei in der Kühle des Grabes wieder zu sich gekommen und habe selbständig das Grab verlassen.

Nach rationalistischem Deutungsmuster rief der Fund des leeren Grabes Visionen des Auferweckten hervor. Andere Deutungen rechnen demgegenüber mit der Priorität der Erscheinungen, aus denen die Legende vom leeren Grab erst entstanden sei. Doch welcher Art waren diese Erscheinungen? Die Annahme, der auferweckte Jesus sei eine *Illusion* oder gar *Halluzination* der Jünger gewesen, wurde in der Theologiegeschichte immer wieder vertreten: Gegen sie wendet sich bereits der im 2. Jh. entstandene, zu den christlichen Apokryphen gerechnete *Brief an Rheginus* (NHC I,4 p. 48). Unter einem neuzeitlichen, naturwissenschaftlich geprägten Wahrheitsbewusstsein wurde sie als sog. subjektive Visionshypothese, die innere, psychische Ursachen der Erscheinungserlebnisse der Jünger annimmt, von David Friedrich Strauß 1835/36 erneut in die Diskussion eingebracht. Liberale Theologen des 19. Jh.s deuteten die Auferweckungsvorstellung im Horizont der subjektiven Visionshypothese als Kompensation des vorösterlichen, vom Kreuzestod erschütterten Glaubens der Jünger an den Messias Jesus.

In jüngerer Vergangenheit knüpfte der deutsche evangelische Theologe Gerd Lüdemann an die subjektive Visionshypothese an und bezeichnete das Grab Jesu als »voll« (LÜDEMANN 1994; 2002). Kann diese Position als Sondermeinung gelten, so finden gegenwärtig die Annahmen, dass das Grab Jesu tatsächlich leer und seine Jünger davon überzeugt waren, den auferweckten Jesus gesehen zu haben, eine breite Anhängerschaft unter Neutestamentlern (vgl. WRIGHT 2003 und den Forschungsüberblick bei HABERMAS 2005). Zudem wurde die Alternative zwischen einem subjektiven oder objektiven Visionscharakter, die die Diskussion um die Erscheinungen lange bestimmt hat, jüngst aus erkenntnistheoretischer Perspektive kritisiert (WOLTER 2012).

Tatsächlich wird, wer den historischen Jesus jenseits des Auferstehungsglaubens sucht, mit dem Problem konfrontiert, dass keines der Evangelien eine von der Überzeugung seiner Auferweckung freie Beschreibung des irdischen Weges Jesu liefert. Denn nur aufgrund des Auferstehungsglaubens, der den schmachvollen Tod Jesu in ein neues Licht stellte, wendete sich das Urchristentum überhaupt den zurückliegenden Ereignissen des Wirkens Jesu zu. Insofern ist das Bekenntnis zur Auferweckung Jesu in allen kanonisch gewordenen Evangelien durchgehend präsent. Auf dem Boden dieser Überzeugung und überlieferter, frühjüdisch-apokalyptischer Motive interpretierte das frühe Christentum das Auftreten des vorösterlichen Jesus und entwickelte daraus ein eigenes Selbstverständnis und eine neue Geschichtsdeutung. In theologiegeschichtlicher Hinsicht sind die Erscheinungserfahrungen und der Auferweckungsglaube also nicht als Zäsur, sondern als Knotenpunkt zu verstehen: In der Vorstellung von der Auferstehung Jesu laufen Interpretationen der Verkündigung Jesu und seines Geschicks zusammen und von ihr geht die nachösterliche Gegenwartsdeutung des frühen Christentums aus. Die Auferstehungsbotschaft setzt die frühchristliche Verkündigungstätigkeit in Gang und sichert – nunmehr unter einem neuen Vorzeichen – die bleibende Bedeutung des irdischen Wirkens Jesu, die zum Maßstab des kommenden Gerichts werden kann (vgl. Lk 12,8 f.). Und umgekehrt verändert sie tradierte Vorstellungen von der Auferstehung der Toten in der Endzeit und erweitert das israelitisch-frühjüdische Bekenntnis zu Gott.

Im Neuen Testament wird die Auferweckung Jesu auf verschiedene Weise thematisiert, wenn auch nirgends unmittelbar beschrieben. In der ältesten Überlieferung steht sie im Zentrum formelhafter Bekenntnisaussagen (↗ E.III.). In den später entstehenden Evangelien wird die Botschaft, dass Jesus auferweckt wurde, durch eine oder zwei mit strahlenden Gewändern gekleidete Gestalten übermittelt, die damit das leere Grab erklären (Mk 16,5–7; Mt 28,2–7; Lk 24,4–8.23; vgl. auch Joh 20,12 f.). An die Auferweckung knüpfen sich die urchristliche Verehrung Jesu als Kyrios (vgl. Röm 10,9) und die durch Übertragung der Erhöhungsaussage in Ps 110 (LXX Ψ 109) gewonnene Überzeugung, Jesus sitze zur Rechten Gottes bzw. sei in die Herrlichkeit Gottes aufgenommen, die auch ohne Auferweckungsaussage begegnen kann.

Darüber hinaus berichten die Evangelien von Erscheinungen Jesu. Es ist in der Forschung umstritten, ob die *literarisch* gegenüber den Formeln jüngeren Erscheinungserzählungen gleichwohl den *historischen* Ausgangspunkt des christlichen Bekenntnisses zur Auferweckung Jesu überliefern. Denkbar wäre auch, dass am Beginn des Auferweckungsglaubens keine historischen Ereignisse, sondern von vornherein theologische Denkfiguren standen: Die Anhängerschaft Jesu konnte dessen Verkündigung bruchlos über seinen Tod hinweg zu der Vorstellung seiner Auferstehung/Erhöhung und Machtstellung weiterentwickelt haben. In eine ähnliche Richtung argumentierte Rudolf Pesch (PESCH 1973), dem zufolge hinter Mk 6,14–16 und Apk 11,7–12 eine vorchristliche Tradition vom sterbenden und auferstehenden Propheten stehe, die den Jüngern als Vorbild ihres Auferweckungsglaubens dienen konnte.

Die Evangelien stellen den Tod Jesu allerdings als tiefen, die Anhängerschaft Jesu verunsichernden Einschnitt dar. Plausibler ist daher, dass das frühchristliche Bekenntnis zu Jesu Auferweckung aus überwältigenden Erscheinungserfahrungen einiger Anhänger Jesu nach dessen Tod erwuchs. Die Erscheinungserlebnisse konnten mit Hilfe überlieferter Interpretationsmuster sowie in Anknüpfung an Aspekte des irdischen Wirkens Jesu gedeutet werden. Diese Prozesse kann ntl. Exegese nachvollziehen. Historisch-kritische Arbeit kann nachzeichnen, wie unter dem Einfluss des Osterbekenntnisses nicht nur die Ostererfahrungen in den ntl. Texten versprachlicht, sondern auch Wirken und Passion Jesu erzählt wurden. Das im frühen Christentum ausgebildete Bekenntnis, dass Jesus von den Toten auferweckt wurde, lässt sich nur verstehen, wenn sein traditionsgeschichtlicher Hintergrund und mögliche Ansatzpunkte im Wirken des irdischen Jesus erhoben werden. Welche Anteile an der frühchristlichen Deutung der Erscheinungen dagegen auf reale Erfahrungen der Jünger zurückgehen, kann schon deshalb kaum beantwortet werden, weil bereits die Art der Erscheinungserlebnisse selbst durch bekannte Überlieferungen von himmlischen Erscheinungen und entsprechende Erwartungen, wie sie nach Mk 6,14 bspw. auch der Auferstehung Johannes des Täufers galten, mitbestimmt gewesen sein kann. Eine rein ereignisgeschichtliche Dimension der Erscheinungen kann nicht zuletzt aus diesem Grund nicht erfasst werden.

1. Die frühchristliche Rede von Gott, der Jesus von den Toten auferweckt hat, und ihr traditionsgeschichtlicher Hintergrund

Die ältesten Überlieferungen zur Auferweckung Jesu sind theozentrische Formulierungen, die als Aussage (1Kor 6,14; 15,15; Röm 10,9) oder Partizipialbildungen (2Kor 4,14; Gal 1,1; Röm 4,24; 8,11) eine neue Prädikation Gottes darstellen.

Sprachliche und semantische Analogien zum grundlegenden Bekenntnis Israels zu Gott als dem, der Israel aus Ägypten geführt (Ex 16,6; Dtn 8,14) und der Himmel und Erde gemacht hat (Ps 115,15; 121,2), vor allem aber als dem, der die Toten lebendig macht (2. Benediktion des Achtzehnbittengebets, vgl. auch 2Kor 1,9; Röm 4,17), zeigen, dass das frühe Christentum mit seinem Bekenntnis zum lebendig machenden, in der Auferweckung Jesu neu handelnden Gott eine ebenso grundlegende, einmalige Machttat beschreibt, wie sie die israelitisch-frühjüdischen Gottesprädikationen formulieren. Diese bilden die Basis für den rettenden und gerecht machenden Glauben an die Auferweckung Jesu. Das urchristliche Bekenntnis bestätigt also zunächst, dass Gott Herr über Leben und Tod ist.

Zugleich erheben die urchristlichen Formeltraditionen den nicht geringen Anspruch, Gott habe sich in der Auferweckung dieses einen gekreuzigten Menschen neu offenbart. In 1Kor 15,15 stellt Paulus die Dimension der neuen Redeweise über Gott heraus: Die Christen wären einer falschen Gottesverehrung überführt, sollte die Rede von der Auferweckung Christi unwahr sein.

Das grundlegende urchristliche Bekenntnis über die Auferweckung Jesu als Erweis der Macht Gottes über den Tod wendet bereits Paulus in eine christologische Aussage, die weitere Entwicklungen anstieß: Nach Röm 14,9 ist Christus dazu gestorben und lebendig geworden, dass er über die Toten und die Lebenden herrsche. Damit wird ein in israelitisch-jüdischer Tradition Gott vorbehaltener Machtbereich auf Christus übertragen und eine Verbindung zwischen dem Handeln Gottes an Christus und dem Geschick der Christusgläubigen gezogen.

Dem entsprechen Formeln mit zwei oder mehr Gliedern, in denen Jesus (Christus) Subjekt ist und die Auferstehungsaussage mit einer Aussage über seine Hingabe bzw. seinen Tod verbunden wird: 1Thess 4,14; 1Kor 15,3; 2Kor 5,15. Auch hier zeigt sich, dass im paulinischen Überlieferungsbereich an der Auferweckungsvorstellung die Heilsbedeutung des Todes Jesu für die Christusgläubigen hängt, die Auferweckung Jesu also heilsrelevante Wirkung für die Glaubenden entfaltet.

Wenngleich die Erscheinungen den historischen Ursprung des Auferweckungsglaubens gebildet haben können, fehlt in der Formeltradition der Briefe bis auf 1Kor 15,3b–5 ein Bezug zu ihnen und auch zum leeren Grab. Es geht also in den formelhaften Wendungen nicht um eine legitimierende Absicherung der Auferstehung. Außerhalb ihres Horizonts liegt auch eine Begründung der prinzipiellen Möglichkeit, dass ein Toter auferweckt wird. Wurde in Korinth die leibliche Auferweckung von Toten bestritten, so konnte Paulus die Formeltradition in 1Kor 15,3b–5 zwar als Argumentationsgrundlage anführen, seine Folgerungen mussten jedoch weit darüber hinausführen.

2. Die Erscheinungserzählungen der Evangelien

2.1. Traditionsgeschichtliche Voraussetzungen

2.1.1. ὤφθη

Die Evangelien bieten mit der Formeltradition vergleichbare Aussagen. Dazu zählen zum einen die Passionssummarien, in denen die Auferstehung durch Jesus selbst, der von sich als dem Menschensohn spricht, angekündigt und terminiert wird (»nach drei Tagen«, Mk 8,31; 9,31; 10,33 f.), zum anderen lässt sich dazu die knappe Botschaft der besonders gewandeten Gestalten am leeren Grab anführen: ἠγέρθη, ein Passivum Divinum (Mk 16,6; Mt 28,6; Lk 24,6).

Mehr Aufschluss als diese Kurzformeln über die Vorstellungsgehalte, die mit Jesu Auferweckung verbunden wurden, verschaffen die Erscheinungserzählungen. Auf welches Vorverständnis die Erscheinungen Jesu bei den Jüngern treffen konnten und in welchen Kategorien sie interpretiert wurden, darauf geben die Verarbeitungen der Erscheinungserzählungen in den Evangelien durchaus verschiedene Antworten.

Die zwei ältesten Erwähnungen einer Erscheinung Jesu, nämlich die vorpaulinische Formel 1Kor 15,3b–5 und die formelhafte Notiz einer Erscheinung vor Petrus in Lk 24,34, verwenden mit ὤφθη, dem Aorist Passiv von ὁράω, einen in der Septuaginta besonders qualifizierten Terminus. Auch wenn ὤφθη in den ausführlichen Erscheinungserzählungen der Evangelien nicht weiter begegnet, kommt dem Ausdruck als der ältesten greifbaren Versprachlichung für Erscheinungsdeutungen im frühen Christentum eine besondere Bedeutung zu. Bei ὤφθη handelt es sich um einen in den griechischen Übersetzungen des Alten Testaments üblichen *terminus technicus* für das Erscheinen Gottes. An den genannten Stellen bei Paulus und Lukas muss er jedoch nicht zwingend terminologisch verwendet sein und die göttliche Stellung Jesu kennzeichnen. So kennt die Septuaginta einen profanen Gebrauch von ὤφθη und so werden in Lk 1,11 die Engelerscheinung und in Mk 9,4 die Erscheinungen Elijas und Moses mit ὤφθη beschrieben. Zentral für die früheste Umschreibung der Ostererfahrungen mit ὤφθη ist allerdings, dass es sich bei den erscheinenden Gestalten in israelitisch-jüdischer Tradition i. d. R. nirgends um Tote handelt, die aus der Unterwelt heraufkommen. Vielmehr legt der Ausdruck ὤφθη einen Schwerpunkt auf den Offenbarungscharakter des Geschehens vom Himmel her. Eine Totenerscheinung, wie sie etwa in 1Sam 28,13 beschrieben wird, wäre jedenfalls von einer mit ὤφθη interpretierten Erscheinung noch einmal zu unterscheiden. In diesem Sinne werden die Erscheinungen Jesu nicht als Toten- oder Geisterscheinungen gedeutet. Mit der Betonung der Leiblichkeit des Auferstandenen in den jüngeren narrativen Ausgestaltungen der Erscheinungsberichte wird dieser Wesenszug weiter verstärkt (vgl. etwa Lk 24,37–40, wo die Deutung der Erscheinung Jesu als Geisterscheinung korrigiert wird).

Hinzu kommt die zwischen dem aktiven »sich Zeigen« und dem passiven »Gesehen werden« schillernde Bedeutung von ὤφθη, die in der Diskussion um die Objektivität und Realität des Geschehens relevant wird. Wenngleich mit ὤφθη die aktive Rolle im Geschehen demjenigen zukommt, der »sich zeigt«, deuten dennoch zahlreiche Belege bei Josephus darauf hin, dass ὤφθη kein Fachbegriff für eine Offenbarung ist, sondern durchaus eine gewöhnliche Sinneswahrnehmung beschreiben kann (Flav.Jos.Bell. 3,239; 4,190; 6,118; Flav.Jos.Ant. 7,256; 11,232; 12,205; 18,239; vgl. HAACKER 2018).

Die ausführlichen Erzählungen in Lk 24 und Joh 20 f. weisen einige für die Erscheinung gattungstypische Elemente auf: die plötzliche Präsenz des Auferstandenen und sein ebenso plötzliches Verschwinden bzw. Entrücktwerden, das Erschrecken und die Furcht der Zeugen, der Tadel des Erscheinenden sowie seine anschließende Rede (Lk 24,36–51; vgl. auch Lk 24,31; Joh 20,19–29; Mk 16,9–19). Die ausführlicheren Erscheinungserzählungen der Evangelien werfen ein Licht auf die in der Kurzformel überlieferte Erscheinungserfahrung des Petrus: Das mit ὤφθη benannte Erlebnis besaß auf jeden Fall visuellen Charakter und beinhaltete die sichtbare, ungewöhnliche Präsenz Jesu (vgl. auch 1Kor 9,1).

Das Außergewöhnliche der Erscheinungen besteht andererseits darin, dass sie, anders als die etwa in zahlreichen Psalmen beschriebenen Theophanien (vgl. Ps 29; 68; Nah 1; Hab 3), nicht von Machtdemonstrationen begleitet sind. Die älteren Beschreibungen der nachösterlichen Situation und des Auftretens Jesu charakterisiert eine tendenzielle Zurückhaltung. Äußere Zeichen und Machterweise werden erst bei der Parusie Jesu erwartet (1Thess 4,16; Mk 13,24–27).

Ausschmückende Naturerscheinungen und übernatürliche, apokalyptische Phänomene treten erst in der ausführlicheren Erzählung des MtEv (Mt 27,52 f.: Öffnen der Gräber und Auferweckung vieler Heiliger; 28,2: Erdbeben) und im Nachtragskapitel des JohEv (der wunderbare Fischfang) hinzu. Aufsehenerregend sind auch die Zeichen, die die Verkündigung der Jünger nach dem späteren, »kanonischen« Mk-Schluss beglaubigen sollen. Noch deutlicher weichen im 2. Jh. entstehende und wesentlich plakativere Auferstehungs- und Erscheinungserzählungen von der erzählerisch zurückhaltenden Umsetzung ab. Im EvPetr etwa wird der Leser selbst zum Zeugen der Auferstehung aus dem Grab und es erscheint der Auferstehende in übernatürlicher Gestalt (↗ E.VI.).

Zum ältesten Osterbericht in Mk 16,1–8, der sich auf das Auffinden des leeren Grabes beschränkt, eine Erscheinung nur ankündigen lässt und nicht mit einem weltweiten Verkündigungsauftrag, sondern mit dem Schweigen der Frauen schließt, steht eine solche Ausschmückung in starkem Kontrast. Auch nach Lk 24,13–35 und Joh 20,15 wird der sich seinen Anhängern zeigende, auferweckte Jesus zunächst nicht erkannt und seine Erscheinung fehlgedeutet. Die Erkenntnis über die Bedeutung des Geschehenen ist weder mit dem leeren Grab und oftmals noch nicht einmal durch die Erscheinung Jesu errungen, sondern bedarf den ersten Erscheinungsberichten zufolge einer Interpretationsleistung der Osterzeugen. Erst daraus resultieren Glaube und öffentliche Verkündigung. Die Evangelien erfassen diesen zu den Ereignissen hinzutretenden Deutungsprozess in den Kategorien von Nichterkennen/Zweifel/Furcht und Erkennen/Glaube (vgl. Mt 28,17; Mk 16,11–14; Lk 24,16.31.37–43; Joh 20,24–29). Somit verweisen letztlich die Evangelien selbst darauf, dass ein rein ereignisorientierter Zugang zur Erklärung des Auferstehungsglaubens unzureichend wäre.

2.1.2. Das leere Grab

Forschungsgeschichtlich hat sich, wie oben beschrieben, um das leere Grab und seine möglichen rationalen oder legendarischen Deutungen eine Kontroverse

über die Auslösung des Osterglaubens entfaltet. Während die Rationalisten das
leere Grab als historisches Faktum begriffen und mit einem naturwissenschaftlichen Weltbild vermittelten, setzen traditionsgeschichtliche Interpretationen der
Grabfund-Überlieferung bei antiken Parallelen aus der Umwelt des frühen Christentums an. Weist die ὤφθη-Terminologie auf die Erscheinung einer himmlischen bzw. einer in himmlische Sphären entrückten Gestalt, so wird zuweilen
auch das Motiv vom leeren Grab als eine frühchristliche Legende interpretiert,
die auf der Vorstellung von Jesu Entrückung basiere (vgl. die Darstellung dieser
Position und antiker Beispiele bei ALLISON 2005). Die in Mk 16,6 überlieferte,
vergebliche Suche nach dem Leichnam und das Finden des leeren Grabes besitzen gewisse, wenn auch keine eindeutigen Analogien in israelitisch-jüdischen
und paganen Entrückungsberichten (vgl. Gen 5,24/Sir 44,16; 2Kön 2,1–18/Sir
48,9/1Makk 2,58 sowie Flav.Jos.Ant. 4,326; in griechisch-römischer Tradition die
Entrückung des Herakles, Diod.S. 4,38,5). In den genannten Parallelen werden
die Protagonisten jedoch nicht *nach*, sondern *statt* eines (gewaltsamen) Todes in
den Himmel versetzt.

Das Motiv des unauffindbaren, entrückten *Leichnams* bezeugt allerdings Test-
Hiob 39,8–40,3, ein Text, der zwischen dem 1.Jh. v. und 2.Jh. n.Chr. datiert wird:
Die von einem einstürzenden Haus erschlagenen Kinder Ijobs sind nicht unter
den Trümmern zu finden. Sie wurden zu Gott in den Himmel entrückt, wie eine
Vision zusätzlich bestätigt. Anliegen der Erzählung ist es, die gängige Deutung
vom gewaltsamen Tod als Strafe Gottes umzuinterpretieren. In einem vergleichbaren Sinne dienten möglicherweise auch die Erzählungen vom leeren Grab Jesu
der Funktion, seine leibliche Entrückung bzw. Auferweckung als Rehabilitierung
durch Gott zu verstehen. Ob aber diese Erzählungen als Veranschaulichung der
Auferweckungsbotschaft im Kontext antiker Entrückungslegenden zu verstehen
sind (so HOFFMANN 1979), bleibt unsicher.

Obwohl Paulus eine alte Tradition vom Begräbnis Jesu aufgreift (1Kor 15,4;
↗ D.IV.5.4), scheint er die Überlieferung vom Auffinden des leeren Grabes nicht
zu kennen. Sie wird erstmals in Mk 16,1–8 überliefert. Vielfach wird daher ange-
nommen, dass sie tatsächlich vor Markus unbekannt war und dass das seltsame
Schweigen der Frauen am Schluss des MkEv die mk. Begründung für das späte
Aufkommen der Überlieferung biete (WOLTER 2012). Vom MkEv her drang die
Überlieferung von den Frauen, die am ersten Tag der Woche das Grab aufsuch-
ten, in die synoptischen Parallelen und evtl. auch ins JohEv ein.

Über die Historizität des leeren Grabes selbst ist damit jedoch noch nichts entschieden. Vielleicht wurde ein leeres, für die Begräbnisstätte Jesu gehaltenes Grab
später gefunden und mit dem schon ausgebildeten Auferweckungsglauben gedeutet. Als Argument für die Historizität wird häufig angeführt, dass Frauen im
antiken Judentum zeugnisunfähig waren und sich deshalb die Überlieferung vom
leeren Grab, die ja primär mit Frauengestalten wie Maria Magdalena verbunden
ist, keinen apologetischen Tendenzen verdanken könne. Allerdings bezieht sich
die Zeugnisunfähigkeit vor allem auf juridische Kontexte (VAHRENHORST 1998).

Dass nach Lk 24,9–11 die Frauen mit ihrer Nachricht bei den Jüngern auf Unglauben stoßen, liegt dem Erzählgefälle nach an ihrer außergewöhnlichen Botschaft und nicht an mangelhafter Zeugenschaft.

Die Frage nach der Historizität des leeren Grabes ist daher nicht zu beantworten, entscheidend ist jedoch, dass ihm nach ntl. Zeugnis keine Bedeutung für den Auferstehungsglauben zukommt. In den Evangelien löst das leere Grab für sich genommen keinen Glauben aus. Seine Funktion auf der Erzählebene liegt aber darin, die Ereignisse der Kreuzigung und Grablegung mit den Erscheinungen zu verbinden. Insofern gehört es zur narrativen Umsetzung der Ostertraditionen im Rahmen der Jesusgeschichte der Evangelien.

2.1.3. Märtyrertraditionen

In dem erwähnten TestHiob reagiert die Entrückungsvorstellung auf die Theodizeefrage. Ein solches Argumentationsmuster war bereits in der frühjüdischen Märtyrertradition prominent und wurde auch für das frühchristliche Verstehen des Todes Jesu bedeutsam. Das Schicksal der während der Antiochuskrise im 2. Jh. v.Chr. gewaltsam zu Tode gekommenen, gesetzesobservanten Juden warf nach 2Makk besonders eklatant die Frage nach Gottes Gerechtigkeit auf. Zur Kompensation der Martyriumserfahrungen entwickelt 2Makk die Vorstellung einer individuellen, dezidiert körperlichen und schöpfungstheologisch begründeten Auferweckung als Lohn für die Gesetzestreue bis in den Tod und als Garantie der göttlichen Gerechtigkeit (2Makk 7,28). Die Gewissheit, dass die Märtyrer leiblich auferweckt werden (vgl. 2Makk 7,11), zielte auf deren volle Rehabilitierung angesichts ihres grausamen Todes und auf die göttliche Bestätigung ihrer Interpretation des wahren Willens Gottes gegenüber konkurrierenden, stärker assimilierten Ausprägungen des Judentums.

Die ersten Christen griffen bei der Interpretation ihrer Erscheinungserfahrungen als Vision eines leiblich aus dem Tod entrückten Gerechten eine Topik auf, die auch in der Märtyrertheologie bekannt war. In dieser Deutungslinie führten die Erscheinungen vor den Jüngern zu der Überzeugung, dass Gott das vor Ostern kontrovers erlebte Wirken Jesu schließlich ins Recht gesetzt hat.

2.2. Besonderheiten der Erscheinungen nach Matthäus, Lukas und Johannes

2.2.1. Die Hervorhebung der leiblichen Auferweckung und des Glaubens der Jünger

Allen Rezeptionen der Motive von der Auffindung des leeren Grabes, der Auferweckungsbotschaft und der Erscheinungen Jesu gemeinsam ist das Interesse, die Identität des Auferweckten mit dem irdischen Jesus hervorzuheben. Während Matthäus diese Identität insbesondere über eine Rückbindung an die Verkündigung des Irdischen realisiert und ein Bild des Auferweckten als Pantokrator zeichnet, der zugleich der »Immanuel« aus Mt 1,23 ist, spielt in den Erscheinungsgeschichten des Lukas und Johannes gemäß israelitisch-jüdischer Anthropologie die *Leiblichkeit* der Auferweckung eine zentrale Rolle. Bereits in der älteren, von Paulus in 1Kor 15,3b–5 zitierten Überlieferung wird dem Bekenntnis zur Auferweckung Jesu und der Erwähnung seiner Erscheinungen vorausgeschickt, dass Jesus *begraben* wurde und es dieser Jesus ist, den Gott auferweckt hat.

Bei Lukas und Johannes stellen bestimmte Handlungen des Auferstandenen den Anschluss zu seiner vorösterlichen Existenz her und lösen zugleich das Erinnern und den Glauben der Jünger aus, die in die urchristliche Verkündigung münden. Jesus ist es hier selbst, der die Verbindung zu seinem Wirken zieht, indem er seine Identität durch Friedensgruß, Schrifterschließung und Mahlfeier bzw. durch das Zeigen seiner Wundmale (Joh 20,20) und seiner Hände und Füße offenbart (Lk 24,39, auch hier sind die Wundmale impliziert). Gerade das Zeigen der Male, die Aufforderung zum Berühren, aber auch das Essen von gebratenem Fisch (Lk 24,38–43) streben eine haptische Vergewisserung an, dass der gekreuzigte Jesus real-leiblich vor den Jüngern erscheint.

Dieses Wiedererkennen Jesu zielt auf die Verwandlung der Jünger von Unwissenden und Nicht-Glaubenden zu solchen, die erkennen und glauben – und zwar nicht allein an die Botschaft der Auferweckung, sondern auf neue Weise auch an die Verkündigung des vorösterlichen Jesus. Im LkEv wird diese Metamorphose an den Emmausjüngern und an dem Kreis der Elf beschrieben, die Jesus zunächst für einen Fremden bzw. einen Geist halten, bevor ihnen die Schrift aufgetan wird und sich Jesus schließlich im gemeinsamen Mahl offenbart. Jesus erscheint nicht in einer fremden Gestalt, wie es von den als Menschen getarnten Göttern in einigen griechisch-römischen Sagen berichtet wird, sondern als der, der er war und ist. Der Grund für sein Unerkanntsein liegt deshalb in den *Jüngern,* deren »Augen« am Erkennen gehindert werden (vgl. den Rahmen Lk 24,16 und 24,31). Sie begreifen erst in dem Augenblick, in dem Jesus als Auferweckter in gewohnter, d. h. vorösterlicher Weise das Brot bricht und damit die vorösterlichen Mahlfeiern nach seinem Tod neu etabliert. Von dieser Handlung her fällt nicht allein neues Licht auf die vergangenen, vorösterlichen Mahlfeiern, sondern auch auf den gesamten vorösterlichen Weg Jesu. Die christologische Erkenntnis der Jünger beschreibt damit diejenige Hermeneutik, unter der die Evangelien gelesen werden wollen.

2.2.2. Beglaubigung der vorösterlichen Lehre und Beauftragung

Mit dem Erkennen und Verstehen der Jünger wird im LkEv ein zweites für die Erscheinungserzählungen wesentliches Motiv vorbereitet: Die Beauftragung der Jünger zur Mission. Auf eigene Weise stellt dieses Motiv, ebenso wie die Betonung der Leiblichkeit des Auferstandenen, den Bezug zum vorösterlichen Jesus her. Das wird zunächst in der Rede der Gestalt(en) am Grab in Mk 16,7 und Lk 24,6–8 deutlich, in der an Worte des irdischen Jesus erinnert und so seine Auferstehungsbotschaft mit dessen Selbstaussagen in Übereinstimmung gebracht werden, um den Auferstehungsglauben zu stützen.

Darüber hinaus greifen Matthäus und Lukas in den Auftragserscheinungen auf die Lehre Jesu zurück, um sie für die Zeit nach Ostern zu sichern. Mit ihrer Beauftragung zu Verkündigung, Taufe und Zeugenschaft unter allen Völkern legitimiert der Auferstandene die nachösterliche Missionstätigkeit, zu der die Jünger in Joh 20,22 mit dem Geist ausgestattet werden. An dieser Stelle blicken die Evangelien voraus auf eine Zukunft, die vom Auftrag des Auferweckten selbst gestaltet sein soll.

Vor allem in der Ostererzählung des Matthäus bilden die Inkraftsetzung der Lehre des Irdischen, die nunmehr durch die Hoheitsstellung des Auferstandenen mit gesteigerter Autorität ausgestattet wird, und die Übertragung ihrer Weitergabe auf die Jünger den Höhepunkt (vgl. Mt 28,16–20). Während nach Lk 24,44–48 das von der Schrift vorausgesagte *Heilsgeschehen* (Leiden und Auferstehung Jesu) und der Ruf zur Buße Inhalt der zukünftigen Mission sein sollen (vgl. Lk 18,31), beauftragt nach Mt 28,20 der Auferstandene von Galiläa aus die Jünger mit der weltweiten Lehre seiner vorösterlichen *Weisungen* (vgl. V. 20: διδάσκοντες αὐτοὺς τηρεῖν πάντα ὅσα ἐνετειλάμην ὑμῖν).

Die Erscheinungen Jesu dienen also auch dem Ziel, das Wirken des vorösterlichen Jesus einem weltweiten Empfängerkreis zu erschließen und es unter verändertem Vorzeichen zu bewahren (vgl. auch Joh 20,19–23; 21,15–22). Der Auferstandene vermittelt keine neue Lehre, sondern die alte wird durch seine Erscheinung bekräftigt. Das »Neue« besteht jedoch darin, dass erst Jesus selbst das Verstehen des Auferweckungsgeschehens ermöglicht und dadurch den hermeneutischen Schlüssel für das »richtige« Verständnis der vorösterlichen Verkündigung und der Schrift bereitstellt. Auch wenn sowohl Jesu vorösterliche Voraussagen seines Geschicks als auch die Schrift bereits auf die Auferweckung hindeuteten (vgl. auch den zweimaligen Schriftbezug in 1Kor 15,3 f.), bedarf es nach Darstellung der Erscheinungsgeschichten des Moments, in dem sich der Auferstandene *selbst* den Jüngern zu erkennen gibt. Erst dadurch werden diese befähigt, als Zeugen in der Welt zu wirken.

Trotz der Souveränität des Auferstandenen und der erkennbaren Abhängigkeit der Jünger knüpfen sich an die Erscheinungserfahrung auch Legitimationsaspekte frühchristlicher Führungsgestalten. Das legen die Rangfolge der Zeugenliste in 1Kor 15,5–8, in der ὤφθη der für alle Erscheinungen Jesu gleichermaßen gewählte Terminus ist, und die verschachtelte Erzählweise in Lk 24,13–35 nahe. In den Erscheinungserzählungen ist angelegt, dass das Erscheinungserlebnis den Zeugen einen unmittelbaren und privilegierten Zugang zu der neuen Hermeneutik vorösterlicher Jesustradition und der überlieferten Schriften verschafft. Mit der Aufnahme Jesu in den Himmel und seinem Sitzen zur Rechten Gottes (vgl. Mk 16,19; Lk 24,50 f. und Apg 1,9) werden die Erscheinungen zeitlich begrenzt, die Autorisierung von Zeugen abgeschlossen und andere Christusgläubige von den Erscheinungszeugen abhängig gemacht.

Die Erscheinungstraditionen steuern also die Rezeption der Jesusüberlieferung in der frühchristlichen Verkündigung. Insofern nehmen sie einen zentralen Platz in der theologiegeschichtlichen Entwicklung des frühen Christentums ein. Die Konsequenzen dessen lassen sich möglicherweise schon bei Paulus in Gal 1 wahrnehmen, wo der Apostel sein Evangelium aus einer *eigenständig* empfangenen Offenbarung ableitet. Sie werden dann aber vor allem ab dem 2. Jh. erkennbar, in dem die erzählerische Ausgestaltung der Erscheinungstradition vor einzelnen Jüngern bzw. das Hervorbringen ganz neuer, mit der Konzeption kanonisch gewordener Ostererzählungen brechender Offenbarungsberichte einsetzt.

Innerhalb des Neuen Testaments ist es die Protophanie vor Petrus, die sowohl Lukas als auch Paulus bezeugen und die dessen hervorgehobene historische Position in der Urgemeinde reflektiert. Im joh. Nachtragskapitel wird Petrus sogar durch den Auferweckten die Kirchenleitung übertragen (Joh 21,15–23). Nach Mt 28,9 und Joh 20,14–18 treten jedoch die Frauen am leeren Grab (vor allem Maria Magdalena) als Erstzeuginnen in eine gewisse Konkurrenz zu ihm. In Joh 20,3–10 wird außerdem der Lieblingsjünger, der bei Johannes schon vorösterlich eine Sonderrolle innehatte, dadurch gegenüber Petrus profiliert, dass er im Wettlauf zum Grab siegt, vor allem aber anders als Petrus bereits angesichts des leeren Grabes »glaubt«. Die Erscheinungserzählungen des JohEv zeigen so bereits erste Bemühungen, eine in der eigenen Gemeinde in Geltung stehende Autorität in der prominenten nachösterlichen Offenbarungstradition unterzubringen.

3. Innovative Auferstehungsvorstellung im Urchristentum: Die Verbindung einer individuellen Auferweckung mit dem Anbruch der Endzeit und der Erwartung einer allgemeinen Totenauferstehung

Den ausführlichen Erzählungen der Evangelien zufolge erschloss sich den Anhängern Jesu die wahre Bedeutung ihrer Visionen, als sie diese im Licht der Schrift und vor allem im Licht der Verkündigung Jesu interpretierten. Möglicherweise spiegeln die Erscheinungsgeschichten der Evangelien darin die Entstehung des Auferweckungsglaubens wider. Doch geht die *früheste*, sehr knappe Versprachlichung der Ostererfahrung – das Bekenntnis zur Auferweckung Jesu durch Gott – inhaltlich wesentlich weiter: Die Auferweckung Jesu wird in eine Reihe mit Gottes Machterweisen in der Schöpfung und an Israel gestellt, sie wird als endzeitliches, für alle Menschen bedeutungsvolles Geschehen qualifiziert. In der Interpretationslinie dieses Bekenntnisses liegen Bezeichnungen Jesu wie »*Erstling* der Entschlafenen« (1 Kor 15,20, vgl. auch 6,14). Wie es zu einer solchen Erweiterung der Auferweckungsüberzeugung kommen konnte, ist in der Forschung umstritten. Religionsgeschichtliche Parallelen von auferweckten und entrückten Gestalten, deren Auferstehung zugleich als Auftakt der eschatologischen Totenauferweckung verstanden wurde, gibt es nicht. Die Vorstellung einer sofortigen Auferstehung einzelner Märtyrer und die endzeitliche Auferweckung der Gerechten zum Leben sind in israelitisch-jüdischer Literatur nicht miteinander verbunden. In dieser Hinsicht ist der frühchristliche Glaube an die in Jesus vorweggenommene Totenauferstehung innovativ.

Dass die ersten Christen auf die Person Jesu zwei verschiedene Vorstellungsbereiche übertrugen und miteinander kombinierten, kann auf eine aneignende Deutung der Verkündigung des irdischen Jesus zurückgehen: Der nahende Herrschaftsantritt Gottes, der Anbruch des neuen Äons, den Jesus in Gleichnissen, Machttaten und Mahlgemeinschaften punktuell manifestiert sah (↗ D.IV.3.3; D. IV.2.3–6), implizierte nach apokalyptischer Tradition eine Auferweckung der Toten (vgl. Dan 12,1–3; 1Hen 22). Denn die Auferweckung der verstorbenen Gerechten sollte ermöglichen, sie an der beginnenden Heilszeit teilhaben zu lassen. Die Auferweckung der Toten gehörte ausweislich der Jesustradition zwar nicht zu den hervorgehobenen Verkündigungsinhalten Jesu, aber doch zu seinen Überzeugungen, wie das in Mk 12 überlieferte Streitgespräch mit den Sadduzäern erkennen lässt. Darüber hinaus war sie vermutlich auch in der Volksfrömmigkeit verankert (vgl. das Gerücht über den auferstandenen Täufer in Mk 6,14) und Teil der Glaubensinhalte des pharisäischen Judentums im 1. Jh. (vgl. Flav.Jos.Bell. 2,163; Apg 23,6–8), dem auch Paulus angehörte. Verstanden die ersten Christen die Erscheinungen Jesu als Bestätigung seiner Lehre vom nahenden Reich Gottes, dessen Repräsentant Jesus war, so konnte demnach auch die Hoffnung auf eine *umfassendere* Totenauferstehung Eingang in das frühchristliche Denken finden. Die Überzeugung, dass sich in einer Einzelheit bereits proleptisch das Ganze zeige, sich in Jesu Auferweckung also die endzeitliche Auferweckung der Toten ankündige, könnte sich analog zu der episodisch aufscheinenden Präsenz der βασιλεία in den Gleichnissen, Machttaten und Mahlgemeinschaften Jesu herausgebildet haben.

In der Verkündigung und im Handeln Jesu zeigt sich auch, dass Jesus seiner eigenen Rolle beim Wachsen des Gottesreiches zentrale Bedeutung zumaß und vermutlich die Annahme seiner Einladung in das Reich Gottes für heilsentscheidend hielt (vgl. Mt 8,11 f.; Lk 13,28–30, ↗ D.IV.3.8, D.IV.3.4). Wie die Märtyrer nach 4Makk 13,17 und 16,25 erwartete diejenigen, die Jesu Botschaft annahmen und sich zu Jesus bekannten, in der βασιλεία die Gemeinschaft mit den Patriarchen. In der Jesustradition werden das endzeitliche Ergehen und die Zuweisung von Heil und Unheil also an die Haltung zu Jesus geknüpft und damit auf eigene Weise ein Tun-Ergehen-Zusammenhang geschaffen (vgl. auch Mk 8,38; Mt 10,32 f.; Lk 12,8 f.). Die hier hervortretende Bindung der Jünger an Jesus gehörte wohl zunächst zur endzeitlichen Erwartung der Wiederkehr Jesu als Richter ohne seinen Tod und seine Auferweckung vorauszusetzen.

Initiiert durch die Ostererfahrung und kombiniert mit der allgemeinen Hoffnung auf Totenauferweckung in frühjüdischer Apokalyptik konnte die Wiederherstellung des Tun-Ergehen-Zusammengangs nun aber auch in eine Auferweckungsvorstellung gewendet werden, bei der die Jesusanhänger den erhofften Lohn in ihrer Auferstehung zur ewigen Gemeinschaft mit dem Kyrios sahen.

Durch das nachösterliche Erinnern an die Besonderheiten der vorösterlichen Verkündigung ergab sich so die fundamental überbietende Qualität des Auferweckten gegenüber aus dem Totenreich wiederkehrenden Verstorbenen oder zu Gott entrückten Märtyrern. Mit dem Erscheinen des auferweckten Jesus bestätigte sich zugleich dessen Botschaft vom nahen Reich Gottes und der anbrechenden Endzeit.

4. Weitere Entwicklungen im 2. und 3. Jh.

Die Osterbotschaft jener ungewöhnlichen Gestalt(en) am leeren Grab stellte in erster Linie Strategien zur Bewältigung des Todes *Jesu* bereit, denn die Perspektive der Evangelien richtete sich vom Wirken des irdischen Jesus und von seinem Kreuzestod aus auf die Ostererfahrungen. Die früheste Verkündigung der Auferweckung Jesu umfasste noch nicht den Glauben an die Auferstehung der Toten. Deswegen wird in den vier Evangelien die Osterbotschaft nicht mit einer solchen Auferstehungsvorstellung aller Gläubigen verbunden, wenngleich in der Jesustradition eine über die Abwesenheit Jesu hinausgehende Verbindung zwischen ihm und der Nachfolgegemeinschaft angelegt ist. Der oben beschriebene apokalyptische Horizont der Verkündigung Jesu und die bei Paulus entwickelte Partizipationschristologie führten aber zu einer soteriologischen »Anreicherung« des Glaubens an die Auferweckung Jesu. Davon zeugen bereits literarische Reflexe in 1Kor 15 und Apg 17,18.32, die zugleich das kontroverse Potential dieser Vorstellung in der pagan geprägten Umwelt des Christentums mitüberliefern. Später entstehende apologetische und apokryphe Schriften suchten mit Hilfe der Auferweckung Jesu Antworten auf das Problem der Sterblichkeit *aller* Menschen. Folglich musste die Auferstehung Jesu mit anthropologischen Vorstellungsgehalten vermittelt werden. Insbesondere im Kontakt mit paganer Religiosität und zeitgenössischer mittelplatonischer Seelenlehre entstanden in diesem Prozess sehr verschiedene Erlösungsvorstellungen und auch auf dem Gebiet der Christologie stieß der soteriologische Bedeutungszuwachs der Auferweckung weitreichende Entwicklungen an.

Eine philosophische Denkkultur prägte dabei sowohl die bibeltheologischen Entwürfe von Apologeten wie Justin und Irenäus als auch von ihnen bekämpfte gnostische Erlösungslehren. Eine zentrale Herausforderung der Christen des 2. Jh.s lag darin, die frühchristliche, mit der israelitisch-jüdischen Tradition übereinstimmende Vorstellung von der Ganzheit und Geschöpflichkeit des Menschen, zu der auch das Fleisch bzw. der Leib (σάρξ, σῶμα) gehören, mit einer mittelplatonischen, dualistischen Leib-Seele-Anthropologie und mit der Vorstellung von Erlösung als Befreiung eines ursprünglich göttlichen Elements im Menschen von der Materie zu vermitteln.

Gegenstand von Kontroversen bildete daher die Frage nach der Leiblichkeit der Auferstehung und der Erlösungsfähigkeit des Fleisches. Das Spektrum entwickelter Lösungen umfasste einerseits christologische Begründungen für die leibliche Auferstehung der Toten, der zufolge Jesu Inkarnation als »Annahme des Fleisches« zur Erlösung des menschlichen Fleisches führte (Rheg 44–49; EpAp). Auch auf die Eucharistie fiel neues Licht, sie konnte nun als lebensspendende Gabe des Fleisches Jesu verstanden werden, die Anteilhabe an der Unsterblichkeit gewährt (EvPhil 23b; Iust. 1apol 66; Iren.haer. 5).

Andererseits wurde insbesondere die Gattung »Erscheinungserzählung« neu aufgegriffen, um die Figur Jesu als Erlöser mit Aspekten zu versehen, die dem in den kanonischen Evangelien gezeichneten Bild des irdischen Jesus fremd sind. Es entstanden neu akzentuierte Erscheinungserzählungen, die umfangreiche Dialoge mit dem Auferstandenen wiedergeben und statt von der Auferstehung des Fleisches vom Aufstieg der Seele sprechen (EvMar). In solchen Schriften spielte der irdische Weg Jesu und mit ihm auch dessen volle Menschlichkeit und der Kreuzestod keine Rolle mehr, denn diesen neuen Konzeptionen zufolge sollte nicht Jesu vorösterliche Lehre legitimiert und auch nicht sein Tod gedeutet, sondern seine Funktion als Erlöser der erlösungsfähigen Anteile im Menschen hervorgehoben werden. Diese Funktion konnte überhaupt erst nachösterlich durch die Offenbarung seiner Rolle in einem mythologischen Geschehen vermittelt werden. Der Weg zur Erlösung der Menschheit besteht nach solchen Schriften nicht im Glauben an das Heilsgeschehen in Jesus und in der Eucharistie, sondern in der Erkenntnis, die Jesus eröffnet.

5. Ergebnis

Die Einzigartigkeit der frühchristlichen Rede von der Auferweckung liegt darin, dass die ersten Christen einem Menschen aus ihrer unmittelbaren Vergangenheit eine bereits gegenwärtig erfahrbare Machtstellung und die entscheidende Rolle im apokalyptischen Geschichtsentwurf zuschrieben. Anders als die mit besonderer Autorität ausgestatteten Patriarchen und Gestalten der Vorzeit Israels, wie Henoch, Abraham, Mose und Elija, die in frühjüdischer Apokalyptik als Entrückte zu Offenbarungsempfängern stilisiert werden und so transzendierende Geschichtsdeutungen legitimieren konnten, und anders auch als die durch ihre Gesetzestreue als Vorbilder geltenden, auferweckten Märtyrer, wurde mit Jesus ein kurz zuvor gewaltsam hingerichteter, galiläischer Jude zum Zentrum apokalyptischer Erwartungen und einer endzeitlich gestimmten Bewegung. Diese Besonderheit hängt eng mit dem Wirken des irdischen Jesus zusammen. Das zeigen implizit und explizit die Ostererzählungen der vier Evangelien. Jesu Verkündigung, verbunden mit der jüngeren israelitisch-jüdischen Überzeugung von der Macht Gottes über Leben und Tod und von der Durchsetzung seiner Gerechtigkeit über die Grenzen des Todes hinaus, schufen letztlich die Voraussetzung dafür, dass die Jünger Jesus als von Toten auferweckt bekannten, und umgekehrt bestätigte die Überzeugung, Jesus sei von Gott auferweckt worden, seine vorösterliche Botschaft. Den kanonisch gewordenen Evangelien ist deswegen gemeinsam, dass sie zwischen Jesus und dem Auferweckten keinen Bruch konstatieren, sondern mit der Auferweckung Jesus als den bestätigen lassen, der er im Grunde von Anfang an ist (LUZ 2002a). Die Veränderungen, die die Auferweckung bewirkt, liegen auf Seiten der Jünger und Anhänger Jesu, die einen Erkenntnisprozess durchlaufen. In diesem Punkt, nämlich in der engen Verbindung zur Wirksamkeit des vorösterlichen Jesus, weichen spätere Rezeptionen himmlischer Offenbarungen Jesu ab.

ALLISON, Dale C. 2005b: Resurrecting Jesus. The Earliest Christian Tradition and Its Interpreters, London/New York.

AVEMARIE, Friedrich/LICHTENBERGER, Hermann (Hg.) 2001: Auferstehung – Resurrection. The Fourth Durham-Tübingen Research Symposium: Resurrection, Transfiguration and Exaltation in Old Testament, Ancient Judaism and Early Christianity, WUNT 135, Tübingen.

BECKER, Jürgen 2007: Die Auferstehung Jesu Christi nach dem Neuen Testament. Ostererfahrung und Osterverständnis im Urchristentum, Tübingen.

LETHIPUU, Outi 2015: Debates over the Resurrection of the Dead. Constructing Early Christian Identity, Oxford.

MAINVILLE, Odette 2001: Résurrection. L'après-mort dans le monde ancien et le Noveau testament, Geneve.

MÜLLER, Ulrich B. 1998: Die Entstehung des Glaubens an die Auferstehung Jesu. Historische Aspekte und Bedingungen, SBS 172.

VINZENT, Markus 2011: Christ's Resurrection in Early Christianity and the Making of the New Testament, Farnham u. a.

WOLTER, Michael 2012: Die Auferstehung der Toten und die Auferstehung Jesu, in: GRÄB-SCHMIDT, Elisabeth/PREUL, Reiner (Hg.): Auferstehung, MJTh 24, Leipzig, 13–54.

WRIGHT, Nicholas Thomas 2003: The Resurrection of the Son of God, Minneapolis.

Christine Jacobi

III. Frühe Glaubensbekenntnisse

Schon bald nach Jesu Tod haben seine Anhänger ihren Glauben an ihn und, damit verbunden, ihr Selbstverständnis zu formulieren versucht. Ihre neue Identität artikulierten sie einerseits nach außen durch Abgrenzung, andererseits nach innen durch Klärungsprozesse. Die urchristliche Literatur dokumentiert vielfach Spuren dieser Vorgänge von Selbstdefinition, in denen sich die Christen ihrer *Zugehörigkeit zu Jesus* vergewissern. Charakteristisch dafür sind namentlich bestimmte Formulierungen, die sich durch eine gewisse Stereotypie auszeichnen und inhaltlich fundamentale, prinzipielle Sachverhalte thematisieren. Die Forschung hat in ihnen »festgeprägte Traditionsstücke« identifiziert, die als »vorliterarische Formen« auf älteste urchristliche mündliche Überlieferung zurückgehen (zusammenfassend VIELHAUER ²1978: 9–57). Im Besonderen geht es um grundlegende

Daten zum Stellenwert von Jesus Christus, die für das Selbstverständnis der frühen Christen konstitutiv sind: um die Heilsrelevanz von Jesu Tod und Auferstehung. In Formulierungen dieses Typs lassen sich die Keimzellen von späteren Glaubensbekenntnissen fassen, die für ihre Träger normative Dignität gewinnen und mittels derer sie sich in der Öffentlichkeit darstellen. Die Variabilität der alten Formeln selber zeigt aber, dass sich im 1. Jh. die Bandbreite möglicher Bekenntnisaussagen als noch beträchtlich offen und unbestimmt ausnimmt. Es hat kein »Urbekenntnis« gegeben. Auch von »Formeln« im Sinn von fixierten oder sogar starren Sätzen kann man nur unter erheblichem Vorbehalt sprechen; im Folgenden wird die offenere Kategorie *traditionelle Formulierungen* bevorzugt.

Bekenntnisaussagen finden sich in den meisten urchristlichen Literaturgattungen. In den Evangelien sind sie aber vielfach so stark in die narrative Dynamik eingebettet, dass kaum Rückschlüsse auf älteres vorgeprägtes Gut möglich sind (Beispiel: das Bekenntnis von Petrus in Mk 8,29 oder dasjenige des Thomas in Joh 20,28). Anders verhält es sich in den Briefen: Weil Bekenntnisformulierungen hier vielfach als Ausgangspunkt oder als Basis für spezifische Argumentationen fungieren, bringen sie in gewissem Maß allgemeines, konsensuales Gut zum Ausdruck, das für alle Christen unbedingt zustimmungsfähig ist. Da Briefe zudem die ältesten Texte der urchristlichen Literatur bilden, hat die Forschung insbesondere hier überkommene Aussagen gefunden, die »mit einer gewissen Wahrscheinlichkeit den Ausgangspunkt (nicht: des christlichen Glaubens, wohl aber:) der christlichen Theologie« darstellen (CONZELMANN/LINDEMANN [14]2004: 133). Gelegentlich führt ein Briefautor solche Aussagen ausdrücklich auf ältere, gemeinsam geteilte Überlieferung zurück (1Kor 15,3).

1. Kriterien

Für die Identifizierung älterer Bekenntnisformeln sind einige Kennzeichen vorgeschlagen worden (VIELHAUER [2]1978: 12 f.; STAUDT 2012: 10 f.), die jeweils in stärkerem oder geringerem Maß belastungsfähig sind. Zumal in der jüngeren Forschung werden sie auch wieder weitreichend problematisiert:

1.1. *Zitationsformel*: Hier und nur hier ist der Rückgriff auf vorgegebene, sprachlich verdichtete Tradition zweifelsfrei gesichert (1Kor 15,3; vgl. 1Thess 2,13; Phil 4,9; 2Thess 3,6).

1.2. *Stilwechsel*: Nur bedingt kann ein Stilwechsel als Zeichen für das Implementieren vorgegebener älterer Überlieferung in Anspruch genommen werden, da wir gerade bei Briefverfassern mit nennenswerter stilistischer Variationskompetenz und sprachlicher Gestaltungskraft rechnen können. Es muss *im Einzelfall* plausibel gemacht werden, ob »das Heraustreten eines Textes aus seiner Umgebung durch Formelhaftigkeit oder poetische Stilelemente wie rhythmische Gliederung, strophischen Aufbau, Relativ- oder Partizipialstil« (VIELHAUER [2]1978: 12) den Rückschluss auf vorgegebene Tradition erlaubt. Insbesondere stilistische

Transfers und Sondervokabular können auch vom Autor intendiert sein. Analoges gilt bei der für Formeln in Anspruch genommenen relativen Autonomie gegenüber dem literarischen Kontext.

1.3. Relative *formale Unveränderlichkeit*: Anders als bei Zauberformeln und hieratischen Texten ist bei frühchristlichen Glaubensbekenntnissen nicht mit strenger Unveränderlichkeit, sondern eher mit am Rand unscharfen und im Detail variierbaren festen Kernaussagen zu rechnen. Sicher belegen lassen sich solche nur durch Mehrfachbezeugung.

1.4. *Theologisches Sondergut*: Das Kennzeichen ist nicht wirklich belastbar, da neuzeitliche oder systematische Kohärenz- und Konsistenzkriterien oft nicht anwendbar sind auf antike Texte, zumal auf Gebrauchsliteratur.

1.5. Spezifischer *Sitz im Leben*: Die Zuversicht, vorliterarische Überlieferung mit einem präzis identifizierbaren Sitz im Leben korrelieren zu können, hat in jüngerer Zeit markant gelitten. Während die Verortung von Glaubensformeln im katechetischen Umfeld noch ein gewisses Maß an Plausibilität beanspruchen darf, kommt das Postulat von liturgischen Überlieferungen in den meisten Fällen durch überaus konstruierte Verfahren zustande. Aussagen wie das *Maranatha* (1 Kor 16,22) oder eucharistische Kultformeln (1 Kor 11,23–25; Mk 14,22–25) stellen eher die Ausnahme dar. »Taufbekenntnisse« bleiben demgegenüber ganz hypothetisch; fassbar sind solche erst im späten 2. Jh. (vgl. auch die Lesart Apg 8,37). Wenn aber die gottesdienstliche Funktion von Bekenntnisaussagen nicht zu sichern ist, empfiehlt sich auch Zurückhaltung gegenüber der in der Exegese beliebten Kennzeichnung von theologischen und christologischen Prädikationen als »Akklamationen«, denn diese setzen Gott bzw. Christus als direkte Adressaten des Zurufens voraus.

2. Typologien

Selbstverständlich lässt sich die komplexe textliche Wirklichkeit durch die in der Exegese vorgeschlagenen Kategorien nur beschränkt abbilden. Anstelle eines anspruchsvollen konstruktiven Modells, wie es in der formgeschichtlichen Ära der Exegese Standard war, wird im Folgenden ein schlichtes deskriptives Verfahren gewählt.

Es bietet sich das Bild zweier konzentrischer Kreise an. Ihr Zentrum bildet die Basisüberzeugung des ›christologischen Monotheismus‹, wonach sich der eine Gott durch seine Bindung an Jesus selber neu bestimmt und offenbart. Im inneren Kreis stehen sog. *Pistisformeln* (eingeführt von KRAMER 1963), gern verbunden mit »Glauben« als Verb bzw. als Substantiv (πιστεύειν/πίστις). Die Forschung hat diesen Pistisformeln einen anderen Typ von Bekenntnisaussagen gegenüber gestellt, sog. *Homologien* (CONZELMANN 1974b), auch hier verbunden mit technischem Vokabular (ὁμολογεῖν/ὁμολογία). Basis für diese Unterscheidung ist die Aussage von Röm 10,9, wo beide Typen kombiniert werden:

»Wenn du mit deinem Mund bekennst, dass Jesus der Herr ist,
und in deinem Herzen glaubst, dass Gott ihn von den Toten auferweckt hat,
wirst du gerettet werden.«

ἐὰν ὁμολογήσῃς ἐν τῷ στόματί σου κύριον Ἰησοῦν
καὶ πιστεύσῃς ἐν τῇ καρδίᾳ σου ὅτι ὁ θεὸς αὐτὸν ἤγειρεν ἐκ νεκρῶν,
σωθήσῃ.

Manches spricht für die These von mehr oder weniger festen Pistisformeln. Demgegenüber ist die Hypothese von fixierten Homologien, die sich ihrerseits in Ky-
rios-Akklamationen und Gottessohn-Identifikationssätze untergliedern lassen
(VIELHAUER ²1978), kaum belastbar, da Variabilität und Kontextabhängigkeit bei
allen Belegen als erheblich zu taxieren sind. Im Folgenden werden christologische Prädikationsaussagen zusammen mit anderen Formulierungen, die ein
kerygmatisches bzw. soteriologisches Profil aufweisen, in einem äußeren Kreis
angesiedelt. Zu berücksichtigen sind besonders monotheistische und, damit verbunden, christologische Formeln; dazu kommen Sonderüberlieferungen wie
Röm 3,24 f. Auch die in den Evangelien enthaltenen bekenntnisartigen Aussagen
sind hier einzureihen. Einen Sonderkomplex außerhalb der genannten konzentrischen Kreise bilden Aussagen, die in gottesdienstlicher Sprache gehalten sind,
zumal Doxologien und Eulogien. Bei »Liedern« bzw. »Hymnen« handelt es sich
nochmals um ein eigenes Feld, das nur noch am Rand zum Thema früher Glaubensbekenntnisse zählt.

3. Traditionelle Pistisformulierungen

Bei Pistisformulierungen handelt es sich um in der Briefliteratur begegnende
Aussagen zum Tod und/oder zur Auferweckung Jesu, die sich durch inhaltliche
Knappheit und sprachliche Stereotypie auszeichnen, gern verbunden mit einem
technischen Gebrauch von »Glauben«. Es handelt sich um traditionelles Gut (vgl.
1Kor 15,3: παρέδωκα/παρέλαβον). Die Formulierungen blicken im Medium des
Glaubens zurück in die (nicht ferne!) Vergangenheit mit ihren entscheidenden
Heilereignissen, die die Gegenwart bestimmen. Es finden sich drei Typen: Eingliedrige Formulierungen handeln entweder von der Auferweckung Jesu (1.)
oder von seinem Tod (2.); mehrgliedrige kombinieren beides, ordnen also Tod
und Auferweckung Jesu einander zu (3.). Die verstreuten Daten lassen keine ent-
wicklungsgeschichtlichen Rekonstruktionen zu (wonach etwa die eingliedrigen
Formeln die älteren seien, und hier diejenigen von der Auferweckung nochmals
früher als die vom Sterben). Auch spezifische historische Verortungen (etwa für
die Todesformeln im ›hellenistischen Judenchristentum‹ im Unterschied zum palästinischen) oder die Fixierung auf einen spezifischen Sitz im Leben (etwa auf
den Katechumenat) sind kaum plausibel zu machen.

3.1. Im Zentrum steht die theologische Aussage, dass Gott Jesus von den Toten *auferweckt* hat (meist im Aorist). Die eingliedrige Formulierung mit Gott als Subjekt und mit finitem Verb findet sich in Röm 10,9b; 1Kor 6,14; 15,15; 1Thess 1,10; mit partizipialer Verbform in Röm 4,24; 8,11; 2Kor 4,14. Eine Variante (mit schon durchaus christologischem Profil) stellt die Aussage mit Christus (!) als Subjekt dar, mit partizipialer Verbform Röm 6,9; 8,34 bzw. mit finitem Verb Röm 6,4; dabei verweist die Passivform ebenso auf Gott als Akteur. Die Formulierungen begegnen auch in Briefen späterer Zeit (vgl. Kol 2,12; Eph 1,20; 1Petr 1,21). Die Basismetapher der knappen Aussagen setzt das Totsein dem Schlafen gleich, das Auferstehen dem Gewecktwerden (ἐγείρεσθαι). Der Fokus ruht ganz auf dem Handeln des Erweckenden, also auf Gott. Neben der Metaphorik von Schlafen und Erwecktwerden begegnet diejenige des Aufstehens, des sich Aufrichtens (ἀνιστάναι). Auch wenn sie die Eigenaktivität des Betroffenen um eine Nuance stärker zum Ausdruck bringen mag (1Thess 4,14; Mk 8,31), ruht das Achtergewicht doch meist auf dem »Aufrichtenden« (Apg 2,24; 10,40f.). Zu beachten sind die erheblichen Wechselwirkungen zwischen beiden Bildfeldern.

Die Glaubensaussage »Gott hat Jesus von den Toten erweckt« bzw. »Christus ist von den Toten erweckt worden« nimmt sich extrem komprimiert aus. Will man sie hermeneutisch zum Leben erwecken, bieten sich drei weite Perspektiven an. Erstens stellt sie *retrospektiv* heraus, dass Jesus nicht gescheitert ist: Gott selber bestätigt Jesu irdisches Leben und Lehren, das seinerseits umfassend das atl. und jüdische Glauben und Hoffen in sich schließt. Zweitens signalisiert sie *prospektiv* eine Antizipation der endzeitlichen Totenauferstehung: Jesu Auferweckung steht in einem apokalyptischen Horizont und leitet die Endzeitereignisse ein. Drittens, und das ist das Entscheidende, bringt die Aussage eine *theo-logische* Dimension ins Spiel: Gott selber definiert sich neu durch sein Handeln am getöteten Jesus. Offenbar lehnt sich die Formulierung an die atl.-jüdischen *Gottesprädikationen* an – seine Selbstkundgabe beim Auszug Israels aus Ägypten (Ex 6,7; 20,2; Dtn 5,6; 6,12; Lev 19,36) und bei seinem Erschaffen der Welt (Gen 14,19; Ps 115,15). Wahrscheinlich mutiert sie darüber hinaus auch Israels Bekenntnis zu Gott als dem, der die Toten lebendig macht (Achtzehngebet 2. Ben.; JosAs 20,7; 4Q521 7,6; Röm 4,17; 2Kor 1,9), zum Bekenntnis zu Gott, der den getöteten Jesus auferweckt hat (anders BECKER 2007: 96).

3.2. Die Formulierungen von *Jesu Tod* sind deutlich variationsreicher als diejenigen von seiner Erweckung. Es ist im Einzelfall kaum möglich, ein festes Formular aus den kontextverbundenen argumentierenden Aussagen eines Briefs herauszulösen. Unzweifelhaft stoßen wir aber auch hier auf sehr alte, die Christusgläubigen verbindende Überzeugungen, die sich sprachlich verdichtet haben und die Formulierung etwa von Paulus steuern: Den Tod Jesu kennzeichnet eine finale, teleologische Dimension, die durch Präpositionen ausgedrückt wird: Jesus starb »für«, »zugunsten von«, »um willen« u.ä. (ὑπέρ, ἀντί, περί, διά). Greifbar sind zwei Typen: Eine »*Sterbeformel*« (WENGST 1972) mit Christus als Subjekt und Verb im Aorist (ἀποθανεῖν; 1Kor 15,3b; Röm 5,6.8; 14,15; 1Kor 8,11; 1Thess

5,10; vgl. 1Petr 3,18) und eine *Dahingabeformel* mit Gott oder Christus als Subjekt und finiter oder partizipialer Verbform (παραδοῦναι, δοῦναι; Röm 8,32; Gal 1,4; 2,20; Eph 5,2.25; vgl. Joh 3,16; 1Joh 3,16). Auch diese Aussagen sind äußerst komprimiert; ihren Hintergrund bilden atl./frühjüdische, von den Christusanhängern rezipierte Vorstellungen von Sühne und/oder von Stellvertretung, die auf Jesu Sterben übertragen werden. Deren spezifische Verortung im Judentum (kultische Sühne? Märtyrertod? ursprünglich griechische Tradition des »Sterbens für«?) ist ebenso Gegenstand von Debatten wie der Stellenwert der Rezeption von Jes 53,12[LXX] (»...dass seine Seele in den Tod dahingegeben wurde [...] er selbst nahm die Sünden von vielen auf sich, und um ihrer Sünden willen wurde er dahingegeben«).

3.3. Schließlich begegnen *kombinierte Formulierungen*, deren Pole Tod und Auferweckung bilden. Es ist keineswegs ausgemacht, dass sie bereits jünger sind als einfache Aussagen. Paradebeispiel ist die Aussage 1Kor 15,3–5, die Paulus selber explizit auf überkommene Tradition zurückführt. Wahrscheinlich erstreckt sich die traditionelle Formulierung auf V. 3b–5. Interessant sind die Amplifikationen: Jesu Sterben und Auferstehen, hier am »dritten Tag«, werden als »gemäß den Schriften« qualifiziert; dem Sterben tritt die Grablegung, dem Auferwecktwerden das österliche »Erscheinen« zur Seite. Gerade dieses gern als »Urbekenntnis« titulierte Statement zeigt, wie die ›Formeln‹ einem virtuellen Pool von Figuren, Konzeptionen und intertextuellen Bezügen aufruhen. Sie können vom jeweiligen Autor entsprechend aktualisiert bzw. moduliert werden. Besonders bei Röm 4,25 stellt sich die Frage, inwieweit die doppelgipflige Formulierung weitreichend auf Paulus zurückgeht (wogegen mindestens der Rückgriff in V. 25a auf Jes 53,12 spricht). Kombinierte Formulierungen begegnen auch 2Kor 5,15; 1Thess 4,14; Röm 14,9; vgl. IgnRöm 6,1.

4. Homologische Prädikationsaussagen

4.1. In den üblicherweise als *Homologien* gekennzeichneten Aussagen wird einem Hoheitstitel, meist »Kyrios« (Herr), als Subjekt ein Prädikat, die Personenbezeichnung »Jesus« bzw. »Jesus Christus«, zugeordnet (Röm 10,9 f.; 1Kor 12,3; Phil 2,11). Es geht im Unterschied zu den Pistisformeln nicht um ein vergangenes heilsrelevantes Ereignis, sondern um die gegenwärtige Würdestellung, den gottähnlichen Status von Jesus. Das Vokabular ὁμολογεῖν/ἐξομολογεῖσθαι bringt dabei einen rechtlichen Aspekt zum Ausdruck: Die ›ideale Szene‹ wäre dafür ein irdischer oder aber der himmlische Gerichtshof; weiträumiger ist an die *öffentliche Bekundung einer verpflichtenden Zugehörigkeit* zu denken. Durch Prädikationsaussagen dieses Typs grenzen sich ihre Vertreter einerseits von anderen religiös-politischen Programmen ab (etwa dem imperialen), definieren anderseits ihre eigene Identität: Das »sich Bekennen zu« expliziert sich in der Selbstbezeichnung der Christusanhänger als diejenigen, die »den Namen des Herrn« (Jo 3,5), nämlich Jesu Christi, »anrufen« (1Kor 1,2; Röm 10,13; Apg 9,14.21). Dem Öffentlichkeitscharakter des Bekenntnisses entspricht es, dass die Prädikation den Charakter des Zurufens, der Akklamation gewinnen kann, also mit performativ vollzogener Anerkennung und Unterstellung einhergeht (so bes. Phil 2,11). Das »Bekennen« mutiert damit in der Fluchtlinie der Septuaginta-Sprache zum »Preisen« (vgl. Röm 14,11; 15,9; HENGEL 2010: 316 f.). Trotzdem ist es keineswegs sicher, ob sich für das »Bekennen« der Gottesdienst als Sitz im Leben postulieren lässt.

4.2. Identifikatorische Bekenntnisaussagen, teilweise mit technischer »Homologie«-Semantik, begegnen auch abseits der spezifischen Kyrios-Prädikationen. Dabei wird erkennbar, wie die Bekenntnisbildung einhergeht mit dem Anliegen, die für authentisch gehaltene Überlieferung zu *bewahren*. So setzt sich der Verfasser des 1Joh gegen eine Spaltung der joh. Gemeinschaft mit dem Christusbekenntnis zur Wehr. In seiner Auseinandersetzung mit den Gegnern orientiert sich 1Joh am »Bekennen« Jesu Christi als »Gottessohn« (4,15; 5,5), und zwar spezifisch als des Inkarnierten (4,2 f.; 2Joh 7). Die gemeindeinterne Debatte über die sachgemäße Auslegung der joh. Tradition resultiert demnach in knappen, formelähnlichen Statements, die das joh. Erbe sichern wollen.

Insbesondere der Hebräerbrief macht das Bekenntnis zu Jesus Christus als Sohn Gottes (ὁμολογία: 3,1; 4,14; 10,23) zur Stütze der Glaubenden, die mit Standhaftigkeit und Geduld der Treue des verheißenden Gottes antworten. Auch wenn dieses Bekenntnis inhaltlich klar profiliert ist, muss es keineswegs als festes katalogisches Formular existiert haben. Dass sein Sitz spezifisch in der Taufe zu situieren ist (BORNKAMM 1959), lässt sich nicht sichern.

4.3. An dieser Stelle legt sich ein Blick auf den Bekenntnisspruch Q 12,8 f. nahe (für VON CAMPENHAUSEN 1972: 213 f., der »Ausgangspunkt der gesamten Entwicklung« für die Bekenntnisbildung): »Jeder, der sich zu mir vor den Menschen bekennt, zu dem wird sich auch der Menschensohn vor den Engeln bekennen. Wer mich aber vor den Menschen verleugnet, wird vor den Engeln verleugnet werden.«

Das wahrscheinlich auf Jesus zurückgehende Logion, das eine weitreichende Rezeption und Reinterpretation erfährt (Mt 10,32 f.par.; Mk 8,38parr.; Apk 3,5; 2Tim 2,13; 1Joh 2,23?; 4,15?; 2Clem 3,2), korreliert die Haltung zum irdischen Jesus mit der Haltung des himmlischen Menschensohns; es stehen sich Verfolgungssituation (vgl. Mk 13,9–11parr.) und Endgericht gegenüber. Mk 8,38 bettet den Spruch in die Ethik der Nachfolge ein. Im markanten Unterschied zur Hauptlinie der homologischen Traditionen beziehen sich »Bekennen« (ὁμολογεῖν) und »Verleugnen« nicht auf eine Größe in hoheitlicher Position (Menschensohn), sondern gerade umgekehrt auf eine im Kontrast dazu niedrige Person (Jesu »ich«).

5. Andere traditionelle Formulierungen mit kerygmatischem bzw. soteriologischem Profil

In ihrer Mission unter Juden und Heiden griffen die ersten Christen auf geprägte Topoi und konturierte theologische Figuren zurück, um Gottes neues Wirken zu proklamieren und damit auch sich selber als Christusgläubige vorzustellen. So bietet z. B. 1 Thess 1,9b.10 eine Gestalt des an Heiden adressierten Missionskerygmas. Um so etwas wie feste Formeln handelt es sich aber keineswegs. Von solchen spricht man besser nur dort, wo prägnante »Ein Gott/Herr«-Formulierungen (1.) oder soteriologische Kernsätze (2.) begegnen, die als markante Verdichtung weitreichender theologischer Vorstellungen anzusprechen sind.

5.1. Einen besonders wichtigen Stellenwert nehmen in der urchristlichen Literatur traditionelle Formulierungen ein, die *monotheistisch* profiliert sind und sich darüber hinaus teilweise mit *christologischen* Aussagen verbinden. Die *Einzigkeitsformel* (STAUDT 2012) spielt einerseits auf das atl.-jüdische Sch^{e}ma (Dtn 6,4) an, greift andererseits auf die griechisch-hellenistischen εἷς θεός-Formeln zurück. Neben Aussagen zum »einen Gott« selber (Mk 2,7parr.; Röm 3,30; Gal 3,20; Jak 2,19 und bes. Eph 4,6) spielt die »Ein Herr«-Formulierung (εἷς κύριος) im Urchristentum eine kaum zu überschätzende Rolle; dabei gibt sie die Septuaginta-Übersetzung von Dtn 6,4 wieder (κύριος ὁ θεὸς ἡμῶν κύριος εἷς ἐστιν, vgl. Mk 12,29parr.). Ausgesprochen lehrreich ist die Passage in 1 Kor 8,4–6, wo Paulus die ›aufklärerische‹ These der Korinther, es gebe nur einen Gott (V. 4), überholt durch eine Bekenntnisaussage (mit Dativ iudicantis [HOFIUS 2002: 173 f.]), die mit Prädikationen und präpositionsverbundenen All-Aussagen arbeitet:

> »Für uns gibt es nur *einen* Gott, den Vater,
> von dem alles ist und wir auf ihn hin,
> und *einen* Herrn, Jesus Christus,
> durch den alles ist und wir durch ihn.«

Es ist das Einssein, das Gott mit dem Kyrios Jesus teilt und das als exklusiv göttliche Eigenschaft rangiert. Gott und Christus werden überaus nahe zusammengerückt und doch subordinativ voneinander unterschieden. Das so »für uns« in Anspruch genommene Programm des ›christologischen Monotheismus‹ erlaubt es Paulus, in der Debatte um das Essen von Opferfleisch Erkenntnis und Liebe in das angemessene Verhältnis zu rücken (vgl. V. 2 f.). Es ist zweifelhaft, ob die Bekenntnisaussage eine gottesdienstliche Funktion hatte (deshalb ist auch ihre Kennzeichnung als doppelte »Akklamation« nicht unproblematisch). Der hier »binitarisch« entworfene göttliche Bereich wird bereits im Neuen Testament gelegentlich triadisch ausdifferenziert (2 Kor 13,13; Mt 28,19).

Eine siebenfache Einheitsdeklaration präsentiert Eph 4,4–6, thematisch eröffnet durch die »Einheit des Geistes«, die sich in der *einen* Kirche, dem Leib Christi, abbildet (die Rhetorik der »Eins« begegnet bes. auch in 2,14–18). Eine Doxologie – hier als eine von Präpositionen bestimmte All-Formulierung – schließt die Reihe ab. Alles spricht dafür, dass der Verfasser des Eph selber formuliert und wir kein überkommenes Traditionsstück vor uns haben. Trotzdem gewinnt die feierliche Evokation der Einheit den Charakter einer Bekenntnisaussage, ist sie doch eingebettet in den gesamten Abschnitt 4,1–16 mit seiner programmatischen Zuordnung von Gotteslehre (Christus und Geist mit eingeschlossen), Ekklesiologie und Ethik. Der »eine Glaube« von V. 5 wird, wie V. 13 indiziert, in V. 7–16 inhaltlich entfaltet.

1 Tim 2,5 f. bietet im Kontext einer Gebetsunterweisung eine Einzigkeitsformulierung, die den »*einen* Gott« mit dem »*einen* Mittler zwischen Gott und den Menschen«, dem »Menschen Christus Jesus«, zusammenschließt. Anders als 1 Kor 8,6 wird das Werk Christi nicht kosmologisch, sondern soteriologisch pointiert. Offenkundig greift der Verfasser von 1 Tim auf das »Lösegeld«-Wort Mk 10,45 zurück. Wiederum muss offen bleiben, ob der literarische Kontext des kerygmatisch-soteriologischen Kernsatzes auch seinen Sitz im Leben, eben den Gottesdienst, signalisiert (1 Tim 2,1–15).

5.2. In *soteriologischen Statements* erfahren komplexe theologische Zusammenhänge eine nur noch schwer auszufaltende Komprimierung. Paulus platziert in Röm 3,25 f. an prominenter Stelle (»jetzt aber«, V. 21) eine Aussage zum Sühnetod Christi, die wahrscheinlich mit einer Entsprechung zum Versöhnungsritus von Lev 16,15–17 arbeitet. Es ist aber nahezu unmöglich, traditionelle Sprachform und paulinische Formulierung zu scheiden. Ebenso dicht und zentral positioniert ist das Jesuswort von Mk 10,45par./Mt 20,28. Das Logion verbindet einen »Ich bin gekommen«-Spruch im Mund des Menschensohns (vgl. Lk 19,10) mit der Deutung des Sterbens als Entrichten eines »Lösegelds«. Obwohl der Spruch eine Brücke zur Abendmahlsüberlieferung Mk 14,24parr. nahelegt, bleibt er erratisch und lässt sich auch kaum von Jes 53,12 her dechiffrieren.

6. Weitere christologische Bekenntnisse

Kurze prägnante Aussagen darüber, wer Jesus von Nazaret war und ist, gewinnen für seine Anhängerschaft dort den Status von Bekenntnissen, wo sie in öffentlichen Szenen situiert sind (vgl. oben 4.). Darüber hinaus verbalisieren Christinnen und Christen ihre Zugehörigkeit zu Jesus, die sie zugleich verpflichtet und auszeichnet, in vielfacher Weise. Dabei sind der »*Messias*« bzw. »*Christus*« und der »*Sohn Gottes*« die beiden Hoheitstitel, die hauptsächlich als christologische Gravitationszentren anzusprechen sind.

6.1. *Paulus* arbeitet mit bekenntnisartigen Formulierungen gezielt dort, wo er sich mit seinen Adressaten über ihr gemeinsames Fundament verständigt (vgl. Gal 1,1b.4a). So platziert er am Anfang des Röm (1,3 f.) eine christologische Aussage, um im Gespräch mit der ihm persönlich nicht bekannten Gemeinde eine konsensfähige Plattform aufzubauen. Mit der Unterscheidung von Davidsohn und Gottessohn sowie von Fleisch und Geist präludiert er weitgespannte argumentative Zusammenhänge (so bezieht sich der Eingang zu Kap. 9–11, nämlich 9,4f., erkennbar auf 1,3 zurück). Bekenntnisaussagen dienen also nicht nur der Selbstdarstellung nach außen, sondern auch der Selbstaufklärung nach innen. Wiederum ist es methodisch fast nicht möglich, ›Tradition‹ und ›Redaktion‹ voneinander zu scheiden.

6.2. Die *synoptischen Jesuserzählungen* thematisieren vielfach die Frage nach der Identität Jesu – »wer ist dieser ...?« (Mk 4,41parr.). Das Petrusbekenntnis zum »Christus« in Mk 8,27–33 leitet programmatisch den Abschnitt 8,27–10,52 ein, wo es um Nachfolge im Schatten des Kreuzes geht, verdichtet in den drei Leidensankündigungen und den jeweils daran anschließenden Szenen, die exemplarisch das Nichtverstehen der Jünger herausarbeiten. Die Narration zielt darauf, im christlichen Lebensvollzug die Zugehörigkeit zu dem, der in die Passion geht, »bekennend« zu verifizieren. Kontrapunktisch verhalten sich dazu die drei auf die Gottessohnprädikation zielenden Erzählungen (Mk 1,11; 9,7; 15,39), weisen sie doch die einzigartige Verbindung Jesu mit Gott aus. Bekenntnisartigen Status gewinnt aber auch dieser Hoheitstitel zusammen mit dem »Gesalbten« wie dem »Menschensohn« in einer hervorstechenden öffentlichen Szene, nämlich im Auftritt Jesu vor dem Hohen Rat (14,61f.).

6.3. Viel ausgeprägter rückt das *JohEv* Jesu einzigartiges Wesen mittels hoheitlicher Prädikationen in den Vordergrund, teilweise explizit mit »Bekenntnis«-Terminologie verbunden (1,20; 9,22; 12,42). Abgesehen von den prominenten Selbstaussagen Jesu samt den »Ich bin«-Worten ist speziell hinzuweisen auf Bekenntnisaussagen von Jüngern und Anhängern, die direkt an das Einstimmungsvermögen der Leserschaft appellieren. Schlüsselszenen bilden das Bekenntnis der Samaritanerin (4,25f.), des Petrus (6,68f.), der Marta (11,27), der Maria (20,16f.) und, als Klimax, des Thomas (20,28). 1Joh dokumentiert, wie die bekenntnisartigen Prädikationen des JohEv im joh. Kreis ihrerseits Debatten und Selbstklärungsprozesse in Gang setzen (s. 2.4.2).

6.4. Anders als in den vorgestellten Erzähltexten, wo die Bekenntnisaussagen ganz im narrativen Setting eingepasst sind, haben *summierende Zusammenstellungen* des Wirkens Jesu Anlass gegeben, nach vorgeprägtem traditionellem Gut zu fragen. Das betrifft nicht nur die drei Leidensweissagungen (Mk 8,31; 9,31; 10,32–34, jeweils mit parr.), die einen Abriss der Passions- und Ostergeschichte bieten, sondern vor allem auch die in Reden der Apostelgeschichte begegnenden Miniaturen der Jesusgeschichte (10,37–43; 13,28–31; vgl. 2,31–33; 3,13–15.20f.; 4,10; 5,30f.). Die ausnehmende Fähigkeit von Lukas, variierend zu summieren und zugleich zu archaisieren, d.h. eine altertümliche Patina zu erzeugen, macht es indes fast unmöglich, hinter die lk. Textoberfläche zu dringen und ältere Traditionsstücke zu isolieren.

7. Gottesdienstliche Formen

Im Unterschied zu starken Trends in der Exegese des 20. Jh.s empfiehlt es sich, die im Folgenden aufgelisteten postulierten liturgischen Formen mehr an den Rand des Themas früher Glaubensbekenntnisse zu rücken. Sie müssen entweder als zu hypothetisch gelten (Kultformeln; Lieder) oder erweisen sich als wenig zielführend für die Fragestellung (Doxologien).

7.1. Gesicherte *Kultformeln* (dazu oben 1.5.) sind nur wenige erhalten. Für die Bekenntnisthematik sind sie kaum ergiebig.

7.2. *Doxologien* und *Eulogien* begegnen verstreut in frühchristlicher Literatur, vor allem am Schluss von Gebeten sowie von Briefen (Röm 16,25–27; Jud 24 f.) und Briefabschnitten (Röm 11,36; Gal 1,5; Eph 3,21; 1 Tim 1,17; 6,16), im Fall von Eulogien am Briefanfang (2 Kor, Eph, 1 Petr). Sie dokumentieren Ansätze zu einer ›hohen‹ Christologie, zumal dort, wo Christus zusammen mit Gott (Apk 5,13 f.; 7,10) oder selbständig zum Empfänger der Doxologie wird (2 Tim 4,18; 2 Petr 3,18; Apk 1,6; evtl. Hebr 13,21; 1 Petr 4,11). Wie die Kultformeln sind Doxologien für die Bekenntnisthematik wenig aussagekräftig.

7.3. Die Hypothese von in der urchristlichen Literatur enthaltenen *Liedern* bzw. Hymnen oder Psalmen ist im 20. Jh. vielfach und mit erheblichem Aufwand vertreten worden (so etwa für Joh 1,1–18; Phil 2,6–11; Kol 1,15–20; 1 Tim 3,16; 1 Petr 2,21–24; Apk). Die methodischen Probleme bei ihrer Rekonstruktion, die oben (1.) angedeutet wurden, sind so erheblich, dass man besser beraten ist mit einer minimalistischen These: Selbstverständlich greifen ntl. Autoren auf ihnen überkommene Sprachformen, Figuren und Konzeptionen zurück. Ihre Sprachkompetenz ist aber meist so hoch zu veranschlagen, dass es kaum möglich ist, vorgegebene Stücke zu präparieren. Sie bieten keine belastbare Basis für weiter reichende Hypothesen wie einen liturgischen Sitz im Leben (vgl. BRUCKER 2013). Natürlich haben die betreffenden Texte auch abseits ihres postulierten hymnischen Profils enorme Bedeutung für urchristliche Theologie und Frömmigkeit. Sie führen aber weit über die hier verfolgte engere Fragestellung nach Bekenntnissen hinaus.

8. Zusammenfassung

Das Neue Testament kennt zwar noch keine festen Bekenntnistexte, wohl aber eine Reihe traditioneller Formulierungen, in denen die Christusanhänger ihre Zugehörigkeit zu Jesus öffentlich und verbindlich bekunden. Mit ihrem »Bekennen« grenzen sie sich einerseits kritisch von ihrer Umwelt ab, zugespitzt in der Verfolgungssituation, verständigen sich andrerseits nach innen über ihre Basisüberzeugungen. Im späten 1. Jh. ist eine Verdichtung der Bekenntnistraditionen zu beobachten. Das »gute Bekenntnis« bietet Schutz gegenüber äußerem Druck (1 Tim 6,12 f.) und Orientierungshilfe auf dem von Ermüdung bedrohten Weg des

Glaubens (Hebr). Vor allem aber sichert das Bekenntnis die normative christliche Überlieferung in internen Klärungsprozessen, speziell in der Auseinandersetzung mit Dissidenten (1Joh; Apg; Past). Damit bahnen sich die Entwicklungen des 2. und 3. Jh.s an.

Campenhausen, Hans von 1972: Das Bekenntnis im Urchristentum, ZNW 63, 210–253.

Conzelmann, Hans 1974b: Was glaubte die frühe Christenheit? (1955), in: Ders.: Theologie als Schriftauslegung. Aufsätze zum Neuen Testament, BEvTh 65, München, 106–119.

Hahn, Ferdinand 2006: Bekenntnisformeln im Neuen Testament, in: Ders.: Studien zum Neuen Testament, Band II. Bekenntnisbildung und Theologie in urchristlicher Zeit, WUNT 192, Tübingen, 45–60.

Hengel, Martin 2010: Bekennen und Bekenntnis, in: Ders.: Theologische, historische und biographische Skizzen, Kleine Schriften VII, WUNT 253, Tübingen, 313–347.

Hoffmann, Paul 1994: Der Glaube an die Auferweckung Jesu in der neutestamentlichen Überlieferung, in: Ders.: Studien zur Frühgeschichte der Jesus-Bewegung, SBAB.NT 17, Stuttgart, 188–256.

Longenecker, Richard N. 2005: Christological Materials in the Early Christian Communities, in: Ders.: Contours of Christology in the New Testament, MMNTS 7, Grand Rapids, 47–76.

Vielhauer, Philipp ²1978: Geschichte der urchristlichen Literatur. Einleitung in das Neue Testament, die Apokryphen und die Apostolischen Väter, Berlin/New York.

Samuel Vollenweider

IV. Christologische Hoheitstitel

Mit dem Terminus »christologischer Hoheitstitel« bezeichnet man i. d. R. Prädikationen, d. h. »sprachlich verfestigte Attribute« (Karrer 1998: 18), die im frühen Christentum dazu dienten, die Bedeutung und Würde (»Hoheit«) Jesu prägnant zum Ausdruck zu bringen. Es handelt sich dabei in erster Linie um die Bezeichnungen »Gesalbter«/»Christus« (χριστός), »Herr« (κύριος), »der Gottessohn« (ὁ υἱὸς τοῦ θεοῦ) bzw. »der Sohn« (ὁ υἱός), ferner »der Menschensohn« (ὁ υἱὸς τοῦ ἀνθρώπου) und »der Davidsohn« (ὁ υἱὸς [τοῦ] Δαυίδ) sowie auch um die nur gelegentlich vorkommenden Bezeichnungen »Retter«/»Erlöser« (σωτήρ: Phil 3,20; Lk 2,11; Apg 5,31; 2Tim 1,10), »das Wort« (ὁ λόγος: Joh 1,1.14), »der Prophet« (ὁ προφήτης: Joh 6,14; 7,40) und »die Weisheit« (ἡ σοφία: Mt 11,19/Lk 7,35).

An dieser Stelle werden nur die erstgenannten drei Bezeichnungen für Jesus (»Herr«, »Gesalbter«, »Gottessohn«) in Betracht gezogen, die in fast allen ntl. Schriftengruppen bezeugt sind und somit alte, traditionelle frühchristliche christologische Prädikationen darstellen, dazu noch der Menschensohn-Titel (der breit in der ntl. Erzählüberlieferung verankert ist) sowie der Davidsohn-Titel (der – obwohl er nicht breit überliefert ist – in der Christologieforschung als mutmaßliche Abbreviatur für eine altertümliche Christologie eine große Rolle spielte). Dabei soll es darum gehen, die Entstehung der sog. »Hoheitstitel« zum Wirken

Jesu in Beziehung zu setzen, d. h. danach zu fragen, inwiefern sich in den Hoheitstiteln das Verhältnis von Jesu Wirken und die Entstehung der »Christologie«
spiegelt. Die Entstehung dieser Bezeichnungen ist jedoch seit Wilhelm Boussets
Pionierwerk *Kyrios Christos* (1913) gerade deshalb höchst umstritten, weil sich
die Frage nach der Kontinuität bzw. Diskontinuität des irdischen bzw. historischen Jesus und der nachösterlichen christologischen Deutung Jesu gerade hier
aufs Schärfste stellt. Mehrere groß angelegte Untersuchungen (z. B. CULLMANN
1957; HAHN 1962 [⁵1995]; KRAMER 1963; DUNN 1980 [²1992]; KARRER 1998;
HURTADO 2003) sowie Spezialuntersuchungen (z. B. BERGER 1971; 1973; HENGEL
1975; FITZMYER 1979; HURTADO 1988; KARRER 1990; JUNG 2002; CASEY 2007)
haben bis heute in der Frage zu keinem Konsens geführt.

Methodisch gesehen ist es erforderlich, die semantischen, religions- und traditionsgeschichtlichen Hintergründe sowie die Verwendungen der Hoheitstitel innerhalb des frühesten Christentums zunächst unabhängig von der Frage nach
einer möglichen Veranlassung im Wirken bzw. in der Verkündigung Jesu zu betrachten. Erst in einem zweiten Schritt lassen sich jeweils Hypothesen über eine
mögliche Veranlassung im Wirken Jesu formulieren.

1. Herr

Das Nomen κύριος ist im Griechischen eine Bezeichnung für Autoritätsperso-
nen, die in einem bestimmten gesellschaftlichen Bereich Macht bzw. Herrschaft
(häufig in Verbindung mit Entscheidungsvollmacht) über andere Personen ausüben. Das Wort entstammt ursprünglich der Haushaltsterminologie und bezeichnete von jeher den Familienvater als Hausherrn, besonders in seinem Status
als Besitzer und vollmächtigen Gebieter der Hausklaven. Durch metaphorische
Applikation breitete es sich nach und nach auf andere Gesellschaftsbereiche aus,
zunächst im frühen Hellenismus als Bezeichnung für politische Herrscher, danach auf Götter und andere überirdische Mächte bzw. Gestalten, schließlich generell als respektvolle Bezeichnung für sozial höher gestellte Personen (Übersicht
bei ZIMMERMANN 2007a: 187–193).

Das früheste für uns erkennbare Bekenntnis des entstehenden Christentums
war »Herr ist Jesus!« (1Kor 12,3; Röm 10,9; Phil 2,11; ↗ E.III.). Damit erkannten
die frühen Christen Jesus als mit Verfügungsgewalt über sie ausgestattete Autorität an (»*unser* Herr«, vgl. z. B. 1Kor 1,7) und riefen ihn dementsprechend als
»Herr!« an (Apg 1,6; 7,59 f.; 9,10.13; vgl. auch Mt 7,21/Lk 6,46; Mt 25,31–46).
Grundlage dafür bildete die Auferstehung (Röm 10,9; Phil 2,9–11; Lk 24,3.34;
Apg 2,36) bzw. der dadurch erlangte Status und die damit verbundene Macht Jesu
(1Kor 8,6; 2Kor 4,5 f.; Phil 2,9–11; Apg 2,34–36). Der Anruf μαραναθά (aramäisch: *mārānā' tā'* bzw. *māran* ᵃ*tā'* = »unser Herr, komm!«) in 1Kor 16,22 zeigt,
dass diese Anrede schon auf die frühesten aramäisch sprechenden Christen zurückgeht (vgl. HAHN ⁵1995: 100–109).

Fragt man nun nach Kontinuitäten zum Wirken Jesu, ist einerseits zu beachten, dass die Jesusüberlieferung von diesem nachösterlichen Sprachgebrauch nicht unberührt blieb, wie z. B. die recht häufige Verwendung von ὁ κύριος im LkEv für Jesus zeigt (vgl. 7,13.19; 10,1.39.41 u. ö.; vgl. auch Mk 11,3parr.). Andererseits kann man aber ebenso feststellen, dass auch außerhalb der Evangelien mit der Bezeichnung κύριος auf den irdischen Jesus Bezug genommen werden kann, so etwa wenn auf Worte des irdischen Jesus verwiesen wird (1Kor 7,10; 9,14; 11,23; vgl. ferner οἱ ἀδελφοί bzw. ὁ ἀδελφὸς τοῦ κυρίου: 1Kor 9,5; Gal 1,19). In der Jesusüberlieferung wird Jesus nun sowohl von Außenstehenden (vgl. z. B. Mk 7,28; Mt 9,28; 20,30–33; Lk 7,6; 19,8; Joh 4,11.15.19.49) als auch von seinen Jüngern (Mt 8,25; 26,22; Lk 10,17; 11,1; Joh 6,34 u. ö.) bzw. Anhängern (Mt 8,21; Lk 9,57–61; Joh 11,3.34 u. ö.) als »Herr« (κύριε) angesprochen. Dabei ist davon auszugehen, dass κύριος/κύριε die Verwendung des aramäischen *mār/mārêh* als Bezeichnung für eine Autoritätsperson spiegelt, was wohl durch die autoritative Lehrbzw. Verkündigungstätigkeit sowie das vollmächtige Wirken Jesu veranlasst wurde. Innerhalb des Jüngerkreises entsprach die Bezeichnung wohl dem Autoritätsgefälle zwischen Lehrer und Schülern (Mt 10,24 f.); dies zeigt sich auch in der Verfügungsgewalt Jesu über seine Jünger, wenn er sie z. B. vollmächtig beauftragt bzw. sendet (vgl. etwa Mk 11,2 f.; 14,13 f.; ferner Mk 6,7–13parr. und Lk 10,1, dort auch ὁ κύριος).

Es muss als recht wahrscheinlich gelten, dass der Kreis der Anhänger Jesu ihn weiterhin als »Herr« bezeichnete, nachdem sie zu der Überzeugung gelangt waren, dass er lebt. Allerdings änderte sich durch die Überzeugung von der Auferstehung bzw. Erhöhung Jesu der Referenzkontext der Bezeichnung radikal: Er war nun nicht mehr der autoritative Lehrer, sondern der zu Gott Erhöhte, der somit himmlische Macht und Status innehat (sodass sich auch die Vergleichsgrößen ändern, vgl. nur 1Kor 8,6). Man kann also bei der vor- und nachösterlichen Verwendung von der Bezeichnung »Herr« für Jesus von einer gewissen Kontinuität bei gleichzeitiger Diskontinuität sprechen.

2. Gesalbter bzw. Christus

Der am häufigsten verwendete christologische Hoheitstitel im Neuen Testament ist »Christos« bzw. »Gesalbter« (χριστός). In den frühesten Belegen bei Paulus begegnet χριστός in erster Linie in der Form Ἰησοῦς χριστός bzw. χριστὸς Ἰησοῦς, ferner absolut (ὁ) χριστός sowie in verschiedenen Verbindungen mit *kyrios* (κύριος Ἰησοῦς χριστός usw.). Die Syntagmen Ἰησοῦς χριστός bzw. χριστὸς Ἰησοῦς sind aller Wahrscheinlichkeit nach verfestigte Abbreviationen frühchristlicher Bekenntnisse (↗ E.III.), die Jesus als dem Gesalbten bzw. »Christos« huldigten (vgl. z. B. Mk 8,29; Joh 7,26.41; 1Joh 5,1). Χριστός ist ein Verbaladjektiv des Verbs χρίειν mit der Bedeutung »(mit Öl/Salbe) bestrichen« = »gesalbt«. Das Wort wird im Griechischen *nur* in der Septuaginta, dem Neuen Testament und in von ihnen abhängigen Schriften auf Personen angewandt. Es übersetzt in dieser personalen Anwendung das hebräische *māschîaḥ* bzw. das aramäische *mᵉschîḥā'* (als Fremdwort: Μεσσίας, vgl. Joh 1,41; 4,25). Für die semantische Valenz bedeutet dies, dass der Terminus in einem nicht-jüdischen Kontext als ungewöhnlich gelten musste und als Terminus jüdischer Religiosität erkennbar war.

Die religions- und traditionsgeschichtlichen Wurzeln bildeten einerseits die Königssalbung in Israel (2Sam 19,22 usw.), der jedoch mit dem Exil ein Ende gesetzt und die seitdem nicht wiederbelebt wurde, sowie die (hohe-)priesterliche Salbung, die nach der Krise unter Antiochus Epiphanes eingestellt wurde, dazu noch die (metaphorische) Rede von Prophetensalbungen in den Schriften Israels (etwa 1Kön 19,16; ferner Jes 61,1). Zur Zeit Jesu bzw. der Entstehung des Christentums gab es somit in Israel weder Königs- noch Priestersalbungen. Es ist im Besonderen zu beachten, dass die Salbungsterminologie zu keinem Zeitpunkt seit dem Exil mit der politischen Restitution der Königsherrschaft in Israel verbunden wurde – weder durch die Hasmonäer und Herodianer, noch durch post-herodianische Königsprätendenten; insbesondere war das Ideal einer realpolitischen Restauration der davidischen Herrschaft nicht mit dem Messias-Begriff verknüpft (KARRER 1998: 135 f.).

Zur Zeit Jesu bzw. der Entstehung des Christentums war die personale Prädikation Messias bzw. »Christos« im zeitgenössischen Judentum (unter dem Einfluss von 1Kön 19,16?) lediglich für große *prophetische* Gestalten aus Israels *Vergangenheit* (Patriarchen, Mose, andere Propheten, jedoch nicht für Könige, auch nicht David!) reserviert. Andererseits bezieht sie sich auf Gestalten der Endzeit, die verschiedentlich als herrscherliche (z. B. PsSal 17 f.; 4Q252; 1Hen 52,4; 4Esr 11–13; 3Bar 29 f.; 39 f.; 70–73), priesterliche (z. B. 11Q13 2,18; TestRub 6,8) und prophetische (4Q521) Gestalten erscheinen werden (vgl. KARRER 1990: 95–376). Zur Zeit Jesu bzw. der Entstehung des Christentums war die Messias-Prädikation also festgelegt auf ideale Träger des Wirkens Gottes in Vergangenheit und Zukunft, die – als »(von Gott) Gesalbte«! – jeweils als besonders von Gott befugt und geheiligt ausgezeichnet sind und somit Gott in einzigartiger Weise nahe stehen.

Die Tatsache, dass die Christusprädikation auffällig häufig gerade in (zum Teil alten formelhaften) Aussagen begegnet, die von Jesu Tod und/oder Auferstehung (vgl. 1Thess 5,9 f.; 1Kor 8,11; 15,1–3; Gal 1,4; 2,21; Röm 5,6.8; 6,3 f.9; 8,34; 10,6 f.; 14,15 u. ö.) und Kreuzigung (1Kor 1,23; 2,2; Gal 3,1.13) handeln (vgl. bes. KRAMER 1963), zeigt, dass das Christusbekenntnis angesichts des Kreuzestodes und aufgrund der Auferstehung formuliert wurde: Die Prädikation besagt, dass der getötete und auferstandene Jesus als (von Gott) Gesalbter derjenige ist, der sich in einzigartiger Nähe zu Gott befindet (Apg 2,36; 2Kor 4,4), sodass Gottes Gegenwart sich in ihm konkretisiert (vgl. 2Kor 4,4.6; 5,19) und Gottes segensreiches, d. h. rettendes Wirken darum von ihm ausgeht. Den traditionsgeschichtlichen Rahmenbedingungen entsprechend wird dem erhöhten Jesus als dem Gesalbten Gottes eine zentrale endzeitliche Rolle zugedacht (z. B. 1Kor 15,20–24; 1Thess 5,9 f.; Lk 3,15 f.; vgl. Apg 2,32; 17,31).

Fragt man nun danach, inwiefern die nach-österliche Vorstellung von Jesus als dem Gesalbten bzw. »Christos« mit dem Wirken Jesu zusammenhängen könnte, ist zu beachten, dass dort, wo die »Christos«-Terminologie in der Jesusüberliefe-rung begegnet, in der Regel der Einfluss der nachösterlichen Bekenntnistradition klar zu Tage tritt (vgl. Mk 8,29parr.; Joh 9,22; 11,27; 20,31; vgl. ferner Mk 1,1; 14,61parr.; Mt 16,20; Lk 22,67; Joh 1,41; 4,29; 7,41) bzw. sonst eine nachösterliche Perspektive deutlich erkennbar ist (Mt 1,18; 16,20; 23,10; 27,17; Lk 24,26.46; Joh 9,22). Da Jesus nirgends in der Jesusüberlieferung die Messias- bzw. Christusprä-dikation für sich verwendet, kann man davon ausgehen, dass Jesus keinen expli-ziten »messianischen« Anspruch erhoben hatte, der dann zum Anlass für die nach-österliche Anwendung auf den Erhöhten führte. Fragt man angesichts des-sen danach, ob Jesu Wirken seine Prädizierung mit dem Hoheitsprädikat »Messi-as« bzw. »Christos« im frühen Christentum vorbereitete bzw. präfigurierte, ist zunächst auf seine Verkündigung der kommenden Herrschaft Gottes zu verwei-sen: Sie vermittelte seinen Anhängern zunächst den endzeitlichen Horizont, in dem sie die Ostererfahrungen deuteten. Da Jesus ferner die kommende Herr-schaft Gottes aufs Engste mit seinem eigenen Wirken verknüpfte und dieses als Heilswende begriff, sodass sich das endzeitliche und endgültige Anbrechen der Gottesherrschaft schon punktuell in seinem eigenen Wirken realisierte (Lk 11,20/ Mt 12,28; ferner Lk 17,20 f.; Lk 7,22 f./Mt 11,5 f.), schrieb er sich eine zentrale Rolle in der Realisierung des endzeitlichen Heils zu. Zugleich impliziert dies eine singuläre Nähe zu Gott, der durch Jesus seine Herrschaft endgültig realisiert. Da zu dem Inhalt der Gesalbten-Vorstellung zum einen die singuläre Gottesnähe, zum anderen die Funktion einer Zentralgestalt in der Endzeit gehörten, diente die Prädizierung des Auferstandenen mit dem Messias- bzw. Christustitel nicht nur der Deutung des Status des Auferstandenen vor Gott sowie seiner künftigen endzeitlichen Funktion (s. o.), vielmehr bündelte sie zugleich in prägnanter Weise zentrale Aspekte seines irdischen Wirkens bzw. seiner Selbstwahrnehmung. Auch wenn die Anwendung der Bezeichnung »Gesalbter« auf den historischen Jesus kaum plausibel gemacht werden kann, steht die nachösterliche Prädizierung Jesu mit diesem Hoheitsprädikat in einer nicht zu unterschätzenden Kontinuität zu Wirken und Verkündigung des Irdischen.

Dazu kommt ein weiterer Aspekt: Die Tatsache, dass die personale Christusbe-zeichnung eindeutig die Herkunft aus dem antiken Judentum signalisiert, wirkt sich dahingehend aus, dass die »Christos«-Prädikation klarstellt, dass das Heil durch Jesus als Gottes Gesalbten unwiderruflich an Israel und seinen Gott gebun-den ist (vgl. Röm 9,4 f.). Dies steht damit in Einklang, dass Jesu Wirken in Israel stattfand und seine Verkündigung Israel zugedacht war.

3. Gottessohn

Die Prädikation »Gottessohn« (ὁ υἱὸς τοῦ θεοῦ κτλ.) begegnet im Neuen Testament recht breit gestreut in der Bekenntnistradition (vgl. 1Joh 4,15; 5,5; Joh 11,27; 20,31; Mt 16,16; ferner Hebr 4,14; ↗ E.III.) und, obwohl sie nur selten von Paulus für Jesus verwendet wird, war »der Gottessohn Jesus Christus« nach 2Kor 1,19 Inhalt der paulinischen Verkündigung (so auch Röm 1,1–4.9; Gal 1,16), sodass man vom hohen Alter der Verwendung dieses Hoheitstitels im frühen Christentum ausgehen kann. Dabei ist die recht häufige Zusammenstellung mit der Christusprädikation auffällig (vgl. nur Mk 14,61parr.; Mt 16,16; Joh 20,31; 1Joh 4,15; 5,5).

Um den Sinngehalt dieser Prädikation näher bestimmen zu können, ist nach den motiv- und religionsgeschichtlichen Hintergründen zu fragen. Die Ursprünge dieser im frühen Christentum auf Jesus angewendeten Bezeichnung sind äußerst umstritten (vgl. HAHN [5]1995: 474–484 [Anhang]), wobei es z.Z. einen relativen Konsens gibt, dass sie aus atl.-jüdischen Voraussetzungen zu erklären ist. Nimmt man nämlich die Gottessohn-Belege des Alten Testaments und der frühjüdischen Literatur in Augenschein, lässt sich feststellen: Unabhängig von der Referenz der Begrifflichkeit – ob sie sich nun auf Engel bzw. himmlische Wesen (Gen 6,2.4; Hi 1,6; 2,1; 38,7; Ps 29,1; 82,6; 89,7; Dan 3,25; SapSal 5,5), auf Israel (Ex 4,22; Hos 11,1) oder die Israeliten (Dtn 14,1; 32,5.18 f.; Jes 43,6; 45,11; 63,8; Jer 4,22; ferner als endzeitliche Verheißung: Jub 1,24 f.; PsSal 17,27; TestJud 24,3; 1Hen 62,11), auf den König Israels (2Sam 7,14; Ps 2,7; 89,27 f.), einen Gerechten (SapSal 2,13.16.18) oder ein Individuum wie Joseph (JosAs 6,3.5; 13,13; 18,11; 21,4; 23,10) usw. bezieht – allen Belegen ist gemeinsam, dass durch die Begrifflichkeit eine einzigartig innige Beziehung bzw. Nähe der so Bezeichneten zu Gott angezeigt wird. Der Gottessohn ist in besonderer Weise Gott zugehörig bzw. steht ihm besonders nahe: Dies dürfte als der semantische Sinngehalt des Ausdrucks betrachtet werden (die auffällige semantische Nähe zur Christos-Prädikation wirkte sich auch auf die Bekenntnistradition aus, vgl. etwa 1Joh 4,15; 5,5; Joh 11,27; 20,31; Mt 16,16 usw.). Dabei ist zu beachten, dass die Grundlage dieser singulären Nähe jedoch von Kontext zu Kontext unterschiedlich ist (z. B. physische Nähe, Geistbesitz, Toratreue, Treue zu Gott usw.).

Nach Röm 1,3 f. ist im Falle Jesu diese einzigartige Gottesnähe in der Auferstehung und Erhöhung Jesu zu Gott begründet (vgl. auch Hebr 1,3–8; 4,14). Entsprechend wird der durch Gott offenbarte Auferstandene in Gal 1,16 als Gottessohn bezeichnet und wird seine Erhöhung in 1Thess 1,10 und Gal 4,6, wo ebenfalls vom Gottessohn die Rede ist, vorausgesetzt: Jesus befindet sich als Auferstandener und somit als Sohn Gottes im himmlischen Hofstaat, also wie die Engel in unmittelbarer Nähe zu Gott (vgl. in dieser Hinsicht bes. Hebr 1,3–8; vgl. auch Mk 13,32) – solche angelomorphen christologischen Vorstellungen scheinen auch in der sog. »Verklärungsgeschichte« in Mk 9,2–9parr. wirksam zu sein (vgl. auch 1Kor 4,4–6, dort allerdings nicht in Zusammenhang mit der Gottessohn-Bezeichnung, sondern mit Christos bzw. Kyrios).

Für die Frage nach einer möglichen Präfiguration im Wirken Jesu ist noch zu beachten, dass Jesu Status als himmlischer Gottessohn mehrfach mit dem Besitz des Geistes verknüpft wird, vgl. Gal 4,6, wonach Gott die gläubigen Gottessöhne mit dem Geist des erhöhten Gottessohnes beschenkt (vgl. ferner Röm 1,4). Dies korrespondiert in auffälliger Weise mit der synoptischen Tradition, wo die Gottessohn-Terminologie in erster Linie mit der Geistbegabung Jesu verknüpft ist (Mk 1,9–11parr.; 15,39/Mt 27,54), der vor dem Hintergrund von Jes 52,7; 61,1 als Gottes mit dem Geist gesalbter letzter Bote bzw. endzeitlicher Prophet verstanden wird (vgl. DU TOIT 2006: 344–358): Als Geistträger ist Jesus »Gottessohn«, steht also in einer singulär innigen Beziehung zu Gott. Da der Geistbesitz Jesu bzw. sein Wirken durch den Geist zum ältesten Bestand der Jesusüberlieferung zählt (Q und Mk, vgl. bes. Mk 3,28–30/Mt 12,31 f./Lk 12,10, sowie Mt 12,28/Lk 11,20), kann man darin den Anspruch Jesu auf eine einzigartige Beziehung zu Gott erkennen. Durch die Verwendung des im frühen Christentum auch den Erhöhten auszeichnenden Hoheitstitels »Gottessohn« in der Jesusüberlieferung wurde also in berechtigter Weise eine gewisse Kontinuität zwischen dem nachösterlichen Status des Erhöhten und dem Wirken bzw. Anspruch Jesu hergestellt, wenn auch nicht mit hinreichender Sicherheit auf eine Verwendung zu Lebzeiten Jesu geschlossen werden kann (vgl. jedoch CASEY 2010: 388–391).

In diesem Zusammenhang ist auf einen weiteren Aspekt der Jesusüberlieferung zu verweisen: Im JohEv wird das singuläre Verhältnis Jesu zu Gott, das sich in beider Willens-, Wirk- und Offenbarungseinheit spiegelt, in erster Linie mit Hilfe von Vater-Sohn-Metaphorik zum Ausdruck gebracht (Joh 3,35 f.; 5,19–23 und *passim*; vgl. auch die πάτερ-Anrede Gottes in 17,1; vgl. 3,16–18; 5,25 usw. für die Gottessohn-Terminologie). Ähnliches liegt auch in Q Mt 11,25–27/Lk 10,21 f. vor. Da auch in Mk 14,36 Jesu und Gottes Willenseinheit mit der Vater-Anrede Gottes (»*Abba*«) verknüpft wird, scheint hier ein in der Überlieferung breit bezeugtes Motiv vorzuliegen, das möglicherweise einen Aspekt des Selbstverständnisses Jesu spiegelt, demzufolge er in einem besonders engen Verhältnis zu Gott stand, was u. a. im Entsprechen des Willens Gottes, seines Vaters, zum Ausdruck kam (vgl. auch Mk 3,25/Mt 12,25; vgl. Mt 7,21; 18,14). Auch darin gibt es also eine gewisse Verbindungslinie zur Prädizierung Jesu als »Gottessohn« im frühen Christentum, wobei man freilich nicht versuchen sollte, ihre Entstehung traditionsgeschichtlich auf das Motiv zu reduzieren.

4. Menschensohn

Der im Griechischen ungewöhnlichen Ausdruck »der Menschensohn« bzw. »der Sohn des Menschen« (ὁ υἱὸς τοῦ ἀνθρώπου), der in der Jesusüberlieferung (mit Ausnahme von Joh 5,27) nur in der doppelt determinierten Form (»*der* Sohn *des* Menschen«) vorkommt, ist sprachlich gesehen ein Semitismus, der auf einen äquivalenten aramäischen Ausdruck *bar-('æ)näsch*/*bar-('æ)näschā'* zurückgeht.

Der Ausdruck bedeutete im zeitgenössischen Aramäisch »(der) Mensch«, »jemand« oder »jeder Mensch«, wurde also in generischer und generalisierender Bedeutung gebraucht, um verallgemeinernde Aussagen zu machen (so M. Casey, J. Fitzmyer. Zu der Forschung vgl. die übersichtlichen Darstellungen bei SCHRÖTER 1997: 451–455; HURTADO 2003: 299–304; DUNN 2003b: 724–737). In solchen verallgemeinernden Aussagen kann der Sprecher die Wendung (ähnlich der Verwendung von »man« im Deutschen) besonders auf sich selber beziehen, ggf. im Sinne von »jemand wie ich«, »einer in meiner Lage« (B. Lindars), allerdings nicht schlicht als exklusive Selbstreferenz im Sinne von »ich« (so die These von G. Vermes, widerlegt von J. Fitzmyer, M. Casey).

Der Ausdruck kommt als Bezeichnung für Jesus in allen Evangelien und Apg 7,56 vor und zwar (mit Ausnahme von Joh 9,35 und Apg 7,56) immer im Munde Jesu. Dies wird in der Forschung i.d.R. dahingehend gedeutet, dass Jesus in irgendeiner Form vom »Menschensohn« gesprochen habe. Sichtet man die Menschensohn-Belege, wird deutlich, dass die Rede vom Menschensohn im JohEv zutiefst in die joh. Präexistenz- und Inkarnationschristologie integriert ist und somit für die Frage nach dem historischen Jesus nur mit äußerster Vorsicht auswertbar ist. Eine Sichtung der Belege der synoptischen Tradition ergibt, dass die Wendung in drei verschiedenen typischen Kontexten vorkommt:

(1) Ein Teil der Menschensohn-Worte bezieht sich auf das irdische und/oder vollmächtiges Wirken Jesu (Mk 2,10parr.; 2,28parr.; Q Lk 7,33 f./Mt 11,18 f.; Q Lk 9,58/Mt 8,20; Q Lk 12,10/Mt 12,32; Lk 19,10).

(2) Andere Menschensohn-Worte beziehen sich auf das endzeitliche Kommen bzw. richterliche Wirken Jesu bzw. einer endzeitlichen Gestalt (Mk 8,38parr.; 13,26parr.; 14,62parr.; Q Lk 17,24.26 f.30/Mt 24,27.37 f.39; Mt 10,23; 13,41; 16,27; 19,28; 25,31–46; Lk 6,22; 12,8 f.; 17,22).

(3) Eine dritte Gruppe thematisiert das Leiden (und die Auferstehung) des Menschensohns (Mk 8,31parr.; 9,31parr.; 10,33 f.parr.; Mk 14,21.41parr.; Mk 9,9; 10,45par.; Mt 17,9; 20,28; Mt 12,40).

Diese Sachlage wird noch dadurch verkompliziert, dass in einigen Parallelaussagen statt »Menschensohn« mit »ich« formuliert wird (vgl. z.B. Lk 6,22; 12,8 f. par.; Mt 5,11; 10,32 f.; Mk 8,27/Mt 16,13; Mk 10,45/Mt 20,28par.; Lk 22,27).

Hinsichtlich unserer Fragestellung lässt sich festhalten: Bei den Menschensohn-Aussagen der dritten Gruppe handelt es sich um eine mk. Innovation und ihre Rezeption durch Mt/Lk, sodass sie für die Frage nach der Entstehung des Titelgebrauchs im frühen Christentum bzw. im Wirken Jesu ausscheiden.

In diesem Zusammenhang ist noch auf einen weiteren Aspekt der Überlieferung zu verweisen. Die Determinierung (»*der* Menschensohn«) kann anaphorisch im Sinne von »der bekannte, bestimmte Menschensohn« verstanden werden. Diesen Zug hat die Jesusüberlieferung mit der determinierten Verwendung des Ausdrucks Menschensohn in den Bilderreden des 1Hen (dort 37–71, vgl. etwa 46,3 f.; 62,5.7.14) gemein, wo der Begriff sich außerdem (ähnlich wie in Mk 8,38parr.; 13,27parr.; 14,62parr.) auf eine endzeitliche Richtergestalt bezieht (vgl.

etwa 1Hen 62; 70 f.; vgl. dazu BECKER 1996: 112–116). In beiden Fällen steht eine intertextuelle Bezugnahme auf die Rede von »eine(m) wie eines Menschen Sohn« in Dan 7,13 f. im Hintergrund, wo der Menschenähnliche als Bild für »das Volk der Heiligen des Höchsten« bzw. Israel dient (Dan 7,27, diese vergleichende Redeweise liegt für eine endzeitliche, richterliche Heilsgestalt im 1. Jh. in 4Esr 13,2 vor). Für unsere Fragestellung ist dieser traditionsgeschichtliche Zusammenhang von entscheidender Bedeutung. In der Forschung herrscht heute (gegenüber der älteren Forschung) ein Konsens darüber, dass sich für die Zeit Jesu bzw. der Entstehung des Christentums keine fest umrissene Vorstellung einer endzeitlichen Menschensohn-Gestalt im Judentum nachweisen lässt, dass ferner eine traditionsgeschichtliche Abhängigkeit Jesu bzw. des frühen Christentums von den Bilderreden bzw. 1Hen 37–71 (wahrscheinlich in der 2. Hälfte des 1. Jh.s entstanden) so gut wie ausgeschlossen ist. Dies bedeutet, dass die determinierte Redeweise von »*dem* Menschensohn« mit Rekurs auf Dan 7 als einer endzeitlichen, himmlischen Richtergestalt in der Jesusüberlieferung und in den henochischen Bilderreden religionsgeschichtlich analoge Phänomene im 1. Jh. darstellen, ohne dass bisher vermittelnde Traditionen eruiert werden konnten.

Stellt man vor diesen Hintergründen die Frage nach der möglichen Veranlassung der nachösterlichen titularen Verwendung des Ausdrucks »der Menschensohn« im frühen Christentum (z. B. Joh 3,14 f.; 9,35), handelt es sich um eine der – wenn nicht die – kompliziertesten Fragestellungen der Jesusforschung überhaupt: Nicht nur muss der sehr komplexe Überlieferungsbefund mit den sprachlichen und traditionsgeschichtlichen Befunden koordiniert werden, sondern er muss auch einer plausiblen historischen Entwicklung, die sich von der Rede des Täufers von einem Kommenden über Jesu Verkündigung der Gottesherrschaft bis zur Entstehung des frühen Christentums und frühchristlicher Hoheitschristologien erstreckt, zugeordnet werden. Es soll hier nicht darum gehen, einen eigenen Ansatz zu präsentieren bzw. zu begründen, vielmehr sollen die in der Forschung vertretenen Lösungsansätze kurz dargestellt werden.

(1) Eine der forschungsgeschichtlich wirkmächtigsten Lösungen geht auf Rudolf Bultmann zurück, verbreitet wurde sie vor allem durch Ferdinand Hahn (HAHN [5]1995: 13–53; 1983: 927–935), in der neueren Jesusforschung vertritt sie z. B. Jürgen Becker (BECKER 1996: 249–267). Sie geht von der Beobachtung aus, dass in Lk 12,8 f. und Mk 8,38 die 1. Person Singular und die Bezeichnung »Menschensohn« dahingehend differenziert verwendet werden, dass mit Ersterem auf das gegenwärtige Verhalten gegenüber Jesus, mit dem Ausdruck »Menschensohn« aber auf die zukünftige Vergeltung dieses Handelns im endzeitlichen Gericht verwiesen wird. Dies wird so gedeutet, dass Jesus in der Rede von »dem Menschensohn« von einem anderen als sich selber gesprochen habe, nämlich von einer kommenden Gestalt, der das endzeitliche Gericht obliegen wird. Nach Ostern wurde im frühen Christentum angesichts der Ostererfahrungen bzw. der Überzeugung von der Erhöhung des Auferstanden zu Gott Jesus mit dem von Jesus erwarteten endzeitlichen Menschensohn identifiziert, die Vorstellung wur-

de unter Bezugnahme auf Dan 7, Ps 110 und Sach 12 ausgebaut, und in die Überlieferung über den irdischen Jesus zurückprojiziert, sodass Aussagen über das
irdische Wirken Jesu bzw. sein Leiden (und seine Auferstehung) mit dem Menschensohn-Terminus verbunden wurden.

(2) Ein Teil der Jesusforschung optierte für eine Lösung, die die Entstehung der
Menschensohn-Christologie in Analogie zu der nachösterlichen Entstehung der
anderen Hoheitstitel erklärt: Sie geht auf Philipp Vielhauer zurück und erfuhr
durch die Aufnahme durch Norman Perrin in der englischsprachigen Forschung
der sog. *Second Quest* große Verbreitung. Dieser These zufolge steht die Rede
vom Menschensohn in Konflikt mit Jesu Verkündigung von der Gottesherrschaft,
sodass die Menschensohn-Logien gänzlich unabhängig von dem historischen
Jesus nachösterlich im frühen Christentum als Gemeindebildungen unter dem
Einfluss der henochischen Bilderreden (Vielhauer) bzw. frühchristlicher Pesher-
traditionen (Perrin) entstanden. Dieses Erklärungsmodell hat heute kaum noch
Anhänger.

(3) Vor allem in der englischsprachigen Forschung setzte sich seit den siebziger
Jahren unter dem maßgeblichen Einfluss von Geza Vermes der Ansatz durch, die
Entwicklung nur vor dem Hintergrund des aramäischen Sprachbefundes zu erklären. Der Ansatz wurde bei Differenzen im Einzelnen durch Joseph A. Fitzmyer, Carsten Colpe, Barnabas Lindars, Maurice Casey und Mogens Müller weiterentwickelt und hat sich in dem nicht-eschatologischen Zweig der sog. *Third
Quest* weitgehend durchgesetzt (vgl. etwa CROSSAN 1994a: 238–261). Die Wurzel
der gesamten Entwicklung wird in den Aussagen Jesu gesehen, in denen er gene-
ralisierende Aussagen über den Menschen an sich gemacht haben soll – insbesondere Mk 2,10.28parr. sowie Q Lk 9,58/Mt 8,20 dienen hier als Kronzeugen: Der
These zufolge redete Jesus von der generellen Heimatlosigkeit des Menschen sowie davon, dass jeder Mensch Sünden vergeben bzw. Macht über den Sabbat ausüben darf (vgl. etwa CROSSAN 1994a: 255–259). Erst im frühen Christentum setzt
sich aufgrund dieser auffälligen Redeweise Jesu zunächst eine individualisierende
Bezugnahme auf Jesus durch (Q Lk 7,33 f./Mt 11,18 f.; Q Lk 12,10/Mt 12,32; Lk
22,48), in der »der Menschensohn« statt bzw. neben »ich« als Selbstreferenz dient,
sodann ein Prozess der Eschatologisierung, in dem die Menschensohn-Bezeich-
nung zum Hoheitstitel des Erhöhten wurde und mit dessen Parusie und richterli-
cher Funktion sowie dann später auch mit Leiden und Auferstehung des Irdischen verknüpft wurde (vgl. z. B. die Darstellung bei CASEY 2010: 369–388).

(4) Mit diesem Lösungsansatz ist ein viertes Modell verwandt, deren Vertreter
(etwa J. D. G. Dunn, M. Casey) zwar auch den Ausgangspunkt der Entwicklung
im aramäischen Sprachgebrauch Jesu sehen, allerdings in den hier oben genannten Menschensohn-Worten von Anfang an einen gewollten Selbstbezug Jesu erkennen (»in a general and self-referential way best indicated by a translation ›a
man like me‹ equivalent to the English ›one‹ …«, DUNN 2003b: 761; »… used in
an idiomatic way in a general statement which refers particularly to the speaker
with or without other people«, CASEY 2010: 361). Dunn und Casey betrachten

Mk 2,10.28parr.; Q Lk 12,10/Mt 12,32/Mk 3,28 f.; Q Lk 9,58/Mt 8,20; Q Lk 7,33 f./
Mt 11,18 f. als authentische Jesusworte (bei Casey kommen noch dazu: Mk 9,12;
14,21; Lk 22,48). Beide halten auch Q Lk 12,8 f./Mt 10,32 f./Mk 8,38 für authentisch, sehen aber darin keine Referenz auf eine Endzeitgestalt, sondern lediglich
den Anspruch Jesu, selber im Endgericht als wichtiger Zeuge aufzutreten (Casey)
bzw. die Erwartung Jesu auf Restitution (»vindication«) im Endgericht (vgl.
DUNN 2003b: 737–762, bes. 760 f.; CASEY 2010: 358–368, bes. 368).

(5) Verwandt mit diesem letzten Lösungsansatz ist derjenige, der in dem Men-
schensohn-Ausdruck eine markante Selbstbezeichnung Jesu erkennt, mit der er
seinen einzigartigen Anspruch als vollmächtiger Verkündiger der Gottesherrschaft markierte bzw. hervorhob (BERGER 1994: 615–622, bes. 618 f.; SCHRÖTER
1997: 451–457; 2006b: 244–254, ähnlich auch HURTADO 2003: 304–306). Dieser
einzigartige Vollmachtsanspruch eignete sich hervorragend als Ausgangspunkt
für die weitere Entwicklung im frühen Christentum: Dass die um des Menschensohnes Willen Verfolgten selig gepriesen werden (Q Lk 6,22), dass ferner Aussagen über die irdische Vollmacht Jesu oder die Wiederkunft Jesu als endzeitlichen
Richter in der Jesusüberlieferung gerade mit dem Menschensohn-Terminus verknüpft wurden, stellt eine sachgemäße frühchristliche Entfaltung des mit dem
Menschensohn-Begriff verbundenen Anspruchs Jesu dar (SCHRÖTER 1997: 457).

5. Davidsohn

Die Bezeichnung »Davidsohn« (ὁ υἱὸς [τοῦ] Δαυίδ) unterscheidet sich von den
anderen Hoheitstiteln darin, dass sie in der Überlieferung nicht für den Erhöhten, sondern nur für den irdischen Jesus verwendet wird. Dazu kommt, dass sie
nur in den synoptischen Evangelien (Mk 10,47par.; 12,35–37parr.) und dort besonders im MtEv (Mt 1,1; 9,27; 12,23; 15,22; 20,30 f.; 21,9) begegnet. Zwei Aspekte sind in diesem Zusammenhang zu unterscheiden (vgl. generell zum Thema
KARRER 1998: 187–190):

(1) Die meisten Belege stehen im Kontext der Heil- bzw. Exorzismustätigkeit
Jesu (Mk 10,47parr.; Mt 9,27; 12,22 f.; 15,22; 20,30 f., vgl. den Zusammenhang
von 20,29–34 mit 21,1–11, bes. 9!). Den traditionsgeschichtlichen Hintergrund
bildet die jüdische Vorstellung von Salomo als dem idealen und weisen Nachkommen Davids, der der Tradition zufolge über Wissen über Dämonen bzw. die
Heilkraft von Pflanzen verfügt (SapSal 7,20) und vor allem als Dämonenbezwin-
ger galt (TestSal 1 f.; 20; dort als Davidsohn tituliert, vgl. 1,7; 20,1; LibAnt 60,3;
Flav.Jos.Ant. 8,45–49; 11Q11 1). Als Heiler und Exorzist tritt Jesus als eine Art
neuer Salomo auf, allerdings relativiert die Überlieferung dies dahingehend, dass
festgehalten wird, dass er mehr als Salomo ist (Mt 12,42 f., vgl. den Zusammenhang mit 12,43–45 bzw. 12,22–30). Ob Jesus schon zu Lebzeiten aufgrund seiner
Reputation als Exorzist so bezeichnet wurde, muss als prinzipiell möglich gelten,
die recht schmale Bezeugung in der Überlieferung spricht jedoch eher dagegen.

(2) Der zweite zu berücksichtigende Aspekt betrifft die Überlieferung in Mk 12,35–37parr., wo Einwände gegen eine nicht-davidische Herkunft des Christus (vgl. auch Joh 7,41 f.) mit Verweis auf Ps 110 schriftgelehrt widerlegt, also als irrelevant für die Frage nach Jesu Messianität beurteilt werden. Die Auseinandersetzung setzt also die frühchristliche Überzeugung von Jesus als dem Gesalbten bzw. Christos (s. o.) voraus. In anderen Kreisen des frühen Christentums wurde in Antwort auf dieses Problem Jesus eine davidische Herkunft zugeschrieben, die jedoch – abgesehen von Mt 1,1 – nicht mit der Davidsohn-Bezeichnung verknüpft wurde (vgl. Röm 1,3; Mt 1 f., bes. 1,1(!).6.17.20; 2,4–6; Lk 1–3, bes. 1,27.31–33; 2,3 f.; 3,31; 2Tim 2,8).

BERGER, Klaus 1971: Zum traditionsgeschichtlichen Hintergrund christologischer Hoheitstitel, NTS 17, 391–425.

CASEY, Maurice 2010: Jesus of Nazareth. An Independent Historian's Account of his Life and Teaching, London, 353–400.

HAHN, Ferdinand 1963; ⁵1995: Christologische Hoheitstitel. Ihre Geschichte im frühen Christentum, FRLANT 83, Göttingen.

KARRER, Martin 1990: Der Gesalbte. Die Grundlagen des Christustitels, FRLANT 151, Göttingen.

– 1998: Jesus Christus im Neuen Testament, GNT 11, Göttingen.

David du Toit

V. Ausbildung von Strukturen: Die Zwölf, Wandercharismatiker, Jerusalemer Urgemeinde und Apostel

Die Geschichte der Gruppen, die nach dem Tod Jesu und den Berichten über seine Auferstehung entstanden, kann unter den Perspektiven von Kontinuität, Adaption und Innovation betrachtet werden, die in jedem Bereich der frühchristlichen Entwicklung verschieden deutlich zum Vorschein kommen. Zum einen wird angenommen, die Nachfolgebewegung Jesu sei unter den veränderten Bedingungen mehr oder weniger in der gleichen Gestalt fortgesetzt worden (»Zwölf«, »Wandercharismatiker«). Zum zweiten sind die sozialen Strukturen aus der Zeit des Lebens Jesu von Nazaret anscheinend so angepasst worden, dass wesentliche Momente von Handeln und Verkündigung Jesu in veränderter Gestalt lebbar wurden (»Jerusalemer Ur-Gemeinde«). In dritter Hinsicht führte die Neuausrichtung der Verkündigung im Blick auf die Gottesherrschaft und die Auferstehung ihres Bevollmächtigten zu Entwicklungen, die das Entstehen neuer Gruppen und Funktionen vorantrieben (»Apostel«). Dabei sind mit diesen verschiedenen Entwicklungen auch Prozesse der Identitätskonstruktion verbunden, die auch durch Strukturen abgebildet wurden.

1. Die Zwölf

Die vorösterliche Jesusbewegung setzte sich, so die überwiegende Ansicht, aus zwei Gruppierungen zusammen: Die Gemeinschaft jener, die mit Jesus durch Palästina zogen, und jener, die an ihrem Heimatort verblieben (Sympathisanten). Aus der Wanderbewegung ragt die Gruppe der Zwölf heraus, die Jesus offenbar selbst ausgewählt und ihnen eine Sonderstellung in der Gottesherrschaft zugesagt hatte (Q 22,30; Jüngerlisten in Mk 3,16–19; Mt 10,1–4; Lk 6,12–16; Apg 1,13). In der vorpaulinischen Tradition über Erscheinungen (1Kor 15,5) wie in den Ankündigungen der Begegnung mit dem Auferstandenen in Galiläa (Mk 16,7 mit 14,28) wird die nachösterliche Rolle der Zwölf als hervorgehobene Gruppe erkennbar. Sowohl bei Matthäus (Mt 28,10.16) als auch bei Lukas (Lk 24,33; Apg 1,2–13) wird diese Gruppe als fixierte Gemeinschaft beibehalten (vgl. auch Joh 20,24–29), wobei der Begriff »Apostel« deckungsgleich verwendet wird (Mk 6,30; Mt 10,2; Lk 6,13 u. ö.).

Die hohe Bedeutung der Zwölf veränderte sich nachösterlich zunächst sicherlich nicht, steht die Zahl doch für das Zwölf-Stämme-Volk Israel und dessen Erneuerung durch und in der Königsherrschaft Gottes. Dementsprechend ist die Findung eines zwölften Apostels namens Matthias nach dem Tod des Überlieferers Judas Iskariot sehr wahrscheinlich grundsätzlich historisch (Apg 1,15–26), wenngleich die lk. Stilisierung als Übergangsgeschichte zum Pfingstereignis konkretere Rückschlüsse nicht zulässt. Dabei ist für Lukas vor allem die Bindung an den vorösterlichen Jesus entscheidend (Apg 1,21 f.), um das Apostelamt (ἀποστολή) zu empfangen. Die Zwölf/die Apostel bilden daher in der Apg jene Gruppe, die an der Spitze der Jerusalemer Ur-Gemeinde steht und die Entwicklung des Christentums bis zum Apostelkonvent lenkt. Der Umstand, dass nach dem Tod des Jakobus Zebedäus (41 n.Chr.; Apg 12,1 f.) eine weitere Nachwahl unterbleibt, zeigt, dass auch für Lukas die Zwölf/die Apostel die prägende Gruppe der Urzeit der Kirche sind, die nicht fortgesetzt werden kann. Paulus (wie Barnabas) kann für Lukas daher kein Apostel sein (Apg 14,4.14 meint Gemeindegesandte).

Die paulinischen Zeugnisse selbst lassen hingegen anderes erkennen: Für Jerusalem nennt Paulus als bestimmende Personen nicht die Zwölf, sondern zunächst die Apostel Petrus und Jakobus, den Herrenbruder (Gal 1,18 f.), dann aber vor allem die drei »Säulen« Jakobus, den Herrenbruder, Petrus und Johannes (Gal 2,9). Dieses Gremium, das sich wahrscheinlich informell entwickelt hatte, wurde aber offenbar bald nach dem Apostelkonvent durch die alleinige Leitung des Jakobus, zusammen mit Presbytern, ersetzt (vgl. Apg 21,18). Über die anderen Mitglieder des Zwölferkreises ist nicht mehr bekannt, die altkirchliche Legendenbildung lässt sie als Verkündiger in allen Weltgegenden erscheinen. So wird schon in der *Epistula Apostolorum* (Mitte 2. Jh.) festgehalten, dass die Zwölf in allen Himmelsrichtungen das Evangelium verkündigten (EpAp 30). Darüber hinaus dienten die Zwölf als Gewährsleute für zahlreiche apokryphe Texte (Evangelium der Zwölf; Didache der zwölf Apostel).

Historisch sehr wahrscheinlich ist die Bedeutung der Zwölf als Träger der Jesusüberlieferung, auch wenn sich das gewiss nicht auf den Kreis der Zwölf beschränken lässt. Für die Annahme einer personalen Kontinuitätsbewahrung vorösterlicher Jesusüberlieferung waren die Zwölf zwar nicht die einzige Gruppe, aber ein wesentlicher Bestandteil (SCHÜRMANN ²1961). Das spiegelt sich bereits in der frühen Zuschreibung von Evangelien zu Jüngern (Matthäus bzw. Johannes) oder einem Übersetzer (Markus für Petrus). Ihre Rolle in der Verkündigung (vgl. schon Mk 3,14; 6,12 f.; Lk 9,1 f.) wird nicht für alle gleich gewesen sein, doch scheinen einzelne aus dem Kreis der Zwölf (v. a. Petrus und die Zebedäussöhne Jakobus und Johannes) von besonderer Bedeutung gewesen zu sein.

2. Wandercharismatikertum/Wanderradikalismus

Die These von radikalen Wandercharismatikern ist seit Adolf von Harnacks wegweisendem Werk zur Missionsgeschichte des frühen Christentums (HARNACK 1902) bekannt. Mit Gerd Theißens Ausarbeitung mit Hilfe soziologischer Modelle hat sich die These etabliert, wonach ein Teil des frühen Christentums aus radikalen Wandercharismatikern bestand, die für die Etablierung und Weitergabe der Jesusüberlieferung, v. a. der Logienquelle, von entscheidender Bedeutung waren (THEISSEN 1989; 2004; TIWALD 2002). Die »Bewegung vagabundierender Charismatiker« (THEISSEN 2004) habe die Lebensform Jesu nach Ostern fortgesetzt.

Die maßgeblichen Textbelege für diese These finden sich in der Didache, einer um 100 n.Chr. in Syrien entstandenen Gemeindeordnung. In Did 11–13 ist von der Ankunft verschiedener Personen die Rede, denen man unter unterschiedlichen Bedingungen Gastfreundschaft gewähren soll (NIEDERWIMMER 1998): Lehrer (11,1; 13,1), Apostel (11,3–6), Propheten (11,7–12; 13,6) sowie allgemein von Menschen, die im Namen des Kyrios kommen (12,1–5). Für die Frage der Kontinuität zur vorösterlichen Jesusbewegung, die auch für die Jesusforschung von hoher Bedeutung bleibt, ist die Bemerkung wichtig, diese wandernden Personen sollten »die Lebensweisen des Herrn« (τρόποι κυρίου) haben (11,8). Diese allgemein gehaltene Bestimmung verweist nach dieser Ansicht auf die Wanderexistenz Jesu, die durch Heimat-, Familien-, Besitz- und Schutzlosigkeit gekennzeichnet war (THEISSEN 2004).

Folgt man der durch die Didache gelegten Spur, lassen sich auch Texte des Neuen Testaments als Aussagen über eine nachösterliche Bewegung von Wanderradikalen lesen. Dazu gehören u. a. die paulinische Notiz über den von Jesus selbst gebotenen Unterhalt für Verkündiger (1Kor 9,14), die Berichte über Aussendungen der Zwölf (Mk 3,13–15; Lk 9,1–6), die Nachfolgetexte (u. a. Mk 10,28 f.; Q 9,57–60; 14,26), vor allem aber die Aussendungsreden (Q 10,2–16; Mk 6,7–13). In diesen werden Vorgaben gemacht, die auf Besitzlosigkeit (Q 10,4; Mk

6,8 f.) und Wanderschaft (Q 10,5–12; Mk 6,10b–11) ebenso hinweisen wie darauf, dass der Gesandte den Kyrios selbst repräsentiert (Q 10,16; Mk 9,37b). In Theißens Deutung (THEISSEN 2004) gehören neben den Zwölf u. a. die Apostel, der Kreis von sieben Hellenisten mit Philippus (Apg 6,1–6; 8,4–13), die fünf Propheten und Lehrer aus Antiochien (Apg 13,1), der Prophet Agabus (Apg 11,27 f.; 21,10) zu den Wandercharismatikern (vgl. auch Eus.h.e. 3,37,2). Auch Texte von Nicht-Christen (Luc.Pereg. 16; Kelsos bei Origenes Cels. 7,8 f.) können auf diese Gruppe hin gedeutet werden.

Notwendiger Bestandteil der These von »Wandercharismatikern« ist die Annahme, dass es daneben lokal stabile Gruppen von Sympathisierenden gab, die die Wanderer aufnahmen und versorgten. Diese von Theißen als »Tertiärcharismatiker« bezeichneten Gemeinschaften sandten die Verkündiger des Evangeliums aus und sind zugleich verantwortlich für die schriftliche Gestalt der Überlieferung, was Theißen mit dem wenig passenden Begriff »Präventivzensur« bezeichnet (THEISSEN 2004). Ob auch Frauen unter den Wandercharismatikern waren, lässt sich nicht mit Gewissheit sagen (TIWALD 2002).

Die Kritik an der These von Wandercharismatikern/-radikalen ist vielfältig. Zum einen wird die Rezeption der Didache bestritten: So sei dem Text weder zu entnehmen, dass Apostel und Propheten von Ort zu Ort wanderten, noch dass sie die asketisch geprägte Lebensweise Jesu fortsetzten und auch nicht, dass sie als Träger der mündlichen Jesustradition fungierten (DRAPER 1998). Zudem seien unter Berücksichtigung der historischen Verhältnisse in Galiläa die Anweisungen in den Aussendungsreden in Mk 6 und Q 10 kaum als radikal zu werten: Die Orte liegen so dicht beieinander, dass der Verzicht auf Brotbeutel, Geld, Kleidung usw. gut mit den geringen Distanzen erklärbar sei und nicht auf radikale Wanderexistenz verweisen müsse (KLOPPENBORG VERBIN 2000). Zahlreiche Texte verweisen auf einen dörflichen und häuslichen Kontext, sodass auch ein metaphorisches Verständnis der vorösterlichen Nachfolge- und Aussendungstexte gut möglich sei. Dementsprechend spiegele die Sprache der Logienquelle jene hellenistischer Administration wieder (BAZZANA 2015). Weiters wird die Ausweitung der Wanderradikalismus-These auf weite Kreise des frühen Christentums, die demzufolge in irgendeiner Weise ein- oder mehrmalig den Ort gewechselt hätten (s. o.), als unzulässige Verallgemeinerung verstanden, die die spezifischen Begründungen nicht ausreichend in den Blick nimmt. Dazu treten Anfragen zum von Max Weber übernommenen Konzept des Charismatikers. So ist die These von nachösterlichen Wandercharismatikern/-radikalen, die als Träger der Jesusüberlieferung, v. a. der Logienquelle, wirkten, vielfach in Kritik geraten (HORSLEY 1989; 1996; DRAPER 1998; KLOPPENBORG VERBIN 2000; ARNAL 2001; ROLLENS 2014). Die Hypothese, wonach die frühchristliche Wanderbewegung sich nach dem Vorbild hellenistischer Kyniker gebildet hätte (CROSSAN ²1995; DOWNING 1988), hat sich allerdings nicht bewährt (vgl. TIWALD 2002).

Als Alternativen zur von Theißen geprägten Wandercharismatikerthese werden gegenwärtig zwei andere Modelle diskutiert: Es könnte sich um eine prophetische Bewegung gehandelt haben, die in einer ökonomischen und kulturellen Krisensituation die (auch politische) Erneuerung Israels, die Jesus begonnen hatte, fortsetzte (HORSLEY 1989). Gegenwärtig scheint sich im Blick auf die Logienquelle eher die Annahme, wonach eine Gruppe lokaler Schreiber (»village scribes«) unter dem Eindruck der Jesusverkündigung eine neue Identität der Gottesherrschaft gestaltete, als alternatives Erklärungsmodell für die Logienquelle zu etablieren (KLOPPENBORG VERBIN 2000; ARNAL 2001; ROLLENS 2014; BAZZANA 2015). Versuche, wonach es zwar keine grundlegende radikale Wanderexistenz, aber eine auf Zeit angelegte gegeben habe, können zwischen diesen unterschiedlichen Rekonstruktionen möglicherweise vermitteln (SCHMELLER 2008).

3. Die Jerusalemer Gemeinde

Obwohl die Forschung beinahe ausschließlich auf die lk. Erzählung in Apg 1–6 angewiesen ist (SCHNELLE 2015), lässt sich in Kombination mit paulinischen Angaben ansatzweise verstehen, wie in der Jerusalemer Gemeinde die ersten Versuche entstanden, die Botschaft Jesu von der Gottesherrschaft unter dem Eindruck der Erscheinungserfahrungen zu deuten und in entsprechende Lebenspraxis umzusetzen. Dabei ist vor allem von Bedeutung, dass die sich ausbildenden Strukturen in Erwartung der unmittelbar bevorstehenden Vollendung der Königsherrschaft Gottes und des Gerichts standen. Sowohl die Weiterentwicklung der Taufe des Johannes zur Taufe auf den Namen Jesu wie die Erfahrung enthusiastischer Ekstase, die als Ausschüttung des Geistes verstanden wurde, zeigen, dass neue Formen religiösen Erlebens zu den vorösterlichen Grundlagen hinzutraten. Zugleich werden Handeln und Verkündigung Jesu bewahrend interpretiert. Hinsichtlich des Besitzverzichts könnte ein Teil dieses Adaptionsprozesses die Ausbildung der sog. Gütergemeinschaft sein, zumindest nach der Darstellung des Lukas (Apg 2,44; 4,32–35).

Die Personen, die dabei eine entscheidende Rolle spielten, waren neben den Zwölf – Lukas rückt v. a. Petrus in den Mittelpunkt (Apg 1–12) – sicherlich auch andere Anhänger und Anhängerinnen Jesu, die sich ihm in Galiläa oder dann auch in Judäa und Jerusalem angeschlossen hatten. Dazu gehörten mit einiger Wahrscheinlichkeit Frauen wie Maria Magdalena oder Maria und Marta aus Betanien sowie zahlreiche Männer, die ebenfalls zur Nachfolgebewegung gehörten. Neu sind in diesem Zusammenhang die Familienmitglieder Jesu, unter denen sein Bruder Jakobus als einer der Säulen herausragt. Nach Gal 1,19; 2,9 hatte er früh eine leitende Rolle in der Jerusalemer Gemeinde (vgl. auch Apg 12,17; 15,13–21; 21,18–26).

Innerhalb der Jerusalemer Gemeinde scheint es relativ bald zu einer Aufteilung in zwei Gruppen gekommen zu sein, die Lukas als »Hebräer« und »Hellenisten« bezeichnet (Apg 6,1). Während erstere die Fortführung der Jesusbewegung unter den nachösterlichen Bedingungen relativ unverändert betrieben und von den

Zwölf und der Familie Jesu geprägt waren, wurden mit den Hellenisten neue, stärker durch die hellenistisch-jüdische Kultur der Diaspora geprägte Traditionen Teil frühchristlicher Identität. Neben der griechischen Sprache und Kultur waren dies der Bezug auf die Septuaginta, die Kritik an der Bedeutung des Tempelkults, die Institution der Synagoge als Vereinigung von Juden eines Gebietes und vielleicht auch weniger Berührungsängste zu Nicht-Juden. Zwar ist der lk. Bericht über die Einsetzung von sieben Hellenisten zum Tischdienst deutlich im Sinne einer Unterordnung unter die zwölf Apostel stilisiert (Apg 6,1–7), zumindest mit Stephanus und Philippus traten aber wahrscheinlich zwei Personen aus dieser Riege als Verkündiger der Gottesherrschaft auf (Apg 6,8–7,60 bzw. 8,5–40; 21,8 f.). Die dem Tod des Stephanus folgende Vertreibung des hellenistischen Teils der Jerusalemer Christusgläubigen durch die Tempelaristokratie (Apg 8,1–4; 11,18–20) führte in weiterer Folge zur Verbreitung des Evangeliums in Phönikien, Syrien und Zypern und war endgültiger Anstoß zur Inklusion von Nicht-Juden in die Gemeinden. Eine »Gruppe von Wandercharismatikern«, wenn auch in der Notlage (SCHMELLER 1989), stellen diese Geflüchteten nicht dar. So ließ sich z.B. Philippus in Apg 21,8 f. nach seiner Verkündigungstätigkeit in Cäsarea Maritima nieder (und später im kleinasiatischen Hierapolis, Eus.h.e. 3,39,9) und hatte prophetisch begabte Töchter. Mit dem gewaltsamen Tod des Herrenbruders Jakobus (62 n.Chr.) und dem jüdischen Krieg (66–70 n.Chr.) verlieren sich allerdings die Spuren der Jerusalemer Gemeinde.

4. Apostel

Für das Verständnis dessen, was ein Apostel ist, ist zunächst eine Unterscheidung zwischen paulinischer und lk. Perspektive wichtig: Lukas hält (beinahe) ausschließlich die von Jesus erwählten und nachösterlich um Matthias ergänzten Zwölf für Apostel (Lk 6,13; 24,10; Apg 1,2 u.v.a.; vgl. auch Mk 6,30; Mt 10,2). Lediglich in Apg 14,4.14 lässt Lukas erkennen, dass er auch Personen, die durch Gemeinden zur Verkündigung entsandt wurden, als Apostel verstehen kann.

Paulus hingegen differenziert (wenn auch nicht immer scharf) zwischen drei Arten von Aposteln (FREY 2004): Zum einen solche, die durch Gemeinden für bestimmte, zeitlich begrenzte Aufgaben gesandt wurden (2Kor 8,23: Nachrichten; Phil 2,25: Geldüberbringung). Zum zweiten jene, die das Apostolat durch den Geist empfangen haben (1Kor 12,28 f.), aber offenbar in den Gemeinden selbst tätig sind. Und schließlich jene – wie Paulus selbst –, die im Zusammenhang einer Erscheinung des Auferstandenen den Auftrag zur Verkündigung erhielten (1Kor 9,1; 15,7–9; Gal 1). Letzteren wurden von Paulus auch ausdrücklich Wundertaten zugeordnet (2Kor 12,12). Zu dieser letzten Kategorie von Aposteln gehörten z.B. auch Barnabas (1Kor 9,1–6), Apollos (1Kor 4,6–9) sowie Andronikus und Junia (Röm 16,7). Schon allein wegen des Bezugs auf die Ostererscheinungen stellte diese Form von mehr oder weniger mobilen Verkündigern des

Evangeliums eine Innovation dar, die freilich auch bestimmte Momente der vorösterlichen Wanderbewegung Jesu wie den Unterhalt durch die Gemeinden
(1Kor 9,14) oder die Entbehrungen (2Kor 11,23b–28; Gal 6,17) weiterführte.

Auch in der Didache werden Apostel erwähnt, die von außen in Gemeinden
kommen. Während aber in 2Kor 11,5.13; 12,11; Apk 2,2 diese als falsche Apostel
bezeichnet werden, ist der Autor der Didache positiver eingestellt (Did 11,4–6):
Apostel sollen grundsätzlich aufgenommen werden. Es bestehen aber zwei Einschränkungen: Ein Aufenthalt länger als zwei Tage und die Forderung von finan-
zieller Unterstützung machen den Apostel zum »falschen Propheten«. Allerdings
ist nicht sicher, welche Art von Aposteln hier gemeint ist: Handelt es sich um
Wanderapostel entsprechend den Wandercharismatikern/-radikalen (THEISSEN
1989; 2004; NIEDERWIMMER 1998; TIWALD 2002)? Dafür spricht u.a. die Nähe
zur Aussendungsrede in Mt 10, wie die Aufnahme »wie den Herrn« (Did 11,2.4/
Mt 10,40), die Versorgung mit Nahrung (Did 13,1/Mt 10,10) und der Verzicht auf
Geld (Did 11,6.12/Mt 10,9). Oder geht es in der Didache um Gesandte mit einer
spezifischen Aufgabe, die zeitlich begrenzt ist und nicht auf eine generelle Wan-
dertätigkeit verweist (DRAPER 1998)? Dafür spricht u.a. der Umstand, dass von
einer Missionsverkündigung durch die Apostel nicht die Rede ist, wenngleich in
11,1 f. Lehre von Außenstehenden allgemein thematisiert wird. Jede Form von
Wanderradikalismus fehlt außerdem (anders SCHMELLER 1989; NIEDERWIMMER
1998).

Geht man von ersterem aus, dann stehen die wandernden Apostel gemeinsam
mit den Propheten (Did 11,7–12; 13,1) offenbar in einem Spannungsverhältnis
zu lokalen Episkopen und Diakonen (15,1 f.). Aus der Didache würde dann deutlich, wie das Wandercharismatikertum zugunsten institutionalisierter Gemein-
destrukturen – oftmals bezeichnet als »Frühkatholizismus« – zurückgedrängt
wurde. Dieser Umstand würde dann etwa auch in 3Joh illustriert, da dort die vom
Presbyter ausgesandten Brüder von dem Leiter der Gemeinde nicht aufgenommen werden (3Joh 9 f.).

Folgt man der These einer nur begrenzten Sendung von Aposteln, ist hier keine
Fortsetzung der durch Paulus geprägten Vorstellung eines Wandermissionars zu
sehen, geschweige denn eines aus der Logienquelle rekonstruierten Wandercha-
rismatikertums. Konflikte zwischen von außen kommenden Lehrern und lokalen
Funktionsträgern wären dann eine Begleiterscheinung der sozialen Struktur des
frühen Christentums, aber nicht Teil der Transformation zur Mehrheitskirche
des 2. Jh.s.

HORSLEY, Richard A. 1989: Sociology and the Jesus Movement, New York.
KLOPPENBORG VERBIN, John S. 2000: Excavating Q. The History and Setting of the Sayings Gospel, Edinburgh.
SCHMELLER, Thomas 1989: Brechungen. Urchristliche Wandercharismatiker im Prisma soziologisch orientierter Exegese, SBS 136.
THEISSEN, Gerd 2004: Die Jesusbewegung. Sozialgeschichte einer Revolution der Werte, Gütersloh.

Tiwald, Markus 2002: Wanderradikalismus. Jesu erste Jünger – ein Anfang und was davon bleibt, ÖBS 20, Frankfurt.

Markus Öhler

VI. Jesus in außerkanonischen Texten des 2. und 3. Jahrhunderts

Unter den in der Kirchengeschichte des Eusebius zitierten Fragmenten des Papias von Hierapolis findet sich die folgende Passage:

»Wenn [...] irgendjemand, der den Presbytern nachgefolgt war, kam, erkundigte ich mich nach den Berichten der Presbyter: Was hat Andreas und was hat Petrus gesagt, oder was Philippus oder was Thomas oder Jakobus oder was Johannes oder was Matthäus oder irgendein anderer Jünger des Herrn, was ja auch Aristion und der Presbyter Johannes, (beide) des Herrn Jünger, sagen. Denn ich war der Ansicht, dass die aus Büchern (stammenden Berichte) mir nicht so viel nützen würden wie die (Berichte) von der lebendigen und bleibenden Stimme (τὰ παρὰ ζώσης φωνῆς καὶ μενούσης)« (Papias v. Hierapolis, nach Eusebius von Cäsarea, h.e. 3,39,4; Übersetzung nach Lindemann/Paulsen (Hg.) 1992: 291).

Etwa um das Jahr 110, also etwa vier Generationen nach dem Tode Jesu schreibend, steht Papias an einer für die Jesusüberlieferung wichtigen Schwelle: Noch sind, wenn auch indirekt, Zugänge zur »lebendigen Stimme« der mündlichen Überlieferung von Berichten über Jesus offen, doch spielen nun die Berichte aus Büchern – gemeint sind wohl die ersten Evangelien – eine zunehmend wichtige Rolle. Dies heißt keineswegs, dass wir schon zur Zeit des Papias von einem beginnenden Vierevangelien-Kanon sprechen sollten, und vor allem heißt es nicht, dass die Evangelien, die sich heute im Neuen Testament finden, jeder Gemeinde oder gar jedem Christusanhänger zugänglich waren. Selbst da, wo Überlieferung von Jesusmaterial bereits in verschriftlichter Form vorlag, wurde diese weiterhin von einer lebendigen mündlichen Überlieferung begleitet, welche in zunehmendem Maße durch schriftliche Texte beeinflusst und dann in einigen Fällen erneut verschriftet wurde. Einige der Jesustexte des 2. Jh.s, deren literarisches Abhängigkeitsverhältnis zu den kanonischen Evangelien lange Zeit umstritten war, lassen sich vielleicht am besten auf diese Weise erklären:

Das »unbekannte Evangelium« auf Papyrus Egerton 2 (und Papyrus Köln 255) ist nur in einem einzigen, zudem stark fragmentarisch erhaltenen Textzeugen, allerdings wohl von der Wende des 2. zum 3. Jh., erhalten. Trotzdem lassen sich einige Jesusszenen des Texts recht sicher rekonstruieren: Neben Passagen, die stark an das JohEv erinnern, bietet der Text u. a. eine Erzählung von der Heilung eines Aussätzigen, die starke Anklänge an Mk 1,40–45parr. aufweist. Die Frage, in welchem literarischen Verhältnis diese »apokryphe« Erzählung zu den ntl. Parallelen steht, ist schwer zu beantworten und führt die üblichen Methoden von

Literar-, aber auch Formkritik an ihre Grenzen: Die kurze Szene weist Bezüge zu allen drei synoptischen Parallelen auf, die jedoch in keinem Fall so spezifisch sind, dass sie mit literarischer Abhängigkeit erklärt werden müssen. Dazu kommen Parallelen zu Joh 5,14 (bzw. Joh 8,11) und eventuell zur Heilung der zehn Aussätzigen (Lk 17,11–19). Dass der Autor dieser Schrift all diese Passagen als literarische Texte vor sich hatte und sie bewusst zu einer neuen Erzählung verwob, scheint höchst unwahrscheinlich. Doch auch formkritisch ergeben sich Probleme: Die Bitte des Aussätzigen ist von einer so ausführlichen (und eigenartigen) Erklärung seiner Krankheit begleitet, dass man dies üblicherweise als Zeichen einer späteren Fassung der Erzählung deuten würde, die Erzählung als Ganze wiederum ist knapper als die der kanonischen Evangelien. Die wahrscheinlichste Erklärung dieses Sachverhalts mag darin bestehen, dass der Autor der »apokryphen« Erzählung von einer oder mehrerer der Erzählungen in den synoptischen Evangelien wusste, sie vielleicht auch einmal gelesen oder gehört hat. So konnte er in seiner Schrift auf das memorierte Grundgerüst der bereits schriftlich vorliegenden Texte zurückgreifen und dabei an einigen Stellen eigene Erzählschwerpunkte setzen, die jedoch nicht unbedingt mit dem Mittel klassischer Redaktionskritik im engeren Sinne zu fassen sind: Jesus wird als »Lehrer« bezeichnet, jeglicher Körperkontakt zwischen Jesus und dem Kranken wird vermieden und der Text zeigt ein auffallendes Interesse an der Sündigkeit des Aussätzigen, was mit der Aufforderung an ihn einhergeht, nun nicht mehr zu sündigen. Sind dies schon Indizien dafür, dass der Text hier einen Jesus zeichnet, dem (möglicherweise) als Lehrer der Tora die jüdischen Vorstellungen von »Reinheit« und »Unreinheit« wichtiger sind als etwa dem mk. Jesus? Die Passage ist sicherlich zu kurz – und Papyrus Egerton 2 als Ganzes zu fragmentarisch – um ein sicheres christologisches Profil herauszuarbeiten, die Tendenz könnte jedoch in diese Richtung gehen.

Dem könnten ähnliche Beispiele hinzugefügt werden – viele außerkanonische Überlieferungen des 2. und 3. Jh.s sind so fragmentarisch, dass sich die großen Fragen nach ihren Entstehungsumständen wie auch nach ihrem christologischen Profil nur hypothetisch beantworten lassen: So findet sich auf P.Oxy. 840, einem nur 8,5 x 7 cm kleinen Pergamentblatt eines Miniaturcodex vermutlich des 4. oder 5. Jh.s, die Erzählung eines Konflikts zwischen Jesus und einem pharisäischen Oberpriester, in dem es um Fragen der Reinheit geht. Die entscheidende Kontroverse dreht sich um die Frage, ob die Waschung mit Wasser wirklich in der Lage ist, den Menschen von seiner inneren Unreinheit zu befreien. Während immer wieder versucht wurde, diesen Text in ein frühes, jüdisch geprägtes Christentum einzuordnen, das noch Erinnerungen an die örtlichen Gegebenheiten des Jerusalemer Tempels und halachische Debatten des irdischen Jesus bewahrt habe, neigt man heute, auch aufgrund sprachlicher Beobachtungen, eher dazu, die erhaltene Passage als Spiegel von Kontroversen zur Tauftheologie frühestens des 3. Jh.s unserer Zeitrechnung einzuordnen.

Wohl nicht mehr mit letzter Sicherheit zu klären ist die Frage, ob das erst 1958 durch Morton Smith entdeckte, wenig später verlorene einzige Manuskript eines angeblichen Briefs des Clemens von Alexandrien, in dem Passagen eines »geheimen Markusevangeliums« zitiert sind, eine (geschickte) Fälschung oder ein echtes Zeugnis alexandrinischen Christentums darstellt. In Fragment 1 z. B. erweckt Jesus einen verstorbenen jungen Mann zum Leben und lehrt ihn anschließend das Geheimnis des Gottesreichs. Sollte der Text echt sein, könnte dies als Zeugnis eines von antiken Mysterienkulten beeinflussten Christentums gedeutet werden – letzten Aufschluss über diese Frage könnte, wenn überhaupt, jedoch nur die Wiederauffindung des Manuskripts bieten.

Trotz vieler weiterer Fälle, in denen entscheidende Fragen offen bleiben müssen, liegt eine solche Fülle von Jesusmaterial vor, dass im Folgenden nur einige entscheidende Linien der Entwicklung dargestellt werden können:

1. Nur in einigen Zitaten altkirchlicher Autoren sind die Reste so genannter »judenchristlicher« Evangelien überliefert, d. h. Evangelienschriften von Christusanhängern, die sich auf ihre jüdische Herkunft beriefen und/oder durch ihre Tora-Observanz hervortaten und sich damit von der Großkirche, vor allem von paulinisch geprägten Gemeinden, in z. T. polemischer Weise abgrenzten. Die Überlieferungslage der wenigen erhaltenen Textfragmente ist jedoch so problematisch, dass bis heute umstritten ist, wie viele solcher »judenchristlicher« Evangelien tatsächlich kursierten bzw. inwiefern man die verschieden bezeichneten Texte tatsächlich in angemessener Weise als Evangelien einordnen darf. Vielleicht ist für die hier interessierende Periode von drei Evangelien, dem EvHebr, dem EvEb und dem EvNaz, auszugehen, wobei Letzteres besonders umstritten ist. Schön lässt sich die Entwicklung des Jesusbildes im Falle des Evangeliums der Ebionäer, der »Armen«, zeigen: Die erhaltenen Zitate aus diesem Text lassen dieses wohl, anders als Epiphanius von Salamis (haer. 30,3,7; 30,13,2) andeutet, nicht einfach als ein redigiertes MtEv erscheinen, sondern eher als eine Schrift, die v. a. synoptisches Material für die besonderen Ansprüche der Ebionäer aufbereitet hat. Der Jesus dieses Texts, der offenbar keine Kindheitsgeschichten mit ihren Vorstellungen von der Geburt Jesu aus der Jungfrau Maria enthielt, wird zunächst als »Mann« (und damit betont nur als »Mensch«) bezeichnet. Er wird erst in der Taufe zum »Sohn Gottes«, wie das betonte »*Heute* habe ich dich gezeugt« aus Ps 2,7, das in den synoptischen Parallelen fehlt (außer in Lk 3,22 D und einigen westlichen Zeugen), sowie eine unmittelbar anschließende Lichterscheinung (vgl. auch Iust.dial. 88,3 und die vermeintlich entsprechende Szene im Diatessaron Tatians) deutlich macht. Der Jesus des EvEb isst zum Pessach kein Fleisch (Epiph.haer. 30,22,4), was mit dem Zeugnis über den Täufer parallel geht, der anstelle von (halachisch problematischen) Heuschrecken Honigkuchen verzehrt (Epiph.haer. 30,13,5). Auch wenn bei der Beurteilung von Aussagen altkirchlicher Häresiologen größte Vorsicht geboten ist, könnte sich dies durch eine bei Hippolyt von Rom erhaltene Aussage erklären, nach der Jesus für die Ebionäer, die in ihrer nicht rein jüdisch geprägten Heimat im Ostjordanland (vgl. die Zeug-

nisse von Eusebius, h.e. 1,7,14; onomast. 14,15 und Hieronymus, nom.hebr.) besonders vorsichtig mit der Reinheit von Speisen sein mussten, in erster Linie als halachisches Vorbild gegolten habe (Epiph.haer. 7,34,2).

Obwohl nicht Teil eines »judenchristlichen Evangeliums«, sondern als außerkanonisches Herrenwort an die Stelle von Lk 6,5 in Codex Bezae Cantabrigiensis (D) eingedrungen, kann auch das »Logion vom Sabbatarbeiter«, dem Jesus zuruft »Mann, wenn du wirklich weißt, was du tust, bist du selig; wenn aber nicht, bist du verflucht und ein Übertreter der Gesetzes«, in die Debatten jüdischer (oder judaisierender) Jesusanhänger um die Observanz des Sabbats eingeordnet werden. Für diesen kurzen Text scheint das Sabbatgebot nicht einfach grundsätzlich abgeschafft oder gar der Sabbat durch den Herrentag ersetzt; vielmehr wird diskutiert, dass es Situationen geben kann, die es erlauben, am Sabbat zu arbeiten, dass aber jede Übertretung des Sabbatgebots halachisch zu begründen ist, um nicht gegen die Tora zu verstoßen.

2. Ein Fragment des bei Serapion von Antiochien (nach Eus.h.e. 6,12,1–6), Origenes (comm. in Mt 10,17) und einigen anderen altkirchlichen Autoren erwähnten EvPetr wurde erst Ende des 19. Jh.s in einem Grab bei Akhmim, Oberägypten, gefunden; andere mögliche Textzeugen werden derzeit diskutiert. Der erhaltene Text bietet Reste einer Passions- und Ostererzählung wohl aus der Mitte des 2. Jh.s. Jesus – der Name taucht im Fragment gar nicht auf – wird als »Herr« und »Sohn Gottes« beschrieben, der von den »Juden« gefoltert und gekreuzigt wird. Ähnlich dem bereits erwähnten »unbekannten Evangelium« auf Papyrus Egerton 2 lassen sich manche Züge des EvPetr wohl damit erklären, dass der Autor die kanonischen Evangelien gekannt hat, sie ihm aber nicht in schriftlicher Form vorgelegen haben dürften. Die Jesusdarstellung des Texts wurde lange kontrovers diskutiert: Außer dem an die letzten Worte Jesu bei Markus und Matthäus erinnernden Satz »Meine Kraft, Kraft, du hast mich verlassen« (EvPetr 19) – überliefert der erhaltene Text keine Jesuslogien. Gegen eine doketische Deutung dieses Satzes und auch einiger anderer Passagen, wie sie durch das Zeugnis Serapions nahegelegt wird, spricht das auffallende Interesse des Texts an der Leiblichkeit des geschundenen und gekreuzigten Herrn auch nach seinem Tode, was den Text in die Nähe zu Beschreibungen von Martyrien rückt. Gleichzeitig versucht das EvPetr durch eine eindrucksvolle Auferstehungsszene zu überwältigen: Vor den Augen der Grabeswache, der Ältesten und der Schriftgelehrten holen zwei gewaltige Engel den Herrn, dessen Haupt nun die Himmel überragt, aus dem Grab (V. 39 f.), ihm folgt das Kreuz, von dem her auf die aus den Himmeln ertönende Frage »Hast du den Entschlafenen gepredigt?« ein »Ja« zu hören ist (V. 41 f.). Diese Darstellung geht selbst über die sehr drastische mt. Ostererzählung deutlich hinaus, indem sie im Grunde den Vorgang der Auferweckung »des Herrn« auch für dessen Gegner »objektiv« sichtbar macht. Eine präzise Deutung der riesigen Gestalt des Auferweckten ist nicht möglich – vielleicht aber ist er hier auch selbst als übergroße Engelsgestalt vorgestellt, was an ähnliche Visionen aus dem (ebenfalls ins 2. Jh. einzuordnenden) nur in Zitaten überlieferten Buch des Elchasai

sowie womöglich der Offenbarung des Johannes (Apk 10,1–3, falls dieser Engel Christus darstellen soll) erinnert.

3. Die Frage, wie es möglich sei, dass der Gottessohn am Kreuz zu Tode kam und als – wie auch immer genauer zu deutendes – himmlisches oder gar göttliches Wesen an der Materialität der geschaffenen Welt und damit an menschlichem Leid teilhatte, hat die Kirche von frühester Zeit an bewegt: Ein »Gott«, der leidet, schien undenkbar. Eine extreme Lösung dieses Problems, die Kreuz bzw. Leid und Gott bzw. göttlichen Logos radikal voneinander trennt, findet sich in Schriften mit doketischer Christologie. Dabei sei der Begriff »Doketismus« hier in einem weiten Sinne als die Lehre verstanden, nach der Gott bzw. der göttliche Logos nur zum Schein menschliche Gestalt angenommen und deswegen auch am Kreuz nicht gelitten habe. Ein gutes Beispiel der narrativen Umsetzung einer solchen Lehre hat sich etwa in den so genannten Johannesakten erhalten: In den Kapiteln 94–102 dieser Schrift, deren präzise Datierung umstritten ist (erste Hälfte 2. Jh. – Beginn 3. Jh.), findet sich eine Passionserzählung, die sich als Zeugnis für diese Tendenz werten lässt: Nachdem die Kapitel 94–96 von einem getanzten Hymnus Christi erzählen, wird Johannes in den Kapiteln 97–102 das Geheimnis des Kreuzes offenbart. Als er vor dem Anblick des Gekreuzigten flieht und weint, erscheint ihm der Herr in einer Höhle am Ölberg und unterweist ihn (97,7–12), ihm wird ein Lichtkreuz offenbart (98,1–6), anschließend folgt eine Belehrung durch die himmlische Stimme des Herrn (98,7–101,16). Besonders wichtig ist die Differenzierung zwischen diesem Lichtkreuz und dem »hölzernen Kreuz«, das nichts mehr mit dem »Herrn« zu tun hat; hinzu kommt, dass Johannes oben auf dem Ölberg eine Offenbarung der Wahrheit erhält, während die Menge unten den falschen Jesus am Kreuz betrachtet. Auffallend ist zudem, dass der »Herr« in diesem Text gleichzeitig in mehrerlei Gestalten wahrgenommen wird – man spricht in diesem Zusammenhang von »Polymorphie«: während er nichts mit dem am Holz Gekreuzigten zu tun hat, erscheint er gleichzeitig gestaltlos oberhalb des Lichtkreuzes und als das Lichtkreuz selbst, das obere und untere Welt miteinander verbindet. Dies ist, wie gesagt, nur ein Beispiel eines als »doketisch« zu bezeichnenden Texts. Ähnlich differenziert auch die (schwer zu datierende) koptische Petrusapokalypse aus Nag Hammadi (NHC VII,3) zwischen dem gekreuzigten Leib und dem »lebendigen Christus«, den Petrus »heiter und lachend neben dem Holz« erblickt, während etwa Basilides (gest. um 145 n.Chr.) wohl davon ausging, dass sich der göttliche Nous zwar mit dem Menschen Jesus vereinigt habe, dass anstelle Jesu jedoch Simon von Cyrene in der Gestalt Jesu gekreuzigt worden sei.

4. Mit dem wohl bekanntesten außerkanonischen »Jesustext« des 2. Jh.s, dem EvThom, liegt uns ein Beispiel eines »Spruchevangeliums« vor, d. h. einer Sammlung von Jesusworten weisheitlichen Charakters, die jedoch nicht oder kaum in erzählende Kontexte eingebettet werden. Der Text, der vollständig nur in koptischer Sprache sowie in drei griechischen Fragmenten aus Oxyrhynchus erhalten ist, wird üblicherweise in 114 Jesuslogien eingeteilt. Seine Interpretation wurde

lange Zeit vor allem von zwei Fragen bestimmt: Ist dieses Evangelium literarisch von den kanonischen Evangelien, v. a. den Synoptikern, abhängig oder liegt hier vielleicht eine besonders alte Sammlung vor, die uns näher an den historischen Jesus heranführt, als dies die Synoptiker tun? Damit wenigstens indirekt zusammenhängend ist die zweite Frage, ob und inwiefern das EvThom als Schrift gnostischen oder eher allgemein weisheitlichen Charakters einzustufen ist. Hierzu ist zunächst zu sagen, dass bereits die Tatsache, dass den im EvThom überlieferten Jesuslogien ein erzählender Rahmen fehlt, zeigt, dass der Text *nicht* an einer Einordnung der Logien in konkrete historische Kontexte interessiert ist. Jesus ist vielmehr bereits im Incipit als der »Lebendige« beschrieben – dies ist nicht einfach gleichbedeutend mit »der Auferstandene« –, der dem Didymus Judas Thomas »verborgene Worte« offenbart: »Wer die Deutung dieser Worte findet, wird den Tod nicht schmecken.« Unter den im Text gesammelten Jesuslogien wiederum findet sich so manches, was dem Leser der kanonischen Evangelien vertraut sein dürfte: Gleichnisse wie das vom Sämann (Logion 9; vgl. Mk 4,3–9parr.) oder vom Senfkorn (Logion 20; vgl. Mk 4,30–32), aber auch Parallelen zu den Worten von Frieden und Feuer (Logion 16; vgl. Q 12,51–53) oder vom Splitter im Auge des Bruders (Logion 26; vgl. Q 6,41 f.). Andere Passagen scheinen synoptische Szenen vorauszusetzen und sie kritisch weiterzuverarbeiten – so etwa die Frage Jesu an seine Jünger, wem er gleiche, mit einer Reihe von Antworten, in denen das Petrusbekenntnis nur eine erste Stufe der Erkenntnis bedeutet (Logion 13); andere wie etwa das geheimnisvolle Logion 42: »Werdet Vorübergehende« oder der Weheruf über das Fleisch, das an der Seele hängt (Logion 112; vgl. ähnlich Logion 87) sind nicht aus kanonischen Parallelen bekannt. Das EvThom enthält so durchaus altes Jesusgut, meistens wohl über die Synoptiker, selten über Johannes überliefert, es gruppiert dieses jedoch neu bzw. verbindet es mit neuen Materialien, wodurch neue Interpretationen entstehen. Der Text zeigt also weniger Interesse an der Jesusgeschichte: Fast vollständig tritt die Passionsgeschichte zurück, die meisten Hoheitstitel, die wir aus den kanonischen Evangelien kennen, fehlen – stattdessen ist Jesus derjenige, der als der Besitzer für die Erlösung entscheidender Offenbarungsweisheit weiterhin als der Lebendige zu sehen ist, welcher auch jetzt zu uns spricht: Seinen Worten zu folgen, sich in sie zu vertiefen, bedeutet dem »wahren Menschen« ähnlicher zu werden und in das »Reich des Vaters« einzugehen. Dem Text kommen somit natürlich weisheitliche Züge zu; ein ausgesprochener sowie einem klaren System zuzuordnender »gnostischer« Erlösungsmythos fehlt, die im Text zu erkennende Tendenz zur Weltflucht jedoch lässt es verstehbar erscheinen, wenn die Kompilatoren des Nag Hammadi Codex II das EvThom in den Kontext klar »gnostischer« Schriften wie des *Apokryphon des Johannes* stellten.

Auch das EvPhil, dessen einziger erhaltener Textzeuge direkt nach dem EvThom im Nag Hammadi Codex II (NHC II,3) überliefert ist, könnte als »Spruchevangelium« bezeichnet werden. Der schwer datierbare Text (3. Jh.?), der seinen Hintergrund in der valentinianischen Bewegung findet, versteht den Christus als den Erlöser, welcher als Bräutigam der unteren Sophia, die als Achamoth bezeichnet ist, beschrieben wird. Der überaus sperrige Text entzieht sich einer einfachen Zusammenfassung; interessant ist er u. a. aufgrund seiner Sakramentenlehre wie auch seiner Deutung der Passion.

5. Bereits das Neue Testament differenziert zwischen einer Lehre Jesu für alle und Lehren, die nur einem kleineren Kreise zugänglich sind. Mk 4,11parr. spricht in diesem Zusammenhang vom »Geheimnis des Gottesreiches«. Auch die für das Verständnis des JohEv entscheidenden Abschiedsreden (Joh 13–17) richten sich nur an den inneren Jüngerkreis. Eine ganze Reihe von Schriften, die sich am besten als »Dialogevangelien« bezeichnen lassen, folgt dieser Linie bzw. führt sie weiter. Häufig stellen sie einen Jünger als erwählten Empfänger besonderer Offenbarungen oft gnostischen Charakters – d. h. zu komplexen Kosmologien wie auch zu Möglichkeiten des Aufstiegs der Seele bzw. der gefallenen Lichtteile im Menschen aus der von einem Demiurgen beherrschten Welt – in den Mittelpunkt. In dem wohl bekanntesten dieser Texte, dem EvMar, nimmt Maria von Magdala, hier nur Maria genannt, die Rolle dieser Lieblingsjüngerin ein: Der Text, welcher in zwei griechischen Fragmenten (P.Oxy. 3525, P.Ryl. 463) sowie einer unvollständigen koptischen Handschrift (BG) überliefert ist und wohl spätestens am Ende des 2. Jh.s entstanden sein dürfte, interessiert sich für Fragen von Ursprung und Ziel der Schöpfung, diskutiert die Frage nach der Sünde der Welt und thematisiert den Seelenaufstieg. Besonders intensiv diskutiert wurde er wegen der Schlüsselrolle, die Maria von Magdala als der Jüngerin, »die der Erlöser mehr liebte als alle Frauen« (BG 1 p. 10), gerade im Gegenüber zu Petrus zukommt. Die Vorstellung, dass hier eine bereits durch gnostische Gedanken beeinflusste Gemeinde ihr Verhältnis zu einer im Text v. a. durch Petrus repräsentierten »Proto-Orthodoxie« thematisiert, liegt nahe. Auch hier jedoch sollte der fragmentarische Erhaltungszustand der Schrift vor allzu weitgehenden Schlussfolgerungen warnen.

Während die Offenbarungsszenen der meisten Dialogevangelien entweder nachösterlich oder zeitlich nicht einzuordnen sind, spielen die Dialoge Jesu mit Judas Iskariot und seinen weiteren Jüngern im erst 2006 bekannt gewordenen EvJud in der Zeit vor seiner Passion. Erinnerungen an das Leben Jesu treten auch hier fast vollständig zurück – nur knapp ist von »Zeichen und Wundern« Jesu die Rede, vorausgesetzt ist in groben Zügen ein Wissen um die Passionsgeschichte. Während die Elf ganz eindeutig als Vertreter einer dem satanischen, die materielle Welt beherrschenden Demiurgen verfallenen und Jesus als Sohn des falschen Gottes missverstehenden Kirche, wohl der werdenden Großkirche, verstanden sind, kommt Judas zwar ein Wissen über das wahre Wesen Jesu zu – ob er damit aber als Lieblingsjünger oder als besonders dämonische Gestalt qualifiziert ist, ist (auch wegen des schlechten Erhaltungszustands des einzigen Manuskripts) nicht leicht zu entscheiden; einiges spricht für die letztere Möglichkeit.

6. Die Jesusüberlieferung des 2. und 3. Jh.s zeigte jedoch nicht nur zunehmendes Interesse an neuen, dann häufig nur einer kleinen Elite zugänglichen, »geheimen« Offenbarungen des Herrn, sondern auch an seinen Ursprüngen: Bereits die

Kindheitserzählungen des Mt- und des LkEv projizieren nachösterlich gewonnene christologische Erkenntnisse in die Ursprünge Jesu hinein und sprechen deswegen z. B. von der jungfräulichen Empfängnis Jesu, dessen Gottessohnschaft
damit bereits bis in seine Zeugung hinein manifestiert wird. Obwohl diese Vorstellung, wie z. B. das bereits zitierte Zeugnis der Ebionäer zeigt, im frühen Christentum keineswegs allgemein anerkannt wurde und die damit verbundene Auslegung von Jes 7,14 auf jüdischer Seite auf Widerstand stieß (vgl. Iust.dial. 43; 66 f.),
kam es bereits früh zu Entwicklungen, die nicht nur von einer Zeugung Jesu aus
der Jungfrau, sondern einer jungfräulichen Geburt sprechen wollten. Das vielleicht früheste Zeugnis hierfür bietet die *Ascensio Jesaiae*, eine Apokalypse des
frühen 2. Jh.s, die in ihrem 11. Kapitel knapp das Leben Jesu erzählt. In AscJes
11,14 lesen wir: »Sie hat nicht geboren, und die Wehmutter ist nicht [zu ihr] hin-
aufgegangen, und wir haben keinen Schmerzensschrei gehört.« Vor allem wegen
der mit der Betonung der wunderbaren, jungfräulichen Geburt Jesu einhergehenden Gefahr doketischer Fehlinterpretationen setzte sich diese Vorstellung nur
mühsam und gegen Widerstände (z. B. Tert.carn.Chr. 4 und 20) durch. Eine
wichtige Rolle dabei dürfte das so genannte *Protevangelium Jacobi* gespielt haben,
eine Schrift, die häufig auf das Ende des 2. Jh.s datiert wird, in ihrer heute überlieferten Form aber eventuell erst auf das 3. Jh. zurückgeht und die üblicherweise
als »Kindheitsevangelium« eingeordnet wird, obwohl sie sich eigentlich v. a. für
Maria interessiert, wie auch ihr wohl ursprünglicher Titel »Geburt Mariens«
zeigt. Hier wird die jungfräuliche Geburt Jesu, bei der die Natur zum Stillstand
kommt, nicht nur als wunderbar beschrieben, sondern durch die Hebamme und
im Anschluss daran durch eine zunächst zweifelnde Frau namens Salome bezeugt
(vergleichbar Thomas in Joh 20,25–27).

Anders als im *Protevangelium Jacobi* spielt die Kindheit Jesu in den *Paidika*,
besser bekannt als *Kindheitserzählung des Thomas*, eine Rolle. Das Bild des Kindes Jesus, das dieser Text entwirft, wirkt heute verstörend: Wir lesen von einem
jungen Jesus, der im Spiel Vögel aus Lehm formt und sie zum Leben erweckt,
Kinder, die sein Spiel stören, sterben lässt, diejenigen, die ihn dafür beschuldigen,
mit Blindheit schlägt und seine Lehrer beschämt. Man hat überlegt, wie ernst all
diese Erzählungen gemeint sein wollen, und auch daran gedacht, der Text könnte
als ein antikes Kinderbuch gedacht sein. Vielleicht jedoch besteht der theologische Impuls hinter diesen Erzählungen darin, sich vorzustellen, was es bedeutet,
dass Gott, der Schöpfer dieser Welt, dessen Zorn nicht herausgefordert werden
darf, Mensch wird und deswegen als konkretes menschliches Kind in einem Dorf
wie Nazaret aufwächst. Der spätantike Bericht des Pilgers von Piacenza (um 570
n.Chr.) macht zudem klar, dass den Erzählungen vom jungen Jesus für den Ort
Nazaret schließlich auch eine ganz konkrete Bedeutung zukam: Man zeigte Pil-
gern das (angebliche) Schulheft Jesu und einen Balken, auf dem Jesus zusammen
mit anderen Kindern saß (Ant.Plac.Itin.).

7. Fazit: Hiermit sind nur einige wenige Linien gezeichnet: Kaum etwas ist über die Fülle der außerkanonischen Herrenworte, häufig ein wenig unglücklich als »Agrapha« bezeichnet, gesagt, es fehlen noch so wichtige Schriften wie das Diatessaron Tatians, möglicherweise Zeugnis enkratitischer Tendenzen in der Jesusüberlieferung, die *Epistula Apostolorum* oder die reiche Pilatusliteratur, die in ihren Ursprüngen auch in den vorzustellenden Zeitraum fallen. Gleichzeitig sind die meisten Schriften aus Nag Hammadi nicht einmal im Ansatz vorgestellt und es ist noch beinahe nichts gesagt über Jesusdarstellungen in apokryphen Apostelakten oder Apokalypsen – besonders interessant wäre z. B. der narrative Rahmen der griechischen bzw. äthiopischen Offenbarung des Petrus, aber auch christliche Passagen der Sibyllinischen Orakel. Doch bereits jetzt wird deutlich, dass die einst als historisch wertlos abqualifizierte Vielfalt außerkanonischer Jesusüberlieferung von höchster Bedeutung für unser Verständnis der Geschichte der frühen Kirche ist. Vielleicht mag sie uns wenig über den historischen Jesus erzählen, gleichzeitig jedoch wird sie, angemessen untersucht, zum Spiegel der Vielfalt geistes- und (enger) theologiegeschichtlicher Herausforderungen und daraus resultierender Entwicklungen innerhalb der verschiedenen Gruppen antiker Anhänger und Anhängerinnen Christi, die mit dem Wort »frühe Kirche« nur höchst unzureichend beschrieben sind.

Übersetzungen nach
Lindemann, Andreas/Paulsen, Henning (Hg.) 1992: Die Apostolischen Väter. Griechisch-deutsche Parallelausgabe, Tübingen.

FREY, Jörg/SCHRÖTER, Jens (Hg.) 2010: Jesus in apokryphen Evangelienüberlieferungen, WUNT 254, Tübingen.

MARKSCHIES, Christoph/SCHRÖTER, Jens (Hg.) 2012: Antike christliche Apokryphen in deutscher Übersetzung. I. Band: Evangelien und Verwandtes (Teilband 1 & Teilband 2), Tübingen.

SCHNEEMELCHER, Wilhelm (Hg.) ⁶1997: Neutestamentliche Apokryphen II: Apostolisches, Apokalypsen und Verwandtes, Tübingen.

SCHRÖTER, Jens (Hg.) 2013: The Apocryphal Gospels within the Context of Early Christian Theology, BEThL 260, Leuven.

Tobias Nicklas

VII. Bildliche Darstellungen Jesu bis ca. 500 n.Chr.

Die ntl. Schriften geben über das Aussehen Jesu keine Auskunft. Bereits für das 2. Jh. lässt sich aber anhand literarischer Quellen ein Diskurs in der Christenheit über die Frage rekonstruieren, wie Jesus ausgesehen haben könnte (vgl. ActJoh 87–90). Während er in einigen Apostelakten als schöner Jüngling beschrieben wird (ActAndr 33; ActPetr 2,5), argumentierten viele Theologen mit einer christologischen Deutung von Jes 53,2 f., wonach der Gottesknecht »weder Gestalt

noch Schönheit« hatte, gegen die Angleichung der Vorstellungen von Jesus an das
antike Schönheitsideal (Iust.dial. 14,8; Clem.Al. paed. 3,3,3; Tert.carn.Chr. 9).
Bildliche Darstellungen Jesu mochten einerseits durch das Jesuswort in Joh 14,9
(»Wer mich sieht, sieht den Vater«) legitimiert erscheinen, andererseits aber standen sie in Spannung zu der grundsätzlichen Ablehnung von Kultbildern im frühen Christentum.

Entsprechend ambivalent ist auch der ikonographische Befund für die ersten
Jahrhunderte. Die ältesten »Darstellungen« Jesu sind nichtpersonale Symbole wie
Anker, Weinrebe, Kreuz, Fisch, Lamm, Phönix oder das Christusmonogramm.
Zum Teil waren diese Symbole auch in der nichtchristlichen ikonographischen
Tradition bekannt und wurden nun christlich gedeutet. Dies gilt auch für perso-
nale Symbole, die seit der zweiten Hälfte des 3. Jh.s belegt sind: Gestalten aus der
Mythologie (Orpheus, Helios, Abb. 1) oder aus der in der Antike äußerst belieb-
ten Hirtenidylle (Bukolik). So ist etwa der Schafträger (Abb. 2) als Symbol für ein
friedvolles Leben im Jenseits ein beliebtes paganes Bildmotiv, das aufgrund von
Ps 23, dem Gleichnis vom verlorenen Schaf (Mt 18,12–14) und der Hirtenrede in
Joh 10,1–30 auf Jesus bezogen werden konnte (aber nicht musste). Ob es sich bei
diesen Darstellungen tatsächlich um Symbole für Jesus Christus handelt oder
nicht, kann daher häufig nur aus dem Kontext geschlossen werden und ist im
Einzelnen in der Forschung nicht selten umstritten.

Die Ikonographie der frühen christlichen Kunst, die Jesus als bartlosen Jüngling mit Nackenlocken zeigt, ist aber gerade von diesen Darstellungen entscheidend geprägt worden. Dies deutet darauf hin, dass die Künstlerwerkstätten im
Römischen Reich zunächst keine eigene Formensprache für christliche Bildmotive erfanden, sondern aus dem bestehenden stilistischen Repertoire schöpften.
Die spezifisch christliche Aussage ergibt sich also nicht durch eine eigene Formensprache, sondern durch die Auswahl und Zusammenstellung der Motive
(s. u. Bildmotive, Bildzyklen) sowie durch den Anbringungskontext. Entsprechend dem symbolischen Charakter der frühchristlichen Kunst wird Jesus nicht
in seiner personalen Identität, sondern in seiner Funktion als Erlöser der Menschen dargestellt. Dennoch hat sich im Laufe der ersten fünf Jahrhunderte ein
spezifischer Typus herausgebildet (s. u. Typologie), der die Jesus-Ikonographie
bis in die Neuzeit hinein prägt.

1. Bildmotive

Frühchristliche Kunst ist wesenhaft symbolische Kunst. Dargestellt werden sollen
nicht Personen, sondern Inhalte und Heilsaussagen. Da die meisten erhaltenen
Kunstwerke für Grabkontexte (Katakomben, Sarkophage) angefertigt wurden,
bezieht sich die Symbolik überwiegend auf das jenseitige Leben und die christliche Erlösungsbotschaft. Nicht immer können die einzelnen Motive ganz eindeutig bestimmten Evangelienperikopen zugeordnet werden. So fallen etwa in

der Darstellung Jesu mit einer knienden Frau die Heilungsgeschichten der Kanaanäerin und der Blutflüssigen sowie das Gespräch Jesu mit Maria, der Schwester des Lazarus, zusammen (Abb. 3).

Da die Datierung frühchristlicher Kunstwerke häufig mit Schwierigkeiten verbunden ist und unsicher bleibt, ist es nicht möglich, eine detaillierte und exakte Chronologie der Bildmotivik zu erstellen. Die einzelnen Kunstwerke lassen sich aber immerhin grob bestimmten Motivkreisen zuordnen, die die verschiedenen Aspekte des Wirkens Jesu repräsentieren: Seit dem 3. Jh. werden vor allem Vermehrungsszenen (Brotwunder, Weinwunder in Kana) und Heilungen (Blindenheilungen, Heilung des Gelähmten, Heilung einer Frau, Auferweckung des Lazarus und weitere Totenerweckungen), aber auch Lehrgespräche (mit der Samariterin am Brunnen, Jesus im Kreis der Apostel) sowie die Taufe Jesu dargestellt. Im 4. Jh. treten Darstellungen von Geburt (bes. häufig die Anbetung der Magier, aber auch die Krippenszene) und Passion (Einzug in Jerusalem, Petrus-Christus-Hahn-Szene, Judaskuss, Jesus vor Pilatus; zunächst ohne Darstellung des Gekreuzigten), Auferstehung und Himmelfahrt sowie repräsentative Darstellungen des Erhöhten als Lehrer und Richter (Gesetzesübergabe an Petrus, Christus im Kreis der Apostel) hinzu.

2. Typologie der Darstellungen Jesu

Es entspricht dem Symbolcharakter frühchristlicher Kunst, dass die Darstellungen Jesu keine Porträts im Sinne der Abbildung des Aussehens oder des Charakters der individuellen Person sind. Sie repräsentieren vielmehr die Funktion des Christus in den jeweiligen Bildmotiven als Heiler, Lehrer, Überwinder des Todes, Richter etc.

Drei Grundtypen lassen sich in den frühchristlichen Zeugnissen unterscheiden, die in unterschiedlicher Häufigkeit vorkommen und zumindest teilweise den oben genannten Motivkreisen zugeordnet werden können.

Der älteste und in den ersten vier Jahrhunderten weitaus häufigste Typus zeigt Jesus bartlos und mit Nackenlocken, bekleidet mit Tunika und Pallium sowie Sandalen. Die Nähe zu paganen Darstellungen von Hirten, aber auch von mythologischen Gestalten wie Apoll, Orpheus oder Helios verweist wahrscheinlich auf die ikonographische Herkunft dieses Typus in der paganen römischen Kunst und verdeutlicht, dass es sich hier nicht um eine spezifische Jesus-Ikonographie handelt. Erst die Einbettung der einzelnen Motive in einen bestimmten ikonographischen und lebensweltlichen Kontext (z. B. Katakomben oder Kirchen) ermöglicht eine Identifikation. Der Typus des Bartlosen begegnet vorrangig in Heilungs- und Vermehrungsszenen, aber auch in Passionsdarstellungen (Abb. 5).

In der seit dem 4. Jh. recht häufig dargestellten Magieranbetung erscheint das auf dem Schoß Marias sitzende, bisweilen in Windeln gewickelte, Jesuskind in demselben Typus und unterscheidet sich lediglich durch seine Größe und die

sitzende Haltung (Abb. 4). Auch in frühen Taufdarstellungen wird Jesus ohne
Bart und mit Nackenlocken, allerdings unbekleidet und wiederum wesentlich
kleiner als Johannes der Täufer dargestellt (Abb. 2). Die Kleinheit symbolisiert in
diesem Fall wohl nicht ein geringes Lebensalter, sondern den Akt der Selbsterniedrigung des Gottessohnes in Inkarnation und Taufe.

Auf einigen Reliefs wird Jesus mit Nackenlocken und Bart abgebildet. Dieser
zweite Typus orientiert sich an antiken Philosophendarstellungen, die auch für
die Ikonographie der Apostel Petrus und Paulus als Vorbilder gedient haben. Er
ist eher selten und lässt sich keinem konkreten Motiv oder Motivkreis zuordnen
(Abb. 6). Die unterschiedlichen Frisuren, aber auch der kurze Bart spiegeln möglicherweise die Moden der jeweiligen Entstehungszeit.

Der dritte Grundtypus der Jesus-Ikonographie, der im 4. Jh. erstmals auftaucht
und möglicherweise eine Weiterentwicklung des Typus mit Bart und Nackenlocken ist, zeigt einen wiederum in Tunika, Pallium und Sandalen gekleideten
Mann mit Bart, jedoch mit langen Haaren. Er kommt zunächst in der Darstellung
der Gesetzesübergabe an Petrus vor und kann in dieser Szene auf ein und demselben Monument auch neben dem Bartlosen mit Nackenlocken erscheinen
(Abb. 7). Mit dem Aufkommen repräsentativer Darstellungen Jesu Christi als
Lehrer, Richter und Herrscher und mit dem Einfluss der Herrscherikonographie
auf die christliche Kunst seit dem 4. Jh. wird dieser Typus vorherrschend (Abb. 8)
und dominiert die Jesusdarstellungen bis in die Neuzeit hinein. Mit ihm verbindet sich daher rezeptionsgeschichtlich am ehesten die Vorstellung einer spezifischen Ikonographie Jesu.

3. Übersicht

Typus	Merkmale	Motive	Zeit
bartlos mit kurzem oder halblangem Haar	bartlos kurzes / halblanges Haar mit Nackenlocken Tunika, Pallium und Sandalen	Vermehrungsszenen Heilungsszenen Lehrgespräche Passion	3.–5. Jh.
	Kleinkind nackt / in Tuch gewickelt Wickelkind	Mutter mit Kind, mit oder ohne Magieranbetung Krippenszene	seit Anfang 4. Jh.
	nackt kleine-mittlere Körpergrösse	Taufe Jesu	seit 3. Jh.
bärtig mit kurzem bzw. halblangem Haar	Bart kurzes / halblanges Haar mit Nackenlocken Tunika, Pallium und Sandalen	Lehrgespräche Passion Heilungsszenen Vermehrungsszenen	4. / 5. Jh.

Typus	Merkmale	Motive	Zeit
bärtig mit langem Haar	Bart langes Haar Tunika, Pallium und Sandalen häufig thronend meist nimbiert	repräsentative Darstellungen als Lehrer, Richter und Herrscher	seit 4. Jh., vorherrschend ab 6. Jh.

4. Bildzyklen/Bildfolgen

Für die Interpretation von Jesusdarstellungen sind deren ikonographische Kontexte von großer Relevanz. Seit dem 3. Jh. werden atl. Figuren (z. B. Adam, Mose, Jona, Abraham) Jesus typologisch gegenübergestellt (vgl. Abb. 1, 2 und 5). Seit dem 4. Jh. entstehen ganze Bildzyklen, die die biblische Heilsgeschichte typologisch repräsentieren (Abb. 5) oder auch die Lebensgeschichte Jesu narrativ ins Bild setzen. Gut erhalten ist ein solcher Zyklus in der römischen Basilika S. Maria Maggiore aus der ersten Hälfte des 5. Jh.s, deren Apsis zusätzlich den ältesten Kindheitszyklus mit Verkündigung, Darstellung im Tempel, Magieranbetung, Flucht nach Ägypten und Kindermord des Herodes zeigt. Auf den im späteren 4. Jh. weit verbreiteten sog. Passionssarkophagen werden die einzelnen Szenen der Leidensgeschichte narrativ aneinandergereiht. Eine Darstellung des Gekreuzigten zeigt erstmals die Holztür der römischen Kirche S. Sabina in Rom (Abb. 9).

Der älteste erhaltene monumentale Jesuszyklus findet sich in der Basilika S. Apollinare nuovo in Ravenna und ist um 500 entstanden. Er zeigt 26 Szenen aus dem Leben Jesu. Auffallend ist die Kombination und Gegenüberstellung des bartlosen Typus in den Heilungs-, Vermehrungs- und Lehrszenen an der Südwand mit dem bärtigen Typus in den Passionsszenen an der Nordwand der Kirche (Abb. 10 und 11).

5. Entwicklungen

Insgesamt lassen sich mehrere Entwicklungslinien in der Geschichte der frühchristlichen Jesus-Ikonographie erkennen: eine führt von nicht-personalen zu personalen Christusdarstellungen; eine zweite von chiffrehaften zu narrativen und repräsentativen Kompositionen; eine dritte vom bartlosen Typus zum Bärtigen mit langem Haar. Im 4. Jh. war die Vielfalt der Jesustypen und Bildmotive am größten.

6. Abbildungen mit Erläuterungen

Abb. 1: Helios-Christus (?), Mosaik im Mausoleum der Julier (Rom, um 300).

Das Mosaik in einer Grabkammer zeigt den jugendlichen Sonnengott Helios in seinem Streitwagen, mit einem Strahlenkranz nimbiert und umgeben von Weinranken. An der Wand gegenüber ist der Prophet Jona dargestellt. Handelt es sich um eine eher zufällige Zusammenstellung des paganen Gottes und des atl. Propheten? Oder um eine antitypische Gegenüberstellung von Jona und Christus-Helios? In jedem Fall ist diese Darstellung ein Beispiel für die Partizipation der jüdisch-christlichen Ikonographie an der paganen Bildsprache und -motivik.

Abb. 2: Wannensarkophag aus der Kirche S. Maria Antiqua (Rom, um 245).

Szenen von links nach rechts: Schiffbruch des Jona, Betende (Orans), Philosoph mit Buch, Schafträger, Taufe Jesu. Die drei Motive in der Mitte sind der paganen Sarkophagkunst entnommen. Einzig durch die Taufszene wird dieser Sarkophag eindeutig als christlich identifizierbar. Daher kann auch der Schafträger als Christus-Symbol interpretiert werden. Gut zu erkennen ist die Übereinstimmung der Typologie des Schaftträgers und des Täuflings: Es handelt sich in beiden Fällen um den bartlosen Jesus-Typus mit gelocktem, halblangem Haar.

Abb. 3: Arkosolgrab in der Katakombe S. Marcellino e Pietro, Detail: Jesus mit kniender Frau (Rom, 1. Hälfte 4. Jh.).

Christliche Motive schmücken das Innere des Bogens über der Grablege, während die Wand darüber mit geflügelten Genien verziert ist. Jesus ist, wie in den meisten Heilungs- und Wunderdarstellungen des 3. und 4. Jh.s, im Typus des bartlosen Jünglings mit gelocktem Haar dargestellt. Die Begegnung mit der knienden Frau kann keiner Evangelienperikope ganz eindeutig zugeordnet werden (s. o.).

Abb. 4: Anbetung der Magier und Krippenszene, Detail aus einem Sarkophagrelief (Museo Pio Cristiano, Rom, 2. Drittel 4. Jh.).

Die Anbetung der Magier ist spätestens seit dem 4. Jh. ein sehr beliebtes Bildmotiv. Jesus erscheint hier im bartlosen Typus mit Nackenlocken, wie er vor allem in Heilungs-, Vermehrungs- und Erweckungsszenen vorkommt (vgl. Abb. 2, 3, 5). Das Wickelkind in der Krippe ist keinem bestimmten Typus zuzuordnen. Die Figur rechts neben der Grippe stellt einen Betenden dar.

Abb. 5: Sarkophagrelief (Museo Pio Cristiano, Rom, 4. Jh.).

Ein schönes Beispiel für den bis zum 5. Jh. dominierenden Typus des Bartlosen mit Nackenlocken. Im Hintergrund bilden bärtige Jünger als »Assistenten« des Heilsgeschehens die zweite Reihe. Im Vordergrund befinden sich folgende Szenen von links nach rechts: Adam und Eva, Heilung des Gelähmten, Vermehrungswunder, Jesu Einzug in Jerusalem, Blindenheilung, Heilung eines (nackten) Kindes, Lazaruserweckung mit der bittenden Schwester.

Abb. 6: Sarkophagrelief (Metropolitan Museum, New York, ursprünglich Rom, 4. Jh.).

Auf diesem römischen Friessarkophag sind teilweise dieselben Szenen dargestellt wie auf dem vorigen Sarkophag (Abb. 5): links Jesus in der Menschenmenge, in der Mitte der Einzug in Jerusalem, rechts ein Vermehrungswunder und die Lazaruserweckung. Hier erscheint aber der seltene Typus des Bärtigen mit halblangen Haaren, der an Darstellungen von Philosophen (Abb. 2) und Aposteln (Abb. 5–8) erinnert und für Jesus vor allem in der Mitte des 4. Jh.s anzutreffen ist.

Abb. 7: Sarkophagrelief (Musée lapidaire, Arles, Ende 4. Jh.).

Auf diesem Säulensarkophag sind die beiden vorherrschenden Jesus-Typen bestimmten Bildmotiven zugeordnet: In den äußeren Seitennischen ist Jesus bartlos
und mit Nackenlocken bei der Fußwaschung (links) und vor Pilatus (rechts) dargestellt; in der Mitte bärtig und langhaarig als Lehrer bei der Übergabe des Gesetzes an Petrus mit Paulus und zwei weiteren Aposteln. Die Schafe zu Jesu Füßen
erinnern an das Motiv des guten Hirten (vgl. Abb. 2).

Abb. 8: Apsismosaik in der Kirche S. Pudenziana (Rom, Anfang 5. Jh.).

Dieses älteste erhaltene monumentale christliche Mosaik zeigt Jesus in goldenem
Gewand auf einem Gemmenthron als königlichen Lehrer und Richter im Kreis
der Apostel. Er ist in dem für repräsentative Darstellungen charakteristischen
bärtigen Typus mit langen Haaren dargestellt und durch einen Nimbus als göttlich gekennzeichnet (vgl. Abb. 1). Die Versammlung ist von städtischer Architektur umgeben, die roten Wolken markieren zugleich eine apokalyptische Szenerie.
Über Jesus Christus erhebt sich ein Berg mit einem goldenen Gemmenkreuz, das
in den Himmel ragt. Hier sind die vier Evangelistensymbole Engel (für Matthäus), Löwe (für Markus), Stier (für Lukas) und Adler (für Johannes) dargestellt.

Abb. 9: Tafel der Holztür der Kirche Santa Sabina (Rom, um 430).

Es handelt sich um die älteste erhaltene Darstellung der Kreuzigung. Jesus ist im Typus mit langen Haaren und Bart dargestellt, von den Schächern deutlich abgehoben durch Größe und Frisur.

Abb. 10 und 11: Mosaiken von S. Apollinare nuovo: Heilung des Gelähmten,
Jesus vor Pilatus (Ravenna, um 500).

Die beiden Mosaiktafeln aus dem Jesuszyklus in S. Apollinare nuovo in Ravenna
zeigen schön das Nebeneinander des bartlosen und des bärtigen Typus. Links die
Heilung des Gelähmten an der Südwand der Kirche. Hier ist Jesus bartlos, mit
Nackenlocken, in einer Tunika und Sandalen dargestellt und wird von einem Jün-
ger begleitet. In der Szene mit Pilatus an der Nordwand wird Jesus in derselben
Kleidung, aber im bärtigen Typus und mit langem Haar gezeigt.

BAUDRY, Gérard-Henry 2010: Handbuch der frühchristlichen Ikonographie. 1. bis 7. Jahrhundert, Freiburg/Basel/Wien.

DIETZ, Karlheinz/HANNICK, Christian/LUTZKA, Carolina/MAIER, Elisabeth (Hg.) 2016: Das
Christusbild. Zu Herkunft und Entwicklung in Ost und West. Das Östliche Christentum, NF
62, Würzburg.

DRESKEN-WEILAND, Jutta 2010: Bild, Grab und Wort. Untersuchungen zu Jenseitsvorstellungen
von Christen des 3. und 4. Jahrhunderts, Regensburg.

KOLLWITZ, Johannes 2012: Das Christusbild der frühchristlichen Kunst, in: KIRSCHBAUM, Engelbert u. a.: Lexikon der christlichen Ikonographie, Darmstadt, 356–371.

KRISCHEL, Roland u. a. (Hg.) 2005: Ansichten Christi. Christusbilder von der Antike bis zum
20. Jahrhundert, Köln.

SCHILLER, Gertrud 1966: Ikonographie der christlichen Kunst, Bd. 1: Inkarnation, Kindheit,
Taufe, Versuchung, Verklärung, Wirken und Wunder Christi, Gütersloh.

– 1968: Ikonographie der christlichen Kunst, Bd. 2: Die Passion Jesu Christi, Gütersloh.

– 1971: Ikonographie der christlichen Kunst, Bd. 3: Die Auferstehung und Erhöhung Christi,
Gütersloh.

Katharina Heyden / Rahel Schär

VIII. Ethik (Bergpredigt)

1. Jesuspredigt und biblische Ethik in ihrem antiken Kontext

Das berühmte und jedenfalls in der Zuspitzung bis heute umstrittene Dictum Adolf von Harnacks, das trinitätstheologische Dogma sei in seiner »Conception und … Ausbau ein Werk des griechischen Geistes auf dem Boden des Evangeliums« gewesen (HARNACK [4]1909: I 20), hätte er wohl auch auf die antike christliche Ethik beziehen können. Sie verstand sich »auf dem Boden des Evangeliums« und insbesondere der Bergpredigt stehend, ist aber konzeptionell und konstruktiv nicht ohne die antike philosophisch-ethische Tradition denkbar. Im 2. und frühen 3. Jh., das heißt vor der umfassenden Etablierung eines Synodalwesens mit der Formulierung deklaratorischer Glaubensbekenntnisse, ist oft das zentrale theologische Anliegen das Ringen mit der ethischen Hinterlassenschaft der Jesuspredigt gewesen, also der Bergpredigt und anderer ethisch ausgerichteter Jesusworte. Die Formulierung eines angemessenen Bekenntnisses an den Schöpfergott (Apg 17,24–28a, vgl. dazu VOLP 2013) und den Gottessohn Jesus Christus und die christliche Ethik waren dabei freilich eng verbunden (vgl. bereits 2Clem 4,1–3). Die Auseinandersetzung mit der biblischen Ethik geschah keineswegs in einer geistigen Welt, in der ethische Reflexionen etwas Neues gewesen wären, im Gegenteil. Auf allen Ebenen ethischer Gedankenbildung hatten das griechische und das lateinische Denken nahezu alle Denkmöglichkeiten durchgespielt: Es gab sowohl einen klaren Kanon ethischer Tugenden (vgl. dazu grundsätzlich Aristoteles Ethica Eudemia, Buch 2 bis 6) und Weisungen als auch ausführliche Beschreibungen menschlichen Verhaltens (vgl. Aristoteles Ethica Nicomachea), also das, was man als »präskriptive« (vorschreibende) und »deskriptive« (beschreibende) Ethik fassen kann. Die griechische Philosophie hatte darüber hinaus schon seit Jahrhunderten auf allerhöchstem Niveau über das Zustandekommen deskriptiver und präskriptiver ethischer Aussagen reflektiert, über ethische

Normen wie das (höchste) Gut oder die Tugend. Sie hatte sich kritisch über Begründungsformen der Ethik verständigt, und damit schon so etwas wie eine reflektierte »Metaethik« entwickelt. Der Kirchenvater Augustinus (354–430) machte mit seiner berühmten Definition von Philosophie die Zentralität der Ethik in der Philosophie, aber auch die Beschränkung bzw. die Grenzen der Philosophie deutlich:»Darüber, was das höchste Gut und das größte Übel sei, haben sich die Philosophen häufig und in vielerlei Argumenten gestritten und sich allergrößte Mühe gegeben, die Frage zu beantworten, was den Menschen glückselig mache« (Aug.civ. 19,1). Das dieser Stelle folgende Referat erlaubt davon auszugehen, dass die Kirchenväter den philosophisch-ethischen Diskussionsstand ihrer Zeit gut kannten. Wenn sie gleichzeitig nach eigenem Selbstverständnis »auf dem Boden des Evangeliums« standen, so heißt das nicht, dass sich diese beiden Traditionen ohne Brüche und Konflikte vereinbaren ließen. Die Geschichte der Ethik in der Alten Kirche ließe sich ganz wesentlich als Konfliktgeschichte von biblischer und philosophischer Ethik, von biblischer und philosophischer Anthropologie und Kosmologie schreiben (s. in diesem Sinne VOLP 2006). Auf der einen Seite gab es Differenzen in der materialen Ethik, womit sich (präskriptive) ethische Anweisungen immer wieder auseinandersetzen mussten: Nimmt man die Bergpredigt als Paradigma, so kollidierten die von Jesus überlieferten Worte vom Töten (Mt 5,20–26), vom Schwören (Mt 5,33–37) oder von der Feindesliebe (Mt 5,43–48, ↗ D.IV.4.1) ganz unmittelbar mit Konventionen der römischen Gesellschaft und wurden etwa für römische Soldaten, die sich dem Christentum zuwandten, zu ganz unmittelbaren Problemen (vgl. auch etwa Mt 26,52; gegen den Kriegsdienst sprach freilich in vorkonstantinischer Zeit vor allem dessen Verbindung mit dem Kult, vgl. etwa Tert.idol. 19). Auch die Umdeutung des antiken Gerechtigkeitsverständnisses (Mt 5,39) stieß auf massive Kritik, etwa durch den dem Platonismus verbundenen Christentumskritiker Kelsos im 2. Jh., der auf den Widerspruch zum mosaischen Gesetz hinwies (nach Or.Cels. 7,18). Andererseits gab es in diesem Bereich auch zahlreiche Schnittmengen, man denke etwa an das Verhältnis zu irdischem Reichtum (↗ D.IV.4.2). So konnte Kelsos an anderer Stelle behaupten, die christliche Sittenlehre sei keine besonders neue oder erhabene Lehre, was auch der Kelsosgegner und Theologe Origenes nicht bestritt (Or.Cels. 1,4). Noch geringer war alles in allem die Differenz zu jüdischen Vorstellungen (↗ D.IV.4.1), weshalb Konflikte oft erst außerhalb des Umfelds der jüdischen Gemeinden virulent und in den Quellen sichtbar wurden. Mindestens ebenso schwerwiegend waren aber grundsätzlichere Differenzen ethischer Reflexion. Sie sind zum einen philosophisch-theologischer Natur und haben in einer von der paganen Philosophie deutlich unterschiedenen Anthropologie und Kosmologie ihren Grund. Zum anderen entsprachen auch die Formen der biblischen Ethikreflexion nicht dem in der Antike Üblichen: Weder die narrative Ethikreflexion der Evangelien und der Jesuspredigt, wie sie in den Gleichnissen vom barmherzigen Samariter (Lk 10,25–37) oder der Geschichte vom reichen Jüngling (Mt 19,16–26/Lk 18,18–26) nahegelegt wird, noch die durch den christlichen Gottesdienst erzeugten ethischen Plausibilitäten fanden starke Analogien in den griechischen oder römischen Traditionen (vgl. VOLP/HORN/ZIMMERMANN 2016). Entsprechende Klagen von nichtchristlicher Seite, die den Erfolg der narrativen und der doxologischen Ethikbegründung anerkannten, verdeutlichen das (vgl. etwa den Brief Iulianus, ep. 89b, gerichtet an einen Priester mit der Bitte, auch im paganen Kult die Ethik zu berücksichtigen – so wie es die Christen täten).

2. Frühe christliche Gemeindeethik

Die christliche Gemeindeethik des 2. Jh.s konnte mit ihren konkreten ethischen Weisungen, wie sie etwa in Tugend- und Lasterkatalogen niedergelegt wurden, zunächst wohl relativ unbedarft an überlieferte Jesusworte anschließen, insbesondere an das Liebesgebot (vgl. etwa bereits 1 Thess 4,6 f. oder die Konkretisierungen der Liebe als νόμος τοῦ Χριστοῦ in Gal 5 f.; das Doppelgebot findet sich eher selten, so in Did 1,2; Polyk 3,3; Iust.dial. 93,2). So wird das Versprechen der Bergpredigt, dass diejenigen, »die den Willen des Vaters tun«, »in das Himmelreich eingehen« (εἰσέρχεσθαι εἰς τὴν βασιλείαν τῶν οὐρανῶν, Mt 7,21), im vielleicht um die Mitte des 2. Jh.s verfassten zweiten Clemensbrief lediglich auf diejenigen ausgeweitet, die Gerechtigkeit üben und deshalb gerettet werden (σώζεσθαι, 2Clem 4,1). Man berief sich dabei stets auf die Anweisung des Herrn Jesus Christus, der, so das Verständnis, ethisches Verhalten und verheißene Erlösung eng miteinander verbunden habe. Konstitutiv für die Gemeindeethik, das zeigt dieses Beispiel, war also die Predigt Jesu, auch wenn man offenbar schon früh einen Interpretationsbedarf und auch Interpretationsspielraum erkannte. Als gemeinsame Charakteristika von Jesuspredigt und Gemeindeethik lassen sich trotz Modifikationen im Detail der eschatologische Horizont, ein grundsätzlich positiver, aber nicht unkritischer Anschluss an das atl. »Gesetz« (vgl. Mt 5,17–20 – bei gleichzeitigem Widerspruch gegen die Gefahr seiner Perversion, vgl. Lk 18,9–14) sowie die Betonung der Nächstenliebe (Lk 10,25–37; Mt 20,28; vgl. Lev 19,18) erkennen. Die Nachahmung Jesu wurde zum höchsten ethischen Ziel (vgl. Mt 16,24; Mk 2,14; Mt 11,28; ↗ D.IV.4.3), gleichzeitig konnte man dennoch konkrete Anweisungen formulieren, die trotz ihrer den zehn Geboten ähnlichen Form eher als offene Sammlungen und nicht etwa als gleichrangig mit der Tora oder den Herrenworten angesehen worden sein dürften (1 Tim 3,1–13). Wohl nicht untypisch kann so etwa die Didache vorschreiben: »Du sollst nicht töten, du sollst nicht ehebrechen, du sollst nicht Knaben schänden, du sollst nicht huren, du sollst nicht stehlen, du sollst nicht Zauberei treiben, du sollst nicht Gift mischen, du sollst nicht ein Kind durch Abtreibung morden, und du sollst das Neugeborene nicht töten« (Did 2,1).

Konstitutiv war außerdem die Überzeugung, dass in Jesus Christus, in seinem Kreuzestod und seiner Auferstehung das in der Bergpredigt verkündete Heil zugänglich geworden sei, dass in ihm aber auch das Gericht vor Augen stehe (Gal

3,26–28; Apg 17,31; Mt 25,31–46, zur Rezeption dieser Stelle etwa BRÄNDLE 1979). Man hat dies in der älteren deutschen ntl. Forschung (BULTMANN 1924, vgl. zuletzt noch WOLTER 2011: 310–338) als »Indikativ« des Versöhnungsgeschehens bezeichnet, der den »Imperativ« für christliches sittliches Handeln gewissermaßen mit sich brachte (vgl. aber kritisch HORN/ZIMMERMANN 2009). Das Christusgeschehen konnte im Anschluss an Paulus zweifellos als Beginn eines neuen Lebens und einer neu möglich gewordenen christlichen Existenz angesehen werden, die eine gesetzliche Existenz eigentlich ausschließen sollte. Die Struktur des Christusgeschehens – Hingabe Jesu Christi aus Liebe für die Seinen, Hingabe des Gottessohnes für sein Volk (»darum hat Gott die Welt geliebt«, Joh 3,16) – musste Folgen für die christliche Existenz haben, was auch die auffallend starke Stellung des Liebesgebotes als Maßstab für christliches Verhalten schlechthin erklären würde. Eine in selbstgewählter Muße gelebte, weitgehend von den Niederungen menschlichen Lebens isolierte Aristokratenexistenz, wie man sie aus ethischen Leitfäden wie Ciceros De officiis oder auch in der aristotelischen Freundschaftsethik herauslesen konnte, erhielt keinen paradigmatischen Charakter für die christlichen Gemeinden. Vor diesem Hintergrund wird verständlich, weshalb sich schon im 2. Jh. eine christliche Sonderethik herausbilden konnte, die im Detail erheblich von den sittlichen Leitfäden der griechischen und lateinischen Literatur abwich. Das Portfolio sittlicher Forderungen und Werte, die sich auf die Predigt Jesu berufen konnten und sich von der Tora und der antiken Popularphilosophie unterschieden, umschloss das Gebot der Feindesliebe (Mt 5,44), die gleiche Bewertung von Tat und Gedanken beim Vergehen (Mt 5,28), vor allem aber die nun als spezifisch christlich wahrgenommene Demut (Mt 5,3; 20,25–28). Auch blieb der Widerspruch zwischen Lk 15,7 (»So wird auch Freude im Himmel sein über einen Sünder, der Buße tut, mehr als über neunundneunzig Gerechte«) und den vorherrschenden ethischen Vorstellungen der christlichen Umwelt, sowohl der philosophischen Ethik als auch des Judentums. Das alles wurde ergänzt durch sehr konkrete Vorschriften bezüglich Trunksucht, Bestechlichkeit, Schmeichelei (gegenüber Sündern) und Aufforderungen zum Gehorsam, zur Geduld, zur Barmherzigkeit und Mitleid mit den Armen. Dies geschah immer wieder unter Verweis auf die Rede Jesu, der als Lohn für ein gesetzeskonformes Leben eine erlöste jenseitige Existenz versprochen habe (so etwa in der Epistula Apostolorum aus der zweiten Hälfte des 2. Jh.s; vgl. zur Stelle aber KÖHLER 1987: 476–481). In den Aufnahmeregeln für die christliche Gemeinde, die sich in der im Grundbestand vielleicht noch aus dem frühen 3. Jh. stammenden Traditio Apostolica erhalten hat, findet sich eine Liste der 16 Berufe, die mit einer christlichen Lebensführung nicht ohne weiteres zu vereinbaren sind und deren Vertreter deshalb nur unter besonderen Bedingungen Christen werden konnten (Gladiatoren, Soldaten, Münzverfälscher, Bordellbetreiber usw.). All dies hatte die Bergpredigt vielleicht ursprünglich nicht im Blick, der von ihr erhobene weitgehende Anspruch an den Einzelnen hat aber historisch zu solch ernstgenommenen Regelungen für die Aufnahme in die christliche Gemeinschaft geführt.

3. Herausforderungen für die christliche Ethik im 2. Jh.

Bei dieser präskriptiven Gemeindeethik im Anschluss an die Jesuspredigt und unter Modifikation jüdischer Traditionen blieb es jedoch nicht. Grund dafür waren mehrere wesentliche Herausforderungen, die das Christentum des 2. Jh.s theologisch veränderten und zur Herausbildung einer sehr viel weitergehenden Ethikreflexion führte, die den Grundstock für die christliche Ethik, aber auch etwa für die Spezifika des christlichen Mönchtums legen sollten. Zu unterscheiden sind die Herausforderungen »von außen«, also durch die pagane Mehrheitsgesellschaft, durch das Judentum und die (popular-) philosophische Ethik auf der einen Seite, und Herausforderungen »von innen«, also durch innerchristliche Reformbewegungen wie den Markionismus (s. u.). Dazu kam die intellektuelle Herausforderung durch das gnostische Denken, das – zum Teil auf biblischer Grundlage – alternative Entwürfe in der Anthropologie und Kosmologie vertrat. Die an die Jesuspredigt anschließende, präskriptiv formulierte christliche Gemeindeethik konnte keiner dieser Herausforderungen gerecht werden: Lediglich dem von den innerchristlichen Häresien gestellten Problem von Rechtgläubigkeit konnte ein Stück weit mit Mitteln der Gemeindedisziplin begegnet werden. Die Irrgläubigen wurden nicht zuletzt aus ethischen Gründen verurteilt, weil sie nicht nur »im Glauben Schiffbruch erlitten haben« (1 Tim 1,19, man beachte die Analogie zu 1 Tim 6,10), sondern die eigenen Brüder und Schwestern zum Abfall verführten und damit gegen das Gebot des gegenseitigen »Erbauens« verstießen (z. B. Jud 20).

Nach außen musste sich das junge Christentum im Gegenüber zum jüdischen Diasporajudentum etablieren, mit dem es die wichtigsten theologischen Traditionen teilte. So ist es bei manchen frühen Texten kaum möglich genau zu zeigen, ob es sich um jüdische oder frühe christliche Schriften handelt, etwa bei den sog. Testamenten der Zwölf Patriarchen oder Teilen der Sibyllinischen Orakel. Auf der Ebene der Frömmigkeit bestanden viele christliche Gemeinden schon zu Zeiten des Paulus zu Teilen aus Heidenchristen, die sich von Anfang an nicht am jüdischen Leben beteiligten, aber es fanden sich auch noch sehr viel später manche Mischformen, also etwa »gottesfürchtige« Heiden, mit reger Beteiligung am Leben der Synagogengemeinde. Noch Johannes Chrysostomus (344/9–407) kann sich über solche Mischexistenzen beklagen. Die erste apologetisch-intellektuelle Auseinandersetzung mit dem Judentum findet sich bei dem bedeutenden Apologeten Justin (100–165). Sowohl die Apologetik Justins (z. B. Iust.dial. 8,3) als auch die spätere Polemik des Chrysostomus (s. etwa den Verweis auf Mt 25,35 f. bei Chrys.Jud. 2,5) verwenden dabei ethische Argumente. Institutionell waren die christlichen und jüdischen Gemeinden wohl schon früh getrennt, was man auch für die karitativen Aktivitäten beider Gruppen annehmen darf.

Noch viel stärker betonte die christliche Apologetik gegenüber der paganen Mehrheitsgesellschaft die überlegene Sittlichkeit der christlichen Gemeindeglieder, zumal sich in dieser Beziehung offenbar viele Vorurteile verbreitet hatten: Die Christen würden etwa Kinder rituell ermorden und »thyesteische Mahlzeiten« veranstalten sowie »ödipodeische Verbindungen«, also Inzest und »blut-schänderische« Beziehungen zwischen »Brüdern« und »Schwestern« unterhalten (vgl. etwa Tert.apol. 7–9). Gegen solche Vorwürfe gingen die Apologeten auf brei-ter Front vor mit dem Bild einer von Vernunft geprägten christlichen Sittlichkeit, die sich nur in ihrer theologischen Grundlage von jener der moralisch ausge-zeichnetsten Vertretern der römischen Gesellschaft unterschied. Dem apologeti-schen Genre entsprechend vermeiden diese Texte freilich die biblischen Formu-lierungen so weit wie möglich, weil sie ja gerade die Übereinstimmung mit den Normen und Werten der nichtchristlichen Mehrheitsgesellschaft betonten. Auch Brückenschläge zur Philosophie wurden versucht, vor allem von Justin, der die Form seines Dialoges mit Trypho an platonischen Vorbildern orientierte und den inhaltlichen Anschluss an Stoa und mittleren Platonismus suchte.

Etwas anders gestaltete sich das Vorgehen gegen die Gnosis, die vermutlich zeitlich die erste wirklich gefährliche innerchristliche Herausforderung darstellte, wobei die genauen Anfänge der christlichen Gnosis bzw. des christlichen Gnosti-zismus nach wie vor im Dunkeln liegen. Der Begriff »Gnosis« (»Erkenntnis«) findet sich zwar in den Quellen, ist aber als Richtungsbezeichnung natürlich eine Fremdbezeichnung, wenn nicht gar ein »typologisches Konstrukt« (WILLIAMS [2]1999), und zwar sowohl der modernen Forschung als auch bereits der antignos-tischen Väter. Er bezeichnet eine synkretistische Mischung von elitären und eso-terischen Lehren, die vor allem im 2. und 3. nachchristlichen Jh. weite Verbrei-tung fanden und die sich aus Elementen speisten, die der Philosophie, den paga-nen Religionen und Kulten, dem Christentum und vielleicht auch dem Judentum entlehnt waren. Diese Lehren versuchten Entstehung und Wesen der Welt zu er-klären und dabei insbesondere die Frage nach der Herkunft des Bösen zu klären und Strategien für seine endgültige Überwindung zu entwickeln. Zugang zu die-sen verschleiert überlieferten Strategien erhielten nur wenige Auserwählte. Sie wurden oft in Form von einzelnen Mythen und göttlichen Dramen formuliert, aber nicht offen verkündigt und konnten nur von den Eingeweihten recht ver-standen werden. Der Pronoia-Hymnus des Apokryphon des Johannes beispiels-weise spricht von dem »Gefängnis des Körpers« (Apocryphon des Johannes LJ 126 f., D106 f.), ein wohlbekannter Topos platonischer Anthropologie (von Plato Phaid. 62b bis Porph.vit.Plot. 1; vgl. COURCELLE 1976), der nicht nur für die christliche Lehre von der leiblichen Auferstehung, sondern auch für die christli-che Ethik nicht unproblematisch ist, zumal nun auch Mt 5,25 f./Lk 12,58 f. in die-sem übertragenem Sinne verstanden wurde (Iren.haer. 1,25,4): Die geforderte Loslösung von der Materie und totale Vergeistigung des Menschen erlaubte in letzter Konsequenz letztlich kein materiell wirksames Handeln zugunsten ande-rer Menschen in Not (s. dazu etwa die – zumindest auch – antignostisch versteh-bare Gegenrede bei Clem.Al. q.d.s.). Bereits dieses Beispiel verdeutlicht, wie gleichgültig asketisch lebende christliche Gnostiker dieser Welt und ihren Ge-schäften, der menschlichen Geschichte und dem Alltagsleben gegenüber gestan-den haben mussten, jedenfalls nach Ansicht ihrer christlichen Gegner.

Eine weitere nicht nur intellektuelle Herausforderung stellte die antike philosophische Tugendlehre dar, die in vielerlei Hinsicht nicht mit den biblischen Vorgaben und vor allem nicht mit der Jesuspredigt bruchlos in Übereinstimmung zu bringen war. Platonische oder stoische Denker hätten zwar ohne Weiteres ihrer Zustimmung zu der in Mt 6,24 ausgedrückten Geringschätzung materieller Güter Ausdruck verleihen können. Jedoch bereits dem damit verbundenen Verweis auf den Schöpfergott, dem man getrost die Sorge für den Leib anvertrauen dürfe (Mt 6,26–32), hätten sie wohl widersprochen, was die Stelle mit dem Hinweis auf die »Heiden« (τὰ ἔθνη) wohl auch selbst voraussetzt (Mt 6,32). Die Lehre von der leiblichen Auferstehung (1 Thess 4,13–18) musste Platonikern und Gnostikern gleichermaßen zuwider sein. Beiden galt zumeist lediglich die menschliche Seele oder Vernunft oder jedenfalls ein rein geistiger Teil des Menschen als göttlich, jenseitig und überzeitig, während der Leib oder zumindest der menschliche Körper, die σάρξ, als materiell, diesseitig und zeitlich gelten musste, nur mit den geistigen Teilen des Menschen für eine gewisse Zeit verbunden, ihr aber eigentlich fremd und für sie abstoßend. Überlieferte asketische, gegen die Fleischlichkeit des Menschen gerichtete Vorschriften wie das Verbot von Fleischnahrung oder sexuelle Enthaltsamkeit klangen bei Gnostikern und Neuplatonikern ähnlich, was vielen Zeitgenossen deutlicher vor Augen gestanden haben wird als die Verschiedenheit der beiden Gruppen. Vor diesem Hintergrund betrifft auch die christliche Verteidigung der leiblichen Auferstehung (vgl. etwa Tert.res.; Ps.-Athenag.res.; Ps.-Iust.res.) und materieller Aspekte der christlichen Ethik wie die Armenfürsorge oft beide Richtungen gleichermaßen, auch wenn sie meist stärker als Polemik gegen die Gnosis daherkam, die ja als innerchristliche Irrlehre wahrgenommen wurde. Und nur die Gnosis ging in ihren kosmologischen Mythen von einer eigentlich selbständigen, dem Intelligiblen gegenüberstehenden bösen Macht aus. Auch die Begründungsformen gnostischer Anthropologie traten stärker in direkte Konkurrenz zu der vorwiegend narrativen Fundierung christlicher Ethik der ntl. Erzählungen und Reden Jesu. Um ganz zu verstehen, warum die Gnosis als die gefährlichere Herausforderung begriffen wurde, sind schließlich die Konsequenzen dieses Denkens für die Ethik zu bedenken: Die Gnosis ging von der Existenz unterschiedlicher Menschenklassen aus, so etwa von »Somatikern«, »Psychikern« und »Pneumatikern« (so das »valentinianische« System, vgl. dazu aber MARKSCHIES 2002). Es lag in deren Wesen begründet, ob sie zum fleischlich-materiell Irdischen oder zum geistig-immateriell Jenseitigen hingezogen werden; menschliche Entscheidungsfreiheit schien von den meisten gnostischen Gruppen nicht vorausgesetzt zu werden. Eine solche Auffassung aber bedeutete zumindest Indifferenz, wenn nicht das Ende jeder ernstzunehmenden Ethik.

Inhaltlich in manchem mit der Gnosis verwandt, positionierte sich auch der Reeder und christliche Gemeindereformer Markion auf als gefährlich wahrgenommene Weise gegen den Mainstream der christlichen Kirche. Anders als die Gnosis und erst recht die nichtchristlichen Geistesströmungen stützte er sich auf einen biblischen Kanon, der die Grundlage für die markionitische Gemeindetheologie darstellte. Er enthielt wohl eine eigene Einleitung, ein Evangelium und das Apostolikon. Letztere bestanden vermutlich aus Teilen des LkEv (nach anderer Meinung schrieb er diesen Teil weitgehend selbst auf der Grundlage von mündlichen Traditionen) und aus Paulusbriefen. Das war deshalb brisant, weil die später kanonisch gewordenen Evangelien vermutlich noch ohne Autorität in den christlichen Gemeinden des frühen 2. Jh.s waren; es haben sich jedenfalls fast keine Spuren ihrer Rezeption aus dieser Zeit erhalten. Markions Theologie geht nicht wie die Gnosis von einem guten immateriellen und einem bösen materiellen Prinzip aus, sondern konkreter von der Existenz zweier Götter, die sich letztlich vor allem in ihrer Sicht auf die Ethik unterschieden. Der »alte Gott« ist für die Weltschöpfung verantwortlich gewesen, und seine Taten der Gerechtigkeit und der Vergeltung sind im Alten Testament nachzulesen; der neue, bisher unbekannte Gott dagegen ist ein Gott der Barmherzigkeit, der Sündenvergebung (Lk 5,18–26) und der Feindesliebe (Lk 6,27–31), der dem alten diametral gegenübersteht (vgl. Lk 5,36–38; 10,9) und seine ethischen Regeln und Weisungen nicht in Form von Gesetzen oder ethischen Abhandlungen, sondern in narrativer Form, in Gleichnissen und im Gespräch Jesu mit seinen Jüngern offenbart hatte. Das Gesetz des alten Gottes hatte den Charakter einer kosmischen Zwangsgewalt, von der Christus die Menschen erlöst (vgl. Röm 7). Im Gegensatz zur Gnosis steht diese Erlösung der gesamten Menschheit offen, entsprechend offen sind die markionitischen Gemeinden für alle Menschen, die sich den anfangs rigorosen Regeln des Gemeindelebens unterwerfen wollten und die zur Verbreitung des Markionismus vom Pontus und von Rom aus nach Südgallien, Nordafrika, Ägypten, Kreta, Kleinasien, Syrien und Mesopotamien führte. In keiner christlichen Bewegung hatte die *lex caritatis* der Bergpredigt eine ähnlich zentrale Bedeutung, zumal keine Relativierung des ethischen Imperativs durch eine Naherwartung drohte: Es ging Markion darum, sich in dieser Welt im Kampf zwischen dem alten und neuen Gott zu entscheiden und ein Reich der Liebe zu errichten, kein Gemeindeglied durfte sich diesem entziehen.

Auf diese zweifache innerchristliche Herausforderung christlicher Ethik und Gemeindetheologie reagierten in der zweiten Hälfte des 2. Jh.s vor allem die sog. »antignostischen Väter« Irenäus von Lyon (ca. 135–200), Hippolyt von Rom (ca. 170–235), Tertullian von Karthago (ca. 150–220) und Clemens von Alexandrien (ca. 150–215). Am folgenreichsten war der biblisch orientierte (heils-)geschichtliche Ansatz des Irenäus von Lyon mit seinem auf die paulinische Adam-Christus-Typologie (Röm 5 f., v. a. 5,18 und 6,23) zurückgreifenden Grundkonzept. Die Vollendung der Gottebenbildlichkeit des Menschen (Gen 1,26), die durch den Fall teilweise verlorengegangen war, sei in der Inkarnation des »Wortes Gottes« als endlicher »Zusammenfassung« (*recapitulatio*) des Menschen geschehen, der Fleischgewordene wird Anfang einer neuen Menschheit, was sich in platonischen Philosophumena von Bild/Abbild/Ähnlichkeit/Verähnlichung als Interpretation des Bildbegriffs von Gen 1,26 verstehbar ausdrücken ließ, aber vor allem das Konzept einer progressiv voranschreitenden Geschichte propagierte. Der Mensch und seine ethischen Möglichkeiten und Aufgaben wurden nun nicht mehr zeitlos wie in der Philosophie gesehen, sondern in den geschichtlichen Fortschritt eingebettet. Irenäus steht für eine ethisch-christologische Konzeption auf der Grundlage der Selbstaussage Jesu aus Mt 5,17, das atl. Gesetz sei von ihm nicht aufgehoben, sondern erweitert und erfüllt worden (*non dissolvit, sed extendit et implevit*. Iren.haer. 4,13,1). Der Sündenfall war Grund für den Tod, seit dem Christusereignis ist die Macht des Todes aufgehoben – und zwar durch die Gerechtigkeit (Röm 3–6; Mt 5,20). Wenn Irenäus Jesus Christus auf Grund seines Gottesgehorsams und seiner Nächstenliebe als Mensch nach dem Willen Gottes beschrieb, ließ er in ihm die Grundpfeiler der Ethik aus der ntl. Jesuspredigt zum Dreh- und Angelpunkt seines Fortschrittsmodells werden. In Christus ist demnach die Natur der Schöpfung überhaupt erschienen, womit christlich-ethisches Handeln als schöpfungs- beziehungsweise naturgemäßes Handeln definiert wird. Man kann hier den Ursprung späterer naturrechtlicher Ansätze christlicher Ethik sehen, wobei im Hinblick auf Irenäus die zentrale Stellung der Christusoffenbarung nicht übersehen werden darf (vgl. Martin Luthers Verständnis von der *lex naturalis*), die in vielen späteren Naturrechtskonzepten in den Hintergrund treten sollte (Augustinus, Thomas von Aquin).

4. Ausblick: Die Ethik der Bergpredigt in der alexandrinischen Theologie und die monastische Ethik

Clemens von Alexandrien (ca. 150–215) ist der erste alexandrinische Theologe, von dem sich umfangreichere theologische Schriften erhalten haben. Auch er zählt zuweilen noch zu den antignostischen Vätern, hat jedoch noch stärker als diese eine akademische Theologie auf Augenhöhe mit der paganen Philosophie und philosophischen Ethik und Tugendlehre betrieben, wie sie sein Nachfolger Origenes (185–ca. 254) dann auf einen ersten Höhepunkt bringen sollte. Beide gingen von dem Konzept einer stufenweisen Erkenntnis Gottes aus, die grundsätzlich für alle Menschen erreichbar sei. Die menschliche Entscheidungsfreiheit gewährte Zugang zu den μυστηρίοι, das heißt zu Taufe und Abendmahl, die bereits ausreichen, um an der Herrlichkeit Gottes zu partizipieren (Clem.Al. protr. 12,118,4). Auch erlaubten die einfachen ethischen Weisungen Jesu einen Anfang des Christseins im Glauben. Von dort ist es freilich ein weiter Weg bis zum vollkommenen Christsein, dem des »wahren Gnostikers«. Diesen Weg beschrieb Clemens in seinem zweiten Werk, dem Paedagogos (»Erzieher«), der im wesentlichen auf den ethischen Reifungsprozess der zum Glauben gekommenen zielt und mit einem Porträt des wahren Gnostikers endet, das im dritten Hauptwerk, den Stromateis (»Teppichen«) unsystematisch entfaltet wird. Ein solch »vollkommener« (Mt 5,48) Christ, wie er zum Beispiel in den »um der Gerechtigkeit willen verfolgten« Märtyrern vor Augen steht (Mt 5,9 f. zitiert bei Clem.Al. strom.

4,41,1; vgl. Mt 5,48 zitiert in strom. 7,84,5), besitzt alle Tugenden, vor allem aber die Nächsten- und die Gottesliebe, und betet nicht nur an bestimmten Tagen und zu bestimmten Stunden, sondern ist in ständigem Gespräch (ὁμιλία) mit Gott (Clem.Al. strom. 7,39,6), er schaut Gott »von Angesicht zu Angesicht« und wird ihm damit ähnlich, erreicht also die ὁμοίωσις τῷ θεῷ, die der ursprünglichen Schöpfung entspricht (Gen 1,26, vgl. Plato Tht. 176af.). Damit wurde der heilsgeschichtliche Fortschrittsprozess auf den individuellen Fortschritt heruntergebrochen, die ethischen Weisungen der Bergpredigt (z. B. die als Aufforderung zur Demut verstandene Seligpreisung der geistig Armen; vgl. Greg.Naz.or. 1 zu Mt 5,3) erhalten eine festgelegte Rolle innerhalb dieses Prozesses, der freilich noch durch andere Übungen, also etwa die Metriopathie (Mäßigung der Affekte) unterstützt werden musste. Im östlichen Mönchtum wurden solche Vervollkommnungsprozesse zum zentralen Ziel christlicher Existenz (hier wurde etwa Mt 5,8 als Aufforderung zu einer *Vita contemplativa* in Keuschheit verstanden, vgl. in diesem Sinne bereits die Acta Pauli et Thecla 5 f.), was das Christentum im Westen und Osten über Jahrhunderte prägen sollte.

BRENNECKE, Hanns Christof/OORT, Johannes VAN (Hg.) 2011: Ethik im antiken Christentum, SPA 9, Leuven.

DIHLE, Albrecht 1966: Art. Ethik, RAC 6, 646–796.

MÜHLENBERG, Ekkehard 2006: Altchristliche Lebensführung zwischen Bibel und Tugendlehre: Ethik bei den griechischen Philosophen und den frühen Christen, AAWG.PH 3.272, Göttingen.

OSBORN, Eric 1976: Ethical Patterns in Early Christian Thought, Cambridge.

VOLP, Ulrich 2006: Die Würde des Menschen. Ein Beitrag zur Anthropologie in der Alten Kirche, SVigChr 81, Leiden/Boston.

Ulrich Volp

Verzeichnis
der Autorinnen und Autoren

Sven-Olav Back, Adjunct Professor of New Testament Exegesis and Lecturer in Biblical Languages and Exegesis, Åbo Akademi University, Finnland.

Knut Backhaus, Professor für Neutestamentliche Exegese und biblische Hermeneutik, Katholisch-Theologische Fakultät, Ludwig-Maximilians-Universität München.

Albrecht Beutel, Professor für Kirchengeschichte, Evangelisch-Theologische Fakultät, Westfälische Wilhelms-Universität Münster.

Reinhard von Bendemann, Professor für Neues Testament, Evangelisch-Theologische Fakultät, Ruhr-Universität Bochum.

Darell L. Bock, Senior Research Professor of New Testament Studies, Dallas Theological Seminary, USA.

Cilliers Breytenbach, Professor für Neues Testament mit dem Schwerpunkt Religions-, Literatur- und Zeitgeschichte des Urchristentums, Theologische Fakultät, Humboldt-Universität zu Berlin; außerordentlicher Professor für New Testament and Ancient Studies, Stellenbosch University, Südafrika.

Martina Böhm, Professorin für Biblische Exegese und Frühjüdische Religionsgeschichte, Fachbereich Evangelische Theologie, Universität Hamburg.

James Carleton Paget, Senior Lecturer in New Testament Studies, University of Cambridge; Fellow and Tutor of Peterhouse, Großbritannien.

James G. Crossley, Professor of Bible, Society and Politics, Centre for the Social-Scientific Study of the Bible, St. Mary's University, Twickenham, London, Großbritannien.

Lutz Doering, Professor für Neues Testament und Antikes Judentum und Direktor des Institutum Judaicum Delitzschianum, Evangelisch-Theologische Fakultät, Westfälische Wilhelms-Universität Münster.

David du Toit, Professor für Neues Testament, Evangelisch-Theologische Fakultät, Ludwig-Maximilians-Universität München.

Martin Ebner, Professor für die Exegese des Neuen Testaments, Katholisch-Theologische Fakultät, Rheinische Friedrich-Wilhelms-Universität Bonn.

Craig A. Evans, John Bisagno Distinguished Professor of Christian Origins and Dean of the School of Christian Thought, Houston Baptist University, USA.

Jörg Frey, Professor für Neutestamentliche Wissenschaft mit Schwerpunkten Antikes Judentum und Hermeneutik, Theologische Fakultät, Universität Zürich; Research Associate, University of the Free State, Bloemfontein, Südafrika.

Yair Furstenberg, Associate Professor of Rabbinic Literature, Jewish History Department, Ben Gurion University of the Negev, Beer Sheva, Israel.

Simon Gathercole, Reader in New Testament Studies, University of Cambridge, Großbritannien.

Christine Gerber, Professorin für Neues Testament, Fachbereich Evangelische Theologie, Universität Hamburg.

Katharina Heyden, Professorin für Ältere Geschichte des Christentums und der interreligiösen Begegnungen, Theologische Fakultät, Universität Bern, Schweiz.

Friedrich W. Horn, Professor für Neues Testament, Evangelisch-Theologische Fakultät, Johannes Gutenberg-Universität Mainz.

Stephen Hultgren, Lecturer in New Testament, Australian Lutheran College, University of Divinity, Adelaide, Australien.

Christine Jacobi, wissenschaftliche Mitarbeiterin am Lehrstuhl für Exegese und Theologie des Neuen Testaments sowie die neutestamentlichen Apokryphen, Theologische Fakultät, Humboldt-Universität zu Berlin.

Jeremiah J. Johnston, Associate Professor of Christian Origins, Houston Baptist University, USA.

Thomas Kazen, Professor of Biblical Studies, Stockholm School of Theology, Schweden.

Chris Keith, Professor of New Testament and Early Christianity, St. Mary's University, Twickenham, London, Großbritannien.

John S. Kloppenborg, Professor and Chair, Department for the Study of Religion, University of Toronto, Kanada.

Bernd Kollmann, Professor für Exegese und Theologie des Neuen Testaments, Philosophische Fakultät, Seminar für Evangelische Theologie, Universität Siegen.

Michael Labahn, Außerplanmäßiger Professor, Martin-Luther-Universität Halle Wittenberg und Extraordinary Associate Professor, Department of Theology, North-West University, Potchefstroom, Südafrika.

Hermut Löhr, Professor für Neues Testament und Geschichte und Literatur des frühen Christentums, Evangelisch-Theologische Fakultät, Westfälische Wilhelms-Universität Münster.

Steve Mason, Distinguished Professor of Ancient Mediterranean Religions and Cultures, Qumran Institute and Faculty of Theology and Religious Studies, University of Groningen, Niederlande.

Tobias Nicklas, Professor für Exegese und Hermeneutik des Neuen Testaments, Fakultät für Katholische Theologie, Universität Regensburg.

Markus Öhler, Professor für Neutestamentliche Wissenschaft, Evangelisch-Theologische Fakultät, Universität Wien, Österreich.

Martin Ohst, Professor für Historische und Systematische Theologie, Fakultät für Geistes- und Kulturwissenschaften (Evangelische Theologie), Bergische Universität Wuppertal.

Karl-Heinrich Ostmeyer, Professor für Evangelische Theologie und ihre Didaktik mit dem Schwerpunkt Neues Testament, Fakultät für Humanwissenschaften und Theologie, Institut für Evangelische Theologie, Technische Universität Dortmund.

Rahel Schär, studentische Mitarbeiterin, Abteilung für Ältere Geschichte des Christentums und der interreligiösen Begegnungen, Theologische Fakultät, Universität Bern, Schweiz.

Eckart David Schmidt, wissenschaftlicher Mitarbeiter für Neues Testament, Evangelisch-Theologische Fakultät, Johannes Gutenberg-Universität Mainz.

Jens Schröter, Professor für Exegese und Theologie des Neuen Testaments sowie die neutestamentlichen Apokryphen, Theologische Fakultät, Humboldt-Universität zu Berlin.

Daniel R. Schwartz, Professor of Jewish History, Hebrew University of Jerusalem, Israel.

Markus Tiwald, Professor für Neues Testament und seine Didaktik, Institut für katholische Theologie, Universität Duisburg-Essen.

Joseph Verheyden, Professor für Neues Testament, Katholieke Universiteit Leuven, Belgien.

Samuel Vollenweider, Professor für Neues Testament, Theologische Fakultät, Universität Zürich, Schweiz.

Ulrich Volp, Professor für Kirchen- und Dogmengeschichte mit dem Schwerpunkt Alte Kirche, Evangelisch-Theologische Fakultät, Johannes Gutenberg-Universität Mainz.

Annette Weissenrieder, Professor of New Testament, San Francisco Theological Seminary and Graduate Theological Union, Berkeley, USA.

Michael Wolter, Professor für Neues Testament, Evangelisch-Theologische Fakultät, Rheinische Friedrich-Wilhelms-Universität Bonn.

Jürgen K. Zangenberg, Professor für Geschichte und Kultur des antiken Judentums und des frühen Christentums, Universität Leiden, Niederlande.

Christiane Zimmermann, Professorin für Theologie- und Literaturgeschichte des Neuen Testaments, Christian-Albrechts-Universität zu Kiel.

Ruben Zimmermann, Professor für Neues Testament, Evangelisch-Theologische Fakultät, Johannes Gutenberg-Universität Mainz; Research Associate, Faculty of Theology and Religion, University of the Free State Bloemfontein, Südafrika.

Literaturverzeichnis

ACHTEMEIER, Paul J. 1996: 1 Peter. A Commentary on First Peter, Minneapolis.

ÅDNA, Jostein 2000: Jesu Stellung zum Tempel: Die Tempelaktion und das Tempelwort als Ausdruck seiner messianischen Sendung, WUNT II 119, Tübingen.

AEJMELAEUS, Lars 1993: Jeesuksen ylösnousemus, osa I: Tausta ja Paavalin todistus, SESJ 57, Helsinki.

AKKER-SAVELSBERGH, Yvonne VAN DEN 2004: Het onzevader – een meerstemmig gebed? Een tekstsemantisch en redactiekritisch onderzoek naar het onzevader in de versie van Matteüs (Mt 6,9b–13), Zoetermeer.

ALKIER, Stefan 1993: Urchristentum. Zur Geschichte und Theologie einer exegetischen Disziplin, BHTh 83, Tübingen.

– 2003: »Geld« im Neuen Testament. Der Beitrag der Numismatik zu einer Enzyklopädie des Frühen Christentums, in: DERS./ZANGENBERG, Jürgen (Hg.): Zeichen aus Text und Stein. Studien auf dem Weg zu einer Archäologie des Neuen Testaments, TANZ 42, Tübingen, 308–335.

ALLISON, Dale C. 1982: The Pauline Epistles and the Synoptic Gospels. The Pattern of Parallels, NTS 28, 1–32.

– 1985: Paul and the Missionary Discourse, EThL 61, 369–375.

– 1987: Jesus and the Covenant: A Response to Sanders, JSNT 29, 57–78.

– 1994: A Plea for Thoroughgoing Eschatology, JBL 113, 651–668.

– 1997: The Jesus Tradition in Q, Harrisburg.

– 1998: Jesus of Nazareth. Millenarian Prophet, Minneapolis.

– 2005a: Explaining the Resurrection. Conflicting Convictions, JSHJ 3.2, 117–133.

– 2005b: Resurrecting Jesus. The Earliest Christian Tradition and Its Interpreters, London/New York.

– 2010: Constructing Jesus. Memory, Imagination, and History, Grand Rapids.

– 2011: How to Marginalize the Traditional Criteria of Authenticity, in: HOLMÉN, Tom/PORTER, Stanley E. (Hg.): Handbook for the Study of the Historical Jesus, Vol. I: How to Study the Historical Jesus, Leiden, 3–30.

ALT, Albrecht 1953: Die Stätten des Wirkens Jesu in Galiläa territorialgeschichtlich betrachtet, in: DERS.: Kleine Schriften zur Geschichte des Volkes Israels Bd. 2, München, 436–455.

ALT, Peter-André ³2007: Aufklärung, Lehrbuch Germanistik, Stuttgart/Weimar.

ANDERSON, Paul N. 2006: The Fourth Gospel and the Quest for Jesus. Modern Foundations Reconsidered, London/New York.

ANDERSON, Paul N./JUST, Felix, S. J./THATCHER, Tom (Hg.) 2007: John, Jesus and History I: Critical Appraisals of Critical views, SBL.SS 44.

– (Hg.) 2009: John, Jesus and History II: Aspects of Historicity in the Fourth Gospel, Early Christianity and Its Literature, SBL, Atlanta.

– (Hg.) 2016: John, Jesus and History III: Glimpses of Jesus through the Johannine Lens, Early Christianity and its Literature, SBL, Atlanta.

ANDREAU, Jean 1999: Banking and Business in the Roman World, Cambridge.

ANGENENDT, Arnold 1997: Geschichte der Religiosität im Mittelalter, Darmstadt.

ANNEN, Franz 1976: Die Dämonenaustreibungen Jesu in den synoptischen Evangelien, ThBer 5, 107–146.

ARGYLE, Aubrey W. 1974: Greek among the Jews of Palestine in New Testament Times, NTS 20, 87–89.

ARIEL, Donald T. 2011: Identifying the Mints, Minters and Meanings of the First Jewish Revolt

Coins, in: Popović, Mladen (Hg.): The Jewish Revolt against Rome. Interdisciplinary Perspectives, JSJ.S 154, Leiden/Boston, 373–397.

Ariel, Donald T./Fontanille, Jean-Philippe 2012: The Coins of Herod. A Modern Analysis and Die Classification, AJEC 79, Leiden/Boston.

Arnal, William E. 2001: Jesus and the Village Scribes: Gallilean Conflicts and the Setting of Q, Minneapolis.

– 2005: The Symbolic Jesus: Historical Scholarship, Judaism and the Construction of Contemporary Identity, London/Oakville.

– 2011: The Synoptic Problem and the Historical Jesus, in: Foster, Paul/Gregory, Andrew/ Kloppenborg, John S./Verheyden, Joseph (Hg.): New Studies in the Synoptic Problem: Oxford Conference, April 2008. Essays in Honour of Christopher M. Tuckett, BEThL 239, Leuven, 371–432.

Assmann, Aleida 1999: Erinnerungsräume. Formen und Wandlungen des kulturellen Gedächtnisses, München.

Assmann, Jan 1992: Das kulturelle Gedächtnis: Schrift, Erinnerung und politische Identität in frühen Hochkulturen, München.

Attridge, Harold W. 1976: The Interpretation of Biblical History in the Antiquitates Judaicae of Flavius Josephus, Missoula.

Aubin, Melissa 2001: Beobachtungen zur Magie im Neuen Testament, ZNT 4, 16–24.

Aune, David E. 1980: Magic in Early Christianity, ANRW II.23.2, 1507–1557.

Aurenhammer, Hans 1959: Lexikon der christlichen Ikonographie, Wien.

Avemarie, Friedrich/Lichtenberger, Hermann (Hg.) 2001: Auferstehung – Resurrection. The Fourth Durham-Tübingen Research Symposium: Resurrection, Transfiguration and Exaltation in Old Testament, Ancient Judaism and Early Christianity, WUNT 135, Tübingen.

Baasland, Ernst 1986: Zum Beispiel der Beispielerzählungen, NT 28, 193–219.

Bäbler, Balbina/Rehm, Ulrich 2001: Art. Jesus Christus in künstlerischer Darstellung, RGG⁴ IV, 485–495.

Back, Sven-Olav 2011: Jesus of Nazareth and the Christ of faith: approaches to the question in historical Jesus research, in: Holmén, Tom/Porter, Stanley E. (Hg.): Handbook for the Study of the Historical Jesus, Vol. II: The Study of Jesus, Leiden/Boston, 1021–1054.

Backhaus, Knut 1991: Die »Jüngerkreise« des Täufers Johannes. Eine Studie zu den religionsgeschichtlichen Ursprüngen des Christentums, PaThSt 19, Paderborn.

– 2011: Echoes from the Wilderness: The Historical John the Baptist, in: Holmén, Tom/ Porter, Stanley E. (Hg.): Handbook for the Study of the Historical Jesus, Vol. II: The Study of Jesus, Leiden/Boston, 1747–1785.

Baird, William 1992: History of New Testament Research. Vol. I: From Deism to Tübingen, Minneapolis.

Bailey, Kenneth E. 1995: Informal Controlled Oral Tradition and the Synoptic Gospels, Themelios 20.2, 4–11.

Balla, Peter 2003: The Child-Parent Relationship in the New Testament and Its Environment, WUNT 155, Tübingen.

Baltzer, Eduard 1860: Das Leben Jesu, Nordhausen.

Bammel, Ernst 1971/72: The Baptist in Early Christian Tradition, NTS 18, 95–128.

Bammel, Ernst/Moule, C. F. D (Hg.) 1984: Jesus and the Politics of His Day, Cambridge.

Banks, Robert 1975: Jesus and the Law in the Synoptic Tradition, Cambridge.

Bar-Asher, Moshe 2006: Mishnaic Hebrew: An Introductory Survey, in: Katz, Steven T. (Hg.): The Cambridge History of Judaism. Volume IV: The Late Roman-Rabbinic Period, Cambridge, 369–403.

BARCLAY, John M. G. 1996: Jews in the Mediterranean Diaspora: From Alexander to Trajan (323 BCE – 117 CE), Edinburgh.

BARR, James 1988: »ABBA isn't Daddy!«, JThS 39, 28–47.

BARRETT, Charles Kingsley 1985: Sayings of Jesus in the Acts of the Apostles, in: À cause de l'Évangile. Études sur les Synoptiques et les Actes offertes au P. Jacques Dupont, O. S. B à l'occasion de son 70e anniversaire, Paris, 681–708.

– 1956; ²1978: The Gospel according to St. John, London.

BARTH, Karl ¹1919; ²1922: Der Römerbrief, München.

BARTH, Ulrich 2010: Hermeneutik der Evangelien als Prolegomena zur Christologie, in: DANZ, Christian/MURRMANN-KAHL, Michael (Hg.): Zwischen historischem Jesus und dogmatischem Christus. Zum Stand der Christologie im 21. Jahrhundert, Tübingen, 275–305.

BARTHOLOMÄ, Philipp F. 2012: The Johannine Discourses and the Teaching of Jesus in the Synoptics: A Contribution to the Discussion Concerning the Authenticity of Jesus' Words in the Fourth Gospel, TANZ 57, Tübingen.

BARTON, Stephen C. 1994: Discipleship and Family Ties in mark and Matthew, MSSNTS 80, Cambridge.

BASSLER, Moritz u. a. (Hg.) 1996: Historismus und literarische Moderne, Tübingen.

BAUCKHAM, Richard J. 1990: Jude and the Relatives of Jesus in the Early Church, London.

– 2002: Gospel Women: Studies of the Named Women in the Gospels, Grand Rapids.

– 2006a: Jesus and the Eyewitnesses. The Gospels as Eyewitness Testimony, Grand Rapids.

– 2006b: Messianism According to the Gospel of John, in: LIERMAN, John (Hg.): Challenging Perspectives on the Gospel of John, WUNT II 219, Tübingen, 34–68.

– 2007: Historiographical Characteristics of the Gospel of John, NTS 53, 17–36.

BAUDRY, Gérard-Henry 2010: Handbuch der frühchristlichen Ikonographie. 1. bis 7. Jahrhundert, Freiburg/Basel/Wien.

BAUER, Bruno 1841/42: Kritik der evangelischen Geschichte der Synoptiker, 3 Bde., Leipzig.

BAUMGARDT, David 1991: Kaddish and Lord's Prayer, JBQ 19, 164–169.

BAUMGARTEN, Albert I. 1997: The Flourishing of Sects in the Maccabean Period: An Interpretation, JSJ.S 55, Leiden.

BAUMOTTE, Manfred/WEHOWSKY, Stephan (Hg.) 1984: Die Frage nach dem historischen Jesus. Texte aus drei Jahrhunderten, Reader Theologie. Basiswissen – Querschnitte – Perspektiven, Gütersloh.

BAUR, Ferdinand Christian 1847: Kritische Untersuchungen über die kanonischen Evangelien, ihr Verhältnis zueinander, ihren Charakter und Ursprung, Tübingen.

– 1853: Geschichte der christlichen Kirche, Bd. 1: Das Christentum und die christliche Kirche der drei ersten Jahrhunderte, Tübingen.

– 1864: Vorlesungen über neutestamentliche Theologie, hg. v. BAUR, Ferdinand Friedrich, Leipzig.

BAUR, Jörg 1993: Luther und seine klassischen Erben. Theologische Aufsätze und Forschungen, Tübingen.

BAUSPIESS, Martin u. a. (Hg.) 2014: Ferdinand Christian Baur und die Geschichte des frühen Christentums, WUNT 333, Tübingen.

BAZZANA, Giovanni B. 2015: Kingdom of bureaucracy. The political theology of village scribes in the Sayings Gospel Q, Leuven u. a.

BEASLEY-MURRAY, George Raymond 1986: Jesus and the Kingdom of God, Grand Rapids.

BEAVIS, Mary Ann (Hg.) 2002: The Lost Coin. Parables of Women, Work and Wisdom, The Biblical Seminar 86, London/New York/Sheffield.

BECK, David R. 1997: The Discipleship Paradigm: Readers and Anonymous Characters in the Fourth Gospel, Bibl.-Interpr.S 27, Leiden.

BECKER, Jürgen 1972: Johannes der Täufer und Jesus von Nazareth, BSt 63, Neukirchen-Vluyn.
- 1995: Feindesliebe – Nächstenliebe – Bruderliebe. Exegetische Beobachtungen als Anfrage an ein ethisches Problemfeld, in: DERS.: Annäherungen. Ausgewählte Aufsätze, hg. v. MELL, Ulrich, BZNW 76, Berlin, 382–394.
- 1996: Jesus von Nazaret, Berlin.
- 2001: Das vierte Evangelium und die Frage nach seinen externen und internen Quellen, in: DUNDERBERG, Ismo/TUCKETT, Christopher/SYREENI, Kari (Hg.): Fair play. Diversity and Conflicts in Early Christianity, FS Heikki Räisänen, NT.S 103, Leiden u. a., 203–241.
- 2007: Die Auferstehung Jesu Christi nach dem Neuen Testament. Ostererfahrung und Osterverständnis im Urchristentum, Tübingen.

BECKER, Michael 2002: Wunder und Wundertäter im frührabbinischen Judentum (unter Mitarbeit von FREY, Jörg/HENGEL, Martin/HOFIUS, Otfried), WUNT II 144, Tübingen.

BEIRNE, Margaret M. 2004: Women and Men in the Fourth Gospel, London.

BELLE, Gilbert VAN 1994: The Signs Source in the Fourth Gospel. Historical Survey and Critical Evaluation of the Semeia Hypothesis, BEThL 116, Leuven.

BENDEMANN, Reinhard VON 2014: Die Heilungen Jesu und die antike Medizin, Early Christianity 5, 273–312.

BENNEMA, Cornelis 2013: The crowd: A faceless, divided mass, in: HUNT, Steven A. u. a. (Hg.), Character studies in the fourth gospel. Narrative approaches to 70 figures in John, WUNT 314, Tübingen, 347–355.

BERGER, Klaus 1971: Zum traditionsgeschichtlichen Hintergrund christologischer Hoheitstitel, NTS 17, 391–425.
- 1972: Die Gesetzesauslegung Jesu. Ihr historischer Hintergrund im Judentum und im Alten Testament. Teil I: Markus und Parallelen, WMANT 40, Neukirchen-Vluyn.
- 1973: Die königlichen Messiastraditionen des Neuen Testaments, NTS 20, 1–44.
- 1984: Hellenistische Gattungen im Neuen Testament, ANRW II.25.2, 1031–1432.
- 1988: Jesus als Pharisäer und frühe Christen als Pharisäer, NT 30, 231–262.
- 1994: Theologiegeschichte des Urchristentums. Theologie des Neuen Testaments, Tübingen/Basel.

BERGES, Ulrich/HOPPE, Rudolf 2009: Arm und Reich, NEB.Themen 10, Würzburg.

BERMEJO-RUBIO, Fernando 2014: Jesus and the Anti-Roman Resistance: A Reassessment of the Arguments, JSHJ 12, 1–105.

BERNETT, Monika 2007: Der Kaiserkult in Judäa unter den Herodiern und Römern, WUNT 203, Tübingen.

BEST, Ernest 1970: I Peter and the Gospel Tradition, NTS 16,2, 95–113.
- 1978: Mark's Use of the Twelve, ZNW 69, 11–35.
- 1981: Following Jesus. Discipleship in the Gospel of Mark, JSNT.S 4, Sheffield.

BETCHER, Sharon 2013: Disability and the Terror of the Miracle Tradition, in: ALKIER, Stefan/WEISSENRIEDER, Annette (Hg.): Miracles Revisited: New Testament Miracle Stories and Their Concepts of Reality, Studies on the Bible and Its Reception, Berlin u. a., 161–180.

BETZ, Hans Dieter 1967: Nachfolge und Nachahmung Jesu Christi im Neuen Testament, BHTh 37, Tübingen.
- 1994: Jesus and the Cynics: Survey and Analysis of a Hypothesis, JR 74, 453–475.
- 1995: The Sermon on the Mount. A Commentary on the Sermon on the Mount including the Sermon on the Plain (Matthew 5:3–7:27 and Luke 6:20–49), Hermeneia, Minneapolis.

BETZ, Otto 1982: Probleme des Prozesses Jesu, ANRW II.25.1, 565–647.

BEUTEL, Albrecht [2]2009: Kirchengeschichte im Zeitalter der Aufklärung. Ein Kompendium, UTB 3180, Göttingen.
- 2013: Frömmigkeit als »die Empfindung unserer gänzlichen Abhängigkeit von Gott«. Die

Fixierung einer religionstheologischen Leitformel in Spaldings Gedächtnispredigt auf Friedrich II. von Preußen, in: DERS.: Spurensicherung. Studien zur Identitätsgeschichte des Protestantismus, Tübingen, 165–187.

– 2016 (in Vorbereitung): Die reformatorischen Wurzeln der Aufklärung. Beobachtungen zur frühneuzeitlichen Transformationsgeschichte des Protestantismus, ZThK Sonderheft.

BEYSCHLAG, Karlmann $^{2/1}$1988–2000: Grundriß der Dogmengeschichte, 2 Bde. in 3, Darmstadt.

BICKERMANN, Elias 1935: Utilitas crucis: Observations sur les récits du procès de Jésus dans les Évangiles canoniques, RHR 112, 169–241.

BIEBERSTEIN, Sabine 1998: Verschwiegene Jüngerinnen – vergessene Zeuginnen: Gebrochene Konzepte im Lukasevangelium, Freiburg (CH)/Göttingen.

BIELER, Ludwig 1967: Theios Anēr. Das Bild des »Göttlichen Menschen« in Spätantike und Frühchristentum, Darmstadt.

BLACK, C. Clifton 1989: The Disciples according to Mark. Markan Redaction in Current Debate, JSNT.S 27, Sheffield.

BLACK, Matthew ^{3}1967: An Aramaic Approach to the Gospels and Acts, Oxford.

BLANKE, Horst-Walter 1984: Von der Aufklärung zum Historismus. Zum Strukturwandel des historischen Denkens, Historisch-politische Diskurse 1, Paderborn u. a.

– 1990: Die Wiederentdeckung der deutschen Aufklärungshistorie und die Begründung der Historischen Sozialwissenschaft, in: PRINZ, Wolfgang/WEINGART, Peter (Hg.): Die sog. Geisteswissenschaften. Innenansichten, stw 854, Frankfurt, 105–133.

– 1991: Historiographiegeschichte als Historik, Fundamenta Historica. Texte und Forschungen 3, Stuttgart-Bad Cannstatt.

BLANKE, Horst-Walter/FLEISCHER, Dirk (Hg.) 1990: Theoretiker der deutschen Aufklärungshistorie, Bd. I: Die theoretische Begründung der Geschichte als Fachwissenschaft, Bd. II: Elemente der Aufklärungshistorik, Fundamenta Historica. Texte und Forschungen 1.1/2, Stuttgart-Bad Cannstatt.

BLINZLER, Josef 1974: Die Grablegung Jesu in historischer Sicht, in: DHANIS, Édouard (Hg.): Resurrexit: Actes du symposium international sur la résurrection de Jésus, Rome 1970, Rom, 56–107.

BLOMBERG, Craig L. 1999: Neither Poverty nor Riches. A Biblical Theology of Material Possessions, New Studies in Biblical Theology 7, Leicester.

– 2001: The Historical Reliability of St. John's Gospel. Issues and Commentary, Downers Grove.

BOCK, Darrell L./WEBB, Robert (Hg.) 2009: Key Events in the Life of the Historical Jesus: A Collaborative Exploration of Context and Coherence, WUNT 247, Tübingen.

BOCK, Darrell L. 1998: Blasphemy and exaltation in Judaism and the final examination of Jesus: A philological-historical study of the key Jewish themes impacting Mark 14:61–64, WUNT II 106, Tübingen.

BÖCKLER, Annette 2000: Gott als Vater im Alten Testament. Traditionsgeschichtliche Untersuchungen zur Entstehung und Entwicklung eines Gottesbildes, Gütersloh.

BOEHMER, Heinrich 1914: Studien zur Geschichte der Gesellschaft Jesu Bd. I, Bonn.

BÖHM, Martina 1999: Samarien und die Samaritai bei Lukas. Eine Studie zum religionsgeschichtlichen und traditionsgeschichtlichen Hintergrund der lukanischen Samarientexte und zu deren topographischer Verhaftung, WUNT II 111, Tübingen.

– 2002: »Und sie nahmen ihn nicht auf, weil sein Gesicht nach Jerusalem zu ging« (Lk 9,53). Samaritaner und Juden zwischen dem 4. Jh. v. und 1. Jh. n.Chr., in: BELTZ, Walter/TUBACH, Jürgen (Hg.): Regionale Systeme koexistierender Religionsgemeinschaften, HBO 34, 113–127.

– 2010: Art. Samaritaner, WiBiLex: www.bibelwissenschaft.de/stichwort/25967/.

– 2012: Wer gehörte in hellenistisch-römischer Zeit zu »Israel«? Historische Voraussetzungen für eine veränderte Perspektive auf neutestamentliche Texte, in: FREY, Jörg/SCHATTNER-RIESER, Ursula/SCHMID, Konrad (Hg.): Die Samaritaner und die Bibel. The Samaritans and the Bible, SJ 70/StSam 70, Berlin/Boston, 181–202.

BOLYKI, János 1998: Jesu Tischgemeinschaften, WUNT II 96, Tübingen.

BOMAN, Jobjorn 2011: Inpulsore Cherestro? Suetonius' Divus Claudius 25.4 in Sources and Manuscripts, LASBF 61, 355–376.

BOND, Helen K. 1998: Pontius Pilate in history and interpretation, MSSNTS 100, Cambridge.

– 2004: Caiaphas: Friend of Rome and judge of Jesus?, Louisville.

– 2013: Dating the death of Jesus: memory and the religious imagination, NTS 59, 461–475.

BORG, Marcus J. 1983: Conflict, Holiness and Politics in the Teachings of Jesus, New York/Toronto.

– 1986: A Temperate Case for a Non-Eschatological Jesus, SBL.SP 25, 521–535.

– 1987: Jesus. A New Vision, San Francisco.

– 1994: Jesus in Contemporary Scholarship, Valley Forge.

BORNKAMM, Günther 1956; ³1959; ¹⁵1995: Jesus von Nazareth, Urban-Taschenbücher 19, Stuttgart.

– 1959: Das Bekenntnis im Hebräerbrief, in: DERS.: Studien zu Antike und Urchristentum. Gesammelte Aufsätze II, BEvTh 28, München, 188–203.

– 1962; ²1966: Die Bedeutung des historischen Jesus für den Glauben, in: HAHN, Ferdinand/LOHFF, Wenzel/BORNKAMM, Günther: Die Frage nach dem historischen Jesus, Evangelisches Forum 2, Göttingen, 57–71.

– 1968: Das Doppelgebot der Liebe, in: DERS.: Geschichte und Glaube. Erster Teil, Gesammelte Aufsätze Band III, BEvTh 48, München, 37–45.

BORNKAMM, Karin 1998: Christus – König und Priester. Das Amt Christi bei Luther im Verhältnis zur Vor- und Nachgeschichte, BHTh 106, Tübingen.

BOSTOCK, Gerald 1994: Do We Need an Empty Tomb?, ET 105, 201–205.

BOTHA, Pieter J. 1993: The Social Dynamics of the Early Transmission of the Jesus Tradition, Neotest. 27, 205–232.

BOUSSET, William 1913; ²1921; ⁵1965; ⁶1967: Kyrios Christos. Geschichte des Christusglaubens von den Anfängen des Christentums bis Irenäus, FRLANT 21, Göttingen.

BOVON, François 1989–2001: Das Evangelium nach Lukas, EKK III/1–3, Zürich/Neukirchen-Vluyn.

BOYARIN, Daniel 2012: The Jewish Gospels. The Story of the Jewish Christ, New York.

BRANDENBURG, Hugo 2004: Die frühchristlichen Kirchen in Rom vom 4. bis zum 7. Jahrhundert, Regensburg/Milano.

BRÄNDLE, Rudolf 1979: Matth. 25,31–46 im Werk des Johannes Chrysostomus. Ein Beitrag zur Auslegungsgeschichte und zur Erforschung der Ethik der griechischen Kirche um die Wende vom 4. zum 5. Jahrhundert, BGBE 22, Tübingen.

BRANDON, Samuel G. F. 1967: Jesus and the Zealots: A Study of the Political Factor in Primitive Christianity, Manchester.

BRANSCOMB, Bennett Harvie 1930: Jesus and the Law of Moses, London.

BRAUND, David 1984: Rome and the Friendly King: the Character of the Client Kingship. New York.

BRECKMAN, Warren 1999: Marx, the Young Hegelians, and the Origins of Radical Social Theory: Dethroning the Self, Cambridge.

BRENNECKE, Hanns Christof/OORT, Johannes VAN (Hg.) 2011: Ethik im antiken Christentum, SPA 9, Leuven.

BREUER, Yochanan 2006: Aramaic in Late Antiquity, in: KATZ, Steven T. (Hg.): The Cambridge History of Judaism. Volume IV: The Late Roman-Rabbinic Period, Cambridge, 457–491.

BREYTENBACH, Cilliers 1984: Nachfolge und Zukunftserwartung nach Markus. Eine methoden-kritische Studie, AThANT 71, Zürich.

– 1985: Das Markusevangelium als episodische Erzählung. Mit Überlegungen zum Aufbau des zweiten Evangeliums, in: HAHN, Ferdinand (Hg.): Der Erzähler des Evangeliums. Methodische Neuansätze in der Markusforschung, SBS 118/119, 137–169.

– 1997: Das Markusevangelium, Psalm 110,1 und 118,22 f. Folgetext und Prätext, in: TUCKETT, Christopher (Hg.): The Scriptures in the Gospels, BEThL 131, Leuven, 197–222.

– 1999: Mark and Galilee. Text World and Historical World, in: MEYERS, Eric M. (Hg.): Galilee through the Centuries. Confluence of Cultures. The Proceedings of the 2nd International Conference on Galilee, Winona Lake, 75–85.

– 2007: Was die Menschen für großartig halten. Das ist in den Augen Gottes ein Greuel (Lk 16,15c), in: EBNER, Martin (Hg.): Gott und Geld, JBTh 21, Neukirchen-Vluyn, 131–144.

– 2013: From Mark's Son of God to Jesus of Nazareth – Un cul-de-sac?, in: WATT, Jan van der (Hg.): The Quest for the Real Jesus. Radboud Prestige Lectures by Prof. Dr. Michael Wolter, Bibl.-Interpr.S 120, Leiden, 19–56.

BRIGHTON, Mark 2009: The Sicarii in Josephus's Judean War: Rhetorical Analysis and Historical Observations, SBL.EJL 27, Atlanta.

BRIN, Gershon 1995/97: Divorce at Qumran, in: BERNSTEIN, Moshe u.a. (Hg.): Legal Texts and Legal Issues: Proceedings of the Second Meeting of the International Organization for Qumran Studies, Cambridge/Leiden, 231–244.

BRODIE, Thomas Louis 1986: Towards Unravelling Luke's Use of the Old Testament: Luke 7.11–17 as an Imitatio of 1 Kings 17.17–24, NTS 32, 247–267.

BROER, Ingo 1999: Das Weinwunder zu Kana (Joh 2,1–11) und die Weinwunder der Antike, in: MELL, Ulrich/MÜLLER, Ulrich B. (Hg.) : Das Urchristentum in seiner literarischen Geschichte, FS Jürgen Becker, BZNW 100, Berlin, 291–308.

– 2004: Jesus und die Tora, in: SCHENKE, Ludger u.a. (Hg.): Jesus von Nazareth – Spuren und Konturen, Stuttgart, 216–254.

BROOTEN, Bernadette 1982: Konnten Frauen im alten Judentum die Scheidung betreiben?, EvTh 42, 65–80.

BROWE, Peter 1938: Die eucharistischen Wunder des Mittelalters, Breslauer Studien zur historischen Theologie NF IV, Breslau.

BROWN, Colin 1985: Jesus in European Protestant Thought 1778–1860, Studies in Historical Theology 1, Durham.

BROWN, Raymond E. ²1993: The Birth of the Messiah: A Commentary on the Infancy Narratives in the Gospels of Matthew and Luke, New York.

– 1994a/b: The death of the Messiah: from Gethsemane to the grave. A commentary on the passion narratives in the four gospels (2008–2010). Vol. I/II, The Anchor Yale Bible Reference Library, New Haven.

– 1998: The burial of Jesus (Mark 15:42–47), CBQ 50, 233–245.

BRUCKER, Ralph 2013: »Hymnen« im Neuen Testament?, VF 58, 53–62.

BRYAN, Steven M. 2002: Jesus and Israel's Traditions of Judgment and Restoration, MSSNTS 177, Cambridge.

BUCHER, Jordan 1859: Das Leben Jesu Christi und der Apostel. Geschichtlich-pragmatisch dargestellt. Erster Band. Das Leben Jesu Christi, Stuttgart.

BUCHINGER, Harald/HERNITSCHECK, Elisabeth 2014: P. Oxy. 840 and the Rites of Christian Initiation: Dating a Piece of Alleged Anti-Sacramentalistic Polemic, Early Christianity 5, 117–124.

BULLER, Andreas 2002: Die Geschichtstheorien des 19. Jahrhunderts. Das Verhältnis zwischen historischer Wirklichkeit und historischer Erkenntnis bei Karl Marx und Johann Gustav Droysen, Berlin.

BULTMANN, Rudolf K. 1913: Was lässt die Spruchquelle über die Urgemeinde erkennen? Oldenburgisches Kirchenblatt 19, 35–37.41–44.

– 1924: Das Problem der Ethik bei Paulus, ZNW 23, 123–140.

– [8]1980a: Die liberale Theologie und die jüngste theologische Bewegung, in: DERS.: Glauben und Verstehen I, Tübingen, 1–25.

– [8]1980b: Zur Frage der Christologie (1927), in: DERS.: Glauben und Verstehen I, Tübingen, 85–113.

– [8]1980c: Die Bedeutung des geschichtlichen Jesus für die Theologie des Paulus [1929], in: DERS.: Glauben und Verstehen I, Tübingen, 188–213.

– 1948; [21]1984: Das Evangelium des Johannes, KEK II, Göttingen.

– 1967a: Der religionsgeschichtliche Hintergrund des Prologs zum Johannesevangelium (1923), in: DERS.: Exegetica, hg. v. DINKLER, Erich, Tübingen, 10–35.

– 1967b: Das Verhältnis der urchristlichen Christusbotschaft zum historischen Jesus, in: DERS.: Exegetica, hg. v. DINKLER, Erich, Tübingen, 445–469.

– 1967c: Bekenntnis- und Liedfragmente im ersten Petrusbrief (1947), in: DERS.: Exegetica, hg. v. DINKLER, Erich, Tübingen, 285–297.

– [9]1979; [10]1995: Die Geschichte der synoptischen Tradition (1921). Mit einem Nachwort von Gerd Theißen, FRLANT 29, Göttingen.

– [9]1984: Theologie des Neuen Testaments, Tübingen.

– 1988: Jesus (1926), UTB 1272, Tübingen.

BURCHARD, Christoph 1970: Das doppelte Liebesgebot in der frühen christlichen Überlieferung, in: LOHSE, Eduard (Hg.): Der Ruf Jesu und die Antwort der Gemeinde, FS Joachim Jeremias, Göttingen, 39–61.

– 2000: Der Jakobusbrief, HNT XV/1, Tübingen.

BURKE, Kenneth [3]1973: The Philosophy of Literary Form. Studies in Symbolic Action, Berkeley.

BUTH, Randall/NOTLEY, R. Steven (Hg.) 2014: The Language Environment of First Century Judaea, Leiden.

BYRSKOG, Samuel 1994: Jesus the Only Teacher. Didactic Authority and Transmission in Ancient Israel, Ancient Judaism and Matthean Community, Stockholm.

– 2000: Story as History – History as Story. The Gospel Tradition in the Context of Ancient Oral History, WUNT 123, Tübingen.

– 2011: The Transmission of the Jesus Tradition, in: HOLMÉN, Tom/PORTER, Stanley E. (Hg.): Handbook for the Study of the Historical Jesus, Vol. II: The Study of Jesus, Leiden, 1465–1494.

CAMPENHAUSEN, Hans VON 1972: Das Bekenntnis im Urchristentum, ZNW 63, 210–253.

CARLETON PAGET, James 2014: Albert Schweitzer and the Jews, HThR 103, 363–398.

CARR, David M. 2005: Writing on the Tablet of the Heart: Origins of Scripture and Literature, Oxford.

CARRIER, Richard 2012: Origen, Eusebius, and the Accidental Interpolation in Josephus, Jewish Antiquities 20.200, JECS 20, 489–514.

CARSON, Don A./O'BRIEN, Peter T./SEIFRID, Mark A. (Hg.) 2001: Justification and Variegated Nomism, Vol. I: The Complexities of Second Temple Judaism, WUNT II 140, Tübingen.

CARSON, Don A. 1981: Historical Tradition in the Fourth Gospel: After Dodd, What?, in: FRANCE, R. T./WENHAM, David (Hg.): Gospel Perspectives II, Sheffield, 84–145.

CARTER, Warren 1993: The Crowds in Matthew's Gospel, CBQ 55, 54–67.

CASEY, Maurice 2007: The Solution to the ›Son of Man‹ Problem, Library of New Testament Studies 343, London.

– 2010: Jesus of Nazareth. An Independent Historian's Account of his Life and Teaching, London.

CHAMBERLAIN, Houston Stewart 1899: Die Grundlagen des neunzehnten Jahrhunderts, 2 Bde., München.

CHANCEY, Mark A. 2002: The Myth of a Gentile Galilee, MSSNTS 118, Cambridge.

– 2005: Greco-Roman Culture and the Galilee of Jesus, MSSNTS 134, Cambridge.

– 2007: The Epigraphic Habit of Hellenistic and Roman Galilee, in: ZANGENBERG, Jürgen u. a. (Hg.): Religion, Ethnicity and Identity in Ancient Galilee. A Region in Transition, WUNT 210, Tübingen, 83–98.

CHAPMAN, David W. 2008: Ancient Jewish and Christian perceptions of crucifixion, WUNT II 244, Tübingen.

CHAPMAN, Mark 2001: The coming crisis: the impact of eschatology on theology in Edwardian Britain, Sheffield.

CHARLESWORTH, James H. 1988: Jesus within Judaism. New Light from Exciting Archaeological Discoveries, Anchor Bible Reference Library, New York u. a.

– 1994: The Lord's Prayer and other Prayer Texts from the Greco-Roman Era, Valley Forge.

– 2006: Jesus and Archaeology, Grand Rapids.

– 2013: The Tomb of Jesus and His Family? Exploring Ancient Jewish Tombs Near Jerusalem's Walls. The Fourth Princeton Symposium on Judaism and Christian Origins, Sponsored by the Foundation on Judaism and Christian Origins, Winona Lake.

– 2015: An Unknown Dead Sea Scroll and Speculations Focused on the *Vorlage* of Deuteronomy 27:4, in: FREY, Jörg/POPKES, Enno E. (Hg.): Jesus, Paulus und die Texte von Qumran, WUNT II 390, Tübingen, 393–414.

CHILTON, Bruce 1988: Jesus and the Repentance of Sanders, TynB 39, 1–18.

– 1994: The Kingdom of God in Recent Discussion, in: DERS./EVANS, Craig A. (Hg.): Studying the Historical Jesus: Evaluations of the State of Current Research, NTTS 19, Leiden, 255–280.

– 2000: Rabbi Jesus. An intimate biography, New York u. a.

CHILTON, Bruce/EVANS, Craig A. (Hg.) 1994: Studying the Historical Jesus. Evaluations of the State of Current Research, NTTS 19, Leiden.

CHLADENIUS, Johann Martin 1969 (Nachdr. Leipzig 1742): Einleitung zur richtigen Auslegung vernünftiger Reden und Schriften, Instrumenta philosophica. Series hermeneutica 5, Düsseldorf.

– 1985 (Nachdr. Leipzig 1752): Allgemeine Geschichtswissenschaft, Klassische Studien zur sozialwissenschaftlichen Theorie, Weltanschauungslehre und Wissenschaftsforschung 3, Wien u. a.

CHOI, J. D. 2000: Jesus' Teaching on Repentance, International Studies in Formative Christianity and Judaism, Binghamton.

CLIVAZ, Claire u. a. (Hg.) 2011: Infancy Gospels: Stories and Identities, WUNT 281, Tübingen.

COHEN, Shaye J. D. 1999: The Beginnings of Jewishness: Boundaries, Varieties, Uncertainties. Berkeley.

COLLINS, John J. 1987: The Kingdom of God in the Apocrypha and Pseudepigrapha, in: WILLIS, Wendell (Hg.): The Kingdom of God in 20th–Century Interpretation, Peabody, 81–95.

– 1995: The Scepter and the Star: The Messiahs of the Dead Sea Scrolls and Other Ancient Literature, Anchor Bible Reference Library, Grand Rapids/New York.

– 2010: Beyond the Qumran Community: The Sectarian Movement of the Dead Sea Scrolls, Grand Rapids.

– ²2010: The Scepter and the Star: Messianism in Light of the Dead Sea Scrolls, Grand Rapids.

COLLINS, Raymond F. 1990: Proverbial Sayings in St. John's Gospel, in: DERS.: These Things Have Been Written. Studies on the Fourth Gospel, LThPM 2, Leuven, 128–157.

CONWAY, Colleen M. 2008: Behold the Man: Jesus and Greco-Roman Masculinity, Oxford.

CONZELMANN, Hans 1974a: Geschichte und Eschaton nach Mk 13 (1959), in: DERS.: Theologie als Schriftauslegung, BEvTh 65, München, 62–73.

– 1974b: Was glaubte die frühe Christenheit? (1955), in: DERS.: Theologie als Schriftauslegung. Aufsätze zum Neuen Testament, BEvTh 65, München, 106–119.

CONZELMANN, Hans/LINDEMANN, Andreas [14]2004: Arbeitsbuch zum Neuen Testament, UTB 52, Tübingen.

COOK, John Granger 2000: The Interpretation of the New Testament in Greco-Roman Paganism, STAC 3, Tübingen.

– 2011: Crucifixion and burial, NTS 57, 193–213.

– 2014: Crucifixion in the Mediterranean world, WUNT 327, Tübingen.

CORLEY, Jeremy (Hg.) 2009: New Perspectives on the Nativity, London.

COTTON, Hannah M./DI SEGNI, Leah/ECK, Werner/ISAAC, Benjamin u. a. (Hg.) 2010: Corpus Inscriptionum Iudaeae et Palaestinae, CIIP, Vol. I: Jerusalem, Part 1: 1–704, Berlin/New York.

COULOT, Claude 1987: Jésus et le disciple. Étude sur l'autorité messianique de Jésus, Paris.

COURCELLE, Pierre 1976: Art. Gefängnis der Seele, RAC 9, 294–318.

COUSLAND, J. R. C 2002: The Crowds in the Gospel of Matthew, NT.S 102, Leiden/Boston/Köln.

CRAFFERT, Pieter F. 2008: The Life of a Galilean Shaman. Jesus of Nazareth in Anthropological-Historical Perspective, Eugene.

CROOK, Zeba A. 2013: Collective Memory Distortion and the Quest for the Historical Jesus, JSHJ 11, 53–76. 98–105.

CROSSAN, John Dominic 1973: In Parables: The Challenge of the Historical Jesus, San Fransisco.

– 1985: Four Other Gospels. Shadows on the Contours of Canon, Minneapolis.

– 1988: The Cross that Spoke. The Origins of the Passion Narrative, San Francisco.

– 1991; [2]1995: The Historical Jesus. The Life of a Mediterranean Peasant, San Francisco.

– 1994a: Der historische Jesus, München.

– 1994b: Jesus. A Revolutionary Biography, San Francisco.

– 1998: The Essential Jesus. Original Sayings and Earliest Images, San Francisco.

– 2002: The Parables of Jesus, Int. 56, 247–259.

CROSSAN, John Dominic/JOHNSON, Luke T./KELBER, Werner H. 1999: The Jesus Controversy. Perspectives in Conflict, Harrisburg.

CROSSLEY, James G. 2015: Jesus and the Chaos of History: Redirecting the Quest for the Historical Jesus, Oxford.

CRÜSEMANN, Marlene u. a. (Hg.) 2014: Gott ist anders. Gleichnisse neu gelesen auf der Basis der Auslegung von Luise Schottroff, Gütersloh.

CULLMANN, Oscar [2]1950: Urchristentum und Gottesdienst, AThANT 3, Zürich.

– 1957: Die Christologie des Neuen Testaments, Tübingen.

– 1970: Jesus und die Revolutionären seiner Zeit. Gottesdienst, Gesellschaft, Politik, Tübingen.

CULPEPPER, Robert Alan 2000: John the Son of Zebedee. The Life of a Legend, Edinburgh.

CURETON, William 1855: Spicilegium Syriacum: Containing Remains of Bardesan, Meliton, Ambrose, and Mara bar Serapion, London.

D'ANGELO, Mary Rose 2006: Abba and Father. Imperial Theology in the Contexts of Jesus and the Gospels, in: ALLISON, Dale C./CROSSAN, John Dominic/LEVINE, Amy-Jill (Hg.): The Historical Jesus in Context, Princeton Readings in Religions, Princeton u. a., 64–78.

DAHL, Nils Alstrup [2]1961: Der gekreuzigte Messias, in: RISTOW, Helmut/MATTHIAE, Karl (Hg.): Der historische Jesus und der kerygmatische Christus, Beiträge zum Christusverständnis in Forschung und Verkündigung, Berlin, 149–169.

DALMAN, Gustaf 1922: Jesus-Jeschua: Die drei Sprachen Jesu. Jesus in der Synagoge, auf dem Berge, beim Passahmahl, am Kreuz, Leipzig.

– 1898; ²1930: Die Worte Jesu. Mit Berücksichtigung des nachkanonischen Schrifttums und der aramäischen Sprache. Bd.1. Einleitung und wichtige Begriffe, Leipzig.

DANTO, Arthur C. 1968: Analytical Philosophy of History (1965), Cambridge, 233–256.

DAVIDS, Peter J. 1982: The Epistle of James. A Commentary on the Greek Text, Exeter.

DAVIES, Stephen J. 2014: Christ Child. Cultural Memories of a Young Jesus, New Haven/London.

DAVIES, Stevan L. 2005: The Gospel of Thomas and Christian Wisdom, Oregon House.

DEICHMANN, Friedrich Wilhelm 1967: Repertorium der christlich-antiken Sarkophage. Erster Band: Rom und Ostia, Wiesbaden.

DEINES, Roland 1993: Jüdische Steingefäße und pharisäische Frömmigkeit: Ein archäologisch-historischer Beitrag zum Verständnis von Joh 2,6 und der Jüdischen Reinheitshalaka zur Zeit Jesu, WUNT II 52, Tübingen.

– 1997: Die Pharisäer: ihr Verständnis im Spiegel der christlichen und jüdischen Forschung seit Wellhausen und Graetz, WUNT 101, Tübingen.

– 2003: Josephus, Salomo und die von Gott verliehene τέχνη gegen die Dämonen, in: LANGE, Armin u.a. (Hg.): Die Dämonen. Die Dämonologie der israelitisch-jüdischen und frühchristlichen Literatur im Kontext ihrer Umwelt, Tübingen, 365–394.

– 2004: Die Gerechtigkeit der Tora im Reich des Messias. Mt 5,13–20 als Schlüsseltext der matthäischen Theologie, WUNT 177, Tübingen.

– 2013: God or Mammon. The Danger of Wealth in the Jesus Tradition and in the Epistle of James, in: KONRADT, Matthias/SCHLÄPFER, Esther (Hg.): Anthropologie und Ethik im Frühjudentum und im Neuen Testament. Wechselseitige Wahrnehmungen, WUNT 322, Tübingen, 327–385.

DELUCA, Stefano/LENA, Anna 2015: Magdala/Taricheae, in: FIENSY, David A./STRANGE, James R. (Hg.): Galilee in the Late Second Temple and Mishnaic Periods. Vol. II: The Archaeological Record from Cities, Towns and Villages, Minneapolis, 280–342.

DENZEY LEWIS, Nicola 2014: A New Gnosticism: Why Simon Gathercole and Mark Goodacre on the Gospel of Thomas Change the Field, JSNT 36, 240–250.

DEPPE, Dean B. 1989: The Sayings of Jesus in the Epistle of James, Chelsea.

DIBELIUS, Martin 1919; ⁶1971: Formgeschichte des Evangeliums, Tübingen.

DIETZ, Karlheinz/HANNICK, Christian/LUTZKA, Carolina/MAIER, Elisabeth (Hg.) 2016: Das Christusbild. Zu Herkunft und Entwicklung in Ost und West. Das Östliche Christentum, NF 62, Würzburg.

DIETZFELBINGER, Christian 1978: Vom Sinn der Sabbatheilungen Jesu, EvTh 38, 281–298.

DIHLE, Albrecht 1957: Art. Demut, RAC 3, 735–778.

– 1966: Art. Ethik, RAC 6, 646–796.

DILLON, Matthew P.J. 1994: The Didactic Nature of the Epidaurean Iamata, ZPE 101, 239–260.

DIPPEL, Johann Konrad 1729: Vera Demonstratio Evangelica, Das ist, ein in der Natur und dem Wesen der Sachen selbst so wohl, als in heiliger Schrift gegründeter Beweiß der Lehre und des Mittler-Amts Jesu Christi, Frankfurt.

DODD, Charles Harold 1953: The Interpretation of the Fourth Gospel, Cambridge.

– 1963: Historical Tradition in the Fourth Gospel, Cambridge.

DOERING, Lutz 1999: Schabbat. Sabbathalacha und -praxis im antiken Judentum und Urchristentum, TSAJ 78, Tübingen.

– 2008: Much ado about Nothing? Jesus' Sabbath Healings ad their Halakhic Implications Revisited, in: DERS. u.a. (Hg.): Judaistik und neutestamentliche Wissenschaft. Standorte – Grenzen – Beziehungen, FRLANT 226, Göttingen.

– 2009: Marriage and Creation in Mark 10 and CD 4–5, in: GARCÍA MARTÍNEZ, Florentino (Hg.): Echoes from the Caves: Qumran and the New Testament, StTDJ 85, Leiden, 133–164.

– 2010: Sabbath Laws in the New Testament Gospels, in: BIERINGER, Reimund u. a.: (Hg.): The New Testament and Rabbinic Literature, JSJ.S 136, Leiden/Boston, 207–253.

– 2011: Urzeit-Endzeit Correlation in the Dead Sea Scrolls and Pseudepigrapha, in: LANDMESSER, Christof/ECKSTEIN, Heinz-Joachim/LICHTENBERGER, Hermann (Hg.): Eschatologie – Eschatology: The Sixth Durham-Tübingen Research Symposium. Eschatology in Old Testament, Ancient Judaism and Early Christianity, Tübingen September 2009, WUNT 272, Tübingen, 19–58.

– 2015: Jesus und der Sabbat im Licht der Qumrantexte, in: FREY Jörg/POPKES, Enno E. (Hg.): Jesus, Paulus und die Texte von Qumran, WUNT II 390, Tübingen, 33–61.

DONAHUE, John R. 1971: Tax Collectors and Sinners: An Attempt at Identification, CBQ 33, 39–61.

– 1983: The Theology and Setting of Discipleship in the Gospel of Mark, Milwaukee.

DORMEYER, Detlev 1993: Das Neue Testament im Rahmen der antiken Literaturgeschichte, Darmstadt.

– ²2002: Das Markusevangelium als Idealbiographie von Jesus Christus, dem Nazarener, SBB 43, Stuttgart.

DOWNING, Francis Gerald 1984: Cynics and Christians, NTS 30, 584–593.

– 1988: Christ and the Cynics. Jesus and Other Radical Preachers in First-Century Tradition, JSOT Manuals 4, Sheffield.

DRAPER, Jonathan A. 1998: Weber, Theissen, and »Wandering Charismatics« in the Didache, JECS 6, 541–576.

DRESKEN-WEILAND, Jutta 1998: Repertorium der christlich-antiken Sarkophage. Zweiter Band: Italien mit einem Nachtrag Rom und Ostia, Dalmatien, Museen der Welt, Mainz.

– 2010: Bild, Grab und Wort. Untersuchungen zu Jenseitsvorstellungen von Christen des 3. und 4. Jahrhunderts, Regensburg.

DREWERMANN, Eugen ³1992: Tiefenpsychologie und Exegese Bd. II: Wunder, Vision, Weissagung, Apokalypse, Geschichte, Gleichnis, Olten.

DRIJVERS, Jan Willem 1992: Helena Augusta, the Mother of Constantine the Great and the Legend of her Finding of the True Cross, Leiden.

DROYSEN, Johann Gustav ⁸1977: Historik. Vorlesungen über Enzyklopädie und Methodologie der Geschichte, hg. v. HÜBNER, Rudolf, München.

DSCHULNIGG, Peter 1988: Rabbinische Gleichnisse und das Neue Testament. Die Gleichnisse der PesK im Vergleich mit den Gleichnissen Jesu und dem Neuen Testament, JudChr 12, Bern u. a.

DU TOIT, David S. 1997: Theios Anthrōpos. Zur Verwendung von »Theios Anthrōpos« und sinnverwandten Ausdrücken in der Literatur der Kaiserzeit, Tübingen.

– 2002a: Erneut auf der Suche nach Jesus. Eine kritische Bestandsaufnahme der Jesusforschung am Anfang des 21. Jahrhunderts, in: KÖRTNER, Ulrich H. J. (Hg.): Jesus im 21. Jahrhundert. Bultmanns Jesusbuch und die heutige Jesusforschung, Neukirchen-Vluyn, 91–134.

– 2002b: Der unähnliche Jesus. Eine kritische Evaluierung der Entstehung des Differenzkriteriums und dessen geschichts- und erkenntnistheoretischen Voraussetzungen, in: SCHRÖTER, Jens/BRUCKER, Ralph (Hg.): Der historische Jesus. Tendenzen und Perspektiven der gegenwärtigen Forschung, BZNW 114, Berlin, 89–129.

– 2006: Der abwesende Herr. Strategien im Markusevangelium zur Bewältigung der Abwesenheit des Auferstandenen, WMANT 111, Neukirchen-Vluyn.

– 2013: Die methodischen Grundlagen der Jesusforschung. Entstehung, Struktur, Wandlungen, Perspektiven, MThZ 64, 98–123.

DULING, Dennis C. 1985: The Eleazar Miracle and Solomon's Magical Wisdom in Flavius Josephus's Antiquitates Judaicae 8.42–49, HThR 78, 1–25.

DUNN, James D. G. 1980; [2]1992: Christology in the Making. A New Testament Inquiry into the Doctrine of the Incarnation, London.

- 1990: Paul's Knowledge of the Jesus Tradition. The Evidence of Romans, in: KERTELGE, Karl/ HOLTZ, Traugott/MÄRZ, Claus-Peter (Hg.): Christus bezeugen. FS Wolfgang Trilling, Freiburg/Basel/Wien, 193–207.

- 1992: Jesus' Call to Discipleship, Cambridge.

- 2000: »Are you the Messiah?« Is the crux of Mark 14,61–62 resolvable?, in: HORRELL, David G./TUCKETT, Christopher M. (Hg.): Christology, controversy and community: New Testament essays in honour of David R. Catchpole, NT.S 99, Leiden/Boston/Köln, 1–22.

- 2003a: Altering the Default Setting. Re-Envisaging the Early Transmission of the Jesus Tradition, NTS 49, 139–175.

- 2003b: Jesus Remembered. Christianity in the Making Vol. I, Grand Rapids/Cambridge.

- 2005: Pharisees, Sinners and Jesus, in: DUNN, James D. G./McKNIGHT, Scot: The Historical Jesus in Recent Research, SBTS 10, Winona Lake, 463–488.

- 2009: Reflections, in: KLEIN, Hans/MIHOC, Vasile/NIEBUHR, Karl-Wilhelm (Hg.): Das Gebet im Neuen Testament. Vierte europäische orthodox-westliche Exegetenkonferenz in Sâmbăta de Sus. 4.–8. August 2007, WUNT 249, Tübingen, 185–201.

EARLY CHRISTIANITY 6/3, 2015: Jesus and Memory. The Memory Approach in Current Jesus Research (mit Beiträgen von Alan Kirk, Eric Eve, David du Toit und Chris Keith).

EBELING, Gerhard [3]1967: Die Bedeutung der historisch-kritischen Methode für die protestantische Theologie und Kirche (1950); in: DERS.: Wort und Glaube, Bd. I, Tübingen, 1–49.

EBERSOHN, Michael 1993: Das Nächstenliebegebot in der synoptischen Tradition, MThSt 37, Marburg.

EBNER, Martin 1998: Jesus – ein Weisheitslehrer? Synoptische Weisheitslogien im Traditionsprozess, HBS 15, Freiburg (CH).

- 2001: »Weisheitslehrer« – eine Kategorie für Jesus? Eine Spurensuche bei Jesus Sirach, in: BEUTLER, Johannes (Hg.): Der neue Mensch in Christus. Hellenistische Anthropologie und Ethik im Neuen Testament, QD 190, Freiburg, 99–119.

- 2003: Jesus von Nazaret in seiner Zeit. Sozialgeschichtliche Zugänge, SBS 196.

- 2004: Überwindung eines »tödlichen Lebens«. Paradoxien zu Leben und Tod in den Jesusüberlieferungen, JBTh 19, Neukirchen-Vluyn, 79–100.

- 2009: Die Auferweckung Jesu– oder: Woran glauben Christen? Die urchristliche Osterbotschaft im Kontext zeitgenössischer Vorstellungen, BiKi 64, 78–86.

- 2010: Face to face-Widerstand im Sinn der Gottesherrschaft. Jesu Wahrnehmung seines sozialen Umfeldes im Spiegel seiner Beispielgeschichten, Early Christianity 1, 406–440.

- [2]2012; Sonderausgabe 2016: Jesus von Nazaret. Was wir von ihm wissen können, Stuttgart.

- 2013: Die Exorzismen Jesu als Testfall für die historische Rückfrage, in: GEMÜNDEN, Petra VON u. a. (Hg.): Jesus – Gestalt und Gestaltungen, FS Gerd Theißen, NTOA 100, Göttingen, 477–498.

- 2016: Abgebrochene Karriere? Überlegungen zur Funktion der jüdischen Weisheitsspekulation bei der Entwicklung der neutestamentlichen Christologien in den synoptischen Evangelien, in: FISCHER, Irmtraud/TASCHL-ERBER, Andrea (Hg.): Vermittelte Gegenwart. Konzeptionen der Gottespräsenz von der Zeit des Zweiten Tempels bis Anfang 2. Jh. n.Chr., Tübingen.

ECK, Ernest VAN 2016: The Parables of Jesus the Galilean: Stories of a Social Prophet, Eugene.

ECK, Werner 2007: Rom und Judäa. Fünf Vorträge zur römischen Herrschaft in Palästina, Tria Corda 2, Tübingen.

ECKEY, Wilfried [2]2006: Das Lukasevangelium unter Berücksichtigung seiner Parallelen, 2 Bde., Neukirchen-Vluyn.

ECKSTEIN, Evelyn 2001: Fußnoten: Anmerkungen zu Poesie und Wissenschaft, Anmerkungen: Beiträge zur wissenschaftlichen Marginalistik 1, Münster.

EHRLICH, Uri 2004: The Nonverbal Language of Prayer. A New Approach to Jewish Liturgy, TSAJ 105, Tübingen.

EICHHORN, Johann Gottfried 1780–1783: Einleitung ins Alte Testament, 3 Bde., Leipzig.

– 1790: Versuch über die Engels-Erscheinungen in der Apostelgeschichte: Allgemeine Bibliothek der biblischen Literatur 3, Leipzig, 381–408.

– 1794: Ueber die drey ersten Evangelien: Einige Beyträge zu ihrer künftigen kritischen Behandlung: Allgemeine Bibliothek der biblischen Literatur 5, Leipzig, 759–996.

– 1804–1827: Einleitung in das Neue Testament, 3 Bde. (Bd. 3 in zwei Teilbde.; 2. Aufl. ergänzt um einen 4. und 5. Bd.), Leipzig.

EIJK, Philip J. VAN DER 2005: The ›Theology‹ of the Author of the Hippocratic Treatise ›On the Sacred Disease‹, in: DERS. (Hg.): Medicine and Philosophy in Classical Antiquity. Doctors and Philosophers on Nature, Soul, Health and Disease, Cambridge, 45–74 (Nachdr. Apeiron 23, 1990: 87–119).

EISELE, Wilfried 2009: Jesus und Dionysos. Göttliche Konkurrenz bei der Hochzeit zu Kana (Joh 2,1–11), ZNW 100, 1–28.

– 2013: Gott bitten? Theologische Zugänge zum Bittgebet, Freiburg.

EISLER, Robert 1931: The Messiah Jesus and John the Baptist: According to Flavius Josephus' recently rediscovered ›Capture of Jerusalem‹ and the other Jewish and Christian sources, übers. v. Alexander Haggerty KRAPPE, New York.

ELBOGEN, Ismar 1993: Jewish Liturgy: A Comprehensive History, Philadelphia/New York/Jerusalem.

ELERT, Werner 1957: Der Ausgang der altkirchlichen Christologie, hg. v. MAURER, Wilhelm/ BERGSTRÄSSER, Elisabeth, Berlin.

EMERTON, John Adney 1961: Did Jesus Speak Hebrew?, JThS 12, 189–202.

– 1967: Maranatha and Ephphatha, JThS 18, 427–431.

– 1973: The Problem of Vernacular Hebrew in the First Century A. D. and the Language of Jesus, JThS 24, 1–23.

ENGEMANN, Josef 2014: Römische Kunst in Spätantike und frühem Christentum bis Justinian, Darmstadt.

ENGSTER, Dorit 2010: Der Kaiser als Wundertäter-Kaiserheil als neue Form der Legitimation, in: KRAMER, Norbert/REIZ, Christiane (Hg.): Tradition und Erneuerung. Mediale Strategien in der Zeit der Flavier, BzA 285, Berlin/New York.

ERNESTI, Johann August 1761: Institutio interpretis Novi Testamenti ad usum lectionum, Leipzig.

ERNST, Josef 1977: Das Evangelium nach Lukas, RNT, Regensburg.

– 1989: Johannes der Täufer. Interpretation – Geschichte – Wirkungsgeschichte, BZNW 53, Berlin.

ESHEL, Esther 2003: Genres of Magical Texts in the Dead Sea Scrolls, in: LANGE, Armin u. a. (Hg.): Die Dämonen. Die Dämonologie der israelitisch-jüdischen und frühchristlichen Literatur im Kontext ihrer Umwelt, Tübingen, 395–415.

EVANS, Craig A. 1992: Opposition to the Temple: Jesus and the Dead Sea Scrolls, in: CHARLESWORTH, James: Jesus and the Dead Sea Scrolls, New York, 235–253.

– 1995: In What Sense »Blasphemy«? Jesus before Caiaphas in Mark 14:61–64, in: DERS.: Jesus and his contemporaries, AGJU 25, Leiden, 407–434.

– 1996: Life of Jesus Research. An Annotated Bibliography, NTTS 24, Leiden.

– 2009a: Exorcisms and the Kingdom: Inaugurating the Kingdom of God and Defeating the Kingdom of Satan, in: BOCK, Darrell L./WEBB, Robert (Hg.): Key Events in the Life of the

Historical Jesus: A Collaborative Exploration of Context and Coherence, WUNT 247, Tübingen, 151–179.

– 2009b: Der Sieg über Satan und die Befreiung Israels: Jesus und die Visionen Daniels, SNTU 34, 147–158.

EVE, Eric 2013: Behind the Gospels. Understanding the Oral Tradition, London.

FASSBERG, Steven E. 2012: Which Semitic Language Did Jesus and Other Contemporary Jews Speak?, CBQ 74, 263–280.

FELDKÄMPER, Ludger 1978: Der betende Jesus als Heilsmittler nach Lukas, St. Augustin.

FELDMEIER, Rainer/SPIECKERMANN, Hermann 2011: Der Gott der Lebendigen. Eine biblische Gotteslehre, Topoi biblischer Theologie 1, Tübingen.

FELDMEIER, Reinhard 1987: Die Krisis des Gottessohnes. Die Gethsemaneerzählung als Schlüssel der Markuspassion, WUNT II 21, Tübingen.

– 2012: Macht-Dienst-Demut: Ein neutestamentlicher Beitrag zur Ethik, Tübingen.

FEUERBACH, Ludwig 1841: Das Wesen des Christentums, Leipzig.

FIEBIG, Paul 1912: Die Gleichnisreden Jesu im Lichte der rabbinischen Gleichnisse des neutestamentlichen Zeitalters. Ein Beitrag zum Streit um die »Christusmythe« und eine Widerlegung der Gleichnistheorie Jülichers, Tübingen.

FIENSY, David A./HAWKINS, Ralph K. 2013: The Galilean Economy in the Time of Jesus, Atlanta.

FIENSY, David A./STRANGE, James R. (Hg.) 2014/15: Galilee in the Late Second Temple and Mishnaic Periods. Vol. 1: Life, Culture and Society/Vol. 2: The Archaeological Record from Cities, Towns and Villages, Minneapolis.

FILTVEDT, Ole Jacob 2014: With Our Eyes Fixed on Jesus: The Prayers of Jesus and His Followers in Hebrews, in: HVALVIK, Reidar/SANDNES, Karl Olav (Hg.): Early Christian Prayer and Identity Formation, Tübingen, 161–182.

FINZE-MICHAELSEN, Holger 2004: Vater unser – unser Vater. Entdeckungen im Gebet Jesu, Göttingen.

FIOCHI NICOLAI, Vincenzo/BISCONTI, Fabrizio/MAZZOLENI, Danilo 1998: Roms christliche Katakomben. Geschichte – Bilderwelt – Inschriften, Regensburg.

FISCHBACH, Stefanie M. 1992: Totenerweckungen. Zur Geschichte einer Gattung, fzb 69, Würzburg.

FITZMYER, Joseph A. 1979: The New Testament Title ›Son of Man‹ Philologically Considered, in: DERS.: A Wandering Aramean. Collected Aramaic Essays, SBL.MS 25, Missoula, 143–160.

– 1970: The Languages of Palestine in the First Century A. D., CBQ 32, 501–531.

– 1992: Did Jesus Speak Greek?, BArR 18/5.

FLEDDERMANN, Harry T. 2005: Q: A Reconstruction and Commentary, Biblical Tools and Studies 1, Leuven u. a.

FLUSSER, David 1957: Healing through the Laying-on of Hands in a Dead Sea Scroll, IEJ 7, 107–108.

– 1981: Die rabbinischen Gleichnisse und der Gleichniserzähler Jesus, JudChr 4, Bern.

FORTNA, Robert T. 1970: The Gospel of Signs. A Reconstruction of the Narrative Source Underlying the Fourth Gospel, MSSNTS 11, Cambridge.

– 1988: The Fourth Gospel and its Predecessor, Edinburgh.

FOSTER, Paul 2006: Educating Jesus: The Search for a Plausible Context, JSHJ 4, 7–33.

– 2014: The Q Parables. Their Extent and Function, in: ROTH, Dieter T./ZIMMERMANN, Ruben/ LABAHN, Michael (Hg.): Metaphor, Narrative, and Parables in Q, WUNT 315, Tübingen, 255–285.

FRANCE, Richard T. 2011: The Birth of Jesus, in: HOLMÉN, Tom/PORTER, Stanley E. (Hg.): Handbook for the Study of the Historical Jesus, Vol. III: The Historical Jesus, Leiden, 2361–2382.

FRANKEMÖLLE, Hubert 2006: Frühjudentum und Urchristentum. Vorgeschichte, Verlauf, Auswirkungen (4. Jahrhundert v.Chr.– 4. Jahrhundert n.Chr.), KStTh 5, Stuttgart.

FREDRIKSEN, Paula 2012: Sin: The Early History of an Idea, Princeton.

FREY, Jörg 1997: Die johanneische Eschatologie. Ihre Probleme im Spiegel der Forschung seit Reimarus, WUNT 96, Tübingen.

– 2004: Apostelbegriff, Apostelamt und Apostolizität, in: SCHNEIDER, Theodor/WENZ, Gunther (Hg.): Das kirchliche Amt in apostolischer Nachfolge, DiKi 12, Freiburg/Göttingen, 91–188.

– 2006: Die Apokalyptik als Herausforderung der neutestamentlichen Wissenschaft. Zum Problem: Jesus und die Apokalyptik, in: BECKER, Michael/ÖHLER, Markus (Hg.): Apokalyptik als Herausforderung neutestamentlicher Theologie, Tübingen, 23–94.

– 2012: »Gute« Samaritaner? Das neutestamentliche Bild der Samaritaner zwischen Juden, Christen und Paganen, in: DERS./SCHATTNER-RIESER, Ursula/SCHMID, Konrad (Hg.): Die Samaritaner und die Bibel. The Samaritans and the Bible, SJ 70/StSam 70, Berlin/Boston, 203–233.

– 2013a: Wege und Perspektiven der Interpretation des Johannesevangeliums, in: DERS.: Die Herrlichkeit des Gekreuzigten. Studien zu den Johanneischen Schriften I, hg. v. SCHLEGEL, Juliane, WUNT 307, Tübingen, 3–41.

– 2013b: Das vierte Evangelium auf dem Hintergrund der älteren Evangelientradition. Zum Problem: Johannes und die Synoptiker, in: DERS.: Die Herrlichkeit des Gekreuzigten. Studien zu den Johanneischen Schriften I, hg. v. SCHLEGEL, Juliane, WUNT 307, Tübingen, 239–294.

– 2013c: »Die Juden« im Johannesevangelium und die Frage nach der »Trennung der Wege« zwischen der johanneischen Gemeinde und der Synagoge, in: DERS.: Die Herrlichkeit des Gekreuzigten. Studien zu den Johanneischen Schriften I, hg. v. SCHLEGEL, Juliane, WUNT 307, Tübingen, 339–377.

– 2014: Ferdinand Christian Baur und die Johannesauslegung, in: BAUSPIESS, Martin/LANDMESSER, Christof/LINCICUM, David (Hg.): Ferdinand Christian Baur und die Geschichte des frühen Christentums, WUNT 333, Tübingen, 227–258.

– 2015a: Das Corpus Johanneum und die Apokalypse des Johannes, in: ALLIER, Stefan/HIEKE, Thomas/NICKLAS, Tobias (Hg.): Poetik und Intertextualität der Johannesapokalypse, WUNT 346, Tübingen, 71–133.

– 2016: From the »Kingdom of God« to »Eternal Life«: The Transformation of Theological Language in the Fourth Gospel, in: JUST, Felix, S.J./ANDERSON, Paul N./THATCHER, Tom (Hg.): John, Jesus and History III: Glimpses of Jesus through the Johannine Lens, Early Christianity and its Literature, SBL, Atlanta.

FREY, Jörg/SCHRÖTER, Jens (Hg.) 2010: Jesus in apokryphen Evangelienüberlieferungen, WUNT 254, Tübingen.

FREYNE, Seán 1968: The Twelve: Disciples and Apostles. A Study in the Theology of the First Three Gospels, London.

– 1988: Galilee, Jesus and the Gospels. Literary Approaches and Historical Investigations, Dublin.

– 1998: Galilee from Alexander the Great to Hadrian 323 BCE to 135 CE. A Study of Second Temple Judaism, Edinburgh.

– 2000a: Galilee and Gospel, WUNT 125, Tübingen.

– 2000b: Jesus the Wine-Drinker: A Friend of Women, in: KITZBERGER, Ingrid Rosa (Hg.): Transformative Encounters. Jesus and Women Re-Viewed, Bibl.-Interpr.S 43, Leiden, 162–180.

– 2001: The Geography of Restoration: Galilee–Jerusalem Relations in Early Jewish and Christian Experience, NTS 47, 289–311.

– 2004: Jesus, A Jewish Galilean. A New Reading of the Jesus Story, London.

– 2014: The Jesus Movement and Its Expansion. Meaning and Mission, Grand Rapids/Cambridge.

FROSSARD, André 2004: Il Vangelo secondo Ravenna, Castelbolognese.

FUCHS, Eckhardt 1994: Henry Thomas Buckle. Geschichtsschreibung und Positivismus in England und Deutschland, Leipzig.

FULDA, Daniel 1996: Wissenschaft aus Kunst. Die Entstehung der modernen deutschen Geschichtsschreibung 1760–1860, European Cultures. Studies in Literature and the Arts 7, Berlin/New York.

– 2013: Wann begann die ›offene Zukunft‹? Ein Versuch, die Koselleck'sche Fixierung auf die ›Sattelzeit‹ zu lösen, in: BREUL, Wolfgang/SCHNURR, Jan Carsten (Hg.): Geschichtsbewusstsein und Zukunftserwartung in Pietismus und Erweckungsbewegung, Göttingen, 141–172.

FUNK, Robert W. 1974: Structure in the Narrative Parables of Jesus, Semeia 2, 51–81.

– (Hg.) 1997: The Five Gospels: What Did Jesus Really Say?, San Francisco.

– (Hg.) 1998: The Acts of Jesus: What Did Jesus Really Do?, San Francisco.

– 2006: Jesus. The Silent Sage, in: DERS.: Funk on Parables. Collected Essays, Santa Rosa, 165–169.

FURNISH, Victor P. 1972 : The Love Command in the New Testament, Nashville/New York.

FURSTENBERG, Yair 2008: Defilement Penetrating the Body. A New Understanding of Contamination in Mark 7.15, NTS 54, 176–200.

– 2015: Outsider Impurity: Trajectories of Second Temple Separation Traditions in Tannaitic Literature, in: KISTER, Menahem u. a.: Tradition, Transmission, and Transformation from Second Temple Literature through Judaism and Christianity in Late Antiquity, Leiden, 40–68.

GABLER, Johann Philipp 1975: Von der richtigen Unterscheidung der biblischen und der dogmatischen Theologie und der rechten Bestimmung ihrer beider Ziele, in: STRECKER, Georg (Hg.): Das Problem der Theologie des Neuen Testaments, WdF 367, Darmstadt, 32–44.

GADEBUSCH BONDIO, Mariacarla 2010: Warum eine Medizin- und Kulturgeschichte der Hand? Einleitende Gedanken, in: DERS.: Die Hand. Elemente einer Medizin- und Kulturgeschichte. Berlin, 9–18.

GALL, Lothar 1992: Ranke und das Objektivitätsproblem, in: FINZSCH, Norbert/WELLENREUTHER, Hermann (Hg.): Liberalitas, FS Erich Angermann, Stuttgart, 37–44.

GALOR, Katharina/AVNI, Gideon (Hg.) 2011: Unearthing Jerusalem. 150 Years of Archaeological Research in the Holy City, Winona Lake.

GAMM, Gerhard 2012: Der Deutsche Idealismus. Eine Einführung in die Philosophie von Fichte, Hegel und Schelling, Universal-Bibliothek 9655, Stuttgart.

GATHERCOLE, Simon 2012: The Composition of the Gospel of Thomas: Original Language and Influences, Cambridge.

GATTERER, Johann Christoph 1765: Abriß der Universalhistorie nach ihrem gesamten Umfange von Erschaffung der Welt bis auf unsere Zeiten erste Hälfte nebst einer vorläufigen Einleitung von der Historie überhaupt und der Universalhistorie, Göttingen.

GEMEINHARDT, Peter 2010: Magier, Weiser, Gott. Das Bild Jesu bei paganen antiken Autoren, in: FREY, Jörg/SCHRÖTER, Jens (Hg.): Jesus in apokryphen Evangelienüberlieferungen. Beiträge zu außerkanonischen Jesusüberlieferungen aus verschiedenen Sprach- und Kulturtraditionen, WUNT 254, Tübingen, 467–492.

GEORGI, Dieter 1992: The Interest in Life of Jesus Theology as a Paradigm for the Social History of Biblical Criticism, HThR 85, 51–83.

GERBER, Christine 2008: »Gott Vater« und die abwesenden Väter. Zur Übersetzung von Metaphern am Beispiel der Familienmetaphorik, in: GERBER, Christine/JOSWIG, Benita (Hg.): Gott heißt nicht nur Vater. Zur Rede über Gott in den Übersetzungen der »Bibel in gerechter Sprache«, BTSP 32, Göttingen, 145–161.

GERHARDSSON, Birger 1961; ³1998: Memory and Manuscript. Oral Tradition and Written Transmission in Rabbinic Judaism and Early Christianity, ASNU 22, Lund/Kopenhagen/ Grand Rapids.
– 1979: The Origins of the Gospel Traditions, London.
GERLACH, Ernst 1863: Die Weissagungen des Alten Testaments in den Schriften des Flavius Josephus und das angebliche Zeugniss von Christo, Berlin.
GIBSON, Shimon 2012: Die sieben letzten Tage Jesu. Die archäologischen Tatsachen, München.
GIELEN, Marlis 1998: Und führe uns nicht in Versuchung. Die 6. Vater-Unser-Bitte – eine Anfechtung für das biblische Gottesbild, ZNW 89, 201–216.
GIERL, Martin 2012: Geschichte als präzisierte Wissenschaft. Johann Christoph Gatterer und die Historiographie des 18. Jahrhunderts im ganzen Umfang, Fundamenta historica 4, Stuttgart-Bad Cannstatt.
GIESEN, Heinz 2004: Eigentum im Urteil Jesu und der Jesustradition, in: DERS.: Jesu Heilsbotschaft und die Kirche, BEThL 179, Leuven, 231–244.
– 2011: Poverty and Wealth in Jesus and the Jesus Tradition, in: HOLMÉN, Tom/PORTER, Stanley E. (Hg.): Handbook for the Study of the Historical Jesus, Vol. IV: Individual Studies, Leiden/ Boston, 3269–3303.
GITLER, Haim 2010: Coins, in: COLLINS, John J./HARLOW, Daniel C. (Hg.): The Eerdmans Dictionary of Early Judaism, Grand Rapids, 479–482.
GNILKA, Joachim 1978/79: Das Evangelium nach Markus, 2 Bde., EKK II/1/2, Zürich.
– 1990: Jesus von Nazaret. Botschaft und Geschichte, HThK.S 3, Freiburg, 166–193.
GOGARTEN, Friedrich 1977: Die Christliche Welt 34 (1920), 374–378. (Wiederabdruck in: MOLTMANN, Jürgen [Hg.]: Anfänge der dialektischen Theologie, Teil 2: Rudolf Bultmann – Friedrich Gogarten – Eduard Thurneysen, München, 95–101).
GOODACRE, Mark S. 2012: Thomas and the Gospels: The Case for Thomas's Familiarity with the Synoptics, Grand Rapids.
GOODACRE, Mark S./PERRIN, Nicholas (Hg.) 2004: Questioning Q, London.
GOODMAN, Martin 1999: The Pilgrimage Economy of Jerusalem in the Second Temple Period, in: LEVINE, Lee I.: Jerusalem. Its Sanctity and Centrality to Judaism, Christianity and Islam, New York, 69–76.
– 2005: Coinage and Identity, The Jewish Evidence, in: HOWGEGO, Christopher u. a. (Hg.): Coinage and Identity in the Roman Provinces, New York/Oxford.
GOPPELT, Leonhard 1977: Theologie des Neuen Testaments, Bd. I: Jesu Wirken in seiner theologischen Bedeutung, Berlin.
GOTTSCHED, Johann Christoph 1730; ²1737; ³1742; 1982 (Faksimile-Nachdr. ⁴1751): Versuch einer Critischen Dichtkunst für die Deutschen, Leipzig/Darmstadt.
GOWLER, David B. 2017: The Parables after Jesus. Their Imaginative Receptions across Two Millennia, Grand Rapids.
GRANDY, Andreas 2012: Die Weisheit der Gottesherrschaft. Eine Untersuchung zur jesuanischen Synthese von traditioneller und apokalyptischer Weisheit, NTOA/StUNT 96, Göttingen.
GRAVES, Michael ²2013: Languages of Palestine, in: GREEN, Joel B. u. a. (Hg.): Dictionary of Jesus and the Gospels, Downers Grove, 484–492.
GREEN, Peter 1993: From Alexander to Actium: The Historical Evolution of the Hellenistic Age, Berkeley.
GRESCHAT, Katharina 2005: Die Moralia in Job Gregors des Großen. Ein christologischer Kommentar (Studien und Texte zu Antike und Christentum 31), Tübingen.
GRIESBACH, Johann Jakob 1776: Synopsis Evangeliorum Matthaei, Marci et Lucae. Textum Graecum ad fidem codicum versionum et patrum emendavit et lectionis varietatem, Halle.

– 1789/90: Commentatio qua Marci Evangelium totum e Matthaei et Lucae commentariis decerptum esse monstratur, Jena.

GRIMM, Werner 1972: Zum Hintergrund von Mt 8,11 f./Lk 13,28 f., BZ NF 16, 255 f.

GRINTZ, Jehoshua M. 1960: Hebrew as the Spoken and Written Language in the Last Days of the Second Temple, JBL 79, 32–47.

GRONDIN, Jean ³2012: Einführung in die philosophische Hermeneutik, Darmstadt.

GRUBER, Margarete 2015: Annäherungen an den Gebetsglauben Jesu. Lesespuren im Markusevangelium, IKaZ 44, 52–64.

GUELICH, Robert A. 1982: The Sermon on the Mount, Waco.

HAACKER, Klaus 2018 (in Vorbereitung): Kommentar zur Apostelgeschichte, ThKNT 5.

HAAKONSSEN, Knud (Hg.) 1996: Enlightenment and Religion. Rational Dissent in Eighteenth-century Britain, Cambridge.

HABERMAS, Gary R. 2005: Resurrection Research from 1975 to the Present: What Are Critical Scholars Saying? JSHJ 3.2, 135–153.

HACHLILI, Rachel 1992: Art. Burials, Ancient Jewish, ABD 1, 789–794.

HÄFNER, Gerd (Hg.) 2013: Die historische Rückfrage nach Jesus, MThZ 64/2.

HAGENMEYER, Heinrich 1879: Peter der Eremite. Ein kritischer Beitrag zur Geschichte des ersten Kreuzzuges, Leipzig.

HAHN, Ferdinand 1962; ²1966: Die Frage nach dem historischen Jesus und die Eigenart der uns zur Verfügung stehenden Quellen, in: HAHN, Ferdinand/LOHFF, Wenzel/BORNKAMM, Günther: Die Frage nach dem historischen Jesus, Evangelisches Forum 2, Göttingen, 7–40.

– 1963; ⁵1995: Christologische Hoheitstitel. Ihre Geschichte im frühen Christentum, FRLANT 83, Göttingen.

– 1967: Die Nachfolge Jesu in vorösterlicher Zeit, in: DERS./ STROBEL, August/ SCHWEIZER, Eduard (Hg.): Die Anfänge der Kirche im Neuen Testament, Göttingen, 7–36.

– 1983: Art. υἱός, EWNT III, 912–937.

– 2006: Bekenntnisformeln im Neuen Testament, in: DERS.: Studien zum Neuen Testament, Band II. Bekenntnisbildung und Theologie in urchristlicher Zeit, WUNT 192, Tübingen, 45–60.

HAKOLA, Raimo 2016 (in Vorbereitung): Fishermen and the Production and Marketing of Fish in First-Century Galilee, in: MARJANEN, Antti (Hg.): Gender, Social Roles and Occupations in Early Christian World, Leiden.

HALIBURTON, Gordon MacKay 1973: The Prophet Harris: A Study of an African Prophet and His Mass–Movement in the Ivory Coast and the Gold Coast 1913–1915, Oxford.

HAMPEL, Volker 1990: Menschensohn und historischer Jesus. Ein Rätselwort als Schlüssel zum messianischen Selbstverständnis Jesu, Neukirchen-Vluyn.

HANSON, Kenneth C./OAKMAN, Douglas E. 1998: Palestine in the Time of Jesus. Social Structures and Social Conflicts, Minneapolis.

HARNACK, Adolf VON 1900: Das Wesen des Christentums, Leipzig.

– 1902: Die Mission und Ausbreitung des Christentums in den ersten drei Jahrhunderten, Leipzig.

– 1907: Sprüche und Reden Jesu: Die zweite Quelle des Matthäus und Lukas, Beiträge zur Einleitung in das Neue Testament 2, Leipzig.

– ⁴1909 (Nachdr. Darmstadt 2015): Lehrbuch der Dogmengeschichte I–III, Tübingen.

HARNISCH, Wolfgang ⁴2001: Die Gleichniserzählungen Jesu, Göttingen, 256–275.

HARRIS, Horton 1973: David Friedrich Strauss and His Theology, Monograph Supplements to the Scottish Journal of Theology, Cambridge.

– 1975: The Tübingen School, Oxford.

HARTENSTEIN, Judith 2012: Männliche und weibliche Erzählfiguren im Johannesevanegelium, in: NAVARRO PUERTO, Mercedes/FISCHER, Irmtraud (Hg.): Die Bibel und die Frauen. Eine exegetisch-kulturgeschichtliche Enzyklopädie. Bd. 2.1: Neues Testament: Evangelien. Erzählungen und Geschichte, Stuttgart, 421–433.

HARTIN, Patrick J. 1991: James and the Q Sayings of Jesus, JSNT.S 47, Sheffield.

HARTMAN, Lars 2005: Markusevangeliet 8:27–16:20, Stockholm.

HARVEY, Anthony E. 1982: Jesus and the Constraints of History, Philadelphia.

HASE, Karl VON 1829; ²1835: Das Leben Jesu. Lehrbuch zunächst für akademische Vorlesungen, Leipzig.

HAUCK, Albert ⁶1952: Kirchengeschichte Deutschlands, 5 Bde. in 6, Leipzig.

HAUFE, Günter 1985: Reich Gottes bei Paulus und in der Jesus Tradition, NTS 31, 467–472.

HEDRICK, Charles W. 1988: The Historical Jesus and the Rejected Gospels, Semeia 44.

HEIL, Christoph 2003: Lukas und Q. Studien zur lukanischen Redaktion des Spruchevangeliums Q, BZNW 111, Berlin/New York.

– 2014a: Nachfolge und Tora in Q 9,57–60, in: DERS.: Das Spruchevangelium Q und der historische Jesus, SBAB 58, Stuttgart, 87–117.

– 2014b: Was ist »Nachfolge Jesu«? Antworten von Q, Matthäus, Lukas – und Jesus, in: DERS.: Das Spruchevangelium Q und der historische Jesus, SBAB 58, Stuttgart, 77–85.

HEIL, John Paul 1999: The Meal Scenes in Luke-Acts. An Audience-Oriented Approach, SBL. MS 52, Atlanta.

HEININGER, Bernhard 1991: Metaphorik, Erzählstruktur und szenisch-dramatische Gestaltung in den Sondergutgleichnissen bei Lukas, NTA NF 24, Münster.

– 2002: Apokalyptische Wende Jesu? Ein Beitrag zur Vor- und Frühgeschichte des Vaterunsers, in: GARHAMMER, Erich/WEISS, Wolfgang (Hg.): Brückenschläge. Akademische Theologie der Akademien, FS Fritz Hofmann, Würzburg, 183–206.

– 2005: Tischsitten, in: SCHERBERICH, Klaus (Hg.): Neues Testament und Antike Kultur. Bd. II: Familie – Gesellschaft – Wirtschaft, Neukirchen-Vluyn, 34–37.

HENGEL, Martin 1968: Nachfolge und Charisma: Eine exegetisch-religionsgeschichtliche Studie zu Mt 8,21 f. und Jesu Ruf in die Nachfolge, BZNW 34, Berlin.

– 1970: War Jesus Revolutionär?, Stuttgart.

– 1973: Eigentum und Reichtum in der frühen Kirche. Aspekte einer frühchristlichen Sozialgeschichte, Stuttgart.

– ²1973: Judentum und Hellenismus. Studien zu ihrer Begegnung unter besonderer Berücksichtigung Palästinas bis zur Mitte des 2. Jh.s v.Chr., WUNT 10, Tübingen.

– 1975: Der Sohn Gottes. Die Entstehung der Christologie und die jüdisch-hellenistische Religionsgeschichte, Tübingen.

– 1978: Jesus und die Tora, ThBeitr 9, 152–172.

– 1984: Entstehungszeit und Situation des Markusevangeliums, in: CANCIK, Hubert: Markus-Philologie: Historische, literargeschichtliche und stilistische Untersuchungen zum zweiten Evangelium, WUNT 33, Tübingen, 1–45.

– 1987: The Interpretation of the Wine Miracle at Cana: John 2:1–11, in: HURST, Lincoln D./WRIGHT; Nicholas T. (Hg.): The Glory of Christ in the New Testament: Studies in Christology in Memory of George Bradford Caird, Oxford, 83–112.

– 1993: Die johanneische Frage. Ein Lösungsversuch, mit einem Beitrag zur Apokalypse von Jörg Frey, WUNT 67, Tübingen.

– 1999: Das Johannesevangelium als Quelle für die Geschichte des antiken Judentums, in: DERS. (unter Mitarbeit von FREY, Jörg u. a.): Judaica, Hellenistica et Christiana. Kleine Schriften II, WUNT 109, ¹Tübingen, 293–334.

– 2001: Jesus der Messias Israels, in: HENGEL, Martin/SCHWEMER, Anna Maria: Der messianische Anspruch Jesu und die Anfänge der Christologie, WUNT 138, Tübingen, 1–80.

– 2006a: Das Mahl in der Nacht, »in der Jesus ausgeliefert wurde« (1 Kor 11,23), in: DERS.: Studien zur Christologie. Kleine Schriften IV, hg. v. THORNTON, Claus-Jürgen, WUNT 201, Tübingen, 451–495.

– 2006b: ABBA, Maranatha, Hosanna und die Anfänge der Christologie, in: DERS.: Studien zur Christologie. Kleine Schriften IV, hg. v. THORNTON, Claus-Jürgen, WUNT 201, Tübingen, 496–534.

– 2007: War Jesus revolutionär?, in: DERS.: Jesus und die Evangelien: Kleine Schriften V, hg. v. THORNTON, Claus-Jürgen, WUNT 211, Tübingen, 217–243.

– 2008: Mors turpissima crucis: Die Kreuzigung in der antiken Welt und die »Torheit« des »Wortes vom Kreuz«, in: DERS.: Studien zum Urchristentum: Kleine Schriften VI, hg. v. THORNTON, Claus-Jürgen, WUNT 234, Tübingen, 594–652.

– 2010: Bekennen und Bekenntnis, in: DERS.: Theologische, historische und biographische Skizzen, Kleine Schriften VII, WUNT 253, Tübingen, 313–347.

– 1959; ³2012: Die Zeloten. Untersuchungen zur jüdischen Freiheitsbewegung in der Zeit von Herodes I. bis 70 n. Chr., hg. v. DEINES, Roland/THORNTON, Claus-Jürgen, WUNT 283, Tübingen.

HENGEL, Martin/SCHWEMER, Anna Maria (Hg.) 1991: Königsherrschaft Gottes und himmlischer Kult im Judentum, Urchristentum und in der hellenistischen Welt, WUNT 55, Tübingen.

– 1998: Paulus zwischen Damaskus und Antiochien. Die unbekannten Jahre des Apostels, WUNT 108, Tübingen.

– 2001: Der messianische Anspruch Jesu und die Anfänge der Christologie, WUNT 138, Tübingen.

– 2007: Geschichte des frühen Christentums, Bd. I: Jesus und das Judentum, Tübingen.

HENTSCHEL, Anni 2007: Diakonia im Neuen Testament, WUNT II 226, Tübingen.

HERDER, Johann Gottfried VON 1880: Von Gottes Sohn, der Welt Heiland (1797), in: DERS.: Sämtliche Werke, hg. v. SUPHAN, Bernhard, Bd. 19, Berlin, 1–424.

– 1985–2000: Werke in zehn Bänden. Bibliothek deutscher Klassiker, Frankfurt.

HERRENBRÜCK, Fritz 1990: Jesus und die Zöllner. Historische und neutestamentlich-exegetische Untersuchungen, WUNT II 41, Tübingen.

HERZOG II, William R. 1994: Parables as Subversive Speech. Jesus as Pedagogue of the Oppressed, Louisville.

– 2005: Prophet and Teacher: An Introduction to the Historical Jesus, Louisville.

HEZSER, Catherine 2001: Jewish Literacy in Roman Palestine, TSAJ 81, Tübingen.

– 2010: Private and Public Education, in: HEZSER, Catherine (Hg.): The Oxford Handbook of Jewish Daily Life in Roman Palestine, Oxford, 465–481.

HOEHNER, Harold W. 1972: Herod Antipas. Cambridge.

HOFFMANN, Paul 1979: Art. Auferstehung II. Auferstehung Jesu Christi II/1, Neues Testament, TRE 4, 478–513.

– 1994: Der Glaube an die Auferweckung Jesu in der neutestamentlichen Überlieferung, in: DERS.: Studien zur Frühgeschichte der Jesus-Bewegung, SBAB.NT 17, Stuttgart, 188–256.

HOFFMANN, Paul/HEIL, Christoph (Hg.) ⁴2013: Die Spruchquelle Q. Studienausgabe Griechisch und Deutsch, Darmstadt/Leuven.

HOFIUS, Otfried 2002: »Einer ist Gott – Einer ist Herr.« Erwägungen zu Struktur und Aussage des Bekenntnisses 1Kor 8,6, in: DERS.: Paulusstudien II, WUNT 143, Tübingen, 167–180.

HOLL, Karl 1904: Amphilochius von Ikonium in seinem Verhältnis zu den großen Kappadoziern, Tübingen/Leipzig.

HOLLENBACH, Paul 1982: The Conversion of Jesus: From Jesus the Baptizer to Jesus the Healer, ANRW II.25.1, 196–219.

HOLMÅS, Geir Otto 2014: Prayer, ›Othering‹ and the Construction of Early Christian Identity in the Gospels of Matthew and Luke, in: HVALVIK, Reidar/SANDNES, Karl Olav (Hg.): Early Christian Prayer and Identity Formation, Tübingen, 91–113.

HOLMÉN, Tom 2001: Knowing About Q and Knowing About Jesus. Mutually Exclusive Undertakings?, in: LINDEMANN, Andreas (Hg.): The Sayings Source Q and the Historical Jesus, BEThL 158, Leuven, 497–514.

HOLMÉN, Tom/PORTER, Stanley E. (Hg.) 2011: Handbook for the Study of the Historical Jesus, Vol. I–IV, Leiden/Boston.

HOLTZMANN, Heinrich Julius 1863: Die synoptischen Evangelien: Ihr Ursprung und geschichtlicher Charakter, Leipzig.

– 1885: Lehrbuch der historisch-kritischen Einleitung in das Neue Testament, Sammlung theologischer Lehrbücher 1, Freiburg.

– 1897: Lehrbuch der neutestamentlichen Theologie, 2 Bde., Sammlung theologischer Lehrbücher 12/1.2, Freiburg/Leipzig.

– 1907: Das messianische Bewußtsein Jesu. Ein Beitrag zur Leben-Jesu-Forschung, Tübingen.

HOPPE, Rudolf 1977: Der theologische Hintergrund des Jakobusbriefes, fzb 28, Würzburg.

HORBURY, William 1986: The Twelve and the Phylarchs, NTS 32, 503–527.

HORN, Friedrich Wilhelm/VOLP, Ulrich/ZIMMERMANN, Ruben (Hg.) 2013: Ethische Normen des frühen Christentums. Gut – Leben – Leib – Tugend, Kontexte und Normen neutestamentlicher Ethik 4/WUNT 313, Tübingen.

HORN, Friedrich Wilhelm/ZIMMERMANN, Ruben (Hg.) 2009: Jenseits von Indikativ und Imperativ, WUNT 238, Tübingen.

HORRELL, David 1997: »The Lord Commanded...But I Have Not Used...« Exegetical and Hermeneutical Reflections on 1 Cor 9,14–15, NTS 43, 587–603.

HORSLEY, Richard A. 1987: Jesus and the Spiral of Violence. Popular Jewish Resistance in Roman Palestine, San Francisco.

– 1989: Sociology and the Jesus Movement, New York.

– 1991: Q and Jesus. Assumptions, Approaches and Analyses, Semeia 55, 175–209.

– 1994: The Death of Jesus, in: CHILTON, Bruce/EVANS, Craig A. (Hg.): Studying the Historical Jesus. Evaluations of the State of Current Research, NTTS 19, Leiden, 395–422.

– 1996: Archaeology, History, and Society in Galilee. The Social Context of Jesus and the Rabbis, Valley Forge.

– 1999: Bandits, Prophets and Messiahs: Popular Movements in the Time of Jesus, Harrisburg.

HORSLEY, Richard A./DRAPER, Jonathan A. 1999: Whoever Hears You, Hears Me. Prophets, Performance and Tradition in Q, Harrisburg.

HORSLEY, Richard A./HANSON, John S. 1985: Bandits, Prophets, and Messiahs. Popular Movements at the Time of Jesus, Minneapolis.

HOWGEGO, Christopher 1995: Ancient History from Coins, London/New York.

HÜBNER, Ulrich 2013: Die Münzprägungen Herodes' des Großen (40/37 – 4 v.Chr.). Selbstdarstellung und politische Realität, in: LYKKE, Anne (Hg.): Macht des Geldes – Macht der Bilder. Kolloquium zur Ikonographie auf Münzen im ostmediterranen Raum in hellenistisch-römischer Zeit, ADPV 42, Wiesbaden, 93–122.

HUGHES, John H. 1972: John the Baptist: The Forerunner of God himself, NT 14, 191–218.

HULTGREN, Arland J. 1979: Jesus and His Adversaries: The Form and Function of the Conflict Stories in the Synoptic Tradition, Minneapolis, Minnesota.

– 2000: The Parables of Jesus. A Commentary, Grand Rapids/Cambridge.

HURTADO, Larry 1988: One God, One Lord. Early Christian Devotion and Ancient Jewish Monotheism, London.

- 2003: Lord Jesus Christ. Devotion to Jesus in Earliest Christianity, Grand Rapid/Cambridge.
- 2014: The Place of Jesus in Earliest Christian Prayer and its Import for Early Christian Identity; in: HVALVIK, Reidar/SANDNES, Karl Olav (Hg.): Early Christian Prayer and Identity Formation, Tübingen, 35–56.

ILAN, Tan 1995: Jewish Women in Greco-Roman Palestine, TSAJ 44, Tübingen.

- 2000: In the Footsteps of Jesus, in: KITZBERGER, Ingrid Rosa (Hg.): Transformative Encounters. Jesus and Women Re-Viewed, Bibl.-Interpr.S 43, Leiden, 115–136.

INGRAHAM, Joseph Holt 1855: The Prince of the House of David; or Three Years in the Holy City, London.

- 1858: Das Leben Jesu. Der Fürst aus David's Hause oder drei Jahre in der heiligen Stadt, Philadelphia.

INSTONE-BREWER, David 1992: Techniques and Assumptions in Jewish Exegesis before 70 CE, TSAJ 30, Tübingen.

ISAAC, Benjamin 2010: Jerusalem – An Introduction, in: COTTON, Hannah M./DI SEGNI, Leah/ ECK, Werner/ISAAC, Benjamin u. a. (Hg.): Corpus Inscriptionum Iudaeae et Palaestinae, CIIP, Vol. I: Jerusalem, Part 1: 1–704, Berlin/New York, 1–37.

ITTEL, Gerhard Wolfgang 1970: Jesus und die Jünger, Gütersloh.

JACOBI, Christine 2015: Jesusüberlieferung bei Paulus? Analogien zwischen den echten Paulusbriefen und den synoptischen Evangelien, BZNW 213, Berlin.

JACOBSON, Arland D. 1982: The Literary Unity of Q, JBL 101, 365–389.

- 1990: Proverbs and Social Control. A New Paradigm for Wisdom Studies, in: BETZ, Hans Dieter u. a. (Hg.): Gnosticism and the Early Christian World, FS James M. Robinson, Forum Fascicles 2, Sonoma, 75–88.
- 2000: Jesus Against the Family. The Dissolation of Family Ties in the Gospel Tradition, in: ASGEIRSSON, Jon Ma/TROYER, Kristin DE/MEYER, Marvin W. (Hg.): From Quest to Q, FS James M. Robinson, BEThL 146, Leuven, 189–218.

JACOBSON, David M. 2013: Understanding Herod the Great through his Coins, in: LYKKE, Anne (Hg.): Macht des Geldes – Macht der Bilder. Kolloquium zur Ikonographie auf Münzen im ostmediterranen Raum in hellenistisch-römischer Zeit, ADPV 42, Wiesbaden, 123–150.

JÄGER, Friedrich/RÜSEN, Jörn 1992: Geschichte des Historismus. Eine Einführung, München.

JAUBERT, Annie 1957: La Date de la Cène, Paris.

JENSEN, Morton Hørning 2006: Herod Antipas in Galilee, Tübingen.

JEREMIAS, Joachim 1931: Zöllner und Sünder, ZAW 30, 293–300.

- ³1963: Unbekannte Jesusworte, Gütersloh.
- 1966: Abba. Studien zur neutestamentlichen Theologie und Zeitgeschichte, Göttingen.
- ⁴1967: Die Abendmahlsworte Jesu, Göttingen.
- 1969: Jerusalem in the Time of Jesus: An Investigation into Economic and Social Conditions during the New Testament Period, London.
- 1971a; ⁴1988: Neutestamentliche Theologie. Erster Teil: Die Verkündigung Jesu, Gütersloh.
- 1971b: Tradition und Redaktion in Lukas 15, ZNW 62, 172–189.
- ¹¹1998: Die Gleichnisse Jesu, Göttingen.

JOHNSON, Luke Timothy 1996: The Real Jesus. The Misguided Quest for the Historical Jesus and the Truth of the Traditional Gospels, San Francisco.

JOHNSON, Marshall D. 1969: The Purpose of the Biblical Genealogies. With Special Reference to the Setting of the Genealogies of Jesus, MSSNTS 8, Cambridge.

JORDAN, Stefan (Hg.) 1999a: Schwellenzeittexte. Quellen zur deutschsprachigen Geschichtstheorie in der ersten Hälfte des 19. Jahrhunderts, Waltrop.

– 1999b: Geschichtstheorie in der ersten Hälfte des 19. Jahrhunderts. Die Schwellenzeit zwischen Pragmatismus und Klassischem Historismus, Frankfurt/New York.

– 2001: Zwischen Aufklärung und Historismus. Deutschsprachige Geschichtstheorie in der ersten Hälfte des 19. Jahrhunderts, in: Sitzungsberichte der Leibniz-Sozietät 48/5, 5–20.

– (Hg.) 2002: Lexikon Geschichtswissenschaft, Stuttgart.

– 2009: Theorien und Methoden der Geschichtswissenschaft. Orientierung Geschichte, UTB 3104, Paderborn u. a.

JÜLICHER, Adolf ²1910: Die Gleichnisreden Jesu (1976). Zwei Teile in einem Band, Tübingen.

JUNG, Franz 2002: ΣΩΤΗΡ. Studien zur Rezeption eines hellenistischen Ehrentitels im Neuen Testament, NTA NF 39, Münster.

JUNGBAUER, Harry 2002: »Ehre Vater und Mutter«. Der Weg des Elterngebots in der biblischen Tradition, WUNT II 146, Tübingen.

KAHL, Werner 1994: New Testament Miracle Stories in their Religious-Historical Setting. A Religionsgeschichtliche Comparison from Structural Perspective, FRLANT 163, Göttingen.

– 2012: Erhebliche matthäisch-lukanische Übereinstimmungen gegen das Markusevangelium in der Triple-Tradition. Ein Beitrag zur Klärung der synoptischen Abhängigkeitsverhältnisse, ZNW 103, 20–46.

KÄHLER, Martin ³1961: Der sogenannte historische Jesus und der geschichtliche, biblische Christus, Leipzig 1892, hg. v. WOLF, Ernst, TB 2, München.

KANT, Immanuel 1956: Religion innerhalb der Grenzen der bloßen Vernunft, in: DERS.: Werke in sechs Bänden, hg. v. WEISCHEDEL, Wilhelm, Bd. 4, Wiesbaden, 645–879.

– 1958: Was heißt: Sich im Denken orientieren?, in: DERS.: Werke in sechs Bänden, hg. v. WEISCHEDEL, Wilhelm, Bd. 3, Wiesbaden, 265–283.

KARRER, Martin 1990: Der Gesalbte. Die Grundlagen des Christustitels, FRLANT 151, Göttingen.

– 1998: Jesus Christus im Neuen Testament, GNT 11, Göttingen.

KÄSEMANN, Ernst 1954: Das Problem des historischen Jesus, ZThK 51,2/1954, 125–153.

– 1960; ⁷1970: Exegetische Versuche und Besinnungen, Erster Band, Göttingen.

– 1964: Sackgassen im Streit um den historischen Jesus, in: DERS.: Exegetische Versuche und Besinnungen Bd. 2, Göttingen, 31–68.

KAUHAUS, Hanna 2011: Vielfältiges Verstehen. Wege der Bibelauslegung im 18. Jahrhundert, AKThG 35, Leipzig.

KAWAN, Christine Shojaei 2005: Legend and Life: Examples from the Biographies of ›Ā‹ishah Bint Abī Bakr, Mary Carleton, and Friedrich Salomo Krauss, Folkl. 116, 140–154.

KAYLOR, Robert D. 1994: Jesus the Prophet. His Vision of the Kingdom on Earth, Louisville.

KAZEN, Thomas 2010a: Issues of Impurity in Early Judaism, Winona Lake.

– 2010b: Jesus and Purity Halakhah (2002). Was Jesus Indifferent to Impurity?, Winona Lake.

– 2013: Scripture, Interpretation, or Authority? Motives and Arguments in Jesus' Halakic Conflicts, WUNT 320, Tübingen.

– 2015: Theology: New Testament, in: STRAWN, Brent u. a. (Hg.): The Oxford Encyclopedia of Bible and Law, New York u. a., 2:384–400.

– 2018 (in Vorbereitung): Emotional Repression and Physical Mutilation? The Cognitive and Behavioural Impact of Exaggeration in the Sermon on the Mount, in: ROITTO, Rikard u. a. (Hg.): Social and Cognitive Perspectives on the Sermon on the Mount, Sheffield.

KEE, Howard Clark 1999: Jesus. A Glutton and Drunkard, in: CHILTON, Bruce/EVANS, Craig A. (Hg.): Authenticating the Words of Jesus, NTTS 28/1, Leiden/Boston/Köln, 311–332.

KEENER, Craig S. 2011: Miracles. The Credibility of the New Testament Accounts. Vol. I–II, Grand Rapids.

KEIM, Theodor 1861: Die menschliche Entwicklung Jesu Christi: Akademische Antrittsrede am 17. Dezember 1860, Zürich.

KEITH, Chris 2011: Jesus' Literacy: Scribal Culture and the Teacher from Galilee, New York/ London.

– 2014: Jesus against the Scribal Elite, Grand Rapids.

KEITH, Chris/LeDONNE, Anthony (Hg.) 2012: Jesus, Criteria, and the Demise of Authenticity, London/New York.

KELBER, Werner H. 1995: Jesus and Tradition. Words in Time, Words in Space, Semeia 65, 139–167.

KELBER, Werner H./BYRSKOG, Samuel (Hg.) 2009: Jesus in Memory. Traditions in Oral and Scribal Perspectives, Waco.

KEPPLER, Angela 2002: Soziale Formen individuellen Erinnerns. Die kommunikative Tradierung von (Familien-)Geschichte, in: WELZER, Harald (Hg.): Das soziale Gedächtnis. Geschichte, Erinnerung, Tradierung, Hamburg, 137–159.

KERN, Gabi [2]2015: Parabeln in der Logienquelle. Einleitung, in: ZIMMERMANN, Ruben u. a. (Hg.): Kompendium der Gleichnisse Jesu, Gütersloh, 49–60.

KIERSPEL, Lars 2006: The Jews and the World in the Fourth Gospel. Parallelism, function and context, WUNT II 220, Tübingen.

KILUNEN, Jarmo 1989: Das Doppelgebot der Liebe in synoptischer Sicht: Ein redaktionskritischer Versuch über Mk 12,28–34 und die Parallelen, Helsinki.

KINGSBURY, Jack D. 1969: The Parables of Jesus in Matthew 13: A Study in Redaction Criticism, London.

KIRK, Alan 2003: ›Love your enemies,‹ the Golden Rule, and Ancient Reciprocity (Luke 6:27–35), JBL 122, 667–686.

KIRK, Alan/THATCHER, Tom (Hg.) 2005: Memory, Tradition, and Text. Uses of the Past in Early Christianity, Semeia Studies 52, Atlanta.

KIRN, Hans-Martin 2001: Contemptus mundi – contemptus Judaei? Nachfolgeideale und Antijudaismus in der spätmittelalterlichen Predigtliteratur, in: HAMM, Brendt/LENTES, Thomas (Hg.), Spätmittelalterliche Frömmigkeit zwischen Ideal und Praxis, SuR NR 15, Tübingen, 146–187.

KITZBERGER, Ingrid Rosa (Hg.) 2000: Transformative Encounters. Jesus and Women Re-Viewed, Bibl.-Interpr.S 43, Leiden.

KLAUCK, Hans-Josef 1982: Die erzählerische Rolle der Jünger im Markusevangelium. Eine narrative Analyse, NT 24, 1–26.

– 1995: Die Familie im Neuen Testament: Grenzen und Chancen, in: BACHL, Gottfried (Hg.): Familie leben. Herausforderungen für kirchliche Lehre und Praxis, Düsseldorf, 9–36.

KLAUSNER, Joseph 1925: Jesus of Nazareth. His Life, Times, and Teaching, London.

KLEIN, Dietrich 2009: Hermann Samuel Reimarus (1694–1768). Das theologische Werk, BHTh 145, Tübingen.

KLEIN, Günter 1961: Die zwölf Apostel. Ursprung und Gestalt einer Idee, FRLANT 77, Göttingen.

– 1970: ›Reich Gottes‹ als biblischer Zentralbegriff, EvTh 30, 642–670.

KLEIN, Hans 2009: Das Vaterunser. Seine Geschichte und sein Verständnis bei Jesus und im frühen Christentum, in: KLEIN, Hans/MIHOC, Vasile/NIEBUHR, Karl-Wilhelm (Hg.): Das Gebet im Neuen Testament. Vierte europäische orthodox-westliche Exegetenkonferenz in Sâmbăta de Sus. 4.–8. August 2007, WUNT 249, Tübingen, 77–114.

– [10]2006: Das Lukasevangelium, KEK I/3, Göttingen.

KLEINMAN, Arthur 1995: Patients and Healers in the Context of Culture: An Exploration of the Borderland between Anthropology, Medicine, and Psychiatry, Berkeley.

KLONER, Amos/ZISSU, Boas 2007: The Necropolis of Jerusalem in the Second Temple Period, ISACR 8, Leuven/Dudley.

KLOPPENBORG VERBIN, John S. 2000: Excavating Q. The History and Setting of the Sayings Gospel, Edinburgh.

KLOPPENBORG, John S. 1987; 1999: The Formation of Q. Trajectories in Ancient Wisdom Collections, Studies in Antiquity and Christianity, Harrisburg.

– 1995: Jesus and the Parables of Jesus in Q, in: PIPER, Ronald A. (Hg.): The Gospel Behind the Gospels: Current Studies on Q, NT.S 75, Leiden, 275–319.

– 1996: The Sayings Gospel Q and the Quest of the Historical Jesus, HThR 89, 1996, 307–344.

– 2001: Discursive Practices in the Sayings Gospel Q and the Quest of the Historical Jesus, in: LINDEMANN, Andreas (Hg.): The Sayings Source Q and the Historical Jesus, Colloquium Biblicum Lovaniense XLIX, BEThL 158, Leuven, 149–190.

– 2006: H. J. Holtzmann's Life of Jesus according to the ›A‹ Source, JSHJ 4, 75–108, 203–223.

– 2010: Agrarian Discourse in the Sayings of Jesus, in: LONGENECKER, Bruce/LIEBENGOOD, Kelly (Hg.): Engaging Economics: New Testament Scenarios and Early Christian Interpretation, Grand Rapids, 104–128.

– 2012: Memory, Performance and the Sayings of Jesus, JSHJ 10.2, 97–132.

KLOSTERMANN, Erich 1955: Die Majestätsprozesse unter Tiberius, Hist. 4, 72–106.

KLUMBIES, Paul-Gerhard 2015: Herkunft und Horizont der Theologie des Neuen Testaments, Tübingen.

KNOCH, Otto Bernhard 1966: Einer ist euer Meister: Jüngerschaft und Nachfolge, Stuttgart.

KOCH, Dietrich-Alex 1989: Jesu Tischgemeinschaft mit Zöllnern und Sündern. Erwägungen zur Entstehung von Mk 2,13–17, in: DERS./SELLIN, Gerhard/LINDEMANN, Andreas (Hg.): Jesu Rede von Gott und ihre Nachgeschichte im frühen Christentum. Beiträge zur Verkündigung Jesu und zum Kerygma der Kirche, FS Willi Marxsen, Gütersloh, 57–73.

– 2005: The Origin, Function and Disappearance of the »Twelve«: Continuity from Jesus to the Post-Easter Community?, HTS 61, 211–229.

– 2013: Geschichte des Urchristentums, Göttingen.

KOCH, Klaus 1978: Offenbaren wird sich das Reich Gottes, NTS 25, 158–165.

KOESTER, Craig R. ²2003: Symbolism in the Fourth Gospel: Meaning, Mystery, Community, Minneapolis.

KOESTER, Helmut 1990; ²1992: Ancient Christian Gospels. Their History and their Development, London.

– 1992: Jesus the Victim, JBL 111, 3–15.

KÖHLER, Wolf-Dietrich 1987: Die Rezeption des Matthäusevangeliums in der Zeit vor Irenäus, WUNT II 24, Tübingen.

KOLLMANN, Bernd 1990: Ursprung und Gestalten der frühchristlichen Mahlfeier, GTA 43, Göttingen.

– 1994: Göttliche Offenbarung magisch-pharmakologischer Heilkunst im Buch Tobit, ZAW 106, 289–299.

– 1996: Jesus und die Christen als Wundertäter. Studien zu Magie, Medizin und Schamanismus in Antike und Christentum, FRLANT 170, Göttingen.

– 2004: Jesus als jüdischer Gleichnisdichter, NTS 50, 457–475.

– 2005: Totenerweckungen in der Bibel – Ausdruck von Protest und Zeichen der Hoffnung, in: EBNER, Martin/ZENGER, Erich (Hg.): Leben trotz Tod, JBTh 19, Neukirchen-Vluyn, 121–141.

– 2010: Das Grabtuch von Turin. Ein Porträt Jesu? Mythen und Fakten, Freiburg.

– 2011: Jesus and Magic: The Question of the Miracles, in: HOLMÉN, Tom/PORTER, Stanley E. (Hg.): Handbook for the Study of the Historical Jesus, Vol. IV: Individual Studies, Leiden/Boston, 3057–3085.

– 2013: Jerusalem. Geschichte der Heiligen Stadt im Zeitalter Jesu, Darmstadt.

– 2014: Von der Rehabilitierung mythischen Denkens und der Wiederentdeckung Jesu als Wundertäter. Meilensteine der Wunderdebatte von der Aufklärung bis zur Gegenwart, in: KOLLMANN, Bernd/ZIMMERMANN, Ruben (Hg.): Hermeneutik der frühchristlichen Wundererzählungen. Geschichtliche, literarische und rezeptionsorientierte Perspektiven, WUNT 339, Tübingen, 3–26.

KOLLWITZ, Johannes 1957: Art. Christusbild, RAC 3, 2–24.

– 2012: Das Christusbild der frühchristlichen Kunst, in: KIRSCHBAUM, Engelbert u. a.: Lexikon der christlichen Ikonographie, Darmstadt, 356–371.

KONRADT, Matthias 1998: Christliche Existenz nach dem Jakobusbrief. Eine Studie zu seiner soteriologischen und ethischen Konzeption, StUNT 22, Göttingen.

– 2004: Der Jakobusbrief im frühchristlichen Kontext, in: SCHLOSSER, Jacques: The Catholic Epistles and the Tradition, BEThL 176, Leuven.

– 2006: Gott oder Mammon. Besitzethos und Diakonie im frühen Christentum, in: SIGRIST, Christoph: Diakonie und Ökonomie, Zürich, 107–154.

– 2007: Israel, Kirche und die Völker im Matthäusevangelium, WUNT 215, Tübingen.

– 2010: Stellt der Vollmachtsanspruch des historischen Jesus eine Gestalt »vorösterlicher Christologie« dar?, ZThK 107, 139–166.

– 2013: Die Ausrichtung der Mission im Matthäusevangelium und die Entwicklung zur universalen Kirche. Überlegungen zum Standort des Matthäusevangeliums in der Entwicklung des Christentums, in: ROTHSCHILD, Clare K./SCHRÖTER, Jens (Hg.): The Rise and Expansion of Christianity in the First Three Centuries of the Common Era, WUNT 301, Tübingen, 143–164.

– 2015: Das Evangelium nach Matthäus, NTD 1, Göttingen.

KÖRTNER, Ulrich H. J. (Hg.) 2002: Jesus im 21. Jahrhundert, Bultmanns Jesusbuch und die heutige Jesusforschung, Neukirchen-Vluyn.

KOSELLECK, Reinhart 1975: Art. Geschichte, Historie V. Die Herausbildung des modernen Geschichtsbegriffs. VI. »Geschichte« als moderner Leitbegriff. VII. Ausblick, in: GGB 2, 647–717.

– 1979a (Nachdr. 1972): Einleitung, in: BRUNNER, Otto/CONZE, Werner/KOSELLECK, Reinhart: Geschichtliche Grundbegriffe. Historisches Lexikon zur politisch-sozialen Sprache in Deutschland, Bd. I A–D, Stuttgart, XIII–XXVII.

– 1979b: Vergangene Zukunft. Zur Semantik geschichtlicher Zeiten, Frankfurt.

KRAMER, Werner 1963: Christos Kyrios Gottessohn. Untersuchungen zu Gebrauch und Bedeutung der christologischen Bezeichnungen bei Paulus und der vorpaulinischen Gemeinde, AThANT 44, Zürich.

KRATZ, Reinhard 1979: Rettungswunder. Motiv-, traditions- und formkritische Aufarbeitung einer biblischen Gattung, EHS XXIII.123, Frankfurt u. a.

KRAUS, Thomas J./KRUGER Michael J./NICKLAS, Tobias 2009: Gospel Fragments, Oxford Early Christian Gospel Texts; Oxford.

KRAUS, Thomas J./NICKLAS, Tobias (Hg.) 2004: Das Petrusevangelium und die Petrusapokalypse. Die griechischen Fragmente mit deutscher und englischer Übersetzung, GCS.NF 11, Berlin/New York.

KREITZER, Larry J. 1996: Striking New Images. Roman Imperial Coinage and the New Testament World, JSNT.S 134, Sheffield.

KREMER, Detlef ³2007: Romantik. Lehrbuch Germanistik, Stuttgart/Weimar.

KREMER, Jakob 1985: Lazarus. Die Geschichte einer Auferstehung, Stuttgart.

KREPLIN, Matthias 2001: Das Selbstverständnis Jesu. Hermeneutische und christologische Reflexion. Historisch-kritische Analyse, WUNT II 141, Tübingen.

KRISCHEL, Roland u. a. (Hg.) 2005: Ansichten Christi. Christusbilder von der Antike bis zum 20. Jahrhundert, Köln.

KRUGER, Michael J. 2005: The Gospel of the Savior. An Analysis of P.Oxy 840 and its Place in the Gospel Traditions of Early Christianity, Leiden u. a.

KRUSE, Heinz 1954: Die ›dialektische Negation‹ als Semitisches Idiom, VT 4, 385–400.

KÜCHLER, Max 1992: Die ›Probatische‹ und Betesda mit den fünf Stoas, in: Peregrina Curiositas, NTOA 27, Freiburg (CH), 127–154.

– 2007: Jerusalem. Ein Handbuch und Studienreiseführer zur Heiligen Stadt, OLB IV/2, Göttingen.

KÜHL, Ernst 1907: Das Selbstbewußtsein Jesu, Berlin.

KUHN, Hans-Jürgen 1988: Christologie und Wunder: Untersuchungen zu Joh 1,35–51, BU 18, Regensburg.

KUHN, Heinz-Wolfgang 1982: Die Kreuzesstrafe während der frühen Kaiserzeit, ANRW II.25.1, 648–793.

KUHN, Johannes 1838: Das Leben Jesu, wissenschaftlich bearbeitet, Mainz.

KÜHNE-BERTRAM, Gudrun 1983: Aspekte der Geschichte und der Bedeutung des Begriffs »pragmatisch« in den philosophischen Wissenschaften des ausgehenden 18. und des 19. Jahrhunderts, in: Archiv für Begriffsgeschichte 27, 158–186.

KÜMMEL, Werner Georg 1958: Das Neue Testament. Geschichte der Erforschung seiner Probleme, Freiburg/München.

– 1963; ²¹1983: Einleitung in das Neue Testament, Heidelberg.

KVALBEIN, Hans 2014a: Jesus as Preacher of the Kingdom of God; in: BYRSKOG, Samuel/HOLMÉN, Tom/KANKAANNIEMI, Matti (Hg.): The Identity of Jesus. Nordic Voices, WUNT II 373, Tübingen, 87–98.

– 2014b: The Lord's Prayer and the Eucharist Prayers in the Didache; in: HVALVIK, Reidar/SANDNES, Karl Olav (Hg.): Early Christian Prayer and Identity Formation, Tübingen, 233–266.

LABAHN, Michael 1999: Jesus als Lebensspender. Untersuchungen zu einer Geschichte der johanneischen Tradition anhand ihrer Wundergeschichten, BZNW 98, Berlin.

– 2008: Das Reich Gottes und seine performativen Abbildungen. Gleichnisse, Parabeln und Bilder als Handlungsmodelle im Dokument Q, in: ZIMMERMANN, Ruben (Hg.): Hermeneutik der Gleichnisse Jesu. Methodische Neuansätze zum Verstehen urchristlicher Parabeltexte, WUNT 231, Tübingen, 259–282.

– 2010: Der Gekommene als Wiederkommender. Die Logienquelle als erzählte Geschichte, Arbeiten zur Bibel und ihrer Geschichte 32, Leipzig.

– 2011: The Non-Synoptic Jesus, in: HOLMÉN, Tom/PORTER, Stanley E. (Hg.): Handbook for the Study of the Historical Jesus, Vol. III, Leiden/Boston, 1933–1996.

– 2014: Wunder verändern die Welt. Überlegungen zum sinnkonstruierenden Charakter von Wundererzählungen am Beispiel der sogenannten »Geschenkwunder«, in: KOLLMANN, Bernd/ZIMMERMANN, Ruben (Hg.): Hermeneutik der frühchristlichen Wundererzählungen. Geschichtliche, literarische und rezeptionsorientierte Perspektiven, WUNT 339, Tübingen, 369–393.

– ²2015: Über die Notwendigkeit ungeteilter Leidenschaft (Vom Doppeldienst) – Q 16,13, in: ZIMMERMANN, Ruben u. a. (Hg.): Kompendium der Gleichnisse Jesu, Gütersloh, 220–226.

LAKE, Kirsopp 1907: The Historical Evidence for the Resurrection of Jesus Christ, London.

– 1979: »The Twelve and the Apostles«, in: FOAKES-JACKSON, Frederick John/LAKE, Kirsopp (Hg.): The Beginnings of Christianity. Part I. The Acts of the Apostles (1933), Grand Rapids, 37–59.

Lambrecht, Jan 1995: The Great Commandment Pericope and Q, in: Piper, Ronald A. (Hg.): The Gospel Behind the Gospels: Current Studies on Q, NT.S 75, Leiden, 73–96.

Lang, Bernhard 2000: The »Our father« as John the Baptist's Political Prayer, in: Penchansky, David/Redditt, Paul L. (Hg.): Shall not the Judge of All the Earth Do What is Right? Studies on the Nature of God in Tribute to James L. Crenshaw, Winona Lake, 239–253.

Lang, Manfred 1999: Johannes und die Synoptiker, FRLANT 182, Göttingen.

Langslow, David R. 2000: Medical Latin in the Roman Empire, Oxford.

Lannert, Berthold 1989: Die Wiederentdeckung der neutestamentlichen Eschatologie durch Johannes Weiss, Tübingen.

Lategan, Bernard C. 1984: Reference: Reception, Redescription and Reality, in: Ders./Vorster, Willem S.: Text and Reality, Philadelphia, 67–93.

– 2004: History and Reality in the Interpretation of Biblical Texts, in: Schröter, Jens/Eddelbüttel, Antje (Hg.): Konstruktion von Wirklichkeit: Beiträge aus geschichtstheoretischer, philosophischer und theologischer Perspektive, Berlin/New York, 135–152.

Lattke, Michael 1984: On the Jewish Backgound of the Concept ›Kingdom of God‹, in: Chilton, Bruce (Hg.): The Kingdom of God in the Teaching of Jesus, IRT 5, London/Philadelphia, 72–91.

Lau, Viktor 1999: Erzählen und Verstehen. Historische Perspektiven der Hermeneutik, Würzburg.

Lauster, Jörg 2004: Prinzip und Methode. Die Transformation des protestantischen Schriftprinzips durch die historisch-kritische Methode von Schleiermacher bis zur Gegenwart, HUTh 46, Tübingen.

LeDonne, Anthony 2013: The Wife of Jesus: Ancient Texts and Modern Scandals, New York.

LeFebvre, Michael 2006: Collections, Codes, and Torah. The Re-Characterization of Israel's Written Law, OTS 451, New York u. a.

Leibner, Uzi 2009: Settlement and History in Hellenistic, Roman, and Byzantine Galilee. An Archaeological Survey of the Eastern Galilee, TSAJ 127, Tübingen.

Leonhard, Clemens 2002: Art. Vaterunser II. Judentum, TRE 34, 512–515.

– 2006: The Jewish Pascha and the Origins of the Christian Easter. Open Questions in Current Research, SJ 35, Berlin/New York.

Leppin, Hartmut 2013: Imperial Miracles and Elitist Discourses, in: Alkier, Stefan/Weissenrieder, Annette (Hg.): Miracles Revisited: New Testament Miracle Stories and Their Concepts of Reality, Studies on the Bible and Its Reception, Berlin u. a., 233–249.

Lessing, Gotthold Ephraim 1784: Neue Hypothese über die Evangelisten als bloss menschliche Geschichtsschreiber betrachtet (1778), in: Ders.: Theologischer Nachlass, Berlin, 45–72.

Lethipuu, Outi 2015: Debates over the Resurrection of the Dead. Constructing Early Christian Identity, Oxford.

Leutzsch, Martin 2013: Karl Heinrich Venturinis Natürliche Geschichte des großen Propheten von Nazareth (1800/02). Der einflussreichste Jesusroman bis heute, in: Paul, Ina Ulrike/Faber, Richard (Hg.): Der historische Roman zwischen Kunst, Ideologie und Wissenschaft, Würzburg, 445–463.

Levine, Amy-Jill 1994: Second-Temple Judaism, Jesus and Women: Yeast of Eden, Bibl.Interpr. 2, 8–33.

– 2012: Das Matthäusevangelium: Zwischen Bruch und Kontinuität, in: Navarro Puerto, Mercedes/Fischer, Irmtraud (Hg.): Die Bibel und die Frauen. Eine exegetisch-kulturgeschichtliche Enzyklopädie. Bd. 2.1: Neues Testament: Evangelien. Erzählungen und Geschichte, Stuttgart, 118–139.

– 2014: Short Stories by Jesus: The Enigmatic Parables of a Controversial Rabbi, New York.

LEVINE, Lee I. 1999: Second Temple Jerusalem. A Jewish City in the Greco-Roman Orbit, in: DERS.: (Hg.), Jerusalem. Its Sanctity and Centrality to Judaism, Christianity and Islam, New York, 53–68.

– 2002: Jerusalem. Portrait of a City in the Second Temple Period (538 B. C. E – 70 C. E.), Philadelphia.

– 2004: The First Century Synagogue: Critical Reassessments and Assessments of the Critical, in: EDWARDS, Douglas R. (Hg.): Religion and Society in Roman Palestine: Old Questions, New Approaches, New York, 70–102.

LICHTENBERGER, Achim 2013: Anker, Füllhorn, Palmzweig. Motivbeziehungen zwischen ›jüdischen‹ und ›paganen‹ Münzen, in: LYKKE, Anne (Hg.): Macht des Geldes – Macht der Bilder. Kolloquium zur Ikonographie auf Münzen im ostmediterranen Raum in hellenistisch-römischer Zeit, ADPV 42, Wiesbaden, 69–91.

LIEBERMAN, Saul 1942: Greek in Jewish Palestine: Studies in the Life and Manners of Jewish Palestine in the II–IV Centuries C. E., New York.

– 1962: Hellenism in Jewish Palestine: Studies in the Literary Transmission, Beliefs, and Manners of Palestine in the I Century B. C. E–IV Century C. E., New York.

LIETZMANN, Hans 1958: Der Prozeß Jesu, in: DERS.: Kleine Schriften. II. Studien zum Neuen Testament, TU 68, Berlin, 251–263.

LIEW, Tat-siong Benny 2003: Re-Mark-able Masculinities: Jesus, the Son of Man, and the (Sad) Sum of Manhood?, in: MOORE, S. D./ANDERSON, J. C. (Hg.): New Testament Masculinities, SBL, Atlanta, 93–135.

LINCOLN, Andrew T. 2013: Born of a Virgin? Reconceiving Jesus in Bible, Tradition and Theology, London.

LINDARS, Barnabas 1983: Jesus Son of Man. A Fresh Examination of the Son of Man Sayings in the Gospels in the Light of Recent Research, London.

LINDEMANN, Andreas 1993: Samaria und Samaritaner im Neuen Testament, WuD 22, 51–76.

LINK, Hans-Georg 1975: Geschichte Jesu und Bild Christi. Die Entwicklung der Christologie Martin Kählers in Auseinandersetzung mit der Leben-Jesu-Theologie und der Ritschl-Schule, Neukirchen-Vluyn.

LIPS, Hermann VON 1990: Weisheitliche Traditionen im Neuen Testament, WMANT 64, Neukirchen-Vluyn.

LITT, Stefan 2009: Geschichte der Juden Mitteleuropas 1500–1800, Geschichte kompakt, Darmstadt.

LOADER, William 2002: Jesus' Attitude towards the Law, WUNT II 97, Tübingen 1997/Grand Rapids.

– 2011: Jesus and the Law, in: HOLMÉN, Tom/PORTER, Stanley E. (Hg.): Handbook for the Study of the Historical Jesus, Vol. III: The Historical Jesus, Leiden u. a., 2745–2772.

LOFTUS, Francis 1977/78: The Anti-Roman Revolts of the Jews and the Galileans, JQR 68, 78–98.

LOHFINK, Gerhard ²2013: Das Vaterunser neu ausgelegt, Stuttgart.

LOHMEYER, Ernst 1936: Galiläa und Jerusalem, FRLANT 52, Göttingen.

– ⁵1962: Das Vater-Unser, Göttingen.

LÖHR, Hermut 2008: Das Abendmahl als Pesach-Mahl. Überlegungen aus exegetischer Sicht aufgrund der synoptischen Tradition und des frühjüdischen Quellenbefunds, BThZ 25, 99–116.

– 2009: Formen und Traditionen des Gebets bei Paulus, in: KLEIN, Hans/MIHOC, Vasile/NIEBUHR, Karl-Wilhelm (Hg.): Das Gebet im Neuen Testament. Vierte europäische orthodoxwestliche Exegetenkonferenz in Sâmbăta de Sus. 4.–8. August 2007, WUNT 249, Tübingen, 115–132.

– 2012: Entstehung und Bedeutung des Abendmahls im frühesten Christentum, in: DERS. (Hg.): Abendmahl, ThTh 3, Tübingen, 51–94.

LOHSE, Eduard 2009: Vater unser. Das Gebet der Christen, Darmstadt.

LONGENECKER, Richard N. 2005: Christological Materials in the Early Christian Communities, in: DERS.: Contours of Christology in the New Testament, MMNTS 7, Grand Rapids, 47–76.

LÜDEMANN, Gerd 1994: Die Auferstehung Jesu. Historie, Erfahrung, Theologie, Göttingen.

– 2002: Die Auferweckung Jesu von den Toten. Ursprung und Geschichte einer Selbsttäuschung, Lüneburg.

LÜHRMANN, Dieter 1972: Liebet eure Feinde, ZThK 69, 412–438.

– 1987: Das Markusevangelium, HNT 3, Tübingen.

– 2000: Fragmente apokryph gewordener Evangelien in griechischer und lateinischer Sprache, MThSt 59, Marburg.

LUNDSTRÖM, Gösta 1963: The Kingdom of God in the Teaching of Jesus, Richmond.

LUPIERI, Edmondo 1988: Giovanni Battista fra storia e leggenda, Brescia.

LUZ, Ulrich 1971: Die Jünger im Matthäusevangelium, ZNW 62, 141–171.

– 1985: Das Evangelium nach Matthäus (Mt 1–7), EKK I/1, Zürich u. a.

– 1990; ³1999: Das Evangelium nach Matthäus (Mt 8–17), EKK I/2, Zürich u. a.

– 1997: Das Evangelium nach Matthäus (Mt 18–25), EKK I/3, Zürich u. a.

– 2002a: Das Evangelium nach Matthäus (Mt 26–28), EKK I/4, Zürich u. a.

– 2002b: Art. Vaterunser I. Neues Testament, TRE 34, 504–512.

LUZARRAGA, Jesús 2008: El ›Padrenuestro‹ desde el arameo, Rom.

LYKKE, Anne (Hg.) 2013a: Macht des Geldes – Macht der Bilder. Kolloquium zur Ikonographie auf Münzen im ostmediterranen Raum in hellenistisch-römischer Zeit, ADPV 42, Wiesbaden.

– 2013b: Die Münzikonographie von Herodes Agrippa I. und ihre Beziehung zur römischen Bildsprache, in: LYKKE, Anne (Hg.): Macht des Geldes – Macht der Bilder. Kolloquium zur Ikonographie auf Münzen im ostmediterranen Raum in hellenistisch-römischer Zeit, ADPV 42, Wiesbaden, 151–169.

MACK, Burton L. 1988: A Myth of Innocence. Mark and Christian Origins, Philadelphia.

MADDEN, Patrick J. 1997: Jesus' Walking on the Sea. An Investigation of the Origin of the Narrative Account, BZNW 81, Berlin/New York.

MAGEN, Yitzhak 2007: The Dating of the First Phase of the Samaritan Temple on Mount Gerizim in Light of the Archaeological Evidence, in: LIPSHITS, Oded/KNOPPERS, Gary N./ALBERTZ, Rainer (Hg.): Judah and the Judeans in the Fourth Century B. C. E, Winona Lake, 157–212.

MAGNESS, Jodi 2011: Stone and Dung, Oil and Spit. Jewish Daily Life in the Time of Jesus, Grand Rapids/Cambridge.

MAIER, Johann 2013: Torah und Normensysteme in den Qumranschriften, in: TIWALD, Markus (Hg.): Kein Jota wird vergehen. Das Gesetzesverständnis der Logienquelle vor dem Hintergrund frühjüdischer Theologie, BWANT 200, Stuttgart, 35–59.

MAINVILLE, Odette 2001: Résurrection. L'après-mort dans le monde ancien et le Noveau testament, Geneve.

MALBON, Elizabeth Struthers 2000: In the Company of Jesus: Characters in Mark's Gospel, Louisville.

MALINA, Bruce J. 1999: Assessing the Historicity of Jesus' Walking on the Sea. Insights from Cross-Cultural Social-Psychology, in: CHILTON, Bruce/EVANS, Craig A. (Hg.): Authenticating the Activities of Jesus, Leiden, 351–371.

– 2001: The Social Gospel of Jesus. The Kingdom of God in Mediterranean Perspective, Minneapolis.

– 2011: Social-Scientific Approaches in Jesus Research, in: HOLMÉN, Tom/PORTER, Stanley E. (Hg.): Handbook for the Study of the Historical Jesus, Vol. I: How to Study the Historical Jesus, Leiden, 743–775.

MANSON, Thomas Walter 1967: The Teaching of Jesus: Studies in its Form and Content. Cambridge.

Mara bar Sarapion 2014: Letter to his Son, hg. und übers. v. MERZ, Annette/RENSBERGER, David/TIELEMAN, Teun, Tübingen.

MARKSCHIES, Christoph 2002: Art. Valentinian, TRE 34, 495–500.

MARKSCHIES, Christoph/SCHRÖTER, Jens (Hg.) 2012: Antike christliche Apokryphen in deutscher Übersetzung. I. Band: Evangelien und Verwandtes (Teilband 1 & Teilband 2), Tübingen.

MARSHALL, Ian Howard 1978: The Gospel of Luke. A Commentary on the Greek Text, NIGTC 3, Grand Rapids.

– 2009: The Last Supper; in: BOCK, Darrell L./WEBB, Robert (Hg.): Key Events in the Life of the Historical Jesus: A Collaborative Exploration of Context and Coherence, WUNT 247, Tübingen, 481–588.

MARSHALL, Mary J. 2005: Jesus: Glutton and Drunkard?, JSHJ 3, 47–60.

MARTIN, Dale B. 2006: Sex and the Single Savior: Gender and Sexuality in Biblical Interpretation, Louisville.

– 2014: Jesus in Jerusalem: Armed and Not Dangerous, JSNT 37, 3–24.

MARTYN, James Louis 1968; ²1979: History and Theology in the Fourth Gospel, Nashville.

MARX, Karl/ENGELS, Friedrich 1844: Zur Kritik der Hegelschen Rechts-Philosophie, Deutsch-Französische Jahrbücher 1, 7–10. Feb. 1844, 71–85.

MARXSEN, Willi ²1959: Der Evangelist Markus. Studien zur Redaktionsgeschichte des Evangeliums, FRLANT 67/NF 49, Göttingen.

McIVER, Robert K. 2011: Memory, Jesus and the Synoptic Gospels, SBL, Atlanta.

McKNIGHT, Scot 2005: Jesus and His Death. Historiography, the Historical Jesus, and Atonement Theory, Waco.

McVEY, Kathleen E. 1990: A Fresh Look at the Letter of Mara bar Serapion to His Son, V Symposium Syriacum, OCA 236, 257–272.

MEIER, John P. 1991: A Marginal Jew. Rethinking the Historical Jesus, Vol. I: The Roots of the Problem and the Person, New York.

– 1994: A Marginal Jew. Rethinking the Historical Jesus, Vol. II: Mentor, Message, and Miracles, New York.

– 2001: A Marginal Jew. Rethinking the Historical Jesus, Vol. III: Companions and Competitors, New York.

– 2009: A Marginal Jew. Rethinking the Historical Jesus, Vol. IV: Law and Love, New Haven/London.

– 2016: A Marginal Jew. Rethinking the Historical Jesus, Vol. V: Probing the Authenticity of the Parables, New Haven.

MEINECKE, Friedrich 1936; ⁴1965: Die Entstehung des Historismus, hg. u. eingeleitet v. HINRICHS, Carl, Friedrich-Meinecke-Werke 3, München.

MEISER, Martin 1998: Die Reaktion des Volkes auf Jesus: eine redaktionskritische Untersuchung zu den synoptischen Evangelien, BZNW 96, Berlin/New York.

MEISINGER, Hubert 1996: Liebesgebot und Altruismusforschung. Ein exegetischer Beitrag zum Dialog zwischen Theologie und Naturwissenschaft, NTOA 33, Freiburg (CH)/Göttingen.

MELZER-KELLER, Helga 1997: Jesus und die Frauen, Freiburg.

MERKEL, Helmut 1971: Die Widersprüche zwischen den Evangelien. Ihre polemische und apologetische Behandlung bis Augustin, WUNT 13, Tübingen.

MERKLEIN, Helmut ³1984: Die Gottesherrschaft als Handlungsprinzip. Untersuchung zur Ethik Jesu, fzb 34, Würzburg.

MERZ, Annette 2001: Mammon als schärfster Konkurrent Gottes – Jesu Vision vom Reich Gottes und das Geld, in: LEDERHILGER, Severin J. (Hg.): Gott oder Mammon. Christliche Ethik und die Religion des Geldes, Linzer philosophisch-theologische Beiträge 3, Frankfurt, 34–90.

MESHORER, Ya'aqov 2001: A Treasury of Jewish Coins. From the Persian Period to Bar Kokhba, Jerusalem/New York.

METTERNICH, Ulrike 2000: Sie sagte ihm die ganze Wahrheit: die Erzählung von der »Blutflüssigen« – feministisch gedeutet, Mainz.

METZGER, Franziska 2011: Geschichtsschreibung und Geschichtsdenken im 19. und 20. Jahrhundert, UTB 3555, Bern/Stuttgart/Wien.

METZNER, Rainer 1995: Die Rezeption des Matthäusevangeliums im 1. Petrusbrief. Studien zum traditionsgeschichtlichen und theologischen Einfluss des 1.Evangeliums auf den 1. Petrusbrief, Tübingen.

MEYE, Robert P. 1968: Jesus and the Twelve. Discipleship and revelation in Mark's Gospel, Grand Rapids.

MEYER, Ben 1979: The Aims of Jesus, London.

MEYERS, Eric M. (Hg.) 1999: Galilee through the Centuries. Confluence of Cultures, Winona Lake.

MEYERS, Eric M./MEYERS, Carol 2013: Sepphoris, in: MASTER, Daniel M. u. a. (Hg.): The Oxford Encyclopedia of the Bible and Archaeology. Volume II, Oxford, 336–348.

MICHAELIS, Johann David 1750: Einleitung in die Göttlichen Schriften des neuen Bundes, Göttingen.

MIETHKE, Jürgen 1999: Paradiesischer Zustand – Apostolisches Zeitalter – Franziskanische Armut. Religiöses Selbstverständnis, Zeitkritik und Gesellschaftstheorie im 14. Jahrhundert, in: FELTEN, Franz J./JASPERT, Nikolas (Hg.): Vita Religiosa im Mittelalter, FS Kasper Elm, Berlin, 503–532.

– 2000: De potestate Papae, SuR NR 16, Tübingen.

MILAVEC, Aaron 2003: The Didache. Faith, Hope and Life of the Earliest Christian Communities 50–70 C. E., New York.

MILLARD, Alan 2000: Reading and Writing in the Time of Jesus, Sheffield.

MILLER, Shulamit 2013: Tiberias, in: MASTER, Daniel M. u. a. (Hg.): The Oxford Encyclopedia of the Bible and Archaeology. Volume II, Oxford, 429–437.

MINEAR, Paul S. 1972: Audience Criticism and Marcan Ecclesiology, in: REICKE, Bo/BALTENSWEILER, Heinrich (Hg.): Neues Testament und Geschichte: historisches Geschehen und Deutung im Neuen Testament, FS Oscar Cullmann, Zürich/Tübingen, 79–90.

– 1974a: Jesus' audiences, according to Luke, NT 16, 81–109.

– 1974b: The Disciples and the Crowds in the Gospel of Matthew, AThR.SS 3, 28–44.

– 2004: When Jesus saw the crowds, ET 116, 73–78.

MINNS, Denis/PARVIS, Paul (Hg.) 2009: Justin, Philosopher and martyr: Apologies. Edited with an introduction, translation, and commentary on the text, OECT, Oxford.

MODICA, Joseph B. 2008: Jesus as Glutton and Drunkard. The ›Excesses‹ of Jesus, in: McKNIGHT, Scot/MODICA, Joseph B. (Hg.): Who do My Opponents Say That I Am? An Investigation of the Accusations Against the Historical Jesus, London, 50–73.

MOMIGLIANO, Arnaldo 1986: The Disadvantages of Monotheism for a Universal State, CP 81, 285–297.

MOMMSEN, Theodor 1899: Römisches Strafrecht, Leipzig.

MONTEFIORE, Claude G. ²1927: The Synoptic Gospels. London.

Morag, Shlomo 1972: Ἐφφαθά (Mark VII. 34): Certainly Hebrew, not Aramaic?, JSS 17, 198–202.

Morgan, Robert 1989: From Reimarus to Sanders: the Kingdom of God, Jesus, and the Judaisms of His Day, in: Barbour, Robin (Hg.): The Kingdom of God and Human Society, Edinburgh, 80–139.

Moss, Candida R./Schipper, Jeremy 2011: Disability Studies and Biblical Literature, New York.

Moxnes, Halvor 2003: Putting Jesus in His Place: A Radical Vision of Household and Kingdom, Louisville.

– 2012: Jesus and the Rise of Nationalism. A New Quest for the Nineteenth-Century Historical Jesus, London.

Mühlenberg, Ekkehard 2006: Altchristliche Lebensführung zwischen Bibel und Tugendlehre: Ethik bei den griechischen Philosophen und den frühen Christen, AAWG.PH 3.272, Göttingen.

Müller, Karlheinz 1988: Möglichkeit und Vollzug jüdischer Kapitalgerichtsbarkeit im Prozeß gegen Jesus von Nazaret, in: Kertelge, Karl (Hg.): Der Prozeß gegen Jesus: Historische Rückfrage und theologische Deutung, QD 112, Freiburg, 41–83.

– 1999: Gibt es ein Judentum hinter den Juden? Ein Nachtrag zu Ed Parish Sanders' Theorie vom »Convenantal Nomism«, in: Mell, Ulrich/Müller, Ulrich B. (Hg.): Das Urchristentum in seiner literarischen Geschichte, FS Jürgen Becker, BZNW 100, Berlin, 473–486.

– 2003: Das Vaterunser als jüdisches Gebet, in: Gerhards, Albert/Doeker, Andrea/Ebenbauer, Peter (Hg.): Identität durch Gebet. Zur gemeinschaftsbildenden Funktion institutionalisierten Betens in Judentum und Christentum, Studien zu Judentum und Christentum, Paderborn u. a., 159–204.

Müller, Peter u. a. (Hg.) ²2008: Die Gleichnisse Jesu. Ein Studien- und Arbeitsbuch für den Unterricht, Stuttgart.

Müller, Ulrich B. 1977: Vision und Botschaft. Erwägungen zur prophetischen Struktur der Verkündigung Jesu, ZThK 74, 416–448.

– 1998: Die Entstehung des Glaubens an die Auferstehung Jesu. Historische Aspekte und Bedingungen, SBS 172.

– 2002: Johannes der Täufer. Jüdischer Prophet und Wegbereiter Jesu, Biblische Gestalten 6, Leipzig.

Münch, Christian 2004: Die Gleichnisse Jesu im Matthäusevangelium. Eine Studie zu ihrer Form und Funktion, WMANT 104, Neukirchen-Vluyn.

Myllykoski, Matti 2002: What happened to the body of Jesus?, in: Dunderberg, Ismo/Tuckett, Christopher/Syreeni, Kari (Hg.): Fair play: diversity and conflicts in Early Christianity. Essays in honour of Heikki Räisänen, Leiden/Boston/Köln, 43–82.

Naveh, Joseph 1998: Fragments of an Aramaic Magic Book from Qumran, IEJ 48, 252–261.

Neander, August 1837: Das Leben Jesu Christi in seinem geschichtlichen Zusammenhange und seiner geschichtlichen Entwicklung, Hamburg.

Neirynck, Frans 1977: John and the Synoptics, in: de Jonge, Marinus (Hg.): L'Évangile de Jean, BEThL 44, Leuven, 73–106.

– 1979: The Miracle Stories in the Acts of the Apostles. An Introduction, in: Kremer, Jacob (Hg.): Les Actes des Apôtres. Tradition, Rédaction, Théologie, BEThL 28, Leuven, 169–213.

– 1991: Luke 14,1–6: Lukan Composition and Q Saying, in: Bussmann, Claus/Radl, Walter (Hg.): Der Treue Gottes trauen: Beiträge zum Werk des Lukas. Für Gerhard Schneider, Freiburg, 243–263.

Neugebauer, Fritz 2008: Das Vaterunser. Eine theologische Deutung, Leipzig.

Neusner, Jacob 1988: The Mishnah: a new translation, New Haven.

– 2006: The parable (›Mashal‹), in: Ders. (Hg.): Ancient Israel, Judaism, and Christianity in contemporary perspective. FS Karl-Johan Illman, Lanham, 259–283.

Nicklas, Tobias 2011: Traditions about Jesus in Apocryphal Gospels (with the Exception of the Gospel of Thomas), in: Holmén, Tom/Porter, Stanley E. (Hg.): Handbook for the Study of the Historical Jesus, Vol. III: The Historical Jesus, Leiden, 2081–2118.

– 2014: Jews and Christians? Second Century ›Christian‹ Perspectives on the ›Parting of the Ways‹, Tübingen.

Nicolaus, Georg 2005: Die pragmatische Theologie des Vaterunsers und ihre Rekonstruktion durch Martin Luther, Leipzig.

Niebuhr, Karl-Wilhelm 1987: Gesetz und Paränese. Katechismusartige Weisungsreihen in der frühjüdischen Literatur, WUNT II 28, Tübingen.

– 1998: Der Jakobusbrief im Licht frühjüdischer Diasporabriefe, NTS 44, 420–443.

Niederwimmer, Kurt 1989: Die Didache, KAV 1, Göttingen.

– 1998: Zur Entwicklungsgeschichte des Wanderradikalismus im Traditionsbereich der Didache, in: Pratscher, Wilhelm/Öhler, Markus (Hg.): Quaestiones theologicae. Gesammlte Aufsätze, BZNW 90, Berlin/New York.

Nissen, Andreas 1974: Gott und der Nächste im antiken Judentum. Untersuchungen zum Doppelgebot der Liebe, WUNT 15, Tübingen.

Noack, Bengt 1954: Zur johanneischen Tradition, Kopenhagen.

Noam, Vered 2005: Divorce in Qumran in Light of Early Halakhah, JJS 41, 206–223.

– 2006: Traces of Sectarian Halakhah in the Rabbinic World, in: Fraade, Steven D. u. a. (Hg.): Rabbinic Perspectives. Rabbinic Literature and the Dead Sea Scrolls. Proceedings of the Eighth International Symposium of the Orion Center for the Study of the Dead Sea Scrolls and Associated Literature, 7–9 January 2003, StTDJ 62, Leiden u. a., 67–85.

– 2009: Stringency in Qumran. A Reassessment, JSJ 40, 342–355.

Notley, Steven/Safrai, Ze'ev 2011: Parables of the Sages. Jewish Wisdom from Jesus to Rav Ashi, Jerusalem.

O'Loughlin, Thomas 2010: The Didache. A Window on the Earliest Christians, London.

Oakman, Douglas E. 1986: Jesus and the Economic Questions of His Day, SBEC 8, Lewiston.

– 2012: The Political Aims of Jesus, Minneapolis.

Oexle, Otto Gerhard 1996: Geschichtswissenschaft im Zeichen des Historismus, Göttingen.

– 1997: Aufklärung und Historismus: Zur Geschichtswissenschaft in Göttingen um 1800, in: Middeldorf Kosegarten, Antje (Hg.): Johann Dominicus Fiorillo. Kunstgeschichte und die romantische Bewegung um 1800, Akten des Kolloquiums »Johann Dominicus Fiorillo und die Anfänge der Kunstgeschichte in Göttingen« am Kunstgeschichtlichen Seminar und der Kunstsammlung der Universität Göttingen vom 11.–13.11.1994, Göttingen, 28–56.

Öhler, Markus 1997: Elia im Neuen Testament. Untersuchungen zur Bedeutung des alttestamentlichen Propheten im frühen Christentum, BZNW 88, Berlin.

Ohst, Martin 2010: Luthers »Schriftprinzip«, in: Knuth, Hans Christian (Hg.): Luther als Schriftausleger, LASR 7, Erlangen, 21–39.

– 2012: Gottes Nähe und Gottes Ferne in der Theologie Martin Luthers, in: Haberer, Johanna/Hamm, Berndt (Hg.): Medialität, Unmittelbarkeit, Präsenz, SMHR 70, Tübingen, 359–376.

– 2014: Urheber und Zielbild wahren Menschseins: Jesus Christus in der Kirchengeschichte, in: Schröter, Jens (Hg.): Jesus Christus, TdT 9, Tübingen, 119–179.

Olson, Ken 2013: A Eusebian Reading of the Testimonium Flavianum, in: Johnson, Aaron P./Schott, Jeremy M. (Hg.): Eusebius of Caesarea: Tradition and Innovations, Hellenic Studies Series 60, Washington, 97–114.

Osborn, Eric 1976: Ethical Patterns in Early Christian Thought, Cambridge.

Osiek, Carolyn 2009: When You Pray, Go into Your ταμεῖον (Matthew 6:6), CBQ 71, 723–740.

OSTERHAMMEL, Jürgen ⁵2010: Die Verwandlung der Welt. Eine Geschichte des 19. Jahrhunderts, München.

OSTERMANN, Siegfried 2009: Lepton, Quadrans und Denar. Drei Münzen im Jerusalemer Tempel zur Zeit Jesu, in: THEISSEN, Gerd u. a. (Hg.): Jerusalem und die Länder. Ikonographie – Topographie – Theologie, NTOA 70, Göttingen, 39–56.

OSTHÖVENER, Claus-Dieter 2004: Erlösung. Transformationen einer Idee im 19. Jahrhundert, BHTh 128, Tübingen.

OSTMEYER, Karl-Heinrich 2002: Das immerwährende Gebet bei Paulus, ThBeitr 33, 274–289.

– 2003: Die identitätsstiftende Funktion der Gebetsterminologie im Johannesevangelium, in: GERHARDS, Albert/DOEKER, Andrea/EBENBAUER, Peter (Hg.): Identität durch Gebet. Zur gemeinschaftsbildenden Funktion institutionalisierten Betens in Judentum und Christentum, Studien zu Judentum und Christentum, Paderborn u. a., 205–222.

– 2004a: Das Vaterunser. Gründe für seine Durchsetzung als ›Urgebet‹ der Christenheit, NTS 50, 320–336.

– 2004b: Jesu Annahme der Kinder in Mt 19,13–15, NT 46, 1–11.

– 2005: Armenhaus und Räuberhöhle? Galiläa zur Zeit Jesu. ZNW 96, 147–170.

– 2006: Kommunikation mit Gott und Christus. Sprache und Theologie des Gebetes im Neuen Testament, WUNT 197, Tübingen.

– 2009: Prayer as Demarcation: The Function of Prayer in the Gospel of John, in: KLEIN, Hans/ MIHOC, Vasile/NIEBUHR, Karl-Wilhelm (Hg.): Das Gebet im Neuen Testament. Vierte europäische orthodox-westliche Exegetenkonferenz in Sâmbäta de Sus. 4.–8. August 2007, WUNT 249, Tübingen, 233–247.

OVERBECK, Bernhard 1993: Das Heilige Land. Antike Münzen und Siegel aus einem Jahrtausend jüdischer Geschichte, München.

PAESLER, Kurt 1999: Das Tempelwort Jesu. Die Tradition von Tempelzerstörung und Tempelerneuerung im Neuen Testament, FRLANT 184, Göttingen.

PARKER, Pierson 1962: John the Son of Zebedee and the Fourth Gospel, JBL 81, 35–43.

PATRICH, Joseph 2009: 538 BCE – 70 CE: The Temple (Beyt Ha-Miqdash) and Its Mount, in: GRABAR, Oleg/KEDAR, Benjamin Z. (Hg.): Where Heaven and Earth Meet. Jerusalem's Sacred Esplanade, Jerusalem/Austin, 36–71.

PATRICK, Dale 1987: The Kingdom of God in the Old Testament, in: WILLIS, Wendel (Hg.): The Kingdom of God in 20th–Century Interpretation, Peabody, 67–79.

PATTERSON, Stephen J. 1990: The Gospel of Thomas and Jesus. Retrospectus and Prospectus, SBL.SP 29, 614–636.

– 1993: The Gospel of Thomas and Jesus, Sonoma.

PAULUS, Heinrich Eberhard Gottlob 1800–1802: Philologisch-kritischer und historischer Kommentar über die drey ersten Evangelien, 3 Bde. (als: Philologisch-kritischer und historischer Kommentar über das neue [sic!] Testament, Erster bis Dritter Theil), Lübeck.

– 1828: Das Leben Jesu, als Grundlage einer reinen Geschichte des Urchristentums, 2 Bde., Heidelberg.

– 1830–1833: Exegetisches Handbuch über die drei ersten Evangelien, 3 Theile (Theil 1 und 3 jeweils in zwei Bde.), Heidelberg.

PELLEGRINI, Silvia 2012: Frauen ohne Namen in den kanonischen Evangelien, in: NAVARRO PUERTO, Mercedes/FISCHER, Irmtraud (Hg.): Die Bibel und die Frauen. Eine exegetischkulturgeschichtliche Enzyklopädie. Bd. 2.1: Neues Testament: Evangelien. Erzählungen und Geschichte, Stuttgart, 383–421.

PERRIN, Norman 1963: The Kingdom of God in the Teaching of Jesus, London.

– 1966: The Wredestrasse Becomes the Hauptstrasse. Reflections on the Reprinting of the Dodd Festschrift: A Review Article, JR 46/2, 296–300.

- 1967: Rediscovering the Teaching of Jesus, London.
- 1971: The Christology of Mark. A Study in Methodology, JR 51/3, 173–187.
- 1972: The Evangelist as Author: Reflections on Method in the Study and Interpretation of the Synoptic Gospels and Acts, BR 17, 5–18.
- 1976a: Jesus and the Language of the Kingdom, London/Philadelphia.
- 1976b: The Interpretation of the Gospel of Mark, Int. 30/2, 115–124.

PESCH, Rudolf 1973: Zur Entstehung des Glaubens an die Auferstehung Jesu, ThQ 153, 201–228.
- 1977: Das Markusevangelium, Kommentar zu Kap. 8,27–16,20, HThK II/2, Freiburg.

PETERSEN, Silke 1999: »Zerstört die Werke der Weiblichkeit!« Maria Magdalena, Salome und andere Jüngerinnen Jesu in christlich-gnostischen Schriften, NHMS 48, Leiden u. a.
- 2011: Maria aus Magdala. Die Jüngerin, die Jesus liebte, Biblische Gestalten 23, Leipzig.

PFANNMÜLLER, Gustav ²1939: Jesus im Urteil der Jahrhunderte, Berlin.

PHILIPPS, Victoria 2000: Full Disclosure: Towards a Complete Characterization of the Women who followed Jesus in the Gospel according to Mark, in: KITZBERGER, Ingrid Rosa (Hg.): Transformative Encounters. Jesus and Women Re-Viewed, Bibl.-Interpr.S 43, Leiden, 13–32.

PHILLIPS, Thomas E. 2008: »Will the wise person get drunk?« The Background of the Human Wisdom in Luke 7:35 and Matthew 11:19, JBL 127, 385–396.

PHILONENKO, Marc 2002: Das Vaterunser. Vom Gebet Jesu zum Gebet der Jünger, UTB 2312, Tübingen.

PILCH, John J. 2000: Healing in the New Testament. Insights from Medical and Mediterranean Anthropology, Minneapolis.
- 2002: Ereignisse eines veränderten Bewusstseinszustandes bei den Synoptikern, in: STEGEMANN, Wolfgang/MALINA, Bruce J./THEISSEN, Gerd (Hg.): Jesus in neuen Kontexten, Stuttgart, 33–42.

PIPER, Ronald A. 1989: Wisdom in the Q-tradition. The Aphoristic Teaching of Jesus, MSSNTS 61, Cambridge.

PITRE, Brant 2009: Jesus, the Messianic Banquet, and the Kingdom of God, Letter and Spirit 5, 145–166.
- 2015: Jesus and the Last Supper, Grand Rapids/Cambridge.

POESCHKE, Joachim 2009: Mosaiken in Italien 300–1300, München.

POIRIER, John C. 1996: Why Did the Pharisees Wash Their Hands?, JJS 47, 217–233.
- 2003: Purity Beyond the Temple in the Second Temple Era, JBL 122, 247–265.

POKORNÝ, Petr 2009: Demoniac and Drunkard. John the Baptist and Jesus According to Q 7:33–34, in: CHARLESWORTH, James H./POKORNÝ, Petr (Hg.): Jesus Research. An International Perspective, Princeton–Prague Symposia Series on the Historical Jesus 1, Grand Rapids/Cambridge, 170–181.

POKORNÝ, Petr/HECKEL, Ulrich 2007: Einleitung in das Neue Testament. Seine Literatur und Theologie im Überblick, UTB 2798, Tübingen.

POORTHUIS, Marcel 2013: Awinu – das Vaterunser. Über die jüdischen Hintergründe des Vaterunsers, Uelzen.

POPKES, Enno E. ²2015: Das Licht in den Bildern – EvThom 83, in: ZIMMERMANN, Ruben u. a. (Hg.): Kompendium der Gleichnisse Jesu, Gütersloh, 909–915.

POPKES, Wiard 1986: Adressaten, Situation und Form des Jakobusbriefes, Stuttgart.

POPLUTZ, Uta 2006: Paroimia und Parabole. Gleichniskonzepte bei Johannes und Markus, in: FREY, Jörg/WATT, J. G. VAN DER /ZIMMERMANN, Ruben (Hg.): Imagery in the Gospel of John. Terms, Forms, Themes, and Theology of Johannine Figurative Language, WUNT 200, Tübingen, 103–120.

– 2008: Erzählte Welt. Narratologische Studien zum Matthäusevangelium, BThS 100, Neukirchen-Vluyn.

– 2013: Dämonen – Besessenheit – Austreibungsrituale, in: ZIMMERMANN, Ruben u. a. (Hg.): Kompendium der frühchristlichen Wundererzählungen, Bd. 1: Die Wunder Jesu, Gütersloh, 94–107.

PORAT, Roi/CHACHY, Rachel/KALMAN, Yakov 2015: Herodium: Final Reports of the 1972–2010 Excavations Directed by Ehud Netzer, Vol. I: Herod's Tomb Precinct, Jerusalem: Israel Exploration Society and the Institute of Archaeology of the Hebrew University of Jerusalem, Jerusalem.

PORTER, Stanley E. 1993: Did Jesus Ever Teach in Greek?, TynB 44, 199–235.

– 2000: The Criteria for Authenticity in Historical-Jesus Research. Previous Discussion and New Proposals, JSNT.S 191, Sheffield.

– 2011: The Language(s) Jesus Spoke, in: HOLMÉN, Tom/PORTER, Stanley E. (Hg.): Handbook for the Study of the Historical Jesus, Vol. III: The Historical Jesus, Leiden u. a., 2455–2471.

PREUSS, Hans 1915: Das Bild Christi im Wandel der Zeiten, Leipzig.

PRICE, Jonathan J. 2011: The Jewish Population of Jerusalem from the First Century B. C. E to the Early Second Century C. E.: The Epigraphic Record, in: POPOVIĆ, Mladen (Hg.): The Jewish Revolt against Rome. Interdisciplinary Perspectives, JSJ.S 154, Leiden/Boston, 399–417.

PRÜFER, Thomas 2002: Die Bildung der Geschichte. Friedrich Schiller und die Anfänge der modernen Geschichtswissenschaft, Köln.

PUIG I TÀRRECH, Armand 2011: Why Was Jesus Not Born in Nazareth? in: HOLMÉN, Tom/PORTER, Stanley E. (Hg.): Handbook for the Study of the Historical Jesus, Vol. IV: Individual Studies, Leiden/Boston, 3409–3436.

PUMMER, Reinhard 2009: The Samaritans in Flavius Josephus, TSAJ 129, Tübingen.

RABINOWITZ, Isaac 1967: »Be Opened« = Ἐφφαθά (Mark 7 34): Did Jesus Speak Hebrew?, ZNW 53, 229–238.

– 1971: Ἐφφαθά (Mark VII. 34): Certainly Hebrew, Not Aramaic, JSS 16, 151–156.

RANKE, Leopold 1824: Geschichten der romanischen und germanischen Völker von 1494 bis 1535, 1. Band, Leipzig/Berlin.

RATZINGER, Joseph (Benedikt XVI.) 2007: Jesus von Nazareth. Erster Teil: Von der Taufe im Jordan bis zur Verklärung, Freiburg (CH).

RAU, Eckhard 2006: Arm und Reich im Spiegel des Wirkens Jesu, in: BÖTTRICH, Christfried (Hg.): Eschatologie und Ethik im frühen Christentum, FS Günter Haufe, Greifswalder Theologische Forschungen 11, Frankfurt u. a., 249–268.

REED, Jonathan L. 2000: Archaeology and the Galilean Jesus. A Re-Examination of the Evidence, Harrisburg.

REGEV, Eyal 2000: Pure Individualism. The Idea of Non-Priestly Purity in Ancient Judaism, JSJ 31, 176–202.

REICKE, Bo I. 1987: From Strauss to Holtzmann and Meijboom: Synoptic Theories Advanced during the consolidation of Germany 1830–1870, NT 29, 1–21.

REIMARUS, Hermann Samuel 1778: Von dem Zwecke Jesu und seiner Jünger, in: LESSING, Gotthold Ephraim (Hg.), Fragmente des Wolfenbüttelschen Ungenannten, Braunschweig, 3–174.

– 1972: Apologie oder Schutzschrift für die vernünftigen Verehrer Gottes, im Auftrag der Joachim Jungius-Gesellschaft der Wissenschaften Hamburg, hg. v. ALEXANDER, Gerhard, 2 Bde., Frankfurt.

– 1979: Die Vernunftlehre, als eine Anweisung zum richtigen Gebrauche der Vernunft in dem Erkenntniß der Wahrheit, aus zwoen ganz natürlichen Regeln der Einstimmung und des Widerspruchs (1756), in: LÖTZSCH, Frieder (Hg.): Hermann Samuel Reimarus. Gesammelte Schriften, Bd. 2, München.

REINKE, Andreas 2007: Geschichte der Juden in Deutschland 1781–1933, Geschichte kompakt, Darmstadt.

REINMUTH, Eckhard 1995: Narratio und argumentatio – zur Auslegung der Jesus-Christus-Geschichte im ersten Korintherbrief. Ein Beitrag zur mimetischen Kompetenz des Paulus, ZThK 92, 13–27.

REIPRICH, Torsten 2008: Das Mariageheimnis. Maria von Nazareth und die Bedeutung familiärer Beziehungen im Markusevangelium, FRLANT 223, Göttingen.

REISER, Marius 1990: Die Gerichtspredigt Jesu. Eine Untersuchung zur eschatologischen Verkündigung Jesu und ihrem frühjüdischen Hintergrund, NTA NF 23, Münster.

– 1998: »Selig die Reichen!« – »Selig die Armen!«, EuA 74, 451–466.

– 2000: Numismatik und Neues Testament, Bib. 81, 457–488.

– 2011: Der unbequeme Jesus, BThS 122, Neukirchen-Vluyn.

RENAN, Ernest 1863: Vie de Jésus/Das Leben Jesu, Paris/Berlin.

RENGSTORF, Karl Heinrich 1953: Die Anfänge der Auseinandersetzung zwischen Christusglaube und Asklepiosfrömmigkeit, Münster.

RESCH, Alfred [2]1906: Agrapha: Aussercanonische Schriftfragmente, TU NF 15/3–4, Leipzig.

RESE, Martin 1975/76: Zur Problematik von Kurz- und Langtext in Luk. XII.17 ff., NTS 22, 15–31.

REUMANN, John 1972: The Quest for the Historical Baptist, in: DERS. (Hg.): Understanding the Sacred Text. FS Morton S. Enslin, Valley Forge, 181–199.

REVENTLOW, Henning Graf 2001: Epochen der Bibelauslegung, Bd. IV: Von der Aufklärung bis zum 20. Jahrhundert, München.

REVENTLOW, Henning Graf/SPARN, Walter/WOODBRIDGE, John (Hg.) 1988: Historische Kritik und biblischer Kanon in der deutschen Aufklärung, Wiesbaden.

RICHARDSON, Peter 1999: Herod: King of the Jews and Friend of the Romans, Edinburgh.

RICHES, John K. 1980: Jesus and the Transformation of Judaism, London.

– 2004: Art. Reichtum. III. Neues Testament, RGG[4] VII, 232–233.

RICHSTAETTER, Carl 1949: Christusfrömmigkeit in ihrer historischen Entwicklung, Köln.

RICHTER, Georg 1977: Studien zum Johannesevangelium, hg. v. HAINZ, Josef, BU 13, Regensburg.

RICOEUR, Paul 1998: Das Rätsel der Vergangenheit. Erinnern – Vergessen – Verzeihen, Essen.

RIESNER, Rainer 1981; [3]1988: Jesus als Lehrer. Eine Untersuchung zum Ursprung der Evangelien-Überlieferung, WUNT II 7, Tübingen.

– 1990: Art. Bethesda, Das große Bibellexikon 1, 194–195.

– 1994: Die Frühzeit des Apostel Paulus: Studien zur Chronologie, Missionsstragegie und Theologie, WUNT 71, Tübingen.

– 2011: From the Messianic Teacher to the Gospels of Jesus Christ, in: HOLMÉN, Tom/PORTER, Stanley E. (Hg.): Handbook for the Study of the Historical Jesus, Vol. II: The Study of Jesus, Leiden/Boston, 405–446.

RIGAUX, Béda [2]1961: Die ›Zwölf‹ in Geschichte und Kerygma, in: RISTOW, Helmut/MATTHIAE, Karl (Hg.): Der historische Jesus und der kerygmatische Christus, Beiträge zum Christusverständnis in Forschung und Verkündigung, Berlin, 468–486.

RINIKER, Christian 1999: Die Gerichtsverkündigung Jesu, EHS.T 653, Bern u. a.

RISTOW, Helmut/MATTHIAE, Karl (Hg.) [2]1961: Der historische Jesus und der kerygmatische Christus, Beiträge zum Christusverständnis in Forschung und Verkündigung, Berlin.

RITSCHL, Albrecht 1880–1886 (Nachdr. Berlin 1966): Geschichte des Pietismus, 3 Bde., Bonn.

ROBINSON, James M./HOFFMANN, Paul/KLOPPENBORG, John S. (Hg.) 2000: The Critical Edition of Q: A Synopsis, Including the Gospels of Matthew and Luke, Mark and Thomas, Hermeneia Supplements, Leuven/Minneapolis.

ROLLENS, Sarah E. 2014: Framing Social Criticism in the Jesus Movement. The Ideological Project in the Sayings Gospel Q, Tübingen.

ROLOFF, Jürgen 1965: Apostolat – Verkündigung – Kirche, Gütersloh.

– 1969: Das Markusevangelium als Geschichtserzählung, EvTh 29, 73–93.

ROSEN, Ralph M./HORSTMANSHOFF, Manfred 2003: The Andreia of the Hippocratic Physician and the Problem of the Incurables, in: ROSEN, Ralph M. u. a. (Hg.): Andreia. Studies in Manliness and Courage in Classical Antiquity, Leiden, 95–114.

ROSENZWEIG, Franz 1984: Atheistische Theologie, in: DERS., Der Mensch und sein Werk. Gesammelte Schriften, Bd. 3: Zweistromland. Kleinere Schriften zu Glauben und Denken, hg. v. MAIER, Reinhold und Annemarie, Haag, 687–697.

ROTH, Dieter T. 2017 (in Vorbereitung): Parables in Q, London.

ROWLAND, Christopher 1986: Christian Origins: The Setting and Character of the Most Important Messianic Sect of Judaism, London.

– 1989: Reflections on the Politics of the Gospels, in: BARBOUR, Robin (Hg.): The Kingdom of God and Human Society, Edinburgh, 224–241.

RUBENSTEIN, Jeffrey L. 1999: Nominalism and Realism in Qumranic and Rabbinic Law. A Reassessment, DSD 6, 157–183.

RÜGER, Hans Peter 1973: »Μαμωνᾶς«, ZNW 64, 127–131.

RUH, Kurt 1990–1999: Geschichte der abendländischen Mystik, 4 Bde., München.

SAEGER, Robin ²2005: Tiberius. Oxford.

SAFRAI, Shemuel/STERN, Menahem (Hg.) 1976: The Jewish People in the First Century. Historical Geography, Political History, Social, Cultural and Religious Life and Institutions, 2 Bde., CRI I, Assen.

SALDARINI, Anthony J. 1988: Pharisees, Scribes and Sadducees in Palestinian Society: a Sociological Approach, Wilmington.

SAMUELSSON, Gunnar ²2013: Crucifixion in Antiquity, WUNT II 310, Tübingen.

SANDERS, Ed P. 1985a: Jesus and Judaism, London/Philadelphia.

– 1985b: Paulus und das palästinische Judentum. Ein Vergleich zweier Religionsstrukturen, StUNT 17, Göttingen.

– 1992; ²1994: Judaism: Practice and Belief 63 BCE – 66 CE, London/Philadelphia.

– 1993: The Historical Figure of Jesus, London.

SANDERS, James A. 1997: A Liturgy for Healing the Stricken (11 QPsApᵃ = 11Q11), in: CHARLESWORTH, James H. (Hg.): The Dead Sea Scrolls Vol. IV A: Pseudepigraphic and Non-Masoretic Psalms and Prayers, Tübingen, 216–233.

SANDNES, Karl Olav 2014: »The First Prayer«. Pater Noster in the Early Church; in: HVALVIK, Reidar/SANDNES, Karl Olav (Hg.): Early Christian Prayer and Identity Formation, Tübingen, 209–232.

SANDT, Huub VAN DE/ZANGENBERG, Jürgen (Hg.) 2008: Matthew, James, and Didache: Three related Documents in Their Jewish and Christian Settings, SBL, Atlanta.

SAUER, Jürgen 1991: Rückkehr und Vollendung des Heils. Eine Untersuchung zu den ethischen Radikalismen Jesu, Theorie und Forschung 133: Philosophie und Theologie 9, Regensburg.

SCHACTER, Daniel L. (Hg.) 1995: Memory Distortion: How Minds, Brains, and Societies Reconstruct the Past, Cambridge.

SCHALIT, Abraham ²2000: König Herodes: Der Mann und sein Werk, Berlin.

SCHEEL, Otto 1901: Die Anschauung Augustins über Christi Person und Werk, Tübingen.

SCHELBERT, Georg 2011: Abba Vater. Der literarische Befund vom Altaramäischen bis zu den späten Midrasch- und Haggada-Werken in Auseinandersetzung mit den Thesen von Joachim Jeremias, NTOA 81/StUNT 81, Göttingen u. a.

SCHENKE, Ludger 2004: Jesus und Johannes der Täufer, in: DERS. u. a.: Jesus von Nazaret – Spuren und Konturen, Stuttgart, 84–105.

SCHIEMANN, Gottfried 2006: Art. Pater familias, DNP 9, 394–395.

SCHIFFER, Werner 1980: Theorien der Geschichtsschreibung und ihre erzähltheoretische Relevanz, Studien zur allgemeinen und vergleichenden Literaturwissenschaft Bd. 19, Stuttgart.

SCHILLE, Gottfried 1967: Die urchristliche Kollegialmission, AThANT 48, Zürich.

SCHILLER, Friedrich VON 1788: Geschichte des Abfalls der vereinigten Niederlande von der Spanischen Regierung, 1. Theil, Leipzig.

SCHILLER, Gertrud 1966: Ikonographie der christlichen Kunst, Bd. 1: Inkarnation, Kindheit, Taufe, Versuchung, Verklärung, Wirken und Wunder Christi, Gütersloh.

– 1968: Ikonographie der christlichen Kunst, Bd. 2: Die Passion Jesu Christi, Gütersloh.

– 1971: Ikonographie der christlichen Kunst, Bd. 3: Die Auferstehung und Erhöhung Christi, Gütersloh.

SCHLATTER, Adolf 1905: Atheistische Methoden in der Theologie, BFChTh 9 Heft 5.

SCHLEIERMACHER, Friedrich 1832: Über die Zeugnisse des Papias von unsern beiden ersten Evangelien, ThStKr 5, 735–768.

SCHLOSSER, Jacques 1980: Le Règne de Dieu dans les dits de Jésus, 2 Bde., Paris.

– 1987: Le Dieu de Jésus. Étude exégétique, LeDiv 129, Paris.

SCHLUND, Christine 2005: »Kein Knochen soll gebrochen werden«. Studien zur Bedeutung und Funktion des Pesachfest in Texten des frühen Judentums und im Johannesevangelium, WMANT 107, Neukirchen-Vluyn.

SCHMAHL, Günther 1974: Die Zwölf im Markusevangelium. Eine redaktionsgeschichtliche Untersuchung, TThSt30, Trier.

SCHMELLER, Thomas 1989: Brechungen. Urchristliche Wandercharismatiker im Prisma soziologisch orientierter Exegese, SBS 136.

– 2008: Réflexions socio-historiques sur les porteurs de la tradition et les destinataires de Q, in: DETTWILER, Andreas/MARGUERAT, Daniel (Hg.): La source des paroles de Jésus (Q). Aux origines du christianisme, Genf, 149–171.

SCHMIDT, Eckart David 2014: David Friedrich Strauß (1808–1874). Mythos im Zeitalter des romantischen Idealismus, in: LUTHER, Susanne/ZIMMERMANN, Ruben (Hg.): Studienbuch Hermeneutik: Bibelauslegung durch die Jahrhunderte als Lernfeld der Textinterpretation. Porträts – Modelle – Quellentexte, Gütersloh, 259–266.374f.

– 2015: Ein aufgeklärter Jesus in der Neuen Welt. Methode und Intention in den Bibelkompilationen Thomas Jeffersons: Historische Faktualität als Paradigma der Aufklärungsexegese?, in: LUTHER, Susanne/RÖDER, Jörg/SCHMIDT, Eckart David (Hg.): Wie Geschichten Geschichte schreiben. Frühchristliche Literatur zwischen Faktualität und Fiktionalität, WUNT II 395, Tübingen, 391–423.

– 2016: Eine alte, heimliche Ehe. Eine Skizze zum »historischen Jesus« und dem »literarischen Jesus« im Geschichtspragmatismus der Spätaufklärung, in: BEUTEL, Albrecht/NOOKE, Martha (Hg.): Religion und Aufklärung. Akten des Ersten Internationalen Kongresses zur Erforschung der Aufklärungstheologie (Münster, 30. März bis 2. April 2014), Tübingen.

SCHMIDT, Karl Ludwig 1919 (Nachdr. Darmstadt 1969): Der Rahmen der Geschichte Jesu. Literarkritische Untersuchung zur ältesten Jesusüberlieferung, Berlin.

– 1923: Die Stellung der Evangelien in der allgemeinen Literaturgeschichte, in: Eucharistērion, FS Hermann Gunkel, Göttingen, 51–134.

SCHNACKENBURG, Rudolf 1986: Die sittliche Botschaft des Neuen Testaments 1: Von Jesus zur Urkirche, HThK.S 1, Freiburg u. a., 58–67.

SCHNEEMELCHER, Wilhelm (Hg.): 1990: Neutestamentliche Apokryphen I: Evangelien, Tübingen.

– (Hg.) ⁶1997: Neutestamentliche Apokryphen II: Apostolisches, Apokalypsen und Verwandtes, Tübingen.

SCHNEIDER, Gerhard 1992: Gott, der Vater Jesu Christi, in der Verkündigung Jesu und im urchristlichen Bekenntnis, in: DERS.: Jesusüberlieferung und Christologie. Neutestamentliche Aufsätze 1970–1990, NT.S 67, Leiden u. a., 3–38.

SCHNELLE, Udo 1992: Johannes und die Synoptiker, in: SEGBROECK, Frans VAN u. a. (Hg.): The Four Gospels 1992, FS Frans Neirynck, Bd. 3, BEThL 100/3, Leuven, 1799–1814.

– ²2000; ⁴2008: Das Evangelium nach Johannes, ThHK IV, Leipzig.

– 2007: Theologie des Neuen Testaments, UTB 2917, Göttingen, 94–104.

– ⁸2013: Einleitung in das Neue Testament, Göttingen.

– 2015: Die ersten 100 Jahre des Christentums 30–130 n.Chr. Die Entstehungsgeschichte einer Weltreligion, UTB 4411, Göttingen.

SCHNIEWIND, Julius 1930: Zur Synoptiker-Exegese, ThR NF 2, 129–189.

– 1952: Nachgelassene Reden und Aufsätze, hg. v. KÄHLER, Ernst, Berlin, 169.171.

SCHOLDER, Klaus 1966: Ursprünge und Probleme der Bibelkritik im 17. Jahrhundert. Ein Beitrag zur Entstehung der historisch-kritischen Theologie, FGLP 10.33, München.

SCHOLTISSEK, Klaus 2000: »Geboren aus einer Frau, geboren unter das Gesetz« (Gal 4,4). Die christologisch-soteriologische Bedeutung des irdischen Jesus bei Paulus, in: SCHNELLE, Udo/ SÖDING, Thomas (Hg.): Paulinische Christologie. Exegetische Beiträge, Hans Hübner zum 70. Geburtstag, Göttingen, 194–219.

SCHÖPFLIN, Karin 2002: מָשָׁל – ein eigentümlicher Begriff der hebräischen Literatur, BZ 46, 1–24.

SCHOTTROFF, Luise 1975: Gewaltverzicht und Feindesliebe in der urchristlichen Jesustradition (Mt 5,38–48; Lk 6,27–36), in: STRECKER, Georg (Hg.): Jesus Christus in Historie und Theologie, FS Hans Conzelmann, Tübingen, 197–221.

– 1987: Das Gleichnis vom großen Gastmahl in der Logienquelle, in: EvTh 47, 192–211.

– 1991: Wanderprophetinnen. Eine feministische Analyse der Logienquelle, in: EvTh 51, 332–344.

– 1994: Lydias ungeduldige Schwestern. Feministische Sozialgeschichte des frühen Christentums, Gütersloh.

– 2005: Die Gleichnisse Jesu, Gütersloh.

SCHREMER, Adiel 2001: ›[T]he[y] Did Not Read in the Sealed Book‹. Qumran Halakhic Revolution and the Emergence of Torah Study in Second Temple Judaism, in: GOODBLATT, David u. a. (Hg.): Historical Perspectives. From the Hasmoneans to Bar Kokhba in Light of the Dead Sea Scrolls. Proceedings of the Fourth International Symposium of the Orion Center for the Study of the Dead Sea Scrolls and Associated Literature, 27–31 January 1999, StTDJ 37, Leiden u. a., 105–126.

SCHRÖTER, Jens 1996: The historical Jesus and the sayings tradition: comments on current research, Neotest. 30, 151–168.

– 1997: Erinnerung an Jesu Worte. Studien zur Rezeption der Logienüberlieferung in Markus, Q und Thomas, WMANT 76, Neukirchen-Vluyn.

– 1998: Markus, Q und der historische Jesus: Methodologische und exegetische Erwägungen zu den Anfängen der Rezeption der Verkündigung Jesu, ZNW 89, 173–200.

– 2003: Die Bedeutung der Q-Überlieferungen für die Interpretation der frühen Jesustradition, ZNW 94, 38–67.

– 2006a: Das Abendmahl. Frühchristliche Deutungen und Impulse für die Gegenwart, SBB 210, Stuttgart.

– 2006b; ⁵2012: Jesus von Nazareth. Jude aus Galiläa – Retter der Welt, Biblische Gestalten 15, Leipzig.

- 2007a: Heil für die Heiden und Israel. Zum Zusammenhang von Christologie und Volk Gottes bei Lukas, in: DERS.: Von Jesus zum Neuen Testament. Studien zur urchristlichen Theologiegeschichte und zur Entstehung des neutestamentlichen Kanons, WUNT 204, Tübingen, 247–267.
- 2007b: Von Jesus zum Neuen Testament. Studien zur urchristlichen Theologiegeschichte und zur Entstehung des neutestamentlichen Kanons, WUNT 204, Tübingen.
- (Hg.) 2013: The Apocryphal Gospels within the Context of Early Christian Theology, BEThL 260, Leuven.

SCHRÖTER, Jens/BRUCKER, Ralph (Hg.) 2002: Der historische Jesus. Tendenzen und Perspektiven der gegenwärtigen Forschung, BZNW 114, Berlin.

SCHRÖTER, Jens/ZANGENBERG, Jürgen K. (Hg.) 2013: Texte zur Umwelt des Neuen Testaments, UTB 3663, Tübingen.

SCHULTE, Stefanie 2008: Gleichnisse erleben. Entwurf einer wirkungsästhetischen Hermeneutik und Didaktik, PTHe 91, Stuttgart.

SCHULTHESS, Friedrich 1897: Der Brief des Mara bar Sarapion: ein Beitrag zur Geschichte der syrischen Literatur, ZDMG 51, 365–391.

SCHULZ, Anselm 1964: Nachfolgen und Nachahmen: Studien über das Verhältnis der neutestamentlichen Jüngerschaft zur urchristlichen Vorbildethik, StANT 6, München.

SCHÜRER, Emil 1973–1987: The History of the Jewish People in the Age of Jesus Christ (175 B.C. – A.D. 135), 3 Bde., hg. v. VERMES, Geza u. a., Edinburgh.

SCHÜRMANN, Heinz 1968: Die vorösterlichen Anfänge der Logiertradition. Versuch eines formgeschichtlichen Zugangs zum Leben Jesu, in: DERS.: Traditionsgeschichtliche Untersuchungen zu den synoptischen Evangelien, KBANT, Düsseldorf, 39–65.
- 1994: Jesus – Gestalt und Geheimnis. Gesammelte Beiträge, hg. v. SCHOLTISSEK, Klaus, Paderborn.

SCHÜSSLER FIORENZA, Elisabeth 1988: Zu ihrem Gedächtnis… Eine theologische Rekonstruktion der christlichen Ursprünge, München.
- 1994: Jesus. Miriam's Child, Sophia's Prophet, New York.

SCHWARTZ, Barry 2005: Christian Origins: Historical Truth and Social Memory, in: KIRK, Alan/THATCHER, Tom (Hg.): Memory, Tradition, and Text. Uses of the Past in Early Christianity, Semeia Studies 52, Atlanta, 43–56.
- 2009a: Collective Forgetting and the Symbolic Power of Oneness: The Strange Apotheosis of Rosa Parks, Social Psychology Quarterly 72, 123–142.

SCHWARTZ, Daniel R. 1990: Agrippa I: The Last King of Judaea, TSAJ 23, Tübingen.
- 1992: Law and Truth. On Qumran-Sadducean and Rabbinic Views of Law, in: DIMANT, Devorah/RAPPAPORT, Uriel (Hg.): The Dead Sea Scrolls. Forty Years of Research, StTDJ 10, Leiden u. a., 229–240.
- 2009b: One Temple and Many Synagogues: On Religion and State in Herodian Judaea and Augustan Rome, in: JACOBSON, David M./KOKKINOS, Nikos: Herod and Augustus, Leiden, 385–398.

SCHWARTZ, Seth 2014: The Ancient Jews from Alexander to Muhammed, Cambridge.

SCHWEITZER, Albert 1906: Von Reimarus zu Wrede. Eine Geschichte der Leben-Jesu-Forschung, Tübingen.
- ²1973a [1901]: Das Messianitäts- und Leidensgeheimnis. Eine Skizze des Lebens Jesu, in: DERS.: Ausgewählte Werke in fünf Bänden, Bd. 5, hg. v. GRABS, Rudolf, Berlin, 195–340.
- ²1973b [1913]: Geschichte der Leben-Jesu-Forschung, in: DERS.: Ausgewählte Werke in fünf Bänden, Bd. 3, hg. v. GRABS, Rudolf, Berlin.
- ²1973c [1931]: Aus meinem Leben und Denken, in: DERS.: Ausgewählte Werke in fünf Bänden, Bd. 1, hg. v. GRABS, Rudolf, Berlin, 19–252.

- ⁹1984: Geschichte der Leben-Jesu-Forschung, UTB 1302, Tübingen.
- 1995: Reich Gottes und Christentum, München.

SCHWEIZER, Eduard 1982: Scheidungsrecht der jüdischen Frau? Weibliche Jünger Jesu?, EvTh 42, 294–300.

SCHWEMER, Anna Maria 1991: Gott als König und seine Königsherrschaft in den Sabbatliedern aus Qumran, in: DIES./HENGEL, Martin (Hg.): Königsherrschaft Gottes und himmlischer Kult im Judentum, Urchristentum und in der hellenistischen Welt, Tübingen, 45–118.
- 2001: Die Passion des Messias nach Markus und der Vorwurf des Antijudaismus, in: HENGEL, Martin/SCHWEMER, Anna Maria: Der messianische Anspruch Jesu und die Anfänge der Christologie, WUNT 138, Tübingen, 133–163.

SCHWIER, Helmut 2005: Art. Vaterunser, RGG⁴ VIII, 893–896.

SCOTT, Bernard B. 1989: Hear Then the Parable: A Commentary on the Parables of Jesus, Minneapolis.

SEGAL, Alan F. 1981: Hellenistic Magic: Some Questions of Definition, in: BROEK, Roelof VAN DEN /VERMASEREN, Maarten Jozef (Hg.): Studies in Gnosticism and Hellenistic Religions, EPRO 91, Leiden, 349–375.

SEGOVIA, Fernando G. (Hg.) 1985: Discipleship in the New Testament, Philadelphia.

SEITEL, Peter 1981: Proverbs. A Social Use of Metaphor, in: MIEDER, Wolfgang/DUNDES, Alan (Hg.): The Wisdom of Many. Essays on the Proverb, New York, 122–139.

SELGE, Kurt-Victor 1966: Rechtsgestalt und Idee der frühen Gemeinschaft des Franz von Assisi, in: LELL, J. (Hg.): Erneuerung der Einen Kirche, FS Heinrich Bornkamm, Göttingen, 1–31.
- 1970: Franz von Assisi und die römische Kurie, ZThK 67, 129–161.

SEVENICH-BAX, Elisabeth 1993: Israels Konfrontation mit den letzten Boten der Weisheit. Form, Funktion und Interdependenz der Weisheitselemente in der Logienquelle, MThA 21, Altenberge.

SEVENSTER, Jan Nicolaas 1968: Do You Know Greek? NT.S 19, Leiden.

SHARON, Nadav 2010: The Title ›Ethnarch‹ in Second Temple Period Judea, JSJ 41, 472–493.

SHEMESH, Aharon 2009: Halakhah in the Making. The Development of Jewish Law from Qumran to the Rabbis, The Taubman Lectures in Jewish Studies 6, Berkeley.
- 2013: Shabbat, Circumcision and Circumcision on Shabbat in Jubilees and the Dead Sea Scrolls, in: DIMANT, Devorah/KRATZ, Reinhard G. (Hg.): Rewriting and Interpreting the Hebrew Bible. The Biblical Patriarchs in the Light of the Dead Sea Scrolls, BZAW 439, Berlin, 263–287.

SHERWIN-WHITE, Adrian Nicholas 1963: Roman society and Roman law in the New Testament, Oxford.

SIEGERT, Folker 2000: Jesus und sein Volk in der Quelle Q, in: DERS. (Hg.): Israel als Gegenüber: vom alten Orient bis in die Gegenwart. Studien zur Geschichte eines wechselvollen Zusammenlebens, Göttingen, 90–124.
- 2007: Das Evangelium des Johannes in seiner ursprünglichen Gestalt. Wiederherstellung und Kommentar, SIJD 6, Münster.

SIMMONDS, Andrew 2012: Mark's and Matthew's sub rosa message in the scene of Pilate and the crowd, JBL 131, 733–754.

SMALLWOOD, E. Mary 1981: The Jews under Roman Rule, From Pompey to Diocletian, Leiden.

SMITH, D. Moody ²2001: John Among the Gospels, Columbia.

SMITH, Dennis E. 1987: Table Fellowship as a Literary Motif in the Gospel of Luke, JBL 106, 613–638.
- 1992: Art. Messianic Banquet, ABD 4, 788–791.
- 2003: From Symposium to Eucharist. The Banquet in the Early Christian World, Minneapolis.

SMITH, Morton 1973: Clement of Alexandria and a Secret Gospel of Mark. Cambridge.

– 1978: Jesus the Magician, San Francisco.

SMITH, Morton/BICKERMAN, Elias Joseph 1976: The Ancient History of Western Civilization, New York.

SNODGRASS, Klyne 2008: Stories with Intent: A Comprehensive Guide to the Parables of Jesus, Grand Rapids.

SÖDING, Thomas 1992: Die Tempelaktion Jesu, TThZ 101, 36–64.

– 1995: Das Liebesgebot bei Paulus. Die Mahnung zur Agape im Rahmen der paulinischen Ethik, NTA 26, Münster.

SÖRRIES, Reiner 2012: Was von Jesus übrig blieb. Die Geschichte seiner Reliquien, Kevelaer.

SPALDING, Johann Joachim 2002: Ueber die Nutzbarkeit des Predigtamtes und deren Beförderung (1772), hg. v. JERSAK, Tobias, SpKA I/3, Tübingen.

SPEIDEL, Michael A. 2012: Making Use of History Beyond the Euphrates: Political Views, Cultural Traditions, and Historical Contexts in the Letter of Mara bar Sarapion, in: MERZ, Annette/TIELEMAN, Teun (Hg.): The Letter of Mara bar Sarapion in Context, Leiden, 11–42.

STADEN, Heinrich VON 2003: Galen's daimon: reflections on ›irrational‹ and ›rational‹, in: PALIMIERI, Nicoletta (Hg.): Rationnel et irrationel dans la médicine ancienne et médiévale. Aspects historiques, scientifiques et culturels, Centre Jean Palerne Mémoires XXVI, Saint-Etienne, 15–44.

STAMATU, Marion 2005: Art. Nächstenliebe, in: LEVEN, Karl-Heinz (Hg.): Antike Medizin. Ein Lexikon, München, 638–641.

STANDHARTINGER, Angela 2004: Geschlechterperspektiven auf die Jesusbewegung, Zeitschrift für Pädagogik und Theologie 4, 308–318.

STANTON, Graham N. 2004: Jesus of Nazareth: A Magician and A False Prophet Who Deceived God's People?, in: DERS.: Jesus and Gospel, Cambridge, 127–147.

STARE, Mira 2011: Gibt es Gleichnisse im Johannesevangelium?, in: ZIMMERMANN, Ruben (Hg.): Hermeneutik der Gleichnisse Jesu. Methodische Neuansätze zum Verstehen urchristlicher Parabeltexte, WUNT 231, Studienausgabe, Tübingen, 321–364.

STAUDT, Darina 2012: Der eine und einzige Gott. Monotheistische Formeln im Urchristentum und ihre Vorgeschichte bei Griechen und Juden, NTOA 80, Göttingen.

STECK, Odil Hannes 1967: Israel und das gewaltsame Geschick der Propheten, WMANT 23, Neukirchen-Vluyn.

STEGEMANN, Ekkehard W./STEGEMANN, Wolfgang 1995; ²1997: Urchristliche Sozialgeschichte. Die Anfänge im Judentum und die Christusgemeinden in der mediterranen Welt, Stuttgart.

STEGEMANN, Hartmut ⁴1994: Die Essener, Qumran, Johannes der Täufer und Jesus, Freiburg.

STEGEMANN, Wolfgang 2002: Kontingenz und Kontextualität der moralischen Aussagen Jesu. Plädoyer für eine Neubesinnung auf die sogenannte Ethik Jesu, in: STEGEMANN, Wolfgang/ MALINA, Bruce J. (Hg.): Jesus in neuen Kontexten, Stuttgart, 167–184.

– 2004: Dekonstruktion des rationalistischen Wunderbegriffs, in: CRÜSEMANN, Frank u. a. (Hg.): Dem Tod nicht glauben, FS Luise Schottroff, Gütersloh, 67–90.

– 2010: Jesus und seine Zeit, BE 10, Stuttgart.

STEGEMANN, Wolfgang/STEGEMANN, Ekkehard ²1997: Urchristliche Sozialgeschichte. Die Anfänge im Judentum und die Christusgemeinden in der mediterranen Welt, Stuttgart.

STEGER, Florian 2004: Asklepiosmedizin. Medizinischer Alltag in der römischen Kaiserzeit, Medizin, Gesellschaft und Geschichte-Beihefte 22, Stuttgart.

STEMBERGER, Günter 1990: Pesachhaggada und Abendmahlsberichte des Neuen Testaments, in: DERS.: Studien zum rabbinischen Judentum, SBAB 10, Stuttgart, 357–374.

– 1991; ²2013: Pharisäer, Sadduzäer, Essener, Stuttgart.

STEMM, Sönke VON 1999: Der betende Sünder vor Gott: Studien zu Vergebungsvorstellungen in urchristlichen und frühjüdischen Texten, Leiden u. a.

STEMMER, Peter 1983: Weissagung und Kritik. Eine Studie zur Hermeneutik bei Hermann Samuel Reimarus, Veröffentlichung der Joachim Jungius-Gesellschaft der Wissenschaften Hamburg 48, Göttingen.

STERN, Frank 2006: A Rabbi Looks at Jesus' Parables, Lanham.

STERN, Menahem 1982: Social and Political Realignments in Herodian Judaea, The Jerusalem Cathedra 2, 40–62.

STOCK, Alex 1999: Art. Christusbilder. II.1. Alte Kirche, RGG⁴ II, 327–329.

STOCK, Klemens 1975: Boten aus dem Mit-Ihm-Sein. Das Verhältnis zwischen Jesus und den Zwölf nach Markus, AnBib 70, Rom.

STRANGE, William A. 2000: The Jesus-Tradition in Acts, NTS 46, 59–74.

STRAUSS, David Friedrich 2012 [1835/36; ³1838]: Das Leben Jesu, kritisch bearbeitet, 2 Bde., Darmstadt.

STRECKER, Christian 2002: Jesus und die Besessenen, in: STEGEMANN, Wolfgang (Hg.): Jesus in neuen Kontexten, Stuttgart, 53–63.

STRECKER, Georg 1978: Die Antithesen der Bergpredigt (Mt 5,21–48), ZNW 69, 36–72.

– ²1985: Die Bergpredigt. Ein exegetischer Kommentar, Göttingen.

STROKER, William D. 1989: Extracanonical Sayings of Jesus, Atlanta.

STROTMANN, Angelika 1991: »Mein Vater bist du!« (Sir 51,10). Zur Bedeutung der Vaterschaft Gottes in kanonischen und nichtkanonischen frühjüdischen Schriften, FTS 39, Frankfurt.

STUCKENBRUCK, Loren T. 2002: The Book of Tobit and the Problem of »Magic«, in: LICHTENBERGER, Hermann/OEGEMA, Gerbern S. (Hg.): Jüdische Schriften in ihrem antik-jüdischen und urchristlichen Kontext, Gütersloh, 258–269.

STUCKENBRUCK, Loren T./BARTON, Stephen C./WOLD, Benjamin G. (Hg.) 2007: Memory in the Bible and Antiquity, WUNT 212, Tübingen.

STUHLMACHER, Peter 1981: Existenzstellvertretung für die Vielen: Mk 10,45 (Mt 20,28), in: DERS.: Versöhnung, Gesetz und Gerechtigkeit, Göttingen, 27–42.

SÜSSMANN, Johannes 2000: Geschichtsschreibung oder Roman? Zur Konstitutionslogik von Geschichtserzählungen zwischen Schiller und Ranke (1780–1824), Frankfurter historische Abhandlungen 41, Stuttgart.

SZONDI, Peter 1975: Einführung in die literarische Hermeneutik, stw 124, Frankfurt.

TAL, Oren 2012: Greek Coinages of Palestine, in: METCALF, William E. (Hg.): The Oxford Handbook of Greek and Roman Coinage, Oxford.

TAN, Kim Huat 2011: Jesus and the Shema, in: HOLMÉN, Tom/PORTER, Stanley E. (Hg.): Handbook for the Study of the Historical Jesus, Vol. III: The Historical Jesus, Leiden, 2677–2707.

TASCHL-ERBER, Andrea 2007: Maria von Magdala – Erste Apostolin? Joh 20,1–18: Tradition und Relecture, Freiburg.

TAYLOR, Joan E. 1997: The Immerser. John the Baptist within Second Temple Judaism, Grand Rapids.

– 1998: Golgotha: A reconsideration of the evidence for the sites of Jesus' crucifixion and burial, NTS 44, 180–203.

TAYLOR, Vincent 1955: The Gospel according to St. Mark, London.

TELLENBACH, Gerd 1988: Die westliche Kirche vom 10. bis zum frühen 12. Jahrhundert, KIG 2/ F1, Göttingen.

TEMKIN, Owsei 1991: Hippocrates in a World of Pagans and Christians, Baltimore/London.

THEISSEN, Gerd 1974; ⁵1987: Urchristliche Wundergeschichten. Ein Beitrag zur formgeschichtlichen Erforschung der synoptischen Evangelien, StNT 8, Gütersloh.

- 1977: Soziologie der Jesusbewegung. Ein Beitrag zur Entstehungsgeschichte des Urchristentums, TEH 194, München.
- 1979; ³1989a: Studien zur Soziologie des Urchristentums, WUNT 19, Tübingen.
- 1989: Lokalkolorit und Zeitgeschichte in den Evangelien, NTOA 8, Göttingen.
- ³1989b: Wir haben alles verlassen (Mc. X,28). Nachfolge und soziale Entwurzelung in der jüdisch-palästinischen Gesellschaft des 1. Jahrhunderts n.Chr., in: DERS.: Studien zur Soziologie des Urchristentums, WUNT 19, Tübingen, 106–141.
- ³1989c: Gewaltverzicht und Feindesliebe (Mt 5,38–48/Lk 6,27–38) und deren sozialgeschichtlicher Hintergrund, in: DERS.: Studien zur Soziologie des Urchristentums, WUNT 19, Tübingen, 160–197.
- 2003a: Das Doppelgebot der Liebe. Jüdische Ethik bei Jesus, in: DERS.: Jesus als historische Gestalt. Beiträge zur Jesusforschung, FRLANT 202, Göttingen.
- 2003b: Jünger als Gewalttäter (Mt 11,12 f; Lk 16,16). Der Stürmerspruch als Selbststigmatisierung einer Minorität, in: DERS.: Jesus als historische Gestalt. Beiträge zur Jesusforschung. Zum 60. Geburtstag, hg. v. MERZ, Annette, FRLANT 202, Göttingen, 153–168.
- 2004: Die Jesusbewegung. Sozialgeschichte einer Revolution der Werte, Gütersloh.
- 2008: Die Weisheit des Urchristentums, München.
THEISSEN, Gerd/MERZ, Annette 1996; ²1997; ⁴2011: Der Historische Jesus. Ein Lehrbuch, Göttingen.
THEISSEN, Gerd/WINTER, Dagmar 1997: Die Kriterienfrage in der Jesusforschung. Vom Differenzkriterium zum Plausibilitätskriterium, NTOA 34, Göttingen.
THEOBALD, Michael 2002: Herrenworte im Johannesevangelium, HBS 34, Freiburg (CH).
- 2009: Das Evangelium nach Johannes, Kapitel 1–12, RNT, Regensburg.
THOMA, Clemens/LAUER, Ernst 1986: Die Gleichnisse der Rabbinen, Erster Teil: Pesiqta deRav Kahana (PesK), Einleitung, Übersetzung, Parallelen, Kommentar, Texte, JudChr 10, Bern u. a.
THOMPSON, Marianne Meye 2011: Jesus and God, in: HOLMÉN, Tom/PORTER, Stanley E. (Hg.): Handbook for the Study of the Historical Jesus, Vol. III: The Historical Jesus, Leiden, 2575–2595.
THÜR, Gerhard/PIELER, Peter E. 1978: Art. Gerichtsbarkeit, RAC 10, 360–492.
THYEN, Hartwig 2005: Das Johannesevangelium, HNT 6, Tübingen.
TIELEMAN, Teun 2010: Religion und Therapie in Galen, in: ETZELMÜLLER, Gregor/WEISSENRIEDER, Annette (Hg.): Religion und Krankheit, Darmstadt, 83–95.
- 2013: Miracle and Natural Cause in Galen, in: ALKIER, Stefan/WEISSENRIEDER, Annette (Hg.): Miracles Revisited: New Testament Miracle Stories and Their Concepts of Reality, Studies on the Bible and Its Reception, Berlin u. a., 101–115.
TILLY, Michael 1994: Johannes der Täufer und die Biographie der Propheten. Die synoptische Täuferüberlieferung und das jüdische Prophetenbild zur Zeit des Täufers, BWANT 137, Stuttgart.
TIWALD, Markus 2002: Wanderradikalismus. Jesu erste Jünger – ein Anfang und was davon bleibt, ÖBS 20, Frankfurt.
- 2011: ΑΠΟ ΔΕ ΑΡΧΗΣ ΚΤΙΣΕΩΣ … (Mk 10,6). Die Entsprechung von Protologie und Eschatologie als Schlüssel für das Tora-Verständnis Jesu, in: BUSSE, Ulrich/REICHARDT, Michael/THEOBALD, Michael: Die Memoria Jesu. Kontinuität und Diskontinuität der Überlieferung, BBB 166, Bonn, 367–380.
TOMSON, Peter J. 2010: Divorce Halakhah in Paul and the Jesus Tradition, in: BIERINGER, Reimund u. a. (Hg.): The New Testament and Rabbinic Literature, JSJ.S 136, Leiden, 289–332.
TÖNGES, Elke 2003: »Unser Vater im Himmel«. Die Bezeichnung Gottes als Vater in der tannaitischen Literatur, BWANT 147, Stuttgart.
TOWNSEND, John T. 1992: Art. Education (Greco-Roman), ABD 2, 312–317.

TRILLING, Wolfgang 1977: Zur Entstehung des Zwölferkreises. Eine geschichtskritische Überlegung, in: SCHNACKENBURG, Rudolf u. a. (Hg.): Die Kirche des Anfangs. FS Heinz Schürmann, Leipzig, 201–222.

TROELTSCH, Ernst 1977: Der Historismus und seine Probleme (Tübingen 1922), GS 3, Aalen.

TRUMBOWER, Jeffrey A. 1993: The Historical Jesus and the Speech of Gamaliel (Acts 5.35–9), NTS 39, 500–517.

– 1994: The Role of Malachi in the Career of John the Baptist, in: EVANS, Craig A./STEGNER, W. Richard (Hg.): The Gospels and the Scriptures of Israel, JSNT.S 104, Sheffield, 28–41.

TRUNK, Dieter 1994: Der messianische Heiler. Eine redaktions- und religionsgeschichtliche Studie zu den Exorzismen im Matthäusevangelium, HBSt 3, Freiburg.

TUCKER, Jeffrey T. 1998: Example Stories: Perspectives on Four Parables in the Gospel of Luke, JSNT.S 162, Sheffield.

TUCKETT, Christopher M. 1979: The Griesbach Hypothesis in the 19th Century, JSNT 3, 29–60.

– 1988: Q, the Law and Judaism, in: LINDARS, Barnabas (Hg.): Law and Religion: Essays on the Place of the Law in Israel and Early Christianity, Cambridge, 90–101.

– 1989: A Cynic Q?, Bib. 70, 349–376.

– 2002: Q and the Historical Jesus, in: SCHRÖTER, Jens/BRUCKER, Ralph (Hg.): Der historische Jesus. Tendenzen und Perspektiven der gegenwärtigen Forschung, BZNW 114, Berlin, 213–241.

– 2007: The Gospel of Mary, Oxford Early Christian Gospel Texts, Oxford.

TWELFTREE, Graham H. 1993: Jesus the Exorcist. A Contribution to the Study of the Historical Jesus, WUNT II 54, Tübingen.

– 2007: Jesus the Exorcist and Ancient Magic, in: LABAHN, Michael/LIETAERT PEERBOLTE, Bert Jan (Hg.): A Kind of Magic. Understanding Magic in the New Testament and its Religious Environment, London/New York, 57–86.

– (Hg.) 2017: The Nature Miracles of Jesus: Problems, Perspectives and Prospects, Eugene.

TYSON, Joseph B. 1961: The Blindness of the Disciples in Mark, JBL 80, 261–268.

ULBERT, Thilo (Hg.) 1998/2003: Repertorium der christlich-antiken Sarkophage. Band II: Italien mit einem Nachtrag Rom und Ostia, Dalmatien, Museen der Welt (bearb. v. DRESKEN-WEILAND, Jutta), Mainz/Band III: Frankreich, Algerien, Tunesien (bearb. v. CHRISTERN-BRIESENICK, Brigitte), Mainz.

VAHRENHORST, Martin 1998: »Se non è vero, è ben trovato«. Die Frauen und das leere Grab, ZNW 89, 282–288.

VALANTASIS, Richard 2005: The New Q. A Fresh Translation with Commentary, New York.

VANONI, Gottfried/HEININGER, Bernhard 2002: Das Reich Gottes, NEB.Themen 4, Würzburg.

VENTURINI, Karl Heinrich Georg 1800–1802; ²1806: Natürliche Geschichte des großen Propheten von Nazareth, 4 Bde., 4. Bd. als Anhang zur natürlichen Geschichte des großen Propheten von Nazareth, Jesus der Auferstandene, Bethlehem/Ägypten/Kopenhagen.

VERHEYDEN, Joseph 1992: P. Gardner Smith and ›the Turn of the Tide‹, in: DENAUX, Adelbert (Hg.): John and the Synoptics, BEThL 101, Leuven, 423–452.

VERMES, Geza ³1967: The Use of Bar Nasha/Bar Nash in Jewish Aramaic, in: BLACK, Matthew (Hg.): An Aramaic Approach to the Gospels and Acts, Oxford, 310–330.

– 1973: Jesus the Jew. A Historian's Reading of the Gospels, London.

– 1975: Post-Biblical Jewish Studies, SJLA 5, Leiden.

– 1993a Jesus der Jude. Ein Historiker liest die Evangelien, Neukirchen-Vluyn.

– 1993b: The Religion of Jesus the Jew, London.

VERWEYEN, Hansjürgen 2005: Philosophie und Theologie. Vom Mythos zum Logos zum Mythos, Darmstadt.

VIA, Dan O. 1970: Die Gleichnisse Jesu. Ihre literarische und existentiale Dimension, BEvTh 57, München.

VIELHAUER, Philipp ²1978: Geschichte der urchristlichen Literatur. Einleitung in das Neue Testament, die Apokryphen und die Apostolischen Väter, Berlin/New York.

VINCENT, John James 1976: Disciple and Lord: the Historical and Theological Significance of Discipleship in the Synoptic Gospels, Sheffield.

VINZENT, Markus 2011: Christ's Resurrection in Early Christianity and the Making of the New Testament, Farnham u. a.

VIVIANO, Benedict Thomas 1987: The Kingdom of God in the Qumran Literature, in: WILLIS, Wendell (Hg.): The Kingdom of God in 20th–Century Interpretation, Peabody, 97–107.

– 1988: The Kingdom of God in History, GNS 27, Wilmington.

VOGEL, Manuel 1996: Das Heil des Bundes. Bundestheologie im Frühjudentum und im frühen Christentum, TANZ 18, Tübingen/Basel.

VOLP, Ulrich 2006: Die Würde des Menschen. Ein Beitrag zur Anthropologie in der Alten Kirche, SVigChr 81, Leiden/Boston.

– 2013: Der Schöpfergott und die Ambivalenzen seiner Welt. Das Bild vom Schöpfergott als ethisches Leitbild im frühen Christentum in seiner Auseinandersetzung mit der philosophischen Kritik, in: NESSELRATH, Heinz-Günther/WILK, Florian (Hg.): Gut und Böse in Mensch und Welt. Philosophische und religiöse Konzeptionen vom Alten Orient bis zum frühen Islam, ORA 10, Tübingen, 143–159.

VOLP, Ulrich/HORN, Friedrich Wilhelm/ZIMMERMANN, Ruben (Hg.) 2016: Metapher – Narratio – Mimesis – Doxologie. Begründungsformen frühchristlicher und antiker Ethik, Kontexte und Normen neutestamentlicher Ethik 6/WUNT 356, Tübingen.

VOORST, Robert E. VAN 2000: Jesus Outside the New Testament: An Introduction to the Ancient Evidence, Grand Rapids.

VORSTER, Willem S. 1983: Kerygma, History and the Gospel Genre, NTS 29, 87–95.

VOS, Louis A. 1965: The Synoptic Traditions in the Apocalypse, Kampen.

WACHOB, Wesley Hiram/JOHNSON, Luke Timothy 1999: The Sayings of Jesus in the Letter of James, in: CHILTON, Bruce/EVANS, Craig A. (Hg.): Authenticating the Words of Jesus, NTTS 28/1, Leiden/Boston/Köln, 431–450.

WAGNER, Josef 1988: Auferstehung und Leben. Joh 11,1–12,19 als Spiegel johanneischer Redaktions- und Theologiegeschichte, BU 19, Regensburg.

WAHLDE, Urban C. VON 2010: The Gospel and Letters of John, 3 Bde., ECC, Grand Rapids.

WALKER, William O. 1978: Jesus and the Tax Collectors, JBL 97, 221–238.

WALTER, Johannes VON 1903–1906: Die ersten Wanderprediger Frankreichs. Studien zur Geschichte des Mönchtums, SGTK IX/3, 2 Teile, Leipzig.

WANKE, Joachim 1981: »Bezugs- und Kommentarworte« in den synoptischen Evangelien, EThSt 44, Leipzig.

WATTS HENDERSON, Suzanne 2006: Christology and Discipleship in the Gospel of Mark, MSSNTS 135, Cambridge.

WATSON, Francis 2011: Eschatology and the Twentieth Century: On the Reception of Schweitzer in English, in: ECKSTEIN, Hans-Joachim/LICHTENBERGER, Hermann: Eschatology-Eschatology: The Sixth Durham-Tübingen Research Symposium, Tübingen, 331–347.

WEBB, Robert L. 1991: John the Baptizer and Prophet. A Socio-Historical Study, JSNT.S 62, Sheffield.

– 1994; ²1998: John the Baptist and His Relationship to Jesus, in: CHILTON, Bruce/EVANS, Craig A. (Hg.): Studying the Historical Jesus: Evaluations of the State of Current Research, NTTS 19, Leiden, 179–229.

WEDDERBURN, Alexander J. M. 1989: Paul and the Story of Jesus, in: DERS.: Paul and Jesus, JSNT.S 37, Sheffield, 161–189.

WEDER, Hans 1993: Gegenwart und Gottesherrschaft. Überlegungen zum Zeitverständnis bei Jesus und im frühen Christentum, BThS 20, Neukirchen-Vluyn.

WEEDEN, Theodore J. 2009: Kenneth Bailey's Theory of Oral Tradition: A Theory Contested by its Evidence, JSHJ 7, 3–43.

WEIHS, Alexander 2003: Jesus und das Schicksal der Propheten, BThS 61, Neukirchen-Vluyn.

WEISS, Bernhard 1861: Zur Entstehungeschichte der drei synoptischen Evangelien, ThStKr 34, 29–100. 646–713.

WEISS, Johannes 1888: Der Barnabasbrief, kritisch untersucht, Berlin.

– 1892; [2]1900; [3]1964: Die Predigt Jesu vom Reiche Gottes, Göttingen.

– 1901: Idee des Reiches Gottes in der Theologie, Giessen.

WEISSE, Christian H. 1838: Die evangelische Geschichte kritisch und philosophisch bearbeitet, 2 Bde., Leipzig.

– 1856: Die Evangelienfrage in ihrem gegenwärtigen Stadium, Leipzig.

WEISSENRIEDER, Annette/ETZELMÜLLER, Gregor 2010: Christentum und Medizin. Welche Kopplungen sind lebensförderlich?, in: ETZELMÜLLER, Gregor/WEISSENRIEDER, Annette (Hg.): Religion und Krankheit, Darmstadt, 1–34.

– 2015: Christus Medicus. Die Krankenheilungen Jesu um Dialog zwischen Exegese und Dogmatik, ZDT 31, 1–21.

WEISSENRIEDER, Annette 2003: Images of Illness in the Gospel of Luke. Insights of Ancient Medical Texts, WUNT II 164, Tübingen.

– 2013: Stories Just under the Skin. Lepra in the Gospel of Luke, in: ALKIER, Stefan/WEISSENRIEDER, Annette (Hg.): Miracles Revisited: New Testament Miracle Stories and Their Concepts of Reality, Studies on the Bible and Its Reception, Berlin u. a., 73–100.

WELLHAUSEN, Julius 1905: Einleitung in die drei ersten Evangelien, Berlin.

– 1908: Das Evangelium Johannis, Berlin.

WELLS, Louise 1998: The Greek language of Healing from Homer to New Testament Times, Berlin.

WENDLAND, Paul [2,3]1912: Die urchristlichen Literaturformen, HNT I/3, Tübingen.

WENGST, Klaus 1972: Christologische Formeln und Lieder des Urchristentums, StNT 7, Gütersloh.

– 1981: Bedrängte Gemeinde und verherrlichter Christus. Der historische Ort des Johannesevangeliums als Schlüssel zu seiner Interpretation, BThS 5, Neukirchen-Vluyn.

– 2013: Der wirkliche Jesus? Eine Streitschrift über die historisch wenig ergiebige und theologisch sinnlose Suche nach dem »historischen« Jesus, Stuttgart.

WENHAM, David (Hg.) 1985: The Jesus Tradition Outside the Gospels, Gospel Perspectives 5, Sheffield.

– 1994: Paul – Follower of Jesus or Founder of Christianity?, Grand Rapids.

WENHAM, John W. 1975: The Relatives of Jesus, EQ 47, 6–15.

WERNLE, Paul 1899: Die synoptische Frage, Leipzig/Freiburg/Tübingen.

WESTERHOLM, Stephen 1978: Jesus and Scribal Authority, CB.NT 10, Lund.

WETTE, Wilhelm Martin Leberecht DE 1817/1826: Lehrbuch der historisch kritischen Einleitung in die kanonischen und apokryphischen Bücher des Alten Testaments (= Lehrbuch der historisch kritischen Einleitung in die Bibel Alten und Neuen Testaments, Erster Theil: Die Einleitung in das A.T. enthaltend/ Zweyter Theil: Die Einleitung in das N.T. enthaltend), Berlin.

WHEALEY, Alice 2003: Josephus on Jesus: The Testimonium Flavianum Controversy from Late Antiquity to Modern Times, New York.

WICK, Peter 1998: Der historische Ort von Mt 6,1–18, RB 105, 332–358.

WIERSING, Erhard 2007: Geschichte des historischen Denkens. Zugleich eine Einführung in die Theorie der Geschichte, Paderborn u. a.

WILCOX, Max 1982: taliqa koum(i) in Mk 5,41, in: DELOBEL, Joel (Hg.): Logia. Les paroles de Jesus – The Sayings of Jesus, BEThL 59, Leuven, 469–476.

WILKER, Julia 2007: Für Rom und Jerusalem: Die herodianische Dnastie im 1. Jahrhundert n. Chr., Studien zur Alten Geschichte 5, Frankfurt.

WILKINS, Michael J. 1988: The Concept of Disciple in Matthew's Gospel as Reflected in His Use of the Term Mathètès, NT.S 59, Leiden.

– 1992: Following the Master: Discipleship in the Steps of Jesus, Grand Rapids.

WILLEMS, Gottfried 2012/13: Geschichte der deutschen Literatur, Bd. 2: Aufklärung, UTB 3654/ Bd. 3: Goethezeit, UTB 3734, Wien/Köln/Weimar.

WILLIAMS, Michael Allen [2]1999: »Rethinking Gnosticism«. An Argument for Dismantling a Dubious Category, Princeton.

WILLIS, Wendel 1987a: The Discovery of the Eschatological Kingdom: Johannes Weiss and Albert Schweitzer, in: DERS. (Hg.): The Kingdom of God in 20th-Century Interpretation, Peabody, 1–14.

– (Hg.) 1987b: The Kingdom of God in 20th-Century Interpretation, Peabody.

WINDISCH, Hans 1926: Johannes und die Synoptiker. Wollte der vierte Evangelist die älteren Evangelien ergänzen oder ersetzen?, UNT 12, Leipzig.

WINK, Walter 1968: John the Baptist in the Gospel Tradition, MSSNTS 7, Cambridge.

WINTER, Paul 1961: On the trial of Jesus, Berlin.

WISE, Michael Owen 1992: Languages of Palestine, in: GREEN, Joel B. u. a. (Hg.): Dictionary of Jesus and the Gospels, Downers Grove, 434–444.

– 2015: Language and Literacy in Roman Judaea: A Study of the Bar Kokhba Documents, New Haven.

WITETSCHEK, Stephan 2007: The Stigma of a Glutton and Drunkard. Q 7,34 in Historical and Sociological Perspective, EThL 83, 135–154.

WITHERINGTON III, Ben 1984: Women in the Ministry of Jesus. A Study of Jesus' Attitude to Women and Their Roles as Reflected in His Earthly Life, MSSNTS 51, Cambridge.

– 1995: The Jesus Quest. The Third Search for the Jew of Nazareth, Downer's Grove.

– 1999: Jesus the Seer. The Progress of Prophecy, Peabody.

WITMER, Amanda 2012: Jesus, the Galilean Exorcist, Library of New Testament Studies 459, London/New York.

WOHLERS, Michael 1999: »Aussätzige reinigt« (Mt 10,8). Aussatz in antiker Medizin, Judentum und frühem Christentum, in: MASER, Stefan/SCHLARB, Egbert (Hg.): Text und Geschichte. FS Dieter Lührmann, Marburg, 294—304.

WOLFF, Hans Walter [2]1950: Jesaja 53 im Urchristentum, Berlin.

WOLTER, Michael 2002: »Gericht« und »Heil« bei Jesus von Nazareth und Johannes dem Täufer: Semantische und pragmatische Beobachtungen, in: SCHRÖTER, Jens/BRUCKER, Ralph: Der historische Jesus. Tendenzen und Perspektiven der gegenwärtigen Forschung, BZNW 114, Berlin, 355–392.

– 2008: Das Lukasevangelium, HNT 5, Tübingen.

– 2009: »Gericht« und »Heil« bei Jesus von Nazareth und Johannes dem Täufer, in: DERS.: Theologie und Ethos im Neuen Testament. Studien zu Jesus, Paulus und Lukas, WUNT 236, Tübingen, 31–63.

– 2011: Paulus. Ein Grundriss seiner Theologie, Neukirchen-Vluyn.

– 2012: Die Auferstehung der Toten und die Auferstehung Jesu, in: GRÄB-SCHMIDT, Elisabeth/ PREUL, Reiner (Hg.): Auferstehung, MJTh 24, Leipzig, 13–54.

– 2013: Jesus bei Paulus, in: ROTHSCHILD, Clare K./SCHRÖTER, Jens (Hg.): The Rise and Expansion of Christianity in the First Three Centuries of the Common Era WUNT 301, Tübingen, 205–232.

WREDE, William 1901; ⁴1969: Das Messiasgeheimnis in den Evangelien, Zugleich ein Beitrag zum Verständnis des Markusevangeliums, Göttingen.

WRIGHT, Nicholas Thomas 1996: Jesus and the Victory of God, London.

– 2001: The Lord's Prayer as a paradigm of Christian Prayer; in: LONGENECKER, Richard N. (Hg.): Into God's Presence. Prayer in the New Testament, Grand Rapids, 132–154.

– 2003: The Resurrection of the Son of God, Minneapolis.

YARBRO COLLINS, Adela 1994: Rulers, Divine Men, and Walking on the Water (Mark: 6:45–52), in: BORMANN, Lukas u. a. (Hg.): Religious Propaganda and Missionary Competition in the New Testament World, FS Dieter Georgi, NT.S 74, Leiden, 207–227.

– 2007: Mark. A Commentary. Hermeneia series, Minneapolis.

YOUNG, Brad H. 1989: Jesus and His Jewish Parables: Rediscovering the Roots of Jewish Teaching, Mahwah/New York.

– 1998: The Parables: Jewish Tradition and Christian Interpretation, Peabody.

ZAGER, Werner 1996a: Gottesherrschaft und Endgericht in der Verkündigung Jesu. Eine Untersuchung zur markinischen Jesusüberlieferung einschließlich der Q-Parallelen, BZNW 82, Berlin/New York.

– 1996b: Wie kam es im Urchristentum zur Deutung des Todes Jesu als Sühnegeschehen?, ZNW 87, 165–186.

– (Hg.) 2014: Jesusforschung in vier Jahrhunderten. Texte von den Anfängen historischer Kritik bis zur »dritten Frage« nach dem historischen Jesus, de Gruyter Texte, Berlin/Boston.

ZANGENBERG, Jürgen K. 1998: Frühes Christentum in Samarien: Topographische und traditionsgeschichtliche Studien zu den Samarientexten im Johannesevangelium, TANZ 27, Tübingen/Basel.

– 2007: Das Galiläa des Josephus und das Galiläa der Archäologie. Tendenzen und Probleme der neueren Forschung, in: BÖTTRICH, Christoph/HERZER, Jens (Hg.): Josephus und das Neue Testament. Wechselseitige Wahrnehmungen. II. Internationales Symposium zum Corpus-Judaeo-Hellenisticum 25.–28. Mai 2006, WUNT 209, Greifswald/Tübingen, 265–294.

– 2008: Buried According to the Customs of the Jews. John 19,40 in its Material and Literary Context, in: VAN BELLE, Gilbert (Hg.): The Death of Jesus in the Fourth Gospel. Colloquium Biblicum Lovaniense LIV, BEThL 200, Leuven, 873–894.

– 2009: Trockene Knochen, himmlische Seligkeit. Todes- und Jenseitsvorstellungen in Qumran und im Alten Judentum, in: BERLEJUNG, Angelika/JANOWSKI, Bernd (Hg.): Tod und Jenseits im Alten Israel und in seiner Umwelt. Theologische, religionsgeschichtliche, archäologische und ikonographische Aspekte, FAT 64, Tübingen, 655–689.

– 2012a: Archaeology, Papyri, and Inscriptions, in: COLLINS, John J. u. a. (Hg.): Early Judaism. A Comprehensive Overview, Winona Lake, 332–366.

– 2012b: The Sanctuary on Mount Gerizim. Observations on the Results of 20 Years of Excavation, in: KAMLAH, Jens u. a. (Hg): Temple Building and Temple Cult: Architecture and Cultic Paraphernalia of Temples in the Levant (2.–1. Mill. B. C. E). Proceedings of a Conference on the Occasion of the 50th Anniversary of the Institute of Biblical Archaeology at the University of Tübingen (28th – 30th of May 2010), ADPV 41, Wiesbaden, 399–418.

– 2013a: Herodian Jericho, in: MASTER, Daniel M. u. a. (Hg.): The Oxford Encyclopedia of the Bible and Archaeology. Volume I, Oxford, 490–499.

– 2013b: Jerusalem. Hellenistic and Roman, in: MASTER, Daniel M. u. a. (Hg.): The Oxford Encyclopedia of the Bible and Archaeology. Volume II, Oxford, 23–37.

– 2013c: Jesus der Galiläer und die Archäologie. Beobachtungen zur Bedeutung der Archäologie für die historische Jesusforschung, MThZ 64, 2013, 123–156.

– 2013d: Pure Stone. Archaeological Evidence for Jewish Purity Practices in Late Second Temple Judaism (Miqwaʾot, Stone Vessels), in: FREVEL, Christian/NIHAN, Christophe (Hg.): Purity and the Forming of Religious Traditions in the Ancient Mediterranean World and Ancient Judaism, the Forming of Religious Traditions, Leiden, 537–572.

ZANGENBERG, Jürgen K./SCHRÖTER, Jens (Hg.) 2012: Bauern, Fischer und Propheten. Galiläa zur Zeit Jesu, Zaberns Bildbände zur Archäologie, Darmstadt/Mainz.

ZELLER, Dieter 1971/72: Das Logion Mt 8,11 f/Lk 13,28 f und das Motiv der »Völkerwallfahrt«, BZ NF 15: 222–237/16: 84–93.

– 1977: Die weisheitlichen Mahnsprüche bei den Synoptikern, fzb 17, Würzburg.

– 2004: Jesu weisheitliche Ethik, in: SCHENKE, Ludger u. a. (Hg.): Jesus von Nazareth – Spuren und Konturen, Stuttgart, 193–215.

ZIEGLER, Ruprecht 2004: Münzen, Münzsysteme und Münzumlauf im Palästina der frühen römischen Kaiserzeit, in: ERLEMANN, Kurt u. a. (Hg.): Neues Testament und Antike Kultur, Bd. I: Prolegomena, Quellen, Geschichte, Neukirchen-Vluyn, 130–136.

ZIEGLER, Theobald 1908: David Friedrich Strauß, Straßburg.

ZIMMERMANN, Christiane 2007a: Die Namen des Vaters. Studien zu ausgewählten neutestamentlichen Gottesbezeichnungen vor ihrem frühjüdischen und paganen Sprachhorizont, AJEC 69, Leiden.

ZIMMERMANN, Ruben (Hg.) 2007b: Formen und Gattungen als Medien der Jesus-Erinnerung. Zur Rückgewinnung der Diachronie in der Formgeschichte des Neuen Testaments, in: FUCHS, Ottmar/JANOWSKI, Bernd (Hg.): Die Macht der Erinnerung, JBTh 22, Neukirchen-Vluyn, 131–167.

– 2008: Hermeneutik der Gleichnisse Jesu. Methodische Neuansätze zum Verstehen urchristlicher Parabeltexte, WUNT 231, Tübingen (Studienausgabe 2011).

– 2009: Die Ethico-Ästhetik der Gleichnisse Jesu. Ethik durch literarische Ästhetik am Beispiel der Parabeln im Matthäus-Evangelium, in: HORN, Friedrich Wilhelm/ZIMMERMANN, Ruben (Hg.): Jenseits von Indikativ und Imperativ, WUNT 238, Tübingen, 235–265.

– 2012a: Are there parables in John? It is time to revisit the question, JSHJ 9, 243–276.

– 2012b: Art. Bildworte/Bildreden/Bildersprache, WiBiLex: http://www.bibelwissenschaft.de/stichwort/50003/.

– 2013: Gleichnisse/Parabeln Jesu, in: ZIMMERMANN, Mirjam/ZIMMERMANN, Ruben (Hg.): Handbuch Bibeldidaktik, Tübingen, 196–201.

– 2014a: Art. Fable III. NT, EBR 8, 650–651.

– 2014b: Metaphorology and Narratology in Q Exegesis: Literary Methodology as an Aid to Understanding the Q Text, in: ROTH, Dieter T./ZIMMERMANN, Ruben/LABAHN, Michael (Hg.): Metaphor, Narrative, and Parables in Q, WUNT 315, Tübingen, 3–30.

– (Hg.) ²2015: Kompendium der Gleichnisse Jesu, Gütersloh.

– 2015: The Woman in Labor (John 16:21) and the Parables in the Fourth Gospel, in: LARSEN, Kasper B. (Hg.): The Gospel of John as Genre Mosaic, SANt 3, Göttingen.

– 2017: Parabeln in der Bibel. Die Sinnwelten der Gleichnisse Jesu entdecken, Gütersloh.

ZWICKEL, Wolfgang 2013: Der See Gennesaret in hellenistischer und frührömischer Zeit, ZNW 104, 153–176.

Register

Stellen

Neues Testament

1,14	83, 144, 263, 265, 268, 372
1,14 f.(par.)	78, 83, 133, 229, 250, 266 f., 273, 365
1,15	351, 355, 372, 390 f., 423
1,16–19	138
1,16–20	132, 219, 273, 284, 421, 446
1,17(parr.)	280
1,18(parr.)	268, 440 f.
1,20	280, 441
1,21(par.)	85, 203, 227, 264–267, 269
1,21–28	311
1,22(parr.)	134, 219, 223, 229, 264, 266, 334
1,23	267
1,23–27	258
1,24	133
1,25	315
1,27(par.)	5, 133, 229, 344
1,29	85
1,30	327
1,30 f.	327
1,31(parr.)	302
1,32–34	302
1,33	333
1,34	133, 311
1,35(par.)	397
1,38	263, 265, 268, 278
1,39(parr.)	263–265, 267 f., 311, 341
1,40–44	461
1,40–45(parr.)	299, 533
1,41(parr.)	302
1,45	263, 277
2,1	85
2,1–12(parr.)	276, 299, 307, 355
2,1–3,6	130
2,2	264, 268
2,3	300
2,4(parr.)	335
2,5	307, 390, 427 f.
2,6	134
2,7(parr.)	390, 427, 511
2,9	307
2,10(parr.)	459, 522, 524 f.
2,10 f.	258
2,12(parr.)	278, 329
2,13	264–267, 269
2,13 f.	284
2,13–17(parr.)	235, 276, 292 f., 345, 438
2,14	351, 446, 554
2,14 f.(parr.)	235, 268
2,15	293, 350
2,15 f.	283
2,15–17(parr.)	348, 403, 419, 427, 459
2,16(parr.)	134, 293, 420, 427, 438
2,16 f.(par.)	348
2,17(parr.)	228, 276, 280, 420
2,18(parr.)	283, 351
2,18 f.	250, 389 f.
2,18–20(parr.)	414
2,18–22(parr.)	279, 293, 296, 403, 419
2,19	261, 417, 423, 427
2,20	78, 250, 414
2,21 f.	427
2,23	283
2,23–28	409, 429
2,23–3,6(parr.)	207, 403
2,24	228
2,25 f.	417
2,27	228, 364
2,28(parr.)	90, 522, 524 f.
3,1(parr.)	227, 264
3,1–5	429
3,1–6(parr.)	299, 308, 409
3,3	227
3,4(par.)	228, 364
3,5(parr.)	227, 308
3,6(parr.)	85, 228, 240, 253, 268
3,7	268, 277
3,7 f.	341
3,7–12	132
3,10(parr.)	302
3,10–12(parr.)	311
3,11	133, 482
3,11 f.	258
3,13	276, 285
3,13–15(par.)	276, 528
3,13–16	283
3,13–19(parr.)	287, 472

10,23–25	133	11,15–18	460, 476
10,24	261	11,15–19(parr.)	241, 440, 464
10,25(parr.)	376, 442, 450	11,17(parr.)	264, 266 f., 269, 363,
10,25–31	132		397, 441
10,27(parr.)	362, 364, 442	11,18	134, 240, 334 f.
10,28(parr.)	268, 270, 279, 441	11,20 f.	325
10,28 f.	528	11,21	288
10,28–31(parr.)	257, 440, 446	11,22(parr.)	345
10,29	328, 429, 440	11,22–24(par.)	364
10,29 f.	219, 261, 279, 368	11,24	131
10,31	442	11,25	366 f.
10,32	268, 288	11,27	134, 241, 263, 270
10,32–34(parr.)	134, 239, 288, 291,	11,27–33(parr.)	245, 251, 258, 473
	461, 472, 513	11,27–13,2(parr.)	241
10,33	134, 460, 477	12	289, 501
10,33 f.(parr.)	474, 493, 522	12,1–9(parr.)	473
10,35	288	12,1–11	135, 156, 380
10,35–40(parr.)	398	12,1–12(parr.)	387, 440
10,35–41	461	12,5(par.)	430
10,35–45(parr.)	259, 279, 288, 291	12,10	220
10,35–52	461	12,12	135
10,37	259	12,13	241, 253
10,40	366	12,13–17(parr.)	178
10,42–44	449	12,14	264, 267
10,43 f.	288	12,15(parr.)	177
10,45(par.)	62, 134, 154, 259,	12,18	241, 341
	430, 449, 472, 474,	12,18–27(parr.)	208, 328, 343, 364
	512, 522	12,24(par.)	363
10,46	239, 277, 461	12,25	134
10,46–52	299 f.	12,26	220
10,47(parr.)	525	12,27(parr.)	364
10,47 f.(parr.)	214	12,28–31(parr.)	228, 432
10,49	277	12,28–34(parr.)	406, 432 f., 434, 448
10,52(parr.)	268, 277, 308, 345,	12,29(parr.)	342, 363, 511
	428, 461	12,29 f.(parr.)	362, 397
11 f.(parr.)	278	12,29–31	342
11,1	239 f., 288, 461	12,30(parr.)	363
11,2 f.	517	12,31	434
11,1–10(parr.)	229, 240, 338	12,32	363
11,1–12,44	130	12,32 f.	434
11,1–16,8(parr.)	230	12,32–34	434
11,3(parr.)	517	12,33	434 f.
11,7–9	335	12,34	133, 228, 256, 406
11,9	268	12,35	134, 264, 266, 269,
11,10	256, 463		461
11,11	240, 282, 288, 291,	12,35–37(parr.)	61, 85, 215, 525 f.
	460 f.	12,36 f.(parr.)	398
11,12–14	288, 325	12,37–40(parr.)	242
11,15–17(parr.)	141, 364, 397	12,38–40(parr.)	134, 136, 364, 440

12,40(par.)	441	14,17–42(parr.)	399
12,41	178, 180	14,18	469
12,41–44(par.)	242, 328, 440, 461	14,18–21	279
12,42	180	14,20	289, 469
13	92, 289	14,21	83, 135, 279, 522, 525
13,1 f.(parr.)	240		
13,1–36	134	14,22	469
13,2	464	14,22 f.(parr.)	396, 398
13,3–37(parr.)	240	14,22–25(parr.)	375, 470, 506
13,8	373	14,23	469
13,9	278	14,24(parr.)	430, 470 f., 474, 512
13,9 f.	78, 294	14,25	59, 78, 92, 133, 297, 373, 390, 424, 429, 431, 465, 469, 470 f.
13,9–11(parr.)	510		
13,10(par.)	263, 266, 269		
13,11	278	14,26(parr.)	396, 465
13,17	135	14,26–52(parr.)	242
13,18–20	399	14,27	278 f., 474
13,20	362	14,28	329, 527
13,24–27	495	14,30	279
13,26(parr.)	522	14,32	240
13,27(parr.)	522	14,32–41(parr.)	398, 465
13,28 f.	387	14,32–42	142, 240, 279
13,30	135, 429	14,33(parr.)	328, 397
13,30–32	83	14,35	397
13,32(par.)	135, 366 f., 373, 520	14,36(parr.)	364–367, 399–401, 521
13,33–37	78, 387		
14–16	260	14,37	397
14,1	134	14,37 f.	399
14,1 f.(parr.)	242	14,40 f.(parr.)	397, 399
14,2	465	14,41(parr.)	522
14,3	294	14,43	134, 289, 335
14,3–5	440	14,43–52	474
14,3–9(parr.)	270, 292, 294, 328, 330 f.	14,47	279
		14,49(parr.)	264 f., 267, 269, 398, 461, 474
14,4	289		
14,5	180	14,50	279
14,8 f.	78	14,53	134, 475
14,9	263, 266, 269, 294	14,53–72(parr.)	243, 474
14,10	134, 289, 291	14,54(parr.)	85, 242
14,11	181	14,55	134
14,12	289, 468	14,55–65	475
14,12–16	468	14,57–59(parr.)	240
14,12–17	270	14,58	145, 464, 466, 475 f.
14,13 f.	517	14,61(parr.)	134, 475–477, 482, 519 f.
14,14	289		
14,15(par.)	468	14,61 f.(parr.)	141, 474 f., 513
14,17(parr.)	289, 468	14,62(parr.)	476–478, 522
14,17–21	470	14,62–64	243
14,17–26	467	14,63 f.	476 f.

14,64	475	15,39	134, 474, 481 f., 513,
14,65	475		521
14,66–72	85, 279	15,40	85, 218, 331, 482 f.
15	253, 259	15,40 f.(parr.)	267, 328 f., 335, 481
15,1	134, 243, 475, 478 f.	15,41	268, 278
15,1–15	474, 478	15,42	468, 483 f.
15,1–20	244	15,42 f.	482
15,2	474 f., 477, 479	15,42–46	440
15,2–5	226, 478	15,42–47	482
15,3	134, 479	15,42–16,8(parr.)	244
15,3–5	479	15,43	485
15,6	479	15,44 f.	482 f.
15,6–14	478	15,45	484
15,8	335	15,46	174, 483, 485
15,9	475	15,47	85, 328 f., 332, 483,
15,10	134		485
15,11	134, 335	16,1	85, 328 f., 468, 483
15,12	475	16,1–8	290, 483, 495 f.
15,15	335, 478, 481	16,5–7	491
15,16	243	16,6	494, 496
15,16–20	481	16,7	268, 280, 290, 329,
15,16–47	474		498, 527
15,18	475, 482	16,8	268, 329
15,20	482	16,9	290
15,20–22	482	16,9–11	332
15,20–27	481	16,9–19	495
15,20–41	244, 481	16,9–20	329
15,21	481 f.	16,11–14	495
15,22	482	16,14	290
15,23	482	16,15	263, 266, 269
15,24	474, 481 f.	16,19	499
15,25	482	16,20	263, 265, 268
15,26(parr.)	175, 259, 373, 463,		
	474 f., 482	*Lukas (einschließlich Q)*	
15,26 f.	482	1 f.	330
15,29	482	1–3	526
15,29 f.	482	1,5	462
15,29–32	481	1,5–80	249
15,31	134	1,9	404
15,31 f.	482	1,9–23	460
15,32(par.)	344, 482	1,11	494
15,33–37	481	1,13	396
15,33	482	1,16 f.	250
15,34	142, 223, 398, 474,	1,26	339
	482	1,27	526
15,35	482	1,31–33	526
15,36	482	1,32	214
15,37	482	1,32 f.	338
15,38	481 f.	1,36	218

1,6–8	246	3,3–5	379
1,7	337	3,5	142, 377
1,12	367	3,8	417
1,14	515	3,14 f.	523
1,15	246	3,15 f.	142
1,17	404	3,16	509, 555
1,18	137	3,16–18	521
1,19	238	3,23	143, 238, 249
1,19–21	143	3,24	144
1,19–28	246	3,26	144
1,19–34	132, 142	3,26–29	247
1,19–51	132	3,27–36	142
1,20	513	3,30	144, 245
1,21	250	3,35	366
1,27	132	3,35 f.	521
1,28	143	4	143, 359
1,29	144, 274, 472	4,1–3	247
1,34	275	4,1–30	331
1,35	144	4,4–42	172, 356, 359 f.
1,35 f.	274	4,5	143
1,35–42	138	4,9	143
1,35–51	250, 273, 446	4,11	517
1,38	274	4,15	517
1,41	143, 518 f.	4,19	517
1,42	143	4,20	195, 360
1,43	275	4,20–24	466
1,44	144, 275, 340	4,22	360
1,45	215, 227, 342, 404	4,24	360
1,45 f.	339	4,25	143, 518
1,46	217	4,25 f.	513
1,46–48	275	4,29	331, 519
1,49	275, 344	4,35–38	250, 387
1,51	275	4,37	417
2,1	339	4,42	360
2,1–11	293, 298, 440	4,46	296
2,1–12	323, 331	4,46–53	310
2,4	298	4,47	306
2,6	143	4,49	517
2,7 f.	295	5	141, 309
2,11	141	5,1	230, 461
2,12	331	5,1 f.	143
2,13	141, 230, 461, 472	5,1–9	309
2,13–22	141, 464 f.	5,1–18	308
2,14–16	364	5,2–9	299
2,16 f.	441	5,5	299
2,19	464	5,6	309
2,20	144, 241	5,7	300
2,22	142	5,9	309
3,3	142, 377	5,11	309

Rabbinisches Schrifttum

Frühchristliche Schriften außerhalb des Neuen Testaments

Pagane griechische und römische Literatur

Antike Orte und Regionen

Antike (auch mythologische) Personen

Personen zu Teil B.

Sachen

Heilung 47, 103, 105, 108, 117, 120,
128–131, 133, 144 f., 154, 214 f., 224,
227–229, 258, 263, 265, 267–269, 273,
276–278, 298–310, 314 f., 317 f., 320, 322,
327, 329–332, 334–336, 338, 340 f.,
343–345, 347, 351, 355 f., 373, 376, 409 f.,
415, 428, 430, 438, 455, 466, 533 f.,
543–545, 547 f., 551
– Heiltechnik 302
– Sabbatheilung 299, 306, 308, 409 f.
Hellenisten, hellenistisch 10, 51, 69, 113 f.,
116, 126, 129, 147, 171 f., 175, 178, 186,
197–199, 203, 205, 212, 220, 225,
233–235, 237, 241–243, 246 f., 290, 312,
314, 319–321, 323 f., 340, 382, 404, 432,
434–437, 439, 466, 507, 511, 529–531
Hermeneutik, hermeneutisch 2, 4, 7, 9, 12,
17, 19, 38, 41 f., 64 f., 70, 73, 112 f., 117 f.,
120 f., 124, 126, 128, 154, 206, 301, 320,
329, 331 f., 380, 398, 446, 448, 453, 488 f.,
498 f., 508
Herr, κύριος 2, 9, 20 f., 28, 67, 90, 123, 146,
151–154, 160 f., 201, 215, 219, 279–281,
291, 301, 306, 321, 324, 332, 338, 355, 362,
369 f., 372, 378, 398, 422, 434, 452, 463,
467, 491, 493, 502, 507, 509–511,
515–517, 520, 528 f., 532 f., 536 f., 539, 554
Herrenmahl (s. Mahl)
Herrenworte 77, 139, 147, 149, 152, 536,
541, 554
Herrschaft
– Fremdherrschaft 185, 187, 312, 316,
338 f., 422
– Herrschaft Gottes/Königsherrschaft
(s. Gottesherrschaft)
– Herrschaftsgebiet/-bereich 186–188,
191 f., 213, 255, 311, 340
– Herrschaftskritik 449
– römische Herrschaft 60, 185, 191–194,
196, 236, 254 f., 258, 338 f., 347
– Vasallenherrschaft (s. auch Vasall) 191 f.
Heuchelei 373, 403 f., 406
Himmel 22, 83, 157, 249, 256, 295, 297,
303, 313, 362 f., 366 f., 370 f., 375 f., 388,
420, 425 f., 450, 466, 477, 492, 494, 496,
499, 527, 536, 549, 555
Himmelreich (s. Gottesherrschaft)
Himmelsstimme 395, 455
Hirte 210, 334, 351, 363, 384, 438, 542 f.,
549

Hoheitstitel 3, 94 f., 489, 509, 512 f.,
515–517, 520 f., 524 f., 538
Hoher Rat/Synhedrion 144, 166, 239,
242 f., 342, 437, 465, 474–476, 478 f., 482,
484 f., 513
Hoherpriester, hohepriesterlich 61, 134,
143, 165–169, 181, 188, 190 f., 194,
197–201, 221, 240–242, 253, 342, 358,
437, 444, 474–479, 484, 518
Homologie 506 f., 509 f.
Humanismus, humanistisch 24, 27, 29, 35,
42, 70
humilitas 21, 23
Hymnus (s. auch Liturgie) 20, 79, 138, 200,
507, 514, 537, 557

Ikonographie, ikonographisch 179,
542–546
Individualisierung 32, 248, 391
Inkarnation/Inkarnierter 137, 317, 337,
503, 510, 522, 544, 559
Inschrift, inschriftlich (s. auch Stellenregister) 162, 171 f., 174–176, 178–180,
202, 225, 242, 259, 463, 480
– *Theodotus-Inschrift* 172, 176, 202, 222
– *Pilatus-Inschrift* 175
ipsissima vox 365, 380
Israel 100–103, 107, 116, 120, 133, 149 f.,
184, 190, 205, 212 f., 221, 242, 248–251,
255 f., 259, 275, 281 f., 308, 321, 325 f., 328,
336–342, 344–347, 349, 354, 356–363,
369 f., 372, 376–378, 381, 389, 415, 419 f.,
422, 426, 429–431, 437 f., 441, 461, 463,
474 f., 482, 488, 492, 500, 503, 508,
518–520, 523, 530
– Geschichte Israels 9, 220, 361
– Israeliten/Volk Israel 120, 149 f., 185,
200 f., 204, 212 f., 242, 251, 325, 334–338,
349–351, 354, 358 f., 376, 404, 406, 422,
424 f., 441, 491–494, 496, 498, 501–503,
520, 527
– Land Israel 199, 202 f., 206, 269, 325,
432
– Sammlung Israels 297
– Schriften/Schrifttum Israels (s. Schriften)

Jachad (s. auch Qumrangemeinschaft) 205,
208–210, 228, 349
Jesus
– erinnerter (s. Erinnerung)

- Abendmahl/Herrenmahl/Eucharistie 16, 23 f., 27–29, 92, 152, 209, 288, 295–297, 373, 375, 396, 399, 424, 430, 468, 470 f., 503, 506, 512, 560
- das letzte Mahl 120, 141, 144, 147, 149, 152, 185, 227, 251, 292 f., 295, 345, 373, 396, 399, 465, 467–469, 471 f., 488
- Einsetzungsworte (s. auch Stellenregister) 373, 375, 467, 469–472
- Festmahl (s. Fest)
- Gastmahl 355, 381, 384, 452
- Mahl-/Tischgemeinschaft 101, 103, 105, 209, 292–298, 322, 326, 342, 347 f., 350, 352, 354, 412, 415, 423, 438, 456, 459, 471, 489, 501
- Mahlpraxis 292 f., 296, 457
- Mahlszene 153, 292–294, 309, 345, 468 f., 471 f.
- Mahltradition 242, 293, 298

Mahnwort 418, 421, 423

maiestas (Hochverrat) 479 f., 484 f.

Makarismus 298, 437, 448

Makkabäer 184, 186, 188, 198 f., 206, 228, 259, 340

Mammon 257, 439, 450

Markionismus 556, 559

Markuspriorität 7, 18, 45, 50–52, 54

Martyrium/Märtyrer 21, 146, 215, 249, 259 f., 497, 501–503, 509, 536, 560

Meder 186

Medizin, medizinisch 159 f., 300 f., 303, 305–309, 312, 319

Memorierung/*memory* (s. Erinnerung)

Menge (Menschen-/Volksmenge) 48, 114, 133, 224, 242, 247, 267 f., 272 f., 276–278, 287, 299, 321 f., 333 f., 336 f., 480, 537, 548

Menschensohn 23, 61–63, 83 f., 94, 111, 131, 133, 135 f., 204, 249, 259, 275, 297, 339, 344, 347, 351, 366, 390, 393, 426, 430, 441, 455–457, 472, 477, 493, 510, 512 f., 515, 521–525

Messianität/Messias (Gesalbter) 5, 48, 53, 58 f., 61–63, 65, 71, 76, 101, 104, 107, 134, 141, 143, 157, 167, 196, 204, 210 f., 214 f., 217, 229, 239, 240, 247, 249 f., 259, 275, 297, 300, 310, 317, 319 f., 320, 325, 331, 335 f., 338 f., 344, 347, 354, 357 f., 360, 375, 377, 399, 463, 474 f., 477–479, 481, 490, 512 f., 515, 517–519, 521, 526

- Messiasgeheimnis 75 f., 78, 84, 141, 143

millenaristisch 254 f., 257

minor agreements 433

Mischna 172, 205, 222, 225 f., 243, 382, 413 f., 485

Miqwe (Tauchbad) 172, 203

Mission/Missionsbefehl 25, 53, 59, 62, 78, 84, 145–147, 149, 154, 162, 219, 235, 269, 271 f., 277 f., 280, 284–287, 291 f., 295, 344, 346, 351, 353, 358, 362, 383, 415, 456, 461, 489, 498 f., 511, 528, 532
- Samarienmission 143, 250, 356, 358 f.

Mittelalter, mittelalterlich 16, 20, 22, 24, 26, 41, 167, 174, 246

Monotheismus, monotheistisch 194, 196, 203, 363, 506 f., 511

mündliche Tradition/Überlieferung 18, 49, 55, 77, 81, 83, 99, 113–117, 128, 163, 249, 321, 326, 408, 412 f., 504, 529, 533, 559

Münze 8, 174, 176–181, 323, 352, 363, 383, 414

Mutter, mütterlich 218, 245, 261, 302, 307, 320, 323, 327 f., 330–332, 368 f., 421, 453, 483, 485, 540, 544

Mystik, mystisch 16, 26, 28, 101, 377, 535

Mythos/Mythologie, mythisch 6, 17, 36, 45–49, 51, 54, 72, 87, 89, 97, 115, 119, 139, 312, 318, 320, 323, 385, 503, 538, 542 f., 557 f.

Nabatäer 186, 193, 250

Nachfolge/Nachfolger Jesu 21 f., 24 f., 84 f., 105, 114, 129, 171, 273, 275–279, 294 f., 328–333, 346, 353, 355, 359, 419, 421, 437 f., 441 f., 445–447, 449, 451–453, 461, 474, 502, 510, 513, 526, 528–530
- Nachfolgeruf 116, 119, 122, 271, 273, 275 f., 278, 329, 335, 338, 342, 345, 440 f., 446 f., 449, 451, 454, 488

Nächstenliebe (s. Liebe)

Nag Hammadi 127, 156, 537 f., 541

Nominalismus, nominalistisch 408, 411, 413 f.

Opfer
- israelitisch-jüdischer Opferkult 180, 193, 198–202, 205, 209, 241 f., 247, 282, 297, 304, 397, 434 f., 462, 471
- Opfertod/Kreuzesopfer Jesu 16, 22–24, 26, 33 f., 260, 354, 471